DICIONÁRIO
YORUBÁ-PORTUGUÊS

Do Autor:

AS ÁGUAS DE OXALÁ

JOGO DE BÚZIOS: UM ENCONTRO
COM O DESCONHECIDO

MITOS YORUBÁ: O OUTRO LADO
DO CONHECIMENTO

ÓRUN-ÀIYÉ: O ENCONTRO
DE DOIS MUNDOS

DICIONÁRIO YORUBÁ-PORTUGUÊS

HISTÓRIA DOS CANDOMBLÉS DO RIO DE JANEIRO

JOSÉ BENISTE

DICIONÁRIO YORUBÁ-PORTUGUÊS

7ª edição

Rio de Janeiro | 2025

Copyright © 2009, José Beniste

Capa: Leonardo Carvalho

Editoração: DFL

Texto revisado segundo o novo
Acordo Ortográfico da Língua Portuguesa

2025
Impresso no Brasil
Printed in Brazil

CIP-Brasil. Catalogação na fonte
Sindicato Nacional dos Editores de Livros – RJ

B415d	Beniste, José
7ª ed.	Dicionário yorubá-português/José Beniste. – 7ª ed.
	Rio de Janeiro: Bertrand Brasil, 2025.
	820p.: il.; 23 cm
	ISBN 978-85-286-1522-7
	1. Língua yorubá-Dicionário-Português. I. Título.
	CDD – 496.333369
11-5115	CDU – 811.432.561(03)-134.3

Todos os direitos reservados pela:
EDITORA BERTRAND BRASIL LTDA.
Rua Argentina, 171 — 3º andar — São Cristóvão
20921-380 — Rio de Janeiro — RJ
Tel.: (0xx21) 2585-2000 — Fax: (0xx21) 2585-2084

Não é permitida a reprodução total ou parcial desta obra, por
quaisquer meios, sem a prévia autorização por escrito da Editora.

Atendimento e venda direta ao leitor:
sac@record.com.br

Impressão e Acabamento
Plena Print

SUMÁRIO

APRESENTAÇÃO   7

ORIENTAÇÕES BÁSICAS SOBRE O IDIOMA YORUBÁ   9

Alfabeto   9

Pronúncia   9

Sistema tonal   10

Vogais alongadas   11

Elisão e assimilação   13

Plural das palavras   14

Gênero gramatical   14

Frases interrogativas   15

Substantivos   15

Adjetivos   16

Verbos   16

Quadro geral dos pronomes   19

Advérbios   19

Preposições   20

Conjunções   21

Numerais   22

Observações gerais   23

OBRAS CONSULTADAS   24

SINAIS E ABREVIATURAS UTILIZADOS   25

APRESENTAÇÃO

Neste Dicionário foram relacionadas palavras de todas as categorias gramaticais, incluindo algumas sem definição, mas exemplificadas com frases para efeito de entendimento. Como a estrutura das sílabas da língua *yorubá* consiste de qualquer vogal ou consoante seguida de vogal ou, ainda, de uma vogal seguida de uma sílaba nasal representada pela letra *n*, qualquer palavra *yorubá* que tenha mais de uma sílaba pode ser entendida como uma palavra composta pelos tipos de sílabas citados. Saber a sua composição é uma das razões deste Dicionário. Assim, relacionei quase todas as palavras monossílabas existentes para a devida compreensão de como elas são construídas.

Para facilitar o conhecimento do radical das palavras, utilizei alguns sinais neste sentido: < indica a origem da palavra, > indica o resultado das contrações e + revela como foi feita a composição. É uma maneira segura para a elaboração de frases, para orientar uma conversação, assim como um auxílio muito importante na tradução de textos, cânticos e rezas utilizados, muitas vezes, nas comunidades religiosas que adotam a língua *yorubá*. Todas as frases que servem de exemplos para as palavras traduzidas são apresentadas em itálico a fim de serem mais bem-identificadas.

São inúmeras as palavras *yorubás* idênticas, porém com significados diferentes; assim, para cada uma delas é citada uma ou mais frases a fim de especificar de modo claro essas diferenças. Por exemplo, para o verbo *cortar* são encontradas mais de oito formas. No caso dos adjetivos, eles podem ter as mesmas funções de um verbo, ou seja, embora citados como adjetivos nas frases, podem ser vistos como verbos posicionados depois de pronomes pessoais. Não há dificuldade nesta diferenciação, pois, ao contrário do nosso idioma, todo verbo *yorubá* começa com uma consoante e deve ser antecedido pelo pronome pessoal, que vem a ser o sujeito da oração.

Sobre a questão dos advérbios, podemos dizer que a maioria dos verbos tem um advérbio que se identifica melhor com ele, sendo que alguns não têm nenhum significado específico, apenas enfatizam o verbo. Em virtude disso, algumas traduções são interpretadas. Em outras palavras, quase todos os verbos têm seus próprios advérbios particulares para expressar qualidade, preferência e grau.

Não será preciso um orientador para acompanhar este Dicionário, porque quase todas as palavras têm um ou mais exemplos de como elas se comportam numa frase. Em alguns verbetes, elas estão apenas identificadas, sem exemplificar frases. A definição de algumas palavras como pré-verbos tem o objetivo de mostrar que se posicionam antes do verbo numa frase.

A elisão de vogais é uma característica da língua *yorubá*. Isso acontece quando há o encontro de duas vogais em palavras próximas. Uma tende a desaparecer para uma forma de fala rápida e objetiva. Em alguns casos, evitei essas contrações para um melhor entendimento na formação de frases. Deve ser observado que alguns exemplos de verbos não são feitos no seu sentido habitual, e sim por uma associação de ideias. São metáforas, recursos de linguagem comuns na língua *yorubá*, principalmente quando não existe uma palavra exata para especificar o assunto. Isso pode vir a confundir quando se tenta traduzir textos apressadamente. Em cada caso, é feita uma tradução literal.

José Beniste

ORIENTAÇÕES BÁSICAS SOBRE O IDIOMA YORUBÁ

ALFABETO

Os verbetes deste Dicionário estão relacionados na ordem natural do alfabeto *yorubá*, num total de 25 letras:

A B D E Ẹ F G GB H I J K L M N O Ọ P R S Ṣ T U W Y

Destacamos as vogais simples em número de 7:

A E Ẹ I O Ọ U

As vogais nasais são formadas com o acréscimo da letra N:

AN ẸN IN ỌN UN

PRONÚNCIA

Letras idênticas são diferenciadas por um ponto embaixo:

Ọ – tem o som aberto como em *bola*.
O – tem o som fechado como em *bolo*.

DICIONÁRIO YORUBÁ-PORTUGUÊS

Ẹ – tem o som aberto como em *dela*.
E – tem o som fechado como em *dele*.
Ṣ – tem o som de X e CH, como em *xadrez* e *chuva*.
S – tem o som de S como em *saúde*.

As demais letras têm a pronúncia idêntica ao português, exceto as seguintes:

H – não é muda, tem um som aproximado a RR.
G – tem um som gutural como em *gostar*, e nunca terá um som como em *gentil*.
J – tem o som de DJ como em *adjetivo, adjunto* e *adjacente*.
R – tem o som brando como em *arisco*.
W – tem o som de U.
N – quando seguido de consoante para formar o gerúndio dos verbos, tem um som gutural, aproximado de UN. Ao lado de vogais, terá condições de dar a elas um som nasal.
P – tem o som de KP lidas ao mesmo tempo, e não uma após a outra.
GB – as duas letras são pronunciadas ao mesmo tempo.

As sílabas NA e MỌ devem ser pronunciadas com um som nasal.
Quando houver duas ou mais vogais iguais juntas, a pronúncia das vogais deverá ser alongada, em vez de serem pronunciadas separadamente.

SISTEMA TONAL

A língua *yorubá* admite sinais para indicar a forma de pronúncia das palavras, e são representados por acentos superiores, da forma como conhecemos em nosso idioma. Eles são baseados na musicalidade natural da linguagem *yorubá*. Além disso, são extremamente importantes por diferenciar palavras e justificar elisões. Cada sílaba admite três tons possíveis, identificados com as três notas musicais:

ORIENTAÇÕES BÁSICAS SOBRE O IDIOMA *YORUBÁ*

tom alto	(mi)	acento agudo	´	ẹlẹ́mí, egúngún, elégédé
tom médio	(ré)	sem acento		ẹranko, oore, Yemọja
tom baixo	(dó)	acento grave	`	ṣàsàrà, òṣùmàrè, àmàlà

Representação gráfica dos tons das palavras:

Àwọn ènìà kò gbọ́dọ̀ mu sìgá – As pessoas não devem fumar.
   alto   gbọ́   gá
   médio   wọn   mu
   baixo   à   ènìà kò   dọ̀   sì

Os acentos tonais são colocados sobre as vogais, existindo, porém, aqueles que são colocados sobre as letras M e N, mas que não são considerados neste trabalho, conforme explicação dada nos respectivos verbetes.

Os acentos tonais das palavras podem vir a ser modificados segundo algumas regras:

a) Verbo com tom grave passa a ter um tom médio, ou seja, perde o acento grave, quando seguido de um substantivo.

b) Pronomes (oblíquos), precedidos de verbos com tons médio e grave, ganham um tom alto. Exceção para o pronome da 2ª pessoa do plural, que permanece sempre com tom alto.

c) Os pronomes pessoais de uma sílaba, da 1ª e 2ª pessoas do singular e do plural, antes da partícula N do gerúndio dos verbos, tomam um tom grave.

VOGAIS ALONGADAS

Já foi observado que o idioma *yorubá* possui um som melódico influenciado pelas notas musicais dó, ré e mi, equivalentes aos tons alto, médio e baixo.

DICIONÁRIO YORUBÁ-PORTUGUÊS

O alongamento de vogais é um exemplo e ocorre numa frase mediante determinadas regras:

a) Substantivo seguido de um possessivo tem a vogal final alongada somente na fala:

Bàbá mi – meu pai; pronunciar *bàbáà mi*.

b) Dois substantivos juntos, a vogal do primeiro é estendida na fala e na escrita, se o substantivo seguinte começar com consoante:

Èdè – idioma   *Èdèe yorùbá* – língua *yorubá*.

c) *Nínú* – dentro, interior. A vogal final é estendida quando o nome que lhe segue começa com consoante:

Nínúu yàrá – dentro do quarto.

d) Dois verbos juntos, a vogal final do primeiro é estendida, opcionalmente:

Fẹ́ – querer   *Mo fẹ́ẹ́ lọ jáde* – Eu quero ir embora.

e) *Sí* – para, em direção a; quando posicionado antes de um verbo, a vogal é estendida com tom alto:

A bẹ̀rẹ̀ síí kàwé – Nós começamos a ler.

f) Substantivo seguido de um verbo afirmativo, a vogal final do substantivo é estendida com tom alto:

Bọ́sẹ̀ – nome masculino   *Bọ́sẹ̀ẹ́ wẹ̀* – *Bọ́sẹ̀* tomou banho.

ORIENTAÇÕES BÁSICAS SOBRE O IDIOMA *YORUBÁ*

g) Verbo com partícula indicativa do tempo do verbo tem a vogal alongada quando seguida de outro verbo:

Ó nrìn ín lọ – Ele está caminhando.

ELISÃO E ASSIMILAÇÃO

São características fundamentais da língua *yorubá* como formas de fala rápida e objetiva. Como toda palavra *yorubá* termina com uma vogal simples ou nasal, se a próxima palavra iniciar com uma vogal, haverá uma contração de vogais, tornando-as uma só palavra. Neste Dicionário, em alguns casos, evitamos contrações de vogais para um melhor entendimento da formação das frases. Porém, como são constantemente encontradas em textos diversos, é preciso conhecer alguns exemplos:

a) Verbo + substantivo:

já	+ ewé	= jáwé	–	colher folhas.
rà	+ ejá	= rejá	–	comprar peixe.
gbà	+ oògùn	= gboògùn	–	receber medicamentos.
kú	+ òsán	= káàsán	–	boa-tarde.

b) *Ni* – ser; *Ní* – ter, dizer, em, no, na; seguidos de uma palavra que não comece com a vogal I ou qualquer consoante, eles se transformam em L:

ní owó	= lówó	–	ter dinheiro.
ní àpò	= lápò	–	no bolso.
ní ilé	= nílé	–	na casa, em casa.
Kíni o sẹ?	= Kílo sẹ?	–	O que você fez?

DICIONÁRIO YORUBÁ-PORTUGUÊS

PLURAL DAS PALAVRAS

As palavras não se modificam para formar o plural. É usado o pronome *àwọn* antes das palavras:

ẹranko – o animal   *àwọn* ẹranko – os animais

Existem outras maneiras de fazer o plural das palavras. Por exemplo, usando adjetivos ou advérbios que já sejam plurais no significado:

ènìà púpọ̀ – muitas pessoas   owó ẹyọ mẹ́rin – quatro búzios

GÊNERO GRAMATICAL

Não existe o gênero gramatical da forma como conhecemos. Em alguns casos, as palavras já indicam os dois sexos:

ọkọ – marido   aya – esposa
àkùkọ – galo   adìẹ – galinha

Em outros casos são utilizadas palavras para indicar os dois sexos: ọkùnrin – homem, obìnrin – mulher.

ọ̀rẹ́ ọkùnrin = ọ̀rẹ́'kùnrin – amigo
ọ̀rẹ́ obìnrin = ọ̀rẹ́'bìnrin – amiga

No caso de animais e plantas: akọ – macho, abo – fêmea:

akọ ajá – cão   abo ajá – cadela

ORIENTAÇÕES BÁSICAS SOBRE O IDIOMA *YORUBÁ*

FRASES INTERROGATIVAS

Perguntas que exigem respostas sim ou não são formadas pela inclusão, no início da frase, das partículas Ṣé e Njẹ́.

Ṣé o mọ ọ̀nà? – Você conhece o caminho?

Se a resposta for positiva, Bẹ́ẹ̀ni ou Ẹ́n – sim; caso contrário, Bẹ́ẹ̀kọ́, Rárá, Ẹ́n-ẹ́n – não. Neste caso, é feita a negação do verbo, kò ou ò – não. (V. kì.)

Bẹ́ẹ̀ni, èmi mọ̀ – Sim, eu conheço. Rárá, èmi kò mọ̀ – Não, eu não conheço.

Para outras formas de perguntas são usadas palavras interrogativas, regidas pelo verbo Ni – ser:

Kíni	– O quê?	Nígbàwo ni	– Quando?
Tani	– Quem?	Báwo ni	– Como?
Titani	– De quem é?	Wo ni	– Qual é?
Èló ni	– Quanto? (valores)	Mélòó ni	– Quantos?
Níbo ni	– Onde? Aonde?	Nípa kíni	– Por meio de quê?
Síbo ni	– Para onde?	Láti ibo ni	– De onde?

SUBSTANTIVOS

Os substantivos contêm duas ou mais sílabas e geralmente começam com vogais, em razão de grande parte deles ser formada a partir de um verbo pela prefixação de vogais:

dẹ – caçar   ọdẹ – caçador
mí – respirar   ẹmí – respiração

DICIONÁRIO YORUBÁ-PORTUGUÊS

ADJETIVOS

Normalmente, são posicionados depois dos substantivos, dando-lhes qualidade. Todos os qualificativos começam com consoante e são derivados de substantivos e de verbos. Costumam ser repetidos numa frase para intensificar o sentido. Quando utilizados como verbos, não são precedidos pelo verbo *Ni*, ser.

Ó dára fún wa – Ela é boa para nós.

VERBOS

Todos os verbos *yorubás* começam com uma consoante e não flexionam nas conjugações. Por esse motivo são sempre apresentados em sua forma infinitiva. Assim, nunca expressarão uma ação presente, passada ou futura, ou mesmo uma ação verbal. Para que isso ocorra são precedidos pelos pronomes pessoais e partículas indicativas de tempo ou modo, posicionadas entre o pronome e o verbo:

ti	–	ter (verbo auxiliar).
ti	–	enfatiza uma ação realizada.
n	–	faz o tempo presente ou dá ideia de continuidade.
yíò	–	faz o tempo futuro (variantes *ó, á, máa*).
máa	–	indica uma ação habitual.
ìbá	–	teria, auxiliar do condicional.
bí...bá	–	auxiliar do condicional.
kò, ò	–	faz a negativa dos verbos regulares.
kì ó	–	negativa do tempo futuro (variante *kò níí*).
má	–	negativa da forma de comando.

ORIENTAÇÕES BÁSICAS SOBRE O IDIOMA *YORUBÁ*

Rí – Ver.
Mo ti rí – Eu tenho visto.
Èmi yíò rí – Eu verei.
Mọ̀ nrí – Eu estou vendo.
Èmi máa rí i – Eu costumo vê-lo.
Èmi ìbá ti rí – Eu teria visto.
Bí èmi kò bá rí i – Se eu não o vir.
Èmi kò tí ì rí – Eu ainda não vi.

Mo rí – Eu vejo, eu vi.
Mo ti rí i – Eu já o vi.
Èmi kì ó rí – Eu não o verei.
Mo ti nrí – Eu estava vendo.
Èmi ti máa rí i – Eu costumava vê-lo.
Bí èmi bà rí – Se eu visse.
Má rí i – Não veja isto.
Èmi kò rí i – Eu não a vi.

VERBOS MONOSSÍLABOS – são os verbos típicos *yorubás*:

bọ – adorar   *dé* – chegar   *nù* – limpar

VERBOS COMPOSTOS – são os verbos monossílabos combinados com substantivos, cujas combinações podem ser separadas:

fọwọ́ = *fọ̀* + *ọwọ́* – lavar as mãos.
gẹ́run = *gẹ́* + *irun* – cortar o cabelo.

VERBOS COMPLEXOS – também chamados de duplos fixos, porque, com raras exceções, não podem ser separados os elementos que os compõem:

pàdé – reunir   *bẹ̀rẹ̀* – começar   *bùkún* – abençoar

VERBOS COMBINADOS – são formados por dois termos gramaticais diferentes, podendo ser dois verbos que expressam uma só ideia de acordo com certas circunstâncias. Quando esses verbos forem usados com um objeto, serão separados e entre eles será colocado o objeto. Em alguns casos, os verbos combinados são apresentados separados para lembrar essa possibilidade. Para este tipo de verbo são dados diversos exemplos na formação de frases. Considerar as seguintes regras:

DICIONÁRIO YORUBÁ-PORTUGUÊS

a) Não havendo um complemento como objeto, os elementos ficam juntos:

Ó túnsè – Ela cozinhou de novo.
Ó tún ẹran sè – Ela cozinhou a carne de novo.

b) Na combinação de verbo + verbo, somente o primeiro terá objeto:

Ó gbé aṣọ tà – Ela levou a roupa e vendeu.

c) Na combinação de verbo + verbo, em muitos casos, o segundo verbo intensifica ou expressa o resultado da ação do primeiro:

Ó fa aṣọ ya – Ele rasgou a roupa (fà – puxar; ya – rasgar).

d) Em outros casos, os dois verbos podem expressar uma ideia que não pode ser explicada separadamente:

Ẹ̀wù yìí bá mi mu – Esta roupa assentou bem em mim (bá e mu não têm nenhuma relação com este significado).

e) Quando o verbo tiver dois objetos, o segundo objeto, que será necessariamente um substantivo, será precedido por ní:

Ó yà mí lẹ́nu – Ele me surpreendeu (ní + ẹnu = lẹ́nu).

f) Ver as regras dos acentos tonais referentes aos verbos.

ORIENTAÇÕES BÁSICAS SOBRE O IDIOMA YORUBÁ

QUADRO GERAL DOS PRONOMES

	Pronome pessoal (ênfase)	Pronome pessoal	Pronome possessivo	Pronome possessivo (ênfase)	Pronome objeto (oblíquo)	Pronome reflexivo
1ª pessoa do singular	Èmi eu	Mo, mi, n, ng eu	Mi meu, minha	Tèmi meu, minha	Mi me, mim, comigo	Ara mi eu mesmo a
2ª pessoa do singular	Ìwọ você	O você	Rẹ de você	Tirẹ de você	Ọ ou Ẹ você	Ara rẹ você mesmo
3ª pessoa do singular	Òun ele, ela	Ó ele, ela	Rẹ̀ dele, dela	Tirẹ̀ dele, dela	Repetição da vogal final do verbo ele, ela	Ara rẹ̀ ele mesmo ela mesma
1ª pessoa do plural	Àwa nós	A nós	Wa nosso, nossa	Tiwa nosso, nossa	Wa nós, nos, conosco	Ara wa nós mesmos
2ª pessoa do plural	Ẹ̀yin vocês	Ẹ vocês	Yín de vocês	Tiyín de vocês	Yín vocês	Ara yín vocês mesmos
3ª pessoa do plural	Àwọn eles, elas	Wọn eles, elas	Wọn deles, delas	Tiwọn deles, delas	Wọn deles, delas	Ara wọn eles mesmos elas mesmas

ADVÉRBIOS

Quase todos os adjetivos e verbos têm seus próprios advérbios para expressar sua qualidade, preferência ou grau, e esses advérbios não podem ser usados senão com seu verbo e seu adjetivo específicos. Eles reforçam o verbo, dando cor, sabor, e começam com consoante. Muitas vezes são derivados de palavras duplicadas, podendo ser separados por um traço de união. Geralmente, são posicionados no final da frase:

DICIONÁRIO YORUBÁ-PORTUGUÊS

Ó ṣú biribiri – Está intensamente escuro.
Ó kún bámú-bámú – Ele está muito cheio.

Outros advérbios são usados antes dos verbos e por isso são classificados como advérbios pré-verbais:

Ó tètè dé – Ela chegou rapidamente.
Bàbá tilẹ̀ rí wa – Papai de fato nos viu.

Os advérbios que expressam tempo ou espaço são formados pela elisão de Ní com o respectivo nome:

Ní àná = láná – ontem.
Ní òkè = lókè – em cima.

PREPOSIÇÕES

A preposição é comumente usada antes de seu objeto:

Bá, pèlú, fi – com   ti – de   fún, sí, láti – para

A preposição ní – em, no, na – é normalmente usada com palavras que denotam lugar, tempo, maneiras e circunstâncias:

Ìyá wà nílé – (ní + ilé) – Mamãe está em casa.

A preposição sí – para, em direção a – é dinâmica e usada com verbos que indicam movimento e direção:

Bàbá dé sílé – (sí + ilé) – Papai chegou em casa.

Exceção: rè – ir   bọ̀ – retornar
    Ó bọ oko – Ela voltou da fazenda.

ORIENTAÇÕES BÁSICAS SOBRE O IDIOMA *YORUBÁ*

Preposições + substantivos – as preposições *ní* e *sí* são prefixadas aos substantivos para formar outras preposições:

Ní inú = nínú – dentro   sí inú = sínú – para dentro
Ní èhìn = léhìn – atrás   sí èhìn = séhìn – para trás

Quando um verbo tiver dois objetos, a preposição *ní* será usada antes do segundo objeto:

Ó fún mi ní èbùn – Ela me deu um presente.
Ó bò mí ní àṣírí – Ele encobriu meus segredos.

CONJUNÇÕES

São usadas para relacionar entre si duas orações ou partes da oração:

ṣùgbọ́n, àmọ́	–	mas
àfi	–	somente
tàbí	–	ou
bíotijẹ́pẹ́	–	apesar de que
nítorípé	–	porque
àti	–	e. Liga substantivos ou advérbios, mas não verbos:
		Ó mu iṣu àti ọbẹ – Ele pegou o inhame e a faca.
sì	–	e. Liga sentenças e é posicionada imediatamente após o sujeito da segunda oração:
		Ó wọlé, èmi sì jáde – Ele entrou em casa, e eu saí.
		Ó jẹun, ó sì sùn – Ele comeu e dormiu.

DICIONÁRIO YORUBÁ-PORTUGUÊS

NUMERAIS

Os numerais *yorubás* são apresentados de diferentes formas de acordo com a maneira de serem usados. A partir dos números básicos, são utilizados prefixos e partículas diversas transformando-os em cardinais, ordinais e advérbios.

Fazer cálculo conta e gasto		Para contar		Numeral cardinal		Numeral ordinal			
Oókan	1	Ení	1	Kan	um	Èkíní	=	kíní	primeiro
Eéjì	2	Èjì	2	Méjì	dois	Èkéjì	=	kéjì	segundo
Eéta	3	Èta	3	Méta	três	Èkéta	=	kéta	terceiro
Eérin	4	Èrin	4	Mérin	quatro	Èkérin	=	kérin	quarto
Aárún	5	Àrún	5	Márún	cinco	Èkárún	=	kárún	quinto
Eéfà	6	Èfà	6	Méfà	seis	Èkéfà	=	kéfà	sexto
Eéje	7	Èje	7	Méje	sete	Èkéje	=	kéje	sétimo
Eéjo	8	Èjo	8	Méjo	oito	Èkéjò	=	kéjò	oitavo
Eésàán	9	Èsàán	9	Mésàán	nove	Èkésàán	=	késàán	nono
Eéwàá	10	Èwàá	10	Méwàá	dez	Èkéwàá	=	kéwàá	décimo

Outros prefixos usados para formar os numerais adverbiais:

Lókòòkan – uma de cada vez
Léèkan – uma vez
Léèkíní – a primeira vez
Ní méjèèjì – todos os dois, ambos
Kíní-kíní – todo o primeiro
Ìjeta – três dias atrás
Ìdájì – meio
ní méjìméjì – dois de cada vez

léèméjì – duas vezes
léèkéjì – a segunda vez
ní métèèta – todos os três
kéjì-kéjì – todos os segundos
ìdúnta – três anos atrás
ìdámeta – um terço
ìdámérin – um quarto

ORIENTAÇÕES BÁSICAS SOBRE O IDIOMA *YORUBÁ*

As dezenas e centenas:

10 – ẹ̀wàá	80 – ogọ́ọ̀rin	150 – àádọ́ọ̀jọ	400 – irínwó
20 – ogún	90 – àádọ́ọ̀rún	160 – ogọ́ọ̀jọ	500 – ẹ̀ẹ́dẹ́gbèta
30 – ogbọ̀n	100 – ogọ́ọ̀rún	170 – àádọ́ọ̀sàn	600 – ẹgbèta
40 – ogójì	110 – àádọ́fà	180 – ogọ́ọ̀sàn	700 – ẹ̀ẹ́dẹ́gbèrin
50 – àádọ́ọ̀ta	120 – ogọ́fà	190 – àádọ́wàá	800 – ẹgbèrin
60 – ogọ́ọ̀ta	130 – àádóòje	200 – igba	900 – ẹ̀ẹ́dẹ́gbèrún
70 – àádọ́ọ̀rin	140 – ogóòje	300 – ọ̀ọ́dúnrún	1.000 – ẹgbèrún

OBSERVAÇÕES GERAIS

1. Todas as palavras terminam com uma vogal simples ou vogal nasal.
2. Não existem letras mudas, todas elas devem ser pronunciadas e acentuadas na última sílaba (oxítonas).
3. Não há dois sons para uma mesma letra. Todas têm um som único e devem ser lidas da forma como estão escritas.
4. Todos os verbos começam com uma consoante, quase todos os substantivos com uma vogal, e ambos têm duas ou mais sílabas.
5. Como os verbos não se alteram nas conjugações, não há desinências verbais para indicar a pessoa ou o número gramatical. Assim, todos os verbos *yorubás* devem ser antecedidos pelo sujeito da oração.
6. Os verbos que revelam ação, sem indicação de tempo, devem ser lidos no tempo passado, e os verbos neutros, no presente ou passado, de acordo com o assunto. Para dar ênfase a uma ação realizada, usa-se a partícula *ti* antes do verbo.
7. A maneira como uma ação foi ou é realizada é revelada por algumas palavras que sempre se posicionam antes dos verbos. Isso é lembrado em alguns verbetes com a abreviatura *pré-v.* (pré-verbo).
8. Não são usadas as formas *tu* e *vós*, em *yorubá*. São substituídas pelos pronomes de tratamento *você* e *vocês*.

DICIONÁRIO YORUBÁ-PORTUGUÊS

9. Quando não houver mais informações na categoria ou tradução de uma palavra, o verbete será imediatamente seguido pela indicação *obs.* (observe) e acompanhado por um exemplo de frase.
10. Nas frases negativas não são usados os pronomes pessoais da 3ª pessoa do singular.
11. O apóstrofo indica que uma vogal foi suprimida no encontro de duas vogais em palavras próximas. É opcional.
12. Quando palavras são ligadas por hífen, isto significa que elas têm um único significado, principalmente as palavras novas que o idioma *yorubá* procura inserir em sua linguagem.
13. Palavras oriundas de outros idiomas estão devidamente destacadas.
14. As espécies de plantas nativas citadas, quando possível, são seguidas de seu nome científico.
15. O artigo *yorubá náà* é pouco usado e não determina o gênero do substantivo.

OBRAS CONSULTADAS

A Dictionary of the Yoruba Language – Oxford University Press, Ibadan, 1978.
A Origem dos Yorubás – S. O. Biobaku, Serviço de Difusão Nigeriana, Lagos, 1955.
A Short Yoruba Grammar – Ayọ Bamgboṣe, University Press, Ibadan, 1973.
Dicionário Brasileiro da Língua Portuguesa – Aurélio Buarque de Holanda Ferreira, RRP Editorial, Rio de Janeiro, 1978.
Dicionário Inglês-Português Collins – Editora Siciliano, São Paulo, 1994.
Dicionário Yorubá-Português – Eduardo Fonseca Junior, Editora Civilização Brasileira, Rio de Janeiro, 1983.
Dictionary of Modern Yoruba – R. C. Abraham, M. A., D. Litt. – Hodder and Stoughton, Londres, 1981.
Essentials of Yoruba Grammar – Ọladele Awobuluyi, University Press, Ibadan, 1979.
Modern Lessons Yoruba – J. S. A. Odujinrin, Lagos, 1975.
Modern Practical Dictionary Yoruba – Kayode J. Fakinlede, Hippocrene Books, Inc., Nova York, 2003.

ORIENTAÇÕES BÁSICAS SOBRE O IDIOMA YORUBÁ

Olódùmarè, God in Yoruba Belief – E. Bọlaji Idowu, Longmans, Londres, 1962.
Sixteen Great Poems of Ifa – Wande Abimbola, Unesco, Nova York, 1975.
The Essentials of the Yoruba Language – P. O. Ogunbọwale, Londres, 1970.
The Fundamental Basic of Yoruba Education in Yoruba Oral Tradition – Timothy A. Awoniyi, University of Ife, 1975.
The Sociology of the Yoruba – N. A. Fadipe, University Press, Ibadan, 1970.
The Vocabulary of Yoruba Religious Discourse – Modupẹ́ Oduyẹyẹ, Ibadan, 1971.
Yoruba – A Complete Course for Beginners – E. C. Rowlands, Londres, 1993.
Yoruba Basic Course – Earl W. Stevick, Ọlaẹyẹ Aremu, Washington, 1963.
Yoruba Dùn ún Sọ – Karin Barber, Yale University Press, Londres, 1984.
Yoruba Medicine – Anthoni D. Buckley, Claredon Press, Oxford, 1985.
Yoruba Verbs and their Usage – J. Gbenga Fagborun, Virgo Press, Londres, 1994.

SINAIS E ABREVIATURAS UTILIZADOS

adj.	– adjetivo		*lit.*	– literalmente
adv.	– advérbio		*m.*	– masculino
art.	– artigo		*neg.*	– negativo
compos.	– composição		*num.*	– numeral
comp.	– comparativo		*obs.*	– observe
conj.	– conjunção		*part.*	– partícula
contr.	– contração		*pref.*	– prefixo
dem.	– demonstrativo		*pref. neg.*	– prefixo negativo
exp.	– expressão		*prep.*	– preposição
f.	– feminino		*pré-v.*	– pré-verbo, pré-verbal
f. redu.	– forma reduzida		*pron.*	– pronome
fig. ling.	– figura de linguagem		*pron. dem.*	– pronome demonstrativo
gen.	– gênero			
gír.	– gíria		*pron. pess.*	– pronome pessoal
interj.	– interjeição		*pron. poss.*	– pronome possessivo

DICIONÁRIO YORUBÁ-PORTUGUÊS

resp.	– resposta	=	–	o mesmo que, igual a
s.	– substantivo	+	–	revela como foi feita a composição da palavra
sing.	– singular			
V.	– veja			
v.	– verbo	–	–	hífen, usado quando duas ou mais palavras querem dizer uma coisa só
v. aux.	– verbo auxiliar			
v. lig.	– verbo de ligação			
<	– a palavra deriva de			
>	– a palavra dá origem a			

A, primeira letra do alfabeto *yorubá*.

A, *pron. pess.* Nós. Forma alternativa do pronome *àwa*. A *pọ́ apá rẹ̀* – Nós torcemos o braço dele. Antes do verbo no gerúndio, assume um tom grave. *À nlọ sílé wa* – Nós estamos indo para nossa casa.

A, *pref.* Adicionado ao verbo para formar substantivos, geralmente concretos, com algumas exceções. *Ta* – queimar; *ata* – pimenta; *yọ̀* – ser alegre; *ayọ̀* – alegria.

A, *pref.* 1. Para dar forma equivalente a *Ẹni tí* – a pessoa que, aquele que. *Jẹran* – comer carne; *ajẹran* – aquele que come carne, carnívoro; *dájó* – julgar; *adájó* – aquele que julga, juiz. V. outros exemplos a seguir. 2. Em provérbios, poesias, enigmas etc., é impessoal e tem o sentido de pessoa, na forma passiva: *A kì í dàgbà náà láya* – Pessoas não costumam envelhecer sem ter esposas; *A ní kí n mú àwọn òrẹ́ wá* – Pessoas disseram que eu trouxesse os amigos.

Á, *part. v.* Forma alternativa para fazer o tempo futuro dos verbos. *Òrẹ́ mi á ṣe orò* – Minha amiga fará a obrigação. Neste caso, quando os pronomes pessoais são usados como sujeito da oração, usar os de duas sílabas: *Òun á ṣe orò* – Ela fará a obrigação. V. *yíò, ó, máa, yóò*.

A, Á, *pron.* da 3ª pessoa do singular, representado pela repetição da vogal final do verbo. Os demais pronomes possuem formas definidas. Este procedimento é conhecido como o caso objetivo da 3ª pessoa. *Ó bá* – Ele ajudou; *Ó bá a* –

A, Á – ABÀFÈ

Ele a ajudou; *Ó nà* – Ele castigou; *Ó nà á* – Ele a castigou. Quando o verbo tiver mais de uma sílaba, usar rè em vez de repetir a vogal final do verbo. *Mo fẹ́nukonu rẹ̀* – Ele a beijou; *Àwa fẹ́ràn rẹ̀* – Nós gostamos dela.

ÁÀ!, *interj.* Expressando surpresa ou admiração. *Áà! Kò sí èkọ́ lóní* – Ah! Não há aula hoje.

ÀÀBÒ, *s.* Proteção, refúgio, cobertura, defesa, segurança, escudo. *Ààbò ni akọ èdá jẹ́ fún abo* – É da natureza do macho dar proteção à fêmea; *Ààbò wọn ti pòórá* – A segurança deles termina. *Ibi ààbò* – lugar de refúgio.

ABÀ, *s.* Depósito de materiais, celeiro, estabelecimento. *Bàbá lọ sí abà* – Papai foi para o depósito; *abà àgbàdo* – celeiro de milho.

ÀBA, *s.* Escada de mão.

ABÁ, *s.* **1.** Espécie de esteira ou almofada. **2.** Fatia, porção, parte.

ÀBA, *s.* **1.** Incubação de ovos ou bactérias, natural ou artificialmente. *Adìẹ yìí wá lórí àba rẹ̀* – Esta galinha está chocando a ninhada dela. **2.** Mercado, estoque de roupas, alimentos, bebidas, lote, cepo, estirpe.

ÀBÁ, *s.* Sugestão, moção, proposta, deliberação. *Àbá mi ni pé kí iwọ kò wá* – Minha sugestão é que você não vá.

ÀBÀ, *s.* Um tipo de árvore.

ÀBÁ, *pref.* Usado na composição de palavras, para o ato de se encontrar, estar em companhia de: *àbá pàdé* – reuniram-se; *àbá sisẹ́* – trabalharam junto.

ÀBÁ, ÀBÀRÁ, *s.* Tapa, bater com a palma da mão. *Ó gbá mi lábá* – Ele me deu um tapa. *lábá = ní àbá*.

ÀÀBÀ, *s.* Uma forma obsoleta de punição. *Wọ́n kọ́ ọwọ́ rẹ̀ sí ààbà* – Eles engancharam as mãos dele no poste (pelourinho).

ÀBÁBỌ̀, *s.* O resultado. < *à + bá + àbò*.

ÀBÁDÀ, *s.* Mudanças e contingências da vida.

ÀBÁDÀ, *adj.* Usado na forma negativa a fim de dar um sentido de perpetuidade. *Èmi kò ní bá a ṣe láyé fi àbádà* – Eu nunca terei qualquer coisa mais a ver com ele.

ABADENI, *s.* Bandido, embusteiro.

ABÀFÈ, *s.* Tipo de árvore cuja casca é usada para amarrar lenha. *Bauhinia thonningii (Caesalpinaceae)*.

ÀBÁFÚ, s. 1. Fortuna, boa sorte, sucesso. Àbáfú ni ó bá mi – O sucesso aconteceu comigo. 2. Corpulento, obeso, gordo.

ABAHUN, s. Uma espécie de tartaruga.

ABAIYÉJẸ, s. Pessoa intrometida, que perturba a paz de uma comunidade.

ÀBÀJÀ, s. Marca facial. Ó bu àbàjà mẹta – Ele fez três marcas no rosto. V. pélé, ilà.

ÀBÁJẸ, **ÀJỌJẸ**, s. Aquele que come junto com uma pessoa.

ÀBÀJẸ, s. Tipo de inhame doce.

ABÁJỌ, interj. Uma expressão de surpresa. Abájọ tí ó fi kí mi – Não foi nada demais ela ter me cumprimentado.

ABALA, s. Uma peça de roupa – Abala aṣọ.

ÀBÀLÁ, s. Pudim feito de arroz.

ÀBÁLÉ-ÀBÁLÉ, adv. Repetidamente, constantemente, frequentemente. Àbálé-àbálé ló bá mi – Frequentemente ele me encontra.

ÀBÁMẸTA, s. Sábado. Wáá kí wa lójọ́ àbámẹta – Venha nos visitar no dia de sábado.

ABÀMI, adj. Extraordinário, notável, famoso, raro, marcante. Abàmi ènìà – Uma pessoa notável; Ìlú yìí abàmi – Esta cidade é famosa.

ÀBÁMODÁ, s. Folha-da-fortuna. Bryophyllum pinnata (Crassulaceae).

ÀBÁMỌ̀, s. Tristeza, pesar, remorso, cheio de dores, meditação. Ó di àbámọ̀ fún mi – Ele se tornou uma tristeza para mim; Àbámọ̀ ni lílọ mi – É com pesar a minha partida.

ABANDAN, s. Determinada parte de alguma coisa, um lote de papel.

ABÁNIDÁMỌ̀RÀN, **BÁNIGBÈRÒ**, s. Conselheiro, consultor. V. dámọ̀ràn.

ABÁNIDÁRÒ, s. Simpatizante, aquele que simpatiza com outro, consolador.

ABÁNIDÍJE, s. Competidor, rival.

ABÁNIGBÈRÒ, s. Conselheiro.

ABÁNIJẸ́, s. Aquele que difama, caluniador, detrator.

ABÁNIJẸUN, s. Aquele que divide sua comida com outro.

ABÁNIJÍRÒRÒ, s. Aquele que dá conselhos. V. jíròrò.

ABÁNIKẸ́DÙN, s. Simpatizante, consolador.

ABÁNIKÚ-ỌRẸ́, s. Aquele que é fiel e pronto a morrer por um amigo.

ABANILẹ́RÙ, *adj.* Assustador, medroso, amedrontador.
ABÁNIWÍ, *s.* Aquele que repreende ou faz uma censura.
ABÁ ÒWÚ, *s.* Descaroçamento do algodão.
ÀBÁPÀDÉ, *s.* Encontro inesperado. *Mo ṣe àbápàdé Òjó* – Eu tive um encontro inesperado com Ojô.
ÀBAPO, ÌBỌPO, *s.* Rede, cortina de cama.
ABARA, *s.* Aquele que tem um corpo.
ÀBÀRÁ, *s.* Tapa. *Ó gbà mí lábàrá* – Ele me deu um tapa. = *àbàdá*.
ÀBÀRÀ, *s.* Tipo de comida feita com massa de feijão-fradinho.
ABÁRADÓGBA, *adj.* Correspondente.
ABÁRAJỌ, *adj., v.* Idêntico, ser idêntico.
ABÁRAKÚ, *adj.* Habitual, crônico.
ABARAPÁRA, *s.* Homem forte e saudável, com boa saúde.
ÀBÁRÈBABỌ̀, *s.* Resultado, consequência (*lit.* o que acompanha o efeito).
ÀBÀRÍ, *s.* Tipo de pudim feito de farinha de milho e feijão.
ÀBÁRÒ, *s.* Conselho, deliberação.
ÀBÁṢE, ÌBÁṢE, *s.* Cooperação, apoio, assistência, relação sexual com uma mulher.
ÀBÁṢEPỌ̀, *s.* Interação, ação recíproca.
ÀBATÀ, *s.* V. *ọ̀pá-àbatà*.
ÀBÁTÁ, *s.* Uma determinada área do palácio do rei.
ÀBÀTÀ, *s.* Local pantanoso, brejo, trilha, caminho.
ÀBÁTAN, *s.* Aquele que mantém relação com alguém, relacionamento. *<à + ba + tan*.
ÀBÀTÌ, *s.* Fracasso, falha. *Iṣẹ́ náà ni mo bàtì* – Eu falhei naquele trabalho.
ÀBÀWỌ́N, *s.* Difamação, mácula, reputação manchada, adulteração. *Àbàwọ́n àbíníbí* – Anomalia congênita.
ABAYÉJẸ́, ỌBAYÉJẸ́, *s.* Semeador de discórdia.
ABÈÉKÁNNÁ, *s.* Aquele que tem garras.
ABÈRE, *s.* Adorador de ídolos, idólatra. *< a + bọ + ere*.
ÀBÈRÈ, *s.* Uma fruta amarga usada como uma droga.
ÀBÈÈRÈ, ÌBÈÈRÈ, *s.* Pergunta. *Ó ṣe ìbèèrè* – Ele fez uma pergunta.
ABÈṢE, *s.* Uma pessoa má.

ABÉṢÙMULẹ̀, s. Sacerdote de Èṣù.

ABETÍ-AJÁ, s. Aquele que possui orelhas do formato das de cachorro.

ABẹ, s. Navalha, canivete, bisturi. *Ó fi abẹ fá orí rẹ̀* – Ela usou a navalha e raspou a cabeça dele. *fá orí = fárí.*

ÀBẹ̀, pref. Aquele que pede. Usado na composição de palavras. *Àbẹtẹ́lẹ̀* – suborno. < *àbẹ̀ + tẹ́lẹ̀* – pedir antecipadamente.

ABẹ́, s. Parte de baixo. É usado como preposição. *O wà lábẹ́ igi* – Ele está embaixo da árvore. < *lábẹ́ = ní abẹ́.*

ABẹ̀Bẹ, **ONÍPẹ̀**, s. Defensor, acusador.

ABẹ̀Bẹ̀, s. Leque, ventarola. *Abẹ̀bẹ́ àyà* – barbatana do peito do peixe.

ABẹBẹLÚBẹ, s. Performance, uma façanha quando em disputa. *Wọ́n ṣe abebẹlúbẹ* – Eles fizeram uma performance.

ÀBẹ́DÉ, **ÀBẹ́DÉLẹ̀**, obs. *Ó bẹ́ ẹ lábẹ́ délẹ̀* – Ele cortou isto direto, sem interrupção.

ABẹ̀ẹ́KÁNNÁ, s. Aquele que possui garras. *Abẹ̀ẹ́kánná sòbòlò-sobolo!* – Que longas unhas!

ÀBẹ̀ÌYANNU, s. Impertinência, ser insistente, inoportuno.

ÀBẹ́LÀ, s. Vela, candeeiro. *Òun taná àbẹ́là kan* – Ela acendeu uma vela.

ABẹ́LE, adj. Doméstico. *Ohun-èlò abẹ́le* – utensílios domésticos.

ABẹ́Lẹ̀, s. Subterrâneo, no subsolo, ocultamente. *Òun sọ fún mi lábẹ́lẹ̀* – Ela falou para mim em segredo. < *lábẹ́lẹ̀ = ní abẹ́lẹ̀.* V. *àṣírí.*

ÀBẹ́Lẹ̀, s. Um estilo de penteado. *Ó kó irun àbẹ́lẹ̀* – Ela juntou o cabelo em forma de tufos.

ABẹ́NÚ, s. Virilha.

ABẹ̀ÒKÚTA, s. Cidade *yorubá* cujo soberano é denominado *Aláké*.

ABẹ́Rẹ, s. Agulha (do árabe *íbere*). *Bí abẹ́rẹ́ náà kò bá mọ́, aláìsàn yíò lè kó àrùn* – Se a agulha não estiver limpa, o paciente poderá contrair doença.

ABẹRẹ́-ÀLUGBE, s. Alfinete.

ABẹ́Rẹ́ OLÓKO, s. Um tipo de planta. *Bidens pilosa.*

ÀBẹ̀Rẹ̀WÒ, s. Teto baixo de uma casa. *Ilé àbẹ̀rẹ̀wò* – Uma casa em que uma pessoa tem que se abaixar ao entrar.

ABÈRIN – ÀBÍMỌ́, ÀBÍNIBÍ

ABÈRIN, s. Aquele que ri das pessoas quando elas estão sendo chamadas a atenção.

ABÈRO, s. Colher, espátula de madeira.

ÀBẸSÁ, s. Secar e temperar ao sol.

ABẸSẸ̀, s. Título honorífico de um mensageiro de uma comunidade.

ÀBÈTẸ́LẸ̀, s. Suborno, propina. *Ó fún mi ní àbètẹ́lẹ̀* – Ele me deu um suborno; *Ìwọ kò gbọ́dọ̀ gba àbètẹ́lẹ̀* – Você não deve aceitar suborno.

ABẸTU, s. Fonte de água que ficou seca num período do ano.

ÀBẸ̀WÒ, ÌBẸ̀WÒ, s. Visita, inspeção. *Wọ́n ṣe àbẹ̀wò ní ọjà* – Eles fizeram inspeção no mercado.

ABẸ̀YỌ̀, s. Denominação dos devotos participantes do Festival de Èyò.

ABI, pref. Indica estado ou condição de alguma coisa. É usado somente na composição de palavras, sendo que a vogal *i* pode sofrer uma elisão: *abilékọ* – aquela que possui marido; *abọrùn* – aquele que possui pescoço; *abírun* – pessoa enferma.

ÀBÍ, TÀBÍ, conj. Ou. *Ẹ jékí a jẹun àbí sùn?* – Vamos comer ou dormir? V. *tàbí*. Também usada para confirmar uma afirmativa: *Ó lọ sílé láná. Tàbí?* – Ele foi para casa. Certo, não é mesmo?

ABIAMỌ, ABIYAMỌ, s. Mulher com muitos filhos, que ainda os amamenta.

ABÍDÈMÍ, s. Denominação de uma criança que nasceu durante a ausência do pai.

ÁBÍDÍ, s. Alfabeto.

ABIGBÈHÌN, s. Aquele que nasceu por último. *Kíni orúkọ abigbèhìn ìyá rẹ?* – Qual o nome do último filho de sua mãe?

ÀBÍKẸ́HÌN, s. Caçula (lit. aquele que nasceu depois).

ÀBÍÎKỌ́, s. Aquele que nasceu e não aprendeu.

ÀBÍKÚ, s. Denominação de um tipo de espírito que encarna em pessoas especiais (lit. aquele que nasce para morrer e retornar outras vezes). = *eléré*.

ABILÀ, s. Aquele que possui marcas ou cicatrizes; adj. Mutilado, marcado.

ÀBÍLÉ, s. O irmão acima do caçula.

ABILÉKỌ, s. Mulher casada.

ÀBÍMỌ́, ÀBÍNIBÍ, s. Hereditariedade. *Ìwà àbímọ́* – Um caráter hereditário.

ÀBÍNÍBÍ, s. Natural, original, hereditário. *Ó ní ìwá àbí níbí* – Ele tem um caráter natural. *Ó fi onję àbí níbí* – Ela ofereceu a comida tradicional.

ABÍNÚ, s. Raiva, fúria. *Abínú ęni* – a raiva de uma pessoa.

ABÍNÚKÚ, s. Calúnia, malícia, perseguição.

ABIRÙN, s. Pessoa que está doente. *Ọkọ̀ abirùn* – ambulância. < *abi + àrùn*.

ABÌRÙPÙYĘ, s. Tipo de rato. *V. ékúté*.

ÀBÍSỌ, s. Apelido dado a uma criança ao nascer. A esse nome serão acrescentados outros que farão parte do nome completo que indicará sua condição social, ligação religiosa, ancestralidade, circunstâncias do nascimento etc., formando um resumo de sua biografia. *V. orúkọ*.

ABÌWO, *adj*. Corneado.

ABÍYÁ, s. Sovaco, axilas.

ABIYAMỌ, s. Mãe que ainda amamenta seu bebê.

ABÌYĘ́, s. Aquele que possui asas, emplumado, alado. *Ęiyę abìyę́ bí ęgà* – Um pássaro que tem penas como o pássaro-tecelão.

ABO, *adj*. Fêmea. Precede o nome de um animal para designar o sexo feminino quando não houver uma palavra que o defina. *Abo ajá* – cadela. Também é usado para definir plantas, frutas e, em alguns casos, aplicado às crianças recém-nascidas, mas nunca aos adultos. *V. akọ*.

ABÓ, s. Tipo de peixe.

ÀBO, s. Um tronco usado em conjunção com *ààbà* para imobilizar veículos etc.

ÀBO, s. Um tipo de árvore alta. *Parinariun curatellasfolium* (*Rosaceae*).

ÀBO, *obs*. *Ó bá mi ní àbo* – Ele me atingiu sem querer.

ABÓBÌDỌ́YỌ́, s. Tipo de folha vegetal usada para embrulhar *obì* – noz-de-cola. < *a + ba + dé + obì*.

ÀBÓDO, s. Pudim feito com milho ou mandioca.

ABO ĘSIN, s. Égua.

ÀBÓJÚTÓ, s. Supervisão, cuidado, cautela, atenção.

ABÓKÚLÒ, **ABÓKÚSỌ̀RỌ̀**, s. Necromante, aquele que invoca os mortos para consulta.

ABÓNLEJỌPỌ́N, s. Formiga-vermelha.

ABORÍ – ABỌPA

ABORÍ, s. Aquele que tem cabeça. *Aborí lùùlù* – aquele que tem uma cabeça grande.

ABORÍ, s. Espécie de peixe.

ÀBÓSÈ, adj. Descascado. Ato de ter tirado a casca de legumes ou frutas.

ÀBÒSÍ, s. Desonestidade, fraude. > *alábòsí* – pessoa falsa.

ÀBÓṢAN, adj. Alimento já descascado para comer.

ABÒṢÌ, ABÒṢÌTA, s. Pessoa miserável, infeliz, desventurada; adj. Pobre, miserável, esfarrapado. *Abòṣì ènìà* – uma pessoa necessitada.

ABÓYA, adv. Plenamente, abertamente.

ÀBÓYÁ, BÓYÁ, adv. Talvez, porventura.

ABOYÚN, s. Mulher grávida.

ÀBỌ̀, s. Retorno, chegada, volta. *Ẹ kú àbọ̀* – Seja bem-vindo. V. *di*.

ÀÀBỌ̀, s. Metade, meio. *Aago mẹ́ta ààbọ̀ ló dé* – Ele chegará às três e meia. *Ààbọ̀ ẹ̀kọ́* – educação incompleta, pela metade.

ÀBỌ̀BÁ, ÀBỌ̀WÁBA, s. Recurso natural para encontrar algo.

ÀBỌ̀DÈ, s. Trama, conspiração diabólica.

ÀBỌ̀DÉ MẸ́KÀ, s. Cerimônia feita para alguém que retornou recentemente da cidade de Meca.

ABỌ̀GÁN, s. Título do guardião do culto às formigas.

ABỌGIBỌ̀PẸ̀, s. Adorador de ídolos, idólatra.

ABỌ̀GÚN, AṢÒGÚN, s. Adorador, cultuador da divindade *Ògún*.

ABỌ́GUN-BỌ́LÚ, s. Anfitrião de um banquete vasto.

ÀBỌ́LÙ, s. O ato de alimentação conjunta.

ABỌ́MÁFỌ́, s. 1. Algo que cai e não quebra. 2. Inquebrável (mercadorias, pratos e outras peças de esmalte). 3. Um tipo de peixe.

ABỌMALẸ̀, s. Sacerdote do culto aos ancestrais. = *abọmọlẹ̀*.

ÀBỌN, ÀBỌN-ẸYÌN, s. Fruto verde da palmeira.

ÀBỌNSÙLÙ, s. Apóstolo.

ÀBỌ́Ọ̀DÍ, s. Parte dos intestinos do animal sacrificado. V. *sàki*.

ÀBỌPA, adj. Alimentação do animal para matá-lo. *Màlúù abọ́pa* – A vaca está na engorda.

ABỌPA, s. Devoto do culto de *Egúngún Ọpa*, cultuado em *Ìjẹ̀bu*.

ABQRĘ, *s.* Sacerdote principal de um culto. *V. Ọre.*

ABÒRÌSÀ, *s.* Cultuador de *Òrìsà. < a + bọ + òrìsà.*

ABQRÒ, *s.* Denominação dos devotos do *Òrìsà Orò.*

ÀBÓRÚBỌYÈ, *exp.* Que os sacrifícios sejam aceitos e abençoados. Resposta: *Òrúnmìlà gbè ọ! – Òrúnmìlá* lhe proteja!

ÀBỌ̀ȘĘ́, *s.* Tarefa completada no tempo excedente de trabalho.

ÀBÓTÀ, *adj.* Engordado para venda. *Màlúù àbọ̀tà* – vaca na engorda para venda.

ÀBÓTÌ, *adj.* Incapaz de ser engordado.

ÀBỌ̀WÁBÁ, *s.* Retorno para um encontro.

ABÓYADÉ, *s.* Nome de uma criança nascida para o culto 'a *Ọya.*

ÀBÙBÙTÁN, *adj.* Nome descritivo para uma baleia devido a seu tamanho grande, gordo, enorme – *Ẹjá àbùbùtán.*

ABUJA, *s.* Atual capital da Nigéria. *V. Nàìjíríyà.*

ÀBUJÁ, *s.* **1.** Previsão, conclusão. *Àbujá rẹ pò* – conclusão precipitada. **2.** Caminho curto, atalho. *Ọ̀nà àbujá* – um caminho curto.

ABÙJĘBÙDÀNÙ, *s.* Um peixe que morde e cospe fora o que mordeu.

ÀBUJĘKÚ, *s.* Aquilo que ficou velho e roto.

ÀBUKÁ, *s.* **1.** Ato de cercar um local. *Bi a bá bu àbuká ìgbé, àwọn yíò sálọ* – Se nós cercarmos a floresta, eles não escaparão. **2.** Compartilhar. *Ó bu onjẹ ni àbuká* – Ele compartilhou a comida.

ABUKÉ, *s.* Corcunda. *< abi + iké. Obs. i + i = u.*

ÀBÙKÙ, *s.* Defeito, deformidade, desacreditado, amaldiçoado.

ÀBÙKÚN, **ÀBÙSÍ**, *s.* Algo que dá crescimento, bênçãos. *Alábùkún* – pessoa que recebe bênçãos.

ÀBÙLÀ, *s.* Adulteração, diluição, fusão de líquidos. *Ọ̀rẹ́ yìí kò ní àbùlà* – Esta é uma amizade sincera (*lit.* esta amizade não tem adulteração).

ÀBULÉ, *s.* Taxar impostos, multa.

ABÚLÉ, *s.* Vila, casas. *Abúlé oko* – cabana na fazenda; *abúléjà* – abrigo de casas no mercado.

ÀBULĘ, *s.* Remendo costurado para encobrir defeito.

ÀBUMỌ́, *s.* Aumento exagerado, acrescentar alguma coisa.

ABÚNI – ÀDÁBỌWỌ́

ABÚNI, s. Abusado.

ÀBÚPA, s. Grandes insultos, ofender com palavras.

ABÙPÁ, s. Vacinador.

ÀBUPÍN, s. Partilha, ato de dividir alguma coisa e distribuir.

ABÚRA, s. Aquele que faz um juramento. *Abúra èké* – perjúrio, juramento falso.

ABURADÀ, s. Guarda-chuva. = *agbòrùn*.

ÀBURAN ÒWÚ, s. Algodão cardado preparado para a tecelagem.

ÀBÚRÒ, s. Irmão ou irmã mais novo. *Èyí ni àbúrò mi* – Este é o meu irmão mais novo.

ÀBÙRỌ, s. Qualquer líquido que foi engarrafado de um recipiente maior.

ÀBÙSỌ, s. Invenção, ideia, rumor.

ÀBUṢE, s. Finalidade.

ÀBUTA, s. Gafanhoto, um tipo de borboleta.

ÀBUTÀ, s. Venda a varejo.

ÀBÙTÁN, s. Esvaziar o conteúdo de alguma coisa. < *bùtán* – *Ó bu omi náà tán* – Ele despejou toda a água.

ÀBÚTÁN, s. Um insulto completo.

ÀBÙWẸ̀, s. Sabão, sabonete. = *ọṣẹ*.

ADÁ, *pref*. Usado na composição de palavras para indicar aquele que causa algo.

ÀDÁ, s. Objeto perfurante, gancho com cabo de madeira, facão grande. *Àgbè fi àdá gìgún gé igi* – O agricultor usou um facão grande e cortou a árvore. V. *idà*.

ADÁBÁ, s. Aborrecimento, incriminação.

ÀDÀBÀ, s. Ave africana equivalente a uma pomba silvestre que se instala no alto de grandes árvores, ligada ao culto de Ọ̀ṣun. Voa rápido, alimentando-se de frutas e sementes. Põe dois ovos por vez, que são chocados pelo macho e pela fêmea, alternadamente. Um círculo vermelho em volta de seus olhos é a sua marca.

ÀDÀBỌ̀ ỌJÀ, s. O segundo dia após o dia do mercado.

ÀDÁBỌNÍ, s. Senso de responsabilidade.

ÀDÁBỌWỌ́, s. Luva, algo para inserir nas mãos.

ÀDADÉ, s. Resultado, consequência.

ÀDÁDÓ, ÌDÁDÓ, s. Ermo, local solitário. Àdádó ni oko wa wà – Nossa fazenda está isolada; adj. Solitário, melancólico.

ÀDÁDÚRÓ, ÌDÁDÚRÓ, s. Independência, autonomia.

ADÁGA, s. Pequena quantidade de dinheiro. Kò si adága lọ́wọ́ rẹ̀ – Ele não tem nenhum dinheiro nas mãos.

ADÁGÚN, s. Lago, poça-d'água.

ADÀGBA-MÁDANÚ, s. Pessoa que desenvolveu o corpo, mas não a mente, pessoa tola.

ADÁGBÉ, ÌDÁGBÉ, s. Aquele que vive sozinho, ermitão, recluso.

ADAHÁ, s. Denominação da pessoa que experimenta a comida oferecida ao rei para verificar se há algum veneno.

ADÁHUNṢE, s. Doutor herbalista, aquele que cura com ervas. < a + dá + ohun + ṣe.

ADÁJẸ, s. Aquele que come por si mesmo, sem ajuda.

ÀDÁJỌ, s. Coleção, ajuntamento.

ADÁJÓ, s. Juiz, árbitro. Ìdájó – veredicto, julgamento.

ÀDÀKÀDEKÈ, s. Mentira, decepção.

ÀDÀKÉJÌ, s. Oposição, inversão.

ADÁKẸ́, s. Pessoa silenciosa, calada. Ó dákẹ́ kò sọ̀rọ̀ mọ́ – Ele ficou em silêncio e não falou mais. < dákẹ́.

ADÁKẸ́DÁJÓ, s. Um dos atributos de Deus (lit. aquele que julga em silêncio).

ÀDÁKÓ, s. Contribuição de dinheiro de várias pessoas com o propósito de ajudar quem precisa. = èésu.

ÀDÁLÉ, s. Acumulação, fazer algo extra. < dálé – Mo dá owó lé orò mi – Ele contribuiu com dinheiro para minha obrigação.

ÀDÁLU, ÌDÁLU, s. Vazamento, buraco, perda.

ÀDÀLÙ, ÌDÀLÙ, s. Mistura, liga, amálgama.

ÀDÁLÙ, ÌDÁLÙ, s. O fato de cair sobre alguma coisa.

ÀDÀLÚ, s. Comida que consiste de milho e feijão.

ADÀLÚRÚ, s. Psicopata.

ADÁMALÈṢE – ADÁNILÁRAYÁ

ADÁMALÈṢE, s. Gabola, contador de vantagem que ostenta uma situação que não tem.

ÀDÁMÌ, s. Palpitação, respiração ofegante.

ADÁMỌ̀, s. Cuteleiro da folha da palmeira.

ÁDÁMỌ̀, s. Adão (do inglês *Adam*).

ÀDÁMỌ́, adj. Natural, inato, hereditário. *Óun ní ìwà àdámọ́* – Ele tem um caráter hereditário.

ÀDÀMỌ́, s. Aditivo, algo somado para um propósito específico.

ÀDÁMỌ̀, s. Visão errada, uma opinião oposta a uma visão estabelecida, heresia. *Àdámọ̀ rẹ̀ nìkan ni* – A opinião dele é única.

ÀDÀMỌ̀, s. Um tipo de atabaque.

ÀDÀMỌ̀, ÀDÀMỌ̀BÍ, conj. Exceto que, somente que, a não ser que. *Kò jẹ́ ṣe é àdàmọ̀ bí ó jẹ́ ọmọ àlè* – Ele não se atreva a fazer isto, a menos que ele seja um bastardo. < à + dà + ìmọ̀. = àyàṣebí, àyàmọ̀bí.

ÀDÀMỌ̀DÌ, adj. Tendência a acontecer, a se tornar. *Àdàmọ̀dì owó* – dinheiro dado por uma razão inexplicável.

ÀDÀMỌ̀-ÈSO, s. Óvulo.

ADÁMỌ-LÁPÁ, exp. *Adámọ kò ní dá ọ lápá!* – Agora vá e faça como eu lhe falei! < dá + ọmọ + ní + apá.

ADÁMỌLÓKÓ, s. Um inseto, louva-a-deus. < dá + ọmọ + okó.

ADÁMỌ̀RÀN, s. Aquele que sugere, que opina.

ADÁMÚ, ADÍMÚ-ÒRÌṢÀ, s. Uma festa de funeral em Lagos e denominação do chefe que também é conhecido como *Ògunrán*.

ADÁN, AKÚRA, AKÚKÓ, s. Homem sexualmente impotente. *Ó ya akúkó* – Ele é um homem impotente. <kú + okó.

ÀDÁN, ÀJÀÒ, s. Morcego.

ADÁNBÀTÀ, s. Limpador de sapatos, engraxate.

ÀDÁNIDÁ, adj. Natural. *Àdánidá ìwà* – um caráter congênito.

ADÁNIDÚRÓ, s. Aquele que constata, que verifica.

ADÁNILÁGARA, s. Pessoa inconveniente, inoportuna.

ADÁNILÁRA, s. Pessoa vexatória, que desaponta. < dálára – *Ó dá mi lára* – Ele me desapontou.

ADÁNILÁRAYÁ, s. Aquele que saúda, aplaude alguém. < dárayá – *Ó dá mi lára yá* – Ela me animou.

ADÁNILẸ́KUN, s. Aquele que proíbe, censor. < *dálẹ́kun* – *Ó dá mi lẹ́kun* – Ele me proibiu de fazer.

ADÁNILÓRÓ, s. Aquele que aflige, atormentador, tirano. *Adánilóró fi agbára kọ́ni* – aquele que usa de força tirana para ensinar. < *dálóró*.

ADÁNILỌ́WỌ́KỌ́, s. Aquele que impede o progresso, obstruidor.

ADÁNINÍJÌ, s. Aquele que amedronta, apavora, alarma.

ADANIRÚ, s. Aquele que causa confusão, intruso.

ADÁNRÍ, s. Aquele que raspou a cabeça, calvo, careca.

ADÁNRIN, s. Polidor de metais.

ÀDÁNÙ, s. Perda, dano. *Ikú ni àdánù nlánlá fún àwọn ènìà* – A morte é uma grande perda para as pessoas.

ÀDÁPAMỌ́, s. Economia, aquele que economiza.

ÀDÀPÈ, s. Contração de um nome, apelido, pseudônimo. Também usado quando o nome de um rei não deve ser citado pelo costume ou algum tabu. *Àdàpè ló pè mí* – Foi pelo apelido que ele me chamou.

ÀDÀPỌ̀, s. Ato de unir pessoas, pacto, aliança. *Àdàpọ̀ ẹgbẹ́ yìí pẹ̀lú ẹgbẹ́ yẹn* – União desta sociedade com aquela sociedade.

ADARAN, s. Pastor, guia, condutor de animais.

ADÁRÀN, ỌDÁRÀN, s. Aquele que cometeu um crime, criminoso. < *dáràn* – *Ó dáràn* – Ele cometeu um crime.

ADÁRIPỌN, APỌ́NGẸ̀, s. Lagarto macho.

ÀDÁRÚDÀPỌ̀, adj. Indiscriminado.

ADÁRÁGÚDÙ, s. Anarquista.

ÀDÁSAN, s. Aquele que paga uma prestação, pagador.

ÀDÁSÍ, ÌDÁSÍ, s. Clemência, misericórdia, abster-se de prejudicar.

ÀDÁSÍ, ÌDÁSÍ, s. Algo que poupou. < *dásí* – *Ó dá mi sí* – Ele me poupou.

ÀDÁSIN, ÀDÁPAMỌ́, s. Aquele que economiza dinheiro.

ÀDÁṢE, s. Coisa feita pela própria responsabilidade da pessoa, algo feito sem permissão. *Má dá a ṣe* – Não o faça por sua própria vontade.

ADÁṢE, s. Risco, empreendimento.

ADÀWÉ, s. Copista, aquele que faz cópias escritas.

ADÁWÉTÀ, s. Vendedor de folhas para embalagem.

ÀDÁWÌN – ADẸ́MU

ÀDÁWÌN, s. Pagamento feito à prestação.
ÀDÁWÓLÉ, ÌDÁWÓLÉ, s. Oferta de preço por um bem. < *dáwólé*.
ÀDÁWỌ́LÉ, ÌDÁWỌ́LÉ, s. Empreendimento.
ADÁWỌ́N, ADÁHỌ́N, obs. *Ọbẹ̀ tútù tán, adáwọ́n bù ú lá* – A sopa está fria, mesmo com a língua dolorida pode provar um pouco dela; *fig. ling.* com um problema resolvido, qualquer um pode se beneficiar da solução. V. *ahọ́n*.
ÀDÁYÀN, s. Escolha sem consultar outras pessoas. *Ọkọ àdáyàn rẹ̀* – marido escolhido pela mulher, por vontade própria dela.
ÀDÁYÉBÁ, s. Posição da pessoa na vida. < *dé + ayé + bá*.
ADÉ, s. Coroa do rei. *Oba dé adé* – O rei colocou a coroa. Usado como prefixo de nomes próprios, indica uma origem real. > *Adékọ́là* – A coroa constrói a riqueza; *Adéwọlé* – A realeza entrou em casa.
ÀDÉBÁ, s. Acontecimento inesperado, infortúnio. *Àdébá dé bá mi* – Um acidente aconteceu comigo.
ADÉBIPANI, AFEBIPANI, s. Aperitivo para abrir o apetite, antepasto. < *a + dé + ebi + pa + ẹni*.
ÀDÉDÉ, adv. Inesperadamente. *Àdédé ni mo rí i* – Foi inesperadamente que eu o vi.
ADEEDÉ, adv. Em suspensão.
ÀDÉHÚN, s. Acordo. *Ó ṣe àdéhún pẹ̀lú mi* – Ele fez um acordo comigo.
ADÈLÉ-ỌBA, s. Regente, vizir.
ADÈLÉ, s. Representante de uma pessoa, delegado.
ADÉLÉBỌ̀, s. Uma mulher casada ou não, que deu à luz uma ou mais crianças vivas ou mortas.
ÀDÉMU, s. Cabaça com tampa.
ADÈNÀ, s. Vigia, sentinela, porteiro.
ÀDEREGBE, s. Tipo de peixe.
ADẸBỌ, s. Aquele que prescreve uma oferenda para divindades.
ADẸ̀DÀ, s. Fabricante de moedas falsas.
ADẸ̀DÒ, s. Pescador.
ADẸGBÁ, s. Pescador de lagostas que se utiliza de uma cabaça.
ADẸGÚN, s. Pescador de peixe ou lagosta que se utiliza de um balaio.
ADẸ́MU, s. Destilador de vinho de palma.

ÀDẸPA O!, ÀRÈPA O!, *interj.* Saudação com desejo de boa sorte para uma caçada.

ADẸ́TẸ̀, *s.* Leproso, pessoa afetada por infecção crônica.

ÀDÍ, ÀDÍN, *s.* Óleo extraído do caroço do dendezeiro, óleo de amêndoas da palmeira.

ADÌBÒ, *s.* Aquele que determina a pessoa que empreenderá uma atividade.

ADÍDAGÌRÌ, *s.* Alarmista.

ADÍDÙN, *s.* Uma comida muito doce.

ÀDÌDÙN, *s.* Uma sopa, um alimento consistente.

ÀDÍDÙN, *s.* Tipo de carne frita adocicada.

ADÌẸ, ADÌRẸ, *s.* Galinha. *Àyà ni adìẹ fi mbọ ọmọ* – O peito da galinha é usado para cobrir os pintinhos.

ADÌẸ ÌRÀNÀ, *s.* Ave comestível sacrificada ao orixá por ocasião da morte de uma pessoa, assegurando o caminho do espírito para o céu.

ADÍFÁ, *s.* Sacerdote que consulta *Ifá*.

ADÌGBÀRÓ, *s.* Garçom, aquele que aguarda de pé.

ADÌJÀSÍLẸ̀, *s.* Pessoa que cria conflitos. > *díjàsílẹ̀* – *Ó díjàsílẹ̀* – Ele semeou discussão.

ÀDÌKÁ, *s.* Mudança. *Ó ṣe àdìká rẹ̀* – Ele fez a mudança dela.

ADÍKALÀ, *s.* Malhado, pintado, manchado, multicolorido, com relação a animais, aves e tecidos.

ÀDÌKÀSÌ, ÌDÌKÀSÌ, *s.* Estado de putrefação, mofo, bolor.

ADÍKÒ, *s.* Canoa escavada de tronco.

ÀDÌMÓ, *s.* Abraço. *Ó dìmọ́ mi tìpẹ̀-tìpẹ̀* – Ele me abraçou com força.

ÀDÌMÓ́WÓ́, *s.* Segurar, prender com as mãos.

ÀDIMÚLÀ, *s.* Aquele em que se pode confiar. Um dos atributos dados ao Deus *yorubá* pela sua condição de confiabilidade e salvação. Alguns soberanos se utilizam deste título.

ADÍMÚ-ÒRÌṢÀ, *s.* Denominação do líder espiritual de um festival realizado na cidade de *Èyọ̀*.

ÀDÍN, ÀDÍ, *s.* Óleo extraído do caroço do dendezeiro.

ÀDÍNGBẸ, ÀDÍNJÓ, *s.* Carne-seca frita.

ÀDÍNPAMÓ́, *s.* Algo secado ao fogo, defumado.

ÀDÍNSIN – ÀÁDỌTA

ÀDÍNSIN, *adj*. Frito em cima de fogo e seco para preservação.

ÀDÌPỌ̀, ÀDÌLÙ, *s*. Um amarrado junto. > *dìpọ̀* – Ó dì wọ́n pọ̀ – Ele os amarrou juntos.

ADÍRẸ̀SÌ, *s*. Endereço (do inglês *address*). = *àkọlé*.

ÀDÌRẸ, *s*. Tecido estampado, tingido ou pintado. Ó ra aṣọ àdìrẹ – Ela comprou um tecido estampado.

ÀDÌRÒ, ÀÀRÒ, *s*. Lareira, forno.

ADÍSÌ-SÍLẸ̀, *s*. Agitador, intrigante.

ÀDITA, *s*. Quantidade de artigos para serem vendidos.

ÀDÌTẸ̀, *s*. Intrigante.

ADÌTẸ̀, *s*. Tipo de penteado africano.

ADITÍ, *s*. Surdo-mudo.

ADÌÌTÚ, *s*. Quebra-cabeça, charada.

ÀDÍYELÉ, *s*. Preço de uma mercadoria. *Mo díyelé* – Eu ofereci um preço.

ÀDÓ, *s*. Nome de uma região cujo rei é denominado de *Aládó*. É usado na composição de nomes de outras cidades.

ÀDÓ, *s*. Pequena cabaça em forma de garrafa para guardar pós ou remédios.

ÀÀDÓ, *s*. Triângulo.

ADODO, *s*. Uma casa em forma cônica.

ÀDÒGÁN, *s*. Forno de metal portátil.

ADÓGUNSÍLẸ̀, *s*. Aquele que faz uma guerra, distúrbios ou revolução.

ÀÁDÓJE, *s*. Cento e trinta.

ADÓṢÙ, *s*. Iniciado, aquele que tem tufos de cabelo no alto da cabeça. < *a + dá + òṣù*. V. *òṣù*.

ÀDÓTÌ, *s*. Cerco. *Wọ́n dótì Ìbàdàn* – Eles sitiaram a cidade de Ìbàdàn. < *àdótini* – sitiante.

ÀÁDỌFÀ, *num*. Cento e vinte.

ÀÁDỌ̀JỌ, *num*. Cento e cinquenta.

ÀÁDỌ́RIN, *num*. Setenta.

ÀÁDỌ̀RÚN, *num*. Noventa.

ÀÁDỌ́SÁN, *num*. Cento e setenta.

ÀÁDỌTA, *num*. Cinquenta.

ÀÁDÓTA-ÒKÉ, *num.* Um milhão. *Sìgá ti ṣekúpa àádọ́ta-ọ̀ké ènìà* – O cigarro já desgraçou milhões de pessoas.

ADÓTẸ̀SÍLẸ̀, *s.* Revolucionário.

ÀÁDÓWÀÁ, *num.* Cento e noventa.

ADÚ, *s.* Aquele que é negro, negro retinto, algo muito negro. V. *dúdú.*

ÀDUBÍ, *s.* Título entre o povo *Ẹ̀gbá.*

ADÚBU-ỌRAN, *s.* Árbitro.

ÀDÙFẸ́, *s.* Bem-amado, querido.

ÀDÚGBÒ, *s.* Bairro, cercanias, arredores. *Mo ti rí ilé míràn ni àdúgbò* – Eu já encontrei outra casa no bairro; *Ìwọ ó lo ọkò ní àdúgbò tàbí lọ sí ọ̀nà jíjìn?* – Você usará o carro pelas cercanias ou para locais distantes?

ÀDÙKẸ́, *s.* Amada e acariciada, um nome próprio feminino.

ADÚLÁWỌ̀, *s.* Pessoa negra, um africano.

ADÚMÁADÁN, *adj.* Define uma mulher bonita (*lit.* aquela com a cor negra brilhante).

ADÙN, *s.* Doçura, prazer, gosto. *Ó ládùn = Ó ní adùn* – Ela tem doçura.

ÀÁDÙN, *s.* Comida feita de milho pilado.

ADÙNÀ, *s.* Adversário, oponente. *Adùnà ni àwa níṣẹ́ yìí* – Nós somos adversários nesta tarefa.

ÀDÙNNÍ, *s.* Um nome próprio feminino (*lit.* aquela que é agradável e doce de se ter).

ADÚPẸ́, *exp.* Nós agradecemos. < *a + dá+ ọpẹ́.* V. *dúpẹ́.*

ÀDÚRÀ, *s.* Oração, súplica (do hauçá *àdduà*). *Ó ṣe àdúrà sí òrìṣà mi* – Eu fiz uma oração para a minha divindade.

ADÚRÓFÚNMI, *s.* Garantia, fiança, aquele que se responsabiliza por outra pessoa.

ÀDÙRÒ-Ọ̀RỌ̀, *s.* Confusão, baderna.

ÀDÙSỌ-Ọ̀RỌ̀, *s.* O ato de falar junto, ao mesmo tempo.

AFÁ, AFÁRÁ, *s.* Ponte. *Mọ́tọ̀ náà kọjá lórí afárá* – O carro passou por cima da ponte.

AFÁGI, *s.* Carpinteiro, aquele que usa a madeira. *Ó nfági* – Ele está aplainando a madeira.

ÀFAGBÁRAGBÀ – AFÁRÍ

ÀFAGBÁRAGBÀ, adj. Forçado. Àfagbáragbà owó – dinheiro tomado à força.
ÀFAGBÁRAMÚ, adj. Feito sob coação. Àfagbáramú ohun – algo feito com relutância.
ÀFAGBÁRAṢE, adj. Fazer algo contra a vontade.
ÀFÀÌMỌ̀, s. Uma situação imprevisível, nada contra, somente em certas circunstâncias. V. àfi.
AFÀIYÀ, s. Encanto, feitiço, charme, comunicação entre mentes por meios diferentes dos canais sensoriais normais.
AFAJÚRO, s. Pessoa que tem a cara fechada, sobrancelhas franzidas.
AFAKÚ, s. Aquele que causa a morte, mortífero. < a + fà + ikú.
ÀFÁLÁ, adj. Chupar, lamber algo. Ó fá àwo lá – Ele lambeu o prato.
AFALÁKÀN, s. Carcinógeno, enrolado com a língua.
ÀFÁMU, adj. Enrolado com a língua, bebe usando a língua como faz o cachorro.
AFANINÍRUNTU, s. Aquele que arranca os cabelos. V. tu.
ÀFÀPA, adj. Derrubado no chão impiedosamente. Àfàpa ló féé fa ewúré mi – Ele arrastou minha cabra para matá-la.
AFÁRÁ OYIN, s. Favo de mel.
AFÁRÁ, s. Um tipo de árvore.
ÀFARA, s. Demora, atraso, morosidade, indolência. Mo ṣe àfara láti lọ sí ilé iṣé – Eu me atrasei para ir para o trabalho. < fà + ara.
AFÁRÁ, AFÁÁ, s. Ponte, viaduto. Mọ́tò nàà kojá lórí afárá – O carro passou por cima da ponte.
ÀFARADÀ, ÌFARADÀ, s. Resistência.
AFARASỌFÀ, s. Aquele que se empenha.
AFARAṢE-MÁFỌKÀNṢE, s. Biscateiro, aquele que faz o seu trabalho com pouco interesse.
ÀFARAṢE, adj. Indiferente, com pouco entusiasmo.
ÀFARAWÉ, s. Imitação. Ó farawé mi – Ele me imitou.
AFARAWÉNI, s. Imitador, aquele que copia os outros. Ẹ kú afarawéni – Expressão usada para quem foi abandonado por seus simpatizantes.
AFÁRÍ, s. Pessoa de cabeça raspada. Afárí kodoro – pessoa cuja cabeça é completamente lisa; fárí-fárí – barbeiro.

ÀFÀSÓKÈ, s. Efeito de levantar, içar, erguer. = ìfàsókè.

ÀFÀYA, ÌFÀYA, s. Aquele que rasga, que parte. V. fàya.

ÀFE, s. Boia para pescaria.

ÀFÈ, s. Tipo de grande roedor cuja cauda é usada como símbolo de realeza por alguns soberanos, da mesma forma que o irùkèrè.

AFEBIPANI, s. Pessoa que impõe privações a outra. Ó febipani – Ele fez a pessoa passar fome.

ÀFÈ-ÌMÒJÒ, s. Tipo de roedor cujo rabo é usado por alguns reis como irùkèrè.

AFÉ, adj. Vaidoso, elegante. Ó safé – Ela parece elegante. < se + afé.

ÀFÉ, s. Prazer, afeição. Ó sàfé rí mi – Ele aparenta o desejo de me ver.

AFÉÉFÉ, s. Vento, ar. Yàrá yìi ní afééfé – Este quarto é arejado.

AFÉÉFÉ ÀFEYÍKÁ, s. Ventania, vento em todas as direções.

AFÉÉFÉ-JÉJÉ, s. Brisa, aragem.

AFÉÉFÉ-LÍLE, AFÉÉFÉ-ÌJÌ, s. Tornado, tufão.

AFÉÉFÉ-ÒJÍJÍ, s. Corrente de ar, rajada de vento violenta com chuva ou neve.

ÀFEHÌNTÌ, s. Suporte, escora, ficar atrás.

ÀFÉJÙ, adv. Intensivamente, amor em excesso. Ó fé mi ní àféjù – Ele me ama demais.

ÀFÉKÙ, s. Algo perdido, desaparecido. Mo fékù – Eu estou incapacitado de encontrar.

ÀFÈMÓJÚ, s. Crepúsculo, penumbra.

ÀFÈMÓJÚMÓ, s. Crepúsculo, muito cedo pela manhã.

ÀFÉNÙ, s. Bagaço de milho, palha.

AFÉRERESÍNI, s. Aquele que só quer bondade para os outros, um bem-intencionado.

AFÉRÉ, s. Brisa, aragem.

ÀFÉÈRÍ, s. Encantamento, poder, magia para se tornar invisível. Àféèrí ni ó lò – É a magia que ela usa. < à + fékù + irí.

ÀFÉSÓNÀ, s. Noiva. Àfésónà Òjó ni omo mi – A noiva de Ojô é minha filha.

AFÈSÈJINI, s. Aquele que é indulgente, título e atributo de Deus.

AFẸ́WỌ́ – AFÓFORO

AFẸ́WỌ́, s. Batedor de carteira, punguista. Ó fẹ́wọ́ – Ele me roubou.

ÀFI, ÀYÀFI, ÀFIBÍ, conj. Somente, exceto, a não ser que, a menos que. Kò sí ọba kan àfi Ọlọ́run – Não há outro rei, somente Deus; Àfibí o fún mi ni owó, èmi kì ó lè jẹun – A menos que você me dê dinheiro, eu não poderei comer.

AFIBI-SAN-OORE, AFIBISÚ-OLÓORE, s. Pessoa que retribui bondade com maldade, ingrato.

ÀFIJOGÚN, adj. Hereditário, herdado.

ÀFIKÚN, ÌFIKÚN, s. Aumento, suplemento. Àfikún owó àwọn òṣìṣẹ́ – aumento no pagamento dos trabalhadores.

ÀFIMỌ́, ÀFỌ̀RÀNMỌ́ s. Calúnia, falsa acusação. Ó fọ̀rànmọ́ mi – Ele fez uma acusação falsa contra mim.

AFÍN, s. Transparente.

ÀFÍN, s. Albino.

ÀÀFIN, s. Palácio. > aláàfin – rei do palácio, um título real.

AFÍNGBÁ, s. Tampa de cabaça.

AFINIHÀN, s. Traidor, informante. Ó fi mi hàn – Ele me traiu.

AFÍNIṢE-ÌJẸ̀, s. Corrupto, subornador.

AFÍNJÚ, s. Pessoa de boa aparência e extremamente limpa.

AFÍNNÁ, s. Fole, ventilador de ferreiro, aquele que sopra o fogo.

AFINUṢE-AJERE, s. Infiel, traiçoeiro.

AFIRÉṢE, s. Ato de desrespeito.

ÁFÍRÍKÀ, s. África. Ní Áfíríkà, àwọn ọmọdé nfẹ́ láti wà lẹ́yìn ìyá wọn – Na África, os bebês gostam de estar nas costas da mãe.

ÀFIṢIRÉ, s. Brinquedo. Ọmọdé mú àwọn àfiṣiré – A criança pegou os brinquedos; Wọ́n fi bọ́ọ̀lù ṣiré – Eles estão jogando bola.

ÀFIWÉRA, s. Comparação, metáfora.

ÀFIYÀNJÚṢE, adj. Feito com esforço, com relutância.

AFIYÈDÁ, s. O processo da criação da vida, biossíntese. < fi + ìyè + dá.

AFÌYÈSÍ, s. Atenção, cuidado. Ọ̀pọ̀ ènìà nfẹ́ afìyèsí – A maioria das pessoas deseja atenção.

ÀFO, s. Vaga, espaço. Àfo yìí mi ni – Esta vaga é minha.

AFÓFORO, s. Tipo de árvore que possui uma madeira leve.

ÀFOJÚBÀ, *exp.* Usada em uma saudação. Ẹ kú àfojúbà! Saudação pelo retorno de uma longa viagem. É dita pela esposa em razão de o marido retornar de uma viagem.

ÀFOJÚDI, *s.* Impertinência. Ó fojúdi mi – Ela está insolente comigo.

ÀFÒKÁ, ÀFÒKIRI, *s.* Ato de voar em volta de, de um lado para outro.

ÀFÒKIRI, *s.* Voar de um lugar para outro.

ÀFÒLỌ, *s.* Ato de voar e não retornar.

ÀFÒMỌ́, *s.* Tipo de trepadeira com ventosas que se nutre da árvore. *African mistletoe (Loranthaceae)*.

ÀFOMỌ́, *s.* Contágio, infecção.

AFÒNÀHÀN, *s.* Piloto, guia, mentor. Ó fọnọnhàn mí – Ele me guiou.

ÀFÓNÍFÓJÌ, *s.* Vale, planície.

AFONILẸ́IYẸ, *s.* Pessoa que previne outra fazendo alguma coisa antes do acontecimento, aquele que fica na ofensiva.

ÀFÒPINÁ, *s.* Mariposa, um inseto voador.

ÀFORÍJÌ, *s.* Perdão. *Tọrọ àforíjì kíákíá kí o sì gbàgbé ọ̀ràn náà* – Peça desculpas prontamente e esqueça aquele assunto.

AFORÍKUNKUN, *s.* Pessoa teimosa, obstinada.

AFORÍTÌ, *s.* Persistente, perseverante. Ó forítì ẹ̀kọ́ rẹ̀ – Ela é persistente nos estudos dela.

AFÒÒRÓ-ẸNI, *s.* Pessoa que incomoda outra, provocador. Ó fòòró mi – Ele me incomoda.

ÀFỌṢẸ, *s.* Tipo de culto a Ifá, predição do futuro, um encantamento.

ÀFÒTA, *s.* Catarata. Àfòta ni mú lójú – Ele está com catarata.

AFOWÓPAMỌ́, *s.* Tesoureiro.

ÀFỌ̀, ÌFỌ̀, *s.* Chiqueiro. Ẹlédè yìí npàfọ̀ – Este porco está chafurdando na lama.

ÀFỌ́BÀJẸ́, *s.* Algo totalmente destruído. Ò fóbàjé = Ó fọ́ àfọ́bàjẹ́ – Ela está quebrada e inutilizada.

ÀFỌ̀FUN, *adv.* Ato de lavar uma roupa branca. Ó fọ ọ ní àfọfun – Ele lavou a roupa extremamente branca.

ÀFỌ̀ÌGBỌ́, *s.* Petulância, desobediência.

AFỌ́JÚ, *s.* Uma pessoa cega. < fọ́ + ojú.

AFỌKÀNRÁN, s. Sofrimento como fortalecimento espiritual. *Ó fọkànrán ijìyà náà* – Ele aguentou aquela dor com resignação.

ÀFỌKÀNṢE, s. Pessoa atenta ao que faz. *Ó fọkànṣe iṣẹ́ rẹ̀* – Ele devota atenção completa ao seu trabalho.

ÀFỌ̀N, s. Um tipo de árvore ou semente medicinal. *Treculia africana* (Moraceae).

AFỌNFÈRÈ, s. Tocador de flauta.

AFỌ̀NÀHÀN, s. Uma pessoa ou um instrumento que mostra direção ou modo, guia, condutor.

ÀFỌNJÁ, s. Uma bomba, concha.

ÀFỌ̀NJÁ, s. Denominação de um guerreiro yorubá, líder da região de Ìlọrin.

AFỌ́NRÚGBÌN, s. Semeador, aquele que espalha as sementes.

ÀFỌ̀Ọ̀GBỌ́, s. Desobediência, petulância.

AFỌ̀RÀNLỌ̀, s. Aquele que pede conselhos. *Ó fọ̀ràn mi lọ̀* – Ele me pediu conselho.

AFỌ̀RÀNMỌ́, s. Falso acusador. *Ó fọ̀ràn mí mọ́* – Ele me fez uma falsa acusação.

ÀFỌ̀ṢẸ, s. Tipo de culto a Ifá, predição do futuro, um encantamento.

AFỌṢỌ, s. Lavadeira.

ÀFỌ́TA, s. Catarata nos olhos.

ÀFỌWỌ́, s. Aquele que utiliza as mãos. Usado para composição de palavras. < *fi + ọwọ́*.

ÀFỌWỌ́BỌ̀, adj. Coberto com a mão. < *à + fi + ọwọ́ + bò*.

ÀFỌWỌ́HÙN, adj. Aceno.

ÀFỌWỌ́KỌ́, adj. Portátil, carregado pelas mãos.

ÀFỌWỌ́PÈ, adj. Ato de chamar alguém acenando.

ÀFỌWỌ́SỌ̀RỌ̀, s. Ato de falar pelas mãos para um surdo-mudo.

ÀFỌWỌ́SỌWỌ́, s. Cooperação.

ÀFỌWỌ́TÁ, adj. Indiferente.

AFUNFÈRÈ, s. Flautista.

ÀFÚNKÁ, s. Dispersão.

AFÚNNILẸ́JẸ̀, s. Doador de sangue.

AFÚNNILÓHUN, s. Doador.

AFÚNNU, s. Fanfarrão, gabola.

AFUNPÈ, s. Trombeta, trompete.

AFÚNRÚNGBÌN, s. Semeador. = *afǫnrúgbìn*.

AFÚNTÍ, s. Aquele que usa prensa de vinho.

AFURA, s. Pessoa suspeita. < *fura*. *Ó fura pé n kì ó lǫ sílé* – Ele desconfia que eu não irei para casa.

AGÀ, s. 1. Escada. V. *àtègùn, àkàbà*. 2. Um animal carnívoro. = *òfàfà*. 3. Mês de maio no calendário nativo. 4. Tipo de árvore que produz um líquido como a água.

ÀGA, s. Cadeira, assento, banco. *Ó didé lórí àga rè* – Ela se sentou na cadeira dele. = *ìjókó*.

ÀGA ARǪ, s. Cadeira de deficiente físico, cadeira de rodas.

ÀGÀBÀGEBÈ, s. Hipocrisia, fraude. *Ó şe àgàbàgebè* – Ele é hipócrita.

ÀGÁDÀ, s. Casebre, barracão.

AGADA, s. Cimitarra, uma espada curva. V. *idà*.

ÀGÀDÀ, s. Confusão. *Àgàdàa bàjé* – confusão desesperada; *Ó bàgàdà jé* – Ele causou uma confusão.

ÀGÀDÀGÍDÍ, s. Bebida feita de frutos. = *ǫtí ògèdè*.

ÀGÁDÁGODO, s. Cadeado. *Ǫmǫ àgádágodo* – chave do cadeado.

ÀGÀDÀNSÌ, s. Tipo de calça comprida solta com bordados no tornozelo. V. *şòkòtò*.

ÀGAGA, adv. Muito mais do que.

ÀGÀGÀ, exp. Imagine quê! V. *gbágà*.

ÀGÀGÀ, s. Pechincha.

ÀGA-INARAYÁ, s. Sofá, uma cadeira confortável para relaxar.

ÀGA-ÌTÌSÈ, s. Tamborete usado para colocar os pés.

ÀGA-ÌWÁSÙ, s. Um local elevado em uma igreja onde o clérigo ora, púlpito.

ÀGÀLÀ, adj. Magricela, liso. *Ó dàbí igi àgàlà* – Ele parece magro como uma tábua.

ÀGÁ LÁMÒṢÀ, s. Trapaça, astúcia. *Ò nşe àgá lámòṣà* – Ele fez uma trapaça.

ÀGÀN – AGẸDẸGẸNGBẸ

ÀGÀN, s. Árido, estéril, infecundo, improdutivo. > ìyàgàn – mulher estéril. Ó yàgàn – Ela é estéril, ela não pode ter filhos.
ÀGÁNDÁN, s. Tipo de inhame.
AGANDANRÁNGBỌ́N, s. Sem razão particular. Ó kú ní agandanrángbọ́n – Ele morreu sem nenhuma causa aparente.
AGANGAN, adj. Ligeiro com os pés, veloz.
AGANGAN, s. Uma pedra pequena na qual são moídas contas.
AGANJÙ, AGINJÙ, s. Deserto, lugar ermo.
AGANJÚ, s. 1. Filho do rei Àjàká. 2. Lugar mais íntimo do palácio do rei.
AGANJÙ-IGBÓ, s. Selva, uma floresta muito densa.
AGANNI, ẸLẸ́GÀN, s. Falador, caluniador, detrator.
AGÁNNIGÀN, s. Pessoa belicosa, saqueador.
AGÁNRÁN, s. Pequeno papagaio verde.
ÀGAA-PÓSÍ, s. Carro fúnebre, caixão.
AGARA, AGAA, s. Distúrbio, perturbação, barafunda. Ó dá mi lágaa – Ele cansou minha paciência; Agara dá mi – Estou exasperado.
ÀGÀRỌ, ÀGÙNRỌ, s. Convalescença.
ÀGAṢA, s. Tipo de peixe.
ÀGAṢU, ÀGỌṢU, s. Parte, pedaço de alguma coisa.
ÀGBÁLÚ, s. Área, espaço total de uma cidade.
ÀGBÁLÙ, s. Infortúnio, infelicidade. V. àgbákò.
ÀGBÀLÙ, s. V. gbàlù.
AGBÒJI-KỌMPÚTÁ, s. Teclado do computador.
ÀGÉ, s. Vasilha para apanhar água.
ÀGÉGBÀ, adv. Sucessivamente. É usado com o verbo gé – cortar. Àgégbà ni a gérun – Nós cortamos o cabelo um depois do outro.
AGÉGI, AKÉGI, s. Aquele que derruba árvore.
ÀGÉJÁ, ÀGÉTÁN, adv. Precisamente. É usado com o verbo gé – cortar. A gé igi tán – Nós cortamos a árvore completamente.
AGÉLẸ́SẸ̀, s. Amputação da perna.
ÀGÉRÉ, s. 1. Uma pessoa bastante alta. Alágéré – um dançarino alto. 2. Vasilha para guardar os coquinhos de consulta a Ifá.
AGẸ̀, s. Cabaça usada como tambor em algumas aldeias.
AGẸDẸGẸNGBẸ, s. Espada com a lâmina larga.

AGẸMỌ, s. Camaleão. Esteve presente na criação do mundo yorubá e, por isso, possui culto principal na cidade de Ìjẹ̀bu, restrito aos homens.

ÀGẸRẸ, s. Declínio.

ÀGẸ̀RẸ̀, s. Tipo de atabaque usado pelos caçadores. No Brasil, corresponde a uma forma de toque em louvor ao Òrìṣa Ọ̀ṣọ́ọ̀sì.

AGÌDA, s. Pessoa imbecil, idiota.

ÀGÌDÍ, s. Comida feita com milho branco.

AGÍDÍ, s. Obstinação, teimosia, força de vontade. Ó ṣe agídí – Ele é obstinado; Ó lo agídí – Ele é teimoso. = agídó.

ÀGÌDÌ, s. Tipo de roupa feita de tecido grosso, lona.

AGÍLÍTÍ, s. Animal da família do lagarto.

ÀGÌNIPA, s. Antigo gorro de veludo.

ÀGÌNÌPÀ, s. Tipo de inhame.

AGINIṢỌ, s. Caramujo. Outro nome para o ìgbín, usado pelos seguidores de Ọ̀ṣun, por ser este molusco proibido de ser pronunciado para esta divindade.

AGINJÙ, AGANJÙ, s. Área desabitada, deserto.

AGÌNYÀN, s. Formigueiro. = èèrù.

ÀGIRA, s. Gancho de madeira preso na ponta de um bambu, usado para puxar barcos no leito de um rio.

AGÍRÁ, s. Rapé.

ÀGIRAṢE IṢẸ́, adj. Um trabalho feito com esforço, com relutância.

AGO, s. Copo. V. ife.

ÀGÒ, s. Forma de pedir licença. Àgò onílé o – Com licença ao dono da casa. Resposta: Àgò yà – Entre, por favor (lit. licença para encaminhar). V. yàgò.

ÀGÒ, s. Gaiola para aves.

ÀGÓ, s. Tipo de rato, roedor.

AAGO, s. V. agogo.

ÀGÓ-BÚKÀ, s. Barraca usada como restaurante.

AGODO, s. Biombo de esteira construído a uma pequena distância do palácio, durante as festas de Adímú Òrìṣà, na cidade de Lagos; um tipo de tapete.

AGÓDÓNGBÓ, s. Potro, cavalo novo, ainda não domado.

AGOGO, AAGO, s. Hora do dia, relógio, sino – Aago mélòó ni? – Que horas são?; Mò njẹun nígbàtí agogo méje lù – Eu estava comendo quando o relógio bateu sete horas. V. ojọ́.

ÀGÓGÓ ẸIYẸ – ÀGÚNJẸ

ÀGÓGÓ ẸIYẸ, s. Bico de ave.
AGOGO IGÚN, s. Arbusto cujas folhas em infusão são utilizadas como vermífugo.
ÀGÒGO, s. Tipo de penteado cujo cabelo é colocado no alto da cabeça.
AGOGO, s. Uma árvore muito alta.
AGOLO, s. Uma lata pequena.
AGORO, s. Lebre. V. *ehoro*.
AGỌ̀, s. Roupa utilizada no culto de *Egúngún*, máscara.
ÀGỌ́, s. Barraca, abrigo, pavilhão, acampamento. Ó pàgọ́ – Ele armou a barraca. < *pa* + *àgọ́*.
AGỌ̀, s. 1. Uma pessoa estúpida. Ó yagọ̀ – Ele parece um bobalhão. < *yà* + *agọ̀*. 2. Um tipo de peixe.
ÀGỌ́-BÚKÀ, s. Uma barraca, um abrigo.
ÀGỌ́ ÌWÒOSÀN, s. Clínica.
AGỌ̀NI, s. Pessoa que fala dela mesma. < *agọ̀* – uma pessoa estúpida.
AGỌ̀PẸ, s. Pessoa que escala uma palmeira, escalador.
ÀGỌSU, s. Um caroço grande.
ÀGÙÀLÀ, s. Denominação do planeta Vênus. Àgùàlà mbá oṣù rìn, wọ́n ṣe bí ajá rẹ̀ ní í ṣe – Vênus segue a Lua, como se fosse o cachorro dela.
ÀGÙDÀ, s. Termo que define os africanos e descendentes que retornaram do Brasil para a África. Ijọ Àgùdà – Assembleia de católicos.
ÀGÙFỌ́N, s. Girafa.
ÀGÙFỌN, s. Tipo de pássaro que caminha majestosamente antes de voar.
ÀGÚN, pref. Usado com diferentes acentos tonais na composição de palavras.
AGÚN, adj. Simétrico.
AGÚNÀ, s. Alfaiate.
ÀGÙNBÁNIRỌ, s. Adulto jovem.
AGÚNBẸ, s. Aquele que fere com uma faca.
AGÚNJẸ, AGÚNMU, s. Pó acrescentado a uma bebida para preparar medicamento.
ÀGÚNJẸ, s. 1. Garfo, forquilha. 2. Medicamento em forma pulverizada.

ÀGUNLÁ, s. Indiferença por alguém. Ó ṣe àgunlá fún mi – Ela não se interessa por mim.

ÀGÙNMÒNÀ, s. Tipo de planta rasteira.

ÀGÚNMÌ, s. Pílula, tablete, cápsula.

ÀGÚNMU, s. Medicamento em forma sólida ou em pó, para ser dissolvido em água.

AGÙNPẸ, s. V. agòpẹ.

ÀGUNRAN, s. Espeto de carne. < à + gún + ẹran.

ÀGÙNRỌ, s. Convalescença após o parto.

ÀGUNTẸ̀TẸ̀, s. Expressão dita por uma pessoa zangada. Àguntẹ̀tẹ̀ ẹ! – Vá para o inferno! V. àgunlá.

ÀGÙTÀN, s. Ovelha. Ọ̀dọ́ àgùtàn – cordeiro; àgbò – carneiro.

ÀGBÁ, adj. Todo, toda, inteiro. Ó sọ̀rọ̀ àgbá ìlú – Ele falou para a cidade inteira. = gbogbo.

ÀGBÁ, pref. Usado com diferentes acentos tonais para a composição de palavras.

ÀGBÁ, s. Barril, canhão, morteiro.

AGBA, s. Corda. = okùn.

ÀGBÀ, s. Pessoa mais velha ou um animal, maturidade. Àgbà'kùnrin – homem adulto; Èmi ni àgbà gbogbo wọn – Eu sou mais velho que todos eles; Àgbà ni í gbà – O mais velho sempre cede. V. dàgbà.

AÁGBAÁ, s. Tipo de árvore com fruto em forma de fava. Entada gigas (Mimosaceae).

ÀGBÀBỌ́, s. Filho adotivo.

AGBÁBỌ́Ọ̀LÙ, s. Jogador de futebol.

ÀGBÀÁDÚ, s. Tipo de cobra com listras vermelhas próximo à cabeça.

ÀGBÁDÁ, s. Tipo de inhame e um tipo de peixe.

AGBADA, s. Vasilha utilizada para cozinhar ou fritar àkàrà.

AGBÁDÁ, s. Vestimenta, toga larga e que pode ser comprida até os joelhos.

AGBÁDE, s. Morador de rua, varredor, catador de lixo.

ÀGBÀDO, s. Milho. Ó njẹ àgbàdoo sísùn – Ele está comendo milho assado.

ÀGBÀÁDÚ, s. Tipo de cobra preta com faixa vermelha em seu pescoço.

AGBADÙLÚMỌ̀, s. Difamador, caluniador.

AGBÁFẸ́ – AGBÁNDÁN 54

AGBÁFẸ́, s. Pessoa dada ao luxo, divertimento, libertinagem.

ÀGBÀFỌ̀, s. Pessoa que recebe roupa para lavar.

ÀGBÀFÚFÚ, s. Um tipo de cobra, cascavel.

ÀGBÀGUN, s. Ato de bater, triturar, amassar. Ó ngba iṣu gún – Ele está amassando o inhame.

AGBÁGUNJỌ, s. Aquele que incita uma guerra, fomentador. Ó gbágunjọ – Ele organizou um exército para lutar.

AGBAGBÀ, s. Um tipo de bananeira. Planyain (Musa sapientun paradisiaca). V. ọ̀gẹ̀dẹ̀.

ÀGBÀÀGBÀ, ÀGBÀGBÀ, s. Conselho de anciãos.

ÀGBÁGBÒ, s. Aquele que é rejeitado, deserção.

AGBÁHANHAN, s. Um tipo de pássaro.

AGBÁIYE, s. O mundo inteiro, universo.

AGBÀJÁ, s. Aquele que coloca uma faixa em si mesmo, ostentação. Mo gbàjá mọ́ ara – Eu coloquei uma faixa na cintura.

ÀGBÁJỌ, s. Grupo de pessoas, de coisas.

ÀGBÁKÒ, ÀGBÁLÙ, s. Acidente, falta de sorte. Mo rí àgbákò – Parece que eu estou sem sorte.

ÀGBÀKỌ́, s. Pessoa que constrói casas. Ó ṣe àgbàkọ́ – Ele é um construtor.

ÀGBAKÚ, ÀGBALA, s. Armação de bambu para carregar fardos.

ÀGBÀLÁ, s. Quintal, jardim.

ÀGBÀLÀ, s. Resgate, salvamento.

ÀGBÀLÁGBÀ, s. Pessoa idosa.

AGBÁLAJA, s. Pequena blusa, camiseta.

ÀGBÀLÀNGBÓ, s. Espécie de antílope.

AGBÁLẸ̀, s. Tipo de inseto.

ÀGBÁLÙ, s. Área, espaço total de uma cidade.

ÀGBÁLÙMỌ̀, s. Tipo de árvore cujo fruto é denominado ọsàn.

AGBAMI, s. Meio do mar ou do oceano. A bọ́ sójú agbami – Nós alcançamos o meio do oceano.

ÀGBÁMỌ́RA, s. Abraço. Ó gbá mi mọ́ra – Ela me abraçou.

AGBÁNDÁN, s. Faca, adaga.

AGBANIPÈ, ÀGBÀPÈ s. Pessoa que repete uma chamada. Ó gba òrẹ́ mi pè fún mi – Ele repetiu minha chamada para meu amigo.

AGBANISÍṢẸ́, s. Empregador.

ÀGBÁNRERE, s. Rinoceronte ou tipo de antílope, qualquer dos vários animais grandes com pele grossa.

AGBAPÒ, s. Sucessor, substituto de uma pessoa. Ó gbapò mi – Ele me substituiu.

AGBÀRÀ, s. Barricada, cerca de madeira, fortificação. Ó ṣe agbàrà ká a – Ele fez uma cerca em volta dele.

AGBÁRA, s. Força, poder, autoridade. Ó fi agbára gba owó mi – Ele usou de força e tomou meu dinheiro. < a + gbó + ara. V. okun.

ÀGBÀRÁ, s. Torrente que flui depois de uma chuva.

AGBÁRA-KÁKÁ, adv. Dificilmente, raramente, com dificuldade.

AGBÁRÍ, s. Couro cabeludo, crânio.

AGBÁRÍGBA, s. Espécie de antílope com chifres longos.

ÀGBÁÀRIN, s. Um fruto não comestível. Dioclea reflexa.

ÀGBÀRÓ, ÌGBÀRÓ, s. Adorno, paramento tomado emprestado. Àgbàró aṣọ – roupa feminina de aluguel. V. gbàró.

ÀGBÀRO, ÌGBÀRO, s. Trabalhador da roça.

ÀGBÀRÒ, s. Reflexão, ato de refletir, cogitar. Ó gba òrò náà rò – Ele refletiu sobre aquela matéria.

ÀGBÁSÁ, s. Folha de palmeira.

AGBASÀ, s. Parte sólida.

ÀGBÀSAN, s. Ato de fazer uma reparação, pagar o débito de outra pessoa.

ÀGBÀSÌN, s. Fêmea bovina confiada aos cuidados de uma pessoa que receberá parte da cria como recompensa.

ÀGBÀṢE, s. Trabalho de um operário. Ó nṣe àgbàṣe – Ele é um trabalhador.

ÀGBÀṢỌMỌ, s. Ato de adoção. Àgbàṣọmọ ni ó gbà mí – Ele me acolheu como adoção.

ÀGBÀTÀ, s. Venda a varejo. Ó ngba ẹrù tà – Ele vende peças a varejo.

ÀGBÀTÁN, s. Ajuda, assistência completa.

ÀGBÀTÓJÚ – AGBEJI

ÀGBÀTÓJÚ, s. Aquele que toma o encargo de outro. *Ó ṣe àgbàtójú rè fún mi* – Ela cuidou dele para mim.

ÀGBÀWÍ, s. Advogado, defensor, aquele que pede por uma pessoa. < *gbà + wí.*

ÀGBÀWÒ, s. Atendimento a pessoa doente ou a uma criança. *Oníṣègùn yìí gbà mí wò* – Este médico cuida de mim como paciente.

AGBÁWO, s. Criado, ajudante, caseiro.

ÀGBÀWỌ̀, s. Usar algo que pertence a outra pessoa. *Ilé àgbàwò* – alojamento, hotel.

ÀGBÁYÉ, s. Universo, o espaço total do mundo. *Wọ́n ní ọ̀wọ̀ fún iṣèdá àti àgbáyé tí a kò mọ̀* – Eles reverenciam a natureza e o universo desconhecido.

ÀGBÁYUN, s. Sacarina.

AGBE, s. **1.** Mendicância, implorar esmola. *Ó ṣe agbe = Ó ṣagbe* – Ele fez mendicância, ele foi implorar esmola. > *alágbe* – mendigo, pedinte. **2.** Nome de um pássaro. **3.** Um tipo de planta cujas folhas são usadas medicinalmente. *Echinops longifolius (Compositae).*

ÀGBÉ, s. Denominação de um totem familiar.

AGBÉ, ÀGBÉ, *pref.* Usados na composição de palavras.

AGBE-AGO, s. Copeiro, o que serve bebidas.

AGBÈ, AKÈRÈGBÈ, s. Cabaça cortada no topo, para servir de vasilha.

ÀGBÉBỌ̀, s. Galinha adulta, que já botou ovo.

AGBÉBỌN, s. Pessoa armada, soldado (*lit.* aquele que carrega uma arma).

ÀGBÉDÁ, s. Pessoa endividada, com dificuldade de pagar as dívidas.

AGBEDE MÉJÌ, s. No meio de, no centro entre dois pontos, intervalo. *Ilé mi wà lágbede méjì ọjà àti afará* – Minha casa fica entre o mercado e o viaduto. V. *ààrin.*

AGBÉDÈ, s. Pessoa prudente, inteligente.

ÀGBÉFẸ̀YÀ, ÀGBÉGBIN, s. Aquilo que é removido com dificuldade.

AGBÈGBÈ, s. Cidade, lugar, vizinhança. *Ibòmíràn ni agbègbè ibẹ̀* – É em outro lugar de lá.

AGBEJI, s. Cobertura para a cabeça como proteção da chuva ou do sol. < *a + gbè + eji.* = *apeji.*

ÀGBÉJÓ, s. Aquele que dança com alguém. *Mo gbé e jó* – Eu dancei com ela.

AGBÈJỌ̀LỌ̀, s. Cabaça de pescoço longo.

ÀGBÉKÀ, adj. Conveniente, adequado, apropriado.

ÀGBÉKÀ, s. Ato de colocar algo sobre outra coisa. *Mo gbé ìkòkò ka iná* – Eu coloquei a panela sobre o fogo.

ÀGBÉKÀN, s. Navegando ao sabor do vento.

ÀGBÉKỌ́, ÌGBÉKỌ́ s. Suspensórios para calça comprida, dobradiças.

AGBÉKÚTÀ, s. Uma pessoa intrépida, tenaz. *Ó gbékútà* – Ele é persistente.

ÀGBÉLÉBÚ, s. Cruz, crucifixo, sofrimento. *Àgbélébú mi ni* – Ele é a minha cruz; *àmi àgbélébú* – sinal da cruz; *Wọ́n kan Jésù mọ́ àgbélébú* – Eles pregaram Jesus na cruz, firmemente. < *gbé + lé + ibú*.

ÀGBÉLÉDI, s. Truque, habilidade.

AGBÉLÉJẸUN, s. Aquele que come em casa.

AGBÉLẸ̀GBUNDÀ, s. Pessoa mal-educada.

ÀGBÉMÌ, ÌGBÉMÌ, s. Deglutir, ato de consumir. *Ó gbé omi mì* – Ele engoliu um pouco.

ÀGBÉNDE, s. Ressurreição.

AGBENI, s. Partidário, correligionário. > *a + gbè + ẹni*.

AGBÉNI, s. Pessoa chata, pessoa que incomoda. > *a + gbé + ẹni*.

AGBÉNIGA, AGBÉNILÉKÈ, s. Promoção. *Ó gbé mi ga sókè* – Ele me promoveu.

AGBÉNILÁYÀSÓKÈ, s. Pessoa que causa consternação. < *agbéni + láyà + sókè*.

AGBÉNILỌ́KÀNSÓKÈ, s. Pessoa que perturba outra. < *agbéni + lọ́kàn + sókè*.

AGBÉRAGA, adj. Arrogante.

ÀGBÈRÈ, s. Prostituição, adultério, fornicação, promiscuidade feminina. *Nígbàkan a fẹ́rẹ̀ ṣe àgbèrè* – Certa vez, nós quase transamos. < *à + gbà + èrè*.

ÀGBÉRÉ, s. Um insulto, ofensa. *Ó ṣe àgbéré sí mi* – Ela me insultou.

AGBÈRÒ, s. Cogitação, meditação, consideração. *Ó bá mi gbèrò pé kí nlọ* – Ele me aconselhou que eu vá.

ÀGBÉRÓ, s. Forma de magia para uma pessoa permanecer rígida e impedir que ela cumpra o seu objetivo.

ÀGBÉRÙ, **ÀGBÉSÓKÈ**, adj. O que é levantado, erguido. Ó gbérù náà rù mí – Ele ergueu aquela carga na minha cabeça; Ó gbé mi lọ́wọ́ sókè – Ele me deu a mão para levantar.

ÀGBÉSÍ, **ÌGBÉSÍ**, s. Ato de pôr algo em, pôr sobre.

ÀGBÉSÓKÈ, **ÌGBÉSÓKÈ**, s. Ação de levantar, levantamento.

ÀGBÉSỌ, s. Aquilo que é erguido, levantado.

ÀGBÉWÒ, **ÌGBÉWÒ**, s. Tentativa, experiência, teste. Mo gbé iṣẹ́ yìí wò – Eu tenho experiência neste trabalho.

ÀGBẸ̀, s. Fazendeiro, agricultor.

ÀGBẸ́, s. Pequena espada. V. àdá.

AGBẸ̀BÍ, s. Parteira. Ó gbẹ̀bí fún aya mi – Ela agiu como parteira para minha mulher. < gbà + ẹbí.

ÀGBẸ̀DẸ, s. Forja, oficina de ferreiro.

ÀGBẸ́DỌ̀, adv. Não, nunca, jamais. Dito por uma pessoa mais velha como réplica a uma sugestão feita. Èmi àgbẹ́dọ̀ ó lọ sílé rẹ̀ – Eu jamais irei à casa dela. = èèwọ̀.

AGBẸ̀DU, s. Intestino grosso, estômago.

AGBẸ́GI, s. Entalhador.

ÀGBẸ̀JẸ́, s. Tipo de abobrinha que se come antes de amadurecer.

AGBẸ̀JẸ́, s. Médico que recebe seus honorários.

AGBẸJÓRÒ, s. Advogado.

AGBẸ́KẸ̀LÉ, s. Uma pessoa de confiança. Alágbẹ́kẹ̀lé mi – pessoa de minha confiança. = agbíyèléni.

AGBẸ́KÒ, **ỌGBẸ́KÒ**, s. Canoeiro, construtor de canoas.

AGBẸ́KÚTA, s. Cortador de pedras, escultor.

AGBẸ́LẸ̀, s. Escavador.

AGBẸ́MÁYÉ, s. Uma galinha que cacareja sem botar ovos.

ÀGBẸ̀SÌ, **Ẹ̀GBẸ̀SÌ**, s. Doença de pele, comichão, coceira.

AGBẸ̀DU, s. Intestinos. = ìfun.

AGBẸ́GI, s. Entalhador.

ÀGBÌGBÒ, ÒGBÌGBÒ, *s.* Tipo de ave com cabeça grande. *V. ìgbò.*

AGBIPÒ, AGBAPÒ, *s.* Sucessor, substituto de uma pessoa. *Ó gbapò mí* – Ele me sucedeu. *V. rópò.*

AGBO, *s.* Quadra de danças, bloco, roda. *Ò wà nínú agbo* – Ela está no centro da roda.

AGBO, *s.* Rebanho, bando. *Agbo àgùtàn* – um rebanho de ovelhas; *agbo ènìà* – uma multidão.

AGBÓ, *s.* Aquele que envelhece.

ÀGBÒ, *s.* Carneiro. *V. àgùtàn.*

ÀGBO, *s.* Infusão de ervas para uso medicinal. *Kini ewé wón lò láti fi nṣe àgbo?* – Que folhas eles usaram para fazer a infusão?

AGBO-ÀGBADO, *s.* Monte de milho picado.

AGBÓDEGBÀ, *s.* Olheiro da distribuição do roubo de um grupo de ladrões.

ÀGBÓDO, *s.* Tipo de inhame aquático.

AGBÓGUNTÌ, *s.* Invasão, uma luta contra. *Àwọn oògùn agbóguntì kòkòrò àrùn* – Medicamentos em luta contra os micróbios (expressão que pode ser definida como antibiótico).

AGBÓJÚLÓGÚN, *s.* Aquele que corre atrás de herança pisando nos outros. < *gbójú* + *lé* + *ogún.*

AGBOLÉ, *s.* Conjunto de casas sem divisões definidas e de frente para um pátio. É normalmente ocupado por famílias. *V. àpátímẹ́ntì.*

AGBÓMIGBÉLẸ̀, *s.* Um animal anfíbio.

AGBOÒRÙN, *s.* Guarda-chuva, sombrinha. *Ó ga agbòrún* – Ele abriu o guarda-chuva. < *a* + *gbà* + *oòrùn.* = *aburadà, agbejí.*

AGBOWÓDE, AGBOWÓRÍ, *s.* Coletor de impostos.

AGBÓ, *pref.* Usado para composição de frases. *V. agbófò.*

AGBÓFÒ, ÒGBIFÒ, *s.* Intérprete. < *a* + *gbó* + *fò.*

AGBỌ̀N, *s.* Cesta de palha. *Ó kó èso sínú agbọ̀n* – Ela juntou as frutas dentro da cesta.

ÀGBỌ̀N, *s.* Queixo. *Ó fá irun àgbọ̀n* – Ele raspou a barba do queixo.

AGBỌ́N, *s.* Vespa. *Agbọ́n jẹ́ kòkòrò olóró* – A vespa é um inseto venenoso.

ÀGBỌN – ÀHESỌ 60

ÀGBỌN, s. Fruto do coqueiro, coco. *Igi àgbọn náà ga púpọ̀* – O coqueiro é muito alto.

AGBÓNBÉRÉ, s. Brincadeira das crianças de roubar uma coisa da outra.

AGBÓNDÁN AṢỌ, s. Rolo de roupas. V. *ìgàn.*

ÀGBỌNMU, s. Refrigerante, refresco, uma sopa aguada.

ÀGBỌNNÌRÈGÚN, s. Um dos títulos de Ọ̀rúnmìlà. = Àgbọnnìrègún.

ÀGBỌNRIN, s. Um tipo de antílope com listras brancas.

ÀGBỌ́RÀN, s. Obediência. *Ó ṣe àgbọ́ràn sí mi* – Ele me desobedeceu. *Olùgbọ́ràn ọmọ* – uma criança desobediente. < *gbọ́* + *ọ̀ràn.*

AGBỌ̀RÀNDÙN, s. Simpatizante.

AGBỌ̀RỌ̀DÙN, s. Pessoa interessada no bem-estar de outra. *Ó gbọ̀rọ̀ mi dùn* – Ele tem interesse por mim. < *a* + *gbà* + *ọ̀rọ̀* + *dùn.*

AGBỌ́Ọ̀RỌ́SỌ, s. Intérprete. V. *agbófọ̀.*

AGBÓSỌ, s. Boato, rumor.

AGBỌ́TEKUSỌFÉYẸ, s. Pessoa que ouve às escondidas, pessoa faladeira. < *agbọ́* + *teku* + *sọ* + *féyẹ.*

AGBỌ́TÍ, s. Mordomo.

ÀGBỌ́YA, s. Surdez fingida.

AGBỌ́YÍSỌ̀YÍ, s. Contador de histórias, de boatos.

AHÁ, s. Pequena cabaça usada em forma de copo.

AHAGBÁ, s. Pessoa que raspa a cabaça.

AHÁGÚN, s. Testamenteiro, inventariante, administrador.

AHALE, s. Aquele que destelha uma casa.

AHALẸ̀, s. Pessoa furiosa. *Ó halẹ̀* – Ele proferiu ameaças.

ÀHÁMỌ́, ÌHÁMỌ́, s. Confinamento, prisão, algo apertado. *Ó há ẹwù mọ ara* – Ele vestiu uma roupa apertada.

AHÁN-ẸKÙN, s. Uma planta cabeluda que causa coceira e é usada pelos caçadores para saciar a sede.

AHÁNHÁN, s. Espécie de lagarto.

ÀHÀYA, s. Tiro de uma arma.

AHÉRÉ, s. Casa de fazenda.

ÀHESỌ, s. Murmúrio, mexerico.

ÀHẸ́DÙN, s. Iluminação, ignição.

AHẸRẸPẸ, s. Pouca qualidade, inferior. *Aherepe ọ̀rẹ́ ni* – uma amizade superficial.

AHO!, *interj.* Expressão de desprezo.

AHORO, s. Ruína, desolação. *Ilé yìí dahoro* – Esta casa está em ruínas, está deserta.

AHỌ́N, s. Língua. *Ahọ́n ni ìpinlẹ̀ ẹnu* – A língua está no fundo da boca; *Ahọ́n méjì gbádùn jù ahọ́n kan lọ* – Duas línguas é melhor do que uma.

AHỌ́N-INÁ, s. Chama, língua de fogo.

AHUN, s. Tartaruga. = *ìjàpà*.

AHUN, s. Miséria, avareza. *Ó ya ahun* – Ele se tornou miserável.

AHÙN, s. Tipo de árvore cuja madeira é amarelada.

ÀHUSỌ-Ọ̀RỌ̀, s. Mentira, falsidade.

AHUNSỌ, s. Tecelão. *Ó hunsọ* – Ele teceu uma roupa.

ÀHUSỌ, s. Ficção, fábula, fantasia.

ÀHUTU-IKỌ́, s. Cuspe, catarro, tosse, expectoração.

ÀÌ, **LÁÌ**, *pref. neg.* Sem, carecer de. *Àìwẹ̀ ọmọ mi* – Meu filho está sem tomar banho; *Ó jáde láìwọ ẹwù* – Ele saiu sem vestir a camisa; *mọ̀* – saber, *àìmọ̀* – ignorância; *sùn* – dormir, *láìsùn* – sem dormir. Quando combinado numa frase com as formas negativas – *kò* ou *má* – mais a contração com o verbo *ṣe* – fazer – expressa uma forte afirmação. *Àwa kè lè ṣàìwá* – Nós não podemos deixar de ir. *V. ṣài.*

ÀÌBALẸ̀-ỌKÀN, **ÀÌBALẸ̀-ÀIYA**, s. Situação intranquila, estar inseguro, ansiedade.

ÀÌBÈÈRÈ, s. Que não foi perguntado.

ÀÌBẸRÙ, s. Sem medo, destemido.

ÀÌBÍ, **ÀÌBÍMỌ́**, s. Estado de não ter filhos.

ÀÌBÌKÍTÀ, s. Indiferença. *Èmi kò bìkítà* – Eu não me preocupo.

ÀÌBOJÚTÓ, s. Descuido, displicência.

ÀÌBOJÚWÒ, s. Desatenção, falta de interesse, olhar sem dar atenção.

ÀÌBÒRA, s. Descoberto, sem proteção.

ÀÌBỌ́JÚ, s. Rosto que não está lavado.

AÌBỌLÁFÚN, s. Sem honra, sem respeito.

AÌBỌ̀WỌ̀FÚN, s. Impiedade, falta de respeito para com. *Àìbọ̀wọ̀ fún Ọlọ́run* – falta de respeito para com Deus.

AÌBU, s. Inteiro.

AÌBÙWÒ, s. Desprezo, pouco caso.

AÌDA-ONJẸ, s. Indigestão.

AÌDÁ, adj. Ininterrupto, incessante. *Àìdá ójò yìí pa mí* – Esta chuva ininterrupta me encharcou.

AÌDÁBÁ, s. O fato de não tentar, não ter iniciativa.

AÌDÁBẸ̀, s. O fato de não ser circuncidado.

AÌDÀBÍ, s. Diferente, não ser parecido.

AÌDÁBỌ̀, adj. De forma contínua, interminável, incessante. V. *dábọ̀*.

AÌDÁJÙ, s. Incerteza.

AÌDÀLÙ, s. Que não é misturado, puro.

AÌDAN, s. Tipo de árvore que produz frutos em forma de fava. V. *àrìdan*.

AÌDÁ-ONJẸ, s. Indigestão.

AÌDÁRA, **AÌDÁA**, s. Indisposição, enfermidade. *Ó lè ṣàìdára* – Ele pode não estar bem.

AÌDÁRA, s. Deformidade.

AÌDÁRAYÁ, s. Pessoa sem alegria.

AÌDAWÀ, s. Dependência, submissão.

AÌDÁWỌ̀, s. O fato de não admitir, de não aceitar.

AÌDÁWỌ́DÚRÓ, s. Sem interrupção, continuidade.

AÌDÉLÉ, s. Ausente.

AÌDẸ, s. Sem atenção, desapercebido.

AÌDẸ̀, adj. Duro, firme, não maduro.

AÌDẸBIFÚN, adj. Absolvido.

AÌDÍBÀJẸ́, s. Incorrupção, honestidade; adj. Incorruptível, honesto.

AÌDIDÉ, s. O fato de não se levantar.

AÌDÍJÌ, s. Destemor, audácia, arrojo.

AÌDIRA, adj. Sem preço.

AÌDÓGUN, adj. Sem ferrugem. *Irin yìí àìdógun* – Este metal não tem ferrugem.

ÀÌDÓJÚ, *adj.* Indestrutível, forte. *Ẹwù yìí àìdójú* – Esta roupa é indestrutível.

ÀÌDÓGBA, *s.* Desigualdade. *Wọ́n jẹ́ àìdọ́gba* – Eles são desiguais.

ÀÌDÚN, *adj.* Sem som, silencioso. *Ìlú yìí àìdún* – Esta cidade é silenciosa.

ÀÌDÙN, *s.* Grosseiro, inferior, rude.

ÀÌDÙNNÚ, *s.* Depressão, mau humor.

ÀÌDÚPẸ́, *adj.* Mal-agradecido, ingrato.

ÀÌDÚRÓ, *s.* O fato de não estar de pé, instabilidade, inconstância.

ÀÌFAMỌ́RA, *s.* Desarmonia, falta de intimidade.

ÀÌFÈSÌ, *s.* Sem resposta, mudez.

ÀÌFETÍSÍLẸ̀, *s.* Desatenção, descuido, negligência.

ÀÌFẸ̀, *s.* Restrição, limitação do espaço. *Àìfẹ̀ ìlú yìí* – limitação da área desta cidade.

ÀÌFẸ́, *s.* Aversão, desgosto, antipatia.

ÀÌFẸ́NI, *s.* Falta de cordialidade, má vontade.

ÀÌFẸ́RAN, *s.* O fato de não gostar, desamor.

ÀÌFẸ́ṢE, **ÀÌFIFẸ́ṢE**, *s.* Indisposição, má vontade para fazer algo.

ÀÌFIDÙ, *s.* Algo que não se pode recusar.

ÀÌFIGBÈ, *s.* Imparcialidade.

ÀÌFIJÌ, *s.* Sem perdão.

ÀÌFÍN, *adj.* Que não se pode moldar ou entalhar.

ÀÌFIPEKAN, *s.* Leveza.

ÀÌFISÙN, *adj.* Que não se pode acusar.

ÀÌFIṢERÉ, *s.* Seriedade, importância.

ÀÌFIYÈSÍ, *s.* Desatenção.

ÀÌFÓ, *s.* Aquilo que não afunda. *Àìfó igi yìí* – Esta madeira não afunda.

ÀÌFÒ, *s.* O ato de não saltar, de não voar.

ÀÌFÒYÀ, *s.* Audácia, coragem.

ÀÌFỌHÙN, *s.* Mudez, sisudez.

ÀÌFÓJÚ, *s.* Vista, visão.

ÀÌFỌKÀNBALẸ̀, *s.* Ansiedade, aflição, angústia.

ÀÌFỌKÀNTÁN, *s.* Indignidade, falsidade, sem confiança.

ÀÌFỌN, *s.* Rigidez, irredutível.

AÌGÉ – AÌGBOYÈ

AÌGÉ, *adj*. Sem cortar.
AÌGÙN, *s*. Brevidade.
AÌGÚN, *s*. Engano, erro, algo inexato.
AÌGBÁ, *adj*. Que não foi varrido, sujo.
AÌGBÀ, *s*. Desaprovação.
AÌGBÁGBÉ, *s*. Boa memória.
AÌGBÀGBỌ́, *s*. Infidelidade, desconfiança. *Àìgbàgbọ́ rẹ̀ yà mí lẹ́nu* – A incredulidade dele me espantou.
AÌGBÀWÉ, *adj*. Não ter licença, não habilitado.
AÌGBAWÍWÀ-ỌLỌ́RUN GBỌ́, *s*. Ateísmo (*lit*. sem falar ou ouvir sobre a existência de Deus).
AÌGBÉDÈ, *s*. Ignorância para entender o idioma falado por outra pessoa. *Àìgbédè mi ló mú ọ̀rọ̀ náà má yé mi* – Minha ignorância das palavras não me fez compreender.
AÌGBÉJẸ́Ẹ́, *adj*. Inquieto, impaciente, teimoso.
AÌGBEPỌ̀, *s*. Separação, desunião.
AÌGBÉRAGA, *s*. Humilhação, humildade.
AÌGBẸ, *s*. Umidade.
AÌGBẸṢẸ̀, *adj*. Estreito.
AÌGBẸ̀ṢẸ̀, *s*. Inocência.
AÌGBÒ-AÌYẸ̀, *s*. Tranquilidade, algo estável.
AÌGBÓ, *s*. Verde, o que não está maduro, imaturidade.
AÌGBOFO, *s*. Ocupação, tarefa.
AÌGBÓGI, *s*. Inexperiência.
AÌGBÓÒGÙN, *s*. Intratável.
AÌGBÓJÚ, *s*. Covarde.
AÌGBOJÚFÚN, *s*. Veto, proibição.
AÌGBÓNÁ, *s*. Frieza, falta de calor.
AÌGBÓNÁ-AÌTÚTÙ, *s*. Nem quente nem frio, morno, ato de ser indiferente.
AÌGBÓNU, *s*. Obediência.
AÌGBOÒRÒ, *s*. Estreiteza.
AÌGBOYÈ, *s*. Pessoa que não possui título.

ÀÌGBOIYÀ, *s.* Covardia.

ÀÌGBỌ́, *s.* Não ser ouvido.

ÀÌGBỌ́DỌ̀, *s.* O fato de não ousar fazer algo.

ÀÌGBỌ́N, *s.* Tolice, estupidez.

ÀÌGBỌ́RÀN, *s.* Desobediência, teimosia. *Ó ṣe àìgbọ́ràn sí mi* – Ele fez uma desobediência a mim; *Aṣa àìgbọ́ràn sí òrìṣà* – Uma pessoa desobediente para com a divindade.

ÀÌGBÚRÓ, *s.* O fato de estar sem notícias.

ÀÌHA, *adj.* Que não foi arranhado.

ÀÌHALẸ̀, *adj.* Que não conta vantagem, humilde.

ÀÌHÁN, *s.* Preço baixo.

ÀÌHÀN, *s.* Obscuridade, invisibilidade.

ÀÌJÁNÀ, *s.* Erro, equívoco.

ÀÌJÁSÈ, *adj.* Inerte, sem atividade.

ÀÌJẸ́, *adj.* Ineficaz, nulo.

ÀÌJẸ, *s.* Jejum, abstinência de alimento.

ÀÌJẸ̀BI, *adj.* Inocente, que não tem culpa.

ÀÌJẸ́WỌ́, *s.* Negar-se a confessar.

ÀÌJÌNNÀ, *adj.* Que não está longe, perto.

ÀÌJÍNNÁ, *adj.* Ser cru ou malpassado. *V. jínná.*

ÀÌJINNÚ, *adj.* Plano, sem buracos. *Ònà yìí àijinnú* – Esta rua é sem buracos.

ÀÌJÍRÒRO, *s.* Aquele que não dá conselhos, desatencioso.

ÀÌJÌYÀ, *s.* Impunidade; *adj.* Não sofrer punição.

ÀÌJIYÀN, *adj.* Que não se pode negar, incontestável.

ÀÌKÀ, *adj.* Inumerável.

ÀÌKÁ, *adj.* Que não foi ferido, que não foi atingido, não dobrado.

ÀÌKÁÁNÚ, *s.* Ato de não se compadecer, insensibilidade.

ÀÌKÁNJÚ, *s.* Preguiça, lentidão.

ÀÌKÁPÁ, **ÀÌKÁWỌ́**, *s.* Incompetência, inabilidade.

ÀÌKÀSÍ, *s.* Desprezo, desrespeito.

ÀÌKÁṢÀ, *s.* Algo desatualizado, não imitado, não copiado dos outros.

ÀÌKÉ, *adj.* Sem choro ou lágrimas.

AÌKÉ, AÌGÉ, adj. Não cortado.
AÌKÉDE, adj. Não anunciado.
AÌKÉÉRÍ, adj. Que não é invejável, que não é sujo.
AÌKÉKÚRÚ, adj. Não abreviado, não diminuído.
AÌKERE, adj. Abundante.
AÌKẸ́, adj. Intolerante.
AÌKẸ̀, adj. Que não está pior. *Òkùnrùn rẹ̀ àìkẹ̀* – A doença dela não piorou.
AÌKIYÈSÍ, adj. Não ser um bom observador.
AÌKÒ-ẸNU, s. Diferença de opinião, incompatibilidade.
AÌKỌ́, adj. Inculto.
AÌKỌ̀, adj. Que não desaprova, que não recusa.
AÌKỌLÀ, adj. Que não foi circuncidado, sem marcas faciais.
AÌKỌ́LÉ, adj. Que não construiu uma casa.
AÌKỌMINÚ, s. Pessoa tranquila, sem apreensão.
AÌKỌSẸ̀, s. Desimpedido, sem tropeço.
AÌKỌSẸ̀, s. Pessoa sem instrução.
AÌKÙ, s. Aquilo que não permanece, que não sobra.
AÌKÚ, s. Imortalidade.
AÌKÚKÚ, pref. Usado para significar ser sem, falta de.
AÌKÙN, s. Pessoa que não murmura, que não se lamenta.
AÌKÙNÀ, s. Infalível.
AÌKÚNNÁ, s. Falta de cortesia, rudeza.
AÌLÀ, adj. Algo inalterado, puro.
AÌLÀÁGÙN, s. Pessoa ou algo que não transpira.
AÌLÁÀLÀ, s. Algo sem limite, indemarcável.
AÌLÁÁNÚ, s. Falta de piedade, ser desumano.
AÌLÁBÁ, adj. Sem esperança, sem sugestão.
AÌLÁBÀWỌ́N, adj. Imaculado, honrado, puro.
AÌLÁBÒ ÒFIN, s. Fora da lei, marginalidade.
AÌLABÓLÁ, s. Tipo de *Egúngún*.
AÌLÁBÒSÍ, s. Honestidade. *Ìwà àìlábòsí ṣe pàtàkì* – A honestidade é importante.
AÌLÀBÚ, s. Pessoa que não amadureceu, sem maturidade.

ÀÌLÁBÙKÙ, s. Pureza, perfeição.

ÀÌLÁBÙLÀ, adj. Sem mistura, inalterado. Àìlábùlà ọtí – uma bebida pura.

ÀÌLÁDÙN, s. e adj. Sem gosto, insípido, pessoa sem doçura.

ÀÌLÁFẸ́Ẹ́FẸ́, adj. Abafado, sem ar.

ÀÌLÁGBÁRA, s. Fraqueza, inabilidade, sem força.

ÀÌLÁHUN, s. Generosidade.

ÀÌLAHÙN, s. Mudez.

ÀÌLÁIYÀ, s. Falta de coragem.

ÀÌLÁJÒ, s. Falta de simpatia.

ÀÌLÁÀLÀ, s. Sem nenhum limite.

ÀÌLÁNFÀNÍ, s. Desvantagem.

ÀÌLÁNÍYÀN, s. Falta de zelo, de atenção.

ÀÌLÁRA, s. Não ser esbelto.

ÀÌLÁRÁ, s. Sem família, órfão.

ÀÌLÁRE, s. Culpabilidade.

ÀÌLÁRÉKÉRÈKÈ, s. Naturalidade, simplicidade.

ÀÌLÁYA, s. Homem que não tem esposa.

ÀÌLE, s. 1. Falta de firmeza, falta de resistência. 2. Pessoa dócil.

ÀÌLÈ, s. Incapacidade de, impossibilidade de. Àìlèse iṣẹ́ yìí – impossibilidade de fazer este trabalho. Usado na composição de palavras.

ÀÌLÉ, s. Que não é excessivo e desnecessário.

ÀÌLÈBÀJẸ́, s. Incapacidade de se corromper, de se contaminar.

ÀÌLEDÍYELÉ, adj. Algo inestimável, precioso.

ÀÌLÉÈRÍ, s. Pureza; adj. Puro.

ÀÌLÈJÀ, s. Incapacidade de lutar, pessoa indefesa.

ÀÌLELÁRA, s. Imbecilidade.

ÀÌLERA, s. Enfermidade, sem saúde, doença.

ÀÌLÉRÈ, s. Coisa sem valor, inutilidade.

ÀÌLÈRÍBẸ̀Ẹ̀, s. Improbabilidade, algo que não parece ser. Àìlèríbẹ̀ẹ̀ ọ̀ràn yìí – a improbabilidade deste assunto vir à tona.

ÀÌLÉRÚ, s. Honestidade, sem trapaça. < àì + ní + èrù.

ÀÌLÉSO, s. Infrutífero, aridez.

ÀÌLÈSÙN – ÀÌLÓRÍYÌN

ÀÌLÈSÙN, s. Insônia.
ÀÌLÈṢE, s. Incapacidade, aquele que não realiza.
ÀÌLÈṢÌNÀ, s. Infalibilidade.
ÀÌLÉTI, s. Desobediência, teimosia (*lit.* sem dar ouvidos).
ÀÌLÉWÉ, adj. Desfolhado, perda de folhas.
ÀÌLÉWU, s. Imunidade ao perigo, segurança, proteção.
ÀÌLẸBI, s. Inocência, indulgência.
ÀÌLẸBÙN, s. Pessoa que não presenteia.
ÀÌLẸGÀN, s. Pessoa apreciável, digna.
ÀÌLẸGBẸ́, adj. Incomparável.
ÀÌLẸJẸ̀, adj. Anêmico, pálido.
ÀÌLẸKA, adj. Desgalhado.
ÀÌLẸKỌ́, s. Falta de educação, de cultura.
ÀÌLẸMÍ, adj. Sem respiração, sem vida, morto.
ÀÌLẸRI, adj. Sem testemunho, sem evidência.
ÀÌLẸRÙ, adj. Sem medo. < *àì + ní + ẹrù*.
ÀÌLẸ́SẸ̀, s. Descalço, sem sapatos.
ÀÌLẸ́SẸ̀NLẸ̀, adj. Sem base, sem fundamento.
ÀÌLẸTÀN, s. Sinceridade, franqueza.
ÀÌLẸWÀ, s. Sem beleza, feiura.
ÀÌLẸ́YẸ̀, s. Incapacidade, demérito.
ÀÌLÒ, s. Estado de algo que não foi usado, sem uso.
ÀÌLÓFIN, s. Ilegalidade. *Àìlófin iṣẹ́ yìí* – a ilegalidade deste trabalho.
ÀÌLÓJÚ, s. Confusão, sem ordem. *Àìlójú ọ̀rọ̀ yìí* – a confusão deste assunto.
ÀÌLÓJÙTÌ, s. Imprudência, descaramento.
ÀÌLÓKÌKÍ, adj. Desconhecido, obscuro.
ÀÌLÓKUN, adj. Impotente, desamparado, fraco.
ÀÌLÓKUN, s. Sem vigor, impotente.
ÀÌLOMI, adj. Sem água, seco.
ÀÌLÓÓTỌ́, s. Faltar com a verdade.
ÀÌLÓPIN, adj. Eterno, infinito.
ÀÌLÓRÍYÌN, s. Insucesso, sem êxito. *Àìlóríyìn nínú yìí* – Este é o meu insucesso.

ÀÌLÓRÚKỌ, *adj*. Anônimo, desconhecido.

ÀÌLÓWÓ, *s*. Pobreza, miséria.

ÀÌLÓYE, *s*. Falta de inteligência, falta de compreensão.

ÀÌLÓYÈ, *s*. O fato de uma pessoa não possuir títulos.

ÀÌLÓYÚN, *s*. Ausência de gravidez.

ÀÌLỌ̀, *adj*. Desenraizado.

ÀÌLỌBA, *s*. Anarquia, uma situação sem comando.

ÀÌLỌMỌ, *s*. O fato de não ter filhos, esterilidade.

ÀÌLỌRÀ, *s*. Não ter gordura.

ÀÌLỌRỌ, *s*. Pobreza, miséria.

ÀÌLỌ̀WỌ̀, *s*. Falta de respeito.

ÀÌLỌ́WÓ, *s*. O fato de ter perdido a mão, maneta.

ÀÌLU, *s*. Espécie de bebida; *adj*. Que não é perfurado.

ÀÌMÁÀ, **ÀÌMÁ**. Duas negativas para formar uma forte afirmativa. *Èmi kò lè ṣe àìmáà gbàgbọ́*. – Eu não posso deixar de não acreditar; *Má ṣàìràn mí lọ́wọ́* – Não deixe de não me ajudar. < *má* + *ṣe* + *àì*. V. *ṣàì*.

ÀÌMÁRADÚRÓ, *s*. Incontinência.

ÀÌMÈRÒ, *s*. Falta de juízo, de sagacidade.

ÀÌMÒFIN, *s*. Ignorância das leis.

ÀÌMOORE, *s*. Ingratidão.

ÀÌMÒYE, *s*. Imprudência.

ÀÌMỌ̀, *s*. Ignorância, desconhecimento das coisas, ingenuidade, simplicidade.

ÀÌMỌ́, *s*. Impuro, sujo, obsceno.

ÀÌMỌDÍ, *s*. Inexplicável. *Ìkú àìmòdí* – uma morte inexplicável.

ÀÌMỌNÍWỌN, *s*. Imoderação, intemperança; *adj*. Sem número.

ÀÌMỌRA, *s*. Pessoa sem senso de humor, contrassenso.

ÀÌMỌ̀WÀÁHÙ, *s*. Falta de caráter, maneiras impróprias.

ÀÌMỌ̀WÉ, *s*. Sem instrução, analfabeto.

ÀÌMỌWỌ́DÚRÓ, *s*. Continuidade, sem interrupção.

ÀÌMỌYE, *adj*. Inumerável, sem número definido. *Ọ̀kẹ́ àìmọye òwó* – inúmeras malas de dinheiro.

ÀÌMU, *s*. Grosseria, rudeza.

ÀÌMÚRA – ÀÌNÍRUN

ÀÌMÚRA, s. Relaxado, displicente.
ÀÌNÀ, adj. Sem estirar, sem gastar dinheiro.
ÀÌNÀ, adj. Sem bater, que não pode ser punido.
ÀÌNÁ, s. Nome dado à menina nascida com o cordão umbilical em volta do pescoço. *Òjó* – nome dado ao menino.
ÀÌNÁNÍ, s. Falta de cuidado.
ÀÌNÍ, s. Não ter, não possuir, necessidade, carência.
ÀÌNÍADÁJÚ, s. Incerteza, hesitação.
ÀÌNÍBÀBÁ, s. Órfão de pai.
ÀÌNÍBÀTÀ, s. Descalço, não ter sapato.
ÀÌNÍBẸ̀RÙ, s. Não ter medo, destemor.
ÀÌNÍBÒ, s. Estreiteza, que não é amplo.
ÀÌNÍBÙ, s. Incapacidade, insuficiência.
ÀÌNÍBÙGBÉ, s. Não ter um lugar para ficar.
ÀÌNÍDÍ, s. Pessoa sem base, sem razão.
ÀÌNÍFẸ̀, s. Pessoa que não tem amor, sem afeição.
ÀÌNÍGBẸKẸ̀LÉ, s. Falta de confiança, descontentamento.
ÀÌNÍGBONÁ, s. Frieza, morno, indiferença.
ÀÌNÍJÁNU, s. Sem reprimir, não se conter, sem controle.
ÀÌNÍLÁÁRÍ, s. Sem mérito, sem valor.
ÀÌNÍMÍ, s. Sem vigor, impotente.
ÀÌNÍPÁ, s. Ausência de poder, falta de habilidade.
ÀÌNÍPÁDI, s. Acelular, que não se compõe de células.
ÀÌNÍPALÁRA, adj. Incólume.
ÀÌNÍPÁRAMỌ́, adj. Indecência.
ÀÌNÍPẸ̀, s. Sem escamas, sem guelras.
ÀÌNÍPẸ̀KUN, adj. Eterno, perpétuo. *Ìyè àìnípẹ̀kun* – vida eterna.
ÀÌNÍPÍN, s. Ausência de parte de alguma coisa.
ÀÌNIRA, s. Facilidade, sem dificuldade.
ÀÌNÍRÈTÍ, s. Sem esperança, desespero.
ÀÌNÍRỌ̀RÁ, s. Dificuldade.
ÀÌNÍRUN, s. Calvície, não ter cabelo.

ÀÌNÍSÀLẸ̀, *adj.* Sem ter fundo, não ter uma base. *V. isàlẹ̀.*

ÀÌNÍSÙÚRÙ, *s.* Impaciência.

ÀÌNÍṢẸ́, *s.* Sem trabalho, desocupado. *Àìníṣẹ́ lọ́wọ́, kíni ojútùú rẹ?* – Falta de trabalho, qual a sua solução?

ÀÌNÍTẸ́LỌ́RÙN, *s.* Insatisfação, descontentamento.

ÀÌNÍTÌJÚ, *s.* Sem modéstia, sem vergonha.

ÀÌNÍTÙNÚ, *s.* Desconfortável.

ÀÌNÍWÀ, *s.* Falta de caráter, de educação ou de uma boa criação.

ÀÌNÍYÁ, *s.* Órfão de mãe.

ÀÌNÍYE, *s.* Inumerável, sem conta. *Àwọn rà irú èfọ́ lójà* – Eles compraram inúmeros tipos de verduras no mercado.

ÀÌNÍYÈ, *s.* Analgesia, sem sensibilidade à dor.

ÀÌNÍYÈLÓRÍ, *s.* Falta de valor, falta de mérito.

ÀÌNÍYÈNÍNÚ, *s.* Falta de compreensão.

ÀÌNÍYÌN, *adj.* Desonrado, desacreditado.

ÀÌNUBÙGBÉ, *s.* Não se fixar num local.

ÀÌPADÀ, *s.* Algo que não pode ser modificado, sem retorno.

ÀÌPARÍ, *adj.* Inacabado, não concluído.

ÀÌPÁSÌKÒ, *adj.* Prematuro.

ÀÌPE, *adj.* Desnecessário, gratuito.

ÀÌPÉ, *s.* Imperfeição, deficiência, incompleto.

ÀÌPÉNÍYÈ, *s.* Insanidade, demência.

ÀÌPERÍ, *s.* Convulsão, tétano. *Àìperí mú mi* – Eu tive uma convulsão; *ikọ́ àìperí* – tosse seguida de uma convulsão.

ÀÌPÈSÈ, *adj.* Sem provisão, desprevenido.

ÀÌPÈTE, *adj.* Sem intenção, sem projeto.

ÀÌPẸ́, *adj.* Sem tardar. *Óun ó wá láìpẹ́* – Ele virá logo.

ÀÌPẸ́GBA-NKANGBỌ́, *s.* Credulidade, ingenuidade.

ÀÌPÍN, *adj.* 1. Indivisível. 2. Contração da palavra *àìnípèkun* – eterno, perpétuo.

ÀÌPINNU, *s.* Indecisão, hesitação.

ÀÌPÌWÀDÀ, *s.* Hábitos firmes, firmeza de comportamento.

ÀÌPO, *adj.* Sem composição, sem mistura, básico.

ÀÌPỌ, s. Raridade, algo precioso.
ÀÌPỌ́N, adj. Não estar maduro, estar verde (uma fruta).
ÀÌPỌSÍHÀ-ẸNÌKAN, s. Neutralidade.
ÀÌRÁN, adj. Descosturado.
ÀÌRAN, adj. Invulnerabilidade.
ÀÌRÉKỌJÁ, s. Autocontrole, serenidade.
ÀÌRELẸ̀, s. Inquietude.
ÀÌRETÍ, s. Algo inesperado.
ÀÌRẸ́, s. Pessoa não amigável, antipática; adj. Não barbeado, não raspado.
ÀÌRẸ́PỌ̀, s. Discordância, desacordo.
ÀÌRẸ́RUN, s. Cabeludo, que não corta o cabelo.
ÀÌRẸ̀WẸ̀SÌ, s. Pessoa que não desanima, perseverante.
ÀÌRÍ, s. Invisibilidade. Ọba Àìrí – O Rei Invisível (um dos títulos de Deus que revelam sua invisibilidade).
ÀÌRÍGBẸ́YÀ, s. Constipação, prisão de ventre.
ÀÌRÍRAN, s. Cegueira.
ÀÌRÍRÍ, adj. Inexperiente, puro.
ÀÌRÍSỌ, s. Quem não tem nada a dizer.
ÀÌRÍṢE, s. Indolente, sem trabalho.
ÀÌRÓ, adj. Que não produz som, mudo.
ÀÌRÒ, s. Falta de imaginação, falta de opinião.
ÀÌROHÌN, s. Pessoa que não dá notícias, que não conta novidades.
ÀÌRÓJÚ, s. Falta de oportunidade. Àìrójú sisẹ́ ni mo fi jigbèsè – Foi devido à falta de trabalho que contraí dívida.
ÀÌRÓNÚ, s. Urgência de trabalho, de negócios.
ÀÌRONÚPÌWÀDÀ, s. Falta de remorso, de arrependimento.
ÀÌRORÍ, s. Desatencioso, negligente.
ÀÌRORÒ, s. Pessoa pacífica.
ÀÌRÒTẸ́LẸ̀, adv. Inesperadamente.
ÀÌRỌ̀, adj. Que não está amolecido, macio ou tenro.
ÀÌRỌ, adj. Que não está murcho ou seco.
ÀÌRỌJÚ, s. Falta de tolerância, impaciência.
ÀÌRỌ́PÒ, s. Que não preenche uma vaga, que não substitui outra pessoa.

ÀÌRQRA, *s.* Que não tem cuidado, imprudência, descuido.

ÀÌRQRÙN, *s.* Desconforto, dificuldade.

ÀÌRQSÈ, *adj.* Instável, inquieto.

ÀÌSÀMÌ, *adj.* Não batizado, sem marca.

ÀÌSÀMÌSÍ, *adj.* Pessoa que não é marcante.

ÀÌSÀN, *s.* Doença, enfermidade. *Aṣọ tútù mú àìsàn wá* – A roupa úmida gera doenças; *Èmi kò fẹ́ kí ibà tàbí àìsàn ṣe làkúrègbé inúrírun* – Eu não quero que a febre ou a doença o faça ter reumatismo ou dor de estômago.

ÀÌSAN, *s.* Falta de pagamento.

ÀÌSANRA, *s.* Magreza, pessoa que não é gorda.

ÀÌSANWÓ, *s.* Pagamento que não é feito com dinheiro.

ÀÌSÁRÉ, *s.* Não ser apressado, indolência.

ÀÌSÉ, *adj.* Que não foi perdido.

ÀÌSÈ, *s.* Não cozido, cru.

ÀÌSÈSO, *s.* Esterilidade; *adj.* Infrutífero, estéril. < *àì* + *so* + *èso*.

ÀÌSÈ, *adj.* Que não goteja como o leite do seio.

ÀÌSẸ̀, *s.* Portão, passagem, porteira.

ÀÌSÍ, *s.* Ausência de algo.

ÀÌSÍ-ÀLÀÁFÍÀ, *s.* Falta de paz, infelicidade.

ÀÌSIÀN, *s.* Maldade.

ÀÌSÍ-ÀNÍÀNÍ, *adv.* Certamente, sem dúvida.

ÀÌSÍ-ÀTÌLẸ́HÌN, *s.* Falta de ajuda, falta de apoio.

ÀÌSÍJÀ, *s.* Ausência de brigas, de lutas.

ÀÌSÍLÀ, *adj.* Sem marcas, sem corte.

ÀÌSÍLÉ, *adj.* Desabrigado.

ÀÌSIMI, **ÀÌSINMI**, *s.* Falta de descanso, inquietação.

ÀÌSÍNÍKÁWÓ, *s.* Pessoa independente.

ÀÌSÍRÀNLÓWÓ, *s.* Pessoa desamparada, em estado crítico.

ÀÌSISẸ̀, *s.* Falta de trabalho, desemprego.

ÀÌSÍWÀ, *s.* Falta de boas maneiras.

ÀÌSÍYÁ, *s.* Órfão de mãe.

ÀÌSÓLA, *s.* Falta de honra, de dignidade.

AÌSỌLÀ – AÌṢẸ

AÌSỌLÀ, s. Falta de riqueza.
AÌSỌNÙ, s. Algo que não foi perdido.
AÌSỌRAKÌ, s. Descuido.
AÌSỌRỌ, s. Não falar, mudez.
AÌSÚ, s. Incansável, infatigável.
AÌSÙN, s. Sem dormir, vigília.
AÌSÙN-ÒKÚ, s. Velório. Ète àisùn-òkú náà ni láti fún ẹmí ní ìdágbére tí ó dára – A intenção do velório é dar ao espírito uma boa despedida.
AÌṢÀ, adj. Que não foi catado, espalhado.
AÌṢÀÁNÚ, adj. Impiedoso.
AÌṢÀÁRẸ̀, s. Resistência, não ter cansaço; adj. Infatigável.
AÌṢÁÁTÁ, s. Lealdade.
AÌṢÁN, adj. Que não foi rebocado com barro, sem reboco.
AÌṢÀN, s. Inatividade, que não flui.
AÌṢE, s. Falta de ação, inércia.
AÌṢEBÌKAN, adj. Inconstante, que não é restrito a um só local. Àìṣebìkan Òjó pò – Ojô é muito inconstante.
AÌṢEDÉDÉ, s. Desigualdade, injustiça.
AÌṢEFÉFÉ, s. Simplicidade, humildade.
AÌṢÈGBÀGBỌ́, s. Incredulidade.
AÌṢÈGBÈ, s. Imparcialidade, injustiça.
AÌṢEJÙ, **AÌṢÀṢEJÙ**, s. Moderação.
AÌṢÈMẸ́LẸ́, s. Diligência, atividade.
AÌṢÈNÌÀ, s. Desumanidade, crueldade.
AÌṢÈPINU, s. Indecisão, vacilação.
AÌṢÈRÚ, s. Honestidade, probidade.
AÌṢÈRÚ, s. Sinceridade, honestidade.
AÌṢETÀÀRÀ, s. Falta de correção, desonesto.
AÌṢETAN, s. Sinceridade, simplicidade.
AÌṢÈTARA, **AÌTARA**, s. Apatia, indiferença.
AÌṢẸ́, adj. Algo que não foi quebrado.
AÌṢẸ̀, adj. Aquele que não tem pecado.

ÀÌṢẸ, s. Não acontecer.
ÀÌṢẸ̀FẸ̀, s. Seriedade, sem brincadeira.
ÀÌṢÌ, s. Correção.
ÀÌṢIṢẸ́, s. Não trabalhar, malandragem.
ÀÌṢIYÈMÉJÌ, s. Certeza, não ter dúvida.
ÀÌṢÒ, s. Que não está com folga, esticado, firme.
ÀÌṢÒDODO, s. Injustiça. *Ìdájọ́ àìṣòdodo* – julgamento injusto.
ÀÌṢÒGO, s. Pessoa que não se vangloria.
ÀÌṢOJÚSAJÚ, s. Imparcialidade, justiça.
ÀÌṢOORE, s. Grosseria.
ÀÌṢÒÓTỌ́, s. Desonestidade, faltar com a verdade.
ÀÌṢÒRO, s. Sem dificuldade.
ÀÌṢỌKAN, s. Desunião, discórdia.
ÀÌṢỌKÀNKAN, s. Indecisão, dúvida.
ÀÌṢỌPẸ́, s. Ingratidão, falta de reconhecimento.
ÀÌṢỌ́RA, s. Falta de cuidado.
ÀÌṢỌ̀SỌ̀NÚ, s. Falta de atenção, de generosidade.
ÀÌṢÙ, adj. Que não é redondo.
ÀÌṢU, s. Prisão de ventre, obstrução.
ÀÌṢUBÚ, s. Não cair, não tombar.
ÀÌṢÚJA, **ÀÌṢÚSI**, s. Indiferença, falta de interesse.
ÀÌTÀ, s. Não vender.
ÀÌTAKÒ, s. Não se opor.
ÀÌTÀSÉ, s. Eficiente, eficaz.
ÀÌTAYỌ, s. Que não é superior.
ÀÌTÈTÈ, s. Lentidão, inatividade.
ÀÌTÉJÚ, s. Aspereza, que não é liso.
ÀÌTẸ́LỌ́RÙN, **ÀÌTẸ́RÙN**, s. Insatisfação, descontentamento.
ÀÌTẸRIBA, s. Insubordinação, desobediência.
ÀÌTẸ́TÍSÍLẸ̀, s. Falta de atenção, negligência.
ÀÌTÓ, s. Insuficiência, incapacidade.
ÀÌTÓBI, s. Pequenez, o que não é grande.

ÀÌTÓ-NKAN – ÀÌYÀTỌ

ÀÌTÓ-NKAN, s. Trivialidade, insignificância.
ÀÌTỌ́, s. Conduta imprópria.
ÀÌTỌ, s. Incapacidade de urinar.
ÀÌTÙ, adj. Bravo, rude, feroz. Kìnìún jẹ́ àìtù bí àmọ̀tẹ́kùn – O leão é tão feroz quanto o leopardo.
ÀÌTULÓJÚ, s. Selvageria, brutalidade.
ÀÌTÚMỌ̀, s. Não explicado, não traduzido.
ÀÌTUNÍNÚ, s. Desconforto.
ÀÌTÚRAKÁ, s. Tristeza.
ÀÌTÚTÙ, s. Não estar frio, calor.
ÀÌTÚWỌ́KÁ, s. Sem generosidade, sem liberalidade.
ÀÌWÀ, ÀÌSÍ, s. Inexistência.
ÀÌWÀ, s. Imóvel, fixo.
ÀÌWÁDÍ, adj. Não investigado, não examinado.
ÀÌWÀRÀ, adj. Que não é ansioso.
ÀÌWẸ̀, s. Imundície, sem higiene pessoal.
ÀÌWOLẸ̀, s. Descuido, negligência.
ÀÌWÒYE, s. Falta de atenção.
ÀÌWỌ́, adj. Direito, correto.
ÀÌWỌ́, adj. Falta de cuidado, falta de inspeção.
ÀÌWỌ́PỌ̀, s. Escassez.
ÀÌWÙ, s. Desprazer, que não agrada.
ÀÌWÚ, s. Que não aumenta.
ÀÌWÚKÀRÀ, s. Pão ázimo.
ÀÌYÀ, s. Peito, tórax. = àyà.
ÀÌYÀGBẸ́, s. Prisão de ventre. V. àìṣu.
ÀÌYÀ-JÍJÀ, s. Medo, pânico, ansiedade.
ÀÌYÀ-LÍLE, s. Coragem, obstinação.
ÀÌYÀNNU, s. Inconveniência, ato importuno, irritante.
ÀÌYÀPÀ, s. Retidão.
ÀÌYÁRA, s. Lentidão, vagar.
ÀÌYÀTỌ, s. Não ser outra pessoa, ter identidade própria.

ÀIYÉ, AYÉ, s. Mundo, plano terrestre, planeta. *Ọlọ́run ni ó ṣàkóso àiyé* – Deus governa o mundo; *Báwo ni àiyé wa ṣe rí lónìí?* – Como se encontra o mundo hoje?

AIYÉ-ÀJẸJÙ, s. Satisfação extrema.

ÀIYÉBÁIYÉ, s. Tempo antigo.

AIYÉDÈRÚ, s. Fraude, desonestidade. *Owó aiyédèrú* – dinheiro falsificado. < *di* + *èrú*.

ÀIYÉÈDÈ, s. Não entender um idioma.

AIYÉJÍJẸ, s. Prazer, divertimento.

AIYÉKÒÓTỌ́, s. Papagaio.

AIYÉLUJÁRA, s. Moeda de metal perfurada.

ÀIYÉRÁYÉ, s. Tempo imemorial.

ÀIYẸ, s. Desentendimento.

ÀIYẸSẸ̀, s. Estabilidade.

ÀIYẸ́SÍ, s. Falta de respeito.

ÀIYÍPADÀ, s. Imutabilidade.

ÀJÀ, s. **1.** Teto, terraço. *Igi àjà.* – madeira, viga do teto. V. *òrùlé*. **2.** Adega, porão. *Àjà ilẹ̀* – porão de uma casa. **3.** Sineta. *Ìyá ngbọ̀n àjà.* – A mãe está agitando a sineta.

AJÁ, s. Cachorro. *Ajá náà ngbó* – O cachorro está latindo.

ÀJÀ, s. Tipo de planta trepadeira.

ÀÀJÀ, s. **1.** Sineta dupla usada nas cerimônias religiosas. **2.** Tipo de toque de atabaque usado em cerimônia de magia. **3.** Um espírito feminino, fada. **4.** Vento forte que aparece em forma de redemoinho. V. *Àrọ̀nì*.

ÀJÀBỌ́, s. Fuga estreita.

AJÁDÍ, adj. Aquilo que se rompe no fundo. *Ajádí àpò* – a bolsa que se rompe no fundo.

ÀJADÙN, s. Voluptuosidade, luxúria, sensualidade.

ÀJÀGÀ, s. Jugo, canga.

ÀJÀGÀJIGÌ, adj. Estar firme como uma rocha ou como um tronco de árvore.

AJAGUN OBÌNRIN, s. Amazona, soldado feminino.

AJAGUN, JAGUNJAGUN, s. Guerreiro. < *jà* + *ogun*.

AJAGÙNNÀ, JAGÙNNÀ – AJÉ

AJAGÙNNÀ, JAGÙNNÀ, s. Um título *yorubá*.
ÀJAGBÀ, s. Luta, disputa.
AJÁGBỌ́N, s. Pessoa que descobre a verdade dos fatos.
ÀJÀGBULÀ, ÀJÀGBÍLÀ, s. Lutador obstinado.
ÀJÁJẸ, s. Aquele que morde, que faz uma boquinha.
ÀJÀKÁLẸ̀, s. Epidemia.
ÀJÀKÁLẸ̀-ÀRÙN, s. Praga, epidemia, gripe.
AJÁKO, s. Chacal.
ÀJÀKÚ, s. Mortal, fatal. *Ìjà àjàkú* – conflito mortal.
ÀJÀLÈLÓKUN, s. Pirata, ladrão do mar.
ÀJÀLỌ́RUN, s. Um dos nomes dados a Deus nos relatos míticos.
ÀJÁLÙ, s. Acidente, acontecimento desfavorável. *Àjálùú dé bá mi* – Aconteceu um acidente comigo.
AJAN, s. Carne cortada em pedaços para venda.
ÀJÀNÀKÚ, s. Elefante. = *erin*.
ÀJANAPÁ, s. Armadilha de tecido para pegar pássaro.
AJÀNÀTURÙKÙ, s. Um búfalo, citado na poesia de *Ifá*, que se transformou num ser humano.
ÀJÀNBÀKÙ, s. Insuficiente, deficiente. *Àjànbàkù asọ* – tecido insuficiente.
ÀJÀNRÉRÉ, s. Tipo de planta.
ÀJÁNÚ, s. Irritabilidade.
ÀJÀÒ, s. Morcego.
AJÁ ỌDẸ, s. Cão de caça.
ÀJÀPÁ, ÌJÀPÁ, s. Tartaruga.
ÀJÀRÀ, s. Vinhedo.
ÀJÁSỌ, s. Boato, falsa notícia.
ÀJÀṢẸ́, adj. Vitorioso. *Àjàṣẹ́ ogun* – luta vitoriosa.
ÀJÀTÚKÁ, s. Luta difícil.
AJÁWÁLẸ̀, ÌJÁWÁLẸ̀, s. Queda livre.
AJE, AJERE, s. Coador, peneira, pote perfurado para cozinhar alimento no vapor ou escorrer sedimentos.
AJÉ, s. Dinheiro. = *owó*.

AJE, s. Processo por castigo. > *aláje* – inquisidor.

ÀJEBỌWÁBÁ, s. Herança de futuras gerações.

ÀJÈJÉ, s. Denominação do carrego do funeral de um caçador.

ÀJÈJÌ, s. Estranho, estrangeiro. *Àjèjì ni wọ́n jẹ́ sí mi* – Eles são estranhos para mim.

ÀJÈJÌ, ÀJÈJÈ, s. Denominação de um povo que ocupou a área central do antigo Daomé, atual República do Benin.

AJERE, s. Uma vasilha ou panela com muitos buracos por toda parte como uma peneira usada para separar misturas.

AJERÒ, s. Título da hierarquia de *Ifá*.

AJÉ ṢÀLÚGÀ, s. Uma divindade representada por uma grande concha marinha.

ÀJÉWỌ́, s. Confissão.

ÀJẸ̀, s. **1.** Remo, guelra. **2.** Tinta vermelha para pintar parede.

ÀJẸ́, s. Feiticeira, bruxa com a crença de que se transforma em pássaro noturno.

AJẸBI, s. Pessoa culpada, aquele que é culpado. < *a + jẹ + èbi.*

ÀJẸBÍ, s. Hereditariedade, o que é herdado dos pais, como modos ou doenças. *Onjẹ àjẹbí* – dieta tradicional. < *à + jẹ + bí.*

ÀJẸBÒ, s. Cicatrização de uma ferida ou corte.

ÀJẸBỌWÁBÁ, s. Aquilo que passa de uma pessoa para outra, de geração a geração.

ÀJẸDÁLU, s. Opressão, tirania.

AJẸ̀FỌ́, s. Vegetariano; *ajẹran* – carnívoro.

AJẸFỌ́JÚ, s. Excessivamente.

ÀJẸFỌ́WO, s. Jardim de plantas aromáticas, tipo de planta usada como vermífugo e laxante. *Celosia trygna (Amaranthaceae).*

ÀJẸGÚN, ÀJẸRÁ, s. Dificuldade no reembolso de uma dívida.

ÀJẸ́GBÀ, s. Confusão, tumulto.

ÀJẸGBÉ, s. Ato de comer algo nocivo ou em decomposição sem que faça mal. *Àjẹgbé ni igún njẹ ẹbọ* – O abutre come os restos dos sacrifícios.

ÀJẸJÙ, s. Apetite insaciável, comer demais.

ÀJĘKÉHÌN – ÀJÍNDÉ

ÀJĘKÉHÌN, s. O último prato de uma refeição.
ÀJĘKÌ, s. Excesso no comer, guloso, glutão. = ìjękì.
AJĘKÒKÒRÒ, s. Insetívoro.
ÀJĘKÙ, s. Sobra de alimento deixada no prato.
AJÉLĘ, s. Oficial administrativo, cônsul, governador.
AJĘ̀NÌÀ, s. Canibal, que come carne humana. < ję + ènìà.
AJĘNINÍYÀ, s. Opressor, tirano.
AJĘNIRUN, s. Devorador, destruidor.
ÀJĘPA, s. Fraude, patifaria.
ÀJĘPÒ, s. Ato de vomitar o que foi tomado, como um veneno.
ÀJĘRÁ, ÌJĘRÁ, s. Antídoto.
AJĘRAN, s. Carnívoro. ajèfó – vegetariano.
AJĘRAN-JEEGUN, s. Onívoro, aquele que come de tudo. Ęranko ajęran-jeegun – Um animal que come de tudo.
AJÉRÌKÚ, AJÉRÌKÚ, s. Mártir.
ÀJĘRUN, s. Extravagância, desperdício.
ÀJĘSÁRA, s. Remédio preventivo, vacina.
ÀJĘSÉ, s. Aquele que é ingrato.
AJĘSIN, s. Aquele que come carne de cavalo.
ÀJĘTĘRÙN, s. Gula.
ÀJĘTÌ, s. Restos, sobras.
ÀJÉWÓ, s. Confissão.
ÀJĘYÓ, adj. Comilão.
AJIBĘTĘ, s. Um tipo de peixe com ferrão venenoso.
ÀJÍDÈWE, s. Medicamento possível para rejuvenescimento.
AJIGBÈSE, ONÍGBÈSÈ, s. Devedor.
AJÍHÌNRERE, s. Evangelista.
AJILĘ, s. Aquele que come pó. < ję + ilę̀.
AJILĘ, s. Uma pessoa parasita, vagabundo.
AJÍLĘ, s. Fertilizante.
ÀÀJÌN, s. Noite bastante escura.
ÀJÍNDÉ, s. Ressurreição, renovação.

AJÍNIFẸ́, s. Estuprador.

AJÍNITÀ, s. Raptor, gatuno.

ÀJINNÁ, ÌJINNÁ, s. Uma ação de cura. < jìn + iná.

AJÍRA, s. Vitamina.

ÀJÍRÍ, s. Manhã, alvorada. Àjírí o! – Uma forma de saudação (lit. eu o verei amanhã!).

AJÍRÒSỌ, s. Falador, caluniador.

ÀJÍSÀ, s. Ato feito todas as manhãs para obter proteção. Ọlọ́run ni olórí àjísà mi – Deus é a fonte de minha proteção.

ÁJÒ, s. Ansiedade, solicitude.

ÀJÒ, s. Jornada. Oníṣègùn ṣe àjò lógún ojọ́ – O médico fez uma viagem de 20 dias.

AJOGUN, s. Forças maléficas.

AJOGÚN, s. Herdeiro, sucessor. < jẹ + ogún.

ÀJÓKÙ, s. Algo que não se queima, que escapa de um incêndio.

ÀJÓÒKÚ, s. Insaciável.

AJÓNIRUN, s. Aquilo que o fogo consome facilmente.

ÀJOÒPA, s. Tipo de noz-de-cola.

ÀJÓRÀN, s. Contagioso, que se alastra com facilidade.

ÀJÓWÓ, ÌJÓWÓ, s. O ato de roubar dinheiro. < jí + owó.

ÀJOWÓ, ÌJOWÓ, s. Pessoa aberta ao suborno ou corrupção. < jẹ + owó.

ÀJỌ, ÌJỌ, s. Assembleia, reunião, congregação.

AJỌ̀, s. Peneira.

ÀJỌBÍ, s. Consanguinidade, afinidade.

ÀJỌBỌ̀, ÌJỌBỌ̀, s. O ato de estar em companhia de outro, culto comunitário.

ÀJỌDÁ, s. Uniforme.

ÀJỌDÁRÒ, ÌJỌDÁRÒ, s. Consulta, conversa, troca de ideias.

ÀJỌ̀DÚN, s. Festa anual para celebrar um aniversário. Inú mi dùn láti pè yín sí àjọ̀dún mi – Estou feliz por convidar vocês para a minha festa. < à + jọ + ọdún.

AJỌ̀FẸ́, s. Parasita, sanguessuga.

ÀJỌHÙN, s. Unanimidade, consenso.

ÀJỌ-ÌGBÌMỌ̀, s. Conselho, comissão.

ÀJQ-ÌRÉKQJÁ, s. Festa da Páscoa.
ÀJQJẸ, s. Ato de comer junto.
ÀJQJẸ́, ÌJQJẸ́, s. Mutualidade, congruência, correspondência.
ÀJQJÓ, s. Ato de dançar junto, parceria de dança.
ÀJQLÁ, s. Prestígio, respeito.
ÀJQMÒ, s. Compreensão mútua, acordo.
ÀJQMU, s. Aquele que bebe junto, em companhia de.
ÀJQNÍ, s. Sociedade, parceria.
ÀJQPA, s. Acompanhamento para uma caçada.
ÀJQPÍN, s. Partilha, divisão, uma ação mútua.
ÀJQRA, ÌJQRA, s. Semelhança.
ÀJQRÌN, s. Caminhada conjunta, companheirismo.
ÀJQRÒ, ÌJQRÒ, s. Confidências entre pessoas.
ÀJQSÌN, ÌJQSÌN, s. Culto comunal.
ÀJQSQ, ÌJQSQ, s. Conferência mútua, discussão.
ÀJQSỌ̀RỌ̀, ÌJQSỌ̀RỌ̀, s. Conversação.
ÀJQSẸ, ÌJQSẸ, s. Cooperação no trabalho. A *jose isẹ́ náà* – Nós cooperamos em fazer este trabalho.
ÀJQWÁ, s. Conselho, reunião.
ÀJQYÌNBQN, s. Salva de tiros.
ÀJQYỌ̀, ÌJQYỌ̀, s. Regozijo, júbilo, festa dada para marcar um evento.
ÀJÙLÉ ỌRUN, s. Abóbada celeste, firmamento. = *ìsálú ọ̀run*.
ÀJÙLQ, s. Aquilo que constitui superioridade entre duas coisas.
ÀJÙMỌ̀DÀPỌ̀, s. Mistura de pessoas ou coisas.
ÀJÙMỌGBÉ, s. Viver, residir junto.
ÀJÙMỌ̀JOGÚN, s. Companheiro, co-herdeiro.
ÀJÙMỌKÁ, s. Leitura com outra pessoa.
ÀJÙMỌLỌ, s. Ir junto com outra pessoa.
ÀJÙMỌṢARÓLÉ, s. Co-herdeiro.
ÀJÙMỌ̀ṢE, ÀJÙMỌ̀ṢEPỌ̀, s. Ação conjunta, parceria.
ÀJÙMỌ̀ṢIṢẸ́, s. Trabalho conjunto.
ÀJÙMỌ̀WÀ, s. Coexistência.

ÀJÚWE, ÀPÈJÚWE, s. Explanação, descrição. *Ó sàpèjúwe òun tó rí* – Ele fez uma descrição do que tinha visto.

ÀJUWE, s. Rubrica.

ÀKÁ, s. Andar construído sobre estacas.

ÀKÁ, s. Silo para milho. = *abà*.

AAKA, s. 1. Uma pequena árvore cuja madeira é usada para vigas, e as folhas, para funções medicinais. 2. Porco-espinho.

ÀKÀBÀ, ÀKÀSỌ̀, s. Andar, tablado, patíbulo, escada.

ÀKÀGBÀ, ÌKÀGBÀ, s. Leitura alternada.

ÀKÁGBÓ, s. 1. Escolha, seleção. 2. Erro, falha judicial.

ÀKÀKÀ, s. Postura de cócoras ou cruzando as pernas ao sentar.

ÀKAKÚN, s. Adição.

ÀKÀLÀ, s. Tipo de ave.

AKALAMBI, s. Bolsa, sacola.

ÀKÀMỌ́, ÌKÀMỌ́, s. Confinamento, inclusão. < *kà* + *mọ́*. *Ó kà mi mọ́ wọn* – Ele me incluiu entre eles.

ÀKÁMỌ́, ÌKÁMỌ́, s. Envolvimento, cercado. < *ká* + *mọ́*. *Mo ká a mọ́* – Eu o cerquei no ato.

AKÁN, s. Atividade, ligeireza, agilidade.

AKÀN, ALÁKÀN, s. 1. Caranguejo. 2. Palavra usada em conversação para indicar o que é bom e, ao lado de *ejá* – peixe –, para indicar o que é mau: *Ẹjá mbí akàn? Akàn ni* – Isto é bom ou mau? É bom.

ÀKÀNBÍ, s. Primogênito.

ÀKÀNDÙN, s. Panarício, unheiro, inflamação.

AKÀNGBÁ, s. Tanoeiro.

ÀKÁNJÚ, ÌKÁNJÚ, s. Pressa, rapidez.

ÀKANJÚ, ÌKANJÚ, s. Carrancudo, cara fechada. < *kan* + *ojú*.

AKANKẸ̀KẸ́, s. Aquele que constrói rodas de carro.

AKANKỌ̀TÀ, s. Aquele que constrói embarcações.

ÀKANRA, ÌKANRA, s. Impaciência, irritabilidade.

AKANRUN, s. Aquele que fabrica arcos e flechas.

ÀKÀNṢE, s. Especial, incomum.

AKÁPÒ, s. Tesoureiro (*lit.* aquele que guarda a bolsa). Denominação da sacola ou dos sacerdotes de *Ifá* que têm o hábito de levá-la no ombro. < *a + kọ́ + àpò*.

ÀKÁRA, **ÌKÁRA**, s. Apreensão.

ÀKÀRÀ, s. Bolinho frito feito de pasta de feijão-fradinho. *Fún mi ní àkàrà díẹ̀* – Dê-me um pouco de *akará*.

ÀKÁRÁ, s. Madeira usada para vigas.

ÀKÀRÀ-ÀDÍDÙN, s. Bolo doce.

ÀKÀRÀ-ÀWỌN, s. Bolo confeitado.

ÀKÁRÁBÁ, s. 1. Feitiço para proteção. 2. Tipo de peixe arredondado.

ÁKÀRÀGBÁ, **ÁKÀRÀGBÈ**, s. Cabaça quebrada.

ÀKÀRÀKU, s. Bolo duro usado pelos guerreiros como provisão.

ÀKÀRÀ-LÁPÀTÁ, s. Bolo de milho.

ÀKÀSÀ, s. Alimento preparado com a farinha do milho branco (*ẹ̀kọ*) e envolto em folha de bananeira ou similar (*èpàpó*).

ÀKÁSẸ̀, s. Terminação, conclusão. = *ìkásẹ̀*.

AKASÌ, s. Arpão.

ÀKÀSÍLỌ́RÙN, s. Acusação.

ÀKÀSỌ̀, s. Escada. Nos relatos míticos designa o espaço destinado à passagem dos espíritos para a Terra, no momento da reencarnação. V. *àkàbà*.

ÀKÀṢÙ, s. Tabuleiro de milho branco. V. *àgidí*.

AKÁTÁ, s. Chacal. = *ajáko*.

ÀKÀTÁN, **ÌKÀTÁN**, s. Ler totalmente. *Ó kà á ní àkàtán* – Ele leu isto completamente.

ÀKÀTÀNPÓ, s. Catapulta.

ÀKÁWÉ, s. Fio de linha.

ÀKÀWÉ, **ÌKÀWÉ**, s. Similitude, comparação, analogia. *Ó fi mí ṣe àkàwé Bísí* – Ela comparou-me com Bisí. < *kà + wé*.

ÀKÀWÉ, **ÌKÀWÉ**, s. Leitura, revisão. < *kà + ìwé*.

ÀKÁWÉ, **ÌKÁWÉ**, s. Embalar uma coisa em torno de outra. < *ká + wé*.

AKÀWÉ-MÍMỌ́, s. Leitor das escrituras.

AKÀWÉ, **ỌKÀWÉ**, s. Leitor, declamador. < *kà + ìwé*.

AKÁWÚ, s. Fiandeira de algodão. < ká + òwú.

ÀKAYE, **ÌKAYE**, s. Totalidade dos números. < kà, + iye.

ÀKÀYÉ, **ÌKÀYÉ**, s. Leitura clara, leitura com conhecimento. Ó kà á ní àkàyé – Ele leu isto com conhecimento. < ka + yé.

AKÁYÍN, s. Aquele que perdeu os dentes. = akáyín.

ÀÁKÉ, s. Machado. Ó fẹ́ fi àáké gé ẹ̀ka igi – Ele quer usar o machado e cortar o galho da árvore. = àkíké.

AKÉDE, s. Pregoeiro público, proclamador.

ÀÁKÉ-ÌTÚLẸ̀, s. Picareta.

ÀKÉKÉ, s. Escorpião. = akérékèré.

ÀKÉKÙ, s. Restante de algo que foi cortado.

ÀKÉKÚRÚ, s. Abreviação.

AKÉNGBÈ, **AKÈRÈGBÈ**, s. Cabaça para transportar água.

ÀKÉPÁ, s. Ato de destruir, demolir.

AKÉPÁ, s. Pessoa ou animal castrado.

ÀKÈRÉ, s. Tipo de rã com pele lisa. Ọ̀pọ̀lọ́ tàbí àkèré kíni ìyàtọ̀ wọn? – Sapo ou rã, qual a diferença entre eles?

ÀKÈRÈGBÈ, **AGBÈ**, s. Cabaça cortada no topo, para servir de vasilha. V. igbá.

AKÉRÉKÈRÉ, s. Escorpião. = àkéké, òjogán.

AKÉRÒ, s. Líder de uma missão comercial. V. èrò.

AKÉSẸ̀, s. Perneta. = agésẹ̀.

ÀKÉSÍ, **ÌKÉSÍ**, s. Convite, visita. Ẹ kú àkésí mi àná – Agradeço por ter me convidado ontem.

AKESINMÁSỌ̀, s. Um tipo de planta. Bidens pilosa.

ÀKÉTE, s. Cama.

AKÉTÍ, adj. Aquele que tem a orelha cortada. = agétí.

ÀKÉWÉ, s. Comparação, analogia. Ó fi mí sàkéwé Òjó – Ele me comparou com Ojô.

AKÉWÌ, adj. Cortado rente.

AKÉWÌ, s. Poeta.

AKÉWỌ́, s. Maneta. = agéwọ́.

ÀKẸ̀, s. 1. Gaivota. 2. Cabra grande. 3. Corda feita de cipó.

ÀKẸ́BÀJẸ́, **ÀKẸ́JÙ**, s. Isenção, imunidade.

ÀKẸ́HÌNDA, s. Recuo, voltar para trás.

AKẸ́KỌ́, s. Estudante, aluno. *Akẹ́kọ́ dágbére fún olùkọ́* – O aluno disse até logo para o professor. < *a + kọ́ + ẹ̀kọ́*.

AKẸ́RÙ, s. Estivador, transportador.

AKẸ̀SÁN, s. Nome de um bairro na cidade de Ọ̀yọ́ ligado ao culto a Ṣàngó.

ÁKẸ̀ṢẸ̀, s. Tipo de algodão.

ÀKẸTẸ̀, s. Chapéu. V. *filà*.

ÀKẸ́TÚN, s. Enxada nova, ramo de árvore. V. *ẹ̀ka*.

ÀKẸTẸ̀, **FÌLÀ**, s. Chapéu. *Ó dé àkẹtè funfun* – Ele pôs um chapéu branco.

AKI, **AKIN**, s. Bravura, intrepidez, valentia. *Ó ṣe akin láti bá mi jà* – Ele é valente para lutar comigo. Usado como prefixo para nomes próprios masculinos. *Akingbàmí* – A minha bravura me ajuda; *Akinṣọlá* – A valentia faz a riqueza.

AKÍÍBOTO, s. Semente tipo noz-de-cola, que não pode ser dividida.

AKÍKANJÚ, s. Corajoso, bravo, intrépido. *Akíkanjú olórí ogun* – um intrépido guerreiro.

ÀKÍKÉ, **ÀÁKÉ**, s. Machado.

AKÍLÒLÒ, s. Gago.

ÀKÍLỌ, s. Saudação de despedida.

AKÌLỌ̀, s. Aquele que adverte e avisa, admoestador.

AKÌLỌ̀FÚNNI, s. Aquele que adverte, conselheiro.

ÀKIMỌ́LẸ̀, adj. Pressionado, comprimido.

AKÍNI, s. Aquele que saúda ou é bem-vindo, visitante.

AKIRÈ, s. Soberano da cidade de Ìkirè.

AKIRI, s. Vagueador, intinerante.

AKIRI-ỌJÀ, s. Mascate, traficante.

AKIRITÀ, s. Revendedor.

AKÌRUN, s. Soberano da cidade de Ìkìrun.

ÀKÍSÀ, s. Trapos.

AKIṢALẸ̀, s. Planta trepadeira com vagem igual à ervilha.

ÀKÌTÀN, **ÀTÌTÀN**, s. Refugo, lixo.

AKÍTÌ, s. Macaquice, imitador ou um tipo de macaco.

AKITIYAN, s. Esforço. *Ó ṣe akitiyan* – Ele fez um esforço.

ÀKIYÈSÍ, ÌKIYÈSÍ, s. Observação, comentário, prefácio. *Ó ṣe àkiyèsí* – Ela fez uma observação; *Ìwé àkiyèsí* – Um comentário para informar ao público.

ÀKO, s. Prostituta, mundana, que faz andanças por prazer. *Ó nṣe àko púpọ̀* – Ela está fazendo muitas andanças.

ÀKÓ, s. Autenticidade, realidade.

ÀKO, s. Folha de palmeira. V. *ìko*.

ÀKÓBÁ, ÌKÓBÁ, s. Punição imerecida. < *kọ́bá* – *Ó kó ìjọ̀gbọ̀n bá mi* – Ele arrumou confusão contra mim.

AKÒBÍ, s. Cesta usada para apanhar camarão.

AKOBIA, s. Égua estéril.

AKÓBÌNRINJỌ, s. Polígamo.

AKỌ́DÁ, AṢẸ̀DÁ, s. Segundo a tradição, os dois primeiros discípulos de Ọ̀rúnmìlà que ensinaram a doutrina de Ifá. *Akọ́dá tí nkọ́ gbogbo àiyé ní Ifá* – Akọ́dá que ensina Ifá para todo mundo; *Aṣẹ̀dá tí nkọ́ gbogbo agbà ní mọ̀ràn* – Aṣẹ̀dá que ensina a todos os antigos o conhecimento do saber.

ÀKÒDÌ, s. Sala, aposento.

AKOÍ, s. Nevoeiro, bruma.

ÀKÓJÁ, s. Propósito, objetivo. *À nrí ṣáṣá àkójá rẹ̀* – Nós vemos claramente a intenção dela; *Àkójá òfin* – Obediência, observância das leis.

ÀKÓJỌ, s. Acumulação, poupança.

ÀKÓJỌ́PỌ̀, s. Coleção de alguma coisa, ajuntamento.

ÀKÓKÓ, s. Pica-pau.

ÀKÓKÓ, s. Região próxima à cidade de Ọ̀wọ̀.

ÀKÓKÒ, s. Tempo, estação, época. *Mi ò ní àkókò láti ṣe* – Eu não tenho tempo para fazer; *Ó dé ni àkókò pàtó* – Ela chegou no tempo exato; *Àkókò òjò ni a wà* – Estamos na estação das chuvas. V. *ìgbà, àsìkò*.

AKÒKO, s. Tipo de arbusto sagrado cujo caule é envolto com um tecido branco. *Newboldia laevis (Bignoniaceae)*.

ÀKÓKÒ-Ẹ̀Ẹ̀RUN, s. Tempo seco, estação das secas.

ÀKÓKÒ-ÒJÒ, s. Tempo chuvoso, estação das chuvas.

ÀKÓKÒ-ÒTÚTÙ, s. Inverno.

ÀKÓKÒ-ỌYẸ́, s. Verão, vento seco que sopra pelo Atlântico.

ÀKOKORO, s. Dor de dente.

ÀKÓKÙ – ÀKỌ

ÀKÓKÙ, s. Sobras de uma quantidade de produto que foi pego. Àkókù onjẹ mi – Sobras da minha comida.

ÀKÓLÉ, s. Aquilo do qual foi tirado o excesso.

AKÓLÉ, OLÈ, s. Ladrão, salteador.

ÀKÒLÓJÚ, ÌKÒLÓJÚ, s. Oposição.

AKÓLÒLÒ, s. Gago.

ÀKÓMỌ́RA, s. Abraço.

AKÓNIJẸ, s. Cobiça, pessoa avarenta.

AKÓNINÍṢẸ́, s. Instrutor, orientador de uma tarefa.

AKÓNIṢIṢẸ́, s. Que fiscaliza o trabalho.

AKÓNKÓ, s. Pessoa miúda.

ÀKÓNU, ÌKÓNU, s. Purificação da boca.

ÀKÓPỌ̀, s. 1. Reunião alegre. 2. Resumo, generalidade.

ÀKÓRÀ, s. Compra por atacado.

ÀKÓRÀN, ÌKÓRÀN, s. Infecção.

ÀKÓRÈ, ÌKÓRÈ, s. Colheita.

ÀKÓRI, s. Conclusão, sumário.

ÀKÒRÓ, s. Elmo; expressão usada para se referir ao Òrìṣà Ògún; denominação de uma coroa real.

ÀKÓSO, s. Restrição, controle, governo.

ÀKÓTÀ, s. Venda por atacado.

ÀKÓTÁN, s. Compleição, totalidade.

AKÓTINI, s. Pessoa que segue outra, assaltante. < kótì – Ọmọ náà nkóti bàbá rẹ̀ – O menino está seguindo o pai dele.

AKOTO, s. Cabaça cortada na parte de cima. V. igbá.

AKOTORÍ, s. Cavidade do crânio.

ÀKÓWÁBÁ, s. Punição imerecida. = àkóbà.

AKỌ, s. 1. Macho, varão. Precede o nome de animais, plantas, frutas e crianças recém-nascidas para identificar o sexo. Akọ màlúù – boi; Ó yakọ – Ele aparenta ser macho. V. abo. 2. Forma de denotar dureza, força. Ó sọ̀rọ̀ akọ sí mi – Ele falou duramente para mim. Akọ ènìà – pessoa brava.

ÀKỌ̀, s. Estojo, invólucro.

ÀKÓ, *adv.* ou *adj.* Inicialmente, originalmente, primordial. Também usado como prefixo para indicar o primeiro, o início de alguma coisa. Àkóbí – primogênito; Àkódà – primeiro ser criado; Àkówá – o primeiro a vir; Àkóse – que é feito em primeiro lugar.

ÀKÓBÈRÈ, *adj.* Básico, elementar, fundamental, começo.

ÀKÓBÍ, *s.* Primogênito, o primeiro filho nascido. = *ìkóbí.*

ÀKÓDÉ, *s.* O primeiro a chegar. *Tani kódé?* – Quem chegou primeiro?

AKÓDÍ, *adj.* Complexo, intrincado, complicado.

AKOGI, *s.* Madeira boa de certas árvores.

AKOGUN, *s.* Bravo guerreiro, defensor, campeão. < *ako* + *ogun.*

AKÓGBÀ, *s.* Jardim. *V. ògbà.*

ÀKÓÒGBÀ, *s.* Uma criança rebelde.

AKOGBÈGI, *s.* Um tipo de planta.

ÀKÓGBÌN, ÌKÓGBÌN, *s.* Primeiras plantações de milho.

ÀKÓGBÓ, ÀKÓPON, *s.* Primeiras frutas maduras colhidas.

ÀKÓJÙ, *s.* Estudo profundo. < *kó* + *jù.*

ÀKÓKÁ, ÌKÓKÁ, *s.* Casas construídas ao redor umas das outras. *Ilé àkóká ni ó kó* – Foram casas que ele construiu aqui e lá.

ÀKÓKÀ, *s.* Primeira coisa a ser contada. *Ìwé àkókà* – primeiro livro lido. *V. kókà.*

ÀKÓKÁ, ÌKÓKÁ, *s.* Primeiros frutos colhidos. *V. kóká.*

ÀKÒKAN, *s.* A primeira passagem de um prédio.

ÀKÓKÓ, *adj.* Primeiro, início, começo. *Aya mi ákókó* – minha primeira mulher; *ìgbà àkókó* – tempo primordial. *V. kínní.*

ÀKOLÀ, ÌKOLÀ, *s.* Circuncisão, cortes tribais no corpo.

AKÓLÉ, *s.* Construtor. < *a* + *kó* + *ilé.*

ÀKOLÉ, *s.* Subscrição, endereço de uma correspondência. < *a* + *ko* + *ilé.*

ÀKOLÙ, ÌKOLÙ, *s.* Assalto, ataque.

ÀKOLURA, ÌKOLURA, *s.* Colisão, ataque.

ÀKOMÒNÀ, *s.* Um escrito comum, uma abreviação.

ÀKÓMÚ, *s.* Que é feito primeiro.

AKONI, *s.* Herói, pessoa de coragem.

ÀKỌ́NÍ, s. Algo possuído pela primeira vez. < *kọ́ní*. *Owó náà ni mo kọ́ní* – Este é o primeiro dinheiro que eu ganhei.

AKỌ́NI, s. Professor, instrutor. = *olùkọ́, tísà*.

AKỌ́NINÍṢẸ́, s. Pessoa que instrui outra em determinado ofício.

AKỌỌ́NÚ, s. Conteúdo.

AKỌ-ỌDÚN, s. Ano bissexto.

AKỌ-ỌJỌ́, s. Denominação de todo quinto dia que precede a semana da festividade anual a *Ifá* (*òsè Ifá*), e considerado desfavorável.

ÀKỌ̀PẸ, s. Cortador de palmeira. = *ikòpẹ*.

ÀKỌ́PỌ́N, s. Primeiras frutas maduras.

ÀKỌ́RÀ, adj. A primeira coisa comprada.

ÀKỌ́RẸ̀, adj. A primeira coisa a ser cortada.

AKỌRIN, s. Cantor.

ÀKỌ́RỌ̀-ÒJÒ, s. As primeiras chuvas do ano.

ÀKỌSẸ̀, ÌKỌSẸ̀, s. O fato de bater o pé em alguma coisa. < *kọ* + *ẹsẹ̀*.

ÀKỌSẸ̀BÁ, s. Algo que se encontra ou é conhecido por casualidade, encontro casual. < *kọsẹ̀bá*. *Ó kọsẹ̀bá mi* – Ele me encontrou por acaso.

ÀKỌSÍLẸ̀, ÌKỌSÍLẸ̀, s. Renúncia, separação, divórcio, deserção.

ÀKỌSÍLẸ̀, ÌKỌSÍLẸ̀, s. Ato de escrever, registros, escritos.

ÀKỌ̀SÌN, s. Pequeno caramujo. V. *ìgbín*.

ÀKỌ́SO, s. Primeiros frutos.

ÀKỌ́SÓRÍ, s. Decorar, guardar na memória, memorização.

ÀKỌ́SỌ, ÀKỌSÍWÁJÚ, s. Prefácio, introdução de um livro.

ÀKỌSẸ̀BÁ, ÌKỌSẸ̀BÁ, s. Chance, oportunidade.

ÀKỌ́ṢE, s. Que é feito em primeiro lugar.

ÀKỌṢÈBÁ, s. Que é adquirido na base de troca.

ÀKỌ́TÀ, s. Que é vendido em primeiro lugar.

ÀKỌTÁN, adj. Perfeitamente construído.

ÀKỌ́TÁN, ÀKỌ́KỌ́TÁN, adj. Primeiro produto a ser vendido.

ÀKỌ̀TUN, s. Fresco, novo.

ÀKỌ́WÁ, ÌKỌ́WÁ, s. O primeiro a vir.

ÀKỌWÉ, s. Escritor, secretária (*lit.* aquele que escreve no papel). < *a* + *kọ* + *ìwé*.

AKỌ́LÉ, s. Construtor.

AKUDIN, s. O cerne de uma árvore.

ÀKÙFI, **ẸKÙFI**, s. Ameaça a alguém.

ÀKÚFỌ́, adj. Rachado.

ÀKÙGBÙÙ, s. Precipitação, imprudência.

ÀKÙKỌ, s. Galo. *Àkùkọ nkọ* – O galo está cantando; *Àkùkọgun ẹka igi náà* – O galo trepou no galho daquela árvore.

AKÚKÓ, **AKÚRA**, s. Homem sexualmente impotente. < *kú* + *okó*.

AKÚMALAPA, s. Folha de uma árvore que produz manteiga vegetal.

ÀKÚN, s. Adorno feito de conchas ou coquinhos. V. *ìlẹ̀kẹ̀*.

ÀKÚNBÒ, s. Dilúvio, inundação.

ÀKÚNLẸ̀, s. Ato de ajoelhar.

ÀKÚNLẸ̀BỌ, s. Ato de cultuar ajoelhado.

AKUNNILÓORUN, adj. Narcotizado, adormecido por meio de drogas.

AKUNỌ̀DÀ, s. Pintor.

ÀKUNRA, **ÌKUNRA**, s. Unguento, pomada para o corpo.

ÀKÙNRÙN, s. Aposento privativo.

ÀKÙNSÍNÚ, **ÌKÙNSÍNÚ**, s. Murmúrio, sussurro, pessoa resmungona.

ÀKÚNTÁN-OMI, s. Maré cheia.

ÀKÚNWỌ́SÍLẸ̀, s. Nível que atinge a inundação, cheio até a borda, transbordante.

ÀKÚNYA, adj. Acima de. < *kún* – encher, *ya* – entornar. *Ìkòkò yẹn àkúnya* – Aquela panela transbordou.

AKÚRA, s. Homem impotente, eunuco. *Ìwọ kì íṣe akúra* – Você não é impotente.

ÀKURA, s. Um tipo de peixe.

AKÙRẸTẸ̀, s. Idiota, pessoa estúpida.

ÀKÙRỌ̀, s. Jardim à beira-mar.

ÀKÚRUN, s. Extinção, destruição total.

AKÚṢẸ́, s. Indigente, pobre.

AKÚÙṢẸ́, s. Indigente, necessitado.

ÀLÀ, s. Tipo de roupa branca, símbolo da pureza ética.

ALÀ, s. Deus segundo os muçulmanos.

ÀLÁ, s. Sonho, visão. *Ó rọ̀ àlá náà fún mi* – Ela contou o sonho para mim.

ALÁ, ALÁÀ, pref. Indica posse, aquele que tem poder ou comando sobre algo. Modificação da palavra *oní*. *Adé* – coroa. > *oní adé* = *aládé* – príncipe.

ÀÀLÀ, s. Limite entre terras, fronteira. *Oko aláàlà* – demarcação de terras; *Ó tútù kojá ààlà* – Está extremamente frio, no limite; *Ó kojá ààlà* – Ele passou dos limites.

ÀLÀBÁ, s. Denominação da quarta criança nascida mulher (do árabe *arba* – quatro). Se for homem será *ìdògbé*. V. *ibéjì* – gêmeos.

ALÁBÁGBÉ, s. Interno, presidiário.

ALÁBÁJẸ, s. Que compartilha a mesma mesa de refeição.

ALÁBÁLÁṢẸ, s. Aquele que cria com autonomia, sendo este um dos títulos da divindade Ọbàtálá.

ALÁBÁPA, s. Companheiro de caça ou pesca.

ALÁBÁPÀDÉ, s. Chance, sorte, ocorrência, acaso. *Èmi kò lọ sí ẹ̀bá òkun alábápàdé ròjò* – Eu não irei à praia, caso chova.

ALÁBÁPÍN, s. Parceiro.

ALÁBARÀ, ONÍBARÀ, s. Cliente, comprador.

ALÁBÁRÌN, s. Companheiro de viagem.

ALÁBÁRÒ, s. Conselheiro, simpatizante.

ALÁBÁṢE, ALÁBÁṢEPỌ̀, s. Parceiro, colega de trabalho.

ALÁBẸ́RẸ́, s. Negociante de agulhas.

ALÁÀBÒ, s. Defensor, protetor.

ALÁBOJÚTÓ, ALÁBOJÚWÒ, s. Inspetor, gerente, supervisor.

ALÁBÒSÍ, s. Hipócrita, dissimulador.

ALÁÀBỌ̀-ARA, s. Deficiente físico (lit. dono da metade do corpo).

ALÁBÙKÙ, s. Aquele que tem defeitos.

ALÁBÙKÚN, s. Pessoa abençoada. *Alábùkún fún ọ* – Bem-aventuranças para você.

ALÁBÙLÁ, adj. Diluído. V. *àbùlà*.

ALÁBÙSÍ, s. Aquilo que é concedido.

ALÁDÁGBÉ, ADÁGBÉ, s. Eremita, solitário, recluso.

ALÁDÁMỌ̀, s. Aquele que é afastado do caminho correto em razão de falsas ideias, herege. Expressão dita por católicos e protestantes.

ALÁDANÙ, s. Perdedor, derrotado.

ALÁDÀRÚ, s. Pessoa que provoca confusão.

ALÁDÁSÍ, s. Participante, provocador. < *dásí* – *Ó dásí ọ̀rọ̀ yìí* – Ele participou dessa conversa.

ALÁDÁSÍ, s. Pessoa que poupa outra, pessoa misericordiosa.

ALÁDASỌ, s. Pessoa que sabe o que fala, responsável.

ALÁDÉ, s. Príncipe, linhagem real.

ALÀDÍ, s. Expositor.

ALÁDI, s. Pequena formiga preta.

ALÁÀDÌ, s. Dia da semana maometana, equivalente ao domingo dos cristãos.

ALÁDÌRẸ, s. Corante para tingir tecidos.

ALÁDÌYẸ, s. Negociante de aves.

ALÁDÒ, s. Um dos títulos de Ṣàngó (*lit.* aquele que racha o pilão).

ALÁDÚGBÒ, s. Vizinho. < *oní* + *àdúgbò*.

ALÁDÙN, s. Açucarado, adocicado.

ALÁDÙN, s. Aquele que prepara um tipo de farofa com farinha, dendê, pimenta e sal.

ALÁFARA, s. Pessoa relaxada, sem cuidado.

ALÁFARAWÉ, s. Imitador, que copia os outros.

ALÁFẸ́, s. Pessoa elegante, com boa aparência.

ALÁFẸ́Ẹ̀RÍ, s. Aquele que possui o encanto que possibilita tornar-se invisível.

ALÁFẸ̀HÌNTÌ, s. Patrocinador, aquele que protege e apoia.

ALÁFẸ́TIGBỌ́, s. Ouvinte.

ÀLÀÁFÍÀ, **ÀLÁFÍÀ**, s. Paz, felicidade, bem-estar (do árabe *lafiya*). *Wá àlàáfíà, ìwọ pẹ̀lú arakùnrin yín* – Procure a paz, você com seus irmãos; *Pẹ̀lú àlàáfíà ni mo dé* – É com paz que eu cheguei; *Ó bẹ̀bẹ̀ fún àlàáfíà* – Ela suplicou por paz; *Alàáfíà ni mo wà?* – Você está bem?

ALÁFIHÀN, s. Traidor, delator.

ALÁÀFIN, **ALÁÀÀFIN**, s. Soberano da cidade de Ọ̀yọ́.

ALÁFIYÈSÍ, s. Observador.

ÀLÀFO, s. Espaço entre duas coisas.

ALÁFOJÚDI, s. Pessoa insolente.

ALÁFÒṢẸ, s. Aquele que invoca espíritos familiares para ajuda.

ALÁFỌWỌ́RÁ, s. Gatuno, larápio.

ALÁGA, s. Magistrado.

ALÁGADÁ, s. Aquele que ostenta um sabre ou alfange.

ALAGI, s. Cortador de madeira.

ALÁGÒ, s. Aquele que faz um galinheiro e confina aves domésticas.

ALÁAGO, **ALÁGOGO**, s. Relojoeiro, aquele que faz ou toca sinos.

ALÀGBÀ, s. Ancião, pessoa que impõe respeito pela idade que possui.

ALÁGBÀ, s. Título no culto *Egúngún*.

ALÁGBÀBỌ́, s. Pessoa dependente de outra para seu sustento.

ALÁGBÀFỌ̀, s. Aquela que lava e passa a roupa.

ALAGBALÚGBÚ, *adj.* Um vasto oceano.

ALÁGBÀMỌ, s. Aquele que é contratado para construir paredes em uma casa.

ALÁGBÁRA, s. Pessoa forte e poderosa.

ALÁGBÀRÁN, s. Alfaiate.

ALÁGBÀRO, s. Lavrador.

ALÁGBÀSỌ, s. Porta-voz, representante.

ALÁGBÀṢE, s. Assalariado, operário.

ALÁGBÀTÀ, s. Vendedor ambulante, mascate.

ALÁGBÀTỌ́, s. Aia, ama, babá.

ALÁGBÀWÍ, s. Advogado. < *oní* + *gbà* + *wí*.

ALÁGBÈ, s. Aquele que usa a cabaça como instrumento musical (*lit.* o senhor da cabaça).

ALÁGBE, s. Mendigo.

ALÁGBÉRE, *adj.* Generoso em excesso.

ALÁGBÈRÈ, s. Adúltera, prostituta.

ALÁGBÉRÉ, s. Pessoa que insulta outra.

ALÁGBÉSÓKÈ, s. Ação de levantar, levantamento.

ALÁGBÈDẸ, s. Ferreiro, ferramenteiro.

ALÁGBÒRÀNDÙN, s. Simpatizante, aquele que toma parte em alguma causa. = agbòràndùn.

ALÁHESỌ, s. Falador, difamador.

ALÁHORO, s. Pessoa solitária.

ALÁÌ, pref. neg. Gbàgbọ́ – acreditar; aláìgbàgbọ́ – falta de confiança. < oní + àì = aláì.

ALÁÌBANÚJẸ́, adj. Não estar triste.

ALÁÌBÁWỌ́N, adj. Sem nenhuma culpa.

ALÁÌBẸ̀RẸ̀, adj. Não começado.

ALÁÌBẸ̀RÙ, adj. Corajoso, destemido.

ALÁÌDÁ, adj. 1. Doentio. 2. Incessante. Òjò aláìdá yìí pa mí – Esta chuva incessante me molhou todo; aláìdá iṣẹ́ – um trabalho ininterrupto. = àìdá.

ALÁÌDÁRAYÁ, adj. Indisposto.

ALÁÌDÍJÌ, adj. Não assustado.

ALÁÌDORÍKODò, adj. Bem-disposto, animado.

ALÁÌDÚPẸ́, adj. Ingrato.

ALÁÌFÀ, s. Pessoa animada, esperta.

ALÁÌFẸ́, s. Pessoa com má vontade.

ALÁÌFẸ̀, s. Pessoa pouco expansiva, reservada.

ALÁÌFIYÈSÍ, s. Indiferença, sem interesse.

ALÁÌFÓ, adj. Que não flutua.

ALÁÌFÒ, adj. Que não voa.

ALÁÌFOÌYÀ, adj. Corajoso, destemido.

ALÁÌFọ́, adj. Inteiro, não quebrado.

ALÁÌGBÀGBọ́, s. Incrédulo.

ALÁÌGBÉDÈ, s. Aquele que não entende outro idioma.

ALÁÌGBÓ, adj. Imaturo.

ALÁÌGBỌ, s. Uma pessoa obstinada.

ALÁÌGBọ́ọ̀Dọ, s. Necessidade, compulsão.

ALÁÌGBọ́RÀN, s. Pessoa desobediente, obstinada.

ALÁÌHÀN, adj. Não visível, invisível.

ALÁÌHÙYẸ́ — ALÁÌLÓRIRE

ALÁÌHÙYẸ́, *adj.* Imberbe, implume.

ALÁÌJẸRAN, *s.* Vegetariano.

ALÁÌJẸUN, *s.* Ficar sem comida.

ALÁÌJÌN, *s.* Raso, superficial, pouca profundidade.

ALÁÌJÓKÓ, *s.* Instabilidade, que não para num lugar.

ALÁÌKÍYÈSÍ, *s.* Inobservância.

ALÁÌKỌLÀ, *adj.* Incircunciso, sem marca, sem cortes.

ALÁÌKÚ, *adj.* Imortal, inextinguível.

ALÁÌKÙN, *adj.* Que não murmura, que não se queixa.

ALÁÌLÁÀLÀ, *adj.* Ilimitado.

ALÁÌLÁÀNÚ, *adj.* Insensível, impiedoso.

ALÁÌLÁBÀWỌ́N, *adj.* Inocente, limpo. = *aláìlábùku*.

ALÁÌLÁBÙKÚN, *adj.* Maldito.

ALÁÌLÁDÙN, *adj.* Sem sabor, insosso.

ALÁÌLÁJÒ, *adj.* Antipático.

ALÁÌLÁKÓSO, *adj.* Descontrolado, desgovernado.

ALÁÌLÉ, *s.* Exato, sem excesso.

ALÁÌLE, *s.* Moleza, sem solidez.

ALÁÌLÉÉRÍ, *adj.* Sem mancha, imaculado. *Aṣọ aláìléérí* – uma roupa limpa.

ALÁÌLERA, *s.* Pessoa desvalida, inválida. *Jésù tí ngbà aláìlera* – Jesus, que vem em auxílio dos desvalidos.

ALÀÌLÉRÈ, *adj.* Imprestável.

ALÁÌLÉSO, *adj.* Sem frutos, estéril. *Igi aláìléso* – uma árvore que não dá frutos.

ALÁÌLÉWU, *adj.* Inócuo, inofensivo, benigno.

ALÁÌLẸ̀ẸMÍ, *adj.* Sem vida. *Ó rí aláìlẹ̀èmí* – Ele parece sem vida.

ALÁÌLẸ́ṢẸ̀, *adj.* Sem pecado, inocente. *Ó rí ènìà aláìlẹ́ṣẹ̀* – Ele aparenta ser uma pessoa inocente.

ALÁÌLẸ́WÀ, *adj.* Feio, desengonçado.

ALÁÌLÓBÌRIN, *s.* Solteiro, sem esposa.

ALÁÌLÓDÌ, *adj.* Indefeso.

ALÁÌLÓFIN, *adj.* Sem lei. *Ìlú aláìlófin* – cidade sem leis.

ALÁÌLÓRIRE, *adj.* Infortunado, sem sorte.

ALÁÌLÓGBỌN, *adj*. Ignorante, estúpido.

ALÁÌLÓKÀN, *adj*. Maldade, covardia.

ALÁÌLỌMỌ, *adj*. Pessoa que não tem filhos.

ALÁÌLÓPẸ́, *adj*. Ingrato, mal-agradecido.

ALÁÌLÓPIN, *adj*. Sem fim, sem limite.

ALÁÌLÓWÓ, *adj*. Maneta, sem ter a mão.

ALÁÌLÓWỌ̀, *adj*. Sem respeito, corrupto.

ALÁÌMOORE, *s*. Pessoa ingrata.

ALÁÌMÒYE, *s*. Pessoa sem percepção, abobalhada.

ALÁÌMÓ, *s*. Pessoa pouco limpa; *adj*. Sujo, imundo.

ALÁÌMỌ̀, *s*. Pessoa ignorante, sem cultura.

ALÁÌMỌ̀WÉ, *adj*. Inculto, analfabeto.

ALÁÌMỌYÌ, *s*. Pessoa sem senso crítico.

ALÁÌMÚ, *adj*. Livre, que não é coagido.

ALÁÌMU, *s*. Sóbrio.

ALÁÌMÚRAGÍRÍ, *s*. Pessoa desmazelada.

ALÁÌNÁRẸ̀, **ALÁÌLÁRẸ̀**, *adj*. Que não foi usado ou gasto, que foi conservado.

ALÁÌNÍ, *s*. Pessoa necessitada, indigente.

ALÁÌNÍBÀBÁ, *s*. Órfão de pai.

ALÁÌNÍHÒ, *adj*. Imperfurado, não aberto.

ALÁÌNIÎTÌJÚ, *s*. Pessoa sem vergonha.

ALÁÌNÍLÁÁRÍ, *s*. Pessoa indigna.

ALÁÌNÍPÁDI, *adj*. Acelular, que não se compõe de células.

ALÁÌNÍPÒ, *s*. Pessoa sem situação.

ALÁÌNÍRÈTÍ, *s*. Pessoa sem esperança.

ALÁÌNÍRÒJÚ, *s*. Pessoa ativa, decidida.

ALÁÌNÍRÒNÚ, *s*. Pessoa precipitada.

ALÁÌSÀN, *s*. Pessoa doente, inválido.

ALÁÌNÍṢẸ́, *s*. Pessoa sem trabalho, desocupada.

ALÁÌNÍWÀ, *s*. Pessoa sem caráter, sem dignidade.

ALÁÌNÍYÈ, *s*. Pessoa com má memória.

ALÁIRÍṢE, s. Pessoa que não acha o que fazer, desempregado.
ALÁIRÍWÍ, adj. Imperdoável.
ALÁIRORÒ, adj. Complacente, não austero.
ALÁISÀN, s. Pessoa doente.
ALÁISÈ, s. Cru, não cozido.
ALÁISÍ, s. Aquele que está ausente.
ALÁIṢẸ̀, s. Pessoa inocente.
ALÁIṢÒDODO, adj. Incorreto, injusto, que não fala a verdade.
ALÁIṢÒÓTỌ́, adj. Injusto, falso, desonesto.
ALÁIṢÒRO, adj. Que não é difícil, fácil.
ALÁIṢÒROTẸ̀, s. Pessoa que é facilmente influenciada por outra.
ALÁIWỌ́PỌ̀, adj. Raro, escasso, que não é comum.
ALÁIWÚ, adj. Constante.
ALÁIYÀLÍLE, adj. Impiedoso, cruel.
ALÁIYAN, adj. Alagado, úmido.
ALÁIYÉ, s. Rei, monarca (lit. o dono do mundo).
ALÁIYÉLÚWÀ, s. Rei, saudação a um rei.
ALÁIYẸ, adj. Incompetente.
ÀLÀJÁ, s. Diâmetro de um círculo.
ALÁJÀPÁ, s. Pequeno comerciante, mascate.
ALÁJE, s. Aquele que aplica castigo, algoz.
ÀLÀJẸ́, ÀNÍJẸ́, s. Apelido que a pessoa atribui a si mesma.
ALÁJẸKÌ, s. Glutão.
ALÁJẸRÌN, s. Pessoa que come andando.
ALÁJẸRUN, s. Perdulário, gastador.
ALÁJẸṢẸ́, s. Pessoa ingrata.
ÀLÁJÌ, s. Devoto maometano que faz peregrinação a Meca.
ALÁÁJÒ, s. Pessoa que tem interesse e solicita favores.
ALÁJỌPA, s. Companheiro de caça e pesca.
ALÁJỌPÍN, s. Sócio, participante.
ÀLÁKÁLA, s. Sonho ruim, dormir mal.
ALÁKÀṢÀ, s. Lagosta.

ALÁKÀTÀNPÓ, s. Arqueiro.

ALÁKÉ, s. Título do soberano da cidade de Abéòkúta, sendo Aké um bairro desta região.

ALÁKÉLE, s. Tecelão-chefe.

ALÁKÉTU, s. Título do soberano da cidade de Kétu. > arákétu – povo do Kétu.

ALÁKẸTẸ̀, s. Chapeleiro.

ALÁKISÀ, s. Pessoa rude.

ALÁKÓJỌ̀, **ALÁKÓJỌPỌ̀**, s. Coletor de impostos.

ALÁKÓSO, s. Presidente, diretor.

ALÁKOTO, s. Jovem que perdeu a virgindade.

ALÁKÓBẸ̀RẸ̀, s. Principiante, escola primária. Láàárín àwọn yorùbá, ilé dàbí kíláàsì alákóbèrè – Entre os yorubás, o lar se assemelha a uma sala de aula de escola primária. = ẹkọ́.

ALÁKỌRÍ, s. Pessoa que não faz nada direito.

ÀLÁKÒSẸ, s. Pequeno caracol.

ÀLÀKÚN, s. Parte de alguma coisa acrescentada a outra.

ALÁLÁ, s. Sonhador.

ALÁLÉTÀ, s. Vendedor de pequenos artigos e frutas.

ALÁLẸ̀, s. Um título oficial.

ALÁLÙGÀNBÍ, s. Pessoa cujo temperamento se torna facilmente irritável, irascível, pavio curto.

ALÁLÚPÀYÍDÀ, s. Mágico, prestidigitador, encantador.

ALÁMÌ, adj. Notável, marcante.

ALÁMÍ, s. Espião, pessoa suspeita.

ÀLÀMÍSÌ, s. Dia da semana maometana correspondente à quinta-feira.

ALÁMỌ̀, s. Suposição, conjectura.

ÀLÁMỌRÍ, s. Assunto, questão (do hauçá àl'amàri). Àlámòrí ni tí o rì bí? – Foi aquele assunto que você viu?

ALÁMỌRÍN, **LÁMÙRÍN**, **LÁGBÁJÁ**, s. Pessoa cujo nome não é mencionado, mas entendido. Lágbájá sọ fún mi pé ó ra ọkò – Certa pessoa disse para mim que ela comprou um carro.

ALÁMỌ̀SÁ, s. Pessoa que pensa saber mais do que realmente sabe.

ALÁMỌ̀TÁN, s. Pessoa pretensiosa, que se autoconceitua.
ALÁMÙ, **ALÁNGBÁ**, s. Lagarto, lagartixa.
ALÁNGBÁ, s. Lagarto.
ALÁNTAKÙN, s. Aranha. = ẹlẹ́nà.
ALÁÁNÚ, s. Pessoa piedosa.
ÀLÀPÀ, s. Parte de velhas paredes, ruína.
ÀLÁPÀ, s. Picadinho. *Ta àlápà fún mi* – Prepare um picadinho para mim.
ALÁPADÚPẸ́, s. Um título de Ṣọ̀pọ̀ná (lit. aquele que mata e é agradecido por isso).
ALÁPAKO, s. Negociante de madeira.
ALÁPANDẸ̀DẸ̀, s. Ato de deglutir.
ALÁPARÁ, s. Palhaço, brincalhão.
ALÁPARUN, **OLÙPARUN**, s. Destruidor.
ALÁPATÀ, s. Açougueiro.
ALÁPÈJẸ, s. Aquele que convida para uma festa, anfitrião.
ALÁÁPỌN, adj. Trabalhador dedicado.
ALÙPÙPÙ, s. Motocicleta.
ALÁRÁ, s. Um dos 16 títulos na hierarquia de *Ifá*.
ALÁRÀ, s. Inventor, criador, que dá origem a alguma coisa.
ALÁRÀBARÀ, adj. Variado, multicolorido.
ALÁRALÍLỌ́, adj. Ardente, impetuoso, de sangue quente.
ALÁRE, s. Pessoa que sofreu uma acusação, mas foi absolvida.
ALÁRÉDE, s. Pessoa ociosa, vagabundo.
ALÁRÉDÈ, s. Uma pessoa casada.
ALÁREKÉREKÈ, s. Malandro, prevaricador.
ALÁRÉKỌJÁ, **OLÙRÉKỌJÁ**, s. Transgressor, contraventor.
ÀLÀÁRÌ, s. Tecido vermelho africano.
ALÁRINÀ, s. Casamenteiro. Serve de intermediário durante o namoro e o casamento, ajudando a resolver mal-entendidos.
ALÁRÌNJÓ, s. Dançarino profissional.
ALÁRÌNKÁ, **ALÁRÌNKIRI**, s. Pessoa indolente, errante.
ALÁRÓ, s. Tinta.

ALÁROBỌ̀, s. Pequeno comerciante, agente intermediário.
ALÁRÒFỌ́, s. Humorista.
ALÁRÒKÁ, s. Pessoa resmungona, queixosa.
ALÁRÒYÉ, s. Aquele que noticia, que fala bem, queixoso, pleiteante.
ALÁÁRÙ, s. Carregador, que leva cargas.
ALÀRÙBA, s. Dia da semana maometana correspondente à quarta-feira.
ALÁRÙN, s. Pessoa doente, indisposta.
ALÁSÀ, s. Seleiro, que faz a sela do cavalo.
ALÁSAKÍ, adj. Afortunado, famoso.
ALÁSÈ, s. Cozinheiro. = *kúkù*.
ALÁSÈTÀ-ONJẸ, s. Que cozinha comida para vender.
ALÁSỌ̀, s. Pessoa encrenqueira, briguenta.
ALÁSỌJÙ, s. Volúvel, fluente.
ALÁSỌDÙN, s. Pessoa exagerada.
ALÁSỌTẸ́LẸ̀, s. Que prevê os fatos, profeta.
ALÁSỌYÉ, s. Expositor.
ALÁSÚTÀ, s. Revendedor de bebidas.
ALÁṢA, s. Um título oficial.
ALÁṢAÀ, **ALÁṢARÀ**, s. Revendedor de fumo.
ALÁṢARO, s. Pensador, criador.
ALÁṢÀYÀN, s. Pessoa que escolhe ou seleciona as coisas.
ALÁṢEJÙ, s. Pessoa obstinada, que leva as coisas até o fim.
ALÁṢERÀN, s. Pessoa que exerce má influência sobre outras.
ALÁṢẸ, s. Diretor, pessoa que detém uma grande autoridade.
ALÁṢIKÁ, s. Pessoa com vida errante, nômade.
ALÁṢỌ, s. Que possui ou vende roupas.
ALÁTA, s. Vendedor de pimenta.
ALÁTAKÒ, s. Antagonista, oponente.
ALÁTE, s. Chapeleiro.
ALÁTẸ, s. Mulher comerciante que vende produtos no tabuleiro.
ALÁTẸ̀, s. Tipo de peixe com ferrões venenosos.
ÀLÀTÍ, s. Espécie de panela.

ALÁTÌLÉHÌN – ALÁYÈ

ALÁTÌLẸ́HÌN, s. Aquele que dá suporte, amparo.

ALÁTÚNṢE, s. Aquele que explica um assunto entre as pessoas.

ALÁTÚNṢE-ÌLÚ, s. Aquele que se interessa pelo bem-estar de uma cidade.

ALÁWÀDÀ, s. Comediante, brincalhão.

ALÁWÁRÍ, s. Descobridor, explorador.

ÀLÀWẸ́, s. Fruta que pode ser partida em gomos, como a laranja e a noz-de-cola. Àláwẹ́ obì – gomo da noz-de-cola. V. akíiboto.

ALÁWẸ́MÉJÌ, s. Coisas que são divididas em duas partes. Obì aláwẹ́méjì – noz-de-cola, que se abre em dois gomos. = gbànja.

ALÁWẸ̀MỌ́, s. Aquele que purifica.

ALÁÀWẸ̀, s. Pessoa que faz jejum.

ALÁWÍGBỌ́, s. Desobediente.

ALÁWÍKÁ, s. Contador de histórias, mexericos.

ALÁWÍYANNU, s. Pessoa inoportuna.

ALÁWÍYÉ, s. Pessoa que expõe bem um assunto, explicador.

ALÁWO, s. Pessoa que possui ou vende pratos.

ALÁWÒ, s. Pessoa que possui rede.

ALÁWỌ̀, adj. Colorido. Aláwọ̀ méjì – bicolor, algo que possui duas cores.

ALÁWỌ, s. Mercador de couro e peles.

ALÁWỌ̀N, adj. Reticular.

ALÁWỌ̀ṢE, s. Convertido a alguma religião, proselitismo.

ALÁYA, s. Homem que possui esposa, homem casado.

ALÁYÀGBÍGBẸ, adj. Maneira de definir uma pessoa extremamente magra.

ALÁYAN, s. Pessoa trabalhadora, eficiente.

ALÁYÀNDÉ, s. V. àyàn.

ALÁYÈ, adj. Permeável.

ALÁYẸ̀, s. Pessoa que ganhou uma chance. < oní + àyè = aláyè.

ÀLÀYÉ, s. Explicação, teoria. Ó fi ìwé yìí ṣe àlàyé fún mi – Ele usou este livro e deu a explicação para mim.

ALÁYÈ, s. Pessoa vivente, que não está morta. Ó wà aláyè – Ele está vivo. Também designa um dos atributos de Deus, como o Senhor da Vida. Aláyèdá – O Senhor da Criação da Vida.

ALÁYÍ, ELÉYÍ, *pron. dem.* Este, esta. = *eléyìí*.
ALÁYÍDÀ, *s.* Inovação, mudança.
ALÁYÍDÀYÍDÀ, *s.* Pessoa falsa, de duas caras.
ALÁYÒ, *s.* Aquele que joga *ayò*.
ALÁYO̩, *s.* Qualidade ou estado de felicidade. Também usado como nome feminino.
ALÁYO̩NUSO̩, *s.* Fofoqueiro, mexeriqueiro.
ÀLÈ, *s.* Amante, concubina, namorada. O̩mo̩ àlè – bastardo (*lit.* o filho da outra).
ÀLE, *s.* Uma planta com propriedade de fortalecer as pessoas.
ÀÀLÈ, *s.* **1.** Um tipo de lepra. V. è̩tè̩. **2.** Talismã que se coloca sobre mercadoria para protegê-la contra roubo.
ÀLÈÉBÙ, *s.* Mancha, mácula, defeito.
ÀLEFÓ̩, *s.* Tumor, abscesso.
ALÉGBÀ, *s.* Pangolim, jacaré.
ÀLÉJÒ, ÒLÓJÒ, *s.* Hóspede, visitante, forasteiro, estranho. Ó ṣe mí láléjò – Ele me fez uma visita; Ó rí àléjò rè̩ – Ela parece estranha (no sentido de dizer que a mulher está menstruando).
ALEMÓ̩RÒ̩, *s.* Homem com fortes poderes sexuais.
ÀLÉMÚ, *s.* Ato de capturar e prender.
ALÉPA, *s.* Aquele que persegue e corre atrás.
ALÉṢÙJÁDE, *s.* Exorcista.
ALẸ́, *s.* Noite, entre 19h e 23:59h. V. iròlé, ojó.
ÀÁLẸ̀, *s.* Vassoura, espanador. = o̩wò̩.
ÀLÌKÁMÀ, *s.* Espécie de trigo.
ÀL-KÙRÁNI, *s.* O Corão.
ÀL-MÁGÀJÍ, ÀLÙMÁGÀJÍ, *s.* Tesoura, alicate (do hauçá àlmakàṣi).
ALÓ, *s.* **1.** Distrito, bairro. Aló ìlú ni – os arredores da cidade. **2.** Chama do fogo.
ÀLÒGBÉ, *s.* Forma de exercício físico, cambalhota, salto mortal.
ÀLÒGBÓ, *adj.* Roto, surrado.
ÀLÒ-ILÒTÁN, *s.* Aquilo que não pode mais ser usado.

ÀLÒKÙ – ÀLÙGÀNBÍ

ÀLÒKÙ, *adj.* Usado, de segunda mão. *Wọ́n ra aṣọ àlòkù* – Eles compraram roupas de segunda mão; *Bí o ṣe lè ra àlòkù ọkò* – como comprar um carro usado.
ALÓNGÓ, *s.* Calça apertada nas pernas.
ÀLÒPẸ́, *adj.* Durável, resistente. < *lòpẹ́*. *Ó lo aṣọ rẹ̀ pẹ́* – Ele usou a roupa dele por muito tempo.
ALÓRE, *s.* Vigia, sentinela.
ALÒSI, AṢÓSÌ, *s.* Canhoto.
ÀLỌ́, *s.* Enigma, adivinhação.
ÀLỌ̀, *s.* Tipo de inhame.
ÀÀLỌ̀, *s.* Conciliação. *Ó ṣe ààlọ̀* – Ele fez uma conciliação, ele agiu de forma conciliatória.
ALỌ̀GI, *s.* Moleiro, debulhador de milho.
ALỌ̀LẸ̀KẸ̀, *s.* Aquele que debulha grãos.
ÀLỌ́MỌ́, *s.* Enxerto.
ALỌ̀NILỌ́WỌGBÀ, *s.* Aquele que comete uma extorsão.
ALỌṢỌ, *s.* Aquela que passa roupa, passadeira de roupa.
ALỌTA, *s.* Pessoa que mói pimenta. < *a + lọ̀ + ata*.
ALỌ̀TÚNLÒSI, *s.* Ambidestro.
ALÙ, *pref.* Usado para indicar aquele que toca determinado atabaque.
ÀLUBÀRÀ, ẸLUBÀRÀ, *s.* Bastão usado para bater e alisar o chão de uma casa.
ÀLÙBÁRÌKÀ, *s.* Bênção, dádivas. *Ọlọ́run yíò fi àlùbá ríkà sí ṣẹ́ wa* – Que abençoe nossas tarefas (*lit.* Deus usará de bênçãos para nos cobrir). V. *bàríkà, bùkún*.
ALUBÀTÁ, *s.* Tocador do atabaque *bàtá*.
ÀLÙBỌ́SÀ, *s.* Cebola, alho-poró (do árabe *albaçal*). *Àlùbọ́sà níkan ló pọ̀ díẹ̀* – Uma cebola apenas é muito pouco.
ALUDÙNDÚN, *s.* Tocador do atabaque *dùndún*.
ALUDÙÙRÙ, ATẸDÙÙRÙ, *s.* Pessoa que toca órgão, organista.
ÀLÙFÁ, *s.* Ministro do culto muçulmano.
ALÙFIN, ARÚFIN, *s.* Criminoso, transgressor.
ÀLÙGÀNBÍ, *s.* 1. Tipo de vegetal. 2. Pessoa cujo cabelo forma um bico na testa ou na fronte. *Onírun àlùgànbí* – pessoa com cabelo em forma de bico.

ALUGI, s. Guarda-florestal.
ÀLÙGBÀ, s. Batente sobre o qual a porta se fecha.
ALUGBÁ, s. O tocador de cabaça. V. *alágbè*.
ALÙGBÀGBÀ, s. Um antigo tipo de portão.
ÀLÙGBÈ, s. Alfinete. = *abẹ́rẹ́*.
ALÙGBÌN, s. Tocador do atabaque *ìgbìn*, dedicado a Ọbàtálá.
ÀLÙJÁ, s. Tipo de ritmo associado ao culto a Ṣàngó.
ÀLUJÁ, s. Perfuração, penetração. = *ìlujá*.
ÀLÙJỌNNÚ, s. Um espírito mau.
ÀLÙKÁWÀNÍ, s. Confiança.
ÀLÙKÉMBÙ, s. Estribo.
ÀLÙKÌ, s. Soco, golpe, ataque repentino.
ÀLÙKÒ, s. Ave silvestre com penas vermelhas, que simboliza as boas-novas.
ALUKÓSÓ, s. Tocador do atabaque *kósó*.
ÀLÙMÁGÀJÍ, s. Tesoura, alicate.
ÀLÙMÁNÌ, s. Tesouro, coisas valiosas.
ALÙMỌ̀, s. O jogador dos *ikin* (lit. aquele que bate com as mãos e joga os coquinhos de *Ifá*).
ÀLÙMỌ́NÌ, s. Tesouro.
ÀLÙMỌKỌ́RỌ́YÍ, s. Astúcia, habilidade.
ÀLÚPÀYÍDÀ, s. Truque, habilidade manual, destreza. = *idán*.
ÀLÚPÀYÍDÀ, s. Tipo de planta usada para curas.
ALÙPÙPÙ, s. Motocicleta. V. *kẹ̀kẹ́*.
ÀLÙSÉ, s. Fechadura ou cadeado.
ÀLÙSÌ, s. Travessura, malícia, diabrura.
ÀLÙWÀLÁ, s. Abluҫão, lavar antebraços, pés, rosto e boca antes das orações maometanas.
AMÁA, MÁA, part. pré-v. Indica hábito e costume, usada antes do verbo. *Àwa máa jẹran* – Nós costumamos comer carne; *Bàbá a ti máa bá wa sọ̀rọ̀* – Papai costumava conversar conosco.
ÀMÀLÀ, s. Comida votiva de Ṣàngó feita do pirão da farinha de mandioca, ensopado de quiabo e camarão seco. *Àwa fi àmàlà fún Ṣàngó lójọ́ru* – Nós

ÀMÀLÀ – ÀMỌ́DÚN

oferecemos *àmàlà* para Ṣàngó às quartas-feiras; *Onje tí a je àmàlà ni* – A comida que nós comemos foi *àmàlà*.

AMẸ́RÍKÀ, s. América, Estados Unidos.
AMÍ, s. Olheiro, espião.
ÀMÌ, s. Sinal, marca, insígnia, símbolo. *Irin ni àmi Ògún* – O símbolo de Ogum é de ferro; *Àmì ìròpò* – sinal positivo, mais; *àmì ìyokúrò* – sinal negativo, menos.
AMÌ, s. Oscilação, vacilo.
ÀMÍ, ÀÀMIN, s. Amém, assim seja.
ÀMÌ ÀGBÉLÉBÚ, s. Sinal da cruz.
ÀMÌ ÌBÈERÈ, s. Ponto de interrogação.
ÀMÍKANLẸ̀, s. Suspiro.
ÀMÌ ÒRÌṢÀ, s. Símbolo, insígnia da divindade. *Oṣé ni àmì Ṣàngó* – Oṣé é o símbolo de Ṣàngó.
ÀMÌ-IPÒ, s. Coordenado.
ÀMÌ ÌYANU, s. Ponto de exclamação.
ÀMIPỌ, s. Balanceio, sacudimento.
ÀMÍSI, ÌMÍSI, s. Ato de aspirar o ar.
ÀMÓDI, s. Indisposição.
AMÒFIN, s. Jurista, aquele que respeita a lei.
ÀMÓJÚKÚRÒ, adj. Esquecido, desprezado.
AMÒYE, s. Pessoa prudente.
AMỌLÉ, s. Pedreiro, construtor. = *olómo*.
AMỌ̀, s. Barro, argila. *Èlò amọ̀* – vaso de barro; *Ilé amọ̀ ni yìí* – Esta casa é feita de tijolo.
ÀMỌ́, conj. Mas, porém, contudo. *Mi ò ní owó, àmọ́ mo ní ayọ̀* – Eu não tenho dinheiro, porém tenho felicidade.
ÀMỌ̀, pref. Usado na composição de palavras.
ÀMỌ̀BÍ, conj. Exceto, a não ser que. *Mo rí eranko níbẹ̀, àmọ̀bí kì í ṣe ewùrẹ̀* – Eu vi o animal lá, a não ser que seja a cabra.
ÀMỌ́DI, s. Doença.
ÀMỌ́DÚN, s. O próximo ano. *Àṣè yìí sàmọ́dún* – Que este fato se repita nos próximos anos.

ÀMỌJÁ, s. Preguiça, indolência.

AMỌ̀KÒKÒ, s. Oleiro, ceramista.

ÁMỌ́KÙ, s. Rede de dormir (do inglês *hammock*).

AMỌ́KUN, AMÚKUN, s. Aleijado.

ÀMỌ̀MỌ̀DÁ, *adj*. Ato de fazer algo premeditadamente.

ÀMỌ̀MỌ̀ṢE, *adj*. Feito de forma deliberada. Èṣè àmọ̀mọ̀ṣe – crime feito de forma deliberada.

ÀMỌ̀MỌ̀TÁN, s. Cultura falha, conhecimento imperfeito.

AMỌ̀NÀ, s. Guia, líder, aquele que conhece o caminho. < mọ̀ + ọ̀nà.

ÀMỌ́NÀ, s. Pilhagem, saque. = ikógun.

ÀMỌ̀PÉ, ÀMỌ̀BÍ, ÀYÁṢEBÍ, *conj*. Salvo se, a não ser que. Àmọ̀bí ó ti wá – A não ser que ele tenha vindo.

ÀMỌ̀RÁN, s. Sugestão, conselho.

ÀMỌ̀TÁN, s. Falsa cultura, aquele que finge saber das coisas.

ÀMỌTḖKÙN, s. Leopardo, pantera.

ÀMỌ̀TḖLḔ, s. Premonição, percepção. Wọ́n mòtẹ́lẹ̀ – Eles tomaram conhecimento com antecedência.

ÀMỌ̀TÌ, s. Conhecimento superficial.

ÀMU, s. Talha, vasilha na qual se guarda água fresca. V. ikòkò.

ÀÀMÚ, s. Confusão, embaraço.

ÀMÚBÁ, s. Oportunidade única.

AMÚBÍNÁ, *adj*. Forte, temperamental, fogoso.

ÀMÚDÁ, s. Penhora, confisco.

ÀMÚGA, s. Garfo.

ÀMU-IRIN, s. Tanque de aço.

AMÙJḔ, s. Planta medicinal.

AMÙKÒKÒ, s. Fumante.

ÀMUKÚ, *adv*. Excessivamente. Ó mu ọtí ní àmukú – Ele bebeu excessivamente.

ÀMUKÙ, s. Resto de bebida.

AMÚKÚN, s. Pessoa defeituosa, coxo, manco.

ÀMÚKÙRÙ, s. Inseto igual a um mosquito que se cria nas árvores de Ìrokò.

ÀMÚLÙ, s. Outra denominação dos odús menores. = ọmọ odù.

ÀMÚLÙMÁLÀ, s. Mistura, variedade.
AMÚNIBÍNÚ, s. Pessoa que provoca e humilha outra.
AMÚNILẸ̀RÚ, s. Raptor, sequestrador.
AMÚNIMÚYÈ, s. Mesmerismo.
ÀMÚPADÀ, s. Restauração, restituição.
ÀMUPARA, s. Bebedeira, beber em excesso. Ó mu ọtí para – Ele bebeu de cair.
ÀMÚRAN, s. Alfinete usado pelos alfaiates para prender o tecido enquanto costuram.
ÀMÙRÈ, s. Armadura para se defender. Ó dì mí lámùrè – Ele me preparou para o que der e vier.
AMÚṢAN, s. Pessoa que segura uma vareta denominada ìṣan para conduzir os Egúngún. = amúìṣan.
AMÙṢÙÀ, s. Esbanjador, pródigo.
ÀMÚTỌRUNWÁ, s. Nomes dados às crianças de acordo com particularidades do nascimento. V. àìná, òjó, olúgbódi.
ÀMÚWÁ, s. Acaso, má sorte, infortúnio.
ÀMÚYÁ, s. Apreensão de mercadoria para saldar débito.
ÀMUYÓ, adv. Completamente. Ó mu ọtí ní àmuyó – Ele está completamente bêbado, intoxicado.
ÀNÁ, s. Ontem. Usado como advérbio, deve ser precedido pela preposição ní, como os demais advérbios de tempo. Ẹyin àná kò jiná – O ovo de ontem não estava bem-cozido; Àwa kò ṣiṣẹ́ láná – Eu não trabalhei ontem. < ní + àná = láná.
ÀNA, s. Parentesco por afinidade, casamento não consanguíneo. Àwọn àna ni ránṣẹ́ pè mí – Meus parentes enviaram mensagem me convidando.
ÀNÀGÓ, s. Grupo yorubá que viria a ser denominado nagô, dando nome ao grupo no Brasil.
ÀNÀMỌ́, s. Batata-doce. = òdùkun, kúkúndùkú.
ÁNBỌ̀SÍ, **ÁNBỌ̀TÓRÍ**, conj. Muito mais, quanto mais, quanto menos. N kò le kẹ́tẹ́kẹ́tẹ́ ánbọ̀sí ẹṣin – Eu não posso montar um jumento, quanto mais

um cavalo; Ọkùnrin ò lè ṣe é, ánbọ̀sí obìnrin – O homem não pode fazê-lo, muito menos a mulher.

ÀNDỌ́LÁ, s. Futilidade, frivolidade. *Máṣe fi ọ̀ràn yìí ṣe àndọ́lá* – Não faça bobagem com este assunto.

ÀNFÀNÍ, s. Vantagem, benefício, oportunidade. *Àìní ànfàní tó* – Sem ter vantagem o suficiente.

ÁNGẸ̀LÍ, s. Anjo (do inglês *angel*).

ÀNÍ, conj. e adv. Ainda, assim, dessa maneira. *Ó wúlò àní fún àwọn àgbà* – Ele é útil assim para os mais velhos.

ÀNÍÀNÍ, s. Dúvida, incerteza. *Láìsí àníàní àwa yíò lọ sílé* – Sem dúvida, iremos para casa.

ÀNÍDÓPIN, s. Possessão completa.

ÀNÍJẸ̀, s. Um título.

ÀNÍJÙ, **ÀNÍLEKÉ**, s. Excesso, superabundância.

ÀNÌKÀNJE, s. Recluso, pessoa que vive sozinha, egoísta.

ANÌKANJỌPỌ́N, s. Pessoa egoísta.

ANÌKÀNSÙN, s. Solteiro (*lit.* aquele que dorme sozinho). = *àpọ́n*.

ÀNÍLÉKÈ, s. Abundância.

ANINILÁRA, s. Opressor, tirano.

ÀNÍPÉ, s. Ser rico em todas as coisas.

ÀNÍTÁN, s. Perfeição, posse completa.

ÀNÍTÓ, s. Possuir o suficiente.

ÀNÍYÀN, s. Solicitude, ansiedade, cuidado, inquieto. *Ó ni àníyàn = Ó láníyàn* – Ele é solícito.

ÁNJỌ̀FẸ̀, s. Qualquer coisa adquirida sem esforço ou trabalho. = *ìfà*.

ÀNJỌ̀NÚ, s. Gênios, espíritos.

ÀNPERÍ, s. Mais ou menos.

ÀNPỌ̀, s. Feijão cozido.

ÀNTÈTÈ, **ALÁNTÈTÈ**, s. Grilo. = *ìrè*.

ANTÍ, s. Tia (do inglês *aunty*). *Ẹ jọ̀wọ́ antí, irú ejá wo lèyí?* – Por favor, tia, que tipo de peixe é este?

ÀÁNÚ – APALA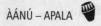

ÀÁNÚ, s. Piedade, compaixão, pesar, desgosto. *Àánú ṣe mí* – Eu sinto muito; *Ó ṣe bẹ́ẹ̀ láìní àánú fún mi* – Ele fez assim sem ter compaixão por mim.

ÀPÀ, s. Pessoa pródiga, esbanjadora, perdulária. *Àpà ni ènìà ti ó ná gbogbo owó rẹ̀ tán* – É perdulária a pessoa que gasta todo o seu dinheiro; *àpà ènìà* – pessoa perdulária; *Ó yàpà* – Ele é esbanjador. > *yà + àpà*.

ÀPÀ, s. Estúpido, idiota.

APÁ, s. Braço, lado. *Apá mi ṣẹ́* – Eu quebrei o braço. É usado, por analogia, para indicar lado e direção. *Ní apá òsì* – no lado esquerdo; *Ó fojú apá kan wò mi* – Ele me olhou de lado. *V. apá ọ̀tún* – lado direito.

ÀPÁ, s. Marca, cicatriz, sinal. *Àpá egbò náà tóbi púpọ̀* – A marca da ferida é muito grande.

APÁ, s. Uma árvore africana que se acredita ser domicílio de espíritos maus e aos pés de onde as feiticeiras se reúnem. *Afzelia africana (Caesalpinaceae)*. *Igi apá wà nínú ogbà wa* – Existe uma árvore de *apá* em nosso jardim.

ÀPADÀBỌ̀, s. Chegada, vinda.

ÀPÁÀDÌ, s. Caco de louça ou cerâmica. *Ọwọ́ mi dápáàdì* – Minha mão está um caco.

ÀPAÀGÙN, s. Antídoto, desinfetante.

ÀPAFỌ́N, adv. Completamente, definitivamente. Usado com o verbo *pa* – matar. *Pa wọ́n ní àpafọ́n* – Mate-os definitivamente.

ÀPÀJÁ, s. Meteoro, estrela cadente.

ÀPAKÀ, s. Batedeira, debulhadora.

APÁKAN, s. Porção, parte. *Fúm mi lápá kan* – Dê-me uma porção; *apá kan Ìjọba* – um departamento do governo; *Ó kó àpò èso jọ ní apá kan* – Ela juntou na sacola uma porção de frutas.

APÁKÉJÌ, adv. Do outro lado, segunda parte. *Ó nkàwé apá kéjì* – Ela está lendo a segunda parte do livro.

APÀKO, s. Bambu.

APÁKO, s. Bordo, flanco.

ÀPAKÚN, s. Exacerbação, agravamento.

APALA, s. Abóbora, pepino.

APÀLÓ, s. Aquele que decifra enigmas.

ÀPALÙ, s. Massacre. *Ó pa wọ́n lù* – Ele matou de tanto bater.

ÀPAMỌ́, s. Custódia, guarda.

APÀNÌÀ, APANI, s. Assassino, matador.

APANIJẸ, s. Canibal.

APÁNILÁIYÀ, s. Fanfarrão.

APANILÁRA, s. Caluniador.

APANILẸ́RIN, s. Pessoa que faz rir, palhaço.

APANIRUN, s. Destruidor.

APÀNÌÀ, s. Assassino. < *pa + ènìà*.

APÁỌKÁ, s. 1. Árvore equivalente à jaqueira. *Artocarpus integrifolia* (Moraceae). 2. Título feminino no palácio real de Ọ̀yọ́.

APÁ ỌTÚN, s. Direita, lado direito. *Ọ̀nà jẹ́ láti bẹ̀rẹ̀ ni apá ọtún lọ sí apá òsì* – O caminho é o mesmo da direita para a esquerda.

ÀPÁPÁNDÌDÌ, ÀPÀPÀNDODO, adv. Forçosamente, perseverar o esforço.

ÀPAPỌ̀, s. Soma, total, combinação, ato de unir, de juntar. *Ẹ̀wà àti ìrẹsì jẹ́ àpapọ̀ kan tí ó ní èròjà pàtàkì* – Feijão e arroz é uma combinação que tem nutrientes importantes.

ÀPÁRÁ, s. Gracejo, sátira. *Ó fi mí dáàpará* – Ele me fez um gracejo.

ÀPÁRÀ, s. Um tipo de árvore.

APÁRÍ, s. Calvo, careca.

ÀPARÒ, s. Perdiz. *Kò sí ewu ní oko àfi gìrì àparò lásan* – Não há perigo na fazenda, apenas o barulho dos perdizes que se vão.

APARUN, OPARUN, s. Cajado, bengala.

ÀPATÀ, adj. Ato de matar animais por dinheiro, açougueiro.

APATA, s. Escudo.

ÀPÁTA, s. Rocha. V. *òkúta*.

ÀPÁTA ẸFUN, s. Calcário.

ÀPÁTÁMÁJÀ, s. Um tipo de peixe.

ÀPATÁN, adv. Inteiramente, completamente. *Ó pa wọ́n ní àpatán* – Ele os matou inteiramente.

ÀPATÌ, ÌPATÌ, s. Pessoa que ignora outra, que a deixa de lado, que não dá importância. *Àpatì ni o pa mí* – Você não me deu importância.

APÁTÍ, s. Gatilho de uma arma.

ÀPÁTÍMẸ́NTÌ, s. Apartamento (do inglês *apartment*). V. *agbolé*.

ÀPẸ́, s. Um tipo de árvore.

APÈNÀ, s. Título de quem convoca uma assembleia na sociedade *Ògbóni*.

ÀPÈJẸ, ÀSÈ, s. Festa, banquete.

APEJI, s. Abrigo de chuva. V. *agbeji*.

ÀPÉJỌ, ÀPÉJỌPỌ̀, s. Multidão.

ÀPÈJỌ, s. Assembleia, encontro, comício. *Ó pe àpèjọ* – Ele chamou para um encontro.

ÀPÈJÚWE, ÌJÚWE, s. Descrição, explicação, explanação. *Ṣe àpèjúwe ilé rẹ̀* – Faça a descrição de sua casa.

ÀPÈKỌ, s. Ditado.

ÀPÈLÉ, s. Que é acrescentado, sobrenome.

APÈÈNÀ, s. Título de uma pessoa na sociedade *Ògbóní*.

APENILẸ́JỌ́, s. Acusador.

APERÉ, s. Aquele que invoca bênçãos. < *a + pè + iré*.

APÈRÒ, s. Aquele que convida para um pregão. = *gbèrò*.

ÀPÉRÒ, s. Consulta, conferência.

ÀPÉSÍ, s. Assembleia, conferência.

ÀPÈÈṢẸ́, s. Restos de uma safra depois da colheita. < *pa + èèṣẹ́*.

ÀPÈTA, s. Um tipo de feitiço que se faz com a imagem de uma pessoa para produzir uma doença infecciosa, carbúnculo.

ÀPÈTÚN PÈ, s. Repetição do que alguém disse, ato de repetir duas sílabas idênticas. *Àpètún pe ọ̀rọ̀* – repetição de algumas palavras. V. *àsọtúnsọ*.

ÀPÈWÒ, s. Espetáculo, exibição.

APÉWỌ̀N, s. Padrão, critério.

APẸ́, s. Ato de aplaudir, bater palmas. *Wọ́n ṣápẹ́* – Eles aplaudiram. < *ṣá + apẹ́*. V. *pawọ́*.

APẸ, s. Pote usado como molheira.

APẸJÁ, s. Pescador.

APÈRÈ, s. Cesta. *Lọọ gbé apèrè kan fún wọn* – Leve a cesta para eles.

ÀPẸẸRẸ, s. Exemplo, padrão. *Láti fi èyí se àpẹẹrẹ, a lè sọ pé Ọlọ́run mbẹ* – Para usar isto como exemplo, nós podemos dizer que Deus existe; *Ó fi àpẹẹrẹ rere fún wa* – Ele usou de um bom exemplo para nós; *Àwòrán wònyìí se àpẹẹrẹ rè* – Estes quadros são um exemplo dele. V. *arapa*.

ÀPẸẸRẸ-ÀIYÉ, s. Globo, mapa.

APẸ́RÒ, s. Consulta, conferência.

APÈÈSẸ́, s. Colhedor de safra de plantação.

APẸTA, s. Relíquia.

APẸ́TA, s. Analgésico, antídoto.

APẸ̀TẸ̀BÍ, s. Título feminino no culto de *Ifá*.

ÀPẸ̀WÙ, s. Bolso de roupa. < *àpò* + *èwù*.

APEYẸ, s. Passarinheiro.

ÀPILẸ̀SE, adj. Original, algo nunca feito antes.

APÍNLẸ́TÀ, s. Carteiro.

ÀPILẸ̀SẸ̀, s. Iniciador, fundador, pioneiro.

ÀPÍNTÍ, s. Espécie de tambor.

APIPA, s. Pulga.

APIRỌRỌ, s. Pessoa que finge estar adormecida.

APIWỌ, s. Medicamento contra intoxicação.

APIYẸ́, s. Saqueador de fazendas, sítios e roças.

APÓ, s. 1. Instrumento de caçador. 2. Fieira, vagem de *obì*. 3. Tremor.

ÀPÒ, s. Bolso, bolsa, sacola. *Kò sí owó ní àpò* – Ele não tem dinheiro no bolso.

ÀPO-ÌRỌRÍ, s. Fronha.

ÀPÒ-ÌWÉ, s. Envelope.

ÀPÒO JÈRÙGBÉ, s. Uma bolsa decorativa.

APOKO-ẸSIN, s. Aquele que corta capim para alimentar um cavalo.

ÀPÓLÀ, s. Seção, divisão dos relatos de *Ifá*.

APOLÓWÓ-ỌJÀ, s. Anunciante de mercadorias para venda.

ÀPÒLÚKÙ, s. Estômago, abdômen.

APÓ ỌFÀ, s. Estojo para transportar flechas.

APORIN, s. Fundidor de metais.

APORÓ, s. Antídoto contra qualquer veneno. = *apaàgùn*.

APORO – APÓNRIN

APORO, s. Sulco, espaço entre os canteiros de um jardim.
ÀPÓTÍ, s. Caixa, cofre, mala.
ÀPÓTÍ-AṢÁRÀ, s. Caixa de rapé.
ÀPÓTÍ-AṢỌ, s. Baú de roupas.
ÀPÓTÍ-ẸRÍ, s. Arca da Aliança.
ÀPÓTÍ-ẸRÙ, s. Mala para bagagem.
ÀPÓTÍ-ÌJÓKÓ, s. Banquinho para sentar. = ìpèkù.
ÀPÓTÍ-IṢÚRA, s. Cofre, caixa para guardar dinheiro.
ÀPÓTÍ-ÌTÌSẸ̀, s. Banquinho para os pés.
ÀPÓTÍ-ÌWÉ, s. Caixa postal.
ÀPÒTỌ̀, s. Bexiga, vesícula.
ÀPÒWÉ, s. Envelope, pasta.
ÀPÒWÓMỌ́, s. Tesoureiro.
APỌ̀DÀ, s. Pintor, aquele que mistura tintas.
APỌ̀DÀ, s. Um idiota.
ÀPỌ̀JẸ, s. Ato de ruminar. Màlúù yìí nje àpòje – Este boi está ruminando.
ÀPỌ̀JÙ, adv. Excessivamente. Wọ́n pàpòjù – Eles são excessivamente numerosos. Pàpojù = pò + àpòjù.
ÁPỌN, s. Assiduidade, constância, persistência. Ó lápọn – Ela é assídua. Lápọn = ní + ápọn.
ÁPỌN, s. Diligência, zelo, fervor. Ápọn ni ó ṣe iṣẹ́ – Foi com zelo que ele fez o trabalho.
APỌ̀N, s. Pássaro de bico vermelho.
ÀPỌ́N, s. Solteiro, homem não casado.
AÁPỌN, s. Entusiasmo, fervor.
ÀÀPỌ̀N, s. Fruto de um tipo de mangueira silvestre.
ÀPỌ́NJÙ, adj. Muito maduro. Èso yìí pọ́n àpọ́njù – Esta fruta está muito madura.
ÀPỌ́NLÉ, s. Louvor, elogio.
APỌNMITÀ, s. Pessoa que transporta água para vender.
APỌ́NNI, s. Bajulador.
APỌ́NRIN, s. Pessoa que afia ferramentas.

ÁPÙÙLÙ, *s.* Maçã (do inglês *apple*).

ARA, *s.* Corpo, membro, substância, tronco. *Ara mi bàjẹ́* – Estou doente (*lit.* meu corpo está estragado); *Ara mi gbóná* – O corpo dele ficou quente (*lit.* ele ficou ansioso por intervir). É usado também para significar a parte concreta da pessoa ou de algo. *Mo mu díẹ̀ ní ara owó* – Eu peguei um pouco da parte do dinheiro. *V. lára. Obs.* As partes do corpo humano são usadas por analogia para formar advérbios, substantivos, preposições, além de outros elementos figurados. *V. mọ́* 4, *orí, etí, inú* etc.

ARÁ, *s.* Parente, habitante de um lugar, um conhecido, irmandade. *Èmi kì íṣe ará Ọ̀yọ́, ọmọ Ifẹ̀ ni* – Eu não sou natural de *Ọ̀yọ́*, sou nascido em *Ifẹ̀*; *ará ilú* – conterrâneo; *ará wájú* – ascendente; *ará ilé* – parentes, familiares.

ARÁ, *s.* Um tipo de pássaro.

ÀRÀ, *s.* Moda, costume, rotina.

ÀRÁ, *s.* Trovão, raio. *Ẹdùn àrá* – Meteorito, pedra do raio. *Ṣàngó jẹ́ òrìṣà ẹdùn àrà – Ṣàngó* é a divindade dos raios.

ÁÁRÁ, **ÁRÁRÁ**, *adv.* Nada, nunca (forma modificada da palavra *rárá* e usada em frases negativas). *Kò yé mi rárá* – Eu não entendi nada; *Má wá rárá* – Não venha em nenhuma circunstância.

ARÁ-ABÚLÉ, *s.* Aldeão.

ÀRÀBÀ, *s.* **1.** Título maior do culto a *Ifá*. **2.** Árvore de grande porte, algodoeiro. *Ceiba pentandra* (*Bombaceae*).

ÀRABARÀ, *adj.* Curioso, observador.

ARABÍBÚ, ÌBÚRA, *s.* Pessoa que faz um juramento.

ARÁBÌNRIN, *s.* Parente feminino.

ARA ÈNÌÀ, *s.* Corpo humano.

ARÁ Ẹ̀HÌN ODI, *s.* Estrangeiro, gente de fora. *Ará ẹ̀hìn odi ni ọ̀rẹ́ mi* – Meu amigo é estrangeiro.

ARA-FÍFU, *s.* Premonição, percepção extrassensorial.

ARÁ-ILÉ, *s.* Habitante da mesma casa, parentes. = *aráalé*.

ARÁ ÌTA, *s.* Vizinho, um estranho.

ARÁIYÉ, *s.* Humanidade, povo da terra.

ARÀJÒ, *s.* Viajante.

ARÁKÙNRIN – ARANNI

ARÁKÙNRIN, s. Parente homem. *Wá àlàáfíà ìwọ pèlú arákùnrin rẹ* – Faça as pazes com seu irmão. > *arábìnrin* – mulher.
ARÁALÉ, s. Habitante da mesma casa, parentes. = *ará-ilé*.
ARÁALÉTÒ, s. Aldeão.
ARÁALẸ̀, s. Uma pessoa que mora numa cidade ou em outro lugar, o povo da terra. = *ará-ilẹ̀*.
ÀRÀLÙ, s. Ato de comprar vários artigos juntos ao mesmo tempo, compra por atacado.
ARÁALÚ, s. Uma pessoa que vive numa cidade ou em outro lugar sem ser um nativo da terra. = *ará-ìlú*.
ARÁMÁÀDÚRÓ, s. Pessoa que caminha sempre para a frente, embora vá devagar.
ARAMI, *pron. reflex.* Eu mesmo, eu próprio. É formado pela palavra *ara* – corpo – mais o pronome possessivo. *Arami mo ntànjẹ* – Eu mesmo estou me decidindo; *orúkọ arami* – meu próprio nome; *Arawa yíò ṣe iṣẹ́* – Nós mesmos faremos o serviço. = *tìkáláraàmi, pápá*.
ARAMIMỌ̀ṢẸ́, *adj.* Afetado pelo tempo.
ÀRAMỌ́RÍ, s. Espécie de boné usado pelos nativos.
ARÀN ÌRỌ, s. Hérnia.
ARÁN, s. Decadência mental pela idade avançada, senilidade. *Ó nṣarán* – Ele aparenta caduquice. V. *arúgbó*.
ÀRAN, s. Fruto da palmeira, tâmara.
ÀRÁN, s. Veludo. *Àrán ni sòkòtò rè* – A calça dele é de veludo; *Sòkòtò tó nlo àrán* – A calça que ele estava usando era de veludo.
ARÀN, s. Verme, lombriga.
ÀRANFẸJÚ, *adv.* Excepcionalmente brilhante (dito para o sol).
ÀRÁNKAN, s. Malícia, malignidade, abstinência.
ÀRÀNMÓJÚ, *adj.* Cheia. *Òṣúpá àrànmójú* – lua cheia.
ÀRÀNMÚ, *adj.* Infeccioso, contagioso.
ARÁNMU, s. Aquele que não pode falar claramente, que está com o nariz entupido.
ARANNI, *adj.* Infecção.

ÀRÁNNILÓWÒ, s. Ajudante, assistente.

ÀRÀNSÀN, s. Um dos 16 títulos na hierarquia de *Ifá*.

ÀRÀNṢE, s. Comunicação, socorro.

ARÁNṢỌ, s. Alfaiate.

ARÁN-WÉ, s. Editor de livros.

ARÀNWÚ, s. Tecelão.

ARÁ ÒKÈ AJẸSIN, s. Provinciano. Forma de dizer em Lagos.

ARÁ-OKO, s. Gente da roça, homem rude, analfabeto.

ARÁ ỌRUN, s. Habitantes do espaço, espíritos.

ARAPA, s. Exemplo, modelo. *Arapa ìwà rè nìyìí* – Este é um exemplo de caráter. = *àpẹẹrẹ*.

ÀRÀPA, s. Parte, porção; *adj.* Comprado para ser abatido. *Màlúù àràpa* – boi comprado para ser abatido.

ÀRÀN, s. Tipo de tambor no culto a *Ifá*.

ÁRÁRÁ, *adv.* Não, nunca. = *ààrà, rárá*.

ARÀRÁ, s. Anão, pigmeu.

ARARẸ, *pron. reflex.* Você mesmo. *Ararẹ́ mọ ilé mi* – Você mesmo construiu a minha casa.

ARARÈ, *pron. reflex.* Ele mesmo. *Ararè ṣorò òrìṣà mi* – Ele mesmo fez minha obrigação de santo; *Òun gé ararè níka* – Ele próprio cortou o dedo dele.

ARARÚ, *adj.* Espécie de, tipo de. *Ararú ọrọ̀ náà la nsọ* – O tipo do assunto que nós estamos falando. = *irú*.

ARÁTÚBÚ, s. Prisioneiro.

ARÁYÉ, s. O gênero humano. *Aráyé àti ará ọrun* – os seres humanos e as divindades.

ARÁWÁJÚ, s. Predecessor.

ARAWO, s. Um pássaro carnívoro.

ARÉ, ERÉ, IRÉ, s. Jogo, brincadeira. *Ó nṣeré bọ́ọ̀lù* – Ele está brincando com a bola. < *ṣe + aré*.

ÀRE, s. Inocente, absolvido por julgamento. *Ó fi àre fún mi* – Ele deu absolvição para mim.

ÀRE, s. Miséria, tristeza. *Ó rí àre* – Ele se sente miserável. = *ìráàre*.

ÀRÈ, s. Pessoa que não tem parentes, um estranho.

ÀRÉDE, s. Vadiagem, vida errante.

ÀRÉKENDÁ, s. Um procedimento duplo.

ÀRÉ KÉREKÈ, **ÀRÉKENDÁ**, s. Deslealdade, falsidade, astúcia. *Ó ṣe àré kéreké* – Ele fez uma falsidade.

ÀRÈPA O!, *interj.* Saudação desejando uma boa caçada.

ARÈRE, s. Árvore cuja madeira é usada para vigas.

ARÉRE, s. Silêncio, quietude. = *atótóo*.

ÀÀRẸ, s. Título oficial. *Ààrẹ ọnà kakamfò* – general comandante.

ÁÀRẸ̀, s. Fadiga, recaída, fraqueza. *Áàrẹ̀ mú mi* – Estou cansado (*lit.* o cansaço me pegou).

ÀRẸDÚ, s. Mortalha.

ÀRẸ̀MỌ, s. Primogênito, criança mais velha. Também designa o príncipe da família real de Ọ̀yọ́.

ARẸṢÀ, s. Soberano da cidade de Ìrẹsà.

ARẸWÀ, s. Uma pessoa bonita, esbelta (aplicado a uma pessoa). *Obìnrin arẹwà* – uma linda mulher; *Arẹwà obìnrin ni* – Ela é uma bela mulher. V. *elẹ́wà*.

ARÍBANIJẸ́, s. Servil, adulador.

ÀRÌDAN, s. Árvore africana que produz os frutos em forma de favas.

ÀRÍDÍJÌ, s. Medo, terror, aparição. = *àwòdíjì*.

ARÍFÍN, s. Desprezo, descaso.

ARÍJÀGBÁ, s. Pessoa que se desgasta por causa de uma luta.

ÀRÍMỌ, s. Olhar uma coisa pela última vez.

ÀÀRIN, s. Meio, centro. *Ìwọ wà ní ààrin ọnà* – Você está no meio do caminho. V. *láàrin*.

ARÌN-ÀJÒ, s. Viajante, visitante, itinerante. = *arìnjò*.

ARÌNGÌNDÌN, s. Globo de vidro usado para iluminação.

ÀRÌNJÓ, s. Profissional de dança.

ÀRÌNKÁ, s. Reumatismo, artrite.

ÀRÌNKIRI, s. Vagar, caminhar sem roteiro.

ÀRINKÒ, s. Chance, oportunidade.

ÀRÌNKÒ, s. Falta de sorte, infortúnio. *Mo rí àrìnkò* – Eu tive um infortúnio.

ARÍNÚRÓDE, s. Pessoa que tem o dom de ver tudo, de assimilar as coisas de modo perfeito.

ÀRÌNYÍKÁ, *adv*. Em torno de, em volta de. Sempre usado com o verbo andar. Ó rin àrìnyíká ibẹ̀ – Ele caminhou em volta daquele lugar.

ÀRÌRÀ, *adv*. Habilmente, sabiamente.

ARÍRAN, *s*. Vidente, profeta, místico.

ARÍREBÁNIJẸ́, *s*. Aquele que só desfruta das coisas junto de outra pessoa.

ÀRÍSÁ, *adj*. Medonho, terrível.

ÀRÍṢÁ, *adj*. Suficiente. Sempre usado com o verbo ver. Àríṣá ni mo rí – Foi suficiente o que eu vi.

ÀRÍWÁ, *s*. Norte.

ARÍWÁRẸ́HÌN, *s*. Aquele que vê tudo que está antes e depois, Deus.

ARIWO, *s*. Barulho, clamor, tumulto. Ó pariwo – Ele fez um barulho. < pa + ariwo.

ÀRÍYÁ, *s*. Festa, alegria, felicidade. Ó ṣe àríyá – Ele fez uma festa; àríyá ìgboyè – festa de recebimento de um título.

ARÍYÀNJIYÀN, *s*. Argumento, disputa.

ÀRÍYỌ̀, *s*. Um objeto de prazer.

ARO, *s*. Címbalo.

ARÒ, *s*. Lamentação, tristeza, sentimento. Letra e música que expressam lamentações, tristezas. A kọrin lóhùn arò – Nós cantamos canções tristes; Obìnrin náà dá arò ọkọ rẹ̀ – A mulher lamentou a perda do marido dela.

ARÓ, *s*. Tinta azul, infusão do índigo para tingir. Ìyá mi nrẹ aṣọ arò – Minha mãe está tingindo a roupa de azul. V. ẹ̀lú.

ÀRÓ, *s*. Título de honra entre autoridades civis.

ÀÀRÒ, *s*. Lareira, fogueira. A da iná nínú ààrò – Ele colocou fogo na lareira.

ÀRÓ, ABÀ, *s*. Armazém, celeiro, paiol.

ÀÁRÓ, *s*. Sistema de trabalho que passa de um para outro por turnos, mutirão. V. ọ̀wẹ̀.

ÀRÒBÁDÉ, *s*. Coincidência.

ÀRÓBỌ, *s*. Prevaricação, alguma forma de prejudicar alguém.

ÀRÒDÙN, *s*. Exagero, excesso.

ÀRÒFỌ, *s*. Humor, graça.

ÀRÓJẸ, *s*. Local na estrada onde os viajantes param, estação, parada.

ARÓJÒKÚ – ARÒ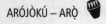

ARÓJÒKÚ, s. Folha de um arbusto usada para curar a lepra. *Eclipta alba* (*Compositae*).

ÀRÓJÚṢE, s. Vigilante.

ÀRÒKÁ, s. Fuxico, mexerico.

ÀRÒKÀN, s. Angústia, ansiedade.

AROKO, s. Fazendeiro, aquele que ara a terra.

ÀRÓKÒ, s. Tempo, estação. = *àkókò, ìgbà, àsìkò.*

ÀRÓLÉ, s. Herdeiro, aquele que sucede o chefe da casa ou um posto oficial. < *ró + ilé*. *Ó ró ilé mi* – Ele me sucedeu como chefe da casa.

ÀRÒLÙ, s. O total.

ARÒNÚ, ONÍRÒNÚ, s. Pessoa pensativa, observadora.

ÀRO-ORÒ, s. Líder das canções de *Orò*.

ÀRÓPALẸ̀, s. Tecido branco amarrado ao redor da cintura, cobrindo os pés e arrastando uma cauda atrás, usado pelos *Adímú-òrìṣa*.

ÀRÒPÓDÒGIRI, s. Pilar de uma casa, um monumento de barro. < *rò + òpó + dì + ogiri*.

ÀRÒPỌ̀, ÀRÒLÙ, s. Adição, resultado de uma soma, cálculo.

ÀRÒSỌ, s. Rumor, boato, hipótese. *Àwọn iṣẹ́ ìyanu Jésù. Ìtàn tàbí àròsọ?* – Os trabalhos admiráveis de Jesus. História ou boato?

ARÓṢỌ, s. Mulher nativa que se veste enrolando um pano rústico em volta do corpo.

AROTA, s. Homem que se casa com parentes.

ÀRÓTÀ, s. Escravos pertencentes ao mesmo senhor, irmãos e irmãs escravizados.

ÀRÒTẸ́LẸ̀, ÌRÒTẸ́LẸ̀, s. Prevenção, premeditação.

ÀRÓWÀ, s. Bordo externo (termo náutico usado entre canoeiros).

ÀRÒYÉ, s. Debate, discussão, controvérsia.

ARỌ, s. Aleijado, manco. *Ó yarọ* – Ele é aleijado.

ÀRỌ̀, s. Histórias que revelam enigmas a serem decifrados pelos praticantes de *Ifá* e aplicados à consulta divinatória.

ÀRỌ̀, s. Peixe muito usado em oferendas às divindades na medicina nativa.

ARỌ̀, s. Uma espécie de cabaça usada como cantil.

ARỌ́, ARỌ́-ÀGBẸ̀DẸ, s. Instrumentos de ferro, serralheiro.
ÀRỌ, ÌRỌ, s. Funil.
ÀÁRỌ̀, s. Manhã, amanhecer, entre 5h e 11h59. Forma modificada de òwúrọ̀. Ẹ kú ààrọ̀ = Ẹ káàárọ̀ – Bom-dia. V. ojọ́.
ÀRỌKO, s. Sede de uma fazenda, casa-grande.
ÀRỌKÚRÒ, s. Fim da estação das chuvas.
ÀRỌ̀NÌ, s. Espírito que vive nas matas, conhecedor da medicina nativa, ligado ao culto de Ọ̀sányìn. Possui uma só perna, um braço, uma vista e todos os órgãos do corpo dele são pela metade.
ARỌNI, s. Aquele que assedia as pessoas com solicitações e convites.
ARỌ́PÒ, s. Sucessor, substituto.
ÀRỌWÁ, s. Um título oficial.
ÀRỌWỌ́TÓ, adj. Próximo.
ARÙ, s. Bens, bagagem que normalmente é levada na cabeça da pessoa.
ÀRÚ, pref. Usado com diferentes acentos tonais para a composição de palavras.
ÀÁRÙ, s. Negócio de carga, a bagagem normalmente levada na cabeça da pessoa. Mo fẹ́ gba ààrù – Eu quero fazer um transporte de carga.
ÀRÚDÀ, adj. Eficaz, aceitável, suficiente.
ÀRÚFÍN, s. Prisioneiro, criminoso, transgressor.
ARUGI, s. Carregador de madeira.
ÀRÚGỌ̀GỌ̀, s. Vara comprida com um gancho na ponta para puxar coisas.
ARUGBÁ, s. Carregador de cabaça numa procissão. < rù + igbá.
ÀRÙGBÀ, s. Carregar alguma coisa em turnos, alternadamente. < rù + ìgbà.
ARÚGBÓ, s. Pessoa idosa ou animal mais velho. Arúgbó ọkùnrin – homem idoso; Ó ti darúgbó kàngẹ́ – Ele tem se tornado mais velho. < rú + gbó.
ÀRÚKỌ, ẸRÚKỌ, s. Cabo de enxada.
ÀRÚKÚN, adj. Pleno, perfeito.
ÀRÚLÙ, s. Aquilo que foi desarrumado, misturado.
ARÚLÚ, s. Desordeiro, agitador.
ÀRÙN, s. Doença, indisposição. Ó kó árùn lára ìyàwó rẹ̀ – Ele contraiu uma infecção da esposa dele.

ÀRÚN, AÁRÚN, *num.* Cinco.
ÀRÙNDÍLÓGÚN, ẸẸDÓGÚN, *num.* Quinze (*lit.* cinco menos vinte).
ARUNGÚN, s. Esbanjador, perdulário.
ÀRÙN-JẸJẸRẸ, s. Câncer.
ÀRÙNKÁRÙN, s. Qualquer tipo de indisposição.
ÀRUNṢU, s. Diarreia com dor de estômago.
ÀRUNTU, s. Conjuração.
ARÚNWỌ, s. Aquele que curte o couro. < *rún* + *awọ*. *Ó rún awọ* – Ele curtiu o couro.
ÀRÚPẸ̀, s. Anão (usado para árvore ou aves domésticas). V. *aràrá*.
ARÚWÁ, *adv.* Agora.
ASÀ, s. 1. Alavanca do trinco, ferrolho. 2. Celebração, cerimônia de homenagem, memorial. 3. Escudo, defesa, proteção.
ÀSÀ, s. Instrumento de tecelagem, ferramenta para assentar tecido.
ASÁ, s. Sela, arreio.
ÀSÁBÁ, s. Ato de colocar alguém sob proteção de outra pessoa, tutela.
ASÁFÓMI, s. Hidrofobia.
ÀSÀLÀ, s. 1. Escapada de um perigo, refúgio. 2. Fruto igual a uma noz.
ÀSÁLÙ, s. Pedir proteção a alguém.
ASÁN, s. 1. Vaidade, orgulho. 2. Inútil. *Ó ṣe iṣẹ́ asán* – Ele fez um trabalho inútil; *Ó wí sọrọ̀ asán* – Ele falou palavras inúteis.
ÀÁSÁN, s. Poemas de encantamento de *Ifá*.
ASÁNBẸ, s. Alguém armado com uma faca.
ASÁNDÀ, AKỌ́DÀ, s. Pessoa que paga a mais.
ASANWÓ, s. Pagador.
ÀSÁPẸ̀, s. Prostituição. = *agbèrè*.
ASÁRÉ, s. Corredor, atleta. = *asúré*.
ASÁRÉ-IJÉ, s. Competidor.
ASÁRÉ PAWO, s. Mensageiro do *ilé awo*, uma das categorias do culto de *Ifá*.
ÀSARÓ, ÀṢARÓ, s. Ensopado.
ÀSÀRÓ, s. Deliberação.
ASÀSE, s. Pessoa que oferece um jantar.
ÀSASÍ, s. Ministrar um remédio perigoso a uma pessoa.

ÀSÁSI, s. Refúgio, asilo.

ASE, s. Um animal como o esquilo.

ÀSÈ, s. Refeição, entretenimento, festa. Ó pè wá síbi àsè – Ela nos convidou para a festa. É usado na composição de palavras.

ÀSÈ, s. Reação. Ìrewájú àsè – reação para a frente, avanço.

ÀSÉ, s. Desvio comportamental.

ÀSÈ-ALẸ́, s. Refeição noturna.

ÀSÈDÀNÙ, adj. Cozinhado com desperdício, sem medidas.

ÀSÈJẸ, s. Medicamento cozido para tratamento. < a + sè + jẹ.

ÀSÈKI, adj. Cozido grosso. < sèki. Ó se ọbẹ̀ ki – Ela preparou uma sopa grossa, consistente.

ÀSÉMỌ́, s. Confinamento.

ÀSÉMU, adj. Abortado.

ÀSÈMU, adj. Cozido ralo para beber. < sèmu. Mo se koríko mu – Eu bebi uma infusão de ervas.

ASÉNÀ, s. Pessoa que bloqueia o caminho. < sé + ọnà. Ó sénà – Ele bloqueou o caminho.

ASÉNÚ, **ASÉPỌ́N**, s. Mulher estéril (termo pejorativo).

ÀSÈPA, s. A última aplicação de um remédio para uma doença.

ASÉPỌ́N, s. Uma mulher estéril.

ÀSÈTÀ, s. Alimento feito para vender.

ASETÍ, s. Ouvinte.

ASẸ́, s. Coador, peneira, filtro.

ÀSẸHÌNDÈ, s. V. Ẹ kú.

ÀSẸHÌNWÁ-ÀSẸHÌNBỌ, adv. Enfim, finalmente. Àsẹhìnwá – àsẹhínbọ ọ̀rọ̀ yìí – enfim, o resultado deste afazer; Àsẹhìnwá-àsẹhínbọ ó daríjì mí – Finalmente, ele me perdoará.

ASẸ́N, **ASÍN**, s. Rato com odor repelente e mordida venenosa.

ÀSÍÁ, **ÀSÍYÁ**, s. Bandeira, insígnia, flâmula.

ÁSÌKÍ, s. Fama, sucesso, boa sorte. Ó rí ásìkí – Ele encontrou a fama.

ÀSÌKÒ, s. Tempo, hora, período. Yànmùyanmu pọ̀ lásìkò yìí – Os mosquitos são muitos neste tempo; àsìkò òjò – período das chuvas. V. àkókò.

ASÍN, s. Tipo de roedor. V. èkúté.

ASINGBÀ – ASỌNILÓRÚKỌ

ASINGBÀ, s. Um devedor insolvente que se torna propriedade de seu credor.

ASÍNNIJẸ, s. Mímica.

ÀSÌNPA, s. O fato de um empregado trabalhar demais.

ASÌNRÚ, s. Penhor, qualquer coisa dada como uma segurança pelo devedor.

ASÍNWÍN, s. Malfeitor, facínora.

ÀSOFẸ́YẸJẸ, s. Árvore cujos frutos alimentam os pássaros.

ASÒFIN, s. Legislador.

ÀSOGBÓ, adj. Maduro (usado para frutas). *Igi yìí so èso àsogbó* – Esta árvore deu frutos maduros.

ÀSOLÙ, ÀSOMÓ, s. Unir, amarrar junto.

ASÒNÀ, s. Pessoa que segue o rastro de algum animal, impedindo que ele escape.

ÀSOPA, s. Nó de cadarço, corda que não pode ser desatada, suicídio por enforcamento.

ÀSOPÒ̩, s. O mesmo que *àsolù*.

ÀSORÒ̩, s. Enforcado, que está pendurado.

ÀSỌYÉ, s. Explicação. *Àsọyé wo ni ògede ojú yín?* – Qual a explicação do encanto de seus olhos?

ASỌ̀, s. Disputa, discussão.

ASỌBÓTIBÒTI, s. Aquele que não sabe falar bem, balbucia.

ÀSỌDÁ, s. Um outro ponto ou outra margem de um rio ou córrego.

ÀSỌDÙN, s. Exagero.

ÀSỌGBÀ, s. Conversação.

ASỌGBÀ, s. Pessoa empenhada em fazer uma cerca de madeira.

ASỌGBÁ, s. Pessoa que conserta cabaças quebradas.

ÀSỌLÙ, ASỌPÒ̩, s. Falar junto, falar em coro.

ASỌNI, pref. Indica alguém que causa ou impele a fazer algo.

ASỌNIDÁRÀN, s. Pessoa que faz com que outra vá de encontro às leis.

ASỌNIDÀYÈ, s. Pessoa que vivencia a vida, que revive outra por meio de vários processos.

ASỌNIJÀ, s. Pessoa que faz com que outra atire.

ASỌNILÓRÚKỌ, s. Pessoa que faz com que outra seja malfalada.

ÀSỌPỌ̀, s. Falar junto ao mesmo tempo.

ASỌ̀RỌ̀, s. Locutor.

ASỌ̀RỌ̀-ẸNI-LẸ́HÌN, s. Traiçoeiro, falso (lit. aquele que fala mal das pessoas pelas costas).

ASỌ̀RỌ̀JẸJẸ, s. Murmurante.

ASỌ̀RỌ̀KẸ́LẸ́KẸ́LẸ́, s. Cochichador, pessoa que mantém a voz baixa enquanto está falando.

ÀSỌTÀ, s. O trabalho de um orador profissional.

ÀSỌTÁN, adj. Até o fim. Ó sọ àsọtán – Ele falou até o fim.

ÀSỌTẸ́LẸ̀, s. 1. Previsão, profecia. Mọ àsọtẹ́lẹ̀ tòótọ́ – Conheça as verdadeiras profecias; Ó sọ tẹ́lẹ̀ – Ele fez uma profecia. 2. Barganha, pechincha, troca.

ÀSỌTÌ, adj. Incompleto. Ó ṣe ọ̀rọ̀ àsọtì – Ele fez uma declaração incompleta.

ASỌTÚNSỌ, ÀTÚNSỌ, s. Repetição do que alguém disse, reiteração.

ÀSÚBÒ, s. Banho de prata com o qual outro metal é coberto.

ASÚFÉ, s. Pessoa que assobia.

ASLIKÉ, ABIKÉ, s. Corcunda.

ÀSÙNJÍ O!, interj. Acorde! Saudação, chamada a uma pessoa adormecida.

ÀSUNKÚN, s. Inchação.

ÀSLINMỌ́, s. Proximidade.

ASLINNI, s. Acusador, queixoso.

ASÚNRAMÚ, s. Pessoa trabalhadora, infatigável. Asúnramú kò tẹ́ bọ̀rọ́bọ̀rọ́ – Aquele que é trabalhador não fica em apuros.

ASUNRÁRÀ, s. Menestrel, seresteiro.

ÀSÙNWỌ̀N, s. Pequena sacola usada como porta-níqueis.

ÀSÙNWỌ̀N ÒÌBÓ, s. Planta medicinal usada como laxante e cura para disenteria. Cassia alata (Caesalpinaceae).

ÀSÙNWỌRA, adj. Ressonante.

ÀSÙNWÚ O!, interj. Possa você crescer e ficar forte! Saudação a um bebê adormecido.

ASÚRAMÚ, s. Uma pessoa infatigável. Asúramú kò tẹ́ bọ̀rọ̀bọ̀rọ̀ – Uma pessoa trabalhadora não é algo de se envergonhar.

ASÚREFÚNMI, s. Pessoa que abençoa outra.

AṢA – AṢAWO

AṢA, s. Vagabundo, pessoa malcomportada. *Aṣa ọmọ náà kò bẹ̀rù ẹnikan* – A criança malandra não tem medo de qualquer um.

AṢÁ, s. 1. Lança ou dardo para matar elefante. 2. Certo peixe de boca grande.

ÀṢÁ, s. Abutre, falcão. *Ẹiyẹ àṣá náà fò lọ* – O pássaro voou; *Ó mà ṣe o! Àṣá kan gbé ọmọ adìẹ lọ* – Que pena! O falcão agarrou o pinto e levou.

ÀṢÀ, s. Costume, hábito, moda. *Ó káàsà yìí gégé bí àṣà yìí* – Ele seguiu este procedimento de acordo com esta tradição; *Olùkọ́ sọ̀rọ̀ nípa àṣà Òrìṣà* – O professor falou sobre a tradição das divindades.

ÁṢAÀ, s. Rapé, folha do tabaco. *Ìyá mi àgbà nfẹ́ràn áṣaà* – Minha avó gosta de rapé. = *áṣaàrà*.

AṢÀGBÉ, **ÀGBÉ**, s. Penúria, mendigo, pedinte; pessoa que toca atabaque ou outro instrumento musical por dinheiro.

AṢÁGUN, s. Rebelde, revoltoso.

ÀṢA-IBÍLẸ̀, s. Costume nativo.

ÀṢÀYÀN-ẸKỌ́, s. Assunto, matéria.

ÀṢÀJỌ, **ÌṢÀJỌ**, s. Aquilo que é coletado. = *àṣàlù*.

AṢÁÁJÚ, s. Predecessor, mensageiro, aquilo que vai à frente.

AṢÁLẸ́, s. Anoitecer, após as 18h. < *ṣá + alẹ́*.

ÀṢÁLẸ̀, s. Estéril, local deserto. *Ràkunmí dùgbẹ̀ nínú àṣálẹ̀* – O camelo caminha vagarosamente no deserto.

ÀṢÀLÙ, **ÌṢÀLÙ**, s. Coleção variada, mistura de várias coisas.

AṢÀN, s. Líquido, fluido.

ÀṢÁN, s. Dieta vegetariana, sem carne.

ÀṢÁPA, **ÌṢÁPA**, adv. Usado com o verbo *ṣá* – cortar, para intensificar a ação de um corte. *Ó ṣá ẹran ní àṣápa* – Eu matei um animal para a refeição.

AṢÀPA, s. 1. Árvore cujas folhas são usadas para curar varicela. 2. Ornamentação que se faz sobre o cadáver de um homem rico.

ÁṢAÀRÀ, s. Rapé.

ÀṢARÓ, s. Mingau de farinha de inhame. *Ó ro àṣaró* – Ela preparou um mingau. = *àsaró*.

ÀṢÀRÒ, s. Deliberação.

ÀṢÁTÌ, s. Rejeição, deixar de lado ou achar que está demais.

AṢAWO, s. Título no culto de *Ifá*.

ÀṢÀYÁ, s. Brincadeira, zombaria.

ÀṢÀYÀN, s. Escolha, eleição, seleção.

AṢEBÍABO, s. Homem gay, homossexual (*lit.* aquele que se parece com mulher). *Àwa dẹ́bi àwọn iṣe ọkùnrin aṣebíabo* – Nós condenamos as práticas homossexuais. < a + ṣe + bí + abo.

AṢEBÍAKỌ, s. Mulher lésbica, homossexual (*lit.* aquela que se parece com homem). < a + ṣe + bí + akọ.

ÀṢEDÀNÙ, adj. Fazer sem nenhum lucro, desinteressado.

AṢÈDÁNWÒ, s. Examinador.

AṢÉÈTẸ̀, s. Conquistador.

AṢEFÉFÉ, s. Contador de vantagem, fútil.

ÀṢEHÀN, adj. Pessoa que gosta de ostentar, exibido.

ÀṢEJÙ, s. Fazer as coisas em excesso, exagerar em autoridade.

AṢÈKÉ, ELÉKÉ, s. Mentiroso.

ÀṢEKẸ́HÌN, s. Feito pela última vez com perfeição.

ÀṢEKÙ, s. Ação incompleta, coisa que precisa ser feita.

ÀṢEKÚN, s. Aquilo que é acrescentado ao trabalho principal.

AṢELÉDENI, s. Segunda pessoa, agente, lugar-tenente.

ÀṢELÉKÈ, s. Excesso.

ÀṢELỌ, s. Uma ação final ou compromisso.

ÀṢELÙ, s. Cooperação.

ÀṢÈLÚ, ÒṢÈLÚ, s. Político, homem de Estado.

ÀṢEMÓ, s. O fim de uma ação. *Àṣemọ́ ni ó ṣe* – Foi uma ação final que ele fez.

AṢENI, s. Pessoa que desfaz dos outros. *Aṣeni nṣe ararẹ̀* – Aquele que desfaz dos outros está desfazendo de si mesmo.

ÀṢENÙ, adj. Inaproveitável, sem serventia. *Ó ṣe iṣẹ́ àṣenú* – Ele fez um trabalho sem serventia.

AṢENÚNIBÍNI, s. Promotor.

ÀṢEPAMỌ́, s. Que é reservado ou deixado para fazer depois. *Iṣẹ́ àṣepamọ́* – trabalho deixado de lado para terminar depois.

ÀṢEPARÍ, s. Conclusão, término. *Àṣeparí iṣẹ́ yìí* – a conclusão deste trabalho. = *iṣeparí*.

ÀṢEPÉ, ÌṢEPÉ, s. Conclusão com perfeição, término perfeito. Àṣepé orò yìí – o término deste ritual.

AṢÉPÈ, s. Praga, maldição, xingamento.

ÀṢEPỌ̀, s. Cooperação, parceria.

ÀṢERÒ, s. Experiência.

AṢÈRỌ, s. Engenheiro mecânico.

ÀṢETÁN, s. Acabamento, conclusão.

AṢETẸNI, s. Torcedor, defensor de uma causa.

ÀṢETẸ̀, s. Uma ação vergonhosa, maldade.

ÀṢETÌ, s. Fracasso, um trabalho incompleto.

AṢETINÚẸNI, s. Pessoa voluntariosa, caprichosa.

ÀṢETÒ, s. Organizador.

AṢÈWÉ, s. Autor literário.

ÀṢEWÒ, s. Experiência, tentativa.

ÀṢÈYÌÍ, s. V. àmọ́dún.

ÀṢEYORÍ, adj. Perfeito, completo. Iṣẹ́ àṣeyorí – um trabalho perfeito; s. Sucesso, êxito.

ÀṢẸ, s. 1. Força, poder, o elemento que estrutura uma sociedade, lei, ordem. Ó fi àṣẹ fún mi – Ele me deu autoridade; Mo gba àṣẹ lọ́wọ́ rẹ̀ – Eu recebi uma ordem oficial dele. 2. Palavra usada para definir o respeito ao poder de Deus, pela crença de que é Ele que tudo permite e dá a devida aprovação. Àṣẹ dowọ́ Olódùmarè – Que assim seja (lit. o poder está nas mãos de Deus).

ÀṢẸ́, ÌṢẸ́, s. Menstruação. Ó wàṣẹ́ – Ela está menstruada. < wà + àṣẹ́.

ÀÀṢẸ̀, s. Portal, porta larga.

AṢÈDÁ, s. V. Akọ́dá.

AṢÈFẸ, s. Brincalhão, engraçado.

AṢẸ́GITÀ, s. Vendedor de madeira.

AṢẸ́GUN, s. Conquistador, vencedor.

ÀṢẸ̀HÌNDÈ, express. Usada para saudar uma família enlutada – Ẹ kú àṣẹ̀hìndè. V. àwònù.

ÀṢẸ́ INÁ, s. Fulgor, lume, chama.

ÀṢẸ́KÙGBÈSÈ, s. Atraso no pagamento de um débito.

AṢẸ́LÉTÀ, s. Aquele que tem a profissão de cobrir as casas com sapê.

ÀṢẸ́-OBÌNRIN, s. Menstruação.
ÀṢẸ́-ỌMÚ, s. Galactorreia.
AÁṢẸRẸ̀, s. Nome de um pássaro que possui penas longas. = *aáṣẹ́*.
AṢÈRỌ, s. Designer de maquinário.
AṢẸ́SẸ̀, s. Aquele que quebrou a perna. < *ṣẹ́* + *ẹsẹ̀*.
ÀṢÈṢÈYỌ, s. Broto, botão.
AṢẸ́WÓ, s. Prostituta.
AṢẸ́WỌ́, s. Aquele que quebrou a mão. < *ṣẹ́* + *ọwọ́*.
AṢÍ, ÀṢÍ, ÀṢÌ, *pref.* Usado na composição de palavras.
ÀṢÍBORÍ, s. Capa para cobrir a cabeça, capacete de proteção.
ÀṢÍGBÈ, s. Dobradiça.
ÀṢÍGBÒ, s. Aquele que muda de lugar, como o caçador, pescador ou bando de pássaros.
ÀṢÍKÁ, ÀṢÍKIRI, s. Andarilho.
ÀṢÍKÙ, ÌṢÍKÙ, s. Restante de alguma coisa. *Ìṣíkù owó* – O que restou do dinheiro.
ÀṢÍLẸ́, ÀSÍLẸ́, s. Transplante.
ÀṢÍLỌ́, ÌṢÍLỌ, s. Mudança para outro local, migração.
ÀṢÌLÙ, s. Surra dada por engano.
AṢINILÉTÍ, s. Conselheiro.
AṢINIPA, AṢINILÙPA, s. Aquele que mata alguém por engano.
ÀṢÌPA, s. Morte acidental, uma pessoa que acidentalmente mata outra.
AṢÍPA, s. 1. Um dos sete títulos oficiais dos conselheiros civis da cidade de Ọ̀yọ́. Os demais são: Ọṣọ̀run, Àgbàákin, Ṣàmù, Aláàpínni, Lágùnà e Akinnikú. 2. Um título da sociedade Ògbóni.
ÀṢÍPADÀ, s. Mudança de lugar.
ÀṢÌPÈ, s. Erro de pronúncia.
ÀṢÍRÍ, s. Segredo, mistério, assunto privado. *Ó bò mí ní àṣírí* – Ele encobriu meus segredos.
ÀṢÍRÒ, s. Cálculo.
ÀṢÌRÒ, ÌṢÌRÒ, s. Confusão, misturar as coisas.
ÀṢÍRÒ-OWÓ, s. Contador.
ÀṢÌSỌ, ÌṢÌSỌ, s. Embromador, aquele que comete erro ao falar.

ÀṢÌṢE, s. Erro. Ó ṣe àṣìṣe – Ele cometeu um erro.

AṢÍṢẸ́, AKÚṢẸ́, s. Pessoa em circunstância adversa, necessitada. = oṣíṣẹ́.

AṢIṢẸ́, s. Trabalhador.

ÀṢÌTẸ̀, s. Uma errata.

AṢIWÈRÈ, AṢIÈRÉ, s. Louco, idiota, divertido, alegre. Ó ya aṣiwèrè – Ele parece um idiota.

ÀṢÌWÍ, s. Embromador, enrolador, aquele que fala errado. < sìwí. Ó sìwí – Ele cometeu um erro ao falar.

AṢO, s. Pessoa rabugenta.

ÀÁṢÓ, s. Tufos de cabelo. V. òṣù.

AṢÓDE, s. Vigia, guarda-noturno. = aṣólé.

AṢÒDÌ, ÒṢÒDÌ, s. Adversário, oponente.

AṢÒFIN, s. Legislador.

AṢÒFÒ, s. Perdedor, derrotado.

AṢÒFÓFÓ, s. Intrometido.

AṢÒGO, s. Fanfarrão, contador de vantagem.

AṢÒGÚN, s. Sacerdote de Ògún, sacrificador de animais.

AṢOJO, OJO, s. Covarde.

AṢOJÚ, s. Procurador, representante de uma pessoa. Óun ni aṣojú ìjọba – Eu sou representante do governo; aṣojú ìlú – representante de uma cidade. < a + ṣe + ojú.

AṢOORE, OLÓORE, s. Benfeitor.

AṢÒWÒ, ONÍṢÒWÒ, s. Comerciante.

AṢOWÓ, s. Aquele que cunha moedas. < ṣe + owó.

AṢO, s. Roupa, paramentos. Aṣo funfun láúláú – A roupa é intensamente branca; Aṣo dúdú àwa fọ nílé – Roupa suja nós lavamos em casa.

AṢO ÀDÌRẸ, s. Roupa estampada em diferentes padrões. Ó fi aṣo àdìre ní àjọ́dún rè – Ela usou uma roupa estampada na festa dela.

AṢO ÀRÍYÁ, s. Traje a rigor.

AṢO ÀWỌ̀SÙN, s. Pijama.

AṢO ÀWỌ̀TẸ́LẸ̀, s. Roupa de baixo.

AṢOFÒ, s. Litígio.

AṢÒFÒ, s. Pessoa de luto. V. *òfò*.

AṢÓGBÀ, s. Jardineiro. *Aṣógbà gbìn òdòdó náà* – O jardineiro plantou aquelas flores.

AṢÒGBÌN, **ÒGBÌN**, **ÀGBÈ̩**, s. Fazendeiro, plantador.

AṢO̩-ÌBOJÚ, s. Véu.

AṢO̩-ÌBORA, s. Colcha, manta.

AṢO̩-ÌBORÙN, s. Xale. *Ó fi aṣo̩-ìborùn sórí èjìká rè̩* – Ele pôs o xale no ombro dela.

AṢO̩-ÌBÙSÙN, s. Lençol.

AṢO̩-ÌDÌKÚ, **AṢO̩-ÌSÌNKÚ**, s. Roupa usada para cobrir o corpo do morto, mortalha.

AṢO̩-ÌGBÒKUN, s. Lençol, lona, vela de barco.

AṢO̩-IGÚNWÀ, s. Manto real.

AṢO̩-ÌKÉLÉ, s. Cortina.

AṢO̩-ÌLÉKÈ, s. Paletó.

AṢO̩-ÌNURA, s. Toalha de corpo.

AṢO̩-ÌNUWÓ̩, s. Toalha de mão.

AṢO̩-ÌPÈLÉ, s. Roupa do vestuário feminino usada para cobrir outra.

AṢO̩-ÌRÉPÉ, s. Retalhos de roupa.

AṢO̩-ÌRÓ, s. Tecido usado em volta do corpo da mulher.

AṢO̩-ÌRORÍ, s. Fronha.

AṢO̩-ÍTA, s. Cortina.

AṢO̩-ÌTÉ̩LÈ̩DÍ, s. Tecido usado por mulheres ajustado no corpo, debaixo dos braços.

AṢO̩-ÌWÓ̩LÈ̩, s. Roupa de uso comum, para homem ou mulher.

AṢÓLÉ, s. Vigia, guarda de uma casa.

AṢÓ̩NÀ, s. Vigia, guarda das estradas.

AṢO̩ ÒJÒ, s. Capa de chuva.

AṢO̩ ÒKÈ, s. Pano da costa. *Ó fi aṣo̩ òkè* – Ela usou o pano da costa.

AṢO̩ Ò̩FÒ̩, s. Túnica, roupa para luto. V. *aṣòfò̩*.

AṢO̩-Ò̩GBÒ̩, s. Tecido feito de linho.

AṢO̩ṢO̩, s. Comida feita à base de milho e coco.

AŞÓŞÓ – ATANIJẸ, ATANNI

AŞÓŞÓ, s. Pequeno pássaro que se alimenta de figos.
AŞỌ TÁBÌLÌ, s. Toalha de mesa.
AŞỌ TÁLÀ, s. Um tipo de vestimenta branca.
AŞỌ̀TẸ̀, s. Revolucionário, rebelde.
AŞỌ́TÚBÚ, s. Uniforme de prisioneiro.
ÀŞÚTÌ, s. Pessoa sem importância, sem responsabilidade.
AŞUNÚ, s. Pessoa com diarreia.
ÀTA, s. Árvore cuja madeira é resinosa, podendo ser usada para fazer tochas.
ÀTÀ, s. Cumeeira.
ATA, s. Pimenta. *Ìyá mi lọ ata* – Minha mãe moeu a pimenta; *Ata nta ẹnu mi púpọ̀* – A pimenta está queimando minha boca. V. *ataare*.
ÀÀTÀ, s. Um toque de atabaque.
ÀÀTÀN, s. Pilha de estrume, montão de lixo. Contração de *àtìtàn, àkìtàn*.
ATÀFÀ, TAFÀTAFÀ, s. Arqueiro.
ATAFO, s. Doença na unha do dedo.
ATAFO-OJÚ, s. Filme, catarata.
ÀTAGBÀ, s. Aquilo que passa de mão em mão. *Àtagbà ni mo gbà á* – Foi depois de passar de mão em mão que eu o recebi.
ATAGI, s. Vendedor de madeira. < *a + tà + igi*.
ÀTAIYÉBÁIÉ, ÀTIYÉRÁIYÉ, adj. Velho, permanente.
ATAJÀ, s. Vendedor de mercadorias.
ÀTAKỌ, ÀTÀBO, s. Macho e fêmea.
ÀTAKÒ, ÌTAKÒ, s. Oposição, resistência. V. *alátakò*.
ÀTÀLÁTÀ, s. Dia da semana maometana correspondente a terça-feira.
ATALẸ̀, s. 1. Vendedor de terrenos. < *tà + ilẹ̀*. 2. Gengibre. < *ata + ilẹ̀*.
ATALẸ̀, s. Pessoa retardatária. < *talẹ̀*. *Ó talẹ̀* – Ele chegou tarde.
ÀTÀMỌ̀, s. Linguagem confusa. *Gbogbo ọ̀rọ̀ rẹ̀ jẹ́ àtàmọ̀* – Todas as suas palavras são incompreensíveis.
ÀTÀN, s. Armação de madeira na qual o peixe é aquecido e seco.
ÀTÀNÁMÁNÁ, adv. De ontem para hoje.
ÀTANÙ, adj. Rejeitado, jogado.
ATÀNDÍ-NKAN, s. Aquele que investiga.
ATANIJẸ, ATANNI, s. Enganador, velhaco.

ATANLÉGBELÉGBE, s. Girino.

ÀTANPÀ, **ÀTÙPÀ**, s. Lâmpada, lampião.

ÀTÀNPÀKÒ, s. Denominação do dedão do pé. *Ìka ẹsẹ̀* – dedos do pé.

ÀTÀNRÒKÒ, s. Doença de pássaros que causa inchaço no dorso.

ATÁỌ́JÁ, s. Título do soberano de Òṣogbo.

ÀTAPA, s. Um chute ou picada fatal.

ÀTAPÒ, s. Ato de prosseguir direto, sem interrupção. Àtapò ni mo ta á – Eu o arremessei sem parar. V. *tàtapò*.

ÀTAPÒYỌ, s. Tiro, descarga.

ATAARE, s. Pimenta-da-costa. = *atayé, atalíyá*.

ÀTÀRÍ, s. Coroa.

ÀTÀTÀ, adj. Importante, poderoso, fino. Ọ̀rọ̀ àtàtà – palavras importantes. V. *pàtàkì*.

ÀTÀTÀKURÁ, s. Espinho, tormento, incômodo. Ó di àtàtàkurá mọ́ mi lọ́wọ́ – Ele se tornou um espinho ao meu lado.

ATATẸ́TẸ́, s. Jogador, apostador.

ATÀWÉ, s. Vendedor de livros, de papéis.

ÀTAWọ́, s. Unheiro. < *ta + ọwọ́*.

ÀTAYÉ ÀTọ̀RUN, s. A terra e o céu.

ÀTÈ, s. Tipo de resina também usada para pegar pássaros.

ATE, s. Um tipo de chapéu nativo com abas amplas. V. *àkẹtẹ̀, fìlà*.

ÀTÈDÈ, s. Retorno breve, chegada rápida.

ÀTÈMI ÀTÌWọ, express. Eu e você. < *àti + tèmi + àti + ìwọ*.

ÀTEPE, s. Apelido.

ÀTÈTÈGBÌN, s. As primeiras semeaduras. V. *tètè*.

ÀTÈTÈJÍ, s. Elevação, erguimento rápido. V. *àtètèsùn*.

ÀTÈTÈKọ́BẸ̀RẸ̀, s. Começo.

ÀTÈTÈKọ́ṣE, **ÀTÈTÈṣE**, s. Começo de alguma coisa.

ÀTÈTÈSÙN, s. Aquele que dorme cedo. Àtètèsùn ni àtètèjí – Aquele que dorme e levanta cedo se faz saudável e rico.

ATẸ́, s. Ato de aplaudir, bater palmas. = *apẹ́*.

ÀTẸ, s. 1. Peneira, tabuleiro de vime para a prática de consulta às divindades. 2. Cabaceira em forma de prato. = *igbá àtẹ*.

ATẸ́, s. Aplauso. Ó patẹ́wọ́ – Ele aplaudiu. < pa+atẹ́+ọwọ́.

ÀTẸ́, adj. Insípido, de mau gosto.

ÀTẸ́, pref. Usado com diferentes acentos tonais para a formação de palavras.

ATẸDÙÙRÙ, s. Organista, pianista.

ÀTÈFọ́, s. Colisão, esmagamento.

ATÈFọ́, s. Vendedor de ervas.

ATẸ́GÙN, s. Brisa, ar, vento. Mo fẹ́ atégùn sí i – Eu tomei fôlego para isto, eu soprei isto; Ọ̀nà òfun ni atégùn ngbálọ sínú ẹ̀dọ̀-fóró – É da garganta que o ar é levado para o pulmão.

ÀTẸ̀GÙN, s. Escada, andaime. = àkàbà.

ATẸJÁ, s. Vendedor de peixe. <a + tà + ejá.

ATẸ̀LÉ, s. ou adj. Sucessor. Èyí ni atẹ̀lé mi – Este é o meu sucessor.

ÀTẸ̀HÌNKÚ, s. Morte intempestiva.

ÀTẸ̀HÌNWÁ, s. Antigamente. Ayọ̀ yìí jù àtẹ̀hìn wá – Esta alegria é maior do que a de antigamente; ẹ̀sẹ̀ mi àtẹ̀hìn wá – meus passos anteriores.

ÀTẸ́LẸWọ́, **ÀTẸ́Wọ́**, s. Palma das mãos.

ÀTẸ́LẸSẸ̀, **ÀTẸ́SẸ̀**, s. Sola dos pés.

ÀTẸMọ́RA, s. Paciência.

ATẸ́NI, **TẸ́NI-TẸ́NI**, s. Pessoa que humilha outra.

ÀTẸNUMọ́, s. Falatório persistente, insistência.

ÀTẸPA, s. Remédio com substância venenosa que, em pequenas doses, se torna ineficiente.

ATẸ́RẸKÁIYÉ, s. Aquele que cobre o mundo, um dos títulos de Deus.

ÀTẸRÍGBÀ, s. Parte superior da porta.

ÀTẸRÚDẸ́RÚ, s. Escravo ancestral.

ÀTẸ́SẸ̀, s. Sola de sapato.

ATẸ̀WÉ, s. Impressor.

ÀTẸ̀Wọ́, s. Palma da mão.

ÀTẸ́Wọ́GBÀ, adj. Aceitável, propiciatório.

ÀTI, conj. E. Usada entre dois nomes, mas não liga verbos. Èmi àti ìwọ – Eu e você. Para ligar dois verbos usar sì da seguinte forma: Ó ra àta ó sì ra iyọ – Ele comprou pimenta e ainda comprou sal. V. òun.

ATÍÁLÁ, s. Pássaro de bico longo. = àtíòro.

ÀTIBA, s. Escada.

ÀTÌBÀ, s. Um título oficial na região de Òyó.

ÀTÍBÀBÀ, s. Barracão com cobertura de folhas, pavilhão.

ÀTIBABADÉBABA, s. Geração dos pais.

ÀTI BẸ̀Ẹ̀ BẸ̀Ẹ̀ LỌ, s. Etc., assim por diante. = *abbl*.

ÀTIBỌ, s. Volta, retorno.

ÀTIDÉ, s. Chegada.

ÀTIJÓ, s. Tempo antigo. *Aṣọ mi àtijó ni* – Minha roupa é do tempo antigo.

ÀTÍKÈ, s. Pó especial para higiene corporal. *Ó kun àtíkè ara rẹ̀* – Ela passou um pó no corpo.

ÀTILẸ̀BÁ, s. Original, costume tradicional, hereditário.

ÀTÌLÉHÌN, s. Ajuda, sustento.

ÀTILẸ̀NDE, s. Nascimento, origem, raiz.

ÀTILẸ̀WÁ, adv. No início, no começo.

ÀTILỌ, s. Partida.

ÀTIN, s. Tipo de tapete.

ATINÁBỌLÉ, s. Incendiário.

ÀTÌNÍ, s. Dia do calendário maometano igual à segunda-feira.

ÀTI NKAN BẸ̀Ẹ̀, s. Etc. *Àwọn àgùtàn, ewúrẹ́, màlúù àti nkan bẹ̀ẹ̀* – Os carneiros, cabras, bois etc.

ÀTINÚWÁ, adj. Cordial, amável.

ÀTÍÒRO, s. Um tipo de pássaro.

ÀTÌPA, adj. Trancado, impedido.

ATIPÓ, s. Estadia, permanência. *O ṣe atipó nílé rẹ̀* – Você fez uma estadia na casa dela.

ATIRO, s. Coxo.

ÀTÌSÌSÌYÍLỌ, adv. Daqui em diante. = *àtìsinsìnyílọ*.

ÀTISÙN, s. Sono.

ÀTIṢE, s. Solução para um problema. *V. ojútùú*.

ÀTÌTÀN, s. Refugo, lixo, montão de lixo. = *ààtàn*.

ATO, s. Mulher iniciada no culto *Egúngún*. = *ìyá agán*.

ATÓ, s. Barulho, alarido.

ÀTÓ – ATỌ́KÙN

ÀTÓ, s. Planta medicinal usada contra a fadiga e as doenças mentais. *Chasmanthera (Menispermaceae)*.

ÀÀTÒ, s. Estrutura, disposição.

ATÓÓKÉPÈ, s. Uma pessoa prestativa.

ATÓÓKÚMÁÀKÚ, s. Ancião.

ÀTÒNÍMÓNÍ, adv. Durante todo o dia.

ATÓÓPALỌ́TỌ̀, s. Um que vale por muitos, autossuficiente. *Atóópalọ́tọ̀ ni kì íṣe panpèlú* – Ele não pediu nenhuma ajuda dos outros.

ATÓÓSÌN, s. Digno de ser reverenciado ou servido.

ÀTÒRÌ, s. Árvore que produz madeira rígida para arcos. Também usada no culto *Egúngún*, sendo denominada de *ìṣán*. *Glyphaea leteriflora (Tiliaceae)*.

ATÒRÓROSÍNILÓRÍ, s. Aquele que consagra.

ÀTOṢÙMOṢÙ, adv. Meses atrás.

ÀTÓTÓ, s. Barulho, reclamação, queixa. *Ó pa àtótó* – Ele fez barulho; *Wọ́n pa àtótó lé mi lórí* – Eles me encheram com lamúrias e reclamações.

ATÓTÓO!, interj. Silêncio! Dito por um pregoeiro público. *Atótóo! Ó dé* – Silêncio! Ele chegou. = *arére*.

ATỌ́, s. Cabaça com pescoço longo.

ÀTỌ̀, s. Sêmen, esperma.

ÀTỌ́DÚNMỌ́DÚN, adv. Muitos anos atrás.

ÀTỌ́JỌ́MỌ́JỌ́, adv. Muito tempo atrás.

ATỌ́KA, s. Índice.

ÀTỌSÍ, s. Gonorreia. > *àtọ̀* – sêmen.

ÀTỌWỌ́DỌ́WỌ́, adj. Hereditário, tradicional. *Àsà àtọ̀wọ́dọ́wọ́* – costumes tradicionais, imemoriais, que passam de mão em mão.

ÀTỌWỌ́DỌ́WỌ́ ÌDÌLÉ, s. Tradições familiares.

ÀTỌ́DÚNMỌ́DÚN, s. Anos atrás.

ATỌ́ỌKA, s. Um tipo de ave com asas longas.

ÀTỌKÀNWÁ, adj. Procedimento cordial, voluntário, sincero.

ATỌ́KỌ̀, s. Piloto.

ATỌ́KÙN, s. Líder do culto *Egúngún*, guia.

ÀTỌMỌDÓMỌ, *adv.* De criança em criança, de geração em geração. V. *ìrandéran*.

ATÒRUNWÁ, *adj.* Celestial, divino.

ÀTÒRUNWÁ, *s.* Morte natural. = *Ikú àtòrunwá*.

ÀTỌSÍ, *s.* Gonorreia.

ATỌTỌ, *s.* Pênis com seu prepúcio aderente, que não foi circuncidado.

ÀTỌWÓDÁ, *adj.* Artificial, sintético, original. *Ẹ̀jẹ̀ àtọwódá* – sangue artificial; *ọkàn àtọwódá* – coração artificial.

ÀTỌWÓWÁ, *adj.* Causa própria, autoinduzido.

ÀTÚBỌSE, *s.* Começar algo próximo de terminar.

ÀTÚBỌTÁN, *s.* Últimos dias, próximo do fim.

ATÚDÍMỌ̀, *s.* Revelador de segredos.

ATU-EJÒ-LÓJÚ, *s.* Encantador de serpentes.

ÀTÚGBÌN, **ÀTÚLỌ́**, *s.* Muda para transplante.

ATUKỌ, *s.* Marinheiro, navegador.

ATÚLẸ̀, *s.* Lavrador.

ATULẸJẸ̀, *s.* Mendigo, homem pobre.

ATÚLÚ, *s.* Agitador, revolucionário.

ATÚMỌ̀, *s.* Expositor, comentador.

ATÚMỌ̀-Ọ̀RỌ̀, *s.* Dicionário.

ÀTÚN, *pref.* Usado na composição de palavras. < *à* + *tún*. V. a seguir.

ÀTÚNBÍ, *s.* Regeneração, renascimento.

ÀTÚNDÁ, *s.* Recreação.

ÀTÚNHÙ, *s.* Renascer, brotar de novo.

ÀTÚNHÙ-ÌWÀ, *s.* Mudança de vida.

ATUNILÓJÚ, *s.* Encantador, domador.

ÀTÚNKỌ́, *s.* Reconstrução, construir de novo.

ÀTÚNRÍ, *s.* Novo encontro. *Olùwa má k'àtúnrí* – Possa Deus não recusar um novo encontro.

ÀTÚNSỌ, *s.* Repetição de palavras, reiteração.

ÀTÚNSE, *s.* Fazer de novo, correção, emenda. *Mo máa nse àtúnse púpọ̀* – Eu costumo fazer muitas correções.

ÀTÚNTẸ̀, s. Reimpressão, reedição.

ÀTÚNTÒ, s. Rearranjo, recomposição.

ÀTÚNWÁ, s. Retorno, voltar de novo. Usado para definir a reencarnação, as vidas sucessivas.

ÀTÚNYẸ̀WÒ, s. Um novo exame.

ÀTÙPÀ, s. Lampião.

ÀTUSỌ, s. Conversa inútil.

ÀTÙTÀ, s. Coisas de segunda mão, coisas usadas para vender.

ÀÙFÀNÍ, adj. Útil. *Ó ṣe àùfàní* – Ele é útil.

ÁÙNSÌ, s. Onça.

ÀWA, A, pron. Nós. *Àwa kò lọ́ mọ́* – Nós não iremos mais. Depois de preposição é usado da seguinte forma: *Òun fi owó fún wa* – Ela deu dinheiro para nós.

ÀWÀÀDÁ, s. Corrimento menstrual, hemorragia.

ÀWÀDÀ, s. Gracejo, brincadeira.

ÀWÁFÍN, s. Investigação, pesquisa, escrutínio.

ÀWAGÚN, s. 1. Ato de remar uma embarcação de forma segura. 2. Decisão.

AWAKỌ̀, s. Motorista, condutor de algum veículo. *Ìwọ ha jẹ́ awakọ̀ lâìléwu bí?* – Você, realmente, é um motorista cuidadoso? < *a + wà + ọkọ̀*.

AWALẸ̀, s. Lavrador.

ÀWALU-EHÍN, s. Tétano.

ÀWÁMÁÀRÍDÍ, adj. Incompreensível, desconhecido.

ÀWÀMU, s. Adesão, dedicação.

ÀWÀNÙ, s. Desperdício, esbanjamento.

ÀWÁRÍ, s. Busca, procura, descoberta.

ÀWÁTÌ, s. Busca, procura malsucedida, frustrada.

ÀWATÌKÁLÁWA, ÀWATÌKÁRÀ-WA, pron. reflex. Nós mesmos. *Àwa tìkáláwa ṣe iṣẹ́ yìí* – Nós mesmos fizemos este trabalho. = *arawa*.

ÀWÁWÍ, s. Desculpa, pretexto.

ÀWÀYÁ, ÀHÀYÁ, s. Tiro.

ÀWÉ, s. Usado para se dirigir a uma pessoa desconhecida (*lit*. meu amigo... com licença, senhor...).

AWÉWÓ, s. Esposa dos eunucos. V. *bààfin*.

AWẸ́, s. Gomo, porção de uma fruta ou noz. *Obì awẹ́ mẹ́rin* – noz-de-cola de quatro gomos; *Ó kọ obì awẹ́ mẹ́rin* – Ela cortou a noz-de-cola em quatro gomos.

ÀÀWẸ̀, s. Jejum, abstinência religiosa de comida.

AWẸDẸ̀, s. Tipo de erva usada na consagração de imagens e na limpeza de metais. < *wẹ̀* + *idẹ*.

ÀWẸFÍN, s. Sabonete. = *ọsẹ*.

ÀWẸJÀ, s. Pessoa de aspecto tranquilo.

ÀWẸ̀MỌ́, s. Uma lavagem total.

ÀWẸ́N, **ÀWỌ́N**, s. Ferramenta usada para desbastar a madeira.

ÀWẸNÙ, s. Sabão, sabonete.

ÀWÍGBỌ́, s. 1. Desobediência (*lit.* aquele que fala e não presta atenção). 2. Conversa audível.

ÀWÎÎDÁKẸ́, s. Conversa incessante.

ÀWÍKÁ, s. Promulgação.

ÀWÍKIRI, s. Publicidade.

ÀWÍLÉ, s. Reiteração, repetição do que foi dito.

AWÍMÁÀYẸHÙN, s. Um homem de palavra.

ÀWIN, s. Compra a crédito. *Mo ra ọkọ̀ láwìn* – Eu comprei o carro a crédito; *Ṣọ́ra fún àwin* – Cuide-se para compras a crédito. *láwìn* = *ní àwìn*.

ÀWÍN, s. Tipo de fruta ácida.

ÀWÍTÚNWÍ, s. Repetição, dizer algo repetidas vezes.

ÀWÍYANNU, s. Importuno.

ÀWÍYÉ, s. Interpretação, explanação.

AWÒ, s. 1. Binóculo, telescópio 2. Rede de pescar.

AWÓ, s. Ave da Guiné conhecida como galinha-d'angola. = *ẹtù*.

AWO, s. Mistério, segredo. *Ó fi awo mi han ìlú* – Ela revelou meu segredo para todos; *Ó bá mi dáwo* – Ela confidenciou um segredo para mim; *babáláwo* – sacerdote do culto a *Ifá*, o conhecedor dos mistérios. < *bàbá* + *ní* + *awo*. V. *àsírí*.

ÀWÓ, s. Estrondo, batida, colisão.

ÀWO – ÀWÒPA

ÀWO, s. Prato. *Ó fọ́ àwo túútú* – Ela quebrou o prato inteiramente; *Ó nfọ̀ àwọn àwo* – Ela está lavando os pratos.

ÀWÓ, s. Um tipo de peixe.

ÀWÒ, pref. Usado na composição de palavras.

ÀWO-ÀÌYÀ, s. Couraça.

ÀWO-KỌ̀MPÚTÀ, s. Disco do computador.

ÀWÒDÌ, s. Falcão.

ÀWÒDÍJÌ, **ÀRÍDÍJÌ**, s. Medo, terror, aparição, algo que causa terror em uma pessoa.

ÀWÒFÍN, s. Olhar cuidadoso, observação atenta.

AWOGBA-ÀRÙN, s. Panaceia.

ÀWÒGBÈ, **ÌWÒGBÈ**, s. Espelho. V. *dígí*, *àwòjíji*.

ÀWO-ÌFỌWỌ́, s. Pia.

ÀWO-IYỌ̀, s. Saleiro. = *igò iyọ̀*.

ÀWOJẸ, s. Prato de estanho.

ÀWÒJÍJI, s. Espelho, vidro (palavra pouco usada). V. *díjì*.

ÀWÒJỌ, s. Imitação, cópia.

ÀWÒJÚWE, s. Diagrama, ilustração.

ÀWÒKÁ, s. Inspeção, olhar em volta.

ÀWÒKO, s. Um tipo de pássaro.

ÀWOKÓTÓ, s. Bacia, prato raso. = *àwoo kótó*.

ÀWÒKỌ, s. Cópia, transcrição.

ÀWÒMÁMÓJÚKÚRÒ, adj. Charmoso, fascinante, irresistível.

AWOMI, s. Aquele que consulta os espíritos por meio da água. < *wò* + *omi*.

ÀWÒMỌ́JÚ, s. O modo de olhar ou tratar as pessoas com desdém.

ÀWỌN KAN, pron. indef. Uns, alguns, algumas. *Àwọn ènia kan kò fẹ́ràn òṣèlú* – Algumas pessoas não gostam da política.

ÀWÒNÙ, s. Palavra usada numa saudação às pessoas enlutadas. *Ẹ kú àwònú!* – Minhas sinceras condolências!

ÀWO-ỌLỌ́GBÚN, s. Prato oval.

ÀWO-ỌLỌ́MỌRÍ, s. Bacia com tampa.

ÀWÒPA, s. A maneira de olhar que revela fatalidade, como num tratamento médico que resulta em morte.

ÀWOPÓKÓ, s. Travessa, prato grande.

AWÒRAN, **OWÒRAN**, s. Espectador.

ÀWÒRÁN, s. Quadro, retrato, imagem. *Àwòrán wà lára ògiri* – O quadro está na parede.

ÀWÒRÒ, s. Sacerdote do culto ao *Òrìsà* ou do culto a *Orò* (*lit.* aquele que olha pelo ritual).

ÀWÒRÒJOBÌ, s. Um tipo de pássaro.

AWÓRÓKÓ, s. Cólica, baço.

ÀWÒRÒSÀSA, s. Sacerdote do culto a alguma divindade.

ÀWÒSE, s. Modelo, exemplo, protótipo usado como modelo para fazer algo similar. = *àwòkò*.

ÀWÒTÁN, s. Uma cura perfeita, total.

ÀWO-TÙRARÍ, s. Turíbulo, incensório.

ÀWÓWO, s. Migalhas, farelo.

ÀWÒYANU, s. Olhar de espanto, de admiração.

ÀWÒYÈ, **ÀWÒSÀN**, s. Pessoa com tendência a tratar e a curar. *Ó wò mí sàn* – Ele tratou de mim. < *wò + yè = wò + sàn*.

AWÒYE, s. Pessoa astuta, sagaz, observador cuidadoso.

AWÓYEMI, s. Um outro nome de *Òsun*.

AWO, s. Pele humana ou de animal, pelo. *Wón fi awo ewúré láti se gbèdu* – Eles usaram o couro da cabra para fazer tambor.

ÁWÒ, s. Briga, desentendimento. *O kú áwò* – saudação diante de uma altercação em que a pessoa infelizmente esteja envolvida.

ÀWÒ, *pref.* Usado na composição de palavras.

ÀWÒ, s. Cor, semelhança, tintura, matiz. *Irun rè ní àwò iná* – O cabelo dela tem a cor do fogo.

ÀWÓJO, **ÀWÙJO**, s. Reunião, assembleia, congregação.

ÀWÓKÁ, s. Perambulação, andar de um lado para outro.

ÀWÓKÍ, s. Visitas contínuas durante um velório.

AWÓN, **AHÓN**, s. Língua.

ÀWON, s. Rede.

ÀWON, **WON**, *pron.* Eles, elas. *Àwon gba èbùn* – Elas receberam presentes. É também usado como partícula para formar o plural do substantivo; neste

ÀWỌN, WỌN – ÀYÀ, ÀIYÀ

caso, é posicionado antes do substantivo. Àwọn ọmọdé gba èbùn – As crianças receberam presentes.
AWỌN-GBÓNÁ, s. Termômetro.
AWỌN-LÀ, s. Fita métrica.
AWỌ́NRÍNWỌ́N, s. Iguana, lagarto.
AWỌ̀NTÌ, s. Manômetro.
AWỌ̀NTÌ ẸJẸ̀, s. Medidor de pressão sanguínea.
ÀWỌNTÌKÁLÁWỌN, WỌNTÌKÁ-RAÀWỌN, pron. reflex. Eles mesmos, elas mesmas.
ÀWỌNUN, WỌNUN, pron. dem. Aqueles, aquelas. V. un.
AWỌ̀N-WÚWO, s. Escala de pesagem.
AWỌ ORÍ, s. Escalpo.
ÀWỌ̀SÁNMỌ̀, s. Nuvem.
ÀWỌ̀SÙN, s. Alojamento, morada.
ÀWỌ̀ṢE, s. Proselitismo.
ÀWỌ̀TẸ́LẸ̀, s. Roupa de baixo. Aṣọ àwọ̀tẹ́lẹ̀ – roupa íntima, trajes menores.
ÀWỌ̀TẸRẸ́, s. Correia.
ÀWÚFÙ, s. Algo conseguido sem esforço, de maneira fácil. Owó àwúfù – dinheiro ganho por pura sorte. V. ifà.
ÀWÙJẸ̀, s. O centro da cabeça.
ÀWÚJẸ, s. Tipo de feijão-branco grande.
ÀWÙJỌ, s. Assembleia, grupo, audiência pública.
AWUN, AHUN, s. Tartaruga.
AWUN-ÒKUN, s. Tartaruga-do-mar.
AWUNṢỌ, s. Tecelão.
ÀWÚRE, s. Boa sorte, bênçãos.
ÀWÚRỌ̀, s. Manhã. V. àárọ̀. Ẹ kú àárọ̀ = Ẹ káàárọ̀ – Bom-dia.
AWÙSÁ, s. Fruta semelhante à noz. = àsálà.
AWÚSÁ, s. Hauçá.
ÀYÀ, ÀIYÀ, s. 1. Peito, seio, tórax. Àyà lílù kìkìkì – palpitação do coração. = igè. 2. Coragem, bravura. Ó ní àyà = Ó láyà – Ele tem coragem.

AYA, s. Esposa. *Aya ṛẹ lẹ́wà bí tẹ̀mí* – Sua mulher é bonita como a minha. = *ìyàwó, ìyálé*.

ÀÁYÁ, s. Uma espécie de macaco. = *ọ̀bọ*.

ÀYÀBÁ, s. Atividade temporária, eventual.

AYABA, s. Rainha, esposa do rei. < *aya + ọba*. V. *ọbabìnrin*.

ÀYÀFI, *prep*. Exceto.

ÀYÁJỌ́, s. Dia de um aniversário. *Lóní àyájọ́ mi* – Hoje é o meu aniversário; *Àyájọ́ mi súnmọ́lé* – Meu aniversário está próximo.

ÀYAKÙ, s. Sobras, retalhos.

ÀYÁMỌ̀BÍ, ÀYÀMỌ̀PÉ, ÀMBÍ, *conj*. A menos que, a não ser que, por outro lado. *Òun yíò lọ àyàmọ̀pé òjò nrọ̀* – Ela irá, a não ser que chova. = *àdàmọ̀*.

ÀYÀN, s. 1. Divindade patrona dos atabaques. 2. Denominação de um tipo de toque de atabaque. Alguns nomes são dados às pessoas que usam este instrumento: *Àyàndé, Àyànláàjà* e *Àyànwalé*. 3. Um tipo de árvore também conhecida como *igi ajé*. De sua madeira são feitos canoas e atabaques. *Distemonanthus*.

ÀYÁN, s. Tipo de árvore na qual acredita-se, *Ṣàngó* se enforcou, e cujos templos e símbolos são feitos com essa madeira, além de alavancas e cabos de ferramentas. Possui o tronco curvo e a madeira de cor castanho-escuro. *Afrormosia laxiflora (Leguminosae)*.

ÀYÁN, s. Mau cheiro, fedor. *Ó run àyán* – Ele tem um forte odor no corpo.

ÁYÁN, s. Barata. *Áyán pọ̀ nínú ìyàrá* – Há muitas baratas no quarto.

ÁYAN, s. Esforço, perseverança, persistência, empenho. *Ó ṣe áyan láti ṣe iṣẹ́* – Ele fez um esforço para fazer o trabalho; *Bàbá mi ṣe áyan púpọ̀ lórí ẹkọ́ mi* – Meu pai se empenhou muito sobre minha educação.

ÀYÀNFẸ́, s. Aquele que é amado.

AYÁNGA, s. Repreensão de alguém inferior.

ÀYANGBẸ, *adj*. Tostado, assado.

ÀYANJẸ, s. Ordem, imposição.

ÀYÀNMỌ, s. Destino determinado para as pessoas. *Èmi yíò pako àyànmọ́ mi* – Eu superei o meu destino. V. *kádàrá*.

AYANNIJẸ, s. Trapaceiro, desonesto.

ÀYÀNṢE, s. Encomenda.

ÀYANṢỌMỌ, s. Criança adotiva.

AYÁRE, s. Escultor de imagem. < *ayá* + *ère*.

AYARỌ, s. Aleijado.

AYÁSÈ, s. Catalisador.

ÀYÀṢEBÍ, conj. Salvo, se, exceto, por outro lado. V. *àdàmọ̀*.

AYÀYA, s. Boa disposição, comportamento.

ÀYÉ, s. Um tipo de tambor.

ÀYÈ, s. **1**. Chance, oportunidade. *Ò fún mi láyè láti kàwé* – Ela me deu oportunidade de ler o livro; *Mo rí àyè* – Eu encontrei uma chance; *Tí o rí àyè, sọ̀rọ̀ fún mi* – Se você encontrar uma oportunidade, fale comigo. **2**. Lugar, espaço, medida, tempo. *Yára yìí ni láyè* – Este quarto é espaçoso; *Àyè mi ni yìí* – Este é o meu lugar; *Ó fún mi láyè* – Ele deu um quarto para mim. **3**. Nome da filha da divindade *Olókun*.

ÀYÈ, s. O fato de estar vivo. *Aláyè* – O Senhor da Vida, Deus; *àyè títílaé* – vida eterna; *Àyè mi, òun yíò dùn jù ti àná lọ* – Minha vida, ela será mais doce do que ontem.

AYÉ, ÀIYÉ, s. Mundo, planeta. *Ọlọ́run, kọ́kọ́rọ́ sí ayé aláyọ̀* – Deus, a chave para um mundo feliz; *Sùúrù oògùn ayé* – A paciência é o remédio do mundo.

AAYE, s. Qualquer buraco pequeno em um recipiente de madeira.

ÀYÈ AFẸ́, s. Volume de ar.

ÀYÈ-ARA, s. Tamanho, área.

ÀYÈBỌ̀, s. Usado numa saudação. *Ẹ kú àyèbọ̀* – Agradecimento por ter escapado de um perigo. = *Ẹ kú ewu o!*

AYÉDÈRÚ, s. Fraude, algo que não é genuíno.

ÀYÉTÁN, s. Entendimento perfeito.

ÁYẸ, s. Pequeno orifício em um vaso de madeira. *Igbá yìí dáyẹ* – Esta cabaça apareceu rachada.

ÀYẸ́JÙ, s. Muita exaltação.

ÀYẸKÚN, AMỌ́KUN, AMÚKUN, s. Aquele que tem uma perna mutilada.

ÀYẸ́SÍ, ÌYẸ́SÍ, s. Respeito, zelo.

ÀYẸ̀WÒ, *s.* Exame, inspeção, revista. *Àwọn yan ìsìn wọn kárí àyẹ̀wò kíní-kíní, tàbí àṣá àtọwọ́dọ́wọ́ ìdílé* – Eles escolhem a religião deles em torno de um exame ou de tradições familiares.

ÀYẸ̀WÒ ẸJẸ̀, *s.* Exame de sangue.

ÀYẸ̀WÒ ÒKÚ, *s.* Autópsia.

ÀYINLÓGO, *adj.* Glorioso, louvável, digno de elogios.

ÀYÍDÀ, *s.* Ocorrência de mudança, mudança de tempo.

ÀYÍDA, *s.* Superação de dificuldades.

ÀYÍDÀ-ỌDÚN, *s.* Ciclo do ano.

ÀYÍDÀYÍDÀ, *s.* Mudança.

ÀYÍKÁ, **ÌYÍKÁ**, *s.* Ciclo, período, cercanias. *Àyíká ilé yǐi* – nas proximidades desta casa.

ÀYÍKÁ-KẸ̀KẸ́, *s.* Roda, circunferência.

AYÍLÚKÁ, *s.* Propagador de escândalos, fofoqueiro.

AYÍN, *s.* Um tipo de árvore cuja casca é marrom-escura com riscos vermelhos. *Anogneissus leiocarpus.*

AYINNI, *s.* Admirador.

ÀYINPỌ-ÌBỌN, *s.* Descarga, salva. *V. yìnbọn.*

AYINRARẸ̀, *s.* Vaidoso.

AYÌNRẸ́, *s.* Árvores altas.

ÀYÌNRÍN, *s.* Azul-claro.

ÀYÍPADÀ, *s.* Mudança, troca.

AYÓ, *s.* Abundância. *Onjẹ yǐi yó mi* – Esta comida me satisfez; *Mo yó púpọ̀* – Estou muito satisfeito.

AYÒ, *s.* Tipo de jogo em que se utilizam sementes de árvore (*Heloptelea grandis*). *Wọ́n ntayò* – Eles estão jogando *ayò.* < *ta* + *ayò.*

ÀÀYÒ, *s.* Pessoa amada, favorita ou algo importante. *Àyò obìnrin mi* – minha mulher favorita. = *aṣojú.*

AYÓRUN, *s.* Tipo de planta.

ÀYÓṢE, *adj.* Feito de forma secreta.

AYỌ̀, *s.* Alegria, felicidade, satisfação. *Owó kò lè ra ayọ̀* – O dinheiro não compra felicidade; *Ò láyọ̀ nínú iṣẹ́ yǐi* – Ele tem alegria neste trabalho.

AYỌ, **ÀYỌ̀**, **ÀYỌ́**, **AYỌ́**, *comp.* Usado na composição de palavras.

AYỌ̀-ÀYỌ̀JÙ, *s.* Alegria exagerada, exultação.

AYỌ́-KẸ́LẸ́, s. V. mọtò.

ÀYỌKÚRÒ, s. Subtraendo, minuendo.

AYỌLẸ́NU, s. Encrenqueiro, aquele que causa confusão.

ÀYỌ́RÌN, s. Caminhada secreta, furtiva, na ponta dos pés.

AYỌ́RIN, s. Fundidor de ferro.

ÀYỌRÍSÍ, ÌYỌRÍSÍ, s. Efeito, resultado, consequência, fim.

AYỌRUN, s. Brilhantina, creme para o cabelo. < yò + irun.

ÀYỌ́ṢE, adj. Algo que é feito com privacidade, de forma secreta.

ÀYỌTÀ, adj. Artigos que são vendidos um por um, a varejo.

ÀYỌ́TÀ, s. Vendido secretamente, contrabando.

AAYÙ, s. Alho.

ÀYÚN, s. Partida, saída.

AYÙN, s. Serrote, raspador. Ó fayùn rẹ́ igi náà – Ele usou o serrote e cortou aquela madeira.

ÀÀYÚN, s. Desejo ardente, anseio, sentimento forte por algo.

AYÙN-ARA, s. Partes eróticas do corpo humano.

ÀYÚNBỌ̀, s. Ida e volta. Àyún bọ̀ lọ́wọ́ yẹrun – Que vocês vão e voltem em segurança. < àyún + àbọ̀.

AYÙNRẸ́, s. Tipo de árvore ligada a um dos odù-Ifá.

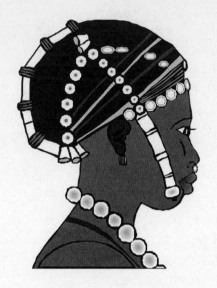

BA, v. Emboscar-se, esconder-se, agachar-se, ocultar-se. *Ológbò ba sí abẹ́ ìbùsùn* – O gato se escondeu embaixo da cama.

BÁ, v. **1.** Alcançar, ultrapassar, perseguir. *Ó bá sáré lọ́jà* – Ela persegue e corre no mercado. **2.** Ajudar. *Èmi kò bá a* – Eu não a ajudei. V. *gbà*. **3.** Encontrar, atingir. *Adé fẹ́rẹ̀ bá Olú nílé* – Adê quase encontrou Olú em casa; *Ó bá mi já* – Ele me atingiu.

BÁ, prep. pré-v. Com, em companhia de. Geralmente usada para juntar pessoas para uma finalidade e posicionada antes dos verbos. *Wọ́n bá gbé* – Eles moram juntos; *Ẹ bá mi lọ* – Venha comigo; *Ó bá mi sùn* – Ela dormiu comigo. V. *báṣe* e exemplos a seguir. V. *dá*, para indicar uma ação que se faz sozinho. V. *fi, pẹ̀lú*.

BÁ, prep. Contra. *Ó múwá bá mi* – Ele pegou e trouxe para mim, trouxe contra mim; *Òkò ni tó jù bá mi* – Foi uma pedra que ele atirou contra mim. V. *mọ́, fún*.

BÁ, adv. Nunca, absolutamente.

BÁ, pref. Usado como adjetivo e advérbio nas seguintes composições: *bákan, bákannán, báyìí* – igualmente, de qualquer modo, idêntico, similar, da mesma maneira. *Ó ṣe é bákan* – Ela o fez por alguma razão; *Wọ́n ṣe bákanáà* – Eles fizeram de forma idêntica; *Wọ́n kò dára bákannáà* – Igualmente, ambos não são bons.

BÁ, v. aux. É precedido de *bí* para indicar uma condição. *Bí ó bá wá, a ó lọ rìn kàkiri* – Se ela vier, nós iremos passear; *Bí nwọ́n bá wà, kò burú* – Se eles estiverem lá, tudo bem.

BÁ, ÌBÁ, v. aux. Teria, tivesse. Forma frases condicionais. *Bí èmi bá lówó, èmi ìbá ṣe orò mi* – Se eu tivesse dinheiro, eu teria feito minha obrigação; *Bí a bá lọ a bá rí wọn* – Se nós fôssemos, nós os teríamos visto; *A kì bá má sọrọ̀* – Nós não teríamos conversado; *Èmi ìbá fẹ́ràn láti jóko* – Eu gostaria de sentar. Obs.: *òun ìbá lọ = òun bá lọ = òun ìbá ti lọ* – Ele teria ido. V. *ìbá*.

BÀ, v. 1. Bater, atingir. *Ọtá bà mí* – A pedra me atingiu. 2. Germinar, crescer. *Òun ba egbò rẹ̀* – A úlcera dele cresceu. 3. Fermentar. *Ó ba ọtí ẹmu* – Ele fermentou a bebida. 4. Empoleirar-se, pousar sobre. *Ẹiyẹ yẹn bà ní ẹka igi té* – Aquela ave pousou em cima do galho da árvore. 5. Pedir antecipadamente. 6. Coar com uma peneira. 7. Inclinar-se. V. *bẹ̀rẹ̀*.

BÀBÁ, BABA, s. Pai, mestre. *Bàbá mi bí ọmọ mẹ́rin* – Meu pai deu nascimento a quatro filhos; *bàbá ìsàmi* – padrinho.

BÀBÀ, s. 1. Cobre, bronze. *Owóo bàbà* – moeda de cobre. 2. Milho-da-guiné. *Ọkàa bàbà náà pupa púpọ̀* – O grão de milho é muito vermelho. V. *ọkàa bàbà*.

BAABÁ, s. Uma coisa grande.

BAABÀ, s. Uma coisa pequena. *Baabá bo baabà* – Uma coisa grande cobre uma pequena.

BÀBÀ, s. Indica a maneira de um pássaro voar. *Àwòdì nra bàbà* – O falcão está voando baixo.

BÀBÁ ÀGBÀ, s. Denominação dada a uma pessoa da família que seja mais velha que o pai de quem fala. Se for mais nova é denominada de *bàbá kékeré*, o pai mais jovem. O mesmo se aplica para as mulheres – *ìyá àgbà*.

BÀBÁ ẸGBẸ́, s. Pai de uma sociedade, que preside uma associação.

BÀBÁ ÌSÀLẸ̀, s. Um título. V. *ìsàlẹ̀*.

BÀBÁ ÌTA, s. O cabeça de um local, de um quarteirão.

BÀBÁ KÉKERÉ, s. Denominação de um pai de família, quando o avô ainda está vivo. Em outros casos, é uma forma de se referir a uma criança mais velha. O respeito à idade é fundamental.

BÀBÁLÁWO, s. Sacerdote de *Ifá* (lit. aquele que conhece os mistérios ocultos, os mistérios transcendentais). < *bàbá + ní + awo = bàbáláwo*.

BÀBÁLÓRÌṢÀ, s. Sacerdote de culto às divindades denominadas Orixás. < *bàbá + ní + òrìṣà = bàbálórìṣà*.

BÀBÁNLÁ, s. Avô (*lit.* o grande pai). = *bábá-bàbá.*

BÀBÁSÌNKÚ, s. Aquele que é responsável pela execução de um funeral.

BAABO, s. Árvore cujas folhas são usadas para envolver *obì* e *àgìdí.*

BÁBỌ, v. Proceder, retornar. *Ó nbá ọnà yìí bọ̀* – Ele está retornando ao longo deste caminho.

BÀBÚJÁ, v. Fazer um pequeno corte.

BÁDÀ, s. Um título militar, tenente.

BÁDÁLÈ, v. Cometer adultério com alguém. *Mo bá a dálè* – Eu cometi adultério com ela. *V. àlè.*

BÁDÁMÁJẸ̀MÚ, v. Fazer contrato com alguém. *Ó bá mi dámájẹ̀mú* – Ele fez um contrato comigo.

BÁDÁNA, v. Fazer um contrato de casamento. *Ó bá mi dána* – Ele fez um contrato de casamento comigo. É dito pelo pai da noiva ao pretendente.

BÁDÀPỌ̀, v. Coabitar com, associar-se. *Mo bá wọn dàpọ̀* – Associei-me com eles. > *ìbádàpọ̀* – filiação.

BÁDÁRÒ, v. Simpatizar com. *Ó bá mi dárò* – Ela simpatizou comigo; *Ó bá mi dárò ikúu bàbá mi* – Ele se condoeu comigo pela morte de meu pai.

BADÈ, s. Emboscar, armar uma emboscada. *Ó badè mí* – Ela armou uma armadilha para mim.

BÁDÉ, v. **1.** Ser exato, ser conveniente, adequado. *Ìdérí yìí bá ìgò yìí dé* – Esta tampa é adequada para esta garrafa. **2.** Chegar com alguém. *Ó bá mi dé* – Ela me acompanhou. > *ìbádé* – ato de companhia.

BÁDẸ, v. Caçar ou pescar em companhia de alguém. *Ó bá mi dẹ ẹjá* – Ela foi pescar comigo.

BÁDẸ̀, v. Ajudar a amaciar.

BÀDÍ, s. Quadril.

BÁDÍJE, v. Competir com, disputar uma corrida com.

BÁDÌMÚ, v. Lutar, segurar. *Mo bá a dìmú* – Eu lutei contra ele.

BÁDÙ, v. Competir com outro por alguma coisa.

BÁFÀ, v. Discutir, discordar de. *Ó bá mi fà* – Ele discutiu comigo.

BÀÀFIN, v. Eunuco. Homem castrado que servia no palácio como guardião das crianças do rei. Tinha esposa, denominada *awéwó.* < *ọba* + *ààfin.*

BÁFỌHÙN, v. Conversar com. *Ó bá mi fọhùn* – Ele conversou comigo.

BÁGBÉ, v. Ajudar a carregar algo. *Ó bá mi gbé èrù* – Ele me ajudou a carregar a bagagem.

BÁGBÉ, v. Morar, viver junto. *Ó bá mi ngbé* – Ela está morando comigo.

BÁGBÌRÒ, **BÁGBÈRÒ**, v. Consultar-se com alguém. *Ó bá mi gbèrò* – Ela se consultou comigo. < *gbà* + *èrò*.

BÁÍ, adv. Por aí, em algum lugar, desse modo.

BÀÌ-BÀÌ, **BÀYÌ-BÀYÌ**, adv. Fracamente, mais ou menos. *Àtùpà yìí njó bàì-bàì* – O lampião está iluminando fracamente; *Oòrùn nràn bàyì-bàyì* – O sol está mais ou menos quente.

BÁJÀ, v. Brigar, ser hostil. *Ó bá mi jà* – Ele brigou comigo.

BÀJẸ́, v. Estragar, profanar, corromper. *O ba orúkọ mi jẹ́* – Você me difamou, sujou meu nome; *Inú rẹ̀ bàjẹ́* – Ele está aborrecido (lit. o interior dele está estragado); *Ó ba wúndíá jẹ́* – Ele deflorou a donzela.

BÁJẸ, v. Comer junto com alguém, associar-se. *A bá a jẹ* – Nós comemos com ele.

BÁJÍ, v. Despertar junto. *Wọ́n bájí* – Eles despertaram ao mesmo tempo.

BÁJÓ, v. Dançar junto com alguém. *Ó bá Bísí njó* – Ele está dançando com Bísí; *Ó bá mi jó* – Ela dançou comigo.

BÁJỌ, v. Ser similar, parecer com, concordar. *Ó bá mi jọ* – Ela é similar a mim.

BÁKÀ, v. Ajudar a contar ou a ler. *Ó nbá owó wa kà* – Ela está ajudando a contar nosso dinheiro.

BÀÀKÁ, s. Tipo de alho-poró cuja semente é usada como remédio.

BÁKAN, adv. Igualmente, de qualquer modo. *Bákan náà ni o sọ̀rọ̀ fún mi* – É igualmente difícil para mim.

BÁKANNÁÀ, adj. Mesmo, idêntico, similar. *Bákannáà ni wọ́n* – Eles são idênticos; *Nwọ́n rí bákannáà* – Eles têm a mesma aparência. V. *bá*.

BÁKẸ́DÙN, v. Simpatizar com, solidarizar-se. *Ó bá mi kẹ́dùn* – Ela se lamentou comigo (lit. ele se solidarizou comigo).

BÁKẸ̀GBẸ́, v. Associar-se com. *Ó bá wa kẹ́gbé* – Ele seguiu nosso exemplo, ele se associou a nós.

BÁKỌ, v. 1. Ajudar a construir. Wọ́n bá ilé mi kọ́ – Eles ajudaram a construir a minha casa. 2. Ler junto. Ẹ bá mi kọ́ yorùbá – Você leu yorubá comigo.

BÁKÚ, v. Morrer junto. Ó bá ọkọ kú – Ela morreu junto com o marido.

BÁKÙ, v. Fracassar, ser malsucedido. Ó bákù – Ele fracassou. = kùnà.

BÀLÁ, s. Folha da taioba. Arum esculenta (Araceae).

BÁLA-BÀLA, adj. Lamacento, sujo. Ara rẹ̀ rí bála-bàla – O corpo dele está lamacento.

BÀLÁGÀ, v. Atingir a maioridade, amadurecer. Àwa bàlágà – Nós atingimos a maioridade.

BÁLÁRAMU, adj. Adequado, conveniente. Ẹ̀wù yíí ba mi lára – Esta roupa se ajustou bem em mim.

BÀLÁWỌ̀JẸ́, v. Desfigurar, descolorir a pele.

BÁLÉ, v. Senhor da casa, proprietário, patriarca, titular de uma família. < bàbá + ilé. V. onílé.

BÁLÉ-ILÉ, s. V. bálé.

BÁLẸ̀, s. Governador, chefe de uma cidade ou de uma comunidade.

BALẸ̀, v. Tocar o solo, descer, desmontar. Mo balẹ̀ fún òrìṣà – Eu prestei reverência à minha divindade; Ó fidí balẹ̀ – Ele se sentou no chão. < bà + ilẹ̀. V. foríbalẹ̀, dobalẹ̀.

BÀLẸ́RÙ, v. Aterrorizar, causar medo. Èyí bà mi lẹ́rù – Isto me causou medo.

BÁLÒ, v. Associar-se com, manter intercâmbio. Ó bá mi lò bíi bàbá – Ele me tratou como um pai; Mo bá obìnrin náà lòpọ̀ – Eu tive relações sexuais com aquela mulher. = dàpọ̀.

BALÓGUN, s. Oficial militar, comandante. < ọba + ológun.

BALÓGUN-ỌRÚN, s. Centurião.

BÀLÓRÍJẸ́, v. Estragar as chances de alguém.

BÀLÓRÚKỌJẸ́, v. Difamar, caluniar. V. borúkojé.

BÁLỌ, v. Acompanhar, ir junto. Ó bá wa lọ – Ela foi conosco.

BÁÀLỌ, s. Abcesso, íngua.

BÁLỌ̀, v. Ajudar a moer, triturar. Ó bá mi lọ̀ ata – Ela me ajudou a moer a pimenta.

BALỌ́DẸ, s. Chefe dos caçadores.

BÀLÙBÀLÙ, *adv*. Estupidamente, desajeitadamente. *Ó nrìn bàlùbàlù* – Ele está andando desajeitadamente.

BALÙWẸ̀, *s*. Banheiro. *Ó lọ sí balùwẹ̀* – Ele foi ao banheiro.

BÁMBÁN, *adv*. Inteiramente, completamente. *s*. Pedaço de madeira usado para bater e nivelar os pisos de terra.

BÁMGBÓṢẸ́, *s*. Um nome próprio (*lit*. ajude-me a carregar o *oṣé*). < *bá + mi + gbé + oṣé*. Em alguns casos, a letra *m* é substituída por *n*. V. *m*.

BÁNKỌ́LÉ, *s*. Um nome próprio (*lit*. ajude-me a construir uma casa). < *bá + mi + kọ́ + lé*.

BÁMÍRÀN, *adv*. Contrariamente, diversamente. *Ó nsọ̀rọ̀ bá mírán* – Ele está falando diferentemente (do modo habitual dele).

BÁMỌ̀PỌ̀, *s*. Ter conhecimento sobre alguém.

BÁMU, *v*. 1. Combinar, confiar, concordar, ajustar-se a. *Ẹ̀wù yĭí bá mi lára mu* – Esta camisa combina bem comigo; *Wọ́n bá araawọ́n mu* – Eles são idênticos uns aos outros. 2. Beber junto. *Ó bá mi mu* – Ele bebeu comigo.

BÀMÙ, *v*. Ser violento, severo. *Ó lù mí bàmù* – Ele foi violento comigo.

BÁMÚBÁMÚ, *adv*. Completamente, profundamente. *Ó kún bámúbámú* – Ele está completamente cheio.

BÁMULẸ̀, *v*. Fazer um acordo conjunto. *Ó bá mi mulẹ̀* = *Ó mulẹ̀ pẹ̀lú mi* – Ele fez um acordo secreto comigo.

BÁNÀ, *v*. Gastar junto. *A bá owó nà* – Nós gastamos o dinheiro.

BÁNÁPỌ̀, *v*. Estar em sociedade. *Ó bá mi nápò* – Ele está na minha sociedade.

BANILẸ́RÙ, *adj*. Terrível, cruel. *Ajá yĭí banilẹ́rù* – Este cachorro é terrível.

BÁNIKÚ ỌRẸ́, *s*. Amigos de confiança. *Bánikú ọ̀rẹ́ ṣọ̀wọ́n* – Amigos verdadeiros são raros.

BÀNÍNÚJẸ́, *v*. Desagradar, ferir os sentimentos de alguém. *Eléyĭí ba mí nínúújẹ́* – Isto me desanimou; *Mo banújẹ́* – Sou infeliz.

BÁNÍLÉ, *v*. 1. Encontrar, descobrir uma casa. *Mo bá arami nílé náà* – Eu mesmo encontrei aquela casa; *Mo bá a nílé rẹ̀* – Eu a encontrei em casa. 2. Tirar a virgindade. *Mo bá ọmọgé náà nílé* – Eu privei aquela menina de ser uma virgem.

BÁKÌ, s. Banco financeiro (do inglês *bank*).

BÁNKÌ, s. = *bákì*.

BÁNLÙ, s. 1. Tipo de planta. 2. Pedaço de madeira usado para bater e aplainar o chão.

BÀNTẸ̀, ÌBÀNTẸ̀, s. Avental. *Ó tú bàntẹ̀* – Ele desamarrou o avental.

BANÚJẸ́, v. Aborrecer, transtornar-se. *Má banújẹ́* – Não se aborreça. < *bà + inú + jẹ́*.

BAOBA, s. Nome de uma grande árvore. V. *osè, osè*.

BÀ-OHUN-MÍMỌ́-JẸ́, v. Usar coisas sagradas como comuns, profanar.

BA-OJÚ-ÀMÌ, v. Atingir a marca.

BÀ-OJÚ-JẸ́, v. Distorcer a face, demonstrar um semblante severo.

BÁPÀDÉ, v. Encontrar algo inesperado. *Mo sòwò bá ire pàdé* – Eu tive um golpe de sorte (*lit.* eu fiz um ótimo negócio inesperado); *N kò bá irú ògìnnìtìn bẹ̀ẹ̀ pàdé rí* – Eu nunca encontrei um tipo de frio assim.

BÁPÈ, v. Ajudar a chamar alguém pelo nome. *Ẹ bá mi pè é* – Ajude-me a chamá-lo (alguém que tenha desfalecido, sendo chamado pelo nome para reavivá-lo).

BÁPÍN, v. Participar de algo. *Ó bá wa pín nínú rè* – Ele participou disto conosco.

BÀPÒ, v. Inserir, introduzir. *Ó sẹ é fi bàpò* – Ele o fez usar dentro do bolso. < *bò + àpò*.

BARA, s. Denominação dada ao conjunto de 21 búzios inseridos numa pequena vasilha denominada *kòlòbó*.

BÀRÀ, s. Planta cuja semente, denominada *òróró ègúsí*, produz um óleo que é utilizado na cozinha, na medicina e na iluminação. O caule serve para amaciar o cabelo.

BÀRÀ, adv. Inesperadamente, repentinamente. *Ó yà bàrá* – Ele divergiu inesperadamente.

BÀÀRÀ, adj. Largo, amplo. *Mo fi ewé bààrà bò ó* – Eu usei uma ampla folha e a cobri.

BÁÁRÀ, v. Suplicar como um mendigo, esmolar. *Ó nbáárà kiri* – Ele está pedindo esmola.

BÁRABÁRA, s. Uma pequena quantidade.

BÁRA-BÀRA — BÁRÍKÀ

BÁRA-BÀRA, *adv.* Superficialmente. Ó nṣiṣẹ́ náà bára-bàra — Ele está fazendo aquele trabalho superficialmente.

BÀRÀBÀRÀ, *adj.* Apressadamente, rapidamente. Olè náà sáré bàràbàrà — O ladrão correu apressadamente.

BÁRÁDÉ, *v.* Ser agradável para a natureza de uma pessoa. Ẹ̀wù yìí bá mi lára dé — Esta roupa caiu bem em mim. = *bámu*.

BÀRAFO, *adv.* Talvez, ocasionalmente, por acaso.

BÁRÀJẸ́, *s.* Nome de um tecido xadrez.

BARAJẸ́, *v.* Deixar-se dominar pela dor, tristeza, pesar. Ó barajẹ́ — Ele ficou com uma sensação de tristeza.

BÁRAJẸ́JẸ́, *v.* Fazer uma promessa solene.

BÁRAJỌ, *v.* Ser idêntico, similar.

BÀRÀKÀTÀ, *adj.* Em grande quantidade. Ó gbé iyán bàràkàtà kalẹ̀ — Ele assentou uma vasta quantidade de inhame; òṣù bàràkàtà — um extenso tufo de cabelo da cabeça; Ó su imí bàràkàtà — Ele defecou em grande quantidade.

BÁRAKÚ, *adj.* Algo costumeiro formado pelo hábito, vício. Ó ti di báraku — Ele se tornou viciado; Ó jẹ́ bárakú tí kò ní oògùn — Ele é um vício que não tem remédio.

BARALẸ̀, FARABALẸ̀, *v.* Ser cauteloso, precavido. Ó baralẹ̀ — Ele permaneceu tranquilo; Wọ́n kò farabalẹ̀ bọ̀rọ̀ — Eles não usaram de paciência imediatamente.

BÁRAMU, *v.* Ajustar um ao outro, ser compatível, complementar-se.

BÀRÁNJẸ́, *v.* 1. Broca, parasita do milho. 2. Tipo de tecido. V. *àrán*.

BÁRAPÀDÉ, *s.* Encontro.

BÁRATAN, *v.* Ser relacionado, relacionar uma coisa com outra.

BÁRE, *exp.* É dita por alguém que está comendo e chega outra pessoa: Ó bá mi re o! — Venha e se junte a esta refeição!

BÁREBÁRE, *adv.* Pouco a pouco.

BÁREBÀREBÁRE, *s.* Pedaços pequenos.

BÁRẸ́, *v.* Manter relacionamento amigável. Ó bá mi rẹ́ — Ela é amigável comigo.

BÁRÍKÀ, *interj.* Congratulações, forma de saudação na chegada de alguém ou diante de uma data especial (do árabe e do hauçá). V. *àlùbáríkà*.

BÁRÌN, *v.* Caminhar com alguém. *Ó bá mi nrìn* – Ela está caminhando ccmigo.

BÁRÒ, *v.* 1. Pedir conselho a alguém. *Ó bá mi rò jáde lo* – Ela me aconselhou a sair. 2. Entrar em litígio com alguém.

BÁROJÓ, *v.* Ocupar-se em resolver litígios. *Ó bá wa rojó* – Ele se ocupou de resolver nosso problema.

BÁRÙ, *v.* Ajudar alguém a carregar algo. *Bá mi ru erù mi* – Ajude-me a carregar minha bagagem.

BAARÚ, *s.* Cavalo alto, violento e vigoroso.

BÀÁRÚ, *s.* Barba por fazer.

BÀSÁ, *s.* Sala de estar, um espaço aberto.

BÁSÁ, **BÁSÁLO**, *v.* Fugir do lar paterno, fugir junto com. *Ó bá mi sá* – Ela fugiu comigo; *Mo bá omoge náà sálo* – Eu fugi com minha garota.

BÁSÈ, *v.* Ajudar alguém a cozinhar. *Ó bá mi sè onje òrìsà* – Ela me ajudou a cozinhar a comida de orixá. > *ìyábásè* – assistente de cozinha.

BÁSÍ, *adv.* Por quê? Como? *Básí o se mú ìwé mi?* – Por que você pegou meu livro?; *Básí?* – Como? O que você quer dizer?

BÁSÍKÙLÙ, *s.* Bicicleta (do inglês *bicycle*).

BÀSÍLÈ, *v.* Reservar algo para si próprio. *Mo ba omo ajá náà sílè* – Eu reservei aquele filhote de cachorro para mim.

BÁSÒ, *v.* Ter uma discussão, ralhar com alguém. *Ó bá wa sò* – Ele discutiu conosco.

BÁSO, *v.* Falar com alguém. *Ó bá wa so* – Ela falou conosco.

BÁSÒRÒ, *v.* Manter uma conversa com alguém. *Ó bá mi sòrò púpò* – Ele conversou muito comigo, nós conversamos muito.

BÁSÙN, *v.* Dormir junto, coabitar com uma mulher. *Ó bá omogé náà sùn* – Ele teve relações com aquela garota.

BÁSE, *v.* Ajudar a fazer algo, fazer junto as coisas. *Wón nbá arawon se bèé* – Eles mesmos estão fazendo assim; *A bá arawa se é* – Nós mesmos fizemos isto; *Mo bá omoge nàà se* – Eu copulei com esta garota. < *bá* + *se*. V. *ìbáse*.

BÁSE ÀDÀPÒ, *v.* Fazer uma aliança, uma união. *Ó bá mi se àdàpò* – Ele fez uma aliança comigo.

BÁṢE DÉDÉ, v. Ser igual, ser idêntico. *Wọ́n bá arawọn ṣe dédé* – Eles são iguais um com o outro. > *ibáṣe dédé* – igualmente.

BÁṢE ẸJỌ́, v. Entrar em uma luta, demanda, processo. *Ó bá mi ṣe ẹjọ́* – Ele entrou em litígio comigo, ele abriu um processo contra mim.

BÁṢÈFẸ̀, v. Fazer uma brincadeira. *Ó bá mi sèfè* – Ele brincou comigo. < ṣe + èfè.

BÁṢÍ, v. Ajudar a abrir. *Ó bá mi ṣí i* – Ele me ajudou a abri-la.

BÀÁṢÌGUN, s. Médico-chefe.

BÀṢÍRÍ, v. Encobrir, guardar um segredo. *Ó bàṣírí mi* – Ele manteve meu segredo. < bò + àṣírí.

BÁṢIṢẸ́, v. Fazer uma tarefa conjunta. *Ó bá wa ṣiṣẹ́* – Ela colaborou conosco. < ṣe + iṣẹ́.

BÁṢÒWÒPỌ̀, v. Fazer negócio, comerciar. *Ó bá mi sòwòpò* – Ela fez sociedade comigo. < ṣe + òwò + pò.

BÁṢỌ̀FỌ̀, v. Dar condolências, pêsames. *Mo nbá a sòfò* – Eu estou dando condolências pela sua perda. < ṣe + òfò.

BÁṢỌ̀RẸ́, v. Fazer amizade. *A bá a sòrẹ́* – Nós fizemos amizade com ela, nós somos amigas dela. < ṣe + òrẹ́.

BAṢỌ̀RUN, s. Título do primeiro-ministro do *Aláààfin* de *Ọ̀yó*. < *Ọba oṣòrun*.

BÁṢỌ̀TÁ, v. Fazer oposição, inimizade. *Ó ba mi sòtá* – Ele se tornou meu adversário. < ṣe + òtá.

BÀTÁ, s. Tambor encourado dos dois lados e usado no culto a *Ṣàngó* e *Egúngún*.

BÀTÀ, s. Sapato. *Mo yá a ní bàtà* – Eu emprestei a ele o sapato.

BÁTÀ, s. Pequena vasilha usada para guardar rapé.

BÁTABÀTA, adv. Incoerentemente, incorretamente.

BÀTÁA-KOTO, s. Tipo de tambor da sociedade *Gèlèdé*. = *kósó*.

BÁTÁKÙN, adv. Completamente, em excesso, pesadamente. *Ó kúnlẹ̀ bátákùn* – Ele ajoelhou pesadamente.

BÀTÀKÙN-BATAKUN, adv. Com sentido de algo enorme, imenso. *Ó rí bàtàkùn-batakun* – Ele é enorme. = *bètèkùn-betekun*.

BÁTAN, *v.* Manter relacionamento com alguém. *Ó bá mi tan* – Ela manteve relacionamento comigo.

BÁTÀN, *v.* Examinar junto. *Ó bá mi tàn* – Ele examinou a matéria comigo.

BÁTÁN, *v.* Chegar perto de, aproximar-se. *Ó bá mi tán* – Ela se aproximou de mim.

BÀTẸ̀LÙ, *v.* Desgraçar, desqualificar, destratar alguém.

BÀTÌ, *v.* Falhar nos seus objetivos, não poder fazer algo. *Mo ba iṣẹ́ náà tì* – Eu não posso fazer esta tarefa.

BÁTÌ, *v.* Apoiar-se em alguém. *Ó bátì mí* – Ele encontrou apoio em mim.

BÁTOBÀTO, *adv.* Imperfeitamente.

BÁTÒPỌ̀, *v.* Entrar em acordo com. *Ó bá wọn tòpọ̀* – Ele entrou em acordo com eles.

BÁUN, *adv.* Assim, desse modo. = *báyìí*.

BÀN-ÙN, *adv.* Freneticamente, desvairadamente, modo selvagem. *Ó ru bàn-ùn* – Ele se movimentou com muita raiva, de modo selvagem.

BÁWÁ, *v.* Colocar alguém em situação embaraçosa, revanche, vingar-se. *Ó bá mi wá ọ̀ràn* – Ele me trouxe um problema (*lit.* ele preparou um problema contra mim).

BÁWÁ, *v.* Vir em companhia de. *Ó bá mi wá* – Ela veio comigo.

BÁWÀ, *v.* Estar em companhia de. *Mo bá wọn wà síbẹ̀* – Eu estava com eles lá.

BÁWÍ, *v.* Censurar, repreender, ralhar. *Ó bá mi wí, wí pé mo ṣiṣe* – Ele me chamou a atenção e disse que cometi um erro.

BÁWÍJỌ́, *v.* Ter um litígio com, admoestar. *Ó bá mi wíjọ́* – Ele me acusou, ele criou um caso contra mim.

BÁWO NI, *adv. interrog.* Como? Geralmente seguido por *ti*. *Báwo ni iṣẹ́ ti nlọ sí?* – Como você está indo no seu trabalho exatamente? *Báwo ni?* – Como vai? < *bá* + *èwo*.

BÁWỌNNÌ, *pron. dem.* Tal qual, tal como aquele, semelhante. *Irú nkan báwọnnì* – coisas daquele tipo. < *bá* + *àwọn* + *nì*.

BÁWỌ̀NYÍ, *pron. dem.* Como este. *Irú nkan báwọ̀nyí* – coisas como este tipo.

BAÀYÀNNÌ, *s.* Título de um personagem do culto a *Sàngó*.

BÀYE, *v.* Dar lugar a.

BÁYÌÍ, adv. Assim, desse modo, dessa maneira, agora. Ó wí báyìí pé ìwo gbódò jáde lo – Ele disse assim que você deve ir embora; Ó ko ìwé báyìí – Ele escreveu desta maneira; Ó di omo odún méjì báyìí – Ela se tornou uma criança com dois anos de idade agora. = báun.

BÁYÍ, v. Lidar com algo ou alguém. Mo nbá a yí lówó – Eu estou lidando com este dinheiro. = báyìí.

BÁYÌÍ-BÁYÌÍ, adj. Tal e qual, de tal maneira. Ilé òré mi kan báyìí ni – É uma casa tal e qual a de um amigo meu; adv. Justamente, imediatamente. Báyìí-báyìí ni un ó lo – Eu irei imediatamente.

BÀYÌ-BÀYÌ, BÀÌ-BÀÌ, adj. Fraco, confuso, indistinto. Oòrùn nrán bàyì-bàyì – O sol está fraco; Àtùpà yìí njó bàì-bàì – O lampião está com a luz fraca.

BÁYÒ, v. Congratular. Òré mi bá mi yó – Meu amigo congratulou-se comigo.

BÈBÈ, s. Beira, borda. Ó wà ní bèbè odò – Ele está na beira do rio.

BÉBÈBÉ, KÉKÈKÉ, adj. Em poucos pedaços, em poucas partes. Posicionado depois de substantivo com forma singular, mas com tendência plural. Kò jù bébèbé lo – Ele consiste de pequenas coisas.

BÈBÈ-ÌDÍ, s. Anca, nádegas, garupa.

BÈBÈ-OJÚ, s. Sobrancelhas, pálpebras.

BÈBÍ, s. Bebê (do inglês baby).

BÈÈRÈ, BÈBI, v. Perguntar, indagar. Ó bèèrè mi – Ele perguntou para mim; Ó se ibèèrè = àbèèrè – Ele fez uma pergunta; O nbèèrè kan míràn – Você está perguntando outra coisa.

BÉRE-BÉRE, adj. Briguento, discutidor. Ó mú lénu bére-bére – Ele é muito briguento.

BÈÈRÈBÈÈRÈ, s. Aquele que pergunta ou faz uma indagação. Bèèrèbèèrè kì í si – Aquele que pergunta antes não erra.

BÉRÉBÉRÉ, adv. Astutamente, afiadamente. Ó mú lénu bérébéré (lit. ele tem a língua afiada); Òbe yìí mú bérébéré – Esta faca está muito afiada.

BÉSÉ, s. Tecido com que se cobre a sela do cavalo. Ó gùn esin ní bésé – Ele cobriu o cavalo com a manta.

BÈTÈKÙN-BETEKUN, adj. Imenso, grande, enorme. Ó rí bètèkùn-betekun – Ele aparenta ser imenso.

BẸ, *v.* **1.** Dar pulos. *Ọmọ ológbò yíí nbẹ jù* – O gatinho está pulando muito. **2.** Cortar em fatias, descascar, desprender. *Ó nbẹ iṣu méta* – Ela está cortando o inhame em três partes. **3.** Ser insolente. *Ó bẹ sí mi* – Ele foi insolente comigo. V. *yá.* **4.** Ser brilhante, de cor vermelha berrante. *Ó bẹ yòyò* – Ele é de um vermelho intenso. V. *pọ́n.* **5.** Existir. *Ọlọ́run mbẹ* – Deus existe (indicando existência, não aceita *n* para formar o gerúndio).

BẸ, *v.* Obstruir, tomar a frente, adiantar-se.

BẸ́, *v.* **1.** Pular, saltar obstáculo, escapar. *Ó bẹ́ ṣiré* – Ela pula e brinca. **2.** Cortar. *Àwa bẹ́ igi* – Nós cortamos a madeira. > *ibẹ́rí* – decapitação. **3.** Comprar em pequena quantidade. *Ó bẹ́ iyọ̀* – Ela comprou um pouco de sal. **4.** Estourar, arrebentar, explodir, romper. *Ogun bẹ́ sílẹ̀* – A guerra estourou. **5.** Espalhar, estender. *Ìròhìn yíí bẹ́* – A notícia se espalhou. **6.** Dar nascimento a um animal. *Ewúrẹ́ bẹ́ ọmọ* – A cabra deu nascimento a um filhote.

BẸ̀, BẸ̀BẸ̀, *v.* Pedir, suplicar, rogar. *Mo wá bẹ̀ ọ́* – Eu venho implorar a você; *Ó bẹ̀ mi ìmọ̀ràn* – Ele me pediu uma opinião; *Ó bẹ̀ mí àbẹ̀tẹ́lẹ̀* – Ele me pediu um suborno. > *ẹ̀bẹ̀* – pedido, súplica.

BẸ́Ẹ̀, *adv.* Assim, desta maneira. *Ó mú mi ṣe bẹ́ẹ̀* – Ele me pegou e fez assim. > *bẹ́ẹ̀ni* – sim, *bẹ́ẹ̀kọ́* – não.

BẸBẸ, *s.* Performance, feito, façanha. *Ó ṣe bebe* – Ele fez uma bela performance.

BẸ́ẸBẸ́, *adv.* Firmemente. *Ó lẹ̀ bẹ́ẹ́bẹ́* – Ele colou firmemente.

BẸ-ÀBẸ̀TẸ́LẸ̀, *v.* Subornar.

BẸ́Ẹ̀ BẸ́Ẹ̀, *adv.* Assim-assim. *Áti bẹ̀ẹ̀ bẹ̀ẹ̀ lọ* – etc. (*et cetera*).

BẸ́ẸDÌ, *s.* Cama (do inglês *bed*). = *ibùsùn*.

BẸ́Ẹ̀GẸ́GẸ́, *adv.* Assim, da mesma maneira. *Bẹ́ẹ̀gégé ni ó ṣe* – É assim que ele faz.

BẸJÚ, *s.* Beiju.

BẸ́JÚ, BẸ́JÚSÓDE, *adj.* Duvidoso, descarado, suspeito. *Ó béjú* – Ele tem um caráter suspeito. < *bẹ́ + ojú*.

BẸKẸ́, *s.* Mente, intelecto. *Lọ fi bẹkẹ́ bálẹ̀* – Vá e acalme sua cabeça.

BẸ́Ẹ̀KỌ́, *adv.* Não, assim não. *Bẹ́ẹ̀kọ́, wọ́n kò mọ̀ ìlú* – Não, eles não conhecem a cidade.

BẸ́LẸ́JẸ́, *adv.* É usado para intensificar a cor vermelha. *Ó pupa bẹ́lẹ́jẹ́* – Ele é um vermelho bem atraente. V. *bòlòjò*.

BẸLÓRÍ, *v.* Decapitar. *Mo bẹ ẹ lórí = Mo bẹ orí rẹ̀* – Eu cortei a cabeça dele. > *ibẹrí* – decapitação.

BẸẸLÓRÍ, *adv.* Exatamente como foi observado.

BẸLÓWẸ, *v.* Alugar, subornar, contratar alguém. *Mo bẹ̀ wọn lọ́wẹ̀* – Eu lhes pedi ajuda; *Ó bẹ̀ ọ́ lọ́wẹ̀ láti jíwó mi* – Ele subornou você para roubar meu dinheiro. < *bẹ̀ + ní + ọ̀wẹ̀ = bẹ̀lọ́wẹ̀*.

BẸ́MỌ, *v.* Dar nascimento a um filho. < *bí + ọmọ*.

BẸ́Ẹ̀NÁÀ, *adv.* Assim como você disse, justamente assim. *Bẹ́ẹ̀ náà ni* – Sim, eu concordo com o que você diz. = *bẹ́ẹ̀ni*.

BẸNBẸ̀, **BÀNBÀ**, *adj.* Sólido, forte, corpulento. *Ó rí bẹnbẹ̀* – Ele tem uma aparência robusta.

BẸ̀NBẸ́, *v.* Tambor hauçá.

BẸ́NDẸ́, *s.* Bater com o punho. *Ó ki bẹ́ndẹ́ sí mi nínú* – Ele me deu um soco.

BẸ́Ẹ̀NI, *adv.* Sim, assim é. Inicia uma resposta afirmativa. *Bẹ́ẹ̀ni, ó nsiṣẹ́* – Sim, ele está trabalhando; *Bẹ́ẹ̀ni tàbí bẹ́ẹ̀kọ́?* — Sim ou não? V. *Ṣé*.

BÈRE, *v.* Cultuar uma imagem. *Ó nbère* – Ela está cultuando um ídolo. < *bọ + ère*.

BẸ̀RẸ, *v.* Começar, iniciar. É usado para indicar uma pequena ação: *Nígbàtí ó bẹ̀rẹ, mo jáde* – Quando ele começou, eu saí. Se a ação for contínua, usar *bẹ̀rẹ sí: Ó bẹ̀rẹ sí orin* – Ela começou a cantar; *Ó bẹ̀rẹ sí ọ̀rọ̀* – Ela começou a falar; *A fi "O" bẹ̀rẹ orúkọ Oṣàlá* – Nós começamos com a letra "O" o nome de Oxalá.

BẸ̀RẸ̀, *v.* Dobrar, curvar-se, ajoelhar-se. *Ajá yẹn rọra lọ bẹ̀rẹ̀ mọ́lẹ̀* – Aquele cachorro se agachou cuidadosamente; *Mo bẹ̀rẹ̀ fójì* – Eu pedi o seu perdão (*lit.* eu dobrei os joelhos e pedi perdão). < *bà + ẹ̀rẹ̀*.

BẸ̀RẸ́, *adj.* Inclinado, enviesado. *Ó tẹ́ bẹ̀rẹ́* – Ela estendeu enviesado.

BẸ́RẸ̀, *s.* Título de dignidade entre as mulheres. *Mo bá Bẹ́rẹ̀ nílé* – Eu encontrei a senhora da casa.

BẸẸRẸ, *adj.* Extenso, amplo. *Ilẹ̀ yìí tẹ́ bẹẹrẹ* – Esta terra é extensa.

BẸ́Ẹ́RẸ́, *s.* Planta usada para cobrir o telhado de uma casa.

BẸẸRẸBẸ, **BẸẸRẸ**, *adv.* Completamente, por toda parte. *Ilẹ̀ yìí tẹ́* – Esta terra é extensa por toda parte.

BẸ́RÍ, *v.* Fazer uma saudação militar. *Ó bẹ́ri fún mi* – Ele bateu continência para mim.

BẸ́RÍ, *v.* Degolar, decapitar. *Ó bẹ́rí ẹranko* – Ele cortou a cabeça do animal. <*bẹ́ + orí.*

BẸ̀RÙ, *v.* Amedrontar, estar com medo. *Ó bẹ̀rù rẹ* – Ela tem medo de você. < *bà + ẹ̀rù.*

BẸ̀RÙKẸ́RÙ, *v.* Ter medo ou estar receoso diante de uma causa aparente.

BẸ́SÍLẸ̀, *v.* Pular para baixo.

BẸ̀TẸ́LÙ, *v.* Estragar um plano ou outra coisa qualquer, envergonhar, desonrar. *Ó bẹ̀tẹ́lù mí* – Ele está desrespeitoso comigo. < *bu + ẹtẹ́ + lù.*

BẸ̀WẸ̀, *v.* Pedir assistência a um grupo ou a uma pessoa para um trabalho gratuito, remunerado ou ajuda mútua. *Wọ́n bẹ̀wẹ̀ sí wa* – Eles pediram ajuda a nós; *Ó bẹ̀wẹ̀ tì mi* – Ele pediu ajuda ao grupo contra mim. < *bẹ̀ + ọ̀wẹ̀.*

BẸ̀WẸ̀TÌ, *v.* Solicitar ajuda numa ação contrária, incitar. *Ó bẹ̀wẹ̀tì sí mí* – Ele incitou as pessoas contra mim.

BẸ̀WÒ, *v.* Visitar, dar uma olhadela. *Ó bẹ̀ mí wò* – Ele me fez uma visita. *Ó bẹ ojú wò mi láàrin fèrèsé* – Ela deu uma olhadela para mim pelas janelas; *Bẹ abẹ́ rẹ̀ wò* – Olhe embaixo dele, investigue-o. *V. wáwá.*

BÍ, *v.* **1.** Perguntar, indagar de alguém, comunicar. *Ẹ bí bàbá ohun tí wọ́n fẹ́* – Pergunte ao papai o que eles querem. Também usado para formar frases interrogativas; nesse caso, é posicionado no fim da frase. *Ó gba owó bí?* – Ele aceitou o dinheiro? *Ìfẹ́ há ni bí?* – Será que é amor? **2.** Entregar, distribuir. *Ó bí ọmọ* – Ela entregou a criança. **3.** Gerar, dar nascimento a. *Ìyàwó mi bí ọmọbìnrin kan* – Minha esposa deu à luz uma criança. > *ìbí* – nascimento. **4.** Estar zangado, aborrecer. *Inú bí mi* – Estou zangado; *Bàbá bínú* – Papai está aborrecido.

BÍ, *prep.* Como, da mesma forma que. *Ilé rẹ̀ lẹ́wà bí ilé mi* – A casa dela é bonita como a minha; *Olú ṣe bí ọkùnrin* – Olú se comporta como um homem; *Ó ní ìwà bí tèmi* – Ele tem o caráter como o meu. *V.* a forma interrogativa *báwo.*

BÍ, *conj. v. aux.* Se. Indica uma condição. *Bí o lọ kí bàbá rẹ fún mi* – Se você for, cumprimente seu pai por mim; *Bí mo rí i, bí ng kò rí i, kò ṣe nkankan* – Se eu o vi ou não o vi, não faz diferença. = *tí. V. bí... bá.*

BÌ, *v.* **1.** Empurrar, afastar violentamente. *Wọ́n bì mí sẹ́hìn* – Eles me empurraram para trás; *O bì mí lù ú* – Você me empurrou contra ela. **2.** Vomitar. *O kò gbọ́dò bì oògùn yẹn* – Você não deve vomitar aquele remédio. **3.** Arremessar, lançar.

BÍABÍYÁMỌ, adj. Maternal.
BÍADODO, adj. De forma cônica.
BÍAATÍ, adv. Como.
BÍANTINWÍYÍ, adv. Imediatamente, instantaneamente.
BÍ... BÁ, v. aux. Se. Expressa uma condição indefinida. *Bí ó bá féé ké, fún ní warà rè* – Se ela quiser chorar, dê leite a ela; *Bàbá yíò rí o bí o bá wá* – Papai verá você se você voltar; *Bí o bá pé, wọkọ̀* – Se você estiver atrasado, pegue um carro; *Bí iwọ kò bá èmi ki ó lọ* – Se você não quiser, eu não irei. V. *bí*.
BÍBÁ, s. Um encontro, aquilo que deve ser encontrado.
BÍBÁJÀ, s. Briga, disputa, controvérsia.
BÍBÀJÉ, s. Corrupção; adj. Corruptível. *Bíba ilé jé* – o ato de deteriorar uma casa.
BÍBALÈ, s. Calma, serenidade.
BÍBÀNÍNÚJÉ, s. Mágoa, tristeza, depressão de espírito.
BÍBÁPÍN, s. Participação.
BÍ... BÁ TI, adv. Tanto tempo quanto, como, quando. *Ìwọ lè dúró níhìn níwọ̀n bí o bá ti fé* – Você pode permanecer aqui o tempo que quiser. V. *bí... ti*.
BÍBÁWÍ, s. Aquele que é culpado, réu.
BÍBÁWÒ, s. 1. Cuidado dedicado a uma coisa para alguém. 2. Procura de uma coisa ou uma pessoa.
BÍBÉLÌ, s. Bíblia (do inglês *bible*).
BÍBÈÈRÈ, s. Pedido, solicitação.
BÍBÉ, s. Divertimento, salto, passeio.
BÍBÉ, s. Perfuração, explosão, erupção.
BÍBE, s. Ato de rachar.
BÍBÈ, s. Pedido, súplica.
BÍBÈYANNU, s. Importunidade, ato importuno.
BÍBÉÈKÓ, adv. Se não, de outro modo.
BÍBÌ, s. Vômito.
BÍBÍ, s. Reprodução, nascimento. *Bíbí ti takọtabo* – reprodução sexual.
BÍBÍMỌLÁYÈ, adj. Vivíparos.
BÍBÍNIBI, adj. Inato, implantado por natureza.

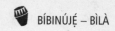

BÍBINÚJẸ́, s. Melancolia, pesar.
BÍBÓ, adj. Descascado.
BÍBÒ, adj. Oculto, secreto, omitido.
BÍBỌ, adj. Fervido.
BÍBỌ, s. 1. Chegada. 2. Revestimento de telhado. 3. Ato de rosquear.
BÍBỌ́, adj. Aquilo que deve ser batido num chão de barro. *Ilẹ̀ bíbọ́* – bater no chão.
BÍBỌ́, s. Alimentação, nutrição.
BÍBỌ́LỌ́WỌ́, s. Ato de apertar as mãos de alguém.
BÍBỌ́LỌ́WỌ́-ÀRUN, s. Convalescença.
BÍBỌRÌṢÀ, ÌBỌRÌṢÀ, s. Culto às divindades.
BÍBÙ, s. Que está quebrado, fração, pedaço. *V. bíbùjẹ*.
BÍBU, adj. Mofado, bolorento.
BÍBU, s. Assado no calor de cinzas ou brasas. *Iṣuu bíbu* – inhame assado.
BÍBÚ, s. Insulto, ofensa. *Bíbú lo fi ọmọ rẹ̀ bú* – Você insultou a criança dela.
BÍBÙJẸ, s. Aquilo que corta. > *bùjẹ*. *Ó bù mí jẹ* – Ele me mordeu.
BÍBÙLÀ, s. Diluição.
BÍBÙLẸ̀, s. Remendo, conserto.
BÍBÙMỌ́, adj. Exagerado.
BÍBUN, adj. Dado, admissível.
BÍBÙṢÁN, s. Aquilo que é para ser batido.
BÍÌDÁGA, adv. Instantaneamente.
BÍẸNÍPÉ, conj. Como se, ainda que, embora.
BÌKÍTÀ, v. Ser cuidadoso, caprichoso. *Mi ò bìkítà* – Eu não sou caprichoso. > *àìbìkítà* – indiferença.
BÌKÍTÀFÙN, v. Considerar, estimar.
BÍKÒṢE, BÍKÒṢEBÍ, BÍKÒṢEPÉ, conj. Exceto, a não ser que, a menos que. *Bíkòṣepé o wá, èmi kì ó jáde* – A menos que você venha, eu não sairei. *Kò sí òmíràn bíkòṣe ènìà náá* – Não há outro, a não ser aquela pessoa.
BÍKÒṢEBẸ́Ẹ̀, conj. De outra maneira. *Má ṣe é bíkòṣebẹ́ẹ̀, ìwọ kábámọ̀* – Não faça isso de outra maneira, você se arrependerá.
BÌLÀ, v. Dar lugar a, abrir caminho. *Bìlà fún mi* – Saia do caminho para mim.

BÍLÁLÀ, s. Chicote feito de couro com dois ou três flagelos.

BILÉÈRÈ, v. Perguntar, questionar.

BILẸ́JỌ́, v. Perguntar, indagar, interferir.

BÌLÍSÌ, s. Mal (do hauçá e do árabe *iblis*). *Kí Ọlọ́run gbà wá lọ́wọ́ bìlísì* – Que Deus nos livre das mãos do mal.

BÌLÙ, v. Empurrar fortemente contra. *Ó bì mí lù ú* – Ele me empurrou contra ela; *Mo bì í lulẹ̀* – Ele me derrubou.

BÍMỌ, v. Dar nascimento a uma criança. < *bí* + *ọmọ*.

BÌNÀBÌNÀ, adv. Desajeitadamente. *Ó nrìn bìnàbìnà* – Ela está andando desajeitadamente.

BÍNÍNÚ, v. Ofender alguém, causar aborrecimento. *Ọ̀rọ̀ rẹ bí mi nínú* – O seu assunto me desagradou.

BÍNTÍN, GÍNGÍN, s. Pequena partícula, um pouquinho de algo. *Fún mi ní gíngín* – Dê-me um pouquinho. = *gángán*.

BÍNÚ, v. Ficar nervoso, aborrecido. *Ẹ má bínú, èbi mi ni* – Não se aborreça, é minha culpa.

BÍNÚJẸ, v. Ficar ofendido, estar sentido.

BÍÓBÁJẸ́PÉ, BÍÓBÁṢEPÉ, conj. Se, se for aquilo. V. *bóbáṣepé*.

BÍÓTIJẸ́PÉ, conj. Apesar de que, visto que, ainda que. *Bíótijẹ́pé òjò nrọ̀, èmi yíò lọ* – Apesar de estar chovendo, eu irei.

BÍÓTILẸ̀, conj. Embora. *Ó kọrin púpọ̀ bíòtilẹ̀ kò ní ohùn ìsàlẹ̀* – Ela canta muito bem, embora tenha uma voz baixa.

BÍÓTILẸ̀RÍBẸ́Ẹ̀, conj. Mesmo assim.

BÍÓTIWÙKÓRI, adv. Contudo, de qualquer modo, certamente. *Èmi máa jẹ ẹran ẹlẹ́dẹ̀ bíótiwùkóri mo sè é púpọ̀* – Eu costumo comer carne de porco, contudo, eu a cozinho muito.

BÍÍRÍ, adj. Que ocupa um pequeno espaço.

BÍRÍ, adv. De repente, repentinamente.

BÍRÍ-BÌRÌ-BIRI, adv. Gradativamente, pouco a pouco. *Bíri-bìrì-biri ni mo rí àwọn òtá níbẹ̀* – Pouco a pouco, para minha surpresa, eu vi meus inimigos lá.

BIRIBIRI, adj. Intenso; adv. Intensamente. *Ó ṣú biribiri* – Está intensamente escuro.

BÍRIGAMI, *s.* Bolsa quadrada ou carteira usada por viajantes.

BÍRÍKÌ, *s.* Tijolo (do inglês *brick*). *Bííkìlà* – pedreiro.

BÌRÌKÌTÌ, *s.* Círculo, esfericidade; *adj.* Circular, esférico. *Ó rí bìrìkìtì* – Ele é corpulento, gordo. = *birikiti*.

BÍRÍKÍTÍ, *adj.* Compactadamente. *Ó ká bíríkítí* – Ela dobrou compactadamente.

BÍRÍKÓTÓ, *s.* Lugar pequeno e estreito. *Ònà bíríkótó* – caminho estreito.

BÌRÌMỌ̀, *adj.* Repentino, imprevisto, súbito, mudança inesperada. *Bìrìmọ̀ yí* – Um evento inesperado ocorreu.

BÌRÌPÉ, ÒBÌRÌPÉ, ÌBÌRÌPÉ, *s.* Um tipo de ginástica, exercício físico.

BÍRÉÈKÌ, *s.* Freio, trava (do inglês *brake*).

BÌSẸ́HÌN, *v.* Empurrar para trás. *Wọ́n bìsẹ́hìn gìdà* – Eles me empurraram para trás.

BÍSÍ, *v.* Aumentar.

BÍSÍLẸ̀, *v.* Dar nascimento. *Ó bí ọmọ yìí sílẹ̀ kó tó kú* – Ela deu à luz esta criança antes de ela morrer.

BÌSÍWÁBÌSẸ́HÌN, *v.* Ir para a frente e para trás.

BÌṢUBÚ, *v.* Empurrar para baixo, derrotar, derrubar.

BÍ... TI, *conj.* Depois que, quando. *Bí mo ti rí ọ, inú mi dùn* – Depois que eu vi você, fiquei feliz; *Bí mo ti nkọrin, o ti nsọ̀rọ̀* – Quando eu estava cantando, você estava conversando. *V. nígbàtí, lẹ́hìn.*

BÍ... TI, *comp.* Tanto quanto. *Ó féràn rẹ bí mo ti féràn* – Ele gosta de você tanto quanto eu gosto. *V. bí* – como.

BÌWÓ, *v.* Derrubar, demolir.

BO, *v.* Esconder. *Tani ó bo sẹ́hìn igi?* – Quem se escondeu atrás da árvore?

BÓ, *v.* 1. Descascar, raspar. *Olú nbó ọ̀gẹ̀dẹ̀* – Olú está descascando a banana. 2. Balir como um carneiro. *Òbúkọ bó* – O bode emitiu um som.

BÓ, *contr.* Se ele. *Bó rí i, bó kò rí i, kò ṣe nkankan* – Se você o viu, se você não o viu, não faz diferença. *Obs.: bó = bí + ó* – se ele, se ela; *bó = bí + o* – se você.

BÒ, *v.* 1. Cobrir, esconder. *Ewé bo igi* – A árvore está coberta de folhas; *Ó bò mí ní àṣírí* – Ele escondeu meu segredo; *Ó fi aṣọ bo ara rẹ̀* – Ela vestiu uma roupa (*lit.* ela usou uma roupa e cobriu o corpo dela). **2.** Ferver, escaldar. **3.** Esmagar, sufocar.

BÓBÁṢEPÉ, **BÓBÁJẸ́PÉ**, *conj.* Se. *Bóbáṣepé o kò bá fẹ́ lọ, kò burú* – Se for o caso de você não querer ir, tudo bem.

BÒBÓ, *s.* Acácia ou alfarrobeira.

BODÈ, *s.* Portal da cidade. *Oníbodè* – porteiro, guardador do portal da cidade.

BÒDÍ, *s.* **1.** Proteger alguém de aborrecimentos. **2.** Ato de cobrir os quadris.

BÓHÙNBỌ́, *v.* Perder a esperança, desesperar.

BÓJẸ, *v.* Descascar antes de comer. *Ó bó èso jẹ* – Ela descascou a fruta e comeu.

BÒJẸ, *v.* Comer escondido.

BOJÌ, **IBOJÌ**, *s.* Sepultura, sepulcro, cemitério. = *isà*.

BÒÒJI, **ÌBÒÒJI**, *s.* Sombra.

BÓJORU, *v.* Ter uma ferida. < *ooju* + *ooru*.

BOJÚ, *v.* Cobrir o rosto. < *bò* + *ojú*.

BÓJÚ, *v.* Declarar-se, encarar severamente. *Ó bójú mọ́ mi* – Ele falou agressivamente contra mim.

BOJÚ-BOJÚ, *s.* Jogo de esconde-esconde. *Wọ́n ṣe bojú-bojú* – Eles estão brincando de se esconder.

BOJÚJẸ́, *v.* Distorcer a face, fazer careta, franzir as sobrancelhas.

BOJÚWẸ̀HÌN, *v.* Olhar para trás. *Ó bojú wẹ̀hìn* – Ele olhou para trás. < *bojú* + *wò* + *ẹ̀hìn*.

BOJÚWÒ, **BOJÚTÓ**, *v.* Encarregar-se, inspecionar.

BÓKÀNRÀN, *adv.* Melhor que.

BÒKÈLÈ, *v.* Pegar um pedaço de comida.

BOKẸ́LẸ́, *s.* Segredo; *adj.* Secreto, privado.

BOKÚKUU, *adj.* Nublado, confuso. *Bokúkuu yìí bo ilẹ̀* – A neblina cobriu o campo.

BÒLÁRA, *v.* Cobrir o corpo. *Ó bò lára* – Ela cobriu o corpo.

BÒLÁSÀ, *v.* Defender, proteger.

BÓLÁWỌ, *v.* Pelar, descascar.

BOLÉ, *v.* **1.** Roubar uma casa, confiscar. **2.** Cobrir uma casa com sapê.

BOLÉBOLÉ, **KÓLÉKÓLÉ**, *s.* **1.** Aquele que cobre uma casa com sapê. **2.** Ladrão, confiscador.

BÓLÈṢEBÍ, **BÓLÈṢEPÉ**, *adv.* Se isto for possível. < *bí + ó + lè + ṣe + pé*.

BOLẸ̀, *v.* Cobrir o chão, escurecer o chão. *Ó dojú bolẹ̀* – Ele prestou reverência (*lit.* ele cobriu o chão com o rosto, como forma de saudação a alguma coisa poderosa e respeitável). *V. foríbalẹ̀, dọ̀bálẹ̀.*

BÓLOBÓLO, *s.* Pequeno inseto que chupa o suor do corpo.

BOMI, *v.* Retirar água de uma vasilha etc. *Ó bomi ìkòkò* – Ele tirou um pouco de água da panela. < *bù + omi*.

BOMIJÒ, *v.* Escaldar, jogar água em cima.

BOMIRIN, *v.* Aguar, irrigar. *Ó bomirin oko rẹ̀* – Ele irrigou a fazenda dela.

BOMIWỌ́N, *v.* Salpicar água, borrifar.

BÒMỌ́, **BÒROMỌ́**, *s.* Milho de grão vermelho.

BÒMỌ́LẸ̀, *v.* Inundar, submergir, cobrir. *Mo bo ara mi mọ́lẹ̀ níbùsùn fún ojọ́ méje* – Eu fiquei de cama por sete dias.

BÒMỌ́RA, *v.* Agasalhar alguém, suportar. *Ó bo ìjìyà mọ́ra* – Ele suportou o sofrimento. *Obs.*: verbo com tom baixo, seguido de substantivo, ganha um tom médio, ou seja, perde o acento tonal.

BOMUBÓMÚ, *s.* Árvore cuja folha moída produz um líquido leitoso. *Calotropis procera (Asclepiadaceae).*

BORA, *v.* Cobrir o corpo. < *bò + ara*.

BORÍ, *v.* Cobrir a cabeça, superar, ser bem-sucedido. *Ó borí* – Ele me superou.

BÓROBÒRO, *s.* Disparate, tolice, conversa-fiada.

BORÚKỌJẸ́, **BÀLÓRÚKỌJẸ́**, *v.* Caluniar, difamar. *Ó borúkọ mí jẹ́* – Você me difamou. < *bà + orúkọ + jẹ́*.

BÓSÈ, *v.* Descascar para cozinhar. *Ó bó iṣu sè é* – Ela descascou o inhame e o cozinhou.

BOSẸ̀, *v.* Cobrir os pés. < *bò + ẹsẹ̀*.

BÓSẸ̀, *v.* Tirar a pele das patas ou dos pés.

BÓṢEPÉ, *conj.* Se, se assim fosse.

BÓTÌ, *v.* Esgarçar, puir.

BÓTÍ, *adv.* Calmamente.

BÓTI, *v.* Falhar, fracassar. *Ó bóti* – Ele fracassou.

BÓTI-BÒTI, **MỌ́RA-MỌ̀RA**, *adv.* Insensatamente.

BÓTILẸ̀SEPÉ, BÓTILẸ̀JẸ́PÉ – BỌ̀

BÓTILẸ̀SEPÉ, **BÓTILẸ̀JẸ́PÉ**, *conj.* Embora, contudo. *Bótilẹ̀jẹ mi níyà, síbẹ̀ èmi yíò dárijì í* – Embora me tenha punido, eu o perdoo. = *bíotilẹ̀jẹ́*.

BÓTIWÙKÓRÍ, *conj.* Porém, pode ser, não importa como.

BÒTUJẸ̀, *s.* Cróton.

BÓYÁ, **BÓYÁ**, *adv.* Talvez, porventura, ou... ou. *Bóyá ẹ fẹ́ tàbí ẹ ò fẹ́ ẹ gbọ́dò sọ òtítọ́* – Queira ou não queira, você deve falar a verdade.

BÓYẸ̀NÍ, **BÓYẸ̀LÍ**, *adv.* Exceto, salvo se.

BỌ, *v.* Adorar, idolatrar. *Ó bọ òrìṣà* – Ele adorou a divindade. Não é usado para Deus. > *ibọ* – local de culto; *abọ̀rìṣà* – adorador de orixá.

BỌ́, *v.* **1.** Cair sobre, escorregar e cair. *Ẹjá bọ́ sí omi* – Os peixes caíram na água; *Àwo yìí bọ́ lọ́wọ́ mi* – O prato caiu da minha mão. **2.** Estar farto de. *Ó bọ́ wa* – Ela está farta de nós. **3.** Derrubar. *Ó bọ́ pọ́rọ́* – Ele derrubou calmamente. **4.** Alimentar, nutrir. *Ìyá nbọ́ ajá rẹ̀* – A mãe está alimentando o cachorro dela. **5.** Remover, desatar, libertar-se. *Ó bọ́ bàtà* – Ele tirou os sapatos. **6.** Escapar das garras de alguém. *Ó sáré bọ́ lọ́wọ́ mi* – Ele correu e escapou de minhas mãos. **7.** Bater para endurecer. *Ó bọ́ àjà* – Ele bateu no teto. **8.** Pingar. *Owó ti bọ́* – O dinheiro tem pingado. **9.** Lavar (o rosto). *Ó nbọ́ ojú* – Ela está lavando o rosto. **10.** Manter, suportar.

BỌ̀, *v.* **1.** Calçar, pôr, introduzir. *Ó bọ̀ bàtà* – Ele calçou os sapatos; *Ó fi ọwọ́ bọ̀ mó lẹ́nu* – Ela enfiou a mão na minha boca. > *ibọ̀sẹ̀* – meias. **2.** Enfiar, introduzir em abertura estreita. *Ó fi òwú bọ̀ abẹ́rẹ́* – Ela enfiou a linha na agulha; *Ó bọ̀ mí lọ́wọ́* – Ele apertou minha mão. **3.** Cobrir um telhado de sapê. *Mo bọ̀ ilé mi* – Eu fiz um telhado de sapê na minha casa. **4.** Retornar para, vir, chegando, se aproximando. Ao contrário de *dé* – chegar – e *wá* – vir –, que não são usados no tempo presente, *bọ̀* é frequente em todos os tempos dos verbos quando um estado é desejado. Normalmente, o verbo tem uma ação presente. A menos que siga outro verbo, não pode ter sentido passado. Nesse caso, *bọ̀* é substituído por *dé*. *Ó njí bọ̀* – Ele despertou e veio; *Ó nbọ̀ lọ́dọ̀ mi* – Ela está vindo para junto de mim; *Ó sáré bọ̀ lọ́dọ̀ wọn* – Ele correu e retornou para junto deles; *Mò nbọ̀ lọ́la* – Eu retornarei amanhã; *Mo bọ̀wá ilé* – Eu retornei para casa. *Obs.*: não é usado com a preposição *sí* – para. V. *lọ*.

BỌBÀTÀ, *v.* Calçar sapatos ou botas.

BỌ́HÙN, *v.* **1.** Desesperar-se. Ó *bọ́hùn* – Ela se desesperou. **2.** Contradizer o que uma pessoa disse.

BỌ́JÚ, *v.* Lavar o rosto sem o uso de sabão. < *bọ́* + *ojú.* V. *fọ̀.*

BỌ̀Ọ̀KÌNI, *s.* Cavalheiro, pessoa de certa posição financeira.

BỌLÁ FÚN, *v.* Honrar, respeitar ou manter uma grande estima. Ó *bọlá fún mi* – Ele me pediu respeito. < *bù* + *ọlá.* V. *bọ̀wọ̀.*

BỌ́LÁṢỌ, *v.* Tirar a roupa de alguém. Ó *bọ́ mi láṣọ* – Ela tirou a minha roupa. V. *bọ́ṣọ.*

BỌ̀LẸ̀, *v.* Nivelar um piso de terra.

BỌ́Ọ́LẸ̀, **BỌ́SÍLẸ̀**, *v.* Pôr embaixo, deixar cair. Ó *bọ́ sílẹ̀ lórí ẹṣin* – Ele desmontou do cavalo.

BỌỌLI, *adj.* Longo e grande.

BỌ̀Ọ̀LÌ, *s.* Banana madura assada. V. *ìpékeré.*

BỌ̀LÓHÙN, *v.* Interromper alguém falando.

BỌ́LÓJÚ, *v.* Pingar. *Omi nbọ́ lójú* – As lágrimas rolaram pela minha face.

BỌ̀LỌ̀JỌ̀, *adv.* Completamente. Ó *dúdú bọ̀lọ̀jọ̀* – Ele é completamente preto.

BỌ́LỌ́WỌ́, *v.* Libertar-se das mãos de alguém. *Àwo yìí bọ́ lọ́wó mi* – Este prato caiu fora de minha mão.

BỌ̀LỌ́WỌ́, *v.* Apertar a mão de alguém. Ó *bọ̀ mí lọ́wọ́* – Ele apertou minha mão (*lit.* ele introduziu a mão na minha).

BỌ́Ọ̀LÙ, *s.* Bola (do inglês *ball*). *Àwọn ọmọdé ngbá bọ́ọ̀lù ní ita* – As crianças estão jogando bola ao ar livre; *Eré bọ́ọ̀lù dára púpọ̀ fún ènìàn* – O jogo de bola é muito bom para as pessoas.

BỌ́LUGI, *s.* Bebida derivada da palmeira.

BỌ́NBÙ, *s.* Bomba (do inglês *bomb*).

BỌNA-BỌ́NÁ, *s.* Um tipo de planta. = *ayunrẹ́.*

BỌ̀NKỌ́LỌ̀, *s.* Pulmões dos peixes.

BỌNNÍ, *s.* Espécie de acácia.

BỌ́RA, *v.* Tirar a roupa, despir alguém. Ó *bọ́ra* = Ó *bọ́ra sílẹ̀* – Ela tirou a roupa. < *bọ́* + *ara.*

BORÍ – BỌ́SÍ

BORÍ, v. Prestar culto à cabeça ou à divindade *Orí. Ó nbo Orí* – Ele está cultuando a divindade *Orí.*

BỌ́RÍ, v. Fazer ou terminar algo que deveria ser feito por outra pessoa, tirar algo da cabeça. *Mo bọ́rí kúrò nbẹ̀* – Eu me dissociei do assunto.

BÒRÌṢÀ, v. Prestar culto às divindades. < *bo* + *òrìṣà.*

BÒRÒ, adv. Facilmente, imediatamente, no mesmo momento. *Ojú bòrò kọ́ ni mo rí i gbà* – Não foi no mesmo momento que eu encontrei isto; *Wọ́n kò ní wá bòrò* – Eles não virão imediatamente.

BỌ́RỌ́, adv. Rapidamente. *Ó bọ́ lọ́wọ́ mi bọ́rọ́* – Ele escapou de mim num piscar de olhos. = *bòrò.*

BÒRÒ, v. Acalmar, tratar de forma indulgente.

BÒRÒ, BỌ́RỌ́, adv. Viscosamente, de forma escorregadia.

BÒRÓBÒRÒ, adv. Viscosamente, gordurosamente, evasivamente, ilusoriamente. *Ilẹ̀ yìí nyọ bòrò* – O chão está gordurosamente escorregadio. = *tẹrẹ́.*

BOROGIDI, BOROKU, adj. Disforme, imperfeito. *Ó rí borogidi* – Ele aparenta ser disforme.

BÒRÒKÌNNÍ, s. Um cavalheiro, uma pessoa respeitável.

BỌ́SÁKÓKÒ, BỌ́SẸ̀SỌ̀, adj. Oportuno, feito a tempo. *Onjẹ yìí bọ́ sákókó lára mi* – Esta comida é oportuna para mim, era o que eu precisava. < *bọ́* + *sá* + *àkókò.*

BỌ́SANRA, v. Engordar. < *bọ́* + *sanra.*

BỌ́SÁÀRIN, v. Intermediar, posicionar-se entre um e outro.

BỌ́SẸ̀, v. Tranquilamente, secretamente, facilmente. *Nígbàti mo wá iṣẹ́, bọ́sẹ̀ mo rí i* – *ni ó bọ́tí* – Quando eu procurei trabalho, facilmente o encontrei.

BỌ́SẸ̀SỌ̀, v. Ser oportuno. *Onjẹ yìí bọ́sẹ̀sọ̀ lára mi* – Esta comida foi oportuna.

BỌ́SÍ, v. Entrar. *Ó bọ́ sínú ọkọ̀* – Ele entrou no carro (*lit.* ele entrou para dentro do carro); *Ó bọ́ sílé mi = Ó bóọ́lé mi* – Ele entrou em minha casa; *Ó bọ́ sí ààrin wa* – Ele serviu de mediador entre nós; *ibọsí ààrin ènìà* – mediação, arbitragem.

BÓỌ̀SÌ, s. Ônibus (do inglês *bus*).

BỌ́SÍ, v. Ser bem-sucedido. *Ó nbọ́sí níṣẹ́ rẹ̀* – Ela está sendo bem-sucedida no trabalho dela.

BỌ́SÍNÚ, v. Entrar. *Wọ́n bọ́ sínú igbó* – Eles entraram no interior da floresta. < *bọ́ + sí + inú*.

BỌ́SÍLẸ̀, **BỌ́LULẸ̀**, v. Pôr embaixo, deixar cair. *Ó bọ́ lọ́wọ́ mi sílẹ̀* – Ele caiu da minha mão; *Ó bọ́ sílẹ̀ lórí ẹṣin* – Ele desmontou do cavalo.

BỌ́SÓDE, v. Sair. *Ó bọ́ sóde* – Ele foi para fora. < *bọ́ + sí + òde*.

BỌ́SỌNÙ, v. Perder-se.

BỌ́ṢỌ, v. Tirar a roupa. *Ó bọ́ṣọ* – Ela tirou a roupa. < *bọ́ + aṣọ*.

BỌTÍ, s. 1. Malte do milho-da-guiné. 2. Pessoa com nada a perder. *Ẹnití kò sá bọtí kì í bẹrù òjò*. Aquele com nada a perder pode estar despreocupado.

BỌ̀WÁ, v. Retornar e vir, mover-se em direção a. *Mo nbọ̀wá* – Eu estou vindo. < *bọ̀ + wá*.

BỌ̀WÁLÉ, v. Retornar para casa. *Ó bọ̀wálé* – Ele retornou para casa.

BỌWỌ́, v. Apertar as mãos. *Èmi àti ọ̀rẹ́ mi bọwọ́* – Eu e meu amigo apertamos as mãos. *Obs.*: As pessoas *yorubás* tradicionais usualmente não apertam as mãos e não se abraçam.

BỌ̀WỌ̀ FÚN, v. Honrar, mostrar respeito. *Ó bọ̀wọ̀ fún mi* – Ele mostrou respeito para comigo; *Àwọn arúgbó fẹ́ kí a bọ̀wọ̀ fún wọn* – Os idosos querem que nós mostremos respeito para com eles. < *bù + ọ̀wọ̀*.

BỌ́YÁ, **BÓYÁ**, adv. Talvez. *Bọ́yá kò ní wá* – Talvez ela não venha; *Bọ́yá ni wọ́n ju mẹ́ta* – Possivelmente eles são mais que três.

BU, v. 1. Assar no fogo. *Ó bu ẹran* – Ele assou a carne na brasa. 2. Apodrecer, estar mofado. *Búrẹ́dì ti bu* – O pão está mofado. 3. Esconder na areia.

BU, adv. Modeladamente.

BÚ, v. 1. Insultar, blasfemar, ofender. *Mi ò bú ọ* – Eu não insultei você. > *àbútan* – insulto. 2. Culpar. *Má ṣe bú mi* – Não me culpe. 3. Rachar, fender. *Ìkòkò yìí bú ní ìdí* – Este pote rachou na base. 4. Berrar, troar, rugir. *Bìnnìun bú* – O leão rugiu; *Ọmọ náà bú sí ẹkún* – A criança berrou em lágrimas. 5. Estourar, arrebentar. *Ó bú ṣẹrin* – Ele arrebentou de rir. > *búṣẹ́rin* – gargalhar.

BÙ, v. 1. Tirar um pouco de algo, separar, compartilhar. *Bù nkan ti o fẹ́* – Sirva-se à vontade. 2. Cortar, reduzir. *Tani ó bù lára iṣu yìí?* – Quem cortou este inhame?

BÙ – BÙKÚN

3. Tirar, despir, descolar. *Ó bù mí lẹ́wù* – Ela rasgou minha roupa. *V. ya.* **4.** Reduzir, diminuir, descontar, encurtar. > *bùkù* – *Ó bu owó mi kù ọsù* – Ele reduziu meu salário. *V. kùn* > *bù + kún* – aumentar; *Ó bu owó mi kún* – Ele aumentou meu salário; *bù + sí* – aumentar; *Owó mi bùsí* – Meu dinheiro aumentou; *Òjò bùsí* – A chuva aumentou; *Ọlọ́run bùsí fún ọ* – Deus o abençoe, Deus o acrescente.

BÙÁYÀ, BÙWÁYÀ, *adj.* Extraordinário.

BÙBA, *s.* Emboscada, ato de esconder.

BÙBÁ, *s.* Tipo de vestuário solto e curto que vai até a cintura, tanto para homem como para mulher. *V. ìpèlé, ìró.*

BÚBURÚ, *adj.* Mal. *Ó sọ̀rọ̀ ní búburú lẹ́hìn mi* – Ela falou mal de mim pelas costas, ela me caluniou. = *burúkú.*

BÙDÓ, *s.* Acampamento.

BÙJÉ, *s.* **1.** Tatuagem. **2.** Fruto de uma árvore usado para pintura no rosto ou no corpo pelas mulheres e, eventualmente, pelos homens. *Randia maculata (Rubiaceae).*

BÙJẸ, ÌBÙJẸ, *s.* Estábulo, cavalariça, mangedoura.

BÙJẸ, *v.* Morder, cortar com os dentes. *Ejò bù mí jẹ* – A cobra me mordeu; *Ejò bu ọwọ́ rẹ̀ jẹ* – A cobra mordeu a mão dela; *Ejò náà bùjẹ ó sì kú lẹ́sẹ̀kẹsẹ̀* – A cobra o mordeu e ele morreu imediatamente.

BÙJÓKÓ, IBÙJÓKÓ, *s.* Residência, assento.

BÚKÀ, *s.* Barracão, galpão, local de venda de comida.

BÙKÁTÀ, *s.* Responsabilidades domésticas.

BÙKỌJÁ, *v.* Tirar, pegar além de. *Ó bu òkèlè kọjá ibití ẹnu mi gbà* – Ele comeu um pedaço maior do que poderia comer.

BÙKỌJÁ, *adv.* Quase, aproximadamente.

BÙKÙ, *v.* Encurtar, reduzir, diminuir. *Owó mi bùkù* – Meu dinheiro diminuiu; *Ó bu owó mi kù* – Ele reduziu meu salário.

BÙKÚN, *v.* Acrescentar, aumentar, abençoar, dar crescimento. *Ó bùkún owó mi* – Ele aumentou meu salário; *Mo bùkún owó aṣọ náà = Mo bu owó kún aṣọ náà* – Eu aumentei o valor desta roupa; *Ọlọ́run bùkún fún ọ* – Deus o abençoe. < *bù + kún.* > *buwókún* – aumentar o preço de algo.

BÙKÚRÒ, *v.* Tirar, diminuir, subtrair. *Ó bu omi kúrò nínú rè* – Ele tirou a água de dentro dela.

BÙLÀ, *v.* Diluir, misturar, combinar, fusão de líquidos. *Ó bu omi là otí* – Ele colocou um pouco de água na bebida.

BÙLÁ, *v.* Tirar e provar alguma coisa. *Ó bù onje lá a* – Ele tirou um pouco de comida e a provou.

BÙLÀBÙLÀ, *adv.* Vigorosamente. *Iná àtùpà yìí njò bùlàbùlà* – O fogo do lampião está queimando fortemente. V. *màlàmàlà*.

BÙLÉ, *v.* Cobrar, fixar um preço, instituir uma taxa, aumentar. *Ó bùlé owó rè* = *Ó bu owó lé e* – Ele fixou o preço dele.

BÙLÈ, *v.* Remendar uma peça de roupa. *Ó bu aso lèwù* – Ela remendou a camisa dele.

BÚLÒÒKÙ, *s.* Bloco (do inglês *block*).

BÙLU, *v.* Encher, suprir plenamente.

BÚLÚÙ, *s.* Azul (do inglês *blue*).

BÙMÓ, *v.* Adicionar, exagerar. *Ó bùmó owó mi* – Ele aumentou meu salário; *Ó bùmó òrò náà* – Ele exagerou esta questão.

BÙN, *v.* Dar, presentear, dar uma oportunidade. *Ó bùn mi lébùn* – Ela me deu um presente; *Ó bùn mi láyè láti sisé* – Ele me deu a oportunidade de trabalhar. Obs.: Os pronomes que seguem este verbo não seguem a regra dos acentos tonais; mantêm-se com tom médio, com exceção da 3ª pessoa do singular. *Ó bùn ún lówó* – Ele deu dinheiro a ela.

BÙNÍJE, **BÙNÍSÁN**, *v.* Morder.

BÙNLÁYÈ, **FÚNLÁYÈ**, *v.* Dar lugar a, permitir, admitir. *Ó bùn mi láyè láti kàwé* – Ele me deu a oportunidade de ler.

BÙNLÉBÙN, **FÚNLÉBÙN**, *v.* Dar um presente. *Ó bùn mi lébùn* – Ele me deu um presente; *Ó fún mi ní èbùn* – Ele me deu um presente; *Ó fún mi lébùn onje* – Ela me deu comida de presente. V. *fún*.

BÙNLÓMI, **FÚNLÓMI**, *v.* Suprir com água.

BUPÁ, *v.* Vacinar, ser vacinado. *Ó bupá fún mi* – Ele me vacinou; *Mo ti bupá* – Eu tinha sido vacinado. < *bù + apá*.

BUPÁ-BUPÁ, s. Vacinador. Ìbupá – vacinação.

BÙPÍN, v. Distribuir. Ó bu onjẹ pín fún wa – Ela distribuiu comida para nós.

BÚRA, v. Jurar. Ó fi Ọlọ́run búra – Ela jurou por Deus; Ó fi orúkọ ìyá rẹ̀ búra – Ele jurou pelo nome da mãe dele.

BÚRA ÈKÉ, v. Jurar em falso, perjurar. Ó búra èké – Ele jurou em falso.

BÚRÁÙN, s. Marrom, castanho (do inglês *brown*).

BÚRẸ̀DÌ, s. Pão (do inglês *bread*). Mi ò lè jẹ búrẹ̀di báyìí – Eu não posso comer pão agora.

BÙRỌ̀DÁ, s. Irmão, irmã (do inglês *brother*). V. ẹ̀gbọ́n, àbúrò.

BÚRỌ́Ọ̀SÌ, s. Escova (do inglês *brush*).

BURẸ̀WÀ, adj. Feio. Ó burẹ̀wà – Ela é feia; Ìburẹ̀wà – feiura. < burú + ẹwà.

BURÚ, v. Ser mau. Ìwọ burú fún mi – Você é mau para mim; Kò burú – mais ou menos (lit. não é ruim, mas também não é bom).

BÚÚRÚ, s. Brincadeira de esconde-esconde.

BÚRU-BÚRU, adv. Completamente, inteiramente, intimamente. Ó ba búru-búru – Ele se escondeu inteiramente.

BURÚKÚ, BÚBURÚ, adj. Mau, sórdido. Ó hùwà burúkú – Ele tem um caráter ruim. V. burú.

BÙSÀ, v. Honrar, respeitar, tratar com respeito.

BÙSÀ, v. Aplicar um medicamento. Ó bu oògùn sa orí – Ele aplicou um medicamento na cabeça.

BÚSẸ̀KÚN, v. Ele desatou a chorar, chorar intensamente. Ó búsẹ̀kún – Ele chorou copiosamente.

BÚSẸ̀RIN, v. Gargalhar, arrebentar de rir. Ó búsẹ̀rin – Ele riu bastante.

BÙSÍ, v. Adicionar, aumentar, abençoar. Òjò bùsí i – A chuva aumentou; Ọlọ́run bùsí fún ọ – Deus o abençoe.

BÙSỌ, v. Discutir uma ideia. Olùkọ́ bu ọ̀rọ̀ yìí sọ – O professor discutiu a matéria inteiramente.

BÙṢÁN, v. Morder. Ejò bù mí sán – A cobra me mordeu.

BÙṢE, v. Aproximar do fim, chegar ao fim. Iṣẹ́ yìí bùṣe – Este serviço chegou ao fim.

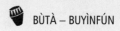

BÙTÀ, *adj.* Insípido, insosso; *v.* Retalhar, vender um pouco de alguma coisa. Ó bu iyọ̀ tà – Ele vendeu um pouco de sal.

BÙTÁN, *v.* Imergir, mergulhar, introduzir.

BÚTẸ́, **BÚTẸ́-BÚTẸ́**, *adv.* Fragilmente, facilmente. Okùn náà já bútẹ́-bútẹ́ – A corda arrebentou facilmente. = fútẹ́-fútẹ́.

BÙTÙ-BÚTÚ, *adv.* Empoeirado. Àwọn ọmọdé nṣiré nínú bùtù-bútú – As crianças estão brincando num lugar empoeirado. V. wúta-wùta.

BÙWÁYÀ, *adj.* Cheio, em grandes proporções, em larga escala.

BÙWÒ, *v.* Observar, notar.

BUWÓKÙ, *v.* Reduzir o preço ou o valor. Ó bu owó mi kù – Ele reduziu meu salário. < bù + owó + kù. V. bùkù.

BUWÓKÚN, *v.* Aumentar o preço de alguma coisa. < bù + owó + kún. V. bùkún.

BUWÓLÉ, *v.* Multar, cobrar uma taxa, estabelecer ou aumentar um preço.

BÙWỌ́N, *v.* Salpicar, espalhar, derramar. Ó bu omi wọ́nlẹ̀ – Ele salpicou água no chão.

BUYÌNFÚN, *v.* Respeitar, honrar, cuidar.

DÁ, *v.* **1.** Criar, fazer, fabricar. *Ọlọ́run dá ara ènìà* – Deus criou as pessoas; *Adé dá iná* – Adê fez o fogo. > *èdá* – criação; *dárúkọ* – dar o nome. **2.** Cessar a chuva, parar, interromper, ser raro, escasso. *Òjò ti dá pátápátá* – A chuva cessou completamente. > *òdá* – escassez, aridez. **3.** Atingir, acertar, bater. *Ò dá mi ní igi* – Ele me atingiu com um pau. **4.** Abandonar, desertar. *Ilé ti dá* – A casa ficou deserta. **5.** Estar bem. *Ara mi dá* – Eu estou bem. < *dáa, dára, dáradára*. **6.** Derrubar em uma luta. *Ẹṣin mi dá mi* – Meu cavalo me derrubou. **7.** Quebrar o que é compacto, rachar. *Ó dá òòyà mi* – Ela quebrou meu pente. **8.** Arrancar o inhame. *Ó ìdáṣu* – Ele arrancou o inhame. **9.** Causar. *Ó dá ebi pa mí* – Ele me causou fome; *O dá arò ọkọ̀ rẹ̀* – Você causou a perda do carro dele. **10.** Contribuir. *A dá owó* – Nós contribuímos com dinheiro. **11.** Confiar. *Ó dá mi iṣẹ́ yìí* – Ele me confiou este trabalho. **12.** Estar inativo. *Ìdákú* – desmaio. **13.** Consultar. *Bàbáláwo ndáfá = Bàbáláwo ndífá* – O olhador está consultando Ifá. V. *dáwò*.

DÁ, *part. pré-v.* Indica uma ação que se faz sozinho. *Mo dá ṣe* – Eu fiz sozinho; *Ó dá jó* – Eu fiz um solo de dança. *Obs.: dájẹ* – comer sozinho; *bájẹ* – comer junto.

DÁ, *part.* Pode ser traduzida por "fazer com que" e usada com nomes ligados às partes do corpo, emoções etc. *Ó dá èrin pa mi* – Ele fez com que eu morresse de rir; *Ó dá mi lágara* – Ela cansou minha paciência.

DÀ, *v.* 1. Moldar em metal, fundir. 2. Derramar, despejar água, colocar para fora, esvaziar. *Mo da omi sínú ọpọ́n náà* – Eu despejei água dentro daquela gamela; *Ó da àtọ̀* – Ele ejaculou; *Ọmọ yìí da gìrì* – Esta criança vomitou. 3. Dirigir, conduzir, cuidar. *Ó nda ẹran* – Ela está cuidando do animal. 4. Trair, delatar. *Òrẹ́ rẹ dà mí* – Seu amigo me traiu. > *dalẹ̀* – quebrar um juramento. 5. Pôr uma criança nas costas. *Ó da ọmọ rẹ̀* – Ela carregou a criança nas costas. 6. Tender a fazer algo. *Ó da iná nínú ààrọ̀* – Ele colocou fogo na lareira. 7. Fazer uma oferenda. *Mo da obì* – Eu fiz uma oferenda de noz-de-cola; *Ẹbọ yìí dà* – O sacrifício foi aceito. V. *sọ, rúbọ.* 8. Digerir. *Onjẹ yìí dà dáadáa* – A comida foi bem-digerida. 9. Tornar-se, vir a ser. *Ó da olówó* – Ele se tornou rico. > *dàbí* – parecer, assemelhar. V. *di*.

DÀ, *v. interrog.* Onde está? *Owó dà?* – Onde está o dinheiro?; *Òun dà?* = *Níbo ló dà?* – Onde ela está? V. *nkọ́*.

DÁA, *v.* Estar bem. *Ó dáa* – tudo bem. V. *dáadáa*.

DÁBÁ, *v.* Sugerir, propor. *Ó dábá kí wọ́n lọ* – Ela sugeriu que eles fossem. < *dá + àbá*.

DÁBÁ, *v.* Aventurar, propor ou fazer um movimento.

DABARÚ, *v.* Confundir, enganar, jogar areia nos olhos. *Adájọ́ yìí dabarú ọ̀rọ̀ mi* – Este juiz confundiu meu caso. = *dàrú*.

DÁBẸ́, *v.* Circuncidar. *Ó dábẹ́ mi = Ó dá mi lábẹ́* – Ele me circuncidou.

DÀBÍ, *v.* Assemelhar, parecer, ser como. *Ó dàbí ajá ní irí rẹ̀* – Ele aparenta ser parecido com o cachorro dele; *O dàbí rẹ̀* – Você parece com ele. *Ó wá dàbí ẹni pé yíò wá* – Parece provável que ela virá.

DÁBÍRÀ, *v.* Mostrar, exibir uma proeza, expor. *Ó dábírà* – Ele realizou uma façanha.

DÁÀBÒ, *v.* Proteger, defender, abrigar. *Mo dáàbò ó* – Ele me protegeu; *Báwo ni mo ṣe lè dáàbò ara mi?* – Como eu posso me proteger do assédio sexual? < *dá + ààbò*.

DÁBỌ̀, *v.* 1. Cessar, parar (usado apenas negativamente). *Ó súnkun kò dábọ̀* – Ela chorou sem parar. 2. Por favor na forma imperativa. = *jọ̀wọ́*.

DÁBÚ, *v.* Deitar atravessado, colocar atravessado. *Mo figi dáàbú ọ̀nà* – Eu coloquei uma madeira atravessada na estrada. < *dá + ìbú*. > *nídáàbú* – transversal.

DÀDÁ, s. Rei mítico de Ọ̀yọ́ que abdicou em favor de seu irmão Ṣàngó.

DÁDÁ, v. Confiar algo a alguém. Ó dá mi dá iṣẹ́ yìí – Ele me confiou este trabalho; Ó dá èmi nìkan dá a – Ele me deixou fazer isto sozinho.

DÁDÁ, adv. Espessamente. Ó ki dádá – Ele é espessamente grosso.

DÁADÁA, DÁRADÁRA, adj. Bom, bonito; adv. Bem, esplendidamente. Mo yó dáadáa – Eu estou satisfeito (dito após uma refeição).

DÀDÉ, v. Virar de cabeça para baixo. Ó da ọkọ̀ yìí lójú délẹ̀ – Ele emborcou este barco.

DÁDÍ, v. Causar, provocar, chegar a um fim. Ọ̀dá yìí dádí – A escassez chegou ao fim.

DÁDÓ, v. Morar sozinho, isolado. Ó dádó – Ele é independente.

DÁDÚRÓ, DÁRÓ, DÁDÓ, v. Deter, impedir, parar, suspender. Ó dá mi dúró – Ele me manteve esperando, ele demorou; Ounkóun kì í yíò lè dá mi dúró ki n máà sálọ – Nada poderá me impedir de escapar; Ó dádúró – Ele é autossuficiente; dá iṣẹ́ dúró – greve.

DÁ ÈÉSÚ, v. Contribuir para uma associação de ajuda econômica.

DÁFÁ, DÍFÁ, v. Consultar o oráculo de Ifá. Ó kò máa dífá ní ọjọ́ ẹtì – Ele não costuma fazer consultas às sextas-feiras. < dá + ifá.

DÁGI, v. Cortar, rachar a madeira. < dá + igi.

DÁGÚN, v. Formar um lago, poço ou piscina.

DÁGÚNLÁ, v. Ser indiferente. Ó fi mi dágúnlá – Ela não se interessou em mim. V. àgunlá.

DÁGBÁ, v. Tentar alguma coisa sem condições. Ó dágbá lé e – Ele tentou isto sem condições.

DÀGBÀ, v. Crescer, envelhecer. Ó dàgbà jù èmi lọ – Ele é mais velho do que eu.

DÁGBÁÚ, v. Deixar, ficar em má condição. Ó dá gbáú – Ele abandonou pela má qualidade; Igi dá gbáú – A madeira rachou.

DÀGBÀLÁGBÀ, v. Tornar-se um homem mais velho.

DÁGBÉ, v. Viver por conta própria, viver sozinho. Ó dágbé – Ela vive sozinha. < dá + gbé.

DÁGBÉRE, v. Despedir-se de alguém, sair de licença. Mo dágbére fún olùkọ́ – Eu disse até logo ao professor.

DAGBÈSÈ, s. Contrair dívida. Ó *dagbèsè* – Ele está em débito.

DÁGBỌ́N, v. Idealizar. Ò *ndágbọ́n* – Ele está idealizando um plano.

DÁGBỌ́NWUN, v. Morder, quebrar repentinamente.

DAHORO, v. Ficar desolado, ficar arrasado, estar abandonado. *Ilé yǐí dahoro* – Esta casa está em ruínas.

DÁHÙN, **DÁUN**, v. Responder, replicar. *Tani ndáhùn ìbèèrè?* – Quem respondeu a questão?; Ó *dá mi lóhùn* – Ele respondeu para mim; *Wọ́n dáhùn pọ́* – Eles responderam simultaneamente. < *dá + ohùn*.

DÁHÙNFÚN, v. Ser responsável por, responder por, representar. Ó *dáhùn fún isẹ́ yǐí* – Ele é responsável por este serviço.

DÀJÁDE, v. Colocar fora, afastar alguém, expulsar.

DÁJÀSÍLẸ̀, v. Causar uma desavença. Ó *dájàsílẹ̀* – Ele semeou discussão.

DAJERE, v. Fazer buracos num pote. *Ìkòkò yǐí dajere* – Esta panela foi feita cheia de buracos. V. *ajere*.

DÁJẸ, v. Comer sozinho. Ó *dájẹ* – Ele comeu sozinho.

DÁJÍ, v. Despertar repentinamente, levantar-se muito cedo.

DÁJÌ, v. Ser importante. Ó *dájì okùnrin* – Ele é um homem importante. = *pàtàkì*.

DÀJÓ, v. Derramar líquido quente em, escaldar. *Omi dàjó mi* – A água quente me queimou.

DÁJÓ, v. Dançar sozinho, fazer um solo de dança.

DÁJỌ, v. Colaborar, coletar, contribuir. Ó *dá owó jọ* – Ele contribuiu com dinheiro. = *dáwó*.

DÁJỌ́, v. Julgar, intermediar uma discussão. Ó *dá mi léjọ́* – Ele julgou meu caso; Ó *dá mi léjọ́ burú* – Ele me condenou. < *dá + ejọ́*.

DÁJỌ́, v. Marcar uma data. *Ikú kò dájọ́* – A morte não marca data. < *dá + ojọ́*.

DÁJÚ, v. Ser certo, ser seguro, ter a certeza de, ser evidente. Ó *dájú pé yíò wá* – Ele está certo de que ela virá; *Kò dá mi lójú pé mo mọ̀* – Não tenho certeza de que a conheço; *Kó dájú pé aṣọ rẹ̀ mọ́ púpọ̀* – Não é certo que a roupa dele fique muito limpa. < *dá + ojú*.

DÁJÚ, *adj.* Desavergonhado, insensível. Ó *dájú* – Ela é insensível. < *dá* + *ojú*.

DÁJÚDÁJÚ, *adv.* Certamente, seguramente, evidentemente. Àwa yíò wá dájúdájú – Ela certamente virá; *Dájúdájú mo nîláti ṣiṣẹ́* – Certamente, eu preciso trabalhar.

DÁKÀKÀ, *v.* Ajeitar o corpo para fazer algo. Ó *dákàkà lórí ẹrù náà* – Ele se inclinou sobre aquela carga (para suspendê-la); Ó *dákàká lé àga yìí* – Ele se agachou nesta cadeira apoiando as mãos sobre ela (para sentar).

DÁKÀTÀ, *v.* Ficar de pé com as pernas abertas.

DÁKÈLE, *v.* Apostar com comida.

DÁKÉLEKÈLE, *v.* Cortar em pequenos pedaços. Ó *dá igi kélekèle* – Ele cortou a madeira em pequenos pedaços.

DÁKẸ́, *v.* Ficar em silêncio, ficar calado. *Odò náà dákẹ́ rọ́rọ́* – O rio está totalmente silencioso; *Ilé náá dákẹ́ bí isà òkú* – A casa está tão quieta como um túmulo. Quando dito a uma pessoa mais jovem, significa "por favor". Obs.: *dákẹ́* é uma abreviação de *dá* + *kẹ́kẹ́*.

DÁKẸ̀JẸ̀, *v.* Ficar quieto.

DÁKẸ́RỌ́RỌ́, *v.* Ficar completamente calmo, em silêncio, quieto. = *dáké míní*.

DÁKÓ, KỌLÀ, *v.* Ser circuncidado.

DÁKO, *v.* Criar uma fazenda, uma propriedade rural.

DÁKÓKÒ, *v.* Especificar um determinado tempo, marcar um compromisso. Ó *dákókò fún mi* – Ela marcou um compromisso comigo.

DÀKỌ, *v.* 1. Copiar. Ó *dàwé yìí kọ* – Ele copiou este documento. Virar, dirigir-se em direção a. Ó *dèhìn kọ mí* – Ele deu as costas para mim. < *dà* + *èhìn* + *kọ*; Ó *dojú kọ mí* – Ele me afrontou; Ó *da ojú ibọn kọ wá* – Ele apontou o revólver para nós.

DÁKỌ, *v.* Comprar ou vender *èkọ*, pudim de milho-branco.

DÁKỌ́, *v.* Impedir, obstruir. Ó *dá mi kọ́ rí i* – Ele me impediu de vê-la.

DÁKÒDÚRÓ, *v.* Atracar, fundear, amarrar. Ó *dá ọkọ̀ dúró* – Ele ancorou o barco. = *dádúró*.

DÁKỌJÁ, *v.* Transgredir, passar sobre, passar à frente. Ó *dá ejò kọjá* – Ele passou por cima da cobra.

DÁKÚ, *v.* Desmaiar. < *dá* + *ikú*.

DÁKUN – DÁLÓHÙN

DÁKUN, v. Pedir perdão, pedir desculpas.

DAKÙN, v. Fiar algodão e prepará-lo para vender.

DÁKURÒ, v. Soltar, libertar, deixar ir.

DÀKÚRÒ, v. Derramar de um vaso. Ó dà á kúrò – Ele a derramou.

DÁLÁBẸ, v. Circuncidar. Ó dá mi lábẹ – Ele se circuncidou. < dá + abẹ.

DÁLÁGARA, v. Importunar, encher a paciência de alguém. Ó dá mi lágara – Ele me preocupou, ele cansou a minha paciência.

DÀLÁÀMÚ, v. Estar preocupado, inquieto, ansioso. Ó dà mí láàmú – Ele me preocupou.

DÁLÁPÁ, v. Quebrar um braço. Mo dá mi lápá – Eu quebrei meu braço.

DÁLÁRA, v. Punir alguém, exigir agir direito, desapontar. Ó dá mi lára – Ele me desapontou.

DÁLÁRAYÁ, v. Animar, alegrar.

DÁLÁRE, v. Justificar, manter, declarar alguém inocente. Ó dá mi láre – Ele deu um veredicto a meu favor.

DÁLÁṢÀ, v. Aventurar, tentar. Ó dá láṣà láti lọ – Ele se aventurou em ir.

DÁLE, v. Encorajar, incentivar. Ọ̀rọ̀ rẹ dá mi lọ́kàn le – Suas palavras me encorajaram.

DÁLÉ, v. Fixar o preço de um artigo. Mo dá owó lé e = Mo dá iye lé e – Eu ofereci um preço.

DÁLÈ, v. Iniciar uma ligação com alguém, cometer adultério. Mo bá a dálè – Eu a encontrei e iniciei um concubinato.

DALẸ, v. Quebrar um juramento. Ó dalẹ – Ele quebrou o juramento. < dà + ilẹ.

DÁLẸ̀, v. Estar longe de casa, estar distante. Ó lọ sí dálẹ̀ – Ele foi para longe, ele viajou. < dá + ilẹ̀. V. àjò.

DÁLẸ́BI, v. Condenar. Adájọ́ dá wọn lẹ́bi – O juiz os condenou.

DÁLẸ́JỌ́, v. Julgar, censurar. Ó dá mi lẹ́jọ́ – Ele me julgou.

DÁLẸ́KUN, v. Proibir, restringir, verificar. Ó dá mi lẹ́kun – Ele me proibiu de fazer.

DÁLẸ́ṢẸ̀, v. Quebrar a perna.

DÁLÓHÙN, v. Responder, replicar. Ó dá mi lóhùn – Ele me respondeu.

DÁLÓJÚ, *v.* Ter a certeza de, estar certo de. *Èmi dá mi lójú pé mo lè kọ́ èdèe yorubá* – Estou certo de poder estudar a língua *yorubá*.

DÀLÓJÚDÉ, *v.* Emborcar, virar, tombar. *Ó da ọkọ̀ yìí lójú délẹ̀* – Ele emborcou este barco.

DÁLÓKOẸRÚ, *v.* Emancipar, libertar alguém da escravidão.

DÁLÓKÒWÒ, *v.* Adiantar dinheiro para alguém fazer negócios.

DÁLÓRÓ, *v.* Torturar, atormentar, desapontar alguém.

DÁLỌ́LÁ, *v.* Demonstrar respeito, honra. *Ó dá mi lọ́lá* – Ele me mostrou respeito.

DÁLỌ́NÀ, *v.* Atocaiar alguém, armar uma cilada.

DÁLỌ́RÙN, *v.* Ansiar, desejar, almejar. *Ẹran ewúrẹ́ dá mi lọ́rùn* – Eu tenho desejo por carne de cabra.

DÁLỌ́WỌ́KỌ́, *v.* Prevenir, obstruir. *Ó dá mi lọ́wọ́ kọ́* – Ela me preveniu.

DÁLU, *v.* Esburacar, cavar, perfurar. *Dá ilẹ̀ lu.* – Esburacar o chão.

DÀLÙ, *v.* Misturar, bater junto. *Ó dà wọ́n lù* – Ela os misturou; *Ó sà erèé dàlù wọn* – Ela selecionou o feijão e bateu junto. = *dàmọ́*.

DÁLÙ, *v.* Cair sobre, derrubar. *Igi dá lu igi* – A árvore caiu sobre a outra árvore.

DÀLULẸ̀, *v.* Demolir, deitar abaixo. *Ó da ilé náà lulẹ̀* – Ele demoliu aquela casa. < *dà* + *lù* + *ilẹ̀*. V. *wólé*.

DÀLÚRÚ, *v.* Ser um agitador, ser demagogo. V. *ọ̀tẹ̀*.

DÀLÚRÚ-DÀLÚRÚ, *s.* Agitador. V. *èrú*.

DÁMÁJẸ̀MÚ, *v.* Fazer um acordo. *A dá májẹ̀mú* – Nós fizemos um acordo com outra pessoa.

DÁMÁNRÁN, *s.* Polido, liso, lustroso.

DÁMỌ̀RÀN, *v.* Aconselhar, planejar. *Ó dámọ̀ràn pé yíò bẹ̀ mí wò* – Ele planejou que me fará uma visita. >*bẹ̀wò* – visitar.

DÁMÉJÌ, *v.* Dividir em duas partes, dividir ao meio.

DÁMÌ, *v.* Engolir, tragar o líquido. *Ó dá mu mì* – Ele tragou o líquido.

DÁMỌ, *v.* Ser o único a conhecer. *Mo dá a mọ̀* – Sou a única pessoa que o conhece. < *dá* + *mọ̀*.

DÁMỌ́, *v.* Acusar indevidamente. *Ó dóun mọ́ mi* – Ele me acusou falsamente. < *dá* + *oun* + *mọ́*.

DÁMỌ́ – DÁNÁSUN

DÁMỌ́, *v.* Bater com algo. *Ó dá igi mọ́ mi lára* – Ele me bateu com um pedaço de madeira.

DÀMỌ́, *v.* Misturar. *Ó dà wọ́n mọ́ra wọn* – Ele os misturou. *mọ́ra* < *mọ́* + *ara*. V. *dàlù*.

DÁMỌ́LÓJÚ, *v.* Interromper, fazer desaparecer. *Ó dá oorun mọ́ wọn lójú* – Ele interrompeu o sono deles.

DÁMỌ̀RÀN, *v.* Sugerir, propor, aconselhar. *Ó dámọ̀ràn pé àwa bẹ̀ ẹ́ wò* – Ela sugeriu que nós o visitássemos.

DÀMÙRÈ, *v.* Estar pronto, estar preparado. *Ó dàmùrè* – Ele está pronto; *Ó dì mí lámùrè* – Ele me preparou.

DÀÀMÚ, *v.* Confundir ou deixar alguém perplexo, estar confuso. *Ó dà mí láàmú* – Ele me preocupou, me perturbou.

DAN, *s.* Cobra divinatória dos povos *Fọn*.

DAN, *adv.* Torna uma frase interrogativa. *Nwọ́n nsọ̀rọ̀ dan?* – Eles estão conversando? = *ṣé, bí, njẹ́*.

DAN, *v.* **1.** Frustrar. *Ó dan mí* – Ela me frustrou. **2.** Atormentar. *Wọ́n dan mí* – Eles me atormentaram.

DÁN, *v.* **1.** Testar, examinar. *Olùkọ́ yíò dán wa wò* – O professor nos examinará. **2.** Polir, engraxar, ser liso. *Ara ògiri ndá* – A parede é lisa; *adj.* Brilhante, polido. *Ojúu tábìlì yìí dán mọ̀nà* – A superfície desta mesa está brilhante.

DÁNÁ, *v.* Fazer fogo. *Òjò pa igi tí mo fi dáná* – A chuva apagou o fogo da madeira que eu acendi. < *dá* + *iná*.

DÁNÁ, *v.* Pagar um dote.

DÁNÀ, *v.* Cometer um roubo na estrada. *Ó dá mi lọ́nà* – Ele me roubou na estrada.

DÁNÀ, *v.* Cruzar uma estrada. *Ó dánà* – Ele cruzou a estrada. < *dá* + *ọ̀nà*. V. *kojá*.

DÁNÀDÁNÀ, *s.* Salteador, ladrão, pirata.

DÁNÁSọ̀, *s.* Dinossauro (do inglês *dinosaur*).

DÁNÁSUN, *v.* Queimar, consumir com fogo. *Ó dánásun ìwé náà* – Ele queimou aquele papel.

DÁNÁSUNGBỌ́, s. Termo pejorativo que se aplica às pessoas que atuam como carregadores.

DANDAN, DANDANDAN, adv. Compulsoriamente, obrigatoriamente, por certo, de qualquer modo. *Ó fi dandan lé e fún mi* – Ele me compeliu a fazer isto; *Ó fẹ́ aya rẹ̀ dandan* – Ele por certo ama a mulher dele; *Ọlọ́run yíò gbèjà wọn dandan* – Deus certamente estará ao lado deles.

DÀNDÁN, s. Mica.

DÀNDÓGÓ, s. Camisa de mangas longas, largas e com pregas. V. *agbádá*.

DÁNGBÓRÓ, adj. Delgado, tênue, fino. *Ojúgun dángbóró* – canela fina de uma pessoa.

DÁNI, v. Vencer uma luta, dominar uma luta. < *dá + ẹni*.

DÁNÍ, v. Segurar, agarrar com firmeza. *Ó dá ìbọn ní fún ara rẹ̀* – Ele tem uma arma que é própria dele; *Ó nmú àdá dání* – Ele está segurando a espada com firmeza.

DÁNÍDÁNÍ, adv. Firmemente. *Ó hun dánídání* – Ele teceu firmemente.

DÀNÌ-DANI, adj. Tolo, ingênuo.

DÀNÍDÈ, v. Libertar, livrar. *Ó dà mí nídè* – Ela me libertou da escravidão. V. *ìdàndè*.

DÁNÍGI, v. Bater com um pedaço de pau.

DÁNÍGBÈSÈ, v. Fazer algo para entrar em dívida. V. *gbèsè*.

DÁNÍJÀ, v. Ser a causa de uma briga ou luta.

DÁNÍJÌ, v. Alarmar, aterrorizar.

DÁNÍLÁRA, v. Fazer sentir algo, torturar.

DÁNÍLÓJÚ, v. Estar certo, ter certeza. *Ayọ̀ tí a fi dáníílójú* – A felicidade que nós usamos com certeza.

DÁNÍLỌ́WỌKỌ, v. Impedir, estorvar.

DÁNÍNÍYÈMÉJÌ, adj. Duvidoso, incerto.

DÀNÍYÀN, v. Desejar, cobiçar. *Mo dànìyàn láti ra ọkọ̀* – Eu estou ansioso para comprar um carro.

DÁNÍYÉMÉJÌ, v. Estar em dúvida.

DÁNKUNWÒ, v. Analisar para descobrir verdades entre erros e acertos. *Ó nṣe dánkunwò* – Ela está fazendo uma pesquisa.

DÁNMÁNRÁN, *adj.* Liso, limpo, valioso, excelente.

DÁNMỌRAN-MỌRAN, *adj.* Polido, brilhando em excesso. *Àtùpà yìí ndánmòran-mòran* – Este lampião está iluminando muito.

DÀNṢÍKÍ, *s.* Tipo de vestido curto. < *dà* + *nṣíkí*.

DÁNWÒ, *v.* Ser tentado a fazer, induzir. *Mo dánwò láti ṣe é* – Eu fui tentado a fazê-lo; *Olùkọ́ mi dán mi wò* – Meu professor me examinou.

DÀNÙ, *v.* Entornar, derramar. *Ó dà mí lómi nù* – Ele entornou minha água.

DÁNÚLÉ, **GBẸ́NÚLÉ**, *v.* Mencionar, referir-se a. *Ó dánúlé e* – Ele o mencionou.

DÁÓDÙ, *s.* Filho mais velho.

DAPA, *s.* Fel.

DÁPA, *v.* Matar por conta própria. *Ó dápa* – Ele matou por conta própria; *Ó dá ebi pa mí* – Ela matou a minha fome; *adj.* Muito amargo. *Ó korò bí dápa* – Ele é amargo como fel.

DÁPÁ, *v.* Fazer uma marca, um corte. *Ó dápa sí mi lára* – Ele fez um corte e deixou uma marca no corpo.

DÁÀPÁ, *adj.* Ferrugento, bolorento.

DÁPADÀ, *v.* Devolver. *Èmi yíò dá a padà fún ọ* – Eu devolverei isto a você; *Kò lè dá mi padà* – Ela não pode me rejeitar. < *dá* + *padà*.

DÁPAMỌ́, *v.* Poupar, economizar. *Ó dá owó pamọ́ wa* – Ele guardou o nosso dinheiro.

DÁPÁRÁ, *v.* Fazer uma brincadeira, gracejar, brincar.

DÁPÁTA, *adj.* Duro, calejado. *Ọwọ́ mi dápáta* – Minhas mãos estão calejadas.

DÀPÈ, *v.* Chamar por um apelido. *Ó dà mí pè* – Ele me chamou por outro nome. V. *àdàpè*.

DÁPẸ, **DẸ́MU**, *v.* Extrair vinho de palma do dendezeiro. *Ó dápẹ* – Ele extraiu vinho de palma.

DÁPÒ, *v.* 1. Fazer bolso em roupa. *Ó dápò sí ṣòkòtò rè* – Ela fez um bolso na calça dele. 2. Preguear, amarrotar, franzir.

DÀPỌ̀, **DÌPỌ̀**, *v.* Misturar, cooperar. *Ó bá obìnrin náà dàpọ̀* – Ele teve uma relação sexual com aquela mulher (*lit.* ele com aquela mulher se relacionou). = *báṣe*.

DÀPỌ̀MỌ́, **DARAPỌ̀MỌ́**, *v.* Combinar, misturar, juntar. *Mo da ṣúgà pọ̀mọ́ iyọ̀* – Eu misturei açúcar com sal; *Wọ́n darapọ̀mọ́ mi* – Eles se uniram a mim; *Ẹgbẹ́ yìí dàpọ̀ mọ́ ẹgbẹ́ kéjì* – Este centro se filiou ao outro centro.

DÀPÒSÒKAN, *v.* Unir, juntar, associar-se a outra pessoa.

DARA, *adj.* Habitual.

DÁRA, **DÁA**, *v.* Ser bom, ser bonito. Ó *dára púpò* – Ela é muito boa; Ó *dáa!* – Tudo bem, ótimo!; *Ènìà míràn dára* – Algumas pessoas são boas.

DÁRÀ, *v.* Fazer proezas, inventar. Ó *dárà* – Ele fez uma proeza. < *dá* + *àrà*.

DÁRADÁRA, **DÁADÁA**, *adj.* Bom, bonito. *Ilè yìí so irúgbìn di dáradára* – Esta terra brotou as sementes, tornando-se produtiva; *Ènìà dáadáa* – Uma boa pessoa; *adv.* Ó *nsisé dáradára* – Ele está trabalhando bem; *O se dáradára láti wá* – Você fez bem em vir.

DÁRAJÙ, **DÁRAJÙLO**, *adj.* Melhor, superior. *Bísí dára jù Olú lo* – Bísí é melhor do que Olú (*Bísí* e *Olú* são nomes de pessoas).

DARAN, *v.* Guiar, conduzir, cuidar. Ó *daran* – Ele conduziu os animais. < *dà* + *eran*.

DÁRÀN, *v.* Envolver-se em dificuldades, cometer um crime, estar com preocupações. Ó *dáràn* – Ele está em dificuldades. < *dá* + *òràn*.

DARANDARAN, *s.* Pastor, guia, vaqueiro.

DÁRÀNDÁRÀN, **ÒDÁRÀN**, *s.* Criminoso.

DARAPÒMÓ, *v.* Unir, combinar com.

DÁRAYÁ, *v.* Estar alegre, viver a vida. Ó *dá mi lára yá* – Ele me animou. < *dá* + *ara* + *yá*.

DÁRAYÁ, *v.* Fazer um exercício físico.

DÁRE, *v.* Decidir em favor de, justificar. Ó *dáre fún mi* – Ele decidiu a meu favor. *V. dáláre*.

DARÍ, *v.* Dirigir-se, retornar, conduzir, orientar. *Mo darí rè síbè* – Ele retornou para lá, naquela direção; Ó *darí okò yìí* – Ele retornou neste barco. < *dà* + *orí*.

DÁRÍBÁKÌ, *s.* Calça de boca larga.

DARÍBÒ, *v.* Retornar. Ó *ndaríbò* – Ele está a caminho daqui.

DÁRIJÌ, *v.* Perdoar. Ó *dárijì* – Ele me perdoou; Ó *dári èsè náà jì mí* – Ele me perdoou por aquela ofensa.

DARÍKODÒ, **DORÍKODÒ**, *v.* Ficar de cabeça baixa, desanimado, abatido. Ó *daríkodò* = Ó *darí rè kodò* – Ele se sente abatido.

DARÍKỌ, DORÍKỌ, v. Dirigir-se a, ir na direção de. Ó daríkọ sílé mi – Ele se dirigiu à minha casa. < dà + orí + kọ.

DARIKỌ, DỌRỌKỌ, adj. Torto, desajeitado.

DÁRÌN, v. Caminhar sozinho.

DARÍSÍ, v. Virar para, predisposto a, tender para. Ó darí rẹ síbẹ̀ – Eu a virei para aquela direção. < dà + orí + sí.

DÀRÒ, v. Considerar, refletir. Mo da ọ̀rọ̀ náà rò – Eu considerei aquele assunto.

DÁRÒ, v. Lamentar, pensar em alguém ausente, expressar simpatia. Ó dárò mí – Ela lamentou minha ausência; Ó bá mi dárò ikú bàbá mi – Ele lamentou comigo pela morte do meu pai.

DÁRÓ, v. Preparar uma tinta. Ó ndáró – Ele está fazendo a infusão de tintas. < dá + aró.

DÁRÓ, v. Ficar sozinho, viver recluso.

DÁRÓ, DÁDÚRÓ, v. Deixar alguém esperando, atrasar-se. Ó dá mi ró – Ela me deixou esperando.

DÀÁRỌ̀, exp. Ó dàárò – Até amanhã. < di + àárò.

DÁRỌ́SỌ, v. Falar sozinho. Ó ndárọ́sọ – Ele está falando para si mesmo.

DÀRÚ, v. Ser confuso, confundir. Ọ̀rọ̀ yìí dàrú – Este assunto está confuso.

DÀRÚDÀPỌ̀, adj. Confuso, desordenado. Dàrúdàpọ̀ ni ó ṣe – Foi uma confusão que ele fez.

DARÚGBỌ́, v. Ser velho, ter idade avançada. Ó ti darúgbọ́ kàngẹ́ – Ele ficou muito velho.

DÁRÚKỌ, v. Mencionar o nome, nomear. Ó dárúkọ rẹ̀ – Ele deu o nome dela. < dá + orúkọ.

DASÁN, v. Ser inútil, ser de nenhum proveito. > ìsọdasán – aniquilação.

DASÁN, v. Ser responsável por um pagamento. Ó dá a sán – Ele era o pagador exclusivo.

DÁSÈ, v. Preparar uma comida sem ajuda. Ó dásè é – Ela cozinhou isto sem ajuda, sozinha.

DÁSẸ̀, DẸ́SẸ̀, v. Parar de ir a um lugar, fazer-se de difícil. Ó dásẹ̀ níbí – Ele deixou de vir aqui; Ìwà a rẹ̀ mú wa dásẹ̀ láti lọ síbẹ̀ – Foi seu mau caráter que nos fez deixar de ir lá. < dà + ẹsẹ̀.

DÁSẹ̀DÚRÓ, v. Deter, esperar.

DÁSÍ, v. 1. Poupar, reservar. *Ó dá mi sí* – Ele me poupou. 2. Interferir, participar. *Ó dá sí ọ̀rọ̀ yìí* – Ele participou desta conversação. 3. Dividir, separar, fracionar. *Ó dá a sí méjì* – Ele a dividiu em dois.

DÀSÍLẸ̀, v. Derramar no chão, jogar, entornar. *Ó da ìkán mẹ́ta sílẹ̀* – Ele derramou três pingos de água no chão; *Omi yìí dásílẹ̀* – A água está derramando; *Ó da òkúta sílẹ̀* – Ele jogou uma pedra.

DÁSÍLẸ̀, v. 1. Fundar ou estabelecer. *Ó dá ilé ẹ̀kọ́ yìí sílẹ̀* – Ele fundou este colégio. 2. Semear, espalhar. *Ó dá àjà sílẹ̀ láàrin wa* – Ela semeou briga entre nós; *Ó dá ẹ̀rù sílẹ̀* – Ele espalhou o alarme entre as pessoas. 3. Libertar. *Ó dá mi sílẹ̀ ló kó ẹrú* – Ele me libertou da escravidão.

DÁSỌ, v. Aludir, fazer menção, falar acerca de. *Ó dá nípa ìsìn sọ* – Ele falou sobre a religião.

DÁṢÀ, v. Introduzir uma nova moda, usar para fazer alguma coisa. *Ó dáṣà* – Ele adotou um novo costume. < *dá + àṣà*.

DÁṢÁKÁ, adj. Limpo, claro.

DÁṢÀKÁṢÀ, v. Adotar um comportamento desaforado, imprudente, irrefletido. *Ó dáṣàkáṣà sí mi* – Ele se comportou de maneira desaforada para mim. < *dá + àṣà + kú + àṣà*.

DÁṢAṢA, adj. Ótimo.

DÁṢE, v. Fazer algo sozinho. *Ó dá orò rẹ̀ ṣe* – Ela fez a obrigação dela sozinha.

DÁṢỌ, v. 1. Tecer tecidos. *Ó dáṣọ* – Ele pôs algodão no tear e teceu. 2. Fazer, criar roupas. *Mo dáṣọ sí ara mi* – Eu fiz uma roupa para mim.

DÀTỌ̀, v. Ejacular esperma. < *dà + àtọ̀*.

DÁWÀ, v. Viver sozinho, viver por si só. *Ọlọ́run dáwà* – Deus vive por si só. = *dágbé*.

DÁWẸ̀, v. Banhar-se sozinho.

DÁWIN, DÁMÌ, v. Engolir.

DÁWIN, v. Pagar à prestação. *Ó dáwin lẹ́ẹ̀mẹ́ta* – Ela pagou à prestação em três vezes.

DÁWO, v. Confiar um segredo. *Ó ba mi dáwo* – Ele confiou um segredo a mim. < *dá + awo*.

DAWÓ, v. Moldar, fundir moedas, falsificar dinheiro. < dà + owó.

DÁWÓ, v. Dar dinheiro, contribuir com dinheiro. Wọ́n dáwó – Eles contribuíram com dinheiro.

DÁWÒ, v. Consultar um oráculo. Ó dá òrìṣà wò – Ele consultou a divindade.

DAWÓ-DAWÓ, s. Falsificador, adulterador.

DÁWỌ́, v. Cessar, parar. Òjò kòì dáwọ́ – A chuva ainda não parou; Má ṣe dáwọ́ ìkẹ́kọ́ – Nunca deixe os estudos.

DÁWỌ́, v. Cortar o cordão umbilical. Mo dáwọ́ – Ele cortou o cordão umbilical. < dá + ìwọ́.

DAWỌ́BÒ, v. Cooperar, juntar-se a uma pessoa. A dawóbò iṣẹ́ yìí – Nós colaboramos com este serviço. < dà + ọwọ́ + bò.

DÁWỌ́BÒ, v. Cobrir, tapar com as mãos. Ó dáwọ́bò ó – Ele cobriu com a mão dele.

DAWỌ́DÉLẸ̀, v. Arruinar, humilhar-se. Ó dawọ́ mi délẹ̀, ó sálọ – Ela me humilhou e me abandonou.

DÁWỌ́DÚRÓ, **DÁWỌ́RÓ**, v. Abster-se, parar, cessar. Ó dáwọ́dúró – Ele se absteve de fazer o que estava fazendo. < dá + ọwọ́ + dúró. V. dáwọ́.

DÁWỌ́LÉ, v. Aventurar, tentar. Ó dáwọ́lé iṣẹ́ yìí – Ele se incumbiu deste trabalho.

DAWỌ́PỌ̀, v. Juntar as mãos, unir. A dawọ́pọ̀ láti ṣiṣẹ́ yìí – Nós colaboramos em fazer este trabalho.

DÁWỌ́RÓ, v. Parar, desistir. Òjò dáwọ́ró – A chuva cessou. < dá + ọwọ́ + dúró.

DÀWÚ, v. Preparar fios de algodão para vender. < dà + òwú.

DÁWÚ, v. Inchar, dilatar voluntariamente. Ọwọ́ mi dáwú – Minha mão inchou.

DÀYÀDÉ, v. Monopolizar, não ter concorrente. Ó dàyàdé òwò – Ele monopolizou o negócio.

DÁYÀJÁ, v. Ter medo. Ó dáyàjá mi – Ela tem medo de mim.

DÁYÉ, v. Nascer, vir ao mundo. Ará nka ijọ́ tó dáyé – Aquele que conta os dias que a pessoa veio ao mundo.

DÁYELÉ, **DÍYELÉ**, v. Avaliar, colocar um preço. Ọ̀rẹ́ tòótọ́ kò ṣe díyelé – Um amigo verdadeiro não tem preço.

DÉ, *v.* 1. Chegar, vir, atingir. *Àwọn ènìà dé láná* – As pessoas chegaram ontem. *Obs.:* é usado no tempo passado. *V. bọ̀, wá.* 2. Cobrir a cabeça de homem, coroar. *Mo dé filà* – Eu coloquei um chapéu. > *adé* – coroa. Para cabeça de mulher, usar o verbo *wé*. 3. Cobrir um pote, tampar. *Dé onjẹ yẹn* – Cubra aquela comida. 4. Acontecer. *Kíló dé?* – O que houve?

DÉ, *prep.* 1. Até. Quando indicar um local, é antecedida por *títí*. *Mo rìn títí dé ilé mi* – Eu andei até minha casa. *V. di.* Quando indicar de um local para outro, é antecedida por *láti*. *Ó lọ láti ilé dé oko* – Ele foi de casa até a fazenda, ou de casa para a fazenda. 2. Para. *Ó ra ìwé kan dé mi* – Ela comprou um livro para mim. *V. fún* – para.

DÉ, *part.* É usada entre duas palavras repetidas para dar o sentido de vir, de chegar. *Ìran* – geração > *ìradéran* – de geração em geração; *ọwọ́dọ́wọ́* – de mão em mão (*dé* + *ọwọ́*). *V. sí.*

DÈ, *v.* Unir, ligar, apertar. *Ó gbé mi dè* – Ele me pegou e amarrou. = *dì*.

DÈ, *prep.* Por. *Ó jókó dè mí* – Ele se sentou e esperou por mim; *Mo ṣọ̀nà de aya mi* – Eu aguardei pela minha esposa; *Dúró dè mí* – Espere por mim.

DÉBÁ, *v.* Acontecer, resultar, ter lugar (normalmente referindo-se a uma má sorte). *Ibí débá mi* – O infortúnio aconteceu em mim.

DÉBẸ̀, *v.* Atingir ou chegar ao ponto.

DÉBIPA, FEBIPA, *v.* Morrer de fome, sofrer falta de comida. *Ó débi pa mí* – Ela me matou de fome. < *dá* + *ebi* + *pa*.

DÉDÉ, *v.* Ter oportunidade, ter chance. *A dédé wò ó* – Nós tivemos a chance de vê-lo; *adj.* Exato; agradável, conveniente. *Òrò yìí wà ní dédé* – Este trabalho está exato; *adv.* Por acaso, sem qualquer razão. *A dédé rí yín láná* – Nós, por acaso, vimos vocês ontem; *Ó dédé ṣubú lulẹ̀* – Ele, sem qualquer razão, caiu no chão.

DÉEDÉE, DÉDÉ, *adv.* Normalmente, regularmente, exatamente. *Iṣẹ́ nlọ dédé* – O trabalho está indo normalmente; *Ó níláti wẹ̀ déedée* – Ele precisa tomar banho regularmente; *Ó ṣe dédé pẹ̀lú ohun tí o wí* – Ele fez exatamente como você disse.

DÈGÚN, *v.* Desperdiçar, perecer.

DÉGBÒ – DẸ

DÉGBÒ, v. Ter uma ferida.
DẸ́JỌ́, **DÁJỌ́**, v. Julgar, intermediar uma discussão. Ó dá mi léjọ́ – Ele julgou meu caso. < dá + ejọ́.
DÉ FÌLÀ, v. Colocar um chapéu, cobrir a cabeça de homem. A forma wé é usada para cobrir cabeça de mulher. > adé – coroa.
DÉLÁDÉ, v. Coroar. Ó dé mi ládé – Ele me coroou.
DÈLÁPÁ, v. Amarrar as penas de um pássaro, amarrar os braços, unir, manietar.
DELÉ, s. Representar, substituir. Ó delé mi – Ele agiu como meu adjunto. < dè + ilé.
DÉLÉ, v. Chegar em casa. A délé wa – Eu cheguei em nossa casa. < dé + ilé.
DÉLÉDÉLÉ, adv. Convincentemente.
DÉLẸ̀, v. Tocar o chão, aterrissar, pousar. Ṣòkòtò yìí délẹ̀ – Esta roupa está comprida, está tocando o chão. < dé + ilẹ̀.
DÈLẸ́SẸ̀, v. Amarrar os pés. Ó dè é lẹ́sẹ̀ – Ele amarrou os pés dela.
DÈLẸ́WỌ́N, v. Atar, prender com correntes.
DÈLỌ́NÀ, v. Obstruir, impedir o progresso. Ó dè wa lọ́nà – Ele obstruiu o nosso caminho.
DÈLỌ́WỌ́, v. Amarrar as mãos de alguém. Ó dè mí lọ́wọ́ – Ele amarrou minhas mãos.
DÈNÀ, v. Armar uma cilada, emboscar, atocaiar. Ó fi igi dènà – Ele usou uma madeira e bloqueou a estrada. < dè + ọ̀nà.
DÉNÚ, **DÉNÚDÉNÚ**, adv. Ternamente. Ó fẹ́ mi dénúdénú – Ela me ama ternamente.
DÉPÒ, v. Assumir uma posição, ter um status em vida. Ó dépò ọlá – Ele atingiu uma posição honrosa. < dé + ipó. V. dípò.
DÈRÉ, **DÈDÈRÉ**, obs. Ó sojú dèré – Ele está com uma expressão idiota.
DÈRÒ, v. Tornar-se uma forma de contemplação. < dà + èrò.
DÉSI, v. Acontecer, surgir. Ebi désí mi – Eu senti fome (lit. a fome surgiu para mim).
DÉÉSÚ, v. Contribuir financeiramente junto aos demais integrantes de uma organização. < dá + èésú.
DÉTÍ, s. Borda, beirada. Ó kún títí détí – Ele está cheio até a beirada.
DẸ, v. Caçar, pegar, atrair, preparar armadilha. Ó dẹ ejá – Ele pegou um peixe; Ó dẹ pakuté – Ele armou uma armadilha. > ọdẹ – caçador.

DÈ, *v.* 1. Ser macio, maduro. *Ọsàn yìí dé* – Esta laranja é macia; *Ó dẹhùn* – Ela baixou a voz, ela se acalmou. < *dè* + *ohùn*. 2. Ser largo, solto. *Èwù yìí dé mí lára* – Estou confortável nesta roupa. 3. Ser tolo, fútil, burro. *Ọ̀dọ̀kùnrin náà dè* – O rapaz é burro.

DÈ, *adv. pré-v.* Ainda. *Nwọ́n ó dè tẹ̀ ẹ́* – Eles ainda o seguirão. *V. ṣì.*

DÉBI, *v.* Condenar. *Ó dá mi lébi ikú* = *Ó débi fún mi* – Ele me condenou à morte. < *dá* + *ẹbi.*

DẸDẸ, *adv.* Exaustivamente. *Ó rẹ̀ dẹdẹ* – Ele está exaustivamente cansado.

DÈDÈ, *adv.* 1. Perto, ao alcance da mão. *Ọjọ́ yìí rò dèdè* – O dia determinado está perto. *Ikú rẹ̀ kù dèdè* – A morte dele está próxima. 2. Muito. *Èso náà pọ́n dèdè* – A fruta está muito madura.

DẸDÒ, *v.* Pescar. *Ó dẹdò* – Ele pescou no rio (com linha ou rede). < *dẹ* + *odò.*

DÈGÙN, *v.* Fazer um assento rústico junto a uma árvore e esperar os animais para caçá-los.

DÈGBÉ, *v.* 1. Voltar-se em direção a. *Ó dègbé sí mi* – Ele virou de lado para mim. 2. Caçar dentro do mato. *Ó dègbé* = *Ó dẹgbó* – Ele caçou no mato.

DÈHÌN, *v.* Voltar, tornar-se. *Ó dèhìn* – Ele voltou atrás. < *dà* + *ẹhìn.*

DÈHÌN, *prep.* Até depois. *Ó dèhìn òla* – Até depois de amanhã. *V. ẹ̀hìn.*

DÈHÌNKỌ, *v.* Dar as costas, ser contra. *Ó dèhìnkọ mí* – Ela deu as costas para mim. < *dà* + *ẹhìn* + *kọ.*

DẸHÙN, *v.* Baixar a voz, acalmar-se. < *dè* + *ohùn.*

DẸJÁ, *v.* Pescar com linha, rede ou armadilha.

DÈJẸ, *v.* Enganar, trapacear. *Ó dè mi jẹ* – Ele me enganou.

DẸJÚ, *adj.* Macio, suave.

DẸKÙN, *v.* Armar uma armadilha. *Mo dẹkùn dè é* – Eu armei a armadilha e fixei a corda (para caçar). < *dẹ* + *okùn.*

DẸKUN, *v.* Cessar, parar. *Ó dẹkun láti sòrò nígbàtí mo dé* – Ela parou de falar quando eu cheguei.

DÈLÁRA, *v.* Acalmar, aliviar.

DÉLÈ, *s.* Um tipo de comida feita com inhame.

DÈLÉKẸ, *v.* Armar uma armadilha para pegar uma mentira ou alguém cometendo um erro. *Mo dè é lékẹ* – Eu preparei uma armadilha para ele.

DÉMU, DÁPẸ – DẸWỌ́

DÉMU, DÁPẸ, v. Extrair vinho de palma do dendezeiro.
DẸ̀NGẸ́, s. Caldo, papa, mingau.
DẸ́NGẸ̀, v. Tigela para medir milho ou polvilho no mercado.
DẸNGBẸRẸ, adv. Descuidadamente, folgadamente.
DẸRA, v. Ficar flácido, murcho, frouxo. Ó dẹra – uma pessoa frouxa. < dẹ̀ + ara.
DẸRAN, v. Fritar a carne. Ó dẹran jẹ – Ela fritou a carne e comeu. < dín + ẹran.
DẸRAN ARA, v. Tornar-se um hábito, tornar-se um desejo. Ó dẹran ara wa – Ele se tornou nosso hábito. < di + ẹran. V. ẹran ara.
DÉRINPA, v. Colocar risos, ser ridículo. Wọ́n dẹ́rinpa mí – Eles me fizeram rir.
DẸ̀RỌ̀, v. Pacificar, acalmar.
DẸRÙ, v. Empacotar, amarrar uma carga.
DẸ́RÙ, v. Causar medo, alarmar.
DẸ́RÙBÀ, v. Amedrontar, assustar, apavorar. Ó dẹ́rùbà mí – Ele me amedrontou, me intimidou.
DẸRÙLÉ, v. Carregar. Mo dẹrùlé kẹ́tẹ́-kẹ́tẹ́ – Eu carreguei o burro (pôr a carga).
DẸRÙPA, v. Colocar peso de alguma coisa em. Máà dẹrùpa kẹ́tẹ́-kẹ́tẹ́ – Não sobrecarregue o burro.
DẸ́RÙSÍLẸ̀, v. Causar pânico, alarmar. Ó dẹ́rù sílẹ̀ – Ele causou alarme entre as pessoas.
DẸ́SẸ̀DÚRÓ, TẸSẸ̀DÚRÓ, v. Esperar, ficar, parar.
DẸSÍ, v. Incitar contra. Ó dẹ wọ́n sí ọba – Ele os incitou contra o rei.
DẸ́ṢẸ̀, v. Pecar, ofender, errar. Ò dẹ́ṣẹ̀ sí èṣìn mi – Ele cometeu uma ofensa contra a minha religião.
DÉTẸ̀, v. Ser leproso.
DẸTÌ, v. Fracassar, tornar algo difícil. Ó dẹtì fún mi láti lọ – É impossível eu ir. < di + ẹtì.
DẸTÍSÍ, v. Escutar, dar ouvidos. Ó dẹtí sí mi – Ele me ouviu; Ó dẹtí silẹ̀ sí mi – Ele aguçou os ouvidos para ouvir. < V. dẹ̀ + etí + sí.
DẸWÒ, v. Tentar para o mal. Ó dẹ mí wò – Ele me tentou. > ìdẹwò – tentação.
DẸWỌ́, v. Relaxar, afrouxar. < dẹ̀ + ọwọ́.

DẸWỌ́, v. Pescar com anzol. Ó lọ dẹ̀wọ̀ – Ele foi pescar com anzol.

DẸ̀WỌ̀N, v. Acorrentar. Mo dẹ̀wọ̀n mọ́ lọ́wọ́ – Ele acorrentou as mãos dele.

DẸ́WÙ, v. Fazer uma roupa para alguém, costurar. V. dáṣọ.

DI, v. 1. Tornar-se, vir a ser. Ó ti di olówó – Ele se tornou rico. É usado como componente de diversas palavras. V. dàgbà, dìjà. 2. Ir direto. Ó dilé – Ele foi direto para casa. 3. Ensurdecer. Ó di mí léti – Ele ficou surdo. 4. Cultivar.

DI, prep. Até. Quando indica tempo ou período, é antecedida por títí. Mo ṣiṣẹ́ títí di agogo mẹ́rin – Eu trabalhei até as 16h. Se indica de um período para outro, é antecedida por láti. Mo sùn láti aago kan di aagọ méjì lójojúmọ́ – Eu durmo de 13h até as 14h diariamente; Ó di àbọ̀ = Ó dàbọ̀ – Até a volta.

DÍ, v. Obstruir, bloquear, fechar, tapar buracos. Ó dí ìgò yìí – Ele tampou esta garrafa; Ọlọ́pá ti dí ọ̀nà – O policial bloqueou o caminho. Ó dí mi lọ́wọ́ láti ṣiṣẹ́ – Ele interrompeu o meu serviço. > ìdí – nádegas.

DÍ, adj. Fechado, espesso, emaranhado, complicado.

DÌ, v. 1. Amarrar, apertar, atar. Ẹ fi okùn dì í – Amarre-o com a corda; Mo diwọ́ mi – Eu apertei meu punho. V. dè. 2. Soldar, unir. A ó di àdá ọdẹ – Nós soldaremos o facão do caçador. 3. Lisonjear, encantar, fazer magia. Ọ̀tá mi dì mí – Meu inimigo fez magia contra mim. 4. Trançar o cabelo. Ó dirun – Ela trançou o cabelo. 5. Estar gelado ou congelado. Omi yìí dì – Esta água está congelada.

DÍBÀ, v. Fermentar.

DÍBÀJẸ́, v. Putrificar, tornar-se podre, estragado. Igi yìí díbàjẹ́ – Esta árvore apodreceu.

DÌBÒ, v. Lançar a sorte, fazer o jogo do ìbò.

DÍBỌ́N, v. Fingir, dissimular. Ó díbọ́n pé òun kú – Ele fingiu que morreu. > ìdíbọ́n – pretensão.

DIBÚÚRÚ, v. Brincar de esconde-esconde.

DÍDÀ, adj. Fundido.

DÍDÀ, s. Declive, inclinado.

DÍDÁ, s. Criação, ato de criar. Dídá àiyé – criação do mundo.

DÍDÁ, s. Contribuição, colaboração. Owó dídá – contribuição de dinheiro.

DÍDÁBA, *s.* Proposta.

DÍDÀGBÀ, *s.* Crescimento.

DÍDÁN, *adj.* Luminoso, brilhante. *Ó nwé gele dídán* – Ela está usando um turbante brilhante.

DÍDÀ ONJĘ, *s.* Digestão da comida.

DÍDÁ ỌWỌ́, *v.* Emprego das mãos para manipular instrumentos de divinização.

DÍDÁRA, *s.* Saúde do corpo; *adj.* Bom, bonito. *Obìnrin dídára* – uma boa mulher.

DÍDÁRÀ, *s.* Travessuras, palhaçada.

DÌDE, *v.* Levantar-se, surgir. *Wọ́n dìde nígbàtí mo dé* – Eles se levantaram quando eu cheguei; *Ó dìde wìrì* – Ele se levantou repentinamente.

DÍDÉ, *s.* Chegada.

DÍDÈ, *s.* A condição de ser encarcerado ou acorrentado.

DÍDĘ̀, *adj.* Macio, suave.

DÍDÍ, *s.* Opacidade, obstrução, teimosia, obstinação.

DÍDÌ, *s.* Amarração, condição de estar amarrado. *Dídì ènìà* – amarração, encantamento de uma pessoa. *V. dì.*

DÍDÌ, *adj.* Congelado, coagulação, solidificação. *V. dì.*

DÍDI, *s.* Surdez. *Ó yí etí dídi sí mi* – Ele não deu ouvidos a mim (*lit.* ele virou a orelha surda para mim).

DÌÍDÌ, *part. pré-v.* Indica uma ação proposital que se faz sozinho e é posicionada antes do verbo. *Ó dìídì bọ̀* – Ele retornou de propósito.

DÍDÍN, *adj.* **1.** Frito. É formado a partir do verbo *dín*, mais a vogal *í* e a repetição da consoante inicial do verbo. *Ó jẹran dídín* – Ele comeu carne frita. Outros exemplos: *dídùn, kíkórò, líle.* **2.** Cheio, apertado.

DÍDÍNKÙ, *s.* Redução. *V. dín.*

DÍDÚPĘ́, *s.* Agradecimento.

DÍDÙN, *adj.* Doce.

DÍĘ̀, *adj.* Pouco, algum. *Ó fún mi ní omi díẹ̀* – Ela me deu um pouco de água; *Díẹ̀ àwọn ènìà ni ọmọdé* – Algumas pessoas são crianças; *Léhìn ọdún díẹ̀, ó jáde ilé* – Depois de alguns anos, ela saiu de casa. *adv.* Por um instante. *Mo jókó pẹ́ díẹ̀* – Eu me sentei por alguns instantes.

DÍ̀ÈDÍ̀È, *adv.* Gradualmente, pouco a pouco. *Díèdíè ni ọjà fi nkún* – Pouco a pouco o mercado ficou cheio.

DÍFÁ, *v.* Consultar o oráculo de Ifá. = *dáfá*.

DÍGÀGÁ, *v.* Usar algo para fazer uma proteção temporária. *Ó fi ọwọ́ dígàgáa ojú* – Ele usou as mãos para proteger os olhos; *Ó fi igi dígàgáa òrùlé* – Ele usou uma viga para escorar o telhado; *Ó fi aṣọ dágàgáa fèrèsé* – Ele usou um tecido para cobrir a janela.

DÍGÍ, *s.* Vidro, espelho. *Dígí fèrèsé* – vidro da janela.

DÍGÓ, *v.* Vestir uma roupa, improvisar uma roupa. *Ọdẹ wọ dígó* – O caçador vestiu uma roupa improvisada.

DÍGÒ, *v.* Tampar uma garrafa. *Ó dígò yìí* – Ele tampou esta garrafa.

DÌGBÀDÌGBÀ, *adv.* Aos saltos, aos solavancos. *Ó fà tábìlì dìgbàdìgbà* – Ele arrastou a mesa aos solavancos.

DÌGBÀNÁÀ, *adv.* Até depois.

DÌGBÀRÓ, *v.* Permanecer de pé. *Ó dìgbàró* – Ele permaneceu de pé. < *dì* + *ìgbà* + *ro*.

DÌGBÀTÍ, *adv.* Até que, até então. *Dúródè mí títí dìgbàtí* – Espere por mim até que eu venha; *Ó dìgbà míràn!* – Até a volta!

DIGBÈSÈ, *v.* Ter débito, dívida. *Ó digbèsè* – Ele está em débito. = *jigbèsè*.

DÌGBÓṢE, *adv.* Uma forma de saudação. *Ó dìgbóṣe!* = *Ó dìgbà o!* – Adeus, até uma outra vez!

DÌJÀ, *v.* Transformar uma conversa em discussão. *Eléyìí dìjà* – Esta conversa se transformou em discussão.

DÌJÁMỌ́RA, *v.* Amarrar um tecido em volta do corpo.

DÍJÀSÍLẸ̀, *v.* Causar uma briga. *Ó dájàsílẹ̀* – Ela causou uma desavença. = *dájàsílẹ̀*.

DÍJE, *v.* Correr, competir com. *Ó bá mi díje* – Ela competiu comigo.

DÍJÌ, *v.* Estar amedrontado, assustar-se. *Mo díjì* – Eu estou assustado. < *dá* + *ìjì*.

DÌJI, *v.* Permanecer. *Ó dìji níbí* – Ele permaneceu aqui por muito tempo (*lit.* ele se tornou minha sombra). < *di* + *ìji*.

DÌJỌ, JỌ, *adj. pré-v.* Junto, em companhia de. *A dìjọ lọ sílé = A jọ lọ sílé* – Nós fomos juntos para casa. *< di + ìjọ.*

DIJÚ, *v.* Fechar os olhos. *Ó dijú* – Ela fechou os olhos; *Ó dì mí lójú* – Ela me escondeu algo (*lit.* ela fechou meus olhos); *Ó dijú fún mi* – Ela fechou os olhos para mim (*lit.* ela está ocupada). *< dì + ojú.* V. *lajú.*

DÍJÚ, *v.* Estar emaranhado, fechar o caminho. *Okùn yìí díjú* – Esta corda está toda embaraçada; *Ọ̀rọ̀ yìí díjú* – Este assunto não tem solução (*lit.* este assunto bloqueou meus olhos). *< dí + ojú.*

DÌKÀSÌ, *v.* Tornar-se velho, enferrujado. *Onjẹ yìí dìkàsì* – Esta comida está velha, rançosa.

DÌLÁMÙRÉ, *v.* Preparar a si próprio ou a outra pessoa.

DÍLÈ, *v.* Apostar.

DILÉTÍ, *v.* Causar surdez, impedir de ouvir.

DILẸ̀, *v.* Estar desempregado, empobrecido. *Ọwọ́ mi dilẹ̀* – Estou desempregado (*lit.* minhas mãos estão vazias).

DÍLẸ́NU, *v.* Amordaçar, fechar a boca.

DÌLÓKETÈ, *v.* Fazer um pacote, um embrulho. *< dì + òketè.*

DÌLÓKÙN, *v.* Amarrar. *Ó dì igi ní okùn = Ó dì igi lókùn* – Ele amarrou a madeira com a corda.

DÍLỌ́NÀ, *v.* Obstruir, impedir, interromper. *Ó dí mi lọ́nà* – Ele obstruiu o meu caminho.

DÍLỌ́WỌ́, *v.* Evitar, impedir. *Ó dí mi lọ́wọ́ láti ṣiṣẹ́* – Ele interrompeu o meu trabalho.

DÌLÙ, *v.* Condensar, juntar.

DÌMỌ́, *v.* Aderir, segurar firmemente partes do corpo, abraçar alguém. *Mo di okùn mọ́* – Eu amarrei a corda firmemente (em volta dele); *Ó dìmọ́ mi tìpẹ̀* – Ele me abraçou fortemente; *Wọ́n dìmọ́ mi lọ́rùn = Wọ́n dìmọ́ mi lẹ́sẹ̀* – Eles me obrigaram a fazer minha iniciação (*lit.* eles me agarraram pelo pescoço, eles me agarraram pelo pé).

DÌMỌ̀LÙ, *v.* Formar um conselho, conferenciar, conspirar. *A dìmọ̀lù* – Nós conspiramos juntos.

DÌMÚ, *v.* Segurar, agarrar. *Ó dì mí mú* – Ele me agarrou; *Àràn dì mí mú* – Eu tenho vermes.

DÍN, v. Fritar, assar, tostar. Ó dín ẹran = Ó dẹ́ran – Ela fritou a carne.

DÍN, DÍNKÙ, v. Diminuir, equivalente ao ato de subtrair. Ó dín owó oṣù mi – Ele reduziu o meu salário; Ówó mi dínkù – Meu dinheiro diminuiu; Dín méjì kù nínú méje – Subtraia dois de sete. > ìdínkù – redução.

DÌNÀ, v. Trincar, obstruir. Igi dínà – A árvore obstruiu a estrada. < dì + ọ̀nà. V. dènà.

DÌNÍHÁMỌ́RA, v. Colocar arreios, colocar uma armadura.

DÍNWÓ, v. Ser barato, reduzir o preço de. < dín + owó.

DÍNÚ, v. Ser temperamental, birrento. Ó dínú – Ele é reservado. < dí + inú.

DINU, DẸNU, v. Contrair a boca. Ó dinu kunkun – Ele enrugou a boca. < dì + ẹnu.

DÍPÀÀRÀ, v. Enferrujar, corroer.

DÌPÁTÍMẸ́NTÌ, s. Departamento (do inglês department).

DÌPÈLÉ, v. Cobrir algo sobre outro, estar atravessado, sobreposto. Ehín rè dìpèlé – Os dentes dele estão encavalados.

DÍPẸTÀ, v. Ficar enferrujado.

DÍPÒ, RÓPÒ, v. Substituir alguém, suceder, alcançar uma posição. Ó gba ipò mi – Ele aceitou meu cargo, ele é o meu sucessor; Ó lò ó dípò èyun – Ele usou isto em lugar daquela coisa.

DÍPÒ, prep. Em vez de, no lugar de. Olùfẹ́ owó dípò olùfẹ́ Ọlọ́run – amantes do dinheiro em vez do amor a Deus.

DÌPỌ̀, v. Amarrar junto, ligar, fazer as pazes entre duas pessoas. Ó dì wọ́n pọ̀ – Ele os amarrou juntos; adj. Congelado.

DIRA, v. Armar alguém, equipar.

DÍRẸ́BÀ, s. Motorista (do inglês driver).

DÌRỌ̀, v. Obstruir, estorvar. Ó dìrọ̀ mọ́ mi – Ele me estorvou.

DIRUN, DIRÍ, v. Trançar o cabelo de mulher. < dì + irun.

DÌSÌSÌYÍ, adv. Até agora.

DÌTẸ̀, v. Tramar, conspirar junto.

DITÍ, adj. Surdo.

DIWÈRÈ, v. Ficar furioso, bravo.

DÍWỌ, v. Estar ocupado, tomar a atenção inteira da pessoa, ocupar o tempo todo de alguém. Iṣẹ́ mi díwọ púpọ̀ – Eu tenho estado muito ocupado. V. dílọ́wọ́.

DÍWỌ́ – DÓGÒ

DÍWỌ́, v. Apertar o punho. *Mo díwọ́ mi* – Eu fechei o meu punho. < *dí + owọ́*.

DÍWỌ́, v. Impedir, interromper, bloquear. *Ó dí mi lọ́wọ́ láti sisẹ́* – Ele me impediu de trabalhar. < *dí + owọ́*.

DÍWỌ̀N, v. Medir, pesar, calcular. *Ó díwọ̀n oògùn yìí* – Ele calculou este medicamento.

DÍYELÉ, v. Avaliar, colocar um preço. *Ọ̀rẹ́ tòótọ́ kò se díyelé* – Um amigo verdadeiro não tem preço.

DÓ, v. 1. Acampar, fundar. *Ó tẹ̀lù náà dó* – Ele fundou aquela cidade. 2. Resolver. *Wọ́n ti dó síbí* – Eles resolveram aqui. 3. Morar com uma mulher, copular, expressão vulgar do ato sexual. *Ó dó o pẹ̀lú mi* – Eu tive relação com ela.

DÒÒ, adv. Indicando extensão, profundidade. *Odò yìí jìn dòò* – Este rio é muito fundo.

DÒBU, adj. Sem fundamento, sem importância. *Ọ̀rò yìí dòbu* – Este assunto é sem fundamento.

DÓDE, v. Vir, retornar. *Àrà mí ti dóde* – Uma moda nova entrou em voga. < *dé + òde*.

DÒDÒ, adj. Avermelhado. *Aso náà rè dòdò* – A roupa está muito vermelha.

DÒDÒ, DOO-DOO, DORO-DORO, adv. Usado para enfatizar algo balançando, oscilando. *Ó nfì doo-doo* – Ele está oscilando para lá e para cá; *Owọ́ doo-doo ló sán lọ* – Ele foi embora com as mãos vazias (com as mãos balançando).

DÒ-DÒ-DÒ, adv. Usado para enfatizar algo pendente, dependurado. *Ó nrọ dò-dò-dò* – Ele está pendente.

DÒDÒ, DÒDÒKÍNDÒ, s. Banana frita em óleo. *Ṣé o fẹ́ jẹ dòdò?* – Você quer comer banana frita? V. *ògèdè*.

DÒFO, v. Ficar vazio. *Ó dòfo* – Ele esvaziou; *Ète mi dòfo* – Meus planos se desencaminharam; *Ìrètì yìí dòfo* – Esta esperança é ilusória, é vazia.

DÓGÌDÌ, v. Correr de forma precipitada.

DÓGÌRÌ, DÓGÌRÌ, v. Galopar. *Wọ́n dógìrì lọ* – Eles galoparam.

DÓGÒ, v. Importunar, não largar um só instante um devedor até que ele pague a dívida. *Ó dógò tì mí* – Ele ficou próximo a mim, até que eu pagasse a dívida; *Mo fi kẹ́kẹ́ mi dógò fún Òjó* – Eu penhorei minha bicicleta com Ojô.

DÓGÚN, *v.* Enferrujar, corroer. *Irin yìí dógún* – Este ferro enferrujou. > *ìdógún* – ferrugem.

DÒGBÒDÒGBÒ, *s.* Pingente. *Ó mì dògbòdògbò* – Ele balançou o pingente.

DÒJÉ, *s.* Foice.

DÓJÚ, *adj.* **1.** Enfraquecido, debilitado. *Mo ṣàìsàn dójú ikú* – Eu estou mortalmente doente. < *dé* + *ojú*. **2.** Enfraquecido, esgarçado, esfiapado. *Ẹ̀wù yìí dójú* – Esta blusa está desfiada. < *dá* + *ojú*.

DOJÚBOLẸ̀, *v.* Curvar-se, inclinar-se em sinal de respeito, tocar com o rosto no chão para saudar, homenagear. < *dà* + *ojú* + *bò* + *ilẹ̀*. *V. foríbalẹ̀, túnbá, túúbá, dòbálẹ̀.*

DOJÚDE, *v.* Inverter, virar o rosto para baixo.

DOJÚKỌ, *v.* Confrontar, abordar.

DÓJÚSỌ, *v.* Olhar, ver para vigiar. *Ó dójúsọ mí* – Ele ficou alerta em mim. < *dá* + *ojú* + *sọ*.

DÓJÚTÌ, *v.* Envergonhar. *Ó dójú tì mí* – Ela me envergonhou.

DÓKÍDÓKÍ, *adv.* Completamente. *Ó rò ẹ̀bà dókídókí* – Ele mexeu completamente o pirão.

DÓKÍTÀ, *s.* Doutor (do inglês *doctor*). *Òyìnbó dókítà* – médico europeu. *V. onísẹ̀gùn.*

DÓKÒWÒ, *v.* Investir. *Ó dá mi okòwó* – Ele investiu em mim.

DOLÓWÓ, *v.* Tornar-se rico. < *di* + *olówó*.

DOMI, *v.* **1.** Tornar-se aguado. *Ó domi* – Ele se tornou aguado. **2.** Perder a coragem. *Ọkàn mi domi* – Eu perdi a coragem (*lit.* meu coração virou água).

DÒMINIRA, *v.* Ser livre, ser dono de si mesmo.

DÒMÙDÒMÙ, *adv.* Completamente. *Ó dé dòmùdòmù* – Ele é completamente macio.

DÓMÙKẸ̀, *v.* Esfarelar, esfacelar, desmoronar. *Ìkòkò yìí dómùkẹ̀* – Este pote caiu em pedaços.

DÓPIN, *v.* Chegar ao fim. *Èmi kò gbàgbọ́ pé ayé yìó dópin* – Eu não acredito que o mundo vá acabar. < *dé* + *òpin*.

DÒRÍ, *adv.* Ruidosamente. *Ó ngbin dòrí* – Ele está respirando ruidosamente.

DORÍKODÒ, **DARÍKODÒ**, *v.* Ficar de cabeça baixa, desanimado, desesperado. < *dà* + *orí* + *kodò*.

DORÍKỌ, DARÍKỌ, v. Dirigir-se a, ir na direção de. *Ó doríkọ sílé mi* – Ele se dirigiu à minha casa; *Ó dorí kọ̀nà odò* – Ele foi para o rio.

DORO ẸRAN, s. Testículo de boi morto.

DORODORO, DOODOO, adv. Usado para indicar movimento de vaivém. *Ọwọ́ dorodoro ló ṣàn lọ* – Ele partiu com as mãos abanando; *Ó nfi dorodoro* – Ele está oscilando para lá e para cá.

DÒṢÌRÌ, v. Apinhar, aglomerar. *Wọ́n dòṣìrì bò mí* – Eles estão apinhados à minha volta.

DÓTÌ, v. Sitiar, ocupar. = *sàba*.

DỌ̀BÁLẸ̀, v. Prostrar-se no chão em sinal de respeito a uma pessoa ou divindade, reverência. *Mo dọ̀bálẹ̀* – Eu coloquei o meu peito contra o chão; *Mo dọ̀bálẹ̀ níwájú Òrìṣà* – Eu me prostrei diante da divindade.

DỌDẸ, v. Caçar.

DỌ̀DỌ̀-DỌDỌ, adj. Pendente, caído. *Dọ̀dọ̀-dọdọ ètè* – lábios caídos.

DÓGBA, v. Ser igual, ter o mesmo tamanho. *Iká kò dógba* – Os dedos não são iguais; *Ó pín dógba* – Ele dividiu em metades iguais.

DÓGBADÓGBA, DÓGBAJÁLẸ̀, adv. Usado para ressaltar algo igual, com as mesmas dimensões. *Wọ́n dágbajálè* – Eles são idênticos; *Wọ́n gùn dógbadógba* – Eles são longos e do mesmo tamanho.

DỌ́LÀ, s. Dólar (do inglês *dollar*).

DỌ̀Ọ̀MÌ-DỌỌMI, adj. Magricela, desengonçado. *Ó ri dọ̀ọ̀mì-dọọmi* – Ele parece todo desengonçado.

DỌMỌ, v. Desenvolver-se em uma criança, tornar-se um feto.

DỌ́PỌ̀LÉ, v. Colocar um preço muito baixo, desvalorizar. *Ó dọ́pọ̀lé ọjà mi* – Ele desvalorizou minha mercadoria.

DỌ̀RÀN, v. Tornar-se uma conflagração, tornar-se uma confusão.

DỌRỌDỌRỌ, adv. Livremente. *Ó wọ́ dọrọdọrọ* – Ela arrastou livremente.

DỌ́ṢỌ̀, adj. Fino, rico, de boa qualidade. *Onjẹ yìí dọ́ṣọ̀* – Esta comida é da melhor qualidade.

DỌ̀TẸ̀, v. Tramar, conspirar, planejar. *Ó dọ̀tẹ̀ tì mí* – Ela conspirou contra mim; *Ó dọ̀tẹ̀ sílẹ̀* – Ele iniciou uma conspiração. > *ìṣọ̀tẹ̀* – trama, intriga.

DỌTÍ, adj. Sujo, indecente (do inglês *dirty*). = *dunbẹ̀*.

DỌ́WẸ́KẸ̀, v. Flertar, brincar de amar. *Mo bá a dọ́wẹ́kẹ̀* – Eu flertei com ela.

DỌWỌ́DÉLẸ̀, *v.* Arruinar, causar danos. Ó dọwọ́ mi délẹ̀, ó sálọ – Ele me causou danos e depois me abandonou.

DỌWỌ́, *v.* Ser concernente a, ser de interesse, dizer respeito a. Ó dọwọ́ re – Ela é sua preocupação. < dè + ọwọ́.

DÒWỌ́N, *v.* Ficar caro.

DU, *v.* Correr. Ó du tẹ̀lé mí – Ele correu depois de mim.

DÚ, *v.* 1. Ser preto, ser escuro. Áfíríkà dú l'áwọ – Os africanos são escuros na aparência. 2. Matar, assassinar. Wọ́n dú ewúrẹ́ – Eles mataram a cabra.

DÙ, *v.* 1. Competir, esforçar-se para conseguir algo. Ó dù nísẹ́ rẹ̀ – Ele se esforçou no trabalho dele; Wọ́n ndu ipò àárẹ – Eles estão competindo pelo cargo. 2. Recusar, desobedecer. Ó fowó náà dù mí – Ele me negou este dinheiro.

DÚBÚ, **DÁBÚ**, *v.* Estar contra, opor-se. Mo fi igi dábú ọ̀nà – Eu coloquei a madeira e impedi o caminho; Ejò dábú ọ̀nà wa – A cobra se opôs ao nosso caminho. < dá + ìbú.

DÙBÚLẸ̀, *v.* Deitar. Ó dùbúlẹ̀ lórí ẹní láti sùn – Ele se deitou na esteira para dormir. V. dòbálẹ̀.

DÚDÚ, *v.* Ser preto. Ó dúdú – Ela é de cor escura; *adj.* Ajá dúdú – um cachorro preto. > omi dúdú – café.

DÙDÙ, *adv.* Espessamente, intensamente. Àwọn kòkòró sù dùdù – Os insetos se aglomeraram intensamente.

DÚGÚN, *obs.* Ó dúgún – Ele falou com uma voz semelhante à do espírito Egúngún.

DÙGBẸ̀, *adv.* Vagarosamente. Ó nrìn dùgbẹ̀ – Ele está andando vagarosamente.

DÙGBẸ̀-DÙGBẸ̀, *adv.* Pesadamente, vagarosamente. Nkan dùgbẹ̀-dùgbẹ̀ – algo maciçamente pesado; Ó nrìn dùgbẹ̀-dùgbẹ̀ – Ele está andando cambaleando, como um bêbado.

DÙGBÒLÙ, **KỌLÙ**, *v.* Colidir, chocar.

DÙGBÒLUGI, *s.* Hidrofobia.

DÙKẸ́DÙKẸ́, *adv.* Primorosamente, requintadamente.

DÚKÌÁ, **DÚKÌYÁ**, *s.* Propriedade, possessão.

DÙLÚMỌ̀, *s.* Calúnia, mentira.

DÚN, *v.* Tocar, soar, ranger. Agogo ndún kẹ́kẹ́kẹ́ – O relógio está fazendo tique-taque; Ìlẹ̀kùn dún gbà – A porta rangeu; Ẹlẹ́dẹ̀ dún – O porco grunhiu.

DÙN – DÙÙRÙ

DÙN, *v.* 1. Ser doce, agradável. *Eléyìí dùn jù* – Este aqui é doce demais; *Ìwọ jẹ́ ènìà dùn* – Você é uma pessoa agradável. 2. Estar doendo, ser doloroso (para ferimentos externos). *Ẹsẹ̀ ndùn mí* – A perna está doendo. 3. Negar, recusar. *Má fi onjẹ dùn mí* – Não me negue comida. 4. Atormentar alguém.

DUNBẸ̀, **DỌTÍ**, *adj.* Sujo, indecente. *Ó tẹ́ kò dunbẹ̀* – Ele está desonrado.

DÚNBÚ, *v.* Decapitar (animal). *Ó dúnbú rẹ̀* – Ele o decapitou.

DÙNDÚ, *s.* Inhame frito.

DÙNDÚN, *s.* Tipo de tambor. V. *ìlù*.

DÙN-KÌN, *adv.* Vagarosamente, lentamente. *Ó fa ẹsẹ̀ dùn-kìn* – Ele arrastou o pé vagarosamente.

DÚNRUNMỌ́, *v.* Acusar de uma falsidade.

DÚPẸ́, *v.* Agradecer. *Mo dúpẹ́* – Eu agradeço; *Ó dúpẹ́ ẹbùn tóun fifún* – Ele agradeceu o presente que você deu a ele. < *dá + ọpẹ́*.

DURA, *v.* Fazer um esforço rápido para impedir que caia. *Ó dura* – Ele tentou manter o equilíbrio. < *dù + ara*.

DÙRÀ, *v.* Fazer um esforço para adquirir algo. *Ó dù wọ́n rà* – Ele se esforçou para comprá-los.

DÚRÓ, *v.* Estar de pé num local, permanecer de pé, esperar. *Ó dìde dúró* – Ele se levantou e ficou de pé; *Ó dúró fún mi* – Ele ficou de pé em apoio a mim. < *dá + ìró*.

DÚRÓ DÈ, *v.* Esperar por. *Dúró dè mi* – Espere por mim; *Mo ti dúró dè é pẹ́* – Eu esperei muito por ela; *Ayọ̀ ndúró dè ọ́* – A felicidade está esperando por você.

DÚRÓJẸ́, *v.* Ficar de pé, imóvel.

DÚRÓKÁ, *v.* Ficar em volta de. *Wọ́n dúró ségbẹ́ mi ká* – Eles se levantaram em volta de mim.

DÚRÓPẸ́, *v.* Demorar-se. *Mi ò lè dúró pẹ́* – Eu não posso me demorar.

DÚRÓṢÍ, *v.* Parar repentinamente. *Ó dúró ṣí* – Ele fez uma parada súbita.

DÚRÓTÌ, *v.* Estar de pé ao lado de. *Ó dúró tì mí* – Ele está de pé ao meu lado.

DÙRỌ̀, *v.* Caxumba.

DUURU, *adj.* Largo, grande, importante.

DÙÙRÙ, *s.* Órgão, piano. *Ó ntẹ dùùrù* – Ele está tocando órgão; *Ó mọ dùùrù tẹ̀* – Ele sabe como tocar órgão.

E, *pref.* Adicionado ao verbo para formar substantivos que indicam ação e movimento. *Rò* – pensar; *èrò* – imaginação; *wé* – embrulhar; *ewé* – folha, erva; *bú* – insultar; *èébú* – insulto. V. *e, i*.

E, É, *pron.* da 3ª pessoa do singular representado pela repetição da vogal final do verbo. Este procedimento é conhecido como o caso objetivo da 3ª pessoa. *Ó gé* – Ele cortou; *Ó gé e* – Ele a cortou; *Ó pè* – Ele chamou; *Ó pè é* – Ele o chamou. Quando o verbo tiver mais de uma sílaba, usar *rè* em vez de repetir a vogal final do verbo. *Ó şéyún rè* – Ela o abortou.

ÈBA, *s.* Jarra para guardar óleo ou gordura.

EBÈ, *s.* Monte de terra redondo ou em forma retangular para plantar inhame, tabaco ou vegetais. *Àgbè náà ko ebè işu* – O agricultor empilhou um monte de terra para plantar inhame; *Ó fi okó ko ebè* – Ele juntou com a enxada um monte de terra. É também usado como medida de área.

EBI, *s.* Fome. *Ebi npa mí* – Estou morrendo de fome; *ìgbà ebi* – tempo de escassez.

ÈBÌ, *s.* Abelha.

ÈÉBÌ, *s.* Vômito. *Èébì rè ta sí mi lára* – O vômito dele respingou no meu corpo.

ÈBÌBA, *s.* Folha grande usada para enrolar *èko* e *àgìdí*. Em outros casos, usa-se a folha da bananeira. V. *èpàpó*.

ÈBÍŞÈRE, *s.* Tipo de árvore cuja casca é amarga, as folhas são comestíveis e a raiz, venenosa.

EBÒLÒ, s. Uma erva comestível. *Gynura cernua (Compositae)*.
EBÓLÙ, s. Um tipo de peixe.
ÈBU, s. Pequeno corte.
ÈÈBÙ, s. Pedaço cortado de alguma coisa destinada à plantação. *Ó pa èèbù = Ó pa iṣu* – Ele fatiou o inhame.
ÈÉBÚ, s. Insulto, ofensa. *Ó bú mi léèbú ara* – Ele me ofendeu citando um defeito em mim.
ÈBÚTÉ, s. Porto, cais, local de aterragem. *Ọkọ̀ kan nbọ̀ lórí òkun wá sí èbúté* – Um barco está retornando sobre as águas vindo para o cais; *Ọkọ̀ omi dé ní èbúté* – O navio chegou no cais.
ÈBUTU, s. Poeira.
EDÈ, s. Semente do melão.
ÈDÈ, s. Idioma, língua, dialeto. *Àwa ti nsọ̀rọ̀ ní èdèe yorùbá* – Nós já estamos conversando em *yorubá*; *èdèe ibílẹ̀* – vernáculo, linguagem nativa; *èdèkédè* – qualquer idioma. *Obs.*: substantivo seguido de outro tem a sua vogal final alongada.
EDÉ, **IDÉ**, s. Camarão, lagosta, caranguejo.
ÈDÉ, s. Búfalo.
EDÉBÙ, s. Metade, incompleto. *Ó di edébù* – Ele se tornou incompleto; *edébù-ayé* – hemisfério.
ÈDÈKÒYÉDÈ, **ÈDÈ ÀÌYÉDÈ**, s. Desentendimento.
ÈDÌ, s. Fascínio, encantamento, atração, magia. *V. dì*.
ÈDÌDÌ, s. Carimbo, selo. *Ó fi èdìdì lé àpòwé yìí* – Ele usou selo no envelope.
ÈDÍDÍ, s. Rolha, cortiça. *Èdídí igò yìí* – a rolha desta garrafa.
ÈDÓ, s. Raio, faísca.
EDÚ, **EDU**, s. Um tipo de cabra selvagem.
ÈÉDÚ, s. Carvão. *Èédú igi* – carvão vegetal; *èédú ilẹ̀* – carvão mineral, grafite.
ÈÉDÚ DÍDÁN, s. Diamante.
ÈDÙMÀRÈ, s. Deus, o Ser Supremo do Universo. = *Olódùmarè*.
ÈDUN, s. Amargura, amargo.
ÈÉFÍN, **Ẹ̀ẸFÍN**, s. Fumaça. *Èéfín ni ìwà rẹ̀* – O caráter dele se esvaiu como fumaça.
EFINFIN, s. Mosquito.

EFINRIN, s. Manjericão. Suas folhas possuem propriedades medicinais, além de serem usadas na culinária para dar sabor aos alimentos.

EFINRIN WẸ́WÉ, **EFINRIN ATA**, s. Espécie da planta *efinrin* com as folhas menores.

ÈFÓ, s. Restos, especialmente usados para forragem do gado.

EFÓLO, **EBÓLO**, s. Um tipo de peixe.

ÈÉFỌ́, s. Fragmentos, cacos, pedaços quebrados de louça. V. *fọ́*.

ÈÈFỌ, **ÒÒFỌ̀**, s. Cutícula, pele de fora, pele que se desprende da cobra.

ÈFÙ, s. Estomatite, afta.

ÈGÀKÈ, **EGINNI**, **ÌGÀKÈ**, s. Tique-taque. *Ó rìn mí ní ègàkè* – Ele me apertou várias vezes (fazendo cócegas).

ÈGÉ, s. Talho, pedaço, fatia.

ÈGÈ, s. Canto fúnebre, elegia.

ÈGÈDÈ, **ÒGÈDÈ**, s. Encanto, fórmula mágica. *Ó fi ògèdè sí mi* – Ela usou de encantamento em mim.

ÈGÉDÉ, **ÒGÉDÉ**, adv. Somente, simplesmente, nada mais do que. *Ògédé ṣúgà nìkan* – Nada mais do que açúcar.

EEGÌNNI, s. Cócegas.

EGÍNRIN, s. Espiga. *Ó njẹ egínrin àgbàdo* – Ele está comendo uma espiga de milho.

EGÍRAN, s. Prisão, masmorra. V. *ẹ̀gbá*.

ÈGÚN, s. Xingamento.

EGUNGUN, **EEGUN**, **EGIGUN**, s. Osso, esqueleto. *Ó fọ́ eegun ẹsẹ̀* – Ele quebrou o osso da perna.

EGÚNGÚN, **EÉGÚN**, **ÉGÚN**, s. Espírito de ancestral que se manifesta em rituais específicos. Por não mostrar nenhuma parte do corpo coberta por tecidos, é também denominado mascarado.

EEGUN APÁ, s. Osso do braço.

EEGUN ÌHA, s. Costelas.

EEGUN ÌKA, s. Osso do dedo, falange.

EGUNRÍN, s. Mancha, partícula menor da matéria.

EGURÈ, s. Cidade, vila.

EGBÉ – EHÓRO, EWÓRO

EGBÉ, s. 1. Tipo de poder mágico, influência. *Egbé ni ó lò sí mi* – Ela usou de charme para mim. V. *àféèrí*. 2. Redemoinho de vento.

EGBÈ, s. Uma fazenda longe da cidade.

ÈGBÈ, s. 1. Coro, coral. *Ègbè orin náà dùn* – O coral de cânticos é agradável. 2. Ajuda, apoio, parcialidade. *Ó ṣe ègbè fún mi* – Ele me favoreceu.

ÈGBÉ, s. 1. Lado. *Ó fi èrún obì ni ègbé eti rè* – Ele colocou um pedaço de noz-de-cola no lado da orelha dela. 2. Aflição, perdição, aniquilação. *Ẹni ègbé* – pessoa aflita.

EGBÈÉ, s. Cana usada como suporte na armação de telhados.

EGBÈJE, num. Mil e quatrocentos.

EGBÈJÌLÁ, num. Dois mil e quatrocentos.

EGBÉRE, s. 1. Pequeno animal. 2. Tipo de espírito que se acredita viver em certas árvores, duendes.

EGBIN, s. Uma espécie de antílope.

EGBÒ, s. 1. Raiz de uma árvore, base. 2. Úlcera, ferida. *Àrùn yìí dégbò sí mi lára* – Esta doença causou ferida no meu corpo.

ÈGBO, s. Milho-branco cozido.

ÈGBODÒ, s. Inhame fresco.

EGBÓDO, s. Fatias de inhame secas no sol para serem transformadas em farinha.

EGBÒGI, s. Remédio. *Egbògi ìyàgbé* – laxante, purgante. = *oògùn*.

ÉGBỌN, s. Pulga e carrapato que infestam os animais. *Mo rí égbọn lára ajá wa* – Eu encontrei uma pulga no nosso cachorro.

ÈÉHAṢE, ÈÉHATIṢE, adv. interrog. Por quê? Como é? *Èéhaṣe tó lù mi?* – Como é que você bateu em mim? V. *èéṣe*.

EHÍN, EYÍN, s. Dente. *Ehín ndùn rè* – Ela está com dor de dente; *Ehín kíkè* – dente estragado.

EHÍN ÀTỌWỌ́DÁ, s. Dentadura.

EHÍN ERIN, s. Marfim, presa do elefante.

ÈHÓ, s. Espuma, vapor. = *fofo*.

ÈHÓNÚ, s. Frustração.

EHORO, EWORO, s. Coelho, lebre, porquinho-da-índia.

EHÓRO, EWÓRO, s. Grão.

ÈÈHỌ, Ẹ̀Ẹ̀HỌ, ÌHỌ̀Ọ̀HỌ, *s.* Descascação. *Ara mi pẹ̀ẹ̀họ* – Meu corpo está descascando. < *pa + ẹ̀ẹ̀họ.*

ÈÈHỌ EJÒ, *s.* Pele da cobra que descasca periodicamente. *V. ẹ̀ẹ̀fọ.*

EHÙ, *s.* Desdobramento, broto.

ÈJÁNÚ, ÌJÁNÚ, *s.* **1.** Rabugento, irritável. **2.** Sentimento de paixão.

ÈJE, EÉJE, *num.* Sete.

EJI, *s.* Chuva. *Eji dé* – Está chovendo (*lit.* a chuva chegou). = *òjò.*

ÈJÍ, *s.* Espaço entre os dentes.

ÈJÌ, *num.* Dois. Forma usada para contar quando o assunto não é mencionado. *V. eéjì, méjì, kéjì.*

EÉJÌ, *num.* Dois. Forma usada para cálculos e gastos. *Eéjì àti eéjì jẹ́ ẹẹrin* – Dois mais dois são quatro. *V. èjì, méjì, kéjì.*

ÈJÌDÍLÓGÚN, *num.* Dezoito. *Eéjìdílógún* – 18. < *èjì + dín + ní + ogún.* *Obs.*: a palavra *ní* seguida de uma vogal diferente de *i* muda para *l.*

ÈJÌDÚN, *s.* Expressão utilizada para denominar o mês de fevereiro. > *Ọṣù ẹ̀jìdún.*

ÈJÌGBÈDÈ, *s.* Casal de pombos jovem.

ÈJÌGBÒ, *s.* Denominação de uma cidade *yorubá* cujo soberano é denominado *Eléjìgbò.*

ÈJIKA, *adj.* Profundo, saudável. *Ó sùn oorun èjika* – Ele dormiu um sono profundo.

ÈJÌKÁ, *s.* Ombro. *Ó fi aṣọ sórí èjìká rẹ̀* – Ela colocou o pano no ombro dele.

ÈJÌLÁ, *num.* Doze.

ÈJÌRẸ́, IBÉJÌ, *s.* Gêmeos.

EJÌNRÌN, *s.* Tipo de planta rasteira, melão-de-são-caetano.

EJÒ, *s.* Cobra. Existem mais de 100 tipos de cobra, sendo que 40 são venenosas e 10, mortais. *Ọ̀jó ọmọ náà sá nígbàtì ó rí ejò náà* – O filho de Ojô correu quando viu aquela cobra. *V. erè, ọká.*

ÈJÓ, *s.* Tipo de comida composta de miúdos de porco ou peixe frito.

EJÒ INÚ, *s.* Vermes intestinais.

ÈK, Ẹ̀K, ÌK, *pref.* Usados para formar os numerais ordinais. Quando forem seguidos de substantivo a vogal é suprimida. *Èyí ni ènìà kéjì* – Esta é a segunda pessoa; *Èyí ni èkéjì* – Esta é a segunda (não foi revelado o que era).

ÈÉKÀN, ẸKÀN, s. Raiz, origem.

ÈÉKÀN, s. **1.** Cabide, pregador. **2.** Postes de madeira, postes verticais usados em tecelagem, postes para amarrar animais. **3.** Calço, tampão.

ÈÉKÁN ÀWÒDÌ, s. Arbusto espinhoso usado como remédio.

ÈÉKÁN, ÈÉKÁNÁÀ, s. Unha, garra, pata de ave ou outro animal.

ÈÉKÁN ẸKÙN, s. Planta espinhosa que lembra as garras do leopardo.

ÈKÉ, s. Mentira, falsidade, decepção. *Ó pè mí léké* – Ele me chamou de mentiroso; *Èké ní ẹsẹ̀ kékeré* – A mentira tem pernas curtas. > *eléké* – mentiroso. = *irọ́*.

ÈKÉJE, *num.* Sétimo.

ÈKÉJÌ, *num.* Segundo.

EKELENJE, s. Pequeno lagarto ou lagartixa. *Ekelenje yìí kò tóbi tó ejò náà* – Este lagarto é menor do que a cobra.

ÈKÉRÈGBÈ, ÌKÉRÈGBÈ, s. Cabra ou bode pequeno. V. *ewúrẹ́*.

ÈKÌDÁ, s. Nada. *Èkìdá èjẹ̀ wà níhín* – Nada mais do que sangue existe aqui.

EKIKA, ÒKIKÀ, s. Um tipo de fruta ácida cuja casca é usada em infusão para curar tosse ou, quando seca, é pulverizada e aplicada como curativo na circuncisão. = *ìyeyè*.

ÈKÍNNÍ, ÈKÍNÍ, *num.* Primeiro. *Èyí ni ìjáde kíní* – Esta é a primeira saída. Antes de substantivo, a vogal inicial é suprimida. V. *èk*.

ÈKÌRÍ, s. Pedaço de carne ou de peixe.

ÈKÌTÌ, s. **1.** Uma importante região *yorubá*. **2.** Montículo. *Ó wẹ̀ gun èkìtì* – Ele nadou e subiu num banco de areia.

EKÍTÌ, OKÍTÌ, s. Um tipo de formiga.

ÈKÌTÌ, ÒKÌTÌ, s. Cambalhota, salto-mortal. *Ó ta òkìtì* – Ele executou um salto-mortal; *Ó rẹ́rin títí ó fẹ́rẹ̀ tàkìtì* – Ele riu até quase se dobrar em dois.

ÈKÍTÍPÍ, s. Doença de pele, coceira, comichão.

ÈKÒ, s. Vigor, poder de resistência, articulação, junta. *Èkò ara* – as juntas do corpo.

EKÒ, s. Junta.

EKÓ, s. Encanto dado às seguidoras de Ifá.

ÈKÓ, s. Antiga denominação da atual cidade de Lagos, na Nigéria.

ÈKÒLÓ, s. Verme encontrado geralmente nos lugares úmidos. V. ìrin.
ÈKU, ÈKÁKÁ, s. Força pura, um mero esforço; adv. Com dificuldade, com relutância.
EKU, ÈKÚTÉ, s. Rato, um tipo de roedor muito citado nos textos de Ifá. Eku asín kan nsálọ sínú ihò – Um rato correu para dentro do buraco.
ÈÉKÚ, s. Ferida. = èépá.
ÈÈKÙ, EKUN, s. Cabo de faca, espada ou punhal. Ó fọ́ èèkù ọbẹ – Ela quebrou o cabo da faca.
EKU ẸMỌ́, s. Porquinho-da-índia.
ÈKÙFI, s. Ameaça.
EKÙKÙ, s. Bicho-da-seda.
ÈKÚLU, s. Armadilha para peixes.
ÈKÙLÙ, s. Tipo de veado, cervo.
ÉKÚN, s. Joelho. V. kúnlẹ. = orúnkún.
EKURÁ, s. Tubarão.
ÈKÙRỌ́, s. Caroço do dendezeiro.
ÈKÙRỌ́ ÀÌJẸ, s. Caroços que não são comestíveis.
ÈKÙRỌ́ ỌṢỌṢÀ, s. Caroços que perderam as reentrâncias denominadas olhos. Para que sejam utilizados nas consultas a Ifá, é necessário que tenham quatro olhos.
ÈKURU, s. Massa de feijão-fradinho cozido. = kúdùrú.
EKURU, ERUKU, EEKU, s. Poeira.
ÈKÚRÚ, s. Sarna.
ÈKÙSÁ, ÈKÙSẸ, s. Tipo de dermatose capilar.
EKUṢÙ, s. Comida feita de milho.
ÈKÚTÉ, EKU, s. Rato, um tipo de roedor muito citado nos textos de Ifá. Èkúté tọ̀ sínú onjẹ yìí – O rato urinou dentro desta comida; Ológbò wa máa npa èkúté púpọ̀ – Nosso gato costuma matar muito rato.
ÈKÙTẸ̀-ILÉ, s. Forquilha que se coloca no telhado de uma casa.
ÈKÙYÁ, s. Tipo de planta cujas folhas são usadas contra dor de cabeça. Gynandropsis pentaphylla (Capparicaceae).
ÈÉLÁ, s. Eczema.

ELÉ – ELÉRÚ

ELÉ, *pref.* Outra forma de *oní*, prefixo de posse ou comando, quando a palavra seguinte começa com a vogal *e*. *Èké* – mentira; *oní èké = eléké* – mentiroso.

ÈLE, *s.* Força, violência, pressão.

ÈLÉ, *s.* Juros, usura, interesse. *Èlé orí owó* – juros do dinheiro; *owó èlé* – dinheiro a juros.

ÈLÈ, *s.* Alfanje.

ELÉÈBÙ, *s.* Uma pessoa abusada.

ELÉDÈMÉJÌ, *s.* Hipócrita, trapaceiro, corrupto.

ELÉÈDÚ, *s.* Carvoeiro.

ELÉDÙMARÈ, *s.* Deus, a Divindade Suprema. = *Olódùmarè*.

ELÉGÉDÉ, *s.* Abóbora.

ELÉGÈDÈ, **OLÓGÈDÈ**, *s.* Aquele que é versado em encantamentos.

ELÉGBÒ, *s.* Uma pessoa doente.

ELÉGBÒGI, *s.* Médico. = *onísègùn*.

ELÉKÉ, *s.* Mentiroso, fuxiqueiro.

ELÉKÚRÚ, *s.* Aquele que sofre de doença de pele.

ELÉKURU, *s.* Vendedor de *èkuru*.

ELÉLÙBỌ́, *s.* Vendedor de farinha de inhame.

ELÉJÌGBÒ, *s.* Título do rei de *Èjìgbò*, local de origem do culto a *Òsàgiyán*.

ELÉÉKÚ, *s.* Pessoa cheia de feridas.

ELÉNÌ, *pron. dem.* Aquele, aquela, aquilo. = *eyínì*.

ELÉNÌNÌ, *s.* Agentes do mal, inimigos implacáveis das pessoas. *Orí kúnlẹ o yàn elénìnì ó jẹ k'o ṣe é* – Orí ajoelhou-se para escolher o seu destino, os espíritos do mal o impediram de fazê-lo.

ELÉPO, *s.* Vendedor de óleo de palmeira.

ELÉÈPO, *s.* Aquilo que tem casca. *V. èèpo*.

ELÉRÉ, *s.* Um tipo de espírito, o mesmo que *àbíkú*.

ELÉRÈ, *s.* Aquele que ganha e tem lucro.

ELÉRÉ, *s.* Aquele que é dado a brincar e se divertir.

ELÉÉRÍ, *s.* Uma pessoa suja. < *oní + èérí*.

ELÉRÒ, *adj.* Positivo. *Àmì elérò* – sinal positivo.

ELÉRÚ, *s.* Fraude, pessoa trapaceira.

ELÉRÙPẸ, *adj.* Terrestre.

ELÉSÈ-ÀLÙKÒ, *adj.* Purpúreo.

ELÉSO, *adj.* Frutífero. *Igi yìí eléso* – Esta árvore é frutífera.

ELÉṢÙ, *s.* Aquele que é possuído por *Èṣù*.

ELÉTÍ AJÁ, *adj.* Que tem abas. *Fìlà elétí ajá* – chapéu com abas.

ELÉTÍ GBÁRÒYÉ, *s.* Bom ouvinte de pedidos.

ELÉTÙTÙ, *s.* Propiciador.

ELÉWÉ, *s.* Folhagem.

ELÉWU, *adj.* Perigoso.

ELÉYÌÍ, ELÉYÍ, *pron. dem.* Este, esta, isto. É mais usado para ênfase. *Ilé eléyìí* – esta casa; *Kíni eléyí lè ṣe?* = *Kílèyí lè ṣe?* – O que isto pode fazer? < *oní* + *èyí*.

ELÉYIUN, *s.* Cliente.

ÈLÒ, *s.* Utensílio. *Èlò abẹ́ ilé* – utensílio doméstico.

ÈLÒ ỌBẸ̀, *s.* Ingredientes usados no preparo de molhos, como pimenta, mostarda etc.

ÈLÓ, *adv. interrog.* Usado para questões de gastos e cálculos. *Èló ni?* – Quanto custa?; *Èló ni ó ra àga yìí?* – Por quanto você comprou esta cadeira? *Èló ni eéjì àti eéjì? Ẹẹ́rin ni* – Quanto são dois mais dois? São quatro. *V. oyetí*.

ÈLỌ́, *s.* Transplante.

ÈÈLỌ̀, ÒÒLỌ̀, *s.* **1.** Moinho. **2.** Órgãos digestivos.

ÈLÙBỌ́, *s.* Farinha de inhame também usada no jogo de Ifá, em substituição ao *ìyèròsùn*.

ÉMÉLÉ, *s.* Um pequeno tambor para acompanhamento.

EMÈRÈ, *s.* Pessoa com poder de se relacionar com os espíritos, crianças associadas ao sobrenatural. = *ẹlẹ́gbẹ́*.

ÈMI, MO, *pron.* Eu. *Mo mọ̀ pé èmi ò mọ̀* – Eu sei que nada sei. Para outras formas deste pronome, ver *n, ng, mi*.

ÈÉMÍ, *s.* Respiração, fôlego. *V. ẹ̀mí*.

ÈMIFÚNRAMI, *pron. reflex.* Eu mesmo. *Èmifúnrami raṣọ yìí* – Eu mesma comprei esta roupa. = *arami*.

ÈMÍMÌ, *s.* Vibração.

EMÌNÀ, *s.* Planta rasteira.

ÈÈMỌ, s. Aflição, aborrecimento, preocupação, algo estranho. *Ó fojú mi rí èèmọ* – Ele viu aflição em mim; *Ojú mi rí èèmọ* – Eu estou preocupado.

ÈÈMọ́, s. Carrapicho. Pequenas sementes de plantas que grudam nas roupas. *Desmodium linearifolium (Papilonaceae)*. Outra forma dessa planta, *èèmọ́ àgbò*, produz os mesmos carrapichos, que são vendidos para cicatrizar escoriações na pele. *Pupalia lappacea (Amaranthaceae)*.

EMÚRẸN, EMÚRIN, s. Mosquito.

ÈNÍ, s. Hoje (usado no dialeto da cidade de Lagos) = *oní*.

ENÍ, num. Um. É abstrato e usado para contar em série: *ení, èjì, èta...* – 1, 2, 3... V. *ọ̀kan, kan*.

ÈNÌ, s. Algo extra que foi acrescentado, cortesia.

ÉENÌ, ÈYÍNÌ, pron. dem. Aquele, aquela, aquilo.

EENI, ENINI, s. Orvalho matutino.

ÈNÌÀ, ÈNÌYÀN, s. Pessoa. *Igba ènìà wá síbí* – Existem duzentas pessoas aqui. É também usado de forma impessoal para significar povo, seres humanos, alguém. *Ènìà nílàti tójú ìwà rẹ̀* – Os seres humanos precisam tomar cuidado com seus modos; *Rìn mọ́ àwọn ènìà* – Relacione-se com as pessoas (lit. ande firme com as pessoas).

ÈNÌÀ DÚDÚ, s. Homem negro.

ÈNÌÀ FUNFUN, s. Homem branco. V. *òyìnbó*.

ÈNÌÀ GAÙNGAÙN, s. Salteador, bandido.

ÈNÌÀKÉNÌÀ, s. Uma pessoa qualquer, vilão.

ÈNÌÀ LÁSAN, s. Pessoa sem caráter.

ÈNÌÀYÉNÌÀ, s. Um homem verdadeiro.

ENINI, EENI, s. Orvalho matutino.

ÈNÌNÍ, s. Inimizade inexorável.

ÈÈPÀ, s. Cólica, doença dos intestinos.

ÈÉPÁ, s. Crosta, ferida. *Ó ntèépá* – Ele está arranhando a ferida.

ÈÈPÀÀ, ÈÈPÀRÌPÀÀ, interj. Exclamação de surpresa, usada nas cerimônias em louvor aos *Òrìṣà Orò* e *Ògbóni*.

ÈPÀPÓ, s. Folha utilizada para enrolar *àkàsà*, podendo ser substituída pela folha da bananeira. V. *ẹ̀kọ*.

ÈPÈ, s. Praga, maldição.

ÈPÉPE, s. Um tipo de árvore cujas folhas são utilizadas para enrolar *èkọ*. *Terminalia superba*.

EÈPẸ̀, **ERÙPẸ̀**, s. Poeira, barro, terra.

ÈPÍN, s. Quantidade a ser dividida.

ÉPÍN, **IPÍN**, s. Árvore cujas folhas são ásperas, abrasivas e usadas como lixa. *Ficus asperifolia*.

EPO, s. Azeite, óleo. *Kò sí epo nílé ìdáná* – Não há óleo na cozinha. *Epo pupa* – azeite de dendê; *epo ilẹ̀* – petróleo; *epo dídùn* – azeite doce; *epo àgbàdo* – óleo de milho; *epo kórówú* – azeite de algodão.

ÈPÒ, s. Erva daninha.

ÈÈPO, s. Palha, casca, pele, vagem, concha. *Èèpo igi* – casca de árvore; *èèpo irúgbìn* – casca de semente; *èèpo erun* – casca venenosa de alga-marinha; *èèpo ìra* – casca de árvore que contém muito ácido.

EPO ỌWẸ̀RẸ̀, **OJÚ ORÓ**, s. Substância esverdeada que cobre a superfície das águas na época da seca, de dezembro a fevereiro.

ÈÈRÀ, **EÈRÀ**, s. Formiga preta pequena.

ÉRAN, s. 1. Grama, capim para forrar pisos, para cobrir telhados de casa, alimentar animais e enrolar nozes-de-cola. *Digitaria debilis* (*Graminaceas*). 2. Capim usado para alimentar gado e cavalos.

ÈÈRÀN, s. Infecção.

ÈRE, s. 1. Imagem. *Igi ni nwọn fi gbẹ́* – É de madeira que eles fizeram a imagem. 2. Máscara de madeira usada pelos *Egúngún*.

ÈRE ÒJÌJI, s. Imagem virtual.

ERÈ, **ÒJÒLÁ**, s. Jiboia. *Erè náà wọ́ lọ sínú omi* – A jiboia se arrastou para dentro da água. V. *ejò, ọká*.

ERÉ, **IRÉ**, **ATÉ**, s. Jogo, brincadeira. *Wọn fi bọ́ọlù ṣiré* – Eles jogaram bola; *A lọ wo eré àwọn ọmọ ilé-iwé náà* – Nós fomos assistir ao jogo das crianças na escola; *eré odó* – festa do pilão; *eré-ìdárayá* – esportes. > *ṣiré* – brincar.

ÈRÈ, s. Vantagem, lucro. *Ó gbá èrè = Ó gbèrè* – Eu recebi os lucros, eu tive alguma vantagem; *Ìyá mi jẹ èrè púpọ̀ nínú iṣẹ́ rẹ̀* – Minha mãe teve muito lucro no trabalho dela.

ERÈÉ – ÈROKÉRÒ, ÌROKÍRÒ

ERÈÉ, s. Feijão cru. *A se erèé mó àgbàdo* – Nós cozinhamos feijão e mais o milho; *Ó njá erèé* – Ela está catando o feijão. *V. ẹ̀wà*.

ÈÈRÈDÍ, adv. interrog. Por quê? Qual a razão? *Èèrèdí rẹ̀ tí o lọ?* – Por que razão você foi?

ÈÈRÈDÍ, s. Razão, causa. *Kíni èèrèdí rẹ̀ ti ó lọ?* – Qual é a causa de ele ter ido?

ERÉJÉ, s. Competição.

ERÉKO, s. O meio ambiente, uma área agrícola nos arredores de uma cidade.

ERÉKÚṢÙ, s. Ilha.

ERELÚ, s. Título feminino na sociedade *Ògbóni*.

ERÉMI, s. Costa, praia, alto-mar.

ERÉPÁ, s. Brincadeira violenta.

ERÈÉ TÌRÓÒ, s. Feijão-fradinho.

ÈÉRÍ, s. Sujeira. *Eléérí ara* – uma pessoa suja.

ÈÈRÍ, s. Farelo de milho usado para alimentar o gado. *Ó lọ ra èèrí* – Ela foi comprar farelo de milho.

ÈRÌGÌ, s. Dentes molares. *V. ehín* – dente.

ERÍKÀ, s. Espiga de milho.

ERÌKO, s. Tipo de palmeira encontrada no litoral. *V. igi ògòrò*.

ERIN, s. Elefante.

ERINLẸ̀, s. Nome dado a uma criança que nasce com o cordão umbilical em volta das mãos ou dos pés.

ERINLẸ̀, s. Divindade caçadora que dá nome a um rio próximo à cidade de *Ìlóòbú*.

ERÌNMÌ, s. Título de um sacerdote de Ifá.

ERINMI, s. Hipopótamo. < *erin omi*.

ERÍN ÌGBADO, **ERÍNKÀ**, s. Espiga de milho.

ÈRÒ, s. 1. Pensamento, ideia, imaginação. *Mo ní èrò òun kì ó wá* – Eu tenho ideia de que ela virá. 2. Passageiro, viajante, peregrino. 3. Piolho.

ÉRÒÓ, s. Tipo de pó de pedra marrom, usado para marcar. Também usado como ingrediente na mistura de um pó medicinal. *V. agúnmu*.

ÈRÒJÀ, s. Ingrediente, substância. *Èròjà ọbẹ̀* – ingrediente de ensopado; *èròjá oògùn* – componentes de um remédio.

ÈROKÉRÒ, **ÌROKÍRÒ**, s. Maus pensamentos, más intenções.

ÈRÒ-ỌNÀ, s. Transeunte.

ÈRÚ, s. 1. Fatia, pedaço. Èrú iṣu – pedaço de inhame. 2. Trapaça, falsidade, desonestidade. Èrú kò pé – A trapaça não traz benefícios; Ó ṣe èrú sí àwọn èbi rè – Ele fez falsidade para os familiares dele.

ÉRÚ, s. Cinzas. = eérú.

EÉRÚ, **ÈRÚ**, s. Cinzas. Eérú púpọ̀ wà nínú ìdáná náà – Há muitas cinzas no fogão.

ÈÉRÚ, s. Espuma.

ERÙFÙ, s. Espaço arenoso.

ERUKU, s. Poeira. V. ekuru.

ÈRÚKÙKÙ, s. Tipo de ave.

ÈÈRÙN, s. Tipo de formiga, formigueiro.

ÈÉRÚN, **ÈRÙN**, s. Miolo, migalha, farelo de pão.

ERÙPẸ̀, **YẸPÈ**, s. Terra, solo.

ÈRÚṢU, s. Um pedaço de inhame.

ÉSÀ, s. Título de um dos ministros do reino de Ketu.

ÈÈSÀ, **ÌTÀ**, s. Formiga-vermelha.

ÉSAN, s. Casca do fruto da palmeira após ter sido quebrada para remover o coquinho.

EÈSÀN, s. Tipo de pequeno caramujo. V. ìgbín.

ÈÈSÌN, **ÈSÌNSÌN**, s. Urtiga. Tragia (Euphorbiaceae).

ÈÉSÚ, **ÈSÚSÚ**, s. Um fundo de caixa no qual se arrecada dinheiro de várias pessoas com o propósito de ajudar a quem precisa. V. àdákó.

EÈSUN, s. Capim usado para fazer esteira. Pennisetun purpureum (Graminaceae).

ESÉ, s. Um peixe grande.

ÈSE, s. 1. Desgraça, contratempo. Ó ṣe mí lésè. Ele nos fez mal. 2. Gato. = ológbò.

ÈSÈ, s. 1. Provisão para uma viagem. V. pèsè. 2. Tinta. Èsè iyèiyè – tinta amarela; èsè àlùkò – tinta roxa, púrpura.

ÈÈSÈ, s. Tipo de sacrifício feito especialmente pelos feiticeiros.

ÈSÈSÀN, s. Um pequeno caracol. V. ìgbín.

ESI, s. Feitiço para afastar o mal de uma cidade.

Èsì, s. Resposta, réplica. *Ó fi èsì fún mi* – Ele fez uma réplica para mim.

Èèsì, Èsìsì, s. Um tipo de planta. *Tragia (Euphorbiaceae)*.

ESINSIN-ÈFON, s. Mutuca, um inseto que irrita os cavalos.

ESINSIN-ODE, s. Um tipo de vespa grande.

Èso, s. Fruta. *Èyí ni igi èso* – Aquela é uma árvore frutífera; *Oòrùn mu èso yìí pón* – O sol amadureceu esta fruta; *èso ilè ìta-oòrùn* – frutas tropicais; *èso pia* – abacate; *èso igi ìyeyè* – ameixa; *èso gbòrò* – abóbora. = *elégédé*.

ESÚ, s. **1.** Gafanhoto. = *tata*. **2.** Espinha, erupção na pele.

Èsúkè, Òsúkè, s. Soluço. *Òsúkè mú mi* – Eu tenho soluço.

Èsunsún, s. Tipo de planta espinhosa.

Èsúo, Èsúwo, s. Cabrito-montês.

Èsúrú, s. Espécie de batata amarela com um leve sabor amargo.

Èsurú, s. Um tipo de conta, miçanga.

Èsúsú, s. O crítico de um grupo.

Èse, s. Injúria, contusão, dano, trauma.

Èése, Èéseti, Èétise, Èétirí, *adv. interrog.* Por quê? Como é? Qual a razão? *Èése ti ó lo jáde?* – Por que ela foi embora?; *Èétirí ti o pé?* – Por que você veio tarde?; *Sùgbón èése?* – Mas qual a razão? *V. nítorí kíni.*

Èèsé, s. Restos de uma colheita.

Èsì, s. Erro, engano, acidente. *Ó se èsì* – Ele cometeu um engano; *Ó sèsì bósílè* – Ele caiu no chão por acidente.

Èsí, s. Descamação. *Èsí orí* – caspa; *èsí ara* – pele seca.

Èésí, s. Tinta que sai das roupas tingidas, sujeira.

Ésíà, s. Ásia.

Èsín, s. Ano passado. = *odún kojá* – o ano que passou. *V. ìdúnta.*

Èsinsin, Eesin, s. Mosca. *Esinsin bo eran náà púpò* – A carne está coberta de moscas. *V. èfon.*

Esú, s. Gafanhoto. = *esú.*

Èsù, s. Divindade com diferentes atributos ligados à comunicação entre o céu e a Terra, aos caminhos e à fertilidade. *Èsù Òdàrà ló ní ìkóríta méta* – Exu faz uso da encruzilhada.

Esusu, s. Sanguessuga.

ÈṢÙṢÙ, s. Uma planta trepadeira.

ÈÈTA, s. 1. Pequeno germe que causa dor no pênis. 2. Farinha grossa que, depois de peneirada, ficou fina.

ÈTE, s. Intenção, projeto, plano, propósito. *Ó rí ète nínú ìgbésí-ayé* – Ela encontrou um propósito em sua maneira de viver, ela encontrou um objetivo na vida; *olórí ète* – objetivo principal.

ÈTÈ, s. Lábios. *Irun ètè* – bigode.

ÈTÈ, s. Orgulho, altivez.

ETÍ, s. Orelha. Também usado por analogia para indicar beira, lado. *oko etílé mi* – a roça ao lado de minha casa; *Bí etí kò gbọ́ inú kì í bàjẹ́* – Se o ouvido não ouve, o coração não sente.

ETÍDÒ, s. Litoral, costa de um rio. < *etí + odò*.

ETÍLÉ, s. Periferia de uma cidade, vizinhança. *Oko mi etílé* – Minha roça fica perto de casa.

ETÍ-ÒKUN, s. Costa do mar, praia.

ETÍ ỌFÀ, s. Extremidade de uma flecha.

ÈTÌPÀSẸ̀, s. Tendão de aquiles.

ÈTÌPỌNLÁ, s. Erva-tostão, pega-pinto. *Boerhavia diffusa (Nyetaginaceae)*.

ÈÉTIRÍ, *adv. interrog.* Como? Por quê? *Èétirí ti nwọ́n fi npariwo?* – Por que eles estão fazendo muito barulho?

ÈÉTIṢE, *adv. interrog.* Por quê, o que houve? *Èétiṣe ti o kò jókó?* – Por que você não se sentou?

ÈTÌTẸ̀ ALẸ̀, s. Impressão das marcas dos *odù* na bandeja de Ifá.

ÈTÒ, s. Ordem, sistema. *A ṣètò* – Nós fizemos um acordo. < *ṣe + ètò*.

ÈTÒ ÈÈKÀ, s. Sistema numérico.

ÈTÒ-ÈTÒ, s. Matriz, molde.

ÈÉTÚ, s. Pus.

ETÚBÚ, s. Solo, terra. = *erùpẹ̀*.

ÈTUFU, ÒTUFU, s. Tocha.

ETUTU, s. Espécie de formiga minúscula.

ÈTÙTÙ, ÈÈTÙ, s. Gratificação, indenização, expiação, reparação. *Ó ṣe ètùtù fún mi* – Ele fez uma reparação a mim; *Ó ṣe ẹbọ ètùtù lọ́dọ̀ Olọ́run* – Ele fez uma oferenda de expiação a Deus.

ÈTÚTÚ, s. Pus, secreção. *V. oyún*.

ÈTÚTÚ-OKÙN, s. Ato ou efeito de rebocar.

EWÉ, s. Folha, folhagem. *Ewé gbóná* – folha quente; *ewé tútù* – folha fria; *ewé ègún* – folha com espinhos; *ewé wónilè* – folha rasteira; *ewé róbótó* – folha arredondada; *ewédò* – planta aquática; *ewédú* – erva viscosa e comestível; *Ewé o asà o!* – Que as folhas me protejam!; *Ó njá ewé* – Ela está colhendo folhas; *Mò nkà ewé kérin ìwé* – Eu estou lendo a quarta página do livro; *Ewé méló ni wón máa lò láti nse àgbo?* – Quantas folhas eles costumam usar para fazer a infusão?; *Irú òrìsà wo ni o máa gba ewé yìí?* – Qual a divindade que costuma aceitar esta folha?

ÈWE, s. Juventude, pessoa jovem. *Olùkó èwe* – professor de crianças.

EWÉBÈ, s. Legume, vegetal usado em sopa. < *ewé* + *obè*.

EWÉDÒ, s. Planta aquática.

EWÉDÚ, s. Um tipo de folha vegetal.

EWÉKÉWÉ, s. Uma folha qualquer. < *ewé* + *kí* + *ewé*.

EWÉKO, s. Planta.

EWÈLÈ, s. **1.** Um espírito das florestas. **2.** Pessoa com grande habilidade.

EWÉ ÌPALÉ, s. Nome de uma folha usada para limpar utensílios e para impermeabilizar o chão e as paredes. *Moringa pterygosperma (Moringaceae)*.

EWÉNÁ, s. Espécie de urtiga. = *èèsì*.

EWÈRE, s. Espécie de macaco com bigode igual ao do gato e denominado *Ewère bàbá òbo* – Ewère, o pai dos macacos.

ÈWÌ, s. Tartaruga. V. *ìjàpá*.

EWÌRÌ, s. Fole.

ÈWO, WO, *adj. interrog.* Qual? Geralmente, inicia uma frase quando o assunto não é mencionado. É regido pelo verbo *ni* – ser. *Èwo ni o fé?* – Qual é o que você quer?; *Aso wo ni o fé?* – Qual é a roupa que você quer? V. *wo*.

ÉWO, ÓWO, s. Furúnculo.

EWORO, s. Lebre, coelho. = *ehoro*.

ÈWÓWÓ, s. Farelo, migalha. V. *èérún*.

ÈÈWÒ, s. Tabu, algo proibido. Representa uma forma de manter o equilíbrio entre o mundo material e o mundo espiritual, por meio de determinadas regras de conduta. *Ó kà á léèwò fún mi* – Ele prescreveu coisas que são tabus para mim.

Èèwọ̀! – Expressão dita por uma pessoa mais velha em resposta a um pedido que não seja correto atender.

EWÚ, s. Cabelo grisalho.

EWU, s. Perigo. *Ìwọ ha wà nínú ewu bí?* – Você está em perigo?; *Ó fi ara rẹ̀ sínú ewu* – Ele incorreu num perigo; *Mo wu ẹ̀mí mi léwu* – Eu arrisquei a minha vida.

EWÚJÙ, s. Um tipo de roedor noturno africano. V. *ọ̀yà, ẹkúté*.

EWUKÉWU, s. Perigo de qualquer tipo.

EWÙRÀ, s. Inhame aquático ou um inhame macio.

EWÚRẸ́, s. Cabra. *Ó gba wàrà màlúù tàbí ọmú ewúrẹ́* – Ele retirou o leite da vaca ou do peito da cabra. = *ẹ̀kìrì*.

EWÚURO, s. Um tipo de árvore cujas folhas e raízes têm uso medicinal e alimentar. *Vernonia amygbalina* (Compósitas).

EWURU, s. Casulo.

ÈYA ỌWỌ́, s. Pele solta acima da cutícula do dedo.

ÈYÍ, YÌÍ, *pron. dem.* Este, esta, isto. *Èyí ni mo fẹ́* – É este que eu quero; *Lẹ́hìn èyí, tani o ṣe?* – Depois disto, o que você fez?; *Kílèyí?* – O que é isto?; *Irú aṣọ wo ni yìí* – Qual é o tipo desta roupa?

ÈÈYÍ, s. Sarampo.

ÈYÍKÉYÍ, s. Qualquer um. *Èyíkéyí tóo bá fẹ́* – Qualquer coisa que você quiser; *Kò lè ṣe èyíkéyí nínú àwọn iṣẹ́ náà* – Ele não pode fazer nenhum desses serviços.

EYÍN, EHÍN, s. Dente. V. *ehín*.

ÈYÍNÁÀ, *pron.* Este mesmo.

ÈYÍNÌ, ELÉNÌ, *pron. dem.* Aquele, aquela, aquilo (usado para ênfase). *Èyìnì kò to.* – Aquele não é o suficiente.

ÈYÍNÌ NÍ PÉ, *adv.* Nomeadamente, aquele que está para dizer algo.

ÈYÌTÍ, *pron.* O qual, do qual, que, cujo. *Mi ò mọ̀ èyìtí ó rà* – Eu não sei qual ele comprou; *Èyìtí ó fẹ́ràn sí* – Do qual ela gosta mais. Ver a forma interrogativa *wo ni* – qual é?

ÈYÌTÍ-À-NWÍ-YÍ, ÈYÌTÍ-À-YÍ-PẸ́-JÙ, *adv.* Instantaneamente. *Èyìtí à nwí yí ó ti kú* – Em um piscar de olhos, ele já estava morto.

ÈYÌTÍWÙKÓṢE, **ÈYÌTÍWÙKÓJẸ**, adv. Seja o que for, qualquer que seja.
ÈYÎYÍ, pron. Este aqui.
ÈÉYỌ́, **EWÉDÚ**, s. Erva viscosa e comestível. = ọ̀óyọ́.
ÈYUN, s. Aquela coisa. Ó lò ó dípò èyun – Ele usou isto em vez daquela coisa.
< èyí + un. V. un.

Ẹ, *pron. pess.* Vocês. Forma alternativa de èyin. (em yorubá não há a forma vós). Ẹ jẹun jù – Vocês comeram demais. *Obs.*: **1.** Também é usado para demonstrar respeito quando se dirige a um senhor ou senhora, em qualquer tipo de expressão. O ṣeun púpọ̀ – Muito obrigado (dito a uma pessoa mais nova ou da mesma idade); Ẹ ṣeun púpọ̀ – Muito obrigado (dito a várias pessoas ou a alguém mais velho); Ṣé ẹ fẹ́ jókó? – O senhor quer se sentar? **2.** Antes de verbo no gerúndio, toma um tom grave. Ẹ̀ nkọrin dára púpọ̀ – Vocês estão cantando muito bem.

Ẹ, *pron.* Você, com sentido formal e respeitoso. Usado depois de verbo ou preposição. Ó rí ẹ láná – Ela viu você ontem, ela o viu ontem; Ó pọn omi fún ẹ – Ele tirou água do poço para você. *Obs.*: se o verbo tiver duas ou mais sílabas, usar rẹ. Ó féràn rẹ – Ele gosta de você. V. ọ.

Ẹ, *pref.* Adicionado ao verbo para formar substantivos que indicam ação, movimento e sentimento. Kọ́ – ensinar; èkọ́ – aula; ṣè – pecar; èṣè – pecado; rù – carregar; ẹrù – carga; fọ́ – quebrar em pedaços; èèfọ́ – caco, fragmento. V. e, i.

Ẹ, Ẹ́, *pron.* da 3ª pessoa do singular representado pela repetição da vogal final do verbo. Este procedimento é conhecido como o caso objetivo da 3ª pessoa. Ó kẹ́ – Ele acariciou; Ó kẹ́ ẹ – Ele a acariciou; Ó gbẹ ẹ́ – Ele a secou. Os demais pronomes têm formas definidas. Se o verbo tiver mais de uma sílaba,

Ẹ, É – ÈBÓTAN

usar *rè*, em vez de repetir a vogal final do verbo. *Ó réjẹ rè* – Ela o enganou; *Ó ti gbàgbé rè* – Ele já a esqueceu.

Ẹ, Ẹ̀, *pron. poss.* São formas opcionais de *rẹ* – seu, sua, de você – e *rè* – dele, dela. *Ọmọdé ẹ* – seu filho; *ọmọdé è* – o filho dela.

Ẹ̀Ẹ̀, *pref.* Forma reduzida de *érìn* ou *èrè* – vez –, adicionada aos numerais para indicar o número de vezes. *Mẹ́ta* – três; *èèmẹ́ta* – três vezes. *Ó fọ̀ èèmẹ́ta* – Ela lavou três vezes; *Ó fọ aṣọ lẹ́èmẹ́ta* – Ela lavou a roupa três vezes; *Mo rí ẹ lẹ́èkínní* – É a primeira vez que eu a vejo.

ẸBÁ, *s.* Beira, borda, ao lado, próximo. *Ó wà ní ẹbá ilé mi* – Ele está do lado da minha cama; *Ọmọdé wà lébá iná* – A criança está próxima do fogo; *Ó wà lébà ilé wa* – Ele está próximo de nossa casa. < *léba* = *ní ẹbá.*

ẸBÀ, *s.* Tipo de comida preparada com farinha de mandioca, pirão. *Ó ṣe ìṣù èbà méje* – Ela fez sete bolas de farinha. *V. gàrí.*

ẸBÁDÒ, *s.* Margem do rio.

ẸBÁ ÒKUN, *s.* Praia (*lit.* o lado do mar). = *etídò, etí odò.*

ẸBÁTÍ, *s.* Têmporas. < *ẹbá + etí.*

ẸBẸ, *s.* Comida feita de inhame picado cozido com óleo, pimenta e cebola.

ẸBẸ̀, *s.* Súplica, pedido, petição. *Ó kọ ẹbẹ̀ mi* = *Ó kẹbẹ̀ mi* – Ele recusou meu pedido.

ẸBẸ̀, *s.* Um linimento que propicia Ṣọ̀pọ̀ná ajudar uma pessoa doente.

ẸBẸ̀ẸBÁ, *s.* Margem. *Ó wà ẹbèèbá* – Ele está na mesma extremidade.

ẸBẸ̀KẸ́BẸ̀, *s.* Qualquer tipo de pedido.

ẸBÍ, *s.* 1. Culpa. *Ó dá mi ní ẹbi* – Ele me julgou culpado. 2. Parteira. *Ó gbẹ̀bí obìnrin yìí* – Ela agiu como uma parteira para esta mulher.

ẸBÍ, *s.* Família, relações consanguíneas. *Àwa ní ẹbí púpọ̀* – Eu tenho uma grande família; *Njẹ́ gbogbo ẹbi rẹ ó ngbé ní oko?* – Todos os seus parentes moram na fazenda?. = *oobi.*

ẸBÌBÌ, *s.* Denominação antiga do mês de maio entre o povo de Ìjẹ̀bu.

ẸBÌTÌ, *s.* Armadilha para animais.

ẸBÓTAN, *s.* Raspagem, escoriação, o fato de as coxas da pessoa terem sido esfoladas em uma sela. < *bó + itan.*

ẸBỌ, s. Oferenda ou sacrifício feito às divindades. *Òrìsà yìí gba ẹbọ mi* – Esta divindade aceitou minha oferenda. V. *rúbọ*.

ẸBỌ AGBÁLÚ, s. Oferenda para uma cidade inteira.

ẸBỌ ÀKÓSO, s. Oferenda pelos primeiros frutos colhidos.

ẸBỌ ÀLÀÁFÍÀ, s. Oferenda de paz.

ẸBỌ AYÈPÍNÙ, s. Oferenda que substitui uma provação, uma troca de cabeça.

ẸBỌ ÈJÉ, s. Oferenda votiva em respeito a um juramento feito.

ẸBỌ ÈTÙTÙ, s. Oferenda para apaziguar, a fim de que o mal não atinja uma pessoa.

ẸBỌ ÌGBÉSỌ, s. Uma oferenda levantada.

ẸBỌ ÌPILÈ, s. Oferenda para o início de qualquer empreendimento.

ẸBỌ ITASÍLÈ, s. Oferenda de bebidas à divindade.

ẸBỌ OJÚKÒRÍBI, s. Oferenda de prevenção.

ẸBỌ ỌPÉ, s. Oferenda de agradecimento pelo sucesso obtido.

ẸBỌ ỌRẸ-ÀTINÚWÁ, s. Oferenda espontânea.

ẸBỌ PÍPE, s. Uma oferenda completa.

ẸBỌRA, s. Um tipo de espírito, outra possível definição de *òrìsà*. V. *irúnmọlè*, *imọlè*.

ẸBU, s. Local para práticas diversas, como a extração do óleo de palmeira, confecção de peças de cerâmica e tinturas.

ÈBÙN, s. Presente. *Mo fún òré mi ní èbùn* – Eu dei à minha amiga um presente; *Ìwó jé èbùn tí Olórun fún wa* – Você é o presente que Deus nos deu.

ÈBÙRÚ, s. Atalho, caminho curto. *Èbùrú ni mo fé gbà lọ* – Eu quero ir pelo caminho mais curto.

ÈBURUBÚ, adv. Repentinamente, inesperadamente.

ÈÉD, pref. Significa menos cinco, uma forma alternativa para formar os números 15 e 25. *Èédógún = àrùndílógún* – 15; *èédògbòn = àrùndílógbòn* – 25.

ÈDÁ, s. 1. Criatura, criação, qualquer criatura viva. *Ọlórun sẹ èdá mi* – Deus me criou. 2. Natureza, inclinação. *Èdá rere ni Ọlórun dá* – É com boa inclinação que Deus nos criou.

ÈDÀ, s. 1. Cópia, reprodução. *Èdà ìwé* – Reprodução, cópia de um livro; *Ó sọ èdà òrò mi fún ọ* – Ele distorceu minhas palavras para você. 2. Cunhar, copiar moedas por meios mágicos. 3. Leucorreia, corrimento vaginal.

ẸDÁ – ÈDIN

ẸDÁ, s. Um tipo de rato que possui rápida reprodução.

ÈDÁ EWÉKO, s. Reino vegetal.

ÈDÁ ẸLẸ́MÍ, s. Reino animal.

ÈDÁKẸ́DÁ, s. Qualquer tipo de criatura. < èdá + ki + èdá.

ẸDAN, s. Imagem em metal utilizada na sociedade Ògbóni. Divindade feminina que simboliza a terra e proporciona longa vida. Ẹdan máa jékí apá ọṣò ó ká mi – Ẹdan não permita que os feiticeiros me prejudiquem.

ẸDA ÒRÒ, s. Jogo de palavras, trocadilho, ironia.

ẸDẸ, s. Cidade yorubá próxima à Òṣogbo cujo soberano é denominado Tìmì Ẹdẹ.

ÈDẸ, s. 1. Prática desonesta de um vendedor. Ó kọ́ èdẹ mọ́ mi – O vendedor me trapaceou. 2. Fruta madura.

ÈDÈ, ÈGÈ, s. Um tipo de árvore. Acacia campylacantha (Mimosaceae).

ÈÈDẸ, ÒÒDẸ, s. Corredor central de uma casa, portal, varanda.

Ẹ̀Ẹ́DẸ̀, Ọ̀Ọ́DẸ̀, pref. 1. Usado para números entre 400 e 4.000, significa menos 100. Por exemplo: egbèta – 600; èédégbèta – 500. 2. Usado em numeração acima de 4.000, significa menos 1.000. Ẹ́gàarin – 8.000; èédégbàarin – 7.000.

Ẹ̀Ẹ́DẸ́GBÀAFÀ, num. Onze mil.

Ẹ̀Ẹ́DẸ́GBÀAJE, num. Treze mil.

Ẹ̀Ẹ́DẸ́GBẸ̀SÀN, num. Mil e setecentos.

Ẹ̀Ẹ́DẸ́GBÀAJỌ, num. Quinze mil.

Ẹ̀Ẹ́DẸ́GBÀARÚN, num. Nove mil.

Ẹ̀Ẹ́DẸ́GBÀASÁN, num. Dezessete mil.

Ẹ̀Ẹ́DẸ́GBÀATA, num. Cinco mil.

Ẹ̀Ẹ́DẸ́GBÀAWÀÁ, num. Dezenove mil.

Ẹ̀Ẹ́DẸ́GBÈJE, num. Mil e trezentos.

Ẹ̀Ẹ́DẸ́GBÈJỌ, num. Mil e quinhentos.

Ẹ̀Ẹ́DẸ́GBẸRIN, num. Setecentos.

Ẹ̀Ẹ́DẸ́GBẸRÚN, num. Novecentos.

Ẹ̀Ẹ́DẸ́GBẸSÁN, num. Mil e setecentos.

ÈDIN, s. Larva.

ÈDÍN, s. Parte perdida de alguma coisa.

ÈÉDÓGÚN, ÈÉDOGÚN, num. Quinze. = àrùndílógún.

ÈÉDÒGBÒN, num. Vinte e cinco. = àrùndílógbòn.

ÈDÒ, ÈDÒKÌ, s. Fígado. Èdò ndùn mí – Meu fígado está doendo. V. inú.

ÈDÒ-FÓRÓ, s. Pulmões. Ònà òfun ni atégùn ngbálọ sínú èdò-fóró – É da garganta que o ar é levado para o pulmão. = fúkú-fúkú.

EDUN, s. 1. Gêmeo. 2. Macaco.

ÈDÙN, s. Dor, aflição. Esè ndùn mi – Minha perna está doendo.

ÈDÙN ÀRÁ, s. Pedra de raio, meteorito.

ÈFÀ, num. Seis. Forma numeral usada para contar; méfà – quando antecedido por substantivo; kéfà – sexto; eéfà – 6, usado para cálculos; méfà-méfà – grupo de seis.

ÈFÀ, s. Estação contínua de chuvas.

ÈFÁ IGI, s. Restos de madeira aplainada.

ÈFÀDÚN, s. Mês de junho.

ÈFÈ, s. Brincadeira. Ó bá mi sèfè – Ela brincou comigo. < se + èfè – fazer uma brincadeira.

ÈFÉ, s. Envolver uma pessoa num problema, numa cilada. Ó fé èfé fún mi – Ele quer me colocar em dificuldade.

ÈFÉ ÒWÚ, s. Algodão finamente descaroçado.

ÈÉFÍN, ÈÉFÍ, s. Fumaça.

ÈFÓ, s. Um vegetal. Ó ro èfó láti je – Ela preparou um vegetal para comer; Ó já èfó – Ela colheu os vegetais.

ÈÉFÓ ÌKÒKÒ, ÀPÁÀDÍ, s. Cacos de louça, fragmentos de alguma coisa.

ÈFÓJÚ, s. Cegueira.

ÈÉFÓKÒ, s. Fragmentos de um barco.

ÈFON, s. Mosquito. = yànmù-yanmu.

ÈFÒN, s. Búfalo.

ÈFÒN, s. Cidade a oeste de Adó-Èkìtì cujo soberano é denominado Àláyè.

ÈFÓN, s. Seta.

ÈFÓN ÌHÀ, s. Costela.

ÈFÓRÍ, ÈSÁNRÍ, s. Dor de cabeça. < fó + orí.

ÈFÓ TÈTÈ – ÈGBÁDÒ

ÈFÓ TÈTÈ, s. Espinafre.

EFUN, s. 1. Branco. *A fi efun rẹ́ ògiri* – Nós rebocamos a parede de branco. 2. Giz, mineral branco pertencente ao culto a Òṣàlá e usado como prefixo de nomes ligados a essa divindade: *Ẹfunwòmí* – Oxalá olha por mim; *Ẹfundayọ̀* – Oxalá nos trouxe alegria.

ÈFÚN, s. Magia, encantamento, charme.

ÈẸ́FÚN, s. Pressão. *Ẹ̀éfún èjè àlọ* – pressão arterial.

ÈFÚÙFÙ, s. Brisa, vento, tempestade. *Ẹ̀fúùfù líle* – tornado; *agbára èfúùfù* – um vento forte.

ẸGÀ, s. 1. Tecelão. 2. Tipo de pássaro cujos ninhos são feitos de tiras de folhas de palmeira.

ẸGÀN, s. Floresta não cultivada, bosque cerrado.

ẸGÁN, s. Loucura. V. *wèrè*.

ẸGÀN, s. Desprezo, vergonha, zombaria, ridículo. > *gàn* – desprezar.

ẸGẸ́, s. Armadilha, cilada.

ÈGẸ́, s. Mandioca, aipim. = *gbágùda, pákí*.

ÉGẸ́LẸ̀, s. Erva-andorinha. *Euphorbia convolvuloides*.

ẸGẸ́RẸ́, s. Equilíbrio com perigo de tombar. = *ògegéré*.

ẸGỌ, s. Uma forma de dança.

ÈGÙN, s. Uma posição vantajosa numa árvore para assistir a um jogo.

ÈGÙN, s. Local de espreita do caçador para a caça.

ÈGÚN, s. Espinho, espinheiro. *Jésù dé adé ègún* – Jesus usou uma coroa de espinhos.

ÈGÚSÍ, s. Semente de uma fruta parecida com o melão.

ẸGBA, s. Chicote, vareta para bater. *Ó fi egba bà mí* – Ele pegou o chicote e me bateu.

ÈGBÀ, s. 1. Paralisia. 2. Bracelete, pulseira. *Ó nfi ègbà* – Ela está usando uma pulseira.

ÈGBÀ, s. Mangueira que prolifera junto ao mar ou a pântanos.

ÈGBÁ, s. Uma região *yorubá*.

ẸGBÀÁ, num. Dois mil. < *egbèwàá*.

ÈGBÁDÒ, s. Uma região *yorubá*.

ẸGBÀAFÀ, *num.* Doze mil.

ẸGBÀAGBÈJE, *s.* Multidão, um grande número de pessoas.

ẸGBÀAJE, *num.* Quatorze mil.

ẸGBÀAJÌ, *num.* Quatro mil.

ẸGBÀAJỌ, *num.* Dezesseis mil.

Ẹ GBÀ MÍ O!, *exp.* Socorro!

ẸGBÁRÁ, *s.* Tipo de rato de pelo brilhante.

ẸGBÀARIN, *num.* Oito mil.

ẸGBÀARÚN, *num.* Dez mil.

ẸGBÀASÀN, *num.* Dezoito mil.

ẸGBÀATA, *num.* Seis mil.

ẸGBÀAWÀÁ, *num.* Vinte mil.

ẸGBẸ́, *s.* 1. Sociedade, associação, clube, partido. *Bàbá ẹgbẹ́* – presidente do clube, autoridade; *Ẹgbẹ́ ogun* – exército. 2. Companheiro, par. *Àwọn ẹgbẹ́ wà lódò̩ mi* – Meus companheiros estão junto de mim. 3. Posição, classe. *Ilé rẹ kì íṣe ẹgbẹ́ ilé mi* – Sua casa não é superior à minha; *Mo fẹ́ ṣiré pẹ̀lú ẹgbẹ́ mi* – Eu quero brincadeira com pessoa de minha classe.

ÈGBẸ, *s.* Comida cozida ou defumada para não estragar. *Ẹran èbgẹ* = *ẹran gbígbe* – carne-seca, defumada.

ẸGBẸ́, *s.* Lado, flanco. *Ó fi onjẹ rẹ ségbẹ́ àtùpà* – Ele pôs a comida próximo ao lampião; *Ó dúró ségbẹ́ mi* – Ele está de pé ao meu lado. > *ségbẹ́* = *sí* + *ègbẹ́*.

ẸGBẸ̀-ẸGBẸ̀, *s.* Parede, muro.

ẸGBẸ́BẸ̀, **ẸGBẸ́HUN**, *adv.* Naquela direção. *Ó lọ ségbẹ́ẹ̀bẹ̀* – Ele foi naquela direção. < *ègbẹ́* + *ibẹ̀*.

ẸGBẸ́BÍ, **ẸGBẸ́HIN**, *adv.* Nesta direção. *Ilé mi wà légbẹ́bí* – Minha casa fica nesta direção. < *ègbẹ́* + *ibí*.

ẸGBÈẸ́DÓGÚN, *num.* Três mil. < 200 x 15.

ẸGBẸFÀ, *num.* Mil e duzentos.

ẸGBÈẸ́DÓGBÒN, *num.* Cinco mil. < 200 x 25. = *èẹ́dẹ́gbàata*.

ẸGBẸ̀GBẸ̀RIN, *adv.* Cerca de oitocentos.

ẸGBẸ̀GBẸ̀RÚN, *adv.* Cerca de mil.

ẸGBẸ̀GBẸ̀SÁN, *adv.* Cerca de mil e oitocentos.

EGBẸ̀GBẸ̀TA – ẸHÁ

ẸGBẸ̀GBẸ̀TA, *adv*. Cerca de seiscentos.
ẸGBẸ́KẸ̀GBẸ́, *adv*. Lado a lado. Wọ́n dúró fẹgbẹ́kẹ̀gbẹ́ – Eles estão de pé lado a lado. < fi + ẹ̀gbẹ́ + kò + ẹ̀gbẹ́.
ẸGBẸ́KẸ́GBẸ́, *s*. Más companhias. < ẹgbẹ́ + kú + ẹgbẹ́.
ẸGBẸ́ ORIN, *s*. Coral de cânticos. Ẹgbẹ́ orin náà dùn – O coral de cânticos é agradável.
ẸGBẸ̀RÌ, ỌGBẸ̀RÌ, *s*. Pessoa não iniciada nos mistérios da religião, ignorante de alguns assuntos, neófito, noviço.
ẸGBẸ̀RIN, *num*. Oitocentos.
ẸGBẸ̀RÚN, *num*. Mil.
ẸGBẸ̀RÚN ỌDÚN, *s*. Milênio.
ẸGBẸ̀SÌ, *s*. Doença de pele, comichão, urticária, sarna. = àgbẹ̀sì.
ẸGBÌN, *s*. Uma planta.
ẸGBIN, *s*. Sujeira, baixeza, depravação. Ó wò mí tìka tẹ̀gbin – Ele me contemplou com desprezo.
ẸGBỌ̀, *s*. Tipo de relva usada para tecer.
ẸGBỌ́, *s*. Um tipo de grama ou relva usada para cobrir uma casa. V. koríko.
ẸGBỌ́N, *s*. Irmão mais velho, irmã mais velha, pessoa mais experiente. Ẹ̀gbọ́n ìyá mi obìnrin – Minha mãe é a irmã mais velha; Ẹ̀gbọ́n òrìṣà mi ọkùnrin – Meu irmão de santo mais velho. É dada uma importância tão grande às pessoas mais velhas que, quando apresentadas, a apresentação deve ser feita pelo nome da pessoa. Ẹ̀gbọ́n mi Bísí – Minha irmã Bisí. V. ẹ, bùrọ̀dá.
ẸGBÒN, *s*. Vibração. V. gbòn.
ẸGBỌ́N BÀBÁ MI OBÌNRIN, *s*. Tia (lit. a irmã do meu pai). V. anti.
Em alguns casos, não havendo palavras que definam algum parente, são usadas aquelas que procuram expressar o parentesco. Ọmọ ẹ̀gbọ́n ìyá mi ọkùnrin – primo (lit. o filho do irmão da minha mãe).
ẸGBÒN ÒWÚ, *s*. Algodão cardado usado para fiação. Aṣọ rẹ̀ funfun bí ẹ̀gbòn òwú – A roupa dela é tão branca como o algodão.
ẸGBÒRÒ, *s*. Animais novos. Ẹgbòrò akọmàlúù – novilho; ẹgbòrò abomàlúù – bezerro.
ẸHÁ, *s*. Confinamento, reclusão.

ÈHA, s. Aparas.

EHÀNNÀ, adj. Incontrolável. Ó ya ehànnà – Ele está num estado incontrolável.

ẸHẸ́N, interj. Exprime preocupação.

ẸHẸRẸ, adj. Fraco, débil.

ÈHÌN, ÈYÌN, s. Costas, parte posterior do corpo, parte de trás de um objeto. Èhìn ndùn mi – Minhas costas estão doendo.

ÈHÌN, ÈYÌN, prep. Atrás, depois. Ó wà léhìn mi – Ele está atrás de mim; Ó kú ní odún méta séhìn – Ele morreu três anos atrás; Ó dèhìn – Ele voltou atrás; Ó kèhìn sí mi – Ela deu as costas para mim; Isé mi rèhìn – Meu trabalho está indo para trás. V. léhìn.

ÈHÌN ẸKÙ, s. Jornada, terra estranha.

ÈHÌN ẸSẸ̀, s. Calcanhar (lit. atrás dos pés).

ÈHÌNKÚNLÉ, s. Fundos da casa, quintal. Ó ngbé léhìnkúnlé – Ele está morando nos fundos da casa.

ÈHÌN ÒDE, adj. Externo, exterior.

ÈHÌN ODI, s. Longe, distante, do estrangeiro. Ó nbò láti èhìn odi – Ele está vindo de partes distantes; Ègbón mi wà ní èhìn odi – Meu irmão está fora da cidade.

ÈHÌN ÒLA, s. O futuro.

ÈHÌN ỌRÙN, s. Nuca (lit. parte de trás do pescoço).

ÈẸHO, ÌHỌ̀ỌHỌ, s. Descascação. Ara mi pèèho – Meu corpo está descascando. < pa + èèho.

ÈẸHO, ÌHARIHO, s. Parte queimada da comida que adere à panela.

ẸHUN, s. Alergia. Èhun onjẹ – alergia a comida.

ẸHÚN, s. Pé de atleta.

ẸHURU, s. 1. Grande pássaro da família dos gansos. 2. Tipo de lombriga que se acredita chupar o sangue de mulheres grávidas.

ẸHURÙ, s. Pássaro mítico tido como ligado às feiticeiras.

ẸIYẸ, s. Ave, pássaro. Ẹiyẹ náà fò tían-tían – A ave voou muito alto. = ẹyẹ.

ẸIYẸ ÀKÀLÀ, s. Urubu. V. igún.

ẸIYẸ ÀKÓKÓ, s. Pássaro tipo pica-pau.

ẸIYẸ AYÉKÒTÍTỌ́, s. Papagaio.

ẸIYẸ ÌBÁKÀ, s. Canário.

ẸIYẸ-ÌGBÒ, s. Pássaro que come os ovos de outros.

ẸIYẸLÉ, s. Pombo. < ẹiyẹ + ilé.

ẸIYẸKẸIYẸ, s. Qualquer tipo de pássaro.

ẸIYẸKO, s. Pássaro selvagem.

ẸIYẸ OGE, ẸIYẸ OLÓGE, s. Pavão, uma ave com bela plumagem.

ẸIYẸ ÒGÒNGÒ, s. Avestruz.

ẸIYẸ OLÓRIN, s. Pássaro que canta.

ẸIYẸ ỌDẸ, s. Pássaro caçador, que tem presas.

ẸJA, s. Peixe. Ẹja odò – peixe de rio; ẹja òkun – peixe do mar; ẹja àìnípẹ́ – peixe sem escamas; ẹja gbígbẹ́ – bacalhau.

ẸJÁ, s. Pedaços, fragmentos, porção.

ẸJABÓ, s. Um tipo de peixe.

ẸJAKẸJÁ, s. Qualquer tipo de peixe.

ẸJA ỌSÀN, s. Um certo tipo de peixe.

ẸJẸ, s. 1. Promessa. Ó jéjẹ́ fún mi pé kì ó mú sìgá mọ́ – Ele prometeu a mim que não fumará mais.< jẹ́ + èjẹ́ = jéjẹ́. 2. Honorários médicos. Ó gbà èjẹ̀ = Ó gbèjẹ̀ – Ele recebeu os honorários.

ẸJẸ̀, s. Sangue. Ọgbẹ́ yìí nṣe èjẹ̀ – Este corte sangrou; Óun pa ta èjẹ̀ sílẹ̀ – Ele matou e pingou o sangue no chão; èjẹ̀ gbígbà – transfusão de sangue; èjẹ̀ wíwọ́ – hemorragia.

Ẹ JẸKÁLỌ!, exp. Vamos! Ẹ jẹ́ká lọ sílé – Vamos para casa. < jẹ́kí + a + lọ.

ẸJÍ, s. Gengivas inflamadas, bochechas inchadas.

ẸJỌ́, s. Adição. Ó fi omi sèjọ́ ọtí – Ele usou água para aumentar a bebida. < ṣe + èjọ́.

ẸJỌ́, s. Problema, assunto, caso, ação judicial. Kì íṣe ẹjọ́ mi – Não é meu problema; A kó ẹjọ́ náà lọ sọ́dọ̀ rẹ̀ – Nós levamos aquele assunto para junto dele (para ele resolver). Ilé ẹjọ́ – tribunal.

ẸJỌ, num. Oito.

ẸK, pref. Usado nos numerais para indicar ordem. Antes de substantivo, perde a vogal inicial. Ẹkẹ́ta – terceiro; Èyí ni orò kẹ́ta – Esta é a terceira obrigação.

ẸKA, s. Galho, ramo, parte, seção. *Ó fẹ́ fi àáké gé ẹ̀ka igi* – Ele quer usar o machado e cortar o galho da árvore; *ẹ̀ka igi* – galho de árvore; *ẹ̀ka ara* – parte do corpo; *ẹ̀ka ọ̀rọ̀* – partes de um idioma.

ẸKÁ, s. Círculo. *Ojú ẹ̀ká* – centro de um círculo.

ẸKÀ, s. Numeração.

Ẹ KÁA, pref. V. *ẹ kú*.

Ẹ KÁALẸ́, saud. Boa-noite. V. *ẹ kú*. = *ẹ kú alẹ́*.

ẸKÀN, s. Raiz, origem. *Ó tẹkàn* – A planta germinou. < *ta* + *ẹkàn* = *tẹkàn*. V. *egbò*.

ẸKÁN, s. Gota, pingo. *Èkán omi* – um pingo de água; *ẹ̀kán òjò* – pingo de chuva.

Ẹ̀ẸKAN, **Ẹ̀ẸKANṢOṢO**, num. Uma vez, uma vez somente.

Ẹ̀ẸKAN, s. Tipo de relva cujas folhas são usadas como sapê. *Imperata cylindrica*.

ẸKÁRÙN, num. Quinto.

Ẹ̀ẸKÉJÌ, num. Segunda vez. V. *ẹ̀ẹ̀jì*.

ẸKẸ, s. Luta. *A wọ̀ ẹkẹ* – Ele entrou em luta.

ẸKẸ́, s. 1. Garfo, forquilha de madeira. 2. Jangadeiro.

ẸKẸ, s. Confidência, segredo.

Ẹ̀ẸKẸ́, **ẸRẸ̀KẸ́**, s. Bochecha.

ẸKẸ́ ÒYÌNBÓ, s. Árvore de tamanho médio com flores de cor lilás. Suas sementes são usadas em colares. *Melia azdarach (Meliaceae)*.

ẸKẸ́ẸDẸ, adj. Um temperamento sensível.

ẸKẸ́FA, num. Sexto. Quando antecedido por substantivo, a vogal inicial é suprimida. *Èyí ni ilé kẹ́fa* – Esta é a sexta casa.

ẸKẸ́JỌ, num. Oitavo.

ẸKẸ́RÌN, num. Quarto. Antes de substantivo, a vogal inicial é suprimida. *Èyí ni ènìà kẹ́rin* – Esta é a quarta pessoa.

ẸKẸ́RÌNLÁ, num. Décimo quarto.

ẸKẸ́SÀÁN, num. Nono.

ẸKẸṢẸ, s. Qualidade de algodão com as fibras lustrosas.

ÈKÈṢÉ – ÈKÓ ỌKÀN

ÈKÈṢÉ, s. Punho.
ÈKẸ́TA, num. Terceiro.
ÈKẸ́TADÍLÓGÚN, num. Décimo sétimo.
ÈKẸ́TALÁ, num. Décimo terceiro.
ÈKẸ́WÀÁ, num. Décimo.
ÈKÌRÌ, s. Cabra do mato. Wọ́n fi awọ èkìrì láti ṣe gbèdu – Eles usaram o couro da cabra para fazer tambor.
ẸKÌ AGBÀRAJÙ, s. Árvore cujas folhas variam entre os tons brancos e amarelos. Lophira alata (Ochnaceae).
ÈKỌ, s. Alimento preparado com a farinha do milho-branco, o mesmo que àkàsà, sem a folha verde que o envolve. Nos candomblés, é apresentado sob diferentes formas, sólida e líquida. Èkọ ládùn jù gbogbo onjẹ lọ – O acaçá é a mais saborosa de todas as comidas.
ÈKÓ, s. Aula, educação, instrução. Ó wà lẹ́hìn nínú èkó rẹ̀ – Ele está atrasado na educação dele; èkó ìtàn – aula de história; èkó nípa àiyé – geografia; èkó nípa ìròhìn – jornalismo; èkó ọrò ajé – economia; èkó nípa ìṣèlú – ciências políticas.
ÈKÓ ÀÌKÓTÁN, s. Conhecimento superficial.
ÈKÓ ÈDÁ, s. Física.
ÈKÓ ÈDÁ-ONÍYÈ, s. Biologia.
ÈKÓ ÈTÒ-ỌRỌ̀, s. Economia.
ÈKÓ ẸLÀ, s. Química.
ÈKÓ ẸRANKO, s. Zoologia.
ÈKÓ ILẸ̀, s. Geologia.
ÈKÓ ILẸ̀-AYÉ, s. Geografia.
ÈKÓ ILẸ̀-WÍWỌ̀N, s. Geometria.
ÈKÓ ÌṢÍRÒ, s. Álgebra.
ÈKÓ ÌṢÍRÒ-OWÓ, s. Contabilidade.
ÈKÓ ÌṢÒWÓ, s. Estudos comerciais.
ÈKÓ ITÀN-ÀKỌ́LẸ̀, s. História.
ÈKÓ NÍPA ÌGBÀGBỌ́, s. Estudos sobre religião.
ÈKÓ NÍPA ÒWÒ, s. Estudos sobre negócios.
ÈKÓ ỌKÀN, s. Cardiologia.

ÈKÓKÀNDÍLÓGÚN, *num.* Décimo nono.

ÈÈKÒ̩ỌKAN, *adv.* Uma vez ou outra. *Lé̩è̩kò̩ò̩kan ni wó̩n nṣe bé̩è̩* – É de vez em quando que eles fazem assim.

ÈKÓKÀNLÁ, *num.* Décimo primeiro.

ÈKÓKÉ̩KÓ̩, *s.* Um ensinamento qualquer.

ÈKỌ ỌMỌDÉ, *s.* Tipo de árvore com flores brilhantes. *Caesalpinia pulcherrima.*

ẸKU, *s.* Planta rasteira semelhante à vinha silvestre. *V. àjàrà.*

Ẹ̩KÙ, *s.* **1.** Armadilha feita de corda ou cipó. **2.** Lugar onde é colocado um recipiente para extração do óleo de palmeira.

Ẹ̩KÚ, *s.* Roupa usada pelos *Egúngún*, que consiste em várias peças. *V. agò̩.*

Ẹ̩KÙ, *s.* Válvula.

Ẹ̩ KÚ, *exp.* Inicia uma forma de cumprimento característica dos *yorubás*, desejando tudo de bom a uma ou a várias pessoas. Adiante estão relacionadas diferentes saudações, sendo a resposta para todas elas *Òo...*, a não ser que outra forma seja estabelecida. *Obs.: kú = káa, kúu. V. ọọ kú, kí.*

Ẹ̩ KÚ ÀÁRÒ̩, Ẹ̩ KÁÁÁRÒ̩, *exp.* Bom-dia. Resposta: *O jí bí?* – Você despertou bem? Em outros casos, a resposta poderá ser a declamação de um *oríkì.*

Ẹ̩ KÚ ÀBÒ̩, Ẹ̩ KÁÁBÒ̩, *exp.* Seja bem-vindo. Resposta: *Ẹ̩ kúulé* – Saudamos a todos desta casa.

Ẹ̩ KÚ ÀGBÀ, *exp.* Saudação ao chefe de uma família.

Ẹ̩ KÚ ÀFÉ̩KÚ, *exp.* Condolências, pêsames.

Ẹ̩ KÚ ÁJÒ̩, *exp.* Obrigado pela sua preocupação.

Ẹ̩ KÚ ÀKÉSÍ, *exp.* Obrigado pela sua visita. *= ìkésí.*

Ẹ̩ KÚ ALÉ̩, Ẹ̩ KÁALÉ̩, *exp.* Boa-noite. Resposta: *Ẹ̩ wolè̩ o!* – Não tropece no escuro (*lit.* olhe o chão)!

Ẹ̩ KÚ ÀMÓRÍBỌ̩, *exp.* Que Deus o preserve de futuros acidentes.

Ẹ̩ KÚ ÀSẸ̩HÌNDÈ, *exp.* Saudamos o seu consternamento, pêsames.

Ẹ̩ KÚ ÀTIJÓ̩, Ẹ̩ KÁÀTIJÓ̩, *exp.* Contente por vê-lo após muito tempo.

Ẹ̩ KÚ ÀWÒNÙ, *exp.* Sentidas condolências, pêsames.

Ẹ̩ KÚ ÁWỌ̩, *exp.* Saudação diante de uma altercação em que a pessoa infelizmente esteja envolvida.

Ẹ̩ KÚ ÀWÚRÒ̩, *exp.* Bom-dia.

Ẹ̩ KÚ ÀYÈBỌ̩, *exp.* Que Deus o preserve de futuros acidentes.

Ẹ KÚ EWU – Ẹ KÚ ÌWÒRAN

Ẹ KÚ EWU, *exp.* Cumprimento que o preserva de perigos.
Ẹ KÚ EWU ỌNÀ, *exp.* Cumprimento pelo retorno de uma viagem sem perigo.
Ẹ KÚ ẸRÙ, *exp.* Que você não tenha uma carga tão pesada.
Ẹ KÚ FÁJÌ, *exp.* Desfrute seu lazer vespertino.
Ẹ KÚ ÌDÁRÒ, Ẹ KÚÙDÁRÒ, *exp.* Estou triste por você sofrer uma perda.
Ẹ KÚ ÌDÉLÉ, *exp.* Sinto que um familiar esteja ausente.
Ẹ KÚ ÌDÚRÓ, *exp.* Eu o cumprimento pela sua pausa, pelo seu descanso.
Ẹ KÚ ÌGBÉLÉ, *exp.* Estou triste por você estar confinado em casa (em razão da morte de um familiar).
Ẹ KÚ ÌKALẸ̀, Ẹ KÚÙJÓKÓ, *exp.* Espero que esteja sentado confortavelmente (é dito por um passante). Resposta: Ẹ káàbọ̀ – Seja bem-vindo.
Ẹ KÚ ÌKẸ́ ÌYÀWÓ, *exp.* Boa sorte em seu casamento.
Ẹ KÚ ÌKÚNJÚ, *exp.* Saúdo seu descanso.
Ẹ KÚ ÌKÚNPÁ O!, *exp.* Saúdo seu trabalho manual!
Ẹ KÚ ÌKÚNRA O!, *exp.* Eu a saúdo pela sua gravidez!
Ẹ KÚ ILÉ, Ẹ KÚULÉ O!, *exp.* Saudamos as pessoas desta casa!
Ẹ KÚ ILÉÉDÉ, *exp.* Eu a saúdo na ausência do seu marido.
Ẹ KÚ ILÉYÁ, *exp.* Saudação diante de uma celebração.
Ẹ KÚ ÌMÚRA ÀJÒ, *exp.* Cumprimento pela sua proposta de viagem.
Ẹ KÚ ÌNÁWÓ ÀNÁ, *exp.* Grato pela sua hospitalidade ontem.
Ẹ KÚ ÌNÁWÓ, *exp.* Grato pelos gastos feitos para me presentear. Resposta: Ìyẹn kò tó ọpẹ́ (lit. não há de quê). Se o agradecimento foi pelas despesas nupciais feitas, esta saudação é dita para a família do noivo. Resposta: Ẹ sẹ́ o! – Obrigado! Mas se a tal pessoa ajudou nos preparativos, é acrescentado à resposta: É kú àbáse – Grato pela cooperação.
Ẹ KÚ ÌPALẸ̀MỌ́, *exp.* Boa sorte em seu casamento.
Ẹ KÚ ÌRÌN, Ẹ KÚÙRÌN, *exp.* Congratulações pela sua caminhada. Ẹ rè wá o! – Que você possa retornar com segurança!
Ẹ KÚ ÌRỌ̀LẸ́, Ẹ KÚÙRỌ̀LẸ́, *exp.* Boa-noite. Cumprimento ao anoitecer, entre 16h e 19h.
Ẹ KÚ ÌSINMI, *exp.* Congratulações pelo seu descanso.
Ẹ KÚ IṢẸ́, Ẹ KÚUṢẸ́, *exp.* Nós o saudamos pelo seu trabalho; que ele tenha continuidade.
Ẹ KÚ ÌTỌ́JÚ, *exp.* Saudação por um cuidado executado. V. *tójú*.
Ẹ KÚ ÌWÒRAN, *exp.* Congratulações por desfrutarem o espetáculo.

Ẹ KÚ ÌYẸ̀DÚN, *exp*. Parabéns pelo aniversário.

Ẹ KÚ IJÓ, Ẹ KÚLIJÓ, *exp*. Parabéns pela sua dança.

Ẹ KÚ JÓKÓ, Ẹ KÚ ÌKÀLẸ̀, *exp*. Eu o saúdo por estar sentado de forma apra-zível e confortável. É dito por um passante.

Ẹ KÚ LÁÍLÁÍ, *exp*. Contente por vê-lo depois de muito tempo.

Ẹ KÚ LÁLÁ, *exp*. Congratulações pelos seus esforços.

Ẹ KÚ ÒGBÌGBÒ, *exp*. Saudação a uma pessoa teimosa.

Ẹ KÚ OLÚWA YÍÒ WÒ Ó, *exp*. Nós a saudamos pelo parto a salvo (*lit*. Deus olhará por ele). Resposta: Ẹ ṣé o! – Obrigado!

Ẹ KÚ ÒNGBẸ, *exp*. Congratulações pelo seu jejum.

Ẹ KÚ OÒRÙN, *exp*. Nós o saudamos em sua caminhada sob a luz do dia.

Ẹ KÚ ORÍ IRE O!, *exp*. Congratulações pela sua boa sorte!

Ẹ KÚ ỌDÚN O!, *exp*. Nós o saudamos neste ano, os melhores votos para uma festa!

Ẹ KÚ ỌFỌ̀, *exp*. Condolências pelo seu luto, pêsames.

Ẹ KÚ ỌJÁ, *exp*. Contente por vê-lo no mercado.

Ẹ KÚ ỌKỌ̀, *exp*. Contente por sua chegada (de carro, trem, avião ou navio).

Ẹ KÚ ỌSÁN, Ẹ KÁÀSÁN, *exp*. Boa-tarde.

Ẹ KÚ SÙÚRÙ, Ẹ KÚÙRỌ́ JÚ, *exp*. Congratulações pela sua paciência face à aflição.

Ẹ KÚ TÍTÀ, *exp*. Que suas vendas sejam satisfatórias. Resposta: A *dúpẹ́* – Agradeço.

Ẹ KÚ WÀHÁLÀ, *exp*. Congratulações pelo seu esforço e superação.

Ẹ̀KUKÙ, *s*. Vegetal viscoso.

Ẹ̀KÙLÙ, *s*. Tipo de pássaro.

Ẹ̀KÚN, *s*. Abundância, plenitude. *Ìkòkò yìí ní ẹkún* – Esta panela está cheia.

Ẹ̀KÚN, *s*. Choro, lamento. *Ó dá mi lẹ́kún* – Ela me consolou; *Ẹkún ngbọ̀n mí* – Eu quero chorar (*lit*. as lágrimas estão me abalando).

Ẹ̀KÙN, *s*. Leopardo, motivo para demonstrar medo, terror.

Ẹ̀KÚN, Ẹ̀KÙ, *s*. Região, distrito, área sob jurisdição, vizinhança.

Ẹ̀KÚNDAYỌ̀, *s*. Apelido dado a uma criança nascida pouco tempo depois da morte de algum parente.

Ẹ̀KÚNWÓ, ÌKÚNWÓ, *s*. Um punhado de dinheiro.

Ẹ̀KÚNWỌ́, ÌKÚNWỌ́, *s*. Mão cheia. *Ẹkún wọ́ owó* – mão cheia de dinheiro.

Ẹ̀LÀ, *s*. **1.** Outra denominação de Ọ̀rúnmìlà em alguns mitos. *Ọ̀rúnmìlà afèdèfèyọ̀, Ẹ̀lààsòdè* – O orador de todos os dialetos e que é denominado *Ẹ̀là*, da cidade

ÈLÀ – ELÉGBÀ

de Isòdè. **2.** Festival das primeiras colheitas. *Èlà isu* – festival do inhame.
3. Pedaço de alguma coisa que foi partida. = *èéfó, àlàwé, èjá.*

ELÀSÈ, *s.* Cortes da pele debaixo dos dedos dos pés.

ÈLÈ, *s.* Remendo, cuidado, destreza, habilidade. *Pèlú èlè* – com cuidado, cuidadosamente; *Èlè o!* – Tenha cuidado!

ÈLÈ, *s.* Vagina. = *òbò.*

ELÉ, *pref.* Forma modificada de *oní,* quando a vogal do substantivo começar por *e. Ejá* – peixe; *eléjá* – pescador; *èsè* – pecado; *elésè* – pecador.

ELÉBÈ, *s.* Advogado, intercessor. < *oní èbè.*

ELÉBI, *s.* Culpado, ofensor. < *oní èbi.*

ELÉBO, *s.* Ofertante de uma oferenda.

ELÉBÓTO, *s.* Vendedor ou produtor de esterco de boi para adubo.

ELÉBU, *s.* **1.** Proprietário de uma olaria. **2.** Denominação da cobra *oká.*

ELÉDÁ, *s.* O Senhor da Criação, o Deus Supremo. *Elédá mi, sàánú fún mi* – Meu Criador, seja piedoso comigo. < *Oní èdá.*

ELÉDÀ, ADÈDÀ, ASOWÓ, *s.* Aquele que faz moedas.

ELÉDÈ, *s.* Porco.

ELÉDÈ EGÀN, *s.* Javali.

ELÉFÈ, *s.* Jogador.

ELÉFÓ, *s.* Vendedor de vegetais.

ELÉGAN, *s.* Categoria de divinadores.

ELÉGÀN, *s.* Aquele que despreza, sacerdote de Ifá.

ELÉGBÁRA, ELÉGBÁ, *s.* Um dos títulos de Èsù.

ELÉGÉ, *adj.* Delicado, suave, frágil. *Omo yìì se elégé* – Esta criança revela uma saúde delicada.

ELÉGÍRÌ, *s.* Pequenos pássaros que voam em bando.

ELÉGÍRÍ, *s.* Palavra usada para evitar a menção do nome de uma pessoa considerada velhaca. = *akeran.*

ELÉGÍRÌ, *s.* Tipo de cobra.

ELÉGÒDÒ, *s.* Tipo de roupa barata, de má qualidade.

ELÉGUN, *adj.* Espinhoso.

ELÉGUNGÙN, *s.* Crocodilo. *V. òní.*

ELÉGBÀ, *s.* Pessoa com qualidades excelentes.

ELÉGBÀ, *s.* Pessoa paralítica.

ẸLÉGBÀ, s. Paralítico. < *oní ègbà*.

ẸLÉGBÁRA, s. Título de Èṣù.

ẸLÉGBẸ́, s. Companheiro, associado, colega. *Ẹlégbẹ́ mi ni yìí* – Este é meu companheiro. < *oní ẹgbẹ́*.

ẸLÉGBẸ́JẸGBẸ́, s. Casta, classe, grupo. *A pín wọn ní ẹlégbẹ́jẹgbẹ́* – Nós os dividimos em grupos.

ẸLÉGBIN, s. Pessoa suja. < *oní ègbin*.

ẸLẸ́HÁ, s. Mulher muçulmana confinada no harém do marido.

ẸLẸ́JA, s. Vendedor de peixe.

ẸLÉJỌ́, s. Litigante. *Ẹléjọ́ kò mọ ẹjọ́ rẹ* – O litigante não conhece o problema dela.

ẸLẸ́KẸ́DẸ, s. Pessoa de pouca saúde.

ẸLÉKỌ, s. Aquele que prepara ou vende èkọ.

ẸLÉKÚN, s. Aquele que lamenta, que se queixa.

ẸLẸ́LÀ, s. Farmacêutico, químico.

ẸLÉMÍ, s. Senhor da Vida, Deus. < *Oní Èmí*.

ẸLẸ́MỌ̀ṢỌ́, s. Aquele que gosta de belas roupas e adornos no vestuário.

ẸLẸ́MU, s. Vendedor ou produtor de bebida extraída da palmeira. *V. ẹmu*.

ẸLẸ́NÀ, s. **1.** Aranha. **2.** Aquele que fala em código para ocultar conhecimentos. *V. ẹnà*.

ẸLẸ́NGÀ, s. Gafanhoto.

ẸLẸ́NU, s. Aquele que fala demais. *Ẹlẹ́nu dídùn* – pessoa eloquente, um bom orador; *ẹlẹ́nu búburú* – pessoa que ofende.

ẸLẸ́PÀ, s. Vendedor de noz moída.

ẸLẸ́PA, *adj.* Tinto. *Aṣọ ẹlépa* – roupa tingida.

ẸLẸ́PẸ̀, **ẸLẸ́PẸ̀RẸ́**, s. Espécie de milho-branco indiano macio.

ẸLÉRA, s. Gorro redondo.

ẸLÉRAN, s. Vendedor de carne, açougueiro; *adj.* Carnudo.

ẸLẸ́Ẹ̀RÍ, s. Testemunha, testemunha ocular.

ẸLẸ́Ẹ̀RÍ ÈKÉ, s. Testemunha falsa.

ẸLẸ́RIN, s. Aquele que está sempre rindo.

ẸLẸ́RỌ, s. Operador de máquina, engenheiro.

ẸLẸ́RÙ, s. Carregador, aquele que tem algo a carregar. < *oní + ẹrù*.

ẸLẸ́SẸ̀, s. Lacaio, acompanhante, que visita os amigos.

ẸLẸ́SẸ̀MẸ́RIN, s. Quadrúpede.
ẸLẸ́SẸ̀NÍLẸ̀, s. Um homem de grande firmeza (lit. com os pés no chão).
ẸLẸ́SẸ̀, s. Pecador, ofensor, transgressor.
ẸLẸ́SẸ́, s. Pessoa que sofre de amigdalite ou caxumba.
ẸLẸ́SÌN, s. Seguidor de uma religião, religioso.
ẸLẸ́SIN, s. Cavaleiro, proprietário de cavalos.
ẸLẸ́TÀN, s. Enganador, impostor, trapaceiro.
ẸLẸ́TẸ̀, ADẸ́TẸ̀, s. Leproso. < oní ẹ̀tẹ̀.
ẸLẸ́TẸ, s. Larvas venenosas encontradas nas pastagens do gado.
ẸLẸ́TÙLÓJÚ, adj. Fértil, frutífero.
ẸLẸ́WÀ, s. Uma pessoa elegante ou algo que tenha beleza (usado tanto para pessoas quanto para coisas). Obìnrin ẹlẹ́wà – uma linda mulher; aṣọ ẹlẹ́wà – uma bela roupa.
ẸLẸ́WÒ, s. Brincalhão.
ẸLẸ́WỌ̀N, s. Prisioneiro, condenado.
ẸLẸ́WÙ, s. Aquele que produz ou vende roupas. < oní ẹ̀wù.
ẸLÉWÙN, adj. Deleitável.
ẸLẸ́YÀ, s. Desprezo, zombaria. Ó fi mí ṣelẹ́yà – Ele me ridicularizou.
ẸLẸ́YẸ, s. Denominação dos pássaros ligados às feiticeiras (lit. gente dos pássaros).
ẸLẸ́YINJÚ, s. Pessoa que tem os olhos fixos, esbugalhados.
ẸLẸ́YINTÚ, s. Uma variedade de inhame.
ÈLÍRÍ, s. Camundongo.
ẸLÒ, ẸLÒMÍRÀN, pron. indef. Outro, outra. Kò ní fi ti ẹlòmíràn àfi ti ara rẹ̀ – Ele não usará o que é dos outros, somente o que é dele; Fi ọ̀wọ̀ bà àwọn ẹlòmíràn lò – Faça uso de respeito com os outros. V. míràn.
ÈLỌ́, s. Torção.
ÈLÒ, s. Degradação, digestão.
ÈLÚ, s. Índigo. Uma tintura preparada pela fusão e fermentação de folhas de algumas árvores, entre elas a Indigofera arrecta, a Indigofera tinctoria ou a Lonchocarpus cyanescens. > aró èlú – tintura de índigo.
ÈLÙJÙ, s. Ermo.
ÈLÚKU, s. Uma sociedade secreta com culto a Orò.

ẸLUÙLÚ, s. Tipo de pássaro lerdo com penas vermelhas e que se alimenta de insetos e mel, citado nos cultos a Ìyá mi Òṣòròngà.

Ẹ̀ẸMÁRÚN, adv. Cinco vezes.

Ẹ̀ẸMÉJE, adv. Sete vezes.

Ẹ̀ẸMÉJÌ, adv. Duas vezes. O lé san ìwé owó lẹ́ẹ̀méjì – Você pode pagar com cheque em duas vezes. V. ẹ̀ẹ̀.

Ẹ̀ẸMẸ́FÀ, adv. Seis vezes.

Ẹ̀ẸMÉLÒÓ NI, adv. Quantas vezes? Ẹ̀ẹmélòó ni o máa lọ sí ọjà? – Quantas vezes você costuma ir ao mercado?; ẹ̀ẹméwàá – dez vezes. Obs.: acima de 20 usar ìgbà: ìgbà ogún – vinte vezes. < ẹ̀ẹ + mélòó.

Ẹ̀ẸMẸ́RIN, adv. Quatro vezes. Mo ti máá rí i ẹ̀ẹmẹ́rin lọ́dun – Eu costumava vê-la quatro vezes por ano.

Ẹ̀ẸMẸ́SÀÁN, adv. Nove vezes.

EMEṢẸ̀, s. Mensageiro especial dos reinos de Ifẹ̀, Èkìtì e Ìjẹ̀ṣà.

Ẹ̀ẸMẸ́TA, adv. Três vezes. Òun wá síbí lẹ́ẹ̀méta – Ela veio aqui três vezes. < ní + ẹ̀ẹ̀méta = lẹ́ẹ̀méta.

EMẸ̀WÀ, s. Servidor, atendente, cortesão.

Ẹ̀ẸMẸ́WÀÁ, adv. Dez vezes.

ẸMI, s. Árvore que produz uma manteiga vegetal de seus frutos: um tipo de manteiga branca, òrí, e manteiga cinzenta, òrí àmọ́. Butyrospermum parkii.

Ẹ̀MÌ, s. Tipo de roedor.

Ẹ̀MÍ, s. Vida representada pela respiração. Ó pàdánù ẹ̀mí rẹ̀ – Ele perdeu a vida dele; ẹ̀mí gígùn – uma vida longa.

Ẹ̀MÍ MÍMỌ́, s. Espírito Santo.

ẸMỌ, s. Caroços em comida malpreparada.

ẸMỌ́, s. Um tipo de rato.

ẸMỌ́ ILÉ, s. Porco-da-guiné. V. yúnyun.

ẸMU, s. Vinho da palmeira, líquido extraído da palmeira do dendezeiro e depois fermentado.

Ẹ̀MÚ, s. Pinça, torquês.

ẸMU ÀYỌ̀, s. Vinho extraído da palmeira, não diluído.

ÈMÚKÙRÙ, s. Inseto semelhante ao mosquito.

Ẹ́N, adv. Sim. Ẹ́n mo ti gbọ́ – Sim, eu ouvi. = hẹ́n, hún, bẹ́ẹni.

Ẹ́N Ẹ̀N, adv. Não. Ẹ́n èn, ọbẹ kọ́ – Não, não é uma faca. V. bẹ́ẹ̀kọ́.

ẸNÀ, s. Inversão na ordem das palavras a fim de usá-las como um código pessoal. *Ó fọ ẹnà sí mi* – Ele falou em código para mim.

ẸNI, s. Pessoa. *Kò sí ẹni tí kò fẹ́ràn owó* – Não há pessoa que não goste de dinheiro; *Mo rí ẹnì kan* – Eu vi alguém; *Ẹni da omi síwájú, yíò tẹ̀ ilẹ̀ tútù* – A pessoa que derrama água na frente andará em cima da terra úmida (*prov.* a pessoa colherá o que plantar). *V. ẹnikan, ẹnití.* = *ènìà*.

ẸNÍ, s. Esteira, capacho. *Ó tẹ́ ẹní sùn* – Ela estendeu a esteira e dormiu; *Ó jókó lórí ẹni lọ́wọ́ síwájú* – Ela está sentada na esteira com as mãos para a frente.

ẸNI ÀÌJẸRAN, s. Pessoa vegetariana.

ẸNI-ÀṢÁTÌ, s. Uma pessoa abandonada.

ẸNIBÁWÍ, s. Culpado, delinquente.

ẸNIDÁNWÒ, **ẸNITITUN**, s. Pessoa em prova, em teste, candidato.

ẸNI-ÈGBÉ, s. Pessoa canalha, patife.

ẸNI-ẸLẸ́YÀ, s. Pessoa que é objeto de riso.

ẸNI-ÌTANÙ, s. Pessoa inútil, imprestável.

ẸNÌKAN, *pron.* Ninguém, alguém, qualquer um. *Kò sí ẹnìkan níbí* – Não há ninguém aqui; *Ṣé ènìkan nínú ẹ ti lọ sí Áfíríkà* – Alguém de vocês já foi à África. < *ẹni + kan. Ẹnì* ganha um tom grave quando é seguido pelo numeral 1 ou por ordinais.

ẸNÌKANṢOṢO, *adj.* Único, somente um. *Ẹnikanṣoṣo ni kò ra ẹbùn* – A única pessoa que não comprou um presente.

ẸNÌKÉJÌ, s. Segunda pessoa, companheiro, assistente, amigo. *Ẹnití ó lè sáré jù ẹnìkéjì lọ* – aquele que pode correr mais do que outra pessoa.

ẸNIKẸ́NI, s. Qualquer pessoa, não importa quem. *Kò sí ẹnikẹ́ni tí ngbádùn ilera pípé lónìí* – Não há qualquer pessoa que esteja gozando saúde perfeita hoje. < *ẹni + kí + ẹni.*

ẸNÌKÍNÍ, s. Primeira pessoa.

ẸNIKÍKÚ, s. Um homem mortal.

ẸNIKÒỌ̀KAN, *pron.* Cada um, cada pessoa. *Ẹnikòọ̀kan jókó* – Cada um se sentou; *Ẹnikòọ̀kan ní òrìṣà rẹ̀* – Cada pessoa tem a sua divindade; *adv.* Individualmente.

ẸNIKÒSÍLẸ̀, s. Imoral, mau-caráter.

ẸNI-ỌWỌ̀, s. Pessoa de respeito.
ẸNIRERE, s. Pessoa de bem, de valor.
ẸNI ṢÀNGÓ, s. Pessoa iniciada a Xangô.
ẸNITÍ, pron. Aquele que, a pessoa que. Mo mọ ẹnití o rí – Eu conheço a pessoa que você viu; Aya mi ni ẹnití o ṣe onjẹ yìí – Foi minha mulher que fez esta comida; Ẹnití o gbà mí gbọ́ kì yíò kú – Aquele que crer em mim não morrerá. Em alguns casos é assinalado com a letra A. Abísógun < a + bí + sí + ogun – aquele que nasceu para a guerra, guerreiro.
ẸNITIKALÁÀRẸ̀, pron. reflex. A ele, a ela, a si.
ẸNÍYÀWÓ, s. Esteira na qual a noiva deita.
ẸŊJÌNÌ, s. Motor (do inglês engine). Ó yẹ ọ̀ìlì ẹnjìnì rẹ̀ wò – Ele verificou o óleo do motor.
ẸNU, s. Boca, abertura, orifício. Mo wò ó lẹ́nu – Eu prestei atenção ao que ele disse (lit. eu olhei ele na boca); Ẹnu yà mi – Fiquei surpreso (lit. eu abri a boca); Ó gba ọ̀rọ̀ lẹ́nu mi – Ele removeu a palavra da minha boca (lit. ele me silenciou); ẹnu abẹ – fio da navalha.
ẸNUBÀRA, s. Caverna.
ẸNUBODÈ, s. Porta de entrada de uma cidade.
ẸNU-ẸIYẸ, s. Bico de uma ave.
ẸNU-ÌLẸ̀KÙN, s. Abertura de uma porta.
ẸNU KÍKÒ, s. Consenso de opinião, relação harmoniosa.
ẸNU ÒPIRÌ, s. Um tipo de cacto que produz um suco laxativo. Euphorbia lateriflora.
ẸNU-Ọ̀NÀ, s. Caminho que leva até a porta da rua, entrada para uma casa.
ẸNU-OṢỌ̀RỌ̀, s. Goteiras de uma casa.
ẸNU RÍRÙN, s. Mau hálito. Kíni o lè ṣe nípa ẹnu rírùn? – O que você pode fazer sobre mau hálito?
ẸNUSỌRỌ, s. Bico longo.
ẸNYIN, ẸYIN, Ẹ, pron. pess. Vocês (substitui a forma vós, não usada em yorubá). Èyin kò sí nkankan – Vocês não estão com nada.
ẸPA, s. Remédio caseiro, antídoto. Ẹpa kò bóró mọ́ – O remédio não fez mais efeito. < bá + oró = bóró.

ẸPÀ – ẸRÍ 244

ẸPÀ, s. Tipo de noz moída. *Arachis hypogaea.*

ẸPÁDI, s. Local situado nas proximidades de uma cidade.

ẸPA IKÚN, s. Um tipo de planta.

ẸPÀ RÒRO, ẸPÀ ORUBU, s. Uma semente socada usada como condimento.

ẸPỌ̀N, s. Testículo.

ẸPỌ́N, PÍPỌ́N, s. Lisonja, bajulação.

ẸRÁN, s. O cabeça, o titular de um templo. *Ó fi ọwọ́ lẹ́rán* – Ele traz o templo na palma da mão.

ẸRAN, s. Carne, animal. *Ẹran sísùn* – carne-assada; *ẹran tútù* – carne fresca; *ẹran díndín* – carne frita; *ẹran lílọ̀* – carne moída; *ẹran gbígbẹ* – carne-seca, defumada; *ẹran omi* – animal aquático.

ẸRAN-ABẸ̀Ẹ́KÁNNÁ, s. Animal que tem garras.

ẸRAN-ÀGÙTÀN, s. Carne de carneiro.

ẸRAN-ARA, s. Desejos do corpo, luxúria, cobiça. V. *dẹran.*

ẸRAN-ẸBỌ, s. Animal para sacrifício.

ẸRAN ẸLẸ́DẸ̀, s. Carne de porco.

ẸRAN-GALA, ẸRAN-ÀGBỌNRÍN, s. Carne de veado.

ẸRAN JÍJẸ, s. Comida à base de carne.

ẸRANKẸ́RAN, s. Qualquer tipo de animal.

ẸRANKO, s. Animal. *Ó di ẹranko ní okùn* – Ele amarrou o animal com a corda; *ẹranko elẹ́sẹ̀mẹ́rin* – animal de quatro patas.

ẸRANLÁ, MÀLÚÙ, s. Boi, vaca, touro.

ẸRAN-MÀLÚÙ, s. Bife.

ẸRAN-OMI, EKURÁ, s. Tubarão.

ẸRAN-PÍPA, s. Gado para matança.

ẸRAN Ọ̀SÌN, s. Animal doméstico. = *ẹran ilé.*

ẸRÁPÓ, s. Um tipo de planta.

ẸRẸ̀, s. Lama, pântano.

ÈRẸ̀, s. Exemplo, número de vezes. *Èrẹ méjì* – duas vezes V. *èè.*

ÈRẸ̀KẸ́, s. Bochecha, mandíbula.

ẸRÍ, s. Testemunha, evidência, prova, sinal. *Ìwé èrí* – certificado, diploma; *èrí okàn* – consciência; *Ó jẹ́ èrí gbè mí* – Ela deu um testemunho a meu favor; *Ó jẹ́rí mi* – Ele é minha testemunha. < *jẹ́ + èrí.* V. *ìjẹ́ríkú.*

ẸRÍ-ÈKÉ, *s.* Testemunha falsa.

ẸRÍN, *s.* Riso, aquele que ri. *Ó rẹ́rín mi* – Ele riu de mim.

ẸRIN, *num.* Quatro. *Mẹ́rinmẹ́rin* – quatro a quatro; *mẹ́rẹ̀ẹ̀rin* – todos os quatro.

ẸRINDÍLÁÁDÓFÀ, *num.* Cento e seis. < *èrìn* + *dín* + *ní* + *àádófà* (*lit.* 4 – 110).

ẸRINDÍLÁÁDÓÒRIN, *num.* Sessenta e seis.

ẸRINDÍLÁÁDÓÒRÚN, *num.* Oitenta e seis.

ẸRINDÍLÁÁDÓÒTA, *num.* Quarenta e seis.

ẸRINDÍLÓGÚN, *num.* Dezesseis.

ẸRINDÍLÓGÓÒTA, *num.* Cinquenta e seis.

ẸRINDÚN, *s.* Mês de abril.

ẸRINLÁ, *num.* Quatorze. < *èrin* + *lé* + *ẹwá* (*lit.* 4 + 10).

ẸRÍNMỤ́Ẹ̀, *s.* Sorriso.

ẸRÍ-ỌKÀN, *s.* Consciência.

ÈRÒ, *s.* **1.** Antídoto, calma, paliativo, maciez. *Ó sẹ é pẹ̀lú èrò* – Ele o fez com gentileza; *Ó sọ ayé dẹ̀rò* – Ele falou de um mundo pacífico; *omi èrò* – água que acalma (também é a denominação do fluido extraído do caramujo *ìgbín*, no culto a Oxalá). **2.** Tipo de búzio pequeno – *Owó èrò*. **3.** Mistério, proibição.

ẸRỌ, *s.* **1.** Trapaça, artifício, embuste, malandragem. **2.** Máquina, mecanismo, perícia, arte. *Má sẹ sí ẹrọ sílẹ̀* – Não deixe a torneira aberta; *ẹrọ ránsọ* – máquina de costura; *ẹrọ ìfọsọ* – máquina de lavar; *ẹrọ omi* – chuveiro.

ẸRÓ, *s.* Distensão, torcedura.

ẸRÒFÒ, *s.* Lugar pantanoso, pântano, brejo.

ẸRỌ-Ị̀SÍRÒ, *s.* Computador. = *kòmpútà*.

ẸRỌ-OGUN, *s.* Tática de guerra.

ẸRÚ, *s.* Escravo, cativo. *Ó sòwò ẹrú* – Ele fez um comércio de escravos; *Òwò ẹrú ti parun pátápátá* – O comércio de escravos já se extinguiu completamente; *Ẹrú ìdílé* – subserviente; *ẹrúbìnrin* – escrava; *ẹrú ìbílé* – escravo nascido na casa.

ẸRÙ, *s.* Carga, bagagem. *Ẹrù ojà* – Pacotes para venda em mercados; *ẹrù ọkò* – carregamento, carga de navio.

ÈRÙ, *s.* Medo, pavor. *Èrù nbá mi* – Eu estou com medo (*lit.* o medo me atingiu); *Èrù nbá mi láti lọ sínú igbó* – Estou com medo de entrar na floresta.

ẸẸRÙ, s. Pequenas vagens usadas como condimento. *Xylopia aethiopica* (*Anonaceae*).

ẸRU-IGI, s. Feixe de madeira.

ẸRÙGÙN, s. Uma forma de cerimônia secreta.

ẸRÚN, ỌBỌ, s. Árvore muito usada para fazer carvão e também como remédio. *Erythrophleum guineense* (*Caesalpinaceae*).

ẸRÚN, ẸRÚNRÚN, s. Migalhas, pedaços. *Ó ṣẹkù ẹrun* – Ela deixou de lado as migalhas; *Ó fi ẹrún obì ní ẹgbẹ́ ẹti àti láàrin ìka ẹsẹ̀* – Ela pôs um pedaço de noz-de-cola no lado da orelha e entre o dedo do pé (ritual de *bọrí*).

ẸẸRÙN, s. Estação da seca.

ẸRÙPIN, s. Carga final. *Ó rù ẹrù pin* – Ela levou o carrego em sua cabeça. V. *àrùgbà*.

ẸSAN, s. Revanche, vingança. *Ó san èsan* – Ele retribuiu com vingança; *Ó san èsan rere fún mi* – Ele pagou com uma boa recompensa; *Ó lọ wá gbèsan* – Ele foi buscar revanche.

ẸSÀÁN, *num.* Nove.

ẸSÁNRÍ, ẸFỌ́RÍ, s. Dor de cabeça, nevralgia. V. *fọ́*.

ẸSÀ-ỌRUN, s. Um título no culto dos *Egúngún*.

ẸSẸ, s. 1. Lista de coisas, fila, ordem. *Ó kà wọn lẹ́sẹ̀-lẹ́sẹ̀* – Ele os enumerou item por item. 2. Capítulos dos poemas de Ifá, associados aos *odù*.

ẸSẸ̀, s. Pés, perna. *Irọ́ ní ẹsẹ̀ kékeré* – A mentira tem pernas curtas; *ẹsẹ̀ bàtà kan* – um par de sapatos. Como as demais partes do corpo, é usado por analogia para revelar firmeza: *Ó ní ẹsẹ̀ nílẹ̀* – Ele tem os pés no chão, ele é seguro.

ẸSẸ́, s. Filtrado. *Omi èsẹ́* – água filtrada.

ẸSẸ̀LÁSAN, *adj.* Descalço.

ẸSẸẸSẸ̀, *adv.* Ordenadamente, regularmente, em fila.

ẸSẸ̀TAIYÉ, s. Ato de consultar Ifá para saber o destino de uma criança recém-nascida.

ẸSẸ̀-WÍWỌ, s. Perna torta.

ẸSÍN, s. Vergonha, ridículo, zombaria. *Ó fi mí sèsín* – Ele me fez de ridículo.

ẸSÌN, ÌSÌN, s. Culto, religião. *Kíni ipò rẹ nínú èsìn?* – Qual é o seu cargo dentro do culto?

ẸSÌN ÌBÍLẸ̀, s. Religião nativa, tradicional.

ẸSỌ́, s. Úlcera na pele.

ÈSỌ, s. Enxerto, broto de uma árvore.

ÈSỌ, s. Junta, correia cujas extremidades coladas se encontram, nervo. *Èsọ agbárí* – nervo do crânio.

ÈSỌ̀, s. Cuidado. *Ó fi ìbọn èsọ̀* – Ele usou a arma com cuidado.

ÈSỌ-ÈSỌ, **LÉSỌ̀LÉSỌ̀**, adv. Cuidadosamente, cautelosamente, gentilmente.

ẸSỌKÒLÓ, **ẸRINKÒLÓ**, s. Lava, matéria expelida pelos vulcões.

ẸSUN, **ÌFISÙN**, s. Acusação. *Ó ṣe èsun mọ́ mi* – Ela fez uma queixa contra mim.

ẸSÚN, s. Produto.

ẸSÀ-OWÓ, **OWÓ ẸSÀ**, s. Pequena concha.

Ẹ SE É O!, exp. Cumprimento de agradecimento, obrigado.

Ẹ SEUN PÚPỌ̀, exp. Muito obrigado.

ÈSẸ́, s. 1. Punho, pancada com o punho. *Ó lù mí lésẹ́* – Ele me esmurrou. *V. òrùn owó*. 2. Parte quebrada de qualquer coisa. *Èsẹ́ obì* – um gomo de noz-de-cola. *V. awẹ́*.

ÈSẸ̀, s. Pecado, crime, ofensa, iniquidade.

ẸSẸ́, **OSẸ́**, s. Glândula, amígdala, caxumba.

ẸSẸ́ OMI-ÀTỌ̀, s. Próstata.

ẸSIN, s. Cavalo. *Ó gun esin* – Ele montou no cavalo.

ÈSỌ́, **ÒSỌ́**, s. Adorno pessoal, ornamentação de alguma coisa. *Ó sòsó* – Ele se enfeitou. *< ṣe + òṣó = sòsó*. *Ó ṣe ilé rè lósó* – Ele ornamentou a casa dele.

ÈSỌ́, s. Guarda. *Olórí èsó* – capitão da guarda.

ẸTA, s. 1. Broto, bulbo, germinação. *Igi yìí peta* – Esta árvore germinou. 2. Tipo de minério que contém ferro.

ẸTA, num. Três.

ẸTÀ, s. Um tipo de leopardo.

ẸTADÍLÁÁDỌ́Ọ̀RIN, num. Sessenta e sete. *< èta + dín + ní + àádọ́ọ̀rin* (lit. 3 – 70).

ẸTADÍLÁÁDỌ́Ọ̀TA, num. Quarenta e sete.

ẸTADÍLÓGÓJI, num. Trinta e sete.

ẸTADÍLÓGÚN, *num*. Dezessete.

ẸTADÍLỌ́GỌ́ỌRIN, *num*. Setenta e sete.

ẸTADÍLỌ́GỌ́ỌRÙN, *num*. Noventa e sete.

ẸTADÍLỌ́GỌ́ỌTA, *num*. Cinquenta e sete.

ẸTADÍLỌ́GBỌN, *num*. Vinte e sete.

ẸTALÁ, *num*. Treze.

ẸTADÚN, *s*. Uma forma de indicar o mês de março.

ẸTÀN, *s*. Atração, armadilha, engodo, fraude, decepção.

ẸTANÁ, *s*. Faísca.

ẸTÁ ÒKÒ, *s*. Trigêmeos.

ẸẸTÀN, *s*. Tipo de palmeira cujo fruto é descascado e comido, fervido ou cru.

ẸTẸ́, *s*. Desgraça, vergonha, desrespeito. Ó ṣe ẹtẹ́ ògá rẹ̀ – Ele desrespeitou o superior dele.

ẸTẸ, *s*. Lepra. Ó détẹ̀ – Ele é vítima da lepra. < dá + ẹtẹ̀.

ẸTÌ, *s*. Dificuldade, impossibilidade de resolver o problema de alguém. Ó dẹtì fún mi láti lọ – Está difícil para mim ir. < di + ẹtì = dẹtì.

ẸTIRI, *adj*. Difícil. Ó jẹ́ ẹtiri fún mi – É difícil para mim.

ẸTỌ́, *s*. Direito, direção. Mo lẹ́tọ́ láti ṣe – Eu tenho o direito de fazer. < ní + ẹtọ́ = lẹ́tọ́.

ẸTÙ, *s*. 1. Ave da Guiné, galinha-d'angola. = awó. 2. Tipo de roupa. 3. Fértil. Ilẹ̀ yìí lẹ́tù – Este solo é fértil. < ní + ẹtù = lẹ́tù.

ẸTÙ, *s*. 1. Um tipo de antílope. 2. Pólvora, material explosivo. 3. Pó medicinal.

ẸTÚN, *s*. Ramo, galho de árvore. V. àkẹtún.

ẸTUN, *s*. Varas para sustentar os brotos de inhame.

ẸWÀÁ, *num*. Dez. Ó ra ẹní mẹ́wá – Ela comprou dez esteiras; Ẹ̀wá ni ó rà – Foram dez que ela comprou. = ẹwá.

ẸWÀ, *s*. Beleza, graciosidade. Ara rẹ lẹ́wà – Seu corpo é bonito; Ó lẹ́wà jù ìwọ lọ – Ela tem mais beleza do que você; Obìnrin ẹlẹ́wà – uma mulher encantadora, uma linda mulher.

ẸWÀ, *s*. Feijão.

ẸWÀ AWUJẸ, *s*. Feijão-branco grande.

ẸWÀ DÚDÚ, *s*. Feijão-preto.

EWẸ, s. Tipo de feijão-castanho, feijão-mulatinho. = *erèé*.

Èwẹ́, s. Pequenas partículas. *Ìyèfun yìí dèwẹ́* – Esta farinha se tornou muito fina; *Ó di irun èwẹ́* – Ela trançou o cabelo em pequenas tiras.

Èwè, adv. Outra vez, novamente. *Ó lù mí èwè* – Ele me bateu outra vez. V. *tún*.

ẸWẸLẸ, s. Cristal.

ẸWÌRÌ, s. Fole usado pelos ferreiros.

Èwọ̀, s. Brincadeira, gracejo, piada. *Ó bá mi jèwọ̀* – Ele fez uma brincadeira comigo.

Èwọ̀N, s. 1. Corrente, grilhões. *Mo dì í léwọ̀n* – Eu acorrentei suas mãos; *Ó lọ sí ilé èwọ̀n* – Ele foi para a prisão. 2. Planta rasteira e espinhosa.

ẸWỌ́N, s. Separação, distanciamento.

Èwù, s. Camisa, blusa, ornamento. *Ó wọ èwù funfun* – Ela vestiu uma blusa branca.

ẸWÙ, **ÌWÙ**, s. Amabilidade, prazer, gosto. *Ó wù mí ní ẹwù* – Ele me agradou na amabilidade.

Èwù-ẸTÙ, s. Vestido longo nativo feito de tecido preto e branco.

ẸWURU, **ẸHURU**, s. Buraco levemente coberto por terra, como armadilha de caça. V. *pakuté*.

Èyà, s. Categoria, grupo, divisão, partes. *Èyà òdìkéjì* – Parte oposta, sexo oposto.

ẸYÁ, **ỌYÁ**, s. 1. Faca usada na incisão da palmeira para obter *ẹmu* – vinho de palma, depois de fermentado. 2. Pequeno leopardo.

Èyà-ARA, s. Partes do corpo.

Èyasè, **IBẸ́SẸ̀**, s. Cortes da pele debaixo dos dedos dos pés.

Èyàwuuru, s. Micro-organismos, micróbios, germes.

ẸYẸ, **ẸIYẸ**, s. Pássaro, ave. *Ẹiyẹ fò ká ilé* – O pássaro voou em volta da casa; *ẹiyẹlé* – pombo; *àwòdì* – falcão; *òwìwí* – coruja.

Èyẹ, s. 1. Honra, respeito. > *eléyẹ* – pessoa de respeito. 2. Conveniência, conformidade. 3. Parada, defesa.

ẸYÍN, s. Carvão em brasa.

Èyìn, s. Fruto do dendezeiro, de onde é extraído o óleo. V. *igi ọ̀pẹ*.

ẸYIN, s. Ovo. *Ó dín ẹyin méjì fún mi* – Ela fritou dois ovos para mim.

ÈYIN, Ẹ̀, *pron. pess.* Vocês. *Èyin nkọrin dára púpọ̀* – Vocês cantam muito bem. É também usado para um tratamento formal entre duas pessoas. *Ṣé ẹ fẹ́ jókó?* – O senhor quer se sentar? No idioma yorubá não são usados os pronomes tu e vós.

ÈYÌN, ÈHÌN, *s.* Costas; *prep.* Atrás, depois. V. *èhìn*.

ẸYINJÚ, *s.* Globo ocular.

ẸYINKÒLÓ, ẸRINKÒLÓ, *s.* Lava do vulcão.

ẸYIN-ÒGI, *s.* Amido de milho-branco.

Ẹ̀YỌ̀, *s.* Búzios maiores. *Ẹ̀rọ̀* – búzios menores.

ẸYỌ̀, *s.* Língua nativa do povo de *Àwórì*.

ẸYỌ̀, *s.* V. *abẹ̀yọ̀*.

ẸYỌ̀, *s.* Uma região yorubá.

ẸYỌ̀, *s.* Expressão relacionada com as marcas tribais.

ẸYỌ, YỌYỌ, *adv.* Somente. *Ó fún mi ni ẹyọ kan* – Ela me deu somente um; *léyọ-léyọ* – um por um.

ÈYÚN, KÁYÚN, *s.* Doença dos dedos dos pés, frieira. *Ọṣẹ yìí dára jù èyún lọ* – Este sabão é muito bom para frieira.

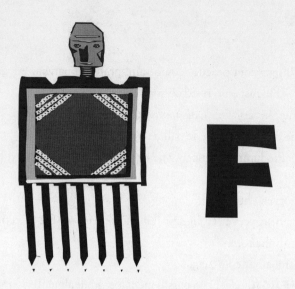

FÁ, v. 1. Raspar, esfregar, barbear, limpar. *Ó fá orí = Ó fárí* – Ela raspou a cabeça; *Ajá fá ọbẹ̀ lá* – O cachorro lambeu a sopa; *Akin nfá pákó* – Akin está raspando a madeira. 2. Ocupar o tempo da pessoa.

FÀ, v. 1. Tirar, remover, puxar. *Ẹ bá mi fà á jáde* – Ajude-me a remover isto; *Ó fàmí létí* – Ela puxou minha orelha; *Ó fa òórùn dídùn símú* – Ela inalou um odor agradável (*lit.* ela puxou o perfume para o nariz). 2. Atrair, seduzir. *Ẹṣinṣin máa nfa oríṣiríṣi* – As moscas costumam atrair doenças; *Wọ́n nfa àwọn ènìà* – Eles estão conduzindo as pessoas. V. *fàmọ́ra*. 3. Arrastar, esparramar. *Mo fa ẹsẹ̀ gbẹ̀rẹ̀* – Eu arrastei meu pé vagarosamente. 4. Abater, reduzir.

FÀ, adj. Lento, tardio, negligente. *Odò yìí fà* – Este rio se tornou lento; adv. Tardiamente, lentamente.

FÀÀ, adv. Despreocupadamente. *Ó nrìn fàà* – Ele correu despreocupadamente.

FÀÁ, adv. Explosivamente. *Ó só fàá* – Ele soltou gases explosivamente.

FA ÀRÙN, v. Causar, espalhar epidemias. < *fà* + *àrùn*.

FÀBỌ̀DÍ, v. Conseguir suporte, sustentação. *Mo rí i fàbọ̀dí* – Eu consegui recrutar o apoio dele.

FÁDÀ, s. Exibição de festas, espetáculo público. *A tẹ́ fádà ijó* – Nós exibimos um show de dança.

FÀDÁKÀ, s. Prata (do hauçá *fàtakà* ou do árabe *fidda*). *Fàdákà ní yelóri kò wúra jùlọ* – A prata tem valor menor que o ouro.

FÁDÀNÙ, *v.* Raspar com o dedo, como num prato ou panela, e jogar fora. *Ó fá ọbẹ̀ dànù* – Ele raspou o resto da sopa e jogou fora.

FÀDÍYA, *v.* Estuprar, rasgar. *Ó fàdí ọmọge ya* – Ele estuprou a jovem. V. *fàya*.

FÀFÁ, *s.* Espécie de esteira feita de palha da palmeira.

FÀFÀKÚFÀ, *v.* Procurar encrenca. *Ó fi ọwọ́ rẹ̀ fàfàkútà* – Ele se envolveu em encrenca.

FAFỌN, *v.* Absorver, chupar.

FÀFỌ̀ṢẸ, *v.* Profetizar, prever. *Ó fàfọ̀ṣẹ pé èmi yíò lówó lọ́wọ́* – Ele profetizou que eu terei muito dinheiro.

FÀFỌ̀ṢẸṢẸ, *v.* Trabalhar com magia.

FÁGÁ, **FÁGÁ-FÁGÁ**, *adv.* Com passos medidos, gradualmente. *Ó nṣiṣẹ́ fágá-fágá* – Ele está trabalhando controladamente. = *fau-fáú*.

FÁGAGBÁGA, *v.* Competir, rivalizar. *Ó bá mi fágagbága* – Ele competiu comigo.

FÁGI, *v.* Aplainar a madeira. < *fá* + *igi*.

FÁGIFÁGI, *s.* Carpinteiro.

FÀGÚN, *v.* Arrumar, endireitar, fazer nivelado.

FÀGÙN, *v.* Encompridar, esticar, alongar, prolongar. *Ó fa okùn náà gùn* – Ele encompridou aquela corda.

FAGUNRÓ, *v.* Reunir um exército. = *sogunrò*.

FAGBÁRA, *v.* Usar de força para. *Ó fagbára gba owó mi* – Ele me tomou o dinheiro à força. < *fi agbára*.

FAGBÁRAṢE, *v.* Fazer uma tarefa com dificuldade. *Mo fagbára ṣe é* – Eu não poupei esforço para fazer isto.

FÀGBẸ̀RẸ̀, *v.* Arrastar, ser lento, demorar-se. *Ó nfà búi ìgbín* – Ele está se arrastando como um caracol; *Ó fà lọ síbi tí mo rán* – Ele demorou a ir para o lugar que eu mandei.

FAHỌ́NLÁ, *v.* Lamber. *Ajá fahọ́nlá mi* – O cachorro me lambeu. < *fi* + *ahọ́n* + *lá*.

FAHÙN, *v.* Gaguejar, balbuciar, falar arrastado. *Ò máa fahùn* – Ele costuma gaguejar. < *fà* + *ohùn*.

FÀIYÀ, *v.* Encantar, seduzir.

FÀJÁ, *s.* Partir, desmembrar. *Ó fà á já* – Ele a partiu em pedaços.

FÀJÁDE, *v.* Extrair, arrancar. *Fàjáde ehín* – extrair o dente.

FÁJÌ, *s.* Prazer, lazer, diversão. *Mo jẹ fájì* – Eu senti prazer; *Ẹ kú fájì!* – Desfrute este momento de lazer!

FÁJÓ, *v.* Fazer queimar.

FAJÚRO, *v.* Fazer cara feia, franzir as sobrancelhas, ser rejeitado. *Má fajúro mọ́ mi* – Não faça essa carranca para mim; *Ó fajúro* – Ele parece chateado. < *fà + ojú + ro*.

FÁKÁFÌKÌ, *s.* Palavra que denota o som do trem em movimento.

FÀKALẸ̀, *v.* Esparramar, espalhar. *Erèé yìí fákalẹ̀* – Estes feijões se espalharam. *V. tàn.*

FÀKÉRE, *v.* Extenuar, diminuir.

FÀKÚN, *v.* Prolongar.

FÁKÚRÒ, *v.* Raspar, tirar do caminho, diminuir. *Ó fá ọbẹ̀ kúrò* – Ele raspou fora a sopa do prato.

FÁLÁ, *v.* Devorar, lamber. *Ó fá àwo lá* – Ele lambeu o prato todo.

FÁLAFÀLA, *adv.* Abundantemente.

FÀLÁIYÀ, *v.* Encantar, seduzir, fascinar.

FÀLÉ, *v.* Distribuir, entregar. *Ó fà á lé ìyá rẹ̀ lọ́wọ́* – Ele entregou isto à mãe dele.

FÀLE, *v.* Puxar. *Ó fa okùn le* – Ele puxou a corda.

FÁÀLÈ-FÁÀLÈ, *s.* Conquistador, don juan. *V. àlè.*

FÀLÉLÓRÍ, *v.* Pôr para cima, tornar responsável.

FÀLÉTÍ, *v.* Prevenir para não fazer, dar um palpite, dar sugestão. *Ó fà mí létí* – Ele me preveniu.

FALẸ̀, *v.* Ser lento na ação, delongar, atrasar. *Ó fi ọ̀rọ̀ mi falẹ̀* – Ele ignorou o que eu disse. < *fà + lẹ̀*.

FÀLỌ́KÀN, *v.* Ser atraente para alguém, desejar.

FÀLỌ́WỌ́, *v.* Segurar, puxar pela mão. *Ó fà mí lọ́wọ́* – Ele segurou minha mão.

FÀLULẸ̀, *v.* Arrastar, puxar para baixo. *Ó fà á lulẹ̀* – Ela o puxou para baixo.

FAMI, *v.* Tirar água. *Ó fami láti kànga* – Ela tirou água do poço. < *fà + omi*. *V. bù.*

FÀMÌSÍ – FARAKÀN

FÀMÌSÍ, v. Colocar um sinal, marcar. Ó fàmì sí i – Ele fez uma marca nela; Ó fàmì hàn mi – Ele me fez um sinal. < fi + àmì + sí.

FAMI-FAMI, s. Um obsoleto instrumento de sopro.

FÀMỌ́, v. Aderir, ajustar-se, agarrar-se a. Ó fa èwù mọ́ ara rè – Ela ajustou a roupa firmemente no corpo dela.

FÀMỌ́RA, v. Abraçar alguém, seduzir, atrair. Ó fà mí mọ́ra – Ele me abraçou.

FÀMU, v. Absorver. Ilẹ̀ yìí fa omi mu – A terra absorveu a água.

FANIMỌ́RA, adj. Atraente, sedutor, encantador. Ó fanimọ́ra – Ela é encantadora.

FÀNÍTẸ̀TẸ́, v. Fazer uma gentileza.

FÀPADÀ, v. Puxar para trás.

FÀPẸ́, v. Ser longo e demorado. Isẹ́ yìí fàpẹ́ títí – Este serviço está sendo muito demorado.

FÁÁRÀ, v. Estar próximo, estar para fazer algo. Òjò fáárà – A chuva se aproxima.

FARABÁ, v. Ser coberto com pintura, esfregar uma superfície molhada.

FARABALẸ̀, v. Ser sóbrio, moderado. Ó farabalẹ̀ – Ele é calmo.

FARADÀ, v. Suportar, aguentar. Ó faradà ìjìyà náà – Ele suportou o castigo. = faragbà.

FARAFÚN, v. Entregar-se a, dar-se a. Òtá wa fará fún wa – Nosso inimigo se entregou a nós.

FARAGBÁ, v. Sofrer uma contusão, ser contundido.

FARAGBÀ, v. Expor a si mesmo a uma situação. Mo fara gba otútù – Eu me expus ao frio. V. fi + aragbà.

FARAHÀN, v. Aparecer, mostrar-se. Ó farahàn mí – Ele se tornou visível para mim. V. fọnàhàn.

FARAJỌ, v. Se assemelhar a, olhar como. A farajọ ara wa – Nós nos assemelhamos um ao outro. < fi + ara + jọ.

FARAJỌGBÀ, s. Um tipo de cobra preta.

FARAKÀN, v. Tocar com a parte do corpo em alguém. Ó farakàn mí – Ele encostou seu corpo no meu.

FARAKǪ, *v.* Estar conectado com. *A fará kǫ́ arawa* – Nós somos relacionados um com o outro. *< fi+ ara + kǫ́.*

FARAMǪ, *v.* Passar o tempo com, estar confortável com. *Ó faramǫ́ mi* – Ela passou o tempo comigo.

FARAPA, *v.* Ser ferido, ser atingido por uma injúria, aflição. *Mo farapa* – Eu sofri uma injúria. *V. ìfarapa.*

FARAPAMǪ, *v.* Esconder-se, despistar. *Ó farapamǫ́ nílé* – Ele se escondeu na casa. *< fi + ara + pa + mǫ́.*

FARARǪ̀, **FARATÌ**, *v.* Encostar-se, apoiar-se. *Ó faratí mí* – Ele se encostou em mim.

FARASIN, *v.* Estar oculto, obscuro, dissimulado. *Ó farasin* – Ele se ocultou; *Oun tó farasin fún mi* – Algo que ele escondeu de mim; *Afẹ́ẹ́fẹ́ farasin* – O vento diminuiu.

FARAWÉ, *v.* Copiar o exemplo de alguém, imitar. *Ó nfarawé mi* – Ela está me imitando.

FÀREFÚN, *v.* Dar um veredicto, declarar inocência de alguém. *Ó fàrefún mi* – Ele deu um veredicto a meu favor. *< fi + àrefún.*

FÁRÍ, *v.* Raspar a cabeça com a navalha. *Ó fárí rẹ̀* – Ele raspou a cabeça dela.

FÁÀRÍ, *s.* Ostentação, exibição, bravata. *Ó fi aṣọ pupa ṣe fáàrí* – Ela usou roupa vermelha para se exibir.

FÀRU, *v.* Reviver uma briga. *Ó fa ọ̀ràn náà ru* – Ele incentivou aquela discussão.

FÀRÙN, *v.* Causar uma doença, epidemia. *< fa + àrùn.*

FÀSÉ, *v.* Fechar ou bater, como uma porta. *Ó fa ìlẹ̀kùn yìí sé* – Ela fechou a porta com força.

FÀSẸ́HÌN, *v.* Retardar, omitir-se, ser vagaroso. *Ó fàsẹ́hìn* – Ele se retirou.

FÀSÍLẸ̀, *v.* Separar-se.

FÀSÍMÚ, *v.* Inalar, aspirar. *Ó fà á símú* – Ele o aspirou (fumaça do cigarro, perfume etc.).

FÀSÍNÚ, *v.* Jogar, colocar dentro. *Ó fà á sínú* – Ela o jogou dentro.

FÀSO, *v.* Fixar, amarrar.

FÀSÓKÈ, *v.* Erguer, içar, levantar. *Ó fà á sókè* – Ela puxou para cima.

FÀṢẸFÚN, v. Comandar, ordenar. Ó fàṣẹ fún mi – Ele me comandou. < fi + àṣefún.

FÀTA, v. Engrandecer, intensificar.

FÀTÌ, v. Tirar fora, separar, manter-se à parte, dar distância. Ó fàtì mi – Ele manteve distância de mim. àfàtì = ìfàtì – participação a distância.

FÀTÌ, adv. Livremente, sem restrições.

FÀTU, v. Extirpar, tirar pela raiz. Fa igi náà tu – Ele arrancou a árvore pela raiz.

FÁUFÁU, **FÁGÁFÁGÁ**, adv. Perfeitamente, inteiramente. Ó nṣiṣẹ faufáu – Ele está trabalhando perfeitamente.

FÀYA, v. Partir em pedaços, separar, rasgar. Ó fà ìwé náà ya – Ele rasgou o papel; Ó fàya pẹ́rẹ-pẹ̀rẹ – Ele rasgou o papel em pedaços. V. ya.

FÀYÀ, v. Usar de bravura, ousadia. Ìwọ kò lè fàyà mọ́ mi – Você não pode usar de valentia contra mim. < fi + àyà.

FÀYÀRÁN, v. Suportar, resistir com força. Ó nfàyàrán ìṣòro náà – Ele suportou esta dificuldade com energia.

FÀYÈ, v. Dar chance, dar espaço. Má ṣe fàyè gba láti ní ipá ìdárí lórí ohun ti ẹ njẹ – Não dê oportunidade à televisão de ter forte influência sobre as coisas que você come. < fi + àyè.

FÀYÈSÍLẸ̀, v. Abrir um espaço. Ó fàyàsílẹ̀ fún mi – Ele abriu um espaço para mim.

FÀYỌ, v. Tirar, resumir, surrupiar, revelar, desalojar algo. Ó fà á yọ – Ele revelou isto.

FAYỌGBÀ, v. Dar boas-vindas, receber com alegria. Ó fayọgbà mí – Ela me deu boas-vindas. V. tọwọ́ tẹsẹ̀.

FÉ, v. Estar só, solitário. Ọmọ náà fé – A criança está só.

FÉÉ, adv. Por muito tempo. Ó lọ féé – Ele foi há muito tempo.

FÉÉ, s. Asma.

FÉÈ, v. Dar. Ó féè mí lówó = Ó fówó fún mi – Ele me deu algum dinheiro.

FEBIPA, v. Passar fome, morrer de fome. Mo febipa mí – Eu passei fome.

FEDIPAKÚ, v. Matar de fome, morrer de fome.

FÉÉDÚ, v. Enegrecer, sujar-se com carvão, escurecer com fuligem. Ẹrù yìí féédú yí mi lára – Esta carga de carvão sujou meu corpo. < fá + èédú.

FÉFÉ, *adv.* Bem limpo, de forma clara, claramente. *Aṣọ rẹ̀ mọ́ féfé* – A roupa dele está bem limpa; *Ó nṣịṣẹ́ féfé* – Ele está trabalhando bem; *Ó nsòrò féfé* – Ele está falando de forma clara. = *fáúfáú.*

FÈKUNṢE, *v.* Ser relutante, hesitante, avesso. *Ó fèkunṣe* – Ele é hesitante.

FÉLEFÈLE, *adv.* Perigosamente, incautamente. De modo geral, modifica o verbo *ta* – mover-se. *Ó nta félefèle* – Ele se moveu perigosamente.

FÉNÍ-FÉNÍ, **FÍNÍ-FÍNÍ**, *adv.* Cuidadosamente, finamente. *Ọmọ nàà wọ aṣọ féni-féni* – O menino vestiu a roupa cuidadosamente.

FÈRÈ, *s.* Flauta. *Ó fọn fèrè* – Ele tocou flauta.

FÉRE, **FÉÉ**, *s.* Asma.

FÈRÈSÉ, **FÈREṢÉ**, *s.* Janela.

FÈSÌ, *v.* Responder, replicar. *Ó fèsì fún mi* – Ele me respondeu.

FÉTÈ, *adj.* Inadequado, insuficiente, deficiente.

FETÍ, *v.* Ouvir. *Mo fetí gbọ́ ọ* – Eu o ouvi (*lit.* eu usei o ouvido para ouvi-lo). < *fi + etí = fetí.*

FETÍKọ́, *v.* Ouvir por acaso. *Ó fetíkọ́ ọ̀rọ̀ mi* – Ele ouviu por acaso a minha conversa.

FETÍLEKO, *v.* Agir como um intrometido. *Ó fetíleko ọ̀rọ̀ mi* – Ele escutou às escondidas a minha conversa.

FETÍSÍ, *v.* Dar ouvidos, ser influenciado a escutar. *Ó fetísí mi* – Ele prestou atenção ao que eu disse.

FETÍSÍ RÉDÍÒ, *v.* Ouvir o rádio.

FETÍSÍLẸ̀, *v.* Ouvir, prestar atenção. *V. fetísí.*

FÉÚ, *adv.* Bruscamente. *Ó ké féú* – Ele cortou bruscamente.

FẸ, *adv.* Com surpresa, com espanto.

FẸ̀, *v,* **1.** Contorcer o rosto enquanto trabalha. *Ó fẹ̀ kẹ̀tẹ̀* – Ele está esparramado, relaxado. **2.** Alargar, expandir, distender. *Ó fẹ́ ihò yìí* – Ele alargou este buraco; *Odò náà fẹ̀* – O rio é largo; *Wọ́n ti fẹ ọ̀rọ̀ yìí* – Ele ampliou este assunto. > *fẹníbu* – alargar.

FẸ́, *v.* **1.** Querer, desejar. *Àwa fẹ́ owó* – Nós queremos dinheiro; *Ìyá mi féẹ́ jẹ iṣu* – Minha mulher deseja comer inhame. *Obs.:* os verbos de uma sílaba são muito dependentes das palavras que os acompanham. **2.** Amar, gostar, casar. *Wọ́n fẹ́ arawọn* – Eles amam um ao outro. **3.** Soprar, ventar, abanar. *Ó fẹ́ iná* – Ele abanou o fogo. > *afẹ́ẹ́fẹ́* – vento, atmosfera.

Fẹẹ́, *adj.* Largo, amplo, extenso.

Fẹẹ̀, FẹRẹ̀, *adv. pré-v.* Quase, aproximadamente, a ponto de. *Isẹ́ yìí féẹ̀ tán* – Este trabalho está a ponto de terminar; *Ó férè kú* – Ele quase morreu.

FẹDÍ, *v.* Agravar, irritar, exacerbar. *Ó fẹdí òrò náà* – Ele agravou aquele assunto.

FẹFẹ́, *adv.* Suspeitosamente. *Ó wò ó fẹfẹ́* – Ele a olhou suspeitosamente.

FẹẹFẹ́, *adv.* Perto, próximo de (usado com o verbo *kù*). *Ó kù féẹfẹ́ ki isẹ́ mi kó pari* – Meu trabalho está prestes a terminar.

FẹẹFẹẹ, FẹẹE, *adv.* Apressadamente, rapidamente. *Ó nrìn feefee* – Ele está andando apressadamente.

FẹFẹ́, FẹWÒN, FÍWÒN, *v.* Envolver uma pessoa em problemas, procurar pegar as pessoas em falta. *Ó nwá fẹ́ mi léfẹ́* = *Ó nféfẹ́ fún mi* – Ele quer me envolver em dificuldades. V. *féléfẹ́*.

FẹFẹKÚFẹ, *v.* Entregar-se à sensualidade.

FẹGẹFẹGẹ, *adj.* Amplo, largo.

FẹẹGẹ̀JẸ̀, FẹẹRẹ̀, *adj.* Amplo, extenso. *Ó rí fèègèjè* – Ele parece ser amplo.

FẹGBA, *v.* Chicotear, bater. *Ó fégba bà mí* – Ele usou o chicote e me bateu.

FẹGBẹ́ KẹGBẹ́, *v.* Estar junto, estar lado a lado. *Wón fẹgbé kègbé* – Eles estão lado a lado. < *fi + ègbé + kò + ègbé*.

FẹHÌNTÌ, *v.* Encostar-se, apoiar-se nas costas de. *Ó fẹhìntì mí* – Ele se encostou em mim. < *fi + èhìn + tì*.

FẹJẹ, *v.* Procurar algo para comer.

FẹJÚ, *v.* Olhar severamente, olhar fixamente para, contorcer a face. *Ó fejú mi toto* – Ela olhou severamente para mim. < *fẹ + ojú*.

FẹKIRI, *v.* Mover-se no ar sem direção. *Ìwé mi fẹ́ kiri* – Meu papel voou para lá e para cá.

FẹKÙ, *v.* Perder ou esquecer alguma coisa. *Mo fẹ́ ẹ kù* – Eu não pude achá-lo.

FẹLÁ, *v.* Mostrar importância em razão da posição que ocupa.

FẹLAFẹTAN, *v.* Amar profundamente.

FẹLÁYA, *v.* Contratar um casamento, casar-se. *Mo fẹ́ ẹ láya* – Eu me casei com ela.

FẹLẹ́, BẹLẹ́, *adj.* Magro, fino. *Ìwé yìí félé* – Este papel é fino.

FẹLẹFẹ, *v.* Fazer uma pessoa se meter em dificuldade. V. *féfẹ́*.

FẸ́LẸ́FẸ́LẸ́, BẸ́LẸ́BẸ́LẸ́, *adj.* Fino, delgado, franzino, fraco. *Ìwé fẹ́léfẹ́lẹ́* – um papel fraco; *adv.* Finamente, fracamente.

FẸ́LẸ́LẸ́, *v.* Voar com o vento, flutuar no ar. *Àsíá yìí nfé lẹ́lẹ́* – A bandeira está tremulando.

FẸ́ẸLÌ, *v.* Reprovar, não passar.

FẸ́LÙ, *v.* Soprar, ventar. *Afẹ́ẹ́fẹ́ fẹ́lu òkúta yìí* – O vento soprou nessa pedra (*lit.* o vento soprou e bateu na pedra).

FẸ́N, *adv.* Levemente.

FẸ̀NẸ̀NẸ̀, *adv.* Confortavelmente, cautelosamente, tranquilamente.

FẸ́NI, *v.* Amar, gostar, ter grande prazer. < *fẹ́* + *ẹni*.

FẸ̀NÍBU, *v.* Estender na largura, alargar.

FẸ́NÍYÀWÓ, FẸ́LÁYA, *v.* Desposar, casar.

FẸNU, *v.* Permitir, admitir, apoiar. *Fẹnu fún mi kí n sọ̀rọ̀* – Permita que eu fale; *Ó fẹnu sọ̀rọ̀ náà* – Ele apoiou aquela conversa. < *fi* + *ẹnu*.

FẸ́NÙ, *v.* Evaporar. *Fẹ́ omi náà nù* – A água evaporou.

FẸNUBÀ, *v.* Tocar com a boca, provar, fazer menção de. *Ó fẹnu bà á* – Ele tocou com a boca nela (no copo, na bebida, na comida). < *fi* + *ẹnu* + *bà*.

FẸNUKÒLẸ́NU, *v.* Beijar. *Mo fẹnukòlẹ́nu* – Eu a beijei; *Ó fẹnukó mi lẹ́nu* – Ele me beijou na boca. < *fi* + *ẹnu* + *kò* + *ní* + *ẹnu*.

FẸNUKONU, *v.* Beijar, concordar, admitir. *A fẹnukonu láti ṣe é* – Nós fizemos um acordo para fazer isto; *Ó fẹnukonu rẹ̀ lọ́rùn* – Ele a beijou no pescoço. < *fi* + *ẹnu* + *kò* + *ẹnu* (*lit.* usar, pôr boca com boca).

FẸNUMẸ́NU, Cale-se, fique quieto.

FẸNUSÍ, *v.* Ter voz na discussão de um assunto, interferir, apartear. *Ó fẹnu sí pé yíò ṣe* – Depois da discussão ele concordou que fará.

FẸ́PỌ̀, *v.* Amar várias pessoas simultaneamente.

FẸ́RA, *v.* Abanar-se. *Mo fẹ́ra mi* – Eu me abanei.

FẸ́RÀN, *v.* Gostar, amar, preferir. *Mo fẹ́ràn ìyá mi gidigidi* – Eu amo muitíssimo minha mãe; *Émi fẹ́ràn ṣúgà díẹ̀* – Eu gosto de pouco açúcar.

FẸ̀RẸ̀, *adv.* Deliciosamente, agradavelmente, alegremente.

FẸ́RẸ̀, *adv. pré-v.* Quase, aproximadamente. *Óun fẹ́rẹ̀ kú* – Ele quase morreu.

FẸ́RẸ̀, FẸ́Ẹ̀, v. Estar próximo. *Ó fẹ́ẹ́ dé* – Ele está próximo de chegar; *Ó fẹ́ẹ́ kọ̀wé rẹ̀ tán* – Ele está próximo de terminar de escrever o livro dele.

FẸ̀Ẹ̀RẸ̀, adv. Superficialmente, ligeiramente. *Mo fi epo lórí fẹ̀èrẹ̀* – Eu usei ligeiramente um pouco de óleo na cabeça.

FẸ̀Ẹ̀RẸ̀, s. Alvorada, de manhã cedo. *Fẹ̀èrẹ̀ ló ti jí dé* – A alvorada já chegou.

FẸRẸGẸGẸ, adv. Animadamente.

FẸ̀RẸ̀GẸ̀JẸ̀, adj. Amplo, largo. *Ó rí fẹ̀règèjẹ̀* – Ele aparenta ser amplo.

FẸ́RẸ̀TUTU, adj. Leve, não pesado.

FẸ́RI, adj. Pouco quente, insensível. *Omi dúdú yìí fẹ́ri* – O café está um pouco quente.

FẸ̀RỌṢE, v. Fazer com habilidade.

FẸ́ṢẸ́, v. Destilar, extrair pela vaporização. < *fẹ́* + *ṣẹ́*.

FẸṢẸ̀, comp. Usar os pés. Expressão usada na composição de palavras. < *fi* + *ẹsẹ̀*.

FẸṢẸ̀BÀ, v. Desembarcar, pôr os pés na terra. *A fẹsẹ̀ ba orí ilẹ̀* – Nós colocamos os pés no chão. < *fi* + *ẹsẹ̀* + *bà*.

FẸṢẸ̀BÙ, v. Ferir a perna. *Mo fẹsẹ̀bù = Mo fẹsẹ̀pa* – Eu feri minha perna de forma que ela sangrou.

FẸṢẸ̀DÚRÓ, v. Crescer com as próprias pernas (lit. usar as pernas e ficar de pé). < *fi* + *ẹsẹ̀* + *dúró*.

FẸṢẸ̀GBÁ, v. Chutar, jogar. *A fẹsẹ̀gbá bọ́ọ̀lù* – Nós jogamos bola.

FẸṢẸ̀KAN, adv. pré-v. Rapidamente, depressa. *Mo fẹsẹ̀kan dé ibẹ̀* – Eu cheguei rapidamente lá.

FẸṢẸ̀KILẸ̀, FẸṢẸ̀LULẸ̀, v. Marcar o chão com o pé.

FẸṢẸ̀LÉLẸ̀, v. Começar um empreendimento. *Ó fẹsẹ̀lé lẹ̀* – Ele começou um empreendimento (lit. ele colocou o pé no chão); *Ó fẹsẹ̀ iṣẹ́ yìí lélẹ̀* – Ele começou o trabalho nisto.

FẸṢẸ̀LỌ́NÀ, v. 1. Principiar, começar uma jornada. *Ó fẹsẹ̀lọ́nà Èkó* – Ele partiu para Lagos. 2. Imitar. *Ó fẹsẹ̀lọ́nà mi* – Ele me imitou.

FẸṢẸ́LÙ, s. Comida preparada com água e farinha de mandioca, pirão.

FẸṢẸ̀LULẸ̀, v. Bater ou estampar o chão com o pé da pessoa.

FẸṢÈMÚLẸ̀, v. Estabelecer-se, criar raízes. *Àṣà yìí fẹsẹ̀múlẹ̀* – Este costume está firmemente estabelecido.

FẸSÈRA, v. Participar. *Mo fẹsèra ijó* – Eu tomei parte na dança.

FẸSÈRÌN, v. Passear. *Ó fẹsèrìn* – Ele deu um passeio.

FẸSÈRÒ, v. Apoiar. *Ó fẹsè rò ọ́* – Ele se apoiou com os pés dele.

FẸSÈTÈ, v. Pisar. *Ó fẹsètè ẹ́* – Ele pisou nisto. < *fi + ẹsè + tè*.

FÉSÍLARA, v. Passar por cima.

FÉSÓNÀ, v. Noivar. *Ó fẹ́ ẹ sọ́nà fún mi* – Ele a comprometeu para mim.

FẸ́TÁN, v. Amar intensamente. *Ó fẹ́ mi láfẹ́ tán* – Ela me ama com intensa paixão.

FÈTÌ, adv. Dolorosamente.

FÈTÒFÈTÒ, adv. Ofensivamente, ansiosamente. *Ó wò mí fẹtòfẹtò* – Ele me olhou ofensivamente.

FÉWÓ, v. Surrupiar, roubar. *Ó nféwọ́* – Ele está roubando. < *fẹ́ + owọ́*.

FÉÚ, adv. Bruscamente. *Ọ̀bẹ ké mi fẹ́ú* – A faca me cortou bruscamente.

FI, part. Usada como verbo simples, como parte de um verbo composto e para ênfase na composição de frases. *Dîèdîè ni ọjà fi nkún* – Pouco a pouco o mercado encheu; *Nwọn sùn títí ilẹ̀ fi mọ́* – Eles dormiram até o dia clarear.

FI, v. 1. Pôr, colocar. É muito usado na composição de palavras. *Ó fi owó sínú àpò* – Ele colocou o dinheiro no bolso; *Fi ìwé rè sórí tàbìlí* – Ponha o caderno dele na mesa. 2. Usar, tomar, pegar para fazer. *Ó fi ọwò pa ejò* – Ele pegou a vassoura e matou a cobra; *Ó fi ọ̀bẹ gé bùrẹ́dì* – Eu usei a faca e cortei o pão. V. *fisí*. 3. Dar, oferecer. *Ó fi àmàlà fún Ṣàngó* – Ele ofereceu pirão com quiabo para Xangô. 4. Deixar de lado, desistir, abandonar. *Ó fi mí nínú ìyàrá* – Ela me deixou na sala; *A fi ọ̀rọ̀ náà sílẹ̀ fún ìgbà díẹ̀* – Nós suspendemos a matéria por algum tempo. 5. Secar alguma coisa expondo-a ao calor.

FI, prep. Com, para. Antecede os substantivos que indicam o uso de instrumentos, meios e ingredientes materiais. *Ó fi òkúta fọ́ dígi* – Ele quebrou o espelho com uma pedra; *Ó fi aṣọ titun jáde lọ* – Ela saiu com uma roupa nova; *Mo fi amọ̀ mọ eku* – Eu modelei um rato com o barro; *Ó fẹ́ fi ààké gé ẹka igi* – Ele quer cortar o galho da árvore com o machado.

FÌ, v. Balançar, oscilar, ser instável, rodopiar. *Ó fi apá mi* – Ele balançou meu braço; *Ó fi okùn náà yíká* – Ele rodopiou a corda em círculo.

FÍ, v. Levar para fazer. *Igi ni nwọ́n fi gbé ère* – Foi madeira que eles levaram para fazer a imagem.

FI AGBÁRA, v. Usar a força para. *Mo fagbára ṣe é* – Eu não poupei esforço para fazer isto. = *fagbára*.

FI AGBÁRAFÀ, v. Usar a força para puxar, para arrastar.

FI AGBÁRAGBÀ, v. Tomar à força, extorquir. *Ó fi agbára gba owó mi* – Ele me tomou o dinheiro à força.

FI AGBÁRAPÈ, v. Intimar, convocar. *Ó fagbárapè mí* – Ele me intimou.

FI AHÁNLÁ, v. Lamber, tocar com a língua. *Ajá fahọ́nlá owọ́ mi* – O cachorro lambeu minha mão. V. *lá*.

FI AHỌ́NLÁ, v. = fi ahánlá.

FI ÀMÌHÀN, v. Indicar, assinalar.

FI ÀMÌSÍ, v. Colocar um sinal, marcar.

FI APÁGBÁMÚ, v. Segurar com os braços.

FI APATABÒ, v. Defender-se com um escudo.

FI ARABÒ, v. Contundir-se.

FI ARADÀ, v. Suportar, tolerar. *Ó faradà ìjìyà náà* – Ele suportou aquela dor com firmeza. > *faradà* = *fi aradà*.

FI ARAGBÀ, v. Expor a si mesmo. *Mo faragbà otútù* – Eu me expus a um resfriado.

FI ARAKÀN, v. Juntar os corpos. *Ó farakàn mí* – O corpo dele entrou em contato com o meu.

FI ARAKỌ́RA, v. Ser associado, ser relacionado. *A farákọ́ra wa* – Nós somos relacionados um com o outro.

FI ARAPAMỌ́, v. Esconder-se, despistar. *Ó farapamọ́ nílé* – Ele se escondeu na casa.

FI ARARÁN, v. Suportar, tolerar. *Ó fararán ìjìyà náà* – Ele aguentou aquela dor sem vacilar.

FI ÀREFÚN, v. Dar um veredicto, declarar inocência de alguém. *Ó fàre fún mi* – Ele deu um veredicto a meu favor.

FI ÀṢEFÚN, v. Comandar, ordenar, ter o poder. *Ó fi àṣefún mi* – Ele me deu autoridade.

FI ÀṢELÉLẸ̀, v. Determinar as leis a serem cumpridas.

FI ÀYÈSÍLẸ̀, *v.* Vagar, ceder lugar a. *Ó fàyèsílẹ̀ rẹ̀ fún mi* – Ele cedeu o lugar dele para mim.

FIBÀ, *v.* Tocar, bater, contatar. *Ó fẹgba bà mí* – Ele me bateu com um chicote. < *fi + ẹgba*.

FIBÀKỌ̀, *v.* Enfiar, embainhar a espada.

FIBALẸ̀, *v.* Estabelecer, fundar.

FIBẸ̀RẸ̀, *v.* Começar algo com. *Àwa fi orógbó bẹ̀rẹ̀ orò Ṣàngó* – Nós começamos com orógbó o ritual de Xangô. *V. bẹ̀rẹ̀*.

FIBÒ, *v.* Esconder-se, ocultar-se, guardar um segredo, encobrir. *Fi aṣọ bo ara mi* – Usei a roupa e cobri meu corpo.

FIBÓ, *v.* Machucar-se. *Mo fi ara bó* – Eu me machuquei.

FIBỌ̀, *v.* Inserir algo em, meter dentro de. *Ó fọwọ́ bọ̀ mí lẹ́nu* – Ele meteu a mão dentro da minha boca; *Ó fi obì bọ lẹ́nu* – Ele colocou a noz-de-cola na boca.

FIBỌMI, *v.* Mergulhar na água.

FIBÚ, *v.* Xingar, praguejar, amaldiçoar. *Ó fi mí bú lórúkọ Ọlọ́run* – Ele me ofendeu em nome de Deus.

FIBÙ, *v.* Machucar. *V. fẹsẹ̀bù*.

FIBÙN, *v.* Dar, conceder, doar. *Ó fi owó yìí bùn mi* – Ele doou este dinheiro para mim.

FIBÚRA, *v.* Jurar. *Ó fi Ọlọ́run búra* – Eu juro por Deus; *Ó fi orúkọọ bàbá rẹ̀* – Ele jurou em nome do pai dele.

FIDÀ, *v.* Substituir, mudar.

FIDÁ, *v.* Quebrar. *Ó fi ẹsẹ̀ dá = Ó fẹsẹ̀ dá* – Ele quebrou a perna.

FIDÁBÚ, *v.* Cruzar, atravessar. *Mo fi igi dábú ọ̀nà* – Eu coloquei uma madeira atravessada no caminho (para bloqueá-lo).

FIDAN, *v.* Frustrar. *Ó fidan mí* – Ela me frustrou.

FÍDAN, *v.* Investigar os segredos dos mistérios.

FIDÁPÁRÁ, *v.* Caçoar, zombar. *Ó fi mí dápárá* – Ela caçoou de mim.

FIDÉ, *v.* Colocar, usar e cobrir. *Ó fi ọmọrí dé e* – Ele colocou uma tampa e a cobriu.

FIDÈNÀ, *v.* Obstruir, excluir, impedir. *Ó fi igi dènà* – Ele obstruiu o caminho com a madeira. *V. fidì*.

FIDÌ, FIDÈ, v. 1. Bloquear. *Ó fi igi dì ònà* – Ele bloqueou o caminho com uma tora. 2. Envolver, embrulhar, encobrir, encapar. *Ó fi okùn di àgba yíká* – Ele amarrou uma corda em volta do barril.

FIDÍ, v. 1. Encher, cobrir, tapar. *Ó fi òkúta dí ihò* – Ele encheu a cabaça com pedras. 2. Trocar, dar, substituir uma coisa por outra. *Ó fi ajá dí ológbò* – Ele substituiu o cachorro pelo gato. 3. Vingar, revidar. *Mo fi ikó dí ẹgba tó nà mí* – Eu o esmurrei em vingança por ele ter me chicoteado.

FÌDÍ, pref. Usado na composição de verbos. > fi + idí.

FÌDÍBALẸ̀, FÌDÍKALẸ̀, v. Assentar-se, estabelecer-se. *Ó fìdí balẹ̀* – Ele se sentou.

FÌDÍHẸ́, v. Obs.: *Ó fidíhẹ́ ìjókó* – Ele se sentou na extremidade da cadeira.

FÌDÍMÚLẸ̀, v. Ser bem-fundamentado, ter raízes firmes. *Igi yìí fidímúlẹ̀* – Esta árvore está bem-enraizada.

FÌDÍRALẸ̀, v. Remexer-se, inquietar-se. *Ó fidíralẹ̀* – Ele está inquieto se remexendo.

FIDÌYÍKÁ, v. Amarrar. *Ó fi okùn di àgbá yíká* – Ele amarrou a corda em volta do barril.

FIDÓGÒ, v. Hipotecar, empenhar. *Mo fi kẹ́kẹ́ mi dógò fún Òjó* – Eu empenhei minha bicicleta com Ojô.

FIDỌ́PỌ̀, v. Baixar o preço, baratear. *Ó fi ọkọ̀ mi dọ́pọ̀* – Ele ofereceu um preço baixo no meu carro.

FIDÙ, v. Sonegar, negar algo a alguém. *Ó fi owó náà dù mí* – Ele me negou dinheiro.

FÌDUGBẸ̀, v. Balançar fortemente.

FÍFÀ, adj. Viscoso.

FIFÀ, v. Provocar. *Ó fi ọwọ́ rẹ̀ fa ikú* – Ele provocou a própria morte.

FÍFÀGUN, adj. Esticado, alongado.

FÍFAGBÁRAṢẸ, adj. Compulsório, forçoso.

FIFALẸ̀, adj. Vagaroso. V. falẹ̀.

FÍFÀLỌ, adj. Demorado, arrastado.

FÍFÀPEJÚWEMỌ̀, adj. Conhecido por meio da imaginação ou representação.

FÍFARABÒ, s. Encarnação.

FÍFARAHÀN, *adj.* Visível, perceptível.

FÍFARAPAMǪ, **FÍFARASIN**, *adj.* Escondido, invisível.

FÍFARAWÉ, *adj.* Comparável.

FÍFÀRO, *v.* Amarrar a cara, franzir as sobrancelhas. = *fajúro*.

FÍFÀ̩E̩FÚN, *adj.* Autoritário.

FÍFÀTA, *adj.* Esticado.

FÍFÀYA, *adj.* Roto, rasgado.

FÍFÀYǪ, *adj.* Puxado, esticado.

FÍFAYǪ̀GBÀ, *adj.* Recebido com alegria.

FÍFÀYǪKÚRÒ, *s.* Subtração.

FÌFÉPÈ, *v.* Assobiar. *Ó fìfépè mí* – Ele assobiou para mim.

FÍFETÍSÍ, *s.* Ato de ouvir alguma coisa, ter atenção.

FÍFE̩, *s.* Casamento.

FÍFE̩NUSǪ, *adj.* Verbal, oral.

FÍFE̩ERANI, *s.* Amor-próprio, autossuficiência.

FÍFE̩SǪ́NÀ, *s.* Promessa de casamento, noivado.

FÍFÌ, *s.* Ato de balançar de modo ondulante.

FÍFI, *part.* Geralmente usada como prefixo para dar força verbal à palavra, dando a ideia de fazer uso ou compelir. É formada a partir do verbo *fi*, mais o prefixo *í* e a repetição da consoante do verbo. *È̩fóọ̩ fífi je̩ e̩kó̩* – O vegetal vai bem em comer com *e̩kó̩*. *V. fisí*.

FÌÌFÌÌ, *adj.* Longe, distante, afastado. *Ó jú mi fùfù* – Ele é, de longe, superior a mim.

FIFÍN, *v.* Cheirar, fungar.

FÍFIBÀ, **FÍFIKÀN**, *adj.* Tocável.

FÍFIBÚ, **FÍFIGÉGUN**, *adj.* Infame.

FÍFIFÚN, *adj.* Dado, transferido, destinado.

FÍFILÉLǪ́WǪ́, *adj.* Transferível.

FÍFÍNJÚ, *adj.* Limpo, puro, decente.

FÍFIPAMÒ̩, *adj.* Esconder, ocultar.

FÍFISÍLÈ̩, *v.* Deixar uma pessoa, desertar, renunciar, abandonar. = *fisílè̩*.

FÍFISÍNÚ, *adj.* Rancoroso, malicioso. *V. fisínú*.

FÍFISÙN, *v.* Reclamar contra uma pessoa, acusar.

FÍFÓ, *adj.* Flutuante.

FÍFÒ, FÍFÒSÓKÈ, *s.* Pulo, salto.

FÍFÒYEMỌ̀, *s.* Conhecimento ganho pela observação.

FÍFỌ́, *adj.* Partido, quebrado, estilhaçado. *Ojú rẹ̀ di fífọ́* – Ele é cego (*lit.* os olhos dele se tornaram estilhaçados); *orí fífọ́* – dor de cabeça (*lit.* a cabeça está quebrada).

FÍFỌ̀, *adj.* Lavável.

FÍFỌHÙN, *s.* O modo de falar.

FÍFỌKÀNSIN, *adj.* Devotado, religioso. V. *fọkàn.*

FÍFỌWÓ̩ṢE, *adj.* Manual, artesanal.

FÍFỌ̀WỌ̀ṢE, *adj.* Praticado com reverência.

FIFÚN, *v.* Dar para, oferecer. *Ó fi obì kan fún wa* – Ela deu uma noz-de-cola para nós; *Ó fi ẹ̀bùn fún mi* – Ela deu um presente para mim; *Ó fífún rẹ̀* – Ela deu para ele.

FIFUN, FUNFUN, *s.* Brancura; *adj.* Branco. *Ó nloṣo funfun* – Ela está usando uma roupa branca.

FÍFÚNKÁ, *s.* Ato de esparramar, de espalhar.

FÍFÚNLÁ̩Ẹ̀, *s.* Ordem, ordenação.

FÍFÚNNI, *s.* Ato de dar permissão, concessão.

FIFÚNNÍ, *v.* Dar, doar, conceder.

FÍFÚNPỌ̀, *s.* Multidão, muita gente junta.

FIGÉGÚN, *v.* Amaldiçoar, xingar, praguejar.

FIGÚNLẸ̀, *v.* Fixar no chão, ancorar. *Ó fi ọ̀bẹ gúnlẹ̀* – Ele cravou a faca no chão.

FIGÚNLÓJÚ, *v.* Caçoar, escarnecer, zombar. *Ó fi ọ̀rọ̀ yìí gún mi lójú* – Ele escarneceu de mim com esta declaração.

FIGÚNLUJÁ, *v.* Perfurar, trespassar.

FIGBÈ, *v.* Tomar partido de alguém. *Ó fi inú gbè mí* – Ele tomou o meu partido.

FIGBETA, *v.* Explodir em lágrimas.

FIGBÓNÁ, *v.* Aquecer ao fogo.

FIGBOWÓ, *v.* Vender, trocar por dinheiro.

FIHÁ, *v*. Pendurar algo leve num prego ou no cabide. *Mo fi aṣọ há* – Eu pendurei a roupa; *Ajá yìí fi tákàdá há ẹnu* – O cachorro pegou o papel com os dentes; *Ó fi ìwé rẹ̀ há igi* – Ele pendurou o papel dele na árvore. *V. gbéhá*.

FIHÀN, *v*. 1. Mostrar, exibir, revelar, tornar visível. *Ó fi òye hàn* – Ele revelou inteligência; *Ó finú rere hàn mí* – Ele mostrou bondade para mim. 2. Guiar, dirigir. *Ó fi ọnà hàn mí* – Ele me guiou. 3. Trair. *Ó fi ara hàn mí* – Ele me traiu.

FIHÀNFÚN, *v*. Comunicar, dar a conhecer.

FIHÀNTẸ́LẸ̀, *v*. Revelar antes da hora, prenunciar.

FIJÀGUDAṢE, *v*. Agir com audácia.

FIJÁLẸ̀, *v*. Deixar cair algo pesadamente. *Ó fi ìdí igbá yìí jálẹ̀* – Ele deixou cair a cabaça com força.

FÌJÀLÒ, *v*. Desafiar, chamar para uma briga. *Ó fìjàlò mí* – Ele me desafiou para uma luta.

FIJẸ, *v*. Comer de tudo. *Ẹran sísun ni mo fi máa njẹ ẹgẹ́* – Habitualmente eu como carne-assada com aipim.

FÌJẸDẸ, *v*. Atrair, seduzir. *Ó fi ìjẹdẹ ejá = Ó fìjẹ dejá* – Ele colocou isca para atrair o peixe. *< fi + ìjẹ + dẹ*.

FIJÌ, *v*. Perdoar, esquecer. *Ó fẹṣẹ̀ yìí jì mí* – Ele perdoou este meu erro.

FIJÍNKÍ, *v*. Conceder, dotar. *Ó fi owó jìnkí mi* – Ele me concedeu o dinheiro.

FIJÓ, *v*. Dançar com. *Ó fijó mi* – Ela dançou comigo.

FIJÓNÁ, **FINÁJÓ**, *v*. Queimar. *Ó finá jó ìwé* – Ele colocou fogo e queimou o papel.

FIJOYÈ, *v*. Dar um cargo, dar um título oficial. *Wọ́n fi mí joyè* – Eles me nomearam para um cargo oficial.

FIJỌ, *v*. Parecer. *A fi ara jọ ara wa* – Nós nos assemelhamos um com o outro.

FIJÙ, *v*. Exceder. *Ó fi díẹ ju ìṣéjú mẹta* – Ele excedeu um pouco mais de três minutos.

FIJÚBÀ, *v*. Dedicar-se a, honrar. *Ó fi oyè júbà Aláàfin* – Ele honrou o título de rei.

FIKÁ, *v*. Envolver, embrulhar. *Mo fi aṣọ ká ìwé mi* – Ela enrolou um tecido em volta do meu livro.

FIKÀ, *v*. Impingir. *Mo fi èyí kà á* – Eu pus isto nisto.

FIKÁDÍ, v. Enrolar, envolver em volta de. Ó fi okùn kádí rè – Ele enrolou uma corda em volta dele.

FIKALẸ̀, v. Estabelecer, assentar. Ó fi òfin kalẹ̀ – Ele estabeleceu uma regra.

FIKÀN, v. Tocar em. Ó fi oṣé Ṣàngó kan orí mi – Ele tocou o símbolo da divindade na minha cabeça (em sinal de respeito).

FIKÀNNAKÀNNA, v. Atirar, lançar.

FIKANFIKAN, adv. Vigorosamente. Ó mì í fikanfikan – Ele a sacudiu vigorosamente.

FÌKATỌ́, v. Tocar com o dedo para chamar a atenção. Ó fìkatọ́ mi – Ele me tocou. = fowọ́tọ́.

FIKÓGUNṢELỌ́ṢỌ, v. Adornar com os saques de guerra.

FIKỌ́, v. 1. Pendurar. Ó fi aṣọ kọ́ – Ele pendurou a roupa. 2. Ensinar, treinar. Ó fi èdèe yorùbá kọ́ wa – Ele nos ensinou a língua yorubá.

FIKỌ̀YÀ, v. Usar algo como forma de defesa. Ó fi ìbọn kọ̀yà – Ele se defendeu com um revólver.

FIKÚN, v. Adicionar, aumentar. Fi omi díẹ̀ kún – Acrescente um pouco de água. Àwa fikún owó wa – Nós aumentamos nosso dinheiro.

FIKÙN, v. Pintar. Ó fi àwọ̀ funfun kun ògiri náà – Ele pintou de cor branca aquela parede. V. kùn.

FÌKÚNṢẸ́, v. Descadeirar, deslocar o quadril ou a coxa.

FIKÚTÀ, v. Tornar-se desesperado, não se importar em morrer.

FÌLÀ, s. Chapéu, gorro, boné. Ó dé fìlà titun – Ele usou um chapéu novo. V. àkẹ̀tẹ̀.

FÌLÀ ABETÍAJÁ, FÌLÀ ELÉTÍAJÁ, s. Um tipo de chapéu de duas abas.

FÌLARAṢẸ, v. Fazer algo por ciúme ou ressentimento. Ó filaraṣẹ – Ele fez isto por ciúme.

FILÉ, v. 1. Confiar algo a alguém. Ó fi owó náà lé mi lọ́wọ́ – Ele confiou aquele dinheiro a mim. 2. Dispor, determinar, contribuir. < fi + lé.

FILÉLẸ̀, v. Colocar, pôr embaixo. Ó fi ìwé rẹ lélẹ̀ – Ele colocou o livro embaixo.

FILÉLẸ̀LÁṢẸ̀, v. Ordenar como lei, legislar.

FILÉLỌ́WỌ́, v. Confiar. Ó fi owó náà lé mi lọ́wọ́ – Ele confiou o dinheiro a mim. V. filé.

FILẸ̀ – FÍNNÁ

FILẸ̀, v. Juntar, consertar, unir. *Ó fi aṣọ lẹ̀wù* – Ele consertou a roupa com tecido.

FILẸ̀BORA, v. Morrer. *Ó filẹ̀ bora bí aṣọ* – Ele morreu e a terra cobriu o seu corpo como se fosse uma roupa (*lit.* ele cobriu o corpo com a terra).

FILỌ̀, v. 1. Anunciar, proclamar. *Ó filò pé kì ó lọ* – Ele avisou que não irá. 2. Referir. *Ó fi ọ̀bọ lọ̀ mí* – Ele se referiu a mim como um tolo.

FILỌ́NÁ, v. Aquecer, expor ao calor do fogo. *Ó fi onjẹ yìí lọ́ná* – Ele aqueceu esta comida.

FILỌ́SỌ́FI, s. Filosofia (do inglês *philosophy*).

FILÙ, v. Bater com, chocar-se. *Ó fi kùmọ̀ lù mí* – Ele me bateu com um bastão.

FIMỌ, v. Parar, ficar. *Fimọ bẹ́ẹ̀* – Deixe ficar assim.

FIMỌ̀, v. Começar, iniciar, induzir.

FIMỌ́, v. 1. Juntar, anexar. *Ó fi ọ̀rọ̀ yìí mọ́ ìwé tó ti kọ́* – Ele anexou este texto no livro que tinha escrito. 2. Suspeitar, desconfiar, ser falso. *Ó fi ọ̀ràn náà mọ́ mi* – Ele me acusou falsamente deste assunto.

FÌMỌ̀SỌ̀KAN, v. Concordar, unir pensamento com ação. *A fìmọ̀sọ̀kan pé o tẹ̀lọ́wọ́* – Nós somos unânimes em declarar que você foi aceito.

FIMU, v. Tomar, beber. *Ó fi súgà mu tû* – Ele tomou chá com açúcar.

FIMÚFÀ, v. Assoar. *Ó fimú fà á* – Ele cheirou isto, ele inalou isto.

FIMÚLẸ̀, v. Fortificar, reforçar. *Igi yìí fi ìdí múlẹ̀* – Esta árvore tem a base reforçada.

FÌMULẸ̀, v. Manter um compromisso, jurar.

FIMÚSỌ, FIMÚSỌ̀RỌ̀, v. Falar pelo nariz, anasalar.

FÍN, adv. 1. Cuidadosamente, atentamente. *Ó wò mí fín* – Ela me olhou atentamente. 2. Completamente, totalmente (somente usado em frases negativas). *Èmi kò mò fín* – Eu não conheço nada disto, sou completamente ignorante. = *rárá, fínrín*.

FÍN, v. 1. Gravar, entalhar. *Ó fín igi* – Ele entalhou a madeira. 2. Borrifar. *Akin nfín òdòdò*. Akin está borrifando as flores. 3. Soprar. *Ó fín iná kíkan-kíkan* – Ele soprou o fogo com muita persistência. > *èèfín* – fumaça. 4. Ser claro, ser transparente. *Ó fín jú* – Ele é claro demais.

FINA, s. Uma fina peça de couro cortada ao comprido.

FÍNNÁ, v. Soprar o fogo. *Ó fíná ẹwìrì* – Ele soprou o fogo com o fole.

FÍNNÀ, v. Fazer uma escultura, um trabalho de arte, bordar. < fín + ọnà.

FINÁMỌ́, v. Aumentar o fogo, dar pressão ao fogo. Ó finámọ́ – Ele aumentou o fogo.

FINÁRÁ, **FIRANÁ**, v. Esquentar no fogo, chamuscar, queimar superficialmente. Mo firaná = Mo finárá – Eu requentei.

FINÁRÀN, v. Queimar, incendiar. Ó fináràn – Ele pôs fogo.

FINÁSÍ, v. Atear fogo, inflamar. Também é usado para pedir mais velocidade ao dirigir um carro, um barco etc. Finásí i! – Dê velocidade!

FINÁYAN, v. Dourar no fogo.

FÍFÍN, adj. Transparente, claro. V. fín; adv. Totalmente, completamente. Iná kú fínfín – O fogo se apagou totalmente.

FÌN-ÌN, adv. Repetidamente. Ó mu fìn-ìn – Ele bebeu repetidamente, várias vezes.

FÍNJÚ, adj. Elegante, asseado. Ó fínjú – Ele é extremamente limpo. < fín + ojú.

FÍNNÍFÍNNÍ, **FÍNÍ-FÍNÍ**, adv. Cuidadosamente, apuradamente. Ọmọ náà wọ aṣọ fínnífínní – Aquele menino vestiu cuidadosamente a roupa; Ó sọ fún mi fínnífínní – Ele contou para mim em detalhes; Ó pa fíní-fíní – Ele matou cuidadosamente.

FÍNPA, v. Asfixiar, abafar, sufocar. Ó fín èkúté pa – Ele sufocou o rato para matá-lo.

FÍNPÀ, v. Fazer marcas nos braços, tatuar. Ó fínpà – Ela fez tatuagem no braço. < fín + apà.

FÍNRÀN, v. Procurar ocasião para uma disputa. Ó fín mi níràn – Ele me provocou para uma disputa.

FÍNRÍN, adv. Nada (usado negativamente). Èmi kò rí í fínrín – Eu não vi nada disso. = fínrín-fínrín.

FINÚFẸ̀DỌ̀, adv. Livremente, espontaneamente.

FINÚHÀN, v. Desabafar-se com alguém, revelar um segredo a um amigo de confiança. Ó finú rẹ̀ hàn mí – Ele me tomou na confiança dele.

FINÚṢỌ̀KAN, v. Fazer um acordo, um contrato. A finú sọ̀kan – Nós fizemos um acordo.

FINÚTÁN, v. Ser de inteira confiança. Ó finútán mi – Ele é de minha inteira confiança.

FIÓFÍO, adv. Em excesso, demais. Igi náà ga fíofío – Aquela árvore é muito alta. É usado para indicar a altura ou distância de um corpo em contato com o solo. V. tíantían.

FIOJÚSÌN, FOJÚSÌN, v. Estar junto de alguém espiritualmente. Ó fojúsìn mí – Ela está comigo em espírito.

FIOJÚSÙN, FOJÚSÙN, v. Apontar, mirar. Mo fi ìbọn sun ẹyẹ náà – Eu apontei uma arma para aquele pássaro.

FIOKÙNBỌ̀, v. Enfiar uma linha ou corda numa abertura estreita. Ó fi okùn bọ̀ abẹ́rẹ́ – Ela enfiou o cordão na agulha.

FIOKÙNFÀ, v. Arrastar junto, içar, levantar com uma corda.

FIÒPÓTÌ, v. Sustentar com uma viga.

FIÒRÓRÓYÀN, FIÒRÓRÓYÀSỌ́TỌ̀, v. Ungir.

FI ỌGBỌ́N, v. Usar de sabedoria, de astúcia. Ó fi ọgbọ́n sálọ – Ele usou de astúcia para escapar. V. fogbọ́n.

FIỌLÁPÈ, v. Convocar, intimar, chamar.

FIPA, v. 1. Doer, ferir, contundir alguma parte do corpo da pessoa. 2. Massagear, friccionar. Mo fi epo pa ọwọ́ – Eu esfreguei óleo nas mãos. 3. Precipitar-se para a morte.

FIPAMỌ́, v. Economizar, guardar, ocultar. Ó fi owó mi pamọ́ sọ́wọ́ fún mi – Ele guardou o meu dinheiro para mim.

FIPARA, v. 1. Esfregar com, massagear o corpo. Ó fi òróró para – Ela esfregou óleo vegetal no corpo. 2. Suportar. Ó fi ìjìyà para – Ele suportou a dor com tenacidade.

FIPÁṢẸ, v. Fazer à força.

FIPATA, v. Devorar, comer. Kìnìún fi wọ́n pata – O leão os devorou; Mo fi ẹran náà pata – Eu comi aquela carne.

FIPÈ, v. Considerar como coisa de alguma importância. Ó fi me pè – Ele me considera de alguma importância.

FIPERÍ, v. Ter consideração por alguém. Ó fi ìwé yìí perí bàbá rẹ̀ – Ele dedicou este livro ao pai dele; Ó fi ẹran náà perí rẹ – Ela reservou esta carne para você.

FIPẸ̀LÚ – FIRỌ́

FIPẸ̀LÚ, v. Adicionar, incluir. *Ó fi mi pẹ̀lú wọn* – Ele me incluiu entre eles.

FIPIYẸ̀, v. Pilhar, saquear.

FIRA, v. 1. Ser um atento observador. 2. Ter senso de humor. 3. Acariciar, esfregar. *Ó fi osùn ra ara* – Ele passou um pó vermelho no corpo; *Ó fi ọwọ́ ra mí lára* – Ela acariciou meu corpo com as mãos.

FIRÁ, v. Apropriar-se indevidamente, fraudar. *Ó fi owó mi rá* – Ele sumiu com meu dinheiro.

FIRÁNṢẸ́, v. Mandar, enviar uma mensagem. *Ó fi ọmọ rẹ̀ ránṣẹ́* – Ele enviou uma mensagem pelo filho dela. V. *ránṣẹ́*.

FIRÉ, v. Praguejar, xingar. *Ó fi mí ré* – Ela me xingou.

FIRÈ, v. Cuidar de, tratar de. *Ó fi ọmú málúù re ọmọ yìí dàgbà* – Ela alimentou este bebê com leite de vaca.

FIRẸ́, v. 1. Cortar. *Ó fi ayùn rẹ́ ẹ* – Ele o cortou com o serrote. 2. Emplastrar, besuntar, borrar.

FIRẸ̀, v. Confortar, consolar. *Ó fi ọ̀rọ̀ náà rẹ̀ mí* – Ela usou palavras de conforto para mim, ela me confortou.

FIRẸ́RIN, v. Rir-se de, ridicularizar. *Ó fi mí rẹ́rin* – Ele zombou de mim; *Wọ́n fi ọ̀rọ̀ náà rẹ́rin* – Eles riram daquele assunto.

FÍRÌ, adv. Maior, mais idoso, mais forte.

FÌRÍ, adv. De relance, ao primeiro olhar. *Mo wò ó fírí* – Eu olhei para ela de relance.

FÌRÍ, adv. A distância, lá longe. *Ó lọ fírí* – Ele foi como um raio, lá ao longe; *Ó ta fírí lágbègbè ibẹ̀* – Ele voltou ao passado naquela região.

FÍRÌÌ, v. Estar livre (do inglês *free*). *Ó fírìì láti lọ* – Ele está livre para ir.

FÍRÍFÍRÍ, adv. Distintamente, claramente. *Mo rí í fírífírí* – Eu o vi distintamente.

FIRI-FIRI, adv. Frequentemente, sempre. *Ó kọjá níbí firi-firi* – Ele passa aqui constantemente.

FÌRÌ-FÌRÌ, adv. *Ó nrìn fìrì-fìrì* – Ele está caminhando rapidamente.

FÍRÍJÍ, s. Geladeira (do inglês *frigid*).

FIRINJÓ, v. Cauterizar.

FIRỌ́, v. Torcer. *Ó fi esẹ̀ rọ́* – Ele deslocou o pé dele.

FIRỌ̀, *v.* Erguer, suspender. *Ó fi filà rọ̀* – Ele pendurou o chapéu.

FIRÚBỌ, *v.* Oferecer em sacrifício. *Ó fi èwùrẹ rúbọ* – Ele ofereceu uma cabra em sacrifício.

FIRÚN, *v.* Devorar, mastigar, mascar.

FIRÙN, *v.* Colocar um molho. *Mo fi òkèlè run ọbẹ̀* – Eu coloquei um pouco de molho na sopa.

FÌRÙTA, *v.* Picar com a cauda, como o escorpião.

FISÁN, *v.* Usar em volta de. *Ó fi ìgbànú sán sòkòtò* – Ele usou um cinto na calça.

FISAN, *v.* Estimar, valorizar.

FISAN-OOKAN, *v.* Tratar com silêncio desdenhoso.

FISÁPÒ, *v.* Ensacar.

FISÁÀRIN, *v.* Colocar algo no meio, no centro. *Ó fi ìjá sáàrin* – Ela colocou uma discussão entre nós.

FISẸ́HÌN, *v.* Deixar para trás. *Ó fi mí sẹ́hìn lọ* – Ele me deixou para trás, ele foi sem mim.

FISÍ, *v.* Adicionar, colocar. *Ó fi ìlẹ̀kẹ̀ sí mi lọ́rùn* – Ele colocou o colar no meu pescoço; *Fi díẹ̀ sí i* – Acrescente um pouco disto; *Ó fi èyí síwájú wa* – Ela colocou isto para nosso conhecimento; *Ó fi ẹnu rẹ̀ sí mi lẹ́nu* – Ela colocou a boca dela na minha boca. V. *fífí*.

FISÍLẸ̀, *v.* Deixar uma pessoa ou uma cidade, renunciar, desertar. *Ó fi mí sílẹ̀ nínú òṣì* – Ele me abandonou na pobreza.

FISÍNÚ, *v.* 1. Guardar rancor dentro de si. *Ó fi mí sínú* – Ele guarda rancor contra mim. 2. Colocar uma coisa dentro de outra. *Fi tákàdá yìí sínú rẹ̀* – Ponha este papel para dentro dele; *Fi ìmọ̀ràn yìí sínú* – Tenha este conselho em mente; *Ó fi ara rẹ̀ sínú ewu* – Ele se expôs ao perigo.

FISÍPÒ, *v.* Substituir, trocar. *Ó fi èyí sí ipò ìyẹn* – Ele pôs isto no lugar daquilo.

FISÓKÈ, *v.* Pôr para cima. *Ó nfi ife sókè tábìlì* – Ele está colocando o copo em cima da mesa.

FISỌFÀ, *v.* Penhorar, hipotecar. *Mo fi oko mi sọfá* – Eu hipotequei minha fazenda.

FISỌJỌ̀, *v.* Vigiar, cuidar, confinar. *Fi kẹ́kẹ́ mi sọjọ̀ fún mi* – Cuide da minha bicicleta para mim.

FISỌ̀KÒ, *v.* Lançar, atirar. *Má fòkúta sòkò sí wa* – Não atire pedras em nós.

FISỌ́KỌ̀, v. Pôr a bordo de um barco. *Ó fi wọ́n sọ́kọ̀* – Ele os embarcou.

FISỌLẸ̀, v. Fazer uma fundação, encravar algo no chão. *Ó fi ilée èkó solẹ̀* – Ele fez a fundação para construir uma escola. V. *forísọ, solẹ̀*.

FISỌ̀RỌ̀, v. Falar com um determinado som vocal. *Ó fi ìbínú sọ̀rọ̀* – Ele falou com raiva; *Ó fi mú sọ̀rọ̀* – Ele falou com tom claro e sonoro.

FISỌ́WỌ́, v. Pôr algo nas mãos. *Ó fẹgbà sọ́wọ́* – Ela usou uma pulseira.

FISÙN, v. Acusar, reclamar, indiciar. *Ó fi mí sùn* – Ele me fez uma reclamação; *Ó fi ejọ́ náà sùn mí* – Ele me trouxe aquele processo.

FIṢÀKÀWÉ, FIṢÀPÈJÚWE, v. Comparar. *Ó fi Ìbàdàn ṣàpèjúwe Èkó* – Ele comparou Lagos com Ibadam; *Ó fi mí ṣàkàwé Òjó* – Ele me comparou com Ojô.

FIṢÀPẸẸRẸ, v. Fazer ou tomar como um exemplo de. *Láti fi èyí ṣàpẹẹrẹ a lè sọ pé wọn kì ó lọ* – Por este exemplo, nós podemos dizer que eles não irão. < fi + ṣe + àpẹẹrẹ.

FIṢÀWÀDÀ, v. Fazer um gracejo, ridicularizar, zombar de. *Ó fi mí ṣàwàdà* – Ele zombou de mim.

FIṢE, v. Constituir, nomear. *Ó fi mí ṣe onídajọ́* – Ele me nomeou juiz.

FIṢÈPÈ, v. Rogar praga, xingar. *Ó fi mí ṣèpè* – Ela me amaldiçoou. < fi + ṣe + èpè.

FIṢERÉ, FIṢIRÉ, v. Brincar com. *Ó nfi bọ́ọ̀lù ṣiré* – Ele está jogando bola.

FIṢẸ́, v. Quebrar algo. *Ó fi apá ṣẹ́* – Ele quebrou o braço.

FIṢÈDÙN, v. Tratar seriamente. *Mo fi ikú rè ṣe èdùn* – Eu tratei seriamente da morte dele.

FIṢẸLẸ́RÍ, v. Tomar como testemunha.

FIṢẸLẸ́YÀ, v. Ridicularizar, zombar.

FIṢÈSÍN, v. Desmoralizar, levar a uma desgraça pública.

FIṢIRÉ, v. Brincar com. *Wọ́n fi bọ́ọ̀lù ṣiré* – Eles foram jogar bola; *Ó fi mí ṣiré* – Ela brincou comigo, me escarneceu. = *fiṣeré*.

FIṢÒFIN, v. Dar um exemplo. *Ó fi mi ṣòfin* – Ele deu um exemplo para mim.

FIṢÒFÒ, v. Gastar, consumir, destruir. *Ó fi owó rè ṣòfò* – Ele desperdiçou o dinheiro dele.

FIṢỌ́, v. Confiar algo a alguém. Ó fi owó ṣọ́ mi – Ele confiou o seu dinheiro a mim.

FIṢỌ̀RỌ̀-Ẹ̀DUN, v. Tornar um assunto doloroso.

FIṢỌ̀RỌ̀SỌ, v. Fazer de qualquer coisa um assunto de conversação. Nígbàtí ó pari tán, mo fi ìjọ̀ngbọ̀n náà ṣọ̀rọ̀ sọ – Quando ele terminou, eu usei o problema para estabelecer uma conversação.

FIṢỌWỌ́, v. Enviar, despachar. Ó fi létà yìí ṣọwọ́ sí mi – Ele enviou esta carta para mim.

FIṢÚRA, v. Acumular, juntar. Ó fi èyí ṣe iṣúra – Ele acumulou este tesouro.

FITA, v. Alarmar. Ó fi igbe ta – Ele levantou a voz em tom de alarme.

FITAFÀLÀ, v. Desperdiçar, esbanjar. Ó fi ayé rẹ̀ fàlà – Ele desperdiçou a vida dele.

FITAFITA, s. Esforço, energia, perseverança. Ó njà fitafita – Ele está lutando com perseverança; adv. Vigorosamente. Ó já fitafita – Ele lutou vigorosamente.

FITÁNRÀN, v. Dar como multa por uma ofensa.

FITÌ, v. Suspender uma matéria em discussão, colocar um ponto final em. Ó fi ọ̀rọ̀ yìí tì – Ele suspendeu este assunto. V. Tì; aux.

FÌTÍLÀ, s. Vela (do hauçá fitilà). Òun taná fìtílà kan sí òrìṣà rẹ̀ – Ela acendeu uma vela para a divindade dela. = àbẹ́là.

FÌTÍNÀ, v. Incomodar, importunar, perturbar. Fìtínà dé bá mi – Eu fui importunado; s. Preocupação, incômodo, problema.

FITỌRẸ, v. Dar ou fazer um presente de. Ó fi owó tọrẹ mi fún mi – Ele me deu dinheiro de presente.

FITÚMỌ̀, v. Explicar, explanar. Ó fi ìtúmọ̀ wọn síhín – Ele os explicou aqui. V. túmọ̀.

FIWÉ, v. Embrulhar, enrolar em volta de. Mo fi ìwé wé aṣọ – Eu embrulhei a roupa com o papel.

FIWÉRA, v. Observar uma pessoa, comparar, ver de que modo são semelhantes ou diferentes. Wọ́n fi mí wérawọn – Eles me comparam com eles mesmos.

FIWEWU, v. Expor ao perigo, arriscar-se. Mo fi mí wewu – Ele me expôs ao perigo; Mo fi ẹ̀mí mi wewu – Eu arrisquei a minha vida.

FIWỌ – FÒFÒRÒ-FOFORO

FIWỌ, v. Vestir uma pessoa, abrigar alguém. Ó fi aṣọ wọ mí – Ele me vestiu; Ó fi mí wọ sílé rẹ – Ele me abrigou em sua casa.

FIWỌ́N, v. Borrifar, salpicar. Ó fi omi wọ́n ilẹ̀ = Ó fomi wọ́nlẹ̀ – Ele salpicou água no chão.

FIYÈDÉNÚ, v. Ser tolerante diante de uma provocação ou agravo. Kò fiyè dénú – Ela não é fácil em aceitar um pedido. < fi + iyè + dé + inú.

FIYÈSÍ, FIYÈSÍNI, v. Prestar atenção a, observar. Fiyèsí iṣẹ́ rẹ – Preste atenção no seu trabalho.

FIYÍKÁ, v. Rodear, circundar com.

FÓ, v. 1. Vir à tona, boiar, flutuar. Ó fó lójú omi – Ele flutuou sobre as águas. 2. Clarear. Ojú ọ̀run fó – O céu está claro.

FÒ, v. 1. Voar. A fò ká òkè – Nós voamos em volta da montanha; Ìwé mi fò lọ – O vento levou meu papel. V. fòlọ. 2. Pular, saltar por cima. Ó fo àga – Ele pulou sobre a cadeira; Ajá mi fò mọ́ mi – Meu cachorro pulou sobre mim. 3. Seguir adiante, ignorar, omitir, passar em cima de.

FÒÒ, FÒÒFÒÒ, adv. 1. Brilhantemente, resplandecente. Ó pupa fòò – Ele é um vermelho resplandecente; Iná àtùpà yìí njò fò – Este lampião está ardendo brilhantemente. 2. adv. Profundamente largo, aberto. Ó tóbi fòò – Ele é profundamente grande; Ó wa ojú fòò – Ele está com os olhos bem abertos.

FO ÀFÒBALẸ̀, v. Voar baixo. Ó fo àfòbalẹ̀ – O pássaro está voando junto ao chão.

FÒDÁ, v. Passar por cima, ignorar, omitir, fazer vista grossa. Ó gbójú fo ẹ̀ṣẹ̀ mi dá – Ele fez vista grossa para meu deslize; Ó fi ògiri náà dá – Ele passou por cima daquela parede.

FÒFÓ, ÌFÒFÓ, s. Espuma. Fòfó òkun – espuma do mar.

FÒFÒ, FÒFÒFÒ, adv. Ansiosamente, ardentemente, avidamente. Ó dúró dè mí fòfò – Ela esperou por mim ansiosamente.

FÓFÒFÓ, adv. Aqui e ali, em todas as direções. Èéfín jáde fófòfó – A fumaça saiu em todas as direções; Aṣọ yìí lu fófòfó – Esta roupa está furada em todos os lugares.

FÒFÒRÒ-FOFORO, adj. Profundos, penetrantes. Ojú fòfòrò-foforo – olhos profundos.

FÒGASÓKÉ, *v.* Elevar-se, voar alto. *Ó fògasókè* – Ele pulou alto.

FÒGÈDÈ, *v.* Usar magia, fazer feitiço, encanto. *Ó fògèdè sí mi* – Ele pôs magia em mim.

FOHÙNSÍ, *v.* Aprovar, ratificar, concordar. *Ó fohùn sí i* – Ele o aprovou. *V. oùn.*

FOHÙNSỌ́RỌ̀, *v.* Concordar com o que se fala. *Ó fohùn sọ́rọ̀ mi* – Ele concordou com o que eu disse.

FOHÙṢỌ̀KAN, *v.* Ser da mesma opinião, ser unânime, ter uma só opinião. *A fohùn sòkan* – Nós concordamos um com o outro.

FÒÌYÀ, *v.* Temer, estar apreensivo.

FÓJÌ, *s.* Perdão, indulgência. *Mo bẹ̀rẹ̀ fójì o* – Eu peço o seu perdão.

FOJÌSÙN, *v.* Acusar de adultério com uma mulher.

FOJÚ, *v.* Olhar de lado. Usado na composição de palavras. *Ó fojú apá kan wò mí* – Ele olhou para mim com o canto dos olhos. < *fi + ojú.*

FOJÚBÀ, *v.* Ser testemunha. *Mo fojúbà á* – Eu sou testemunha dele (*lit.* eu vi com meus próprios olhos).

FOJÚDÁ, *v.* Ter a certeza de, memorizar, adivinhar, avaliar. *Mo fojúdá wí pé wọ́n tó ogún* – Eu calculo dizer que eles são em número de 20; *Mo fojúdá wí pé àwọn kì ó lọ* – Eu tenho a certeza de que eles não virão.

FOJÚDI, *v.* Ser insolente, impertinente, subestimar o valor de. *Ó fojúdi mí* – Ele é impertinente comigo.

FOJÚFÒDÁ, *v.* Ignorar, passar por cima. *Ó fojúfò ẹsẹ̀ mi dá* – Ele cometeu um deslize comigo (*lit.* ele pisou no meu pé).

FOJÚFÚN, **GBOJÚFÚN**, *v.* Encorajar, animar, tolerar.

FOJÚ-INÚWÒ, *v.* Imaginar algo. *Ó fojú inúwò ó* – Ele mesmo imaginou isto.

FOJÚKÁMỌ́, *v.* Diminuir, subestimar, desprezar. *Ó fojúká mi mọ́* – Ele me olhou de cima a baixo.

FOJÚKÀN, *v.* Criar dificuldades, trazer problemas. = *fojúrí.*

FOJÚKÀNWÒ, *v.* Olhar de soslaio, olhar de lado, com desconfiança. *Ó fojúkàn mí wò* – Ele me olhou de lado.

FOJÚKOJÚ, *v.* Acarear, confrontar. *A fojúkojú* – Nós ficamos cara a cara.

FOJÚLE, *v.* Amedrontar.

FOJÚLÈ, *v.* Prestar atenção, assistir. *Ó fojúlè sí isé rè* – Ele prestou atenção ao trabalho dele.

FOJÚNÁ, *v.* Admoestar, repreender. *Ó fojúnà mí* – Ele me olhou com repreensão.

FOJÚPAMÓ, *v.* Ocultar a face diante de alguém.

FOJÚPARÉ, *v.* Ignorar, desdenhar. *Ó fojúpa mí ré* – Ele me ignorou.

FOJÚPÈ, *v.* Piscar, chamar a atenção de alguém com os olhos. *Ó fojúpè mí* – Ele piscou para mim.

FOJÚRÍ, *v.* Criar problemas, dificuldades. *Ó fojú mi rí mò-mo* – Ele me trouxe problemas. = *fojúkàn*.

FOJÚSÍ, *v.* Prestar atenção, assistir. *Ó fojúsí ònà fún mi* – Ele está me esperando (*lit.* ele está de olho no caminho); *Ó fojúsí mi* – Ele prestou atenção em mim.

FOJÚSÍLÈ, *v.* 1. Prestar atenção. *Ó fojúsílè sí isé rè* – Ele prestou atenção ao trabalho dele. 2. Ser paciente. *Ó fojúsílè láti wo ogbón mi* – Ele esperou para ver minhas intenções; *Mo fojúsílè fún o* – Ele se mostrou paciente com você.

FOJÚSÌN, *v.* Estar junto de alguém espiritualmente. *Ó fojúsìn mí* – Ela está comigo em espírito.

FOJÚSÓNÀ, *v.* Esperar, aguardar, ansiar por algo. = *fojúsí*.

FOJÚ RÉRÍN, *v.* Sorrir chamando a atenção. *Ó fojú rérín mi* – Ele sorriu para mim de modo significativo.

FOJÚSÒRÒ, *v.* Olhar com desdém, com desprezo. *Ó fojúsòrò sí mi* – Ele olhou para mim com desprezo.

FOJÚSÙN, *v.* Apontar. *Mo fojúsùn ún* – Eu apontei para ele; *Mo fi íbon sun eye náà* – Eu apontei a arma para aquele pássaro (*lit.* eu usei a arma e apontei para aquele pássaro).

FOJÚTÈBÒ, *v.* Desdenhar, desprezar. *Mo fojútè mí bò* – Ela me desprezou.

FOJÚTÓ, **BÓJÚTÓ**, *v.* Fiscalizar. *Ó fojútó isé rè* – Ele fiscalizou o serviço dele.

FOJÚWÒLÁPÁKÁN, *v.* Olhar de lado.

FÒKÁ, *v.* Voar em volta de.

FÒKÌ, adv. Imediatamente. *Ó yọ ehín fòkì* – Ele arrancou o dente imediatamente.

FÒKỌJÁ, v. Pular por cima de, passar por. *Fo ògiri náà kojá* – Pular por cima daquele muro.

FOKUNṢE, v. Agir ou fazer algo com muita força. *Ó fokun ṣe é* – Ele fez isto com força.

FÒLÁYÀ, v. Assustar, atemorizar, intimidar.

FÒLẸ́YẸ, v. Surpreender, desafiar, intimar. *Ó fò wá lẹ́yẹ* – Ele nos surpreendeu.

FÒLỌ, v. Voar para longe.

FÒMỌ́, v. Correr atrás de alguém, pular sobre. *Ajá mi fòmọ́ mi* – Meu cachorro pulou sobre mim.

FÓNÍFÓNÍ, s. Decência, honestidade.

FÒÒ, adv. Extremamente, brilhantemente. *Ó pọ́n fòò* – Ele é extremamente vermelho.

FORÍ, v. Estourar, abortar. Também usado para composição de diversas palavras. < *fi* + *orí*.

FORÍBALẸ̀, v. Bater a cabeça em sinal de reverência, prostrar-se, saudar. *Ó foríbalẹ̀ níwájú òrìṣà* – Ele prestou reverência diante da divindade. < *fi* + *orí* + *bà* + *ilẹ̀* (lit. pôr, colocar a cabeça de encontro ao chão). V. *dojúbolẹ̀*.

FORÍFÚN, v. Render-se, entregar-se. *Ó forífún wọn* – Ele se rendeu a eles.

FORÍJÌ, v. Perdoar. *Ó foríjì mí* – Ela me perdoou.

FORÍKÓ, v. Tomar como garantia.

FORÍLÀ, v. Salvar-se. *Ó forílà ikú* – Ele se salvou da morte, ele arriscou sua vida.

FORÍLÉ, v. Ir a uma direção específica.

FORÍLỌ̀NÀ, v. Ir a um determinado caminho. *Ó forílọ̀nà Èkó* – Ele partiu para Lagos.

FORÍSÍ, v. Prestar atenção em.

FORÍSỌ, v. Ir na direção de, ir de encontro a. *Ọ̀bẹ yìí forísọ ilẹ̀* – A faca caiu em direção ao chão; *Ọ̀bẹ yìí forísọ àga* – A faca encravou na direção da cadeira.

FORÍTÌ, v. Suportar, aguentar, perseverar. *Ó forítì ìjìyà náà* – Ele suportou o sofrimento.

FÒRÒ – FÓ

FÒRÒ, *adv.* Forçosamente, violentamente.

FÒÒRÓ, *v.* Vexar, incomodar, molestar, exceder-se, envergonhar. Ó *fòòró mi* – Ele me envergonhou.

FÒRÒFÒRÒ, *adv.* Interminavelmente, extremamente. Ó *nsọ̀rọ̀ fòròfòrò* – Ela está falando sem parar.

FÒROMỌ́, *v.* Apressar-se a um abraço.

FÒRÒNÙ, *v.* Purificação, sublimação.

FÒRU, *v.* Escapar da memória, passar por cima, esquecer. Ó *fò mí ru* – Ele escapou de minha memória.

FORÚKỌSÍLẸ̀, *v.* Inscrever-se, matricular-se.

FÒSÓKÈ, *v.* Pular por cima de, pular sobre alguma coisa. Ó *fòsókè* – Ele pulou para o alto.

FÓSÓKÈ, *v.* Flutuar sobre a superfície.

FÒSÓRÍ, *v.* Pular para cima de. Ó *fòsórí rẹ̀* – Ele pulou para cima dela.

FÒṢÁNLẸ̀, *v.* Cair por si mesmo. Ó *fòṣánlẹ̀* – Ele saltou e caiu, ele morreu antes do tempo. V. *ṣán*.

FÓTÍ, *adv.* Facilmente. Ó *yọ fótí* – Ele escapou facilmente. = *fòtù*.

FÒWÚSÍN, *v.* Enfiar, introduzir. Ó *fòwúsín sègi* = Ó *sín sègi sí òwú* – Ela enfiou a linha na conta.

FÒYÀ, *v.* Ter medo, assustar. Ó *fò mí láyà* – Ele me assustou.

FÓYAN, *adv.* Extensivamente. Ó *téjú fóyan* – Ela é extensivamente plana.

FÒYEHÀN, *v.* Mostrar saber, inteligência. Ó *fòyehàn mí* – Ele me mostrou sabedoria. < *fi* + *òye* + *hàn*.

FÒYỌ, *v.* Voar para fora, fugir.

FỌ̀, *v.* **1.** Falar, dizer, recitar. Ó *fọ́ sí mi* – Ele falou para mim. > *àìfọ̀* – sem falar, em silêncio. Ó *ṣe orò àìfọ̀* – Ela fez o ritual em silêncio. **2.** Lavar roupa, lavar as mãos. *Lọ ọ aṣọ rẹ* – Vá e lave sua roupa. Não é usado para lavar o rosto. V. *bọ́*.

FỌ́, *v.* **1.** Quebrar em pedaços, partir algo oco. Ó *fọ́ awo túútú* – Ele quebrou o prato inteiramente. > *èéfọ́* = *èéfọ́* – caco, fragmento. **2.** Esmagar, explodir, usado para indicar dor de cabeça. *Orí nfọ́ mi* – Estou com dor de cabeça (*lit.* minha cabeça está explodindo). V. *fọ́lù*.

FÓBÀJẸ́, *v.* Quebrar em pedaços. *Ó fọ́ ọ bàjẹ́* – Ele quebrou em muitos pedaços.

FÒBỌLÒ, *v.* Tratar uma pessoa como tola, ignorante, ingênua, tirando vantagem. *Ó fòbọlò mí* – Ele me tomou por idiota.

FỌ́FE, *v.* Fazer coisas extraordinárias. *Ó fọfe* – Ele fez um feito excelente.

FỌFẸ̀, *v.* Falar a grande distância, falar admiravelmente.

FỌ́FỌ́, *adj.* Abarrotado, apinhado. *Ó kún fọ́fọ́* – Ele está bastante cheio.

FÒGÈDÈ, *v.* Recitar palavras mágicas. *Ó fògèdè sí mi* – Ele recitou palavras de encantamento para mim.

FỌ́GUN, *v.* Derrotar. *Ó fọ́gun òtá rẹ̀* – Ele derrotou o inimigo dele.

FỌGBỌ́N, *v.* Usar com sabedoria. *Fọgbọ́n lo oògùn* – Usar corretamente os remédios. < *fi + ogbọ́n*.

FỌHÙN, *v.* Falar. *Ó fọhùn sí mi* – Ele falou para mim.

FỌ́JÚ, *adj.* Cego.

FỌKÀN, *v.* Confiar. *Ó fọkàn sọ mí* – Ele confia em mim; *Ó fọkàn ṣe iṣẹ́ rẹ̀* – Ele dedicou atenção total ao trabalho dela. < *fi + ọkàn*.

FỌKÀNTÁN, *v.* Depositar total confiança em alguém. *Ó fọkàntán mi* – Ele tem completa confiança em mim.

FỌLÁFÚN, *v.* Honrar, respeitar.

FỌLÁHÀN, *v.* Mostrar honra, respeito. *Ó fọláhàn mí* – Ele me mostrou respeito. = *fọláfún*

FỌLÁRÀN, *v.* Conferir, revistar alguém.

FỌLÁRÌN, **FỌLÁYAN**, *v.* Andar ou mover-se com honra e orgulho.

FỌLÉ, *v.* Polir o chão de uma casa.

FỌ́LÉ, *v.* Arrombar, assaltar. *Ó fọ́lé mi* – Ele assaltou minha casa.

FỌ́LÉFỌ́LÉ, *s.* Ladrão, assaltante.

FỌ́LÓJÚ, *v.* Cegar, fazer bagunça, estragar qualquer coisa. *Ó fọ́ mi lójú* – Ele me vendou os olhos.

FỌ́LÓRÍ, *v.* Quebrar a cabeça da pessoa.

FỌ́LÙ, *v.* Destruir várias coisas juntas.

FỌ́Ọ̀MÙ, *s.* Formulário (do inglês *form*). *Wọn kò lè kọ lẹ́tà tàbí kọ ọ̀rọ̀ kún inú fọ́ọ̀mù kékeré kan* – Eles não podem escrever uma carta ou preencher um simples formulário.

FỌN, v. 1. Soprar, ofegar, tocar instrumentos de sopro. Ó fọn fèrè. V. fun. 2. Assoar o nariz. Ó fọn imú rẹ – Ele assoou o nariz. 3. Ser magricela, ser descarnado, ser reduzido a ossos.

FÓN, v. 1. Borrifar água, salpicar, esparramar, cair em gotas. Ó fón omi ká – Ela salpicou água em volta. 2. Espalhar. Bólú fón irú gbìn nílè – Bolú espalhou as sementes na terra; Àrùn yìí fón kálè – Esta doença se espalhou. V. fónká.

FÒN, v. 1. Começar. Fòn sí isẹ́ rẹ! – Comece o seu trabalho! 2. Partir – Ó fọn sí ònà – Ele partiu.

FÓN-FÓN, adv. Profundamente. Ọmọ náà sùn fọnfọn – A criança dormiu profundamente.

FÒNÀHÀN, v. Dirigir, mostrar o caminho. Ó fọnàhàn mí – Ele me mostrou o caminho, ele me guiou. < fọn + ònà + hàn. V. farahàn.

FÓNKÁ, v. Espalhar. Mo fón irúgbìn ká – Ele espalhou as sementes. V. kálè.

FÓNKÁLÈ, v. Espalhar, dispersar. Iná yẹn nfón kálè – Aquela chama está se espalhando.

FÓNKIRI, v. Espalhar aleatoriamente.

FỌNNÁ, v. Remover o fogo de algum lugar ou do coração de alguém no sentido de estar ardentemente apaixonado. < fọn + iná.

FÓNNÚ, v. Gabar-se, jactar-se, contar vantagem.

FỌNPÈ, v. Soar, tocar. > ìfọnpè – trompete. V. funpè.

FÓNRÁNHÀ, s. Costela.

FÒNRÀNMÓ, v. Acusar falsamente. V. fìmọ́.

FÒNRÀNMỌ, v. Reconhecer, admitir.

FÒRÀNWÉRÀN, v. Explicar por meio de ilustrações.

FÓNRÁNWÚ, s. Fio de algodão, linha.

FÓNRÚGBÌN, v. Semear sementes. Mo fónrúgbìn kálè – Ele semeou as sementes, ele espalhou as sementes.

FÒNSÓNÀ, v. Começar viagem.

FÓÒNÙ, s. Telefone. = telifóònù.

FÓPỌ̀, v. Amassar e juntar. Ó fọ́ wọn pọ̀ – Ele espremeu até formar uma massa só.

FÒRÀNLỌ, v. Consultar. Ó fọràn náà lò mí – Ele me consultou acerca disto.

FÓRÁÚRÁÚ, *v.* Destruir completamente. *Ó fọ́ àwo yìí ráúráú* – Ela qu:brou o prato em pedaços.

FÓRÍFÓRÍ, *s.* Ostentação, provocação, insinuação. *Ó fi ọrọ̀ rẹ̀ ṣe fọ́rífọ́rí* – Ele usou a riqueza dele e fez ostentação.

FỌ̀ṢỌ, *v.* Lavar roupa. *Ó máa fọ̀ṣọ mi lójoojúmọ́* – Ela costuma lavar minha roupa diariamente. < *fọ̀* + *aṣọ*.

FỌTÍBÀJẸ́, *v.* Embrutecer uma pessoa por meio da bebida.

FỌTÍPA, *v.* Embriagar alguém. *Ọ̀rẹ́ mi fọtípa mi* – Meu amigo me embriagou.

FÓTÒ, *s.* Fotografia (do inglês *photograph*). *Ègbọ́n mi ya fótò mi* – Minha irmã rasgou a minha foto.

FỌTÚÚTÚ, *v.* Despedaçar, partir em pedaços. *Ó fọ́ igbá yìí túútú* – Ele partiu esta cabaça em pedaços.

FỌWỌ́, *v.* Lavar as mãos. *Léhìn jẹun òun máa fọwọ́* – Depois de comer, ele costuma lavar as mãos.

FỌWỌ́, *v.* Usar as mãos. É utilizado na composição de palavras. < *fi* + *ọwọ́*.

FỌWỌ́BÀ, *v.* Tocar, bater. *Ó fọwọ́bà mí* – Ele me tocou. < *fi* + *ọwọ́* + *bà*.

FOWỌ́BÒ, *v.* Ser secreto, ser sigiloso. *Ó fọwọ́bò ó* – Ele fez de forma sigilosa.

FỌWỌ́DÁ, *v.* Quebrar. *Ó fọwọ́dá* – Ele quebrou o braço. < *fi* + *ọwọ́* + *dá*.

FỌWỌ́FÀ, *v.* Provocar-se, envolver-se. *Ó fọwọ́ rẹ̀ fa ikú* – Ele provocou a própria morte; *Ó fọwọ́ rẹ̀ fa ìfàkúfà* – Ele mesmo se envolveu em confusão.

FỌWỌ́KÀN, *v.* Tocar. *Ó fọwọ́kàn mí léhìn* – Ele me tocou atrás.

FỌWỌ́KỌ́, *v.* Unir, pegar, fisgar. *Ó fọwọ́kọ́ mi lọ́wọ́* – Ele uniu sua mão na minha.

FỌWỌ́LÉ, *v.* Encarregar-se. *Ó fọwọ́lé ṣẹ́ náà* – Ele empreendeu aquele trabalho; *Má ṣẹ́ jẹ́kí esinsin fọwọ́lé onjẹ* – Não deixe as moscas tocarem a comida.

FỌWỌ́LẸ́RÁN, *v.* Colocar a cabeça sobre as mãos, debruçar-se. *Ó fọwọ́lẹ́rán* – Ele se debruçou. < *fi* + *ọwọ́* + *ẹrán*.

FỌWỌ́PA, *v.* Acariciar. *Ìyá rẹ̀ ó fọwọ́pa mí lórí* – A mãe dela acariciou minha cabeça afetuosamente.

FỌWỌ́PÈ, *v.* Acenar. *Wọ́n fọwọ́pè mí* – Eles acenaram para mim.

FỌWỌ́RÁ, *v.* Roubar, surrupiar. *Ó fọwọ́rá owó mi* – Ele roubou meu dinheiro.

FOWỌ́RANÚ, *v.* Ser calmo, ser paciente. *Àwa fọwọ́ ranú* – Nós nos comportamos com resignação.

FỌWỌ́RÌ, *v.* Renunciar. *Ó fọwọ́ òwò ẹrú rilẹ̀* – Ele renunciou ao comércio de escravo. < *fi + ọwọ́ + rì + ilẹ̀*.

FOWỌ́RỌ̀, *v.* Acontecer algo de forma natural. *Ó fọwọ́rọ̀ orí sùn* – Ele morreu de morte natural.

FỌWỌ́SÍ, *v.* Assinar (um documento). *Ó fọwọ́sí ìwé yìí* – Ela assinou este documento.

FỌWỌ́SỌ̀RỌ̀, *v.* Gesticular, mover as mãos. *Ó nfọwọ́sọ̀rọ̀* – Ele está gesticulando.

FỌWỌ́SỌWỌ́, *v.* Dar as mãos, unir, concordar. *A fọwọ́sọwọ́* – Nós fizemos um acordo.

FỌWỌ́SỌ̀YÀ, *v.* Testemunhar, atestar, certificar. *Mo lè fọwọ́sọ̀yà pé o ṣe orò òrìṣà* – Eu posso testemunhar que você fez a obrigação da divindade.

FỌWỌ́SỌ̀YÀFÚN, *v.* Dar segurança, dar garantia a. *Mo lè fọwọ́ sọ̀yà fún ẹ* – Eu posso assegurar a você.

FỌWỌ́SÀ, *v.* Destituir, privar de recursos. *Ó fọwọ́ sa ilẹ̀ jẹ* – Ele é destituído de recursos.

FỌWỌ́TỌ́, *v.* Tocar com as mãos, importunar. *Ó fọwọ́tọ́ mi* – Ele tocou em mim para me chamar a atenção.

FỌ́YÁNYÁN, *v.* Partir em pedaços.

FU, *v.* Suspeitar, desconfiar. *Ó fu mí* – Ele suspeitou de mim.

FUÙ, *s.* Crença em um poder misterioso que emana de algumas mulheres durante o período da menstruação.

FUÙ, *v.* Tecer tecidos, urdir pano branco nativo.

FÚÚ, *s.* O som do ar, do vento. *Ó só fúú* – Ele deu um arroto barulhento.

FÙÚ, *adv.* Imediatamente, rapidamente. *Ó dìde fùú* – Ele se levantou imediatamente; *Ó wú fùú* – Ele inchou rapidamente.

FÙFÚ, *s.* Tipo de comida feita com mandioca assada.

FÚJÀ, **FÙKẸ̀**, *s.* Fanfarrão, gabola, ostentação. *Ó nṣe fújà* – Ele está fazendo fanfarronice.

FUJÚ, **FURA**, *s.* Desconfiar, suspeitar. *Ìyá mi fura pé n kò wẹ* – Minha mãe desconfia que eu não tomei banho.

FÚKÉFÚKÉ, *adv.* Palpitante, saltitante. *Ó mí fúkéfúké* – Ele está ofegante.

FÙKỌ, *adv.* Preguiçosamente, ausência de vigor.

FÚKÙFÚKÙ, *s.* Pulmão. = *èdòforo*.

FÙKÙFÚKÙ, *s.* Luzes, iluminação.

FÚLÀNÍ, *s.* Povo do Nordeste africano, o segundo em população do norte da Nigéria, depois dos hauçás.

FÚLÉ, **FÉLÉ**, **FÚLÉFÚLÉ**, *adj.* Fino, macio, franzino. *Aṣọ yìí fúlé* – Este é um tecido macio.

FÚLỌ́, *adj.* Febril, indisposto. *Ó nrí fúlọ́* – Ele parece indisposto.

FÙLÙFÚLÙ, **FÙRÙFÚRÙ**, *s.* Película do milho.

FUN, *v.* **1.** Ser branco. *Ó fun bí ẹgbòn òwú* – É branco como o fio de algodão; *Ó fun gberúgberú* – Ele é branco brilhante. > *funfun* – branco. **2.** Soprar, ventar. *Ó fun fèrè dáradára* – Ele toca muito bem. > *àfunpè* – trombeta.

FÚN, *prep.* Para, em nome de (indica uma intenção pretendida para alguém). *Mo jíṣẹ́ fún ìyá mi* – Eu dei um recado para minha mãe; *Ó sare lọ bu omi tutu fún un* – Ele correu e foi pegar um pouco de água para ela. *Obs.: Bí o lọ kí bàbá rẹ fún mi* – Se você for, cumprimente seu pai por mim. *V. sí, láti.*

FÚN, *v.* **1.** Dar. *Ìyá fún ọmọ ní ọyàn* – A mãe deu ao filho o peito (para mamar); *Fún mi ní omi díẹ̀* – Dê-me um pouco de água. Este verbo pede a preposição *ní* antes de expressar o objeto direto. *V. fifún, fúnní.* **2.** Espremer, apertar, extrair. *Ó fún mi lọ́wọ́* – Ele apertou minha mão; *Bàtà fún mi lésẹ̀* – Os sapatos apertam meus pés. **3.** Espalhar, desperdiçar, empurrar para os outros. *Ó nfún omi* – Ela está desperdiçando água. *V. fọn.* **4.** Espirrar, assoar. > *funkun* – expectorar.

FÚN ÀPẸẸRẸ, *s.* Por exemplo. *Fún àpẹẹre, wọn kọ́ bẹ̀* – Por exemplo, eles ensinavam assim.

FUNFUN, *adj.* Branco. *Ehín rè funfun* – Os dentes dela são brancos.

FÚNFUN, *v.* Limpar e preparar os miúdos de animais para comer.

FÚNJÁDE, *v.* Espremer, extrair. *Ó fún omi oronbó mu yìí jáde* – Ele extraiu o suco desta laranja.

FÚNKA, *v.* Espalhar ao redor, dispersar. = *fọ́nka*.

FÚNKÁKIRI, *v.* Espalhar sobre, espalhar aleatoriamente. = *fọ́nkákiri*.

FÚNKÁLẸ̀, v. Espalhar, dispersar. = *fókálẹ̀*.
FÚNKÌ, v. Sufocar, abafar.
FUNKUN, v. Assoar, expectorar. = *fọnkun*.
FÚNKÙN, v. Apertar a corda.
FÚNLÁDÙN, v. Dar sabor, adoçar. Ó *fún onjẹ yìí ládùn* – Ela adoçou esta comida.
FÚNLÁGBÁRA, v. Fortalecer, fortificar. Ó *fún mi lágbára* – Ele me fortaleceu.
FÚNLÁYÈ, BÙNLÁYÈ, v. Dar lugar a, permitir, admitir. Ó *bùn mi láyè láti kàwé* – Ele me deu a oportunidade de ler.
FÚNLẸ̀FỌ́LỌ́RUN, adv. Licenciosidade, sem nenhum respeito.
FÚNLÓKÙN, v. Estrangular, esticar uma corda. Ó *fún agogo náà lókùn* – Ele deu corda no relógio; Mo *fún lókùn lọ́rùn* – Ele me sufocou com uma corda no pescoço.
FÚNLÓNJẸ, v. Alimentar, dar de comer. Ó *fún gbogbo wa lónjẹ* – Ela deu comida a todos nós.
FÚNLỌ́RÙN, v. Sufocar, apertar, estrangular. Mo *fúnlọ́rùn* – Eu fiquei sufocado.
FÚNLỌ́RÙNPA, v. Matar por estrangulamento.
FÚNMỌ́RA, v. Apertar o corpo de alguém. Ó *fún mi mọ́ra* – Ele apertou o meu corpo.
FÚNMU, v. Sugar. Ó *fúnmu orombó* – Ele chupou uma laranja.
FÚN NÍ, v. Dar. Observe as seguintes regras: a) se a pessoa que dá não é conhecida, *fún* e *ní* são usados juntos: Tani o *fún ní owó?* – Quem deu o dinheiro?; b) se a pessoa que recebe é conhecida, *fún* é posicionado antes de quem recebe, e *ní*, antes do objeto dado: Bàbá *fún ọmọ rẹ ní owó* – Papai deu o dinheiro ao filho dele; c) se a coisa dada não é conhecida, *ní* não é usado: Kiní ẹ *fún ọmọ rẹ?* – O que você deu ao seu filho? V. *fifún*.
FÚNNINÍMỌLẸ̀, v. Iluminar.
FÚNNÍṢẸ́, v. Dar emprego a alguém. Ó *fún wa níṣẹ́* – Ele nos deu emprego.
FÚNNÍYẸ, v. Empregar, arranjar trabalho para.
FÚNNÚ, v. Gabar-se, jactar-se.
FÚNPA, v. Estrangular, matar por asfixia.
FUNPÈ, v. Soar, tocar. Ó *funpè* – Ele tocou trompete.

FÚNPÒ̩, *v.* Agrupar-se, juntar-se com alguém, apertar-se. *Ó fún mi pò̩* – Ela juntou-se a mim.

FÚNRARÈ̩, **FÁRARÈ̩**, *adj.* Para ele mesmo, dele mesmo, espontâneo. *Òun fúnrarè̩ ni* – É ele mesmo.

FÚNRÚGBÌN, *v.* Plantar ou espalhar sementes. = *fó̩nrúgbìn*.

FÚNSÍ, *v.* Borrifar, molhar, regar. *Ó fún omi ló̩gba sí* – Ela regou o jardim.

FÚNWÀRÀ, *v.* Ordenhar, derramar. *Ó wàrà lára màlúù náà* – Ele tirou leite daquela vaca.

FÚNWÍNÍWÍNÍ, *v.* Chuviscar, garoar. *Òjò nfúnwíníwíní sórí mi* – Chuviscou sobre mim.

FÚNWUTUWUTU, *v.* Chuviscar.

FURA, *v.* Suspeitar, desconfiar. *Ó fura pé wa jí owó rè̩* – Ele desconfia que nós roubamos o dinheiro dele.

FÚRÁ, *v.* Bebida feita de milho-branco ou arroz, misturada com mel.

FÙRÒ̩, **E̩NU FÙRÒ̩**, *s.* Ânus.

FURU, *adv.* Silenciosamente, rapidamente.

FÚTÉ̩-FÚTÉ̩, *adv.* Facilmente. Geralmente usado com o verbo *já* – partir, quebrar. *Ó njá okùn fúté̩-fúté̩* – A corda arrebentou facilmente.

FÙTÈ̩-FÙTÈ̩, **FÙÈ̩-FÙÈ̩**, *adj.* Elástico, flexível. *Ilè̩ yìí fùè̩-fùè̩* – Esta terra tem recursos.

FÚWÓ̩FÚWÓ̩, *adj.* Esgotado, exausto, pálido. *Ó rí fúwó̩fúwó̩* – Ele parece exausto.

FÚYÉ̩, *v.* Ser leve. *Ó fúyé̩ fún mi* – Estou me recuperando (*lit.* ela está leve para mim); *Olúwa á mara fúyé̩* – O Senhor o recuperará rapidamente. Resposta: *Àṣe̩* ou *ààmin* – Que assim seja. = *múyá*.

FUYÌ, *adj.* Agradável, valer a pena.

GA, *v.* 1. Ser alto. *Ọkùnrin yìí ga púpọ̀* – Este rapaz é muito alto. > *gíga* – alto, elevado. 2. Promover, exaltar. > *gbéga*. *Ó gbé mi ga* – Ele me promoveu.

GÀ, *v.* 1. Abrir algo tendo que fazer pressão sobre. *Ó ga ọ̀bẹ* – Ele abriu o canivete; *Ó ga agboòrùn* – Ela abriu o guarda-chuva. 2. Enganar, fraudar. *Má ṣe gà mí mọ́* – Não me engane mais. 3. Deitar-se.

GÁ, *v.* Estar cansado. *Onjẹ yìí ti gá mi* – Eu cansei de comer esta comida.

GÀÁ, *s.* Lugar onde guardam os bois, estábulo.

GÀBÀ, *adj.* Desconexo, incoerente. *Ó nsọ̀rọ̀ gàbà* – Ele está falando de forma desconexa, está divagando.

GÀBA, *v.* Dominar, exercer domínio sobre alguém. *Ó tẹ́ gaba lórí mi* – Ele exerce domínio sobre mim.

GÁBÀSÍ, *s.* Leste, o Oriente. = *ìlà*.

GÀDA, *adv.* Folgadamente, espaçadamente. *Aṣọ yìí ní gàda láàrin* – Esta roupa foi feita folgadamente (*lit.* esta roupa tem espaços folgados).

GÁDÀ, *s.* Ponte de metal, viga (do inglês *girder*). *V. afará*.

GÁDAGÀDA, *adv.* Irregularmente, aleatoriamente. *Ó nrìn gádagàda* – Ele está andando em zigue-zague.

GÀDÀGBÀ, *adj.* Visível, de forma notória, com clareza. *Ó rí gàdàgbà lọ́ọ̀kán* – Ele viu com clareza.

GADAMÙ, adv. Completamente só, solitariamente. Ọdẹ wà gadamù nínú igbó – O caçador está completamente só dentro da floresta.

GÀDÍ, v. Fazer pressão sobre. Ó fọwọ́ gàdí – Ele está de pé com as mãos nos quadris. V. gà.

GADIGADI, **GÁDÍGÁDÍ**, adv. Firmemente, estreitamente. Ó dì gadigadi – Ele está amarrado firmemente; Ó há gádígádí – Ele é estreito; Ó fún mi gádígádí – Ele me beliscou.

GÁFÁRÀ, s. Desculpa, licença. Mo tọrọ gáfárà lọ́wọ́ rẹ – Eu peço sua desculpa; Gáfàrà o! – Perdoe-me!; Mo fẹ́ gáfárà láti sùn – Eu quero pedir permissão para dormir. = ìyọ̀ọ̀da. V. dárijì.

GAGA, s. Apoio moral temporário, suporte.

GÀGÀ, adj. Cheio, abarrotado, com grande população. Ipò yìí há gàgà – Este lugar é densamente abarrotado.

GÁGÁ, adv. Hermeticamente, completamente fechado.

GÀGÀGÚGÚ, adj. Muito grande, pesado. Ó nrẹrù gàgàgúgú – Ele está carregando uma carga muito grande. < rù + ẹrù = rẹrù.

GÀGALÓ, s. Estaca, suporte, forca.

GÀGÀRÀ, **GAGARA**, adj. Alto, comprido (não é usado para pessoas). Igi yìí rí gàgàrà – Esta árvore parece ser alta.

GAJÙ, **GAJÙLỌ**, adj. Mais do que. Grau comparativo e superlativo de ga – ser alto. Mo ga ju Olú lọ – Eu sou maior do que Olú; Nínú Adé àti Túnjí, Olú ni ó ga jù – Entre Adé e Túnjí, Olú é o maior. Obs.: jù antes de substantivo perde o tom grave e ganha um tom médio (sem acento).

GALÀ, s. Veado, corça.

GÁLỌ̀NÙ, s. Galão (do inglês gallon).

GAN, v. Endurecer. Ẹsẹ̀ mi gan – Eu tenho câimbras nos pés; Èyìn rẹ̀ ti gan – A parte de trás dele é dura.

GAN, adv. Exatamente, especificamente, realmente. Ó fún mi ní mẹ́ta gan – Ele me deu exatamente três; Ó wù mí gan-an – Ela gosta de mim realmente. V. gbáko.

GÁN, v. 1. Cortar, capinar o mato, decapitar. Mo gán lórí ẹranko – Eu cortei a cabeça do animal. 2. Alinhavar, costurar grosseiramente. Ó gán aṣọ –

Ela alinhavou a roupa. 3. Agarrar, apanhar, pegar uma bola. Ó gán bọ́ọ̀lù náà pàkò – Ele agarrou a bola habilmente. 4. Prender com tachinhas.

GÀN, v. Desprezar, desdenhar, menosprezar. O mọ ènìà gàn – Você sabe desdenhar as pessoas; Má gàn mí – Não me despreze. > ègàn – zombaria, ridículo.

GAN-AN, adv. Exatamente, precisamente, realmente. Àdá yìí mú gan-an – Este alfanje é bastante afiado. V. gan.

GAN-ANRAN, adv. Suavemente. Ó han gan-anran – Ele gorjeou suavemente.

GANGAN, adv. Exatamente, realmente, precisamente, firmemente. Fún mi ní obì mẹ́ta gangan – Dê-me exatamente três nozes-de-cola; Ó gbé gangan – Ele ergueu firmemente; Imú rẹ̀ ṣe gangan bí imú òìbó – O nariz dele é exatamente como o nariz de europeu; Kíló nṣe gangan? – O que realmente aconteceu?. = gan.

GÁN-GAN, s. Tipo de atabaque.

GÀNGÀN, adj. Áspero, rugoso. V. gànràn-gànràn.

GÁN-GÁN, **GÍN-GÍN**, s. Pequena porção, pequena partícula. Fún mi ní gángán yìí – Dê-me um pouco disto.

GÀNGÀNRÀNGÀN, adj. Muito alto, volumoso. Ó kó wọn sílẹ̀ – Ele os empilhou muito alto, de maneira volumosa e irregular.

GÀNKÙ, adj. Caído, arqueado, arriado. Ó ṣe ẹ̀hìn gànkù – Ele parece arriado, cansado.

GÁNKÚ-GÁNKÚ, adv. Ar de superioridade, pavoneando-se. Ó nrìn gánkú-gánkú – Ele está caminhando cheio de si.

GÁNLÒ, v. Economizar, evitar gastos. Ó gánlò – Ele usou com moderação.

GANMUGÁNMÚ, s. Tipo de machadinha usada no culto Egúngún.

GÀNÌ, **GÀN-ÌN**, adv. Selvagemente, freneticamente, de modo incivilizado. = gànù-gànù.

GÁNNÍ, adv. De cara com, frente a frente. Ó fójú gánní mi – Ela ficou frente a frente comigo.

GÀNNỌ̀KÙ-GANNỌKU, adv. Com sentido de algo grande, fora do normal. Ó rí gànnọ̀kù-gannọku – Ele é uma montanha de carne; Gànnọ̀kù rẹ̀ yà mí lẹ́nu – O tamanho dele me espantou (lit. ele me fez ficar de boca aberta).

GÁNRÁN, *adv.* Repentinamente, inesperadamente. *Ó yọ gánrán sí mi* – Ela surgiu repentinamente para mim.

GÀNRÀN-GÀNRÀN, *adj.* Áspero, rugoso. *Ó ní irun gànràn-gànràn* – Ela tem os cabelos ásperos como cerdas.

GÁNRAN-GÀNRAN, GÁN-GÀN, *adj.* Ralo, esparso. *Irun gánran-gànran* – cabelos ralos. V. *gára-gàra*.

GÁNRÁNDÌ, *s.* Grande lote de terra, de casa.

GANRINGANDO, *s.* Espécie de saúva.

GÁNṢỌ, *v.* Alinhavar uma roupa.

GÀNTỌ̀-GANTỌ, *adj.* Enorme, imenso. *Ó rí gàntọ̀-gantọ* – Ele aparenta ser imenso.

GÀNÙ-GÀNÙ, *adv.* Desmazeladamente, desalinhadamente. *Ó nrìn gànù-gànù* – Ele está andando sujo, desmazelado.

GÀNÙ-GÀNÙ, *adj.* Brigão, desordeiro. *Ènìà gànù-gànù* – pessoa briguenta.

GÀNÙ-GÀNÙ, *adj.* Áspero, desgrenhado. *Irun ara ajá yìí rí gànù-gànù* – O pelo deste cachorro é desgrenhado; *Irun gbọ̀n rẹ̀ rí gànù-gànù* – A barba dele parece áspera.

GÀNÙN-GÀNÙN, *adv.* Irrefletidamente, freneticamente, agitadamente. *Ó nwò gànùn-gànùn* – Ele está olhando de modo selvagem. < *gàn* + *ùn*.

GÁRA-GÀRA, *adj.* Escasso, ralo. *Igi yìí sọ gára-gàra* – Esta árvore está com frutos escassos.

GAARA, *adv.* Claramente, puramente. *Ó mọ́ gaara* – Ele está claramente limpo.

GÀÀRÀ, *adv.* Rapidamente. *Mo wò gààrà yíká* – Eu olhei rapidamente em volta; *Ó ronú lọ gààrà* – Ele refletiu durante algum tempo.

GARAWA, *s.* 1. Balde, lata grande. *Ó gbé garawa lọ* – Ela levou o balde; *garawa epo* – lata de óleo. 2. Macho, malandro (referindo-se somente ao sexo masculino). *Ó ya garawa* – Ele é maroto.

GÀRÍ, *s.* Mandioca cozida.

GÁRÌ, *s.* Sela, selim.

GÀSÍKÍÁ, *s.* Verdade. *Gàsíkíá ni mo sọ ún o* – É verdade o que eu falo para você.

GAASI, s. Copo (do inglês *glass*). *Gaasi omi kan ni mo mu* – Eu quero um copo com água. V. *ife*.

GÁÀSI, s. Gás (do inglês *gas*).

GÀUNGÀUN, adj. Desgrenhado, descabelado, embaraçado.

GÉ, v. 1. Cortar alguma coisa pequena. *Ó ngé igi* – Ele está cortando lenha; *Gé fún mi lára ẹran* – Corte para mim aquela carne. V. *ké, gè*. 2. Morder, fazer uma boquinha. = *gànìn-gànìn*.

GÉDÉ, v. Cortar fora, separadamente.

GEDEGBE, adv. Seriamente, claramente, abertamente. *Ó hàn gedegbe* – Ele revelou abertamente; *Mo rí i gedegbe* – Ele é claramente visível.

GÉDÉGÉDÉ, adv. Separadamente, isoladamente. *Wọn dúró gédégédé* – Eles ficaram de pé, em grupos separados.

GÈÈ, adj. Audível. *Ariwó ta gèè* – O ruído se tornou audível; *Òkìkí rẹ̀ sọ gèè* – Os rumores sobre ele se estenderam.

GÈGÉ, KÈKÉ, s. Caneta, lápis. V. *kálámù*.

GÈGÉ-ÌTAHÍN, s. Broca de dentista.

GEGELE, s. Colina, uma elevação natural de terra.

GÈGÈLÉTÉ, s. Pequena altura de terra para colocar objetos ou para dormir. V. *pèpéle*.

GÉGUN, v. Xingar, ofender. *Ó gégun fún mi* – Ele me xingou.

GÉJẸ, v. Morder algo. *Eku yìí gé e jẹ* – Este rato roeu isto.

GÈLÈ, s. Turbante, tecido que envolve a cabeça. *Ó wé gèlè* – Ela colocou um turbante (verbo usado somente para o sexo feminino). V. *dé*.

GÈLÈTÈ, adj. Forte, sólido, decidido. *Ó tó gèlètè* – Ele é bastante sólido.

GÉNDÉ, s. Pessoa de aparência saudável, forte. *Ọkùnrin géndé* – um homem saudável.

GÉRAN, v. Cortar carne. *Ó géran ndín in* – Ela cortou a carne e a fritou. = *kéran*.

GEERE, GEREGE, adv. Calmamente, suavemente. *Ó gun kẹ̀kẹ́ ó nlọ geere* – Ele está andando de bicicleta em grande estilo; *Ẹiyẹ náà bà geere ní ẹ̀ka igi té* – Aquele pássaro pousou suavemente no galho da árvore.

GÉÉRÉ, GÉRÉGÉ, adv. Exatamente.

GEREGERE – GÉRÉJÉ

GEREGERE, *adv.* Ativamente, vigorosamente.

GÈRÚ, *s.* Tribunal central da cidade de Ifẹ̀.

GẸ, *adv.* Justamente, exatamente.

GẸ̀, *v.* 1. Sentar-se confortavelmente. Ó gẹ̀ sílẹ̀ = Ó gẹ kalẹ̀ – Ele se sentou confortavelmente. 2. Acariciar. Ó gẹ̀ mí – Ela me acariciou. 3. Cortar. Ó gẹ irun mi – Ele cortou meu cabelo. V. gé.

GẸ́Ẹ́, *adv.* V. gégé.

GÈDÈGÉDÈ, *s.* Sedimento, borra.

GÈDÈGBÈ, **GẸDẸGBẸ**, *adj.* Enorme, grande. Gẹ̀dẹ̀gbẹ̀ ni mo bù ú – Foi em pedaços grandes que eu o cortei.

GẸ̀DẸ̀MÙ, *adv.* Preguiçosamente, indolentemente, calmamente. Ó njókó gẹ̀dẹ̀mù – Ele está sentado preguiçosamente.

GẸ́DÚ, *s.* Qualquer grande tora de madeira, mogno.

GẸ̀ẸRẸ̀GẸ̀, *adv.* Imediatamente, rapidamente. Ó yọ́ gẹ̀ẹ̀rẹ̀gẹ̀ – Ele derreteu imediatamente.

GẸ́GẸ̀, *s.* Papo, protuberância no pescoço. Ó yọ gẹ́gẹ́ – Ele tem um papo. = gbẹ̀gbẹ̀, jòjò.

GẸ́GẸ́, **GẸ́Ẹ́**, *adv.* Simultaneamente, exatamente. Wọ́n dé gẹ́ẹ́ níbí – Eles chegaram aqui simultaneamente; Ó sùn gégé – Ele mirou com precisão.

GẸ́GẸ́BÍ, *conj.* De acordo com, assim, exatamente. Gẹ́gẹ́bí ohun ti mo rí, kò dára láti ṣe orò mi – De acordo com o que eu vi, não é bom fazer minha obrigação; E máa wí gégébí mo ti nsọ – Diga exatamente como eu estou falando.

GẸGẸRẸ, *adj.* Inseguro. Ibi gẹgẹrẹ – local difícil de manter uma pessoa segura.

GẸ̀GẸ̀SÌ ÀYÀ, *s.* O osso do tórax no qual as costelas são unidas.

GÈLÈDÉ, *s.* Máscara pertencente ao culto dessa sociedade.

GẸLẸTẸ, *adv.* Preguiçosamente; *v.* Ser desocupado, preguiçoso.

GẸ́N-NẸ-GẸ́N, *adv.* Ordeiramente, quietamente.

GÈRÉ, **GÈRÉGÈRÉ**, *s.* Ladeira. Ilẹ̀ yìí ṣe gẹ̀rẹ́ – Este piso está em declive.

GẸ́RẸ́, *adv.* Logo depois. Gẹ́rẹ́ tá a débí ló kú – Logo depois de nossa chegada, ele morreu.

GẸ́RÉJÉ, *adj.* Insignificante, débil, fraco. Ó rí gẹ́rẹ́jẹ́ – Ele tem uma aparência frágil. V. rán.

GÈ̩É̩SÌ, *s.* Inglês (do inglês *English*).

GE̩SIN, *v.* Passear a cavalo. < *gè̩* + *e̩sin*.

GÌDÀ, *adv.* Para trás, às avessas. *Wó̩n bì í sé̩hìn gìdà* – Eles o puxaram para trás.

GÍDÁ-GÍDÁ, *adv.* Firmemente, compactamente. *Ó dì í gídá-gídá* – Ele o amarrou firmemente.

GIDI, *adv.* De fato, certamente. *Ò̩ré̩ mi gidi* – meu amigo de fato; *owó gidi* – dinheiro com certeza.

GIDIGIDI, *adv.* Muito, bastante, extraordinariamente, verdadeiramente. *Mo dúpé̩ gidigidi* – Eu agradeço profundamente; *Mo fé̩ràn ìyá mi gidigidi* – Eu gosto muito de minha mãe.

GÌDÌGÌDÌ, *adv.* Tenazmente, persistentemente. *Ó ja gìdìgìdì* – Ele lutou tenazmente. *s.* Um tipo de antílope grande e forte.

GÌDÌGBÀ, *adj.* Lealdade. *Ó rí gìdìgbà* – Ele parece ser leal.

GÍDÍGBÍ, *adv.* Totalmente, completamente. *Ìhòòhò gídígbí ni ó wà* – Ele está totalmente nu; *Fún mi ní ogún gídígbí* – Dê-me todos os vinte.

GÍDÍGBÒ, *s.* Luta.

GÌDÌGBÒ, *adj.* Grande.

GIDIPA, *adv.* Especialmente.

GÍGA, *adj.* Alto. *Igi yìí gíga* – Esta árvore é alta; *Ọlọ́run tí òun nìkan sọsọ jẹ́ ẹni gíga* – Deus único que é grandioso.

GÍGÀN, *s.* Culpa, ofensa, rigor, rigidez.

GÌGÍSÈ̩, *s.* Calcanhar.

GÍGÙN, *adj.* Longo, comprido, extenso. *È̩mí gígùn fún o̩* – Vida longa para você; *Ó nfi àdá gìgún* – Ele está usando um grande facão.

GÍGÚN, *adj.* Batido, pisado da forma como se amassa o inhame.

GÍGÙNFÈ̩, *s.* Arroto, vômito. *V. gúnfé̩* – arrotar.

GÌJÀ, *adv.* Vigorosamente. *Ó bé̩ gìjà* – Ele saltou vigorosamente.

GÍLÁÀSÌ, *s.* Espelho (do inglês *glass*). = *dígí*.

GÍNGÍN, *s.* Pequena partícula, um pouquinho de algo. *Fún mi ní gíngín* – Dê-me um pouquinho. = *gángán*.

GÍRÁMÀ, *s.* Gramática (do inglês *grammar*). *Ó nkó̩ gírámà yòrúba* – Ela está estudando a gramática *yorubá*.

GÌRÍ, *adv.* Corajosamente, com coragem.

GÍRÍ – GỌ

GÍRÍ, *adv.* Intimamente, perto, próximo. *Ó sún mọ́ mi gírí* – Ele se aproximou de mim.

GÌRÌ, *s.* Convulsão, espasmo, tremor, inquietude. *Gìrì mú mi* – Eu tive uma convulsão.

GÌRÌ, GÌRÌGÌRÌ, *adv.* 1. Cerradamente, apertadamente, rigidamente. *Ó dúró gìrì* – Ele está de pé rigidamente. 2. Firmemente, inesperadamente. *Ó mú mi gìrì* – Ele me pegou firmemente, inesperadamente.

GÌÌRÌ, *v.* Fluir, correr, sair em massa. *Ó dàgbàdo gììrì* – Ele despejou uma quantidade determinada de milho. < *dà + àgbàdo*.

GÍRÍMÁKÁYÌ, *s.* Força, compulsão.

GÌRÌPÁ, ÌGÌRÌPÁ, *s.* Uma pessoa forte e grandalhona.

GIRIGIRI, *adv.* Extremamente. *Ó gbóná girigiri* – Ele é muito quente.

GÌRÌKÉ, *s.* Tipo de roupa larga e ampla para homem. V. *agbada*.

GÒDÒGBÀ, *s.* Um tipo de fruto.

GÓGÓ, *adv.* Extremamente, expansivamente, de preço elevado. *Ó wọ́n gógó* – Ele é extremamente caro. V. *wọ́n*.

GÒGÒNGÒ, *s.* Pomo de adão, gogó.

GOGORO, *adj.* Esbelto.

GÒKÈ, *v.* Subir escadas, ascender, escalar. *Mo gun òkè ọkọ̀ lọ* – Eu subi direto no navio. < *gùn + òkè*.

GÓNGÓ, *s.* Topo, cume, ápice. *Èyí wà ní góngó orí èmí mi* – Este assunto é superior em minha mente; *Ó ràn mí lọ́wọ́ dé góngó* – Ele me deu o máximo de ajuda.

GÓÒLÙ, *s.* Ouro (do inglês *gold*). V. *wúrà*.

GORÍ, *v.* Alcançar o topo de.

GOORO, *adj.* Sonoro; *adv.* Sonoramente, audivelmente.

GOOROGO, *adv.* Dolorosamente, terrivelmente. *Ọwọ́ mi nro goorogo* – Minha mão está doendo terrivelmente.

GORÓYÈ, *v.* Assumir um título. *Ó goróyè* – Ele assumiu um título oficial. V. *gùntẹ́*.

GỌ, *v.* Emboscar, esconder-se, estar à espreita. *Ó gọ búrú* – Ele se escondeu.

GỌ̀, *v.* Ser estúpido, tolo, bobo. *Ó gọ̀* – Ele é estúpido. > *agọ̀* – idiota.

GÓ, *v.* 1. Estar chateado, estar cansado. Ó gọ mi – Ela está cansada. 2. Embaraçar, causar perplexidade, confundir. > ìgọ – embaraço.

GÓBA, *s.* Goiaba. V. gúwáfà.

GỌBỌYI, *adj.* Enorme.

GỌBÌ, KỌBÌ, *s.* Uma extensão de parte do palácio para servir de quarto.

GỌ̀GỌ̀, *s.* 1. Tipo de vara com gancho para apanhar frutos das árvores. 2. Crina de cavalo.

GỌGỌWÚ, *s.* Tipo de pano grosso usado pelo homem em cima do ombro.

GỌ̀ÌGỌ̀Ì, *adv.* Lentamente. Ó nrìn gọ̀ìgọ̀ì – Ele está andando lentamente; Mo mú tû gọ̀ìgọ̀ì – Eu tomei o chá lentamente.

GỌ̀LỌ̀, *adj.* Vagaroso. Ó fà gọ̀lọ̀ – Ele é vagaroso.

GỌ̀LỌ̀MÌṢỌ̀, *s.* Um tipo de ave.

GÓMÙ, *s.* Goma de mascar.

GỌ̀NBỌ́, *s.* Marcas faciais de algumas tribos yorubás. V. ilà, àbàjà.

GỌ̀Ọ̀RỌ̀GỌ̀, *adv.* Repugnantemente. Ó bì gọ̀ọ̀rọ̀gọ̀ – Ele vomitou repugnantemente.

GÙDÈ̩, GÙDỌ̀, *adj.* Pesado, nublado. Ojú ọ̀run ṣe gùdè̩ – O céu está nublado.

GÙDÈ̩GÙDÈ̩, *s.* Nevoeiro.

GÚDÚGÚDÚ, *adv.* Inteiramente. Ó je̩ tán gúdúgúdú – Ele comeu isto completamente.

GÙDÙGBÀ, *s.* Um tipo de pimenta. V. ata.

GÚDÙLỌ́KÙ!, *expres.* Boa sorte! (do inglês good luck!). = E̩ kú orí're o! – Boa sorte! V. ire.

GÙFÈ̩, GÙNFÈ̩, *v.* Vomitar, expelir ar do estômago.

GÚGÚRÚ, *s.* Pipoca, milho seco ou em pó.

GÚLÉ-GÚLÉ, *adj.* Fazer beicinho, ficar emburrado. Ó ṣe gúlé-gúlé sí mi – Ele fez beicinho para mim, ele ficou amuado.

GÚLUSỌ, KÚLUSỌ, *s.* Toupeira, formiga-leão.

GÚN, *v.* 1. Furar, picar, ferir, apunhalar, trespassar. Igi gún mi lójú – A madeira feriu meu rosto; È̩gún gún mi – O espinho me furou. 2. Triturar, amassar, golpear. Ó gún iṣu – Ela amassou o inhame. 3. Ser direto, ser reto, ser esticado. Igi náà gún gbọ̀ọ̀rọ̀ – A árvore é perfeitamente reta.

GÙN, *v.* 1. Trepar, montar, copular (animais). *Mo gùn ẹsin* – Eu montei o cavalo; *Adé ngun igi* – Adé está trepando na árvore. 2. Subir, escalar. *Mo gun òkè náà* – Eu subi aquela montanha. 3. Suar. *Ó gùn bọ̀yọ̀* – Ele suou profusamente. 4. Ser longo, ser comprido. *Igi náà gùn* – A árvore é alta; *Ó gùn lọ téẹ́rẹ́* – Ele é alto e magro. > *gígùn* – longo, comprido.

GÙNFẸ́, *v.* Arrotar.

GÚNLÁGUNYỌ, *v.* Empurrar através de. *Ó fi ọ̀kọ̀ gún mi lágunyọ* – Ele me perfurou com uma lança.

GÚNLỌ́BẸ̀, *v.* Apunhalar. *Ó gún mi lọ́bẹ* – Ele me apunhalou.

GÚNMỌ́, *adv.* Especialmente, particularmente, que vale a pena.

GÚNNÍKẸ́SẸ́, *v.* 1. Esporear. *Ó gún ẹsin rẹ̀ ní kẹ́sẹ́* – Ele esporeou o cavalo dele. 2. Instigar, estimular. *Ó gún mi ní kẹ́sẹ́* – Ele me estimulou para o mal.

GÚNNÍWO, *v.* Chifrar, furar algo com o chifre. > *gún + ní + ìwo*.

GÚNNUGÚN, GÚRUGÚ, *s.* Abutre. *V. igún*.

GÚNNUGÙNNU, *s.* Subnutrido. *Ènìà gúnnugùnnu* – uma pessoa subnutrida, vagarosa, lenta.

GÙN-ORÍ, *v.* Ascender, escalar, trepar.

GÚNPỌ̀, *v.* Amassar, espetar junto, bater junto. *Ó gún wọn pọ̀* – Ele os amassou.

GÚNRUN, *v.* Reclinar-se numa almofada ou num colchão.

GÙNTE, *s.* Cobra muito pequena e muito venenosa.

GÙNTẸ́, *v.* Assumir um trono de suma importância. *V. goróyè*.

GÚNWÀ, *v.* Ter uma postura real, estabelecer um estado real. *Ó gúnwà* – Ele se sentou majestosamente. < *gún + ẹwà*.

GÚRỌ́BÀ, *s.* Goiabeira.

GÚRÚGÚRÚ, *adv.* Abrasadoramente. *Ó sun gúrúgúrú* – Ele queimou abrasadoramente.

GÚSÙ, *s.* Sul. *Ifẹ̀ wà ní ìhà gúsù Iléṣà* – Ifẹ está na região sul de Iléṣà. *V. àríwá*.

GÚWÁFÁ, GÚRỌ́FÀ, GÚRỌ́BÀ, *s.* Goiabeira.

GB

GBA, *v.* Necessitar, precisar. *A gba kí o lọ* – Nós necessitamos que você vá.

GBÁ, *v.* 1. Varrer, limpar. *Ó gbálé* – Ela varreu a casa; *Ó gbálẹ̀ náà mọ́ táútáú* – Ela limpou o chão com muita habilidade. 2. Bater, golpear com uma vara, esbofetear. *Ó gbá mi lójú* – Ele me bateu no rosto; *Ó gbá mi lágbárá* – Ele me deu um tapa forte. 3. Jogar (bola, brincar). *Ọmọdé náà ngbá bọ́ọ̀lù* – A criança está jogando bola; *Gbá bọ́ọ̀lù sí mi* – Chute a bola para mim. 4. Estar quente. *Epo ti gbá* – O óleo está quente. 5. Amontoar, juntar. *Ó gbá ewé nílẹ̀* – Ele juntou as folhas no chão; *Ó gbá mi mọ́ ara* – Ela me abraçou (*lit.* ela me juntou contra o corpo). > *gbámọ́* – abraçar.

GBÀ, *v.* 1. Receber, tomar, pegar. *Wọ́n gbà á tàyọ̀tàyọ̀* – Eles o receberam alegremente; *Bísí gba owó iṣẹ́ rẹ̀* – Bísí recebeu o dinheiro do trabalho dela; *Ó gba ìbálé rẹ̀* – Ele tomou a virgindade dela. > *gbàmú* – pegar. 2. Remover, resgatar, privar. *Jésù gba ènìà là* – Jesus redimiu as pessoas; *Mo fẹ́ gba ẹ̀mí rẹ̀* – Eu quero matá-lo (*lit.* eu quero remover o ẹ̀mí dele); *Wọ́n kò lè gbà á lọ́wọ́ wa* – Eles não podem nos privar disto. 3. Aceitar, acolher, admitir, concordar. *Òrìṣà yìí gba ẹbọ mi* – Esta divindade aceitou minha oferenda; *Mo gba èrò rẹ* – Eu aceito sua opinião; *Ó gbà kí o lọ* – Ele admitiu que você deve ir. 4. Envolver, amarrar, tapar. *Ìkúku yìí gba ọ̀run* – A neblina envolveu o céu; *Ó gba ọ̀já mọ́ àyà rẹ̀* – Ela amarrou o tecido no corpo dele. 5. Fugir. *Ó gbà mí láya*

GBÀ – GBÁGÙDA

– Ele fugiu com minha mulher. **6.** Ajudar, socorrer, acudir. *Gbà mí o!* – Socorro! **7.** Ser dirigido junto, ser conduzido. **8.** Conseguir.

GBÁÀ, *adv.* Amplamente, extensamente. *Ilẹ̀ yìí tẹ́ gbáà* – Esta terra é consideravelmente extensa.

GBÀÀ, *adv.* Pesadamente, ruidosamente. *Ó jàn gbàà* – Ele bateu pesadamente; *Ìlẹ̀kùn dún gbàà* – A porta rangeu ruidosamente.

GBÀBỌ́, *v.* Adotar por certo tempo. *Mo gba ọmọ yìí bọ́* – Eu adotei esta criança.

GBÀBỌ̀DÈ, *v.* Conspirar, tramar, planejar. *Ó gbàbọ̀dè sí mi* – Ele conspirou contra mim.

GBÁ BỌ́Ọ̀LÙ, *v.* Jogar bola. *Wọ́n ngbá bọ́ọ̀lù* – Eles estão jogando bola.

GBÀDÁ, *s.* Facão.

GBADÙLÚMỌ̀, *v.* Difamar, trair, acusar falsamente, caluniar.

GBÁDÍ-GBÁDÍ, *v.* Brincar em círculo, em roda.

GBÁDÙN, *v.* Agradar, divertir-se, gozar, ter prazer. *Mo gbádùn rẹ̀* – Eu me agrado dela; *Mo fẹ́ gbádùn pẹ̀lú ẹ* – Eu quero ter prazer com você. *V. fẹ́ràn.*

GBÀDÚRÀ, *v.* Rezar, orar. *Èmi yíò gbàdúrà kí ara rẹ ya* – Eu rezarei por você para que fique boa; *Gbàdúrà fún wa* – Reze por nós.

GBÀFẸ́, *v.* Ser elegante, gostar de aparecer, ser vaidoso. *Ó gbáfẹ́* – Ele é elegante.

GBAFẸ́Ẹ́FẸ́, *v.* Tomar ar fresco, espairecer. *Mo gbafẹ́ẹ́fẹ́* – Eu vou dar uma volta.

GBÀFÙ-GBAFU, *adj.* Enorme, volumoso. *Ó rí gbàfù-gbafu* – Ele tem uma aparência corpulenta.

GBÀ FÚN, *v.* Concordar com, consentir.

GBÀGÀ, *exp.* Dita a um filho que vem a seu encontro. *Ex.*: Seja bem-vindo!

GBAGADA, *adv.* Amplamente. *Ó sí gbagada* – Ela abriu amplamente.

GBÀGÌ, *adv.* Repentinamente, firmemente, alegremente. *Ó dìmọ́ gbàgì* – Ele me abraçou repentinamente.

GBÁGI, **GBÁGIMỌ́LẸ̀**, *s.* Superintendente, inspetor.

GBÁAGO, *v.* Tomar o relógio. < *gbé* + *aago.*

GBÀGỌ̀, *obs.:* *Èkòló yìí mì gbàgọ̀* – Este verme sacudiu, se retorceu.

GBÁGÙDA, *s.* Mandioca. *Wọ́n nje gbágùda àti ànàmọ́* – Eles estão comendo aipim e batata-doce. *V. ẹ̀gẹ́.*

GBÀGÚN, v. Bater, amassar, triturar.

GBAGBA, s. Arrendamento.

GBÁGBÁ, **GBÁGBÁGBÁ**, adv. Estritamente, firmemente. Ó dìmọ́ ara gbágbá – Ela (a roupa) apertou o corpo firmemente, ela está apertada no corpo.

GBÀÀGBÀ, adj. Total responsabilidade, garantia. Mo sàyà gbààgbà fún wọn – Eu assumi responsabilidade completa para eles.

GBÀGBÀṢE, v. Servir como um trabalhador braçal.

GBÀGBÉ, v. Esquecer. Ó gbàgbé mi – Ela me esqueceu; Àpò mi ni mo gbàgbé sílé – Foi minha bolsa que eu esqueci em casa.

GBÀGBÉRA, adj. Esquecido, descuidado, negligente. Ó gbàgbéra – Ele está esquecido, está distraído.

GBÀGBẸ̀RẸ̀, adj. Descontraído, ocioso.

GBÀGBọ́, v. Acreditar, ter fé. Mo gbàgbọ́ pé òun yíò fowó fún mi – Eu acredito que ele dará algum dinheiro para mim; Gbà mi gbọ́ – Creia-me; Mo gba Ọlọ́run gbọ́ – Eu creio em Deus. > ìgbàgbọ́ – crença; aláìgbàgbọ́ – descrença.

GBÁIGBÀI, adj. Rude, indelicado.

GBÀÌ-GBÀÌ, adv. Excessivamente. Ó fi ẹgba gbàì-gbàì – Ele usou o chicote excessivamente.

GBÀJÁ, v. 1. Vestir um cinturão, vestir uma faixa. Ó gbàjá mọ́ ara – Ele colocou uma faixa de tecido em volta da cintura. < gbà + ọjá. 2. exp. Ẹ̀mí ó gbà á já! – Saudações ao seu restabelecimento, você sobreviverá a isto!

GBÀJÁMọ̀, s. Ofício de barbeiro.

GBÀJẸ́, v. Diz-se de uma mulher que se torna feiticeira.

GBÀJẸ, v. Aceitar uma comida.

GBÁJọ, v. Coletar, juntar, reunir. Ó gbá wọn jọ pọ̀ – Ele os colecionou.

GBAJÚMọ̀, s. Cavalheiro, pessoa conceituada, famosa, celebridade.

GBÁJÚMọ́, v. Prestar atenção a. Ó gbájú mọ́ isẹ́ rẹ̀ – Ele se concentrou no trabalho dele.

GBÀKÀDọ̀, v. Monopolizar. Ó gba òwò kàdọ̀ – Ele monopolizou o comércio.

GBAKÁMÚ, v. Suportar, aguentar. Ó gbakámú lórí ìjàngbọ̀n náà – Ele suportou aquela dificuldade com firmeza.

GBAKANRÍ, v. Monopolizar. *Ó gba òwò kanrí* – Ele monopolizou o comércio. V. *gbàkàdò*.

GBÁKIRI, v. Dirigir-se para lá e para cá. *Ìwé náà gbákiri* – A folha está sendo levada pelo vento.

GBÁKO, adv. Exatamente. *Ó fún mi ní bàtà méjì gbáko* – Ele me deu exatamente dois pares de sapatos; *Ogún ọdún gbáko* – Exatamente 20 anos.

GBÁKÒ, v. Estar contra, opor-se, assaltar. *Ó gbákò mí* – Ele está contra mim.

GBÀKÒ, adv. Jovialmente, alegremente. *Ó dìmọ́ mi gbàkò* – Ele me abraçou jovialmente.

GBÀKỌ́, v. Construir, edificar. *Ó ngba ilé kọ́* – Ele está construindo uma casa.

GBÁKỌ, YAKỌ, adj. Intragável, desagradável. *Ó yakọ* – Ele é uma pessoa desagradável.

GBÀKÚRÒ, v. Levar, tirar, tomar. *Ó gba owó mi kúrò* – Ele tomou meu dinheiro.

GBÀLÀ, v. Resgatar, salvar. *Ó gbà ẹ̀mí mi là* – Ele salvou a minha vida.

GBÁLÁBÀRÁ, v. Bater, agredir com a mão. *Ó gbálábàrá mi* – Ele me esbofeteou.

GBÀLÁGBÁRA, v. Levar qualquer coisa por meio da força.

GBÀLÁIYÀ, v. Superar, subjugar, influenciar.

GBALAJA, adj. Em todo o comprimento. *Ó sùn gbalaja* – Ele dormiu todo esticado.

GBALASA, adj. Amplo, vasto (usado com relação a água). *Ó rí gbalasa* – Ela parece uma grande extensão de água.

GBÀLÁYA, v. Seduzir uma mulher, persuadi-la. *Ó gba mí láya* – Ele seduziu minha mulher.

GBÀLÁYÈ, v. Ocupar um espaço, ou algo, de alguém. *Ó gbà mí láyè láti kàwé rẹ̀ yìí* – Ele me deu a chance de ler o seu livro.

GBALÁYUN, v. Polir, embelezar. *Ó gba ọ̀rọ̀ rẹ̀ láyun* – Ele embelezou a conversa dele com belas palavras.

GBÁLÉTÍ, v. Esbofetear. *Ó gbá mi létí* – Ele me deu um tapa no ouvido.

GBÁLÉ, v. Varrer a casa.

GBÁLẸ̀, v. Varrer o chão. *Ó ngbálẹ̀* – Ela está varrendo.

GBALẸ̀, GBILẸ̀, v. Espalhar, estender ao redor. *Ógbín yìí gbalẹ̀* – Esta planta se espalhou; *Ìròhìn yìí gbalẹ̀* – Esta notícia se espalhou.

GBÁLẸ̀-GBÁLẸ̀, s. Lixeiro, gari, varredor.

GBÁLỌ, v. Levar pelo vento ou pelas águas. *Aféẹ́fẹ́ gbá a lọ* – O vento o levou.

GBÀLỌ, v. Seguir, ir. *Ọ̀nà wo ni o gbàlọ?* – Qual o caminho que você tomou?

GBÀLÒ, v. Moer, triturar. *Ó ngba ọkàa bàbà lọ̀* – Ela está moendo o milho.

GBÀLỌ́JÁ, v. Enfaixar, colocar uma faixa na cintura. *Ó gba ọmọ rẹ̀ lọ́já* – Ela amarrou uma faixa ao redor do filho dela. < *gbà + ní + ọ̀já*.

GBÀLỌ́WỌ́, v. 1. Levar para longe, privar de. *Ó gbà á lọ́wọ́ mi* – Ele levou isto para longe de mim; *Wọ́n kò lè gbà á lọ́wọ́ wa* – Eles não podem privar isto de nós. 2. Apertar a mão. < *gbà + ní + ọwọ́*.

GBÀLỌ́YÀ, v. Alugar.

GBÁLÚ, v. V. *àgbálú*.

GBÀLÚ, v. Pegar e bater algo, misturar. *Ó ngba àwọn èso lù* – Ela pegou as frutas e misturou.

GBÁMỌ́, v. Abraçar firmemente. *Ó gbá mi mọ́ ara* – Ele me abraçou; *Lẹ́hìn náà àwa gbá wa mọ́ra sii* – Depois nós nos abraçamos durante algum tempo.

GBÀMỌ́, v. Envolver-se, amarrar firmemente. *Ó gba iná mọ́ mọ́tọ̀* – Ele acelerou o automóvel.

GBÀMỌ, v. Construir, edificar. *Ó ngbá ilé wa mọ* – Ele está construindo a nossa casa. V. *gbàkọ́*.

GBÁMỌ́RA, v. Abraçar. *Ó gbá mi mọ́ra* – Ela me abraçou.

GBÁMÚ, v. Agarrar, pegar com firmeza, apreender. *Ó gbá àga mú* – Ele pegou a cadeira.

GBANÁ, v. Ser aceso.

GBÀNGÀN, s. Sala espaçosa e arejada.

GBÁNGANGBÀNGAN, adv. Apressadamente.

GBANGBA, s. 1. Espaço plano e aberto. 2. Cacho, ramo, molho. *Gbangba ọ̀gẹ̀dẹ̀* – cacho de bananas.

GBANGBA, adv. Seguramente, claramente, firmemente. *Òṣùpá yọ gbangba* – A lua surgiu nitidamente; *Mo rí i gbangba-gbangba wàyìí* – Eu o vi distintamente.

GBÀNÍ, v. Possuir, receber uma possessão.

GBÀNÍYÀNJÚ, v. Aconselhar, encorajar.

GBÀNJA – GBÁRIWO

GBÀNJA, s. Tipo de noz-de-cola avermelhada que se abre em dois gomos. Era muito usada pelos antigos escravos para estimular os nervos e músculos, por possuir cafeína, com ação contra a depressão e o sono. Também usada nos ritos de candomblé como sistema de consulta, abrindo-se manualmente mais dois gomos.

GBÀNJO, s. Venda em leilão, em hasta pública.

GBÁNUJỌ, v. Unir-se a outra voz para realizar alguma coisa.

GBA ÒKÍ, v. Receber um título.

GBA ÒMÌNIRA, v. Ficar livre.

GBA ORÚKỌ, v. Receber um nome. V. *dárúkọ* – dizer o nome.

GBÀPADÀ, v. Receber de volta. *Mo gba owó mi padà* – Eu recebi meu dinheiro de volta.

GBÀPÈ, v. Ajudar a atender alguém. *Ó gba òrẹ́ mi pè* – Ele ajudou a atender o meu amigo.

GBÀPẸ̀, GBÌPẸ̀, v. Permitir consolar a si mesmo.

GBAPÒ, v. Suceder, ocupar o lugar de alguém. *Ó gbapò mi* – Ele me sucedeu.

GBÀPỌ̀, v. Receber em conjunto. *Wọ́n gbà wá pọ̀* – Eles nos receberam simultaneamente.

GBÁRA, v. Apoiar, encostar, debruçar. *Ó gbára lé mi* – Ela se apoiou sobre mim.

GBÀRÀ, adv. Assim que, agora, imediatamente. *Bí ó bá ti jí gbàrà, lọ sọ́dọ̀ rẹ̀* – Assim que ele acordar, vá imediatamente para junto dele.

GBARADÌ, v. Aprontar. *Ó ti gbaradì* – Ele está completamente pronto.

GBÀRÀGÀDÀ, adv. Amplamente, extensivamente. *Ó gbàràgàdà lulẹ̀* – Ele se jogou ao chão em toda a sua extensão.

GBÁRAJỌ, v. Reunir-se, juntar-se. *Wọ́n gbárajọ* – Eles se reuniram.

GBÁRALÉ, v. Confiar.

GBÀRIN, v. Ser fertilizado.

GBÀRÓ, v. Emprestar, alugar. *Ó ngba aṣọ ró* – Ele pediu uma roupa emprestado.

GBÀRÒ, v. Meditar, refletir, pensar. *Mo gba ọ̀rọ̀ náà rò* – Eu refleti sobre aquele assunto.

GBÀRO, v. Exercer uma atividade rural. *Ó ngba oko ro* – Ele está fazendo um trabalho na fazenda.

GBÁRIWO, v. Ouvir barulho. < *gbọ́* + *ariwo*.

GBÀSÍLÉ, v. Levar para casa, alojar-se, instalar-se. *Ó gbà mí sílé rè* – Ele me levou para a casa dele.

GBÀSÍLẸ̀, v. Livrar, salvar, soltar, resgatar, recuperar. *Ó gbà mí sílẹ̀* – Ele me resgatou. V. *gbàlà*.

GBÀSÍLẸ́NU, v. Prestar atenção, reparar. *Ó gbàsí mi lẹ́nu* – Ele prestou atenção no que eu disse.

GBÀSÍLÚ, v. Receber dentro da cidade.

GBÀSIN, v. Encarregar-se de algo esperando uma recompensa. V. *àgbàsìn*.

GBÀSÍPÒ, v. Reintegrar, restabelecer.

GBÀSÍMỌ̀, v. Admitir em consulta.

GBÀSÍṢẸ́, v. Empregar num comércio, engajar num trabalho.

GBÀSỌ, v. Falar em favor de alguém. *Ó gba ọ̀rọ̀ náà sọ fún mi* – Ele falou em minha defesa.

GBÀSÙN, v. Hospedar, acolher. *Ó gbà mí sùn* – Ele me hospedou.

GBÀṢE, v. Acolher, tomar pela mão, adotar. *Ó gbà mí ṣe ọmọ rẹ̀* – Ela me acolheu como filho dela.

GBÀṢẸ, v. Dar uma ordem. *Ó gbàṣẹ lọ́wọ́ mi* – Ele recebeu uma ordem minha.

GBAṢẸ́FÚN, v. Procurar trabalho ou emprego para alguém. *Wọ́n ngbaṣẹ́ fún mi* – Eles estão procurando trabalho para mim. < *gbà* + *iṣẹ́*.

GBÀṢỌMỌ, v. Adotar uma criança. V. *gbàṣe*.

GBÀTÀ, v. Vender a varejo, vender aos poucos. *Ó ngba erù tà* – Ele vendeu a varejo.

GBÀTÁN, v. Eu me encarreguei disto.

GBÀTẸ́, GBÌTẸ́, v. Sentar-se desajeitadamente. *Ọmọdé náà gbàtẹ́* – A criança está sentada de forma esparramada.

GBATẸ́GÙN, v. Tomar um pouco de ar, caminhar. *Mo gbatẹ́gùn* – Eu vou dar uma volta.

GBÁTÌ, v. Dispersar uma multidão, varrer o lixo para fora. *Ó gbátì mí* – Ele me fez correr.

GBÀTỌ́, v. Agir como um guardião. *Ó gbà mí tọ́* – Ele agiu como meu protetor.

GBÁÚ, adj. Ruim, de má qualidade. *Ó dá gbáú* – Ele abandonou pela má qualidade; *Igi dá gbáú* – A madeira estalou.

GBÀÙ, adv. Pesadamente, ruidosamente, vigorosamente. Ó jàn gbàù – Ele bateu pesadamente; Ó kán gbàù – Ele bateu vigorosamente.

GBÀÀWẸ̀, v. Jejuar. Ó gbààwẹ̀ – Ele jejuou.

GBÀWÍ, v. Falar em favor de. V. gbàsọ.

GBÀWÌN, v. Comprar a crédito ou fiado. Mo gba aṣọ ní àwìn – Eu comprei uma roupa a crédito.

GBÀWÀ, v. Herdar, adquirir hereditariedade. Ó gbàwà bàbá rẹ̀ – Ele herdou o caráter do pai dele.

GBÁWÓ, v. Receber dinheiro. Mo gba owó mi lọ́wọ́ rẹ – Eu recebi o dinheiro de suas mãos. < gbá + owó. V. gbowó.

GBÀWÒ, v. Cuidar de uma pessoa. Oníṣègùn yìí gbà mí wò – Este médico cuidou de mim.

GBÀWỌ̀, v. Emprestar para vestir. Ó gba èwù rẹ̀ wọ̀ – Ele emprestou a camisa dele. = gbàró.

GBÀWỌ̀, v. Entrar. Ó gba ìlú náà wọlé – Nós entramos naquela cidade por aquela casa.

GBÀYÈ, v. Ocupar um espaço.

GBÁYẸ̀RÌ, v. Esvoaçar, tremular. Ẹ̀wù náà gbáyẹ̀rì – Aquelas roupas estão tremulando ao vento.

GBÀYẸ̀WÒ, v. Considerar, pensar sobre algo. Ó gba ọ̀rọ̀ yìí yẹ̀wò – Ele considerou esta questão, ele pensou neste assunto.

GBÀYỌ, v. Sair para.

GBÉ, v. 1. Erguer, levantar, carregar coisas pesadas. Gbé àga wa fún mi – Carregue a cadeira e traga para mim; Ó gbé e lórí – Ela carregou na cabeça; Gbé ẹsẹ̀ sókè – Levante suas pernas. V. gbéwá, gbélọ. 2. Morar, viver em determinado lugar. Ó ngbé nílé mi – Ela está morando na minha casa; Ó bá ọkọ rẹ̀ fún ọdún méjì – Ela viveu com o marido dela por dois anos; Níbí ngbé ewu! – É aí que mora o perigo! 3. Estar perdido, perecer, infectar, estragar. Ó gbé sí Ìbàdàn – Ele pereceu em Ibadam; Owó náà toi gbé pátápátá – O dinheiro está irremediavelmente perdido; Wárápá gbé e – Ele está com epilepsia. > ègbé – aflição, angústia. 4. Dar à luz, realizar, ser. 5. Manejar, andar.

GBÈ, v. Dar apoio, suportar. Ó gbè mí – Ele me protegeu. > ègbè – ajuda.

GBÉBỌ́, *v.* Remover, levar. *Ó gbé àga bọ́ sí abẹ́ igi* – Ele removeu a cadeira para debaixo da árvore.

GBÉDÈ, *v.* **1.** Ouvir e entender um idioma. *Ó gbédè mi* – Ele me entendeu. < *gbọ́* + *èdè.* **2.** Amarrar ou algemar. *Ó gbé mi dè* = *Ó gbé mi dì* – Ele me amarrou.

GBÉDÌDE, *v.* **1.** Erguer, levantar, construir. *Ó gbé mi dìde* – Ele me levantou; *Ó ngbé ara rẹ̀ dìde bọ̀* – Ele começou a construir o seu caminho.

GBÉÌYÀWÓ, *v.* Casar. = *gbéyàwó.*

GBÉDÈGBÉYỌ̀, *s.* Intérprete, tradutor, poliglota.

GBÉFÒ, *v.* Repelir, desviar-se de um golpe. *Ọlọ́run gbé ibi fo orí mi* – Deus me preservou do mal.

GBÉGA, *v.* Promover, erguer, exaltar. *Ó gbé mi ga* – Ele me promoveu.

GBÉGBÌN, *v.* Implantar.

GBÉGBÓNÁ, *v.* Aquecer algo.

GBÉHÁ, *v.* Pendurar ou colocar entre. *Mo gbé e há ẹnu* – Eu o segurei em minha boca. *V. há, fihá.*

GBÉHÁLẸ́NU, *v.* Fazer de uma pessoa um objeto de conversa, falar acerca de alguém. *Ó gbé mi há ayé lẹ́nu* – Ele me fez assunto de fofoca.

GBÈJÀ, **GBÌJÀ**, *v.* Tomar partido, ficar do lado de. *Ó gbèjà mi* – Ele ficou do meu lado; *Mo gbèjà rẹ̀* – Eu tomei o partido dele. < *gbè* + *ìjà.*

GBÉJÁDE, *v.* Remover o que está dentro, levar para fora. *Wọ́n gbé òkú náà jáde* – Eles removeram o corpo para fora.

GBÉJÀKÒ, *v.* Assaltar, atacar.

GBÉJẸ́Ẹ́, *v.* Ficar quieto. *Ó gbéjẹ́ẹ́* – Ele se comportou quietamente.

GBÉJÓ, *v.* Dançar com. *Mo gbé e jó* – Eu dancei com ela. = *bájó.*

GBÉJÓKÓ, *v.* Fazer sentar, mudar de posição sentada. *Mo gbé ọmọ mi jókó* – Eu sentei meu filho.

GBÉKÀLẸ̀, *v.* Pôr sobre, colocar no chão. *Mo gbé ẹrù yìí kàlẹ̀* – Eu coloquei esta carga no chão.

GBÉKÀYÀ, *v.* Monopolizar algo.

GBÉKÒ, *v.* Trazer. *Ó gbé ire kò mí* – Ela me trouxe boa sorte.

GBÉKỌ́, *v.* Pendurar, colocar sobre. *Ó gbé aṣọ kọ́* – Ela pendurou a roupa; *Ó gbé aṣọ kọ́ ọrùn* – Ela colocou o tecido em cima do ombro.

GBÉKỌJÁ – GBÈÈRÀN

GBÉKỌJÁ, v. Conduzir. *Ọkọ̀ yìí yíò gbé wa kojá sílẹ̀ ènìà funfun* – Este navio nos levará para a terra das pessoas brancas (Europa).

GBÉKÚRÒ, v. Retirar, remover, seguir caminho para.

GBÉKÚTÀ, v. Ficar desesperado.

GBÉLÁYÀSÓKÈ, v. Preocupar, inquietar alguém. *Ó gbé mi láyàsókè* – Ele me preocupou.

GBÉLÉ, v. 1. Morar. *Ó gbélé yìí* – Ele vive nesta casa. < *gbé + ilé*. 2. Pôr, colocar algo pesado. < *gbé + lé*. V. *gbékàlé*.

GBÉLÉJÚ, v. Mostrar, demonstrar pela expressão facial. *Ó gbé wa léjú* – Ela demonstrou orgulho por nós.

GBÉLÉKÈ, v. Promover, revestir de poder, exaltar. *Ó gbé mi lékè* – Ele me promoveu.

GBÉLÉWỌ́, v. Colocar nas mãos. *Ó ngbé ọmọ titun léwọ́* – Ele está pondo a criança recém-nascida na mão dele.

GBÉLẸ́SẸ̀, v. Segurar, suspender o pé de uma pessoa. *Ó gbé mi lẹ́sẹ̀* – Ele me levantou pelos pés.

GBÈLẸ́SẸ̀, v. Apadrinhar, ser partidário. *Ó gbè mí lẹ́sẹ̀* – Ele me apadrinhou.

GBÉLỌ́KÁNSÓKÈ, **GBÉLÁYÀSÓKÈ**, v. Perturbar, confundir, embaraçar. *Ó gbé mi lọ́kàn sókè* – Ela me perturbou.

GBÉLỌ, v. Carregar algo e levar. *Gbé ẹrù yìí lo* – Carregue isto e leve; *Oorún gbé mi lọ* – O sono me carregou e levou.

GBÉMÌ, v. Engolir, consumir líquido ou sólido. *Ó gbé búrẹ́dì mì* – Eu consumi o pão.

GBÉMU, v. Beber. *Ó gbé ọtí mu* – Ele bebeu a bebida.

GBÉNÀRÒ, v. Erigir, levantar verticalmente.

GBÉPẸ, v. Aumentar em estatura ou em valor.

GBÉPỌ̀, v. Viver junto.

GBÉRA, v. Agitar-se, mover-se. < *gbé + ara*.

GBÉRA, v. Suspender, erguer. *Ó fi oògùn ìyàgbẹ́ gbéra* – Ele tomou um laxante para relaxar os intestinos (para suspender a evacuação). < *gbé + ara*.

GBÉRAGA, v. Orgulhar-se, ser conceituado. *Ó gbéraga* – Ele é conceituado.

GBÉRAKÁN, v. Ser ativo, ágil.

GBÈÈRÀN, v. Espalhar, infectar, contagiar. *Àfòmọ́n yìí gbèèràn* – O parasita da planta se espalhou.

GBÉRÈ!, *interj.* Bravo! Esplêndido!

GBÉRE, *adj.* Crônico, perpétuo.

GBÉRE, *s.* Despedida, adeus. *Wọ́n dá gbéré fún wa* – Eles deram adeus para nós.

GBÉRÉ, *v.* Amaldiçoar, praguejar. *Ó gbé mi ré* – Ela me amaldiçoou.

GBÈRÈ, **JÈRÈ**, *v.* Lucrar, obter vantagem. *Mo gbèrè* – Eu tive alguma vantagem. < *gbà* + *èrè*.

GBÉREGBÈRE, *s.* Desobediência, teimosia; *adj.* Imprudente.

GBÉRÍ, **GBÓRÍ**, *v.* Erguer a cabeça. *Ó gbérí* – Ele levantou a cabeça.

GBÉRÓ, *v.* Dar suporte, levantar, erigir, construir. *Mo fi igi gbé e ró* – Eu fiz um apoio com uma estaca.

GBÈRÒ, *v.* Considerar, refletir. *Mo gbèrò láti ṣiṣẹ́* – Eu propus fazer o trabalho; *Ó bá mi gbèrò* – Ele refletiu comigo. < *gbà* + *èrò*.

GBÉRÙ, *v.* Ajudar outra pessoa a colocar uma carga na cabeça. *Ó gbé náà rù mí* – Ele ajudou a colocar aquela carga na minha cabeça; *Gbérù mí* – Ajude-me.

GBÈRÚ, *v.* Crescer, brotar, florescer. *Owó mi gbèrú* – Meu dinheiro aumentou.

GBÈSÈ, *s.* Débito, dívida. *Ó jẹ mi ní gbèsè* – Ele tem um débito comigo. > *gbèsè òde* – dívida externa.

GBÉSẸ̀, *s.* **1.** Erguer o pé. *Ronú lọ́nà ti o gbésẹ̀* – Pense numa maneira de você se erguer. **2.** Ir à frente, apressar-se. *Ó gbésẹ̀ nílẹ̀* – Ele caminhou vivamente, ativamente.

GBÉSÍ, *v.* Colocar, pôr. *Mo gbé e sí orí àga náà* – Eu coloquei isto em cima daquela cadeira.

GBÉSÍLẸ̀, *v.* Colocar embaixo, no chão. *Gbé ẹrù yìí sílẹ̀* – Ponha a carga no chão.

GBÉSÓKÈ, *v.* Levantar. *Ó gbé mi lọ́wọ́ sókè* – Ele tomou minha mão para me levantar, ele me ajudou a levantar. < *gbé* + *sí* + *òkè*.

GBÉSÓRÍ, *v.* Colocar, pôr em cima de. *Ó gbé mi sórí ẹní yìí* – Ele me colocou em cima desta esteira. *V. gbésí.*

GBÉSỌNÙ, *v.* Perder, jogar fora. *Ó gbé ìgò náà sọnù* – Ele jogou fora aquela garrafa.

GBÉSÁNLẸ̀, v. Empurrar para baixo, atirar no chão com violência. Ó gbé mi sánlẹ̀ – Ele me derrubou.

GBÉSẸ, v. Ter controle, ter poder sobre. Ìwọ kò rí gbé e ṣe – Eu não tenho controle sobre ele.

GBÉTÀ, v. Pegar e vender.

GBÉTÌ, v. Colocar de lado, adiar. Ó gbé e tì sápákan – Ele repeliu isto.

GBÉWÁ, v. Trazer coisas que não são leves. Ó gbé àga wá fún mi – Ele pegou a cadeira e trouxe para mim; Ó ngbé ẹní wá – Ela está levando a esteira de palha.

GBÉWÉ, v. Juntar folhas. Ó ngbéwé láti ṣe àgbo – Ela está juntando as folhas para fazer um banho. < gbá + ewé.

GBÉWÒ, v. Tentar fazer. Mo gbé iṣẹ́ yìí wò – Eu tentei fazer este trabalho.

GBÉWỌ, v. Colocar sobre. Ó gbé ẹ̀wù wọ̀ – Ele vestiu a roupa.

GBÉYÀWÓ, v. Casar. Wọ́n gbé arawọn ní ìyàwó – Eles se casaram um com o outro.

GBẸ, v. Secar, evaporar. Odò ó gbẹ – O rio está seco; Aṣọ náà gbẹ nínú oòrùn – A roupa secou ao sol.

GBẸ, adj. Seco, enxuto, evaporado.

GBẸ́, v. 1. Cacarejar, fazer zoada, excitar-se. Adìẹ yìí gbé kéké – A galinha cacarejou. 2. Esculpir, cavar no sentido de entalhar. Ò gbẹ́ ihò sí ara igi – Ele cavou um buraco na madeira; Ó a máa gbẹ́ ère – Ele costuma esculpir estátuas. 3. Afiar, amolar algum instrumento. Ó gbẹ́ ọ̀bẹ – Ele afiou a faca. > agbé – espadim.

GBẸ̀, v. Semear. Ó gbẹ ilá – Ele semeou quiabos. > àgbẹ̀ – agricultor.

GBẸ́BẸ̀, v. Conceder, dar atenção. Ó gbébẹ̀ mi – Ele concedeu meu pedido. < gbọ́ + ẹ̀bẹ̀.

GBẸ̀BẸ̀, v. Aceitar, acolher. Ó gbẹ̀bẹ̀ mí – Ele concedeu meu pedido pela ajuda de outra pessoa. < gbà + ẹ̀bẹ̀.

GBẸ̀BÍ, v. Assistir uma mulher na hora do parto. Ó gbẹ̀bí obìnrin yìí – Ela agiu como parteira desta mulher. V. ẹ̀bí.

GBẸ̀DU, s. Tambor que se toca para um rei ou um grande homem.

GBÈFÉ, *adj.* Fácil, simples, vagaroso. *Ó nrìn gbèfé* – Ele está caminhando de maneira vagarosa.

GBÈFÉGBÉFÈ, *adv.* Facilmente, indolentemente.

GBÉFUN, *v.* Fazer ruído com a garganta, pigarrear. *Ó gbéfun* – Ele pigarreou.

GBÈ-GBÈ, **GÈGÈ**, *s.* Papo. *Ó yọ gègè* – Ele tem um papo; *Gègè tòló-tòló* – Papo de peru.

GBÉ-GBÉ, *s.* Um tipo de árvore.

GBÈGBÉLÈ, *s.* Proximidade, cercania. *Ó wà ní gbègbélè ilé mi* – Ele está nas proximidades de minha casa.

GBÈGÈ, *s.* Um tipo de macaco.

GBÈGÌRÌ, *s.* Um tipo de sopa. *V. òmù.*

GBÈHÌN, *v.* Vir depois, ser o resultado final, ser a consequência de. *Ó ṣe é gbèhìn* – Foi a última coisa que ele fez; *Òun yíò dàgbà gbèhìn* – Ele ficará velho como consequência final; *Ó gbèhìn dé* – Ele chegou depois. < *gbà* + *èhín*.

GBÈJÉ, *v.* Receber honorários de prestação de serviços. *Ó gbèjé* – Ele recebeu os honorários.

GBÉJÓ, *v.* Ouvir.

GBÉKÈLÉ, *v.* Acreditar, confiar. *Ó gbékèlé mi* – Ela confia em mim; *Tani ó lè gbékèlé?* – Em quem se pode confiar?

GBÈMÍ, *v.* Tomar a vida de uma pessoa. *Mo fé gbèmí rè* – Eu quero tomar a vida dele. < *gbà* + *èmí*.

GBÉNÀGBÉNÀ, *s.* Carpinteiro.

GBENDU, *adj.* Curto e grosso. *Ó rí gbendu* – Ele é rechonchudo.

GBÈNGBÈ, *adj.* Largo, grande.

GBÈNGBÈGBENGBÈ, *adj.* e *adv.* Muito grande, pesado.

GBÉNU, *v.* Interferir, interromper. *Ó gbénu sí òrò mi* – Ele interrompeu minhas palavras.

GBÉNULÉ, *v.* Começar a falar sobre. *Ó gbénulé* – Ele começou a mencioná-lo. < *gbé* + *enu*.

GBÈRÈ, *adv.* Vacilantemente, vagarosamente. *Ó rìn gbèrè* – Ele caminhou vacilantemente.

GBẸ́RẸ́ – GBÍGBÉWÒ

GBẸ́RẸ́, s. Incisão que se faz na pele de uma pessoa; adv. Repentinamente, inadvertidamente. *Gbẹ́rẹ́ ni ó lọ* – Foi repentinamente que ele partiu.

GBẸRẸFUN, adj. Sem água, com pouca oleosidade, enxuto. *Gbẹrẹfun ni mo jẹ gàrí* – Foi com pouca água que eu comi mandioca.

GBÈRÈGÈDÈ, adv. Amplamente. *Ó rí gbèrègèdè* – Ele é plano e bem amplo.

GBẸRẸSẸ, PẸRẸSẸ, adj. Plano.

GBẸRỌ, v. Refletir.

GBẸRÚ-GBẸRÚ, adv. Brilhantemente, extremamente branco. *Ó funfun gbẹrú-gbẹrú* – Ele é branco como a neve.

GBÈSAN, v. Vingar. *Ó lọ wá gbèsan* – Ele foi procurar vingança. < *gbá* + *san*.

GBẸSẸ, adj. Repleto, cheio. *Ọjà yìí kò gbẹsẹ̀* – Este mercado está superlotado. < *gbà* + *ẹsẹ̀*.

GBÈSÈ, v. Errar, pecar. *Ó gbèsè* – Ele pecou. < *gbà* + *èsè*.

GBÌDÁNWÒ, adj. Fazer uma tentativa, tentar. *Ó gbìdánwò láti ṣe é* – Ele tentou fazer isto.

GBÍGBÀ, adj. Aceitável, admissível, tolerável. V. *sànjù*.

GBÍGBÁ, adj. Aquilo que é para ser varrido, esvoaçado, sacudido.

GBÍGBÁDÙN, s. Gozo, prazer, alegria.

GBÍGBÀGBỌ́, adj. Crente, crédulo.

GBÍGBÁ ÒKÍ, s. Imunização.

GBÍGBÀSÍLẸ̀, s. Resgate, soltura.

GBÍGBÀSỌ, adj. Interpretado.

GBÍGBÀTỌ́, adj. Aquele que é levado com cuidado, conduzido por um guardião.

GBÍGBÀWỌ, adj. Emprestado, arrendado, concedido para o uso da pessoa.

GBÍGBÉ, adj. 1. Cedido, arrendado. 2. Que é carregado e levado.

GBÍGBÈ, s. Suporte, apoio; adj. Podre, corrupto.

GBÍGBÉFÒ, s. Ato de safar-se, omitir-se, escapar do perigo.

GBÍGBÉGA, s. Exaltação, admiração.

GBÍGBÉLÉKÈ, s. Preferência, admiração.

GBÍGBÉSÓKÈ, s. Levantar, decolar. V. *gbésókè*.

GBÍGBÉWÒ, s. Teste, exame.

GBÍGBẸ, *adj.* Seco, sem umidade.

GBÍGBẸ́, *adj.* Cortado, escavado.

GBÍGBẸKẸ̀LÉ, *adj.* Acreditado, conceituado.

GBÍGBÓNÁ, *adj.* Quente. *Òun mu ọ̀bẹ gbígbónà* – Ele tomou uma sopa quente.

GBÍGBÒÒRÒ, *adj.* Amplo, largo.

GBÍGBÓÒRÙN, *s.* Cheiro, odor.

GBÍGBỌ́, *s.* Ato de ouvir, audição.

GBÍGBỌ̀, *adj.* Germinado, florido.

GBÍGBỌN, *adj.* Inteligente, hábil, engenhoso.

GBÍGBÓN, *s.* Tremor, agitação, ato de estremecer.

GBÍGBUN, *adj.* Curvado, torcido.

GBÌJÀ, **GBÈJÀ**, *v.* Tomar um partido, ficar do lado de. *Ó gbèjà mi* – Ele ficou do meu lado; *Mo gbèjà rẹ̀* – Eu tomei o partido dele. < *gbè* + *ìjà*.

GBILẸ̀, *v.* Florescer, brotar, espalhar, estender ao redor. V. *gbalẹ̀*.

GBÌMỌ̀, *v.* 1. Conferir, consultar. *Àwa gbìmọ̀* – Nós conferimos juntos. 2. Propor, tencionar. *Òun tó gbìmọ̀ láti ṣe* – Ele tencionou fazer.

GBÌMỌRÀN, *v.* Propor, fazer uma reunião.

GBÌMỌTẸ́LẸ̀, *v.* Premeditar, planejar antecipadamente. *Ó gbìmọtẹ́lẹ̀ láti ṣe é* – Ele premeditou fazê-lo.

GBIN, *v.* Respirar com dificuldade, gemer, grunhir. *Ó gbin kìn* – Ele grunhiu profundamente; *Ó gbin dòrì* – Ele respirou ruidosamente.

GBÌN, *v.* Plantar. *Ó gbin àgbàdo* – Ele plantou milho. > *ìgbìn* – plantação.

GBINÁ, **GBANÁ**, *v.* Atear fogo.

GBINDIN, *adv.* Completamente. *Ó rin gbindin* – Ele está completamente encharcado.

GBÍNDÍN-GBÌDÌN, *s.* Erupção cutânea no pescoço.

GBÌNGBÌ, *adj.* Pesado. *Òkúta gbìngbì* – uma pedra pesada.

GBÌN-GBIN, *s.* Um tipo de árvore.

GBÍNGBÍNNÌKÌN, *s.* Algo difícil de carregar, um fardo pesado. *Ó wúwo gbíngbínnìkìn* – Ele é um fardo pesado.

GBINNÍKÚN, *v.* Espremer, estar inflamado, supurar um tumor. *Ọgbẹ́ yìí gbinníkún* – Esta ferida está inflamada.

GBÌPẸ̀, v. Escutar alguma solicitação, permitir consolar a si mesmo.

GBIPÒ, GBAPÒ, v. Suceder outra pessoa, ocupar o lugar de outro. Ó gbipò mi – Ele se tornou meu sucessor.

GBIIRI, GBIIRIGBI, adv. Repetidamente, reiteradamente. Ó nsọ̀rọ̀ gbiiri – Ele está falando sem parar.

GBÌRÌ-GBÌRÌ, adv. Livremente. Ó yí gbìrì-gbìrì lọ – Ele rolou livremente.

GBÌYÀNJÚ, v. Dedicar-se, perseverar, dar um jeito, tomar coragem. Akẹ́kọ́ náà gbìyànjú – O estudante se dedicou muito.

GBÍYÈLÉ, GBẸ̀KẸL, v. Depender, contar com alguém, confiar.

GBO, v. 1. Esfregar, socar, espremer. Mo gbo ewé mu – Eu fiz uma infusão de folhas e bebi. > àgbo – infusão, decocção. 2. Entender.

GBÒ, v. 1. Gostar e ferir, atrair e repelir, o mesmo que fazer gato-sapato. 2. Ser esvaziado. 3. Tremer, abalar. Àìsí ní ilé rẹ gbò mí – Sua ausência de casa me abalou. V. gbọ̀n.

GBÓ, v. 1. Latir, altercar, arengar. Ajá gbó kíkankíkan – O cachorro latiu constantemente. 2. Ser velho. Ó gbó túútú – Ele é completamente velho; Ìwé yìí ti gbó – Este é um livro velho. 3. Estar maduro. Àgbọn ti gbó – O coco está maduro.

GBÒDO, v. Ser reprovado. Ó gbòdo – Ele recebeu zero na prova. < gbà + òdo.

GBÒDÒGÍ, s. Escorbuto.

GBÓDÓ-GBÒDÒ, s. Título de um Egúngún.

GBÒDÒGÌ, s. Nome de uma folha usada para enrolar obì – noz-de-cola –, ou usada para cobrir o telhado de casas. Sarcophrynium (Marantaceae).

GBÓFÉ, v. Conhecer a língua, escutar para argumentar.

GBÓFO, v. Estar desocupado. Ó gbófo – Ele está desocupado.

GBÒGÀ-GBOGA, adj. Largo. Àwọn ewé rí gbògà-gboga – As folhas são largas.

GBÓGÀN, adj. Abundante.

GBÓGI, v. Ser versado em, ser hábil. Ó gbógi nínú ìwé – Ele é versado em literatura.

GBÓGUNLỌ, v. Invadir, conduzir uma expedição, comandar um exército. Wọ́n gbógunlọ sí ìlú – Eles atacaram a cidade.

GBOÒGÙN, *v.* Receber medicamento. *Èmi ti gboògùn yìí* – Eu já receɬi este medicamento. < *gbà + oògùn.*

GBÓGUNTÌ, *v.* Invadir, guerrear contra. < *gbé + ogun + tì.*

GBOGBO, *adj.* Todo, toda, todos, todas. *Gbogbo wa jé ọmọ Ọlọ́run* – Todos nós somos filhos de Deus; *Gbogbo ènìà lọ wò ó* – Todas as pessoas foram vê-la; *gbogbo ayé* – todo mundo; *gbogbo ìgbà* – todo o tempo.

GBÓHÙN, *v.* Ouvir uma voz.

GBOHÙNGBOHÙN, *s.* Eco.

GBOJÚ, *v.* Dar oportunidade, permitir, autorizar. *Ó gbojú fún mi láti lọ* – Ele me permitiu ir. < *gbà + ojú.*

GBÓJÚ, *v.* Ser corajoso, bravo. *Ó gbójú* – Ele é corajoso, valoroso. < *gbó + ojú.*

GBÓJÚ, *v.* Erguer os olhos, olhar por cima, ignorar. *Ó gbójú wò mí* – Ela olhou para mim; *Ó gbójú sókè* – Ela olhou para o alto; *Ó gbójú fo èsè mi dá* – Ele fez vista grossa para meu deslize (*lit.* ele ergueu os olhos e ignorou meus passos). < *gbé + ojú.*

GBÓJÚ, *v.* Determinar, gritar. *Mo gbójú gan-gan láti ṣe é* – Eu estou determinado a fazer isto; *Ó gbójú mọ́ mi* – Ela gritou comigo.

GBOJÚBI, *v.* Incorrer em uma grosseria.

GBÓJÚFÒ, **GBÓJÚFÒDÁ**, *v.* Olhar de cima a baixo, ignorar. *Ó gbójúfò wò mí* – Ela me olhou de cima a baixo.

GBÓJÚGBÁYÀ, *v.* Ser insolente, ser atrevido. *Ó gbójú gbáyà* – Ele é insolente, sem-vergonha.

GBÓJÚLÉ, *v.* Pensar em alguma coisa, esperar. *Ó gbójúlé mi* – Ela me deu esperança.

GBÓJÚSÍ, *v.* Encarar, olhar para.

GBÓJÚWÒ, *v.* Contemplar, admirar. *Ó gbójú wò mí* – Ela olhou para mim.

GBÒKEGBODÒ, *s.* Barulho, movimento.

GBOKÒÓ, *v.* Receber 20 búzios.

GBÓLÓHÙN, *s.* Palavra, frase, uma sentença. *Kíni gbólóhùn tí ó wí?* – Que declaração ele deu?; *Mo ní láti kọ̀ àwọn gbólóhun òrò yìí fún òla* – Eu tenho que decorar estas frases para amanhã; *Wò gbólóhùn yìí* – Observe esta frase.

GBÓLÓHÙN-ASỌ̀, *s.* Questão, discussão, querela.

GBÓMỌ́, *v.* **1.** Latir para, intimidar. *Ajá gbómọ́ mi* – O cachorro latiu para mim. **2.** Ficar velho, envelhecer. *Aṣọ gbómọ́ mi lára* – Minha roupa está fora de uso.

GBÓMI, *v.* Levar água para. *Ẹ jọwọ́, gbómi kaná* – Por favor, ponha esta água no fogo.

GBOMU, *v.* Fazer uma infusão de folhas e beber. *Mo gbo ewé mu* – Eu amassei as folhas e bebi o sumo delas. < *gbo + mu.*

GBÓNÁ, *v.* Ser quente, ter calor. *Ó gbóná giri-giri* – Ele está muito quente.

GBÒNGBÒ, *s.* Raiz. *Òun ògbìn yìí ta gbòngbò* – Esta planta criou raiz; *Ìríra yìí ta gbòngbò nínú mi* – Este ódio criou raízes dentro de mim. *Obs.: gbò-n-gbò.*

GBÒNGBÒ IGI, *s.* Raiz mestra de uma árvore.

GBÓNU, *v.* Ser obstinado. *Ó gbónu jẹjẹ* – Ele é difícil de negociar.

GBÓPÁ, *adj.* Excessivamente forte.

GBÓRA, *v.* Ser robusto, sólido, fisicamente forte. *Ọmọ mi gbóra* – Meu filho é robusto.

GBÓRÍ, **GBÓRÍSÓKÈ**, *v.* Levantar a cabeça. *Mo gbórí = Mo gbérí* – Eu levantei a cabeça. < *gbé + orí.*

GBORÍ, *v.* Tomar a frente. *Ó gborí* – Ele tomou a dianteira; *Ó gborí mi pète* – Ele tomou a minha frente com intenção.

GBÓRÍN, *v.* Ser grande, largo, amplo. *Ó gbórín* – Ele é grande. = *tóbi.*

GBÓRÓ, *s.* Tipo de armadilha para animais.

GBÒÒRÒ, *adj.* Extenso, amplo. *Ìlú yìí gbòòrò* – Esta cidade é extensa.

GBOROGBORO, *adv.* Claramente, distintamente.

GBÓÒRÙN, *v.* Cheirar.

GBÓTÁN, *adj.* Idoso, decrépito, velho.

GBOÙNGBOÙN, *s.* Eco. = *gbohùngbohùn.*

GBOWÓ, *v.* Aceitar o dinheiro oferecido. *Mo gbowó mi lọ́wọ́ rẹ̀* – Eu recebi o dinheiro das mãos dele. < *gbà + owó.*

GBÓWỌ́, *v.* Ser hábil, jeitoso. *Ó gbówọ́ nínú iṣẹ́ rẹ̀* – Ele é hábil no trabalho dele; *Ó gbówọ́* – Ele é um artista, um mágico. < *gbó + owọ́.*

GBÓYÀ, *v.* Ser corajoso, ser bravo. = *gbójú.*

GBÓYÀ, *adj.* Valente, corajoso, valoroso. < *gbò + àyà.*

GBOYÈ, *v.* Adquirir um título. *Ó gboyè* – Ele foi apontado para ter um título; *Ó pè mí gba oyé* – Ele me chamou para receber um título. < *gbà* + *oyé*.

GBOYÚN, *v.* Ser saturado.

GBỌ́, *v.* **1.** Ouvir, escutar. *Ẹ gbọ́ kedere* – Ouça claramente; *Mo gbọ́ ọ̀rọ̀ rẹ* – Eu ouvi suas palavras. **2.** Atender, dar atenção a. *Ó gbọ́ aya rẹ̀* – Ele deu atenção à esposa dele. **3.** Preparar, aprontar. *Ó gbọ́ onjẹ* – Ela preparou a comida. *V. wá*.

GBỌ̀, *v.* Prosperar, ser apropriado, favorável. *Ilẹ̀ yìí gbọ obì* – Esta terra é favorável para plantar noz-de-cola.

GBỌ́DỌ̀, *v. aux.* Dever, arriscar, precisar, ousar. *Ìwọ kò gbọ́dò jalè* – Você não deve roubar.

GBỌ̀GA-GBỌGA, *adj.* Largo. *Àwọn ewé rí gbòga-gbọga* – Estas são folhas largas.

GBỌ̀GỌ́-GBỌ̀GỌ́, *adj.* Suculento. *Ẹ̀fọ́ gbògọ́-gbògọ́* – Um vegetal suculento.

GBỌGBẸ́, *v.* Ser ferido. *Mo gbọgbẹ́* – Eu fiquei ferido.

GBỌ̀FUN-GBỌ̀FUN, *s.* Garganta dolorida. < *gbà* + *ọ̀fun*.

GBỌ́ÍN, **GBỌ́ÍNGBỌ́ÍN**, *adv.* Completamente, muito apertado, firmemente. *Ó dúró gbọ́íngbọ́ín* – Ele se levantou imóvel, sem se mexer; *Ó tì gbọ́ín* – Ele fechou firmemente.

GBỌ̀JẸ̀GẸ́, *v.* Permitir, conceder, ser indulgente. *Ó gbòjègé fún mi* – Ele deu oportunidade para mim; *Ó gbòjègé wa sọ̀rọ̀ pẹ̀lú àbúrò rẹ̀* – Ela nos deu permissão de conversar com a irmã mais nova dela.

GBỌ́KÀNLÉ, *v.* Confiar. *Ó gbọ́kànlé mi* – Ela confia em mim.

GBỌLẸ̀, *v.* Engravidar. *V. ọlẹ̀*.

GBỌ̀LỌ̀-GBỌ̀LỌ̀, *adj.* Esbelto, viçoso. *Ilá yìí yọ gbòlò-gbòlò* – Este quiabo está viçoso. = *gbólọ-gbólọ*.

GBỌMỌ, *v.* Ser considerado, ser respeitado. *Ọ̀rọ̀ rẹ̀ gbọmọ* – A palavra dele é respeitada, prevalece. *V. móko*.

GBỌ́MỌ-GBỌ́MỌ, *s.* Sequestrador.

GBỌ́SỌ, *v.* Ouvir falar.

GBỌ̀N, *v.* Sacudir, abalar, tremer, arrepiar. *Ó gbọ̀n jìnnì* – Ele tremeu de terror; *Otútù nmú Olú gbọ̀n* – Olú está tremendo de frio.

GBỌ́N, *v.* **1.** Ser inteligente, sábio, prudente. *Ó gbọ́n jù* – Ele é inteligente demais. > *ọgbọ́n* – sabedoria. **2.** Despejar dentro. *Ó gbọ́n ìyẹ̀fun kúrò nínú àpò* – Ele colocou farinha dentro do saco. **3.** Empurrar.

GBỌN, *v.* Encurvar.

GBÓN-ÀGBÓNRÉGÉ, *v.* Ser astuto, sábio, inteligente. Ó gbọ́n àgbọ́nrégé – Ele é muito inteligente (coloquialmente: ele é tão afiado que se cortará).

GBÒNGÓN, *s.* Uma cidade próxima de Ìkirè.

GBÒNGÒN, *s.* Um quarto espaçoso.

GBONGBỌN, *adv.* Apressadamente, precipitadamente.

GBÒNGBÒNRÀN, *adv.* Excessivamente grande. Ó rí gbòngbònran – Ele é alto e corpulento.

GBÓNJÚ, *v.* Chegar à adolescência. Oko bàbá mi ni mo gbọ́njú sí – Foi na fazenda do meu pai que eu cresci. < gbọ́n + ojú.

GBÓNJÙ, *adj.* Muito sábio, sensível, bem-educado. > gbọ́n + jù.

GBỌNKÀNNÀKÀNNÀ, *v.* Atirar com um bodoque.

GBÓNMI, *v.* Coletar água, baldear água. Ó gbọ́nmi sílẹ̀ – Ele está irrigando a terra.

GBỌNMỌGBỌNMỌ, *adv.* Repetidamente, novamente. Ó sọ fún mi gbọnmọgbọnmọ – Ele me disse repetidamente.

GBỌNRA, *v.* Sacudir o corpo, tremer.

GBỌNRAN, *adj.* Apertado, estreito; *adv.* Apertadamente, estreitamente. Ònà yìí lọ gbọnran – Esta rua segue estreitamente.

GBỌNRANÙ, *v.* Anular uma aflição. Ajá yìí ngbọnranù – Este cachorro está sacudindo as costas.

GBỌNRÍ, *v.* Sacudir a cabeça. Ó gbọnrí – Ela sacudiu a cabeça. < gbòn + orí.

GBÒNRÌRÌ, *v.* Tremer de frio. Ó gbònrìrì – Ela está tremendo de frio.

GBỌNSẸ̀, *v.* Evacuar. Ó lọ gbọnsẹ̀ – Ele foi se aliviar (*lit.* ele sacudiu os pés).

GBÒNSÍLẸ̀, *v.* Tremer a ponto de cair. Igi náà gbọn ewé sílẹ̀ – Aquela árvore está desfolhada.

GBỌNWọ́, *v.* Aumentar, acrescentar. Ó gbọnwọ́ sí owó mi – Ele aumentou meu dinheiro.

GBọ́RÀN, *v.* Obedecer, ser obediente. Ó gbọ́ràn sí mi lẹ́nu – Ele me obedeceu.

GBọ̀Rọ̀, *s.* Brotos de abóbora. As folhas jovens e os brotos são usados como adornos em vasos.

GBÓRÒ, *v.* Ouvir as palavras, ouvir as pessoas, as novidades. Ó *gbórò mi* – Ele compreendeu o que eu disse. < *gbó* +*òrò*.

GBÒÒRÒ, *adj.* Longo, fino, esticado. Ó *rí gbòòrò* – Ele é longo e fino.

GBOORO, **GBÒÒRÒ**, *adv.* Extremamente. Ó *gùn gbooro* – Ele é extremamente longo.

GBÒRÒ AYABA, *s.* Tipo de planta.

GBÒRÒDÙN, *v.* Ter interesse, simpatizar. Ó *gbòrò mi dùn* – Ele tem interesse em mim.

GBÓSO, *v.* Ouvir falar. < *gbó* + *so*.

GBOTA, *v.* Ser baleado, ferido à bala. Ó *gbota* – Ele me recebeu à bala. < *gbà* + *ota*.

GBÒTÁ, *v.* Cair em desgraça, tornar-se indesejado. Ó *gbòtá mi* – Ele se tornou meu inimigo. < *gbà* + *òtá*.

GBÒTÈ, *v.* Juntar-se a um golpe ou a uma rebelião. Ó *gbòtè* – Ele se uniu a uma conspiração.

GBOWÓ, *v.* Apertar a mão de alguém. Ó *gbà mí lówó* – Ele apertou minha mão.

GBÓWÓ, *v.* Confirmar, ordenar religiosamente. Ó *gbówó lé mi lórí* – Ele (o sacerdote) me ordenou.

GBÓ YÍNKÌN, *v.* Ouvir algo triste, deplorável. Ó *gbó yìnkìn* – Ele ouviu coisas tristes.

GBÚFÒ, *v.* Ser intérprete de.

GBÚRE, *s.* Um tipo de folha que serve como substituto do espinafre. *Talinun Triangulae (Portulaceae)*.

GBÚRÉ, *adv.* Repentinamente, rapidamente. *Gbúre ni ó lo* – Foi de repente que ele partiu.

GBÚRÓ, *v.* Ouvir notícias. Ó *gbúró mi* – Ele ouviu notícias minhas. < *gbó* + *ìró*.

GBUN, *v.* Encurvar, entortar. Ó *gbun lésè* – Ele tem o pé encurvado; *Ìlà yen gbun sí òtún* – A linha encurvou para a direita.

GBÚN, *v.* Voltar-se contra, agredir, empurrar. Ó *gbún mi lówó* – Ele me agrediu; *Má fi ara gbún mi* – Não me empurre com seu corpo.

GBÚNLẹ̀Sẹ̀, v. Tropeçar, andar com passos ligeiros.

GBUNLẹ́Sẹ̀, v. Ter o pé torto, torcido. Ó gbunlẹ́sẹ̀ – Ele tem o pé torto. < gbun + ní + ẹsẹ̀.

GBÚNLẹ́Sẹ́, v. Esmurrar, golpear com o punho. Ó gbún mi lẹ́sẹ́ – Ele me deu um soco. < gbún + ní + ẹ̀sẹ́.

GBÚRẹ́, **WÚRẹ́**, adv. Repentinamente, inadvertidamente. Gbúrẹ́ ni ó lọ – Ele foi repentinamente.

GBÚRÓ, v. Ouvir de, ter notícias de alguém. Ó gbúró mi – Ele ouviu de mim; Wọ́n kò gbúró ìpadà mi – Ele não ouviu as notícias de meu retorno. < gbọ́ + ìró. Obs.: ọ + i = u.

GBÙRÙ, adv. Vigorosamente, de repente. Ó gbún gbùrù – Ele empurrou vigorosamente; Ó tu gbùrù – Ele fugiu de repente.

GBÙU, adv. Vigorosamente. Ó gbá gbùù – Ele chutou vigorosamente.

GBÙÙRÙ, adv. Torrencialmente, violentamente, vigorosamente. Ó fọ́n itọ́ sí mi lára gbùùrù – Ele salpicou muita saliva em cima de mim.

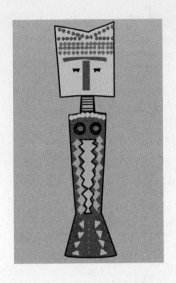

HA, *v.* **1.** Ferir, arranhar, irritar. *Igi yìí ha mi kẹ́rẹ́kẹ́rẹ́* – Esta madeira me feriu levemente; *Kíni ó ha ní imú?* – O que arranhou o seu nariz? **2.** Fazer barulho.

HA, *adv. interrog.* Usado enfaticamente pelos habitantes de Ọ̀yọ́ em frases interrogativas depois do sujeito da frase. Algumas vezes, a partícula *bí* é usada no fim da frase. *Ó rí mi* – Ele me viu; *Ó ha rí mi?* – Ele realmente me viu?; *Ọlọ́run há nsan èré bí?* – Deus dá mesmo a recompensa?; *Ohun tí o rí há dára púpọ̀ bí?* – A coisa que ele viu era muito boa?; *Njẹ́ ìwọ há fẹ́ kọ́ láti wẹ̀ bí?* – Você realmente quer aprender a nadar?; *Kíl'o há fẹ́?* – O que você quer então?. V. *bí*.

HÁ, *v.* **1.** Trancar, encurralar, ficar preso, emperrar. *Eegun há mi ní òfun* – O osso ficou preso na garganta; *Ó há mi láyè* – Ele me obstruiu, ocupou o meu espaço; *A há àwọn ẹlẹ́wọ̀n mọ́ ilé yìí* – Nós trancamos os prisioneiros nesta casa. > *èhá* – reclusão, prisão. **2.** Perder-se, estar perdido numa passagem estreita. **3.** Estar no meio de uma multidão, numa situação difícil. *Ipò yìí há gàgà* – Este lugar é densamente abarrotado. **4.** Ser estreito, ser justo (roupa, sapato). *Bàtà há gádígádí* – O sapato está apertado; *Àyè há fún mi* – O espaço é estreito para mim. **5.** Dividir, repartir, distribuir. *Ó há wa ní ẹran náà* – Ela dividiu a carne entre nós.

HÀ!, **HẸ̀Ẹ́!**, *interj.* Expressa surpresa ou admiração, por desgosto e chateação. *Hà! Ó yé mi* – Ah! Eu entendi.

HÀÁ, s. Espanto, surpresa. *Hàá ṣe mí* – Eu estava surpreso; *Hàá ṣe wọn* – Eles foram surpreendidos; *Hàá ṣe mí sí ọ̀rọ̀ náà* – Aqueles afazeres me surpreenderam.

HÁGÚN, v. Compartilhar propriedade entre pessoas de direito. *Ó ló hágún* – Ele deu solução à partilha.

HÀHÀ-HÌHÌ, s. Barulho da detonação de uma arma.

HAAHA, **HÁRÍHÁ**, s. Palha de milho.

HÀÌ, adv. Muito. *Ó dìde kùtùkùtù hàì* – Ele se levantou muito cedo.

HÁÍHÁÍ, adv. Extremamente, muito. *Ó mú háíháí* – Ele é muito severo.

HAKẹ̀Lẹ̀Bẹ̀, v. Expectorar.

HÁLÀYÈ, v. Apertar por falta de espaço. *Ó há mi láyè* – Ele diminuiu o meu espaço.

HÁLÉ, v. Fazer reparos no telhado da casa com sapê.

HALẹ̀, v. Ameaçar, vangloriar, ostentar, vociferar. *Ó halẹ̀* – Ele proferiu ameaças. < *há + ilẹ̀*.

HALẹ̀-HALẹ̀, s. Pessoa furiosa.

HALẹ̀MỌ́, v. Ameaçar, tiranizar, tumultuar. *Ó halẹ̀ mọ́ mi* – Ele fez ameaças contra mim.

HÁMỌ́, v. Restringir, confinar, limitar.

HÁMỌ́LÉ, v. Confinar, prender, reter em casa. *Ó há mi mọ́lé* – Ele me confinou em casa.

HÁMỌ́RA, v. Colocar uma armadura, algo justo. *Ó há ẹ̀wù mọ́ra* – Ele vestiu uma roupa apertada.

HÁMỌ́TÚBÚ, v. Encarcerar.

HAN, v. Gritar, gorjear. *Ó nhan oorun = Ó nhanrun* – Ele está roncando.

HÁN, v. 1. Raspar. *Ó há bọ̀ọ̀lì* – Ele raspou o broto da bananeira. 2. Arrebatar. *Olè hán owó Adé* – O ladrão arrebatou o dinheiro de Adé. 3. Pegar, segurar. *Ó hán bọ̀ọ̀lù* – Ele agarrou a bola. V. *gán*. 4. Picar, cortar, furar, pinicar. *Ó hán ẹ̀fọ́* – Ela picou os vegetais.

HÁN, adj. Escasso, caro, dispendioso; adv. Sim. V. *ẹ́n*.

HÀN, v. 1. Aparecer, tornar visível, revelar. *Ó hàn ketekete* – Ele é claramente visível. > *fihàn* – mostrar. 2. Escolher, selecionar um por um. *Ó hàn pánkán* – Ela escolheu depressa; *Ó hàn ẹ̀fọ́* – Ela escolheu as folhas uma a uma.

HANGANRAN, *v.* Gritar ruidosamente.

HANGO, *adv.* Excessivamente. *Ó rù hango* – Ele é magro, pele e osso.

HANGOORO, *v.* Gritar terrivelmente.

HÀN-HÀN, *adv.* Ruidosamente, largamente. *Ó yán hàn-hàn* – Ele relinchou (ou bocejou) ruidosamente; *Ẹlédẹ̀ yìí dún hàn-hàn* – O porco grunhiu ruidosamente.

HAN-HAN-HAN, *s.* O som do gralhar do corvo.

HANRUN, *v.* Roncar, ressonar. *Ó nhanrun* – Ele está roncando. < *han + oorun.*

HÀNTÀ, *s.* Um tipo de lagarto.

HÀNTÚRÚ, *v.* Escrever, principalmente caracteres arábicos.

HÀNYÌN-HÀNYÌN, *adj.* Grosseiro, áspero, irregular. *Ó gé e hànyìn-hànyìn* – Ele cortou isto de forma irregular.

HÀRÀ, *adv.* Impiedosamente. *Ó ya hàrà* – Ele rasgou impiedosamente.

HÀRÁMÙ, *s.* Trapaça, roubo, decepção.

HÁUHÁU, *adv.* Completamente.

HÁWÓ, *v.* Distribuir dinheiro. *Ó há wa lówó* – Ele dividiu o dinheiro entre nós. < *há + owó.*

HÁWỌ́, *v.* Ser avarento, econômico. *Ó háwọ́* – Ele é mesquinho. < *há + owọ́.*

HÁWÙ, *interj.* Palavra que expressa surpresa. V. *họ́wù.*

HÁYÀ, *v.* Alugar. *Ó háyà kẹ̀kẹ́* – Ele alugou a bicicleta; *Ilé tí mo háyà fún un* – A casa que eu aluguei para ela.

HE, *v.* Apanhar, colher, achar, reunir. *Rí owó he é wéré* – Encontrei dinheiro e o apanhei rapidamente. V. *ká.*

HEWÚ, *v.* Tornar-se cinza.

HẸ̀, *v.* Desprezar. *Ó ṣe hẹ̀ mí* – Ele me desprezou.

HẸ́BẸ-HẸ̀BẸ, *adj.* Gingante, sem firmeza. *Ó nrìn hẹ́bẹ-hẹ̀bẹ* – Ele está andando de forma bamboleante.

HẸLẸ-HẸLẸ, *adv.* Ofegantemente, respirar com dificuldade. *Ó mí hẹlẹ-hẹlẹ* – Ele respirou ofegantemente.

HẸN, *adv.* Sim. *Hẹ́n, mo fẹ́ràn púpọ̀* – Sim, eu gosto muito; *Ṣé wọ́n kò níí pẹ́? Hẹn ẹn* – Eles não vão demorar? Sim. = *ẹn.*

HẸ́N HẸ̀N – HÒTẸ́Ẹ̀LÌ

HẸ́N HẸ̀N, adv. Não. Hẹ́n hẹ̀n, mi ò féràn rẹ̀ – Não, eu não gosto dele. = ẹ́n ẹ̀n.
HẸ̀RẸ̀HURU, s. Ato de respirar com dificuldade.
HẸRẸPẸ, adj. Roto, esfarrapado.
HÍHA, adj. Raspado, liso.
HÍHÁ, adj. Estreito, pequeno.
HÍHÀN, adj. Visível, ostensivo.
HÍHAN, s. Gritos.
HÍHÁYÀ, s. Aluguel, contrato. V. háyà.
HÍHE, s. Colheita. V. he.
HÌHÌ, adv. Violentamente. Ó jó hìhì – Ele queimou violentamente.
HÍHÓ, s. Ato de descascar.
HÍHỌ, s. Debandada, estouro da boiada.
HÍHU, s. Grito, gemido, inquietude.
HÍHÙPADÀ, s. Regeneração.
HÍLÀ-HILO, s. Inquietude, ansiedade mental.
HÓ, adv. Não.
HO, O, interj. Usada para saudar e receber as pessoas. Ẹ kú ilé o! – Saudação às pessoas desta casa!
HÓ, v. 1. Descascar. Ó hó iṣu – Ela descascou o inhame; Bá mi hó ọsàn kan – Ajude-me a descascar a laranja. 2. Ferver água, fermentar como cerveja, borbulhar. Omi yìí nhó – A água está fervendo. 3. Espumar. Ọṣẹ yìí hó pútú-pútú – Este sabão faz uma boa espuma. > èhó – espuma. 4. Rugir, gritar, ser barulhento. Àwọn ọmọdé nhó – As crianças estão barulhentas.
HÒÒ, adv. Largamente, abertamente, enfadonhamente. Ó yán hòò – Ele bocejou largamente.
HÓÒ, exp. Usada para chamar ou responder a uma pessoa.
HÓKUU, v. Gritar.
HÓNÚ, v. Ferver, esquentar. Ó hónú = Inú rẹ̀ nhó – Ele está fervendo de raiva (lit. o interior dele está esquentando).
HÓRÓ, adv. Somente um. Hóró fèrèsé – somente uma janela.
HÒRÒOIMÚ, ÌHO-IMÚ, s. Narina.
HÒTẸ́Ẹ̀LÌ, s. Hotel (do inglês hotel).

HÓYÈ, *v.* Gritar ruidosamente.

HỌ, *v.* **1.** Arranhar, roer, tirar a casca de uma árvore. *Ó họ mí kùsàkùsà* – Ele me arranhou fortemente; *Wọ́n fi ehín họ eegun jẹ* – Eles roeram os ossos. **2.** Fugir de medo. *Wọ́n rí ọlọ́pá họ* – Eles viram a polícia e fugiram.

HỌ́, *v.* Estar apertado. *Ṣòkòtò yìí họ́* – Estas calças estão apertadas.

HỌ̀Ọ̀!, *interj.* Exclamação de desprezo, descontentamento.

HỌ̀Ọ̀, *adv.* Gorgolejante, balbuciante, repugnantemente. *Ó pò họ̀ọ̀* – Ele vomitou com um som gorgolejante.

HỌỌNHỌỌN, *s.* Grito, choro que uma vaca faz.

HỌRA, *v.* Arranhar o corpo da pessoa. *Ó họra mi* – Ela me arranhou. < *họ* + *ara*.

HỌ́WÙ, *interj.* Palavra que expressa surpresa. *Họ́wù kíló ṣe tí o wá?* – Bem, o que houve que você veio?. = *háwù*.

HU, *v.* **1.** Chorar em voz alta, uivar. *Ó hu sí mi* – Ela gemeu para mim. **2.** Saudar, cumprimentar de longe. *Ó hu sí mi* – Ele me cumprimentou de longe. **3.** Bronzear. *A lè hu awọ màlúù* – Nós podemos bronzear o couro; *Ó hu awọ* – Ela bronzeou a pele.

HÚ, *v.* Arrancar do chão, cavar, extirpar. *Ó hú iṣu = Ó húṣu* – Ele arrancou o inhame; *Ẹ̀rọ nhú igi* – Esta máquina está arrancando a árvore.

HÙ, *v.* Projetar-se, germinar, desenvolver. *Hù irun* – crescer o cabelo; *Iṣu hù jáde láti inú ilẹ̀* – O inhame saiu da terra, germinou; *Àgbàdo wa ti hù* – O nosso milho germinou.

HÚDÍSÓDE, *v.* Expor, revelar.

HÙJÁDE, *v.* Pular adiante, atirar. *Iṣu hùjáde* – O inhame germinou, pulou para fora.

HÚJÁDE, *v.* Expulsar, jogar fora, rejeitar. *Mo hú u jáde* – Eu consegui desenterrá-lo.

HÙKÀSI, *adj.* Mofado, bolorento.

HUKO, *v.* Plantar, produzir grama. *Ilẹ̀ yìí huko* – Este solo produziu grama. < *hù* + *koríko*.

HÚKỌ́, *v.* Tossir. = *wúkọ́*.

HÚLẸ̀, *v.* Cavar o chão, abrir um buraco.

HÙMỌ – HÙYẸ́

HÙMỌ, v. Pensar, meditar, inventar. *Tani ó hùmọ̀ tâi ọrùn?* – Quem inventou a gravata?

HÚN, adv. Sim. V. *bẹ́ẹ̀ni*, *én*.

HUN, v. **1.** Sofrer uma punição, ter prejuízo. *Ó hun mí* – Ele me puniu. **2.** Fazer malha, tecer, tricotar. *Ó hun dánídání* – Ela teceu firmemente.

HÚN, v. Coçar, sentir comichão. *Ara nhún mi* – Meu corpo está coçando.

HÙN, v. Resmungar, grunhir. *Ó ṣe hùn* – Ele parece que resmungou; *Ó dá mi lóhùn* – Ele me respondeu. > *gbólóhùn* – frase, sílaba.

HÚNGẸ̀-HÙNGẸ̀, s. Pessoa com pouca saúde.

HÚSỌNÙ, v. Arrancar pela raiz.

HUNṢỌ, v. Tecer. = *wunṣọ*.

HÙWÀ, v. Comportar-se. *Kí í máa hùwà bẹ́ẹ̀* – Ela não se comporta assim habitualmente.

HÙWÀ-ARA-OKO, v. Comportar-se como gente do mato, ser rude.

HÙWÀ-ÌKÀ, v. Fazer uma maldade.

HÙWÀKÍWÀ, v. Agir maldosamente.

HÙÙ, adv. Ruidosamente. *Ó kégbe hùù* – Ele gritou em voz alta, ruidosamente.

HÙWÀ, v. Comportar-se. *À nhùwà rere nítorí a jẹ́ ọmọ rere* – Estamos nos comportando bem porque somos boas crianças.

HÙYẸ́, v. Cobrir com penas.

I, *pref*. Adicionado ao verbo para formar substantivos abstratos que indicam ação ou sentimento. *Kú* – morrer, *ikú* – morte; *ná* – gastar, *ìná* – gasto; *fẹ́* – amar, *ìfẹ́* – amor; *ránti* – lembrar, *ìránti* – lembrança.

Í, *part. v*. Em prosa formal, precede o verbo para denotar hábito, propósito, regularidade ou algo possível como regra geral. *Ó mọ aṣọ í fọ̀* – Ela sabe como lavar roupa; *A ò í jáde lóru* – Nós não saímos à noite; *Mo fẹ́ràn ejá í jẹ* – Eu gosto de comer peixe. V. *máa*.

Í, *pref*. Adicionado ao verbo, mais a repetição da consoante inicial, forma substantivos e adjetivos. *Sùn* – dormir, *sísùn* – sono; *fárí* – raspar, *fífárí* – raspado; *tì* – fechar, *títì* – fechado; *ga* – ser alto, *gíga* – alto.

Ì, *part. v*. Precede o verbo para indicar algo ainda a ser feito. *Má lọ* – Não vá; *Má ìlọ* – Não vá ainda; *Òun yíó ì lọ* – Ela ainda irá; *Ẹ̀yin kò ì nṣiṣẹ́* – Você ainda não está trabalhando; *Ẹ ò ì níṣẹ́* – Você não tem tido trabalho ainda. V. *tí ì*.

I, Í, *pron*. da 3ª pessoa do singular representado pela repetição da vogal final do verbo. *Ó rí* – Ele viu, *Ó rí i* – Ele a viu; *Ó ṣí ilẹ̀kùn* – Ele abriu a porta, *Ó ṣí i* – Ele a abriu; *Ó dì* – Ele amarrou, *Ó dì í* – Ele a amarrou. Essa particularidade é conhecida como o caso objetivo da 3ª pessoa. Os demais pronomes possuem formas definidas. Quando o verbo tiver mais de uma sílaba, usar *rẹ̀*, em vez de repetir a vogal final do verbo. *Ó wádi rẹ̀* – Ele a examinou.

ÌBÁ, *pref*. Usado na composição de palavras: *ìbásùn* – relacionamento sexual; *ìbájó* – parceiro de dança. < *bá*.

IBÀ – ÌBÁJẸ, ÀBÁJẸ

IBÀ, s. Febre. *Ibà nmu mí* – Eu tenho febre (*lit.* a febre me pegou).
ÌBA, s. Quantidade, número. *Ìba púpọ̀ ni àwọn ènìà dúdú níhín* – Os africanos são em muita quantidade aqui; *Ìba nìyìí mọ* – Esta é de quantidade limitada; *Ó lò ó mọ níba* – Ele usou isto com moderação (*lit.* ele o usou com limite de quantidade).
ÌBÀ, s. Uma forma de dar o devido respeito a uma pessoa de posição. *Ìbàa bàbá mi* – Nós o saudamos pela sua experiência e virtudes.
ÌBA, ÀBA, s. Escada de mão.
ÌBÁ, BÁ, v. aux. Teria, deveria. Forma frases condicionais. *Èmi ìbá mọ̀ ọ́* – Eu teria conhecido ela; *Bí ó bá lọ́wọ́ ìbá òun ra aṣọ* – Se ela tivesse dinheiro teria comprado a roupa. Em frases negativas, *ìbá* é precedido por *kì*: *Àwa kì ìbá rí i* – Nós não a teríamos visto; *Èmi ìbá rà* – Eu teria comprado, eu compraria. Se a palavra que o preceder terminar com uma vogal, a elisão pode ocorrer: *Àwa bá lọ* – Se nós tivéssemos ido. *ìbá = bá*.
ÌBÁÀ, adv. Ainda que. *Ìbáà lówó kò níí joba* – Ainda que seja rico, ele não governará; *Ilẹ̀ ìbáà ṣú, à á lọ sílé* – Ainda que esteja escuro, nós iremos para casa.
ÌBÁÀ, v. aux. V. *ìbá*.
ÌBÁDÁMỌ̀RÀN, s. Informação, comunicação.
ÌBÀDÀN, s. Nome de uma cidade da Nigéria. < *ẹbá òdàn* – extremidade de uma planície.
ÌBÁDÀPỌ̀, s. 1. Coabitação, associação. 2. Copulação com uma mulher, ato sexual. = *báṣe, dàpọ̀*.
ÌBÁDÉ, s. Acordo, o fato de ajustar-se bem.
ÌBÀDÍ, BÀDÍ, s. Quadril.
ÌBÁDÌMÚ, s. Luta.
ÌBÁDÙ, s. Rivalidade, competição.
ÌBÁGBÉ, s. Moradia conjunta.
ÌBAIYÉJẸ́, s. Ato de deteriorar algo, de abusar de uma oportunidade ou privilégio.
ÌBÀJÁ, s. Colar feito de búzios enfiados dois a dois de forma desencontrada como escamas. = *bràjá*.
ÌBÁJẸ, ÀBÁJẸ, s. Ato de comer com outra pessoa.

ÌBÀJẸ́, s. Podridão, corrupção, degeneração. *Ìwà ìbàjẹ́ nípa lórí gbogbo wa* – A corrupção afeta todos nós.

ÌBÀJẸ́ OWÓ, s. Falência, bancarrota.

ÌBÁJẸ́PÉ, conj. Se. *Ìbájẹ́pé mo lówó lọ́wọ́, èmi bá ra aṣọ lọ́la* – Se eu tivesse dinheiro, compraria um livro amanhã; *Ìbájẹ́pé o kò wá, n bá gbàgbé ra ẹ̀bùn rẹ̀* – Se você não viesse, eu teria esquecido de comprar o presente dela. < *ìbá + jẹ́ + pé*.

ÌBÁJÓ, **ÀBÁJÓ**, s. Parceiro de uma pessoa numa dança. V. *bájó*.

ÌBÁKÀ, s. Tipo de canário do Senegal.

ÌBAAKA, s. Mula.

ÌBAAKASÍẸ̀, **RÀKUNMÍ**, s. Camelo.

ÌBÁKẸ́DÙN, **ÀBÁKẸ́DÙN**, s. Simpatia, compaixão, solidariedade.

ÌBÁLÁRAMU, s. Aclimatização, harmonização.

ÌBÁLÉ, s. Virgindade, hímen. *Ó gba ìbálé rẹ̀* – Ele tomou (removeu) a virgindade dela.

ÌBALẸ̀-ỌKÀN, **ÌBALẸ̀-ÀYÀ**, s. Paz da mente, serenidade.

ÌBÀLÒ, s. Entendimento, acordo, o fato de estar tendo um entrosamento com outra pessoa, interação. V. *takọtabo, lòpọ̀*.

ÌBÁLỌ, s. Ato de ir com alguém, acompanhante.

IBALÙWẸ̀, **BALÙWẸ̀**, s. Banheiro, lavanderia.

ÌBÁMÁṢEBẸ́Ẹ̀, conj. Se não fosse assim. *Ìbámáṣe bẹ́ẹ̀ èmi ìbá lọ* – Se não fosse assim, eu teria ido.

ÌBÁMÁṢEPÉ, conj. Se não tivesse sido, se não fosse. V. *ìbáṣepé*.

ÌBÁMỌ̀, conj. Se tivesse sabido.

ÌBÁMU, s. Aptidão, conveniência. *Ó wà ní ìbámu pẹ̀lú ẹ* – Ela está de conveniência com você.

ÌBÁNAPỌ̀, **ÌBÁṢOWỌ́PỌ̀**, s. Da mesma categoria ou associação, estar na mesma sociedade.

IBANÍBÚBA, s. Ato de cair numa emboscada.

ÌBÀNIJẸ́, s. Difamação, calúnia. *Èyí ni ìbànijẹ́* – Isto é uma calúnia.

ÌBANTẸ́, s. Avental.

ÌBANÚJẸ́, **ÌBANÍNÚJẸ́**, s. Aflição, dor, sofrimento.

ÌBA-OHUN-MÍMỌ-JẸ́, s. Profanação.
ÌBÁPÍN, s. Participação.
IBÀ PỌ́NJÚ-PỌ́NJÚ, s. Icterícia, amarelar.
ÌBÁRADỌ́GBA, s. Congruência, coerência.
ÌBÁRAJỌ, s. Identidade, individualidade.
ÌBARALẸ̀, s. Autocontrole.
ÌBÁRAMU, s. Adaptação.
ÌBÁRẸ́, s. Amizade, dedicação a alguém. A lè gbádùn ìbárẹ́ pípẹ́ títí – Nós podemos ter amizades duradouras; Ó bá mi rẹ́ – Ele é cordial comigo.
ÌBÀRÌBÁ, s. Denominação de uma cidade.
ÌBAARÚ, s. Cinzas de capim queimado.
ÌBÁRÙN, s. Quíntuplo.
ÌBÁSÙN, s. Coito, relação sexual com mulher, sexo. Ó bá ọmọge náà sùn – Ele teve relação com aquela mulher.
ÌBÁṢE, ÀBÁṢE, s. Cooperação, apoio, assistência, relação sexual com uma mulher. V. báṣe.
ÌBÁ ṢE, conj. Se for somente. Ìbá ṣe obì kan, síbẹ̀ wúlò fún mi – Se for somente uma noz-de-cola, ainda assim é útil para mim; Ìbá ṣe rere tàbí burúkú, mo fẹ́ mu – Se for bom ou ruim, eu quero beber.
ÌBÁṢE DÉDÉ, adv. Identicamente, igualmente.
ÌBÁṢEPÉ, BÍOṢEPÉ, conj. Se. Ìbáṣepé mo lówó lọ́wọ́, èmi bá ṣe orò kan – Se eu tivesse dinheiro nas mãos, teria feito uma obrigação; Ìbáṣepé nwọ́n wá, a bá rí wọn – Se eles viessem, nós os teríamos visto. < ìbá + ṣe + pé.
ÌBÁṢEPỌ̀, s. Cooperação, um trabalho conjunto.
ÌBÁṢỌ̀RẸ́, s. Aliança, amizade.
ÌBÁTAN, s. Parente, relação consanguínea. Gbìyànjú láti gbé ipò ìbátan tì í – Dedique-se a construir uma situação amiga junto a ela.
ÌBÁWÍ, s. Reprovação, censura, ralhação. Ìbáwí ti jẹ́ ìgbàlà mi – A censura, a disciplina tem sido a minha salvação.
ÌBÁWÍJỌ́, s. Processo, ação, caso.
ÌBAYÉJẸ́, s. Teimosia, obstinação. Òun ní ìbayéjẹ́ púpọ̀ – Ele tem muita teimosia, é semeador de discórdia.

IBÉJÌ, *s.* Nascimento de gêmeos, dupla. < *ibí* + *èjì*. O primeiro nascido é denominado de *Táíwò*, o segundo *Kéhìndé*. Se houver um terceiro será *Ìdòwú*. Há um cerimonial bastante complexo que acompanha o nascimento de gêmeos. São determinados tabus e oferendas; caso um deles venha a morrer, é feita uma imagem de madeira que servirá de companheiro para a criança sobrevivente. *V. ibéta.*

ÌBÈÈRÈ, ÀBÈÈRÈ, *s.* Pergunta, questão, requisição. *Nígbàmíràn olúko mi máa ndáhùn ìbèèrè mi* – Em outros tempos, meu professor costumava responder a minha pergunta.

IBÈ, *adv.* Lá. *Ó wá níbè* – Ele estava lá; *Ibè ni ó bá mi* – Foi lá que ele me encontrou; *Ibè wù mi púpò* – Lá me agradou muito; *Omi ibè kò dára* – A água de lá não é boa. *V. síbè* – para lá.

ÌBÈ, *s.* Doença dos lábios, estomatite. = *yànràn.*

ÌBÈBÈ, ÈBÈ, *s.* Solicitação, pedido, súplica.

IBÉJÁ, *s.* Cerimônia de sacrifício do cachorro-do-mato em *Iléṣà.*

IBÈNÁÀ, *s.* O lugar.

ÌBÉPÈ, *s.* Mamão. *A ní igi ìbépè púpò* – Nós temos muito mamoeiro.

ÌBÈRÈ, *s.* Início, começo, origem. *Ó dé ìbèrè èkó* – Ela chegou no início da aula; *ìrantí ìbèrè òrìsà mi* – lembrança da minha iniciação; *Ní ìbèrè odún yìí èmi ra okò mi* – No início deste ano eu comprei meu carro.

ÌBÈRÙ, *s.* Medo, apreensão, receio. *Ìbèrù mú mi* – Estou com medo (*lit.* o medo me pegou).

ÌBÈRÙ-BOJO, *s.* Tremor de medo, fobia.

IBÉSÈ, ÌLÀSÈ, *s.* Cortes, fendas na pele debaixo dos dedos do pé da pessoa.

IBÉTA, *s.* Trio, trinca. < *ibí* + *èta.*

ÌBÈTÈ, *s.* Tipo de mingau de aveia.

ÌBÈWÒ, *s.* Visita, visita rápida.

ÌBÉWOSÍ, *s.* Comportamento, maneira, conduta.

IBI, *s.* **1.** Lugar, local. *Ibi tí a lo* – O lugar ao qual nós fomos; *Ibi tí won tí se é* – O lugar em que eles fizeram isto. Quando seguido de substantivo, indica o lugar em que se faz: *ibi iṣé* = *ibiṣé* – escritório. *V. ipò ìbù.* **2.** Mal, infortúnio. *Ó se ibi sí mi* – Ele me fez mal.

IBÍ, *adv.* Aqui, cá. *Ibí dára púpò* – Aqui é muito bom. V. *síbí, níbí*.

ÌBÍ, *s.* 1. Nascimento. *Ìbí ọdún mélò ni o ní?* – Quantos anos você tem?; *Mo ṣe ọjọ ìbí mi láná* – Eu fiz meu aniversário ontem. 2. Pergunta, questão. V. nos verbetes a seguir *ìbí* na composição de palavras.

IBI-ÀÀBÒ, *s.* Lugar de refúgio, asilo.

IBI-ÀSÁLÀ, *s.* Refúgio, asilo.

IBIGBOGBO, *s.* e *adv.* Em todo lugar, em toda parte.

IBI-ÌDÁJỌ́, *s.* Tribunal, lugar de julgamento.

IBI-ÌDÁKỌ̀RÓ, *s.* Ancoradouro.

IBI-ÌDÚRÓ, *s.* Estação, parada, local de espera.

IBI ÌHÓ, *s.* Ponto de ebulição.

IBI IṢẸ́, *s.* Local de trabalho, escritório.

IBI-ÌṢERÉ, *s. Playground*.

IBIKAN, *s.* Lugar. *Ibi kankan* – em algum lugar.

IBIKANNÁÀ, *s.* O mesmo lugar.

IBIKANṢÁ, *s.* Um lugar qualquer.

IBÌKÉJÌ, *s.* Segundo lugar, vice-diretor, adjunto. *Ibìkéjì mi* – minha segunda pessoa em comando. < *ibi* + *ìkéjì*.

IBIKÍBI, *adv.* Qualquer lugar. V. *kí*. < *ibi* + *kí* + *ibi*.

ÌBÍLÉ, *s.* Aquele que nasceu na casa, membro da casa, doméstico.

ÌBÍLÉÈRÈ, *s.* Ato de questionar, interrogatório.

ÌBÍLẸ̀, *s.* Nascido na região, nativo, pessoa do lugar. < *ibi* + *ilẹ̀*.

ÌBÌLÙ, *s.* Multidão, pressão, ajuntamento.

ÌBÌLÙ-OMI, *s.* Ressaca, ondas.

ÌBÍNBÍ, *s.* Nudez. *Mo rí í ìbínbí* – Eu o vi nu.

ÌBÍMỌ, *s.* Nascimento de uma criança. < *ìbí* + *ọmọ*.

ÌBÌNÚ, *s.* Raiva, cólera, irritação. *Ìbinú bàbá òṣì* – O aborrecimento é o pai da pobreza (*fig. ling.*).

ÌBINÚJẸ́, *s.* Tristeza.

IBIRỌ̀GBỌ̀KÚ, ÌRỌ̀GBỌ̀KÚ, *s.* Sofá.

ÌBÍSÍ, *s.* 1. Aumento. 2. Relação familiar, parente.

IBIṢẸ́, *s.* Local de trabalho, escritório. *Mo pé ní ibiṣẹ* – Eu me atrasei no escritório.

IBÍRÍ, *s.* Símbolo de algumas divindades, feito de nervuras de palmeira, presas com tiras de couro e ornadas com contas e búzios.

IBITÍ, *adv.* Onde, o lugar em que. É a forma afirmativa de *níbo*. Compare: *Níbo ni bàbá wà?* – Onde papai está?; *Èmi kò mọ ibití bàbá wà* – Eu não sei onde papai está; *Ibití ènìà kò sí, kò sí Ìmalẹ̀* – O lugar em que não existem pessoas, não existem divindades. < *ibi* + *tí.*

IBÌ\$UBÚ, *s.* Queda, derrubada, ruína.

IBO, NÍBO, *adv. interrog.* Onde, aonde. *Láti ibo ni o ti nbọ?* = *Látibo lo ti nbọ?* – De onde você está vindo?; *Níbo ni ègbọ́n mi wà?* – Onde minha irmã está?. V. *síbo.*

ÌBÒ, *s.* Sistema de consulta auxiliar no jogo de Ifá. < *bò* – cobrir.

ÌBÒ, *s.* 1. Voto. 2. Espécie de árvore. 3. Largura. *Ìbò aṣọ* – a largura do tecido.

ÌBÓ, *s.* Tipo de planta cujas folhas são azedas. *Ènìà yìí ó kan bí ìbó* – Aquela pessoa é desagradável, é azeda como o *ìbó.*

IBODÈ, *s.* Entrada de uma cidade ou de um mercado. > *oníbodè* – porteiro.

IBOJÌ, BOJÌ, *s.* Sepultura, cemitério.

ÌBÒJI, *s.* Sombra.

ÌBOJÚ, *s.* Véu, um pano que cobre a cabeça.

IBOJÚWẸ̀HÌN, *s.* Ato de olhar para trás, retrospecto.

ÌBOJÚWÒ, *s.* Visita, visitação.

ÌBOJÚWÒFÍN, *s.* Atenção extrema sobre alguma coisa.

ÌBOLÉ, *s.* 1. Cobertura de uma casa, telhado. 2. Confisco.

IBÒMÍRÀN, *adv.* Em outro lugar. *Ibòmíràn ni ó wà* – Ele está em outro lugar. < *ibi* + *òmíràn.*

ÌBOMIRIN, *s.* Irrigação.

ÌBOMỌ́LẸ̀, *s.* Encobrimento, disfarce, que deve ser escondido.

ÌBORA, *s.* Cobertura para o corpo. < *bò* + *ara.*

ÌBORÍ, *s.* Vitória, conquista, triunfo.

ÌBORÍ, *s.* Cobertura para cabeça. < *bò* + *orí.*

ÌBORÙN, *s.* Xale.

ÌBÒSÍ, *s.* Choro, grito alto. *Ó kí ìbòsí* – Ela gritou por socorro.

ÌBÓTÁN, ÈBÓTÁN, Ẹ̀BÓTÁN, *s.* Descascação, raspagem completa.

ÌBỌ – ÌBÙGBÉ

ÌBỌ, s. Adoração. *Ilé ibọ* – casa, local de adoração.
ÌBỌGIBỌ̀PẸ̀, s. Disposição para venerar as divindades.
ÌBỌ̀GÚN, s. Uma cerimônia para a divindade Ògún. = *ibéjá*.
ÌBỌ̀KA-ABẸ́RẸ́, **ÌBỌ̀WỌ́-ABẸ́RẸ́**, s. Dedal.
ÌBỌLÁ, s. Respeito, honra, dignidade que se mostra a uma pessoa. = *ibọ̀wọ̀*.
ÌBỌ̀LỌ́WỌ́, s. Ato de apertar as mãos.
ÌBỌ́LỌ́WỌ́, s. Fuga, libertação.
ÌBỌN, s. Arma, pistola. *Ó da ojú ibọn kọ mí* – Ele apontou uma arma para mim.
ÌBỌ̀N, s. Tipo de doença predominante em Ìjẹ̀bù.
ÌBỌ́NI, s. Sustento, alimento.
ÌBỌN-ÌLÉWỌ́, s. Revólver.
ÌBỌPÁ, IKE, s. Bracelete, pulseira.
ÌBỌ̀PÒ, s. Rede, peça para decorar uma janela, macacão. < *bọ̀* + *àpò*.
ÌBỌ̀RÌṢÀ, s. Adoração, culto às divindades.
ÌBỌ́SÁÀRIN, s. Meditação.
ÌBỌSẸ̀, s. Meia de calçar os pés. < *bọ̀* + *ẹsẹ̀*.
ÌBỌ́SỌ́KỌ̀, ÌWỌKỌ̀, s. Ato de embarcar em navio, trem ou avião.
ÌBỌ̀WÁ, s. Vinda, advento.
ÌBỌ̀WỌ̀, ÌBỌLÁ, s. Reverência, respeito que se mostra a uma pessoa. < *bù* + *ọwọ̀*.
ÌBỌWỌ́, s. Luvas. < *bọ̀* + *ọwọ́*.
IBÙ, s. Arroio, regato, riacho.
IBÚ, s. Queda.
IBÚ, s. Marca. *Ó kọ mẹ́ta ibú* – Ele fez três marcas faciais horizontais.
IBÚ, s. 1. Largura, amplitude, expansão. *Ibú omi* – uma larga expansão de água. 2. Arroio, regato, riacho.
ÌBÙ, pref. Usado na formação de palavras indicando lugar. < *ibi* + *ì*.
ÌBÚ-ÀTẸ́LẸ́WỌ́, s. Envergadura, palmo, espaço.
ÌBÙBA, s. Esconderijo, emboscada.
ÌBÚBÚ, ÌBÚRÙBÚ, adv. Lateralmente, de lado.
ÌBÙDÓ, s. Acampamento.
ÌBÙGBÉ, s. Casa, habitação, acomodação.

ÌBÙJẸRAN, s. Manjedoura, berço.

ÌBÙJÓKÓ, s. Domicílio, habitação.

ÌBÙKÙ, s. Deficiência, abatimento, redução.

ÌBÙKÚN, s. Adição, aumento, bênção.

ÌBÙLẸ̀, s. Conserto.

ÌBÚLẸ̀, s. Ato de se deitar. = *dùbúlẹ̀*.

ÌBÚLẸ̀-ÀRÙN, s. Leito de doença.

ÌBÚLẸ̀-IKÚ, s. Leito de morte.

ÌBÙMỌ́, s. Exagero.

ÌBÙMU, s. Local em que se bebe.

ÌBÙNLÁYÈ, s. Ajuda, concessão de oportunidade, tempo.

IBÚ-ODÒ, s. Alto-mar.

IBUPÁ, s. Vacina.

ÌBÙPÍN, s. Razão, proporção.

ÌBÚRA, s. Juramento. *Ìbúra èké* – perjúrio, falso testemunho.

ÌBURẸ́WÀ, s. Feiura.

IBÙSỌ̀, s. Lugar onde se descansa durante uma viagem, estação. < *ibi + ìsò*.

ÌBÙSÙN, s. Lugar onde se dorme, cama. *Mo bo ara mi mọ́lẹ̀ ní ìbùsùn fún ojọ́ méje* – Eu fiquei de cama por sete dias. < *ibi + ìsùn*.

ÌBÙSÙN-ÒKÚ, s. Cemitério.

ÌBÙWỌ̀, s. Aspersão, borrifamento.

ÌBUYÌN, s. Cumprimento, honra, respeito.

ÌDÁ, s. Usado para medidas, expressa a parte fracional de algo. *Ìdáméjì ìgò epo* – a metade de uma garrafa de óleo; *ìdámẹ́ta àpò ẹwa* – um terço de saco de feijão.

ÌDA, s. **1.** Cera, cera de abelha. *Ìda etí* – cera do ouvido. **2.** Tempo. *Ní ìda yìí* – Na atualidade, neste tempo.

IDÀ, **ÀDÁ**, s. Alfanje, sabre. *Ògún gbé ìdà lọ́wọ́ òtún* – Ogum carrega o sabre na mão direita.

ÌDÁ ÀPÒ, s. Usado para indicar um percentual. *Ìdá ápò mítà* – centímetro.

ÌDÁBA, s. Proposta, moção.

ÌDÁÀBÒBÒ, s. Proteção. *V. dáàbò*.

ÌDÁBÚ – ÌDÁJỌ́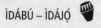

ÌDÁBÚ, s. Largura, latitude, que está atravessado. *Ejò yìí wà ní ìdábú* – Esta cobra está atravessada.

ÌDÀBÙLÀ, s. Processo de diluição.

ÌDÁBÚLẸ̀, **ÌDÚBÚLẸ̀**, s. Posição deitada.

ÌDÁDÓ, **ÀDÁDÓ**, s. Isolado, sozinho. *Àdádó ni oko wá wà* – Nossa fazenda está isolada.

ÌDÁDÚRÓ, **ÀDÁDÚRÓ**, s. Independência, autonomia.

ÌDÁGẸ, s. Pequena quantidade de bebida ou tomar uma pequena quantidade de bebida.

ÌDÁGÌRÌ, s. Alarme. *Ó dá mi ní ìdágírí* – Ele me causou alarme.

ÌDÁGÙDẸ̀, s. Tempo escuro e ameaçador, um céu cheio de nuvens carregadas.

ÌDÁGUNLÁ, s. Assumir uma atitude de indiferença, não dar a mínima.

ÌDÀGBÀ, s. Crescimento, aumento. *Èrò Olọ́run jẹ́ ìdàgbà ènìà* – O objetivo de Deus é a evolução do homem.

ÌDÁGBÁ, **ÌDÁGBÁLÉ**, s. Presunção.

ÌDÀGBÀSÓKÈ, s. Crescimento, desenvolvimento.

ÌDÁGBÉ, s. Solidão, estar só, por si mesmo.

ÌDÁGBÉRE, s. Despedida, adeus. *Ète rẹ̀ ni láti ṣe ní ìdágbére tí ó dára* – O objetivo dele é fazer uma boa despedida.

ÌDÁGBÈRÒ, s. Autoconfiança.

IDAHORO, s. Desolação, ruína.

ÌDÁHÙN, s. Resposta, réplica. *Mo bèèrè ṣùgbọ́n kò sí ìdáhùn* – Eu pergunto, mas não há resposta; *Njẹ́ ìdáhùn yìí dájú?* – Esta resposta é clara?

ÌDÁIYÀFÒ, s. Temor, medo, intimidação. = *ìdáyàfò*.

ÌDÁJẸ, **ÌRẸ́JẸ**, s. Trapaça.

ÌDÁJÍ, s. Madrugada, no começo da manhã.

ÌDÁJÌ, **ÌDÁMÉJÌ**, s. Meio, metade. *Ó mu ìdájì ìgò ọtí* – Ele bebeu metade da garrafa de vinho; *ìdájì ẹ̀ká* – semicírculo; *ìdájì ọ̀nà* – meio caminho. V. *ìdá*.

ÌDÁJỌ, s. Coleção, colocar as coisas juntas.

ÌDÁJỌ́, s. Julgamento, sentença pronunciada, condenação. *Ó ṣe ìdájọ́ fún mi* – Ele fez um julgamento para mim; *Ó fún mi ní ìdájọ́ ẹ̀wọ̀n ọdún mẹ́ta* – Ele me setenciou a três anos.

ÌDÁJỌ́-ÈGBÈ, s. Julgamento injusto, parcialidade.
ÌDÁJÚ, s. Falta de simpatia. *Òun ní ìdájú púpò* – Ele tem muita antipatia.
ÌDÁKÀSÍ, ÌDÍKÀSÍ, s. Mofo, bolor.
ÌDÁKẸ́, ÌDÁKẸ́JẸ́, ÌDÁKẸ́RỌ́RỌ́, s. Silêncio, quietude. *Ohùn kan láàrín ìdákẹ́rọ́rọ́* – uma voz no meio do silêncio. V. *dákẹ́*.
ÌDÁKÒDÚRÓ, ÌDÁKÒRÓ, s. Ato de parar um barco em movimento, ancoragem. *Ó dákò dúró* – Ele ancorou o barco.
ÌDÁKỌJÁ, s. Ato de passar sobre algo, levantando o pé ou pulando.
ÌDÁKÚ, s. Desmaio, desfalecimento.
ÌDÁLÁMÚ, s. Agitação, confusão.
ÌDÁLÁRA, s. Desapontamento.
ÌDÁLÁRAYÁ, s. Ato de estimular, de animar a pessoa.
ÌDÁLÁRE, s. Justificativa.
ÌDÁLẸ̀, s. Uma grande distância. *Ó lọ sí ìdálẹ̀ ijọ́ mẹ́ta* – Ele está longe de casa há três dias.
ÌDÀLẸ̀, ỌDÀLẸ̀, s. Deslealdade, infidelidade.
ÌDÁLẸ́BI, s. Condenação, reprovação, convicção.
ÌDÁLẸ́KUN, s. Proibição.
ÌDÁLÓJÚ, s. Certeza.
ÌDÁLÓRÓ, s. Tormenta, tortura, opressão.
ÌDÁLỌ́WỌ́KỌ́, s. Obstáculo, prevenção.
ÌDÀLÙ, s. Mistura, adulteração.
ÌDÀLÚ, s. Uma comida que consiste de milho e feijões.
ÌDÁLÙ, ÀDÁLÙ, s. Ato de cair sobre alguma coisa.
ÌDÁLU, ÀDÁLU, s. Vazamento, buraco, perda.
ÌDÁMÁRÙN, s. A quinta parte ou porção de algo.
ÌDÁMÉJÌ, s. Meio, metade.
ÌDÁMẸ́RIN, s. A quarta parte ou porção de algo.
ÌDÁMẸ́WÀÁ, s. A décima parte ou porção de algo.
ÌDÁMÌ, s. Ato de engolir, deglutição.
ÌDÁMỌ̀RÀN, s. Um dispositivo, um plano, uma teoria, propósito. *Àwọn ìdámọ̀ràn láti ran ọmọ rẹ lọ́wọ́ láti ní àṣà ijẹum dáradára* – sugestões para ajudar seu filho a ter hábitos de alimentação saudáveis. V. *ìmọ̀ràn*.

ÌDÀÀMÚ, s. Perplexidade, confusão, distração.
IDÁN, s. Truque, mágica, prestidigitação, invocação. *Ó pa idán* – Ele fez truque.
ÌDÁN, s. A parte de trás das calças nativas.
ÌDÁNA, s. Esponsais. Incluem atos tradicionais quando o noivo presenteia a família da noiva com noz-de-cola, pimenta-da-costa, roupas etc. e uma determinada importância.
ÌDÁNÀ, s. Rapto, assalto.
ÌDÁNÁ, s. Ato de cozinhar ou acender o fogo para cozinhar, pote usado para cozinhar. *Kó èédú sí ibi ìdáná* – Coloque o carvão no fogareiro.
ÌDÀNDÈ, s. Redenção, emancipação.
ÌDÁNÍDÚRÓ, s. Detenção, atraso.
ÌDÁNÍJÌ, s. Alarme, medo, terror.
ÌDÁNÍLÁGARA, s. Ato inoportuno ao colocar à prova a paciência de alguém.
ÌDÁNÍLÁRAYÁ, s. Divertimento.
ÌDÁNÍLẸ̀KUN, s. Limitação, moderação, proibição. V. *dálẹ́kun*.
ÌDÁNÍLÓJÚ, s. Certeza, segurança. *Báwo ni o ṣe lè ní ìdáníloju pé ọkọ̀ tí rà dára?* – Como você pode ter certeza de que o carro que você quer comprar está em bom estado?
ÌDÀNPAPA, ÌDÀRÌPAPA, s. Ferrugem. V. *kídàrìpapa*.
ÌDÁNRAWÒ, s. Exercício, teste, prova.
ÌDÁNWÒ, s. Tentativa, experiência, exame.
ÌDÀ ONJẸ, s. Digestão da comida.
ÌDÀPỌ̀, s. Ato de juntar, anexar.
ÌDÀPỌ̀ MÍMỌ́, s. Sagrada Comunhão.
ÌDÀPỌ̀ṢỌKAN, s. União.
ÌDÁRALE, s. Convalescença.
ÌDÁRÀN-ÌJỌBA, s. Crime político contra um governo.
ÌDÁRAYÁ, s. Alegria, contentamento. < *dá* + *ara* + *yá*. *Ó mú mi dárayá* – Ela me animou.
ÌDÁRAYÁ, s. Exercício. *Eré-ìdárayá* – esporte.
ÌDÁRÍJÌ, s. Perdão, remissão, absolvição. < *dáríjì* – perdoar.
ÌDARÍKODÒ, ÌDORÍKODÒ, s. Falta de ânimo, desanimação.

ÌDÁRÍSÍ, ÌDÁRÍ, s. Tendência, disposição. V. *fàyè*.
ÌDARÒ, s. Cuidado, ansiedade, preocupação. *Ó ṣe ìdarò mi* – Ele se afligiu por mim.
ÌDÀRỌ́, s. Escória, impurezas.
ÌDÁRỌSỌ, s. Falar sozinho, monólogo.
ÌDÀRÙ, s. Confusão. *Ìdàrú ni ó ṣe* – Ele criou uma confusão.
ÌDÁRÚN, s. Quinta parte. < *ìdá* + *àrún*.
ÌDÀRÚDÀPỌ̀, s. Confusão, mistura. *Ìdàrúdàpọ̀ ni ó ṣe* – Ele se comportou como um agitador, ele fomentou uma insurreição.
ÌDÁSÍ, s. Ato de economizar, de poupar.
ÌDÁṢÍ, s. Participação.
ÌDÁSÍLẸ̀, s. Começo, invenção, instituição, inauguração.
ÌDÁSÍWẸ́WẸ́, s. Divisão.
ÌDÁṢÀ, s. Restos do tear, restos de tecido usado como remendo. < *dá* + *ṣà*.
ÌDÁṢÀ, ÌDÁWỌ́LÉ, s. Inovação, novo costume. < *dá* + *àṣà*.
ÌDÁṢÀKÁṢÀ, s. Desaforo, insulto.
ÌDÁṢE, ÀDÁṢE, s. Aventura, risco.
ÌDÁTA, ÌDÁMẸ́TA, s. A terça parte ou porção de algo.
ÌDÁWÒ, s. Consulta às divindades. *Èló ni ìdáwò?* – Quanto custa a consulta? < *dá* + *wò*.
ÌDÁWÓ, s. Contribuição, subscrição. *Ó fi ìdáwó fún wa* – Ele nos deu uma contribuição? < *dá* + *owó*.
ÌDÁWÓ-ÒDE, s. Taxação, tributação.
ÌDÁWỌ́DÚRÓ, ÌDÁWỌ́RÓ, s. Desistência, cessação.
ÌDÁWỌ́LÉ, s. Ato de tomar conta, encarregar-se, comprometer-se.
ÌDÁWỌ́PỌ̀, s. Ato de dar as mãos, união.
ÌDÀWURU, s. Fluência.
ÌDÁYÀFÒ, s. Intimidação, ato de assustar. = *ìdáiyàfò*.
ÌDÁYÀJÁ, s. Medo, pavor, intimidação.
ÌDÁYÀTỌ̀, s. Aberração.
ÌDÁYÍ, s. Tempo, intervalo, estação, período de tempo.
ÌDÈ, s. **1.** Ato de amarrar, escravidão. **2.** Parafuso, fivela, cinta.

IDÉ, EDÉ – ÌDÍ

IDÉ, EDÉ, s. Camarão, lagosta.
ÌDÉ, s. Chegada.
IDÈ, s. Tipo de jogo que se baseia em dizer o que uma pessoa tem na mão.
ÌDÉLÉ, s. Ação como adjunto de uma pessoa, ausência.
ÌDÈNÀ, s. Oposição, obstáculo, impedimento, agir como sentinela.
ÌDÉRÍ, ỌMỌRÍ, s. Cobertura, tampa. Sí ìdérí igò yìí – Abra a tampa desta garrafa.
ÌDÈTÍ, s. Osso da face próximo ao ouvido, tímpano, pavilhão auditivo.
IDẸ, s. 1. Pulseira, bracelete. 2. Metal, latão. Irin yìí yọdẹ – Este metal está coberto de verdete.
ÌDẸ̀, s. 1. Ato de ficar macio. Também usado na composição de palavras. 2. Garrafão com capacidade de cerca de 20 litros.
ÌDẸ̀GBẸ́, ÌDẸ̀GBÓ, s. Caça.
ÌDẸ̀HÙN, s. Ato de fazer alguém abaixar a voz.
ÌDẸ̀JẸ, s. Trapaça, fraude, engano.
ÌDẸJÚ, s. Natureza calma.
ÌDẸKÙN, s. Armadilha, cilada.
ÌDẸRA, s. Calma, relaxamento.
ÌDÉRÙBÁ, s. Alarme, medo, terror.
ÌDẸSẸ̀KẸSẸ̀, s. O encontro das plantas dos pés.
ÌDẸSÍ, s. Instigação.
ÌDẸ́SẸ̀, s. Pecado, crime.
ÌDẸTÍ, s. Inclinação para ouvir, ato de aguçar os ouvidos para ouvir melhor.
ÌDẸTÌ, s. Fracasso, impossibilidade. < di + ẹtì.
ÌDẸWÒ, s. Tentação, armadilha. Má fà wá sínú ìdẹwò – Não nos deixeis cair em tentação.
ÌDẸWỌ́, s. Abrandamento, relaxamento. < dẹ̀ + ọwọ́.
ÌDÍ, s. Nádegas, base, raiz. Ọmọ lọ sí ìdí igi – A criança foi para a base da árvore; Ó ní ìdí rètè-rètè – Ela tem o traseiro bem desenvolvido. Por analogia, indica o local de atividades. Ó lọ sí ìdí ọkọ̀ – Ele foi para os fundos do barco; ìdí ọkọ̀ irin – estação de trem; ìdí Òrìṣà – fundamento, local de culto às divindades; ìdílé – família, clã.

ÌDÍ, s. Razão, causa, motivo.

ÌDÍ, s. Um tipo de planta. *Microdesmis puberuba* (*Euphorbiaceae*).

ÌDÌ, s. Águia.

ÌDÌ, *pref.* Deca. *Ìdìlítà ka* – um decalitro.

ÌDÌ, s. 1. Trouxa, pacote, embrulho, feixe. 2. Botão, broto.

ÌDÍBÀ, s. Fermentação.

ÌDÍBÀJẸ́, s. Corrupção, podridão.

ÌDÌBÒ, s. Eleição, escolha, processo eleitoral.

ÌDÍBỌ́N, s. Dissimulação.

ÌDÌDE, s. Subida.

ÌDÌ ẸYÌN, s. Cacho do dendezeiro.

ÌDÌGI, ẸRÙGI, s. Feixe de madeira.

ÌDÍGI, s. Base da árvore. *Ó wà nídí igi náà* – Ele está embaixo da árvore.

ÌDÌGBÀRÓ, s. Ato de ficar de pé. < *dì* + *ìgbà* + *ró*.

ÌDÌGBÒLÙ, ÌDÙGBÒLÙ, s. Tropeço, chocar-se com.

ÌDÍJE, s. Competição, rivalidade.

ÌDÍJÌ, s. Medo, alarme.

ÌDIJÚ, s. Ato de fechar os olhos. < *dì* + *ojú*.

ÌDÍJÚ, s. Confusão, complicação, obstrução, nó. < *dí* + *ojú*.

ÌDÌKÀSÌ, s. Estrago, deterioração, mofo.

ÌDÍKỌ̀, s. Estação de trem, aeroporto.

ÌDIKÙ, s. Lenço de cabeça, mantilha. *V. gèlè*.

ÌDÍLÉ, s. Família, clã, descendentes de um ancestral familiar da linhagem masculina. *Dára pèlú àwọn ìdílé yin* – Seja bom com seus familiares; *Òun jé ènìà tí ó nífẹ́ mi ní tòótọ́* – Ela é a pessoa que tem amor por mim de verdade. < *ìdí* + *ilé*.

ÌDÌLÓJÚ, s. Ato de vendar os olhos, camuflagem. *V. ìdijú*.

ÌDÍLÓJÚ, s. Obstrução, ato de bloquear a visão de uma pessoa. *V. ìdíjú*.

ÌDÍLỌ́NÀ, s. Obstáculo, impedimento, caminhos fechados.

ÌDÍLỌ́WỌ́, ÌDÍWỌ́, s. Obstáculo, interrupção, ter uma dificuldade.

ÌDÌLÙ, s. Ato de congelar, congelamento.

ÌDIMỌ̀, ÌDITẸ̀, s. Confederação, liga, intriga.

ÌDÌMỌ́RA, s. Ato de pôr todos os tipos de equipamentos.

ÌDÌMÚ, s. Ato de agarrar, apreensão.

IDÍN, **IDÍ**, s. Um tipo de árvore cuja raiz é usada para mastigar. *Microdesmis puberula (Euphorbiaceae)*.

ÌDIN, s. Verme, larva.

ÌDÍNÀ, s. Obstáculo, barricada.

ÌDINU, s. Fechar a boca, calar-se. < *dì* + *ẹnu*.

ÌDÍNÚ, s. Teimosia, cabeçudo, obstinado.

ÌDÍPÀÀRÀ, s. Enferrujamento.

ÌDÌPỌ̀, s. União, coerência, solidez.

ÌDÍ RẸ̀, *adv.* Qual a razão, o que houve, como? *Ìdí rẹ̀ ti o kò fi lọ?* – Qual a razão que você não foi?

ÌDIRÍ, s. Uma forma de trançar os cabelos.

ÌDIRUN, s. Estilo de trançar os cabelos.

ÌDÌTẸ̀, s. Conspiração, complô, intriga, trama. = *ìsọ̀tẹ̀*.

ÌDITÍ, s. Surdez.

ÌDÍWỌ́, s. Contratempo, impedimento.

ÌDIWỌ́PỌ̀, s. Ato de dar as mãos, união. = *ìdáwọ́pọ̀*.

ÌDÍWỌN, s. Medição.

ÌDÍYELÉ, s. Ato de estimar o valor de, avaliação.

ÌDÒ, s. Tipo de folha usada para embrulhar alimentos. *Canna bidentata*.

ÌDODO, s. Umbigo.

IDOFUN, s. Tipo de ameixeira.

ÌDÓGÒ, s. Segurança.

ÌDÓGÚN, s. Enferrujamento, ferrugem.

ÌDÒGBÉ, s. Denominação do quarto filho homem nascido depois de *Ìdòwú*. Se for mulher, será *Àlàbá*. V. *ibéjì*.

ÌDÓKÒWÓ, s. Investimento.

ÌDOJÚKỌ, s. Oposição.

ÌDORÍKODÒ, s. Depressão.

ÌDÓTÍ, s. Invasão.

ÌDÒWÚ, s. Denominação do terceiro filho gêmeo, homem ou mulher, com características de criança teimosa e obstinada. V. *ibéjì*.

ÌDÒYI, **ÌPÒYÌ**, s. Giração em volta de, rotação, perambulação.

ÍDỌ́, s. Clitóris. V. *obò*, *kọ̀ọ̀tà*.

ÌDÒBÁLÈ, s. Prostração em ato de reverência.

ÌDODÈ, s. Caça.

ÌDÓGBA, s. Igualdade.

ÌDÙ, s. Luta, briga. Também usado na composição de frases.

ÌDÚBÚ, adv. Transversalmente. *Ejò yìí wà ní ìdúbú ònà* – Esta cobra está atravessada na estrada.

ÌDÙBÚLÈ, s. Ato de deitar.

ÌDÒGBÒLÙ, s. Tropeço, colisão, choque.

ÌDUN, s. Percevejo, pulgão.

ÌDÚN, DÍDÚN, s. Som, barulho como o de uma arma de fogo.

ÌDÙN, DÍDÙN, s. 1. Doçura, sabor. *Onje dídùn* – bolo, doce. 2. Dor.

ÌDÚNFÀ, s. Seis anos atrás, contando com o ano presente. *Ó ra ilé yìí ìdúnfà* – Eu comprei esta casa há seis anos.

ÌDÚNJE, s. Sete anos atrás.

ÌDÚNJO, s. Oito anos atrás.

ÌDÙNMÓ, ÌDÙNNÚ, s. Prazer, alegria.

ÌDÚNRÙN, s. Cinco anos atrás.

ÌDÚNSÁN, s. Nove anos atrás.

ÌDÚNTA, s. Três anos atrás. V. *èsín, ìjéta*.

ÌDÚNWÁ, s. Dez anos atrás. Depois de dez anos, a construção da frase fica assim: *odún mókànlá séhìn* – onze anos atrás.

ÌDÚPÉ, s. Agradecimento. V. *dúpé*.

ÌDURA, s. Ato de fazer força para não cair.

ÌDÙRÀ, s. Corrida ou disputa para comprar uma casa.

ÌDÚRÓ, s. Pausa, parada.

ÌDÚRÓSINSIN, s. Perseverança, firmeza.

IFÁ, s. Sistema de consulta divinatória que utiliza 16 coquinhos de palmeira, *òpe ifá*. Pela sua importância, é visto como uma divindade. São consultados os 16 odus principais, *ojú odù*, e os 240 odus menores, *omo odù*, num total de 256. À medida que são revelados, algumas marcas são riscadas numa bandeja, *opón*, salpicada de um pó, *ìyèròsùn*, e revelarão narrativas, *ìtàn*, a serem interpretadas. *Ifá (Fá)* pode ser usado como prefixo de palavra para formar

IFÁ – ÌFARATÌ

nomes próprios: *Fágbèmí* – Ifá me apoia; *Fáṣínà* – Ifá abre os caminhos; *Fáyọ̀mí* – Ifá me dá felicidade. V. *odù*.

ÌFÀ, s. Boa sorte, ganho, vantagem. *Ó jẹ̀fà* – Ele teve um golpe de sorte.
ÌFÀ, s. Função.
ÌFÁ, s. Ferramenta com dois cabos usada para escavar a polpa da cabaça verde.
ÌFÀGÙN, s. Aumento, alongamento, algo enfadonho, prolixo.
ÌFÀ-INÚ, s. Telepatia.
ÌFAIYÀ, s. Encantamento.
ÌFAIYABALẸ̀, s. Sossego, quietude.
ÌFAJÚRO, s. Tristeza, mágoa, dor.
ÌFAMỌ́RA, s. Intimidade, atração.
ÌFÀNÍ, s. O sexto dia a partir da data presente. *Ní ìfàní òní* – No sexto dia a partir de hoje. < *èfà + òní*.
IFÁ NLÁNLÁ, s. Os grandes poemas de Ifá.
ÌFÀNÍMỌ́RA, s. Sociabilidade, companheirismo.
ÌFÁNÚ, s. Primeiro filho nascido, o primogênito. < *fá + inú*.
ÌFAPẸ́TITI, s. Continuação.
ÌFÁÁRÀ, s. Prefácio, introdução.
ÌFARABALẸ̀, s. Cuidado, atenção.
ÌFARADÀ, s. Resistência.
ÌFARAẸNISẸ́YẸ, s. Respeito próprio.
ÌFARAHÀN, s. Aparecimento, visão.
ÌFARAKÀNRA, s. Contato. *Àwọn ọmọdé féràn ìfarakànra lọ́dọ̀ ìyá wọn* – As crianças gostam do contato junto à mãe deles.
ÌFARAKỌ́RA, s. Conexão, proximidade.
ÌFARAMỌ́NI, s. Apego a algo, familiarizar-se, aderir a alguma coisa.
ÌFARAPA, s. Ferimento moral, lesão moral, injúria.
ÌFARAPAMỌ́, s. Ato de esconder, ocultação, disfarce.
ÌFARARỌ̀, s. Apoiar em, descansar em.
ÌFARARỌ́, **ÌFIRỌ́**, s. Entorse, mau jeito, deslocamento.
ÌFARASIN, s. Encobrimento, disfarce.
ÌFARATÌ, s. Suporte, confiança, determinação.

ÌFARAWÉ, s. Imitação, fraude, simulação.

ÌFÀRUN, s. Uma peça de ferro usada nos dedos da mão, para puxar o arco com força.

ÌFÀSẸHÌN, s. Estorvo, obstáculo, empecilho.

ÌFÀSÓKÈ, s. Efeito de levantar, içar, erguer. = *àfàsókè*.

ÌFÀTÌ, s. Distância, afastamento.

ÌFÀTU, s. Puxar, arrancar pela raiz.

ÌFÀYA, s. Ato de deixar algo rasgado, despedaçado.

IFE, s. Copo. *Ife wà lórí tábìlì* – O copo está em cima da mesa. = *ago, kóbù*.

ÌFE, s. Um tipo de pássaro pequeno.

ÌFÉ, s. Assobio. *Ó fi ìfé pè mí* – Ele usou o assobio e me chamou.

IFEFE, s. Um tipo de cana oca.

ÌFÈSÌ, s. Resposta a um chamado.

ÌFETÍSÍ, s. Obediência, atenção.

ÌFẸ̀, s. Cidade da Nigéria a nordeste de Ibadam, considerada o centro cultural de formação do povo *yorubá*.

ÌFẸ́, s. Amor, desejo, cordialidade, afeição, simpatia. *Ìfẹ́ mi pò fún ẹ* – Meu amor é muito por você; *Mo fẹ́ ìfẹ́ pèlú ẹ* – Eu quero fazer amor com você; *Ìfẹ́ há ni bí?* – Será que é amor?

ÌFẸ̀, s. **1.** Ato de estender, ampliar. *Ìfẹ̀ ìlú yìí* – ampliação da área desta cidade. **2.** Arroto, vômito, distorção.

ÌFẸ́-ÀFẸ́JÙ, s. Amor excessivo, livre vontade.

ÌFẸ́-ÀTINÚWÁ, s. Livre-arbítrio.

ÌFẸ́-BÚBURÚ, s. Malevolência, má índole.

ÌFẸ́-ÈNÌÀ, s. Filantropia, humanidade.

ÌFẸ̀HÌNTÌ, s. Amparo, patrocínio.

ÌFẸ́-INÚRERE, s. Benevolência.

ÌFẸJÚ, s. Ameaça.

ÌFẸ́KÚFẸ̀, s. Cobiça, desejo. < *ìfẹ́* + *kú* + *ìfẹ́*. V. *kú*.

ÌFẸ́MỌNÌKÉJÌ, s. Amor fraternal.

ÌFẸ́NÁ, s. V. *abẹ̀bẹ̀*.

ÌFẸ́NI, s. Caridade, amor. *Ọ̀pọ̀ ọmọ ló nsunkún ìfẹ́ni àti à`bò òbí* – Muitas crianças necessitam de afeto e proteção familiar. < *ìfẹ́* + *ẹni* – amar uma pessoa.

ÌFẸNUKONU, s. Beijo. *Lákọ́kọ́ kìkì ìfẹnukonu nìkan ni* – No começo era apenas um beijo; *Ó fẹnukonu rẹ̀ lọ́rùn* – Ele a beijou no pescoço. < *fi* + *ẹnu* + *kò* + *ẹnu*.

ÌFẸ́NULÉ, s. Referência, alusão.

ÌFẸ́RÀN, s. Amor. *Ó ṣe oògùn ìfẹ́ràn sí ọkọ rẹ̀* – Ela fez magia de amor para o marido dela.

ÌFẸ́RANI, s. Amor-próprio.

ÌFẸ́RANIJÙ, ÌFẸ́RANIJÙLỌ, s. Egoísmo.

ÌFẸSẸ̀BALẸ̀, s. Ato de colocar os pés para baixo.

ÌFẸSẸ̀LÉLẸ̀, s. Começo, princípio, ato de estampar.

ÌFẸSẸ̀MÚLẸ̀, s. Edificação, confirmação.

ÌFẸSẸ̀TẸ̀, s. Ato de pisar em cima de pedras para não molhar os pés.

ÌFẸ́SẸ́, s. Destilação.

ÌFẸ́SỌ́NÀ, s. Namoro, adoção.

ÌFẸṢẸJÌ, s. Perdão de pecados.

ÌFẸ́WỌ́, s. Roubo, furto.

ÌFI-ÀYÉSÍLẸ̀, s. Oportunidade, ocasião.

ÌFIBÚ, ÌFIRÉ, s. Maldição, execração.

ÌFIBÙN, ÌFIFÚN, s. Doação, presente. V. *bùn*.

ÌFILALẸ̀, s. Atraso, negligência.

ÌFIFẸ́ṢẸ, s. Um trabalho feito com satisfação.

ÌFIFÚNNÍ, s. Doação.

ÌFÌHÀN, s. Espetáculo, exibição, desfile, revelação.

ÌFÌJÀLỌ̀, s. Desafio.

ÌFIJÌ, s. Perdão.

ÌFIJOGÚN, s. Hereditário. V. *jogún*.

ÌFIJÓNÁ, s. Queimadura. < *fi* + *jó* + *iná*.

ÌFIJOYÈ, s. Investir num trabalho, ordenação.

ÌFIJÚBÀ, s. Reconhecimento, confirmação.

ÌFIKALẸ̀, s. Estabelecimento.

ÌFIKÚN, s. Adição, anexação, apêndice.

ÌFILÉLẸ̀, s. Ato de pôr algo embaixo.

ÌFILỌ̀, s. Publicação, consulta, notificação.

IFIN, s. Branco. *Obì ifin* – noz-de-cola branca.

ÌFINÚṢỌ̀KAN, s. Acordo.

ÌFÍNRA, s. Fumigação, defumação.

ÌFÍNRÀN, s. Usurpação, provocação.

IFINÚTÁN, s. Confiança completa.

ÌFIMỌ́, s. Ato de acrescentar, de exagerar, uma falsa acusação.

ÌFINÚṢỌ̀KAN, s. Acordo, unanimidade.

ÌFIPAMỌ́, **ÌFISIN**, s. Ato de ocultar, de esconder.

ÌFIPAWỌ́DÀ, s. Substituição, troca. V. *pawọ́da*.

ÌFIPÍN, s. Divisor.

ÌFIRA, s. Senso de humor.

ÌFIRÉ, s. Ato de amaldiçoar. = *ìgbéré*.

ÌFIRỌ̀, s. Suspensão, interrupção.

ÌFIRỌ́, s. Entorse, mau jeito, deslocamento.

ÌFISÍ, s. Ato de pôr alguma coisa, revestimento.

ÌFISÍLẸ̀, s. Abandono, resignação.

ÌFISÙN, s. Acusação, alvo.

ÌFIṢẸLẸ́YÀ, s. Zombaria, desgraça.

ÌFIṢÍRÒ, s. Comparação, confronto.

ÌFIṢÓFÒ, s. Extravagância, desperdício.

ÌFIṢÚRA, s. Tesouro. = *ìṣúra*.

ÌFITỌRẸ, s. Ato de se dar, doação.

ÌFIWÉ, s. Comparação.

ÌFIYÉ, **ÌFIYÉNI**, s. Explanação, explicação.

ÌFIYÈSÍ, **ÀFIYÈSÍ**, s. Consideração, atenção.

IFO, s. Eczema, doença de pele.

ÌFÒFÓ, s. Espuma.

ÌFOHÙNSÍ, s. Aprovação, assentimento.

ÌFOHÙNṢỌ̀KAN, s. Acordo.

ÌFOJÚKOJÚ, s. Um encontro cara a cara. < *fi* + *ojú* + *kò* + *ojú*.

ÌFOJÚLẸ̀, **ÌFOJÚSÍLẸ̀**, s. Atenção.

ÌFOJÚPÈ – ÌFỌWỌ́KỌ́

ÌFOJÚPÈ, s. Pestanejo, um piscar de olhos. V. *fojúpè*.
ÌFOJÚSÍ, s. Atenção, observação.
ÌFÒKIRI, s. Ato de voar em volta.
ÌFORÍBALẸ̀, s. Prostração, saudação, reverência. < fi + orí + bà + ilẹ̀. V. *dojúbolẹ̀*.
ÌFORÍFÓ, s. Floco.
ÌFORÍFÚN, s. Rendição.
ÌFORÍTÌ, s. Perseverança.
ÌFORÓRÓYÀN, s. Ato de untar com óleo.
ÌFOSÓKÈ, s. Pulo, salto.
ÌFÒYÀ, s. Pavor, medo, terror, apreensão. *Púpọ̀ àwọn àgbàlágbà wo àiyé pẹ̀lú ìfòyà àti àìní ìgbọ́kànlé* – Muitos adultos encaram o mundo com apreensão e desconfiança.
ÌFỌ̀, s. Chiqueiro.
ÌFỌHÙN, ÀFỌHÙN, s. Discurso, ato de expor alguma coisa.
ÌFỌ́JÚ, s. Cegueira.
ÌFỌKÀNRÁN, s. Resistência, firmeza, autoconfiança.
ÌFỌKÀNSÍ, s. Atenção, aplicação.
ÌFỌKÀNSÌN, ÀFỌKÀNSÌN, s. Devoção, cultuação.
ÌFỌKÀNSỌ, s. Confiança, esperança.
ÌFỌ́LÉ, s. Violação de domicílio, roubo.
IFỌ̀N, s. Coceira, doença de pele. V. *ifo*.
IFỌ́N, s. Cidade da Nigéria cujo soberano é denominado *Olúfọ́n*.
ÌFỌ̀NÀHÀN, s. Direção, guia.
ÌFỌ́NKÁLẸ̀, s. Desterrado, proscrito.
ÌFỌ́NNU, s. Jactância vã, ato de se vangloriar.
ÌFỌ̀RÀNLỌ̀, s. Consulta.
ÌFỌ̀RÀNMỌ́, ÀFỌ̀RÀNMỌ́, s. Acusação injusta.
ÌFỌ́RÍ, ẸFỌ́RÍ, s. Dor de cabeça.
ÌFỌWỌ́BÀ, ÌFỌWỌ́KÀN, s. Toque, ato de tocar em alguma coisa.
ÌFỌWỌ́KỌ́, s. Cruzamento dos braços, ato de caminhar com os braços cruzados.

ÌFỌWỌ́LÉLÓRÍ, s. Confirmação.

ÌFỌWỌ́PALÓRÍ, s. Carinho, afago na cabeça. *Ìfọwọ́palórí tí ó nṣe fún un pọ̀ –* O carinho que ela está fazendo nele é muito grande.

ÌFỌWỌ́PÈ, s. Aceno, chamamento.

ÌFỌWỌ́RỌRÍKÚ, s. Morte natural, morte tranquila.

ÌFỌWỌ́SÍ, s. Pôr a mão em um documento, assinatura. *Léhìn ìfọwọ́sí ìwé aláàfíà –* Depois da assinatura, a paz; *Ó fọwọ́ síwé yìí –* Ele assinou este documento.

ÌFỌWỌ́SỌWỌ́, s. Acordo.

ÌFỌWỌ́SỌ̀, s. Busca descuidada.

ÌFỌWỌ́TÁ, s. Ato de segurar algo ligeiramente.

ÌFỌWỌ́TỌ́, s. Ato de guiar com as mãos, toque.

ÌFUN, s. Intestinos. = *agbèdu.*

ÌFÚNNU, s. Ato de se vangloriar, contador de vantagem.

ÌFÚNPA, s. Sufocação ou pressão mortal, estrangulamento.

ÌFUNPÈ, s. Ato de tocar flauta.

ÌFÚNPỌ̀, s. Pressão, aperto, aperto provocado por uma multidão.

ÌFÚNTÍ, s. Espremedor de frutas para o fabrico de vinho.

ÌFURA, s. **1.** Suspeita, dúvida. **2.** premonição, percepção extrassensorial, intuição.

ÌFÚRÚGBÌN, s. Ato de semear.

ÌFÚYẸ̀, s. Claridade, luminosidade.

IGA, s. Membro. *Iga akàn –* a garra de caranguejo.

ÌGÀ, s. Pátio de um palácio.

ÌGALÀ, **ÀGBỌ̀NRÍN**, s. Um antílope, veado.

ÌGÀN, s. Um tecido de determinado tamanho, uma peça de roupa.

ÌGANGÁN, s. Uma variedade de inhame. *V. àlò.*

ÌGANGAN, s. **1.** Cabide. **2.** Um tipo de peixe.

ÌGÀNNÁ, s. Paredes circunvizinhas.

ÌGÁRA, s. Ladrão, assaltante.

ÌGÈ, s. Nome dado à criança que nasce primeiramente com os pés.

ÌGÈDÈ, **ÒGÈDÈ**, s. Encantamento.

ÌGÉGUN, s. Praga, maldição.

ÌGÉKÚRÚ, s. Abreviação, resumo.

IGERE, s. Armadilha para peixes.

IGȨ̀, s. Tórax, seio, mama.

ÌGȨ̀, s. Carinho.

ÌGȨ̀DȨ̀GÉDȨ̀, s. Sedimentos, borra. = gèdègédè.

IGI, s. Árvore, madeira, combustível. Ó nà mí igi – Ele me bateu com a madeira; Ó fi ojúgun na igi – Ele bateu a canela contra a árvore.

IGI AJAGBON, s. Tamarindo.

IGI AJȨRAN, s. Planta carnívora.

IGI ALÓRE, s. Árvore alta usada para servir de posto de observação.

IGÍ DÁ!, exp. Imagine só! Àléjò tó fòru wọlé, igí dá! – Um estranho que me escapa a memória entrou em casa, imagine só!; Igí mà dá o! – Imagine só!. = gbágà.

IGI EDÚ, s. Tipo de palmeira que produz uma semente usada no ọ̀pẹ̀lẹ̀-ifá.

IGI ELÉSO, s. Árvore frutífera.

IGI ÌBON, **IGÌBON**, s. Coronha de madeira de uma arma.

IGI ÌDÁNÁ, s. Madeira para lenha.

IGI IMÚ, **IGIMÚ**, s. Bocal, focinho.

IGI IŞÁNÁ, **IGI ÌTÀNNÁ**, s. Fósforo, tocha.

IGI ÌTÓKÒ, s. Alavanca com que se governa o leme de um barco.

IGI Ọ̀GȨ̀DȨ̀, s. Bananeira.

IGI Ọ̀GÒRÒ, s. Palmeira que produz uma ráfia denominada de ìko, palha da costa, e um tipo de aguardente denominado de ọ̀gòrò. Elaeis guinensis.

IGI Ọ̀GBỌ̀, s. Linho, cânhamo.

IGI ÒKÍKÀ, **IGI ÈKÍKÀ**, s. Um tipo de árvore.

IGI ÒKÙNKÙN, s. Tamareira.

IGI OSÙN, s. Árvore cuja madeira é vermelha.

IGI ỌPȨ, s. Palmeira do dendezeiro. Elaeis guinensis.

ÌGÌRÌPÁ, s. Homem forte, uma pessoa saudável.

IGO, s. Multa por perder num jogo feito com conchas em forma de cone.

IGÒ, s. Aplicação de ventosas. Ó bá mi dé egbò mi ní igò – Ele me ajudou a aplicar ventosa na minha ferida.

ÌGÒ, s. Garrafa, vasilha. Ìgò wà lórí tábìlì – A garrafa está em cima da mesa.

ÌGÒKÈ, s. Ascensão, subida.

ÌGOPÁ, s. Cotovelo. Ekò ìgopá – junção do cotovelo.

ÌGǪ, GÍGǪ, s. Perplexidade, embaraço, constrangimento.

IGǸ-IGI, s. Buraco em uma árvore.

ÌGǪ̀GǪ̀, GǪ̀GǪ̀, s. Crina de cavalo, juba de leão ou de outro animal.

ÌGÙNFẸ̀, s. Arroto, vômito.

IGUN, OJÚGUN, s. Tíbia, canela.

IGUN, s. Canto, ângulo. *Igun ilé* – canto da casa; *igun ẹsẹ̀* – tíbia, canela. V. *ojúgun*.

IGÚN, GÚRUGÚ, GÚNNUGÚN, s. Abutre. Forma abreviada de *gúnnugún* ou *ètié*. É o símbolo do sacrifício por se alimentar dos resíduos após este ser oferecido.

ÌGÚNBẸ̀RẸ̀, s. Aquilo que pica, injeção, inoculação. < *gún* + *abẹ́rẹ́*.

IGUN-ILÉ, s. Canto de uma casa.

ÌGÚNLẸ̀, s. Pousar, aterrar, atracar.

ÌGUNPÁ, s. Cotovelo. < *igun* + *apá*.

IGUNTO, s. Cólica renal.

ÌGÚNWÀ, s. Ato de se sentar majestosamente. *Ó gúnwà* – Ele se sentou majestosamente; *aṣọ ìgúnwà* – vestuário real. < *gún* + *ẹwà*.

IGBA, *num.* Duzentos.

IGBÀ, s. **1.** Corda torcida usada para subir em árvores. *Mo fi igbà gùn igi* – Eu usei corda para subir na árvore. **2.** Sistema de penhora.

IGBÁ, s. Cabaça, fruto do cabaceiro. *Cucurbita lagenaria (Lagenaria vulgaris)*. Pode tomar diferentes formas, inteira ou cortada, para diversas finalidades: *igbájẹ̀* – para lavar roupas; *àdo, atọ́* – para guardar pós e remédios; *ahá* – em formato de copo para beber; *pòkọ́* – em formato de prato; *kòtò* – em formato de vasilha, cuja tampa possui um furo para servir de funil; *akèngbè* – em formato de garrafa; *akèrègbè* – em forma de pote; *alugbá* – cabaça inteira usada como instrumento musical; *ṣẹ́rẹ́* = *ṣẹ́kẹ́rẹ́* – em formato de chocalho. *Mo fi igbá bu omi mu* – Eu usei uma cabaça para beber água.

ÌGBÀ, s. Tempo, período, duração do tempo de vida de uma pessoa. *Ó ṣiṣẹ́ fún ìgbà díẹ̀* – Ele trabalhou por pouco tempo; *ìgbà riru ewé* – tempo das folhas, primavera; *ìgbà ẹ̀rùn* – tempo das secas, verão; *ìgbà ikórè* – tempo das colheitas, outono; *ìgbà otútù* – tempo frio, inverno. = *àkókò, àsìkò, sáá*. Também usado em composição de palavras que indicam tempo, período. V. *nígbàtí, ìgbàtí, nígbàwo.*

ÌGBÁ, s. Acácia ou alfarroba.

IGBÁ-ÀIYÀ, IGBÁIYÀ, s. Osso do peito, do tórax. V. *àyà.*

ÌGBÀÌYÀ, s. Arreios.

ÌGBÀ ÀTIJÓ̩, s. Tempo antigo.

ÌGBÀDÌ, s. Cinto de couro ornamentado para usar em volta da cintura.

ÌGBÀDO, ÀGBÀDO, s. Milho.

IGBÁDÙ, s. Cabaça coberta contendo quatro vasinhos de casca de coco simbolizando os quatro *odù* principais. É guardada numa caixa de madeira – *apèrè* –, só aberta em ocasiões especiais.

ÌGBADÙLÚMỌ̀, s. Calúnia, difamação.

ÌGBÁDÙN, s. Alegria, prazer, euforia. *Ó je̩ ìgbádùn pé̩* – Ele teve um longo momento de prazer. < *gbó̩ + adùn.*

ÌGBÁGÓ, s. Folhas de palmeira que são secadas e usadas como combustível.

ÌGBÀGBÉ, s. Esquecimento, negligência.

ÌGBÀGBÉRA, s. Negligência, descuido.

ÌGBÀGBOGBO, adv. Todo o tempo.

ÌGBÀGBỌ́, s. Crédito, confiança, fé. *Ó ní ìgbàgbó̩ tí èmi kò tí ì rí* – Ela tem uma fé que eu ainda não vi; *Ọ̀pò̩ jùlo̩ ènìà ní orí̩sí ìgbàgbó̩ ìsìn kan* – A maioria das pessoas tem, ao menos, um tipo de fé religiosa.

IGBÁ ÌWÀ, s. Cabaça da existência. V. *igbádù.*

ÌGBÀ IWÁJÚ, s. Tempo futuro.

ÌGBÁJÁ, s. Barco, canoa.

ÌGBÀJÁ, ÌGBÀNÚ, s. Faixa estreita usada para carregar uma criança nas costas.

ÌGBÁJẸ̀, s. Cabaça grande.

IGBÁKÉJÌ, s. Assistente, adjunto, segunda pessoa. *Ó di igbákéjì o̩ba* – Ele se tornou a segunda pessoa do rei.

ÌGBÁKẸ̀RẸ̀, s. Tipo de peixe.

ÌGBÀKỌ́, ÀGBÀKỌ́, s. Construção. < *gbà + kó̩. Ó ngba ilé kó̩* – Ele está construindo uma casa.

ÌGBAKỌ, s. Colher grande de madeira, concha.

ÌGBÀKÚGBÀ, ÌGBÀKÍGBÀ, s. Tolerância excessiva, todo tempo. < ìgbà + kú + ìgbà; adv. Muitas vezes, frequentemente, a qualquer hora.

ÌGBÀKÚRÒ, s. Libertação, salvamento, levado para fora.

ÌGBÀLÀ, s. Salvação. Ẹ̀sìn ti jẹ́ ìgbàlà mi – A religião tem sido a minha salvação.

ÌGBÁLẸ̀, s. Vassoura.

ÌGBÀLẸ̀, s. Uma dependência secreta, local do culto aos Egúngún. V. igbó.

ÌGBALẸ̀, ÌGBILẸ̀, s. Ato de espalhar, propagação, expansão.

ÌGBALỌ̀, ÀLAPÀ, s. Tipo de comida feita com sementes de melão.

ÌGBÀ MÉLÒÓ NI, adv. Quanto tempo. Ìgbà mélòó ni o máa nrìn lójojúmọ́? – Quanto tempo você costuma caminhar diariamente?

ÌGBÀMÍRÀN, adv. Outro tempo. V. nígbàmíràn.

ÌGBÁMỌ́RA, ÀGBÁMỌ́RA, s. Abraço. V. fàmọ́ra.

ÌGBÁMÚ, s. Compressão.

ÌGBÀNÁÀ, adv. Então, naquela época, naquele momento.

ÌGBÀANÌ, s. Passado, tempo antigo, Antiguidade.

ÌGBÀNÍYÀNJÚ, s. Encorajamento, animar, aplaudir.

ÌGBÀNÚ, s. Cinto de homem, faixa. Ó fi ìgbànú sán ṣòkòtò – Ele usou um cinto na calça.

ÌGBÁ ÒÌBÓ, s. Berinjela.

ÌGBÀPADÀ, s. Ato de recuperar, devolução de algo emprestado. V. padà.

ÌGBÁRÒKÓ, ÌBÀDÍ, s. Anca, quadril.

ÌGBÁSẸ̀, s. Sola dos pés. Igbásẹ̀ bàtà – sola de sapato.

ÌGBÀSÍLÉ, s. Admissão para dentro de uma casa.

ÌGBÀSÍLẸ̀, s. Salvamento, resgate.

ÌGBÀTÍ, adv. Quando. É a forma afirmativa de nígbàwo ní. Obs.: Nígbàwo ní ó dé? – Quando ele chegou?; Èmi kò mọ̀ ìgbàtí ó dé – Eu não sei quando ele chegou; Ó tẹ̀ síwájú ìgbátí ó rí òrìṣà – Ele se curvou para a frente quando viu a divindade. V. nígbàtí.

ÌGBÁTÍ, s. Beira, borda, batida com a palma da mão.

ÌGBÁTÍ-AṢỌ, s. Decoração.

ÌGBÀÀWẸ̀, s. Jejum.

ÌGBÀWÍ, ÀGBÀWÍ, s. Advogado, advocacia. < gbà + wí.

ÌGBÀYÍ, adv. Neste tempo, no tempo corrente.

IGBE – ÌGBẸBÍ

IGBE, s. Grito, choro, clamor. Ó kígbe mọ́ mi – Ele gritou contra mim; Ó gbọ́ igbe ọmọdé ní òde – Ela ouviu o grito da criança lá fora; Àwa gbọ́ igbe ajá lóde – Nós ouvimos o grito do cachorro lá fora. Obs.: ní òde = lóde.

ÌGBÉ, s. Usado para composição de palavras. < gbé – viver. V. ìgbésí.

ÌGBÉ-ÀIYÉ, ÌGBÀ-ÀIYÉ, s. Vida, tempo de vida.

ÌGBÉDÈ, s. Entendimento, compreensão, aprisionamento.

ÌGBÉGA, s. Promoção, elevação.

ÌGBÉGBÌN, s. Implantação.

ÌGBÉKALẸ̀, s. Ato de pôr algo embaixo.

ÌGBÈKÙN, s. Cativeiro.

ÌGBÉLÉKÈ, s. Promoção, elevação.

ÌGBÉRA, s. Estímulo, ânimo.

ÌGBÉRAGA, s. Orgulho, arrogância.

ÌGBÉRE, s. Despedida, adeus. V. ìdágbére.

ÌGBÉRÉ, s. Ato de amaldiçoar.

ÌGBÈRÍ, s. Travesseiro, algo para recostar a cabeça durante o sono.

ÌGBÈRÍKO, s. Vizinhança, província, costa.

ÌGBÈRÒ, s. Projeto, consulta, cogitação, meditação.

ÌGBÉRÓ, s. Renovação, recuperação.

IGBÈSÈ, s. Débito, dívida. V. gbèsè.

ÌGBÉSÍ, ÀGBÉSÍ, s. Ato de pôr algo em, pôr sobre. V. gbésí.

ÌGBÉSÍ-AYÉ, s. Vida, modo de vida, maneira de viver. Ọjọ́ tí ó yí ìgbésí-ayé rẹ̀ padà – o dia em que ele mudou o seu estilo de vida; Onje ni apá pàtàkì kan nínú ìgbésí-ayé wa – A comida é a parte essencial de nossa vida.

ÌGBÉSÓKÈ, ÀGBÉSÓKÈ, s. Crescimento, promoção, ato de levantar.

ÌGBÉSỌ, s. Que é levantado, erguido. = àgbésọ.

IGBÉTA, s. Um grito de alarme. V. ta.

ÌGBÉYÀWÓ, s. Casamento, cerimônia de casamento. Ìgbéyàwó lè jé orísun ayò tàbí pakanléké – O casamento pode ser fonte de felicidade ou preocupação.

ÌGBẸ́, IGBÓ, s. Bosque, campo. Ó lọ sí ígbẹ́ ọdẹ – Ele foi para o campo caçar.

ÌGBẸ́, ÌGBỌ̀NSẸ̀, s. Fezes, esterco, excremento. = imí.

ÌGBẸBÍ, s. Obstetrícia, parteira.

ÌGBÉ̩-GBÙRÙ, s. Diarreia.

ÌGBÈ̩HÌN, s. Fim, conclusão. *Ìgbè̩hin ò̩rò̩ yìí* – O resultado deste assunto.

ÌGBÉ̩KÈ̩LÉ, s. Confiança.

ÌGBÉ̩KÈ̩LÉ-ARA-E̩NI, s. Autoconfiança.

ÌGBÉ̩-O̩DE̩, s. Caça.

ÌGBÉ̩-Ò̩RÌN, s. Disenteria. *E̩sinṣin máà nfa ìgbé̩ ò̩rìn* – As moscas costumam causar a disenteria. = *tápà*.

ÌGBÈ̩È̩RÙN, s. Estação, tempo seco.

ÌGBÈ̩SAN, s. Vingança, retaliação, desforra.

ÌGBÉSÈ̩, s. Passo, ato de avançar de pé para andar, o espaço entre um pé e o outro quando se anda. *Rírìn lórí iyanrìn, ìgbésè̩, sípa ìlera jù* – Caminhar na areia, passo para uma saúde melhor. < *gbé* + *e̩sè̩*.

ÌGBÉ̩SÈ̩, s. Passos. *Ìgbé̩sè̩ tí ó tèlé e, lé̩yìn ìbí, jé fún o̩mo̩ náà láti mú o̩mú* – O passo seguinte depois do nascimento é o bebê ser amamentado no peito.

ÌGBE̩SIN, s. Escrava.

ÌGBÉ-ṢOORO, s. Excremento em condição líquida.

ÌGBÈ̩TÌ, s. Quebra-mar, cais, píer.

ÌGBÌDÁNWÒ, s. Tentativa.

ÌGBILÈ̩, s. Ato de espalhar, de esparramar, estender.

ÌGBÌMO̩, s. Concílio, comissão, junta.

ÌGBÍN, s. Um caracol comestível. É tirado fora da concha; seu líquido é oferecido às divindades, em especial a O̩bàtálá, no intuito de trazer a calma. V. *omi è̩rò̩*.

ÌGBÌN, s. 1. Tipo de tambor pertencente ao culto de O̩bàtálá. 2. Semeadura, plantação. V. *irúgbìn*.

ÌGBINÁ, s. Inflamável, ato de acender o fogo.

ÌGBINNIKÚN, s. Inflamação.

ÌGBÌ OMI, s. Ondas, vagas no mar.

ÌGBÌRÒ, s. Consulta.

ÌGBÌYÀNJÚ, s. Tentativa, esforço.

ÌGBÍYÈLÉ, s. Confiança, dependência.

IGBO, s. Tipo de chicote longo.

ÌGBÓ, s. 1. Tipo de vegetal. 2. Madureza. *Ó bé̩ àgbàdo náà láìgbó* – Ele cortou aquele milho sem estar maduro.

ÌGBÒ, s. Colisão, choque. *Ó dìgbò lù mi* – Ele colidiu comigo.

ÌGBÒ, ẸYẸ ÌGBÒ, s. Um pássaro de cabeça grande que costuma comer os ovos de outros pássaros. = *àgbìgbò*.

IGBÓ, ÌGBẸ́, s. Floresta, bosque, campo. *Igbó ìgbàlẹ̀* – bosque dos *Egúngún*.

IGBÓ AGẸMỌ, s. Bosque dedicado ao culto a *Agẹmọ*.

IGBÓDÚ, s. Mata cerrada.

IGBÓDÙ ÒRÌṢÀ, s. Lugar sagrado para uma iniciação.

IGBÓ ẸLUKÚ, s. Bosque dedicado ao culto de *Èlukú*, um tipo de *Egúngún*.

IGBÓFÁ, s. Bosque dedicado a Ifá.

IGBÓGIAN, s. Nome de um pássaro.

ÌGBÓGUNTÌ, s. Invasão.

ÌGBÓJÚ, s. Bravura, valentia, coragem.

ÌGBÓKÈGBÓDÒ, s. Uma atividade constante, um andamento para cima e para baixo, inquietude. < *gbé + òkè + gbé + odò*.

ÌGBÒKUN, s. Vela de barco, lona, tela. < *gbà + òkun*.

ÌGBOLÉ, s. Um tipo de planta cujos talos são usados para mastigar. *Stachytarpheta augustifolia*.

ÌGBÓMÌNÀ, ÌGBÓNÀ, s. Uma região *yorubá* entre *Ìlọrin* e *Yàgbà*.

ÌGBÓNÁ, s. Calor, febre.

ÌGBÓNÁ-ARA, s. Ardor, fervor, zelo.

ÌGBÓNÁ-EHÍN, s. Dentição.

ÌGBÓNÁGBOORU, adv. Aqui e agora, já, imediatamente.

ÌGBÓNA-ỌKÀN, s. Fervor, ciúme.

ÌGBÓRA, s. Potência, força.

ÌGBÓRÈ, s. Um tutelado da cidade de *Abẹ́òkúta*.

ÌGBÒRÒ, s. Uma fazenda enorme antiga e abandonada.

ÌGBORO, s. Rua, centro da cidade.

IGBÓ ÒGÚN, s. Bosque dedicado ao culto a *Ògún*.

IGBÓ ORÒ, IGBÓRÒ, s. Bosque dedicado ao culto de *Orò*.

ÌGBÓÒRÙN, s. Olfato, odor bom ou ruim. < *gbọ́ + òórùn*.

ÌGBOÒRÙN, AGBOÒRÙN, s. Sombrinha, para-sol, guarda-chuva. < *gbà + oòrùn*.

ÌGBOṢE, s. Tempo futuro. *Ó dìgbóṣe = Ó dìgbà o!* – Adeus, até uma outra vez!

ÌGBÓÒYÀ, s. Valentia.

IGBÓỌRÀ, s. Uma região yorubá.

ÌGBOYÈ, s. Ato de receber um título. Àríyá ìgboyè – festa de recebimento de um título.

ÌGBOYÚN, s. Impregnação.

ÌGBỌ́KÀNLÉ, s. Confiança, segurança. Òun ní ìgbọkànlé ní èsìn òrìṣà – Ele tem confiança na religião de orixá.

ÌGBỌLẸ̀, s. Impregnação, gestação.

ÌGBÒLÒ, s. Uma região yorubá.

ÌGBÓN ỌPỌ̀LÓ, s. Um tipo de planta.

ÌGBỌNRA, s. Estremecimento do corpo. < gbọ̀n + ara.

ÌGBỌ́NRÀN, s. Obediência, submissão à autoridade, senso de ouvir as determinações.

ÌGBÒNRÌRÌ, s. Tremor, estremecimento. Mo wà ní pó ìgbọ̀nrìrì kan – Eu fiquei em estado de choque.

ÌGBÒNSẸ̀, s. Fezes, estrume, esterco. Ìgbọ̀nsè ngbọ̀n mi – Eu quero defecar (lit. as fezes estão se agitando em mim). = ṣu.

ÌGBỌNṢỌ, s. Escova de roupa.

ÌGBỌ́NWỌ́, s. Cotovelo. = ìgopá.

ÌGBỌNWỌ́SÍ, s. Adição, aumento.

ÌGBÒNWÚ, s. Arco usado para cardar algodão.

ÌGBỌ́RÀN, s. Obediência. > àìgbọ́ràn – desobediência (àì + gbọ́ + òràn).

ÌGBỌ́RÒ, s. Habilidade para ouvir.

ÌGBÒRÒDÙN, s. Ato de simpatia, de interesse por outra pessoa.

ÌGBÒWỌ́, s. Garantia, penhor. Ó ṣe ìgbọ̀wọ́ fún mi – Ele fez uma fiança para mim. > onígbòwọ́ – avalista.

ÌGBỌ́WỌ́LÉLÓRÍ, s. Cerimônia religiosa, ordenação.

ÌGBỌ́WỌ́SÍ, s. Comportamento, conduta, etiqueta.

ÌGBÚRÓ, s. Notícias, relatório.

IHÀ, s. Lado, lombo, região. Iléṣà wà ní ìhà àríwá sí Ìbàdàn – Iléṣà está na região norte de Ìbàdàn; ìhà gúsù – sul; ìhà ìlà oòrùn – leste; ìhà ìwọ̀ oòrùn – oeste.

IHÁ, s. Casca da noz da palmeira depois da extração do óleo. V. ẹyìn.

ÌHÁGÁGÁ, s. Aglomerado, imprensado.

ÌHÀHÍN, *adv.* Deste lado. *Ní ìhà ìhín = ní ìhàhín* – perto daqui.

ÌHÀHỌ, **ÌHÀRÌHỌ**, s. Resto de comida que fica preso no fundo da panela.

ÌHÁKÙN, s. Barra, tranca usada para fechar a porta. = *ìtìkù*.

ÌHÁLÁYÈ, s. Obstrução, impedimento.

ÌHÁLÉ, s. Necessidade.

ÌHALẸ̀, s. Ostentação vazia, fanfarronice.

ÌHÁMỌ́, s. Restrição, limitação, clausura.

ÌHÁMỌ́RA, s. Insígnia, correspondência.

ÌHÁMỌ́RA-OGUN, s. Equipamento de guerra.

ÌHAN, **HÍHAN**, s. Grito agudo, berro.

ÌHANRUN, s. Ronco.

ÌHÁNU, s. Mordaça.

ÌHÀSÍSO, s. Cólica, dor no intestino.

ÌHÁWỌ́, s. Mesquinhez, avareza.

ÌHÌN, s. Notícias, reportagem. *V. ròhìn.*

ÌHÌN-ÒKÈÈRÈ, s. Rumor, boato.

ÌHÌNRERE, s. Boas notícias, evangelho.

ÌHÍNYÍ, *adv.* Este lugar. *Mo npààrà ìhín yí* – Eu frequento este lugar. *V. ibí.*

IHÓ, s. Barulho, tumulto.

ÌHÒ, s. Tipo de armadilha.

IHÒ, s. Buraco, fosso. *Eku asín kan nsálọ sínú ihò* – Um rato fugiu para dentro do buraco.

IHÒ-ABÍYÁ, s. Axilas.

IHÒ-AFẸ́Ẹ́FẸ́, s. Alvéolo, cavidades.

ÌHÒÒHÒ, **ÌHÒRÌHÒ**, s. Nudez. *Ìhòòhò gídígbí ni ó wà* – Ele está totalmente nu.

IHÒ-IMÚ, s. Narina. *Ó ní imú kan tí ó ní ihò méjì* – Eu tenho um nariz que tem duas aberturas.

ÌHÓNÚ, s. Temperamento difícil, irritante.

ÌHÙÙHÙ, s. Penugem de pássaro, plumagem.

ÌHÙMỌ̀, s. Meditação, reflexão.

ÌHUN, s. Tecelagem.

ÌHÚNRA, ÌYÚNRA, s. Coceira, irritação no corpo.

ÌHUNṢỌ, s. Tecelão.

ÌHÙWÀ, ÌHÙWÀSÍ, s. Conduta, caráter, comportamento. < *hù* + *ìwà*.
Ó *hùwà burúkú* – Ele tem uma má conduta.

ÌJÀ, s. Luta, conflito, briga. Ó *fijàlọ̀ mí* – Ele me desafiou para uma briga; *Ọgbọ́n*,
ó sàn jù ohun ìjà lọ – Sabedoria, ela é melhor do que as armas de luta.

ÌJÀ, s. Sebo.

ÌJÁBÀ, ÀJÁBÀ, s. Problema, desastre.

ÌJÀDÁN, s. Restos de frutas que foram comidas pelos morcegos.

ÌJÁDE, ÌJÁDELỌ, s. Saída, êxodo, partida. A *nwo ìjáde kíní* – Nós estamos
assistindo à primeira saída.

ÌJÁDE ÒKÚ, s. Funeral.

ÌJÁDÍ, s. Solução, elucidação.

ÌJÀDÙ, s. Protesto contra algo, competição.

ÌJADÙN, s. Vida luxuosa, luxúria.

ÌJÁFARA, s. Lentidão, atraso.

ÌJAGUN, s. Guerra, luta. < *já* + *ogun*.

ÌJAGBÀ, s. Uma forma de luta.

ÌJÁGBÁJÁWO, s. Miscelânea.

ÌJÀGBORO, s. Guerra civil.

ÌJÀGBỌ̀N, s. Descarne debaixo da pele, carne debaixo do queixo.

ÌJAJẸ, s. Maroto, salafrário.

ÌJÀKÁDÌ, s. Luta.

ÌJÀKÁN, s. Uma pessoa importante.

ÌJÁKO, s. Assalto a uma fazenda.

ÌJÀKÙMỌ̀, s. Um tipo de gato selvagem.

ÌJALÁ, s. Gênero de poesia tradicional dos caçadores, tendo Ògún como patrono.
Ọdẹ yìí *npe ìjalá* – O caçador está dizendo uma poesia dos caçadores.

ÌJÀLỌ, s. Formiga preta carregadeira.

ÌJÀMBÁ, s. Acidente, dano, mal, desgraça corporal, contratempo. Ìjàmbá ṣe
mi – Eu me envolvi em um acidente; *Wá ibi tí ó bàjẹ́ nítorí ìjàmbá ọkọ̀* –
Verifique sinais de batida decorrentes do acidente do carro. < *ìjà* + *mọ́* + *bá*.

ÌJÁMU, s. Desassossego, preocupação.

IJÁN, ÌJÓKÓ, ÌPÈKÙ, s. Assento.

ÌJÀNGBÒN, s. Dificuldade.

ÌJÀNÍYÀN, s. Contradição, argumento.

ÌJÀNJÁ, s. Peças quebradas, fragmentos.

ÌJÀNJÁ-ẸRAN, s. Pequenos pedaços do corte de carne, carne-seca. = *jabá-jábá*.

ÌJÁNU, s. Rédea, restrição, moderação.

ÌJÁNÚ, s. Irritabilidade, petulância.

ÌJÀPÁ, ÀJÀPÁ, s. Tartaruga. *Níbo ni ìjàpá ngbé?* – Onde a tartaruga vive?

ÌJÀRÁ, s. Corda.

ÌJÁRÓ, s. Descoberta de uma mentira, de uma falsidade.

ÌJAUNPATA, s. Esforço.

ÌJÁWÁLẸ̀, AJÁWÁLẸ̀, s. Queda livre.

ÌJÁYÀ, s. Medo, pavor, terror, fobia.

ÌJAYÉ, s. Gosto pela luxúria, pelo prazer.

IJÉ, s. Competição. *A sáré ijé* – Nós corremos uma competição; *Ó gba iré ijé nàá* – Ele ganhou aquela competição.

ÌJE, ÌJEJE, s. Período de sete dias.

ÌJEJÌLÁ, adv. Doze dias atrás. < *ijó* + *èjìlá*.

ÌJẸKẸ́, s. Luta.

ÌJÉLÓ, adv. Outro dia, algum tempo atrás, recentemente. *Níjéló tí mo rí o* – Foi recentemente que eu vi você.

ÌJENI, adv. Sete dias a partir de hoje.

ÌJÈRÈ, s. Ato de ter lucro, de ter ganho.

ÌJERÒ, s. Nome de uma região *yorubá* cujo soberano é chamado Ajerò.

ÌJÉÙN, s. Nome de um distrito na cidade de Abẹòkúta.

ÌJẸ, s. Isca. *Ó fi ìjẹ dejá* – Ele usou a isca para pegar peixe.

ÌJẸ, s. Comida. V. *onjẹ*.

ÌJẸ, s. Forragem.

ÌJẸ-ÀPAṢÁ, ÌJẸ-ÀṢÁGBẸ, s. Feno, palha.

ÌJẸ ẸMU, s. Dieta, regime.

ÌJẸ-ẸṢIN, s. Forragem.

ÌJÈBI, s. Culpa, sentir-se culpado.

ÌJÈBU, s. Nome de uma região yorubá, também utilizado para definir outras cidades, mediante um complemento: Ìjèbu Rémọ, Ìjèbu Igbó, Ìjèbu Ifẹ̀ etc.

ÌJẸGÚN, s. V. ìjẹ́ra.

ÌJÉHÙN, s. Aceitação de uma proposta matrimonial. < jẹ́ + ohùn.

ÌJẸKÌ, s. Glutão.

ÌJẸKÚJẸ, s. Qualquer comida. < ìjẹ + kú + ìjẹ. Àwa jẹ ìjẹkújẹ – Nós comemos uma comida ruim. V. kú.

ÌJẸKÙ ONJẸ, s. Sobras de comida.

ÌJẸNÍYÀ, s. Punição, castigo.

ÌJẸPA, s. Fraude, patifaria.

ÌJÈRÁ, ÀJÈRÁ, s. Antídoto.

ÌJÉRA, ÌJẸGÚN, s. Fracasso no reembolso de dívida ou restabelecimento de propriedade. = àjẹrá, àjẹgún.

ÌJẸ́RÍ, ÌJẸ́RÍSÍ, s. Atestado, testemunho, evidência. V. ẹ̀rí.

ÌJẸ́RÍKÚ, s. Martírio, morte em testemunho de algo. V. ẹ̀rí.

ÌJẸRIN, adv. Quatro dias atrás. < ijọ́ + ẹ́rin.

ÌJẸRUN, s. Extravagância, desperdício.

ÌJẸRINLÁ, adv. Quatorze dias atrás.

ÌJẸSẸ́, s. Ingratidão.

ÌJẸ̀SÀ, s. Uma região yorubá. < ìjẹ + òrìsà.

ÌJẸTA, s. Três dias atrás. Ó dé ìjẹta – Ela chegou três dias atrás; Ó kọwé sí mi níjẹta – Ela escreveu uma carta para mim anteontem. < ijọ́ + ẹ̀ta. Esta mesma fórmula de composição pode ser usada para os demais numerais. V. kíjẹta.

ÌJẸTÁN, ÀJẸTÁN, s. Ato de comer tudo completamente.

ÌJẸTẸ́RÙN, s. Gula.

ÌJẸTÌ, ÀJẸTÌ, s. Restos, sobras. Ìjẹtì ni mo jẹ ẹ – Eu comi isto, mas não pude comer o resto.

ÌJẸUN, s. Ato de comer alguma coisa.

ÌJÉWỌ, s. Confissão.

ÌJẸ́WÓ ÌGBÀGBỌ́, s. Confissão da crença.

ÌJI, s. Sombra.

IJÌ, s. Medo intenso, pavor.

ÌJÌ, s. Ventania marítima, tempestade marítima.
ÌJÌ ÀFÉYÍKÁ, s. Ciclone.
ÌJÌ-ILẸ̀, s. Terremoto, abalo sísmico.
ÌJÌKÀ, adj. Profundo, saudável. *Oorun ìjìkà* – um sono saudável; *Ó sun oorun ìjìkà* – Ela dormiu um sono profundo.
ÌJÍLÁ, ÌJÍNLÁ, s. Pessoa famosa.
ÌJÍMERÈ, s. Um pequeno macaco de cor castanha.
ÌJÌMÌ, s. Homem de renome. = *gbajúmọ̀*.
ÌJÌN, s. Distância.
ÌJÌNLẸ̀, s. Profundidade, intensidade. *Ọ̀rọ̀ ìjìnlẹ̀* – uma declaração de profundidade, altamente expressiva ou complexa. < *jìn* + *ilẹ̀*.
ÌJÌNLẸ́SẸ̀, s. 1. Pessoa tropeçando com o salto do sapato ou o calcanhar. 2. Denegrir uma pessoa pisando em cima.
ÌJÌNNÀ, s. Distância linear, afastamento. < *jìn* + *ọ̀nà*. *Ìlú wa jìnnà* – Nossa cidade é distante.
ÌJINNÁ, s. Uma ação de cura. < *jìn* + *iná*.
ÌJÍRÒRÒ, s. Consulta.
ÌJÌYÀ, s. Sofrimento. *Ó pa ìjìyà náà mọ́ra* – Ele suportou a dor com força e paciência.
ÌJIYÀN, s. Discussão, debate, controvérsia.
IJÓ, s. Dança.
ÌJOGÚN, s. Sucessão, herança.
ÌJÓHÙN, s. Consentimento, preparativos para um casamento.
IJÓKÍJÓ, s. Qualquer dança, uma dança imprópria.
ÌJÓKÓ, s. Cadeira, banco, ato de se sentar.
ÌJÒKÙN, s. Nome de uma planta rasteira.
ÌJÓNÁ, ÀJÓNÁ, s. Queimação. < *jó* + *iná*.
ÌJÓNI, s. Escaldadura.
ÌJÓNIRUN, s. Queimadura com possibilidade de morrer.
ÌJÓRA, s. Nome de uma cidade *yorubá* cujo soberano é denominado de *Olọ́tọ̀*.
ÌJORÓ, s. A dor de sofrimento, contorcer-se de dor.
ÌJORO, s. Magreza, emaciação.
ÌJÓWÓ, ÀJÓWÓ, s. Ato de roubar dinheiro. < *jí* + *owó*.

ÌJOWÓ, ÀJOWÓ, s. Pessoa aberta ao suborno ou à corrupção. < jẹ + owó.

ÌJOWÚ, s. Ciúmes. Ó ṣe ìjowú mi – Ele tem ciúmes de mim. < jẹ + owú.

ÌJOYÈ, s. Pessoa portadora de um título oficial, titular. V. oyè.

ÌJỌ, ÀJỌ, s. Assembleia, congregação, reunião. > dìjọ – junto. Ó dìjọ lọ – Ele foi junto.

IJÓ, ỌJÓ, s. Dia. Ijijó méjìlá – todos os 12 dias; ijọ́kíjọ́ – qualquer dia; ijọ́sí – dia seguinte.

ÌJỌBA, s. Governo, reino. Ìjọba náà fẹ́ kí àwọn ènìà rẹ̀ san owó orí – O governo quer que o povo dele pague os impostos; Òṣìṣẹ́ ìjọba ni ẹ̀gbọ́n mi – Meu irmão é funcionário do governo; Ìjọba yìí kò sí nkankan – Este governo não está com nada.

ÌJỌBÍ, s. Consanguinidade de uma pessoa.

ÌJỌBỌ̀, ÀJỌBỌ̀, s. Ato de estar em companhia de outro, culto comunitário.

ÌJỌDÁ, s. Uniforme.

ÌJỌDÁRÒ, ÀJỌDÁRÒ, s. Consulta, conversa, troca de ideias.

IJÓKÀNLÓGBỌ́N, adv. De vez em quando, raramente.

IJÓKÍJỌ́, adv. Qualquer dia.

ÌJỌKÍJỌ, s. Assembleia ou reunião desorganizada.

ÌJỌLÓWỌ́, ÌJÒLÓWỌ́LỌ, s. Libertação, entrega. < jù + ọwọ́.

IJÓMÍRÀN, adv. Num outro dia. V. míràn.

ÌJÒNGBỌ̀N, s. Problema, confusão. Mo pèètù sí ìjòngbọ̀n yìí – Eu tenho solução para este problema.

ÌJỌJẸ́, s. Mutualidade, correspondência.

ÌJỌLÁ, s. Prestígio, respeito.

ÌJỌMỌ̀, s. Acordo, compreensão.

ÌJỌNÍ, s. Propriedade comum, sócio, parceiro.

ÌJỌPÍN, ÀJỌPÍN, s. Dividir, compartilhar, contribuir.

ÌJÒRA, s. Cidade perto de Lagos.

ÌJÒRA, ÀJỌRA, s. Semelhança.

ÌJỌRA ẸNI LÓJÚ, s. Narcisismo, egomania.

ÌJỌRÒ, ÀJỌRÒ, s. Consulta conjunta.

ÌJỌRÌN, s. Caminhada conjunta.

ÌJỌ́SÍ, *adv.* No dia seguinte, recentemente. *Kíni ìwọ sọ̀rọ̀ ní ìjọ́sí* – o que você disse no outro dia.

ÌJỌSÌN, ÀJỌSÌN, *s.* Culto comunal.

ÌJỌ́SÌN, *s.* Ato de tomar conta ou cuidar de uma pessoa.

ÌJỌSỌ, ÀJỌSỌ, *s.* Discussão.

ÌJỌSỌ̀RỌ̀, ÀJỌSỌ̀RỌ̀, *s.* Conversação.

ÌJỌṢE, ÀJỌṢE, *s.* Cooperação. > *jọṣe* – cooperar. *A jọṣe iṣẹ́ náà* – Nós cooperamos em fazer aquele trabalho.

ÌJỌYỌ̀, ÀJỌYỌ̀, *s.* Regozijo.

IJÙ, *s.* Deserto, região inabitável. = *aginjù*.

ÌJU, *s.* Concepção falsa.

ÌJÚBÀ, *s.* Invocação, respeito, reconhecimento. *A júbà o* – nosso profundo respeito.

IJUGBE, *s.* Uma divindade.

ÌJÙLỌ, *s.* Superioridade.

ÌJÙMỌ̀ṢE, ÀJÙMỌ̀ṢE, *s.* Cooperação.

ÌJÙMÚ, *s.* Uma cidade considerada o lar de *Ọ̀ṣun*.

ÌJÚWE, *s.* Descrição, explanação.

IJUWỌ́SÍ, *s.* Aceno. *Mo juwọ́ sí í kí ó dákẹ́* – Eu fiz um sinal para que ele fique calado. < *jù* + *ọwọ́* + *sí*.

ÌKA, *s.* Dedo. *Ìka ẹsẹ̀ ndùn mi* – O dedo do pé está doendo; *Ìka kò dọ́gbà* – Os dedos não são iguais; *ìka ọwọ́ òsì* – dedo da mão direita.

ÌKÀ, *s.* Crueldade. *Ìwà ìkà rẹ kò jẹ́ kí ènìà fẹ́ràn rẹ* – Seu caráter cruel não permite sua popularidade.

ÌKÁ, *s.* Denominação de um dos *odù* Ifá.

ÌKÀ, *s.* Cálculo, computação.

ÌKÁDÌ, *s.* Fim, conclusão de um assunto. *Ìkádì ọ̀rọ̀ náà* – fim daquela questão.

ÌKÀGBÀ, ÀKÀGBÀ, *s.* 1. Leitura alternada. 2. Contagem do tempo. < *kà* + *ìgbà*.

ÌKÁKÒ, ÀKÁKÒ, *s.* Contração, torção, encolhimento.

ÌKÀKÚN, *s.* Adição, inclusão.

ÌKÁLÁRA, ÀKÁLÁRA, *s.* Apreensão, emoção. = *ìkára*.

ÌKALÈ, s. Expressão usada para saudar uma pessoa que está sentada. *É kú ìkalè* = *Ẹ kú jókó* – Espero que esteja sentado confortavelmente. Resposta: *Ó ẹ káàbò* – Seja bem-vindo.

ÌKÀMÓ, **ÀKÀMÓ**, s. Confinamento, inclusão. < *kà* + *mó*. *Ó ká mi mó wọn* – Ele me incluiu entre eles.

ÌKÁMÓ, **ÀKÁMÓ**, s. Envolvimento, cercado. *Mo ká a mó* – Eu o cerquei no ato. < *ká* + *mó*.

IKÁN, s. Cupim, formiga-branca. *Ikán njẹ igi yìí* – O cupim está comendo esta madeira.

ÌKAN, s. Um. Outra forma de *òkan*.

IKÀN, s. Berinjela.

ÌKÁN, **Ẹ̀KÁN**, s. Pingo de chuva, de água. *Ó dà ìkán omi mẹ́ta sílẹ̀* – Ele derramou três pingos de água no chão.

ÌKÁ-NDÙ, s. Formiga grande preta.

ÌKÁNGUN, s. Canto, esquina.

ÌKÁNILÁRA, Fervor, veemência.

ÌKÀNÌYÀN, s. Censo, contagem de pessoas.

ÌKÁNJÚ, s. Pressa, rapidez.

ÌKANJÚ, **ÀKANJÚ**, s. Carrancudo. < *kan* + *ojú*.

ÌKANNÁÀ, *pron.* e *adj.* Tal qual, a mesma coisa. = *òkannáà*.

ÌKANNÚ, s. Fúria, ira, severidade. *Ó ní ìkannú* – Ele tem crueldade.

ÌKANRA, **ÀKANRA**, s. Impaciência, irritabilidade.

ÌKÁÀNÚ, s. Tristeza, compaixão, melancolia.

IKÀNṢÓ, s. Martelo.

ÌKANṢOṢO ÀTI Ọ̀PỌ̀LỌ́PỌ̀, s. Singular e plural.

ÌKÁN YANRÍN, s. Tipo de tomate amargo.

ÌKÁPÒ, **ÀKÁPÒ**, s. Aquele que carrega uma bolsa ou sacola.

ÌKÁPọ̀, **ÀKÁPọ̀**, s. Dobra, vinco, prega.

IKÁRÀ, **IKÁÀ**, **KÁÀ**, s. Quintal.

ÌKÁRA, **ÀKÁRA**, s. Apreensão.

IKARAHUN, **KARAHUN**, s. Concha de molusco.

ÌKÁRÙN, s. Infecção. *Ó kárùn* – Ele contraiu uma doença. < *kó* + *àrùn*.

ÌKÁRÙN, ÌKÁLỌ́RÙN – ÌKẸ́GBIN

ÌKÁRÙN, ÌKÁLỌ́RÙN, s. Contas em volta do pescoço. Ó fi ilẹ̀kẹ̀ ká mi lọ́rùn – Ele pôs o colar no meu pescoço. < ká + ní + ọrùn.

ÌKÀSÌ, s. Prostituta.

ÌKÀSÍLỌ́RÙN, s. Acusação.

ÌKÀTÁN, ÀKÀTÁN, s. Ler completamente.

ÌKÁTÌ, s. Enrugamento, prega, dobra de um lado.

ÌKÀWÉ, ÀKÀWÉ, s. Leitura, revisão. < kà + ìwé.

ÌKÀWÉ, ÀKÀWÉ, s. Embalar uma coisa em torno de outra.

ÌKÀWÉ, ÀKÀWÉ, s. Similitude, comparação. Ó fi mí ṣe ìkàwé Bísí – Ela me comparou com Bisí. < kà + wé.

ÌKÁWỌ́, s. Força, controle, domínio, autoridade.

ÌKAYE, s. Numeração, cálculo. < kà + iye.

ÌKÀYÉ, ÀKÀYÉ, s. Leitura clara, com conhecimento.

IKE, s. Marfim.

IKÉ, s. Corcunda, corcova. Ọmọ lọ́wọ́ tóri iyán ó yọ iké – Os dedos que amassam o inhame fazem surgir corcovas.

ÌKÉDE, s. Proclamação, anúncio público.

ÌKÉKÙ, ÌKÉKÚRÚ, s. Resumo, redução.

ÌKÉKÚRÒ, s. Amputação, abstração.

ÌKÉLÉ, s. Divisão, divisória que separa um espaço, cortina, véu.

ÌKÉMÙ, ÌKÉRÉMÙ, s. Pequena vasilha usada para tirar água de um pote.

ÌKÈNÌÀ, s. Uma pessoa cruel. < ìkà + ènìà.

ÌKÉPÈ, ÀKÉPÈ, s. Chamado, invocação.

IKÈRÈGBÈ, s. Folha da coerana.

ÌKÈRÈGBÈ, AKÈRÈGBÈ, KÈRÈGBÈ, s. Cabaça em forma de pote que serve para transportar água. V. igbá.

ÌKÉRÈGBÈ, ÈKÉRÈGBÈ, s. Cabra jovem. = ewúrẹ́.

ÌKÉRORA, s. Gemido, lamento.

ÌKÉSÍ, s. Visita. Ẹ kú ìkésí o! – Obrigado pela visita!

ÌKẸ́, s. Carinho. Ó ṣekẹ́ mi – Ela fez um carinho em mim. < ṣe + ìkẹ́.

ÌKẸ́DÙN, s. Simpatia.

ÌKẸ́GBIN, s. Excreção. Èyà ìkẹ́gbin – excremento do organismo.

ÌKẸ́HÌN, s. Término, resultado, conclusão.
ÌKẸRẸ́, s. Nome de uma cidade.
ÌKẸ́TA, ẸKẸ́TA, num. Terceiro. > ẹ̀ta – três.
ÌKẸ̀TẸ́, s. Tipo de óleo com cheiro forte, comida com inhame cozido.
ÌKI, s. Viscosidade.
ÌKIJÀ, s. Nome de uma região em Abẹ́ọkúta.
ÌKÌLỌ̀, s. Advertência, protesto.
IKIN, s. Coquinho do dendezeiro. Na prática religiosa, eles simbolizam a personalidade de Ọ̀rúnmìlà, sendo utilizados os que possuem quatro orifícios ralos, conhecidos como olhos e jogados em número de 16, em oito jogadas sucessivas que objetivam encontrar oito sinais – odù. V. ọ̀pẹ̀lẹ̀.
ÌKÍNNÍ, ẸKÍNNÍ, num. Primeiro. Óun ni ẹkínní – Ele é o primeiro. Antes de substantivo, a vogal inicial é suprimida. Èyí ni ìjáde kíní – Esta é a primeira saída; Èyí ni aya mi kíní – Esta é a minha primeira esposa.
ÌKIRÈ, s. Uma cidade de Ìbàdàn cujo soberano é denominado Akirè.
ÌKIRI, s. Ato de vagar, perambular. < kiri – andar. Ó kiri ilú lọ – Ela andou pela cidade.
ÌKÌRUN, s. Uma cidade próxima a Òṣogbo cujo soberano é chamado de Akìrun.
ÌKÍRUN, s. As horas marcadas para oração dos muçulmanos feita cinco vezes por dia. < kí + ìrun.
ÌKÌYÀ, ÀKÌYÀ, s. Coragem, bravura.
ÌKO, s. Palha da costa, fibra de ráfia extraída da palmeira igi ọ̀gọ̀rọ̀. Raphia vinifera.
ÌKÓ, s. 1. Ato de bater na cabeça de uma criança como castigo. Ó sọ ọmọ mi níkó – Ele castigou meu filho com um cascudo. 2. Um broto que brota de um inhame. 3. Bico de um pássaro. 4. Também usado na composição de palavras.
ÌKÓBÌRINJỌ, s. Poligamia. V. orogún.
ÌKÓBÓ, s. Impotência sexual.
ÌKÓÓDẸ, s. Papagaio de penas vermelhas. V. odídẹ.
ÌKÓGUN, s. Estrago, despojos, pilhagem de guerra.
ÌKÓJÁ, s. Propósito, objetivo, intenção, obediência às leis.
ÌKÓJỌ, ÌKÓJỌ́PỌ̀, ÀKÓJỌ́PỌ̀, s. Ajuntamento, acumulação, coleção.

ÌKOKÓ, s. Bebê, recém-nascido. Ìkokó náà ṣọkún – O bebê está chorando. = jòjòló.

ÌKÒKÒ, s. Pote, vasilha. Ìkòkò ọbẹ̀ náà tóbi – O pote de sopa é grande.

ÌKÒKÒ IGBẸ́, s. Urinol.

ÌKOKÒ, KÒRIKÒ, s. Hiena. Ìkòkò njẹ ẹran – A hiena está comendo carne.

ÌKÒKÒ PAKỌ, s. Gamela.

ÌKOKORO, ÀKOKORO, s. 1. Dor de dente. 2. Estilo de penteado de mulher.

ÌKÒKÒ TÁBÀ, s. Cachimbo.

ÌKÓLÉ, s. Assalto de uma casa.

ÌKÓLẸ̀, s. Pazinha para usos diversos.

ÌKÓLẸ́RÚ, s. Cativeiro.

ÌKÒLÓJÚ, s. Encontro face a face, confronto.

ÌKÓLÒLÒ, s. Gagueira.

ÌKÓLỌ, s. Afastamento, distanciamento.

ÌKÓMỌJÁDE, s. Batizado, cerimônia de dar o nome a uma criança.

ÌKÓMỌ́RA, s. Abraço.

ÌKÓNÍJÁNU, s. Restrição, controle. Ó kó ara rẹ̀ níjánu – Ele mostrou autoridade.

ÌKÓNU, ÀKÓNU, s. Purificação da boca.

ÌKÓPỌ̀, s. Integral.

ÌKÓRÈ, ÀKÓRÈ, s. Colheita.

ÌKÓRÍJỌSÍ, s. Núcleo.

ÌKÓRÍ ỌYÀN, s. Bico do seio.

ÌKÓRÍTA, ORÍTA, s. Cruzamento de ruas, encruzilhada.

ÌKORÒ, s. Amargor.

ÌKÓSO, s. Controle, restrição, limitação.

ÌKÓTÍ, s. Alfinete de ferro para usar nos cabelos.

ÌKÒTÓ, ÒKÒTÓ, s. Um pequeno caracol. V. ìgbín.

ÌKÒYÍ, s. Cidade a noroeste de Ogbómòṣó.

ÌKỌ́, s. Anzol, gancho.

IKỌ̀, s. Mensageiro, delegado, representante.

IKỌ́, s. Tosse. Ikọ́ bá mi jà – Eu tenho tosse. V. bájà.

ÌKỌ́, ÌKỌ́LÉ, s. Ato de construir uma casa.
IKỌ́FÉ, s. Tosse constante, asma.
IKỌ́-ÌHA, s. Pleurisia.
IKỌ́JẸ̀DỌ̀JẸ̀DỌ̀, s. Pneumonia, pleurisia.
ÌKỌJÚSÍ, s. Atenção, oposição.
ÌKỌJÚJÀSÍ, s. Assalto, ataque. Ó ṣe ìkọjújà sí mi – Ele fez um assalto a mim, ele me assaltou.
ÌKỌ́KÀ, ÀKỌ́KÀ, s. Primeiro livro lido. V. kọ́kà.
ÌKỌKÀNLÁ, num. Décimo segundo.
ÌKỌ̀KỌ̀, s. Privacidade, segredo. Ó sọ̀rọ̀ ìkọ̀kọ̀ – Ele teve uma conversa em segredo.
ÌKỌ́KỌRẸ̀, s. Tipo de alimento feito de inhame.
ÌKỌ́KÚKỌ́, s. Ensino péssimo, de má qualidade.
ÌKỌKÚKỌ, s. Uma má escrita, uma canção ruim.
ÌKỌLÀ, ÀKỌLÀ, s. Circuncisão, tatuagem, marca tribal.
ÌKỌ́LÀBÁ, s. Sacola a tiracolo.
ÌKỌ́LẸ́KỌ́, s. Instrução.
ÌKỌ́LẸ́SẸ̀, ÌKỌ́SẸ̀, s. Obstrução, impedimento. < kọ́ + ẹsẹ̀.
ÌKỌLÙ, ÀKỌLÙ, s. Assalto, ataque.
ÌKỌLURA, ÀKỌLURA, s. Colisão, ataque.
ÌKỌ́NI, s. Instrução.
ÌKỌ́NKOSO, s. Ratoeira com milho e inhame como isca.
ÌKỌNNÚ, s. Indignação.
ÌKỌ̀RỌ̀, ÌKỌ̀RỌ̀GÚN, s. Recanto, canto.
ÌKỌSAAN, s. Brilho, um lampejo forte.
ÌKỌ́SẸ́, s. Aprendizado, treino.
ÌKỌSẸ̀, ÀKỌSẸ̀, ÌKỌ́LẸ́SẸ̀, s. Ato de bater o pé em alguma coisa, obstrução. < kọ + ẹsẹ̀.
ÌKỌSẸ̀BÁ, ÀKỌSẸ̀BÁ, s. Chance, oportunidade.
ÌKỌ̀SÍLẸ̀, ÀKỌ̀SÍLẸ̀, s. Renúncia, separação, divórcio, deserção.
ÌKỌSÍLẸ̀, ÀKỌSÍLẸ̀, s. Ato de escrever, registros, escritos.
ÌKỌ́SÓRÍ, s. Memorização.
ÌKỌ́TÀ, ÀKỌ́TÀ, s. O primeiro livro vendido.

ÌKỌ́WÁ, ÀKỌ́WÁ, s. O primeiro a vir.

ÌKỌ̀WÉ, s. Escrita. *Kò sí omi ìkọ̀wé nínú kálamù mi* – Não há tinta de escrever dentro da minha caneta.

IKÚ, s. Morte. *Ikú wọ inú ahoro ṣákálá* – A morte entra numa casa vazia em vão (fig. ling.).

ÌKÚ-ÀFỌWỌ́RỌRÍKÚ, s. Morte natural.

ÌKÚDÚ, s. Poço de água em desuso, abandonado. V. *kànga*.

IKÚ-FÚN-ÒTÍTỌ́, ÌJẸ́RÍKÚ, s. Martírio, morrer em testemunho da verdade. V. *ẹ̀rí*.

ÌKÙGBÙÙ, ÀKÙGBÙÙ, s. Presunção, imprudência, precipitação.

ÌKÙ-ILÉ, s. Cumeeira de uma casa.

ÌKÚKU, s. Névoa, cerração, nuvens.

ÌKÚÙKÙ, s. Punho.

IKUN, s. Muco, saliva, bílis.

IKÙN, s. Barriga, estômago, abdome. *Òrìṣà bí ikùn kò sí, ojojúmọ́ ni ó ngba ẹbọ* – Não há orixá como o estômago, ele recebe oferendas todos os dias. V. *inú*.

IKÚN, s. Um tipo de esquilo com problema de surdez.

ÌKÚN, s. 1. Ancas, quadril. 2. Inchação, aumento. *Ìkún wó* – aumento de dinheiro. = *ẹ̀kún*.

ÌKÙN, s. Murmúrio, rumor, resmungo. *Mo gbọ́ ìkùn nínú ìyàrá* – Eu ouvi um rumor no quarto.

ÌKÙNÀ, s. Fracasso.

ÌKÚNÁ, s. Processo de pulverização.

ÌKÚNLẸ̀, s. Ato de dobrar os joelhos. < *kúnlẹ̀* – ajoelhar.

ÌKÚNLÓJÚ, s. Consideração, apreciação, ato de satisfazer.

ÌKÚNNÁ, s. Ato de algo ser moído a um pó, finura, maciez.

ÌKÚN-OMI, s. Enchente, inundação.

ÌKÚNPÁ IFÁ, s. Bracelete, pulseira com a magia de Ifá.

ÌKUNRA, ÌPARA, s. Unguento, pomada para o corpo.

ÌKÚNRA, s. Gravidez. *Ẹ kú ìkúnra o!* – Parabéns pela sua gravidez!

ÌKÙNSÍNÚ, s. Queixa, murmúrio, lamentação.

ÌKÚNWỌ́, s. Punhado, mão cheia. < *kún* + *ọwọ́*.

ÌKÚNWỌ́SÍLẸ̀, ÀKÚNWỌ́SÍLẸ̀, s. Nível que atinge a inundação, cheio até a borda, transbordante.
ÌKÚNU, s. Lentidão ou relutância para pedir uma coisa a tempo.
ÌKÚRA, ARA KÍKÚ, s. Impotência sexual.
ÌKÙTÈ IFÁ, s. Contas, ornamentos pessoais do sistema de Ifá.
ILÀ, s. Tatuagem, marcas, listras. Essas marcas tribais serviam para distinguir os diferentes clãs *yorubás*. Quando feitos três traços paralelos de cada lado das bochechas, estes são denominados *àbàjà mẹ́ta*.
ILÁ, s. Quiabo.
ÌLÀ, s. Linha, marca desenhada em papel ou riscada no chão. *Ìlà kíká* – linha curva; *ìlà wíwó* – linha oblíqua.
ÌLÁBÌRÙ, s. Calcinha, ceroula.
ÌLADÍ, s. Explicação, demonstração, comentário.
ÌLÀDÚN, ÌSÁNDÚN, s. Os primeiros frutos. < *là* + *ọdún*.
ÌLÀÁGÙN, s. Transpiração, suor. V. *òógùn*.
ÌLAGBÀ, s. Chicote, açoite.
ÌLÀ-ÌBÚ AYÉ, s. Latitude.
ÌLÀ-ÌFÀ, s. Gráfico, linha que demarca uma função.
ÌLÀ-ÌRÓ AYÉ, s. Longitude.
ÌLÀ-IṢẸ́, s. Tarefa no campo de trabalho.
ÌLAIYÀ, s. Remédio que supostamente dá coragem.
ÌLAÍYÀ, ÌLÁYÀ, s. Coragem, bravura.
ÌLÀJÀ, ÌLÀNÍJÀ, s. Reconciliação, mediação, arbitragem.
ÌLÀJÀ, ÌLÀKỌJÁ, s. Penetração, indo através de. *Ó la ọ̀nà já = Ó la ọ̀nà kọjá* – Ele passou ao longo da estrada.
ÌLÀJÚ, s. Cultura, civilização.
ÌLÀKÀLẸ̀, s. Um tipo de planta.
ÌLÁKỌ̀ṢẸ̀, s. Tipo de caramujo pequeno.
ÌLALẸ̀HÙ, s. Aquilo que cresce espontaneamente.
ÌLÀMỌ̀RÀN, s. Proposta, projeto, sugestão.
ÌLÀNÀ, s. Regulamento, procedimento, regra.
ÌLÀNÀ-ÒFIN, s. Lei, ordenação.

ÌLÀNÍJÀ, s. Reconciliação, mediação, arbitragem.

ÌLANU, s. Abertura, fissura. < là + ẹnu.

ÌLÀ-OÒRÙN, s. Leste, Oriente.

ÌLÀ ÒṢÙKÁ, s. Linha em forma espiral.

ÌLÀ-ỌRAN, s. Linha torcida.

ÌLARA, s. Inveja, ciúme, ressentimento. *Ìlara náà ìgbẹ́ ni* – A inveja é uma merda.

ÌLÁRÁ, s. Nome de uma cidade *yorubá*.

ÌLÀRÍ, s. Mensageiro do rei, arauto.

ÌLÀSẸ̀, ẸLÀSẸ̀, IBẸ́SẸ̀, s. Cortes, fendas na pele debaixo dos dedos do pé da pessoa.

ÌLÀSÍLẸ̀, s. Instrução.

ÌLÁṢA, s. Folha do quiabo.

ÌLAWỌ́, s. Generosidade, liberalidade.

ÌLÁWUN, ÌLÁHUN, s. Avareza, mesquinhez, pão-duro.

ÌLÀYÀ, s. Medo.

ÌLÁYÀ, s. Coragem.

ILÉ, s. Casa. *Òun ti lọ sílé* – Ela já foi para casa. Também usado na formação de palavras. V. *adodo*.

ILÉ ABẸ́RẸ́, s. Caixa de agulhas.

ILÉ ADÌẸ, s. Galinheiro.

ILÉ AGOGO, s. Relojoaria, torre do relógio.

ILÉ ÀGBÀSÙN, s. Casa mobiliada.

ILÉ ÀGBÀWỌ̀, s. Alojamento, hotel.

ILÉ ÀPATÀ, s. Matadouro.

ILÉ ARỌ́, s. Forja, oficina de ferreiro.

ILÉ-AṢOJÚ, s. Embaixada.

ILÉDÈ, s. Representação de uma pessoa ausente, procuração. *Ẹ kú ilédè o!* – Uma forma de saudação desejando que tudo esteja bem na ausência de alguém que não está presente.

ILÉDÌ, s. Casa para encontros privados.

ILÉ EGBÒGI, s. Dispensário, beneficência.

ILÉ ÈRÒ, s. Casa de descanso, de repouso, dormitório.

ILÉ ẸIYẸ, s. Gaiola.

ILÉ ẸIYẸLÉ, s. Pombal.

ILÉ ẸJÓ, s. Corte, fórum judicial.

ILÉ ẸKÓ, s. Escola, curso. *Ilé alákòóbèrè* – escola primária; *ilé èkó gíga* – universidade, escola secundária; *ilé ìkáwé* – biblioteca.

ILÉ-ẸKÓ GÍGA, s. Escola de segundo grau.

ILÉ ẸLẸ́DẸ̀, s. Chiqueiro.

ILÉ ẸSIN, s. Estábulo.

ILÉ Ẹ̀WÒN, s. Prisão.

ILÉ ÌBÍLẸ̀, s. Casas tradicionais.

ILÉ ÌBÓ AKÚ, s. Local de culto aos mortos. < *kú* – morrer; *ikú* – morte; *akú* – morto, cadáver.

ILÉ ÌDÁNÁ, s. Cozinha.

ILÉ-ÌKÓWÉ, s. Sala de aula.

ILÉ-ÌRAN, s. Cinema.

ILÉ-ÌSÙN, s. Dormitório.

ILÉ-IṢÒPÒ, s. Fábrica.

ILÉ-ITÀJÀ, s. Loja.

ILÉ ÌWẸ̀, s. Banheiro.

ILÉ ÌWÒSÀN, s. Hospital. V. *wòsàn*.

ILÉ ÌYÀGBẸ́, s. Lavatório, latrina.

ÌLÉJÁDE, s. Expulsão.

ÌLÉKÈ, s. Superioridade, ato de estar por cima.

ÌLEKÈ, s. Superioridade.

ILÉKÉWÚ, s. Escola arábica.

ILÉKÍLÉ, s. Uma casa qualquer.

ILÉ KORÍKO, s. Casa coberta com sapê.

ÌLÉ KÚRÒ, s. Afastamento, repulsa.

ÌLÉLỌ, ÌLÉ LÙGBẸ́, s. Afastamento, ato de seguir em frente.

ILÉENÁ, s. Caixa de fósforos. > *igi iná* – palito de fósforo. V. *ìṣaná*.

ILÉ OLÓDI, s. Castelo, cidadela, fortaleza.

ILÉ ÒRÌṢÀ, s. Casa das divindades, casa de santo.

ILÉ OYIN, s. Colmeia.

ILÉ ỌBA, s. Palácio real.
ILÉ ỌJÀ, s. Loja.
ILÉ ỌLỌ́PÁ, s. Delegacia de polícia.
ILÉ ỌLỌ́RUN, s. Casa de Deus, igreja.
ILÉ-ỌNÀ, s. Museu.
ÌLÉPA, s. Perseguição, caçada.
ÌLÉPADÀ, s. Retrocesso.
ÌLERA, s. Saúde. *Tábà kò rere sí ìlera* – O cigarro não faz bem à saúde; *Owó há níyelórí jù ìlera rẹ lọ bí?* – O dinheiro é mais valioso do que a sua saúde?
ÌLÉRÍ, s. Promessa. *Mo gbẹ́kẹ̀lé àwọn ìlérí Ọlọ́run* – Eu acredito nas promessas de Deus.
ÌLÉRÒRÒ, s. Bolha, algo empolado.
ILÉRU, s. Fornalha.
ILÉṢÀ, s. Uma cidade *yorubá* cujo soberano é denominado de Ọwá. < *ilé òrìṣà*.
ILÉTÀWÉ, s. Livraria. < *ilé + tà + ìwé*.
ÌLÉTÒ, s. Vila, vilarejo.
ILÉTỌ̀, s. Banheiro.
ILÉ TÚBÚ, s. Prisão.
ILÉWỌ́, s. O mesmo que *ṣàṣàrà*. É colocado atrás da porta para impedir a entrada de doenças nas casas.
ILẸ̀, s. Chão, terra, solo. Usado na composição de frases.
ÌLẸ̀, s. Enxerto, vínculo.
ILẸ̀ ÀIYÉ, s. Mundo.
ILẸ̀ BÍBỌ́, s. Chão batido.
ILẸ̀BÍÍRÍ, **ILẸ̀ BÍRÍKÍTÍ**, s. Pequeno lote de terra.
ÌLẸ̀DÚ, s. Adubo, terra preta, solo arável, parte superior do solo.
ILẸ̀GBÓNÁ, s. Catapora, varicela, varíola.
ILẸ̀ ÌNÍ, **ILẸ̀NÍNÍ**, s. Herança, possessão.
ILẸ̀ ÌPAKÀ, s. Local onde o milho é debulhado.
ÌLẸ̀KẸ̀, s. Contas de um colar, contas de um rosário, um fio de contas. V. *lágídígba, sègi, iyùn*.
ÌLẸ̀KẸ̀ IYÙN, s. Contas de coral.
ÌLẸ̀KẸ̀ ỌPỌ̀LỌ́, s. Ovas de rã.

ÌLẸKÙN, s. Porta. Ó ṣílẹkùn fún mi – Ela abriu a porta para mim.

ILẸNÍNÍ, s. Herança, possessão.

ÌLẸPA, s. Laterita. < ilẹ + pupa.

ILẸ TI ṢÚ, exp. Anoiteceu (lit. o chão se tornou escuro).

ILẸYÍLẸ, s. Chão nu.

ÌLÒ, LÍLÒ, s. Uso, prática, costume. Ẹran yìí jẹ fún lílò àwọn ènìà náà – Esta carne é para uso destas pessoas.

ÌLÒ AGBÁRA, s. Coerção, força.

ÌLÓBÚ, s. Uma região yorubá cujo soberano é denominado de Olóbú.

ÌLÒDÌSÍ, s. Oposição, uma ação contrária. Ó ṣe èyí ní ìlòdìsí òfin – Ele fez isto em oposição à lei.

ÌLÒKÍLÒ, ÌLÒKÚLÒ, s. Mau uso, uso impróprio.

ÌLÒ OÒGÙN, s. Dosagem, poção médica.

ÌLÓRÍKUNKUN, s. Teimosia, insistência, obstinação. Ó lórí kunkun – Ele é insistente.

ÌLORO, s. Pórtico.

ÌLÓRÓ, s. Picada, veneno.

ÌLÒSÍ, s. Comportamento, costume. Ìlòsí rẹ dára púpò – O comportamento dela é muito bom.

ÌLÓSÙN, ÌLÓṢÓ, s. Um tipo de grama.

ÌLÓṢÓ, s. Cócoras, ato de se agachar.

ÌLÓYÚN, s. Gravidez, concepção.

ÌLỌ, ÀLỌ, s. Partida, saída. V. ìjáde.

ÌLỌ, KÌLỌ, s. Advertência, aviso, preceito, inquérito. Ó kìlọ fún mi = Ò kì mí nílọ – Ele me fez uma advertência. < kì + ìlọ.

ÌLỌKÀN, s. Coragem.

ÌLỌKÚRÒ, s. 1. Partida. 2. Filtração, ato de passar por dentro. Omi lọkúrò lára yanrìn – A água foi filtrada pela areia.

ÌLỌLÙ, s. Emaranhado, entrelaçado. = ìlópò.

ÌLỌNLỌ, adv. De um lado para o outro. Ìlọnlọ ni ó nrìn – Ele está andando em zigue-zague.

ÌLÓPO MÉJÌ, s. Dobro, duplo, duplicação. Ìlópo méjì àgbàdo tó sè – duplicação do milho que ela cozinhou; Nísisìyí mò nṣisẹ ní ìlópo méjì – Agora eu estou trabalhando duas vezes mais. Obs.: ìlópo mẹta – triplo; ìlópo mẹrin – quádruplo etc.

ÌLÓPÒ, s. Entrelaçado, emaranhado.
ÌLÓRA, s. Indolência, lentidão, preguiça.
ÌLÒRÍ, s. Nome dado a uma criança gerada antes que a menstruação tenha se restabelecido.
ÌLORIN, s. Nome de uma cidade yorubá.
ÌLÓRÒ, s. Riqueza, prosperidade.
ÌLOSÍWÁJÚ, s. Progresso, avanço.
ÌLÓSÍWÓÓWÓ, s. Indiferença.
ÌLÓWÓGBÀ, s. Extorsão, tomada pela força.
ÌLU, s. Verruma, perfurante.
ÌLÙ, s. Atabaque, tambor. Algumas denominações de acordo com a finalidade e a forma: *àdàmò, àgèrè, apínti, àyé, bàtá, bèmbé, dùndun, émélé, gángan, gbèdu, ìgbìn, kìrìbótó, kósó, koto, kànnàgó, ògìdì, sèkèrè, yángédé.*
ÌLÚ, s. Cidade, terra, região, país. *Èyí ni ìlú mi* – Esta é minha cidade.
ÌLÙ, s. Tambor, um tipo de toque de atabaque.
ÌLÙBOLÈ, s. Surra, derrota. *Ó fún mi ní ìlùbolè* – Ele me deu uma surra.
ÌLÚ ETÍ, s. Tímpano.
ÌLUJÁ, ÀLUJÁ, s. Perfuração, penetração.
ÌLÚMÓ, s. Esconderijo, ocultação, omissão.
ÌLÚ-NLÁ, s. Uma grande cidade, metrópole.
ÌLÚWÈ, s. Nado, natação.
ÌMÀDÒ, ELÉDÈ IGBÓ, s. Javali.
ÌMÀLE, s. Maometano, muçulmano. *Èsìn ìmàle* – religião muçulmana.
IMALÈ, s. Emblema do culto aos ancestrais.
ÌMÁRADÚRÓ, s. Continência, firmeza.
ÌMÁRALE, s. Fortalecimento.
IMATIKO, s. Instrumento para lançar flechas com mais força.
ÌMÁWÒ-ARA, s. Encarnação.
ÌMÉFÒ, s. Suspeita, dúvida.
ÌMÈLÈ, s. Indolência, preguiça.
ÌMÉNUKÀN, s. Alusão.
IMÍ, s. Estrume, excremento. = *ìgbé.*
ÌMÍ, s. Respiração, fôlego.
IMÍ-ESÚ, s. Tipo de planta usada em infusão contra coceira.

ÌMÍ, ÒMÍ, *adj.* e *s.* Outro, outra coisa. *V. òmíràn.*

ÌMÍĘ̀DÙN, *s.* Gemido, suspiro.

ÌMÍHĘLĘ̀, *s.* Palpitação, arquejamento.

ÌMÍJÁDE, *s.* Expiração, soprar para fora.

ÌMÍKANLĘ̀, *s.* Respiração profunda, suspiro.

IMÍ-OÒRÙN, *s.* Enxofre.

ÌMÍRÀN, *s.* Outro. *Ìmíràn ènìà* – outra pessoa. *V. míràn.*

ÌMIRÍSÍ, *s.* Assentimento, ato de acenar com a cabeça. *< mì + orí + sí.*

ÌMÍSÍNÚ, *s.* Inspiração, ato de colocar ar nos pulmões.

ÌMÍSÍSÉ, *s.* Dispneia.

ÌMÍSÍTA, *s.* Expirar, colocar o ar para fora dos pulmões, exalar.

ÌMÌTÌTÌ ILĘ̀, *s.* Terremoto. *Ìmìtìtì-ilè̩ lànlà yíò sí wà* – Haverá grandes terremotos.

ÌMÓFO, *s.* Vazio, vácuo, despontamento.

ÌMÓJÚKUKU, *s.* Coragem, audácia, temeridade.

ÌMÓJÚKÚRÒ, *s.* Conivência, negligência,

ÌMÒÒKÙN, *s.* Mergulho.

IMOORE, *s.* Gratidão. *< mò̩ + oore. V. o̩pé.*

ÌMÓORU, *s.* Raiva. *< mú + ooru.*

ÌMÓTÚTÙ, *s.* Frieza, refrigeração.

ÌMÒYE, ÀMÒYE, *s.* Sabedoria, compreensão, previsão. *< mò̩ + òye.*

ÌMÒ̩, *s.* Cultura, saber, conhecimento. *Ìmò̩ edèe yorùbá rè pò̩* – Seu conhecimento da língua *yorubá* é grande; *ìmò̩ è̩kó̩ nípa ìsìn* – cultura do ensino sobre a religião.

ÌMÒ̩BÚBURÚ, *s.* Cultura ruim.

ÌMÓGAARA, *s.* Transparência, translúcido.

ÌMOHUNGBOGBO, *s.* Onisciência.

ÌMÒ̩-ÌJÌNLĘ̀, *s.* Ciência.

ÌMÓ̩KÀNLE, *s.* Encorajamento.

ÌMÒ̩LÁRA, *s.* Sensação, emoção, percepção. *Té̩té̩ títa máa nfà ìmò̩lára tí ó lágbára* – O jogo costuma atrair sensações extremamente fortes.

ÌMO̩LÉ, ILÉ MÍMO̩, *s.* Casa, edificação. *< mo̩ + ílé.*

IMO̩LĘ̀, MO̩LĘ̀, *s.* Espíritos, divindades. *= Irúnmo̩lè̩.*

ÌMỌ́LẸ̀ – ÌMÚLÓKUN

ÌMỌ́LẸ̀, s. Luz.
ÌMỌ́LẸ̀ ÌRÀWỌ̀, s. Luz, brilho das estrelas.
ÌMỌ́LẸ̀ OÒRÙN, s. Luz do sol. Ìmọ́lẹ̀ ojọ́ – dia claro.
ÌMỌ́LẸ̀ Ọ̀ṢÙPÁ, s. Luar, luz da lua.
ÌMỌ̀MỌ̀ṢE, s. Intenção, vontade própria, deliberação.
IMỌ̀ ỌPẸ, s. Folhagem do dendezeiro.
ÌMỌ́RA, s. Adaptação.
ÌMỌ̀RÀN, ÌMỌ̀, s. Conselho, opinião, conhecimento. Ìmọ̀ràn yìí pé fún mi – Esta orientação é ótima para mim; Mo gba ìmọ̀ràn náà – Eu aceitei a sugestão.
ÌMỌ̀RỌ̀, s. Conselho, aviso. < mọ̀ + rọ̀.
ÌMỌ́TÓTÓ, s. Limpeza, asseio, higiene. Ìyá mi wípé kí a wà ní ìmọ́tótó nígbà gbogbo – Minha mãe disse que nós deveríamos sempre estar limpos.
ÌMỌ̀WÉ, ÌWÉMÍMỌ̀, s. Livro da sabedoria, erudição. < mọ̀ + ìwé.
IMÚ, s. Nariz, focinho. Mo ní imú kan tí ó ní ihò méjì – Eu tenho um nariz que tem duas aberturas.
ÌMÚ, s. Caçada, captura.
ÌMÚ, ÌMU, pref. Usado na composição de palavras.
ÌMÚBÍNÚ, s. Desespero, irritação.
ÌMÚBÍSÍ, s. Aumento, crescimento.
IMÚ DÍDÍ, s. Rinite.
ÌMÚDÚRÓ, s. Firmeza, estabilidade.
ÌMÚGÌRÌ, s. Inteligência, esperteza.
ÌMÚHÌNWÁ, s. Ato de trazer notícias, proclamação.
ÌMÚJÁDE, s. Saída, conclusão, consequência, extração.
ÌMUKÚMU, s. Embriaguez, bebedeira. < mu + kú + mu.
ÌMÚKÚN, s. Ato de ser torcido, estropiado, ter os joelhos para dentro.
ÌMÚKÚRÒ, s. Dedução, remissão, indicação.
ÌMÚLÁRÁDÁ, s. Cicatrização, recuperação.
ÌMÚLE, s. Ato de reafirmar, de tranquilizar.
ÌMULẸ̀, s. Promessa, tratado, convênio (lit. beber junto à terra).
ÌMÚLẸ̀MÓFO, s. Desapontamento, miragem, vacuidade.
ÌMÚLÓKUN, s. Fortalecimento. V. agbára.

ÌMÚLÓ̩KÀNLE, s. Confirmação.

ÌMUMU, s. Um tipo de planta.

ÌMÚNÁ, s. Ferocidade, severidade, picante. *Ìmúná ni ata yìí = Ata yìí mú —* Esta pimenta é picante. V. *muna*.

ÌMÚNÍBÍNÚ, s. Provocação.

ÌMÚNÍNÚDÙN, s. Alegria.

ÌMÚNMÚNÁ, s. Vagalume, pirilampo.

ÌMÚPADÀ, s. Restauração, restituição.

ÌMÚRA, s. Prontidão, preparação. Ó *wà ìmúra ìjà* – Ele está preparado para a luta.

ÌMÚRAGÌRÌ, s. Inteligência, esperteza.

ÌMÚRASÍLÈ̩, s. Prontidão, estar pronto para uma ação.

ÌMÚSÀN, ÌMÚNISÀN, s. Causa da cura de uma doença.

ÌMÚ̩SE̩, s. Compulsão.

ÌMÚ̩SE̩, s. Cumprimento, realização.

ÌMUTÍPARA, ÌMUTÍYÓ, s. Bebedeira, intoxicação. < *mu + o̩tí + yó*.

IN, E̩N, adv. Sim.

INÁ, s. Fogo. *Paná, e̩ jé̩ká lo̩ sùn* – Apague o fogo, e vamos dormir.

ÌNÀ, s. Açoite, castigo, punição.

ÌNÁ, s. Despesa com dinheiro, gasto.

ÌNÁ, s. Cantárida, um inseto que, reduzido a pó, tem diversas aplicações medicinais. Ó *kóná* – Ele fez marcas (no corpo) com o líquido extraído do inseto. *Lytta vesicatoria*.

INÁBÌRÌ, s. Espécie de planta cuja raiz serve como um tônico, as folhas combatem problemas intestinais, as sementes são usadas para fazer marcas faciais. *Plumbago zeylanica*.

ÌNÁDÀNÙ, s. Desperdício.

ÌNAHÙNPÈ, s. Ato de gritar para alguém. < *nà + ohùn + pè*.

ÌNAPÁ, s. Ato de estender os braços. < *nà + apá*.

ÌNÀKA, s. Ato de apontar. < *nà + ìka*. Ó *náka sí mi* – Ele apontou o dedo para mim.

ÌNÁJÀ, s. Negócio, transação comercial. < *ná + o̩jà*.

ÌNAJÚ, *s.* Passar o tempo, perder algum tempo, ato de relaxar. < *nà + ojú.*

INÁ ORÍ, *s.* Piolho na cabeça.

ÌNÁRA, *s.* Gasto em termos de energia.

ÌNÀRÓ, *s.* Postura em pé.

INÁRUN, *s.* Urticária.

ÌNÁWÓ, *s.* Despesa, gasto. < *ná + owó.*

ÌNAWǪ́, *s.* Ato de estender a mão. < *nà + ọwọ́*

ÌNAWǪ́SÍ, *s.* Ato de dar, de oferecer. Ó *nanwọ́ onjẹ sí mi* – Ela ofereceu comida para mim. < *nà + ọwọ́ + sí.*

ÌNÍ, *s.* Possessão, propriedade.

ÌNILÁRA, *s.* Opressão, sobrecarga, responsabilidade.

ÌNINILÁRA, *s.* Opressão, tirania.

ÌNÍPǪN, *s.* Densidade.

ÌNIRA, *s.* Encargo, atribulação, complicação, desconforto.

ÌNÍRAN, *s.* Lembrança, reminiscência.

ÌNITARA, *s.* Zelo, cuidado.

ÌNǪKÍ, *s.* Chimpanzé.

ÌNǪRÓ, *s.* Altura.

ÌNRIN, *v.* V. *ìrin.*

INÚ, *s.* Estômago, ventre, interior, interno, no íntimo de. É usado no sentido de expressar algo íntimo. *Inú mi dùn láti rí ọ* – Estou feliz por ver você (*lit.* meu interior está doce por ver você); *Inú mi bàjẹ́* – Estou aborrecido (*lit.* meu interior está estragado); *Inú ìyá dùn sí wọn púpọ̀* – A mãe é muito doce, carinhosa para eles; *Inú mi yíô dùn púpọ̀* – Eu serei muito grato; *Owó wà nínú àpò* – O dinheiro está dentro da bolsa. É usado na composição de palavras. V. *nínú.*

INÚ BÀJẸ́, *s.* Aborrecimento, depressão.

INÚBÍBÍ, **ÌBÍNÚ**, *s.* Raiva, ira.

INÚBÚBURÚ, *s.* Interior ruim, perverso, maldoso. Ó *nínú búburú* – Ele tem um coração ruim, ele é maldoso.

INÚDÍDÌ, *s.* Constipação, irritação.

INÚDÍDÙN, *s.* Alegria, contentamento.

INÚFÙFÙ, *s.* Temperamento ruim, mau humor.

INÚFUNFUN, s. Coração puro, honestidade.

INÚKAN, s. Confiança.

INÚKÍKÙN, s. Indigestão.

ÌNURA, s. Ato de limpar o corpo. *Aṣọ ìnura* – toalha de banho. < *nù* + *ara*.

INÚRERE, s. Benevolência, bondade, caridade. *Ó nínú rere* – Ele tem benevolência, ele é caridoso. *Obs.: ní* + *inú* = *nínú*.

INÚRÍRUN, **INÚRUN**, s. Dor de estômago, cólica. *N kò fẹ́ kí ibà tàbí àìsàn ṣe inúrírun* – Eu não quero que tenha febre ou dor de estômago.

ÌNÙSẸ̀, s. Tapete.

INÍṢÍṢÓ, s. Temperamento rude.

INÚṢÍṢU, s. Diarreia.

INÚTÍTẸ̀, s. Disenteria.

INÚTÍTẸ́, s. Doçura, meiguice, compaixão.

INÚ WÀ DÙN, exp. Estamos felizes.

INÚYÍYỌ́, s. Bondade, ternura, contentamento. *Mo rí iyọ́nú lọ́dọ̀ rẹ̀* – Eu encontrei bondade na presença dela.

IPA, s. Caminho, trajetória, linha de conduta, trilha, curso. *Ipa tó kó nínú iṣẹ́ yìí* – A trajetória que ele fez nesta tarefa.

IPÁ, s. 1. Força, violência. *Ó mú mi nípá fẹsẹ̀ rìn* – Ele me pegou à força e me fez caminhar; *Ó mú mi nípá láti ṣe é* – Ele me forçou a fazer isto; *ìwà ipá* – caráter violento. 2. Convulsão, desmaio, epilepsia. *Ipá mú gírí* – Ele teve uma convulsão de repente. = *wárápá*.

ÌPÁ, s. 1. Pontapé, patada. *Ó fún mi ní ìpá* – Ele me deu um pontapé. 2. Hidrocele, elefantíase. V. *ìpákè*.

ÌPA, pref. Usado na composição de palavras.

IPÁ AFÉẸ́FẸ́, s. A força do vento.

ÌPADÀ, s. Retorno, volta. *Ó sọ ti ìpadà wá rẹ̀ fún mi* – Ela falou do retorno dele para mim.

ÌPADÀBỌ̀, s. Volta.

ÌPADÀSẸ́HÌN, s. Recaída.

ÌPÀDÉ, s. Reunião, encontro. *Ó pe ìpàdé àwọn ara ilé rẹ̀* – Ele convocou uma reunião com os parentes dela.

ÌPADÈ – ÌPAMÓRA

ÌPADÈ, s. Peças de vestuário deixadas por um caçador para serem usadas no mundo dos espíritos, após sua morte, juntamente com oferendas apropriadas. V. *àjèjé*.

IPADÒ, s. Curso das águas de um rio. < *ipa + odò*.

ÌPÀGÓ, s. Ato de armar uma barraca. V. *ago*.

ÌPAHÍNKEKE, s. Ranger de dentes.

ÌPAHÙNDÀ, s. Alteração, mudança de voz.

ÌPÁIYÀ, s. Pânico, terror, consternação.

ÌPAJÁ, s. Cedo pela manhã.

ÌPAJÈ, s. Ato de matar um animal para comer. < *pa + je*. *Ekùn pa ewúré mi je* – O leopardo matou minha cabra e comeu.

ÌPAJÚMÓ, s. Cura.

ÌPAKÀ, s. Farinha de milho.

ÌPAKAN, s. Sacrifício de animal. V. *ìpankan*.

ÌPÁKÈ, s. Hérnia.

ÌPÀKÓ, s. Parte de trás da cabeça, occipital.

ÌPAKÚ, s. Assassinato, ato de matar com crueldade.

ÌPAKÚPA, s. Ato de matar de forma indiscriminada, holocausto.

ÌPÀÀLÀ, s. Ato de estabelecer fronteiras, demarcação.

ÌPALÁMOLÙ, s. Bater com um pé no outro ao pular.

ÌPALÁRA, s. Ferida, machucado, dano, risco.

ÌPALÉ, s. Ato de esfregar o chão e as paredes com a finalidade de impermeabilizar, usando as folhas *ewé ìpalé*, sendo esta a razão do nome.

ÌPALÈ, s. Ato de endurecer o chão.

ÌPALÉBI, s. Fome.

ÌPALÈMÓ, s. Preparação, preparativo. Por ocasião de um casamento, representa um tipo de investigação para saber se há algum impedimento ligado a alguma entidade tutelar que seja desfavorável à união.

ÌPALÉNUMÓ, s. Ato de ficar em silêncio.

ÌPAMÓ, s. Preservação, manutenção.

ÌPAMÓRA, s. Paciência, fortaleza. *Ó pa ìjìyà náà móra* – Ele suportou a dor com força e paciência. < *pa + mó + ara*.

IPANILÉBI, s. Fome.

ÌPANKAN, PÍPA, s. Sacrifício, matança. *Bàbá ṣe ìpankan fún àwọn òrìṣà wa* – Papai fez o sacrifício para o nosso orixá; *Ẹ jẹ́kálọ síbi ìpankan* – Vamos ao local da matança (de animais). < *ìpa* + *nkan*. V. *ohun-kan*.

ÌPÀNPÁ, PÀNPÀ, s. Acordo comercial. *Wọ́n dì pànpà* – Eles fizeram um acordo (*lit.* eles amarraram um acordo).

ÌPÀNÌÀ, s. Assassinato, homicídio. < *pa* + *ènìà*.

IPANILÁRA, s. Lesão, machucado.

ÌPANU, s. Lanche, ato de pegar algo para comer.

IPANUMỌ́, s. Ato de ficar em silêncio. = *ìpalẹ́numọ́*.

ÌPÀPÓ, s. Nome de uma árvore cujas folhas são usadas para enrolar *ẹ̀kọ*.

ÌPAPỌ̀, ÀPAPỌ̀, s. Soma, total, montante. *Gbogbo ilẹ̀ yìí ní àpapọ̀* – Toda esta terra tem união.

ÌPAPÓSÍDÀ, s. Cerimônia de aniversário da morte de uma pessoa, com visita ao cemitério e oferecimento de frutas e flores. = *pẹ̀gbẹ́dà*.

ÌPARA, s. Unguento, pomada.

ÌPÀÀRÀ, s. Ferrugem, desgaste, desassossego, inquietação.

ÌPÀÀRÀ, s. Idas e vindas, visitação frequente.

IPARADÀ, s. Disfarce, alteração, transfiguração.

IPARAMỌ́, s. Modéstia, humildade.

IPARẸ́, s. Esvanecimento, apagamento.

IPARÍ, s. Conclusão, vencimento, acabamento.

IPÁRÍ, s. Calvície.

ÌPARIWO, ARIWO-PÍPA, s. Barulho.

ÌPARUN, s. Aniquilação, destruição completa.

ÌPÀÀRỌ, ÌPÀṢÍ PÀÀRỌ̀, s. Mudança, troca de algo por outro.

IPARỌ́RỌ́, s. Calma, quietude.

IPARÚBỌ, s. Imolação, sacrifício. *Ó pa àgùtàn rúbọ* – Ele ofereceu um carneiro para o sacrifício.

ÌPARUKU, s. Ato sexual. *Wọ́n nṣiré ìparuku* – Eles estão brincando de fazer o ato sexual precocemente.

ÌPARUN, s. Destruição. *Onímọ̀-ìjìnlẹ̀ gíga kìlọ̀ ìparun ayé* – Grandes cientistas alertam contra a destruição do mundo.

IPASẸ̀, s. Pegada, vestígio, trilha. < *ipa + ẹsẹ̀*.

ÌPASẸ̀, s. Movimento para ninar uma criança. < *pa + ẹsẹ̀*.

IPÁSISÀ, s. Influência.

ÌPAṣÍPÀÀRỌ̀, s. Permuta, câmbio.

ÌPAṣU, s. Corte do inhame para o plantio.

ÌPÁTÁ, s. Maroto, moleque, desordeiro.

ÌPATÀ, s. Ferrugem, corrosão, bolor.

ÌPÀTẸ, s. Tabuleiro no qual se vendem mercadorias. < *àtẹ* – tabuleiro.

ÌPATẸ́WỌ́, s. Aplauso. < *pa + atẹ́ + ọwọ́*. V. *pawọ́*.

ÌPATÌ, ÀPATÌ, s. Ato de deixar uma coisa ou alguém de lado.

ÌPÀWỌ̀DÀ, s. Ato de mudar de cor, transfiguração. < *pa + àwọ̀ + dà*.

ÌPAWỌ́DÀ, s. Experiência, tentativa de um novo método. < *pa + ọwọ́ + dà*.

ÌPÁYÀ, s. Pânico, terror, pavor. < *pá + àyà*.

ÌPÀYẸ́, s. Estilo de penteado feminino.

ÌPÈ, s. Convite. *Ìpè yìí ìbínú* – Este convite envolve aborrecimento.

ÌPÈJẸ, ÀPÈJẸ, s. Convite para um banquete.

ÌPÈJỌPỌ̀, s. Convocação, assembleia, reunião.

ÌPÉKERÉ, s. Banana madura assada. V. *bọ̀ọ̀lì*.

ÌPÈKÙ, s. Banquinho para sentar.

ÌPÈLÉ, s. Pano exterior usado por uma mulher em cima do ombro rodeando o peito até a cintura. V. *ìborùn, bùbá*.

IPÉLÉ, PÉLÉ, s. Pequenos cortes feitos nas faces dos nativos para distinguir suas origens tribais.

ÌPENÍJÀ, s. Desafio.

IPÉNPÉJÚ, s. Pálpebra.

ÌPÈRÈ, s. Pequenos caracóis.

ÌPERÉDÀSÍWÁJÚ, s. Aceleração.

ÌPERÉDÀSẸ́HÌN, s. Desaceleração.

ÌPÈSÈ, s. Um tipo de tambor usado nos rituais de Ifá.

ÌPÈSÈ, ÌPÈSÈSÍLẸ̀, s. Provisões feitas com antecipação, ato de prover.

ÌPÈÈṢẸ́, s. Ato de juntar restos depois de uma colheita.

ÌPÈSÁN, s. Folha do bilreiro.

ÌPÈTE, s. Projeto, criação.

ÌPẸ̀, s. Consolo, apaziguamento. *Ó ṣe ìpè fún mi* = *Ó fún mi nípẹ̀* – Ele me deu um consolo.

ÌPẸ́, s. 1. Palha do milho. *Ìpẹ́ àgbàdó* – espiga ou palha do milho. 2. Escama de peixe. *Kò le ejá láìpẹ́* – Ele não pode comer peixe sem escamas.

ÌPẸ́ ÈÈRẸ̀, ÌPẸ́ ÒÒRẸ̀, s. Espinho longo do porco-espinho.

ÌPẸ̀HÌNDÀ, s. Volta para trás, retorno, meia-volta.

ÌPẸ̀KA, s. Ramificação. < *pa* + *ẹ̀ka*.

ÌPẸ̀KAN, s. Acidez.

ÌPẸ̀KUN, s. Fim, término, limite.

ÌPẸ́PẸ́, s. Escama de peixe, casca de ferida. *Ara mi ti ìpẹ́pẹ́* – Meu corpo tem cascas, estar descascando.

ÌPẸ́PẸ́RẸ́, s. Coisas pequenas, insignificantes.

ÌPẸẸ̀RẸ̀, ÒPẸẸ̀RẸ̀, s. Membros jovens de uma comunidade.

ÌPẸ̀TA, s. Nome de um arbusto cuja raiz é usada para lavar roupas. *Securidaca longipedunculata (Polygalaceae)*.

ÌPẸ̀TA, s. Ferrugem. = *dógún*.

ÌPẸ̀TẸ̀, s. Tipo de comida feita com inhame.

ÌPILẸ̀, ÌPILẸ̀ṢẸ̀, s. Fundação, começo, origem. *Wọ́n ni ìpilẹ̀sẹ̀ ilé òrìṣà yìí* – Eles são os fundadores deste templo.

IPIN, s. Secreção ocular, remela.

ÌPÌN, s. Um inseto com uma forte picada.

ÌPÍN, ÌPÍFÚNNÍ, s. Divisão, partilha, porção, lote. *Wọ́n ṣe ìpín nínú gbogbo ènìà* – Eles fizeram uma partilha entre todas as pessoas.

ÌPÍHÙN, s. Acordo, promessa, pacto, barganha.

ÌPÍNKÁRÍ, *adj.* Distributivo.

ÌPÍNLẸ̀, s. Fronteira, demarcação, limite entre duas cidades.

ÌPINNU, s. Resolução, acordo, determinação.

ÌPÍNYÀ, s. Separação, partilha, dissolução de uma parceria.

ÌPÌTÀN – IRÀ

ÌPÌTÀN, s. Tradição oral.

ÌPÌWÀDÀ, s. Mudança de caráter, de personalidade, comportamento inconsistente. < pa + ìwà + dà.

ÌPIYẸ́, s. Pilhagem, saque.

ÌPÒ, s. Cargo, posto, posição, lugar, situação. Ó padà sí ipò rẹ̀ – Ele voltou para o posto dele; Ó dípò mi – Ele se tornou meu sucessor; Ó fi èyí sí ipò rẹ̀ – Ele substituiu este por aquele (lit. ele colocou este para o lugar dele); Kíni ipò rẹ̀ nínú èsin? – Qual o seu cargo dentro da religião?; Ó wà nínú ipò kan ti ó sọro – Ele está em uma situação difícil. > agbapò – sucessor.

ÌPOHÙNRÉRÉ-ẸKÚN, s. Lamentação.

ÌPOLÓWÓ-ỌJÀ, s. Anunciante, divulgador.

IPÒ-ÒKÙ, s. Lugar dos mortos.

ÌPÒYÌ, ÌDÒYÌ, s. Ato de girar em volta de, rotação, perambulação. Ìlà ìpòyì – girar em volta de um eixo.

IPỌN, s. Espessura, grossura (para materiais, roupas). Aṣọ yìí ní ipọn – Esta roupa tem espessura.

ÌPỌN, s. Colher de pau. V. ṣíbí.

ÌPỌ́NJÚ, s. Dificuldade, aflição, adversidade. Ó wà ní ìpọ́njú – Ele se sente um miserável.

ÌPÒNJÚ, s. Testa.

ÌPỌ́NNI, s. Adulação, lisonja.

ÌPÒNRÍ, s. O dedão do pé, símbolo da ancestralidade. Dedão do pé direito simboliza a ancestralidade masculina; dedão do pé esquerdo, ancestralidade feminina. < ìpín + orí.

ÌPỌSÍ, s. Desprezo, ato de desdenhar alguém ou alguma coisa.

ÌPỌ̀SÍ, s. Aumento. < pọ̀sí. Ó pọ̀sí lówó – Ele aumentou em riqueza.

ÌPÒSÌN, s. Favorito, preferido. Ó yan aya yìí ní ìpòsìn – Ele escolheu esta esposa como favorita.

ÌPURỌ́, IRỌ́PIPA, s. Mentira, falsidade.

IRÁ, s. Cidade da região de Tápà.

ÌRÀ, s. Um tipo de árvore. Bridelia ferruginea (Euphorbiaceae).

IRÀ, s. Pântano, brejo, lama.

ÌRÁ, s. Um tipo de animal parecido com o antílope.
ÌRÀDÀNÙ, s. Putrefato.
ÌRÀDỌ̀BÒ, s. Proteção, abrigo, defesa.
ÌRÁHÙN, s. Súplica.
ÌRÀKÚRÀ, s. Compra de coisas desnecessárias.
ÌRAN, s. 1. Geração, descendência. Àwọn òbí mi kú, sùgbọ́n ìran mi wà láyè – Meus pais estão mortos, porém meus descendentes estão vivos; ìrandíran – de geração em geração. Obs.: ìran + dé + ìran. 2. Visão, transe, aparição, exibição, espetáculo. Mo lọ wò ìran – Eu fui ver um espetáculo; Mo rí ìrán – Eu vi uma visão. > àwòran – quadro.
ÌRÁN, s. A extremidade da espinha, rabo de tartaruga. Ìrán ìdí – cóccix.
ÌRÀNÀ, s. V. adìẹ ìrànà.
ÌRAN-ÀTẸLÉ, **ÌRAN-ẸHÌN**, s. Gerações futuras.
ÌRÀNJẸ, s. Uma pequena árvore cujas folhas são usadas como laxativo. *Fluggea virosa (Euphorbiaceae)*.
ÌRÁNLỌ, **ÌRÁNLỌKÚRÒ**, s. Demissão, dispensa.
ÌRÀNLỌ́WỌ́, s. Ajuda, socorro, auxílio.
ÌRÀNLỌ́WỌ́ OWÓ, s. Auxílio financeiro.
ÌRÀN-NRÁN, s. Delírio durante o sono.
ÌRÁNPỌ̀, s. 1. Ironia. 2. Ato de costurar junto.
ÌRÁNSÍ, s. Ato de transmitir, de enviar um veneno a uma pessoa com a finalidade de matá-la.
ÌRÁNṢẸ́, s. Mensageiro, empregado.
ÌRÁNṢẸ́BÌNRIN, s. Empregada.
ÌRÁNṢẸ́KÙNRIN, s. Empregado.
ÌRÁNṢẸ́-ỌLỌ́RUN, s. Mensageiro, ministro de Deus.
ÌRÁNṢỌ, s. Costura, estilo de costura.
ÌRÁNTÍ, s. Lembrança, memória, recordação. Ìrántí orò ọdún mi mẹ́ta – lembrança da minha obrigação de três anos.
ÌRÀNWÚ, s. Fiação.
ÌRAPÁ, s. Parte traseira do macaco destituída de pelos.
ÌRAPA, s. Fazenda que não possui grandes árvores para dar sombra.
ÌRÀPADÀ, s. Remissão, redenção.

ÌRÁÀRE, s. Miséria, existência de condições difíceis.

ÌRÁRÍ, s. Raspagem dos cabelos da cabeça.

ÌRÀSÍLẸ̀, s. Resgate, libertação da escravidão.

ÌRÀWÉ, s. Folhas secas.

ÌRÀWỌ̀, s. Estrela.

ÌRÀWỌ̀-ABÌRUṢỌỌRỌ, ÌRÀWỌ̀-ONÍRÙ, s. Cometa.

ÌRÀWỌ̀ ÀGUÀLÀ, s. Planeta Vênus, a estrela da manhã.

IRAWỌLẸ̀, IWAJE, s. Planta usada para fazer remédio contra eczema. *Diodia scandens (Rubiaceae).*

IRE, s. Praga, execração.

ÌRÉ, s. Uma cidade *yorubá* a noroeste de *Ìkìrun*.

IRÉ-AKỌ, IRÉPÁ, s. Jogo rude, bruto.

IRÉ, ERÉ, ATÉ, s. Jogo. > *siré* – brincar.

IRE, OORE, s. Bondade, bênção, sorte. *Ẹ kú orí're o!* – Boa sorte!; *Ó ro ire sí mi* – Ele desejou sorte para mim. V. *rere*.

ÌRÉBỌN, s. Gatilho, pavio.

IRÉ-DÍJÚDÍJÚ, IRÉ-BOJÚBOJÚ, s. Película que se forma nos olhos dos cegos. V. *idílójú*.

ÌRÈDE-ÒRU, s. Diversão.

ÌREGÚN, s. Repreensão, censura. *Ó ṣe ìrègún fún mi* – Ele me repreendeu.

ÌRÉGBÈ, s. Loquacidade, prolixidade. *Ó nwí ìrégbè* – Ele está falando tolices, disparates.

IRÉ-IJÉ, s. Corrida, raça, competição.

ÌRÉJÚWÀRÀ, s. Creme, nata.

ÌREKÉ, s. Cana-de-açúcar.

IRÉKÍRÉ, s. Jogo bruto.

IRÉKỌJÁ, s. Passar por cima, indiferença.

ÌRÈNÍ, adv. Dentro de quatro dias.

IRÉPA, s. Jogo áspero.

IRÉPE, s. Um pedaço de tecido.

ÌRERA, s. Arrogância, altivez, orgulho.

ÌRERÉ, ÌRÉ ÌDÍ, s. Penas da cauda dos pássaros.

IRÉSÍSÁ, s. Corrida, competição.

ÌRETÍ, s. Esperança, expectativa. *Ìrètí yìí dòfo* – Esta é uma esperança vazia; *Mo nwo ọjọ́-iwájú pẹ̀lú ìrètí* – Eu vejo o futuro com esperança.

ÌREWÁJÚ, s. Progresso, crescimento, ato de ir para a frente. *Mo nrewájú* – Eu estou progredindo; *Ọlá mi nrewájú* – Meu prestígio está aumentando. < *rè* + *iwájú*.

ÌREWÁJÚ ÀSÈ, s. Reação antecipada.

IRẸ́, s. Seringueira, látex.

ÌRẸ̀, s. Grilo.

ÌRẸ, s. Desgaste, fadiga.

ÌRẸ̀DÀNÙ, s. 1. Frustrar, gorar, fazer explodir. 2. Ato de as árvores perderem as folhas.

ÌRẸ̀HÌN ÀSÈ, s. Reação contrária, para trás.

ÌRẸ́JẸ, s. Engano, decepção, fraude.

ÌRẸ̀LẸ̀, s. Modéstia, humildade.

ÌRẸ́PẸ, s. Cortes (de tecido).

ÌRẸ́PỌ̀, s. Concórdia, harmonia.

ÌRẸSÀ, s. Nome de duas cidades, uma a leste e outra a sudeste de *Ogbómọ̀sọ́*. Em uma delas, o povo é mais negro, *Ìrẹsàdú*, e na outra é mais claro, *Ìrẹsàpa*; na aparência, porém, pertencem ao mesmo clã.

ÌRẸ́SÌ, s. Arroz (do inglês *rice*). *Ìrẹ̀sì sísè ni o fẹ́ẹ́ ẹ tàbí tútù?* – Você quer arroz cozido ou cru (*lit.* é arroz cozido que você quer ou cru)?

ÌRẸ̀SÍLẸ̀, s. 1. Humilhação, rebaixamento. 2. Ato de as árvores perderem as folhas.

ÌRẸ̀TẸ̀ MÉJÌ, s. O décimo quarto *odù-ifá*.

ÌRẸ̀WẸ̀SÌ, s. Dejeção, depressão de espírito.

ÌRÍ, s. Aparência, aspecto.

ÌRÌ, s. Orvalho, sereno. *Ìrì máa nsé púpọ̀ láàrọ̀* – O orvalho costuma aparecer de manhã; *Ìrì wọ̀wọ̀ ọmọ ìyá òjò* – O forte nevoeiro é o filho da chuva (*fig. ling.*).

ÌRÌ-ÒRU, s. Sereno da madrugada.

ÌRÌ-ÒWÚRỌ̀, s. Sereno, névoa da manhã.

ÌRÍDÍ, s. Prova, descoberta, entender a causa de alguma coisa.

ÌRÌDÍDÌ, s. Neve, nevasca.

ÌRÍJÚ, s. Camareiro, auxiliar de serviços.
ÌRÍKÚRÌ, s. Uma visão, uma aparência ofensiva.
IRIN, s. Metal, ferro. *Irin yìí dóògun* – Este metal enferrujou.
IRÌN, s. Raiz, tendão. *Irìn èékán* – raiz da unha; *irìn irun* – raiz dos cabelos; *irìn ọmì* – raiz de uma equação; *irìn ohùn* – cordas vocais; *irìn wíwú* – tendinite.
IRÌN, s. Passeio, caminhada. *Ìrìn ti sú mi* – O passeio me cansou.
IRIN, s. Gênero, sexo. *Ẹ̀kọ́ nípa ìrin ẹ̀dá* – sexologia; *ẹ̀yà ìrin* – órgão sexual; *ìrin akọ* – sexo masculino; *ìrin abo* – sexo feminino. = *ìnrin*.
ÌRIN, s. Umidade. *Ìrin ẹ̀kòló* – vermes que proliferam na terra úmida.
ÌRÌN-ÀJÒ, s. Viagem, jornada.
ÌRÌNDỌ̀, s. Náusea.
ÌRÍNISÍ, s. Percepção de uma pessoa.
ÌRINKÁ, s. Caminhada, dar uma volta.
ÌRÌNKIRI, s. Ato de vagar, de perambular.
ÌRINLẸ̀, s. Umidade.
IRÌN ỌFUN, s. Traqueia.
IRÌN ỌMÌ, s. Raiz de uma equação.
ÌRINPẸ̀LẸ́, s. Gentileza.
ÌRINSÍWÁJÚ, s. Progresso.
IRINṢẸ́, s. Ferramenta de trabalho.
IRÍNWÓ, *num.* Quatrocentos.
ÌRÍRA, s. Antipatia, aversão, abominação.
ÌRÍRÍ, s. Ato de ser experiente, experiência. *Ó rí ìrírí ayé* – Ele aparenta a experiência do mundo.
ÌRÍSÍ, s. Aparência. *Ìrísí rẹ dára púpọ̀* – Sua aparência é muito boa.
ÌRÓ, s. 1. Tecido para mulher usado em volta da parte de baixo da cintura, saia. *Ẹ̀gbọ́n mi wà ìró rẹ̀* – Minha irmã procurou a saia dela. V. *bùbá*. 2. Som, ruído de um impacto. 3. Notícias, novidades. *Ìró yìí dé tí mi* – Esta novidade chegou até mim; *Ó lọ fún wọn ní iròhìn* – Ele foi e deu a eles as notícias. 4. Ereção, firmeza. *Ó nàró* – Ele permaneceu ereto. < *nà* + *ìró*.
ÌRÒ, ÌRÒNÚ, s. Pensamento.
ÌRO, ÌNỌ̀KÍ, s. Chimpanzé.

ÌRÒBINÚJẸ́, s. Remorso, arrependimento, aflição.
ÌROBÒ, s. Sangramento, hemorragia. = *ìyọ̀dí*.
ÌROFÁ, s. Sineta cônica usada pelos *bàbáláwo*.
ÌROGÚN, s. Instilação, indução.
ÌRÒHÌN, ÌRÒÌN, s. Notícias, reportagens. *Ó lọ fún wọn ní ìròhìn* – Ele foi e deu a eles as notícias; *ìwé ìròhìn* – revista.
ÌRÓJÚ, s. Oportunidade, chance. *Àwọn kò ní ìrójú* – Eles não têm chance. < *ro + ojú*.
ÌRÒJÚ, s. Franzir as sobrancelhas, amarrar a cara. *Ó di ìròjú fún mi* – Ele se aborreceu comigo (*lit.* ele mudou o rosto para mim); *Ó ní ìròjú kò ṣe e* – Ele não tem inclinação para fazer isto.
ÌROKÁ, s. Lamúria de uma pessoa para outra.
ÌRÓKÒ, s. Um tipo de árvore que atinge grandes proporções, é vista como a morada de uma divindade. *Chlorophora excelsa (Moraceae)*.
ÌROKO, s. Espécie de quiabo.
ÌRÓKO, ÌROLẸ̀, s. Trabalho na terra, agricultura.
ÌRÒKÚRÒ, ÌRÒKÍRÒ, s. Pensamento ruim, um mau propósito. < *ìrò + kú + ìrò*.
ÌRÓLÉ, s. O estado de um herdeiro, sucessão por herança.
ÌROLẸ̀, s. Trabalho na terra. *Ọkọ́ ìrolẹ̀* – enxada para o trabalho na terra.
ÌRÒLÙ, ÀRÒLÙ, s. O total, o resultado.
ÌRÓNÀ, s. **1.** Ato de estar de lado, ocioso. **2.** Intriga, conspiração, trama. *Ó rọ́nà sílẹ̀ dè mí* – Ele conspirou contra mim. < *ro + ọ̀nà*.
ÌRÒNÚ, s. Pensamento, reflexão, cogitação. = *ìrorí*.
ÌRÒNÚPÌWÀDÀ, s. Arrependimento, remorso. *V. padà*.
ÌRÒPÍN, s. Cálculo por média.
ÌRÒPỌ̀, ÀRỌ̀PỌ̀, s. Soma, total.
ÌRORA, s. Dor no corpo. < *ro + ara*.
IRORẸ́, s. Acne. *Irorẹ́ sú mi lójú* – Eu tenho espinhas no rosto (*lit.* as espinhas brotaram no meu rosto).
ÌRORÍ, s. Reflexão, cogitação. < *rò + orí*.
ÌRORÒ, s. Brutalidade, rudeza, severidade.

ÌROSẸ, s. Ato de esperar, de aguardar.

ÌRÒSÙN, s. Uma árvore cujas flores são pequenas, de cor amarela e branca no centro. A madeira desta árvore é amarelada e, quando roída pelo cupim, ìyẹ̀, produz um pó que é usado para salpicar a bandeja de madeira,ọpọ́n ifá, e marcar os traços de Ifá. Após a divinização, o cliente ingere parte do pó e esfrega o restante na testa. O talo da árvore, quando ferido, revela uma forte cor vermelha. *Baphia nitida (Papilonaceae)*. V. ìyẹ̀rẹ̀, ìrókò.

ÌRÒSÙN, s. Um tipo de pássaro.

ÌRÒTẸ́LẸ̀, ÀRÒTẸ́LẸ̀, s. Previdência, precaução.

IRỌ́, s. Mentira, falsidade. *Irọ́ ni ẹsẹ̀ kékeré* – A mentira tem pernas curtas. > *purọ́* – mentir.

ÌRỌ, ÀRỌ, s. Funil.

ÌRỌ́, s. Ruptura.

ÌRỌBÍ, s. Trabalho de parto, aflição, confinamento.

ÌRỌ̀GÚN, ÀRỌ̀GÚN, s. Apoio.

ÌRÒGBÀKÁ, ÌRÒGBÀYÍKÁ, s. Cerceamento, ato de circundar.

ÌRÒGBỌ̀KÚ, s. Sofá, cama, divã, ato de se espreguiçar, de se recostar.

ÌRỌ́JÚ, s. Persistência, oportunidade. < *rọ́ + ojú*.

ÌRỌJÚ, s. Mansidão, moderação. < *rọ̀ + ojú*.

ÌRỌ́KẸ̀, s. Sineta para uso ritualístico.

ÌRỌ́KO, s. Resistência, força. *Ó ní ìrọ́ko* – Ele tem poder de resistência.

ÌRỌ́KẸ̀KẸ̀, s. Tumulto, distúrbio.

ÌRỌ̀LẸ́, s. Crepúsculo, o anoitecer entre 16h e 19h. < *rọ̀ + lẹ́*.

ÌRỌLẸ̀, s. Calma, tranquilidade, quietude.

ÌRỌLÓJÚ, s. Ato de domesticar. < *rọ̀ + lójú*. *Mo rọ ẹran nàá lójú* – Eu domestiquei aquele animal.

ÌRỌ̀LÓYÈ, s. Demissão, dispensa. < *rọ̀ + oyè*.

ÌRỌ́LÙ, s. Corrida em direção a.

ÌRỌ́NÚ, s. Jejum, resistência em face da fome.

ÌRỌ́NÚ-ÀÁNÚ, s. Compaixão, piedade.

ÌRỌPÁ, s. Permanência, suporte. < *rọ̀ + apá*.

ÌRỌ́PÒ, s. Sucessão, substituição. < *rọ́ + ipò*.

ÌRỌRA, s. Calma, paz, sossego. < rọ̀ + ara.
ÌRỌRÍ, s. Travesseiro, almofada, apoio para a cabeça. < rọ̀ + orí.
ÌRỌ̀RÙN, s. Conveniência, facilidade.
ÌRỌTÍ, s. Funil para despejar licor. < rọ + ọtí.
ÌRỌ́TÌ, s. Ato de descartar, separação, pôr de lado.
ÌRỌWÓ, s. Câmbio, troca de dinheiro.
ÌRỌWỌ́RỌSẸ̀, s. Um ato fácil, sem dificuldade.
ÌRỌYÈ, ÀRỌYÈ, s. Ato de ser apontado, de ser escolhido para uma função.
ÌRỌ̀YÌN, s. Fertilização. Ìgbà ìrọ̀yìn – período de fertilização.
IRÚ, s. Tipo, espécie, gênero, raça. Irú yìí ni mo fẹ́ – É desta espécie que eu quero; Irú ilé wo ni o kọ́? – Qual o tipo de casa que você construiu?
ÌRÙ, s. Rabo, cauda.
ÌRÚ, s. Submissão, servilismo. Ìrú ni ó nsìn lọ́dọ̀ mi – Ele deve lealdade a mim. > irúurú – vários tipos.
ÌRÚBỌ, s. Sacrifício.
ÌRUDI, s. Broto, botão de uma flor.
ÌRÚ Ẹ̀JẸ̀, s. Submeter-se por meio de um juramento.
ÌRÙẸṣIN, s. Cetro feito com os pelos do rabo do cavalo, usado por algumas divindades. Òrìsà gbà ìrùẹṣin mu lọ́wọ́ òsì – A divindade segurou o cetro com a mão esquerda.
ÌRÚFÍN, s. Transgressão, omissão da lei.
IRÚGBÁ, s. Semente usada como alimento. = ìgbá.
IRÚGBÌN, s. Semente.
IRÙGBỌN, s. Barba. < irun + àgbọ̀n.
ÌRÚJÚ, ÌṢÚJÚ, s. Mágica, prestidigitação. < rú + ojú. Ó rú mi lójú – Ele me confundiu.
ÌRÚKÈRÚDÒ, s. Tumulto, algazarra.
ÌRÚKẸ̀RẸ̀, ÌRÚKẸKẸ, s. Cetro feito com pelos do rabo do cavalo ou do antílope, presos a um pedaço de couro devidamente ornado, simboliza autoridade e realeza. É a insígnia de reis e dos bàbáláwo. V. ìrùẹṣin.
ÌRÙKẸ̀RẸ̀ ÀGBÀDO, s. Barba de milho.
ÌRÚLÚ, s. Insurreição, revolução, sedição. < rú + ìlú.
IRUN, s. Cabelo.

IRUN ABÍYÁ, s. Pelos das axilas.
IRUN Ẹ̀ẸKẸ́, s. Cavanhaque.
IRUN ẸYINJÚ, s. Cílios.
IRUN-GÀNRÀNGÀNRÀN, s. Pelos rijos, como de uma barba curta.
IRUNGBỌ̀N, **IRÙGBỌ̀N**, s. Barba.
IRUN-ÌGBEGBERÉJÚ, s. Sobrancelha.
IRUN IMU, s. Bigode.
IRUN-ÌPÉNPÉJÚ, s. Cílios.
ÌRUN, s. Uma reza muçulmana.
ÌRÚNLẸ̀, s. Ato de cavar um buraco para entrar numa casa e roubar.
IRUNMÚLỌ́MÚLỌ́, s. Pelo macio, pele.
ÌRÚNRA, s. Ato de torcer o corpo.
ÌRUNÚ, s. Indignação, raiva. < *ru + inú*.
ÌRÚWÉ, s. Flor, florescimento.
ÌRÙYÀ, s. Emético, que provoca vômito.
ISÀ, s. Buraco, toca, cova. *Èkúté yìí gbé isà náà* – Este rato vive neste buraco.
ÌSÀ, s. Consideração, respeito, honra.
ÌSÀBA, s. Incubação, choco.
ÌSÁDI, s. Refúgio.
ÌSÀGATÌ, s. Assédio, cerco.
ÌSAGÍDÍ, s. Teimosia, obstinação.
ÌSÁJU, s. Favorecimento.
ÌSÀLẸ̀, s. Alicerce, base, a parte de baixo de alguma coisa. *Ó wà ní ìsàlẹ̀* – Ele está triste (*lit.* ele está por baixo); *Ilé ní ìsàlẹ̀ ni mo rí* – Eu vi uma casa lá embaixo; *Ó lọ sí ìsàlẹ̀* – Ele foi para baixo.
ÌSÀLẸ̀, BÀBÁ ÌSÀLẸ̀, s. Título dado a um irmão mais velho que renuncia a seus direitos em detrimento de um irmão mais novo, embora retenha o direito de agir como regente na ausência dele.
ÌSÁLỌ, s. Ação de correr para longe, fugir.
ÌSÁLÚ ỌRUN, s. O firmamento, uma parte do espaço celestial divino destinado ao julgamento das pessoas falecidas. V. *ọrun*.
ÌSÀMÌ, s. Batismo.

ISÁN, *s.* Um espaço de nove dias.

ÌSÁN, *s.* Ostra.

ÌSÁN ÀRÁ, *s.* Corrente elétrica.

ÌSANPADÀ, *s.* Recompensa, retribuição, devolução.

ÌSANRA, *s.* Corpulência, vigor.

ÌSÁNSÁ, *s.* Fugitivo, desertor, renegado, vagabundo.

ISÀ-ÒKÚ, *s.* Túmulo, sepultura.

ÌSÁPAMỌ́, *s.* Esconderijo. < *sá* + *pamọ́*.

ÌSAPÓ, *s.* Tipo de droga.

ÌSAWÙRÚ, *s.* Caramujo.

ÌSÉDÒ, *s.* Represa, barragem.

ÌSÉNÀ, *s.* Bloqueio, obstáculo. < *sé* + *ọ̀nà*.

ÌSẸ̀, **SÍSẸ̀**, *s.* Denodo, abnegação.

ÌSẸ̀GẸ̀DẸ̀, *s.* Fezes, sedimentos.

ÌSẸ́RA-ẸNI, *s.* Abnegação.

ÌSẸTÀ, *s.* Almíscar.

ÌSÌ, *s.* Má reputação. *Ìsì rẹ́ bà kálẹ̀* – Você se tornou desacreditado; *adísì sílẹ̀* – pessoa que deprecia outra.

ÌSÍHÙN, *s.* **1.** Erguer a voz. **2.** Uma cerimônia de noivado.

ÌSIMI, **ÌSINMI**, *s.* Pausa, descanso. *Ọjọ́ ìsinmi* – dia de descanso, domingo.

ÌSIN, *s.* Escravidão.

ÌSÌN, **Ẹ̀SÌN**, *s.* Religião, culto, serviço religioso. *Aago mélǒ ni ìsìn òrìṣà yíò bẹ̀rẹ̀?* – A que horas o culto começará?; *A ṣe ìsìn òrìṣà* – Nós fizemos um culto à divindade.

ÌSÍNJẸ, *s.* Escárnio.

ÌSÌNKÚ, *s.* Enterro, funeral. < *ìsin* + *òkú*.

ÌSÌNKÚSÌN, *s.* Adoração, culto indiscriminado.

ÌSÌNRÚ, *s.* Escravidão, servilismo.

ÌSÍNWÍN, *s.* Loucura.

ÌSÍRÒ, *s.* Cálculo. *Ìsírò àsìkò* – cálculo do tempo; *ìsírò owó* – cálculo do dinheiro.

ÌSISÌYÍ, *adv.* Agora, no presente momento. *V. nísisìyí.*

ÌSO, s. Amarração.

ISÓ, s. Eliminação de gases pelo ânus.

ÌSOLÙ, ÌSOPÒ, s. União, ligação.

ÌSOMÓRA, s. Coesão, união.

ÌSORÍKODÒ, s. Inversão.

ÌSORÍKO, s. Desânimo, abatimento.

ÌSORÒ, s. Suspensão, elevação.

ÌSOYÌGÌ, s. Casamento, matrimônio.

ÌSÒ, s. Barraca, tenda de mercado para expor mercadoria. *Wón lo sí ìsò eja míràn* – Eles foram para a outra barraca de peixe; *Aso ìsò yìí wón púpò* – A roupa desta loja é muito cara.

ÌSO, s. Assertiva, ditado.

ÌSO-ÀSODÙN, s. Exagero.

ÌSODAHORO, s. Desolação.

ÌSODASÁN, s. Aniquilação.

ÌSODÀÀYÈ, s. Pressa, aceleração, ato de reavivar.

ÌSODIPÚPÒ, s. Multiplicação.

ÌSODIMÍMÓ, s. Santificação.

ÌSODÒFO, s. Abolição.

ÌSODÒMÌNIRA, s. Liberação, liberdade.

ÌSODOMO, s. Adoção.

ÌSODÒTUN, s. Renovação.

ÌSÒ ERAN, s. Barraca de carne, açougue.

ÌSOGBÈ, s. Satélite. *Ìsògbè àtowódá* – satélite artificial; *ìsògbè ìràwò* – planeta.

ÌSOJÍ, s. Revivificação.

ÌSOKÀ, s. Armadilha para pegar passarinho feita com milho.

ÌSÒKALÈ, s. Descenso, caminho para baixo.

ÌSÒKÒ, s. Apedrejamento.

ÌSÒKÓ, s. Grupo de pessoas para um mesmo objetivo temporário.

ÌSÓKÌ, s. Contração.

ÌSOKÚN, s. Choro, lamento.

ÌSỌKÚSỌ, s. Conversa inútil.

ÌSỌMỌLÓRÚKỌ, s. Cerimônia de dar o nome a uma criança recém-nascida.

ÌSỌMỌGBÈ, **ÌSỌNGBÈ**, s. Cercania, vizinhança, proximidade.

ÌSÒRÒ, s. Conversação.

ÌSÒRÒ-ÒDÌ, s. Blasfêmia, calúnia.

ÌSỌTA, s. Desordeiro, áspero, duro.

ÌSỌTÉLÈ, s. Profecia, predição. *Àwọn ìsọtélè nípa òpin àiyé* – predições sobre o fim do mundo.

ÌSỌWÓ, s. Companheiro, parceiro.

ÌSỌYÉ, **ÀSỌYÉ**, s. Explanação.

ÌSÒYÈ, s. Remédio usado para a memória.

ÌSUN, s. Fonte, nascente de água. = *orísun.*

ÌSÚN, s. Ato de trazer para junto de si, atração.

ÌSÙN, **SÍSÙN**, s. Ato de dormir.

ÌSÚNMỌ́, **ÀSÚNMỌ́**, s. Ato de se aproximar.

ÌSÚNRAKÌ, s. Encolhimento, contração, precaução.

ÌSÚRE, s. Bênção. < *sú + ire. V. bùkún.*

ÌSÚRÉ, **ÌSÁRÉ**, s. Ato de correr.

ÌṢÀ, **ORÙ**, s. Pote de água com a boca larga. *V. àmù.*

ÌṢA, s. Maré vazante.

ÌṢÀ, s. Estragado, passado, mofado, velho. *Ìṣà ẹmu* – vinho de palma velho; *ọtí ìṣà* – bebida estragada.

ÌṢÁFÈ, s. Inanição, exaustão.

ÌṢAFOJÚDI, s. Impertinência, grosseria, afronta.

ÌṢÀJÉ̀, s. Feitiçaria, magia.

ÌṢÁJÚ, s. Aquele que antecede, que precede. < *ṣí + iwájú. V. ṣáájú.*

ÌṢAKÁ, **IFỌ̀N**, s. Coceira, doença na pele que causa comichão. *Ìṣaká sú sí mi lára* – A coceira chegou ao meu corpo.

ÌṢÀKÓSO, s. Governo. *Ìbàjẹ́ wà nínú ìṣàkóso, ìmọ̀-ìjìnlè, eré-ìdárayá, ìsìn tàbí ìṣòwò* – A corrupção existe dentro do governo, na ciência, nos esportes, na religião ou nos negócios.

ÌṢÁKÓLẸ̀ – ÌṢEKÚṢE

ÌṢÁKÓLẸ̀, s. Tributo anual pago a um concessionário pelo direito de usar terras de sua propriedade.
ÌṢÁKÚṢÁ, s. Açougue.
IṢAN, s. Nervura, músculo, tendão. Iṣan ẹsẹ̀ – músculo da perna.
ÌṢÀN, s. Corrente. Ìṣàn omi – maré, riacho, correnteza-d'água.
ÌṢÁN, s. Bastão de madeira de àtòrì, usado no culto Egúngún.
ÌṢÀN-Ẹ̀JẸ̀, s. Artéria, veia.
ÌṢÁNDÚN, ÌLÀDÚN, s. Divisão dos primeiros frutos do ano. < ṣán + ọdún.
ÌṢÁNÁ, s. Fósforo. < ìṣán + iná.
ÌṢÀNÍYÀN, s. Sociabilidade.
ÌṢÀN ỌKÀN, s. Artéria coronária.
ÌṢANSÍ, s. Afluência.
ÌṢÀNYÍKÁ, s. Circulação, fluxo ao redor de. Ìṣànyíká èjè – circulação de sangue.
ÌṢÁPÁ, s. Tipo de planta. Hibiscus sabdariffa (Malvaceae).
ÌṢÁPA, s. Ato de esfaquear para matar.
ÌṢÁPẸ̀, s. Aplausos gerais.
ÌṢÀRÒ, ÀṢÀRÒ, s. Meditação.
ÌṢÁÀSÙN, s. Sopeira.
ÌṢÁÁTA, s. Calúnia.
ÌṢÁTÌ, s. Rejeição, separação.
ÌṢÁYAN, s. Perseverança, esforço.
ÌṢÀYÀN, ÀṢÀYÁN, s. Seleção, escolha.
ÌṢE, s. Ação, costume, caráter. Ìgbéyàwó jẹ́ ìṣe tò mímọ́ ní ojú Ọlọ́run – O casamento é um costume sagrado aos olhos de Deus.
ÌṢEBI, s. Capricho, veneta.
ÌṢEDÉDÉ, s. Honestidade, retidão, exatidão.
ÌṢEFÉFÉ, s. Ostentação.
ÌṢÈGÙN, s. A arte de curar, medicina. Ìṣègùn arúgbó – geriatria; ìṣègùn aboyún – obstetrícia. > oníṣègùn – médico. < ìṣe + oògùn.
ÌṢÈGBÈ, s. Parcialidade, favoritismo.
ÌṢÈGBÉ, s. Perdição, destruição.
ÌṢÈGBỌ̀WỌ́, s. Fiança, caução.
ÌṢẸ́ ÌGBẸBÍ, s. Parteira.
ÌṢEKÚṢE, s. Ação irregular, má conduta.

ÌṢELÓGAN, s. Ação reflexiva.

ÌṢELÓPÒ, s. Manufatura, fábrica.

ÌṢELÓṢÓ, s. Decoração.

ÌṢÈLÚ, s. Política. *Ọ̀rọ̀ méjì wà tí n kì í jiyàn, ìsìn àti ìṣèlú* – Existem duas coisas que eu não costumo discutir: religião e política.

ÌṢÈNÌSÍ, s. Receber algo em agradecimento por uma compra, brinde.

ÌṢENÚNIBÍNI, s. Perseguição.

ÌṢENÚRERE, s. Bondade, ação generosa.

ÌṢEPANṢÁGÀ, s. Adultério, fornicação, prostituição.

ÌṢEPARÍ, ÌṢEPÉ, ÀṢEPÉ, s. Perfeição, acabamento, conclusão. *Ìṣeparí iṣẹ́ yìí* – a conclusão deste trabalho.

ÌṢÈPÀṢÍPÀÀRÒ, s. Câmbio.

ÌṢEPÒ, ÀṢEPÒ, s. Cooperação, participação.

ÌṢESÍ, s. Propriedade, comportamento, característica.

ÌṢEUN, s. Gentileza, favor. < *ṣe + ohun*.

ÌṢEUN-IFÉ, s. Bondade, bem-querer.

ÌṢÈWÉ, s. Editor de livros, publicador.

ÌṢÈYÀNJÚ, s. Simplificação.

IṢÉ, s. Trabalho, serviço, ocupação. *Ó wà ní ibi-iṣẹ́* – Ele está no local de trabalho; *Iṣẹ́ tí mo ṣe tán* – O trabalho que eu fiz terminou.

ÌṢÉ, s. Cansaço, atribulação. *Mo ṣíṣẹ́ = Ìṣẹ́ ṣẹ́ ni* – Eu estou cansado (*lit.* o cansaço me quebrou).

IṢÉ-ABẸ, s. Cirurgia, operação.

IṢÉ-ABÉRÉ, s. Trabalho com agulha, bordado.

IṢẸ-ÀMÌ, s. Milagre, sinal. = *iṣẹ́-ìyanu*.

IṢEBÉRÉ, s. Fração de um total.

ÌṢEBỌ, s. Ação de fazer uma oferenda. < *ṣe + ẹbọ. Ó ṣebọ* – Ele fez uma oferenda. V. *rúbọ*.

ÌṢÈDÁ, s. Criação, origens. *Ìṣèdá oníyè* – origem da vida; *ìyanu ìṣèdá* – o milagre da vida; *ìṣèdá èdùmàrè* – origem do universo.

ÌṢÈDÁLÈ, s. Costume primitivo, início. *Ìṣèdálè wa* – nossos costumes. < *ṣè + dásílè*.

ÌṢÈDÁYÉ – ÌṢÍN

ÌṢÈDÁYÉ, s. Origem do mundo.
ÌṢÉGUN, s. Vitória.
IṢÉ-ÌGBẸBÍ, s. Ofício de parteira.
IṢÉ-ÌLÚ, s. Emprego público.
IṢÉ-IPÁ, s. Trabalho árduo.
IṢÉ-ÌYANU, s. Milagre.
ÌṢÉJÚ, s. Minutos. *Agogo méjì kojá ìṣéjú mẹ́wá ni* – São 2h10; *Kí o sè iṣu fún ogún ìṣéjú* – Que você cozinhe o inhame por vinte minutos.
IṢÉKÍṢÉ, s. Qualquer tipo de trabalho. < *iṣẹ́* + *kí* + *iṣẹ́*.
ÌṢÉKÙ, s. Resto.
ÌṢÈLÈ, s. Evento, ocorrência.
ÌṢÉNÍṢÉ, s. Maus-tratos, empobrecimento, esgotamento.
ÌṢÉNÚ, s. Aborto, falha.
ÌṢÈPÀṢÍ PÀÀRÒ, s. Receber algo em troca de outra coisa.
ÌṢÉPÉ, s. Ramos para uso como lenha.
ÌṢÉPO, s. Dobras.
ÌṢÉPOLÓHUN, IṢÉDÙN, s. Tipo de árvore, espécie de grama.
IṢÉ ṢÍṢE, s. Exercício.
ÌṢÉṢÓ, s. Iniciado em feitiçaria. < *ṣẹ́* + *oṣó*.
ÌṢÉTÍ, s. Borda, bainha.
ÌṢÉYÚN, s. Aborto.
Ìṣí, s. Ato de abrir. *Ìṣí otí* – garrafa aberta.
Ìṣígo, s. Rolha de cortiça.
ÌṢÍGUN, s. Declaração de guerra. < *ṣí* + *ogun*. *Ó ṣígun* – Ele começou a guerra.
ÌṢIIGÙN, ÌṢIRIGÙN, s. Tipo de semente ou raiz aromática para uso medicinal.
ÌṢÍHÙN, s. Cerimônia em que a mulher aceita casar-se com um pretendente.
ÌṢÍJIBÒ, s. Sombreamento, ato de a sombra cair sobre. < *ṣí* + *ìji* + *bò*. *Igi yìí ṣíji bò mí* – Esta árvore jogou sua sombra sobre mim.
ÌṢÍKÀ, KỌ́KỌ́RỌ́, s. Chave.
ÌṢÍKỌ, s. Embarque. < *ṣí* + *ọkọ̀*.
ÌṢÍLÉTÍ, s. Advertência, aviso.
ÌṢÍN, s. Peixe minúsculo. V. *yoyo*.

IŞIN, s. Uma árvore com frutos comestíveis. *Blighia sapida* (Sapindaceae).
ÌŞÌNÀ, s. Engano, erro. = àṣìṣe.
ÌŞÍNU, s. Ato de quebrar ou terminar o jejum do ramadã.
ÌŞÍPAYÁ, s. Revelação.
ÌŞÍRÍ, s. Encorajamento, interesse.
ÌŞÍRÒ, s. Aritmética, contagem de números, cálculo. *Ìfà ìṣírò* – função matemática; *ìṣírò òrò* – cálculo integral.
ÌŞÌRÒ, ÀŞÌRÒ, s. Pensamento confuso.
ÌŞÍSẸ̀, s. Degrau.
ÌŞÍSÍLẸ̀, s. Abertura.
ÌŞÌSỌ, AŞÌSỌ, s. Palavras impróprias ditas por ignorância, raiva ou paixão.
ÌŞÌŞE, s. Atitude errada, engano, erro.
ÌŞIYÈMÉJÌ, s. Dúvida, hesitação. *Mo ní ìṣiyéméjì* – Eu tenho dúvidas; *Èmi kò ṣiyè méjì pé ó jé bẹ́ẹ̀* – Eu não duvido de que ela seja assim.
ÌŞÓ, s. Unha, prego.
ÌŞÒDÌSÍ, s. Oposição, antagonismo.
ÌŞÓFO, s. Vazio, nulo.
ÌŞOGE, s. Ostentação, comportamento para atrair atenção.
ÌŞÒGO, s. Ostentação, fanfarronice.
ÌŞOÒGÙN, s. Ato de fabricar remédios.
ÌŞOJÚ, s. Semblante, características, aspecto.
ÌŞOJÚSAJÚ, s. Parcialidade, favoritismo.
ÌŞÓNÚ, s. Rudeza, grosseria.
ÌŞOORE, s. Benevolência.
ÌŞÒRO, s. Dificuldade. *Èmi kò ní ìṣòro láti kọ́wé èdèe yorùbá* – Eu não tenho dificuldade para estudar a língua yorubá.
IŞOŞÓ, s. Gentileza, encantamento.
ÌŞOWÓ, s. Negócio, cunhagem de moeda.
ÌŞÒWÒ, s. Comércio.
Ìşọ́, s. Observância, guarda.
ÌŞỌDỌMỌ, s. Adoção. *Ó sọ mí dọmọ rẹ̀* – Ela me adotou como filho dela.
ÌŞÒFÒ, s. Luto. V. *sòfò*.

ÌṢÒKAN – ÌTA

ÌṢÒKAN, s. Harmonia, união. *Jẹ́kí ìdílé wà ní ìṣòkan* – Deixe que a família esteja unida.

ÌṢÒMỌBÍ, s. Controle de natalidade.

ÌṢÓNÀ, s. Vigilância.

ÌṢÒNÀ, s. Ato de bordar, artesão.

ÌṢOPẸ́, s. Agradecimento, gratidão.

ÌṢÓRA, s. Proteção, cuidado, cautela. < *sọ́* + *ara*.

ÌṢÓRÍ, s. Proteção, amuleto contra magia ou doenças. < *sọ́* + *orí*.

ÌṢÒṢÓ, s. Adorno, decoração.

ÌṢÒTẸ̀, s. Rebelião, insurreição.

ÌṢÒWỌ́-ÒDÌSÍ, **ÌṢÒDÌSÍ**, s. Ação em sentido contrário para, discordância, oposição.

IṢU, s. Inhame. Existem outros nomes diferentes de acordo com o seu formato e qualidade: *àbàjẹ, agánrán, àgbódò, àgìnnìpà, àlọ̀, efùrù, ẹ̀gbẹ, èsu rú funfun, èsu rú pupa, iṣu àkòtun, iṣu araarẹ̀, iṣu ewùrà, ọdọ́* etc.

ÌṢÙ, s. Bola, algo arredondado. *Ìṣù ìrẹsì* – bola de arroz; *ìṣù ìyẹ̀fun* – bola de farinha; *Ó ṣe ìṣù ẹ̀bà méje* – Ela fez sete bolas de farinha de mandioca; *ìṣù èèmọ̀* – tumor.

ÌṢÙ-ÀKÀRÀ, s. Bolinho da massa do feijão-fradinho.

ÌṢUBÚ, s. Queda. *Mo ròhìn ìṣubú mi fún ìyá mi* – Eu contei minha queda para minha mãe.

ÌṢÚDẸ̀DẸ̀, s. Escuridão profunda.

ÌṢÚDÚDÚ, s. Penumbra.

ÌṢÚJÚ, s. Droga usada para fazer a pessoa ficar tonta, invisível. = *àfẹ́ẹ̀rí*.

ÌṢÚNNÁ, s. Economia, cuidado com os gastos.

ÌṢUNÚ, s. Diarreia. = *sísunú*.

ÌṢÙ-OÒGÙN, s. Pílulas, comprimido.

IṢU-ỌDẸ, s. Um tipo de inhame comido pelos caçadores.

ÌṢÙ-ỌṢẸ, s. Sabão em formato arredondado.

ÌṢÚRA, s. Tesouro. *Ó fowó yìí ṣe ìṣúra* – Com este dinheiro ele fez um tesouro.

ÌTA, s. Rua, ar livre. *Ó wà ní ìta* – Ele está lá fora. V. *òde*.

ÌTÀ, s. 1. Uma árvore cuja madeira é boa para fazer fogo. *Celtis soyauxii* (*Ulmaceae*). 2. Espécie de formiga amarela que é hostil às formigas-brancas. V. *ikán*.

ÌTÁ, s. Pessoa malandra, marota.

ÌTÁ, s. Outro nome pelo qual é conhecida a divindade *Orò*.

ÌTÀBÍGBÓ, s. Nome de um bairro ou guarnição na região de *Ìbàdàn*.

ÌTÀDÓGÚN, s. Período de 17 dias, incluindo o dia da contagem. *A ṣe ìtàdógún àríyá òrìṣà* – Nós celebramos os 17 dias da festa do orixá.

ÌTÀDÓGBÒN, s. Período de 27 dias, incluindo o dia da contagem.

ÌTAFÀ, s. Flechada.

ÌTÀFÒ, s. Palavra obsoleta equivalente a *tábílì* – mesa.

ÌTAGÌRÌ, s. Susto, medo, nervosismo, arrepio. < *ta* + *gìrì*. *Ó ta gìrì* – Ela se assustou.

ÌTAGBÓNGBÓN, s. Movimento cambaleante, para lá e para cá.

ÌTAHÍN, **ÌTAYÍN**, s. Ato de perfurar um dente. < *ta* + *ehín*.

ÌTAHÙN, s. Pranto, lamento.

ÌTAJÀ, s. Vendedor e mercadoria.

ÌTÀJẸ̀, **ÌTÀJẸ̀SÍLẸ̀**, s. Matança.

ÌTAKÉTÉ, s. Ato de evitar, manter-se afastado, abstinência. *Ó ya ìtakété fún mi* – Ele é indiferente para mim.

ÌTÀKÌTÌ, s. Cambalhota, salto-mortal. < *ta* + *òkìtì*. *Ó tàkìtì* – Ele deu uma cambalhota.

ÌTAKÒ, s. Contradição, objeção.

ÌTÀKÙN, s. Raízes aéreas de uma planta, trepadeira.

ÌTÀLÁ, s. Espaço de treze dias.

ÌTALÁIYA, s. Ataque, oposição, resistência.

ÌTALẸ̀, s. Espécie de verme que se cria no chão batido e ataca as pessoas que se deitam sobre ele.

ÌTÀN, s. Mitos, histórias. *Ìtàn ìgbésí ayé* – biografia; *ìtàn ìdílé* – história da família.

ITAN, s. Coxa, colo.

ÌTAN-ARA-ẸNI-JẸ, s. Decepção consigo mesmo, desapontamento.

ÌTÀN ÀRÈ, s. Raio X.

ÌTÀN ÀTỌWÓDÓWÓ, s. Histórias tradicionais.

ÌTANI, s. Ferrão, picada.

ÌTANJÁDE, s. Transmissão.

ÌTANJĘ, s. Fraude, engano.

ÌTÀNKÁ, **ÌTÀNKÁLĘ**, s. Extensão, alastramento. *Ìtànká iná* – alastramento do fogo.

ÌTÀNNÁ, s. 1. Brilho do fogo, luz. < *tàn + iná*. 2. Flor, broto da flor. = *òdòdó*.

ÌTÀN ÒJÌJI, s. Reflexo, repercussão.

ÌTANRA ĘNI, s. Ilusão, decepção.

ÌTÀNṢÀN, s. Brilho, fulgor.

ÌTÀNṢÀN OÒRÙN, s. Raios de sol.

ÌTA-OÒRÙN, s. Trópico. *Òkè ìta-oòrùn* – Trópico de Câncer; *Odò ìta-oòrùn* – Trópico de Capricórnio; *ilè ìta-oòrùn* – região tropical.

ÌTAPÁ, s. Força contrária, resistência.

ÌTAPÀPÀ, s. Ruído, som de quebrar ou estalar.

ÌTAPÍN, s. Separação.

ÌTARA, s. Zelo.

ÌTASÁNSÁN, s. Um cheiro saboroso.

ÌTASÉ, s. Omissão, falha.

ÌTÀWÉ, s. Vendedor de livros.

ÌTÀWÌN, s. Venda a crédito.

ÌTAYǪ, s. Ótimo, o melhor possível.

ÌTÉ, s. Trono, ninho de pássaro, berço de criança. *Ìté ọba* – trono do rei.

ÌTÈ, pref. Usado na composição de palavras. < *tè*.

ÌTĘBǪMI, s. Imersão, mergulho.

ÌTĘDÓ, s. Fundação. < *tèdó. Ó tę ìlú náà dó* – Ele fundou esta cidade.

ÌTÉHÌN, s. Almofada para sela.

ÌTÉJÚ, s. Igualdade de superfície, plano.

ÌTÈLÉ, **ÀTÈLÉ**, s. O seguinte, o que vem depois, o que sucede. < *tè + lé*.

ÌTÉLÈ, s. Fundo, base. < *tę + ilè*.

ÌTÉLÈ, s. Perna < *tè + ilè*.

ÌTÈLĘDÍ, s. Roupa de baixo de uso comum.

ÌTÈLĘ́ṢÈ, s. Um aviso particular, um sinal pessoal, como um piscar de olhos, um aceno, um pisão no pé.

ÌTÈLÓRÍBA, s. Subjugação, sujeição.

ÌTẸ́LỌ́RÙN, ÌTẸ́NÍLỌ́RÙN, s. Contentamento, satisfação. *Wọ́n ní ayọ̀ àti itẹ́lọ́rùn* – Eles têm felicidade e contentamento.

ÌTẸ̀MỌ́LẸ̀, s. Ter a pessoa debaixo dos pés. *Ó tẹ̀ mí mọ́nlẹ̀* – Ele pisou em mim (*lit.* ele desconsiderou minha autoridade).

ÌTẸ́NI, s. Desgraça, infortúnio, ato de humilhar.

ÌTẸ́NÚ, s. Material usado para cobrir algo interior, forro.

ÌTẸ́NÚ, s. Humildade, mansidão, meiguice.

ÌTẸNUMỌ́, ÀTẸNUMỌ́, s. Afirmação, insistência.

ÌTẸ́ ÒÒFÀ, s. Campo magnético.

ÌTẸ́ ỌKÁ, s. Uma planta aquática que prolifera nos pântanos.

ÌTERAMỌ́ṢE, s. Perseverança, persistência.

ÌTẸ̀RẸ́, s. Aglomeração, aperto.

ÌTẸRÍBA, s. Submissão, subserviência.

ÌTẸ́RÙN, s. Contentamento, satisfação, adequação.

ÌTẸSẸ̀, s. Pedal, pedal do tear.

ÌTẸ̀SÍWÁJÚ, s. Progresso, predisposição de melhora, ato ou estado de se mover para a frente.

ÌTẸ̀WÉ, s. Impressão, ato de imprimir.

ÌTẸ̀WỌ́GBÀ, s. Aceitação, recepção. < *tẹ́ + ọwọ́ + gbà* – estender as mãos e receber.

ÌTÌ, s. Tronco de madeira.

Ì TÌÌ, *part. pré-v.* Ainda não. *Àwa ì tù lọ = Àwa tì lọ = Àwa kò ì lọ* – Nós ainda não fomos.

ÌTÌJÚ, s. Vergonha, vexame. *Ẹnití ó bá tàn mi lẹ́ẹ̀kan, ìtìjú rẹ̀ ni, tí ó bá tàn mi lẹ́ẹ̀méjì, ìtìjú mi ni* – Se a pessoa me enganar uma vez, a vergonha será dela, se ela me enganar duas vezes, a vergonha será minha.

ÌTÌKÙN, s. Uma barra ou madeira para fechar a porta. = *ihákùn*.

ÌTÌLẸ́HÌN, s. Apoio, apadrinhamento, patronato.

ÌTINABỌ̀, s. Ateamento de fogo.

ÌTÌSẸ̀, s. Banquinho para apoiar os pés. = *àpótí ìtìsẹ̀*.

ÌTÒ, ÈTÒ, s. Arrumação, ordem. < *tò*. *Ó to iṣẹ́ fún mi* – Ela organizou o serviço para mim.

ÌTOÒ – ÌTỌRỌ

ÌTOÒ, s. Tipo de planta rasteira semelhante ao melão – *ègúsí* – cultivada, principalmente, pelas sementes que são usadas de diferentes formas: para a comida, como medicamento e pelo óleo que elas contêm.

ITÓÒ, s. Um tipo de árvore.

ÌTÓBI, s. Grandeza.

ÌTÒÒGBÉ, s. Cochilo, descanso.

ÌTÒLẸ́SẸ̀, ÌTÒLẸ́SẸẸSẸ, s. Arrumação, organização.

ÌTORÍ, s. Razão, causa. *Nítorí yìí* – por esta razão. V. *nítorí*.

ÌTORÍKÍNI, conj. Por quê. *Nítorí kíni o ṣe onjẹ yìí?* – Por que você fez esta comida?

ÌTÒRÓRÓ, s. Ato de untar com óleo, besuntamento.

ÌTÒRÓRÓSÍ-NÍGBÀ-IKÚ, s. Extrema-unção.

ÌTÒSÍ, s. Ato de estar próximo, perto de. *Ó wà nítòsí ilẹ̀kùn* – Ele está perto da porta.

ÌTOTOTÓSÍ-NÍGBÀ-ÒPIN, s. Extrema-unção.

ÌTÓYE, s. Valor, mérito, importância.

ÌTỌ̀, s. Urina. *Ìtọ̀ ngbọ̀n mi* – Eu quero urinar (lit. a urina está agitando em mim).

ITỌ́, s. 1. Saliva. *Ó tutọ́* – Ele cuspiu. 2. Pequeno curso de água.

ÌTỌ́, s. Educação, honestidade, franqueza.

ÌTỌ́JÚ, s. Cuidado, encargo, preocupação.

ÌTỌ́KA, s. Ato de apontar, de indicar, identificação. < *tọ́* + *ika*. *Ó tọ́ka ìṣìṣe náà fún mi* – Ele apontou aquele erro para mim; *ìtọ́ka ìyọ́nu* – identificação de um problema.

ÌTỌ́KASÍ, s. Apontamento.

ÌTỌ́KỌ̀, s. Leme, condução, governo. > *atọ́kọ̀* – piloto.

ÌTỌ̀LẸ́HÌN, s. Sequência, aquilo que vem depois.

ÌTỌ̀NÀ, s. Entrada de um caminho.

ÌTỌ́NI, s. Instrução, guia. *Rí ìtọ́ni, o sì tèlé e* – Veja as instruções e as siga.

ÌTỌRẸ, s. Presente, dádiva.

ÌTỌRẸ-ÀÁNÚ, s. Esmola.

ÌTỌRỌ, s. Petição, prece, súplica.

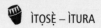

ÌTỌ̀SẸ̀, s. Inquérito, exame, escrutínio, busca.
ÌTỌ́SÍ, s. Propósito, direito.
ÌTỌ̀SỌ̀NÀ, s. Direção no caminho correto.
ÌTỌ́WÒTẸ́LẸ̀, s. Antegosto, provar algo antes, experimentar.
ÌTÚ, s. 1. Ato de desamarrar, de desatar. 2. < *tú*. *Ó tú okùn bàtà* – Ele desamarrou o cadarço do sapato. 3. Ato de romper o botão de flor, erupção da pele. *Ọkà yìí túrí* – Este milho abriu (pipoca).
ITÚ, s. Feito maravilhoso, proeza.
ITÚ, s. Um tipo de pardal.
ÌTÚBÁ, **ÌTÚMBÁ**, s. Rendição, arrependimento.
ÌTÚDI, s. Exposição, mostragem, revelação.
ÌTÚÙDÍ, s. Investigação.
ÌTÙFÙ, **ÈTÙFÙ**, **ÒTÙFÙ**, s. Tocha, archote.
ÌTÚJÁDE, s. Descarga, emissão.
ÌTÚKA, s. Dispersão.
ÌTÚKÁ, s. Desdobramento.
ÌTÚKÁAKIRI, s. Publicação.
ÌTUKỌ̀, s. Navegação.
ÌTÚKÚTU, **ÌTUNKÚTUN**, s. Mexerico, fofoca.
ÌTÙLÁRA, s. Refrescante, repousante.
ÌTÚLẸ̀, s. 1. Ato de cavar a terra. 2. Focinho, tromba, bico.
ÌTÒLÓJÚ, **ÌTÙJÚ**, s. Conciliação, pacificação.
ÌTÚMỌ̀, s. Tradução, explicação, significado. *Ó mọ ìtúmọ̀ ọ̀rọ̀ yìí* – Ele conhece o significado desta palavra.
ÌTÚN, s. Distrito ou quarteirão de uma cidade.
ÌTÙNÚ, s. Conforto, apaziguamento. < *tu + nínú* – *Ó tù mí nínú* – Ela me confortou.
ÌTUNÚ, s. Um caráter pacífico, pessoa moderada. < *tù + inú* – *Ó tunú* – Ele é uma pessoa gentil.
ÌTÚNWỌ̀NSÌ, s. Moderação.
ÌTÚNYẸ̀WÒ, s. Revisão.
ÌTURA, s. Calma, tranquilidade.

ÌTÚRAKÁ, **ÌTÚNÚKÁ**, s. Jovialidade, vivacidade.
ÌTÚNṢE, s. Melhoria, aperfeiçoamento.
ÌTUTỌ́, s. Cusparada.
ÌTÚTÙ, s. Umidade.
ÌTÚTÙNÍNÍ, s. Frigidez, frio extremo.
ÌTÚWỌ́KÁ, s. Descruzamento, afrouxamento dos braços.
ÌWÀ, s. Caráter, conduta, comportamento. *Ènìà níláti tójú ìwà rẹ̀* – A pessoa precisa tomar cuidado com sua maneira de ser.
ÌWA-ÀÌTỌ́, s. Caráter impróprio, conduta sem sentido. *Ènìà àìníjánu yọrí sí àwọn ìwà àìtọ́* – Uma pessoa sem controle tem êxito para atos impróprios.
ÌWÀ-ÀGBA, s. Conduta adequada a uma pessoa mais velha.
ÌWÀ-ÀGBÈRÈ, s. Prostituição, fornicação.
ÌWÀ-ÀÌMỌ́, s. Comportamento sujo.
ÌWÀ-BÚBURÚ, s. Perversidade, mau caráter.
ÌWÁDÍ, s. Investigação, pesquisa. *Ò ti parí iwádí rè* – Ele terminou a pesquisa dele; *iwádí bàbá ọmọ* – teste de paternidade. < *wá + ìdí*.
ÌWÀ-ẸDÁ, s. Natureza, índole.
ÌWÀ ÌBÀJẸ́, s. Corrupção, mau comportamento. *Nígbàwo ni àiyé kan lâìsí iwà ibàjẹ́?* – Quando haverá um mundo sem corrupção?
ÌWÀ-ÌKÀ, s. Crueldade.
ÌWÀ-IPÁ, s. Violência.
IWÁJÚ, s. Frente. *Ó gbé onjẹ ka iwájú mi* – Ele colocou a comida diante de mim; *iwájú orí* – testa; *síwájú* – para a frente; *níwájú* – em frente.
ÌWÀKÙN, s. Dobradiça da porta.
ÌWÀKÚWÀ, s. Mau-caráter.
ÌWÁKÚWÀÁ, s. Região onde se encontram os sacerdotes de Ifá.
ÌWÀLÁYÈ, s. Vida, existência. *Gbogbo wa nífẹ́ iwàláyè* – Todos nós temos amor à vida.
IWALẸ̀, s. Escavação. < *wà + ilẹ̀*.
ÌWÀ MÍMỌ́, s. Requinte, elegância, qualidade.
ÌWANÁ, **ÌWỌNÁ**, s. Atiçador de brasas.
ÌWÀ-ÒBUN, s. Sujeirada, imundície.
ÌWÀ-ỌRUN, s. Virtude.

ÌWÀ-ÒTÒ, s. Caráter peculiar, excentricidade.

ÌWÀ-PÈLÉ, s. Gentileza.

ÌWÀRA, **ÌWÀNWÁRA**, s. Nervosismo, irritação, impaciência.

ÌWÀRERE, s. Boa conduta, um bom caráter.

ÌWÀRÈFÀ, s. Camareiro.

ÌWÀRÈFÀ, s. Grupo de seis chefes principais da sociedade Ògbóni ou de uma administração governamental.

ÌWÁRÌRÌ, s. Tremor, trepidação.

ÌWÁSÙ, s. Pregação, sermão. Ìwásù rè so wa jí – O sermão dele me despertou, me regenerou; Ó se ìwásù – Ele pregou um sermão.

ÌWÀTÚTÙ, s. Favor, gentileza.

ÌWÀYÀJÀ, s. Contenda, agonia.

IWE, s. Rim.

ÌWÉ, s. Livro, papel, carta. Ìwé mi dà? – Onde está meu livro?

ÌWÉ KOPAMÓ, s. Livro de registro.

ÌWÉ ARÒ, s. Livro de poesias que expressam sentimentos diversos.

ÌWÉ ATÚMÒ ÈDÈ, s. Dicionário.

ÌWÉ-ÌBÈWÈ, s. Aplicação.

ÌWÉ ÈRÍ, s. Certificado, diploma, recibo.

ÌWÉ-ÌHÁGÚN, s. Testamento.

ÌWÉ-ÌRÁNTÍ, s. Memórias, biografia.

ÌWÉ ÌRÒHÌN, s. Revista de notícias.

ÌWÉ-ÌRÒKÈÈRÈ, s. Passaporte.

ÌWÉ-ÌWOLÉ, s. Cartão de crédito.

ÌWÉ-KÍKÀ, s. Livro de leitura.

ÌWÉ-KÍKÁ, s. Rolo de papel.

ÌWÉ-KÍKO, s. Escrita.

ÌWÉ-OWÓ, s. Talão de cheque.

IWÈRÈ, s. Bobagem, tolice.

ÌWÉRÉJÉJE, s. Uma planta cuja semente é conhecida como olho-de-gato.

IWÈREPE, **WÈREPE**, s. Urtiga.

ÌWÉRÍ, s. Laço usado na cabeça.

ÌWÉ TÍTÈ, s. Texto escrito, digitado.

ÌWÈ, s. Espécie de rã.

ÌWẸ̀, s. Banho, lavagem.

ÌWẸ̀FÀ, s. Eunuco.

ÌWẸNUMỌ́, s. Purificação.

ÌWÍ, s. Odor, cheiro. = òórùn.

ÌWÌ, s. Um tipo de música.

ÌWÍFÚN, s. Informação.

ÌWÍKIRI, s. Rumor, boato.

ÌWÍKÚWÍ, s. Dizer coisas inúteis. < wí + kú + wí.

IWIN, s. Espírito, fantasma, fada.

IWÍN, s. Loucura, insanidade.

ÌWÍN, **ÀWÍN**, s. Tipo de fruta ácida. *Dialium guineense*.

IWÍN, **ÌGBỌNSẸ̀**, s. Excremento, estrume.

ÌWÍNRÌN, s. Proximidade.

ÌWO, s. Chifre.

ÌWO, s. Aparência, aspecto. Ìwo-ojú – semblante, face.

ÌWÒ, s. Ato de olhar no sentido de assistir. Ìwò ìsẹ́gun ni ó wò – Foi um olhar vitorioso que ele viu. < wò. Usado na composição de verbos: bẹ̀wò – dar uma olhadela; usado na composição de substantivos: àpèwò – exibição. V. rí.

ÌWÒ, s. Período, tempo. V. ìwòyí.

ÌWÒ, s. Abutre. = igún.

ÌWÓ, s. Queda. Ìwó lulẹ̀ – colapso.

ÌWÓ, s. Cidade próxima de Ìbàdàn cujo chefe é intitulado Olúwó.

ÌWÒGBÈ, s. Espelho, retrovisor. Palavra pouco usada. V. dígí.

ÌWOJÚ, s. Óculos.

ÌWÓLULẸ̀, s. Demolição de alguma coisa.

ÌWỌ̀N-ÀYÈ, s. Volume.

ÌWÒRAN, s. Visita, passeio turístico.

ÌWÓÒRÒ, s. Tipo de metal, ouro.

ÌWÒSÀN, s. Curandeiro, cura. < wò + sàn. Ó wò mí sàn – Ele tratou de mim.

ÌWOYE, s. Pensamento claro, perspicácia, discernimento. Yíyí ojú-ìwòye rẹ padà (lit. mude seu ponto de vista); Ojú-ìwòye mi nípa isẹ́ rẹ̀ ti yípadà – Minha opinião sobre o trabalho dele mudou; Ó wòye – Ele está alerta.

ÌWÒYÈ, s. Cura. < wò + yè. Ó wò mi yè – Ele me curou.

ÌWÒYÍ, ÌWÒ YÌÍ, s. Por este tempo, considerando o tempo presente, o tempo passado ou o tempo futuro. *Iṣẹ́ ìwò yìí* – este trabalho atual; *Ìwò yìí àná ó ti nwo iṣẹ́ mi lọ́wọ́* – Neste mesmo tempo de ontem, ele estava observando o meu trabalho; *Òun yíô dìde ìbùsùn níwò yìí òla* – Ele se levantará da cama por este mesmo tempo de amanhã.

IWỌ, s. Veneno que pode ser colocado na comida do inimigo.

ÌWỌ́, ÌDODO, s. Umbigo, cordão umbilical.

ÌWỌ̀, s. Anzol, gancho, curvatura, inflexão. = *ìkọ́*.

ÌWỌ, O, *pron. pess.* Você. *Ìwọ kọ́ ni mo pè* – Você não é quem eu chamei. Substitui a forma tu, não usada em *yorubá*. Quando posicionado depois de verbo ou preposição, é substituído por ọ. *Mo máa gbọ́ ọ* – Eu costumo ouvir você, eu costumo lhe ouvir.

ÌWỌ́DÒ, s. Passagem a pé por um rio pouco profundo.

ÌWỌ̀FÀ, s. Pessoa que serve outro como um agiota, emprestando dinheiro ou dando garantias, empenho, agiota. < *ọfà* – penhor, fiança.

ÌWỌ́JỌ, ÌWỌ́JỌPỌ̀, s. Assembleia, pessoas numa reunião.

ÌWỌKỌ̀, s. Embarque.

ÌWỌ̀Ọ̀KÙN, s. Surgimento da lua no céu, lua nova.

ÌWỌ̀LÚ, s. Entrada, portão de uma cidade.

ÌWỌ́LÚ, s. Caminhada pela cidade com propósitos excusos.

ÌWỌ̀N, s. Escala, medida, peso, certa quantidade. *Ìwọ̀n oògùn* – uma dose de remédio; *Ó mu ọtí ní ìwọ̀n* – Ele bebeu com moderação; *Mo ṣe ibẹ̀ tó ìwọ̀n wákàtí mẹ́ta* – Eu fiz lá o suficiente por cerca de três horas.

ÌWỌ̀NTÚNWỌ̀NSÌ, s. Moderação.

ÌWỌ́NWỌ́N, s. Galhos secos, cabo de vassoura.

ÌWỌ̀NYÍ, WỌNYÍ, *dem.* Estes, estas. *Ìwọ̀nyí ènìà ni mo rí láná* – São estas pessoas que eu vi ontem.

ÌWỌ̀NYẸN, *dem.* Aqueles, aquelas. *Iwọ̀nyẹn ni mo fẹ́* – São aqueles que eu quero.

ÌWỌ̀-ÒDE, s. Epiderme.

ÌWỌ̀ OÒRÙN, s. Oeste, Ocidente.

ÌWỌRA, s. Voracidade, ganância. *Ó ní ìwọra* – Ele tem ganância.

ÌWỌ́RỌ́KÙ, s. Intestinos. = *ìfun*.

ÌWỌ̀-OÒRÙN, s. Oeste, Ocidente.

ÌWỌ́PỌ̀, s. Abundância, assembleia, congregação.

ÌWỌ́RỌ́KÙ, s. Intestinos. = *ìfun*.

ÌWỌ̀SÍ, s. Insulto, impertinência.

ÌWỌSỌ, s. Ato de se vestir. < *wọ̀* + *aṣọ*.

ÌWỌTÌKÁLÁRẸ, *pron. reflex.* Você mesmo. *Ìwọtìkálá rẹ lọ síbẹ̀* – Você mesmo foi lá. V. *ararẹ*.

ÌWÙ, **ẸWÙ**, s. Prazer, desejo, amor, um sentido aprazível.

ÌWÚ, s. Odor, cheiro.

ÌWÚ, **EWÚ**, s. Cabelos grisalhos.

ÌWÚKÀRÀ, s. Levedo.

ÌWUN, **ÌHUN**, s. Tecelagem.

ÌWUNṢỌ, **ÌHUNṢỌ**, s. Tecelão.

ÌWÚRÍ, s. Encorajamento.

ÌWÚSÍ, **ÌBÍSÍ**, s. Aumento, crescimento.

ÌWÚWO, s. Peso.

ÌWÚYÈ, s. Coroação, indução, instalação.

IYÁ, **ÀÁYÁ**, s. Tipo de macaco.

ÌYÁ, s. Mãe. *Ìyá wa máa ránṣọ wa* – Nossa mãe costuma costurar nossa roupa. Anteposto a dono de um artigo, denota mulher que vende tal artigo: *ìyá oníṣu* – vendedora de inhame; *ìyá olónjẹ* – vendedora de comida. = *yèyé*.

ÌYÀ, s. Aflição, punição, sofrimento.

IYÁ, **ÀÁYÁ**, s. Espécie de macaco. = *ọ̀bọ*.

ÌYÁ ÀGAN, s. Mulher com função no culto *Egúngún*.

ÌYÁ ÀGBÀ, s. Avó, matriarca, mulher idosa. *Ìyá mi àgbà* – minha avó.

ÌYADI, **ÌYODI**, s. Mudez, estupidez.

ÌYÁ ẸGBẸ́, s. Chefe de uma sociedade de mulheres.

ÌYÁÀFIN, s. Dama.

ÌYÁGÁN, s. Título feminino no culto *Egúngún*. < *ìyá* + *agán*.

ÌYÀGÀN, s. Esterilidade da mulher.

ÌYÀGBẸ́, ÌṢUNÚ, s. Relaxamento dos intestinos. *Ó fi oògùn ìyàgbẹ́ gbéra* – Ele tomou um laxativo para relaxar os intestinos (para suspender a evacuação).

ÌYÁJÚ, s. Apressado, diligente.

ÌYÁ KÉKERÉ, s. A irmã mais jovem do pai ou da mãe (*lit.* mãe-pequena).

ÌYÁKỌ, s. Sogra.

ÌYÀKÚ, s. Ato de conversar com os mortos.

ÌYÁLÁSÈ, s. Cozinheira-chefe.

ÌYÁLÉ, s. A primeira esposa ou a mais velha. Quando o homem tem várias esposas, as demais são chamadas de *ìyàwó*; a mais nova, de *òbòtun*.

ÌYÁLÉRÒ, s. Anfitriã, hoteleira.

ÌYÀLẸ́NU, s. Surpresa, espanto. *Ìyàlẹ́nu ló jẹ́ pé o wá* – É uma surpresa você ter vindo.

ÌYÀLẸ̀TA, s. Período entre 10h da manhã e o meio-dia.

ÌYÁLÓDE, s. Mãe da Sociedade, um título civil feminino de alto grau, existente em todos os distritos municipais da cidade de Ẹ̀gbá.

ÌYÁLÓRÌṢÀ, OLÓRÌṢÀ, s. Sacerdotisa do culto aos Òrìsà (*lit.* mãe que tem conhecimento de orixá). < *ìyá* + *ní* + *òrìsà*.

ÌYÀLỌ́TỌ̀, ÌYÀṢỌ́TỌ̀, s. Segregação, diferenciação.

ÌYAMÉJÌ, s. Replicação.

IYÁN, s. Inhame pilado, amassado. *Mo jẹ iyán gígún* – Eu comi inhame amassado.

ÌYÀN, s. Fome, carência, escassez. *Ìyàn mú ènìà púpọ̀* – A fome pegou, atingiu muitas pessoas.

IYÀN, s. Argumento, debate, controvérsia, disputa. *Ó jiyàn ọ̀rọ̀ náà* – Ele questionou aquela declaração. < *já* + *iyàn*.

ÌYÀNÀ, s. Retorno, estrada bifurcada.

ÌYÁNÁ, s. Pedaços de madeira queimando.

ÌYÁ NÁSÒ, s. Título de mulher responsável pelo culto a Ṣàngó.

ÌYÀNFẸ́, s. Eleição, escolha.

IYANGI, s. Laterita. Tipo de rocha de cor vermelha cujo elemento que dela se originar receberá o nome de bauxita, principal minério de alumínio.

ÌYANGBẸ, s. Casca, debulho.

ÌYÀNGBẸ, s. Local árido, seco. *Ìyàngbẹ́ ilẹ̀* – deserto.

ÌYÁNHÀNHÀN, s. Ânsia para satisfazer o apetite.

ÌYÀNÍPA, s. Separação.

ÌYÀNJẸ, s. Engano, fraude.

IYÀNJÍJÀ, s. Argumento, debate, controvérsia.

ÌYÀNJÚ, s. Exortação, conselho. *Jẹ́kí èmi gbà ọ́ níyànjú* – Deixe que lhe dê um conselho.

ÌYANJÚ, s. Análise, resolução.

ÌYÁNLÁ, s. Grande mãe, avó.

IYANRÌN, s. Areia.

ÌYANU, s. Milagre. *Ìyanu ìṣèdá* – o milagre da criação.

ÌYAPA, s. Fendimento.

ÌYAPỌ̀, s. Fusão, amálgama.

IYARÌNDÍDẸ̀, s. Areia movediça.

ÌYÀNTẸ́LẸ̀, s. Predestinação.

ÌYANU, s. Admiração, espanto, surpresa. *Àwọn iṣẹ́ ìyanu Jésù. Ìtàn tàbí àròsọ?* – Os trabalhos admiráveis de Jesus. História ou boato?

ÌYAPA, s. Cisma, heresia, divisão.

ÌYAPỌ̀, s. Fusão, amalgamação, mistura.

ÌYÁRA, s. Rapidez, velocidade.

ÌYÀRÁ, **YÀRÁ**, s. Sala, cômodo, quarto. *Ó wà ní yàrá rẹ̀* – Ela está no quarto dela.

ÌYÀRÁ ÌBẸ̀WÒ, s. Sala de visita.

ÌYÀSÁPÁKAN, **ÌYÀSỌ́TỌ̀**, s. Separação, colocar de lado.

ÌYÁSÈ, s. Catálise.

ÌYÁSÍ, s. Taxa de avaliação. *Ìyásí ikú ọmọ ọwọ́* – taxa de mortalidade infantil.

ÌYÀSÍMÍMỌ́, s. Santificação, consagração.

ÌYÀTỌ̀, s. Diferença, distinção. *Ọ̀pọ̀lọ́ tàbí àkèré kíni ìyàtọ̀ wọn?* – Sapo ou rã, qual a diferença entre eles?

ÌYÀWÓ, **AYA**, s. Esposa. *Ó ṣe ìyàwó* – Ele contraiu um casamento. < *ìyà* + *Ìwó*. V. *ìyálé*.

ÌYÁWỌ́, s. Destreza, esperteza, perícia.

IYE, s. Número, quantia, valor. = *nọ́nbà*.

IYÈ, s. Pensamento, ideia, opinião, reflexão. *Iyè rẹ yàtọ̀ sí mi* – Sua ideia é diferente da minha; *Iyè mi sọ síbi tó wà* – Meu pensamento se voltou para ela (lit. meu pensamento se voltou para o lugar que ela está).

ÌYÈ, ÀYÈ, s. 1. Vida. 2. Saúde. 3. Bastão no qual se tece o algodão.

ÌYÈ-ÀÌNÍPẸ̀KUN, s. Vida eterna.

IYEBÍYE, adj. Valioso, precioso.

ÌYÈDÚN, s. Passagem do ano. *Ẹ kú ìyẹ̀dún o!* Parabéns pelo aniversário (lit. parabéns pela passagem do ano)!

IYÈÈFARAKÀN, s. Sensibilidade do toque.

ÌYÉ-FÚLẸ̀FÚLẸ̀, s. Penugem.

ÌYẸ̀FUN, s. Farinha.

IYÈÈGBỌ́RỌ̀, s. Sensação de ouvir.

ÌYEKAN, s. Algum parente relacionado com o pai ou a mãe, ser relativo a, ser igual a. = *ẹbí*.

IYEKÍYE, adv. Qualquer preço, qualquer número.

ÌYÈMÉJÌ, s. Dúvida, incerteza, indecisão. *Wọ́n tú ìyèméjì mi ká* – Eles esclareceram minhas dúvidas. *Láìsí ìyèméjì* – sem dúvida alguma. V. *láìsí àníàni*.

IYÈNÚ, s. Ideia, memória, pensamento.

IYÈ ÒÓRÙN, s. Sensibilidade do olfato.

IYÈRE, s. Tipo de videira cujos frutos servem como medicamento.

ÌYÈRÉ, s. Tipo de especiaria, pimenta-do-reino.

IYÈRÍRAN, s. Visão, ação de ver.

ÌYESÍYE, s. Proporcionalidade, relação de alguma coisa com outra.

IYE... TÍ, adv. Quanto (lit. o número que). É a forma indireta de *mélòó ni?* (quanto?). *Tani mọ iye owó tí ó ná?* – Quem sabe quanto ele gastou?

IYÈTỌ́WÒ, s. Sensibilidade do paladar.

ÌYEYÈ, s. Um tipo de fruta ácida cuja casca é usada em infusão para curar a tosse, e a casca, estando seca, é pulverizada e aplicada como curativo na circuncisão. = *ekika*.

ÌYEYÈ, s. Folha da cajazeira. *Spondias lutea (Anacardiaceae)*.

IYẸ́, s. Saque, pilhagem.

ÌYẸ̀, s. Cupim da madeira da árvore. V. *ìròsùn*.

ÌYÉ̩, s. Pena de ave, plumagem.

ÌYÉ̩-APÁ, s. Pena da asa.

ÌYÈ̩FUN, s. Farinha.

ÌYE̩N, **YE̩N**, dem. Aquele, aquela, aquilo. Ó mu díè̩ o̩tí ye̩n – Ele bebeu um pouco daquela bebida; Mo fé̩ a̩s̩o ye̩n – Eu quero aquela roupa; Ìye̩n ni ilé mi – Aquela é a minha casa; Ìye̩n ni a fé̩ – É aquele que eu quero.

IYÈ̩PÈ̩, **ERÙPÈ̩**, s. Areia, poeira.

ÌYE̩RA, **ÌYERAFÚN**, s. Aversão, ojeriza.

ÌYÈ̩RÈ̩, s. Cânticos da poesia de Ifá, com possível acompanhamento de tambores.

ÌYÈ̩RÈ̩, s. Pó do bambu seco, produzido por um cupim, utilizado para marcar os sinais de Ifá. = ìyè̩ròsùn.

ÌYÈ̩RÌ, s. Avental, toga.

ÌYÈ̩RÒSÙN, s. Pó vegetal da árvore ìròsùn, usado para marcar os traços de Ifá. < ìyè̩ + ìròsùn.

ÌYÈ̩WÒ, s. Investigação, escrutínio.

ÌYÈ̩WÙ, s. Alcova, quarto de dormir.

IYÌ, s. Respeito mostrado por uma pessoa. Ó mú mi níyì – Ele mostrou ter respeito.

ÌYÍKÁ, s. 1. Rotação (como a Terra em volta do sol). 2. Uma forma de saudação perante um rei ou um orixá, tanto para homem como para mulher, consistindo de prostrar-se no chão, girando o corpo ligeiramente para a direita – ìyíká ò̩tún –, e depois para a esquerda – ìyíká òsì.

ÌYÍLÓ̩KÀNPADÀ, s. Conversão, mudança de ideia, persuasão.

ÌYÌN, **YÍNYÌN**, s. Louvor, apreço.

ÌYÌNFÁ, s. Louvação a Ifá.

ÌYÌNLÓGO, s. Louvor, glorificação.

ÌYÌNRÌN, s. Erosão.

ÌYÍPÀDÀ, s. Virada, conversão, mudança.

ÌYÍPO, s. Perversão, corrupção.

ÌYÍPO, s. Ciclo. È̩yí ni ìyípo ayé – Este é o ciclo da vida.

ÌYÍS̩O, s. Pino inserido no cilindro do tear para ser girado com facilidade.

ÌYÓKÙ, ÌYÒÓKÙ, s. Resto, restante. Àwọn ọkùnrin ìyókù – o restante dos homens; Ó lè mu ìyòókù – Você pode beber o resto.

ÌYÓWÙ, pron. Qualquer que, seja o que for.

IYỌ̀, s. Sal. Omi iyọ̀ – água salgada; Onjẹ yìí wà láìyọ̀ – Esta comida está sem sal.

ÌYỌ, s. Fluxo da maré.

ÌYỌ̀Ọ̀DA, s. Permissão, consentimento. Àwa bẹ̀bẹ̀ ìyọ̀ọ̀da láti sọ̀rọ̀ – Nós pedimos permissão para falar.

ÌYỌ̀DÍ, s. Hemorroida.

ÌYỌJÁDE, s. Aparecimento, ato de sair para fora, brotar.

ÌYỌKÚRÒ, s. Extração, processo de subtração. Ìròpọ̀ àti ìyọkúrò – adição e subtração.

ÌYỌLẸ̀NU, s. Amolação, aborrecimento.

ÌYỌ́NU, s. Compaixão, piedade.

ÌYỌNU, s. Preocupação, problema, atrapalhação. Ìyọnu bá mi – Estou aflito; Iṣẹ́ yìí ní ìyọnu – Este serviço tem um problema.

ÌYỌ́NÚ, s. Bondade, gentileza. Mo rí ìyọ́nú lọ́dọ̀ rẹ̀ – Eu encontrei bondade junto dele.

IYỌ̀-ÒYÌNBÓ, s. Açúcar. = ṣúga.

ÌYỌRÍSÍ, s. Consequência, resultado. Èyí ni ìyọrísí ti iṣẹ́ rẹ̀ – Este é o resultado do trabalho dele.

ÌYỌ̀RỌ̀, s. Neutralização.

ÌYỌ̀RỌ̀, s. Tártaro.

ÌYỌṣÙTÌSÍ, s. Escárnio, zombaria.

IYỌ̀YÌYỌ̀, s. Sal ordinário usado na mesa.

IYÙN, s. Coral, conta de coral.

ÌYÚNRA, s. Coceira, comichão.

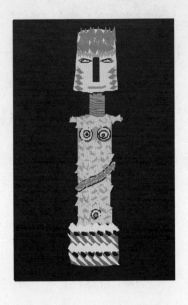

JÁ, *prep.* Através de, por. V. *làjá*.

JÁ, *v.* **1.** Partir, quebrar, estalar. *Èwọ̀n já sí méjì* – A corrente partiu em dois; *Okùn yìí já* – A corda partiu; *Ijì já ilé mi* – O vendaval demoliu minha casa. > *èjá* – fragmento, porção. **2.** Palpitar como o coração, estalar. *Àyà mi njá* – Meu coração está palpitando. **3.** Colher. *Ó já ewé láti ṣe àgbo* – Ela colheu folhas para fazer uma infusão; *Ó já èfọ́* – Ela colheu as verduras. **4.** Atacar. *Ó já lù mí* – Ele atacou e me bateu. **5.** Descobrir o caminho. *Mo já ojú ọ̀nà* – Eu escolhi o caminho principal.

JÀ, *v.* **1.** Lutar, brigar, bater. *Ó jà gìdìgìdì* – Ele lutou com um grande animal; *Ajá méjì njà* – Dois cachorros estão brigando. > *ìjà* – luta, conflito. **2.** Contestar, discutir. *Ó já sílẹ̀ náà* – Ele contestou a posse da terra. **3.** Lançar. *Ó ja òkúta bá mi* – Ele atirou a pedra contra mim. **4.** Falhar.

JÀ, *adv.* Quase.

JA ÀJÀBỌ́, *v.* Escapar por uma saída estreita. *Ó ja àjàbọ́* – Ele conseguiu escapar; *Àjàbọ́ ni ó já* – Foi para escapar que ele lutou.

JÀ ÀJÀKÚ, *v.* Lutar violentamente. *Wọ́n jà àjàkú* – Eles lutaram violentamente.

JÁBAJÀBA, *adv.* Bruscamente, surpreendentemente. *Ó tò wọ́n jabájàba* – Ele os colocou de forma confusa, misturada.

JÀBÀJÁBÁ, *s.* Pedaços de um corte de carne, carne-seca. = *ìjànjá*.

JÀBÀ-JÀBÀ, JÀGBÀ-JÀGBÀ, *adv.* Descuidadamente. Ó rìn jàbà-jàbà – Ele caminhou descuidadamente.

JABALA, *s.* Fome. Jabala njá mọ́ mi lára – Estou com fome (lit. a fome está palpitando dentro do meu corpo). = ebi.

JÁBÁLÁ, *adj.* Magro, solto, desordenado.

JÁBỌ́, *v.* Cair no chão, sobre uma mesa ou das mãos de uma pessoa. Èsó jábọ́ ilẹ̀ – A fruta caiu no chão.

JÀBÚ, *s.* Respingo, salpico. Ó bọ́ sínú omi jàbú – Ele entrou dentro d'água com respingos.

JÀBÙTẸ̀, *s.* Elefantíase.

JÁDE, *v.* Sair, lançar-se para adiante, ir para fora. Ó jáde láì wọ ẹ̀wú – Ele saiu sem camisa; Iṣu hù jáde láti inúlẹ̀ – O inhame brotou de dentro da terra. < já + òde.

JÁDEOGUN, *v.* Sair para uma batalha.

JÁDEKÚRÒ, *v.* Ir para fora de.

JÁDÍ, *v.* 1. Romper o fundo de alguma coisa (cesto, balde etc.). Ó jádí agbòn – Ele rompeu o fundo da cesta. < já + ìdí. 2. Detectar, elucidar. Ó jádí ọ̀rọ̀ náá – Ele esclareceu aquele assunto; Irọ́ yìí jádí – Isto é uma clara mentira.

JÀÁDÌ, *s.* Luta, contenda, batalha (do hausa jàhadì).

JÀDÙ, *v.* Lutar, alcançar alguma coisa.

JADÙN, *v.* Viver em suntuosidade, em luxúria. Ó jadùn – Ele vive muito bem; Ó jadùn iṣẹ́ rẹ̀ – Ele colheu os frutos do trabalho dele.

JÁFÁFÁ, *v.* Ser esperto, astuto, inteligente. Olùkọ mi jáfáfá – Ele é esperto e eficiente.

JÁFÀRA, *v.* Ser lento, devagar.

JÁFỌ́, *v.* Cair e quebrar.

JAGA, *adj.* Importante, valioso, considerável.

JÁGÁN, *adv.* Grosseiramente, bruscamente.

JÀGANYÌN, *s.* Tipo de laranja ácida usada contra reumatismo.

JÀGBÀYÀ, *s.* Lombriga.

JAGÍDÍGBÒ, *v.* Engajar-se em uma luta.

JÀGIDIJÀGAN, *adj.* Selvagem, turbulento. Jàgidijàgan ènìà – pessoa violenta.

JAGỌ́, *v.* Deteriorar, estragar. Ó njagọ̀ – Ele está deteriorando.

JÀGÙDÀ, s. Desordeiro, bagunceiro, batedor de carteira.

JÀGÙDÀPÁÁLÍ, adv. Necessariamente, desesperadamente.

JAGUN, v. Guerrear, lutar < já + ogun. Ó jagun àgbáiyé kéjì – Ele lutou na Segunda Guerra Mundial.

JAGUN, s. Um título militar.

JAGUNJAGUN, s. Guerreiro, combatente.

JÁGBÀ, v. Arrebatar, agarrar, apanhar. Ó já owó náà gbà lọ́wọ́ mi – Ele apanhou aquele dinheiro de mim.

JAGBÀ, **JỌGBÀ**, v. Disputar uma luta contra, competir. < já + ọgbà.

JÀGBÀYÀ, s. Um parasita intestinal.

JÁGBAJÀGBA, s. Desobediência, perversidade; adv. Irresponsavelmente, indiferentemente.

JÁGBEMỌ́, v. Gritar a alguém.

JAGỌ̀, v. Voltar atrás, retroceder, deteriorar.

JÁGBỌ́N, v. Desvendar um truque, descobrir uma mentira. Ó jàgbọ́n mi – Ele desvendou o truque.

JÁÌ, adv. Extremamente. Ó burú jàì – Ele é extremamente mau; Ènìà yìí jẹ́ gbígbọ̀n jàì – Esta pessoa é extremamente inteligente.

JÁIYÀ, **JÁYÀ**, v. Estar amedrontado, ter medo.

JAIYÉ, v. Ter privilégios, viver em ostentação. = jayé.

JÀJÀ, adv. pré-v. Afinal de contas, finalmente. Ó jàjà lọ – Ele foi finalmente.

JÁJÀJÁ, adv. Em pequenas porções. A jẹ onjẹ jájàjá – Nós comemos aos poucos.

JÀJÀ, **JÁJÁ**, adv. De longa duração.

JÁJẸ, v. Morder. Ó já mi jẹ – Ela me mordeu.

JÀKÀNJÀKÀN, s. Pessoas notáveis, eminentes.

JÀKÁLẸ̀, v. Tornar-se uma epidemia, ser contagioso. Àrùn yìí njàkálè – Esta doença se tornou uma epidemia.

JÁKÈJÁDÒ, adv. Por toda parte, ao redor de. Wọ́n mọ̀ jákèjádò – Eles são conhecidos por toda parte; Àwọn ènìà ngbà gbé ọmọ kiri jákèjádò ayé – As pessoas transportam as crianças por todos os lugares.

JÀKÓ, s. Macaco. = ọ̀bọ.

JÁKO, v. Incursão, ataque, invasão a uma fazenda. Ewúrẹ́ jáko mí – A cabra invadiu minha fazenda. < já + oko.

JÁKORO, v. Fazer insinuações, contestar, contradizer. *Ó já mi ní koro ohun tí mo wí* – Ele contestou o que eu disse.

JÁKÚ, v. Cair morto. *Ó jákú* – Ele caiu morto.

JÀKÚTA, v. Lançar, atirar pedras. Denominação do 3º. dia da antiga semana yorubá consagrada a Ọba Jàkúta, a divindade justiceira. < jà + òkúta.

JÀKÙTẸ̀, s. Elefantíase.

JÁLÀ, s. Medida para líquidos, equivalente a um galão (cerca de 4 litros).

JÁLAÍYÀ, v. Amedrontar, aterrorizar, desanimar.

JÁLÁNKÁTO, s. Aquilo que pertence a todos, propriedade comum.

JALÈ, v. Roubar. *Ò jalè* – Ele cometeu um roubo.

JÁLÉÈKÁNNÁ, **JÁLÉÈKÁN**, v. Beliscar, apertar com os dedos.

JÁLẸ̀, v. Resultar, acabar. *Isẹ́ yìí jálẹ̀* – Este trabalho chegou ao fim, acabou.

JÁLẸ̀, **JÁLẸ̀-JÁLẸ̀**, adv. Completamente, categoricamente. *Ó kọ̀ jálẹ̀ = Ó kọ̀ jálẹ̀-jálẹ̀* – Ele recusou categoricamente.

JÀLÓGUN, v. Preocupar, molestar, hostilizar.

JÀLÓLÈ, v. Roubar.

JÁLỌ́, v. Solucionar um enigma. *Ó jálọ́ yìí* – Ela resolveu este enigma. < já + àlọ́.

JÁLỌ, v. Escapar da corda. *Ewúrẹ́ mi jálọ* – Minha cabra se soltou da corda.

JÀLÙ, v. Disputar.

JÁLÙ, v. Atacar ou cair inesperadamente.

JÁLUMI, v. Mergulhar na água. *Ó jálumi* – Ele mergulhou na água. < já + lù + omi.

JÀMBÁ, v. Danificar, prejudicar, fazer mal. *Ó ṣe jàmbá fún mi = Ó ṣe mi ní jàmbá* – Ele me fez uma injúria. > ìjàmbá – dano.

JÁMỌ́, v. Ter valor. Usado somente em frases negativas ou interrogativas, quando uma resposta negativa é esperada. *Kíni ó jámọ́?* – O que ele vale?; *Kò jámọ́ nkan* – Ele não vale nada.

JÁMỌ́LẸ̀, v. Cortar fora. *Ó já iṣu yìí mọ́lẹ̀* – Ela cortou a ponta deste inhame.

JÀNMÁ, s. Grupo, círculo de amigos, congregação.

JÀÁNRẸRẸ, adv. Abundantemente, em grande quantidade. *Gbèsè rẹ̀ kúnlẹ̀ jàánrẹrẹ* – As dívidas dele são ilimitadas.

JAN, *adv.* Sacudidamente. *Ó sáré jan* – Ele correu balançando-se.

JÁN, *adj.* Magro, fino, ralo, de tamanho reduzido. *Ó ján* – Ele é magro.

JÀN, *v.* 1. Bater. *Ó jàn mí ni kùmọ̀* – Ele bateu em mim com um bastão. 2. Fracassar, reprovar. *Ọ̀lẹ yìí jan nínú ìdánwò* – Este preguiçoso foi reprovado no exame. 3. Reclamar, reivindicar. *Ó jan owó rẹ̀* – Ele reivindicou o dinheiro dele.

JÁNÀ, *v.* Fechar um caminho e vir por um outro. *Mo já sí ojú ọ̀nà* – Ele veio pelo caminho principal.

JÀNBÓRÓKÚN, *s.* Tipo de planta.

JÀNDÙKÚ, *s.* Pessoa grosseira, negligente. *Jàndùhú ènìà* – pessoa rude.

JÁNGAN-JÀNGAN, *adv.* Enorme. *Ẹ̀rọ jángan-jàngan* – uma máquina enorme.

JÁNÍKORO, *v.* Contradizer, refutar, desafiar uma afirmação.

JÀNÍYÀN, *v.* Contradizer.

JANJAN, *adv.* Excessivamente, intensamente. Usado para o calor do sol e a quentura da água. *Ó gbóná janjan* – Está excessivamente quente; *Oòrùn mú janjan* – O sol está excessivamente quente.

JAANJAAN, *s.* Preocupação, alvoroço.

JÀNKÁWỌ̀, JÀNKÁRÌWỌ̀, *s.* Fuligem.

JÀNMỌ́, *s.* Faca para cortar cana.

JÀNRÀN, *adj.* Grande, enorme. *Àpáàdì jànràn* – um pedaço enorme de louça quebrada.

JÀÁNRẸ̀RẸ̀, *adv.* Abundantemente.

JÀNTỌ̀-JANTỌ, *adv.* Facilmente. *Jàntọ̀-jantọ ni a gbé e* – Foi facilmente que nós erguemos isto.

JANÚ, *v.* Ostentar, jactar-se, vangloriar-se. *Ó janú* – Ele está se gabando. < *jà + inú*.

JÁNÚ, *v.* Ser irritante, ser petulante. *Ó jánú* – Ele é irritante. < *já + inú*.

JÁNU, *v.* Refrear, reprimir. > *ìjánu* – autocontrole.

JÁNÙ, *v.* Cortar e jogar fora. *Já ewé yìí nù* – Corte estas folhas e jogue fora.

JÀPÀNÌ, *s.* Japão (do inglês *Japan*).

JAPANÎISÌ, *s.* Japonês (do inglês *Japanese*).

JANPATA, *v.* Assumir dificuldade.

JAPORÓ, *v.* Estar agoniado, ser torturado.

JÀRÀKÀ, **JÀRÀPÀ**, *v.* Rolar no chão com dores. Ó njàràkà – Ele está se contorcendo no chão com dores.

JÀRE, **JÀE**, *s.* Forma de tratamento equivalente a por favor. Jókó o, jàre – Sente-se, por favor.

JÀRE, *v.* Ter direito a, ser inocente. Mo jàre – Eu venci o meu caso.

JÁRǪ, *v.* Expor uma mentira. Ó járǫ mi – Ele me pegou numa mentira.

JÁRǪ̀, *v.* Interromper uma queda. Mo já àjá rǫ̀ – Eu caí da árvore, mas me segurei num galho.

JARUNPÁ, *v.* Estar irrequieto durante o sono. Ó njarunpá – Ele está agitado no sono. < jà + oorun + ìpá.

JÁSAN-JÀSAN, *adj.* Enrugado, áspero. Abara jásan-jàsan yìí bí ara ǫpǫ̀ló – Este corpo é enrugado como o corpo do sapo.

JÁSÈ, *v.* Ser reativo. < jẹ́ + àsè.

JÁSÍ, *v.* Conduzir, derrubar em, cair. Ó jásí kòtò – Ele caiu num buraco; Ó jásí gegele – Ele entrou numa cova.

JÀSÍ, *v.* Disputar, brigar, discutir. Ó jàsílẹ̀ náà = Ó jàsí ilẹ̀ náà – Ele contestou aquela terra.

JÁSÍLẸ̀, *v.* Deixar de lado, largar. Ó já ẹrù yìí silẹ̀ – Ele colocou esta carga no chão; Ó já mi sílẹ̀ – Ele me abandonou.

JÀSÓKÈ, *s.* Nome de um arbusto.

JÀSẸ́, *v.* Ser bem-sucedido. Jàsẹ́ ogun – uma batalha bem-sucedida. < jà + sẹ́.

JÁSǪ, *v.* Roubar roupa. < jí + asǫ.

JÁTIJÀTI, *adj.* Avarento, mesquinho, imprestável, inútil. Ènìà játijàti – uma pessoa sem valor.

JÁTILẸ̀, *v.* Lançar para baixo, cair. Ó já mi tilẹ̀ – Ele me deslocou e derrubou.

JÀÙ, *adj.* Impetuoso, sem cerimônia, rude. Ó wolé ni jàù – Ele entrou em casa sem cerimônia.

JÀÙNBÁ, *s.* V. jàmbá.

JÁWÁLẸ̀, *v.* Cair livremente.

JÁWÉ, *v.* Colher folhas. Ó jáwé fún orò rẹ̀ – Ela colheu folhas para a obrigação dele. < já + ewé.

JÁWÓ, *v.* Cair e quebrar em pedaços.

JÁYÀ, *v.* Sentir medo, pavor, apreensão. *Ó jáyà* – Ela sentiu medo; *Ó já mi láyà* – Ele me amedrontou.

JAYÉ, *v.* Viver bem, ter uma boa vida. *Ó njayé* – Ele está desfrutando da vida. = *ṣayé. V. jaiyé.*

JAYÒ, *v.* Ganhar no jogo do *ayò.* < *jẹ* + *ayò.*

JAYÙN, *s.* Benefício de uma ação.

JEGEDE, *adj.* Inchado, empanturrado. *Ẹ̀ẹ̀ké jegede* – bochechas inchadas.

JÈGÚNMÓYÁN, *s.* Uma pessoa ingrata, mal-agradecida.

JÉGBEJÈGBE, *adv.* Mal, desajeitadamente.

JÉGBÓ, *v.* Levar a parte maior de alguma coisa.

JÉNÌATÀ, *v.* Traficar seres humanos.

JÉNJÉ, *adj.* Débil, fraco. *Ó rí jénjé* – Ele parece fraco.

JERE, **JEREJERE**, *adv.* Brilhantemente. *Àtùpà yìí ndán jere* – Este lampião está ardendo brilhantemente.

JÉRE-JÈRE, *adj.* Escasso, parco. *Irun jére-jère* – cabelos escassos.

JÈRÈ, **GBÈRÈ**, *v.* Tirar proveito, lucrar, ter uma recompensa. *Ó jèrè* – Ele levou alguma vantagem; *Ó jèrè nípa rẹ̀* – Ele se aproveitou dela. < *jẹ* + *èrè;* < *gbà* + *èrè.*

JÉSÙ, *s.* Jesus. *Jésù gbá ènìà là* – Jesus redimiu as pessoas; *Jésù jí Lasaru dìde láti inú ikú* – Jesus despertou e levantou Lázaro do túmulo.

JÈÉTÚ, *v.* Supurar.

JEWÉJEWÉ, *s.* Um tipo de inseto que se alimenta de folhas.

JEYÍNJEYÍN, **YÒRÒ**, **ẸYÒRÒ**, *s.* Germes que causam sangramento nas gengivas.

JẸ, *v.* **1.** Comer, consumir alimento. *Ó jẹ éran àti ọbẹ̀* – Ele comeu carne e ensopado; *Ó bá mi jẹun* – Ela comeu comigo. **2.** Ser devedor. *Ó jẹ mí lówó* – Ele me deve dinheiro. > *réjẹ* – trapacear. **3.** Ganhar na loteria, ganhar dinheiro, vencer. *Ó jẹ ayò* – Ele ganhou no jogo de *ayò; Bàbá mi jẹ èrè púpọ̀ nínú iṣẹ́ rẹ̀* – Meu pai lucrou no trabalho dele; *Ó fi owó mi jẹ* – Ele confiscou meu dinheiro. **4.** Ascender a um título, a um cargo. *Ènìà yẹn jẹ dípò mi* – Aquela pessoa foi apontada em meu lugar (*lit.* aquela pessoa ganhou o meu

JẸ – JẸ́Ẹ́, JẸ́JẸ́, JẸ́JÈJẸ́

lugar); *Ó jẹ Ògá* – Ele se tornou um líder. **5.** Experimentar algo agradável ou desagradável. *Mo jẹ fájì* – Eu senti prazer; *Mo jẹ egba* – Eu fui chicoteado.

JẸ́, *part*. Usada ao lado de *kí*, para dar sentido de deixar, permitir, ir junto, ou para introduzir palavras que proponham ações. *Jẹ́kí a sùn* – Vamos dormir; *Jẹ́kí n bá ẹ lọ* – Deixe-me ir com você. V. *jẹ́kí*.

JẸ́, *v*. **1.** Ser. É mais usado para definir uma personalidade e qualidades morais de uma pessoa. *Ó jẹ́ ìràn lọ́wọ́ fún mi* – Ele é útil para mim; *Oókan àti eéjì jẹ́ eéta* – Um mais dois são três; *Ó jẹ́ bí igbákéjì fún mi* – Ele é como um assistente para mim; *Ṣàngó jẹ́ òrìṣà ẹdùn àrá* – Xangô é a divindade dos raios. V. *kì íṣe*, a forma negativa de *jẹ́*. **2.** Concordar, permitir, admitir, arriscar-se a um empreendimento. > *jẹ́wọ́* – confessar, reconhecer. **3.** Jurar. *Mo jẹ́ èjẹ́* – Eu fiz um juramento. **4.** Ser feito de, envolver. *Iṣẹ́ ti o jẹ́mọ owó* – É um trabalho que envolve dinheiro. **5.** Responder, replicar. *Ó jẹ́ ìpè mi* – Ele respondeu ao meu chamado. > *òjíṣẹ́* – mensageiro. **6.** Chamar-se, ser chamado. *Ṣàngó náà njẹ́ Olùfínràn* – Xangô também é chamado de *Olùfínràn*.

JẸ, *v*. **1.** Jogar ao redor. *Ó jè wẹ́réwẹ́rẹ́* – Ele jogou ao redor quietamente. *Àwọn adìẹ njẹ ni àgbàlá* – As galinhas estão brincando ao redor do quintal. **2.** Pastar, pastorear.

JẸÀJẸDÙFÚN, *v*. Engolir.

JẸÀJẸKÌ, *v*. Comer demasiadamente, fartar-se de comer.

JEÀJẸPỌ̀, *v*. Mastigar até o fim, ruminar.

JẸÀSE, JÀSE, *v*. Ir comer numa festa.

JẸBÁLẸ̀, *v*. Receber o título de *Bálè*. *Ó jẹ Bàlè* – Ele recebeu o título de *Bàlè*.

JẸBẸTẸ, *s*. Medo, apreensão.

JẸ̀BI, *v*. Ser culpado. *Ó jèbi* – Ele é culpado. < *jẹ* + *èbi*.

JẸBÒ, *v*. Sumir, desaparecer. *Ọgbẹ́ yìí jẹbò* – As marcas desta ferida desapareceram.

JẸ̀DÍ JẸ̀DÍ, *s*. Hemorroidas. < *jẹ* + *ìdí*.

JẸ̀DÒ JẸ̀DÒ, *s*. Tuberculose. < *jẹ* + *èdò*.

JẸ́Ẹ́, JẸ́JẸ́, JẸ́JÈJẸ́, *adv*. Calmamente, suavemente, ternamente. *Ó gbé jẹ́ẹ́* – Ele se levantou calmamente; *Ó kẹ́ ẹ jẹ́ẹ́* – Ele a acariciou suavemente; *Wọ́n wá jẹ́jèjẹ́* – Eles vieram calmamente.

JÉ ÈJÉ, *v.* Fazer uma promessa. = *jéjé.*

JÈFÀ, JÌFÀ, *v.* Gozar de boa sorte. Ó *jèfà* – Ele teve um golpe de sorte. < *je* + *ifà.*

JÈFUNJÈFUN, *s.* Febre tifoide.

JĘGÀBA, JĘGÀBALÉLÓRÍ, *v.* Exercer domínio, ser mandante de alguém.

JĘGÚDÚRAGÚDÚ, *s.* Pessoa inútil que nada faz na vida.

JĘGÚN, *v.* Tentar recuperar algo mal-empregado. Ó *je owó mi gún* – Estou tentando recuperar meu dinheiro. = *jerá.*

JĘGBA, *v.* Ser açoitado, ser flagelado. Ó *jegba* – Ele foi açoitado. < *je* + *egba.*

JĘGBÉ, *v.* Libertar, desembaraçar. Mo *je òràn náà gbé* – Eu me libertei desta situação.

JĘGBÈSÈ, *v.* Estar em dívida.

JÉJÉ, *v.* Prometer. Ò *jéjé fún mi pé òun yíò ló sílé* – Ele prometeu para mim que ele irá para casa. < *jé* + *èjé.*

JÉJÉ, JÉJÈJÉ, *adv.* Calmamente, suavemente, tranquilamente. *Wón wá jéjèjé* – Eles vieram calmamente; Ó *hùwà jéjé* – Ele se comportou calmamente. = *jéé.*

JÉÉJÉ, *v.* Sussurrar, murmurar. Ó *so fún mi jééjé* – Ele falou para mim sussurrando.

JÈJĘKÚJĘ, *v.* Comer uma comida de má qualidade, comer indiscriminadamente qualquer coisa.

JĘKA, *v.* Morder o dedo de alguém, uma maneira de expressar o sentimento de uma ação maléfica, arrepender-se de. Ó *jèka* – Ele sentiu pesar. < *je* + *ika.*

JÉKÁLQ JÁDE, *exp.* Vamos embora. V. *jékí.*

JĘKĘ, *v.* Lutar, combater. Àwa *jeke* – Nós lutamos. < *jà* + *eke.*

JÉKÍ, *v.* Deixar, permitir, ir junto, definindo uma ação, uma declaração, rumo ou direção. É seguido do pronome pessoal de uma sílaba, com exceção de *mo* – eu –, substituído por *n. Jékí a lo* = *Jéká lo* – Vamos embora; *Jéká jé?* – Vamos comer?; *Jékí wón kàwé* – Deixe-os estudarem; *Jékí n bá e lo* – Permita que eu vá com você. Se um pedido de comando é usado para 3ª pessoa, *jékí* é usado. *Jékí Òjó sí fèrèsé náà* – Deixe Ojô fechar a janela.

JĘKÙ, *v.* Comer parte, comer sobras. Ó *jeran náà kù* – Ele comeu parte da comida.

JẸLÁJẸKÌ, v. Comer vorazmente. = jẹàjẹkì.

JÈLẸ́NKẸ́, v. Calma, conforto, facilidade. Iṣẹ́ yìí jèlẹ́nkẹ́ – Esta é uma tarefa calma.

JẸ́LẸ́RÍ, v. Ser testemunha, testemunhar. Òun jẹ́ mi lẹ́rí – Ele testemunhou a meu favor. = jẹrígbè.

JẸLÓGÚN, v. Assumir, herdar. Iṣẹ́ yìí njẹ mí lógún – Esta tarefa tomou conta do meu tempo. > ajógun – herdeiro.

JẸLÓWÓ, v. Dever dinheiro. Ó jẹ mí lówó – Ele me deve dinheiro.

JẸ́LỌ́HIN, v. Consentir. Mo jẹ́ ẹ lọ́hin – Eu dei a ele meu consentimento.

JẸMỌ́, v. Ser conectado, ser relacionado, ser identificado com. Mo jẹ ata mọ́ onjẹ mi – Eu comi pimenta com minha comida; Ohun tí mo wí yìí jẹmọ́ ọ̀rọ̀ rẹ – O que eu disse disto é pertinente a sua declaração.

JẸ̀NNẸ̀JẸ̀NNẸ̀, JÌNNÌJÌNNÌ, adj. Medo, pavor.

JẸNÌÀ, v. Comer carne humana, ser canibal. < jẹ + ènìà.

JẸ̀NJẸ̀N, adj. Trêmulo; adv. Tremulante.

JẸ́N-NJẸ́N, adj. Esbelto, delgado, magro.

JẸ̀NGBẸ̀NNẸ̀, JÌNGBÌNNÌ, adj. Abundante, copioso.

JẸNÍGBÈSÈ, v. Dever a uma pessoa, ter obrigações com alguém. Ó jẹ mí ní gbèsè – Ele tem um débito comigo.

JẸNÍPÁ, v. V. jẹpá.

JẸNÍYÀ, v. Afligir, castigar, punir. Ó jẹ mí níyà – Ele me castigou.

JẸ́NJÓKÓ, s. Tipo de planta usada para fins medicinais. Cissampelos owarrensis (Menispermaceae).

JẸ́NJÙ, v. Um companheiro enérgico, um homem arrojado, inquieto.

JẸ ÒKÍ, v. Ser vacinado, ser imunizado.

JẸ Ọ̀FẸ́, v. Tirar vantagem dos outros.

JẸPA, v. Comer uma pessoa viva. Àwọn yànmù-yanmu fẹ́rẹ̀ jẹ wá pa – Os mosquitos quase nos comeram vivos.

JẸPÁ, JẸNÍPÁ, v. Usar de força excessiva. Má jẹ ọ̀rọ̀ yìí nípá – Não use de violência neste assunto.

JẸ́ PÀTÀKÌ, v. Ser importante.

JẸPẸ́, v. Ganhar tempo, vivenciar. Ó jẹ ìgbádùn pẹ́ – Ele desfrutou de um longo momento de prazer. < jẹ + pẹ́.

JÉPẸ́, v. Ser longo. Ó jẹ́ olóyè wa pẹ́ – Ele foi nosso chefe por um longo tempo. < jẹ́ + pẹ́.

JẸPÒ, v. Comer algo que faça vomitar. Àjẹpò ni ó jẹ – Ele vomitou o que comeu.

JẸRÁ, v. Tentar recuperar algo mal-empregado. Ó jẹ owó mi rá – Estou tentando recuperar meu dinheiro. = jẹgùn.

JẸRÀ, v. Ficar pútrido, apodrecer. Kò fẹ́ kí ẹran náà jẹrà – Ela não quer que a carne apodreça. = bàjẹ́.

JẸRAN, v. Comer carne. < jẹ + ẹran.

JÉRÍ, v. Testemunhar. Ó jérí pa mí – Ele testemunhou contra mim.

JÉRÍGBÈ, v. Testemunhar em favor.

JÉRÍSÍ, v. Testemunhar, atestar, certificar. Èyí jérí sí òtítọ́ rẹ̀ – Esta é uma prova da verdade dele.

JÈRORA, v. Estar com ou sentir dores. Ó jérora – Ela sofre dores.

JẸRUN, v. Consumir, dissipar, esbanjar uma propriedade ou dinheiro. Ó jẹ mí run – Ele me arruinou. > ijẹrun – extravagância, desperdício.

JẸSẸ́, v. Ser ingrato. > àjẹsẹ́ – ingratidão. Àjẹsẹ́ ló njẹ – Ele é uma pessoa ingrata. < jẹ + sẹ́.

JẸTẸ́RÙN, v. Comer totalmente uma comida. Ó jẹ tẹ́rùn – Ele comeu toda a comida.

JẸTÌ, v. Deixar comida, sobrar. > àjẹtì – sobras, restos de comida. Mo jẹ àjẹtì onjẹ – Eu comi o que pude, eu comi e deixei sobras da comida; Àjẹtì ni mo jẹ – Eu deixei sobras do que comi.

JẸTÁN, v. Comer completamente alguma coisa. Mo jẹ ẹran náà tán – Eu comi a carne toda. < jẹ + tán.

JẸUN, v. Comer alguma coisa. A dúpẹ́, mo ti jẹun – Obrigado, eu já comi alguma coisa. < jẹ + ohun. V. onjẹ.

JẸUN ÀÁRÒ̀, v. Lanchar na parte da manhã. Jẹun alẹ́ – jantar; jẹun ọsán – almoçar.

JÈWẸ, v. Ficar abismado com uma surpresa.

JĘWỌ – JÍHÌN

JĘWỌ, v. Confessar, admitir, reconhecer. *Ó jẹ́wọ́ ẹ̀sẹ̀ fún mi* – Ela confessou o crime para mim.

JĘYÓ, v. Comer e ficar satisfeito. *Mo jẹ onjẹ náà yó* – Eu comi e fiquei satisfeito.

JÍ, v. 1. Acordar alguém, despertar, levantar. *Ó jí ni agogo mẹ́wàá* – Ele me acordou às 10h. 2. Roubar. *Ó jí owó mi* – Ele roubou meu dinheiro; *Olè jí owó rẹ̀* – O ladrão roubou o dinheiro dela.

JÌ, v. 1. Dar um presente a alguém, presentear. 2. Mover. *Ó jì kankan* – Ele se moveu depressa.

JÌBÀ-JÌBÀ, JÌGBÀ-JÌGBÀ, adv. Loucamente, sem orientação. *Ó sáré kiri jìbà-jìbà nwá owó rẹ̀* – Ele correu por todos os lados procurando o dinheiro dele.

JIBÀTÀJIBATA, adj. Saturado, impregnado.

JÌBÌTÌ, v. Prática desonesta. *Ó lù mí ní jìbitì* – Ele me fraudou.

JÌFÀ, JẸ̀FÀ, v. Gozar de boa sorte. *Ó jìfà = Ó jẹ̀fà* – Ele teve um golpe de sorte. < *jẹ + ìfà*.

JÌGÁ, s. 1. Um tipo de inseto que entra debaixo da unha do pé, causando irritação. *Onísẹ̀gùn ní jìgá ló wọ̀ ní ẹsẹ̀ rẹ̀* – O doutor disse que um inseto entrou no pé dele. 2. Dançarino (do inglês *jigger*).

JÌGÀN-JIGAN, adv. Grande, imenso. *Olórí jìgàn-jigan* – pessoa com uma cabeça grande.

JÍGÍ, DÍGÍ, s. Espelho, vidro.

JÌGÌJÌGÌ, adv. Vigorosamente. *Ó mì jìgìjìgì* – Ele tremeu vigorosamente.

JÍGÌRI, v. Ser despertado repentinamente.

JIGBÈ, v. Sofrer um espancamento.

JÍGBÉ, s. Roubar e carregar. *Ó jí owó gbé* – Ele roubou meu dinheiro. < *jí + gbé*.

JIGBÈSÈ, v. Contrair uma dívida. *Ó jí mi ní lówó gbé* – Ele tem uma dívida comigo. < *jẹ + gbèsè*.

JIGBO, s. Um festival caracterizado por meninos que simulam lutas. < *já + igbo*.

JÍHÌN, v. Relatar uma transação ou um processo. *Ó jíhìn ọ̀rọ̀ náà* – Ele relatou aquele assunto.

JÍJÁ, *adj.* Quebrado, estalado.

JÌJÀ, *v.* Brigar, lutar. A *jìjà* – Nós brigamos.

JÍJÀ, *s.* Batalha, luta, disputa.

JÌJÀDÙ, *s.* Continuar uma luta ou competição. < *jà* + *ìjàdù*.

JÌJÀKÁDÌ, *v.* Lutar.

JÌJALÈ, *s.* Roubo, surrupio. *Ó dá mi lébi olè jíjà* – Ele me culpou pelo roubo.

JÍJÀNÍYÀN, *adj.* Disputável, contestável.

JÍJAGUN, *s.* Continuação de uma guerra.

JÍJẸ, *s.* Comida pronta para comer.

JÍJẸ OYÈ, *s.* Coroação, diplomação.

JÍJẸ́WỌ́, *adj.* Confessado, admitido, reconhecido.

JÍJẸYÓ, *adj.* Satisfeito em relação a uma comida. V. *yó*.

JÍJÍ, *s.* Ato de despertar; *adj.* Roubado.

JÍJÌN, **JÍNJÌN**, *s.* Profundidade; *adj.* Profundo, fundo. V. *jínjìn*.

JÍJÌNNÀ, **JÍNJÌNÀ**, *s.* Distância. V. *jìnnà*.

JÍJÓ, *s.* Queimadura.

JÍJÒ, *s.* Vazamento.

JÍJÓKÓ, *s.* Ato de estar sentado.

JÍJÓNÁ, *s.* Ato de queimar, de incinerar.

JÍJỌ, **JÍJỌRA**, *s.* Semelhança, similaridade.

JÍJU, *adj.* Bolorento, bichado.

JÍJÙ, *s.* Aquilo que é lançado, que é jogado.

JILẸ̀, *v.* V. *ajilẹ̀*.

JÍMỌ́, *s.* Dia da semana maometana correspondente à sexta-feira.

JÌN, *adj.* Fundo, profundo. *Òkun náà jìn jojo* – O mar está muito fundo.

JÌN, *v.* 1. Empurrar, tropeçar. *Ó jìn mí lẹ́sẹ̀* – Ele tropeçou nas minhas pernas. 2. Ser fundo. *A jìn sí kòtò* – Nós entramos numa cova funda. > *ìjìnlè* – profundidade. 3. Conceder, dar. *Ò fowó jìn mí* – Ele me concedeu dinheiro. V. *fún*.

JÌN, **JÌNNÀ**, *v.* e *adj.* Ser longe, ser distante, extensão plana. *Ìlú wa jìnnà* – Nossa cidade fica muito longe; *Odò náà jìn sílú* – O rio fica distante da cidade. V. *jìnnà*.

JINÁ, *adj.* Bem-cozido ou assado. *Iṣu yìí jiná* – Este inhame está bem-cozido.

JÍNDE, *v.* Levantar, elevar. < jí + díde.

JINDÒ, *adj.* Profundo. Ó jindò – Ele é muito fundo.

JINGÍRI, *adj.* Ser natural, obstinado. Ènìà yìí jingíri – Esta pessoa é teimosa como uma mula.

JÌNGBÌNNÌ, **JÌNWÌNNÌ**, *adj.* Sujo, esfarrapado. Aṣọ yìí rí jìngbìnnì – Esta roupa está esfarrapada.

JÍNJÌN, **JÍJÌN**, **JÍNJÌNÁ**, *adj.* Profundo, fundo. Odò jínjìn – um rio profundo.

JÍNKÍ, *v.* Dar, doar, conferir.

JÍNLẸ̀, *adj.* Profundo, misterioso, confuso. Odò yìí jínlẹ̀ – Este rio é fundo; Ó ronú jínlẹ̀ – Ele fez uma reflexão profunda; Ọ̀rọ̀ yìí jínlẹ̀ – Esta é uma questão confusa.

JÌNNÀ, **JÌN**, *adj. e v.* Distante, ser longe. Ẹiyẹ náà fò jìnnà – O pássaro voou para longe; Mo ngbé jìnnà ilé rẹ̀ – Eu estou morando nuito longe da casa dela; Ìlú náà wà lọ́nà jìnnà réré – Aquela cidade está num caminho muito distante. > jìn + ọ̀nà.

JINNÁ, *v.* Curar uma ferida. Egbò yìí jinná – Esta úlcera está curada. < jìn + iná.

JÌNNÌ, *v.* Estremecer, arrepiar. Ó gbọ̀n jìnnì – Ele tremeu de terror.

JÍPẸ́PẸ́, *v.* Estimular, despertar, suscitar.

JÍRÒRÒ, *v.* Consultar alguém, aconselhar-se. Ó bá mi jíròró pé kí n nṣe é – Ele me aconselhou que eu fizesse isto.

JÍRÒRÒ, *v.* Discutir, aconselhar. Ọ̀rọ̀ méjì wà ti n kì í jíròrò: ìsìn àti ìṣèlú – Duas coisas eu não tenho o hábito de discutir: religião e política.

JÍṢẸ́, *v.* Entregar uma mensagem, dar um recado. Ó jíṣẹ́ fún wa – Ele deu um recado a nós.

JÍTÀ, *v.* Roubar para vender. Ó jí i tà. – Ele o roubou e vendeu.

JÌWÀRÀJIWARA, **JÙWÀRÀJUWARA**, *s.* Um termo grosseiro de insulto.

JÌWÌNNÌ, *adv.* Em trapos, roto, esfarrapadamente.

JÍYÀ, *v.* Sofrer uma punição Ó jíyà púpọ̀ – Ela sofreu muito.

JIYÁN, *v.* Comer inhame. < jẹ + iyán.

JIYÀN, *v.* Discutir, argumentar, debater. Wọ́n njiyàn lórí ẹni tí ó tóbi lọ́lá jùlọ láàrín wọn – Eles estão discutindo sobre aquele que é a maior autoridade entre eles. < já + iyàn.

JÓ, *v.* 1. Dançar. *Èmi lè jó* – Eu posso dançar; *Wọ́n jó pọ̀* – Eles dançaram muito. > *ijó* – dança. 2. Queimar. *Iná jó mi lọ́wọ́* – O fogo queimou minha mão. > *ijóná* – queimadura.

JÒ, *v.* 1. Vazar, pingar, escoar, fazer água. *Ilé mi njò sùùrù* – Minha casa tem um vazamento sério; *Ìkòkò yìí njò pàpá* – A vasilha está pingando sem parar. > *òjò* – chuva. 2. Arder, abrasar. *Iná àtùpà yìí njò* – O fogo do lampião está ardendo; *Iná àtùpà yìí njò bùlà-bùlà* – O fogo do lampião está tremulante.

JÓ BÀÌ-BÀÌ, *v.* Arder, queimar fracamente. *Iná àtùpà yìí njó bàì-bàì* – A chama do lampião está ardendo fracamente.

JOBÌ-JOBÌ, *v.* Perfurar. *Kòkòrò jobì-jobì* – O verme perfurou a noz-de-cola.

JÓBỌ̀, *v.* Dançar junto. *Ó jóbọ̀ lọ́dọ̀ mi* – Ele dançou junto de mim.

JÓFẸ̀Ẹ̀RẸ̀, *v.* Chamuscar, queimar levemente (como os cabelos).

JÓGÍJÓGÍ, *adv.* Muito bem. *Ó pọ́n òbẹ jógíjógí* – Ele afiou muito a faca.

JOGÚN, *v.* Herdar. *Mo jogún ilé yìí* – Eu herdei esta casa; *Ọmọ ni yíò jogún ẹwà lọ́dọ̀ wa* – É a criança que herdará a nossa beleza.

JOGBÓJATỌ́, **ṢOGBÓṢATỌ́**, *s.* Expressão usada para desejar vida longa a alguém. < *jẹ* + *ogbó* + *jẹ* + *atọ́*.

JÒGBÒJOGBO, *adv.* Folgadamente. *Ó sò jògbòjògbò* – Ele é folgadamente solto.

JÒJÒ, *adj.* Brilhante, fino; *adv.* Brilhantemente (aplicado para roupas).

JÒJÒLÓ, *s.* Criança recém-nascida.

JÓKÓ, **JÓKÒÓ**, *v.* Sentar. *Ó jókó níbí* – Ele se sentou aqui; *Mo fẹ́ jókó ní ègbẹ́ rẹ* – Quero me sentar ao seu lado; *Ẹniti jóko tì mi ni bàbá mi* – A pessoa que sentou perto de mim é meu pai.

JOKO, *v.* Comer grama (como o cavalo).

JÒKÚJÒKÚ, *s.* Uma ave de rapina, como o abutre, que se alimenta de cadáveres. < *jẹ* + *òkú*.

JOLÒ, *s.* Tijolo.

JOMIJÒKÈ, *s.* Um animal anfíbio como o crocodilo; hipopótamo.

JÒMU, *v.* Chupar ovo de uma ave.

JÓNÁ, *v.* Queimar.

JÓPỌ̀, *v.* 1. Queimar junto. 2. Dançar junto.

JORO – JỌDÁRÒ

JORO, v. 1. Amaciar. Ó joro – Ele está macio. 2. Consumir, desperdiçar.

JORÓ, v. Estar com dores, estar agoniado.

JÒSẸ́FÙ, s. José (do inglês *Josef*).

JÒWÈRÈ, v. Estar lutando contra a morte.

JOWÓ, v. Aceitar suborno. Ó jowó – Ele aceitou um suborno. < jẹ + owó.

JOWÚ, v. Ser ciumento, ser invejoso. Ó jowú mi – Ela tem ciúmes de mim. < jẹ + owú.

JOYÈ, v. Conquistar um título, um cargo. Wọ́n fi mí joyè – Eles me concederam um título oficial. < jẹ + oyè.

JỌ, v. 1. Derramar, peneirar. Ó jọ ìyẹ̀fun – Ela peneirou a farinha. 2. Libertar-se. Ó jọ̀ mí lọ́wọ́ sílẹ̀ – Ele me libertou. V. jù.

JỌ, v. Parecer com, assemelhar-se a. Tundé jọ mí – Tundê se parece comigo; Ó bá a jọ – Ele se parece com ela (*lit.* ele com ela se parece).

JỌ, DÌJỌ, adj. Junto, ao mesmo tempo. Nwọ́n lè jọ lọ – Eles podem ir juntos; A jọ ṇṣiré pọ̀ – Nós brincamos muito juntos; A dìjọ lọ sílé = A jọ lọ sílé – Nós fomos juntos para casa. < di + ìjọ. Também usado na composição de palavras que indicam companhia. > ìjọ, àjọ – reunião, assembleia.

JỌ́, v. Delegar. Tani ẹ fi jọ́ iṣẹ́ náà? – Quem você designou para o trabalho?

JỌ̀Ọ́, JỌ̀WỌ́, v. Pedir por favor, suplicar. Ẹ jọ̀ọ́, fún mi ni àwo yẹn – Por favor, dê-me aquele prato.

JỌBA, v. Reinar, governar. Ó jọba – Ele ascendeu ao cargo de rei. < jẹ + ọba.

JỌBẸ́Ẹ̀, v. Parecer assim, assemelhar.

JỌBÍ, v. Ter parentesco, consanguinidade. Ó jọbí wa – Ele era nosso progenitor em comum. < jọ + ẹbí.

JỌBỌ̀, v. Cultuar junto, ao mesmo tempo. A jọ nbọ òrìṣà yìí – Nós cultuamos esta mesma divindade.

JÒBÒJÒBÒ, s. Pele que fica pendurada no pescoço do boi, do peru, do galo etc. = jòjò. V. jòsàn-jọsan.

JỌDÁ, v. Uniformizar, roupa de um mesmo estilo. A jọda aṣọ yìí – Nós uniformizamos esta roupa.

JỌDÁRÒ, v. Conversar, pensar, refletir. Kí a lè jọdá a rò – Que nós possamos pensar sobre isto.

JÓGBÀ, v. Quebrar uma cerca. *Ewúrẹ́ jógbà yìí* – A cabra quebrou a cerca do jardim. < *já* + *ogbà*.

JÓGBA, v. Ser igual, idêntico. *Wọ́n jógba* – Eles são iguais um ao outro. < *jẹ́* + *ógba*. V. *dógba-dógba*.

JỌGBÉ, v. Viver junto. *A jọ ngbé pọ̀* – Nós vivemos juntos.

JỌJẸ́, v. Ser coerente, ser harmonioso. *A jọjẹ́ ọ̀rẹ́* – Nós somos amigos um do outro.

JỌJÓ, v. Dançar junto. *A jọ njó* – Nós estamos dançando juntos.

JỌJỌ, adv. Demasiadamente, excessivamente. *Ó pọ̀ jọjọ* – Ele é demasiadamente numeroso; *Ó wú mi jọjọ* – Ela me agradou demasiadamente; *Ó dùn jọjọ* – Ele é demasiadamente doce.

JỌ̀JỌ̀, s. Gradeado de vime.

JỌ̀JỌ̀, JỌ̀JỌ̀-MẸ̀RÌ, s. Papada de carneiro ou cabra. = *gègè*.

JỌJÚ, adj. Moderado, adequado, razoável. *Ó fún mi lówó tó jojú* – Ele me deu uma soma razoável de dinheiro.

JỌLÁ, v. Ter privilégio. *Ó jọlá oyè rẹ̀* – Ele tem privilégio pelo título dele. < *jẹ* + *olá*.

JỌLÓJÚ, s. Impressionar. *Èyí jọ mí lójú* – Isto me impressionou.

JỌ̀LỌ̀, adj. Liso, macio. *Iyán yìí jọ̀lọ̀* – Este inhame está bem liso e macio.

JÓMBÀ, s. Suéter (do inglês *jumper*).

JỌMỌ̀, v. Fazer um acordo. *A jọmọ̀* – Nós fizemos um acordo.

JỌMU, v. Beber junto.

JỌNÍ, v. Ser sócio, parceiro. *A jọ nní ilé yìí* – Nós somos coproprietários desta casa.

JỌPA, v. Caçar junto. *A jọ npa ẹranko* – Nós estamos caçando juntos. < *jọ* + *pa*.

JỌPAWỌ́PỌ̀, v. Agir em conjunto. *Wọ́n jọpawọ́pọ̀ nsisẹ́* – Eles estão trabalhando em conjunto.

JỌPÍN, v. Dividir, compartilhar. *A jọpín ẹran nàà* – Nós dividimos a comida.

JỌPỌ̀, v. Cooperar. *A jọ ṣe iṣẹ́ pọ̀* – Nós cooperamos e fizemos o trabalho. = *jọṣe*.

JỌRA, v. Assemelhar, parecer. > *ìjọra* – semelhança.

JỌRÒ, *v.* Consultar junto com. *A jọ nrò* – Nós estamos juntos em consulta.

JÒSÀN-JÒSÀN, *adj.* Pendente, caído. *Jòsàn-jọsan ète* – lábios caídos.

JÓỌSẸ, *s.* Nome de criança, mulher nascida no dia do culto a Ọbàtálá.

JỌSÌN, *v.* Homenagear, reverenciar, cultuar junto. *A jọ nsìn òrìsà yìí* – Nós estamos reverenciando esta divindade; *Kíni ọnà yíyẹ láti jọsìn Ọlọ́run?* – Qual o caminho conveniente para louvar a Deus?

JÓSÌN, *v.* Cuidar, dar atenção. *Ó jósìn fún mi* – Ela cuidou de mim.

JỌSỌ, *v.* Discutir. *A jọsọ ó* – Nós discutimos com ele.

JỌSỌ̀RỌ̀, *s.* Conversar. *Wón jọ nsọ̀rọ̀* – Eles estão conversando.

JỌSẸ, *v.* Cooperar, colaborar. *A jọ sẹ isẹ́ náà* – Nós cooperamos e fizemos o serviço. = *jọpọ̀*.

JÒWÓ, **JÓÓ**, *v.* Pedir por favor, suplicar. *Ẹ jòwó, má lọ* – Por favor, não vá.

JÒWÓ KÚRÒ, *exp.* Por favor, vá.

JÒWỌLỌ̀, *adj.* Inerte, incapaz. *Ó sẹ jòwòlò sílẹ̀* – Ele jaz inerte no chão.

JỌYỌ̀, *v.* Comemorar, festejar. *Ó jọyọ̀* – Ele fez uma comemoração.

JU, *v.* **1.** Ser bichado, gasto, desgastado. *Aṣọ yìí ju* – Esta roupa está esgarçada; *Èwà ti ju* – O feijão estragou. > *jíju* – bolorento, bichado. **2.** Importunar.

JÙ, *v.* **1.** Atirar, arremessar, lançar, descartar. *Ó ju igi bá mi* – Ele atirou a pedra contra mim. **2.** Exceder, passar a frente, ser superior a. *Ó jù mí fù-fù* – Ele é muito superior a mim. **3.** Entregar-se, render-se, libertar-se. *Ó jù mí lọ́wọ́ sílẹ̀* – Ele me libertou.

JÚ, *v.* Ser fácil. *Isẹ́ yìí kò jú wọ́n sẹ* – Este trabalho não é fácil para eles fazerem.

JÙ, **JÙLỌ**, *adj. comp.* Mais do que, excessivo, demais. *Ó ga jù ègbọ́n mi lọ* – Ele é mais alto do que meu irmão; *O ti sáré jù* – Você correu demais; *Èwo nínú eyin yìí ni ó tóbi jù?* – Qual entre estes ovos é o maior? *V. jùlọ.*

JÚBÀ, *v.* Respeitar, estimar, admitir como superior. *Mo júbà o!* – Meus respeitos! < *jẹ́ + ìbà.*

JÙBÀ-JÙBÀ, **JÙÀ-JÙÀ**, **JÙGBÀ-JÙGBÀ**, *adv.* Loucamente, sem orientação. *Ó sáré kiri jùbà-jùbà* – Ele correu como um louco.

JÙBẸ́ẸLỌ, *adv.* Além disso, de mais a mais. *Jù bẹ́ẹ lọ, mo ti sisẹ́ púpọ̀* – Além do mais, eu tenho trabalhado muito.

JUFÙ, s. Bracelete de metal branco usado pela realeza.

JUGI, v. Jogar a madeira. *Ó jugi mi* – Ele jogou a madeira em mim. < *jù* + *igi*.

JÙJÚ, s. Uma moderna dança *yorubá*.

JÙLÀ-JÚLÁ, s. Pequenos objetos usados em decoração, bibelôs.

JÙLỌ, adj. comp. Mais do que, excessivo, demais. *Ò ló lógbọ́n jù gbogbo ènìà lọ* – Ele é mais inteligente do que todas as pessoas; *Òun dàgbà jù èmi lọ* – Ela é mais velha do que eu. V. *kò... jùlọ* – menos do que; *bí... ti* – tanto quanto; *jù* – demais, em excesso.

JÙMBÚ, v. Herdar, receber repentinamente uma fortuna etc.

JÙMBÙRÙ, s. O fruto do cabaceiro feito de uma forma para ser usado pelas mulheres (do hauçá *zùngurù*).

JÙMỌ̀, adv. pré-v. Junto, em companhia de. *Wọ́n jùmọ̀ ṣiṣẹ́* – Eles trabalham juntos; *A jùmọ̀ ngbé* – Nós estamos morando juntos.

JÙMỌ̀ṢE, v. Cooperar, atuar junto com outras pessoas.

JÙMỌ̀WÀ, v. Coexistir, ser contemporâneo com.

JÙNÙ, v. Arremessar longe objeto compacto. *Ó bọ́ aṣọ jùnù* – Ele tirou a roupa e jogou fora; *Ó jù ú nù* – Ele o jogou longe.

JUNÙ, ṢỌNÙ, v. Perder, ser perdido.

JÙRÙ, v. Mover. *Ajá mi jùrù* – Meu cachorro abanou o rabo. V. *juwọ́*. < *jù* + *ìrù*.

JÚUJÚU, s. Confusão, desordem; adj. Confuso. *Ó rí júujúu* – Ele parece confuso.

JÚWE, v. Indicar, mostrar, descrever. *Ògún júwe mi láti jẹ́ ògá rẹ̀* – *Ògún* me indicou para ser ogã dele; *Júwe rẹ fún mi* – Descreva isto para mim.

JUWỌ́, v. Acenar. *Ó juwọ́ sí mi* – Ele acenou para mim. < *jù* + *ọwọ́*.

K, *pref.* Usado para formar os numerais ordinais. Èjì – dois; kéjì – segundo; Ó jẹ́ ẹni kéjì ìyálórìṣà – Ela é a segunda pessoa da sacerdotisa. V. èk.

KÁ, *v.* **1.** Colher, ceifar, arrancar. Àgbẹ̀ náà ká èso – O agricultor colheu a fruta. **2.** Enrolar, envolver, enlaçar, em volta de. Mo fi pépa ká ìwé mi – Eu enrolei o livro com papel; Bá mi ká ẹní yẹn – Ajude-me a enrolar aquela esteira. > ẹ́ká – círculo. **3.** Recolher, dobrar. Mo ká ẹní nígbàtí mo jí – Eu recolhi a esteira quando despertei. **4.** Parar de. Ẹmu ti ká – O líquido da palmeira parou de escorrer. **5.** Ser o último, derradeiro. Iṣẹ́ yìí ká ọdún – Este trabalho é o último do ano. **6.** Estar torcido, encurvado. Irin ká rúgúdú – O ferro está torcido. > ikákò – contração, torção. **7.** Dar corda num relógio.

KÀ, *v.* **1.** Contar, calcular. Ó nka owó – Ele está contando o dinheiro; Kà wọ́n ní òkòòkan – Conte-os um por um, um de cada vez. > ìkà – cálculo, conta. **2.** Enumerar. Ó ka oògùn fún mi – Ele prescreveu remédio para mim. **3.** Ler. Mo ka ìwé mi = Mo kàwé mi – Eu li o meu livro. > ìkàwé – leitura. **4.** Impressionar, impingir. Mo fi èyí kà á – Eu coloquei isto nisto.

KÁÌ!, *interj.* Ah! Oh!

KABA, *s.* Um tipo de vestimenta.

KÁBA-KÀBA, *adv.* Confusamente, irregularmente, de forma desconexa. Ó nsọ̀rọ̀ kába-kàba – Ele falou confusamente.

KÁBÁM̀Ọ̀, *v.* Arrepender-se. Ó *kábám̀ọ̀ nínú rẹ̀* – Ele se arrependeu intimamente.

KÁBÍYÈSÍ, *s.* Saudação que se faz a um rei ou grande chefe. *Káwò ó o, kábíyèsí* (*lit.* que possamos olhar o rei, que ele tenha vida longa). < *kí* + *abíyè* + *sí*.

KÁÀBỌ̀, *exp.* Seja bem-vindo. < *kú* + *àbọ̀*.

KÀDÀRÀ, **KÁDÀRÁ**, *s.* Destino, sina. = *àyànmọ́*.

KADARA, *adv.* Simplesmente, claramente. *Ilẹ̀ mọ́ kadara* – A terra brilhou claramente, amanheceu.

KÁDÌ, *v.* Finalizar, encerrar, liquidar. Ó *ká ọ̀rọ̀ náà dì* – Ele encerrou a questão.

KÁÀDÍ, *adv.* Em volta de, ao redor de. Ó *fi okùn káàdí rẹ̀* – Ele usou a corda em volta dele.

KÁÀDÌ, *s.* Cartão, carta de jogar (do inglês *card*). *Wọ́n nta káàdì* – Eles estão jogando cartas.

KÁDÚN, *v.* Completar um ano. *Iṣẹ́ yìí kádún* – Este trabalho completou um ano.

KÀFÓ, *s.* Tipo de roupa com calça comprida e justa.

KÁGÒ, *v.* Chamar a atenção para pedir permissão para entrar numa casa. *Mo kágò kí n tó wọlé* – Eu chamei a atenção para pedir licença para entrar na casa. V. *àgò*.

KÁHÍN, **KÁYÍN**, *v.* Perder um dente. Ó *káhín* – Ele perdeu um dente.

KAHORO, *s.* Nome de um arbusto.

KÁÎ, *interj.* Exclamação de horror, de choque, admiração. *Kâì! Olórí burúkú!* – Você tem uma cabeça ruim!

KAJỌ́, *v.* Ter marcas. *Ara rẹ nkajọ́ tí ó dáyé* – Seu corpo apresenta as marcas do tempo de vida.

KAJỌ́, *v.* Enrolar-se como uma cobra, dobrar junto. *Ejò yìí kajọ́* – Esta cobra está enrolada. = *kákò*.

KAJÚ, *s.* Caju. *Anacardium occidentale*.

KÁJÚ, *v.* Ser equivalente, ser adequado. *Onje yìí kájú wa* – Esta comida é suficiente para nós. = *kárí*.

KÀKÀ, *adv.* Em vez de, no lugar de. *Kàkà o nsọ̀rọ̀, mà á rọra máa ṣiṣẹ́* – Em vez de estar conversando, eu continuarei tranquilamente a trabalhar;

Kàkà ng jalè, èmi á kúkú d'ẹrú – Em vez de eu roubar, preferirei me tornar um escravo.

KÁKÁ, *adv*. Apenas, escassamente, só.

KÀKÀKÍ, *s*. Instrumento musical hauçá. = *fèrè*.

KÁKÁMISÍN, *s*. Um tipo de planta.

KÀKÀNDÍKÀ, *s*. Uma árvore frutífera. *Caloncoba glauca* (Flacourtiaceae).

KAKANFÒ, *s*. Uma patente equivalente a um general.

KÀKÀÙNSELÀ, *s*. Um tipo de árvore cujos talos são usados para amarrar lenha. *Paullinia pinnata* (Sapindaceae).

KÁAKIRI, *adv*. Em volta de. *Ó mú u lápá dan, ó lọ káakiri* – Ele a pegou pelo braço e levou para dar uma volta; *Ó fi ọwọ́ gbé ọmọ lọ káakiri* – Ela pegou a criança no colo e foi passear.

KÁKÒ, *v*. Enrolar, contrair, encurtar. *Irun tó kákò* – O cabelo está encaracolado; *Ejò yìí kákò* – Esta cobra está enrolada; *Ó ká apá rẹ̀ kò* – Ele dobrou a perna dele.

KÁKÒMỌ́RA, *v*. Entrelaçar, torcer, enfeitar.

KAKỌ, *v*. Fazer uma confissão à força ao marido. *Obìnrin yìí kakọ* – Esta mulher confessou ao marido. < *kà* + *ọkọ*.

KÀKÚN, *v*. Incluir, adicionar, considerar importante.

KÁLÁMÙ, *s*. Pena, caneta (do árabe *kalamu*). *Kò sí omi-ìkòwé nínú kálámù mi* – Não há tinta na minha caneta.

KÀLÁKÌNÍ, *adj*. Diversos, variados. *Aṣọ kàlákìní* – uma variedade de roupas, diversas cores.

KÁLÁRA, *adj*. Apreensivo, cuidadoso. *Ọ̀rọ̀ rẹ̀ ká mi lára* – As palavras dele me deixaram apreensivo.

KÀLÉÈWỌ̀, *v*. Declarar algo proibido, guardar segredo. < *kà* + *ní* + *èèwọ̀*.

KALẸ̀, *adv*. É usado como 2º. componente na composição de verbos que indicam algo para baixo. *Ó jókó kalẹ̀* – Ele se sentou; *Ó sọ gbá rẹ̀ kalẹ̀* – Ele descarregou uma cabaça contendo artigos. V. *sòkalẹ̀, gbékalẹ̀, fàkalẹ̀, sílẹ̀*. < *kà* + *ilẹ̀*.

KÁLẸ̀, *adv*. É usado como 2º. componente na composição de verbos que indicam algo disperso, ao redor de. *Ìròhìn yìí tànkálẹ̀* – Esta notícia se espalhou. V. *jàkálẹ̀, fọ́nkálẹ̀*. < *ká* + *ilẹ̀*.

KALÉ, *adv.* Até o último, até o fim do tempo, derradeiro. *Inú dídùn mi kò kalé* – Minha felicidade não terá uma longa duração. < *kàn + alé*.

KÀLÉNDÀ, *s.* Calendário (do inglês *calendar*).

KÁLÉNU, *v.* Ser suficiente. *Onje yìí mi lénu* – Esta comida é suficiente para mim.

KÁALÉ O, *s.* Boa-noite. = *kú alé o*.

KÁLO, *exp.* Vamos embora. *Bá wa kálo* – Venha conosco. *V. jékí*.

KÁLÓRÙN, *adv.* Em volta de, ao redor de. *Ó fi èwòn ká mi lórùn* – Ele pôs a corrente em volta do meu pescoço. < *ká + lórùn*.

KÀLÓRÙN, *v.* Acusar. *Ó ka òrò náà sí mi lórùn* – Ele me acusou disso.

KÁMBÀ, *v.* Controlar, reprimir, resumir. < *ká + máa + bà*.

KÀMÌ, *adv.* Profundamente. Usado para dar ênfase ao verbo *gbémì* – engolir, consumir. *Ó gbémì kàmì* – Ele consumiu intensamente.

KÁMIKÀMÌKÁMI, *adv.* Embaraçosamente.

KÁMÉRA, *s.* Máquina fotográfica (do inglês *camera*).

KÁMÓ, *v.* Cercar, envolver. *Ogún ká wa mó* – A herança nos envolveu.

KÀMÓ, *v.* Incluir, contar, considerar. *Ó kà mí mó won* – Ele me incluiu entre eles.

KÁMÚ, *v.* Colher e chupar a fruta. *Mo ká èso mu ú* – Eu colhi a fruta e a chupei.

KÁMÚ, *v.* Desprezar, olhar por alto, olhar de cima a baixo.

KAN, *v.* Tornar azedo. *Osàn yìí kan* – Esta laranja está azeda; *Mílíkì yìí lè kan* – Este leite pode azedar.

KAN, *adj.* **1.** Amargo, ácido, azedo. **2.** Longe, ao largo. *Ìròhìn yìí gbalè kan* – As notícias se espalharam para longe.

KAN, *num. e art.* Um, uma. Forma abreviada de *òkan*. *Obs.: Òkan ni mo fé* – É um que eu quero; *Ìwé kan ni mo fé* – É um livro que eu quero; *Ó ra ení kan* – Ele comprou uma esteira; *Ilé òré mi kan* – A casa de um amigo meu.

KÀN, *adv. pré-v.* Somente, simplesmente. *Ó kàn má sòrò* – Ele, simplesmente, não falou.

KÀN, *v.* **1.** Atingir, tocar, alcançar. *Mo ti fowó kàn ó* – Eu toquei com a mão em você. **2.** Pregar com um martelo. *Wón kan Jésù mó àgbélébú* – Eles pregaram Jesus na cruz, firmemente; *Títì ti o kàn yen* – A rua que você quer alcançar é aquela. > *kànpa* – golpear até a morte. **3.** Bater na porta, bater com a cabeça como um carneiro. *Ó kan ìlèkùn* – Ele bateu na porta. **4.** Girar, retornar, fazer um rodízio. *Oyè kàn mí* – O título retornou a mim; *Ó kàn mí láti kàwé* – É o meu turno para a leitura. **5.** Referir-se a, aludir, recorrer. *Òrò yìí kan ogbón* – Esta matéria refere-se a habilidade, sensibilidade. **6.** Devolver, interessar alguém.

KÁN, *v.* **1.** Pingar, gotejar (a chuva ou qualquer líquido). *Òjò nká* – Está chuviscando; *Omi nkán níbí* – A água está gotejando aqui. > *èká, ìkán* – pingo, gota. **2.** Quebrar, partir, estalar algo sólido. *Obè yìí kán* – Esta faca quebrou; *Ó kán òrùka ìgbéyàwó* – Ela quebrou a aliança de casamento.

KANÁ, *v.* Estar sob o fogo.

KÁN-ÁN, *adv.* Rapidamente. *Ó ré igi kán-án* – Ele derrubou a árvore rapidamente.

KÀNNÀ-KÀNNÀ, *adv.* Intensamente, fortemente.

KÀNDÉ, *v.* Alcançar, localizar. *Ìròìn yìí kàndé ààrin wa* – Estas notícias nos localizaram.

KÀNDÍ, *v.* Recusar, relutar para não seguir adiante. *Omo mi kàndí* – Meu filho recusou.

KÀNGA, *s.* Poço. *Ó bu omi láti kànga* – Ela tirou um pouco de água da fonte.

KANGARA, *s.* Um instrumento de poda.

KÀNGÉ-KÀNGÉ, **KÙNGÉ-KÙNGÉ**, *adj.* Débil, frouxo, fraco. *Ó di kàngé-kàngé* – Ele se tornou débil.

KANGI, *v.* Chegar a um ponto delicado, a uma situação crítica. *Òrò yìí kangi* – Este assunto está num ponto delicado.

KANGÌ, *s.* Bolo de milho.

KÁNGÒJÈ, *s.* Um bêbado habitual.

KÀNGÓ, **GÀNGÓ**, *s.* Vareta usada para tocar os atabaques *dùndún, bènbé*.

KÁNGÓ, *adj.* Encurvado, torcido. *Ó tẹ fìlà rè kángó* – Ele moldou o chapéu dele encurvado. *V. korodo*.

KÁNGULÈ!, *exp.* Vá!

KÁNGUN, *v.* Estar próximo de. *A kángun sílé mi* – Nós estamos próximos de minha casa. < *kán + igun*.

KÀNGBÒ, *v.* Bater com a cabeça como dois carneiros, dar cabeçada.

KÁ NÍ, *obs.*: *Ká ní ẹ tẹ̀tẹ̀ dé, à bá bá wọ́n lọ* – Se você chegasse cedo, nós teríamos ido com eles.

KANIKANI, *s.* Tipo de formiga. = *èèrà*.

KÀNÌKÀNÌ, *s.* Tipo de planta. *Luffa cylindrica*.

KÁNÍKÀNÌKÁNÍ, **Kọ́ÍKọ̀ÌKọ́Ì**, *adv.* Furtivamente. *Ó nrìn káníkànìkání* – Ele está se movendo furtivamente.

KÁNJÓ, *v.* Pingar como um líquido quente em.

KANJÚ, *v.* Amarrar a cara, franzir as sobrancelhas, exprimir desagrado por meio do olhar. *Ó kanjú* – Ele amarrou a cara. < *kan* + *ojú*.

KÁNJÚ, *v.* Estar com pressa, estar apressado. *Ó kánjú lọ* – Ele está com pressa de ir.

KÁNJÚJAIYÉ, *v.* Ser ávido a gozar a vida. *Ó kánjújaiyé* – Ele desejou antecipar o evento.

KÁN-KÁN, **KÁNKÁNṢÌ** *adv.* Depressa, apressadamente, rapidamente. *Ó jì kán-kán* – Ele moveu depressa; *Ó ta kán-okán* – Ele é ativo, eficaz.

KANKAN, *v.* Expandir, aumentar. *Ikù mi ràn kankan* – Meu estômago aumentou; *adv.* De modo algum. *Ng kò ní ègbọ́n kankan* – Eu não tenho irmão mais velho de modo algum; *Ng kò ṣiṣẹ́ kankan lọ́sẹ̀ tó kọjá* – Eu não trabalhei nada na semana passada.

KÀN-NKÀN, *s.* Esponja.

KÁNKÍ, *adj.* Curto e apertado. *Ṣòkòtò kánkí* – uma calça curta e apertada.

KANKọ̀, *v.* Construir um barco ou canoa.

KÀNKọ̀Ṣọ̀, *s.* 1. Tipo de penteado feminino em que o cabelo faz ondas em cima da parte de trás da cabeça. V. *kòròba*. 2. Peneira de palha. = *sùkú*.

KÀNKÙN, *v.* Bater na porta. < *kàn* + *ìlẹ̀kùn*.

KÀNKÚTA, **KANGI**, *v.* Chegar a uma situação crítica. *Ọ̀rọ̀ yìí kànkúta* – Este assunto deu um nó. < *kàn* + *òkúta*.

KÀNLÁPÁKÓ, *v.* Fechar com tábuas.

KÀNLÁRA, *v.* Tocar o corpo de alguém. *Ó kàn rẹ̀ lára* – Ele tocou no corpo dela.

KÀNLÁRÀN, *v.* Irritar, excitar a raiva de alguém.

KANLÉ, *v.* Telhar uma casa.

KANLẸ̀, *v.* Alcançar o fundo, ficar imobilizado, encalhado. *Ó mí kanlẹ̀* – Ele respirou fundo; *Ó wò mi kanlẹ̀* – Ele me olhou fundo, ele me encarou.

KANLẸ̀KANLẸ̀, *adv.* Categoricamente. *Ó sẹ́ ẹ kanlẹ̀kanlẹ̀* – Ele o negou categoricamente.

KÀNLẸ́SẸ́, *v.* Encaixotar.

KÁNLÓJÚ, *v.* Deixar alguém impaciente.

KÀNLÓJÚ, *v.* Encontrar face a face.

KÀNLÓRÓ, *v.* Envenenar.

KÀNMÍ, *v.* Dizer respeito a mim, interessar-me. *Isẹ́ àti sịse kàn mí* – Trabalho e obrigação me interessam.

KÀNMỌ́, *v.* Pregar firme. *Wọ́n kan Jésù mọ́ àgbélébú* – Eles pregaram Jesus na cruz firmemente. *V. kàn.*

KÀNMỌ́-ÀGBÉLÉBÚ, *v.* Crucificar, pregar na cruz.

KÁNMÚKÁNMÚ, *adv.* Docemente, saborosamente. *Ọbẹ̀ yìí já kánmúkánmú* – Este ensopado é saborosamente cheiroso.

KANNÁÀ, *adj.* Mesmo. *A sùn sétí ibi kannáà* – Nós todos dormimos no mesmo lugar; *Òun ni kannáà* – É ele mesmo. *V. ọ̀kannáà.*

KÀNNÀGÓ, *s.* Tipo de atabaque que toca junto com *dùndún*.

KÀNNÀKANNA, *s.* Corvo.

KÀNNÀ-KÀNNÀ, *s.* Funda, estilingue, catapulta.

KÀNNÀNGÓ, *s.* Bigode, suíças, costeletas.

KANNÚ, *adj.* Irritante, nervoso, impertinente. *Ó kannú sí mi* – Ele é irritante comigo. = *kanra*.

KÁÀNÚ, *v.* Sentir pena, sentir piedade. *Mo káànù rẹ̀* – Eu sinto pena dela.

KÀNPA, *v.* Bater em cima, escornear até a morte. *Màlúù yìí kàn mí pa* – Este boi me escorneou, me feriu com o chifre.

KÀNPỌ̀, *v.* Pregar junto. *Ó kàn wọ́n pọ̀* – Ele pregou um no outro; *Ó kan ẹwú méjì yìí pọ̀* – Ele pôs estas duas roupas uma em cima da outra.

KANRA, **KANNÚ**, *adj.* Irritável, temperamental, rabugento. < *kan + ra*.

KANRA, *v.* **1.** Atingir, em contato com. *Àwọn ìwé kanra* – Os livros estão em contato um com o outro. **2.** Estar irritado, ser temperamental. *Ó kanra mọ́ mi* – Ela está irritada comigo. < *kàn + ara*.

KÀNRÀN JÁNGBỌ́N, s. Tipo de planta trepadeira.

KANRÍ, FIKANRÍ, v. Golpear ou tocar a cabeça da vítima a ser oferecida para um sacrifício. Ó kanrí náà mọ́ igi – Ele pregou o crânio numa árvore.

KÁNRIN, adj. Duro, resistente. Ó le kánrin – Ele é forte e resistente.

KÁNRIN, KÁNRINKÁNRIN, adv. Perpetuamente, remotamente, extensivamente. Ó dó ọ̀rọ̀ kánrin – Ele resolveu o assunto para sempre; Ó lọ kánrin – Ele foi há muito tempo sem dar notícias.

KANRUN, v. Curvar, curvar um arco de flecha. Ó kanrun – Ele é curvado. V. ọsán.

KANRUNKANRUN, s. Arqueiro.

KANSÁÁRÁ, KANSÁÁRASÍ, v. Agitar o punho em sinal de elogio ou aprovação. Ó kan sáárá sí mi – Ele agitou o punho dele para mim em sinal de aprovação.

KÀNSÍLẸ̀, v. Pingar no chão. Ó nkan omi sílẹ̀ ní apá ọ̀tún lọ sí apá òsì – Ele está pingando água no chão da direita para a esquerda.

KANṢOṢO, adj. Sozinho, único. Mo ra ẹní kan ṣoṣo – Eu comprei somente uma esteira; Ó mú òkan ṣoṣo – Eu peguei somente um.

KANTÍKANTÍ, s. Mosquito.

KÁNWÚN, s. Potássio.

KÁNYÁN, s. Inflamação, feridas entre os dedos dos pés por caminhar em chão molhado, frieira. Kányán mú Olú ní ìka ẹsẹ̀ – A frieira atingiu o pé de Olú.

KÁPÁ, v. Ter o controle sobre algo, dominar. = káwọ́.

KÁPÒ, v. Segurar, carregar uma sacola para alguém. < ka + àpò.

KÁPỌ̀, v. Dobrar, vincar. Ó ká èwù náà pọ̀ – Ele dobrou aquela roupa.

KÁRA, adj. e adv. Árduo, difícil, duro. Ó ṣiṣẹ́ kára – Ele fez um trabalho difícil; Ṣiṣẹ́ kára fún ìgbàlà agbo ilé rẹ̀ – Trabalhe arduamente pela salvação da família dela.

KÁRÀ, KÁÀ, s. Quintal de uma casa. = àgbàlá.

KÀRÁÀ, adv. Ruidosamente, com grande barulho. Ó kọ kàráà – Ele gritou ruidosamente.

KÀÀRÀ, adv. Nitidamente. Ó ṣán kààrà – Ela rachou nitidamente.

KÁRABA, *v.* Conferir a si mesmo, controlar-se.

KARAHUN, KARAWUN, *s.* Concha de caracol.

KÁRAKÒ, KÁKÒ, *v.* Encolher. *Mo ká ẹsẹ̀ rẹ̀ kò* – Eu dobrei a perna dele.

KÁRE, *v.* Congratular. *O káre* – Muito grato, você fez bem. < *ká + ire*.

KÀRẸ̀, *adj.* Plano, achatado, sem relevo. *Ó ní ìdí kàrẹ́* – Ela tem as nádegas retas.

KÁRÍ, *v.* Ser suficiente. *Onjẹ yìí kárí wa* – Esta comida nos é suficiente. < *ká + orí*.

KÁRÍ, *v.* Ir ao redor, em torno de. *Òun yan ìsìn rẹ̀ kárí ìmọ̀lára kíní-kíní* – Ela escolheu a religião dela em torno de um sentimento profundo.

KÀRÍKÁ, ÌKÁNDU, *s.* Formiga preta.

KÀRÍKÀ, *adv.* Ato de deitar com pessoas à volta.

KÁRÍKÁRÍ, *adv.* Em volta de, ao redor de.

KÁÀÁRọ̀, KÁÀRọ̀ O, *s.* Bom-dia. < *kú + àárọ̀*.

KARọTI, *s.* Cenoura.

KÁRÙN, *v.* Contrair uma doença, infectar. *Ó kárùn náà ràn mí* – Ele me infectou com uma doença contagiosa.

KÁRÚWÀ, *s.* Prostituta, adúltera. = *àgbèrè*.

KÀSÁDÀ, *v.* Cozinhar inhame.

KASAN, *s.* Planta que produz fios para costurar cabaças quebradas. *Smilax kraussiana*.

KÁSẸ̀, *v.* Terminar, concluir. *Ó kásẹ̀ isẹ́ rẹ̀* – Ele terminou o trabalho dele. < *ká + ẹsẹ̀*.

KASẸ̀, *v.* Caminhar com passos medidos. *Ó kasẹ̀ ìyàwó* – Ele caminhou lentamente, com habilidade. < *kà + ẹsẹ̀*.

KÁSẸ́Ẹ́TÌ, *s.* Toca-fitas (do inglês *cassette*).

KÀSÌ, *v.* Velho, estragado, que não está fresco. *Onjẹ yìí kàsì* – Esta comida está estragada.

KÀSÍ, *v.* Considerar, dar o valor ou avaliar alguma coisa. *Kà á sí owó* – Considerar isto como dinheiro.

KÀSÍLẸ̀, *v.* Enumerar. *Ó kà wọn sílẹ̀* – Ele os enumerou.

KÀSÍLỌ́RÙN, *v.* Imputar responsabilidade, acusar alguém. *Ó ka ọ̀rọ̀ náà sí mi lọ́rùn* – Ele me acusou disso. = *kàlọ́rùn*.

KÀSÍNKANI, *exp. interrog.* Qual é o problema?

KÁSÓKÈ, *v.* Dobrar, enrolar. *Ó ká ẹ̀wù rẹ̀ sókè* – Ela dobrou a roupa dele. < *kà* + *sí* + *òkè*.

KÀSÓKÈ, *v.* Ler alto. *Ó nkàsókè púpọ̀* – Ele está lendo muito alto. < *kà* + *sí* + *òkè*.

KÁSÙLÙ, *s.* Cônsul.

KÀṢÀ, *v.* Caminhar com passos regulares, ajustados, de forma orgulhosa. *Ó nkáṣà lọ* – Ele está andando com passos regulares.

KÀṢÀ, *v.* Recitar, enumerar os nomes das divindades.

KÁṢÀ, *v.* Adotar uma nova moda, imitar, seguir as pegadas de.

KÁÁṢÀ, *exp.* Que pena. = *O mà ṣe o*.

KÁṢA-KÀṢA, *s.* Disparate, besteira, bobagem.

KÀṢÌ, *v.* Queijo.

KÀTÀ, *v.* Espaçado, separado. *Ó yà kàtà* – Ele está sentado com as pernas abertas; *Ọ̀pá yìí yà kàtà* – Esta bengala está bifurcada.

KÁTABÁ, *s.* Tabaco forte. *V. tábà*.

KÀTÁN, *v.* Terminar a leitura. *Mo kà á tán* – Eu terminei de ler.

KÀTÀKÀTÀ, *adv.* Aqui e ali, intervalos espaçados, aleatoriamente. *Ó gbìn wọ́n kàtàkàtà* – Ele as plantou em pequenos intervalos, espaçadamente.

KÁTI-KÀTI, *s.* Bobagem, disparate.

KATÈ, *s.* Um instrumento musical, gaita de foles.

KÁTÌ, *v.* Rolar de lado.

KÁTÓLÍKÌ, *s.* Católico (do inglês *catholic*).

KÁWÉ, *v.* Embrulhar, envolver um livro, enrolar em carretilha ou bobina. < *ká* + *ìwé*.

KÀWÉ, *v.* Ler um livro ou uma carta, estudar. *Mo kàwé ìyá mi* – Eu li a carta da minha mãe. *O kàwé ni, ṣùgbọ́n o ò ní ọgbọ́n* – Você é educado, mas não tem instrução. < *kà* + *ìwé*.

KÀWÉKÀWÉ, *s.* Aquele que lê, leitor.

KÁWÒ Ó O, *exp.* Que possamos olhá-lo. *V. kábiyèsí*.

KAWÓ, *v.* Contar dinheiro. Ẹ jọwọ́, bá mi kawó yìí – Por favor, ajude-me a contar este dinheiro. < kà + owó.

KÁWỌ́, *v.* Estar torto, torcido. Ó káwọ́ lórí – Ele está aborrecido, de cabeça quente. < ká + wọ́.

KÁWỌ́, *v.* Dominar, ter autoridade, ter controle sobre. Ó káwọ́ mi – Ele tem autoridade sobre mim. < ká + owó.

KÀÀWỌ̀, *v.* Prescrever proibições. Ó kààwọ̀ fún mi – Ele prescreveu coisas que são tabus para mim. < kà + èèwọ̀.

KAYE, *v.* Contar, enumerar, calcular. Èmi ti nkaye sìgá ti nmu lójoojúmọ́ – Eu tenho contado os cigarros que fumo diariamente. < kà + iye.

KÀYÉ, *v.* Ler com clareza, com conhecimento. Ó kà á yé mi – Ele leu isto para mim de forma compreensível.

KÀYÉFÌ, *s.* Confusão.

KÁYÍN, KÁHÍN, *v.* Arrancar um dente. Ó káyín – Ele perdeu um dente.

KÁYÓ-KÁYÓ, *s.* Denominação de um festival muçulmano.

KÁYÚN, *s.* Inflamação na pele, frieira. Báwo ni káyún náà ṣe mu? – Como ele pegou a inflamação?

KÉ, *v.* 1. Chorar, gritar. Mo ké bá Ọlọ́run – Eu gritei pela ajuda de Deus; Bí ó bá nà mí mà á ké – Se ele bater em mim, eu gritarei; Ó késí mi – Ela gritou comigo. 2. Cortar. Ọ̀bẹ̀ ké mi ní ìka – A faca cortou meu dedo. V. gé.

KÉBÁ, *v.* Levar ajuda, dar assistência para. Ó kébá mi – Ele gritou por minha ajuda.

KÉBI, *v.* Ter fome. < ké + ebi.

KÉBÒSÍ, *v.* Gritar por socorro. < ké + ìbòsí.

KÁDÁRÒ, *v.* Gemer, lamentar.

KÉDE, *v.* Proclamar, promulgar, anunciar. < ké + òde.

KEDERE, *adv.* Claramente, visivelmente. Ó rọ́ kedere – Ela mentiu claramente; Òṣùpá yọ kedere – A lua surgiu brilhantemente.

KÈFÈRÌ, *s.* Incrédulo, pagão (do hauçá kàfirì).

KÉGBE, *v.* Gritar, berrar. = dígbe.

KÉJE, *num.* Sétimo.

KÉJÌ, v. Dar apoio. Ó kéjì wa nínú ọ̀rọ̀ wa – Ele nos deu apoio dentro de nossa proposta; Kéjì mi síbẹ̀ – Acompanhe-me até lá. < kó + èjì.

KÉJÌ, num. Segundo. Mo mókè ìwé kéjì – Eu passei para a segunda turma.

KÉJIRỌ̀, s. Um pássaro assim chamado devido ao seu grito.

KEKE, adv. Claramente, de forma audível.

KÈKÉ, s. 1. Pequenos pedaços de bambu nos quais é pendurado o algodão para fiação. 2. Pedaços de madeira para cercar terrenos.

KÉKÈKÉ, adj. Pequeno. É posicionado depois de substantivos na forma singular, porém com sentido plural. Ọmọ kékèké – crianças pequenas. V. àwọn.

KÈÉKÈÉKÈÉ, adv. Generosamente, largamente. Ó rín kèékèékèé – Ele riu generosamente.

KÉKÉLÉNJE, s. Um pequeno lagarto.

KÉKERÉ, adj. Pequeno. Ajá kékeré – um cachorro pequeno; Ó fi ojú kékeré wò mí – Ele me olhou com prazer (lit. ele me olhou com olhos pequeninos). < kéré – ser pequeno.

KÉKÉRÉKÉ, s. O cantar do galo, cocoricó.

KÉKURÒ, v. Cortar, reduzir, ceifar. Cortar, reduzir, semear.

KÉKÚRÚ, **KÉKÙ**, v. Encurtar, abreviar.

KÉLÉ, s. 1. Colar de contas vermelhas e brancas, usado pelos devotos de Ṣàngó e Ọya. Além disso, esses devotos são impedidos de cortar o cabelo que é mantido trançado à moda feminina. V. òṣù. 2. Um lagarto pequeno.

KÉLEKÈLE, adv. Em pedaços.

KELÒÓ, pron. Qual. É usado para questões que envolvam os numerais ordinais. Ojú ìwé kelòó ni o nkà? – Qual a página que você está lendo?; Ojú ìwé kẹ́rin ni mo nkà – É a quarta página que eu estou lendo. V. méló, para numerais cardinais.

KÉLULẸ̀, v. Cortar, derrubar.

KÈNGBÈ, **KÈRÈGBÈ**, s. Um tipo de cabaça. V. igbá.

KÉNKÉ, adj. Fraco, sem forças. Ó rí kénké – Ele parece uma pessoa fraca.

KEMỌ́-KEMỌ́, adv. Vigorosamente, ativamente, energicamente. Ó nrìn kemọ́-kemọ́ – Ele está caminhando ativamente.

KÉNÍBÚ, GÉNÍBÚ, v. Cortar horizontalmente. *Mo gé e níbú* – Eu o cortei lateralmente. *Obs.: ké = gé* – cortar.

KÉNIGBÈRÍ, v. Cortar perto do topo, contrariar, frustrar.

KÉPÈ, v. Invocar em voz alta, chamar, chorar alto.

KÉPÓPÒPÓ, v. Cortar em pedaços.

KÉRARA, v. Chorar alto. *Ó nké rara* – Ela está chorando amargamente.

KÉRÉ, v. Ser pequeno. *Bàtà rè kéré* – Os sapatos dela são pequenos. V. *kékeré*.

KÉRÉ JÙ, v. Ser muito pequeno, menor. *Nónbà wo ni ó kéré jù?* – Qual é o número menor?; *Bàtà yìí ó kéré jù* – Este sapato é pequeno demais.

KÉRÉ JÙLỌ, adj. Muito menor. *Ó rà kére aṣọ jùlọ* – Ela comprou a roupa muito pequena. V. *jùlọ*.

KÉERE O!, exp. Silêncio!. = *arére*. V. *dákẹ́*.

KÉRÉWÚ, KÓRÓWÚ, s. Semente de algodão.

KEREWÚ, s. Bracelete. = *ègbà*.

KÉRÉSÌMESÌ, s. Natal (do inglês *christmas*). *Ọjọ́ ìbí Jésù Kristi* – Dia do nascimento de Jesus Cristo.

KÉRÉTAN, s. Mínimo.

KÉRÈWÚ, s. Caroço de algodão.

KÉÈRÍ, s. Compra de farelo de milho batido usado como comida para o gado. *Ó lọọkéèrí* – Ele foi comprar farelo.

KÉÉRÍ, v. Odiar, abominar, invejar.

KÉRÒ, v. Pegar passageiros de carro, trem etc. *Mótò yìí a máa kérò* – Este carro usualmente transporta passageiros.

KÉRORA, v. Lamentar, gemer, chorar de dor.

KÉRÚ, v. Carregar cinzas.

KÉRÙFÙ, v. Salpicar poeira em si próprio para prestar homenagem ao rei.

KÉSÁÀFÚLÀ, v. Exclamar, expressar admiração.

KÉSÍ, v. Visitar, saudar. *Ẹ kú ìkésí o!* – Obrigado pela sua visita!

KÉSÍ, v. Gritar, chamar. *Ó késí mi* – Ela gritou para mim.

KÉTA, s. Animosidade, malevolência, despeito.

KETE, s. Pote, cabaça grande para carregar água. = *ìṣà*.

KÉTÉ, v. Evitar. *Ó ta kété fún mi* – Ela me evitou.

KÉTÉ – KẸ̀BẸ̀

KÉTÉ, *adv.* Imediatamente, o mais breve possível.

KÈTÈ, *s.* Um tipo de roupa local.

KETEKETE, *adv.* Claramente, audivelmente. *Mo gbọ́ ọ ketekete* – Eu o ouvi claramente; *Ó hàn ketekete* – Ele é claramente visível.

KÉTE-KÈTE, *adv.* Isoladamente. *Wọ́n dúró kéte-kète* – Eles estão de pé isoladamente.

KÈTÈNFE, *s.* Uma árvore cujas folhas podem ser usadas para enrolar o *obì* – a noz-de-cola, que é sempre oferecida dessa forma. *Thaumatococcus danielii* (*Marantaceae*).

KÉTÌ, KÉTÍRÌ, *adj.* Paralisado, entorpecido, perder a sensibilidade. *Ọwọ́ mi kétì* – Minhas mãos estão entorpecidas.

KÉTU, *s.* Uma importante cidade surgida no antigo território *yorubá*. Com posterior demarcação de fronteiras ficou situada no antigo país do Dahomé, atual Benin. O soberano é denominado *Alákétu*. No Brasil, passou a definir uma das modalidades de candomblé oriundas do povo *yorubá*.

KÉÚ, *s.* V. *kéwú*.

KÉWÉ, *v.* Colher, juntar folhas. < *kó* + *ewé*.

KÉWẸ́WẸ́, *v.* Cortar em pequenos pedaços.

KÉWÌ, *v.* Recitar um poema. *Ó kéwì rẹ̀* – Ele recitou o poema dela.

KÉWÚ, KÉÚ, *s.* Escrita arábica. *Ó han kéwú* – Ele escreveu um texto em árabe.

KẸ́, *v.* 1. Acariciar, acalmar, aliviar. *Ó kẹ́ ọmọ rẹ̀* – Ela acariciou a filha dela; *Kí Olódùmarè fi ọ̀run kẹ́ ẹ* – Que Deus o acalme. > *ikẹ́* – carinho. 2. Ativar, engatilhar uma arma. *Ó kẹ́ ìbọn* – Ele engatilhou a arma. 3. Favorecer, dar como um favor. 4. Armar, ativar uma armadilha. *Mo kẹ́ kòtò síbẹ̀* – Eu cavei um buraco para servir de armadilha lá.

KẸ̀, *v.* Piorar, aumentar de tamanho (uma ferida etc.), inflamar-se. *Iná yìí kẹ̀* – O fogo se espalhou; *Eyín rẹ ti nkẹ̀* – Seus dentes já estão se estragando.

KẸ̀, *part.* Usada no fim de uma frase para dar ênfase ao afirmar alguma coisa. *Ó ti jáde lọ kẹ̀* – Ela já foi embora; *Àwa mọ obìnrin yìí kẹ̀* – Nós conhecemos esta mulher, sim.

KẸ̀BẸ̀, *v.* Recusar um pedido. *Ó kẹ̀bẹ̀ mi* – Ele recusou minha petição.

KÉDẸ, *v.* Tentar, atrair. *Ó kẹ́dẹ mọ́ mi* – Ele me enganou (*lit.* ele tentou contra mim).

KẸ́Ẹ́DÓGÚN, *num.* Décimo quinto. = *kárùndílógún.*

KẸ́DÙN, *v.* Lamentar, condoer-se, suspirar. *Mo kẹ́dùn ikú rẹ̀* – Eu lamentei a morte dele; *Ó bá mi kẹ́dùn owó tó nù mí* – Ele se lamentou comigo por eu ter perdido meu dinheiro.

KẸ́FÀ, *num.* Sexto. *Èyí ni aṣọ kẹ́fà tí mo rà* – Esta é a sexta roupa que eu compro.

KẸ́GÀN, *v.* Desprezar, desdenhar.

KẸ́GBẸ́, *v.* Fazer companhia, associar, andar junto com. *Ó bá mi kẹ́gbẹ́* – Ele seguiu meu exemplo; *Ó kẹ́gbẹ́ olè* – Ele se associou aos ladrões. < *kó* + *ẹgbẹ́.*

KẸHÌN, *v.* Ser contra, dar as costas, desprezar. *Ó kẹhìn sí mi* – Ele se voltou contra mim; *Orò yìí kẹhìn sí àṣà òrìṣà* – Este ritual é contra a tradição da divindade. < *kọ* + *ẹhìn.*

KẸ́HÌN, *v.* Vir por último, depois. *Gbogbo yíò kú kẹ́hìn* – Todos nós morreremos por último (no sentido de sobreviver); *Èyí ni ó ṣe kẹ́hìn* – Foi isto que ele fez por último. < *kó* + *ẹhìn.*

KẸHÌNDÀ, PẸ̀HÌNDÀ, *v.* Voltar atrás, retroceder.

KẸ́HÌNDÉ, *s.* Nome da segunda criança gêmea nascida (*lit.* o que chegou depois).

KẸHÌNSÍ, *v.* Ser contra, desprezar alguém dando-lhe as costas. < *kọ* + *ẹhìn* + *sí. Ó kẹhìnsí mi* – Ela me deu as costas.

KẸHÙN, *v.* Piorar a voz. *Ó kẹhùn* – Ele tem a voz rouca.

KẸ́JỌ, *num.* Oitavo.

KÈKÀ, *v.* Fazer revelações, revelar segredos.

KẸ́KẸ, *s.* V. *rọ́ kẹkẹ.*

KẸ̀KẸ̀, *s.* V. *rọ́ kẹ̀kẹ̀.*

KẸ́KẸ́, *s.* Barulho, ruído. *Adìẹ gbẹ́ kẹ́ké* – A galinha cacarejou; *Ilé wa dá kẹ́ké* – Nossa casa está em silêncio (*lit.* cessou o barulho).

KẸ́KẸ́, *s.* 1. Larva que faz buracos na cabaça ou na madeira. *Kẹ́kẹ́ ṣọ igi yìí* – O inseto furou esta madeira. 2. Marca facial peculiar. *Ó sá kẹ́kẹ́* – Ele fez uma marca facial.

KẸ̀KẸ́, *s.* Carro, veículo. *Kẹ̀ké ọmọdé* – carrinho de bebê.

KẸ̀ÈKẸ̀È, *adv.* Gradualmente, de repente. V. *kẹ̀rẹ̀kẹ̀rẹ̀.*

KẸ̀KẸ́-GÌGÚN, s. Ciclismo.

KẸ́KẸ́KẸ́, s. Tique-taque. *Agogo yíí ndún kẹ́kẹ́kẹ́* – O relógio está fazendo tique-taque.

KẸ́KẸ́PA, exp. Há silêncio, há tranquilidade (lit. matar o barulho). *Kẹ́kẹ́ pa mọ́ ilé wa* – O silêncio reina em nossa casa.

KẸ̀KẸ́TÙ, s. Chifre ou frasco usado pelos caçadores para guardar pólvora. < *kẹ̀kẹ́ + ẹ̀tù*.

KẸ́KỌ́, v. Aprender, receber instrução. < *kọ́ + ẹ̀kọ́*.

KẸ̀LẸ̀BẸ̀, s. Muco bronquial.

KẸLẸ-KẸLẸ, adv. Aparentemente. *Ó dúdú kele-kele* – É preto aparentemente azulado.

KẸ́LẸ́KẸ́LẸ́, adv. Gentilmente, docemente. *Ó sòrò fún mi kẹ́lẹ́kẹ́lẹ́* – Ela falou gentilmente comigo.

KẸ̀LẸ́KẸ̀LẸ́, PẸ̀LẸ́PẸ̀LẸ́, adv. Cuidadosamente, furtivamente. *Ó dé ilé kẹ̀lẹ́kẹ̀lẹ́* – Ele chegou em casa na ponta dos pés.

KẸ́LÚKẸ́LÚ, adv. Melancolicamente. *Ó nwò ó kẹ́lúkẹ́lú* – Ele a olhou melancolicamente.

KẸLÚ-KẸLÚ, s. Um tipo de farinha.

KẸ̀MBẸ̀, s. Tipo de calça que é feita apertada nos joelhos. < *kẹ̀ + m + bẹ̀*.

KẸ̀MBẸ̀KẸMBẸ̀, adj. Perplexidade, indecisão. *Ó rí kẹ̀mbẹ̀kẹmbẹ* – Ele aparenta perplexidade.

KẸMBẸKU, s. Dedal.

KẸ́MỌ́, v. Ativar, firmar.

KẸ̀NKÙKẸKU, adj. Curto e compacto.

KẸ̀RẸ́, KẸRẸ́, s. Tapete feito de grama grossa, biombo feito de sarrafos de bambu. = *fàfá*.

KẸ̀RẸ̀, adj. De pouca importância.

KẸRẸBẸSI, KẸRẸMẸSI, s. Gorro branco dado aos chefes durante a posse.

KẸ̀RẸ̀KẸ̀RẸ̀, KẸ̀ẸKẸ̀Ẹ, adv. Gradualmente, de repente. *Ó fi kẹ̀rẹ̀kẹ̀rẹ̀ di òwò* – Ele desenvolveu gradualmente o negócio; *Kẹ̀rẹ̀kẹ̀rẹ̀ ó bẹ̀rẹ̀ fọwọ́ kàn míní àwọn ibòmíràn* – De repente, ele começou a usar a mão em mim e acariciar outras partes do corpo.

KẸ́RẸ́KẸ́RẸ́, *adv.* Suavemente, gradualmente, pouco a pouco. *Ó há imú kẹ́rẹ́kẹ́rẹ́* – Ela arranhou o nariz suavemente.

KẸ́RÚ, **MẸ́RÚ**, *v.* Aprisionar, capturar, escravizar. *Ó kẹ́rú mẹ́ta* – Ele aprisionou três escravos. < *kó* + *ẹrú*.

KẸ́RÙ, *v.* Carregar um fardo. *Akérò tàbí akẹ́rù ni ọkọ̀ yǐi?* – Esta condução é para passageiros ou para carga?

KẸ́RÙ, *v.* Afugentar, dissipar o medo.

KẸ́SẸ́, *s.* Espora. *Ó gún ẹsin rè ní kẹ́sẹ́* – Ele montou no cavalo dele com esporas.

KẸ́SẸ̀LỌ, *v.* Ir junto. *Wọ́n kẹ́sẹ̀ lọ* – Eles foram juntos. < *kó* + *ẹsẹ̀*.

KẸ́SÍ, *v.* Tomar iniciativa de colocar uma coisa no lugar. *Mo kẹ́ kòtò síbẹ̀* – Eu cavei um buraco para servir de armadilha lá.

KẸ́TA, *num.* Terceiro. *Ìjáde kẹ́ta òrìṣà* – terceira apresentação da divindade. A forma *ẹ̀kẹ́ta* é usada quando o substantivo não é citado. *Ìjáde ẹ̀kẹ́ta* – terceira apresentação.

KẸ́TA-KẸ́TA, *adv.* Todo terceiro (usado no sentido de ordem). *Mo máa bẹ̀wò àwọn òbí mi ọjọ́ kẹ́ta-kẹ́ta ọṣù* – Eu costumo visitar meus familiares todo terceiro dia do mês.

KẸ̀TẸ́KẸ̀TẸ́, *s.* Detalhes, particularidades de um assunto.

KẸ́TẸ́KẸ́TẸ́ ONÍLÀ, *s.* Zebra.

KẸ̀TÈMBẸ̀, *s.* Um grande recipiente feito da casca de fruta endurecida. V. *akèrègbè*.

KẸTẸPẸ, *adj.* Muito curto. *Ó rí kẹtẹpẹ* – Ele parece ser muito curto.

KẸ́TẸ́PẸ́, *adj.* Pegajoso, adesivo. *Ó ki kẹ́tẹ́pẹ́* – Ele é grosso e pegajoso.

KẸ́TÌ, *s.* Construção grosseira, uma falsa estrutura.

KẸ̀WÀÁ, *num.* Décimo.

KẸ̀YỌ̀, *s.* Denominação do complemento dos três cortes faciais tribais – *àbàjà* –, que são feitos ao longo dos braços e pernas. V *ilà*.

KI, *v.* **1.** Ser grosso, denso, viscoso, compacto. *Gbẹ̀gìrì yǐi ki jù* – Esta sopa de feijão está grossa demais; *Èkọ yǐi ki* – Este pudim está denso.

KÍ, *v.* **1.** Cumprimentar, saudar, aclamar. *Mo kí i* – Eu o saudei; *Bá mi kí aya rẹ* – Cumprimente sua esposa por mim. > *kíkí* – saudação. V. *ẹ kú*. **2.** Visitar,

KÍ – KÍBÒSÍ, KÉBÒSÍ

acolher uma pessoa. Ṣé a lè kí yín? – Nós podemos visitar vocês? **3.** Dever. Kí ìwọ kí lọ – Que você deva ir; Jékí n bá ẹ lo – Deixe-me ir com você. V. jẹ́kí.

KÍ, conj. Que. É a marca do subjuntivo e usada com verbo que expressa obrigação, desejo, permissão, geralmente com o verbo fẹ́ – querer. Mo fẹ́ kí o wá – Eu quero que você venha; Ó sọ pé kí a wá – Ele disse que nós vamos; Ó yẹ kí o lọ – É necessário que você vá. Não é usada com o pronome pessoal mo – eu –, sendo substituída por n – eu. Ó fẹ́ kí n ra ejá – Ela quer que eu compre peixe. V. tí, pékí.

KÍ, conj. A fim de que, de modo que, com a intenção de. Ìyá pé Túndé kí ó wá jókó – Mamãe chamou Tundê a fim de que ele sentasse; Olú jí Àjàyí kí ó jẹun – Olú acordou Ajayi de modo que ele comesse alguma coisa.

KÍ, adv. Antes de. É seguido pelo verbo tó. Kí èmi tó dé – Antes de eu chegar; Kí ilẹ̀ tó mọ́, ẹ níláti sọ fún wọn – Antes de amanhecer, você precisa lhes contar. V. kí... tó.

KÍ, part. Usada entre duas palavras repetidas para dar sentido de "qualquer": ẹnikéni – qualquer pessoa; ijọ́kíjọ́ – qualquer dia.

KÌ, v. **1.** Comprimir, apertar, pressionar. Ó ki ìbọn – Ele engatilhou a arma. **2.** Proclamar, declinar qualidades. Ó ki Ifá – Ele enalteceu a divindade. **3.** Definir. Báwo ni wọ́n ṣe nki ọ̀rọ̀ orúkọ? – Como eles definem um nome?; Ó kì délédélé – Ele definiu convincentemente. **4.** Pôr fumo no cachimbo, encher, abarrotar. Ó ki ìkòkò rẹ – Ele pôs fumo no seu cachimbo. **5.** Prender (uma pessoa).

KÌ, adv. Não. Faz a negativa dos verbos no tempo futuro e condicional, antes das partículas verbais yíò, ó, ìbá. Fica localizado entre o sujeito e o verbo. Èmi kì ó lọ mọ́ – Eu não irei mais; Kì bá má kú – Ele não teria morrido. V. kò nű.

KÍÁKÍÁ, adv. Rapidamente, ativamente. Ó lọ jáde kíákíá – Ela foi embora rapidamente; Mo fẹ́ kí o wọsọ kíákíá – Eu quero que você vista a roupa rapidamente.

KÍÁMÁBA, KÍÁMÁṢE, conj. Para que não, a fim de que não.

KÌÁN, KÌYÁN, adv. Rapidamente, de uma vez, instantaneamente.

KIBITI, KIRIBITI, adj. Redondo, circular. = kìrìbìtì.

KÍBÒSÍ, KÉBÒSÍ, v. Chorar alto, berrar.

KÌBỌ̀, TÌBỌ̀, v. Meter dentro, enfiar. *Ki ọwọ́ bọ̀ àpò rẹ̀* – Meta a mão na bolsa dela; *Ki òwú bọ abẹ́rẹ́* – Enfie a linha na agulha. = *kiwọ́bọ̀*.

KÌBỌN, v. Carregar uma arma.

KÍDÀRÌPAPA, KÍDÀNPAPA, adj. Enferrujado, bolorento.

KÍGBE, v. Gritar com alguém. *Ó kígbe mọ́ mi* – Ele gritou furiosamente contra mim.

KÌ Í, part. neg. Faz a negativa do verbo no tempo que indica uma ação habitual. *Ọ̀rẹ́ mi kì í jalè* – Meu amigo não tem o costume de roubar; *Èmi kì í lọ síbẹ̀* – Eu, normalmente, não vou lá; *Èmi kì í jáde rárá* – Eu não saio nunca. = *kò máa*. V. *máa*.

KÌJE, v. Observar o sétimo dia de qualquer evento. *Òní ni àjọ́dún òrìṣà kìje* – Hoje é o sétimo dia após a cerimônia da divindade.

KÌJIKÌJI, adv. Tremendamente, profundamente.

KÍJẸTA, adv. Terceiro dia atrás. < *kí + ijọ́ + ẹ̀ta*. Esta mesma fórmula de composição pode ser usada para os demais numerais.

KÌJÍ, v. Recuar com sentido de surpresa ou susto. *Ó ta kìjí* – Ele recuou bruscamente.

KÍJÌPÁ, s. Tecido rústico feito por mulheres do campo.

KÍJỌ̀, adj. Desanimado, abatido. *Ó dàgbà, ojú rẹ̀ kíjọ̀* – Ele está envelhecido, desanimado.

KÍKÀ, s. Leitura.

KÍKÁ, adj. Enrolado, dobrado.

KÍKÁLÁRA, s. Obsessão.

KÍKÁN, adj. Pingado, gotejado.

KÍKAN, KÍKANKÍKAN, adv. Ruidosamente, repetidamente, com muito barulho. *Ajá gbó kíkankíkan* – O cachorro latiu ruidosamente.

KÍKANJÚ, s. Cara-fechada, carranca.

KIKÁNJÚ, s. Ansiedade, impaciência, avidez; adj. Ansioso, impaciente.

KÍKÀNLÁRA, s. Excitação.

KÍKANRA, s. Impaciência, grosseria.

KÍKÀÁNÚ, s. Aquilo que pode ser motivo de piedade ou lamentação.

KÍKAYE, s. Contagem, numeração.

KÍKÉ, GÍGÉ, adj. Aquilo que é cortante.
KÍKÉRÉ, adj. Pequenino, diminuto.
KÍKẸ́, adj. Indulgente.
KÍKẸ̀, s. Inflamado, ulceroso. *Egbò náà kíkẹ̀* – A ferida inflamou.
KÌKÌ, adv. Somente, unicamente. *Ó jẹ́ kìkì èjẹ̀ pátá-pátá* – Ele é sangue, e somente sangue; *Lákọ́kọ́ kìkì ìfẹnukonu nìkan ni* – Primeiro somente nos beijávamos.
KÍKÍ, s. Saudação.
KÍKÌ, adj. Comprimido, pressionado, condensado.
KÍKI, adj. Grosso, viscoso, pegajoso.
KÍKÌKÍ, adv. Violentamente.
KÍKÍNÍ, adj. O menor.
KÍKÍYÈSÁRA, s. Circunspecção, cautela.
KÍKÓ, adj. Amontoado.
KÍKÓJÁDE, s. Remoção.
KÍKÓJỌ, KÍKÓJỌPỌ̀, KÍKÓPỌ̀, s. Ajuntamento, concentração, reunião.
KÍKÓRÍRA, ÌKÓRÍRA, s. Ódio, raiva.
KÍKÓRÒ, s. Amargura; adj. Amargo.
KÍKÓSO, adj. Tratável, controlável, afável.
KÍKÓTÌ, s. Conspiração contra alguém.
KÍKỌ, adj. Escrito.
KÍKỌ́, v. Aprender. *Ó ti bẹ̀rẹ̀ èdèe yorubá ní kíkọ́* – Ele tinha começado a aprender a língua yorubá. *Kíkọ́ ọmọdé* – aprendizado, treino infantil.
KÍKỌ̀, s. Recusa.
KÍKỌ̀JÁLẸ̀, s. Recusa completa.
KÍKỌJÚSÍ, s. Oposição, confronto, devoção, dedicação.
KÍKỌLÙ, s. Assalto, ataque.
KÍKỌSẸ̀, s. Tropeção, passo em falso.
KÍKỌ̀SÍLẸ̀, adj. Abandonado.
KÍKÚ, adj. Mortal, exposto à morte.
KÍKÚN, adj. Cheio, reabastecível. *Ìgò yìí ní kíkún ló gbé e fún mi* – Esta garrafa cheia, ele a trouxe para mim.

KIKUN, KUNKUN, *adj.* Duro, obstinado, teimoso. *Ó lórí kunkun* – Ele é teimoso; *Ó mẹnu rẹ̀ kunkun* – Ele insistiu firmemente. < *mú + ẹnu + kunkun.*

KÍKUN, *adj.* Combustível, inflamável.

KIKÙN, KÍKÙNSÍNÚ, *s.* Resmunguice, queixa, barulho.

KÍKÙNÀ, *s.* Omissão de uma sílaba ou sinal, erro.

KÍKÙNNÁ, *adj.* Macio, fino.

KÍKÚNU, *s.* Franqueza, rudeza, lentidão para pedir o que se deseja.

KÍKÚN-OMI, *s.* Enchente, inundação.

KÍKÚRÓ, *adj.* Pequeno.

KILÀKILO, HILÀHILO, *s.* Ansiedade, inquietude.

KÍLÁÀSÌ, *s.* Sala de aula, classe (do inglês *school-class*). *Láàárín àwọn yorubá, ilé dàbí kíláàsì alákọ̀ọ́bẹ̀rẹ̀* – Entre os *yorubás* a instrução principia no lar (*lit.* o lar se assemelha a uma sala de aula principiante). = *ẹ̀kọ́.*

KÍLÈ, *v.* Apostar, arriscar perder ou ganhar. *Ó bá mi kílè* – Ele apostou comigo.

KÍLÈYÍÌ, *exp.* O que é isto?. < *kíni + èyí.*

KILẸ̀, *v.* Marcar o chão, comprimir. < *kì + ilẹ̀.*

KÌLẸ́ṢẸ́, *v.* Dar socos, dar pancadas. *Ó kì mí lẹ́ṣẹ́* – Ele me deu um soco.

KÍLÓDÉ, *exp.* O que houve. *Kílódé to rojú?* – O que houve que você está triste?

KÍLÒLÒ, *v.* Gaguejar.

KÍLOKÍLO, *adv.* Palpitantemente.

KÌLỌ̀, *v.* Fazer uma advertência, prevenir, alertar. *Ó kìlọ̀ fún mi = Ó kì mí nílọ̀* – Ele me advertiu. < *kì + ilọ̀.*

KÌLỌ̀KÌLỌ̀, ÌKÌLỌ̀, *s.* Presságio, aquilo que serve de aviso.

KÌ... MÁ BÁ, *adv.* A fim de que não, para que não.

KÌMỌ́LẸ̀, *v.* Comprimir, agarrar, capturar. *Ó ki tábà yìí mọ́lẹ̀ níkòkò* – Ele comprimiu o fumo no cachimbo; *adv.* Firmemente, seguramente. *Ó ki ọkọ́ mọ́lẹ̀* – Ele segurou a enxada firmemente.

KÌN, *adv.* Profundamente, ofegantemente. *Ó gbin kìn* – Ele grunhiu ofegantemente.

KÍN, *v.* 1. Ser adjacente, próximo, situação contígua. *Ilé wa kín ti Olú* – Nossa casa é próxima à de Olú. 2. Esfregar. *Ó kín mi lẹ́hìn* – Ela esfregou minhas costas.

KÍNI, *v.* Cumprimentar alguém. < *kí* + *ẹni*.

KÍNI, **KÍN**, *pron. interrog.* O quê. Somente usado em frases interrogativas. *Kíni o fifún ìyá rẹ?* – O que você deu para sua mãe?; *Láti ṣe kíni?* – Para fazer o quê? Em determinados casos, *kíni* pode significar "qual", quando usado com alguns substantivos. *Kíni orúkọ rẹ?* – Qual é o seu nome?. > *ohun tí* – forma indireta de *kíni*. *Èmi kò mọ ohun tí o ṣe lóní* – Eu não sei o que você fez hoje.

KÍNÍ, **KÍNNÍ**, *num.* Primeiro. *Èmi ni ọmọ kíní ilé mi* – Eu sou o primeiro filho da minha casa.

KÍNÍ-KÍNÍ, *adv.* Regularmente, cuidadosamente. *Ó wò mi kíní-kíní* – Ela me olhou detidamente.

KÍNÍNJẸ́BẸ̀Ẹ̀, *adv.* O quê?; não, de forma alguma; o que é isso?

KÌNÌÚN, *s.* Leão. *Kìnìún ni ajẹran* – O leão é carnívoro.

KÍNÌYẸNÌ, *exp.* O que é aquilo?. < *kíni* + *ìyẹn*.

KÍNKÍN, **KÍNNÚ**, *adj.* Pequena, pouca quantidade. *Ọmọ kínkín* – uma criança pequena; *Ọ̀rọ̀ kínú tó fún ọmọ* – Um mínimo de palavras basta para uma criança.

KÍNKÍN, **GÍNGÍN**, *adj.* Muito pouco. *Fún mi ní kínkín* – Dê-me um pouco.

KÍNKÍNÍ, *adj.* Um pouco.

KÍNLA, *interj.* O quê?

KINNÍ, *s.* Coisa, fato, algo. *Kinní kan* – uma coisa; *Kíni ìdí kinní yìí* – Qual é a razão disto?

KÍNRIN, *v.* Esfregar delicadamente com uma esponja etc.

KÌNRÍN, *v.* Face a face, frente a frente. *Mo rí i kìnrín* – Eu o vi face a face.

KÍNRINLẸ́HÌN, *v.* Esfregar as costas de alguém, ato de se apoiar em algo.

KÍORIBẸ̀Ẹ̀, **KÍOṢẸ̀**, **KÓṢẸ̀**, *adv.* Talvez, pode ser assim. *Kíoṣe mo rí ọ lóla* – Talvez eu o veja amanhã.

KÍOTÓTÓ, *adv.* Antes de. V. *kí... tó*.

KIRI, **KIRIKÁAKIRI**, *v.* Andar, vagar. *Mo kirikáakiri* – Eu andei por aí; *Ó kiri ìlú lọ* – Ela andou pela cidade; *Ó bá mi kiri* – Ela saiu comigo.

KÌRÌBÌTÌ, *adv.* Circularmente, ao redor de. *Ó tò kìrìbìtì* – Ele dispôs em círculos. V. *kibiti*.

KÌRÌBÓTÓ, *s.* Um tipo de tambor.

KÌRÌKÌRÌ, adv. Pesadamente. Ẹsẹ̀ wọ́n dún kìrìkírì – Seus pés rangeram pesadamente.

KÍRÍSÍTÌ, s. Cristo (do inglês Christ). A mọ àwọn ènìà tí wọ́n kọ èsin Kírísítì sílẹ̀ láti bá àiyé Olódùmarè lọ – Nós conhecemos pessoas que abandonaram a religião de Cristo pelo mundo de Olódùmarè. = Krístì.

KIRIYÓ, s. Crioulo.

KÍRUN, v. Orar, rezar (ato feito cinco vezes por dia pelos muçulmanos). Ó nkírun – Ele está rezando. < kí + ìrun.

KÍSÀ, s. Prodígio, proeza. Ó ṣe kísà – Ele fez uma proeza.

KÍSÁN, v. Completar nove dias. Orò òrìṣà kisán lóní – O ritual da divindade completou nove dias hoje.

KÍSÍNMÍSÍN, s. Erva-vassourinha.

KÌ ÍṢE, v. Forma negativa do verbo jẹ́ – ser. Kì íṣe olùkọ́ mi – Ele não é meu professor.

KÍṢÌNÌ, s. Cozinha (do inglês kitchen). = ilé ìdáná.

KÍTA, v. Completar três dias.

KÍTA-KÌTA, KÍTI-KÌTI, adv. Numeroso, em grande abundância, plenamente.

KÌTÀKÌTÀ, KÌTÌKÌTÌ, adv. Forçadamente, com dificuldade, apressadamente. Mo mú kìtì-kìtì – Eu o agarrei com dificuldade.

KÌTÌPÌ, adj. Roliço, gorducho. Ọmọ yìí rí kìtìpì – Esta criança é gorducha.

KÍ... TÓ, adv. Antes de. Kí o tó padá – Antes de você voltar; Mo rí i kí o tó dé – Eu o vi antes de você chegar; Ó ti njẹun kí a tó dé – Ele estava comendo antes de nós chegarmos; Kí ilẹ̀ tóó mọ́ gbogbo wọ́n ti lọ – Antes do amanhecer todos terão ido.

KÍUN, adj. Pequeno, miúdo.

KÍWEJE, v. Enroscar, encaracolar.

KÌWỌ̀, v. Reprimir, conter, impedir. Mo kì í wọ̀ – Eu o mantive sob controle.

KIWỌ́BỌ̀, TIWỌ́BỌ̀, v. Meter, enfiar. Ki ọwọ́ bọ̀ àpò rẹ̀ – Meta a mão na bolsa dela. = kìbọ̀.

KÌYÁN, adv. De uma vez, imediatamente. Kìyán ni ó lù mí – Foi de uma vez que ele bateu em mim.

KIYÈSÁRA, v. Ser cuidadoso, cauteloso, atento, observador. Ó kiyèsára – Ela é cuidadosa. Mo kiyè sí pé o kò wà níbẹ̀ – Eu notei que você não estava lá. < kiyè + sí + ara.

KÍYÈSÍGBÀ, v. Observar o tempo, a época.

KÓ, v. 1. Juntar, coletar, empilhar, levar várias coisas. Kó ìrọrí mẹ́ta yìí wá – Junte estes três travesseiros e venha; Ó kó ẹrù mi – Ele coletou meus bens. 2. Pilhar, saquear, roubar, capturar, despojar. Ó kó wọ́n lẹ́rú – Ele os capturou e escravizou; Ó kó ilé mi – Ele roubou minha casa. 3. Contrair. Ẹ̀gbọ́n mi kó àrùn – Minha irmã contraiu uma doença; Mo kó owó – Eu contraí uma dívida. 4. Pedir emprestado. Ó wá kó owó lọ́dọ̀ mi – Ele veio pedir dinheiro emprestado a mim. 5. Apressar, precipitar-se. Ó kó wọnú igbó – Ele se apressou a entrar no mato.

KÓ, adj. Duro, rígido, pegajoso por estar muito maduro. Ilá ti kó – O quiabo já está maduro.

KÒ, Ò, adv. Não. Faz a negativa dos verbos regulares. Ẹ̀yin kò wẹ̀ – Vocês não tomaram banho; Wọ́n ò lè sọ bẹ́ẹ̀ – Eles não podem falar assim; A kò mọ̀ = A à mọ̀ – Nós não sabemos; Ẹ kò mọ̀ = Ẹ è mọ̀ – Vocês não sabem. V. kì.

KÒ, v. 1. Encontrar-se com, confrontar, reunir. Níbo ni ẹ ti kò ó? – Onde você o encontrou?. Obs.: Quando usado entre duas palavras repetidas, dá um sentido de encontro: ẹ̀gbẹ́ – lado, ẹ̀gbẹ́kẹ̀gbẹ́ – lado a lado; ojú – rosto, ojúkojú – face a face; ẹnukonu – de boca a boca. 2. Atiçar. Ó ko iná – Ele atiçou o fogo.

KÓBÁ, v. Colocar, juntar. Ó kó ìjọgbọ̀n bá mi – Ele me colocou em dificuldade.

KÒ... BẸ́Ẹ̀NI... KÒ, conj. Nem... nem. Nwọ́n kò jẹ bẹ́ẹ̀ni nwọ́n kò mu – Eles nem comeram nem beberam.

KÓBIKÒBI, KÓBOKÒBO, adj. Cheio de espinhas, furúnculos, verrugas. Ó rí kóbikòbi – Ele está coberto de furúnculos.

KÒBÍ LẸDÓ, s. Um tipo de inhame. V. iṣu.

KÒBÌTÀ, s. Botas ou sapatos de cavaleiro nos quais são fixadas as esporas.

KÓBÒ, v. Chicotear. Ó kó ẹgba bò mí – Ele continuou me chicoteando.

KÓBÓ, v. Ser impotente sexualmente.

KÓBÓ, s. Semente de cacau. Ó nṣa kóbó – Ela está catando sementes de cacau.

KÓBÓDÚ, s. Xícara. Ṣíbí wà nínú kóbódú – A colher está dentro da xícara.

KOBÓKÒ, s. Chicote feito do pênis do touro.

KÓBOKÒBO, s. Verruga.

KÓDÀ, adv. De outra maneira, do contrário.

KÓDÀNÙ, v. Jogar fora, lançar. Ó kó wọn dànù – Ele os jogou fora; Má kó owó rẹ dànù – Não desperdice seu dinheiro.

KÒDÉDÉ, adv. Nenhuma dúvida, indubitavelmente.

KÓDÉ, v. Trazer, levar. V. kódélé.

KÓDÉLÉ, v. Trazer para casa. Ó kó èrè oko délé – Ele trouxe o que ganhou para casa.

KÓDÌ, v. Pegar e amarrar. Ó kó wọn dì – Ele os pegou e amarrou.

KÓDIKÒDI, **KÓDOKÒDO**, adj. Cheio de nós. Okùn yìí ṣe kókikòdi – A corda está cheia de nós; Igi yìí ṣe kódikòdi – Esta madeira está cheia de nós.

KODORO, adj. Liso, lustroso.

KÓFÌRÍ, v. Olhar de relance, dar uma olhadela. Mo kófìrí ẹ̀gbọ́n mi níbẹ̀ – Eu olhei rapidamente a minha irmã lá. V. fìrí.

KÒÌ, **KÒ TÎÎ**, adv. Ainda não. Èmi kòì wá = Ng ò ì wá – Eu ainda não procurei; N kò tí ì ṣe orò mi – Eu ainda não fiz minha obrigação; Kòì tí ì palálá ìlú náà – Ele ainda não está próximo da cidade; Kò tû dé – Ela ainda não chegou. V. tí ì.

KÒÌTÓ, adv. Não o bastante, insuficientemente. Kò ì tó àkókò – O tempo não é suficiente.

KÓJÁ, v. Observar, cumprir. Ó kó òfin yìí já – Ele observou as regras, ele cumpriu a lei.

KÓJÁDE, v. Levar, sair. Mo kó wọn jáde – Eu os levei para sair; Mo kó ọmọ mi jáde – Eu levei meu filho a um batizado. V. ìkómọjáde.

KÓJẸ, v. Levar para comer. Ó kó wọn jẹ – Ele os levou e comeu.

KÓJẸ, v. Retratar, voltar atrás, assustar. Ó kó ọ̀rọ̀ tó sọ jẹ – Ele se retratou sobre o que ele tinha dito; Ó kó mi láyà jẹ – Ele me assustou.

KÒJẸ̀GBIN, s. Parte de dentro do pé. = kòjẹ̀gbin.

KÓJỌ, **KÓJỌPỌ̀**, v. Reunir, juntar. Mo kó wọn jọ sílé – Eu os reuni em casa.

KOJÚ, v. Confrontar. < kò + ojú.

KÒ... JÙLỌ, **KÒ... LỌ**, adj. comp. Menos do que. Fàdáka níyelórí kò wára júlọ – A prata tem menos valor que o ouro; Aya bàbá mi kò féràn mi lọ títí – A minha madrasta não gostava muito de mim.

KÓKÌKÍ, *v.* Espalhar a fama, dizer louvores.

KÓÒKÌ, *s.* Coca-cola.

KOKO, *adv.* Ardorosamente, firmemente, fortemente. *Ó lè koko* – Ele é ardorosamente forte; *Ó mú mi koko* – Ele me pegou firmemente.

KÓKÓ, *s.* **1.** Protuberância, nó do bambu. *Okùn yìí kókó* – Esta corda está cheia de nós. **2.** Espinhoso, confuso. *Òrò yìí ta kókó* – Este é um problema complicado; *Sọ kókó ọ̀rọ̀ náà fún mi* – Conte-me a essência daquele assunto.

KÓKÒ, *s.* Denominação de um tubérculo como a batata.

KÓKÒ-ỌMÚ, *s.* Mamilo do seio.

KÒKÓ, *s.* Cacau.

KÓKO, **KORÍKO**, *s.* Grama, relva.

KÒKÒ, **KÒRIKÒ**, *s.* Lobo, hiena.

KOKOKO, *adv.* Repetidamente. *Ó kàn ìlèkùn kokoko* – Ele bateu na porta repetidamente.

KÓ-KÒ-KÓ, *adj.* Pequenos lotes, quantidade pequena. *Mo lé obì kó-kò-kó* – Eu organizei as nozes-de-cola em pilhas pequenas.

KÓKÓ-ỌFUN, *s.* Pomo de adão.

KÒKÒRÒ, *s.* Verme, larva, espinha, erupção cutânea. *Orísírísí kòkòrò ni ó wà nísisìyí* – Diferentes insetos estão aqui agora; *Kòkòrò sú sí mi lójú* – Eu tenho uma espinha (*lit.* a espinha brotou em meu rosto).

KÒKÒRÒ ÀRÙN, *s.* Micróbio.

KÓKÚRÒ, *v.* Remover para longe. *O kó àjẹtì kúrò* – Ele removeu as sobras para longe. *V. kúrò.*

KÓLÉ, *v.* Assaltar uma casa. *Ó kólé mi* – Ele assaltou minha casa. < *kó + ilé.*

KÓLÉKÓLÉ, **AKÓLÉ**, *s.* Assaltante, ladrão.

KÒLÈSÀÌ, *v.* Não poder deixar de fazer. *Ìwọ kò lè sàì jẹun* – Você não pode deixar de comer. *Obs.: ṣe + àì = sàì. V. lâi.*

KÒLÈDÚSÍ, *v.* Adubar.

KÓLÉRÙ, *v.* Tirar os bens de alguém, saquear, despojar. *Ó kó wọ́n lẹ́rú* – Ele me escravizou.

KOLÌ-KÒLÌ, *s.* Um tipo de pássaro.

KÒLÒBA, *s.* Vasilha para guardar ingredientes e provisões.

KÒLÒBÓ, KÓLÓ, s. Pequeno vaso de barro com tampa para guardar óleo de amêndoas da palmeira. V. àdín.

KÒLÓFÍN, s. Pessoa fora da lei, marginal.

KÓLÓGUN, v. Levar prisioneiros. Ó kó wọn lógun – Ele os levou como prisioneiros de guerra.

KÒLÓJÚ, v. Confrontar, encontrar face a face. Ó kò mí lójú – Ele se opôs a mim; Wọn pè é kò mí lójú – Eles o chamaram à minha presença. = kò ní ojú.

KÒLÓJÚ, adj. Indeciso, inseguro, que não ata nem desata.

KÓLÒLÒ, v. Gaguejar. Ó kólòlò – Ele gaguejou. < ké + òlòlò.

KÒLÓRÍ, s. Maluco, perturbado.

KÓLỌ, v. Carregar e levar. Ó kó gbogbo aṣọ náà lọ – Ela carregou todas as roupas e foi embora; A kó àpò èso lọ sílé – Nós juntamos as frutas na sacola e levamos para casa; A kó ejọ náà lọ sọ́dọ̀ rẹ̀ – Nós levamos aquele assunto para junto dele (para ele resolver).

KÒ... LỌ, adj. comp. Menos do que. Àwa sùn kò èyin lọ – Nós dormimos menos do que vocês. V. kò... jùlọ.

KÓLÙ, v. Juntar, adicionar a uma mistura. Kó wọn lù – misturar tudo junto; Ó kó àgbàdo lu iná – Ele misturou o milho e pôs no fogo.

KÒ MÁA, KÌ Í, adv. Não ter o hábito de. Wọn kì í máa hùwá bẹ̀ẹ̀ – Eles habitualmente não se comportam assim; O kò máa wẹ lójojúmọ́ – Você não costuma tomar banho todos os dias.

KÓMỌ́RA, v. Abraçar, segurar junto a si. Ó kó mi mọ́ra – Ela me abraçou; Ọmọge yíí kó gbogbo ènìà mọra – Esta pequena é afável com todas as pessoas. < kó + mọ́ + ara.

KÓMỌRA, s. Pessoa ingrata.

KONÁ, v. Mexer o fogo para queimar, atiçar o fogo. < kò + iná.

KÓNÁ, v. Maltratar. Ó kóná mọ́ mi – Ele me maltratou. < kó + iná.

KÓNÁ, v. Apropriar-se de alguma coisa. Ó kó owó mi ná – Ele furtou meu dinheiro. < kó + ná.

KONÁMỌ́, v. Requentar algo no fogo.

KONDO, adj. Pequeno e redondo. Orù kondo – um pote pequeno e redondo.

KÓNDÓ, s. Um bastão grande.

KÒNGẹ́ – KÓRÍRA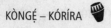

KÒNGẸ́, *adj.* Apropriado, oportuno, relevante. *Kòngẹ́ ni ó ṣe* – Foi oportuno o que ele fez.

KONGBARÍ, *s.* Ponto, cabeça, crise.

KÒNÍBÀBÁ, *v.* Órfão de pai.

KÓNÍFÀ, *s.* Enganar, trapacear.

KÒ NÍÍ, *part.* Outra forma de fazer a negativa do verbo no tempo futuro. *A kò níí lọ mọ́* – Nós não iremos mais. = *ò níí.* V. *kì.*

KÓNÍJÁNU, *v.* Restringir, controlar. *Ó kóra rẹ̀ ní jánu* – Ele revelou autocontrole.

KÒNÍLÉKÒLỌ́NÀ, *s.* Vagabundo.

KONKO, *s.* Som produzido ao bater com uma concha de caracol. *Ó gán mi ní konko* – Ele me bateu com uma concha de caracol.

KÓNKỌ̀, *adj.* Pequeno. *Ọmọ kónkó* – uma criança pequena.

KÓNKÓTO, **KÓRIKÓTO**, *s.* Nome de uma ave.

KÓNU, *v.* Purificar a boca. < *kó + ẹnu.*

KÒ PA, *v.* Não matar.

KÓPỌ̀, *v.* Reunir, recolher, colecionar. *Ó kó wọn pọ̀* – Ele os recolheu.

KÒ PỌ̀ TÓ, *v.* Não ser como muitos.

KÓRA, *v.* V. *kóníjánu.*

KÓRÀN, *v.* Infectar, contagiar. *Ó kó àrùn náà ràn mí* – Ele me infectou com aquela doença.

KÒRÁNÌ, *s.* Corão.

KÓRÈ, *v.* Colher. *Ó ṣèkórè iṣu* – Ela colheu inhame.

KÓRÍBẸ́Ẹ̀, **KÓṢẸ̀**, *adv.* Assim seja, amém.

KÒRIBẸ́Ẹ̀, *adj.* Excessivo.

KÒRÍBẸ́Ẹ̀, *adv.* De modo algum.

KORIKO, **KÓKO**, *s.* Um tipo de relva. *Ó fi koríko bo ilé* – Ele usou sapê para cobrir a casa. *Panicum maximum.*

KÒRIKÒ, **KÒKÒ**, *s.* Lobo, hiena.

KÒRÍKÒSÙN, *s.* Um amigo muito íntimo.

KÓRÍRA, *v.* Odiar, detestar. *Ó kóríra mi* – Ela me odeia.

KORO, v. Contradizer, desmentir. *Wọ́n já mi ní koro ohun tí mo wí* – Eles desmentiram o que eu disse.

KÓRO, AKỌṢỌ, s. Panela de cadinho.

KORÒ, v. Ser amargo. *Ó korò bí dápa* – Ele é amargo como fel.

KÓRÓ, s. Caroço, semente. *Kóró ọsàn* – caroço de laranja.

KÓRÓ, v. Acelerar, apressar-se. *Ó ta kóró wọlé* – Ele se apressou a entrar em casa.

KOORO, KÒÒRÒ, v. Brilhar, arder. *Àtùpà yìí nkooro* – O lampião está brilhando.

KÒRÒBA, s. **1.** Tipo de penteado feminino com os cabelos divididos no alto da cabeça para baixo. V. *kànkòṣò*. **2.** Balde, vasilha.

KÓRÓBÓJÓ, obs. *Ó ta okùn yìí kóróbójó* – Ele deu um laço nesta corda. V. *ojóbó, kókó*.

KÒRÒFO, s. Casca de noz ou de ovo.

KOOROKO, adj. Impecável. *Ìkòkò yìí rí kooroko* – Esta panela está em ótimas condições.

KOROKORO, adv. Perfeitamente, claramente.

KÒRÓ-KÒRÓ, adv. Face a face. *A fojú ríra kòró-kòró* – Nós nos encontramos cara a cara.

KOOROKOORO, WOOROWOORO, s. Sino de bronze colocado no pescoço de um cavalo como decoração.

KÓRÓPÓ, s. Nome de uma planta. *Crotolaria rattle peã (Papilonaceae)*.

KÓROPỌ̀N, WÓROPỌ̀N, s. Testículo.

KÓRÓWÚ, s. Semente do algodão. < *kóró + òwú*.

KÒ SÍ, v. Forma negativa do verbo *wà* – estar, existir, haver. *Bàbá kò sí nílé* – Papai não está em casa; *Kò sí owó kò sí orò* – Sem dinheiro não há obrigação; *Kò sí ewé kò sí òrìṣà* – Sem as folhas não há divindade.

KÓSÍLẸ̀, v. Permitir fazer várias coisas. *Ó kó ẹ̀wù sílẹ̀* – Ela permitiu tirar as roupas dela.

KÓSÍNÚ, v. Entrar.

KÓSO, v. Restringir, controlar, organizar. *Ó nkó ogun so* – Ele está organizando a batalha.

KÒSO, s. Local na antiga cidade de Òyó, onde viviam os devotos de Sàngó.

KÓSÓ, s. Um tipo de tambor usado na sociedade Gèlèdé. = bàtáa koto.

KÒSÉGBÀGBỌ, adj. Incrível.

KÒSEKU KÒSEIYẸ, s. Aquele que não está nem aqui nem lá, que não se posiciona.

KÒSÒRO, adj. Fácil, possível.

KÓTÁN, v. Levar tudo. Ó kó wọn tán – Ela levou tudo deles.

KÓTÌ, v. 1. Assaltar, atacar. Wọ́n kó ìbọn tì wá – Eles nos atacaram com uma arma; Ó kó rìkísí balẹ̀ tì mí – Ele fez intriga contra mim. 2. Juntar, empilhar. Ó kó ọparun ti ògiri – Ele juntou os bambus contra a parede. 3. Amarrotado, franzido, amassado. Aṣọ yìí kótì – Esta roupa está amarrotada.

KÒ TÍÌ, KÒÌ, adv. Ainda não. Èmi kò tí ìṣe orò òrìṣà mi – Eu ainda não fiz a obrigação para minha divindade.

KÒTÌTÓ, KÒÌTÓ, KÒTÓ, adv. Não o bastante, insuficientemente.

KÓTÓ, s. Baixo, estreito, um espaço vazio com cavidade. Àwoo kótó – um prato raso.

KÒTÒ, s. Vala, buraco, cova.

KOTO, AKOTO, s. Uma cabaça larga e funda. Mu omi nínú koto – Beba água de dentro da cabaça.

KÒTÒ-ÀYÀ, s. Cavidade externa entre o osso do peito e o estômago, boca do estômago. Kòtò ọwọ́ – cavidade da palma da mão.

KÒTÒDÓ, s. 1. Pequeno pote usado para decoração. 2. Tipo de cogumelo, fungo.

KÒTÓNKAN, s. Anão.

KÒTÒPÓ, s. Vaso usado para decoração.

KÒ TỌ́PẸ́, exp. Não há de quê. Usada em resposta a um agradecimento. < tó + ọpẹ́.

KOWÉÈ, s. 1. Um tipo de pássaro com canto característico. 2. Pregão de vendedor de vinho na cidade de Popo.

KÓWỌ̀, v. Correr para dentro de. Ó kówọ inú igbó – Ele correu e entrou no mato.

KÓYÁKÓYÁ, adv. Rapidamente, velozmente.

KÓYĘYĘ, KÓYǪYǪ, *v.* Fazer muito de alguma coisa. *Ó kó sí yǫyǫ* – Ele entrou em dificuldade.

KO, *v.* **1.** Relampejar, lustrar, emitir lampejos de luz. *Ojú tábìlì ko mònà* – A superfície da mesa está lustrosa; *Díngí nko mònà* – O vidro está brilhando. **2.** Escrever. *Ó nko ìwé* – Ele está escrevendo uma carta. > *àkòwé* – escritor. **3.** Tornar-se, virar-se. *Ó ko òdí sí mi* – Ele se tornou hostil contra mim; *Ó kèhìn sí mi* – Ela deu as costas para mim. *Obs.: ko + èhìn = kèhìn.* **4.** Gritar de alegria. *Ó ko kàráà* – Ele gritou ruidosamente. **5.** Cantar. *Àwon akorin náà ko orin dídùn* – Os cantores cantaram cânticos doces e agradáveis. **6.** Cocoricar como um galo. *Àkùko oba ko* – O galo do rei cantou. **7.** Retirar um pouco de massa mole com uma concha ou pá. *Ó ko obè* – Ele tomou, ele retirou um pouco de sopa. **8.** Juntar, empilhar. *Àgbè náà ko ebè isu* – O agricultor juntou terra para plantar inhame. **9.** Cortar, fazer uma marca facial. *Ó ko męta ìbú* – Ele fez três marcas tribais; *Ó ko ilà fún mi* – Ele fez marca tribal em mim; *Ó nko eyin* – Ele está cortando o fruto da palmeira. **10.** Circuncidar, tatuar. *Ó kolà abę fún mi* – Ele me circuncidou. **11.** Saudar alguém à distância.

KǪ́, *v.* **1.** Não ser. Negativa do verbo *ni* – ser. *Ilé mi kǫ́ yìí* – Minha casa não é esta; *Yánsàn kǫ́ ìyá mi* – Yansan não é minha mãe. Se *kǫ́* for seguido por um outro verbo, *ni* é usado. *Èmi kǫ́ ni mo rà á* – Não fui eu que comprei isto. *V. ni.* **2.** Estudar, ensinar, aprender, educar. *Olùkǫ́ kǫ́ omo náà dáradára* – A professora ensinou as crianças muito bem. > *èkǫ́* – aula. **3.** Construir. *Ilé tí mo kǫ́* – A casa que eu construí; *Bàbá mi kǫ́ ilé méjì* – Papai construiu duas casas. > *ìkǫ́* – edificação. **4.** Pendurar, estar suspenso, fisgar, enganchar. *Ó fi aso kǫ́* – Ele pendurou a roupa; *Ó kǫ́ mi lésè* – Ele enganchou minhas pernas. **5.** Tossir. *Ikǫ́ bá mi jà* – Eu tenho tosse. > *ikǫ́* – tosse; *ikǫ́ofę́* – tosse convulsa, asma. **6.** Aconselhar.

KǪ́, KǪ́KǪ́, *v. e adv.* Ser o primeiro de todos. *Mo féę́ kǫ́ rí yìí* – Eu quero ser o primeiro a ver isto; *Èmi kǫ́kǫ́ lo sí ojà* – Eu primeiro fui ao mercado. Também usado na composição de palavras.

KǪ, *v.* Recusar, rejeitar. *Ó ko èbè mi* – Ele recusou o meu pedido; *Wǫ́n kò láti gbà wá* – Eles se recusaram a nos receber.

KǪ́BA, *v.* Cumprimentar o rei. < *kí + oba.*

KỌBÈ, v. Fazer montes, amontoar terra para plantar, empilhar. < kọ + ebè.

KỌBI, v. Prestar atenção. Kọbi ara sí i – Preste atenção nisto.

KỌ́BÍ, v. Nascer primeiro. Òjó ni mo kọ́bí – Ojô é meu irmão mais velho. > àkọ́bí – primogênito.

KỌ̀BÌ, GỌ̀BÌ, s. Construção de uma extensão no palácio do rei ou do chefe para servir como um cômodo. Ó yọ kọ̀bì sílẹ̀ – Ele construiu uma extensão para a casa.

KỌ́BI-KỌ̀BI, KỌ̀BÌTÌ, adj. Cheio de projeções. = kọ̀lọ̀bọ̀.

KỌ́BỌ̀, s. Moeda nigeriana. Èló lọ́sàn? Kọ́bọ̀ mẹ́wàá – Quanto custa cada laranja? Dez kóbos.

KỌ́BỌ́DÙ, s. Armário (do inglês cupboard). Ó wa inú kọ́bọ́dù – Ele está dentro do armário.

KỌ̀BỌ̀TỌ̀, adj. Corpulento. Ó rí kọ̀bọ̀tọ̀ – Ele é corpulento.

KỌ́BÙ, s. Copo (do inglês cup). = ife, ago.

KỌ́DÉ, v. Chegar primeiro, no início. Tani kọ́dé? – Quem chegou primeiro?

KỌ́DẸSẸ, v. Aprender a caçar.

KỌ̀DÍ, v. Voltar-se contra, dar as costas, relutar. Ó kọ̀dí sí mi – Ela deu as costas para mim.

KỌ́FẸ, v. Estar saudável, cheio de vida. Ṣé ara rẹ nkọ́fẹ? – Você está bem?

KỌFÍ, s. Café (do inglês coffee). Èmi ki í fi wàrà sí kofi – Eu não costumo colocar leite no café. V. omi dúdú.

KỌ́GBÌN, s. Plantação inicial. Àgbàdo ni a kọ́gbìn – O milho foi o primeiro produto que nós plantamos.

KỌ́GBÓ, v. Amadurecer primeiro. Kíni kọ́gbó? – O que amadureceu primeiro?

KỌ́GBỌ́N, v. Ter sabedoria, estar atento para aprender. Ó fi ìrírí kọ́gbọ́n – Ele usou de experiência para aprender.

KỌHÙN, v. Desobedecer. Máà kọhùn! – Não o desobedeça!

KỌ́IKỌ̀IKỌ́I, adv. Indiretamente, suspeitosamente, relutantemente. Ó nrìn kọ́ikọ̀ikọ́i – Ele está andando furtivamente, às escondidas.

KỌ́Í-KỌ́Í, adv. Furtivamente. Ó nrìn kọ́í-kọ́í – Ele está correndo às escondidas.

KỌJÁ, adv. Atrás, anteriormente. Ọjọ́ mẹ́ta kójá tó wá sọ́dọ̀ mi – Foram três dias atrás que ele veio me ver. V. ìjọsí.

KỌJÁ, v. Passar por, atravessar, exceder. Ọdún tó kọjá ni wọ́n rí mi – Foi no ano que passou que eles me viram; Ẹ kọjá ilé wa – Passe em nossa casa; Òru ni a fi kọjá ibẹ̀ – Nós passamos a noite lá; Wọ́n fi mẹ́ta kọjá – Eles excederam em três; Ó tútù kọjá ààlà – O frio excedeu, está no limite. V. rékọjá.

KỌJÁ, prep. Sobre, além de. Ó kọjá lórí afará – Ele atravessou sobre a ponte; Ọkọ̀ wa gba Èkó kọjá – Nosso navio foi além de Lagos.

KỌ̀-JÁLẸ̀, v. Recusar. Ó kọ̀ jálẹ̀ = Ó kọ̀ jálẹ̀-jálẹ̀ – Ele recusou categoricamente.

KỌJÚJÀSÍ, v. Resistir, opor, relutar. Ó kọjújà sí mi – Ele se opôs a mim.

KỌJÚMỌ́, v. Dedicar atenção a alguma coisa. Ó kọjúmọ́ iṣẹ́ rẹ̀ – Ele dedicou atenção ao trabalho dela.

KỌJÚSÍ, v. Voltar-se para, dar atenção a. Ó kọjú sí iṣẹ́ – Ele deu atenção ao trabalho; Mo kọjú sí apá ibẹ̀ – Eu olhei para o lado de lá; Ó kọjú sí mi – Ele está à minha frente.

KỌKÀ, v. Tirar um pouco de comida. Ó kọkà – Ela tirou um pouco da comida de milho. < kọ + ọkà.

KỌ́KÀ, v. Ler pela primeira vez. Bíbélì ni ó kọ́kà – Foi a Bíblia o primeiro livro que ele leu.

KỌ́KÁ, v. Colher as primeiras colheitas. Èso yìí ló kọ́ká – Esta é a primeira fruta que eu colhi.

KỌ́KÁ, v. Construir. V. kọ́yíká.

KỌ́KÀN, v. Encontrar primeiro. Èmi ló kọ́kàn – Sou eu quem ele encontrou primeiro.

KỌ̀ỌKAN, ỌKỌ̀ỌKAN, adv. Um de cada vez. Ẹ jọwọ́, wọlé lọ́kọ̀ọ̀kan – Por favor, entrem um de cada vez. < ní + ọkọ̀ọ̀kan = lọ́kọ̀ọ̀kan.

KỌKÀRÁ, v. Gritar ou falar alto, berrar.

KỌ́KỌ́, KỌ́, v. e adv. Primeiro, ser o primeiro. Ó kọ́kọ́ sọrọ̀ – Ela falou primeiro; Nígbàtí ó kọ́kọ́ bẹ̀rẹ̀ sọrọ̀ fún mi – Quando ele for o primeiro a começar, fale para mim.

KỌ́KỌ́RỌ́, s. Chave, solução. Ìwọ ni kọ́kọ́rọ́ ọkàn mi – Você é a chave do meu coração; Ọlọ́run, kọ́kọ́rọ́ sí ayé aláyọ̀ – Deus, solução para um mundo feliz; Ó rí kọ́kọ́rọ́ kékeré – Ele encontrou a chave pequena.

KỌKỌRỌGÚN, s. 1. Uma vara ou pedaço de arame usado para enrolar fio. 2. Arame usado para trancar porta.

KỌKỌRỌGUN, adj. Sovina, miserável, mesquinho. Ó láhun tó kọkọrọgún – Ele é pão-duro.

KỌLÀ, v. Marcar o corpo com cortes, ser circuncidado. Ó kọlà èrèkè fún mi – Ele me fez marcas na face; Ó kọlà abé fún mi – Ele fez a circuncisão em mim. < kọ + ilà.

KÒLÁ, s. Noz-de-cola, o mesmo que obì, orógbó. Kòlá ni àwa sọ sí Ṣàngói – Foi a noz de orógbó que oferecemos para Ṣàngọ́. Quando o oferecimento for feito a outras divindades, o verbo será dà. Wọ́n dabì fún òrìṣà – Eles ofereceram noz-de-cola à divindade.

KỌ́LÉ ORỌ́GBÀ, s. Tipo de planta usada como medicamento. Pergularina extensa.

KỌ́LÉ, v. Construir uma casa. Ó kọ́lé, ó káàsè – Ele construiu uma casa com uma porta larga.

KỌ́LẸ́KỌ́, v. Ensinar, educar, instruir. Ó kọ́ mi lẹ́kọ́ – Ela me educou. < kọ́ + ní + èkọ́.

KỌLỌBỌ, s. Um tipo de doença da boca ou garganta.

KÒLÒBÒ, adj. Cheio de projeções. = kóbi-kòbi.

KỌ́LỌ́FÍN, s. Lugar distante ou secreto, um recanto. Ibi kọ́lọ́fín – um recanto afastado.

KỌ́LỌ́GBỌ́N, v. Castigar, punir.

KỌ́LỌ́-KỌ́LỌ́, adv. Furtivamente, às escondidas.

KỌ́LỌ-KỌLỌ, adj. Estragado, confuso, tortuoso. Èkọ yìí ṣe kọ́lọ-kòlọ – Este pudim está estragado; ìwà kọ́lọ-kòlọ – desvio de caráter; ọ̀nà kọ́lọ-kòlọ – uma estrada sinuosa, confusa.

KÒLỌ̀KỌLỌ, s. Fraude, astúcia.

KÒLÒKÒLÒ, s. Tipo de raposa com grandes orelhas.

KÒLÒKỌ́LỌ́, s. O jogo de crianças, criancice.

KÒLÒNTI, v. Vacinar. Ó kọ kòlònti fún mi – Ele me vacinou.

KỌ́LỌ́RÙN, v. Ter algo preso no pescoço. Ó fi ìlèkè kọ́ mi lọ́rùn – Ele pôs um colar no meu pescoço. < kọ́ + ní + ọrùn.

KỌLÙ, v. Colidir, atacar. Ó kọlù mí – Ele me atacou. < kọ + lù.

KÓÒLÙ, s. Corda (do inglês cord). Ó so kóòlù mọ́ ọrùn – Ele amarrou uma corda no pescoço. V. somọ́.

KỌLURA, v. Colidir, chocar-se um contra o outro.

KỌMINÚ, v. Estar ansioso, apreensivo. Èmi kọminú – Eu estou ansioso. < kọ + ominú.

KÓMỌ, v. Acolher, saudar uma criança. < kí + ọmọ.

KÓMỌ, v. Ensinar uma criança. < kọ́ + ọmọ.

KỌMỌ̀NÀ, v. Brilhar, deslumbrar. Ojú tábìlì yìí kọmọ̀nà – A superfície da mesa está brilhando.

KÒMPÚTÀ, s. Computador (do inglês computer).

KÓMÚ, v. Pegar primeiro. Owó rè ni mo kómú – Foi o dinheiro dela que eu peguei primeiro.

KÓNI, v. Ensinar, instruir. Kíni wọ́n nkọ́ni nílé òrìṣà? – O que eles costumam ensinar na casa de culto aos orixás?

KỌNÍLÀ, v. Circuncidar.

KÒNKỌ̀, s. Sapo-boi. < kọ̀ + nkọ̀.

KÒNKỌ̀SỌ, s. Peneira feita de palha, coador.

KÓPÀ, s. Cobre.

KỌPÁ, BUPÁ, v. Estar vacinado. Mo kọpá – Eu estou vacinado. < kọ + apá.

KÒPẸ, v. Cortar, colher frutos da palmeira. Ó nkòpẹ – Ele está colhendo os frutos da palmeira.

KÓRÀ, v. Comprar, primeira compra. Ìwé yìí ni mo kọ́rà – Este é o livro que eu comprei primeiro.

KÓRẸ́, v. Cortar algo primeiro. Koríko yìí ni mo kọ́ré – Esta é a grama que eu cortei primeiro. < kọ́ + rẹ́.

KỌRÍ, v. Dirigir-se a, voltar, retornar. Ó kọrí sílé – Ela voltou para casa.

KỌRIN, v. Cantar. Ó kọrin dára púpọ̀ – Ela cantou muito bem. A féràn orin tí ó kọ – Nós gostamos da cantiga que ela cantou. < kọ + orin.

KỌRÍSÍ, v. Mover-se em direção a, dirigir-se a.

KÓRỌ́, adv. Elegantemente. Ó pẹ́ mi kọ́rọ́ – Ela me evitou elegantemente.

KÓRỌ̀, v. Cair, surgir primeiro. Òjò tó kọ́rọ̀ – A chuva caiu mais cedo. < kọ́ + rọ̀.

KÒRÒ, *adv.* Provocadoramente, de modo desafiador. Usado com o verbo *wò* – olhar. *Ó wò mí kòrò* – Ela me olhou desafiadoramente.

KÒRÒ, *s.* 1. Uma faca pequena. 2. Recanto, lugar secreto, privativo. *Ibi tí kò bọ́ sí kòrò* – lugar onde não há privacidade.

KỌRỌDỌ, *adj.* Dobrado, curvado. *Ó ṣe kọrọdọ* – Ele parece curvado.

KÒRÒGÚN, *s.* Canto, lugar, recanto.

KỌ́RỌKÒRỌ, **KỌ́LỌKÒLỌ**, *adj.* Curvo, arqueado.

KỌRỌYIN, *adv.* De forma torcida, sinuosa. *Ó tẹ kọrọyin* – Ela dobrou de forma atravessada.

KỌ́RÙN, *v.* Usar algo no ombro. *Ó gbé aṣọ kọ́rùn* – Ele colocou o tecido em cima do ombro. < *kọ́* + *ọrùn*.

KỌṢÁÁJÚ, **KỌṢÍWÁJÚ**, *v.* Escrever alguma coisa com antecedência.

KỌ́ṢE, *v.* Fazer primeiro. *Ohun tí mo kọ́ṣe* – Algo que eu fiz primeiro, meu primeiro ato.

KỌ́ṢÈ, *v.* Impedir, obstruir. *Ó kọ́ mi lẹ́sẹ̀ lọ* – Ele me impediu de ir. < *kọ́* + *ẹsẹ̀*.

KỌṢÈ, *v.* Tropeçar, dar uma pancada com o pé. *Mo kọṣè* – Eu dei uma pancada com o pé em alguma coisa; *Mo fi ẹsẹ̀ kọ òkúta* – Eu bati com o pé numa pedra.

KỌṢÈBÁ, *v.* Encontrar por acaso, encontrar acidentalmente.

KỌ́ṢÈ̀ẸTÌ, *s.* Sutiã.

KÒSÍLẸ̀, *v.* Divorciar, desertar, abandonar. *Ó kò mí sílẹ̀* – Ela me abandonou; *Ìdílé mi kò mí sílẹ̀* – Minha família me rejeita.

KỌSÍLẸ̀, *v.* Subscrever. *Ó kọ ọ́ sílẹ̀* – Ele escreveu isto abaixo; *Ọ̀rọ̀ yìí jẹ́ kíkọ sílẹ̀* – Esta declaração é por escrito.

KỌ́SÓRÍ, *v.* Memorizar, lembrar. *Mo níláti kọ́ àwọn gbólóhun ọ̀rọ̀ yìí sórí fún òla* – Eu tenho que decorar estas frases para amanhã.

KỌṢẸ̀, *v.* Ser um aprendiz em qualquer situação.

KỌ́TÀ, *v.* Vender primeiro. *Ìwé mi ni mo kọ́tà* – Foi o meu livro que eu vendi primeiro. *V. tà.*

KÒÒTÀ, **KÒTÀKÒTÀ**, *adj.* Projetado, para fora. *Ídọ́ rẹ̀ kòòtà* – Ela tem um clitóris protraído.

KỌ́TÁN, *v.* Ler completamente. *Ó kọ́ iwé tán* – Ele leu o livro completamente.

KỌTÌ, **TÌLỌ**, *adv.* Pesadamente, relutantemente, tristemente.

KỌTÌ, PATÌ, *v.* Colocar de lado. Ó kọ̀ ọ́ tì – Ele o colocou de lado.

KÓỌTÙ, *s.* Tribunal, corte.

KÓWÁ, *v.* Vir primeiro.

KỌ̀WÉ, *v.* Escrever um livro, uma carta, ser um autor. Mo kọ̀wé sí bàbá mi – Eu escrevi uma carta para o meu pai. < kọ + ìwé.

KÓWÉ, *v.* Ser estudioso. < kọ́ + ìwé.

KÓWẸ̀, *v.* Tomar banho primeiro. Òun lọ kọ́wẹ̀ – Ele foi o primeiro a tomar banho.

KỌ̀YÀ, *v.* Oferecer resistência. Ó fi ìbọn kọ̀yà – Ele usou um revólver e se defendeu.

KÓYÀN, *v.* Apostar. Ó bá mi kọ́yàn – Ele apostou comigo.

KÓYÍKÁ, *v.* Construir em volta de. Ó kọ́ ọ̀pọ̀ ilé yí ilé mi ká – Ele construiu muitas casas ao redor da minha.

KU, *v.* Peneirar. Ó ti ku ìyẹ̀fun yìí – Ela já peneirou esta farinha.

KU, *adv.* Inesperadamente, repentinamente. Ó kàn mí ku – Ele me atingiu inesperadamente.

KU, *adj.* Tolo, embotado.

KÚ, *part.* Usada entre duas palavras repetidas para dar sentido de mau significado. Ìsọ – conversa, ìsọkúsọ – conversa inútil; ìwà – caráter, ìwàkúwà – mau-caráter.

KÚ, *v.* **1.** Morrer, estar inativo, ser impotente. O kú fún mi – Você morreu para mim; Bàbá àgbà ti kú – Meu avô morreu; Ó kúra – Ele é sexualmente impotente. > ìkúra – impotência. **2.** Quando usado em frases que denotam cumprimento, estende-se a um desejo de tudo de bom naquela oportunidade. Nesse caso, a palavra kú seria a contração de kí i. Obs.: Ẹ kú alẹ́ = ẹ káalẹ́ – boa-noite; Ẹ kú àbọ̀ = Ẹ káàbọ̀ – Seja bem-vindo; ẹ kú ọ̀sán = ẹ káàsán – boa-tarde; Ẹ kú orí're – Congratulações pela sua boa sorte; Ẹ kú ìyẹ̀dún – Congratulações pelo seu aniversário. Òo... é a resposta a todos os cumprimentos. **3.** Faltar. Agogo márùn kú ìsẹ́jú márùn – Faltam cinco minutos para as 17h. **4.** Equivaler, significar. Ó kú sí mẹ́ta – Ele equivale a três.

KÙ, *v.* **1.** Sobrar, restar. Ó gé e kù – Ele cortou e sobrou. **2.** Permanecer, sobreviver. Ọ̀kan sòósòó ló kù – Somente um sobreviveu; Tani ó kù lẹ́hìn? – Quem permaneceu atrás? **3.** Apressar-se. *Ó kù sílé* – Ele foi apressado para casa. **4.** Soprar. *Erukú kù jáde* – A poeira soprou para fora. **5.** Usado em composição de palavras, significa errar, falhar, fracassar. *Ó bákù* – Ele fracassou; *Ó kùnà* – Ele é malsucedido.

KÚ ÀBỌ̀, KÁÀBỌ̀, *adj.* Bem-vindo. V. *kú.*

KÙÀKÙÀ, *adv.* Rapidamente. *Ó gbẹ́ kùàkùà* – Ele cavou rapidamente.

KÙBÚSÙ, *s.* Cobertor, tapete.

KUDÚ, *s.* Esconderijo, local escuro.

KÚDÙRÚ, *s.* Comida feita de feijão-fradinho moído. = *èkuru.*

KÚÉKÚÉ, KÚRÉKÚRÉ, *adv.* Calmamente. *Ó ti kúékúé* – Ela arranhou calmamente.

KÙ GÌRÌ, *v.* Apressar-se, acelerar. *Kù gìrì lọ síbẹ̀* – Se apresse e vá para lá.

KÙGBÙÙ, *v.* Atrever-se, ser arrojado, impetuoso. *Ó kùgbùù* – Ele é atrevido.

KÙGBURU, *adv.* Impensadamente, descuidadamente, cambaleante.

KÙJỌ́KÙJỌ, KÚJỌ́KÚJỌ́, *adj.* Caduco, gasto. *Ó di arúgbó* – Ele é velho e decrépito; *adv.* Titubeantemente, arrastadamente. *Ó nrìn kùjọ́kùjọ́* – Ele está andando titubeantemente.

KÚJÚ, *adj.* **1.** Cego, rombudo. *Ọ̀bẹ yìí kújú* – Esta faca está cega. **2.** Tonto, lento, entorpecido (usado para pessoas). *Ó rí kújú* – Ele parece estar tonto.

KÙJU, *adv.* Intensamente. *Ó dúdú kùju* – A noite está intensamente escura.

KÚKÚ, *v.* Preferir. *Kàkà ng jalè, èmi yíò kúkú d'ẹrú* – Em vez de roubar, eu preferirei tornar-me um escravo.

KÚKÚ, *adv.* Realmente, de fato, preferivelmente, até certo ponto. *Èmi lè kúkú bá wọ́n lọ* – Eu posso ou eu devo preferivelmente ir com eles; *Kò kúkú rí i láná* – Ele, de fato, não o viu ontem.

KÚKÙ, *s.* Mestre-cuca (do inglês *cook*).

KÚKUU, KÙRÚKÙRÚ, *s.* Neblina.

KÙÙKÙ, *s.* Espiga de milho em grão.

KÚKÚMỌ́, *adj.* Dificuldade, problema. *Ọlọ́run dá a ní kúkúmọ́* – Possa Deus aliviar este problema.

KÚKUMỌ́, *s.* Tipo de colete de homem.

KÚKÚNDÙNKÚN, ỌDỌKÚN, *s.* Batata-doce.

KÙKÙTÉ, s. Tronco, parte de alguma coisa, toco.

KÚLẸ̀KÚLẸ̀, s. Raiz, origem, causa. *Sọ kúlẹ̀kúlẹ̀ rẹ̀ fún mi* – Fale da origem dele para mim.

KÚLỌ, obs.: *Ó nkúlọ fún ebi* – Ele está morrendo de fome.

KÚLÚ-KÚLÚ, obs.: *Ọwọ́ mi nsọ kúlú-kúlú* – Eu tenho um tremor nas mãos, minha mão está tremendo.

KÚLÚSỌ, s. Toupeira, formiga-leão.

KÙMỌ̀, s. Bastão, clava. *Ó fọ mi kùmọ̀ lórí* – Ele bateu na minha cabeça com um bastão.

KÚMỌ́, v. Ajustar-se. *Wọ́n kúmọ ara wọn rẹ́mú* – Eles se ajustaram um ao outro exatamente.

KUN, v. 1. Cortar um animal em partes após o esfolamento, esquartejar. *Ó kun eranko* – Ele cortou o animal em pedaços. 2. Incendiar. *Wọ́n ti kun pápá* – Eles têm queimado a grama. V. *kùn*. 3. Unir. *Tani yíò kún wa lọ́wọ́?* – Quem nos unirá (*lit.* quem unirá, juntará nossas mãos)? 4. Cortar o mato.

KÚN, v. 1. Encher, estar cheio. *Ó kún bámúbámú* – Está cheio demais; *Ó kún ikòkò náà* – Ela encheu o pote; *Ayọ kún mi lọ́kàn* – Meu coração se enche de alegria. > *ìkún* – inchação, aumento; *bùkún* – aumentar, dar crescimento. 2. Fartar-se de comer, satisfazer.

KÙN, v. 1. Cantarolar, resmungar, murmurar, lamentar. *Ó kun orin* – Ele cantarolou; *Kíni o nkùn sí?* – O que você está resmungando?. > *ìkùn* – murmúrio, rumor. 2. Zunir, zumbir. *Inú mi nkùn* – Meu estômago está roncando. 3. Friccionar óleo ou outra substância no corpo. *Bá mi kun epo ara mi* – Ajude-me a passar óleo no meu corpo. 4. Pintar, polir. *Ó fi àwọ funfun kùn ògiri* – Ele pintou a parede de cor branca; *Wọ́n kò kùn ilé yìí dáradára* – Eles não pintaram bem esta casa; *Ó kun orí mi lósùn* – Ele pintou minha cabeça de vermelho. 5. Incendiar, pôr fogo. *Ó kun igbẹ́* – Ele pôs fogo no mato.

KÙNÀ, v. Fracassar, perder. *Ó kùnà* – Ele fracassou, foi malsucedido.

KÚN-ÀKÚNYA, v. Estar cheio a ponto de transbordar.

KÚNDÙN, v. Gostar de algo. *Mo kúdùn rẹ̀* – Eu estou apaixonado por ela. < *kún* + *adùn*.

KÙNDÚN-KÙNDÚN, *adv.* Obstinadamente, teimosamente, ser cabeçudo. Ó di kùndún-kùndún mọ́lẹ̀ – Ele obstinadamente se sentou.

KÙNGẸ́-KÙNGẸ́, **KÀNGẸ́-KÀNGẸ́**, *adj.* Débil, frouxo, fraco. Ó di kàngẹ́-kàngẹ́ – Ele tornou-se débil.

KÙNGBÉ, *v.* Incendiar, pôr fogo no mato.

KÙNGBÍN, *adv.* Gravemente, intensamente. Ojú rẹ̀ wú kùgbín – O olho está gravemente inchado.

KÙNHÌHÌ, **KÙRÌRÌ**, *v.* Retumbar, soar como o estrondo de um trovão.

KÙNÍ, *v.* Vir a ser, tornar-se. Ó kùní bàbá fún mi – Ele se tornou um pai para mim.

KUN-KUN, *adj.* Teimoso, obstinado, insistente. Ó lórí kun-kun – Ele é teimoso. V. kùndún-kùndún.

KUNLÉ, *v.* Pintar uma casa. < kùn + ilé.

KÚNLẸ̀, *v.* Ajoelhar. Ó kúnlẹ̀ – Ela se ajoelhou. < kún + ilẹ̀.

KÚNLẸ̀, *v.* Ser predominante, ilimitado. Iṣẹ́ kúnlẹ̀ – Trabalho nunca falta; Gbèse rẹ̀ kúnlẹ̀ jàánrẹrẹ – As dívidas dele são ilimitadas. < kún + ilẹ̀.

KÚNLẸ̀, *v.* Encher de terra. < kún + ilẹ̀.

KÙNLÓJÚ, *v.* Apreciar. Ó kùn mí.

KÙNLÓÒRUN, *v.* Embalar, acalentar. Iṣẹ́ yìí kùn mí lóorun – Este trabalho me deu sono.

KÙNLÓSÙN, *v.* Pintar de vermelho, friccionar.

KÙNLỌ́DÀ, *v.* Pichar.

KÙNLỌ́KÀN, *v.* Ter alguém no coração, estar obsecado por. Ayọ̀ kùn mí lọ́kàn – A alegria transborda em meu coração.

KÙNLỌ́ṢẸ, *v.* Esfregar com sabão, embalsamar.

KÚNLỌ́WỌ́, *v.* Ajudar, assistir. Ó kún mi lọ́wọ́ – Ela me ajudou.

KÚNNÁ, *adj.* Macio. Ìyèfun yìí kúná – Esta farinha é extremamente fina; Ara rẹ̀ kúná – O corpo dela é macio.

KUNRIN, **KỌRIN**, *v.* Cantar uma cantiga.

KÙNRÙNGBÙN, *s.* Malícia, inveja.

KÚNU, *v.* Ser hesitante para pedir um favor. Ó kúnu – Ele está hesitante.

KÙNÚKÚÓDE, *s.* Ruptura de hérnia.

KÚNNÁ, *v.* Ser macio, ser agradável. *Iyán yìí kúná* – Este inhame está macio.

KÚ Ọ̀SÁN, **KÁÀSÁN**, *s.* Boa-tarde. *V. kú.*

KÚRA, *v.* Ser impotente sexualmente. *Ó kúra* – Ele é sexualmente impotente. = *kóbó.*

KUREGBÈKUREGBÉ, *adj.* Completamente acabado, esquecido.

KÚRÉKÙRÉ, **KÚÉKÙÉ**, *s.* Fada, gnomo.

KÙRẸ̀, *v.* Acostumar, ter o costume.

KÚRẸ̀, *adj.* Estúpido, grosseiro.

KÚRÒ, *v.* Afastar-se, mover-se para, distanciar-se. *Obs.:* A forma *ní* é normalmente usada após verbos que denotam mudança de uma posição. *Ojú mi kò kúrò ní ara rẹ̀* – Meus olhos não se afastaram dela; *Ó sá kúrò ní ọwọ́ mi* – Ele escapou de mim; *Ìwọ, kúrò níbẹ̀* – Você, vá para lá; *Ó kúrò nílú náà* – Ele se moveu para longe daquela cidade; *Ó kúrò lọ́dọ̀ mi* – Ele se moveu para junto de mim; *adv.* Distante, longínquo.

KÚÙRỌ̀LẸ́, *s.* Boa-noite. Cumprimento entre o horário de 16h às 19h. *V. kú.*

KURU, *adj.* Abortivo.

KÚRÚ, *adj.* Baixo, curto, pequeno. *Ọkùnrin yìí kúrú jù gbogbo wọ́n lọ* – Aquele homem é o mais baixo de todos eles.

KÙÙRÚ, *s.* Cavalo de pequena estatura, pônei.

KURUBUTU, *adj.* Curto e redondo. *Ó rí kurubutu* – Ele aparenta ser curto e redondo.

KÙRÙKÚRÙ, *s.* Película do milho.

KURUMỌ́, *s.* Tripulação de navio.

KÚRÚNÀ, *s.* Coceira.

KÚRÙPÁ, *s.* Uma infecção cutânea.

KUSA, *v.* Ameaçar. *Ó kusa sí mi* – Ele fez ameaças a mim.

KÙSÀKÙSÀ, *adv.* Fortemente. *Ó họ kùsàkùsà* – Ele arranhou fortemente.

KÙSÁTÀ, *v.* Ser próximo ao tempo.

KÚSẸ́KÚSẸ́, *adv.* Superficialmente. *Ó wà kúsẹ́kúsẹ́* – Ele cavou superficialmente.

KÚSÍ, *v.* Significar, ser.

KÙTÀ, *v.* Ser impraticável para venda, ser uma droga no mercado. *Ó kùtà* – Ele é invendável. < *kù + ìtà.*

KÚTÀ, s. Um tipo de peixe.

KÚTÁKÙTÀKUTA, s. Esforço convulsivo.

KÙTÙKÙTÙ, adj. Cedo pela manhã. Ó dé ní kùtùkùtù – Ele chegou cedo pela manhã (aproximadamente 6h). V. òwúrọ̀.

KUTUPU, s. Barulho, tumulto.

KÚTÙPÚ, s. Tipo de roupa nativa para mulheres.

KÚÙRỌLẸ́, s. Boa-noite.

KÚYÈ, adj. Esquecido. Ó kúyè púpọ̀ – Ele é muito esquecido.

L, *pref.* Forma modificada da palavra *ni* ou *ní* quando seguida de palavra iniciada por vogal diferente de *i*: *kíni èyí?* = *kílèyí?* – O que é isto?; *ní ọrùn* = *lọ́rùn* – no pescoço; *ní àpò* = *lápò* – no bolso; *ní owó* = *lówó* – ter dinheiro. V. *li*.

LÁ, *v.* 1. Lamber, sorver. *Ó lá oyin* – Ele lambeu o mel. 2. Sonhar. *Ó máa lá púpọ̀* – Ela costuma sonhar muito. 3. Absolver.

LÀ, *v.* 1. Rachar, fender, quebrar. *Abo náà là sí méjì* – O prato se partiu em dois. > *èlà* – fragmento. 2. Separar, dividir, partir, abrir no sentido de separar. *Ó la ẹnu* – Ele ficou surpreso (*lit.* ele abriu a boca); *Ó là mí lójú* – Ele abriu meus olhos; *Ó la obì* – Ele partiu (abriu) a noz-de-cola. 3. Salvar. *Oògùn là mí* – O remédio me salvou. V. *gbàlà*. 4. Escapar, fugir, escorrer qualquer substância. *Ó la ewu* – Ele escapou do perigo; *Omi là páapáa sí mi lara* – A água escorreu pelo meu corpo. 5. Enriquecer, tornar-se rico. *Eléyìí kò lè lá á* – Isto não pode enriquecê-lo. > *olà* – fortuna, riqueza. 6. O nascer do sol ou da lua. *Oòrùn là* – O sol nasceu. 5. Escapar, fugir.

LÀBÀ, *s.* Mochila, bolsa.

LABALÁBÁ, *s.* Borboleta. *Àwa rí labalábá náà nfò* – Eu vi a borboleta voando.

LÁBÁLÉ, **LÁBALE-LÁBALE**, *adv.* Repetidamente, sucessivamente, um depois do outro.

LÀBÁRÌ, **LÀBÁRÈ**, *s.* Notícias (do hauçá *alhabari*).

LABÀTÀ-ẸSẸ̀, *v.* Partir o casco.

LÁBÀWỌ́N, LÁBUKU – LÁFO

LÁBÀWỌ́N, LÁBUKU, adj. Estragado, manchado, defeituoso, poluído.

LÁBẸ́, prep. Sob, embaixo de. Ẹ wo ìwé mi lábẹ́ tábílì – Olhe o livro embaixo da mesa; Ó ngbé ní abẹ́ afárá – Ele está morando embaixo da ponte. = ní abẹ́.

LÁBẸ̀, v. Tomar, sorver a sopa. Ó lábẹ̀ – Ele tomou a sopa. < lá + ọbẹ̀.

LABẸ́LABẸ́, s. Um tipo de planta.

LÁBẸ́LẸ̀, adv. Secretamente.

LÁBORÍ, adv. Acima de tudo. Ó wà lábori gbogbo wọn – Ele está acima de todos eles.

LÀBÚ, v. Amadurecer, ganhar maturidade. Ó làbú – Ele se tornou adulto. < là + ìbú.

LÁBÚ, LÁRÚ, s. Mistura de cinzas para fixar tintura.

LÀDÁNÌ, s. Muezim, aquele que convoca os muçulmanos para a mesquita.

LÀDÍ, v. Explicar, esclarecer, expor. Ó làdí ọ̀rọ̀ náà – Ele esclareceu a matéria.

LÁDÌRÒ, ALÁDÌRÒ, s. Um tipo de pote perfurado para escorrer qualquer líquido dentro de outro pote menor.

LÁDÒFO, s. Vaidade.

LÁDUGBÓ, s. Um tipo de pote, de vasilha.

LÁDÙN, v. Ser doce, ter um gosto agradável; adj. Doce, saboroso. Ó ládùn – Ela é doce.

LÁDUURU, s. Grande quantidade. Láduuru gbogbo òun tó ṣe fún ọ, o tún nbú u – A grande quantidade de coisas que ele fez para você, apesar de tudo, você o insultou de novo.

LÁÉLÁÉ, LÁYÉLÁYÉ, adv. Sempre, há muito tempo, eternamente. Ẹ kú láéláé! – Há quanto tempo não o vejo! (uma forma de saudação). Usado negativamente tem o sentido de nunca. Kò níí wá síbí láéláé– Ele não virá aqui nunca. V. láíláí.

LÁÈRẸ̀, adj. Cansativo. Iṣẹ́ yìí láèrẹ̀ – Este trabalho é desgastante.

LÁFẸ́Ẹ́FẸ́, adj. Airoso, espaçoso, amplo.

LÁFẸTÁN, adv. Amado ao extremo.

LÁFO, adj. Largo, penetrável.

LÁFOJÚDI, *adj.* Insolente, atrevido, impertinente. *Ó láfojúdi* – Ele é impertinente.

LÁFÚN, *s.* Farinha de mandioca.

LÁGÁ, *adv.* Facilmente. *Ó tọ lágá* – Ele saltou facilmente.

LÁGÀBAGEBÈ, *adj.* Hipócrita, impostor.

LÁGÀNMỌ́, *s.* Uma pessoa preguiçosa, indolente.

LÁGARÁ, *adj.* Exasperado. *Ó dá mi lágará* – Ele me fez sentir exasperado.

LAGI, *v.* Cortar, rachar lenha para fazer fogo. < *là* + *igi*.

LAGÍDÍ, *adj.* Teimoso, obstinado.

LÁGÍDÍGBA, *s.* Um colar de contas feito da casca da noz da palmeira, ou de chifres de búfalo, usado pelas mulheres. Representa o símbolo da feminilidade entre o povo *yorubá*.

LAGILAGI, ALAGI, *s.* Lenhador, serrador.

LAGOGO, *s.* Tocar campainha ou sino. *Ó lagogo* – Ele tocou o sino. < *lù* + *agogo*.

LÀÁGÙN, *v.* Transpirar. *Ó nlàágùn* – Ele está transpirando. < *là* + *òógùn*.

LÁGBA, *s.* Tipo de comida feita de milho.

LAGBÀ, ÌLAGBÀ, *s.* Açoite do cavalo, chicote.

LÁGBÀDUBÚ, *adv.* Transversalmente, diametralmente.

LÁGBÁJÁ, *s.* Fulano de tal, aquela pessoa. Usado para evitar citar o nome de uma pessoa. *Lágbájá sọ fún mi pé Òjó kò sí nkankan* – Certa pessoa disse para mim que Ojô não está com nada.

LÀGBÀLÀGBÀ, *adj.* Retorcido, enrodilhado. *Ejò yìí nṣe làgbàlàgbà* – Esta cobra está retorcida.

LÁGBÁRA, *v.* Ter força, firmeza, poder. *Ó lágbára lórí wa* – Ele tem poder sobre nós; *Gbogbo ènìà lágbára, sùgbọ́n Ọlọ́run lágbára jù* – Tudo é força, mas só Deus é poder (*lit.* todas as pessoas têm força, mas só Deus tem o poder).

LÁGBEDEMÉJÌ, *prep.* Entre, no centro de. *Ilé mi wà lágbede méjì ọjà àti ilé rẹ̀* – Minha casa está situada entre o mercado e a casa dela. *Ó dúró ságbede méjì wọn* – Ele se levantou entre eles. *V. ààrin.*

LÁGBÈGBÈ, *adv.* Nas proximidades, por perto. *Ibòmíràn lágbègbé ibẹ́* – Em outra parte próxima de lá.

LAHÙN – LÁÌDÙNMỌ́

LAHÙN, v. Começar a falar. Ọmọ mi nlahùn – Minha criança está começando a falar. < là + ohùn.

LÁHUN, ṢAHUN, adj. Ser miserável, avarento, sovina. Ó láhun – Ele é mão-fechada, sovina.

LÁÌ, prep. Sem, não. Usado como prefixo negativo de palavras. Ó wà láìsùn – Ele está sem dormir; Má lọ láìrí mí – Não vá sem me ver; tójú – cuidar, tomar conta; láìtójú – abandonado; mọ́ – ser limpo; láìmọ́ – impuro. V. àì, láìsí.

LÁÍ, LÁÍLÁÍ, adv. Para sempre, há muito tempo, eternamente. Ó jáde lọ láíláí – Ela foi embora para sempre. V. láéláé.

LÁÌÀWỌ̀, adj. Incolor, sem cor.

LÁÌBÁ, adj. Que não foi encontrado.

LÁÌBÀJẸ́, adj. Incorrupto, inviolado, não apodrecido.

LÁÌBÀLẸ́RU, adj. Destemido, intrépido.

LÁÌBÁLỌ, adj. Desacompanhado, sem ir junto.

LÁÌBẸ̀RÙ, adj. Destemido, sem ter medo.

LÁÌBÍ, adj. Sem ser gerado.

LÁÌBÌKÍTÀ, adj. Descuidado, desatinado.

LÁÌBÒ, adj. Aberto, descoberto.

LÁÌBỌ́, adj. Sem alimentação.

LÁÌBÙ, adj. Inteiro, íntegro.

LÁÌBÙKÙ, adj. Não diminuído, inteiro.

LÁÌBÙKÚN, adj. Sem acrescentar.

LÁÌBUYÌNFÚN, adj. Desrespeitoso, mal-educado.

LÁÌDÁBÁ, adj. Inesperado.

LÁÌDÁJÚ, LÁÌDÁNÍLÓJÚ, adj. Duvidoso, incerto.

LÁÌDÁRA, adj. Deselegante, cafona, não ser bonito; adv. Mau.

LÁÌDÁSÍ, adv. Inexoravelmente, completamente.

LÁÌDẸ́, adj. Rude, cruel, rígido, sem ser macio.

LÁÌDẸWỌ́, adj. Sem relaxar, contraído.

LÁÌDÍBÀJẸ́, adj. Incorruptível.

LÁÌDÍYELÉ, adj. Sem preço.

LÁÌDỌ́GBA, adj. Desigual, irregular, anormal.

LÁÌDÙN, adj. Desagradável, sem gosto, intragável.

LÁÌDÙNMỌ́, adj. Aborrecido, sem agradar, pesaroso.

LÁÌDURA, *adv.* Facilmente, sem fazer esforço.
LÁÌDÚRÓ, *adj.* Persistente, contínuo, incessante.
LÁÌFÀGÙN, LÁÌFÀGÙNLỌTÍTÍ, *adj.* Brevemente, logo. Èmi yíò ṣe orò òrìṣà láìfàgùnlọtítí – Eu farei minha obrigação brevemente. = láìfàgùnmọ́.
LÁÌFAGBÁRAṢE, *adj.* Sem força ou compulsão, naturalmente.
LÁÌFÀLỌPẸ̀TÍTÍ, *adv.* Brevemente, logo.
LÁÌFARABALẸ̀, *adv.* Atrevidamente, irrefletidamente.
LÁÌFARAMỌ́RA, *adj.* Incoerente.
LÁÌFÁRÍ, *adj.* Sem raspar a cabeça. Ó ṣorò òrìṣà láìfárí – Ele fez o ritual sem raspar a cabeça.
LÁÌFẸ́, *adj.* Indesejado, desagradável, repugnante.
LÁÌFÍ, *s.* Incivilidade, desrespeito.
LÁÌFÍFALẸ̀, *adv.* Prontamente, rapidamente.
LÁÌFÌFẸ́ṢE, *adv.* Relutantemente.
LÁÌFOJÚSÍ, *adv.* Apaticamente, indiferentemente.
LÁÌFÒYA, *adv.* Audaciosamente, sem medo.
LÁÌGÚNGẸ̀GẸ̀, *adj.* Desigual.
LÁÌGBÀ, *adj.* Inaceitável.
LÁÌGBẸ̀BẸ̀, *adj.* Inexorável, não ser suplicado.
LÁÌGBẸ́KẸ̀LÉ, *adj.* Desconfiado.
LÁÌGBẸ̀SAN, *adj.* Não vingado, sem desforra.
LÁÌGBỌ́N, *adj.* Imprudente, sem inteligência.
LÁÌGBỌ́NRAN, *adj.* Desobediente.
LÁÌKÀ, *adv.* Sem conta.
LÁÌKÁNJÚ, *adv.* Sem pressa.
LÁÌKỌLÀ, *adj.* Sem ser circuncidado.
LÁÌKỌ́WÉ, *adj.* Iletrado, sem estudo.
LÁÌKÚ, *adj.* Imortal.
LÁÌKÙ, *adj.* Sem restos, sem sobras.
LÁÌKÚN, *adj.* Vago, não cheio.
LÁÌKÙN, *adv.* Discretamente.
LÁÌLÀ, *adv.* Inseparavelmente.

LÁÌLÁBÀWỌ́N, *adj.* Imaculado, sem defeito.
LÁÌLÁBÙKÙ, *adj.* Sem marcas, incólume.
LÁÌLÁBÙLÀ, *adj.* Não diluído, puro.
LÁÌLÀDÍ, *adj.* Inexplicado.
LÁÌLÁGBÁRA, *adj.* Fraco, sem forças.
LÁÍLÁÍ, LÁÉLÁÉ, LÁÍ, *adv.* Para sempre, há muito tempo, eternamente.
Ó jáde lọ láíláí – Ela foi embora para sempre. V. láéláé.
LÁÌLÁKÓSO, *adj.* Sem controle, ingovernável.
LÁÌLAÀLÀ, *adj.* Ilimitado.
LÁÌLÁÀNÚ, *adj.* Ingrato, sem compaixão.
LÁÌLÁPÀ, *adj.* Sem braço, sem manga.
LÁÌLÁRÉKÉREKÉ, *adj.* Simples, sem sofisticação.
LÁÌLÁṢẸ, *adj.* Sem autoridade, sem força.
LÁÌLÁṢỌ, *adj.* Sem roupa, despido.
LÁÌLÈDÁLÓHÙN, *adj.* Inquestionável, conclusivo.
LÁÌLÈDÍBÀJẸ́, *adj.* Incorruptível.
LÁÌLÈDÍYELÉ, *adj.* Inestimável.
LÁÌLÉGUNGUN, *adj.* Sem ossos, mole.
LÁÌLÈGBÈ, *adj.* Injustificável, insuportável.
LÁÌLÉHÍN, LÁÌLÉYÍN, *adj.* Sem dentes.
LÁÌLÈKAYE, *adj.* Inumerável, sem conta.
LÁÌLÈKÍYÈSÍ, *adj.* Sem observação, imperceptível.
LÁÌLÈKỌJÁ, *adj.* Impenetrável, inacessível.
LÁÌLÈLÀNNÍJÁ, *adj.* Sem conciliação, irreconciliável.
LÁÌLÈLUJÁ, *adj.* Imperfurável.
LÁÌLEMỌ, *adj.* Incompreensível.
LÁÌLÈPÀÀLÀ, *adj.* Sem limites, sem fronteiras.
LÁÌLÈPÀPADÀ, *adj.* Sem alteração, irrevogável.
LÁÌLÈPARẸ́, *adj.* Sem destruir, sem apagar, inesquecível.
LÁÌLERA, *adj.* Sem saúde, fraco, impotente.
LÁÌLÉRÈ, *adj.* Inaproveitável.
LÁÌLÉÈRÍ, *adj.* Sem recheio, puro.

LÁÌLÈRÍBẸ̀Ẹ̀, adj. Improvável.
LÁÌLÉRÒ, adj. Inconcebível, sem imaginação.
LÁÌLÉSO, adj. Infrutífero, sem resultado.
LÁÌLÈṢE, adj. Sem poder de fazer, incompetente, incapaz.
LÁÌLÈSÚNMỌ́, adj. Inacessível, inatingível.
LÁÌLÈṢÁLỌ́GBẸ̀, adj. Invulnerável.
LÁÌLÈṢẸ́, adj. Invencível, imbatível.
LÁÌLÈṢÍDÍ, adj. Irremovível.
LÁÌLÈṢÍNÀ, adj. Infalível, sem abrir a guarda.
LÁÌLÉTÍ, adj. Descuidado, distraído.
LÁÌLÉWU, adj. Inofensivo, sem perigo.
LÁÌLÈYÀ, adj. Inseparável.
LÁÌLÈYÍ, adj. Imóvel.
LÁÌLÈYÌPÀ, adj. Imutável.
LÁÌLẸ́GÀN, adj. Sem culpa.
LÁÌLẸ́GBẸ̀RA, adj. Inigualável, sem igual.
LÁÌLÈÉMÍ, adj. Sem respirar, inanimado, morto. < láì + lè + èémí.
LÁÌLẸ́ṢẸ̀, adj. Inocente, sem pecado, sem culpa.
LÁÌLẸ́TÀN, adj. Sincero, inocente, sem falsidade.
LÁÌLẸ́WÙ, adj. Sem roupa, sem vestimenta.
LÁÌLÒ, adj. Sem uso comum.
LÁÌLÓFIN, adj. Sem leis, ilegal, ilícito.
LÁÌLÓHÙN, adj. Sem voz, mudo.
LÁÌLÓGO, adj. Sem glórias, infeliz.
LÁÌLÓJÚ, adj. Complicado, sem costura.
LÁÌLÓJÚTÌ, adj. Imprudente, descarado, sem-vergonha.
LÁÌLÓMI, adj. Seco, sem água. < láì + ní + omi.
LÁÌLÓPIN, adj. Sem fim, infinito, ilimitado.
LÁÌLÓRÚKỌ, adj. Sem nome, anônimo.
LÁÌLOOTỌ́, adj. Infiel, desleal, falso.
LÁÌLÓYE, **LÁÌMÒYE**, adj. Indiscreto, mal-educado.
LÁÌLÓYÈ, adj. Sem título.

LÁÌLỌ́JỌ́, adj. Sem data.

LÁÌLỌ́JỌ́LÓRÍ, adj. Menor de idade, ser mais novo.

LÁÌLỌ́MỌ, adj. Sem filhos.

LÁÌLỌ́PẸ́, adj. Sem gratidão, mal-agradecido, ingrato.

LÁÌMÌ, adj. Não abalado, firme, inflexível.

LÁÌMOORE, adj. Sem bondade, ingrato.

LÁÌMỌ́, adj. Sem limpeza, impuro.

LÁÌMỌ̀, adj. Sem intenção, por casualidade.

LÁÌMỌMÉJÌ, adj. Sem artifício, simples.

LÁÌMỌNÍWỌ̀N, adj. Sem moderação, além da medida.

LÁÌMỌ̀RÍ, adj. Inexperiente.

LÁÌMỌ́WỌ́DÚRÓ, adj. Sem alívio, incessante.

LÁÌMÚRATẸ́LẸ̀, **LÁÌMÚRASÍLẸ̀**, adj. Despreparado, desprevenido.

LÁÌMÚRAÌJÀ, adj. Desarmado, despreparado para a luta. Ó wà láìmúra ìjà – Ele está desarmado.

LÁÌNÁÀNÍ, adj. Imprudente.

LÁÌNÍ, adj. Sem ter, desprovido de. < láì + ní.

LÁÌNÍ-ÀLÀÁFÍÀ, adj. Sem ter paz, miserável, infeliz.

LÁÌNÍ-ÀPẸẸRẸ, adj. Sem forma definida, sem explicação.

LÁÌNÍÀṢẸ, adj. Sem autoridade, sem poder.

LÁÌNÍ-BÀTÀ, adj. Sem sapato, descalço.

LÁÌNÍ-BÁWÍ, adj. Sem culpa, justo.

LÁÌNÍBẸ̀RÙ, adj. Sem medo, pacífico.

LÁÌNÍBÒ, adj. Estreito, sem amplitude.

LÁÌNÍBÙGBÈ, adj. Sem residência, errante.

LÁÌNÍDÍ, adj. Sem fundamento.

LÁÌNÍFẸ́, adj. Sem amor, carente. < láì + ní + fẹ́.

LÁÌNÍFIRA, adj. Sem ser notado, esquecido.

LÁÌNÍGBẸKẸ̀LÉ, adj. Incrédulo, infiel.

LÁÌNÍKÚKUU, adj. Desanuviado, límpido.

LÁÌNÍLÁÁRÍ, adj. Sem importância, insignificante.

LÁÌNÍLÉ, adj. Sem casa, sem lar. < lá + ní + ilé.

LÁÌNÍPA, *adj*. Sem poder, sem capacidade.

LÁÌNÍPALÁRA, *adj*. Inofensivo.

LÁÌNÍPẸKUN, *adj*. Sem fim, ilimitado.

LÁÌNÍPILẸ̀, **LÁÌNÍPILẸ̀SẸ̀**, *adj*. Sem começo, sem origem.

LÁÌNÍPÒ, *adj*. Sem domicílio, inseguro, vagabundo.

LÁÌNÍRA, *adj*. Sem dificuldade, fácil.

LÁÌNÍRÈTÍ, *adj*. Sem esperança.

LÁÌNÍPẸ́, *adj*. Sem escamas. *Àwa kò jẹ́ ejá lâìnípẹ́* – Nós não comemos peixe sem escamas.

LÁÌNÍRÒ, *adj*. Sem planejamento.

LÁÌNÍRUN, *adj*. Sem cabelo, calvo.

LÁÌNÍSÀLẸ̀, *adj*. Sem base, infundado.

LÁÌNÍSẸ́, *adj*. Sem ter trabalho, desempregado.

LÁÌNÍTẸ́LỌ́RÙN, *adj*. Descontente, sem satisfação.

LÁÌNÍTÌJÚ, *adj*. Sem modéstia, atrevido.

LÁÌNÍWÀRERE, *adj*. Imoral.

LÁÌNÍWỌN, *adj*. Imensurável.

LÁÌNÍWÚKÀRA, *adj*. Sem ter fermento.

LÁÌNÍYÈ, *adj*. Sem compreensão, tolo.

LÁÌNÍYÌN, *adj*. Irreverente, desrespeitoso.

LÁÌNÍYỌ́NÚ, *adj*. Sem ter pena, ingrato.

LÁÌPA, *adj*. Sem matar.

LÁÌPARẸ́, *adj*. Sem eliminar, sem apagar, em vigor.

LÁÌPÈ, *adj*. Sem ser chamado, não convidado.

LÁÌPÉ, *adj*. Imperfeito, deficiente.

LÁÌPẸ́, *adj*. Sem atraso, sem demora, rápido, logo. *Óun ó wá lâìpẹ́* – Ele virá logo; *adv*. Recentemente.

LÁÌPÍN, *adj*. Indivisível, inseparável.

LÁÌPIN, *adj*. Sem terminar, interminável.

LÁÌPỌ́N, *adj*. Sem amadurecer, cru, prematuro.

LÁÌRÉKỌJÁ, *adj*. Sem passar por cima.

LÁÌRETÍ, *adj*. Inesperado.

LÁÌRẸ́, adj. Hostil, não ser cordial.
LÁÌRẸ̀, adj. Incansável.
LÁÌRÍ, adj. Invisível.
LÁÌRÍRAN, adj. Sem visão, sem memória.
LÁÌRÍWÍSÍ, adj. Sem censura, irrefutável, conclusivo.
LÁÌRONÚ, adj. Sem pensar, sem refletir.
LÁÌRÒTẸ́LẸ̀, adj. Sem precaução, inesperado.
LÁÌRỌRÙN, adj. Inconfortável, inconveniente.
LÁISANWÓ, adj. Sem pagar. A wọlé láìsanwó – Nós entramos sem pagar.
LÁÌSÍ, adj. Inexistente, nulo, sem. Ayé kan láìsí ìwà-ìbàjẹ́ há jẹ àlá tí kò lè sẹ̀ bí? – Um mundo sem corrupção é um sonho possível de acontecer?; Mo lè rìn láìsí àárẹ̀ – Eu posso caminhar sem me cansar; aláìsí – aquele que não existe.
LÁÌSÌAN, adj. Desagradável, injusto, feio.
LÁÌSÍÀNÍANÍ, adj. Sem dúvida. Láìsìànìànì àwa yíò lọ sílé – Sem dúvida, nós iremos para casa.
LÁÌSÍLÓJÚỌ̀NÀ, adj. Fora de propósito, absurdo.
LÁÌSÍMI, adj. Sem descanso, incansável, ocupado, contínuo.
LÁÌSIN, adj. Sem companhia, que anda sozinho.
LÁÌSÍṢÚGÀ, adj. Sem açúcar. Ó mu ẹ̀kọ láìsíṣùgà – Ela tomou mingau sem açúcar.
LÁÌSỌ, adj. Sem falar.
LÁÌSỌLỌ́RỌ̀, adj. Sem dizer palavras, indizível.
LÁÌSÙN, adj. Sem dormir, alerta.
LÁÌṢÀKÓKÒ, adv. Prematuramente.
LÁÌṢÀPẸẸRẸ, adj. Sem dar sinal, sem vestígios.
LÁÌṢÀÁRE, adj. Sem se cansar, infatigável.
LÁÌṢÀRÍYÁ, adj. Sem alegria, sem festividade.
LÁÌṢE, adj. Sem fazer, inacabado. Wọ́n fi iṣẹ́ sílẹ̀ láìṣe – Eles deixaram o trabalho inacabado.
LÁÌṢEBÌKAN, adv. Em nenhum lugar.
LÁÌṢEDÉ, adj. Inacessível.
LÁÌṢEDÉDÉ, adj. Sem regularidade, sem correção e consistência.
LÁÌṢÈGBÀKÚÙGBÀ, adj. Incomum, infrequente.
LÁÌṢEGBANGBA, adj. Sem abertura, sem espaço.

LÁÌṢÈGBÈ, *adv.* Imparcialmente, justamente.

LÁÌṢEGBÉ, *adj.* Insuportável.

LÁÌṢÈRÚ, *adv.* Honestamente, francamente.

LÁÌṢETÀN, *adj.* Incompleto, inacabado.

LÁÌṢETÀÀRÀ, *adj.* Indireto.

LÁÌṢETARA, *adj.* Sem zelo, sem interesse.

LÁÌṢETARA, *adj.* Sem fazer parte do corpo.

LÁÌṢEUN, *adj.* Sem gentileza, rude, grosseiro.

LÁÌṢẸ̀, *adj.* Inocente, sem maldade.

LÁÌṢẸ̀TAN, *adj.* Verdadeiramente, sinceramente.

LÁÌṢÍSÍLẸ̀, *adj.* Sem abrir.

LÁÌṢÒDODO, *adj.* Injusto, parcial.

LÁÌṢIYÈMÉJÌ, *adv.* Indubitavelmente, sem dúvidas.

LÁÌṢOJÚRERE, *adj.* Desfavorável.

LÁÌṢÒRO, *adj.* Sem dificuldade, facilmente. *Ó ṣiṣẹ́ láìṣòro* – Ele fez o serviço sem dificuldade.

LÁÌṢÒÓTỌ́, *adj.* Sem sinceridade, injusto, falso.

LÁÌṢỌ́RA, *adj.* Sem cautela, sem precaução.

LÁÌṢỌTÚN, *adj.* Sem estar novo, usado, velho.

LÁÌṢỌTÚN-LÁÌṢỌSÌ, *adj.* Imparcial.

LÁÌṢÚSÍ, *adj.* Sem prestar atenção, sem interferir, indiferente.

LÁÌTASÍLẸ̀, *adj.* Inderramável, sem entornar no chão.

LÁÌTẸ́LỌ́RÙN, *adj.* Sem satisfazer, insaciável.

LÁÌTÓ, LÁÌTÓNKAN, *adj.* Insuficiente.

LÁÌTÒRO, *adj.* Sem assento, inquieto, perturbado.

LÁÌTỌ́, *adj.* Infiel, injusto, inconveniente.

LÁÌTỌ́JÚ, *adj.* Sem cuidar, abandonado, largado.

LÁÌTÙMỌ́, *adj.* Sem tradução, sem significado. *Ọ̀rọ̀ yìí láìtùmọ́* – Esta palavra não tem tradução.

LÁÌWÁ, *adj.* Ausente, não esperado.

LÁÌWÀPẸ́, *adj.* De existência curta.

LÁÌWÍ, *adj.* Sem dizer nada.

LÁÌWÒTÁN, adj. Malcurado, malsarado.
LÁÌWỌ̀, adj. Sem vestir, despido. Ó jáde láîwọ ẹ̀wù – Ele saiu sem camisa.
LÁÌWỌ́PỌ̀, adj. Incomum, raro.
LÁÌWÚ, adj. Sem fermento.
LÁÌYÀ, adj. Intrépido, corajoso.
LÁÌYÀ, adj. Indivisível, inseparável.
LÁÌYANJÚ, adj. Confuso, distorcido.
LÁÌYAPA, adv. Pacificamente, unicamente.
LÁÌYÁRA, adj. Lento, enfadonho, vagaroso.
LÁÌYÉ, LÁYÉ, adj. No mundo, vivo. Ó wà láyé, ó wà láyè – Ele está no mundo, ele está vivo. V. láyè.
LÁÌYẸ̀, adj. Sem dignidade.
LÁÌYẸRA, adv. Firmemente, inabalavelmente.
LÁÌYẸ̀SẸ̀, adj. Imóvel.
LÀJÀ, v. Reconciliar, pacificar. Ó là wá níjá – Ele nos reconciliou; Ó ṣe ilàjà – Ele atuou como mediador.
LÁJÉ, v. Fazer, ganhar dinheiro.
LÁJÌNBÍTI, s. Prostituta. = àgbèrè.
LÁÁJÒ, v. Ser amável, ter simpatia.
LÀJÁ, v. Atravessar. Mo la ìlú náà já – Eu passei por aquela cidade.
LAJÚ, v. Abrir os olhos de alguém, ser civilizado, ser refinado. Ó là mí lójú – Ele abriu meus olhos (lit. ele iluminou minha mente, ele me mostrou como agir).
LÀKÀKÀ, v. Lutar com todo o poder da pessoa, se esforçar com dureza. Ó làkàkà láti ṣe é – Ele se esforçou bastante para fazer isto.
LÁKÁLÁKÁ, s. Salto, pulo. Ó nṣe lákáláká – Ele está fazendo saltos.
LÁKÀRÈ, LÁKÀYÈ, s. Senso comum.
LÁKÓKÒ, adv. Pontualmente, no tempo certo. Mo lákókó kò láti ṣe é – Eu tenho um tempo determinado para fazê-lo.
LÁKỌ́PỌ̀, adv. Juntos com, ao mesmo tempo. < àkópọ̀ – uma multidão.
LÁKÓTÁN, adv. Finalmente, totalmente, conjuntamente. < kótán. Ó kó wọn tán – Ele levou tudo deles.

LÀKỌJÁ, *v.* Passar. *Ó la ọ̀nà kọjá* – Ele passou ao longo da estrada.

LÁKỌ́ṢE, *adv.* Primeiramente.

LÀKÚRÈGBÉ, **LÀKÙÈGBÉ**, *s.* Reumatismo, lumbago. *Làkúrègbé mu mi* – Eu tenho reumatismo; *Èmi kò fẹ́ kí ibà tàbí àìsàn ṣe làkúrègbé inúrírún* – Eu não quero que tenha febre ou doença, reumatismo e dor de estômago.

LALA, *s.* Tipo de saliva seca na boca de criança. *Omọ yìí fa lala sẹ́nu* – Esta criança removeu a saliva da boca.

LÁLÁ, *v.* Exercer, esforçar-se, empenhar-se. *Ó ṣe lálá* – Ele está se empenhando.

LÁLÁ, *v.* Ter um sonho, sonhar. *Ó lálá* – Ele teve um sonho, ele sonhou; *Kò lálá pé ó wà* – Ele não imaginou que pudesse existir.

LÁLÁ, **LÁÁLÁ**, *adv.* Usado negativamente, significa não estar perto. *Kò tí ìpa lálá oobi* – Ele não está perto da família; *Kò pa lálá èrò mi* – Ele não é como eu imagino.

LÁLÁ, **LÁÚLÁÚ**, *adv.* Intensamente. *Aṣọ funfun láúláú* – A roupa é intensamente branca.

LÀÀLÀ, *v.* Limitar. *Ó làÀlà* – Ele limitou as terras. < *la + àÀlà*.

LAÀLÀ, *s.* Cuidado, atenção. *Mo nkàwé laÀlà ilẹ́* – Eu estou lendo um livro com cuidado à noite.

LÁLÀBÁPÀDÉ, *adv.* Casualmente, inesperadamente.

LÁLÀFO, *prep.* Entre; *adj.* Espaçoso.

LÀLÀJÁ, **WAWAJÁ**, *v.* Correr uma distância durante um dia.

LÁLAṢÍ, *v.* Inquietar, atormentar-se, preocupar-se. *Owó yìí lálàṣí Òjó* – Este dinheiro está preocupando Ojô.

LÁLẸ́, *adv.* Noite. *Àwa lọ sílé rẹ lálẹ́* – Nós iremos para sua casa à noite. < *ní + alẹ́*.

LALẸHÙ, *v.* Abrir o chão para germinar, brotar. < *là + ilẹ̀ + hù*.

LÁLÌ, *s.* Planta cujas folhas são usadas para pintar as unhas de vermelho. *Lawsonia inermis (Lythraceae)*.

LÁÁLÍ, *v.* Abusar, insultar. *Ó láálí mi* – Ele abusou de mim. = *bú*.

LÀLỌ, *v.* Passar, atravessar um rio. *Ó la odò kọjá* – Ela atravessou o rio.

LÀLÓHÙN, *v.* Compelir alguém a dizer algo que não queira. *Ó là mí lóhùn* – Ele me aborreceu tanto que eu repliquei.

LÀLÓJÚ, *v.* Iluminar. *V. lajú.*

LÀLÓYE, *v.* Explicar, esclarecer. *Ó là mi lóye* – Ela me explicou.

LÁKỌ́KỌ́, *adv.* Primeiro, no início. *Lákọ́kọ́ kìkí ifẹ́nukonu nìkan ni* – No começo, apenas nos beijávamos. < *ní* + *àkọ́kọ́*.

LÁMÌ, *v.* Ter marca, ter sinal. *Ó lámí òrìṣà rẹ̀* – Ele tem a marca da divindade dele. < *ní* + *àmì*.

LAMÍ-LAMÍ, *s.* Lavadeira (inseto).

LÁMỌ̀, *adj.* Argiloso.

LÁMỌ̀MỌ̀ṢE, *adv.* Intencionalmente, sabidamente, premeditadamente.

LÀMỌ̀RÀN, DÁMỌ̀RÀN, LÀMỌ, *v.* Propor, sugerir.

LÁMỌRÍN, LÁGBÁJÁ, *s.* Palavra usada para evitar citar o nome de uma pessoa. *Lámọrín sọ fún mi pé kò sí nkankan* – Certa pessoa me disse que ele não está com nada.

LÁMÙRÍN, *s.* Um tipo de lagarto.

LÁMÚRÚDÙ, *s.* Nome do pai de *Odùduwà*, herói mítico *yorubá*.

LÁNÁ, *adv.* Ontem. *Ó bá mi lọ láná* – Ela foi comigo ontem; *A dédé rí yin láná* – Nós vimos vocês ontem, por acaso. < *ní* + *àná*.

LÀNÀ, *v.* Abrir um caminho, fazer uma trilha. *Ó lànà* – Ele abriu uma nova estrada. < *là* + *ọ̀nà*.

LÁNGBÉ, *s.* Milho verde cozido.

LÁNÍYÀN, *adj.* Sociável, generoso, afável.

LÀNÍOJÚ, *v.* Civilizar.

LANU, *v.* Abrir a boca. < *là* + *ẹnu*.

LÁÁNÚ, *adj.* Compadecido, piedoso, ter misericórdia. *Èyí ṣe mí láánú* – Isto me fez piedoso. < *ní* + *àánú*.

LAPA, *v.* Abrir uma trilha. *Ó lapa* – Ele abriu um novo caminho. < *là* + *ipa*.

LÁPÁ, *adv.* Do lado de, na direção de. *Ó wà lápá ọ̀tún* – Ele está do lado direito. < *ní* + *apá*.

LÁPÁ, LẸ́KA, LỌ́MỌWỌ́, *adj.* Cheio de ramos, ramificado.

LÀPÁLÀPÁ, *s.* Doença de pele.

LÀPÁ-LÀPÁ, BÒTUJẸ̀, EWÉ AYABA, *s.* Tipo de planta cujas folhas são usadas contra a disenteria e para fazer cercas-vivas. Ao mesmo tempo, produz um óleo causador de irritação na pele das crianças, o que a faz dar nome à própria doença. *Jatropha curcas*.

LÁPÁKAN, *adv*. De um lado, à parte. *Fún mi lápá kan* – Dê-me uma porção. > *apákíní* – 1ª parte (de um livro etc.).

LÁPÀTÁ, *s*. Bolo de milho frito ou assado.

LÁÁPỌN, *adj*. Trabalhador, infatigável. *Ó láápọn* – Ele é um trabalhador aplicado.

LARA, *v*. Ter ciúmes, ter inveja de. *Ó lara mi* – Ela tem ciúmes de mim, ele está interessado em mim. > *ìlara* – inveja; *onílara* – pessoa invejosa. V. *ojú kòkòrò*.

LÁRA, *adj*. Corporal, material. É usado para significar a parte concreta da pessoa ou de algo. *Gé fún mi lára ẹran yìí* – Corte para mim uma parte desta carne; *Mo fún wàrà lára màlúù náà* – Eu ordenhei aquela vaca (*lit.* eu apertei o leite do corpo daquela vaca); *Ojú mi kò kúrò lára rẹ̀* – Meus olhos não se afastam do corpo dela. < *ní* + *ara*.

LÁRA, *adj*. Forte, corpulento, gordo. *Ó lára* – Ele é robusto.

LÁRA, *prep*. Entre, no meio de, em.

LÁRÀ, *s*. Tipo de arbusto que produz o óleo de rícino. *Ricinus communis* (*Euphorbiaceae*).

LÁRE, *v*. Ter direito, ter justiça. *Ó dá mi láre* – Ele deu um veredicto a meu favor. < *ní* + *àre*.

LÀRẸ̀LÀRẸ̀, *adv*. Ocasionalmente.

LÁRÉKÉREKÉ, *adj*. Astuto, esperto.

LÁÁRẸ̀, LÁÀÁRẸ̀, *adj*. Cansativo, fadigoso. *Iṣẹ́ yìí láárẹ̀* – Este trabalho é cansativo. < *ní* + *àárẹ̀*.

LÁÁRÍ, *s*. Valor, importância. *Ó ní láárí* – Ele tem valor.

LÁÀRIN, LÁÀÀRIN, *prep*. No meio de, entre. *Òun njó láàrin òrìṣà méjì* – Ela está dançando entre duas divindades; *Àwa wà ní àárin àwọn ọ̀ré* – Nós estamos entre amigos. = *ní ààrin*.

LÁRÌNKÁ, *adj*. Um tipo de rato.

LÁRIWO, *adj*. Barulhento.

LÁRÒYÉ, *s*. Debate, discussão, controvérsia.

LÁÀRỌ̀, LÁÀÁRỌ̀, *adv*. Manhã. < *ní* + *àárọ̀*.

LÁRÓWÓTÓ, adv. Ao alcance das mãos.

LÁRÚBÁWÁ, s. Um árabe.

LÁRÚN, adj. Enfermo, doente. > *alárún* – uma pessoa doente.

LÀSÀ, LÀSÀSÀ, v. Ter liberdade de escolha. *Ó làsà rebi ìjà* – Ele optou por uma jornada de luta.

LÁSÁN, adv. Em vão, para nada. *Ó nsòrò lásán* – Ele está falando em vão; *ènìà lásán* – uma pessoa inútil.

LÁSÁLÁSÁN, adv. Inutilmente.

LÁSÈKÒ, LÁSÌKÒ, adv. Durante, no tempo de. *Lásìkò ìgbà tí ó ti nsisé* – Durante o tempo que eu estava trabalhando.

LÁSÈPA, s. Um remédio final para cura. *Ó sé àrùn yìí lásèpa* – Ele impediu esta doença com o remédio.

LÁSÌGBÒ, s. Confusão, desordem.

LÁSÌKÍ, adj. Afortunado, famoso, bem-aventurado.

LÁSÌKÒ, s. Tempo, hora, período. *Yànmùyanmu pò lásìkò yìí* – Os mosquitos são muitos neste tempo. < *ní* + *àsìkò*.

LÁSOYÉ, adv. Extremamente claro, nitidamente.

LÁSETÁN, adv. Completamente, constantemente.

LÁSE, v. Jurisdicionado.

LÁSÍRÍ, adv. Secretamente. < *àsírí* – segredo.

LÁTANLÁTAN, s. Ciática.

LÁTÀRÍ, conj. Por causa de, porque. *Látàrí ààrè mo se sùn* – Por causa do cansaço eu vou dormir. = *torí*.

LÁTÈTÈKÓSE, adv. Inicialmente, primeiramente.

LÁTÈTÈKÓWÁ, adv. Que vem primeiro.

LÁTÈHÌNNÁÀ, adv. Desde aquele tempo. < *láti* + *èhìn* + *náà*.

LÁTÈHÌNWÁ, adv. No passado, antigamente, antes. *Òun tó ti nsòrò rè látèhìnwá* – Ele estava falando dela antes.

LÀTÈERÈ, v. Partir, dividir a madeira em ripas.

LÁTI, prep. 1. De, desde. É usada depois de um verbo com sílaba dupla e se for seguida de outro verbo. Para verbo de uma sílaba, é opcional. *Èmi kò féràn* *láti jẹ níkàn* – Eu não gosto de comer sozinho; *Mo fẹ́ràn láti jẹjá* – Eu gosto de comer peixe; *Mo gbágbè láti ra aṣọ yìí* – Eu me esqueci de comprar aquela roupa; *Inú mi dùn láti wà láàrìn yín* – Estou feliz de estar entre vocês. **2.** Algumas vezes é colocada antes do verbo para expressar propósito. *Mo fẹ́ láti ṣe é* – Eu desejo fazer isto; *Ó dé láti ṣiṣẹ́* – Ele chegou do trabalho; *Ó dé lát'àná* – Ela chegou desde ontem. **3.** Em outros casos, é usada para indicar direção. *Ó dé láti ojà* – Ela chegou do mercado; *Òun wá láti ilé mi* – Ela veio da minha casa. V. *láti ibo, láti dé*.

LÁTI, prep. Para. Usada antes de verbo no infinitivo. *Ó bẹ̀ mí láti ràn án lọ́wọ́* – Ela me pediu para ajudá-lo.

LÁTI DÉ, prep. Indica de um lugar para o outro. *Mo lọ láti ilé dé oko* – Eu fui de casa para a fazenda; *Láti Èkọ́ dé Ìbàdàn* – De Ekó para Ibadam. V. *títí dé*.

LÁTI DI, prep. Indica de um período para outro. *Mo sùn láti aago kan di aago méjì lójojúmọ́* – Eu durmo de uma até duas horas, diariamente. V. *títí di*.

LÁTÌGBÀ, prep. e adv. Desde, durante, visto que, do tempo que.

LÁTÌGBÀNÁÀ, **LÁTÌGBÀNÁÀLỌ**, adv. Daí por diante, desde então. *Látìgbànáà lọ kò tún ṣe bẹ́ẹ̀ mọ́* – Desde então ele não fez mais assim de novo.

LÁTÌGBÀWO, adv. Desde quando, quanto tempo. *Látìgbàwo ni o tí o nṣiṣẹ́?* – Desde quanto tempo você está trabalhando?

LÁTÌHÍNLỌ, adv. Daqui em diante, daí para frente. *Tọ́ mi látìhínlọ* – Guie-me daqui para frente.

LÁTI IBO, prep. e adv. Donde, de onde, de que lugar. *Láti ibo ló ti nbọ̀?* – De onde ele está vindo?; *Lát'bo èmi mò ọ́?* – De onde eu o conheço?

LÁTIJỌ́, adv. Antigamente, velhos tempos.

LÁTÌSÌSÌYÍLỌ, adv. De agora em diante, daqui para frente.

LÁÚ, adv. Rapidamente, depressa. *Ó fó láú* – Ele clareou rapidamente.

LÁÚLÁÚ, adv. **1.** Irreversivelmente. *Ó rá láúláú* – Ele desapareceu irreversivelmente. **2.** Intensamente, totalmente, perfeitamente. *Aṣọ funfun láúláú* – A roupa é intensamente branca; *Ó mọ́ láúláú* – Ela está totalmente clara.

LÀWA, contr. *Èkó làwa lọ* = *Èkó ni àwa lọ* – É para Lagos que nós vamos. V. *lòun*.

LÀWÁ, v. Começar, principiar.

LÁWÀNÍ – LÈ

LÁWÀNÍ, s. Turbante do árabe (do árabe *laffani*).

LÁWẹ́LÁWẹ́, adv. Um por um, peça por peça. Ó bọ́ aṣọ láwẹ́láwé – Ela tirou a roupa peça por peça.

LÁWÌN, s. Crédito. Mo gba aṣọ yìí láwìn – Comprei esta roupa a crédito. < ní + àwìn.

LAWỌ́, v. Abrir as mãos, ser generoso. Ó lawọ́ – Ele é generoso. < là + ọwọ́.

LÁYÀ, adj. Bravo, corajoso. Ó láyà – Ele é corajoso. < ní àyà.

LÀYÉ, v. Explicar, esclarecer. Ó ti làyé mi – Ele já me esclareceu. > àlàyé – explicação, esclarecimento. V. làdí.

LÁYÈ, LÁÀYÈ, adj. Vivo. Ó wà láàyè – Ele está vivo. < ní + ààyè. > Aláàyè – O Senhor da Vida, Deus.

LÁYÈ, v. Ter uma chance, ter oportunidade, um espaço. Ó fún mi ní láyè – Ela me deu uma chance de ler o livro; adj. Espaçoso, amplo. Yàrá yìí láyè – Esta sala é espaçosa. < ní + àyè.

LÁYỌ̀, adj. Ter alegria, ter prazer. Ó láyọ̀ nínú iṣẹ́ yìí – Ele tem prazer neste trabalho.

LÁYỌ̀LÉ, adj. Confiável.

LÁYÓMBẹ́Rẹ́, s. Lagarto de pele lisa.

LE, v. 1. Ser difícil, árduo. Iṣẹ́ ọdẹ le – O trabalho do caçador é árduo. 2. Ser forte, sólido, capaz, poderoso. Ara mi le – Meu corpo é forte. > ìlera – saúde.

LÉ, v. 1. Surgir como a lua, aparecer num lugar. Òṣùpá titun lé – A lua surgiu de novo. 2. Estar em cima, empilhar (usado na composição de verbos). Ó dẹrù lé kẹ́tẹ́kẹ́tẹ́ – Ele colocou a carga sobre o jumento. 3. Seguir em frente, seguir para longe, correr atrás. Ó lé mi – Ele me seguiu, perseguiu. 4. Ser mais do que necessário, exceder. Ó lé lójó mẹ́ta – Ele excedeu três dias. 5. Procurar, caçar. Ológbò nlé eku – O gato está procurando o rato; Ó lé bàràbàrà – Ele procurou rapidamente. > ìlépa – perseguição, caçada. 6. Expelir, expulsar, mandar sair. Wọ́n ti lé akẹ́kọ̀ọ́ náà lọ – Eles expulsaram o aluno. 7. Aumentar, inchar. Owó mi lé – Meu dinheiro aumentou; Ọwọ́ mi lé – Minha mão inchou.

LÈ, v. aux. 1. Poder físico ou intelectual. Mo lè gun ẹṣin – Eu posso montar a cavalo; Èmi lè gbẹ́kẹ̀lé Olọ́run – Eu posso confiar em Deus; Ó lè ṣe – Ele pode fazer, ele é capacitado a fazer. **2.** Dever, precisar. *Òjò lè rò lóní* – Deve chover hoje.

LÉ, *prep.* Após, depois. *Ó bí lé àkóbi* – Ele nasceu depois do primogênito.

LÉBÁ, *v.* Ultrapassar. *Ó lé mi bá* – Ele me ultrapassou.

LÉBÍRÀ, *s.* Porteiro, encarregado (do inglês *labourer*). = *olùdènà, aláàárù.*

LÉFÓ, *v.* Flutuar.

LÉGUN, *v.* Colocar um exército em fuga. *Òtá wa légun wa* – Nosso inimigo nos afugentou. < *lé* + *ogun.*

LÉGUNSÓKO, *s.* Nome de uma árvore cuja folha é comestível.

LÉGBÉLÈGBÉ, *s.* Girino.

LÉJÁDE, *v.* Expulsar, ir em frente. *Ó lé mi jáde* – Ela me repeliu.

LÉKÈ, *v.* Estar em cima, ser superior.

LÉKELÉKE, *s.* Pássaro de penas brancas semelhante à garça. *Lékeléke ní iye funfun jù pépéiye lo* – A garça tem as penas mais brancas do que as do pato.

LÉKÚRÒ, *v.* Expelir, dispersar, banir. *Ó lé mi kúrò* – Ele me expulsou.

LÉLÈ, *adv.* Abaixo, sobre o chão. *Fi ìwé re lélè* – Ponha seu livro no chão.

LÉLÓRO, *v.* Incitar, instigar, estimular. *Ó lé mi lóro kí nse é* – Ele me incitou a fazer isto.

LÉLÓRÓ, *v.* Enfurecer, envenenar. *Ó lé mi lóró* – Ele me enfureceu.

LÉLO, *v.* Seguir adiante, prosseguir, perseguir. *Ó lé mi lo* – Ele me perseguiu; *Nwón lè jo lo* – Eles podem seguir juntos.

LÉLO, *v.* Expulsar, sair. *Ó lé jáde lo* – Ele mandou sair. *V. léjáde.*

LÈMI, *contr.* *Ìlú ni èmi lo* = *Ìlú lèmi lo* – É para a cidade que eu vou. < *ni* + *èmi. V. lòun.*

LEMÓ-LEMÓ, *adv.* Constantemente, frequentemente, repetidamente.

LÈMÓMÙ, *s.* O imã, sacerdote muçulmano.

LÉNÍRÉ, **LÉLÉRÉ**, *v.* Apressar, acelerar, dirigir-se. *Ó lé mi níré* = *Ó lé mi léré* – Ele se dirigiu a mim.

LÉPA, *v.* Perseguir, correr atrás de. *Wón lépa mi* – Ele correu atrás de mim. < *lé* + *ipa.*

LÉÉPÁ, *adj.* Cascudo, sarnento. < *èépá.*

LÉPADÀ, *v.* Voltar atrás. *Mo lé e padà* – Eu dirigi para trás.

LÉPÈ, *adj.* Poder de invocar maldades para uma pessoa.

LÉPOLÉPO, *s.* Nome de uma planta de flor amarela.

LERA, *adj.* Saudável, forte. > *ìlera* – saúde.

LÉRA-LÉRA, LEMÓ-LEMỌ́, *adv.* Repetidamente, frequentemente, um depois do outro. < *lé + ara*.

LÉRÈ, *adj.* Proveitoso, vantajoso.

LÉRÍ, *v.* Prometer, gabar-se. *Ó lérí fún mi pé yió rà mí lọ́wọ́* – Ele prometeu para mim que me ajudará.

LÉRÍ, LÓRÍ, *prep.* Sobre, em cima de. *Ó sùn lérí ilẹ̀* – Ele dormiu sobre o chão. < *ié + orí*.

LÉÉRÍ, *adj.* Sujeira, imundície. *Ó nmu omi lééri* – Ele está bebendo água suja.

LÉ RÒRÒ, *v.* Multiplicar, frutificar. *Egbó yìí lé ròrò* – Esta ferida aumentou.

LÉRÚGBA, *adv.* Usado para indicar os numerais acima de 200 (*lit.* mais 200). Ex: *Ẹ́ẹwàálérúgba = ẹ́ẹwàálénígba* – 10 mais 200. < *lé* – mais.

LÈṢE, *v.* Ser capaz, competente, hábil. *Ó lèṣe* – Ele é uma pessoa capaz.

LÉṢÍ, *adv.* Ano passado.

LÉṢÙ, *adj.* Possuído pela divindade Èṣù.

LÉTÀ, *v.* Repartir, organizar mercadorias para vender. *Ó lé obì tà* – Ele arrumou as nozes-de-cola para vender.

LÉTÍ, *prep.* e *adv.* Quase, próximo, à mão.

LÉTÍ, *adj.* Obediente, submisso. *Wọ́n létí* – Eles são obedientes.

LÉTÒ, LÉTÒLÉTÒ, *adv.* Ordenadamente, organizadamente, em boa ordem. *Ó wà létòlétò* – Ele está bem-ordenado; *Iṣẹ́ mi ó wà létòlétò* – Meu trabalho está em boa ordem.

LÉWỌ́, *v.* 1. Estar em cima. *Ó ngbé ọmọ titun léwọ́* – Ele carregou a criança com as mãos. 2. Apontar. *Ó léwọ́* – Ele apontou a arma. < *lé + owọ́*.

LÉWÚ, HEWÚ, *adj.* Grisalho. *Ó léwú* – Ele tem os cabelos grisalhos. < *ní + ewú = hù + ewú*.

LÉWU, *adj.* Perigoso. *Mo wu ẹ̀mí mi léwu* – Eu arrisquei a minha vida; *Ọ̀nà yìí kò léwu* – Este caminho não é perigoso; *Ó léwu* – Ele está em situação perigosa. < *nì + ewu*.

LÈYÌÍ, *v.* Ser este, ser esta. *Aya mi lèyìí = Aya mi ni èyìí* – Esta é minha esposa. *= nìyìí.*

LẸ, *adj.* Preguiçoso, indolente, difícil. *Òun ni ènìà lẹ* – Ele é uma pessoa indolente; *Ìwọ lẹ púpọ̀* – Você é muito preguiçoso.

LẸ́, *v.* **1.** Coser retalhos, coser remendos, remendar. *Olú ti lẹ́ aṣọ rẹ̀* – Olú consertou a roupa dele. **2.** Anoitecer. *Alẹ́ lẹ́ bá mi* – A noite me colheu, me pegou. **3.** Transplantar, enxertar. *Ó lẹ́ ẹ̀gẹ́* – Ele fez um enxerto de mandioca. V. *lọ́.*

LẸ̀, *v.* **1.** Juntar peças, unir, colar, fechar. *Lè é mọ́ ògiri* – Cole-o na parede; *Lè ìwé yìí mọ́* – Prenda este papel firmemente. **2.** Ser elástico, ser flexível. *Igi yìí lè* – Esta madeira é flexível.

LẸ́BÁ, *adv.* Ao lado de, perto de. *Ó wà lẹ́bá ilé mi* – Ele está perto da minha casa.

LẸ́BẸ́, *s.* Barbatana de peixe.

LẸ́BẸ́LẸ́BẸ́, *adv.* Completamente. *Ó lú lẹ́bẹ́lẹ́bẹ́* – Ele misturou completamente.

LẸ́BÚLẸ́BÚ, LÚBÚLÚBÚ, *s.* Poeira muito fina.

LẸ́BÙRÙBÚ, *adv.* Repentinamente.

LẸ̀Ẹ̀DÌ, *s.* Lápis, grafite (do inglês *lead*).

LẸ́DÙN, *adv.* Extremamente, dolorosamente.

LẸ́Ẹ́FÍN, *adv.* Fumegante. < *èéfín = èéfín.*

LẸ́FÚÙFÙ, *adj.* Aéreo, espaçoso, amplo.

LẸ́FÚÙFÙLÍLE, *adj.* Tempestuoso.

LẸ́GÀN, *adj.* Desprezível.

LẸ́GẸ́, *adj.* Esbelto. *Ó rí lẹ́gẹ́* – Ele é muito esbelto.

LẸ́GẸ́LẸ́GẸ́, *adj.* Fino, magro.

LẸ́GÚN, *adj.* Espinhoso.

LẸ́GBÁ, *s.* Paralítico.

LẸ́GBẸ́, *adv.* Ao lado de, junto de. *Òun njó lẹ́gbẹ́ òrìsà* – Ela está dançando ao lado da divindade dele; *Jókó ní ẹ̀gbẹ́ rẹ̀* – Sente-se do lado dela. *= ní ẹ̀gbẹ́.*

LẸ́GBIN, *adj.* Imundo, sujo, obsceno, ofensivo.

LẸ́HÌN, LẸ́YÌN, *prep. e adv.* Após, depois de, atrás. *Lẹ́hìn Ọlọ́run kòsí ẹnití ó lè ṣe* – Depois de Deus, não há pessoa que possa fazer (exceto Deus); *Ó tọ̀ mí lẹ́hìn* – Ele me seguiu atrás; *Wọ́n máa nfẹ́ràn láti wà lẹ́hìn ìyá wọn* – Eles gostam de estar nas costas da mãe deles. V. *ṣẹ́hìn*. < *ní + ẹ̀hìn*.

LẸ́HÌNLẸ́HÌN, *adv.* Muito depois, longe, atrás de.

LẸ́HÌNNÁÀ, *adv.* Depois. *Ó padà sí ìlú rẹ̀ lẹ́hìnnáà ó di igbákéjì egbẹ́* – Ela retornou para a cidade dela, depois que se tornou a segunda pessoa da sociedade.

LẸ́HÌN-ÒDE, *adv.* Sem, de fora. *Ó wà lẹ́hìn òde* – Ele está fora.

LẸ́HÌNTÍ NÁÀ, *prep.* Depois daquele.

LẸ́HÌNTÍ, *conj. e prep.* Depois que. *Lẹ́hìn tí ó ṣe orò, ó sùn* – Depois que ele fez o ritual, ele dormiu; *Lẹ́hìn tí mo bá jẹun tán, èmi yíò lọ ṣiṣẹ́* – Depois que terminar de comer eu irei trabalhar.

LẸ́KA, *adj.* Ramificado.

LẸ̀ẸKAN, *adv.* Uma vez. *Ó wá síbí lẹ̀ẹkan* – Ela veio aqui uma vez. < *ní + èèkan*.

LẸ̀ẸKANNÁÀ, *adv.* Somente uma vez. *Lẹ̀ẹkan náà ni ó rí mi* – Ele me viu somente uma vez.

LẸ̀ẸKANRÍ, *adv.* O quanto antes de.

LẸ̀ẸKANṢOṢO, *adv.* Somente agora.

LẸ̀ẸKÁRÙN, *adv.* Quinta vez. *Mo bẹ̀wò rẹ̀ lẹ̀ẹkárùn* – Eu a visitei pela quinta vez. *Lẹ̀ẹmárùn* – cinco vezes.

LẸ̀ẸKÉJÌ, *adv.* Segunda vez. *Mo rí i lẹ̀ẹkéjì* – É a segunda vez que eu a vejo. *Lẹ̀ẹméjì* – duas vezes.

LẸ̀ẸKẸ́TA, *adv.* Terceira vez. *Ó bọ̀ lẹ̀ẹkẹ́ta* – Ela retornou pela terceira vez.

LẸKẸTẸ, *adv.* Preguiçosamente.

LẸ̀ẸKẸ̀TẸ̀, **LÈKẸ̀TÌ**, *adj.* Grosso, denso, compacto. *Epo yìí ki lèkètè* – Este óleo é grosso e viscoso; *adv.* Grossamente.

LẸ̀ẸKÍNÍ, *adv.* Primeira vez. *Ó kàwé lẹ̀ẹkíní* – Ele leu o livro pela primeira vez. < *ní + èèkíní*.

LẸ́KỌ, *adj.* Educado, instruído, polido. *Ó kọ́ mi lẹ́kọ́* – Ele me instruiu. > *akẹ́kọ́* – estudante.

LẸ̀ẸKỌ̀ỌKAN, *adv.* De vez em quando, uma vez em muitas.

LẹKÚN, *adj.* Por completo. Ìkòkò yìí lẹkún – A vasilha está cheia por completo. < nì + ẹkún.

LẹKÚN, *adj.* Choroso, em lágrimas. Ó pa mí lẹkún – Ele me fez chorona. < ní + ẹkún.

LẹLẹ, *v.* Tremular, agitar, vibrar. Ásíá yìí nfé lẹlẹ – A bandeira está tremulando ao vento.

LẹẹMÉJE, *adv.* Sete vezes. Ìwọ lè fi ìwé owó san lẹẹméje – Você pode usar o cheque e pagar em sete vezes.

LẹẹMẹTA, *adv.* Três vezes. Ó ti jáde lẹẹmẹta – Ela saiu três vezes; Ó kán omi sílẹ lẹẹmẹta – Ele pingou água no chão três vezes.

LẹMỌ, *v.* Agarrar firmemente, aderir, grudar. Ẹgbọn lẹmọ ajá náà – As pulgas grudaram naquele cachorro.

LẹMỌRA, *adj.* Compacto.

LẹMỌRA, *v.* Colar, grudar ao corpo. < lẹ + mọ + ara.

LẹNU, *v.* Ser orgulhoso, convencido.

LẹNU, *prep.* Durante, no tempo de, na ocasião. Ó sùn lẹnu isẹ náà – Ele dormiu durante aquele trabalho.

LẹNU, *v.* Ter a audácia para. Ó lẹnu láti pè mí lórúkọ – Ele teve a audácia de me chamar pelo nome.

LÉNU SÁ, *adj.* Tagarela. Ó lẹnu sá – Ela é tagarela.

LẹPỌ, *v.* Fechar, trancar.

LẹRẹ, *adj.* Lodoso, lamacento, sujo.

LẹẹRẹ, *s.* Tipo de pequeno rato.

LẹẹRẹ, *s.* Tumor que bloqueia a garganta. Lẹẹrẹ mú ajá mi lẹnu – Meu cachorro tem um tumor na garganta.

LẹSẹ, *s.* Pés. Wọn dì mọ mi lẹsẹ – Eles me amarraram pelos pés (*lit.* eles me acusaram falsamente). = ní ẹsẹ.

LẹSẹKAN, *adv.* Por um momento. Wò mí lẹsẹ kan – Com licença por um momento.

LẹSẹKANNÁÀ, LẹRÌNKANNÁÀ, *adv.* Ao mesmo tempo, imediatamente, assim que. Lẹsẹkan náà tí lò ó tán, èmi yíò wá – Assim que eu terminar de usá-lo, virei.

LÉSÈKESÈ, *adv.* Imediatamente. *Ejò náà bùjẹ ó sì kú lésèkẹsè* – A cobra o mordeu e ele morreu imediatamente.

LÉSẸSẸ̀, **LÉSẸLÉSẸ**, *adv.* Ordenadamente, consecutivamente, em fila. *Wọ́n tèlé ara wọn lésẹlésẹ* – Eles seguiram em fila, um atrás do outro.

LÉSẸ́, *s.* Punho. V. *lùníkuùkù*, *lùlésẹ́*.

LÉSÒLÉSÒ, **LÉSÈÈSÒ**, *adv.* Diligentemente, cuidadosamente, gentilmente.

LÉTÀ, *s.* Carta (do inglês *letter*). *Morí létà kan gbà* – Eu recebi uma carta. *Ábádí, yorubá ní létà márundílógbòn* – O alfabeto yorubá possui 25 letras. = *ìwé*.

LÉTÀN, *adj.* Falso, ilusório, enganador.

LÉTÓ, *adj.* Ser correto, adequado, conveniente. *Mo létó láti se é* – Eu sou adequado para fazê-lo.

LÉTÙ, **LÉTÙLÓJÚ**, *adj.* Rico, fértil, produtivo. *Ilè yìí létù lójú* – Este solo é fértil.

LÉWÀ, *v.* Ter beleza. *Ó lẹ́wà* – Ela é linda. < *ní* + *ewà.* > *elẹ́wà* – belo, lindo, formoso (usado para pessoas ou coisas).

LẸWÙ, *s.* Folha seca ou gravetos do caule da palmeira usados para obter fogo.

LẸWÙ, *v.* Consertar, reparar roupas. *Mo lèwù mi* – Eu consertei minha roupa. < *lè* + *èwù.*

LÈYIN, *v.* Ir. *Èkó lèyin lọ* = *Èkó ni èyin lọ* – Foi para Lagos que vocês foram. < *ni* + *èyin.*

LÉYÌN, **LÉHÌN**, *prep.* e *adv.* Após, depois de, atrás. *Ní Áfíríkà, àwọn ọmọdé nfẹ́ láti wà léyìn ìyá wọn* – Na África, os bebês gostam de estar nas costas da mãe deles. V. *léhìn.*

LÉYỌLÉYỌ, *adv.* Um por um, individualmente. *Ó kà owó léyọléyọ* – Ela contou o dinheiro um por um.

LÉYỌỌ, *adv.* Somente um. *Ó fún mi léyọọ* – Ele me deu somente um.

LÍ, *v.* Antiga forma que a palavra *ní* tomava quando seguida por palavra iniciada por vogal diferente de *i*. *Mo ní owó* = *Mo lowó*. Anteriormente utilizava-se *lí* com esta mesma regra: *Mo lí owó* – Eu tenho dinheiro. V. *l.*

LÍLÁ, *s.* Sonho. > *alálá* – sonhador.

LÍLÀ, *s.* Salvação.

LÍLÀ, *s.* Riqueza, uma existência rica.

LÍLÀ, *adj*. Rachado, fendido, trincado.

LÍLÀGÙN, **ÒÓGÙN LÍLÀ**, *s*. Transpiração.

LÍLE, *s*. Dureza, durabilidade; *adj*. Forte, duro, sólido. *Ewé yìí ó ní òórùn líle* – Esta folha tem um cheiro forte; *Ara líle loògùn ọrọ̀* – Um corpo saudável, forte, é o remédio para a riqueza; *olórí líle* – pessoa azarada, cabeça-dura.

LÍLÉ, *s*. Inchação, aumento.

LÍLÉ, *s*. Arrumação, organização.

LÍLÈ, *s*. Habilidade para fazer a coisa.

LÍLÉ, *adj*. Dirigível; que é conduzido, pessoa, animal ou coisas. *Obs*.: Lé, algumas vezes, é substituído por *tèlé*. *Ó sá lé mi = Ó sá tèlé mi* – Ele seguiu depois de mim.

LÍLẸ, *adj*. Preguiçoso.

LÍLẸ̀, *adj*. Elástico, flexível, remendado, aderente.

LÍLẸ́, **LÍLÓ**, *adj*. Transplantável.

LÍLÍ, *s*. Animal da família do porco-espinho que vive debaixo das pedras.

LÍLÒ, *adj*. Prático, útil.

LÍLÒ, **ÌLÒ**, *adj*. Uso. *Lílo aṣọ yìí nwù mí* – O uso desta roupa me agrada.

LÍLÓ, *adj*. Torcido, trançado, enrolado.

LÍLỌ̀, *adj*. Moído.

LÍLỌ, **ÌLỌ**, *s*. Ida, partida.

LÍLỌGUN, *s*. Grito, chorar alto.

LÍLÙ, *adj*. Que é para ser batido. *V. ìlù* – tambor.

LÍLÚWẸ́, *s*. Ato de espirrar próximo de.

LÍSÀ, *s*. Título de um dos seis principais chefes de *Ondó*.

LÍṢÀBI, *s*. Um herói cultural do povo *Ègbá*.

LÍTÀ, *s*. Litro (do inglês *liter*).

LÍTÍRÉṢỌ̀, *s*. Literatura (do inglês *literature*).

LO, *contr*. Forma modificada de *ni* – ser –, quando seguido da vogal *o* – você. *Níbo ni o wà? = Níbo lo wà?* – Onde é que você está?. *Obs*.: Lo – é você; *ló* – é ele.

LÓ, *v*. Tranquilizar-se.

LÒ – LÓJÚKANNÁÀ

LÒ, *v.* 1. Usar, fazer uso de, utilizar. *Ọwọ́ òsì ni mo nlò* – Eu estou usando a mão esquerda; *Ó lo ọ̀bẹ láti gé bùrẹ́dì* – Ela usou a faca para cortar o pão. > *ilò* – uso, costume. 2. Dobrar, inclinar-se. *Ó lò kan ilẹ̀* – Ele se inclinou para o chão.

LÒ, *adj.* Inclinado, oblíquo, de esguelha.

LÓBÒTUJẸ̀, BÒTUJÈ, *s.* Cróton, figueira-brava.

LÓBÙTÚÙ, *s.* Úlceras em várias partes do corpo cuja origem é a feitiçaria.

LÓDE, *adv.* Fora, exterior, do lado de fora, sem. *Ó wà lóde* – Ele está fora; *Ní ìhà ìbòmíràn lóde àiyé* – Em várias partes do mundo. < *ní + òde*.

LÒDÌ, *adj.* Contrário, adverso. *Èyí lòdì sí ìfẹ́ mi* – Isto é contrário ao meu desejo. < *ni + òdì*.

LÓDÌLÓDÌ, LÓDÌKÓDÌ, *adv.* Contrariamente, adversamente. *Ó ṣe èyí lódìlódì* – Ele fez isto contrariamente, de modo errado.

LÓDÌRÒDIRO, *adv.* Oscilantemente, condicionalmente. *Ó gbé e kọ́ lódìrò diro* – Ele o pegou e pendurou oscilando para lá e para cá.

LÓDÒ, *adv.* A parte mais baixa. *Ajá mi wà lódò ẹsẹ̀ mi* – Meu cachorro está a meus pés.

LÓGBÒKÍYÀN, *s.* Um tipo de planta.

LÓJIJÌ, *adv.* Repentinamente, abruptamente. *Lójijì ló lù mí* – Ele me bateu repentinamente.

LÓJOOJÚLÉ, *adv.* De casa em casa, em todas as casas.

LÓJOJÚMỌ́, *adv.* Todos os dias, diariamente. *Mo nlọ kí i lójojúmọ́* – Eu vou cumprimentá-la todos os dias. < *ní + ojojúmọ́*.

LÓJÚ, *prep.* Na presença de, diante, perante. *Ó sọ̀rọ̀ lójú gbogbo wa* – Ele falou na presença de todos nós. < *ní + ojú. V. ojú*.

LÓJÚDE, *adv.* Em frente, defronte. *Mo kọjá lójúde ilé Òjó* – Eu passei defronte da casa de Ojô.

LÓJÚFÒ, *adv.* Em tempo de vigília. *Lójúfò ni mo wà nígbàtí ó dé* – Eu estava desperto quando ela chegou.

LÓJÚKANNÁÀ, *adv.* Imediatamente, rapidamente, instantaneamente.

LÓJÚKOJÚ, *adv.* Face a face, olho no olho. *Lójúkojú ló gbá mi létí* – Ele me esbofeteou; *Lójúkojú tí mo dé ni mo rí i* – Assim que eu cheguei, eu a vi.

LÓJÚ KÒKÒRÒ, *s.* Ter olho-grande, inveja. *Ó lójú kòkòrò* – Ele é invejoso; *Ó lójú kòkóró sí aya mi* – Ele deseja minha esposa (*lit.* ele tem olho-grande em minha esposa). < *ní + ojú.*

LÓJÚMÉJÈJÌ, *adv.* Ativamente, zelosamente, diligentemente. *Ó nṣíṣẹ́ lójúméjèjì* – Ela está trabalhando ativamente.

LÓJÚRERE, *adv.* Favoravelmente, graciosamente.

LÓKÈ, *prep.* Acima, no alto de. < *ní + òkè.*

LÓKÈÈRÈ, **LÓKÈ RÉRÉ**, *adv.* Ao longe, à distância. *Òṣùmàrè lókèèrè* – O arco-íris está à longa distância.

LÓKÌKÍ, *adj.* Famoso, notório.

LÓKÌTÍ, **LÓKÌTÌLÓKÌTÌ**, *adv.* Aos montes.

LÓKUN, *adj.* Forte, potente. *Ó lókun* – Ele é forte.

LÓKUNLÓKUN, *adv.* Energicamente, vigorosamente.

LÓNÍ, *adv.* Hoje, neste dia. *Lóní, èmi kò wo nkankan* – Hoje, eu não estou vendo nada.

LÒPẸ́, *v.* Usar por algum tempo. *Ó lo aṣọ rẹ̀ pẹ́* – Ele usou as roupas dele por muito tempo.

LÓPÓPÓDE, *adv.* Na rua, ao ar livre.

LÒPỌ̀, *v.* Associar-se com alguém, transar. *Wọ́n lòpọ̀* – Eles se associaram com outra pessoa; *Mo bá obìnrin náà lòpọ̀* – Eu tive relações sexuais com aquela mulher. = *dàpọ̀.*

LÓPIN, *v.* Ser finito, transitório.

LÓORE, *v.* Ter bondade.

LÓRÍ, **LÉRÍ**, *prep.* Sobre, em cima de. *Bàbá ndá owó ẹyọ lórí ẹní* – O pai está consultando os búzios em cima da esteira; *Ó sùn lórí ilẹ̀* – Ele dormiu no chão. < *ní + orí = lé + orí.*

LÓRÓ, *adj.* Doloroso, penoso, venenoso.

LÓÒRÓ, *adv.* Ao comprido, longitudinalmente. *V. òòró.*

LÓÒRÓGANGAN, *adv.* Diretamente, corretamente.

LÓRÒRU, *adv.* Pela manhã.

LÓRÒÒRU, *adv.* Toda noite.

LÓRÒWÚRÒ, *adv.* Todas as manhãs. *Àwa rìnka lóròwúrò* – Nós passeamos todas as manhãs.

LÓRU, *adv.* De madrugada. *A ò kì í jáde lóru* – Nós não costumamos sair de madrugada. < *ní + òru*.

LÓRULÓRU, *adv.* Noturnamente, que ocorre à noite.

LÓRÚKỌ, *adj.* Ter um nome. *Gbogbo wa lórúkọ* – Todos nós temos um nome. < *ní + orúkọ*.

LÓSÓ, *v.* Agachar-se, acocorar-se. *Ó lósó* – Ele se agachou.

LÓSỌOṢÙ, **LÓṢÙ**, *adv.* Mensalmente, todos os meses. *Lósoosù ni mo nlọ síbẹ́* – Eu vou lá todos os meses.

LÓTÌTỌ́, **LÓÓTỌ́**, *adv.* Verdadeiramente, sinceramente. *Mo sòrò bẹ́ẹ̀ lóótọ́* – Eu conversei assim verdadeiramente; *Lóótọ́ ni bí?* – Isto é verdadeiro?

LÒUN, *contr.* É ele, é ela. *Èkó lòun yíò lọ = Èkó ni òun yíò lọ* – É para Lagos que ele irá. *V. lèmi, làwa.* < *ni + òun*.

LÓWÓ, *v.* Ter dinheiro. *Mo lówó lọ́wọ́* – Eu tenho dinheiro nas mãos; *Ẹ lówó ẹ ò lówó, ẹ gbọ́dọ̀ lọ* – Você tenha dinheiro, você não tenha dinheiro, você deve ir; *Bàbá lówó, ṣùgbọ́n kò fẹ́ẹ́ ná a* – Papai tem dinheiro, mas não quer gastá-lo. = *ní owó*.

LÓYE, *v.* Ser inteligente, ter inteligência. *Ó lóye púpọ̀* – Ela é muito inteligente; *adj.* Inteligente. *Ó fi òye hàn* – Ele se mostrou inteligente. < *ni + òye*.

LÓYÈ, *v.* Ter um título. > *olóyè* – portador de um título.

LÓYÌ, *adj.* Atordoado, confuso.

LÓYÚN, *adj.* Grávida, com criança. *Aya mi lóyún* – Minha esposa está grávida; *Ó lóyún lé Òjó* – Ela engravidou depois de Ojô.

LO, *v.* Ir. Quando for usado para indicar um lugar, é seguido por *sí* – para. Se a palavra que indica o lugar iniciar por vogal, *sí* pode ser omitido. *Ó lọ síbẹ̀ = Ó lọ ibẹ̀* – Eu vou para lá; *Mo nlọ sí ọgbà* – Eu vou para o campo; *Mọ́tò náà nlọ kẹ́lẹ́kẹ́lẹ́* – O carro está se movendo cuidadosamente. *Obs.:* Costuma ser usado para dar um sentido oposto ao desejado. *Ó nkú lọ* – Ele está morrendo; *Ó bẹ̀rẹ̀ sí ṣiṣẹ́ lọ* – Ele começou a trabalhar; *Kò kọ́ ilé rẹ̀ lọ mọ́* – Ele não construiu mais a casa, não deu continuidade. > *ìlọ = àlọ* – partida, ida.

2. Usado para formar o comparativo "mais do que". *Ó lẹ́wà jù iwọ lọ* – Ela é mais bonita do que você. V. *jùlọ*.

LỌ́, *v.* **1.** Transplantar, enxertar. *Ó ṣí ẹ̀gẹ́ lọ́* – Ele fez um transplante de mandioca. **2.** Torcer, entortar, perverter. *Nwọ́n nlọ́ okùn náà* – Eles estão torcendo a corda; *Ó lọ́ apá rẹ̀* – Ele torceu a mão dela; *Inú nlọ́ mi* – Eu tenho cólicas (*lit.* meu interior entortando). **3.** Ser morno. *Omi yìí lọ́ wóọ́rọ́wọ́* – Esta água está suavemente morna.

LỌ́, *adj.* Contrário, indireto, torcido, entortado.

LỌ̀, *v.* **1.** Moer, ralar, pulverizar, triturar. *Ìyá mi lọ ata* – Minha mãe moeu a pimenta. **2.** Passar roupa a ferro. *Alágbàfọ̀ náà lọ aṣọ* – O tintureiro passou a roupa. **3.** Proclamar, anunciar. *Ó fi lọ̀ pé orò tán* – Ele anunciou que terminou o ritual. > *kìlọ̀* – prevenir. **4.** Afiar. *Ó lọ ọbẹ mi* – Ele amolou a minha faca. **5.** Chorar coisas perdidas.

LỌBÁ, *v.* Ir e se encontrar com alguém. *Ó lọbá wọn* – Ela foi e os encontrou.

LỌ̀BÒSÍ, *v.* Chorar alto. *Ó lọ̀bòsí = Ó kébòsí* – Ela clamou por ajuda.

LÓDỌ̀, *adv.* Na presença de, junto de, ao lado de. É usado somente para pessoas e logo depois de um verbo de ação. *Àwọn ọ̀rẹ́ mi wà lọ́dọ̀ mi* – Meus amigos estão junto de mim; *Ó wà ní ọ̀dọ̀ oobi rẹ̀* – Ele está junto da família dele. *Obs.*: *Ó bá mi dé Èko* – Ele me acompanhou a Lagos. < *ní + ọ̀dọ̀*. V. *sọ́dọ̀*.

LÓDỌ̀, *prep. e adv.* Para, em direção a. Usado depois de verbos de ação. *Ó sáré bọ lọ́dọ̀ mi* – Ele correu em minha direção; *Ó bèèrè owó rẹ̀ padà lọ́dọ̀ mi* – Ele solicitou restituir o dinheiro dele para mim; *Mo rí ìyọnú lọ́dọ̀ rẹ̀* – Eu encontrei bondade nela. V. *ọ̀dọ̀*.

LÓDỌỌDÚN, *adv.* Anualmente, todo o ano. *Ó ṣe orò borí lódoodún* – Ele faz preceito à cabeça todos os anos. > *àmódún* – no próximo ano.

LÓFẸ́, *adv.* Grátis, livre, gratuitamente. *Ó fún mi ní sòkòtò yìí lófẹ́* – Ele me deu esta roupa gratuitamente.

LÓFÍNDÀ, *s.* Perfume.

LÓGAN, *adv.* Imediatamente, de uma vez. *Ó kú lógan* – Ele morreu imediatamente.

LÓGBÀ, *v.* Extorquir, espoliar. *Ó lọ́ mi lọ́wọ́ gba owó mi* – Ele extorquiu dinheiro de mim.

LÓGBÓÓGBA – LÓMÓ

LÓGBÓÓGBA, *adv.* Igualmente.

LÓHÙN, *v.* Mudar, alterar, deturpar. *Ó lọ́hùn ọ̀rọ̀ náà* – Ele alterou aquela palavra.

LÓHÚN, LÓHÚNYÍ, *adv.* Ali, acolá. *Ó wà lọ́hún* – Ela está lá. *V. sọ́hún.*

LÓJÓLÓRÍ, *adj.* Velho.

LÓJỌỌJÓ, *adv.* Diariamente, todos os dias. *Lójoojó mo lo sílé Olórun* – Todos os dias eu vou à igreja.

LÓJÓ KẸTA KẸTA, *adv.* Todos os terceiros dias.

LÓJÓ MẸTAMẸTA, *adv.* Todos os três dias.

LÓJÓRÒ, *adv.* Ao entardecer, antes de escurecer.

LÓKÀN, *adj.* Intrépido, bravo. *Ènìàn lókàn* – uma pessoa brava.

LÓKÁNJÚWÀ, *adj.* Avarento, pão-duro, miserável.

LÓKÁNKÁN, *adj.* Em frente, em linha reta, direto. *Ó nbọ̀ lókánkán ọ̀dọ̀ mi* – Ele está vindo direto para junto de mim.

LÓKỌ̀ỌKAN, *adv.* Um a um. Uma de cada vez. *Ilé lókòòkan ni nwọ́n kọ́* – Eles construíram uma casa de cada vez; *Ẹ jọwó, wọlé lókòòkan* – Por favor, entrem um de cada vez. < *ní + ọ̀kòòkan.*

LÓKÙN, *v.* Ser torto, estropiado. *Ó lọ́kún = Ìkún rẹ̀ ló* – Os joelhos dele são torcidos. < *ló + ìkún.*

LỌKÚRÒ, *v.* Filtrar. *Omi lọ kúrò lára yanrìn* – A água foi filtrada pela areia.

LÓLA, *adv.* Amanhã. *Èmi yíò wá lọ́la* – Eu voltarei amanhã; *Lọ́la èmi yíò ro ọ̀rọ̀ yìí* – Amanhã eu pensarei neste assunto. < *ní + ọla.*

LỌLẸ̀, LỌSÍLẸ̀, *v.* Baixar, diminuir. *Inú rírun mi lọsílẹ̀* – Minha dor de estômago diminuiu. > *rírun* – amassado, quebrado.

LÓÓLÓÓ, LÓWÓLÓWÓ, *adv.* Ultimamente, recentemente. *Lóólóó ni mo rí i* – Foi recentemente que eu a vi; *Lóólóó yìí ló óò wá* – Ela virá brevemente. *V. ìjọsí.*

LÓLỌ̀RÙN, LÓLỌ̀RÙNPA, *v.* Estrangular. *Ó fún un lọ́rùn pa* – Ele apertou o pescoço dela.

LỌLÙ, *v.* Trançar, entrelaçar, emaranhar. *Ejó lọlù mọ́ mi lọ́rùn* – A cobra se enroscou firmemente em meu pescoço. *V. lọ́pọ̀.*

LỌ́MỌ́, *v.* Enxertar.

LÓMÓ, *v.* Enrolar, trançar, torcer. *Ó ló okùn mó lórùn ewùrè* – Ele enrolou uma corda no pescoço da cabra; *Ó ló aṣọ funfun mó ní òpá igi* – Ele enrolou um pano branco no tronco da árvore.

LÓMỌ, *v.* Ter filho. *Ó lómọ méta* – Ela tem três filhos. < *ní + ọmọ*.

LÓNÀ, *s.* Caminho, forma, maneira. *Lónà náà tí yíò fi tètè yé mi* – A forma que usará me esclarecerá rapidamente.

LÓNÁ, *v.* Levar ao fogo. *Ó fi onje yìí lóná* – Ela pegou a comida e levou ao fogo. < *ló + iná*.

LÓNÀKÓNÀ, *adv.* De qualquer maneira. *Lónàkónà tó bá fé ẹ* – De qualquer modo ele a deseja.

LÓPỌ, *adj.* Forte, robusto, corpulento.

LÓPÒ, **LÓLÙ**, *v.* Emaranhar-se, entrelaçar. *Ó ló wọn pò* – Ele se emaranhou neles.

LÓPÒLÓPÒ, *adv.* Em grande quantidade, em grande número, muitíssimo. *Àwọn ènìà wá lópòlópò síbi àríyá náà* – As pessoas vêm em grande número para o local da festa; *Mo gbádùn eré náà lópòlópò* – Eu me agrado muito do esporte.

LÓPỌNPÒ-ÓN, *adv.* Aproximadamente, quase. *Ó tì lópọnpò-ón* – Ele quase empurrou.

LÓRA, *v.* Ser lento, demorado, retardar. *Ó nlóra* – Ele é demorado.

LÓRÉLÓRÉ, *adv.* Levemente, ligeiramente. *Ibà mú u lórélóré* – A febre o pegou ligeiramente.

LÓRÍ, *v.* Voltar, fazer a volta.

LỌRIN, *v.* Afiar, amolar algum metal. < *lò + irin*.

LỌRÒ, *v.* Gritar. *Ó lọrò* – Ela deu um grito doloroso ao chamar a divindade Orò. < *lò + Orò*.

LÓRÒ, *v.* Ser rico, saudável. *Ó lórò* – Ele é rico.

LÓSÁN, *adv.* Durante a tarde.

LÓSÁNGANGAN, *adv.* Ao meio-dia.

LÓSÈLÓSÈ, **LÓSÒÒSÈ**, *adv.* Semanalmente. *Mo nkọ létà sí i lósòòsè* – Eu escrevo carta para ela toda semana; *Ng kò ṣiṣé kánkan lósè tó kọjá* – Eu não trabalhei nada na semana passada. *V. òsè*.

LỌSÓDE, *v.* Vir de fora. *Ó lọ sóde* – Ele veio do lado de fora. < *lọ + sí + òde.*

LÓṢÓ, *adj.* Decorado, ornamentado. *Ó ṣe ilé rẹ̀ lóṣó* – Ela fez uma decoração na casa dela. < *òṣó.*

LỌṢỌ, *v.* Passar a ferro. *Ó fọ lọṣọ* – Ela lavou e passou a roupa.

LÓTẸ̀, *s.* Tempo, momento. *Lótẹ̀ yìí* – nesta ocasião; *lótẹ̀ náà* – por esse momento, por esses dias.

LÓTÒ, **LÓTÒLÓTÒ**, **LÓTÒ̀TÒ**, *adv.* Separadamente, um por um. < *òtòòtò.* *Ó pin wọn sí òtòòtò* – Ele os dividiu em unidades separadas.

LÓTUN, *adv.* Uma vez mais.

LÓTUNLÓSÌ, *adv.* Tanto à direita quanto à esquerda.

LÓTÚNLA, *adv.* Depois de amanhã. < *ní + òtúnla.*

LỌWẸ̀, *v.* Ir tomar banho. *Àwa lọwẹ̀ lódò* – Nós fomos tomar banho no rio.

LÓWÓ, *s.* Mãos. Usado no sentido de dar apoio e segurança a alguma coisa. *Ó rán mi lówó* – Ele me ajudou; *Ó pa mí mọ́ lówó ewu* – Ele me preservou do perigo; *Ẹnití ìbá ràn mi lówó kò sí níbí* – A pessoa que poderia me ajudar não está aqui. < *ní + ọwó.*

LÓWÓLÓWÓ, *adv.* No tempo presente, recentemente. *Lówólówó ni mo rí i* – Eu o vi recentemente; *Lówólówó yìí ló óò wá* – Ele virá brevemente. = *lóólóó.*

LÓWỌ́Ọ̀WỌ́, *adj.* Morno, indiferente. *Ara mi lówọ́ọ̀wọ́* – Eu tenho uma sensação febril (*lit.* meu corpo está morno); *Ọtí yìí lówọ́ọ̀wọ́* – Esta bebida está quente.

LÓWÒ̀Ọ̀WỌ́, *adv.* Agrupado ordenadamente.

LÓYÀ, *s.* Advogado, procurador (do inglês *lawyer*). *Èmi àti lóyà mi bọwọ́* – Eu apertei a mão do meu advogado.

LU, *v.* Trespassar, perfurar. *Ẹiyẹ àkókó lu igi yìí* – O pica-pau perfurou a árvore; *Ó lu etí rẹ̀* – Ele perfurou a orelha dela. > *ilujá* – perfuração.

LÙ, *v.* **1.** Bater. *Ó lù mí ní ìkuùkù* – Ele me bateu com um soco; *Wọ́n lu olè pa* – Eles bateram no ladrão até matá-lo. **2.** Bater ou tocar atabaque, tocar o sino ou a campainha. *Ó lu agogo* – Ele tocou o sino; *Mo ti njẹun nígbàtí agogo méje lù* – Eu estava comendo quando o relógio bateu sete horas. > *ìlù* – tambor. **3.** Ato de alguém ou algo cair e bater no chão. *Ìgò bọ́ lù ilẹ̀ fọ́* – A garrafa caiu, bateu no chão e quebrou.

LÚ, v. 1. Misturar, adulterar, diluir. *Ó lú epo pò mọ́ omi* – Ele misturou óleo com água. 2. Esconder, ocultar-se. *Ó lú mọ́ igbó* – Ele se escondeu no mato. > *ilúmọ́* – esconderijo, ocultação.

LÚBA, v. Preparar uma emboscada, esperar por alguém. *Ó lúba* – Ele se escondeu.

LÚBÚ-LÚBÚ, s. Poeira fina.

LÙBỌLẸ̀, v. Bater contra o chão. *Ó lùbọlẹ̀* – Ele me derrotou (*lit.* ele me jogou contra o chão). > *ilubọlẹ̀* – derrota.

LUDÙÙRÙ, v. Tocar órgão ou harmônio.

LUGI-LUGI, ALUGI, s. Guarda-florestal.

LÚGỌ, v. Agachar-se. *Ó lúgọ* – Ele se abaixou se escondendo.

LÙGBẸ́, v. Afugentar, banir, expulsar. *Ó lé mi lùgbẹ́* – Ele me afugentou.

LUKORO, LUKOROMỌ́, v. Insinuar, dar indiretas. *Ó lukoro mọ́ mi* – Ele fez insinuações acerca de mim.

LÙKÚ-LÙKÚ, s. Febre intermitente. *Lùkú-lùkú mú mi* – Estou com febre.

LULẸ̀, v. Cair no chão. *Ó gbé mi lulẹ̀* – Ele me jogou no chão. É usado como segundo componente de uma composição verbal. < *lù* + *ilẹ̀*.

LÙLÙ, v. Tocar, bater tambor. *Ó lùlù* = *Ó lù ìlù* – Ele bateu tambor.

LÙÙLÙ, adj. Enorme, imenso. *Aborí lùùlù* – pessoa que tem a cabeça grande.

LÚÚLÚ, adv. Inteiramente. *Ó fọ́ igbá lúúlú* – Ele quebrou a cabaça inteiramente; *Ó lọ ata lúúlú* – Ela moeu toda a pimenta.

LÙLÙBI, s. Véu, tecido que cobre a cabeça, mas não cobre a face. V. *gèlè*.

LÙMỌ́, v. Aplaudir. *Ó lù ú mọ́ ọwọ́* – Ele aplaudiu (*lit.* ele bateu as mãos firmemente).

LÚMỌ́, v. Esconder-se. *Ó lúmọ́ igbó* – Ele se escondeu no mato. > *ilúmọ́* – esconderijo.

LÙNÍKUÙKÙ, LÙLẸ́ṢẸ́, KÀNLẸ́ṢẸ́, v. Esmurrar, socar com o punho. *Ó lù mí lẹ́ṣẹ́* – Ele me esmurrou.

LÙPA, v. Matar com uma pancada muito forte. *Wọ́n lù ú pa* – Eles bateram nele e mataram.

LÚÚRÚ, s. Denominação das folhas da árvore baobá. As folhas mais novas são usadas para fazer sopa. Da casca são feitas cordas para servir de fios de

LÚÚRÚ – LÚWẸ̀

instrumentos musicais. A polpa ácida da fruta é usada de vários modos para comida ou bebida. *Adansonia digitata (Bombaceae)*.

LÚPỌ̀, *v*. Misturar, juntar. *Ó lú wọn pọ̀* – Ele os misturou juntos.

LÚWÀBÌ, *s*. Uma pessoa fina e educada. = *ọmọlúwàbì*.

LÚWẸ̀, *v*. Nadar. *Ó nlúwẹ̀ lódò* – Ele está nadando no rio.

M, *pref.* **1.** Substitui o *n* na formação de uma ação progressiva nos verbos que começam com as letras *b* e *p*, dando um sentido presente (gerúndio), embora não seja regra geral. *Mo mbọ̀* = *Mo nbọ̀* – Eu estou retornando. *V. n.* **2.** Pode ser usado como o pronome "eu", uma contração de *èmi*. É articulado na garganta com a boca fechada, como um grunhido. **3.** Prefixo usado para formar adjetivos numerais quando o assunto é expresso na frase. *Èjì* – 2; *ilé méjì* – duas casas. *Obs.: má + èjì = méjì*.

MA, **MÀ**, *adv.* Sem dúvida, com certeza. É usado para expressar força, surpresa ou ênfase, indicando uma ação positiva. *Ẹran yìí mà pọ̀ jù* – Esta carne é abundante; *O mà ṣiṣé* – Você, sem dúvida, trabalhou; *Òjò mà rò* – Vai chover, com certeza; *Èmi mà lọ* – Eu devo ir. Tem a função de um pronome pessoal quando usado com a forma verbal *á*, do tempo futuro. *Èmi yíô lọ* = *Mà á lọ* – Eu irei. *V. á.*

MÁ, **MÁÀ**, *adv.* Não. Negativa do verbo na forma imperativa, tempo de comando. *Má lọ!* = *Má ṣe lọ!* – Não vá! A forma *má ṣe* pode ser usada para ênfase, sem alterar o sentido da frase. *Má ṣe bẹ́ẹ̀* – Não faça assim; *Má ṣe ìyọnu* – Não se preocupe; *Má ṣe lò àwọn oògùn tí ojó ti kójá* – Não use remédios cuja data já passou (fora da validade). *V. sì.*

MAA, *obs.:* Posicionado depois de qualquer das partículas indicadoras do tempo futuro, dá um sentido progressivo ou habitual ao verbo. *Ng ó maa kà* *á* – Eu continuarei a ler isto; *Nwọ́n ó maa gba owó lóní* – Eles estarão recebendo o dinheiro hoje.

MÁA, MAA, *obs.*: Colocado antes do verbo, dá um sentido polido a uma ordem. *Ẹ máa padá níbí* – Volte aqui; *Má maa ṣe bẹ́ẹ̀ mọ́ o!* – Não faça mais assim!

MÁA, *part. v.* Usada como outra opção para marcar o tempo futuro do verbo, admitindo o pronome pessoal de uma sílaba. *Ó máa gbáwó lọ́la* – Ele receberá o dinheiro amanhã. *V. yíò*.

MÁA, *v. aux.* Indica uma ação habitual, costumeira. *Ó máa jẹran púpọ̀* – Ele costuma comer muita carne; *Bàbá ti máa wí* – Papai costumava dizer. Outra forma: *máa n*. *Ejá ni nwọ́n máa n jẹ* – Eles costumam sempre comer peixe. A vogal *í*, adicionada ao verbo, também denota um sentido normal e habitual. *Ó mọ aṣọ ífọ́* – Ela sabe como lavar roupa. Para formas negativas, ver *kò máa, kì í*. *Obs.*: Alguns pronunciam *máa*, e outros, *maa*.

MÀDÀRÀ, *s.* Algo de extraordinário, maravilhoso.

MÀDÀRÚ, *s.* Desonestidade, fraude.

MÁDÍMILỌỌ̀RÙN, *s.* Inchaço em determinadas partes do corpo, pelo calor do sol.

MÁGÀJÍ, MỌ́GÀJÍ, *s.* Herdeiro, primogênito.

MÁGÙN, *s.* Veneno mortal, geralmente feito para punir adúlteros.

MÁGBÀ, *s.* Sacerdote do culto a *Ṣàngó*. = *mógbà*.

MÁÌLÌ, *s.* Milha (do inglês *mile*). *Ìbàdàn sí Èkó tó ogọ́ọ̀run máìlì* – De Ìbàdàn para Lagos tem cerca de 100 milhas.

MÀJÀN-MÀJÀN, *adv.* Tremulamente. *Ọparun yìí nlò màjàn-màjàn* – Estes postes de bambu estão se inclinando para lá e para cá.

MÀJÀLÀ, *s.* Fuligem, mato queimado.

MÁJÈLÉ, *s.* Veneno de efeito rápido.

MÀJÈSÍ, *s.* Criança, gente jovem.

MÁJẸMÚ, *s.* Acordo, pacto. *Wọ́n dá májẹmú* – Eles fizeram um acordo; *Ó bá mi dá májẹmú* – Ele fez um contrato comigo.

MÁKÁN, *s.* Algo que, se tocado, causa a morte por magia.

MÀKÀRÙ, MÀKÀRÚRÙ, *s.* Desonestidade, decepção, falta de integridade.

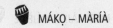

MÁKỌ, v. Convalescer, tornar-se robusto e forte.
MÀKÚNNÙ, MẸ̀KÚNNÙ, s. Pessoa pobre, sem importância.
MÀLÀ, MÀLÀ-MÀLÀ, adj. Listrado, deslumbrado. Ó wọ ẹ̀wù màlà ó lọ rìnkiri – Ele vestiu uma camisa listrada e saiu por aí.
MÀLÀ-MÀLÀ, adv. Tremulamente. Iná àtùpà yìí njọ màlà-màlà – A chama do lampião está queimando tremulamente.
MALAAJU, s. Rato-d'água.
MÀLÉKÀ, s. Anjo (do hauçá màláíkà). = ángélû.
MÁLÚÙ, s. Boi, vaca. Bí ẹran bá wọn jù, ra eja – Se a carne está cara, compre peixe.
MÁLÙ, s. Artifício usado para uma pessoa evitar apanhar.
MÁLÚke, s. Protuberância do corpo, caroço, tumor.
MÁMÀ, adv. Não, certamente. Má mà wá – Não, não venha.
MÀMÁ, s. Mãe (do inglês mother).
MÀMỌJÁ, v. Saber como evitar.
MÀNÀMÁNÁ, s. Relâmpago, clarão.
MÁNNA-MÁNNA, s. Tolice, bobagem.
MÀNAWAÀ, adv. Imediatamente. Mànàwaà ni ó ṣe é – Ele fez isto imediatamente.
MÁNGÒRÒ, MỌ́GÒRÒ, s. Manga.
MÁNÍJÀ, s. Gerente (do inglês manager).
MÀPÓ, s. Um título feminino.
MÁRA, V. márayá.
MÁRADÚRÓ, v. Ser perseverante, tenaz, resoluto, persistente. Ó máradúró – Ele é persistente. < mú + ara + dúró.
MÁRAGÚN, v. Ficar parado, imóvel, imobilizar-se.
MÁRÁNMÁRÁN, adv. Deslumbrantemente, brilhantemente, com carinho.
MÁRÀÀRÙN, adv. Todos os cinco.
MÁRAYÁ, adv. Rapidamente, depressa. Olúwa á mára yá – O Senhor o recuperará rapidamente (palavras ditas a uma pessoa doente). < mú + ara + yá.
MÀRÍA, s. Maria (do inglês Mary). Màríà Mímọ́ Ìyá Ọlọ́run – Santa Maria, Mãe de Deus.

MÀRÍMÀJẸ

MÀRÍMÀJẸ, s. Aquele que não escolhe comida, que come de tudo, comilão.

MÀRÍWO, s. Som da voz ou grito dos *Egúngún*. = *sẹ́gì*.

MÀRÌWÒ, s. Folhas novas da palmeira-de-dendê. *Elaeis guineensis*. V. *imọ̀-ọ̀pẹ*.

MÁRÚN, num. Cinco. *Èmi máa jí aago márùn àárọ̀* – Eu costumo acordar às 5h.

MÁRÚNDÍLỌ́GỌ́ỌRÙN, num. Noventa e cinco. *Ìyá mi ní ọdún ìbí márúndílọ́gọ́ọrùn* – Minha mãe tem 95 anos de idade.

MÁSÀ, s. Bolo frito de milho. = *lápàtá*.

MÁṢÀÌ, adv. Negativa dupla para expressar uma forte afirmação. *Má ṣàì ràn mí lọ́wọ́* – Não deixe de me ajudar; *Èmi kò lè ṣe àì máa gbàgbọ́* – Eu não posso deixar de não acreditar. < *má + ṣe + àì*.

MÀṢÁMÀLÚ, s. Mistura.

MÁA ṢE É LỌ, v. Ter continuidade.

MÁ ṢE, adv. Não. *Má ṣe wá* – Não vá. V. *má, máa*.

MÁṢEGBIN, s. Espécie de antílope.

MÀṢÎÎNÌ, s. Máquina (do inglês *machine*).

MÁTAMÀTA, PÁTAPÀTA, adj. Pintado, manchado. *Ó rí mátamàta* – Ele parece manchado.

MÁTẸ́GBẸ́, s. Ato de ser inferior em relação aos outros. *Ó gbé mátégbé lù mí* – Ele me trouxe uma desgraça.

MAWO, s. Um título feminino.

MÁYÀMÍ, s. Sacola usada pelos caçadores para carregar munição.

MBẸ, v. Ser, existir, existência absoluta. *Ó mbẹ lórí ilẹ̀ àyé* – Ele existe e vive sobre a terra; *Ọlọ́run mbẹ yíò sì wà títí* – Deus existe e existirá para sempre.

MBỌ̀, v. Estar vindo, retornando. *Wọ́n mbọ láti oko rẹ̀* – Eles estão vindo da fazenda dele. *Obs.*: Não é usado no tempo passado. = *nbọ̀*.

MÉFÒ, v. Conjecturar, supor, suspeitar. *Mo méfò pé o ò lọ* – Eu suponho que você não irá. V. *ṣebí*.

MÉJE, num. Sete. *Ó ní ajá méje àti ológbò méta* – Ela tem sete cachorros e três gatos.

MÉJÈÈJE, adj. Todos os sete.

MÉJÈÈJÌ, *adj.* Todos dois, ambos. *Ó fún mi ní méjèèjì* – Ela me deu todos os dois; *ojú méjèèjì* – ambos os olhos. < *méjì* + *eèjì*. *Obs.*: Para os números 15, 25 e os numerais que não começam com *m*, é usado *gbogbo* – todos, todas. *Wọ́n fún mi ní gbogbo ogún* – Eles me deram todos os vinte.

MÉJÈÈJÌLÁ, *adj.* Todos os doze.

MÉJÌ, *num.* Dois. *Mo ní àbúrò'kùnrin* – Eu tenho dois irmãos mais novos.

MÉJÌ, *s.* Equívoco, falsidade.

MÉJÌLÁ, *num.* Doze. *Kí ó sè fún ìṣẹ́jú méjìlá* – Que cozinhe por doze minutos.

MÉJÌMÉJÌ, *adj.* Dois a dois, dois de cada vez. *Nwọ́n tò ní méjìméjì* – Eles formaram uma fila dois a dois; *Fún wọn ní méjìméjì* – Dê a eles dois de cada.

MÉLÓ, **MÉLÒÓ**, *adv.* Quanto. Usado para questões que envolvem quantidade. *Awẹ méló ni obì yìí ó ní?* – Quantos gomos esta noz-de-cola tem?; *Ife omi méló ni o mu?* – Quantos copos de água você bebeu?. Quando o substantivo não aparece, o advérbio inicia a frase. *Mélòó ni o mu?* – Quantos você bebeu?. *Iye... tí* é a forma afirmativa. < *má* + *èló*. *V. kélòó*.

MÉLÓKAN, *adj.* Alguns, poucos. *Ènìà mélókan ní owó* – Algumas poucas pessoas têm dinheiro.

MÉLÓMÉLÓ, *adv.* Quanto de cada, quanto mais.

MERÉ-MERÉ, *adj.* Habilidosamente, jeitosamente. *Ó ṣe é meré-meré* – Ele fez isto com muita habilidade.

MÈRÒ, **MÈTEMÈRÒ**, *adj.* Circunspecto, cauteloso, discreto, prudente. *Ó mèrò* – Ele é sensível.

MÈBẸ́MẸ̀YẸ̀, *s.* Destreza, diplomacia, tato.

MẸ́Ẹ̀DÓGÚN, *num.* Quinze.

MẸ́Ẹ̀DÓGBỌ̀N, *num.* Vinte e cinco.

MẸ́FÀ, *num.* Seis.

MẸ́FUN, *adj.* Bem-sucedido. *Óun jẹ́ ènìà mẹ́fun* – Ele é uma pessoa bem-sucedida.

MẸ́GBẸ, *adj.* Sem umidade, seco. *Onjẹ yìí mẹ́gbé* – Esta comida está seca.

MẸ́HÌN, *adv.* À distância, afastado. *Ó tàdí mẹ́hìn* – Ele permaneceu indiferente.

MÈJÁ, *adj.* Lúcido, perspicaz. *Ó mèjá* – Ele é de um intelecto agudo.

MÉJANMÉJAN – MẸ́WẸ̀Ẹ̀WÀÁ

MẸ́JANMẸ́JAN, *adj.* Elástico, flexível.

MẸ́JỌ, *num.* Oito.

MẸ́KÀ, *s.* Meca.

MẸKÁNÍÌKÌ, *s.* Mecânico (do inglês *mechanic*).

MẸ̀KÚNNÙ, MÀKÚNNÙ, *s.* Pessoa pobre, comum, plebe.

MẸ́Ẹ̀LÌ, *s.* Milha (outra forma do inglês *mile*). *Ẹiyẹ́ náà fò ní ogún mẹ́ẹ̀lì* – Aquele pássaro voou 20 milhas.

MẸ́NUNKUNKUN, *v.* Ser silencioso, silenciar.

MẸ́RẸ́NMẸ́RẸ́N, *adv.* Nitidamente, íntimo, provido.

MẸ́RIN, *num.* Quatro. *Mo ní ọmọ kékeré* – Eu tenho quatro filhos menores.

MẸ́RÌNDÍLÓGÚN, *num.* Dezesseis. *Ó fi owó ẹyọ mẹ́rìndílógún dífá* – Ele usou 16 búzios e consultou Ifá. < *mẹ́rìn* + *dín* + *ní* + *ogún*.

MẸ́RÌNLÁ, *num.* Quatorze.

MẸ́RINMẸ́RIN, *adj.* Quatro a quatro, quatro de cada vez.

MẸ́RÚ, *v.* Aprisionar, capturar. *Ó mẹ́rú kan* – Ele capturou um escravo. < *mú* + *ẹrú*.

MẸSÈ, *v.* Conhecer. < *mọ́* + *ẹsè*.

MẸSẸ̀DÚRÓ, MÁRADÚRÓ, *v.* Ser tenaz, persistente. < *mú* + *ẹsè* + *dúró*.

MẸ́SẸ́NMẸ̀SẸ̀N, *s.* Uma folha peculiarmente doce.

MẸSỌ̀, *adj.* Polido, cortês, bem-educado.

MẸ́SẸ̀RÍ, *v.* Rançar, ficar rançoso. *Epo yìí mẹ́sẹ̀rì* – Este óleo está rançoso.

MẸ́TA, *num.* Três. *Ó dàsílẹ̀ ikán omi mẹ́ta* – Ela derramou três pingos de água no chão.

MẸ́TÀLÁ, *num.* Treze.

MẸ́TALỌ́KAN, *s.* A trindade, três em um.

MẸ́TAMẸ́TA, *adj.* De três em três, três de cada vez. *Wọ́n wọlé mẹ́tamẹ́ta* – Eles entraram três de cada vez.

MẸ́TẸ̀Ẹ̀TA, *adj.* Todos os três. *Ẹ jọ̀wọ́, wọlé mẹ́tẹ̀ẹ̀ta* – Por favor, entrem todos os três.

MẸ́WÀÁ, *num.* Dez. *Ofin Mẹ́wàá* – Os Dez Mandamentos.

MẸ́WÀÁMẸ́WÀÁ, *adj.* De dez em dez, dez de cada vez.

MẸ́WẸ̀Ẹ̀WÀÁ, *adj.* Todos os dez, os dez juntos.

MI, *pron. pess.* Eu. Contração de *èmi*, para ser usado em frases negativas. *Mi ò mò* – Eu não sei. *V. mo.*

MI, *pron. poss.* Meu, minha. *Èyí ni ọmọ mi* – Este é meu filho. É posicionado depois de substantivo. *Obs.*: *Ìyá mi àgba* – minha avó; *orò ọdún mi = orò mi ọdún* – minha obrigação de ano; *ègbọ́n mi ọkùnrin* – meu irmão mais velho; *ègbọ́n òrìsà mi ọkùnrin* – meu irmão mais velho de santo.

MI, *pron. oblíquo* Me, mim, comigo. É posicionado depois de verbo ou preposição. *Ó bá mi lọ sí ọjà* – Ele foi comigo ao mercado; *Ó bò mí ní àsírí* – Ela me escondeu os defeitos. Em alguns casos, *mi* pode ser substituído por *n*, na composição de frases: *Bá-mi-gbọ́sé = Bá-n-gbọ́sé* – Ajude-me a carregar o *ọsé*.

MÍ, *v.* Respirar, aspirar, arquejar. *Ó mí hẹlẹ-hẹlẹ* – Ele está ofegante; *Ó mí kanlẹ̀* – Ele suspirou, ele inalou profundamente; *Ó mí ẹdùn* – Ele gemeu. > *èmí* – vida, respiração.

MÌ, *s.* Choque, abalo, colisão.

MÌ, *v.* **1.** Balançar, sacudir, agitar. *Àgbẹ̀ náà mi igi* – O agricultor sacudiu a árvore; *Ó mì dògbò-dògbò* – Ele rolou de um lado para o outro. **2.** Abalar. *Àárẹ mi mì séhìn* – Eu tive uma recaída. **3.** Engolir. *Ó mi agbògi náà* – Ele engoliu o remédio.

MÍ, **MÍRÀN**, *adj.* Outro. *Àrà mí ti dóde* – Uma outra moda entrou em voga. *V. míràn.* < *dé + òde.*

MÍFÚKẸ́FÚKẸ́, *v.* Latejar, palpitar, respirar suavemente.

MÍHẸLẸ-HẸLẸ, *v.* Fungar, respirar com um som alto. *Ó mí hẹlẹ-hele* – Ele está ofegante.

MÍKANLẸ̀, *v.* Suspirar, respirar livremente.

MILẸ̀, *v.* Arar a terra para o plantio.

MÌLẸ̀GBẸ̀Ẹ́, *v.* Oscilar.

MÍÍLÌKÌ, *s.* Leite (do inglês *milk*). = *wàrà.*

MILỌNÍÀ, *s.* Milhão (do inglês *million*).

MÍMÒÒKÙN, *s.* Mergulho.

MÍMÒYE, *s.* Entendimento, compreensão.

MÍMỌ, *s.* Construção feita de barro, estuque.

MÍMỌ̀ – MÍRÀN, MÍ

MÍMỌ̀, *adj.* Conhecido, um processo de conhecimento. *Ó ti di mímọ̀ fún wa* – Ele se tornou conhecido por nós.

MÍMỌ́, *adj.* Limpo, puro, íntegro, sagrado. *Ìgbéyàwó jẹ́ ìṣe tò mímọ́ ní ojú Ọlọ́run* – O casamento é um costume sagrado aos olhos de Deus.

MÍMỌGAARA, *adj.* Transparente, visível.

MÍMỌ́KÚN, *s.* Ato de mancar; *adj.* Manco, coxo.

MÍMỌ́LẸ̀, *adj.* Claro, brilhante.

MÍMỌ̀SÍNÚ, *s.* Conhecimento interior, secreto. *Ó mọ̀ sínú* – O conhecimento dele é para ele mesmo. < *mọ̀ + sí + inú*.

MÍMU, *s.* Bebida. *Mímu ọtí kò dára rárá* – Bebida alcoólica não faz bem, nunca.

MÍMÚ, *s.* Agudeza, astúcia, perspicácia.

MÍMÚ, *adj.* Amolado, afiado.

MÍMÚNÍBÌ, *adj.* Emético, que provoca vômito.

MÍMÚNÍSANRA, *adj.* Tendência a engordar.

MÍMÚNÍSÙN, MÍMÚNÍTÒÒGBÉ, *adj.* Narcótico.

MÍMÚRA, *s.* Preparação. *Ó wà láìmúra ìjà* – Ele está despreparado para a luta.

MÍMÚRÓ, *adj.* Salobra, salgada.

MÍN, *adj.* V. *míràn*.

MÌNÌJỌ̀-MINIJỌ, *adj.* Macio, suave. *Sílíkì yìí rí mìnìjọ̀-minijọ* – Esta seda é macia e suave ao tato.

MINIMINI, *adv.* Posicionadamente, por posição. *Ó tò minimini* – Ele fez a fila por hierarquia.

MÍNÍ-MÍNÍ, *adv.* Totalmente, completamente. *Dákẹ́ míní-míní* – Fique completamente calado.

MÌPẸKẸPẸKẸ, *v.* Chocalhar, tamborilar.

MÌPỌ̀, *v.* Sacudir junto, balançar. *Ó mì wọn pọ̀* – Ele os sacudiu e misturou junto.

MIRA, *v.* Sacudir o corpo. < *mì + ara*.

MÍRÀN, MÍ, *adj.* Outro, um outro, algum. *Ẹ fún mi ní àga* – Dê-me outra cadeira; *Àga míràn ni mo fẹ́* – É outra cadeira que eu quero; *Ó ní obìnrin míràn* – Ele tem outra mulher; *Ènìà míràn dára, ènìà míràn burú* – Algumas pessoas são boas, outras são ruins; *nígbà mi* – outros tempos. V. *òmíràn*.

MIRÍ, *v.* Sacudir; balançar a cabeça, dizendo sim. < *mì* + *orí*.

MÌRÌN, *obs.*: Àárẹ̀ mi mìrìn séhìn – Eu tive uma recaída.

MÌRÌNMÌRÌN, *adv.* Docemente, agradavelmente. Ó dùn mìrìnmìrìn – Ela é agradavelmente doce.

MÌRÙ, *v.* Balançar o rabo. Ajá yìí nmìrù – Este cachorro está sacudindo o rabo. < *mì* + *ìrù*.

MISẸ̀, *v.* Balançar o pé.

MÍSÍ, *v.* Inspirar.

MISÌN-MISÌN, **ỌMISIN-MÌSÌN**, *s.* Uma planta cujas folhas são adocicadas e usadas medicinalmente.

MÍSÍNÚ, *v.* Inalar, tragar.

MÍTÀ, *s.* Metro (do inglês *meter*).

MÌTÌTÌ, *v.* Sacudir violentamente. V. ìmìtìtì-ilẹ̀ – terremoto.

MIWỌ́, *v.* Sacudir a mão. < *mì* + *ọwọ́*.

MO, *pron. pess.* Eu. Forma enfática usada nos tempos presente, pretérito perfeito e gerúndio dos verbos. Mo rí ẹ – Eu vi você; Ìyẹn ni mo tà – É aquela que eu vendi. Antes da partícula verbal *n*, toma um tom baixo (acento grave). Mò nlọ jáde – Eu estou indo embora. Não é usado em frases negativas, sendo substituído pelas outras formas do pronome, como *ng, n, mi* ou *èmi*.

MÒFIN, *v.* Conhecer, entender de leis. < *mọ̀* + *òfin*.

MÒGÚN, *s.* Arvoredo para o culto a Ògún.

MOJÚ, **MỌJÚ**, *v.* Conhecer, ter familiaridade com alguém. Ó mojú mi – Ele se sente à vontade comigo; Ajá yìí ti mojú ara ilé – Este cachorro já tem afinidade com as pessoas da casa. < *mọ̀* + *ojú*.

MÓJÚ KOKO, *v.* Desafiar. Ó mójú koko sí mi – Ele me desafiou. < *mú* + *ojú*.

MÓJÚ KUKU, *v.* Defender-se corajosamente. Ó mójú kuku – Ele encarou corajosamente.

MÓJÚ KÚRÒ, *v.* Piscar para, fazer vista grossa. Ó mójú kúrò àṣìṣe náà – Ele fez vista grossa para meu erro; Ó mójú kúrò lára mi – Ele relaxou sua vigilância sobre mim; Ó mójú kúrò lẹ́sẹ̀ mi – Ele perdoou meu lapso. < *mú* + *ojú* + *kúrò*.

MOJÚLÉ – MOWÓ

MOJÚLÉ, v. Ser domesticado. Ọ̀bọ yìí mojúlé – Este macaco é domesticado. < mọ̀ + ojúlé.

MÓJÚTÓ, v. Cuidar, tomar conta. Ó mójútó mi – Ela tomou conta de mim; Jọ̀wọ́, bá mi mójútó ọmọ mi – Por favor, tome conta do meu filho para mim; Mójútó ẹ̀kọ́ rẹ dáadáa – Seja cuidadoso com sua educação. < mú + ojú + tó.

MÓKÈ, v. Ter sucesso, ter êxito. Mo mókè ìwé kéfà – Eu passei para o sexto ano. < mú + òkè. V. yege.

MÓKO, v. Comprar terras, ocorrer, prevalecer. Ó móko – Ele comprou uma roça.

MÓKUN, adj. Convalescente.

MÒÒKÙN, v. Ocultar-se, esconder-se. Òṣùpa mòòkùn – A lua se ocultou. < mù + òòkùn.

MÓLÓ, BÓLÓ, s. Violão hauçá.

MÓLÚ, v. Ser vitorioso. Ó jagun mólú – Ele é um guerreiro vitorioso.

MORÀ, s. Um tipo de planta.

MOORE, v. Ser grato, agradecer. A moore fún Ọlọ́run – Nós agradecemos a Deus. < mọ̀ + oore. > ìmoore – gratidão; àìmoore – ingrato.

MORẸ̀NI-KÉJÌ, s. Nome da filha nascida depois de vários outros filhos.

MÓRÍ, obs.: Ó mórí délé – Ele escapou ileso. < mú + orí.

MÓORU, v. Estar quente, estar abafado. Ọjọ́ yìí móoru – Hoje está abafado; Ẹ̀wù yìí móoru – Esta roupa é quente; Ìlú yìí móoru púpọ̀ – Esta cidade é muito quente. < mú + ooru.

MÓORU, adj. Abafado, quente. Ọjọ́ yìí móoru – Este é um dia abafado. < mú + ooru.

MOṢEBÍ, v. Eu suponho, eu tenho a impressão.

MÓTÍMÓTÍ, adv. Fechadamente, pegajosamente. Ó se mótímótí – Ele é extremamente pegajoso.

MÓTỌ, s. Carro. Mọtò ayọ́-kẹ́lẹ́ – um carro privativo.

MÓTÚTÙ, s. Frio, gelado. Ó mótútù lóní = Ótútù mú lóní – Hoje o tempo está frio.

MOWÓ, obs.: Mo mọ̀ bí ẹní mowó – Eu o conheço bem como pessoa. < mọ̀ + owó.

MÒYE, *v.* Ser inteligente, ser esperto, sagaz, prudente. *Ó mòye* – Ela é inteligente. < *mò* + *òye.*

MỌ, *v.* **1.** Construir, modelar. *Ó mọ ilé mi* – Ele construiu minha casa; *Mo fi amọ̀ mọ eku* – Eu modelei um rato de barro. > *mimọ* – construção. **2.** Ser restrito, limitado. *Mo mọ̀ bí mo ti mọ* – Eu sei como tive restrições impostas a mim; *Ó mọ lójọ́ díẹ̀* – Ele restringiu por poucos dias.

MÓ, *prep.* Contra. *Ó sọ̀rọ̀ mọ́ mi* – Ela falou contra mim.

MỌ́, *adv.* **1.** Novamente, ainda, durante algum tempo. **2.** Firmemente. *Gbá òjá mọ́ àya òrìṣà* – Amarre o tecido firmemente no peito da divindade. É usado como segundo componente na formação de verbos que desejam indicar uma forma segura, firmeza e fixação. *V. lẹ̀mọ́, pamọ́, jẹmọ́, kómọ́ra* etc. **3.** Mais (usado em frases negativas). *Èmi kò lọ síbẹ̀ mọ́* – Eu não fui mais lá. *V. sí* – mais –, usado em frases afirmativas. **4.** Não longe, nenhuma distância. *Òjó kò lọ mọ́* – Ojô não foi longe.

MỌ́, *v.* **1.** Estar limpo. *Ó fọ aṣọ mọ́ ọ dáradára* – Ela lavou a roupa e limpou-a bem. > *mímọ́* – limpo, puro, íntegro. **2.** Cingir, romper o dia, iluminar, brilhar. *Ilẹ̀ mọ́* – alvorada, amanhecer (*lit.* a terra clareou). *Ó mọ́ gaara* – Ele é transparente. **3.** Encravar, fincar, fixar firmemente. *Ò nmọ́ ọwọ́ ní ọrùn rẹ̀* – Ele está com a mão no pescoço dela. **4.** Fazer desaparecer, sumir. É sempre seguido de *ní* mais outra parte do corpo humano. *Ó jáwó náà gbà mọ́ mi ní ọwọ́* – Ele roubou o dinheiro de mim (fez sumir de minhas mãos); *Eiye yẹn mọ́ mi lójú* – Aquele pássaro sumiu de minha vista; *Ó mọ́ ojú sí mi* – Ele me olhou com desprezo (*lit.* ele ocultou o rosto de mim).

MỌ̀, *v.* **1.** Saber, compreender. *Mo mọ̀ pé èmi ò mọ̀* – Eu sei que nada sei; *Ṣé o mọ ìlù lù?* – Você sabe tocar atabaque?. > *ìmọ̀* – cultura, saber; *ìmọ̀ràn* – conhecimento. **2.** Conhecer, reconhecer. *Mo mọ ọ̀rẹ́ rẹ̀* – Eu conheço o amigo dela; *Inú mi dùn láti mọ̀ ọ́* – Estou feliz por conhecer você. > *mímọ̀* – conhecido.

MỌ ÀMỌ̀JÁ, *v.* Ser cheio de evasivas, ser astuto, esperto. *Ó mọ àmọ̀já* – Ele é esperto, é cheio de evasivas.

MỌ ÀMỌ̀TÁN, *v.* Ser muito sábio em sua própria estima. *V. mòlámọ̀tán.*

MÒDÀRÓ, *s.* Astúcia, sagacidade, desonestidade.

MÒDÀRÚ, s. Confusão.

MÒDÍ, v. Saber a origem de, ser versado em. Ó mòndí òrò yìí – Ele está familiarizado com isto. < mò + ìdí.

MODI, v. Erguer os muros de uma cidade.

MÓGÀJÍ, s. Herdeiro (do hauçá mágàji). Título dado ao primogênito herdeiro de alguma propriedade, ou alguém responsável pela custódia de uma cidade.

MÒGÁLÀ, s. Antena de um inseto.

MÓGAARA, adj. Claro, transparente (vidro etc.). Ó mógaara – Ele é transparente.

MÒGÌDÌ-MOGIDI, adj. Disforme, que não é bem-proporcionado.

MÒGIRI, v. Construir uma parede de taipa.

MÓGBÀ, s. Sacerdote-chefe do culto a Ṣàngó.

MOHUNGBOGBO, s. Onisciente, que tudo sabe.

MÓÍNMÓÍN, s. Bolo de broto de feijão cozido em vapor. = òlèlè, òòlè.

MÓJÚ, v. Olhar de soslaio. Ó mójú fún mi – Ela olhou com desprezo para mim. < mó + ojú. V. mójú kúrò.

MÓJÚ, v. Brilhar o rosto, iluminar a face. Mo sùn mójú ojó náà – Ele dormiu até o dia amanhecer (lit. até o dia iluminar o rosto); Mójú òla ni èmi ó wá – Eu virei amanhã ao amanhecer (lit. será amanhã, ao iluminar a face, que eu virei). < mó + ojú.

MÓKÁLÍKÌ, s. Mecânico.

MÓKÀNLÁ, num. Onze. Ó ṣe orò odún mókànlá sẹ́hìn – Ela fez a obrigação há onze anos. < m + òkan + lé + èwá.

MÒKÒKÒ, v. Fazer potes. < mo + ìkòkò.

MÓKUN, v. Mancar, caminhar mancando. Ó nmókun – Ele está mancando.

MÓKÙN, v. Reter. Ó pa àṣírí yìí mókùn – Ele manteve este segredo com ele. < mó + ikùn.

MÒLÁMÒTÁN, v. Ter amplo conhecimento de alguma coisa. Ó mò lámòtán – Ele conhece o assunto completamente.

MÓLÁRA, v. Limpar o corpo. < mó + lára.

MÓLÁRA, v. Ser acostumado a, ser usado para. Iṣé yìí tí mó mi lára – Este trabalho que eu me acostumei. < mó + lára.

MÒLÁRA, v. Sentir, conhecer o corpo, ter percepção. < mò + lára.

MỌLÉ, v. Construir. = kọ́.

MỌLÉMỌLÉ, ỌMỌLÉ, s. Construtor.

MỌ́LẸ̀, v. Brilhar. Ọjọ́ yìí mọ́lẹ̀ – Este dia está claro, brilhante. < mọ́ + ilẹ̀.

MỌ́LẸ̀, adv. Junto ao chão, rasteiramente, estar preso, emperrado. É usado como complemento do verbo para indicar essas condições. Mo bo ara mi mọ́lẹ̀ ní bùsùn fún ọjọ́ méje – Eu fiquei de cama por sete dias. V. wòmọ́lẹ̀, kìmọ́lẹ̀, sémọ́lẹ̀. somọ́lẹ̀. < mọ́ + ilẹ̀.

MỌ́LÓJÚ, v. Olhar de lado, com desdém. Ó mọ́ mi lójú – Ele me olhou de lado com desprezo. V. mójú.

MỌ́LỌ́WỌ́, v. Ter em mãos. Owó yìí mọ́ mi lọ́wọ́ – Este dinheiro durou muito tempo; Ọmọ yìí mọ́ mi lọ́wọ́ – Esta criança está acostumada comigo.

MỌ́LỌ́WỌ́, v. Perder, sumir das mãos. Ó jáwó náà gbà mọ́ mi ní ọ́wọ́ – Ele roubou o dinheiro de mim (fez sumir de minhas mãos). V. mọ́ 4.

MỌ́LÚ, v. Colar, juntar, aderir.

MỌMỌ, s. Doce, mel.

MÒ-MỌ, adv. V. fojúrí.

MỌ́MỊ̀, s. Uma variação do nome muçulmano Mohammed.

MÒMỌ̀, MỌ́Ọ́MỌ̀, adv. Vorazmente, sabidamente, deliberadamente, propositadamente, intencionalmente. Ó jẹun mòmọ̀ – Ele comeu vorazmente; Ó ràn mòmọ̀ – Ele é sabidamente contagioso; Ó mọ́mọ̀ ṣe é ni – Ele o fez com intenção.

MÒMỌ̀ṢE, v. Fazer algo de propósito, conscientemente. Ó mòmọ̀ ṣe é – Ele o fez propositadamente. = mòmòṣe.

MÒNÀ, part. Usada no fim de uma frase para indicar desafio, rebeldia. Mo lù ú mọnà – Eu bati nele e o farei novamente.

MÒNÀ, v. Saber, conhecer o caminho. Ó mònà ilé mi – Ele conhece o caminho da minha casa. < mò + ònà.

MÒNÀ, MÒNÀMÒNÀ, adv. Brilhantemente, muito ofuscante. Jígí náà dán mònàmònà – O espelho é muito ofuscante; Ó kọ mònà – Ele lustrou polidamente.

MỌ́NAMỌ̀NA, adv. Erradamente, incorretamente. Ó nṣe mọ́namọ̀na – Ele está se comportando mal.

MỌ́NÁMỌ́NÁ, s. Espécie de cobra.

MỌNDẸ̀, s. Título feminino no palácio real de Ọ̀yọ́.

MỌ̀NÍ GÈDÈ-GEDE, s. Tipo de planta parasita. *Cassytha filiformis* (Lauraceae).

MÒNÍ JÈJÉ, s. Um tipo de planta.

MỌNÍWỌ̀N, adj. Moderado.

MỌ̀NJỌ̀LỌ̀, s. Contas vermelhas.

MỌRA, v. Ser cuidadoso, sensato, arguto. Ó mọra púpọ̀ – Ele é muito cuidadoso.

MỌ́RA, adv. De perto, próximo, junto.

MỌ́RA, adj. De pele limpa e clara. < mọ́ + ara.

MỌ́RA-MỌ̀RA, s. Bobagem, tolice, disparate. Ó sọ mọ́ra-mọ̀ra – Ele falou bobagem. = bára-bàra, sába-sàba, káṣa-kàṣa, káti-kàti.

MỌ̀RÁN, v. Saber, ter conhecimento.

MỌ́RÁNMỌ́RÁN, adv. Totalmente, corretamente, elegantemente. Ó pọ́n mọ́ránmọ́rán – Ele elogiou corretamente; Ó ró mọ́ránmọ́rán – Ele drapejou elegantemente.

MỌ́RÍ, v. Fixar, ajustar. Mo ra fìlà mi mọ́rí – Eu coloquei o meu chapéu, ajustando-o na cabeça.

MỌ́RORO, adj. Limpo.

MỌ́SÀ, s. Pão de milho frito. = lápàtá.

MỌ́SÁLÁSÍ, s. Mesquita (do hauçá *masallaci* ou do árabe *salat*).

MỌ̀ṢE, v. Saber fazer, ser experiente.

MỌ̀TẸ́LẸ̀, v. Saber de antemão, prever.

MỌ́TÍMỌ́TÍ, adv. e adj. Fechadamente, estreitamente, pegajosamente. Ó ṣe mọ́tímọ́tí – Ele é pegajoso.

MỌTÍPARA, MỌTÍYÓ, v. Embebedar-se, embriagar-se, intoxicar-se.

MỌ́TÓTÓ, adj. Limpo.

MỌ̀WÉ, v. Ser inteligente, culto. Ó mọ̀wé – Ele é um literato. < mọ̀ + ìwé.

MỌ̀WẸ̀, v. Ser capaz de nadar.

MÓWÓDÚRÓ, *v.* Cessar, parar. *Ó mówódúró* – Ele parou o que estava fazendo.

MÓWÓMÓRÙN, *adv.* Com as mãos em volta do pescoço.

MÒYÀTÒ, *v.* Saber diferenciar. *A kò lè mò wón yàtò* – Nós não podemos distinguir um do outro.

MÒYÌ, *v.* Saber o valor de.

MU, *v.* 1. Beber, embeber, ensopar. *Má mu mó* – Não beba mais. 2. Sugar, chupar, fumar. *Ó mu osàn* – Ele chupou uma laranja; *Wón mu tábà* – Eles fumaram cigarro.

MÚ, *adj.* Sonoro, agudo, claro. *Ó fi mú sòrò* – Ele falou com clareza; *prep.* Pode ser traduzida por "fazer com que" e é usada com a pessoa que é afetada. *Oòrùn yìí mú mi* – Este remédio me fez bem; *Àáre mú mi* – Eu me sinto cansado.

MÚ, *v.* 1. Tomar, pegar coisas leves e abstratas. *Mú omi fún mi* – Pegue a água para mim; *E mú mi lo* – Leve-me com você. Também pode ser usado da seguinte forma: *Oorun mú mi* – Estou com sono (*lit.* o sono me pegou); *Àáre mú mi* – Eu me sinto cansado (*lit.* o cansaço me pegou). 2. Capturar, agarrar. *Olópa ó mú u* – A polícia o prenderá; *Iyán yìí mú* – Este inhame está agarrando. > *ìmú* – caçada, captura; *èmú* – pinça. 3. Ser severo. *Oòrùn mú púpò* – O sol está muito forte. 4. Ser afiado. *Òbe mímú* – faca afiada, amolada.

MÙ, *v.* 1. Sumir, desaparecer, perder-se na multidão, ser escondido. *Ilé wa kò mù rárá* – Nossa casa não é escondida; *Òsùpá mòòkùn* – A lua se escondeu, foi envolvida pelas nuvens. *Obs.: mòòkùn = mù + òòkùn.* 2. Afundar, mergulhar. *Ó mòòkùn lódò* – Ele mergulhou no rio.

MÚBÁ, *v.* Trazer. *Ó mú ògèdè bá mi* – Ele trouxe bananas para mim. = *múbò, múwá.*

MÚBÁDÉ, *v.* Ajustar, fazer igual a.

MÚBÍNÚ, *v.* Provocar, exasperar, fazer ficar zangado.

MÚBÍSÍ, *v.* Multiplicar, incrementar.

MÚBÒ, *v.* Trazer, pegar e trazer. *Ó mú àga bò fún mi* – Ele trouxe a cadeira para mim.

MÚBONÍ, *v.* V. *múdání.*

MÚBÒSÍPÒ, *v.* Restaurar.

MÚDÀGBÀ, v. Causar crescimento, aumento. *Òjò ó mú dàgbà* – A chuva fez isto crescer.

MÚDÁKẸ́, v. Silenciar, fazer ficar quieto.

MÚDÁNÍ, v. Ficar algo com alguém, segurar com firmeza (dialeto de Lagos). *Mo mú dání* – Eu peguei isto. = *múbọní*.

MÚDÁNÍLÓJÚ, v. Fazer com que esteja seguro, ficar sob a vista de alguém.

MÚDÁRA, v. Tornar bom. *Ó mú mi dárayá* – Ele me animou.

MÚDÁSẸ̀, v. Fazer parar. *Ìwà rẹ̀ mú wa dásè láti lọ síbẹ̀* – O caráter dele nos fez deixar de ir lá.

MÚDE, v. Trazer, ocasionar, produzir.

MÚDÈ, v. 1. Ligar ou pôr dentro, acorrentar. 2. Amadurecer, amolecer.

MÙDÉ, v. Ocultar, esconder, afundar. *Omi mù mí dọ́rùn* – A água me cobriu até o pescoço. < *dé + ọrùn*.

MÚDẸ̀, v. Amadurecer uma fruta, amolecer.

MÚDẸRA, v. Amaciar, afrouxar.

MÚDẸWọ́, v. Afrouxar.

MÚDIYÍYÈ, v. Agitar, animar.

MÚDIYÍYỌ̀, v. Amolecer, dissolver.

MÚDỌ́GBA, v. Equiparar, igualar. *Ó mú wọn dọ́gba* – Ele os igualou.

MÚDÙN, v. Alegrar, adocicar.

MÙDÙNMÚDÚN, s. Medula, miolo.

MÚDÚRÓ, **MÚRÓ**, v. Motivar ficar de pé, dar sustentação. *Ìmọ̀rọ̀ rẹ̀ mú mi dúró* – O conselho dele me sustentou.

MÚFARABALẸ̀, v. Ser sensato, ser sóbrio e prudente.

MÚFẸ́RI, v. Fazer diminuir, esfriar.

MÚ FÚYẸ́, v. Relampejar.

MÚGÍRÍ, v. Ser ativo.

MÚGORÍTẸ́, v. Entronizar. *Ó mú gorítẹ́ ẹ* – Nós o entronizamos.

MÚGỌ̀, v. Espantar, causar admiração.

MÚGUNLẸ̀, v. Aportar, trazer à praia.

MÚGBẸ, v. Drenar, secar.

MÚGBILẸ̀, v. Espalhar, esparramar.

MÚGBỌ́N, v. Tremer. *Ìbẹ̀rù yìí mu kí ara mi gbọ̀n* – Este medo fez tremer o meu corpo.

MÚHÀN, v. Introduzir, apresentar, proporcionar.

MÚHÌNWÁ, v. Anunciar.

MÚHÙ, v. Fazer germinar.

MÚJÁDE, v. Produzir, realizar. *Ó mú mi jade* – Ele me despachou; *Mu iko jáde lára igi ògòrò yìí* – Extrair a fibra desta palmeira (palha da costa).

MUJE, v. Sofrer provação de qualquer tipo.

MÚJẸ, v. Devorar, engolir, omitir-se, ficar impune.

MÙJẸ̀, v. Beber ou chupar sangue. < *mu* + *ẹ̀jẹ̀*.

MÚJINNÁ, v. Curar uma ferida, cozinhar bem-cozido.

MÚKÀÁNÚ, v. Amargurar, entristecer.

MÚKI, v. Engrossar (um caldo ou molho), introduzir ou reconciliar.

MÚKORÒ, v. Amargar, tornar amargo.

MÚKÚRÒ, v. Deduzir. *Mú mẹta kúrò nínú mẹ́wá* – Deduza três de dez.

MÙKÚLÚMÙKẸ̀, s. 1. Um movimento sinuoso usado por dançarinos. 2. Obs.: *Onjẹ yìí dùn mùkúlúmùkẹ* – Esta comida é deliciosa.

MÚKÚN, v. Encher, completar. *Ó mú ikòkò kún fún mi* – Ele encheu uma panela para mim.

MÚKÚN, adj. Estropiado, aleijado. = *lọ́kún*.

MÚKÙN, v. Fazer queixas, reclamar.

MÚKÚNMÚKÚN, adv. Para cima, para o alto. *Ó rú múkúnmúkún* – Ele pulou para cima.

MÚKÚRÒ, v. Remover, retirar. *Ó mú mẹta kúrò nínú mẹ́wàá* – Ele deduziu três de dez.

MÙKÚRÚ, v. Encurtar, contrair.

MÚLÁGBÁRA, v. Fortalecer, dar poder a.

MÚLÁRADÁ, **MÚLÁRALE**, v. Curar, sarar. *Ó mú mi lára dá* – Ela me curou.

MÚLÁRAYÁ, v. Estimular, animar.

MÚLÁRÙN, v. Contagiar, infectar. *Onjẹ yìí mú mi lárùn* – Esta comida me fez pegar uma doença.

MÚLE, v. Endurecer, robustecer. *Ó mú mi le* – Ele me fortaleceu.

MÚLÉKÉ – MÚNÍYÌ

MÚLÉKÉ, v. Acusar uma pessoa de mentirosa, provar que alguém mentiu. Ó mú mi léké – Ele me acusou de mentir.

MÚLERA, v. Fortalecer.

MULẸ̀, v. Fazer um acordo, um pacto, um juramento. Ó mulẹ̀ pèlú mi – Ele fez um acordo comigo.

MÚLẸ̀, v. Firmar-se, estabilizar-se. Igi yìí fidí múlẹ̀ – Esta árvore está firme.

MÚLẸ̀MÓFO, adj. Sem nada. Ó wà múlẹ̀ mófo – Ele está de mãos vazias. < mú + òfo.

MÚLẸ́NU, adj. Afiado, agudo. Ọ̀bẹ yìí múlẹ́nu – A faca é afiada; Ó múlẹ́nu – Ela é tagarela.

MULẸ̀ṢEBÌ, **MULẸ̀ṢÌKÀ**, v. Formar um grupo exclusivo para um mau propósito.

MÚLẸ̀WÀ, v. Embelezar.

MÚLÓRÍYÁ, v. Encorajar, animar-se.

MÚLỌ, v. Pegar e levar coisas leves. Ó mú ìwé lọ sílé – Ela pegou o livro e levou para casa.

MÚLỌ́KÀN, v. Ter atenção. Isẹ́ yìí mú mi lọ́kàn – Este serviço ocupa toda a minha atenção.

MÚLỌ́KÀNLE, v. Confirmar, fortalecer a mente. Ó mu mi lọ́kànle – Ele me tranquilizou, me confirmou.

MÚLỌ́MÚLỌ́, adj. Macio, suave. Ó rí múlọ́múlọ́ – Ele parece macio e felpudo.

MUMI, v. Beber água. Ó mumi púpọ̀ – Ele bebeu muita água; Èmi náà fẹ́ mumi – Eu também quero beber. < mu + omi.

MÚMỌ, v. Introduzir, conduzir para dentro. Ó mú u mọ̀ – Ele o introduziu.

MÚMỌ́RA, v. Suportar. Ó mú ìyà náà mọ́ra – Ela suportou aquele sofrimento estoicamente.

MÚNÁ, adj. Afiado, severo, perspicaz. Ó múná – Ele é atento. < mú + iná.

MÚNILỌ́KÀN, adj. Tocante, patético.

MÚNISANRA, adj. Conduzir a ideia, ganhar corpo.

MÚNÍYÌ, v. Mostrar respeito, dignificar. Ó mú mi níyì – Ela me dignificou. < mú + ní + ìyí.

MÚNÚDÙN, *v.* Alegrar. *Ó mú mi núdùn* – Ela me fez feliz. < *mú + nínú + dùn*.

MU ỌYÀN, *v.* Mamar, chupar os seios.

MÚPADÀ, *v.* Trazer de volta, restabelecer. *Ó mú ìwé mi padà* – Ele trouxe meu livro de volta.

MÚPAMỌ́, *v.* Esconder, ocultar, omitir.

MÚPÁRÍ, *v.* Terminar, finalizar, completar.

MÚPÉ, *v.* Fazer perfeitamente, consumar.

MÚPẸ́, *v.* Prolongar, protelar. *Ó mú ìgbà náà pẹ́* – Ele prolongou o período.

MUPỌ̀, *v.* Beber junto. *A mupọ̀* – Nós bebemos juntos.

MÚPỌ̀, *v.* Pegar junto, fazer crescer, aumentar. *Ó mú wọn pọ̀* – Ele os fez crescer juntos.

MÚPỌ́N, *v.* Amadurecer. *Oòrùn mú èso yìí pọ́n* – O sol amadureceu esta fruta.

MÚRA, *v.* Preparar, ser ativo, ser vivo, disposto. *Wọ́n níláti múra tán láti gbé ẹrù-iṣẹ́* – Eles precisam se preparar para assumir responsabilidades.

MÚRÀN, *v.* Alastrar. *Òfin yìí múràn* – Esta lei se alastrou, está em vigor.

MÚRAGÍRÍ, *v.* Ser ativo. *Ó múragírí* – Ele ficou pronto a tempo.

MÚRALÈ, *v.* Ser forte. < *mú + ara + lè*.

MÚRASÍLẸ̀, **MÚRATẸ́LẸ̀**, *v.* Estar preparado, preparar-se com antecedência. *Ó múrasílẹ̀ fún ojọ́ náà* – Ele se preparou com antecedência para este dia.

MÚRẸ́, *v.* Reconciliar. *Ó mú wa rẹ́* – Ele nos reconciliou.

MÚRẸ̀, **MÚRẸ̀SÌ**, *v.* Fazer crescer.

MÚRẸ́MÚRẸ́, *adv.* Perfeitamente, nitidamente. *Ó dé orí rẹ̀ múrẹ́múrẹ́* – Ele cobriu a cabeça perfeitamente.

MÚRÓ, **MÚDÚRÓ**, *v.* Erguer, sustentar, amparar. *Ìmọ̀ràn rẹ̀ mú mi ró* – O conselho dela me amparou.

MÚRỌ́, *v.* Ser possível, ser bem-sucedido.

MÚRỌ̀, *v.* Amaciar.

MÚRỌLẸ̀, *v.* Acalmar, tranquilizar.

MÚRỌRÙN, *v.* Facilitar, expedir. *Ó mú iṣẹ́ rẹ̀ rọrún* – Você facilitou, tornou fácil o trabalho dela. < *rò + ọrùn*.

MÚSAAKÍ, *v.* Causar melhora à saúde.

MÚSÀN, **WÒSÀN**, *v.* Curar. *Oògùn yìí mú mi sàn* – Este remédio me curou.

MÚSÈSO – MÚTÓBI

MÚSÈSO, v. Tornar produtivo, frutificar.

MÚSẸ̀, adv. Carinhosamente, gentilmente.

MÚSẸ̀SÍLẸ̀, v. Ó mú èjè sílẹ̀ – Ele causou uma carnificina, um sangramento.

MÚSÍLẸ̀, v. Colocar embaixo, no chão. Mú igi náà sílẹ̀ – Coloque a madeira no chão.

MÚSÌN, v. Obrigar a trabalhar sem pagamento.

MÚSÍNÚ, v. Inserir, colocar dentro.

MÙSÍÒMÙ, s. Museu (do inglês museum).

MÚSO, v. Atrelar como o gado.

MÚSÒ!, interj. Hurra! Ó dá músù! – Ele deu um grito de triunfo!

MÚSÓKÈ, v. Pegar e erguer coisa leve. V. gbésókè.

MÚSỌ́WỌ́, v. Segurar na mão.

MÚSÙÚRÙ, v. Ter paciência.

MÚṢÁ, v. Causar enfraquecimento, extinguir.

MÚṢÀÌṢÀN, v. Ficar doente, adoecer.

MUṢÁÀKÍ, v. Falhar, ser abortivo.

MÚṢÀN, v. Diluir, fazer fluir. Ó mú otí yìí sàn – Ele diluiu esta bebida.

MÚṢE, v. Compelir a fazer. Ó mú mi nípá láti ṣe é – Ele me forçou a fazer isto; Ó mú mi ṣe – Ela me obrigou a fazer.

MÚṢEDÉDÉ, v. Igualar, fazer exatamente igual.

MUṢEKÁNKÁN, v. Acelerar, apressar.

MÚṢẸ, v. Executar, realizar, desempenhar.

MÚṢÌṢE, v. Ensinar errado. Ó mú mi sìṣe – Ele me ensinou errado, ele me causou uma gafe.

MÚṢÒRO, v. Dificultar. Ó mú sòro iṣẹ́ wọn – Ele dificultou o trabalho deles.

MÚṢỌ̀TÍTỌ́, v. Compelir a um ato justo e correto.

MÚṢỌKAN, v. Unificar, agregar.

MUTÍ, v. Beber qualquer bebida. Ó mu otí – Ele bebeu uma bebida.

MÚTÌ, v. Ter pouca força para segurar algo. Ó mú mi tì – Ele é impotente em me segurar.

MUTÍYÓ, **MUTÍPARA**, v. Ficar bêbado, ficar intoxicado. Ó nmutíyó bọ̀ díẹ̀díẹ̀ – Ele está se intoxicando pouco a pouco.

MÚTÓBI, v. Alargar, engrandecer, aumentar.

MÚTỌ́, v. Endireitar. *Ó mú u tọ́* – Ele o endireitou.

MÚTỌ̀, v. Agir como diurético. *> ìtọ̀* – urina.

MÚTUJÚ, v. Abrandar, acalmar, moderar.

MÚWÁ, v. Pegar e trazer coisas leves. *Múwá síhín* – Traga para cá; *Mú ọ̀bẹ wá* – Pegue a faca e traga; *Ó fẹ́ kí o mú aṣo rẹ̀ wá* – Ela quer que você pegue a roupa dela e traga.

MÚWÀ, v. Causar a existência, criar, produzir. *Ọlọ́run mú àiyé wá* – Deus, criador do mundo.

MÚWATỌ́, v. Ficar com água na boca, babar.

MÚWỌ́, v. Fazer dobrado, encurvar.

MÚWỌ̀, v. Hospedar, alojar, abrigar. *Ó mú mi wọ́ sílè rẹ̀* – Ele me hospedou na casa dele.

MÚWỌLÉ, v. Trazer, introduzir, iniciar. *Sìgá: wọ́n ti mu àádọ́ta-ọ̀kẹ́ owó wọlé, sùgbọ́n wọ́n ti ṣekúpa àádọ́ta-ọ̀kẹ́ ènìà* – O cigarro: eles já lucraram milhões em dinheiro, mas já mataram milhões de pessoas.

MÚWUSÍÍ, v. Aumentar, multiplicar. *Ọwọ́ mi wú síí* – Minha mão está mais inchada.

MÚYÁ, exp. Dita a uma pessoa doente. *Olúwa á mú ara yá* – O Senhor o recuperará rapidamente.

MÚYANJÚ, v. Esclarecer, tornar algo claro. *Ó mú ọ̀rọ̀ náà yanjú* – Ele esclareceu o assunto.

MÚYÀTỌ̀, v. Fazer diferente, fazer o contrário. *Ó mú wọn yàtọ̀* – Ele os diferenciou.

MÚYÉ, v. Explicar, esclarecer. *Ó mú ọ̀rọ̀ náà yé mi* – Ele esclareceu o assunto para mim.

MÚYÈ, v. Reanimar, recuperar, restabelecer. *Oògùn yìí mú mi yè* – Este remédio me reviveu.

MÚYẸ, v. Ser conveniente, ser satisfatório. *Ó mú iṣẹ́ yìí yẹ fún wa* – Ele fez este trabalho satisfatório para nós.

MÚYẸ́-MÚYẸ́, adv. Facilmente. *Ewùrà yìí tú múyẹ́-múyẹ́* – Este inhame aquático se desmancha facilmente.

MÚYẸ́, v. Fazer ajuste, adaptar.

MÚYỌ̀, v. Alegrar, divertir alguém. *Ó mú mi yọ̀* – Ela me faz feliz.

MÙTÒ, v. Endireitar. Ó mu u tò – Ele o endireitou.

MÙTÒ, v. Agir como diurético. > tò – urina.

MÙTULU, v. Abrandar, acalmar, moderar.

MÙWÀ, v. Pegar e trazer coisas leves. Minut shm – Traga para cá. Ma abe wa – Pegue a faca e traga. Ó jé ki o mu re ua – Ela quer que você pegue a roupa dela e traga.

MÙWÀ, v. Causar a existência, criar, produzir. Ólórun mu àyé ua – Deus, criador do mundo.

MÙWATÒ, v. Ficar com água na boca, babar.

MÙWÒ, v. Fazer dobrado, encurvar.

MÙWÒ, v. Hospedar, alojar, abrigar. Ó mu mi uó síe ré – Ele me hospedou na casa dele.

MÙWÒLÉ, v. Fazer, introduzir, iniciar. Sígá uòn ti mu tàdóta-òkè ouó wçlé, sìgbón uòn ti selàpa tàdóta-òkè ènià – O cigarro: eles já lucraram milhões em dinheiro, mas já mataram milhões de pessoas.

MÙWURÙ, v. Aumentar, multiplicar. Ouo mi wa sh – Minha mão está mais inchada.

MÙYÀ, exp. Dita a uma pessoa doente. Olúwa á mu ara ya – O Senhor o recuperará rapidamente.

MÙYANJU, v. Esclarecer, tornar algo claro. Ó mu òrò náa yanjú – Ele esclareceu o assunto.

MÙYÁTÒ, v. Fazer diferente, fazer o contrário. Ó mu uçn yàto – Ele os diferenciou.

MÙYÉ, v. Explicar, esclarecer. Ó mu òrò náa ye mi – Ele esclareceu o assunto para mim.

MÙYÉ, v. Reanimar, recuperar, restabelecer. Oògun yú mu mi yé – Fez remédio me reviveu.

MÙYÉ, v. Ser conveniente, ser satisfatório. Ó mu isé yú yé fún ua – Ele fez este trabalho satisfatório para nós.

MÙYÉ-MÙYÉ, adv. Facilmente. Euru yú ti mùyé-mùyé – Este infame aquà-rico se desmancha facilmente.

MÙYÉ, v. Fazer ajuste, adaptar.

MÙYÒ, v. Alegrar, divertir alguém. Ó mu mi yo – Ela me faz feliz.

N, *pref.* **1.** O prefixo n no verbo indica não só uma ideia presente como uma ação que esteja ocorrendo, em desenvolvimento (gerúndio). *Ó nkẹ́ ọmọ rẹ̀* – Ela está acariciando o filho dela. De acordo com o contexto, pode estar numa condição presente ou passada. Nesse caso é usada a partícula *ti*, indicativa do tempo passado dos verbos. *Ó nkàwé* – Ela está lendo um livro; *Ó ti nkàwé* – Ela estava lendo um livro. Em alguns textos é destacado com acento agudo (tom alto). A pronúncia da letra é articulada na garganta como um grunhido. *V. m.* **2.** Diante de uma pergunta acerca do que está acontecendo, se a resposta for negativa, o verbo fica no aspecto comum. *Ṣé o njẹun? Rárá o, èmi kò jẹun* – Você está comendo? Não, eu não estou comendo. **3.** Substitui o pronome *mo* – eu – nas frases negativas ou quando for usado depois de *kí* – que. *N kò sùn dáadáa* – Eu não dormi bem; *Wọ́n fẹ́ kí n jáde* – Eles querem que eu saia. Essa função é diferenciada, não necessariamente, com um traço horizontal superior. **4.** As letras n e m têm a condição de dar um tom nasal às vogais.

NA, *adv. interrog.* Então, nesse caso. Usado no fim da frase para enfatizá-la. *Wọ́n ti ì lọ na?* – Eles ainda não foram, então?; *Ìwọ lè ṣe irú ohun bẹ́ẹ̀ na?* – Você pode fazer as coisas assim, então?

NÁ, *adv.* **1.** Já, agora, em primeiro lugar, exatamente. *Wá ná* – O primeiro de todos, venha; *Dúró ná* – O primeiro de todos, levante-se; *Gbọ́ mi ná* – Ouçam-me, agora. É usado depois do verbo. **2.** Ainda, no entanto.

NÁ, *v.* **1.** Gastar, custar, desperdiçar, desembolsar. *Mo ná gbogbo owó mi* – Eu desperdicei todo o meu dinheiro. > *ìnáwó* – despesa. **2.** Estimar.

NÀ, *v.* **1.** Bater com a mão. *Ó na ọmọ* – Ele bateu na criança; *Wọ́n kò lè nà yìn* – Eles não podem bater em você. **2.** Apontar. *Na ìka sí mi* – Aponte o dedo para mim. **3.** Flagelar, chicotear, castigar. *Ó lè nà wọ́n pa* – Ele pode bater neles e matar. **4.** Espalhar, esparramar, esticar, expandir, ampliar. *Ó na apá* – Ele esticou os braços; *Ó nà tàntàn* – Ele expandiu ao máximo. V. *ẹnà*. **5.** Estender sobre, estirar, cobrir. *Ìyá mi na aṣọ sórí àga* – Minha mãe estendeu a roupa sobre a cadeira; *Ó na apà* – Ele esticou o braço. **6.** Consertar. *Obs.*: Verbo com acento tonal grave perde o acento antes de substantivo.

NÁÀ, *adv. e conj. pré-v.* Também, o mesmo. *Èmi náà rò bẹ́ẹ̀* – Eu também penso assim. Não é usado com pronome pessoal de uma sílaba. V. *pèlú*.

NÁÀ, *art.* O, a, os, as. *Kíni olè náà kó?* – O que o ladrão roubou?; *Igi náà wó lùlẹ̀* – A árvore caiu no chão.

NÁÀ, *pron. dem.* Aquele, aquela, aquilo (forma usada na cidade de Lagos). *Mo nu àwo náà* – Eu limpei aquele prato. Também pode ser usado com *yìí* e *yẹn*. *Aṣọ tí mo rà láná yìí náà* – Esta roupa que eu comprei ontem; *Ọ̀rọ̀ a sọ fún yín yẹn náà* – Aquele assunto que nós falamos para vocês.

NÁDÀNÙ, *v.* Gastar. *Ó ná owó rẹ̀ dànù* – Ele desperdiçou o dinheiro dele.

NÀGÀ, NÀGÀSÍ, *v.* Almejar, aspirar, ambicionar, levantar-se. *Ó nàgà sí àti lówó lọ́wọ́* – Ele aspira ter dinheiro nas mãos, ele ambiciona ser rico. < *nà* + *gà*.

NÀGÀWÒ, *v.* Esticar-se para ver algo, espichar-se. *Ó nàgà wò ó* – Ele esticou o pescoço para vê-la. < *nà* + *gà*.

NÀGÓ, *s.* Uma forma de definir o povo *yorubá*. V. *Ànágó*.

NÀGÚDÙ, *s.* Tipo de calça ajustada no tornozelo, bombachas.

NAHÙNPÈ, *v.* Chamar, gritar, saudar. *Ó nahùn pè mí* – Ele me chamou. < *nà* + *ohùn* + *pé*.

NÀÌJÍRÍYÀ, *s.* Nigéria. Denominação oficial: República Federativa da Nigéria; capital: Abuja; área: 923.768 km^2; população: 108.945.000; densidade populacional: 117 por km^2; línguas: inglês, hauçá, *yorubá* e ibo; moeda: naira – US$ 1 = 124 nairas; PIB (em milhões de dólares): 43.700.

NÁÍRÀ, *s.* Naira, moeda nigeriana. *Èló ni ẹja? Náírà mẹ́tamẹ́ta* – Quanto custa cada peixe? Três nairas cada; *Náírà mẹ́wàá ni mo rà á* – Eu comprei isto por dez nairas. *Obs.*: A sílaba *náí* tem um som nasal.

NÁJÀ, *v.* Fazer uma transação comercial. *Mo lọ nájà* – Eu fui fazer uma transação. < *ná* + *ọjà*.

NAJÚ, *v.* Relaxar, tomar ar fresco, passar o tempo com alguém. *Ó najú* – Ele relaxou um pouco. < *nà* + *ọjú*.

NÀKÀNNÀKÀN, KÀNNÀ-KÀNNÀ, *adv.* Internamente, fortemente. *Ó fi nàkànnàkàn* – Ele balançou intensamente.

NÀKASÍ, *v.* Apontar o dedo para indicar, mostrar. *Ó nàka sí mi* – Ela apontou o dedo para mim. < *nà* + *ìka* + *sí*.

NÀLỌ, *v.* Estender, espalhar, alongar.

NÁNAKÙNÁ, *v.* Desperdiçar, esbanjar.

NÀNDI, *s.* Pessoa estúpida, cabeça-dura.

NÁNI, *obs.* V. *sèsè*.

NÁNÍ, *v.* Desprezar. *Ó fi ojú nání mi* – Você me tratou com desprezo, você me desprezou.

NÁNÍ, *v.* Cuidar de, perceber, notar, estar interessado, estar ansioso a. *Ẹdá jẹ́ ohun tí a lè nání* – A criação é algo que nós podemos notar.

NÀNÍ, *v.* Chutar. *Màlúù yìí nà mí ní tete* – Esta vaca me chutou. V. *nànípá*.

NÁNIKÙNÀ, *v.* Gastar de modo extravagante, esbanjar.

NÀNÍPÁ, *v.* Chutar. *Ó nà mí nípá* – Ele me cutucou com o pé dele.

NÀNÍPÀṢÁN, *v.* Bater com um chicote, flagelar. *O nà mí nípàṣán* – Ele me bateu com um chicote.

NAPÁ, *v.* Esticar os braços. *Ó napá* – Ele esticou o braço. < *nà* + *apá*.

NARA, *v.* Descansar, repousar. *Ó nara* – Ele esticou o corpo. < *nà* + *ara*.

NÁRA, *v.* Gastar energia, fazer muito esforço. < *ná* + *ara*.

NÀRÓ, *v.* Ficar de pé, ficar ereto. *Ó nàró* – Ele permaneceu ereto. < *nà* + *ìró*.

NÁRUN, *s.* Urticária. *Nárun mú mi* – Eu tenho urticária.

NÀSÁ, *v.* Esparramar, estender para secar ao sol.

NASẸ, *v.* Esticar as pernas. *Ó nasẹ lọ* – Ele deu um passeio, ele foi esticar as pernas. < *nà* + *ẹsẹ̀*.

NÁSÌ, *v.* Enfermeira, ama-seca, babá (do inglês *nurse*).

NÀSÓ, *s.* Título feminino no culto a Ṣàngó na cidade de Ọ̀yọ́. *Ìyá Nàsó Ọká* – liderou o grupo fundador do Candomblé do Engenho Velho, Bahia, no início do século XIX.

NÀTÀTÀN, *v.* Estirar-se violentamente, sofrer um espasmo ou convulsão.

NÀTẸ́, *v.* Espalhar por terra.

NÁWÓ, *v.* Gastar dinheiro. *Ó náwó sí i* – Ele gastou dinheiro nisto. < *ná* + *owó*.

NÁWÓNÁRA, *v.* Gastar dinheiro e força física.

NAWỌ́, *v.* Estender a mão. *Ó nawọ́* – Ela estendeu a mão; *Ó nawọ́ sí mi* – Ela ofereceu comida para mim. < *nà* + *ọwọ́*.

NDAN, **NA**, *adv. interrog.* Usado numa frase interrogativa para dar ênfase. *Ìwọ lè ṣe irú ohun bẹ́ẹ̀ ndan?* – Você pode fazer esse tipo de coisa, então?

NDÀO, *adv.* Não, nunca.

NẸGẸ́NNẸGẸ́N, *adv.* Calmamente.

NẸN, *pron. dem.* Aquele, aquela. *Ènìà nẹn* – aquela pessoa. *V. ìyẹn.*

NG, *pron. pess.* Eu. Outra forma do pronome pessoal, podendo ser usada em frases negativas, substituindo *mo. Ng ò rí ọ lóní* – Eu não vi você hoje; *Ng kò ṣiṣẹ́ lóní* – Eu não estou trabalhando hoje. *V. mo.*

NHÚN, *adv.* Não.

NI, *v.* **1.** Ser. Usado para ênfase, excluindo o efeito de possibilidade. *Akẹ́kọ́ ni Olú* – Olú é um estudante; *Òun ni olùkọ́ mi* – Ele é meu professor; *Mo gbà èbùn = Èbùn ni mo gbà* – Eu ganhei um presente. Não é usado no tempo futuro nem com pronome pessoal de uma sílaba. Antes de vogal diferente de *i*, transforma-se em *l. Kíni èyí?* = *Kílèyí?* – O que é isto? **2.** Pode ser usado como verbo de ligação. *Èmi ni yí* – Estou aqui. *Obs.: Kọ́* é a forma negativa de *ni* – não ser. *V. jẹ́* – ser. **3.** Faz a regência das palavras interrogativas: *kíni, tani, mélòó ni, níbo ni, wo ni* etc.

NI, *part. enfática.* Usada no fim de uma frase verbal para chamar a atenção do verbo. *Jẹ́kálọ sí ọjà?* – Vamos ao mercado?; *Mo nfọsọ ni* – Estou lavando roupa, sinto muito, estou ocupada. Sugere mostrar à pessoa o que ela está fazendo.

NI, *pron. rel.* Que. Usado depois de *kọ́* – não ser –, quando *kọ́* for seguido de outro verbo. *Ègbọ́n mi kọ́* – Ela não é minha irmã; *Lóní kọ́ ni mo lọ* – Não é hoje que eu vou. *V. kọ́.*

NÍ, *part. enfática.* **1.** Usada na construção de frases; quando o verbo tiver dois objetos, o segundo objeto é precedido por *ní. Ó fún mi ní èwù* – Ele me deu uma camisa; *Ó jẹ́ mi ní owó* – Ele me deve dinheiro. *V. dìlókùn, yálówó, ránlétí.* **2.** Costuma ser usada depois de verbo que denota mudança de posição.

Ó kúrò ní Ìbàdàn láná – Ele deixou Ibadan ontem; Ó dìde nílẹ̀ – Ele se levantou do chão; Ó mú u nínú àpótí – Ele o pegou dentro da bolsa. 3. Forma frases adverbiais de tempo. Òtútù mú lówúrọ̀ – Estava frio de manhã; Mo dé iṣẹ́ ní agogo méjọ – Eu cheguei do trabalho às 8h. Obs.: Ní òwúrọ̀ = lówúrọ̀.

NÍ, prep. No, na, em. Usada para indicar o lugar em que alguma coisa está. Indica uma posição estática. Ó wà ní ilé = Ó wà nílé – Ela está em casa; Ó fi ìlẹ̀kẹ̀ ní ọrùn = Ó fi ìlẹ̀kẹ̀ lọ́rùn – Ela usou o colar no pescoço. Obs.: a) ní muda para l, quando a palavra seguinte começa com vogal diferente de i; b) o verbo wà – estar – é sempre seguido de ní.

NÍ, v. 1. Ter, possuir. Ó ní owó púpọ̀ = Ó lówó púpọ̀ – Ela tem muito dinheiro. 2. Dizer, no sentido de relatar alguma coisa, muito usado nos textos de Ifá. Ó ní: Ó fún ọ ní ẹ̀bùn – Ele disse: Ela deu um presente para você. V. wí. 3. Transportar carga em um barco ou navio. Ó lọ ní ọkọ̀ náà – Ele foi carregar aquele barco. 4. Ocupar, obter, pegar.

NÌ, pron. dem. Aquele, aquela. Requer alongamento da vogal final da palavra que o antecede somente na fala. Fìlà (a) nì – aquele chapéu. Forma plural: wọnnì, ìwọnnì. V. náà, yẹn.

NÍ Í, part. v. Quando antecedida por kò, é uma opção para fazer a negativa do tempo futuro dos verbos. Àwa kò ní í sọ̀rọ̀ mọ́ – Nós não falaremos mais; Bàbá kò ní í wá – Papai não voltará. V. kì, outra forma negativa do tempo futuro.

NÍ ÀKÓKÒ YẸN, adv. Naquele tempo. Ní àkókò kan – numa certa ocasião.

NÍ ÀNÁ, adv. Ontem. = láná.

NÍ ÀSÌKÒ YÌÍ, adv. Neste momento.

NÍ ÀTÈTÈKỌ́ ṢE, adv. No princípio, no começo.

NÍBÀBÀ, NÍKỌ̀KỌ̀, adv. Secretamente, clandestinamente. Ó ṣe é níkọ̀kọ̀ – Ele fez isto secretamente.

NÍBÁDÉ-NÍBÁDÉ, adv. De acordo com o tamanho, com a medida.

NÍBÀJẸ́, adj. Injurioso, calunioso.

NÍBÀMBALẸ̀, adv. Perto do chão. Èso igi yìí wà níbàmbalẹ̀ – A fruta desta árvore está crescendo bem embaixo, perto do chão.

NÍBÁWÍ, adv. Culpável, imputável.

NÍBÁYÍ, adv. Já, agora. Níbáyí ló dé – Ele chegou justamente agora.

NÍBÈ, *adv.* Lá, ali. *Ènìà mélòó ni ó wà níbè* – Quantas pessoas estavam lá?. < *ní* + *ibè*. *V. síbè*.

NÍBÈNÁÀ, *adv.* Ali, naquele lugar.

NÍBÈRÙ, *adj.* Tímido, temeroso, apreensivo. *Mo níbèrù pé èmi ó kú* – Eu tenho medo de que eu morrerei.

NÍBÈYÈN, *adv.* Acolá.

NÍBÍ, *adv.* Aqui, cá. *Ó wà níbí = Ibí ni ó wà* – Ele está aqui. < *ní* + *ibí*. *V. síbí*.

NÍBI, *adv.* No lugar. *Ó wà níbi isé* – Ele está no local de trabalho. < *ní* + *ibi*.

NÍBIBÀJÉ, *adj.* Corrupto.

NÍBIGBOGBO, *adv.* Em toda parte.

NÍBÌKAN, *adv.* Em algum lugar. *Ó wà níbì kan* – Ela está em algum lugar. *Obs.: ibi + kan = ibìkan*.

NÍBÌKANNÁÀ, *adv.* No mesmo lugar.

NÍBIKÍBI, *adv.* Em qualquer lugar, em qualquer parte. *Níbikíbi tí o bá wà* – Em qualquer lugar que você possa estar.

NÍBÍNÍTAN, *v.* Ser bem-nascido.

NÍBÍNÚ, *adv.* Raivosamente, hostilmente.

NÍBÌNÚJÉ, *adj.* Triste, doloroso.

NÍBIRERE, *adv.* Num bom lugar.

NÍBITÍ, *adv.* No lugar, onde. *Mo rí níbití ilé náà wà* – Eu vi onde a casa estava; *Ó bá mi níbití mo ti njáwé sí* – Ele me encontrou exatamente no lugar em que eu estava colhendo folhas.

NÍBIYÍ, *adv.* Aqui, neste lugar.

NÍBO, *adv.* *interrog.* Onde, aonde. *Níbo ni ó bá aso yìí?* – Onde você encontrou esta roupa?; *Níbo ni ó ngbé?* – Onde ela está morando? *V. ibití*, a forma afirmativa.

NÍBÒ, *adj.* Largo, amplo, com larga margem.

NÍBÒMÍRÀN, **NÍBÒMÍ**, *adv.* Em nenhum lugar. *Níbòmíràn kò sí ojà* – Não há nenhum lugar no mercado; *Ó wà níbòmíràn* – Ela está em outro lugar. *V. míràn*.

NÍBÚ, **NÍBÚRÙBÚ**, *adv.* Lateralmente, transversalmente, através de.

NÍBÙBA, *adj.* Falso, adulador, baba-ovo.

NÍBÙKÚN, *adj.* Acrescentado, abençoado.

NÍDÁBÚ, *adv.* Transversalmente, diametralmente.

NÍDÁJÍ, adv. Cedo, de manhã. = àárọ̀.

NÍDÁJÚ, adj. Correto, digno de confiança. Mo rí i pé ó nídájú – Eu considero isto correto.

NÍDÁKẸ́, adj. Silencioso, quieto. < ní + dá + kẹ́kẹ́.

NÍDARAYÁ, adj. Vivo, vivaz.

NÍDÁRÚDÀPỌ̀, adv. Desordenado, confuso, caótico.

NÍDÁWỌ́LÉ, adj. Aventureiro, ousado.

NÍDÁYÍ, adv. Agora, nesta hora.

NÍDÍ, prep. Sobre, a respeito de, concernente a.

NÍDÍKỌ̀, adv. Detrás.

NÍDILU, adj. Dobrado, envolto.

NÍDÚRÓ, adj. Ereto, em pé.

NÍDÚRÓṢANṢAN, **NÍDÚRÓṢINṢIN**, adv. Firmemente, aprumadamente.

NÍ Ẹ̀GBẸ́, **LẸ́GBẸ́**, adv. Ao lado de.

NÍ Ẹ̀HÌN, **LẸ́HÌN**, prep. Depois. Lẹ́hìn jẹun ọ̀sán, mo máa sùn – Depois do almoço, eu costumo dormir.

NÍFÀIYÀ, adj. Atraente, charmoso.

NÍFAJÚRO, adv. Tristemente, irritadamente.

NÍ-FÀSẸ̀HÌN, adv. Retrogradamente.

NÍFẸ́, v. Ter amor, ter afeição. Ó nífẹ́ fún mi – Ela tem afeição por mim.

NÍFẸ́KÚFẸ́, adj. Luxurioso, lascivo, libertino.

NÍFIYÈSÍ, adj. Observador, perspicaz, arguto.

NÍFÒIYA, adj. Medonho, terrível.

NÍFỌGBỌ́NṢE, adv. Astuciosamente.

NÍFỌWỌ́SỌWỌ́, adv. Com as mãos apertadas, entrelaçadas.

NÍFURA, adj. Suspeito, desconfiado.

NÍGÍNNÍGÍN, adv. Ainda. Òkun dákẹ́ nígínnígín – O mar está calmo ainda.

NÍGỌ̀GỌ̀, adj. Cabeludo, juba, crina. < ní + ìgọ̀gọ̀.

NÍGÙN, adj. Anguloso, que tem as pernas compridas.

NÍGBÀ-ÀTIJỌ́, adv. Antigamente.

NÍGBÀGBÉ, adj. Esquecido.

NÍGBÀGBOGBO, adv. Sempre, todas as vezes, em todo o tempo. *Nígbàgbogbo ló máa nbú mi* – Constantemente ela me ofende.

NÍGBÀKANRÍ, **NÍGBÀKAN**, adv. Era uma vez, uma vez. *Nígbàkan a férè se àgbèrè* – Certa vez, nós quase transamos.

NÍGBÀKÍGBÀ, adv. Sempre, frequentemente. *Nígbàkígbà tí o bá wá, èmi yíò rí o* – Sempre que você vier, eu a verei; *Nígbàkígbà ló máa nbú mi* – Ele costuma sempre abusar de mim.

NÍGBÀKOKAN, adv. De quando em quando, quando quiser.

NÍGBÀKÚGBÀ, **NÍGBÀKÍGBÀ**, adv. Muitas vezes. *Nígbàkígbà ni ó máa nbú mi* – Muitas vezes ele me ofende.

NÍGBÀMÍRÀN, **NÍGBÀNI**, adv. Algumas vezes, num tempo. *Nígbàmíràn mo máa nlo, nígbàmíràn èmi kò máa lo* – Algumas vezes eu vou, outras vezes eu não vou; *Mo rí i nígbàmíràn* – Eu a vejo algumas vezes.

NÍGBÀNÁÀ, adv. Então, às vezes. *Òjó nmu otí nígbànáà* – Ojô, algumas vezes, toma uma bebida; *Kíló nse nígbànáà?* – O que você está fazendo então?; *Bí o bá jeun nígbànáà mo jeun pèlú* – Se você comer algo, eu comerei também.

NÍGBÀNGBA, adv. Seguidamente, depois de.

NÍGBÀ NÍSISÌYÍ, adv. Agora, no tempo atual.

NÍGBÀ OYÚN, adv. Durante a gravidez.

NÍGBÀPÚPÒ, adv. Frequentemente, diversas vezes.

NÍGBÀTÍ, adv. Quando, enquanto, no tempo que. *Nígbàtí mo ní owó, ó nsòrò pèlú mi* – Quando eu tinha dinheiro, ela falava comigo; *Mo njeun nígbàtí o dé* – Eu estava comendo quando ela chegou. < *ní + ìgbà + tí*.

NÍGBÀTÍMBÒ, adv. Doravante, no futuro.

NÍGBÀWO, adv. Quando. *Nígbàwo ni bàbá padá dé?* – Quando papai retornará?; *Àiyé kan láìsí ìwà-ìbàjé, nígbàwo?* – Um mundo sem corrupção, quando?. < *ní + ìgbà + èwo*.

NÍGBÀYEN, adv. Naquele tempo. *Nígbàyen nwón máa nsisé* – Naquele tempo, eles costumavam trabalhar.

NÍGBÀYÍ, adv. Agora, nesta hora.

NÍGBÀYÍYE, adv. Oportunamente, no tempo certo. *Nígbàyíye èmi yíò lo* – Oportunamente, eu irei.

NÍGBÉRAGA, *adj.* Orgulhoso, arrogante, atrevido.

NÍGBẸ̀HÌN, *adv.* Enfim, finalmente. *Ó ṣe é nígbẹ̀hìn* – Ele o fez, finalmente. < *gbà* + *ẹ̀hìn*.

NÍGBẸ́KẸ̀LÉ, *adj.* Fidedigno, autêntico.

NÍGBÓNÁ, *adj.* Quente, fervendo.

NÍGBÓIYÀ, *adj.* Bravo, corajoso, intrépido.

NÍGBỌ́RÀN, *adj.* Obediente, submisso.

NÍGBÓṢE, *adv.* Seguidamente, depois de. *Nígbóṣe ni èmi yíò dé* – Eu irei em seguida, eu irei brevemente.

NÍHÀ, *adj.* e *prep.* No lado de, para. *Níhà ibòmíràn lóde* – Em outros lugares do mundo. < *ní* + *ihà*.

NÍHÀ-ÌHÍN, *prep.* Neste lado, perto daqui.

NÍHÀ-ÀRÍWÁ, *adj.* Do lado norte, nortista.

NÍHÀ-GÚSÙ, *adj.* Do lado sul, sulista.

NÍHÀ-ÌLÀỌ̀RÙN, *adj.* Do lado leste, oriental.

NÍHÀLẸ̀, *adj.* Orgulhoso.

NÍHÀ-ÒDE, *adj.* e *adv.* Externo, externamente.

NÍHÀ-ỌHÚN, *prep.* Naquele lado de, no outro lado de.

NÍHÍN, **NÍHÍNYÍ**, *adv.* Aqui, neste lugar. *Ó wà níhín* – Ela está aqui. = *níbí*.

NÍHÒÒHÒ, *adj.* Nu. *Ó wà níhòòhò goloto* – Ele está totalmente nu.

NÍJÉLÓ, **NÍJỌ́UN**, **NÍJỌ́SI**, *adv.* Outro dia, recentemente. *Níjéló tí mo rí o* – Quando eu o vi recentemente.

NÍJẸ́TA, *adv.* Antes de ontem, três dias atrás. *Mo ṣe ọjọ́ ìbí níjẹ́ta* – Eu aniversariei antes de ontem. < *ní* + *ìjẹ́ta*.

NÍJÌ, *adj.* Sombrio, escuro.

NÍJỌ́GBOGBO, *adv.* Todo dia, diariamente. = *lójojúmọ́*.

NÍJỌ́KAN, *adv.* Um dia. < *ijọ́* + *kan*.

NÍJỌ́KÀNLỌ́GBỌ̀N, *adv.* Raramente, de vez em quando.

NÍJỌ́KẸ́TA, *adv.* No terceiro dia. *Ó dé níjọ́kẹ́ta tí òsè kojá* – Ela chegou no terceiro dia da semana passada.

NÍJỌ́KẸ́TAKẸ́TA, *adv.* Todos os terceiros dias.

NÍJỌ́KẸ́TÀLÁ, *adv.* No décimo terceiro dia.

NÍJÓKÍJÓ, *adv.* Qualquer dia. *Níjókíjó èmi yíò lọ* – Qualquer dia eu irei. < *ní* + *ijọ* + *kí* + *ijọ*.

NÍJÓMÍRÀM, *adv.* Num outro dia. *Níjómíràn òun yíò sọ̀rọ̀ pèlú yin* – Num outro dia ele falará com vocês.

NÍJỌSÍ, *adv.* No dia seguinte. *Níjọsí ló lọ* – Ele foi no outro dia.

NÍJÓWO, **NÍJÓSI**, *adv. interrog.* Quando, que dia.

NÍKÀ, **NÍKÀ-NNÚ**, *adj.* Cruel. *Ó ṣe ara rẹ̀ níkà* – Ele agiu de modo cruel. = *níkà nínú*.

NÍKÀRÍKÀ, **NÍKÀARÀ**, *adv.* Descansar nas costas de alguém.

NÌKAN, *adv. pré-v.* Somente, sozinho, só, apenas. *Èmi nìkan yíò lọ* – Eu irei sozinho; *Ó nìkan ṣe orò rẹ̀* – Ela fez a obrigação dela sozinha; *Òótọ́ nìkan ni bàbáláwo yìí máa nsọ* – É só verdade o que este sacerdote costuma falar. V. *pẹ́rẹ́, ṣoṣo*.

NÍKÁN-NKÁNṢI, *adv.* Imediatamente, em seguida.

NÌKANNÚ, *adv.* Furiosamente, raivosamente.

NÍKANRA, *adj.* Irritável, mal-humorado.

NÍKANṢOṢO, *adv.* Somente, unicamente. *Ó fún mi nìkan ṣoṣo ní mẹ́ta* – Ele me deu somente três.

NÍKÁWỌ́, *adj.* Manuseável, ao alcance da mão. *Ó wà níkáwọ́ mi* – Ela está ao meu alcance, dentro da minha capacidade.

NÍKÉTÉ, *adv.* Imediatamente.

NÍKẸ̀HÌN, *adv.* Finalmente, ultimamente, pelo menos. > *kó* + *ẹ̀hìn*.

NÍKIKAN, *adv.* Extremamente; *adj.* Dolorido, sentido.

NÍKÌKÌỌRỌ̀, *adv.* Somente de meras palavras, verbalmente, oralmente.

NÍKÌKÌORÚKỌ, *adv.* Nominalmente.

NÍKÍKÚ, *adv.* Em situação extrema, na hora da morte.

NÍKÍKÚN, *adv.* Completamente, plenamente. *Ìgò yìí níkíkún ni ó gbé e fún mi* – Foi esta garrafa completamente cheia que ele trouxe para mim.

NÍKÍYÈSÍ, *adv.* Atencioso, considerado. V. *kíyèsí*.

NÍKỌJÀ, **NKỌJÀ**, *adv.* De passagem.

NÍKỌ̀KỌ̀, *adv.* Secretamente, discretamente, clandestinamente.

NÍKÒỌKAN, *adv.* Um por um, um de cada vez. *Ó mú wọn níkòọkan* – Ele os pegou um por um. = *lókòọkan*.

NÍ KÚKÚRÚ, *s.* Em resumo.

NÍKÙTÙKÙTÙ, *adv.* Ao amanhecer, cedo. *Lóní níkùtùkùtù ó bá mi rìn* – Hoje cedo ela caminhou comigo.

NÍLÀ, *adj.* Linha, marca. < *ní* + *ìlà*.

NÍLÀJÀ, *adj.* Amistoso, pacífico.

NÍLAÀLÀ, *adj.* Laborioso, que gosta de trabalhar.

NÍLARA, *adj.* Invejoso, ciumento. *Ó nílara* – Ele tem uma natureza ciumenta.

NILÁRA, *v.* Ser penoso, ser desconfortável, afligir o corpo. *Ó ni mí lára* – É penoso para mim. *V. nira*.

NÍLÀRÈNÍLÀRÈ, *adv.* De vez em quando, ocasionalmente.

NÍLÁÁRÍ, *v.* Ser valioso.

NÍLÁTI, *v.* Precisar, dever. *A níláti tójú èsin* – Precisamos cuidar da nossa religião.

NÍLERA, *adj.* Saudável, forte. *Mo nílera* – Eu estou muito bem. < *ní* + *le* + *ara*.

NÍLẸ̀, *adv.* Disponível, à mão. *Owó wà nílẹ̀* – O dinheiro está à mão.

NÍLÒDÌSÍ, *adv.* Contrariamente, em oposição a.

NÍLÒKÚLÒ, *adv.* Impropriamente usado. *Ó nlò aṣọ nílòkúlò* – Ele está usando a roupa de modo impróprio.

NÍLÓWÓLÓWÓ, **NÍLÓỌLÓỌ**, *adv.* Ultimamente, recentemente. *V. lówólówó*.

NÍLÓWÓỌWÓ, *adj.* Morno, indiferente. *V. lówóọwó*.

NÍMÀJÀLÀ, *adj.* Fuliginoso, cheio de fuligem.

NÍMÉJÌMÉJÌ, *adv.* Duplamente, de dois em dois, dois de cada vez. *Wọn wá níméjìméjì* – Eles vieram dois de cada vez.

NÍMẸ̀LẸ̀, *adj.* Indolente, preguiçoso.

NÍMỌ̀, *adj.* Inteligente, sábio, hábil. *O nímọ̀* – Ele é uma pessoa sábia.

NÍMỌKAN, *adj.* Inequívoco, pensamento único. *A nímọ̀ kan* – Nós temos o mesmo pensamento.

NÍMỌ̀MÉJÌ, *adj.* Dúbio, duvidoso.

NÍMỌ̀-OHUNGBOGBO, adj. Onisciente.

NÍMULẸ̀, adv. Secretamente. = àṣírí.

NÍMULẸ̀ṢINṢIN, adj. Imóvel, firme, bem fixo.

NÍNÀ, adj. Merecendo castigo.

NÍNÀ, adj. Elástico. Ó wà pèlú apá nínà – Ela está com os braços estendidos; Ó jókó lórí ẹní pèlú apá nina – Ela está sentada na esteira com os braços estendidos.

NÍNÁ, adj. Ardente, fogoso.

NÍNÁ, adj. Péssimo, ruim, repugnante.

NÍNÁKÚNÁ, adj. Pródigo, gastador, extravagante. Ó ná nínákúná – Ele gastou com extravagância.

NÍNÁ ỌJÀ, v. Pechinchar, regatear o preço.

NÍNÍ, adv. Muito, excessivamente. Ó tútù níní lóní – Hoje está muito frio.

NÌNÍ, s. Um tipo de cobra.

NÍNÍ, adj. 1. Atingível, acessível. Irin yìí tútù níní – Este metal frio está acessível ao toque. 2. Possessivo, forte.

NÍNÍKÁWỌ́, v. Possuir, ter o controle de. Ó wà níkáwọ́ mi – Ele está dentro de minha capacidade, está sob meu controle. < ní + ká + ọwọ́.

NÍNIRA, adj. Difícil, incômodo.

NÍNÚ, prep. Dentro, no interior de. A vogal final é alongada se o nome que lhe segue começar com consoante. Ó fi nínúu yàrá – Ele me deixou na sala; Onjẹ jẹ́ apá pàtàkì kan nínú ìgbésí-ayé wa – A alimentação é parte importante no interior de nossa vida; Èwo nínú ẹyin yìí ló tóbi jù? – Entre esses ovos qual é o maior?. < ní + inú.

NÍNÚBÚBURÚ, adj. Malicioso, mal-intencionado.

NÍNÚNÍNÚ, adj. Íntimo.

NÍNÚRERE, adj. Generoso, de boa natureza.

NÍ OJOJÚMỌ́, **LÓJOJÚMỌ́**, adv. Diariamente, todos os dias. Lójojúmọ́ mò nro òrìṣà mi – Todos os dias eu penso na minha divindade.

NÍ ÒKÈ, adv. Sobre, em cima de, no alto. Obs.: ní + òkè = lókè.

NÍPÁ, adj. e s. Poderoso, valente, potente, sob coação, à força. Ó mú mi nípá fi ẹsẹ̀ rìn – Ele me obrigou a caminhar; Ó mú mi nípá láti ṣe é – Ela me forçou a fazer isso. < ní + ipá.

NÍPA, NÍPASẸ̀, *adv.* Sobre, acerca de, concernente a. *Kíni mo lè sọ̀rọ̀ nípa ọ̀rẹ́ mi?* – O que eu posso dizer sobre o meu amigo?; *Sọ fún mi nípa ẹbí rẹ̀* – Fale para mim acerca da família dela. < *ní + ipa.*

NÍPA KÍNI, *adv. interrog.* Acerca de quê. *Nípa kíni ẹ nsọ̀rọ̀* – Acerca do quê você está falando?

NÍPALÁRA, *adj.* Destrutivo, prejudicial, danoso.

NÍPAMỌ́, *adv.* Secretamente, clandestinamente. *Ó lówó nípamọ́* – Ele tem dinheiro secretamente (economizado). *V. pamọ́.*

NÍPARÍ, *prep.* Enfim, finalmente. *Iṣẹ́ mi parí* – Meu trabalho está terminado. < *pa + orí.*

NÍPARUN, *adj.* Ruinoso, nocivo.

NÍPA TANI, *adv. interrog.* Acerca de quem. *Nípa tani ẹ nsọ̀rọ̀* – Acerca de quem vocês estão conversando?

NÍPÀTÀKÌ, *adv.* Principalmente.

NÍPATI, *prep.* Conforme. *Nípati èyí tí o wí* – Conforme isto que você disse.

NÍPÀTÌ, *adj.* Torturado, atormentado.

NÍPẸ̀KUN, *adj.* Limitado.

NÍPINNU, *adj.* Finito, fim decisivo.

NÍPÍPÉ, *adv.* Completamente, cuidadosamente.

NÍPỌN, *adj.* Grosso, vultuoso. *Aṣọ yìí nípọn* – Este é um tecido grosso.

NÍPỌ́NJÚ, *adj.* Problemático, difícil.

NIRA, *adj.* Desconfortável, difícil. *Ìjókó yìí nira* – Esta cadeira é desconfortável; *Iṣẹ́ mi nira púpọ̀* – Meu trabalho é muito difícil.

NÍRAN, *v.* Lembrar, puxar pela mente.

NÍRERA, *adj.* Delicado, fastidioso.

NÍRÈTÍ, *v.* Esperar, ter expectativa. *Mo nírètí láti lọ* – Eu espero ir.

NÍRÉJẸ, *adj.* Enganador, trapaceiro. *Ọ̀rọ̀ yìí níréjẹ* – Esta conversa é enganadora. < *ìréjẹ* – decepção.

NÍRẸ̀LẸ́, *adj.* Humilde, modesto.

NÍRÍRA, *adj.* Desgostoso, enjoado.

NÍRÒJÚ, *adj.* Preguiçoso, indolente, mal-humorado, aborrecido. *Ó níròjú kò ṣe e* – Ele é indolente para fazer isto.

NÍRÒNÚ, NÍRÒ, adv. Pensativo, contemplativo.
NÍRORA, adj. Doloroso, triste. < ro + ara.
NÍRỌ́LẸ̀, adv. À noitinha. Ó dé nírọ́lẹ̀ – Ele chegou à noitinha.
NÍRỌRA, adj. Com facilidade, confortável, feliz. < rọ̀ + ara.
NÍRUN, adj. Cabeludo.
NÍSÀLẸ̀, prep. Embaixo, debaixo de, sob. Ó ngbé nísàlẹ̀ afará – Ele está vivendo debaixo da ponte.
NÌSAN, adj. Repleto, considerável, numeroso.
NÍSÁÀWO, adv. interrog. Quando, em que tempo.
NÍSISÌYÍ, adv. Agora. Níbo ló wà nísisìyí? – Onde ela está agora?; Nísisì í kọ́ – Não é agora.
NÍṢÁÁJÚ, adv. Antes, primeiramente. Mo fi diẹ̀ ṣáájú rẹ̀ dé ilé Òjó – Eu cheguei um pouco antes de ele chegar à casa de Ojô. Obs.: ṣí + iwájú = ṣáájú.
NÍṢEKÚṢE, adv. Mal, de qualquer maneira.
NÍṢẸ́LỌ́WỌ́, v. Estar empregado (lit. ter trabalho nas mãos).
NÍTARA, adj. Zeloso, ativo.
NÍTI, prep. e conj. Conforme, consoante a, acerca de, naquele. Níti ilé mi – a respeito da minha casa.
NÍTI GIDI, adv. De fato, realmente. Níti gidi, báwo ni ènìà ṣe lè dáké? – De fato, como uma pessoa pode ficar calada?
NÍTÌJÚ, adj. Envergonhado, modesto.
NÍTORÍ ÈYÍ, adv. Por causa disso.
NÍTORÍ KÍNI, adv. interrog. Por quê, por qual razão. Nítorí kíni ìwọ kò lọ? – Por que você não foi?
NÍTORÍ, NÍTORÍTÍ, conj. Porque. Mo nà á nítorí tí ó purọ́ – Eu bati nele porque ele mentiu; Nítorí ilẹ̀ ṣú púpọ̀ a kò lè rí ọ – Porque estava muito escuro nós não pudemos ver você. = torí.
NÍTORÍNÁÀ, conj. e adv. Desse modo, assim, por isso, então. Òjò rọ̀ púpọ̀, nítorínáà n kò lè lọ síbí iṣẹ́ – Choveu muito, assim, eu não pude ir para o trabalho.
NÍTORÍ TANI, adv. interrog. Por quem. Nítorí tani ìwọ ngbàdúrà? – Por quem você está rezando?

NÍTORÍPÉ, *conj.* Porque. *Mo wá nítorípé mo féràn rè* – Eu voltei porque gosto dela; *Ó yege nínú ìdánwó náà nítorípé ó múra dáradára* – Ele teve sucesso no exame porque ele se preparou bem.

NÍTORÌWA, *adv.* Por nossa causa.

NÍTORÍYÌÍ, *adv.* Por isso, por essa razão.

NÍTÒSÍ, *prep.* Próximo, perto, junto de. *Ó wà nítòsí tábìlì* – Ele está próximo da mesa; *Ilé rẹ kò sí nítòsí ilé mi* – Sua casa não está próxima da minha.

NÍTÒÓTỌ́, *adv.* Verdadeiramente, corretamente.

NÍTỌ́JÚ, *v.* Ser cuidadoso, cauteloso. *Ó nítọ́jú* – Ela é cuidadosa.

NÍWÀ, *adj.* Bem-disposto, afável, de bom caráter.

NÍWÁJÚ, *adv.* Em frente, na frente. *Ó wà níwájú mi* – Ela está na minha frente. < *ní + iwájú*.

NÌWỌ, *contr.* *Ìlú ni iwọ lọ = Ìlú nìwọ yíò lọ* – É para a cidade que você irá. < *ni + iwọ*. V. *lèmi*.

NÍWỌ̀N, *adv.* Moderadamente, suavemente, com cerca de. *Ó mu ọtí níwọ̀n* – Ele bebeu uma bebida moderadamente; *Ó lò ó mọ níwọ̀n* – Ele a usou moderadamente; *Ó ní níwọ̀n ọkọ̀ mẹta* – Ele tem cerca de três carros.

NÍWỌ̀NBÍTI, *adv.* Em proporção de, visto que, como que, até onde. *Ènìà yíò ká níwọ̀n bí wọ́n ti fọ́n rúgbìn* – A pessoa colherá em proporção de como ela semear; *Níwọ̀nbí mo ti mọ̀* – Até onde eu sei.

NÍWỌ̀NGBÀTÍ, *adv.* Em virtude do fato de que, contanto que, sob condição de que. *Níwọ̀ngbàti o bá lọ, èmi kò bìkítà ohunkóhun* – Em virtude do fato de você ir, eu não me preocupo; *Níwọ̀ngbà tí ó mọ̀ mí, ó bẹ̀ mí wò* – Pelo fato de ele me conhecer, ele me visitou.

NÍWỌ̀NTÚNWỌ̀SÌ, *adv.* Temperadamente, moderadamente, comedidamente.

NÍYELÓRÍ, *adj.* Valioso, caro. *Owó há níyelórí jù ìlera rẹ lọ bí?* – O dinheiro é mais valioso do que a sua saúde?; *Ọkọ̀ yìí jé níyelórí jù alùpùpù lọ* – Este carro é mais caro do que a motocicleta.

NÍYÈNÍNÚ, *v.* Ter compreensão, ter uma boa memória.

NÌYÌÍ, *v.* Ser este. *Aya mi nìyìí* – Esta é a minha esposa. < *ni + èyìí*.

NÍYỌNU, *adj.* Complicado, atribulado. *Iṣẹ́ yìí níyọnu* – Este serviço é complicado.

NÍYỌ́NÚ, *adj.* Uniforme, equilibrado. < *yọ́ + inú*. *Ó yọ́nú sí mi* – Ele está contente comigo.

NJẸ́, *part. interrog.* Forma reduzida de *hunjẹ́*. Inicia uma frase interrogativa quando há uma dúvida maior ou uma resposta negativa é esperada. *Njẹ́ o ní ẹ̀gbọ́n?* – Você tem irmão mais velho?. *V. ṣé*.

NKAN, *pron. indef.* Algo, alguma coisa. *Nkan nṣe ọ́* – Alguma coisa você está fazendo.

NKAN, *s.* Coisa, algo. *Mo nlọ sí ọ̀nà láti ra nkan* – Estou indo a caminho para comprar algo. = *ohun*.

NKANKAN, *s.* Nada. *Ìwọ kò sí nkankan* – Você não está com nada; *Mo mọ̀ wí pé èmi kò mọ̀ nkankan* – Eu sei que nada sei; *Kò sí nkankan nínú ilé yìí* – Não existe nada nesta casa.

NKAN-KÍ-NKAN, *adj.* Qualquer coisa.

NKAN OṢÙ, *s.* Menstruação (*lit.* coisas do mês). *Ó nṣe nkan oṣù rẹ̀* – Ela está fazendo a menstruação dela.

NKỌ́, *v. interrog.* E (acerca de). *Ìwọ nkọ́* – E você?; *Ebí rẹ nkọ́?* – E a sua família?

NLÁ, *adj.* Grande. *Ilé ẹ̀kọ́ nlá* – um grande colégio, universidade; *Bàbá nlá* – grande pai, o avô.

NLÁNLÁ, *adv.* Muito grande, enorme. *Igbe nlánlà* – um grito poderoso, um berro.

NỌ̀GÀ, **NỌ̀GÀSÍ**, *v.* Almejar, aspirar, ambicionar, levantar-se. *V. nàgà*.

NỌ̀GÀWÒ, *v.* Esticar-se para ver algo, espichar-se. *V. nàgà*.

NỌ́MBÀ, *s.* Número, algarismo (do inglês *number*). = *iye*.

NṢỌ́, **NÌṢỌ́**, *v. imperativo.* Prossiga, vá! *Ó sọ fún wọn: "Nṣọ́!"* – Ele disse a eles: "Prossigam!"

NU, *pron. dem.* Aquele, aquela. *Ọkọ̀ nu* – aquele barco.

NÙ, *v.* 1. Limpar. *Mo nu ilé* – Eu limpei a casa; *Lọ nu ojú rẹ* – Vá e limpe o seu rosto. 2. Perder, estar perdido. *Ìkọ̀wé mi ti nù* – Minha caneta está perdida; *Owó mi nù* – Meu dinheiro está perdido. É mais usado como verbo de composição: > *dànù* – derramar; *Ó dà mí lómi nù* – Ela entornou minha água. > *àdánù* – perda. **3.** Pôr (alimento na boca). *Mo fi onjẹ nu ọmọ náà* – Eu coloquei comida na boca da criança.

NÚ, *v.* Preencher, aumentar. *Fi ojo nú alágbára* – O covarde aumentou a coragem.

NÙNÙ, *v.* Esfregar, apagar. *Ó nu ẹnu rẹ̀ nù* – Ele esfregou e limpou a boca dele.

NUPE, *s.* Uma região africana ao norte da Nigéria. = *Tápà*.

NWỌ́N, *pron. pess.* Eles, elas. Expressa uma ação que não é creditada a nenhuma pessoa em particular. *Nwọ́n máa isẹ́ wa* – Eles farão o nosso trabalho. V. *wọ́n, àwọn*.

NYÍN, *pron. pess.* Vocês (forma abreviada de *èyin*).

O, *pron. pess.* Você. Forma alternativa do pronome *ìwọ* (em *yorubá*, não há a forma tu). *O ti ṣe orò rẹ* – Você já fez sua obrigação. *Obs.*: a) Antes de verbo no gerúndio, toma um tom grave. *Ò nṣe onjẹ* – Você está fazendo a comida. b) Para um tratamento formal e respeitoso é substituído pela forma plural *ẹ*. *Bàbá, ṣé ẹ fẹ́ẹ́ jẹun?* – Papai, o senhor quer comer alguma coisa? c) Usado depois de verbo ou preposição, tem o som de vogal aberta. *Ó rí ọ láná* – Ela viu você ontem, ela lhe viu ontem; *Ó pọn omi fún ọ* – Ele tirou água do poço para você. *Obs.*: Se o verbo tiver duas ou mais sílabas, usar *rẹ*. *Ó fẹ́ràn rẹ* – Ele gosta de você.

O, Ò, *pref.* Adicionado ao verbo para formar substantivos que indicam alguém que faz. *Tọ́* – ser correto, *òótọ́* – verdade; *jò* – gotejar, *òjò* – chuva; *re* – ser bom, *oore* – bondade.

O, Ó, *pron.* da 3ª pessoa do singular representado pela repetição da vogal final do verbo. Este procedimento é conhecido como o caso objetivo da 3ª pessoa. Os demais pronomes têm formas definidas. *Ó so ó* – Ele a amarrou; *Ó ló o* – Ele a tranquilizou; *A kò ó* – Nós o encontramos. Quando o verbo tiver mais de uma sílaba, usar *rẹ̀* em vez de repetir a vogal final do verbo. *Ó darijí rẹ̀* – Ela o perdoou.

O, ÒO, *part. adv.* 1. Forma frases exclamativas para ênfase. *Ó ti dé o!* – Ela já chegou!; *Ẹ mà ṣe é o!* – Obrigado pelo que você fez!. *Obs.*: Sem a partícula

O, ÒO – OBÌNRIN

adverbial a frase dá uma ideia da atitude do orador, mas não chama a atenção do ouvinte. 2. A forma òo é usada para responder a uma saudação, caso não exista outra estabelecida, ou para concordância diante de uma outra expressão. Ẹ káalẹ́ o – Boa-noite; Òo, respondendo; Ẹ kú orí're o – Saudação por uma boa sorte; Òo, respondendo; Ká lọ! – Vamos!; Òo! – Tudo bem! V. Ẹ kú.

Ó, *pron. pess.* Ele, ela. Forma alternativa do pronome òun. Ó rà á = Òun rà á – Ele a comprou. V. òun. Obs.: a) Usado em frases impessoais. É sempre o sujeito da oração e nunca se refere a uma pessoa ou coisa. É equivalente ao *it* inglês. Ó rè mí – Estou cansado (lit. o cansaço me tomou); Ó di abọ̀ – Até a volta; Ó dáadáa pé o tètè dé – Foi bom que você voltou; Tani ó? – Quem é? b) Algumas vezes substitui *tí*, principalmente nas frases regidas por *ni* – ser. Bàbá ni ó ra bàtà – Foi papai que comprou o sapato; Àwọn ọmọdé ni ó lọ sí oko – São as crianças que foram para a fazenda. c) Quando usado depois de verbo, é representado pela repetição da vogal final do verbo. Ó rí i láná – Ele a viu (ela) ontem.

Ó, ÓÒ, *part. pré-v.* Forma abreviada de *yíò*, que faz a marca do tempo futuro dos verbos. Èmi kì ó lọ – Eu não irei (forma opcional ọ́ọ̀).

Ò, KÒ, *adv.* Não. Forma reduzida de *kò*, que faz a negativa dos verbos regulares. Wọ́n ò lè sọ – Eles não podem falar; Rárá o, mi ò gba kí o lọ pẹ́lú mi – Não, eu não preciso que você vá comigo (formas opcionais ò, kò).

ÒÒBẸ̀, *s.* Um tipo de morcego pequeno.

OBÍ, *s.* Fêmea (para definir o sexo de um animal). = abo.

OBÌ, *s.* Noz-de-cola. Contém muita cafeína, causando insônia, estimulando os nervos, além de excitação muscular. Obì gbànja – que abre em dois gomos; obì ẹdun – de cor clara; obì àbàtà – de cor avermelhada; obì ifin – de cor branca. Outras denominações: obì ẹdun, obì gidi, obì górò, obì àáyá. Cola acuminata (Sterculiaceae). É usada em ritos religiosos. Ó jẹ obì ó sì fọ́n lókè orí rẹ̀ – Ela mastigou a noz-de-cola e borrifou no alto da cabeça dele.

OBÌNRIN, *s.* Mulher. É também usado como qualificativo para indicar o sexo feminino. Obìnrin náá sọ pé orí nfọ́ ó, inú sí nrun ún – A mulher falou que está com dor de cabeça e dor de estômago; ẹ̀gbọ́n òrìṣà mi obìnrin – minha irmã mais velha de santo; Èmi ní àbúrò'bìnrin méjì – Eu tenho dois irmãos mais

novos. *Obs.*: *Obìnrin ọ̀lẹ* – mulher de preguiçoso; *ọ̀lẹ̀ obìnrin* – mulher preguiçosa. < *abo + ìnrin*.

OBÌNRIN AṢEBÍAKỌ, s. Mulher lésbica, homossexual (*lit.* mulher que se parece com homem).

ÒBÌRÌKÍ, s. Tipo de pesca com rede.

ÒBÌRÌKÌTÌ, s. Círculo, compasso. *Òbìrìkìtì ká mi* – um círculo em volta de mim.

ÒBÌRÌPÉ, s. Cambalhota. *Ó yí òbìrìpé* – Ele virou uma cambalhota.

ÒBÍTÍKÒ, s. Título de Rodolpho Martins de Andrade, o *Bámgbóṣé* (*lit.* a família que se encontrou).

ÒBÒ, s. Vagina. = *abẹ́*.

OBÓ, s. 1. Insinuação, informação privada, dica, palpite. 2. Tipo de tambor.

ÓBOKÚN, s. Denominação de uma divindade em *Iléṣà*.

OBOTO, s. Nome de uma região em *Ondó*.

OOBI, ÒBÍ, s. A família biológica, os parentes carnais, pai e mãe. *Ọmọ púpọ̀ máa ntàn àwọn oobi wọn* – Muitas crianças costumam enganar os familiares delas.

OOBỌ, s. Instrumento para cardar o algodão.

ÒBU, adj. Sem princípio de vida. *Òbu ọ̀rọ̀* – uma história infundada; *òbu ẹyin* – ovo choco, sem vida.

ÒBU-ÒTÓYỌ̀, s. Salitre.

ÒBÚKỌ, ÒRÚKỌ, ÒWÚKỌ, s. Bode.

ÒBÙRẸWÀ, s. Pessoa feia ou doente. < *burú + ẹwà*. *Obs.*: Os acentos tonais são irregulares.

Ó DÀBỌ̀!, interj. Até a volta! Tchau! < *di + àbọ̀*.

Ó DÀÁRỌ̀!, interj. Até amanhã! < *di + àárọ̀*.

ÒDE, s. Rua, lado de fora da casa. *Ó wà lóde* – Ele está lá fora; *òde ilé mi* – área externa da casa; *gbèsè òde* – dívida externa.

ÒDE-ÀIYÉ, s. O mundo.

ÒDE-ÌSÌSÌYÍ, ÒDE-ÒNÍ, s. O presente dia, o dia de hoje.

ÒDÈRÈKÓKÒ, s. Um tipo de pombo.

ODI, s. 1. Fortificação. *Ó ṣe odi nílù* – Ele fez uma fortificação na cidade. 2. Uma pessoa estúpida. *Ó yadi* – Ele é bobo. 3. Ramo, cacho. *Odi ẹyìn* – um cacho de coquinhos de palmeira. *V. ẹ̀hìn odi* – longe, distante.

ODÌ – ODÙ

ODÌ, s. Malícia. Ó yàn mi lódì – Ele sente malícia por mim. > olódì – pessoa maliciosa.

ODÍ, s. Criado pessoal do rei de Ìjẹ̀bu, recrutado entre os escravos estrangeiros.

ÒDÌ, s. Avesso, lado contrário de qualquer coisa. Mo wọ òdì aṣọ – Eu vesti a roupa pelo avesso; Ó sọ̀rọ̀ òdì – Ele falou de um modo impróprio; Ó hùwà òdì – Ele se comportou mal.

ÒDÍ, s. Teimosia, obstinação, força de vontade.

ODÍDẸ, ODÍDẸRẸ́, ODẸ́, s. Um tipo de pássaro, uma forma de papagaio de cor parda. Psittachus erithracus. V. ikóódẹ.

ODIDI, ODINDI, s. O todo de qualquer coisa, uma unidade completa. Fún odidi ojọ́ mẹ́ta – Por um período de três dias.

ÒDÍDÍ, s. Obstrução.

ODI ẸYÌN, s. Ramo de frutos do dendezeiro.

Ó DÌGBÀ O!, interj. Adeus!

ÒDÌGBÈ IFÁ, s. Cofre feito de contas.

Ó DÌGBÓṢE!, interj. Adeus!

ÒDÌKÉJÌ, s. Lado contrário, outro lado. Òdìkéjì odò ní ó wà – Ele está do outro lado do rio; Ó yojú lódìkéjì – Ele apareceu do outro lado.

ÒDÍNÚ, s. Pessoa implacável.

ÒDÌRÒ-DIRO, s. Ato de oscilar de um lado para o outro.

ODÒ, s. Rio, arroio, regato. Ó nwẹ lódò – Ele está tomando banho no rio; Ó lọ sí etí odò – Ele foi para a beira do rio.

ODÓ, s. Pilão para amassar inhame. Ọmọ odò – braço do pilão.

ÒDO, num. 1. Zero. Mi ò mókéè iwé kéjì. Èmi gbòdo – Eu não passei para a segunda turma. Eu recebi nota zero. Obs.: gbà + òdo = gbòdo. 2. Porco. = ẹlẹ́dẹ̀.

ÒDODO, s. Verdade, sinceridade, justiça, equidade. Ó ṣe òdodo – Ele é sincero.

ÒDÒDÓ, s. Flores. Òdòdó yíò kú lâisí omi – As flores morrerão sem água.

ÒDÒDÓ, adj. Escarlate. Ó lo aṣọ òdòdó – Ela está usando uma roupa escarlate.

Ó DOJÚMỌ́!, interj. Boa-noite!

ÓDORÓDI!, ÓDÓDÌ!, interj. Deus proíbe! Ó di ọwọ́ òdì! – Deus me livre!

ODÙ, s. Pote, caldeirão.

ODÙ, s. Conjunto de signos do sistema de Ifá que revela histórias em forma de poemas, que servem de instruções diante de uma consulta. Os 16 principais são os seguintes: 1 – Èjì Ogbè; 2 – Òyèkú Méjì; 3 – Ìwòrì Méjì; 4 – Òdí Méjì; 5 – Ìròsùn Méjì; 6 – Òwónrín Méjì; 7 – Òbàrà Méjì; 8 – Òkànràn Méjì; 9 – Ògúndá Méjì; 10 – Òsá Méjì; 11 – Ìká Méjì; 12 – Òtúrúpòn Méjì; 13 – Òtùwá Méjì; 14 – Ìrètè Méjì; 15 – Òsé Méjì; 16 – Òfún Méjì.

ÒDÙ, adj. Grande. Usado em algumas expressões. *Ó gbé òdù ikòkò* – Ele carregou um grande pote.

ÒDÙ, s. Um momento favorável na prática do jogo de *ayò*.

ÒDÚ, s. Uma erva comestível. *Solanum nodiflorun (Solanaceae)*.

ODÙDUWÀ, ODÙDUÀ, s. Ancestral divinizado, também citado como *Ọ̀ọni Ifẹ̀* – Primeiro Rei de Ifé – e *Olófin*, conforme os estudos da história política do povo *yorubá*.

ÒDÙKÚN, s. Batata-doce.

ODÙSÓ, s. Denominação do 17º *ikin* – coquinho usado na prática do jogo divinatório. Representa o vigia de um jogo, mas não participa do sistema de consulta. V. *olórí ikin*.

ÒDÙRO, s. Um pequeno bastão de ferro, segundo a crença, usado pelos anjos para espancar os pecadores.

ÒÒFÀ, s. Atração, magnetismo, pessoa ou algo que atrai. *Òòfa omoge yìí nfà mí* – O magnetismo desta pequena me seduziu.

ÒÒFÀ-ILẸ̀, s. Gravidade.

ÒFÉ, s. Papagaio, assobio, pessoa inteligente.

ÒFÉÈFE, adj. Azul-claro, azul-celeste. *Tákàdá òféèfé ni yìí* – Este papel é azul. V. *búlúù*.

ÒFÉFÉ, obs. *Òféfé ni wò ó lo* – Foi vagamente que eu o vi indo ao longe.

ÒFÈÈRÈFÉ, s. Abismo, espaço vazio. *Ó fi sòkò sí òfèèrèfé* – Ele se atirou no abismo.

ÒFÌ, s. Tear.

ÒFÌFÌÌ, adv. Um lugar alto.

ÒFÌFO, ÒFO, s. Vazio, vácuo, o nada. *Ìgò òfìfo kan* – uma garrafa vazia.

ÒFIN, s. Lei, estatutos. *Ó se òfin egbé* – Ele fez os estatutos da sociedade; *Isé yìí kèhìn sí òfin* – Este trabalho é contra a lei.

ÒFIN-ÀTỌWỌ́DỌ́WỌ́, s. Tradição.
ÒFIN MẸ́WÁ, s. Os Dez Mandamentos.
OFÍNRÀN, s. Provocador, agressor. Ó fín mi níràn – Ele me provocou para uma briga. < fín + òràn.
ÒFIN ỌLỌ́RUN, s. Lei de Deus.
ÒFÍNTÓTÓ, s. Pesquisa, investigação. Mo féé rí òfín tótó rẹ̀ – Eu quero encontrar detalhes acerca dele.
ÒFIO, s. Uma variedade de noz.
ÒFO, ÒFÌFO, s. Vazio. Igò òfo – garrafa vazia.
ÒFÒ, ÒFÙ, ÒFÙN, s. Perda, desperdício, prejuízo. Ó fowó rẹ̀ sọ̀fò – Ele desperdiçou o dinheiro dele.
ÒFÓFÓ, s. Contador de história. Ó sọ̀fófó fún mi – Ela me contou coisas de outra pessoa. > olófófó – fofoqueiro.
ÒFÒRÒ, s. Esquilo.
ÒÒFỌ̀, s. Pele de cabra, de lagarto etc. = ọ̀họ.
ÒFÚ, s. Pelicano.
ÒFÙ, s. V. òfò.
ÒFUURUFÚ, s. Ar, firmamento, céu. Ó fẹ́ láti wà nínú òfuurufú – Ele quer estar fora no ar. > ọkọ̀ òfuurufú – aeroplano.
OGE, s. 1. Chifre. 2. Ostentação, exagero para chamar a atenção.
ÒGÉ, s. Um tipo de pássaro.
ÒGÈDÈ, ÌGÈDÈ, s. Encantamento. Ó fi ògèdè sí mi – Ela usou um encantamento para mim.
ÒGÉDÉ, adv. Somente, absolutamente. = òkúrú, nìkan.
ÒGÈDÈNGBÉ, ÒDÈDÈGBÉ, adv. Precipitadamente, de cabeça para baixo. Mo bọ́ lógèdèngbé – Eu caí precipitadamente.
ÒGÌ, s. Amido de milho.
ÒÒGI, ÒJÌJI, s. Sombra.
ÒGÌDÁN, s. Leopardo. = ẹkùn.
ÒGÌDÌ, s. Virgem. Ògìdì ni ọmọge yìí wà – Esta menina ainda é virgem.
ÒGÌDÌ, adj. Fortemente fermentado. Ògìdì ọtí – bebida muito fermentada.
ÒGÌDÌGBÒ, adj. Numerosos, muitos. Ògìdìgbò ènìà – numerosas pessoas.

ÒGÌDÌGBÒ, s. Um tipo de tambor tocado em festivais anuais.

ÒGÌDÍ MỌ̀LÀ, s. Tipo de besouro encontrado em palmeira.

ÒGÌDO, adv. Perpendicularmente. Ó dúró lógìdo – Ele está na vertical, perpendicularmente.

ÒGÌGÌ, s. Anzol.

ÒGIGÍ, s. Cabaça perfurada usada para apanhar lagostas.

ÒGÍRÍ, adj. Forte, ativo.

ÒGÌRÌ, s. Condimento feito da semente de ẹ̀gúsí – melão.

ÒGIRI, s. Parede, muro. Ògiri ni ó nkùn – Ele está pintando a parede.

ÒGIRI-ÌKỌ́WÉ, s. Quadro-negro. O kọ ọ̀rọ̀ yìí sí ara ògiri-ìkọ́wé – Escreva estas palavras no quadro-negro.

ÒGÌRÌ, ÒGÌDÌ, s. Galope, corrida simultânea. Ògìdì ni wọ́n dá lọ – Eles escaparam em velocidade máxima; Ògìdì ẹsẹ̀ ni wọ́n dá débí – Eles correram nesta direção.

ÒGÌRÌPÁ, ÌGÌRÌPÁ, s. Homem forte e valente.

ÒGÌYÁN, s. Divindade guerreira identificada com a cor branca. = Ọ̀sàgiyán.

ÒGO, s. 1. Glória, honra. Ó ṣe mi lógo – Ele me tornou ilustre; Ògo fún Olódùmarè – Glórias a Deus; Mo ní ìlera ògo fún Ọlọ́run – Eu tenho saúde, graças a Deus. 2. Multidão.

ÒGÒ, s. Cobrador, compelir ao pagamento. Ó dógò sílé mi – Ele permaneceu em minha casa até que eu pagasse a dívida.

ÒÒGO, s. Um brinquedo de madeira, pião. Àiyé nyí bí òògo – O mundo gira como um pião (fig. ling.).

ÒGO-ASÁN, s. Vaidade.

OGODO, s. Vitela, potro, animais jovens em geral.

ÒGÒDÒ, s. Uma doença de pele, escorbuto, guinada. = gbòdògí.

ÒGODOGBÀ, s. Um animal grande.

ÓGÓGÓRÓ, s. Um tipo de bebida alcoólica.

ÒGÓGÓRÓ, s. Cume, ápice, o ponto mais alto. Ògógóró ara – o clímax sexual.

ÒGÓGÓRÓ ẸHÌN, s. Espinha dorsal.

OGOOGÚN, adj. De vinte em vinte.

OGÓJE, num. Cento e quarenta.

OGÓJÌ, ÒJÌ, *num.* Quarenta.

ÒGÒNGÒ, *s.* 1. Avestruz. 2. Verme que se prolifera nos estrumes.

OGÓÒJE, *num.* Cento e quarenta.

ÒGÓRÓ, ÒGÓGÓRÓ, *s.* Ápice, o ponto mais alto de alguma coisa. V. *òkè*.

ÒGÓRÓ-ẸHÌN, *s.* Medula espinhal.

ÒGÙDÙGBẸ̀, *s.* Hidropisia. = *àsunkún*.

OGUFE, *s.* Carneiro castrado.

ÒGÚLÙTU, *s.* Pedaços de parede quebrada.

ÒGÙMỌ̀, *s.* Erva comestível.

OGUN, *s.* Exército, batalha, guerra. *Ogun bẹ́ silẹ̀* – A guerra irrompeu; *Ẹgbẹ́ ogun ìgbàlà* – Exército da Salvação; *olórí ogun* – general.

OGÚN, *num.* Vinte. *Aago méjọ kojá ogún ìsẹ́jú* – São 8h20.

OGÚN, *s.* Aquilo que se consegue por herança, doação. *Mo jẹ ogún ilé yìí* – Eu herdei esta casa. > *ìjogún* – herança.

ÒGÙN, *s.* Um rio da cidade de *Abẹ́òkúta*, onde se presta culto à *Yemọjá*.

ÒGÚN, *s.* Divindade do ferro e das batalhas. *Ògún jẹ́ òrìṣà irin* – Ogum é a divindade dos metais.

ÒGÚN, *s.* Tipo de cesto usado para apanhar camarões.

OÒGÙN, *s.* Remédio, medicamento, encanto, magia. *Oògùn yìí mú mi* – Este remédio que eu tomei fez efeito; *Ó fi oògùn dẹ mi* – Ele tentou me envenenar (*lit.* ele com o remédio me traiu); *Ó ṣe oògùn ìféran sí ọkọ rẹ̀* – Ela fez uma magia de amor para o marido dela; *oògùn alẹ́* – encanto afrodisíaco; *Fi ogbọ́n lo oògùn* – Use corretamente o remédio; *oògùn oníhóró* – pílulas.

ÒÓGÙN, *s.* Transpiração, suor. *Ó sẹ òógùn torí-torí* – Ele transpirou profusamente.

OGUN-ẸLẹ́ṢIN, *s.* Cavalaria.

ÒGÙNGUN, ÒGÙGU, *s.* Nome de uma árvore.

OGUNLỌ́GỌ̀, *adj.* Numerosos, inumeráveis. V. *pọ̀*.

OGÚNLÚGBA, *num.* Duzentos e vinte.

ÒGÚNNÁ, ÒGÚNÁ, *s.* Brasa viva, incandescente.

ÒGUNRÁN, *s.* Mascarado, também conhecido como *Adímú-Òrìṣà*.

ÒGÙRÓDÓ, *adv.* Perpendicularmente, verticalmente. *Ó dúró lógùródó* – Ele está de pé verticalmente.

OGURODO, *s.* Um tipo de ave.

ÒGÙRÒ, **ÒGÒRÒ**, *s.* Vinho obtido da palmeira *igi ògòrò*. *V. ẹmu*.

ÒGÚSÒ, *s.* Fumo para cachimbo.

ÒGÙSÒ, **ÒGÙSÒ**, *s.* Tocha.

OGBE, *s.* Crista de galo.

OGBÈ, *s.* Um dos signos de Ifá. *V. odù*.

ÒÒGBÉ, *s.* Sonolência, torpor, cochilo. *Òògbé gbé mi* – Estou com sonolência.

OGBÈYÓNÚ, *s.* Um dos signos (*odù*) menores de Ifá cujo verdadeiro nome é *Ogbègúnda*.

ÒGBIFÒ, **AGBÓFÒ**, *s.* Intérprete. *< a + gbó + ofò*.

ÒGBÌGBÒ, **ÀGBÌGBÒ**, *s.* Tipo de ave com cabeça grande. *V. ìgbò*.

ÒGBÓ, *s.* Bastão, clava.

ÒGBÓJÚ, *s.* Bravura, valentia, coragem.

ÒGBÓNI, *s.* Colega.

ÒGBÓNI, *s.* Uma sociedade secreta que venera a terra, cujos líderes são *Olúwo*, *Àpènà* e *Ìwàrèfà*. A expressão seguinte é dita neste sentido: *Jẹ́kí ntẹ̀ ọ gbó* – Deixe-me andar em você até a velhice.

ÒGBÓYÀ, *s.* Pessoa corajosa. *< gbó + àyà*.

ÒGBÙRÓ, *s.* Um tipo de pombo.

ÒHÓÒ!, *interj.* Certo!

OHUN, *s.* Coisa, algo. *Èyí ni ohun míràn* – Isto é outra coisa; *Mo ri ohun ti o rà* – Eu vi as coisas que você comprou.

OHÙN, *s.* Voz, qualidade de som, timbre. *Ó ní ohùn gooro* – Ele tem uma voz alta; *ohùn ìsàlẹ̀* – uma voz baixa. *= oùn*.

OHUN-ABÀMI, *s.* Curiosidade, acontecimento estranho, fenômeno.

OHUN-ÀDÍDÙN, *s.* Doces.

OHUN-ÀÌMÓ, *s.* Coisa suja, impura.

OHUN-ÀÌMÒ, *s.* Coisa estranha, circunstância desconhecida.

OHUN-ÀRÀ, *s.* Artigo novo, inventado recentemente.

OHUN-ÀTÚGBÌN, **OHUN-ÀTÚLÓ**, *s.* Enxerto de planta. *Ó tú ẹgẹ́ gbìn* – Ele transplantou a mandioca.

OHUN-ÈLÒ, *s.* Aparato, maquinaria, ferramenta, instrumento.

OHUN-ẸBỌ – OHUN TÍ

OHUN-ẸBỌ, s. Coisas para oferendas.
OHUN-ÈRÍ, s. Credencial, certificado.
OHÙN-ẸRỌ, s. Maquinaria, máquina.
OHUN-FIFÍN, s. Alguma coisa esculpida.
OHUN-GBOGBO, s. Todas as coisas. *Ó ní ohun gbogbo* – Ele tem todas as coisas.
OHUN-ÌJÌNLẸ̀, s. Mistério.
OHUN ÌPÀWÉRÉ, s. Borracha para apagar.
OHUN-ÌSÀLẸ̀, s. Voz baixa, grave.
OHUN-JÁTIJÀTI, **OHUN-JÁTUJÀTU**, s. Bugiganga, bagatela.
OHUN-JÍJẸ, s. Comida, comestíveis.
OHUN-KAN, s. Alguma coisa, algo. *Ro ohun kan* – Pense em alguma coisa.
OHUN-KÍKÍNI, s. Uma coisa pequena, uma ninharia.
OHUNKÓHUN, s. Qualquer coisa, coisa alguma. *Kò ti mọ ohunkóhun* – Ele não sabia de nada; *Ohunkóhun kò wú mi* – Qualquer coisa não me agrada. < *ohun + kí + ohun*.
OHUN LÍLÒ ONJẸ, s. Coisas necessárias.
OHUN-MÍMU, s. Coisa de beber, uma bebida.
OHUN-OGUN, s. Instrumento de guerra.
OHUN ÒRÌṢÀ, s. Coisas das divindades.
OHUN Ọ̀GBÌN, s. Uma planta, colheita.
OHUN-ỌDẸ, s. Presa, caça.
OHUN-Ọ̀GBÌN, s. Planta, vegetal.
OHUN-ỌMỌKÙNRIN, s. Sêmen.
OHUN-ỌNÀ, **OHUN-ÌṢỌ̀NÀ**, s. Ferramenta.
OHUN-ỌRẸ, s. Caridade, esmola.
OHUN-ỌRUN, s. Uma coisa divina.
OHUN-ỌSÌN, s. Animal doméstico.
OHUN-Ọ̀ṢỌ́, s. Ornamento, decoração.
OHUN-Ọ̀TỌ̀, s. Uma coisa diferente, peculiar.
OHÙNRÉRÉ, s. Lamentação.
OHUN TÍ, s. A coisa que, algo que, o que. *Mi ò mọ ohun tí a máa jẹ* – Eu não sei o que nós iremos comer. V. *kíni*.

OHUN-TÍTÀ, *s.* Artigo a venda.

ÒHÚÙ, *s.* Polidáctilo.

ÒÌBÓ, ÒYÌBÓ, ÒYÌNBÓ, *s.* O homem branco, a cultura do branco, o europeu. *Iyọ̀ òyìbó* – açúcar (*lit.* o sal do homem branco).

OJE, *s.* Seiva de uma planta.

ÒJÉ, *s.* Chumbo, grafite, estanho.

OJERA, *s.* Hormônio. *Ojera èjè* – plasma sanguíneo.

OJERA IGI, *s.* Seiva, látex.

OJERA ÌKÙN, *s.* Suco gástrico.

ÒJÌ, ÌJÌ, *s.* Tempestade.

OJÌ, *s.* Multa cobrada a um homem em razão de ter cometido adultério.

ÒJÍA, *s.* Mirra.

ÒJÌDÍNÍRÍNWÓ, *s.* Trezentos e sessenta.

ÒJÌGBỌN, ÒJÌBỌN, *s.* Porco-espinho.

ÒJÍJÍ, *adv.* Repentinamente, sem um aviso prévio.

ÒJÌJÍ, *s.* Peixe-elétrico, enguia.

ÒJÌJI, *s.* Sombra.

ÒJÌLÉLẸ́GBẸ̀RIN, *num.* Oitocentos e quarenta.

ÒJÌLÉLẸ́GBẸ̀TA, *num.* Seiscentos e quarenta.

ÒJÌLÉNÍRÍNWÓ, *num.* Quatrocentos e quarenta.

ÒJÌLÚGBA, ÒJÙLÚGBA, *num.* Duzentos e quarenta. *Òjìlúgba ọmọ odù* – Os duzentos e quarenta signos menores de Ifá.

ÒJÍSẸ̀, *s.* Mensageiro, criado. *Òjísẹ́ ọlọ́run* – pastor, sacerdote. < *jẹ́* + *isẹ́*.

ÒJÌYÀ, *s.* Um sofredor inocente, pessoa oprimida.

ÒJÌYÁ, *s.* Nome de uma grande árvore.

ÒJIYÀN, *s.* Aquele que contradiz, que discute.

OJO, *s.* Medo, covardia; *adj.* Covarde. *Ojo lòun* – Ele é um covarde. *Obs.: lòun = ni + òun.*

ÒJÓ, *s.* Apelido dado a um menino que nasce com o cordão umbilical em volta do pescoço.

ÒJÒ, *s.* Chuva. *Òjò nrò* – Está chovendo; *Èmi yíò lọ kí òjò tó dé* – Eu irei antes de a chuva chegar; *Òjó bẹ̀rẹ̀ sí rò* – A chuva começou a cair.

ÒJÒ ÀKÓRÒ, *s.* Sereno da manhã.

ÒJÒ-ÀRÒKÚRÒ, *s.* Sereno da noite.

ÒJÒ DÍDÌ, *s.* Nevasca.

ÒJÒ-ÌPERÙFU, **ÒJÒ-ÌSÉLÈRÒ**, *s.* Chuva que diminui a poeira.

ÒJÒ-ODÚN, *s.* As primeiras chuvas do ano.

ÒJÒ-WÍNNÍWÍNNÍ, *s.* Chuvisco.

OJÓBÓ, *s.* Nó, laço. *Ó pa ojóbó okùn* – Ele deu nó com a corda.

ÒJÓGÀN, *s.* Escorpião.

ÒJÒÒJÌ, *adj.* De quarenta em quarenta. *V. ogóji.*

ÒJÒJÒ, *s.* Doença, febre. = *àrùn.*

OJOJÚLÉ, *s.* Toda a casa. *V. ojúlé.*

OJOJÚMÓ, **OJOOJÚMÓ**, *adv.* Diariamente, todos os dias. *Ojoojúmó ni oòrùn nràn* – O sol brilha todos os dias. *V. lójoojúmó.*

ÒJÒLÁ, *s.* Jiboia.

ÒJÓLÉ, *s.* Um incendiário.

ÒJÒ ÒKÙBÁ, *s.* Um tipo de relva.

OJORA, *s.* Medo. *Ojora mu mi* – Estou com medo.

ÒJÓRÓ, *s.* **1.** Trapaça, malandragem (especialmente em jogos). **2.** Parcialidade, preconceito. *Ó se òjóró sí mi* – Ele mostrou preconceito contra mim.

ÒJÒ WÍNÍWÍNÍ, *s.* Chuvisco.

ÒJOWÚ, *s.* Pessoa ciumenta.

ÒJOYÈ, **ÌJOYÈ**, *s.* Um chefe, uma pessoa.

OJÚ, *s.* Olhos, face, rosto. *Ojú tì mí* – Estou envergonhado (*lit.* meu rosto fechou); *ojú fòfòrò-foforo* – um olhar profundo; *Ó mò mí sójú* – Ela me conhece de vista. É usado, por analogia, com as diversas partes do corpo humano. Também pode ser usado para indicar algo em destaque ou para a parte principal de alguma coisa: *Ó búra lójú bàbá rè* – Ele jurou na presença do pai dele; *Ó lójú okùnrin tí kò féràn obìnrin* – Ele se destaca como um homem que não gosta de mulher; *Ó là mi lójú* – Ela me disse a verdade (*lit.* ela abriu meus olhos); *ojú òrun* – céu, firmamento; *ojú àdá* – fio da navalha; *ojúbo* – local principal de culto. *V. eyin* – olhos.

OOJU, OJUJU, s. Ferida, úlcera. *Ooju yìí tú pùrù* – Esta úlcera se rompeu, estourou. = *egbò*.

OJÚ ÀGÙTÀN, s. Nome de uma planta.

OJÚ-ÀGBÀRÁ, s. Sarjeta, alameda.

OJÚ-ÀIYÉ, s. A face da Terra.

OJÚ-ALẸ́, s. Crepúsculo, anoitecer. O crepúsculo começou, anoiteceu.

OJÚBODÈ, s. Portal de uma cidade, local de pedágio, alfândega.

OJÚBỌ́, s. Falha, defeito. *Ó fi ojúbọ́ sílẹ̀ ọ̀rọ̀ yìí* – Ele deixou uma falha nesta tarefa.

OJÚBỌ, s. Altar, local de uma casa onde são reverenciados os ancestrais de uma família ou suas divindades particulares. *Èmi ní ojúbọ òrìṣà mi nílé* – Eu tenho meus orixás assentados em casa; *Ó kúnlẹ̀ níwájú ojúbọ* – Ela se ajoelhou em frente ao altar. < *ojú* + *ìbọ*.

OJÚBỌ-BÀBÁ, s. Monumento para culto dos ancestrais.

OJÚ BỌ̀RỌ̀, adv. Facilmente, imediatamente, no momento. *Ojú bọ̀rọ̀ kọ́ ni mo rí i gbà* – Não foi facilmente que eu recebi isto.

OJÚDE, s. Lado de fora, rua. *Mo wà lójúde* – Eu estou do lado de fora; *Mo lọ lójúde ilé rẹ̀* – Eu passei pela casa dela.

OJÚ-ÈÉFÍN, s. Chaminé. *Níbo ni ojú èéfín ti jáde?* – Por onde a fumaça da chaminé saiu?

OJÚ-FÈRÈSÉ, s. Janela, veneziana. *Ó gbojú fèrèsé jáde* – Ele saiu pela janela. < *gbà* + *ojú*.

OJÚ-FÍFÀRO, s. Semblante triste.

OJÚFÒ, s. Estado de estar acordado, vigília.

OJÚGUN, s. Parte da frente da perna, canela. < *ojú* + *igun*.

OJÚGBÀ, s. Uma pessoa da mesma idade, companheiro, contemporâneo.

ÒJÚGBỌN, s. Alto funcionário.

OJÚGBỌ̀NÀ, s. Título de um sacerdote.

OJÚ-ÌBỌN, s. Cano de uma arma. *Ó da ojú ìbọn kọ mí* – Ele apontou a arma para mim.

OJÚ ÌGBÁ, s. Contusão, machucado.

OJÚ-ÌRAN, s. Transe, inconsciência.

OJÚ IRIN, s. Via férrea.

OJÚ-ÌWÒYE, s. Ponto de vista. *Yíyí ojú-ìwòye rẹ padà nípa ọ̀rọ̀ yìí* – Mude seu ponto de vista acerca deste assunto. *V. ìwòye.*

OJÚ ÌYÀRÁ, s. Sala, dependência principal.

OJÚKAN, *adv.* No mesmo lugar, estacionário. *Gbogbo wa wà lójúkan* – Todos nós estamos no mesmo lugar.

OJÚKANNÁÀ, **LÓJÚKANNÁÀ**, s. Instantaneamente, imediatamente, como era. *Lójúkannáà tó jáde nínú rẹ̀ ni mo rí i* – Assim que ele saiu de lá eu o vi.

OJÚKÒBIRE, s. Nome de um pássaro catador de grilo.

OJÚKOJÚ, *adv.* Face a face, abertamente. *Lójúkojú ló gbá mi létí* – Foi abertamente que ele me esbofeteou. < *ojú* + *kò* + *ojú.*

OJÚ KÒKÒRÒ, s. Ciúme, inveja, olho-grande. *Ó ṣe ojú kòkòrò* – Ele é um olho-grande; *Ó lójú kòkòrò sí aya mi* – Ele tem cobiça na minha esposa.

OJÚKÚ, s. 1. Orifício de uma arma pelo qual o fogo se mistura à pólvora. 2. *Obs.*: *Ó wà lójúkú* – Ele está à porta da morte; *Ó dí ojúkú lọ fún mi* – Ele se tornou temente à morte.

OJÚLAFẸ́NI, s. Um falso amigo.

OJÚLÉ, s. Portal de uma casa, entrada. *Ó lọ láti ojúlé dé ojúlé* – Ele foi de porta em porta. *V. láti dé.* < *ojú* + *ilé.*

OJÚLÓWÓ, s. Algo verdadeiro, genuíno. *Ó jẹ́ ojúlówó ọ̀rẹ́* – Ele é um amigo sincero.

ÒJÙLÚGBA, **ÒJÌLÚGBA**, *num.* Duzentos e quarenta. *Òjùlúgba ọmọ odù* – 240 odus menores.

OJÚLÙMỌ̀, s. Conhecimento.

OJÚMọ́, s. Alvorada, amanhecer. *Ó dojúmọ́* – Boa-noite (*lit.* até o amanhecer).

OJÚMọMọ, s. Luz do dia. *Ó wá lójú mọmọ* – Ele veio de manhã cedo; *Ojúmọmọ ni mo fi ṣe é* – Eu fiz isto de manhã cedo.

OJÚMọNÁ, s. Local do fogo. *Ẹran yìí wà lójú mọ́ná* – A carne está exposta ao fogo.

OJÚMUNÁ, **OJÚNÁ**, s. Lareira. *Ó wà lójúná* – Ele está perto, ao lado do fogo.

OJÚNLÁ, s. Cobiça.

OJÚ ÒBÒ, s. Abertura vaginal, vulva.

OJÚ ODÙ, s. Os 16 signos principais de Ifá, quando os sinais da direita são os mesmos sinais da esquerda. V. odù.

OJÚ OLÓGBÒ, s. Nome de uma árvore cujas sementes são usadas em forma de pasta para cura de furúnculos. Abrus precatorius (Papilonaceae).

OJÚÓRÌ, **OJÚ-ORÓRÌ**, s. Sepultura.

OJÚORÓ, s. Tipo de plantas flutuantes em lagoas que impedem, frequentemente, a navegação. Pistia stratiotes (Aroidead).

OJÚ OORUN, s. Sonolência, sono. Ó jí mi lójú oorun – Ele me despertou do sono.

OJÚ OÒRÙN, s. Disco solar.

OJÚ ÒBẸ, s. Fio da navalha.

OJÚ ỌGBẸ́, s. Um talho cortante.

OJÚ ỌPÓN, s. Marcas feitas no pó da bandeja de Ifá.

OJÚỌRÚN, s. Céu, firmamento.

OJÚPÍPÓN, s. Dificuldades, situações complicadas.

OJÚPÒ, s. Local de recreação, de descanso.

OJÚRAN, s. Sonho, transe, visão.

OJÚRÁN, **OJÚRÍRÁN**, s. Costura de roupa. < ojú + ìran.

OJÚRERE, s. Bondade, boas maneiras. Ó ní ójú rere sí mi – Ele é amável comigo.

OJÚU SÁMỌ̀, s. Céu.

OJÚSUN, **ORÍSUN**, s. Fonte, poço.

OJÚṢÁJÚ, s. Conhecimento de pessoas, favoritismo, parcialidade. Ó ṣe ojúùṣájú – Ele mostrou favoritismo.

OJÚÙṢE, s. Dever, responsabilidade. Ó ṣe ojúùṣe rẹ̀ – Ele fez o dever dele.

OJÚṢẸ́, s. Trabalho. < ojú + iṣẹ́.

OJÚṢÍKÀ, s. Fechadura.

OJÚSÓJÚ, adv. Frente a frente. < ojú + sí + ojú.

OJÚTÁYÉ, s. Lugar destacado, publicidade.

OJÚTÌ, **ÌTÌJÚ**, s. Vergonha. Ó nítìjú – Ele é envergonhado.

OJÚTÙÚ, s. Solução. *Wá ojútùú ìyọnu* – Procure uma solução para o problema.

OJÙWÁ, s. Título daquele que compartilha ou divide.

OJÚWÓ, s. Valores em dinheiro.

OJÚYOJÚ, s. A verdadeira face.

ÒÒKÀ, ÒNKÀ, s. Contador. É usado como símbolo para indicar divisões grandes como centenas, milhares etc. *Wọ́n kò lóòkà* – Eles são inumeráveis. < *ohun* + *ìkà*.

ÒÒKA, ÒRÙKA, s. Anel.

ÒÒKA-ETÍ, ÒRÙKA, s. Brinco.

OÓKAN, s. Forma reduzida de *owó kan* – um búzio – quando ele era utilizado como moeda.

OKAN-ÀIYÀ, s. Peito, seio.

ÒKÈ, s. Montanha. *Ó wà ní òkè ilé* – Ele está no alto da casa. *Obs.*: a) Usado por analogia para indicar alguma coisa alta. *Ohùn òkè* – tom alto; *òkè kíní* – 1º andar. b) Usado na composição de palavras para indicar diferentes cidades. *Òkè-àre, Òkè-àdó* etc. *V. lókè, sóké.*

ÒKÈ, s. Divindade das colinas, principalmente na região de *Abẹ́òkúta.*

ÓKÈÉ, *exp.* Tudo bem, certo (do inglês O.K.).

ÒKÈARA, s. Ter um orgasmo, o clímax sexual.

ÒKÈ-GBÒÒRÒ, s. Planalto alto.

ÒKÈ ÌGẸTI, s. Região onde viveu *Ọ̀rúnmìlà*, divindade do sistema de Ifá.

ÒKÈ-ÌLẸ̀, s. Doença que causa inflamação no rosto, mãos e pés.

ÒKÈLÈ, s. Comida em porções, um bocado de comida. *V. rìgìdì.*

ÒKÉLÈ, s. Grupo de dança nativa.

OKÉLÉNJE, KÉKÉLÉNJE, s. Um tipo de lagarto pequeno.

ÒKÈ NÁYÈÉFÍN, s. Vulcão.

ÒKÈÈRÈ, s. Uma longa distância. *Ó wá láti lókèèrè* – Ele veio de muito longe.

ÒKÈRÉKÈRÉ, s. Cartilagem.

ÒKETÈ, s. Fardo de bens, equipamento. *Ó dì í lóketè* – Ele o amarrou num pacote grande.

ÒKÉTÉ, EWÚ, s. Tipo de rato grande. *Òkété kì í jáde ní ọsán àfi ní òru* – O rato gigante não costuma sair à tarde, somente de madrugada.

ÓKÌ, s. Apelido para um nome, um título.

ÒKÍ, s. Ato de o fogo ou de uma arma falhar.

ÒKÍ ÀJẸSÁRA, s. Imunidade diante de uma doença.

ÒKÍGBẸ́, s. Um preventivo em forma de remédio, usado internamente.

ÒKÌKÍ, s. Rumor, fama, reputação. *Òkìkí pé ó kú* – Há um rumor de que ele morreu.

OKIKIRÌ, s. Dureza, dificuldade.

OKIPA-AJÁ, s. Mastim, cachorro velho.

ÒKÌRÌBÌTÌ, s. Círculo, estado de cercado.

ÒKÌTÌ, s. Tipo de exercício de ginástica, cambalhota. *Ó ta òkìtì* – Ele executou um salto; *Ó rẹ́rín títí ó fẹ́rẹ̀ ta òkìtì* – Ele riu até quase se dobrar, ele se retorceu todo de tanto rir.

ÒKITI-ARÓ, s. O refugo de uma tintura nativa.

ÒKÌTÌ-EBÈ, s. Monte de terra para plantar raízes diversas.

ÒKÌTÌ-EERÚ, s. Monte de cinzas.

OKÍTÌ-ỌGÀN, ỌGÁN, s. Um formigueiro.

ÒKITIPÓ, s. Nome de uma árvore.

OKIYAN, s. Animal que vive debaixo das pedras.

OKITI YÌNYÍN, s. *Iceberg.*

OKO, s. 1. Nome do Òrìṣà identificado com a agricultura, com origem na cidade de Ìràwọ̀. 2. Fazenda, roça, plantação. *Ó wà lóko* – Ele está na fazenda.

OKÓ, s. Pênis. *Okó rẹ̀ lé danidani* – O pênis dele aumentou.

ÒKÒ, s. Coisa lançada contra uma pessoa. *Ó ju òkò sí mi* – Ele lançou um projétil em mim.

OKÒÓ, OKÒWÓ, s. Vinte búzios. < *okò* + *owó.*

OKO-ALẸ́, s. Trabalho na fazenda no início da noite.

ÒKÓBÓ, s. Impotência sexual masculina. *Ìyàgàn* – esterilidade feminina.

ÒKÒBÓ, s. Mentira, calúnia.

OKÒÓDÍNÍRÍNWÓ, num. Trezentos e oitenta.

ÒKODORO, ÒKOKORO, s. Término, conclusão, o fim.

OKO-ẸRÚ, s. Escravidão, cativeiro.

OKÓ-ÌBỌN, s. Trava de uma arma.

OKÓ LÓRO, s. Tipo de pássaro.

OKÒÓLÉNÍRÍNWÓ, *num.* Quatrocentos e vinte.

OKORÍRÒ, OKOṢÍṢE, *s.* Agricultura, plantação, plantio.

ÒKÒTÓ, ÌKÒTÓ, *s.* Caracol, caramujo. = *ìgbín*.

OKÒWÓ, *s.* Capital, valores. *Ó dá mi lókòwó* – Ele me deu o capital.

OKORÓWÚ, *s.* Nome de uma planta. *Mikania scandens*.

ÓKỌ, ORÚKỌ, *s.* Nome.

ÒKÚ, *s.* Morto, cadáver. *Àwọn òkú yíò padà wá sí ìyè* – Os mortos serão trazidos de volta à vida.

O KÚ, Ẹ KÚ, *exp.* Forma de saudação com desejo de vida longa. *O kú ewu o* – Nós o saudamos por livrar-se do perigo. V. *Ẹ kú*.

O KÚ ÀÁRÒ̩, *exp.* Bom-dia. Obs.: *O kú àárò̩* = *O káàárò̩*.

ÒKÚDODO, *s.* Estado de insensibilidade.

ÒKÙDÙ, *s.* Melancolia, tristeza, amargura.

ÒKÚDÙ, *s.* Silêncio. *Ó dòkúdù* – Ele ficou calado.

ÒKÚGBÉ, *s.* Um termo de abuso.

OKÚKÙ, *s.* Tipo de árvore.

ÒKÙKUÙ, *s.* Uma lagarta venenosa.

ÒKÚLẸ̀, ÀṢÁLẸ̀, *s.* Uma terra improdutiva, pobre.

OKUN, *s.* Força, vigor, energia. *Mo ní okun* = *Mo lókun* – Eu tenho força; *Òun mú mi lókun* – Ele me pegou à força.

ÒKUN, *s.* Mar, oceano. *Ó lọ sí etí òkun* – Ele foi para a praia.

OKÙN, *s.* Corda, barbante.

OKÙN-ALÁNTAKÙN, OWÚ-ALÁNTAKÙN, *s.* Teia de aranha.

OKÙN-DÍDẸ, *s.* Armadilha, cilada, arapuca.

OKÙN-DÍDẸ̀, *s.* Corda bamba.

ÒKÚNDÙN, Ọ̀KÚNDÙN, *s.* Aquele que gosta de doces.

OKÙNFÀ, *s.* Meios de atração, de fascínio.

OKÙN-ÌJÁNU, *s.* Freio, rédeas.

OKUN-INÚ, *s.* Energia, força, vigor.

ÒÒKÙN, ÒKÙNKÙN, *s.* Escuridão, negrume. *Òkùnkùn bò wá mọ́nlẹ̀* – Nós fomos envolvidos pela escuridão, a escuridão nos envolveu.

ÒKÚNÀ, ÒKÚ-Ọ̀NÀ, *s.* Caminho antigo, estrada abandonada.

ÒKÚ ỌRUN, s. Ancestrais.

ÒKÚ-ÒÓRÙN, s. Cheiro desagradável, um bem inútil.

ÒKÙNRÙN, s. Doença.

OKUNRA, s. Energia, vigor.

ÒKÚRORÒ, ÒNRORÒ, OMÙRORÓ, s. Pessoa de temperamento forte.

ÒKÚRÚ, adv. e adj. Só, somente, exclusivamente.

OKUṢÀ, ỌTÍ-ỌKÀ, s. Bebida feita de milho.

ÒKÚṢÚ, s. **1.** Restos de barris de tintas. **2.** Nome de um animal.

ÒKÚTA, s. Pedra. Ó fi òkúta pa ejò náà – Ele usou uma pedra e matou a cobra.

ÒKÙTÀ, s. Artigo difícil de ser vendido.

ÒKÚTA-AKỌ, s. Granito, pedra dura.

ÒKÚTA-ELÉRÚ, s. Pedra de cal.

OKÙTÁ-ÌBỌN, s. Pedra de isqueiro.

ÒKÚTA-ÌMÚRIN, ÒKÚTA-OLÓÒFÀ, s. Ímã.

ÒKÚTA-ÌPÓNRIN, s. Pedra de amolar.

ÒKÚTA-PẸLẸBẸ, s. Lápide, pedra tumular.

ÒKÚTA-WẸ́WẸ́, OKÙTÁ-WẸẸRẸ, s. Cascalho, areia grossa.

ÒKÚYÈ, s. Aquele que tem uma memória curta.

ÒÓLÁ, s. Traça que ataca as roupas.

ÒÒLÀ, s. **1.** Aquilo que salva, salvador. Òòlà mi ni yìí – Isto foi o que me salvou. < là. **2.** Calço para uma fenda de madeira. < ẹlà – fragmento, pedaço.

ÒLÀJÀ, ỌLÀJÀ, s. Pacificador, conciliador, uma pessoa civilizada. = onílàjà.

OLÈ, s. Ladrão, assaltante. Olè ni wọlé mi – Foi o ladrão que entrou na minha casa.

OLÈ-ÀFỌWÓRA, s. Um roubo insignificante.

ÒÒLÉ, ÒRÙLÉ, s. Telhado de uma casa.

OLÓ, pref. Usado para exprimir posse, domínio sobre alguma coisa. É outra forma de oní utilizada quando seguido de palavra que começa com a vogal o: òfin – lei; oní + òfin = olófin – legislador, juiz. V. oní.

ÒLÓ, s. **1.** Um tipo de rato pequeno. **2.** Uma forma de expressão dita a um homem jovem: òló mi – meu pequeno amado.

OLÓBI, s. Placenta, membrana fetal.

OLÓBÌ, s. Vendedor de noz-de-cola.

OLÓBÌNRIN, s. Senhor da esposa, que possui uma mulher.

OLÓBÌNRIN-MÉJÌ, s. Homem com duas esposas, bígamo.

OLÓBÌNRIN-PÚPỌ̀, s. Polígamo, que tem muitas mulheres.

OLÓBÓ, s. 1. Informante, que dá uma informação oportuna. 2. Mentiroso. = òkòbó.

OLÓBÚ, s. Título do soberano de *Ìlóbú*.

OLÓDE, s. Dono do espaço exterior. < *oní* + *òde*.

OLÓDI, s. Cercado, murado, fortificado como uma cidade.

OLÓDÒ, s. Que possui um poço.

OLÓDODO, s. Uma pessoa justa e verdadeira.

OLÓDÙMARÈ, s. Deus, o Onipotente. = *Èdùmàrè, Ọlọ́run*.

OLÓFÉERÉ, s. 1. Nome de um pássaro. 2. Pessoa que tem uma mente investigativa.

OLÓFIN, s. Legislador, juiz. < *oní* + *òfin*.

OLÓFÍN TÓTÓ, s. Pessoa que investiga, que pesquisa.

OLÓFÒ, s. Perdedor.

OLÓFÓFÓ, s. Fuxiqueiro, intrometido.

OLÓGÈ, s. Nome de um tipo de vento violento que atinge o Sudoeste africano.

OLÓGE, OGE, s. Aquele que gosta de roupas finas, almofadinha.

OLÓGÌN, s. Gato, denominação dada pelo povo de *Ìlá*. = *ológbò*.

OLÓGÌRÌ, s. Nome de uma ave.

OLÓGÍRÍ, s. Aquele que é o líder de uma empresa.

OLÓGÒ, s. Cobrador. < *oní* + *ògò*.

OLÓGO, adj. Glorioso.

OLÓGÒDÒ, s. Aquele que é afetado por reveses.

OLÓGOṢẸ́, s. Pardal, um pássaro malhado.

OLÓGUN, OLÓROGUN, s. Título de um oficial de guerra. < *oló* + *orí* + *ogun*.

OLÓÒGÙN, s. Farmacêutico.

OLÓGÙNṢEṢÈ, s. Nome de uma árvore dedicada à divindade da caça. *Erythrina senegalensis (Papilonaceae)*.

OLÓGÙRÒ, **ỌLỌ́GỌ̀RỌ̀**, s. Negociante do vinho extraído da palmeira *igi òġòrò*.

OLÓGURU, s. Tipo de pássaro pequeno.

OLÓÒGBÉ, adj. Atrasado, falecido.

OLÓGBE, adj. Pássaro que tem uma crista na cabeça.

OLÓGBÒ, **OLÓGÌNNÍ**, s. Gato. *Ológbò wà nísàlẹ̀ àga* – O gato está embaixo da cadeira. = *ológìn*.

OLÓGBÙRÓ, s. Um tipo de pássaro.

OLÓHUN, s. Dono de alguma coisa, um tipo de fruta.

OLÓHÙN, s. Um homem de influência, bem falante.

OLÓHÙNYỌHÙN, s. Um estado de confusão, tumulto.

OLÓJE, adj. Suculento.

OLÓJÒ, **ÀLÉJÒ**, s. Estranho, visitante. *Òjó wá níbí, o ní àléjò* – Ojô, venha cá, você tem visita.

OLÓJÓRÓ, s. Malandro, trapaceiro.

OLÓJÚ, s. Senhor da face, dono dos olhos. Usado na composição de palavras para dar destaque a alguém ou alguma coisa. *Ayé ti olójú rú* – O mundo à sua volta desaba. < *oní* + *ojú*.

OLÓJÚKAN, s. Pessoa com um só olho, caolha.

OLÓJÚKÒKÒRÒ, s. Pessoa cobiçosa, invejosa. V. *ojú kòkòrò*.

OLÓJÚMÉJÌ, s. Pessoa falsa (lit. que possui duas caras).

OLÓJÚṢAJÚ, s. Pessoa que revela favoritismo.

OLÓKÌKÍ, s. Pessoa famosa; adj. Famoso, célebre.

OLÓKO, s. Fazendeiro.

OLÓKO-ẸṢIN, s. Aquele que cuida de cavalos numa fazenda.

OLÓKUN, s. Divindade feminina dos mares e oceanos.

OLÓKÙN, s. Aquele que fabrica ou vende cordas.

OLÓKÙN, adj. Fibroso.

OLÓKÙNRÙN, s. Inválido.

OLÓÓLÀ, s. Aquele que realiza circuncisão e marcas faciais tribais. < *oní* + *owó* + *ilà*.

ÒLÒLÒ, s. Gago. *Ó kó òlòlò* – Ele contraiu uma gagueira; *Ó yakólòlò* – Ele gagueja.

OLÓÒLÙ, s. Aquele que bate com um macete. > *oní* + *oòlù*.

OLÓMI, s. Vendedor de água; *adj.* Aguado.

OLÓMIJÉ, s. Aquele que chora, chorão, choro de criança.

OLÓMÌNIRA, *adj.* Independente.

OLONGO, s. Nome de um pássaro.

OLÓNJẸ, s. Aquele que tem a comida, que é o dono da comida.

OLÓPÌRÌ, OLÓGÌRÌ, s. Um pássaro pequeno.

OLÓORE, s. Benfeitor.

OLÓORE-ỌFẸ́, s. Uma pessoa graciosa.

OLORÌ, s. São assim chamadas as mulheres do palácio real, tanto as viúvas dos reis mortos como as esposas do rei em exercício.

OLÓRÍ, s. Uma pessoa de cargo, um líder, o cabeça do grupo.

OLÓRÍ ÀJỌ, s. O líder, o cabeça de uma reunião.

OLÓRÍBÚBURÚ, OLÓRÍBURÚKÚ, s. Uma pessoa infeliz, deprimida, uma cabeça ruim.

OLÓRÍ-ẸGBẸ́, s. Chefe de uma sociedade.

OLÓRÍ-ẸṢỌ́, s. Capitão da guarda.

OLÓRÍ IKIN, s. Vigia dos *odù* Ifá.

OLÓRÍKUKU, OLÓRÍKUNKUN, s. Uma pessoa obstinada, perseverante.

OLÓRÍ-LÍLE, s. Uma pessoa estúpida, cabeça-dura.

OLÓRÍ-OGUN, s. General ou chefe de um exército.

OLÓRÍ-ỌKỌ̀, s. Comandante de um navio.

OLÓRIN, s. Cantor.

OLÓRÍRE, s. Pessoa que tem uma boa cabeça. *Ọba tó sọ olórí burúkú d'olóríre* – Um rei que regenera os infelizes transformando-os em afortunados.

OLÓRISUN, s. Proprietário de uma fonte ou de uma nascente.

OLÓRÌṢÀ, s. Pessoa que se manifesta com *òrìṣà*, filho de santo.

OLÓRÓ, *adj.* Venenoso, nocivo.

OLÓRÒ, s. Devotos do Festival de *Orò*.

OLÓRÒNTO, s. Um lagarto listrado, salamandra.

OLÓRORÍ, *adj.* Sortido, variedade.

OLÓRÓRÓ, *s.* Comerciante de óleos.

OLÓRÚKỌ, *s.* Homem conhecido, famoso, homônimo, xará.

OLÓORUN, *s.* Aquele que dorme muito, dorminhoco.

OLÓÒRÙN, *s.* Pessoa com odor, cheirosa.

OLÓRÙNDÍDÙN, *adj.* Um cheiro doce, perfumado.

OLÓSÈ, *s.* Um tipo de roedor.

OLÓṢÌ, *s.* Pobre, miserável. < *oní* + *òṣì*.

OLÓṢÌKI, *s.* Condimento usado em sopas, extraído da semente do melão – *ègúsí*.

OLÓṢÙNWỌN, *s.* Possuidor de uma medida; *adj.* Vendido por comprimento ou peso.

OLÓÓTỌ́, *s.* Pessoa verdadeira, sincera. *Òun jẹ́ ènìà olóótọ́* – Ele é uma pessoa verdadeira. < *oní* + *òótọ́*.

OLÓWÓ, *s.* Pessoa rica, pessoa com capital. Também usado para mostrar-se submisso a outra pessoa, como uma mulher para seu marido: *olówó mi* – meu mestre, meu superior. < *oní* + *owó*.

OLÓWÓYỌ̀, *s.* Pano de algodão, morim.

OLÓWÚ, *s.* Negociante de algodão.

OLÓOYÀ, *s.* Negociante de pentes. < *oní* + *ooyà*.

OLÓYÈ, *s.* Pessoa que possui um título, um chefe. *V. oyè*.

OLÓYE, AMÒYE, *s.* Uma pessoa sábia e prudente.

OLOYO, *s.* Um tipo de macaco amarelo, também conhecido por *awèrè* e *gbẹ̀gẹ́*.

ÒÒLỌ̀, *s.* Denominação de alguns órgãos digestivos.

OLÙ, *s.* Usado como prefixo para indicar aquele que faz algo. *Olùbàtà* – sapateiro; *olùfẹ́* – amante. Em muitos casos, revela os atributos de Deus por meio de vários títulos: *Olùbùkún* – Aquele que Abençoa; *Olùràpadà* – O Redentor; *Olùgbàlà* – O Salvador. *V. oní*.

OLÚ, *pref.* Indica um senhor, mestre, alto chefe de uma sociedade. *Olúwo* – um sacerdote da prática do Ifá (*lit.* senhor do *awo*); *Olúpopo* – Soberano da cidade de Popo. *V. Olúwa*.

OLÚ, *s.* Cogumelo, fungo. *Olú ọrán* – um tipo de cogumelo.

OÒLÙ, s. Macete, martelo. *Oòlù agogo* – Tocar, bater o sino.

ÒOLU, s. Sovela, broca.

OLÚBÀDÀN, s. Título do soberano de *Ìbàdàn*.

OLÙBÀJẸ́, s. Aquele que estraga, desfigura, apodrece. < *olù + ìbàjẹ́*.

OLÙBÁJẸ, s. O chefe que come junto. Especifica um ritual comunitário. < *olú + bá + jẹ*. Uma variante: *Olúgbàjẹ* – o senhor pega e come. < *olú + gbà + jẹ*.

OLÙBÁNIDÁRÒ, ABÁNIDÁRÒ, s. Simpatizante, aquele que se interessa.

OLÙBÁPIN, ALÁBÁPIN, s. Aquele que divide qualquer coisa com outro.

OLÙBÈÈRÈ, s. Aquele que pergunta, que interroga, questionador.

OLÙBẸ̀RẸ̀, s. Aquele que se inicia, iniciado.

OLÙBÓJÚTÓ, ALÁBÓJÚTO, s. Superintendente.

OLÚBORÍ, adj. De grande importância. *Ó jẹ́ olúborí* – Ele é superior.

OLÚBỌ́, s. Aquele que alimenta, provedor.

OLÚBỌRÌṢÀ, ABỌRÌṢÀ, s. Chefe do culto aos orixás. = *àwòrò*.

OLÙBÙKÚN, s. Aquele que abençoa e dá crescimento, um dos títulos de Deus. < *Olù + ìbùkún*.

OLÙBÙSÍ, s. Aquele que livra, que protege uma pessoa. Um dos atributos de Deus. < *Olù + ìbùsí*.

OLÙDÁHÙN, s. Aquele que responde, que replica.

OLÙDÁNDÈ, s. O Senhor da Libertação, Redentor, atributos que definem a Divindade Suprema.

OLÙDÁNWÒ, s. Tentado a fazer, examinador.

OLÙDÈNÀ, ADÈNÀ, s. Guardião de portão, que bloqueia o caminho. < *olú + dì + ọ̀nà*.

OLÙDẸ, s. Aquele que faz um chamariz, que seduz.

OLÙFẸ́, s. Amante, pessoa amada. *Àwọn ènìà jẹ́ olùfẹ́ owó* – As pessoas são amantes do dinheiro; *Òun ni olúfẹ́ mi* – Ele é o meu amor.

OLÙFISÙN, s. Acusador, aquele que reclama e acusa.

OLÙFỌKÀNSÌN, s. Um devoto. < *Olù + fi + ọkàn + ìsìn*.

OLÚFỌ́N, s. Título do soberano de *Ifọ́n*.

OLÙFỌ̀NÀHÀN, AMỌ̀NÀ, s. Um guia, mentor, condutor.

OLÙFÚNNÍ, s. Doador, o Senhor da Generosidade, um dos títulos pelos quais Deus é conhecido.

OLÙGBÀLÀ, s. Aquele que salva, Salvador, um dos títulos de Deus.

OLÙGBANI, s. Aquele que ajuda e liberta, um dos atributos de Deus. < *olù + gbà + eni*.

OLÚGBÉ, s. Morador de um local, habitante de uma cidade. *Olùgbé ìlú náà* – o habitante daquela cidade.

OLÙGBẸ̀SAN, s. Vingador, aquele que busca uma desforra.

OLÙGBÌMỌ̀, s. Aquele que propõe, um conselheiro.

OLÚGBÓDI, s. Criança que nasce com seis dedos nas mãos ou nos pés.

ÒLÙGBÓNGBÓ, ÒLÙGBÓNDÓRÓ, PÓNPÓ, s. Um pequeno bastão.

OLÙGBỌ́, s. Ouvinte, auditor.

OLÙGBỌ́RÀN, s. Uma pessoa obediente.

OLÚ-ÌLÚ, s. Capital de uma cidade.

OLÙJẸ́WỌ́, s. Confessor. < *olù + jẹ́ + ọwọ́*. *Ó jẹ́wọ́ ẹ̀sẹ̀ rẹ* – Ele admitiu o seu crime.

OLÙJỌ́SÌN, s. Adorador, cultuador. *Àwọn olùjọ́sìn tòótọ́ ti Òrìṣà kò ní ipa kankan nínú ìwà pálapàla àti iṣẹ́-òwò oníwọra* – Os verdadeiros cultuadores de Orixá não tomam parte na imoralidade e no mercantilismo ganancioso.

OLÙKÌLỌ̀, s. Aquele que cuida, que previne.

OLÙKÓPỌ̀, OLÙKOJỌPỌ̀, s. Coletor, acumulador.

OLÙKÓRÈ, s. Ceifeiro, colhedor.

OLÚKÒSO, s. Título dado a *Ṣàngó*, como senhor de *Kòso*.

OLÙKỌ́, s. Professor, instrutor. *Olùkọ́ sọ pé kí njókó* – A professora falou que eu sentasse; *Olùkọ́ mi máa nyẹ àtúnṣe mi wò* – Meu professor costuma verificar os meus erros; *Nígbàmíràn olúkọ́ mi máa ndáhùn ìbèèrè mi* – Algumas vezes meu professor responde minhas perguntas. = *tíṣà*.

OLÚKÚLÙKÙ, adj. Todo, todos. *Olúkúlù wa* – Todos nós. = *gbogbo*.

OLÚMẸ̀YẸ, s. Aquele que é civil.

OLÙMỌ̀, OLÙMỌ̀RÀN, s. Um homem compreensivo, orientador, prudente. Também um dos títulos de Deus.

OLÙPAMỌ́, s. Preservador.

OLÙPANI, **PANI-PANI**, s. Assassino.
OLÙPARÍ, s. Rematador, finalizador.
OLÙPARUN, s. Destruidor.
OLÙPÈSÈ, s. O Deus Provedor, que abastece e dá provisões.
OLÙPILÈṢÈ, s. Fundador, autor, instituidor. O Supremo Arquiteto, um dos títulos de Deus. V. pilè.
OLÙPÍN, **OJÙWÁ**, s. Aquele que compartilha, um divisor.
OLÙPINNU, s. Aquele que aponta, que mostra, que decide.
OLÙPOPO, s. Título do soberano de Popo.
OLÚPÒNÀ, s. Uma cidade ao sul de Ìwó.
OLÙPÓNJÚ, s. Pessoa pobre, desamparada. < ipónjú – miséria, aflição. Ó wà nípọnjú – Ele está na miséria.
OLÙPÓNNI, **APÓNNI**, s. Um lisonjeador.
OLÙRÀ, **OLÙRAJÀ**, s. Comprador.
OLÙRÀPADÀ, s. Aquele que resgata, Redentor, um dos títulos de Deus.
OLÙRÉKỌJÁ, s. Transgressor, aquele que passa por cima.
OLÙSIN, s. Adorador, servidor. < èsìn = ìsìn – religião, culto.
OLÙSÓDÒMỌ, s. Aquele que adota uma criança.
OLÙṢE, s. Fazedor, aquele que realiza, aquele que atua.
OLÙṢEBÚBURÚ, s. Aquele que pratica uma maldade.
OLÙṢÈSAN, s. Aquele que premia, que recompensa.
OLÙṢÉTÈ, s. Vitorioso, conquistador.
OLÙṢÓ, s. Guardião, olheiro, vigia.
OLÙṢÓ-ÀGÙTÀN, s. Pastor, que cuida das ovelhas.
OLÙṢÓGBÀ, s. Jardineiro.
OLÙṢÓRA, s. Uma pessoa cuidadosa, atenta, vigilante.
OLÙṢÓTÈ, s. Abrandar uma revolta.
OLÙTÀ, s. Vendedor.
OLÙTÉTÍSÍLÈ, s. Ouvinte. Àwọn olùtétísílè dáradára náà nsòrò – Os bons ouvintes também falam.
OLÙTÓ, **OLÙTÓJÚ**, s. Responsável pelas coisas, supervisor. Olòtójú owó – tesoureiro; olùtójú aláarè – enfermeira.
OLÙTÓJÚ-ALÁÌSÁN, s. Enfermeira.

OLÙTÙNÚ, s. Confortador, aquele que consola, um dos títulos de Deus. < *tù + inú*. *Ó tù mí nínú* – Ele me confortou.

OLÚWA, s. Senhor, mestre, soberano. *Olúwa mi* – Meu senhor, maneira de uma criança se dirigir ao pai ou da esposa se dirigir ao marido.

OLÚWARẸ̀, s. O homem, a pessoa em questão. *Olúwarẹ̀ ti dé* – A pessoa em questão já chegou; *Mo rí olúwarẹ̀* – Eu vi a pessoa.

OLÚWÓ, s. Título do soberano de *Ìwó*.

OLÚWO, s. Título equivalente a *Bàbáláwo*, no culto a Ifá, e sacerdote na sociedade *Ògbóni*.

O MÀ ṢE O!, *exp.* Que pena!

OMI, s. Água. *Omi tútù* – água fria; *omi dídì* – água gelada; *omi gbígbóná* – água quente; *omi iyọ́* – água salgada; *omi nhó* – água fervendo; *omi ẹ̀rọ* – água da torneira.

ÒMÍ, ÌMÍ, adj. e s. Um outro, outra coisa. V. *òmíràn*.

OMI ÈSOKÉSO, s. Suco de frutas.

OMI ẸRAN, OMITORO, s. Caldo de carne, molho.

OMI Ẹ̀RỌ, s. Líquido extraído do caracol. V. *ìgbín*.

OMIDAN, s. Mulher jovem, adolescente, senhorita. = *ọmọge*.

OMIDÍDÌ, s. Neve, gelo, granizo.

OMI-IYỌ̀, s. Água salgada.

OMIJẸ́, OMIJÚ, s. Lágrimas. *Ìyá mi bẹ̀rẹ̀ síí da omijẹ́* – Minha mãe começou a chorar; *Omi mbọ́ lójú mi* – Lágrimas rolaram pela minha face; *N kò lè pa omijẹ́ mi móra* – Eu não pude conter as lágrimas.

OMIKÍKAN, OMIKAN, s. Água de sabor ácido, especialmente como resultado de uma fermentação.

OMINÍBÚ, s. Águas profundas.

ÒMÌNIRA, ÒNNIRA, s. Liberdade. *Mo di òmìnira* – Eu me tornei livre; *Gbogbo ènìà nfẹ́ òmìnira* – Todas as pessoas gostam de liberdade; *Òmìnira tàbí Ikú!* – Independência ou Morte!

OMINÚ, ONNÚ, s. Ansiedade, apreensão, preocupação, medo.

OMIRA, s. Fluido aminiótico no qual o embrião está imerso.

ÒMÍRÀN, ÒMÍ, ÌMÍ – ÒNÍ

ÒMÍRÀN, **ÒMÍ**, **ÌMÍ**, *adj.* e *s.* Um outro, outra coisa. *Òmíràn ni mo fẹ́* – É outro que eu quero; *Ó fún mi ní òmíràn* – Ele me deu outra coisa; *Òmíràn dára òmíràn burú* – Alguns são bons, outros são ruins. V. *míràn*.

ÒMÌRÁN, *s.* Gigante.

OMIRÓ, *s.* Água salgada, água do mar.

OMITORO ỌBẸ̀, *s.* Caldo de sopa. *Èmi féràn omitoro ọbẹ̀* – Eu gosto de caldo de sopa.

OMORE, *s.* Parente, uma relação. = *ẹbí*.

OMÙ, *s.* Uma planta, samambaia.

OMÚ, *adj.* Afiado, inteligente.

OOMU, *s.* Um tipo de noz doce, noz-de-macaco.

ÒMÙGỌ̀, **ÒNGỌ̀**, *s.* Uma pessoa tola, estúpida. *Ó hùwà òmùgọ̀* – Ele se comportou como uma pessoa aparvalhada.

ÒMÚLẸ̀MÓFO, *s.* Desapontamento, uma expectativa fracassada. *Ìrètí mi di òmúlẹ̀mófo* – Minha esperança se tornou uma decepção.

ÒMÙWẸ̀, *s.* Nadador.

ON, *pron.* Ele, ela. Usado depois da expressão *Ó ní* – Ele disse. *Ó ni: "On mọ̀ ọ́"* – Ele disse: "Ele a conhece" (a pronúncia é *oun*).

ÒN, **ÒUN**, *conj.* E. Geralmente usada com nomes de pessoas. *Òjó òn Àjàdí* – Ojô e Ajadí. = *àti*.

ÒNGBẸ, *s.* Sede. *Òngbẹ gbẹ mí* – Eu tenho sede. = *òùngbẹ*.

ONDÈ, *s.* 1. Prisioneiro, preso em correntes, escravo. 2. Enfeite charmoso costurado no couro e usado como adorno. < *ohun + dé*.

ONDÓ, *s.* Nome de uma região *yorubá* cujo soberano é *Oṣémọ̀nwé*, o principal entre os seis grandes chefes (*Ìwàrèfà*).

ONFÀ, *s.* Atração.

ÒNGO, ÒMÙGỌ̀, *s.* Uma pessoa tola, estúpida.

ÒNÍ, *s.* Apelido dado a uma criança que nasce chorando muito. V. *àmútọ̀runwá*.

ÒNÍ, *adv.* Hoje. *Òní ni òun yíò wá* = *Òun yíò wá lóní* – É hoje que ela virá; *Mo sọ̀rọ̀ wọn lóní* – Eu conversei com eles hoje; *Òní bàbá ọla* – Hoje é o pai de amanhã (provérbio).

ONÍ, *pref.* Exprime posse, conhecimento, domínio sobre alguma coisa. *Oní + fárí = onífárí* – barbeiro. Quando a vogal inicial da palavra seguinte for diferente de *í*, a palavra *oní* é modificada: *oní + àgbèdẹ = alágbèdẹ* – ferreiro; *oní + èké = eléké* – mentiroso; *oní + èbi = elébi* – culpado; *oní + onjẹ = olónjẹ* – cozinheiro; *oní + ọfà = ọlọfà* – arqueiro. *V. olù.*

ONÍBÀBA, *s.* Vendedor de milho.

ONÍBÀJẸ́, *s.* Aquele que estraga, desfigura, uma pessoa estragada. *= olùbàjẹ́.*

ONÍBÁRÀ, *s.* Cliente, freguês.

ONÍBÁÁRÀ, *s.* Mendigo.

ONÍBÀTÀ, **OLÙBÀTÀ**, *s.* Sapateiro.

ONÍBÀTÀLẸ́SẸ̀, *s.* Aquele que usa sapatos ou botas.

ONÍBẸ̀RÙ, *s.* Aquele que dá medo nas pessoas.

ONÍBÍNÍTAN ÈNÌÀ, *s.* Pessoa de boa família.

ONÍBODÈ, *s.* Autoridade alfandegária, porteiro da cidade.

ONÍBỌTÍ, *s.* Negociante de malte.

ONÍBÚ-OORE, *s.* Doador bondoso ou liberal.

ONÍDÁJỌ́, **ADÁJỌ́**, *s.* Juiz, magistrado, meritíssimo. *< oní + dá + ẹjọ́.*

ONÍDÁNWÒ, *s.* Um examinador, inquiridor.

ONÍDẸ, *adj.* Feito de metal, latão. *Ṣíbí onídẹ* – colher de metal.

ONÍDIKAN, *s.* Uma criança com um dos pais livre e o outro escravo.

ONÍDÌRÍ, **ONÍDÌRÍ**, *s.* Cabeleireiro.

ONÍDODO, *s.* Uma pessoa que tem o umbigo grande.

ONÍDÙLÚMỌ̀, *s.* Caluniador.

ONÍDÙNDÚ, *s.* Vendedor de inhame frito.

ONÍFÁ, *s.* Devotos de *Ifá-Ọ̀rúnmìlà.*

ONÍFARARỌ̀, *s.* Pessoa que procuramos quando precisamos de ajuda.

ONÍFARAWÉ, **ALÁFARAWÉ**, *s.* Imitador.

ONÍFÁÀRÍ, *s.* Almofadinha, janota.

ONÍFÁRÍ, *s.* Barbeiro, aquele que raspa a cabeça.

ONÍFÈRÈ, *s.* Trompetista, flautista.

ONÍFURA, *s.* Pessoa suspeita.

ONÍFẸ́, s. Amante.
ONÍFẸ́ ÀÌNÍJÁNU, s. Amante apaixonado. *Onífẹ́ẹ àìnìjánu yọrí sí àwọn ìwà àìtọ́* – O amante sem controle tem êxito para atos impróprios.
ONÍFÙFÚ, s. Aquele que vende farinha de mandioca.
ONÍGẸ̀GẸ̀, s. Pessoa que tem papo, papudo, aumento da glândula tireoide.
ONÍGBÀ-ẸSẸ̀, s. Centopeia, lacraia.
ONÍGBÀGBẸ́, s. Aquele que tem uma memória fraca.
ONÍGBÀGBỌ́, s. Uma pessoa crente.
ONÍGBÀJÁMỌ̀, s. Barbeiro.
ONÍGBÁMÉJÌ, s. Indigestão, cólera.
ONÍGBÀNJO, s. Aquele que conserta cabaças quebradas.
ONÍGBÈJÀ, AJIGBÈSÈ, s. Defensor, causídico.
ONÍGBÈSÈ, s. Devedor.
ONÍGBÉRAGA, s. Uma pessoa orgulhosa, arrogante, convencida.
ONÍGBẸ̀JỌ́, s. Júri, comissão julgadora.
ONÍGBÒDÒGÍ, s. Pessoa que sofre de escorbuto ou que tem uma dor repentina.
ONÍGBÓIYÀ, ÒGBÓIYÀ, s. Uma pessoa corajosa, audaciosa.
ONÍGBỌ̀WỌ́, s. Segurança, fiador, patrocinador.
ONÍHAGBÁ, s. Aquele que esculpe na cabaça.
ONÍHALẸ̀, HALẸ̀HALẸ̀, AHALẸ̀, s. Fanfarrão, presepeiro.
ONÍHÀMẸ́RIN, s. Quatro lados de uma figura.
ONÍHÀMẸ́TA, s. Triângulo.
ONÍHÀPÚPỌ̀, s. Polígono.
ONÍHÌNRERE, s. Aquele que é portador de boas notícias.
ONÍHÒÒHÒ, s. Uma pessoa nua.
ONÍHUN, s. Proprietário, possuidor.
ONÍJÀ, s. Lutador, brigão, pessoa que discute.
ONÍJÀBÙTẸ̀, s. Pessoa com elefantíase.
ONÍJÀÀDÌ, s. Rufião, uma pessoa turbulenta.
ONÍJÁDÍ, s. Pessoa que investiga. *Oníjádí ọ̀rọ̀ yìí* – pessoa que solucionou este assunto.
ONÍJÀGÍDÍJÀGAN, s. Uma pessoa selvagem, violenta.

ONÍJÀKÁDÌ, s. Lutador.

ONÍJÀKÙTẸ̀, **ONÍJÀBÙTẸ̀**, s. Pessoa que sofre de elefantíase.

ONÍJÀMBÁ, s. Pessoa criminosa, canalha, infame.

ONÍJÌBÌTÌ, s. Caloteiro, trapaceiro.

ONÍJÓ, s. Dançarino.

ONÍKÀ, s. Uma pessoa cruel.

ONÍKANRA, s. Uma pessoa impertinente, rabugenta, teimosa.

ONÍKAUN, s. Negociante de potassa.

ONÍKIRI, s. Vendedor ambulante, mascate.

ONÍKO, s. Negociante de *ìko* – palha da costa –; denominação dos mascarados na festa de *Adímú-Òrìṣà*.

ONÍKÒKÒ, **AMỌKÒKÒ**, s. Aquele que faz potes, vasilhas.

ONÍKỌ̀, s. Mensageiro, o chefe dos mensageiros.

ONÍKỌ́, s. Aquele que sofre de tosse.

ONÍKÙMỌ̀, s. Aquele que está armado com um bastão.

ONÍKÙN-NLÁ, s. Uma pessoa forte, corpulenta.

ONÍKÚPANI, s. Traidor, conspirador.

ONÍLÀ, s. Pessoa circuncidada, marcada, cortada. V. *ilà*.

ONÍLÀJÀ, s. Mediador, pacificador, intercessor.

ONÍLÁKÀYÈ, s. Uma pessoa sensível, que tem bom-senso.

ONÍLÀKÚRÈGBÉ, s. Aquele que sofre de reumatismo ou lumbago.

ONÍLARA, s. Pessoa invejosa. < *ìlara*.

ONÍLÉ, s. Proprietário da casa.

ONÍLERA, s. Uma pessoa forte e com saúde.

ONÍLÉTÚBÚ, **ONÍTÚBÚ**, s. Carcereiro.

ONÍLẸ̀, s. Proprietário, dono de terra.

ONÍLÙ, s. Tocador de atabaque.

ONÍLÚ, s. Dono, chefe de uma cidade.

ONÍLÒKÚLÒ, s. Aquele que usa materiais cuidadosamente.

ONÍLỌ́RA, s. Uma pessoa lenta, indolente.

ONÍMÁJẸ̀MÚ, s. Aquele que faz uma convenção.

ONÍMẸLẸ́, s. Pessoa preguiçosa.

ONÍMÓNÍ, *adv.* Durante todo o dia, por um longo tempo. *Láti onímóní ló ti nsişé* – Durante todo o dia ele esteve trabalhando.

ONÍMỌ̀-ÌJINLẸ̀, *s.* Conhecedores profundos, cientistas. *Onímọ̀-ìjinlẹ̀ gíga kìlọ̀ ìparun ayé* – Grandes cientistas alertam contra a destruição do mundo.

ONÍMỌ̀MÉJÌ, *s.* Pessoa falsa, de duas caras, mascarado.

ONÍNÁ, *adj.* Ígneo, que tem piolho.

ONÍNÁKÚNÁ, *s.* Pessoa pródiga, esbanjadora.

ONÍNÚ, *s.* Aquele que consegue suportar as falhas dos outros.

ONÍNÚBÚBURÚ, *s.* Uma pessoa má.

ONÍNÚDÍDÙN, *s.* Pessoa de boa natureza, com boa disposição.

ONÍNÚFÙFÙ, *s.* Pessoa com temperamento sagaz, despachado.

ONÍNÚFUNFUN, *s.* Pessoa pura, de bons princípios.

ONÍNÚKAN, *s.* Pessoa digna de confiança, de pensamento firme.

ONÍNÚRE, **ONÍNÚRERE**, *s.* Pessoa boa, amável.

ONÍOLÓNÍ, *adv.* A partir desta data, precisamente.

ONÍPẸ̀, *s.* Aquele que intercede.

ONÍPA, *s.* Jogador.

ONÍPÁIYÀ, *s.* Pessoa que está em pânico.

ONÍPAMỌ́RA, *s.* Pessoa paciente.

ONÍPÀŞÍPÀÀRỌ̀, *s.* Aquele que faz trocas.

ONÍPÍN, *s.* Aquele que comanda, que dá ordem aos destinos, um dos títulos de Deus.

ONÍRÁRÀ, **ASUNRÁRÀ**, *s.* Poeta, trovador.

ONÍRÉ, *s.* Título do soberano de *Ìré*.

ONÍREGBÈ, *s.* Tagarela, pessoa faladeira.

ONÍRERA, *s.* Pessoa orgulhosa.

ONÍRẸ́JẸ́, *s.* Trapaceiro, golpista.

ONÍRẸ̀LẸ̀, *s.* Pessoa humilde.

ONÍRÌKÍŞÍ, *s.* Conspirador.

ONÍRIN, *s.* Negociante de ferro. < *oní* + *irin*.

ONÍRIN, *s.* Relativo ao sexo. < *oní* + *ìrin*.

ONÍRIN-MÉJÌ, *s.* Hermafrodita, bissexual.

ONÍRÌNKÚRÌN, s. Pessoa teimosa.

ONÍRÒKÚRÒ, s. Pessoa que age sempre de forma maldosa.

ONÍRÒNÚ, s. Pessoa pensativa, observadora. *Láti gbọ́ pẹ̀lú àfiyèsì onírònú jínlẹ̀* – para ouvir com atenção profunda uma pessoa observadora.

ONÍRÚ, s. Negociante de feijão.

ONÍRÚGÚDÙ, s. Aquele que causa confusão, desordeiro.

ONÍRUGBÌN, **AFÚNRUGBÌN**, s. Semeador.

ONÍRUN, s. Pessoa que tem muito cabelo, muitos pelos.

ONÍRUNGBỌ̀N, s. Barbeiro.

ONÍRÚURÚ, *adj.* Vários, diferentes. *Kọ́ àwọn ọmọ láti mọ rírì oníRúurá onjẹ* – Ensine os filhos a conhecer o valor das diferentes alimentações; *Oníríuurú ọ̀nà ni àwọn ènìà ngbà gbé ọmọ* – São várias as maneiras de as pessoas carregarem uma criança.

ONÍSÁBẸ́, s. Título do soberano de *Sábẹ́*.

ONÍSAJU, s. Pessoa modesta ou tímida, que tem consideração com os outros.

ONÍSO, s. Negociador de gado, carneiro, cabras etc.

ONÍSỌ̀, s. Vendedor que vende em tabuleiro; aquele que não aceita substituto, somente o original.

ONÍSỌKÚSỌ, s. Pessoa tagarela, fofoqueira.

ONÍSÙNMỌ̀MÍ, s. Um invasor.

ONÍSÙÚRÙ, s. Pessoa paciente, gentil.

ONÍSU, s. Vendedor de inhame.

ONÍSÀNGÓ, s. Denominação dos devotos de *Sàngó*.

ONÍSÈGÙN, s. Médico, doutor. < *oní + ìse + oògùn.* = *dókítà.*

ONÍSÈGÙN EHÍN, s. Dentista.

ONÍSÈGÙN-ẸRANKO, s. Veterinário.

ONÍSÈGÙN-ẸSIN, s. Ferrador, veterinário.

ONÍSEKÚSE, s. Pessoa imoral, sem caráter. < *ìse.* V. *kú.*

ONÍSELỌ́PỌ̀, s. Produtor, fabricante, aquele que produz em grande quantidade. < *se + lópò.*

ONÍSẸ, **ONSẸ**, s. Mensageiro, embaixador.

ONÍṢẸKẸRẸ – ONÍYEBÍYE, ONÍYELÓRÍ

ONÍṢẸKẸRẸ, s. Instrumento musical feito com uma cabaça envolvida com uma rede com búzios.
ONÍṢẸKẸTẸ, s. Aquele que faz cerveja de milho-da-índia.
ONÍṢIRI, s. Aquele que encoraja.
ONÍṢITÍ, s. Aquele que recorda, que faz lembrar.
ONÍṢOWÓ, s. Negociante.
ONÍṢỌ́, s. Vigia. = *onítójú*.
ONÍṢỌ̀NÀ, s. Escultor, artesão.
ONÍTÀNJẸ, ẸLẸ́TÀN, s. Enganador.
ONÍTARA, s. Uma pessoa zelosa, uma pessoa ardente.
ONÍTẸ́LỌ́RÙN, s. Pessoa contente.
ONÍTÌJÚ, s. Uma pessoa tímida, discreta.
ONÍTỌHÚN, s. A outra pessoa, aquela outra.
ONÍTỌ́JÚ, s. Guarda, vigia.
ONÍTÚBÚ, s. Carcereiro.
ONÍWÀ, ONÍWÀRERE, s. Pessoa de bom caráter.
ONÍWÀBÍỌLỌ́RUN, s. Pessoa piedosa.
ONÍWÀDUWÀDU, s. Pessoa irrequieta, apressada.
ONÍWÀIWÀ, s. Pessoas em várias circunstâncias.
ONÍWÀKÍWÀ, ONÍWÀKÚWÀ, s. Pessoa má, caráter ruim.
ONÍWÀ PẸ̀LẸ́, s. Uma pessoa gentil.
ONÍWÀRÀWÀRÀ, s. Pessoa impaciente.
ONÍWÁSÙ, s. Pregador.
ONÍWÉ, s. Editor, relator.
ONÍWÓTÒWÓTÒ, s. Um mexeriqueiro, tagarela.
ONÍWỌRA, s. Pessoa gananciosa, avarenta, gulosa.
ONÍYÁN, s. Vendedor de inhame pilado.
ONÍYÀN, s. Aquele com tendência a discussões e brigas.
ONÍYÀNJẸ, s. Trapaceiro, embusteiro, golpista.
ONÍYÀWÓ, s. Noivo.
ONÍYÈ, s. Pessoa com boa memória, esperta.
ONÍYEBÍYE, ONÍYELÓRÍ, *adj.* Inavaliável, que não tem preço.

ONÍYÈMÉJÌ, s. Pessoa que duvida, incrédulo.

ONÍYELÓRÍ, s. Aquilo que tem valor, algo valioso. *Ìwé oníyelórí* – um livro valioso.

ONÍYẸN, *pron. dem.* Aquele, aquela, aquilo. É mais usado para ênfase. < *oní* + *yẹn*.

ONÌYÈYÉ, s. Palhaço, gozador.

ONÍYÒ, s. Negociante de sal; *adj.* Salgado. *Ẹran oníyò* – carne salgada.

ONÍYỌNU, s. Uma pessoa impertinente.

ONÍYÓNÚ, s. Pessoa compassiva, piedosa.

ONJẸ, **OUNJẸ**, s. Comida, refeição. *Onjẹ mọ inú* – Bom apetite; *Onjẹ ti ṣe tán* – A comida está pronta. < *ohun* + *ìjẹ*.

ONJẸ-ALẸ́, s. Jantar. *Èyí ni ìyàrá onjẹ-alẹ́* – Esta é a sala de jantar.

ONJẸ-DÍDÙN, s. Doces. *Fún mi ní onjẹ dídùn díẹ̀* – Dê-me um pedaço de doce.

ONJẸ-JÍJẸ, s. Qualquer coisa comestível.

ONJẸ-ÒWÚRỌ̀, **ONJẸ-ÀÁRỌ̀**, s. Café da manhã.

ONJẸ-ỌSÁN, s. Almoço. *Mo fẹ́ràn púpọ̀ onjẹ-ọ̀sán* – Eu gostei muito do almoço. *Jẹun-ọ̀sán* – almoçar; *Ṣé o fẹ́ jẹun-ọ̀sán pẹ̀lú mi?* – Você quer almoçar comigo?; *A dúpẹ́, mo ti jẹun* – Obrigado, eu já comi alguma coisa.

ONJÍJẸ, s. Algo comestível.

ÒNKÀ, **ÒÒKÀ**, s. Contador. É usado como símbolo para indicar divisões grandes, como centenas, milhares etc. *Wọ́n kò lóòkà* – Eles são inumeráveis. < *ohun* + *ìkà*.

ONNÚ, **OMÍNÚ**, s. Ansiedade, apreensão.

ONRAJÀ, **OLÙRÀ**, s. Comprador.

ÒNRORÒ, *adj.* Grosseiro, rude.

ÒNTO, s. Um tipo de rã.

ÒNWẸ̀, **ÒMÙWẸ̀**, s. Nadador.

ÒPÈ, s. Pessoa ignorante, simplória. *Ó ṣe òpè ènìà* – Ele é uma pessoa tola. = *ọ̀gbẹ̀rì*.

ÒPEPE, s. Uma árvore grande que produz a madeira do cedro.

ÒPERÉ, s. Um tipo de ave conhecida pela sua sonolência.

ÒPIN, s. Fim, terminal. *Àwọn ìsọtẹ́lẹ̀ nípa òpin àiyé* – predições sobre o fim do mundo; *Báwo ni òpin ọ̀sẹ̀ ti ó kọjá?* – Como foi a semana que passou?

ÒPÌPÌ, *adj.* Sem penas ou plumas.

ÒPIRÌ – ÒÒRẸ̀, ÈÈRẸ̀

ÒPIRÌ, s. Define uma qualidade de cacto. V. ẹnu.

ÒPÌTÀN, s. Historiador. < pa + ìtàn. Ó sọ ìtàn – Ele me contou uma história.

ÒPÒ, s. Preparação.

OPÓ, s. Viúva. Ao morrer o esposo, a viúva é amparada pelos irmãos do falecido, fazendo parte da herança para um possível novo casamento. V. ṣúpó.

ÒPÓ, s. Poste, pilar.

ÓPÒ, ORÓPÒ, s. Pequeno quarto de provisões.

ÓPÒ, ORÓPÒ, ORÚPÒ, s. Local no palácio do rei onde é dada audiência; um banco de terra utilizado para dormir.

ÒPÓ-EKU, s. Rastro de rato.

ÒPÒNÙ, s. Idiota, imbecil.

ÒPÓ-ỌKỌ̀, s. Mastro de uma embarcação.

ÒPÓPÓ, s. Rua, avenida. Òpòpó yìí, yà sí osí – Nesta rua, vire para a esquerda; Ajá wa ó kú ní òpópó – Nosso cachorro morreu na rua.

OPÒPÓ, s. Um tipo de árvore.

ÒPÒÒRÒ, adj. Em grande número.

ỌPÙRỌ́, ONÍRỌ́, s. Mentiroso.

ÒRÀ, s. Comprador.

ÒRAYÈ, ÒÙNRAYÈ, s. Preguiçoso, tolo, vadio.

ÒRÉ, s. Um tipo de grama usada para fazer tapetes.

OORE, s. Bondade, benevolência. Mo fi ogbọ́n orí mi ṣe àiyé lóore – Eu usei a minha inteligência em benefício do mundo; olóore mi – meu benfeitor.

ÒÓRÉ, ÒRÉRÉ, s. Uma longa vista.

ORÉFÉ, adv. Superficialmente, em suspensão.

ÒRÉ KÉLẸ́WÀ, s. Belo, lindo, formoso. Obìnrin òré kélẹ́wà – uma linda mulher.

ÒRÉNTE, adj. Pequeno. Mọ́tò òrénte – um pequeno carro; obìnrin òrénte – uma pequena mulher.

OORE-ỌFẸ́, s. Graça, boa vontade.

OORE-ṢÍṢE, s. Ação benevolente.

ÒÒRẸ̀, ÈÈRẸ̀, s. Porco-espinho.

ORÍ – ORÍN

ORÍ, s. Cabeça. *Orí nfọ mí* – Estou com dor de cabeça; *Ẹ kú orí're o!* – saudação a uma pessoa que tem uma boa cabeça, que tem sorte. Pode ser usado para definir coisas altas ou destacadas: *orí igi* – alto da árvore; *orí ìka* – ponta do dedo; *orí ìwé* – capítulo de um livro; *orí òkè* – alto da montanha; *olórí ogun* – comandante de uma batalha. Forma preposição: *ní* + *orí* = *lórí* – sobre, em cima de; *sí* + *orí* = para cima; *Ológbò lọ sórí àga* – O gato foi para cima da cadeira.

ÒRÍ, s. Manteiga vegetal de cor branca. V. *ẹmi*.

ÒRÌ, s. Uma árvore cujas frutas maduras se assemelham a ameixa-preta, e as folhas são usadas no preparo de comidas. *Vitex doniana* (*Verbenaceae*).

ÒRÍ-ÀMỌ́, s. Manteiga feita do leite de vaca.

ORÍBÁNDÉ, s. Sorte. *Lóríbándé ni mo rí i gbà* – Foi por sorte que eu consegui.

ORÍBURÚKÚ, s. Uma pessoa com a cabeça ruim. = *oríbúburú*.

ORÍ ÉKÚN, s. Rótula do joelho.

ORÍ-ẸYA, s. Divisão em partes.

ORÍFÍFỌ́, **ẸFỌ́RÍ**, **ẸSÁNRÍ**, s. Dor de cabeça. *Akọ èfọ́rí* – enxaqueca. < *orí* + *fí* + *fọ́*.

ÒRÌGÌ, obs.: *Ó dòrìgì* – Ele está embutido firmemente.

ORÍGUN, s. Canto, esquina. *Orígun mẹ́rẹ̀ẹ̀rin àiyé* – Os quatro cantos do mundo.

ORÍKA, s. Ponta do dedo.

ORÍKÉ, s. Junta, articulação.

ORÍKÌ, s. Título, nome, louvação que ressalta fatos de uma sociedade, de uma família ou de uma pessoa e, igualmente, seus desejos. O *oríkì* costuma ser usado somente por uma pessoa mais velha para uma mais nova ou pelo marido para a esposa. A mulher pode usá-lo quando referir-se de forma afetuosa ao marido.

ORÍKỌ́, s. Anzol, colchete, gancho.

ORÍKUNKUN, s. Obstinação, teimosia. *Ó lóríkunkun* – Ele é teimoso.

ORÍLẸ̀, s. Nome que denota um grupo de origem ou clã.

ORIN, s. Cântico, uma cantiga. > *kọ* + *orin* = *kọrin* – cantar. *Àwọn akọrin náá kọrin dídùn* – Os cantores estão cantando cânticos agradáveis.

ORÍN, s. Talo de planta usado para mastigar. = *pákò*.

ORÍ OMÚ – ORÒ

ORÍ OMÚ, s. Bico do seio.
ORIRA, s. Um tipo de planta. *Luffa acutangula*.
ORÍRE, s. Uma boa cabeça, uma cabeça abençoada, boa sorte. < *orí* + *ire*.
ORIRI, OORI, s. Pombo selvagem.
ORÍSUN, s. Fonte, nascente, poço. *Wọ́n pọn omi orísun* – Eles apanharam um pouco de água da fonte.
ÒRÌṢÀ, s. Divindades representadas pelas energias da natureza, forças que alimentam a vida na terra, agindo de forma intermediária entre Deus e as pessoas, de quem recebem uma forma de culto e oferendas. Possuem diversos nomes de acordo com a sua natureza. *Mo ti gbogbo òrìṣà búra* – Eu juro por todas as divindades; *Èsìn òrìṣà ni mo nbọ* – É a religião dos orixás que eu cultuo; *Òrìṣà mi ni Ọ̀sun* – Minha divindade de devoção é Oxum. = *òòṣà*.
ÒRÌṢÀKÓRÌṢÀ, s. Qualquer divindade. < *òrìṣà* + *kí* + *òrìṣà*.
ÒRÌṢÀNLÁ, s. Divindade da criação (*lit*. o grande *òrìṣà*). = *Ọbàtálá*.
ORÍṢẸ́-ÀLÙFÁÀ, s. Trabalho de um sacerdote.
ORÍṢÍ, s. Espécie, tipo. *Aṣọ oríṣí mẹ́rin* – quatro tipos de roupas. = *irú*.
ORÍṢÍ ẸJẸ̀, s. Tipo de sangue.
ORÍṢÍRÍṢÍ, adj. Diferente, variado. *Ó máa wọṣọ oríṣírísí* – Ela costuma vestir roupas variadas; *Oríṣírísí kòkóró ni ó wà nísisìyí* – Diferentes vermes estão aqui agora; *oríṣírísí aṣọ* – vários tipos de roupas.
ORÍṢÍṢÍ, ÌṢÍRÍ, s. Encorajamento.
ORÍTA, ÌKÓRÍTA, s. Cruzamento, encruzilhada. *Èṣù Ọdàrà ló ni ìkóríta mẹ́ta* – Exu faz uso da encruzilhada.
ORÍWÍWÙ, ÌWÚRÍ, s. Prazer, delícia, motivo de alegria.
ORO, s. 1. Incitamento, estímulo. *Ó lé mi lóro kí n ṣe é* – Ele me estimulou a que eu fizesse isto. 2. Ferocidade. *Ó ṣoro lóní* – Ele aparenta ferocidade, ele está com um mau temperamento. < *ṣe* + *oro*.
ORÒ, s. Uma divindade cujas cerimônias são feitas na floresta. O culto é proibido às mulheres, que podem ouvi-lo, porém não podem vê-lo. O sacerdote do culto é denominado de *Abẹrẹ*.
ORÒ, s. Ritual, obrigação, costumes tradicionais. *Ó ṣe orò ilé wọn* – Ela fez seus costumes tradicionais; *Àwa ti ṣe orò òrìṣà omi òkun* – Nós já fizemos o ritual da divindade do mar.

ORÓ, s. Veneno. *Irú ejò yìí máa lóró púpọ̀* – Este tipo de cobra costuma ter muito veneno. *Obs.: ní + oro = lóró.*

ÒRO, s. Uma árvore cujo fruto serve para fazer sopa. *Irungia gabonensis (Simarubaceae).*

ÒÒRÓ, s. Posição reta, vertical, perpendicular. *Ó kọ mẹta òòró ní ojú rẹ̀* – Ele cortou três marcas verticais no rosto dela; *Mo gé e lóòró* – Eu o cortei ao comprido.

OROBÓ, s. Hemorroidas.

ÒRÓFÓ, s. Tipo de pássaro selvagem.

OROGÚN, s. Polígamo, uma rival da esposa. Na tradição *yorubá*, o homem ter várias mulheres é aceitável, embora tenha aquele que somente deseje uma só mulher. A busca por outra mulher é permitida desde que a esposa seja estéril ou não tenha filho homem. = *ìkóbìrinjo.*

ORÓGÙN, **ỌMỌRÓGÙN**, s. Uma madeira para mexer os ingredientes de uma panela, uma colher de pau.

ORÓGBÓ, s. Semente do fruto que não abre em gomos. Possui virtudes curativas, como a cura para a bronquite. É frequentemente usada nos rituais para *Ṣàngó. Garcinia gnetoides.*

ÒRÒKÒ, s. Nome do pai de *Ọ̀rúnmìlà* nos relatos de Ifá.

ÒRÒMỌDÌẸ, s. Filhotes de aves domésticas, pinto, patinho etc.

ORONBÓ, s. Laranja. *Ó nhó oronbó* – Ela está descascando a laranja. V. *bó.*

ÒRÓNBÓ-WẸẸRẸ, s. Cal.

ORONBÓ-WẸ́WẸ́, **ỌSÀN-WẸ́WẸ́**, s. Limão.

ÒRONTO, **OLÓRÒNTO**, s. Lagarto grande e listrado.

ORÒ PIN, s. Fim de um ritual.

ORÓPÒ, **ÓPÒ**, s. Pequeno quarto de provisões.

ORORẸ́, **IRORẸ́**, s. 1. Um tipo de ave pequena. 2. Espinha.

ORÓRÌ, **OJÚÓRÌ**, **OJÚ-ORÓRÌ**, s. Sepultura de pagão.

ÒROÒRO, s. Bílis, vesícula biliar.

ÒRÓRÓ, s. Óleo vegetal. *Òróró èpà* – óleo de soja.

ÒRÓRÓ-ẸGÚSÍ, s. Óleo extraído da semente do melão.

ÒRÓRÓ-ẸPÀ, s. Óleo extraído da semente de noz moída.

ÒRÓRÓ ÌPARA – ORÚKỌ ÀMÚTỌRUNWÁ

ÒRÓRÓ ÌPARA, s. Óleo usado como emoliente ou em forma de creme.
ÒRÓRÓ-LÁRÀ, s. Óleo de rícino.
ÒÓRÒ, ÒWÚRỌ̀, s. Manhã.
ÒRU, s. Tarde da noite, madrugada, entre 24h e 5h. V. *ojọ́*.
ORÙ, s. 1. Lançador. 2. Um tipo de pote com a boca estreita.
OORU, s. Calor, vapor. *Ẹ̀wù yìí mú ooru* – Esta roupa mantém calor. *Ooru mú mi* – Estou com calor; *Ooru já mi jẹ* – O calor me deu comichão. V. *jájẹ* – morder.
ÒRU-ÀNÁ, adv. A noite passada.
ORÙBÀ, s. Pequena caneca de barro.
ÒRUGÀNJỌ́, ỌGÀNJỌ́, adv. Meia-noite.
ÒRÙKA, s. Anel.
ÒRÙKA-ETÍ, s. Brinco.
ÒRÙKA-ẸSẸ̀, s. Anel usado no dedo do pé.
ORÚKỌ, s. Nome. Os nomes próprios *yorubás* são formados por diversas palavras, vindo a compor um nome relacionado com fatos ou divindades, entre outras coisas, tornando-os bastante significativos. Daí a expressão: *Orúkọ ti a fún ọ yíò mọ́ ọ lórí* – O nome que lhe damos será fixado em sua cabeça. Para um menino, usualmente, o nome é dado no 9º. dia de nascido; para menina, no 7º. dia; e para gêmeos, no 8º. dia. Alguns exemplos e nomes próprios: *Monísọlà* – Eu tenho muita riqueza; *Ọbafẹ́mi* – O rei me ama; *Fásínà* – Ifá abre meus caminhos; *Èbùnolú* – Presente de Deus; *Kíni orúkọ rẹ? Òjó ni* – Qual o seu nome? É Ojô; *Orúkọ mi lo bàjé* – Você sujou meu nome; *Èyí ni orúkọ arami* – Este é o meu próprio nome. V. *àbísọ* – apelido.
ORÚKỌ ÀDÁJẸ́, s. Nome limitado a uma única pessoa. V. *àdàpè*.
ORÚKỌ ÀJỌJẸ́, s. Nome que possui correspondência com outros nomes por ter qualidades comuns em seu significado.
ORÚKỌ ÀMÚTỌRUNWÁ, s. Nome que uma criança recebe conforme a característica do seu nascimento: *Òjó*, para um menino, *Àìná*, para uma menina, quando nascidos com o cordão umbilical em volta do pescoço; *Sàlàkó*, para um menino, *Tàlàbí*, para menina, quando nascidos cobertos por uma membrana.

ORÚKỌ-ÀLÀJẸ́, ORÚKỌ-ÀNÍJẸ́, s. Apelido.

ORÚKỌ ÀPÈLÉ, s. Epíteto, sobrenome. *Ó pè mí ní orúkọ àpèlé* – Ele me chamou pelo sobrenome.

ORÚKỌ BURÚKÚ, s. Um nome ruim. *Ó ní orúkọ burúkú* – Ele tem o nome sujo.

ORÚKỌ-Ẹ̀FẸ̀, s. Sobrenome.

ORÚKỌ ẸLẸ́YÀ, s. Apelido ridículo dado a uma pessoa.

ORÚKỌYÓRÚKỌ, s. Nome próprio, sem o sobrenome.

ÒRÙLÉ, s. Telhado.

OÒRÙN, s. Sol. *Oòrùn npa mí* – O sol está me matando.

OORUN, s. Sono. *Oorun nkún mi* – Estou com sono; *Ó sùn oorun ìjìkà* – Ela dormiu profundamente.

ÒÓRÙN, s. Cheiro, odor. *Mo gbó òórùn dídùn* – Eu senti um cheiro agradável; *Ó lóórùn dídùn* – Ela tem um cheiro agradável.

ÒÓRÙNDÍDÙN, s. Fragrância, perfume, um cheiro agradável.

ÒRÙNGBẸ̀, ÒNGBẸ̀, s. Sede. *Òrùngbẹ ngbẹ mí* – Estou com sede (*lit.* a sede está me secando).

ÒÓRÙNGỌ̀, s. Um tipo de planta.

OORUNÌJÌKÀ, s. O som emitido durante um sono profundo.

OÒRÙNKÀNTÀRÍ, adv. Meio-dia.

ÒÓRÙNKÒÓRÙN, s. Um cheiro qualquer, um cheiro desagradável.

ORÚNKÚN, ÉKÚN, s. Joelho.

ÒRÚRÙ, s. Um tipo de árvore com flores vermelhas, com crescimento selvagem. *Spathodea campanulata* (*Bignoniaceae*).

ÒRÚRÙÙ, s. Confuso. *Ó pa òrúrùù* – Ele se sente confuso.

ÒRUWỌ, s. Pedaço de enxofre.

ÒRÚWỌ, ÒÓWỌ, s. Um tipo de árvore cuja madeira é usada para fazer barcos, tábuas e estacas. *Morinda lucida* (*Rubiaceae*).

ÒSÉ, ÒNÍNÍ, s. Botão.

OSÈ, OṢÈ, s. Árvore baobá. V. *oṣè*.

ÒSÌ, adj. Esquerdo. *Etí rẹ̀ òsì ndùn* – A orelha esquerda dele está doendo. Prefixado a certos títulos, denota uma terceira pessoa na reserva do comando de uma atividade. V. *ọ̀tún*.

ÒSÌ – O ṢE O!

ÒSÌ, s. Baço.

ÒSÌ AWO, s. Título na hierarquia de Ifá.

OSÚ, s. Um dos espíritos venerados pelos yorubás.

ÒSÚKÈ, ÈSÚKÈ, ÒSÚKÈSÚKÈ, s. Soluços. Òsúkè mú mi – Eu tenho soluços.

Ó SÚ MI!, exp. Estou cheio! (gíria).

ÒSÙN, s. Bastão feito de metal, símbolo da autoridade dos Bàbáláwo. Òòró gangan là á bósùn – O bastão é sempre mantido em posição ereta.

OSÙN, s. Um pó de cor vermelha.

OSÙN DÚDÚ, s. Árvore com flores amarelas e frutos cobertos por espinhos macios, com caule escuro e áspero. A madeira é, às vezes, classificada como pau-rosa, com uma resina cor de sangue. A casca é usada como tintura vermelha. Pterocarpus erinaceous (Leguminosae).

OSÙN BÚKẸ, s. Uma árvore que produz frutas vermelhas. Dracaena manni (Agavaceae).

OSÙN ẸLẸ́DẸ̀, s. Um arbusto da América Tropical com frutas pontudas e as sementes cobertas com polpa vermelha. Bixa orellana.

ÒÒṢÀ, s. Forma reduzida da palavra Òrìṣà.

ÒṢÀLÁ, s. Forma reduzida do nome da divindade Òrìṣà nlá. = Òòṣà nlá.

OṢÈ, OSÈ, s. Árvore baobá, uma das mais altas da região das savanas africanas, com 30m de altura; o caule tem um diâmetro suficiente para ser usado como moradia. A polpa é consumida como suco e as folhas cozidas são usadas como refeição. Oṣè, igi tí ó wúlò púpọ̀ – Baobá, uma árvore que tem muitas utilidades. Adansonia digitata (Bombaceae).

OṢÉ, s. Símbolo sagrado para os devotos de Ṣàngó, em formato de um machado de dois gumes, geralmente feito de madeira da árvore àyán.

ÒṢÉ, s. Suspirar denotando infelicidade, dar um assobio de pesar e dor. Ó pòsé – Ele suspirou com muito pesar. < pa + òṣé.

O ṢE É, s. Obrigado.

ÒṢÈLÚ, AṢÈLÚ, s. Político. Òṣèlú kan làisí ìwà ìbàjé. Nígbà wo? – Um político sem caráter corrupto. Quando?; Ìlèrí òṣèlú kan àidíbàjé – A promessa de um político incorruptível.

O ṢE O!, exp. Que pena!. = o mà ṣe é o.

ÒṢÉṢE, *adj*. Fresco, verde, macio como carne, milho etc.

ÒṢÈWÉ, **AṢÈWÉ**, *s*. Editor, aquele que publica um livro.

ÒṢÌ, *s*. Miséria, pobreza, indigência. *Ó fi mí sílè nínú òṣì* – Ela me abandonou na miséria; *Ìdílé wa wà nínú ipò òṣì* – Nossa família vive num lugar de pobreza.

ÒṢÍBÀTÀ, *s*. Planta aquática, golfo. *Nymphaea lotus*.

ÒṢÌKÀ, *s*. Pessoa perversa, cruel. < *ṣe* + *ìkà*. *Ó ṣe òṣìkà ènìà* – Ele é uma pessoa perversa.

ÒṢIRÉ, *s*. Ator.

ÒṢÌRÌ, *s*. Um ato de conspiração. *Wón dòṣìrì bò mí* – Eles se aglomeraram ao redor de mim.

ÒṢÌṢÉ, **ONÍṢÉ**, *s*. Trabalhador, operário. *Òṣìṣé ìjoba ni ègbón mi* – Meu irmão é um funcionário do governo.

OṢÍṢÉ, *s*. Pessoa pobre, miserável, pessoa destituída.

OṢÓ, *s*. Feiticeiro. *Ó ṣe oṣó* – Ele foi iniciado como feiticeiro. *V. àjẹ́* – feiticeira.

ÒṢÒDÌ, **AṢÒDÌ**, *s*. Adversário, oponente.

ÒṢOGBO, *s*. Cidade *yorubá* cujo soberano é denominado de *Atáójá*.

ÒṢÓÒGÙN, *s*. Uma cidade na região de *Òyó*.

ÒṢOKO, *s*. Dissimulador.

ÒṢÓNÚ, *s*. Azedo, pessoa rude, malcriada.

OṢOOṢÙ, *adv*. Mensalmente. *Mo lo síbè lóṣooṣù = Lóṣooṣù ni mo lo síbè* – Eu vou lá mensalmente.

OṢÙ, *s*. Mês. *Ó dé ní oṣù tó kojá* – Ela chegou no mês passado; *oṣù kéjì odún* – mês de fevereiro (*lit*. segundo mês do ano). Os meses podem ser assim denominados, bastando incluir o numeral correspondente ao número do mês. Parece provável que esta palavra seja derivada de *òṣùpa* – lua. > *nkan oṣù* – coisa do mês, menstruação.

ÒṢÙ, *s*. Tufos longos de cabelo deixados na cabeça, após ter sido raspada, da forma como é feito pelos sacerdotes de *Ṣàngó*. *Òṣù bàràkàtà* – tufos longos de cabelo. Nos candomblés do Brasil, é representado por uma pequena massa cônica feita dos ingredientes utilizados no ritual de iniciação e colocado no alto da cabeça da pessoa, em cima de um pequeno corte denominado *gbèrè*. *V. adóṣù*.

OSÙGBÓ – ÒTÚBÁNTẸ̀

ÒSÙGBÓ, s. Termo aplicado no culto a *Orò* e na sociedade *Ògbóni*.

ÒSÙKÁ, s. Acolchoado em círculo usado na cabeça para carregar coisas pesadas. *Ó ṣu òṣùká* – Ele deu uma forma circular em um tecido ou alguma folhagem para formar um acolchoado. *Obs.*: Os *yorubás* costumam carregar as coisas na cabeça.

ÒṢÙMÀRÈ, s. Arco-íris. É considerado símbolo de uma divindade representada por uma grande serpente que envolve a Terra. *V. erè*.

OṢÙNWỌ̀N, s. Padrão e medida para calcular. *V. díwọ̀n*.

ÒṢÙPÁ, s. Lua. *Àwọn ọmọdé féràn eré òṣùpá* – As crianças gostam de brincar ao luar; *Róbótó ni òṣùpá gégébí oòrùn* – A lua é exatamente redonda como o sol. *V. lé 1*.

ÒṢÙṢÙ, s. Ramos, arvoredo, ajuntamento. *Òṣùṣù ọwọ̀* – vassoura feita de gravetos e ramos de árvores. *Ó kó òṣùṣù ọwọ̀ bò mí* – Ele me bateu com a vassoura de ramos; *Wọ́n pa òṣùṣù lé mi* – Eles se agruparam furiosamente ao meu redor.

ÒṢÙṢU, s. Arbusto espinhoso.

ÒTÉ, s. Ápice, cume, topo. *Ó wà lóté* – Ele está num lugar alto, no topo.

ÒOTẸ̀, s. Prensa, máquina de estampar. = *òòtèwé*.

Ó TÌ, adv. Não, de forma alguma. *Ó tì o, ọ̀rẹ́ mi kọ́* – Não, de forma alguma, não é meu amigo. *V. rárá, bẹ́ẹ̀kọ́*.

ÒTÍLÍ, s. Uma planta com sementes idênticas ao feijão. *Cajanus cajan* (*Papilonaceae*).

ÒTILÌ, s. Doença que faz a pessoa cambalear.

ÒTO, ÒNTO, s. 1. Rã. 2. Mentiroso.

ÒÒTẸ̀Ẹ̀-LẸ́TÀ, s. Impressão, marca.

ÒÓTỌ́, ÒTÍTỌ́, s. Verdade. *Sé òótọ́ ni?* – É verdade?; *Òótọ́ níkan ni bàbá máa nsọ* – Papai costuma falar somente a verdade; *Ó lóótọ́* – Ele é honesto, verdadeiro.

ÒTÒLÒ, s. Um tipo de animal semelhante a um antílope.

ÒTÒSÌ, s. Uma pessoa pobre e miserável. *Gbàdúrà fún wa òtòsi ẹlẹ́sẹ̀* – Orai por nós, pobres pecadores.

ÒTÚBÁNTẸ̀, adj. Pequeno ou sem nenhum valor. *Òtúbántẹ́ ni* – um assunto insignificante.

ÒTÙFÙ, ÌTÙFÙ, s. Tocha, archote, um material inflamável.

OTÚTÙ, ÓTÙ, s. Frio, doença. *Ìgbà otútù* – tempo frio.

OTÚTÙ ONÍKUN, s. Catarro.

ÒTÚÁ, s. Forma reduzida do 13º. *odú-ifá òtúwá*.

ÒUN, Ó, *pron. pess.* Ele, ela. *Òun lọ jáde* – Ela foi embora. *Obs.*: Este pronome pessoal da 3ª. pessoa do singular não é usado em frases negativas. *Kò sọ bẹ́ẹ̀ fún mi* – Ela não falou assim para mim.

OUN, OHUN, s. Coisa, algo. *Ohun ìjà* – algo de luta, arma.

OÙN, OHÙN, s. Voz. *Ó lọ́ ohùn = Ó lọ́hùn* – Ele mudou o tom da voz; *Ó fohùn sí ọ̀rọ̀ mi* – Ele aprovou o que eu disse.

ÒUN, ON, *conj.* E. Geralmente usada com nomes de pessoas. *Òjó on Àjàdí* – Ojô e Ajadi; *Obẹ̀ ata òun ẹran ló fifun mi* – Foi o molho de pimenta e a carne que ela deu para mim. = *àti*.

ÒÙNGBẸ, ÒNGBẸ, s. Sede. *Òngbẹ ngbẹ ọ́?* – Você está com sede?

OUNJẸ, ONJẸ, s. Comida. *Ounjẹ yìí dára púpọ̀* – Esta comida é muito boa.

ÒWE, s. Provérbios, parábolas. *Ó pòwe* – Ele contou um provérbio. *Obs.*: *pòwe = pa òwe*.

ÒWÈ, s. **1.** Folha nova da planta denominada *erèé*. **2.** Um tipo de macaco preto.

ÒWÈRÈ, s. Luta, esforço para recuperar a si mesmo. *Ó njòwèrè* – Ele está se contorcendo. < *já + òwèrè*.

ÒWÉRÉ-NJÉJE, s. Tipo de planta rasteira cujas sementes são pretas e vermelhas.

ÒWÍWÍ, s. Coruja. *Níbo ni òwíwí ngbé? Nínú igbó* – Onde a coruja vive? Dentro da floresta.

ÓWO, ÉWO, s. Furúnculo, fervura em qualquer parte do corpo. *Ó ta oówo mi* – Ele perfurou meu furúnculo. Forma modificada de *oríwo*.

ÒWÒ, s. Comércio, negócio. *Ó bá mi ṣòwò* – Ele fez um negócio comigo.

OWÓ, s. Dinheiro, moeda. *Ó fi owó mi jẹ* – Ele confiscou meu dinheiro (lit. ele comeu meu dinheiro); *Mo gba owó mi lọ́wọ́ rẹ̀* – Eu recebi meu dinheiro das mãos dela; *Owó kò lè rayọ̀* – O dinheiro não compra felicidade; *Owó kò tó* – O dinheiro não é o suficiente.

OWÓ-ÀBẸ̀TẸ́LẸ̀, s. Suborno, corrupção.
OWÓ-ÀÁRÚ, **OWÓ-ALÁÁRÙ**, s. Transporte de dinheiro.
OWÓ AYÉDÈRÚ, s. Dinheiro falso.
OWÓ-BÀBÀ, s. Moeda de cobre.
OWÓ-DÍDÁ, s. Subscrição, contribuição.
OWÓ-ẸHÌN, s. Suborno.
OWÓ-ÈLÉ, s. Interesse, usura.
OWÓ ẸRÚ, s. Comércio de escravos. *Owó ẹrú ti parun pátápátá* – O comércio de escravos já se extinguiu completamente.
OWÓ ẸRỌ̀, s. Tipo de búzio pequeno.
OWÓ ẸYỌ, s. Tipo de búzio um pouco maior. *Ó gbo ewé fọ owó eyọ* – Ele amassou as folhas e lavou os búzios.
OWÓ-FÀDÁKÀ, s. Moeda de prata.
OWÓ-ÌDÁSILẸ̀, s. Resgate.
OWÓ-ILÉ, **OWÓOLÉ**, s. Aluguel da casa, imposto sobre a casa.
OWÓ-ÌLÉLẸ̀, s. Capital, estoque, provisão de capital para um negócio.
OWÓ-ÌNÁ, s. Moeda corrente.
OWÓ-ÌRANLỌ́WỌ́, s. Subsídio.
OWÓ-IṢẸ́, s. Salário, produto do trabalho.
OWÓ-ÌSINGBẸ, s. Fundo de reserva.
OWÓ-ÌṢÚRA, s. Poupança, economias.
OWÓ-JÍJÁDE, s. Despesa, gasto.
OWÓ-LỌ́WỌ́, s. Pagamento à vista (*lit.* dinheiro nas mãos). *Owó-lọ́wọ́ ni a ra ọkò yìí* – Foi à vista que nós compramos este carro.
OWÓ-ÒDE, **OWÓ-ÌLÚ**, s. Dinheiro público, taxas, impostos.
OWÓ-ORÍ, s. Imposto pessoal. *Èlò ni o nsan ní owó-orí?* – Quanto você paga de imposto?
OWÓ-OṢÙ, s. Ordenado, dinheiro do mês. *Ó gba owó oṣù rẹ̀* – Ele recebeu o salário dele.
OWÓ-ỌDÚN, s. Imposto anual.
OWÓ-ỌYÀ, s. Salário.
OWÓ-ÒWÓ, s. Capital para negócios.

ÒWÒRẸ́, s. A parte nublada da estação seca. *Àwọn àgbẹ̀ máa ngbìn àgbàdo ni àkókò òwòrẹ́* – Os fazendeiros costumam plantar milho na estação meio seca (junho a agosto).

OWÓṢẸ́, s. Dinheiro pago por um trabalho feito. < *owó + iṣẹ́.*

OWÓ-ṢÍLÈ, s. Moeda de prata.

OWÓ-WÍWỌLÉ, s. Renda.

OWÓ-WÚRÀ, OWÓ-ÌWÓÒRÒ, s. Moeda de ouro.

OWÓ-YOWO, s. Dinheiro vivo.

ÒÓWỌ, ÒRÚWỌ, s. Um tipo de árvore cuja madeira é usada para fazer barcos, tábuas e estacas. *Morinda lucida (Rubiaceae)*.

OWÚ, OWÚ-JÍJẸ, s. Ciúme. *Owú àti ojú kòkòrò kọ́ ni ohun dáadáa* – Inveja e ganância não são coisas boas; *Ó jowú mi* – Ele tem ciúmes de mim. < *jẹ + owú.*

ÒWÚ, s. Algodão.

ÓÓWÚ, s. Martelo de ferreiro.

ÒWÚ-ÀBURAN, s. Algodão cardado.

ÒWÚ-AKẸṢẸ, s. Algodão branco e fino com a casca pequena.

ÒWÚ-FÌTÍLÀ, s. Pavio de vela.

ÒWÚ-ÌTÀNNÁ, s. Pavio de lamparina.

ÒWÚ-ÒDÒDÓ, s. Lã vermelha.

ÒWÚ-ÒGODO, s. Algodão que tem a casca grande.

ÒWÚ-RÍRAN, s. Linha de algodão torcida.

ÒWÚ-YANWURE, s. Tipo de algodão muito branco com flores vermelhas e pequenas sementes usadas pelos povos *fulás*.

ÒWÚKỌ, ÒBÚKỌ, s. Bode.

ÒWÚRỌ̀, ÀÁRỌ̀, s. Manhã. *Mo mọ̀ láná pé o mbọ̀ lówúrọ̀ yìí* – Eu soube ontem que você estava vindo esta manhã.

ÒWÚSÚWUSÙ, s. Névoa, neblina. *Ó fi òwúsúwusù nbò mí lójú* – Ela me confundiu (*lit.* ela cobriu meus olhos).

ÒYÁJÚ, s. Impertinência.

ÒÒYÀ, s. Uma folha a que se atribui curar a cegueira.

ÒÒYÀ, s. Pente. *Ó ya irun rẹ̀* – Ela penteou meus cabelos. *V. yà.*

ÒÒYÀ-ẸṢIN, s. Escova.

ÒYE, s. Sinal, indicação.

ÒYE – OYÚN

ÒYE, s. Inteligência, erudição, sabedoria, compreensão. *Ó mòye* – Ela é inteligente; *Fi òye hàn* – Seja compreensivo. > *olóye* – pessoa inteligente.

OYÈ, AJÒYÈ, s. Título, uma posição oficial. *Ó gba oyè* – Ele recebeu um título. Citar os títulos que as pessoas possuem é muito comum, ignorá-los pode ser considerado ofensa. Eles são usados antes do nome: *ògbéni* – senhor; *omidan* – senhorita; *olóyè* – chefe; *ògá* – mestre; *olùkó* – professor; *dókítà* – doutor; *oba* – rei; *òmòwé* – uma pessoa sábia, um doutor em letras.

OYE ÌGBÀTÍ, adv. Quantas vezes. É a forma indireta de *èèmélòó ni. Àwa kò mo oye igbàti wón máa lo sójà* – Nós não sabemos quantas vezes eles costumam ir ao mercado.

OYÈ ÌJÌNLÈ, s. Ph.D.

OYÈKÓYÈ, s. Um título qualquer. < *oyè + kí + oyé*.

OYETÍ, pron. Por quanto. Forma indireta de *èló. Èló ni aso yìí?* Quanto custou esta roupa?; *N kò mo oyetí ó rà á* – Eu não sei por quanto ele a comprou. V. *iye... tí*.

ÒÒYÌ, ÒYÌ, s. Vertigem, tontura. *Ó lóòyì* – Ela teve uma vertigem; *Òòyì nkó oba pààpàà lójú fún ebi* – A vertigem tomou conta do rei por causa da fome. Obs.: *ní + òòyì = lóòyì*.

OYIN, s. Mel, abelha. *Àwon oyin sù* – um enxame de abelhas.

ÒYÌNBÓ, ÒYÌBÓ, ÒÌBÓ, s. O homem branco, o europeu.

ÒYÍGÍYIGÌ, s. Pedra fixa sob as águas.

OYINMOMO, adj. Doce mel.

OYÓ, s. Tipo de coruja pequena.

ÒÓYO, ÒÓYÓ, ÈÉYÓ, s. Espécie de planta viscosa usada em sopas. = *ewébè*.

OYÚN, s. Gravidez, gestação. *Ìgbà oyún* – período de gestação; *oyún bíbàjé* – aborto espontâneo.

Ọ, *pron.* Você. É usado dessa forma depois de verbo ou preposição. *Ó rí ọ láná* – Ela viu você ontem, ela o viu ontem; *Ó sà ọ́* – Ele a escolheu; *Ó ntàn ọ́* – Ele está lhe enganando; *Ó pọn omi fún ọ* – Ele tirou água do poço para você. *Obs.:* Se o verbo tiver duas ou mais sílabas, usar *rẹ*. *Ó fẹ́ràn rẹ* – Ele gosta de você. V. *ẹ, o*.

Ọ, *pref.* Adicionado ao verbo para formar substantivos que indicam alguém que faz. *Dẹ* – caçar, *ọdẹ* – caçador; *rà* – comprar, *ọrà* – compra; *gbìn* – plantar, *ọgbìn* – plantador; *pẹ́* – ser grato, *ọpẹ́* – gratidão.

Ọ, Ọ́, *pron.* da 3ª pessoa do singular representado pela repetição da vogal final do verbo de uma sílaba. Este procedimento é conhecido como o caso objetivo da 3ª pessoa. Os demais pronomes possuem formas definidas. *Ó ṣọ́* – Ele vigiou, *Ó ṣọ́ ọ* – Ele a vigiou; *Ó mọ̀* – Ele conhece, *Ó mọ̀ ọ́ = Ó mọ̀ ọ́n* – Ele a conhece. Quando o verbo tiver mais de uma sílaba, usar *rè*. *Ó fẹ́ràn rè* – Ela gosta dele.

Ọ́Ọ̀, *part. pré-v.* Forma opcional para formar o tempo futuro dos verbos. V. *óò*.

ỌBA, *s.* Rei, monarca, soberano. *Ọba dé adé* – O rei colocou a coroa. < *ayaba* – rainha.

ỌBÀ, *s.* Nome de um rio identificado com uma divindade do mesmo nome.

ỌBÀBINNI, *s.* Título do soberano de Benin.

ỌBABÌNRIN, *s.* Rainha. = *ayaba*.

ỌBAGẸ̀ – ÒBỌ

ỌBAGẸ̀, s. Um passeio quando se está fatigado.

ỌBÀKAN, s. Parente do lado paterno, duas pessoas com o mesmo pai, mas com mães diferentes. V. ìyekan.

ỌBAKANBÌKÉJÌ, s. O primeiro primo do lado paterno.

ỌBAKÒSO, s. Título da divindade dos raios e trovões, Ṣàngó.

ỌBALẸ́YỌ́, s. Um título.

ỌBALÓGUN, s. Um herói cultural elevado à categoria de orixá pelo povo Ìjèsà.

ỌBÀLÙFỌ̀N, s. Nome da divindade que introduziu a arte da tecelagem cuja saudação é Ojú gbooro.

ÒBANIJẸ́, s. Pessoa que difama a reputação das pessoas. Òbanijẹ́ nbara rẹ̀ jẹ́ – Um difamador deteriora a própria reputação.

ỌBANLÁ, s. O grande rei, um imperador.

ÒBÁRÁ, s. Cordão, tira, faixa. = okùn.

ÒBÀRÀ, s. Um dos odus de Ifá.

ỌBA SÀNYÀ, s. Um título (lit. Ṣàngó compensa os sofrimentos).

ỌBÀTÁLÁ, s. Divindade a quem foi creditada a criação do mundo, também denominada Òṣàlá.

ỌBAYÉJẸ́, s. Pessoa falsa, fingida.

ỌBẸ̀, s. Sopa, ensopado, molho. Mo fẹ́ jẹ́ran lâi ọbẹ̀ – Eu quero comer carne sem molho; Ó bì ọbẹ̀ iṣu tí ó ti jẹ – Ele vomitou o ensopado de inhame que tinha comido; Ó nbu ọbẹ̀ ejá – Ela tirou um pouco de ensopado de peixe.

ÒBẸ, s. Faca, um objeto cortante. Mú ọbẹ wá fún mi – Pegue a faca para mim. V. abe.

ỌBẸDÒ, adj. Verde, a cor das folhas.

ÒBẸ́KẸ́, s. Tipo de faca com a lâmina curva, muitas vezes usada para sacrifício de animais.

ÒBẸ-OLÓJÚMÉJÌ, s. Adaga de dois gumes, punhal.

ÒBẸ́TẸ́, s. Adaga.

ÒBỌ, s. 1. Macaco. Òbọ ọba njẹ ọ̀gẹ̀dẹ̀ – O macaco do rei está comendo banana; Òbọ ọba gun igi – O macaco do rei trepou na árvore. 2. Uma pessoa ignorante, bronca.

ÒBÒ, s. Árvore usada para fazer carvão. = èrun.

ÒBOGILÁWO, s. Uma pessoa ignorante.

ÒBÒKÚN, s. Um tipo de peixe, barbo.

ÒBOLÓ, s. Brutalidade, truculência.

ÒBÒRÓ, adj. Liso, sem adorno, sem detalhe. Ó nlo aṣo òbòró – Ela está usando uma roupa simples.

ÒBÒÙN-BÒÙN, s. Um inseto, besouro, cigarra.

ÒBÙN, adj. Sujo, imundo, indecente. Òbùn ni ènìà tí kò wè – Pessoa suja é uma pessoa que não toma banho. V. yòbùn.

ÒBÙN, s. Mercado.

ÒDÁ, s. **1.** Ato de castrar um animal doméstico. A tè é lódá – Nós castramos o animal. **2.** Escassez, aridez, necessidade. Òdá owó dá – O dinheiro está escasso. **3.** Vinho de forte fermentação.

ÒDÀ, s. Tinta, verniz. Ó kùn lódà dúdú – Ele pintou de tinta preta.

ÒDÁBÀ, s. Pessoa que inicia uma empreitada, proponente.

ÒDÁGBÁ, s. Aquele que tenta coisas impossíveis.

ÒDÁJÚ, s. Pessoa sem-vergonha; adj. Sem-vergonha.

ÒDÀLÈ, s. Traidor, falso. Òdàlè òré ni o ṣe – Você é um falso amigo.

ÒDÀN, s. Um gramado plano, planície, área geográfica.

ODÁN, s. Um tipo de árvore grande plantada nas ruas para fazer sombra. Ficus thonningii.

ÒDÀN-ÌṢERÉ, s. Campo, área.

ÒDÁRÀN, s. Criminoso, malfeitor, culpado. < dá + òràn.

ÒDÁRAYÁ, s. Pessoa esperta, pessoa viva, alegre. < dá + ara + yá.

ÒDÁṢÀ, s. Estilista. < dá + àṣa.

ODÈ, s. Caçador. Ó lo sí ìgbé ode – Ele foi para o mato caçar.

ÒDÈ, adj. Uma pessoa de personalidade fraca que permite tirarem vantagem dela. Omo yìí yòdè – Esta criança se tornou boba. < yà + òdè.

ÒÒDÈ ÒDE, s. Varanda, sacada.

ÒÒDÈ, ÒDÈDÈ, s. Corredor central de uma casa, varanda. Ó ló sí sinmi ní òdèdè – Ela foi descansar na varanda.

ÒÓDÉGBÀARIN, num. Sete mil.

ÒÓDÉGBÀARÚN, num. Nove mil.

ÒÓDÉGBÈTA, *num.* Quinhentos.

ÒDÈLÉSÌNRÌN, *s.* Uma pessoa infame, miserável.

ODÓ, *s.* Uma qualidade de inhame. *V. iṣu.*

ÒDO, *s.* Broto de uma planta.

ÒDÓ, *s.* Homens ou animais jovens. Àwọn ọ̀dọ́mọdé ò mọ obì ambọ̀sì owó èyọ́ – Os jovens não conhecem a noz-de-cola e muito menos os búzios; ìgbà ọ̀dọ́ – tempo de juventude; ọ̀dọ́kùnrim – rapaz; ọ̀dọ́ àgùtàn – cordeiro.

ÒDÒ, *adv.* Na presença de, em direção a, junto a. É usado somente para pessoas e, principalmente, com verbos de ação. *Lọ́dọ̀ rẹ ni mo nbọ̀* – Estou vindo à sua presença; *Ó lọ sí ọ̀dọ̀ oobi rẹ* – Ela foi para junto de sua família; *Ó sunmọ́ ọ̀dọ̀ mi* – Ele se aproximou de mim (em minha direção); *Ó bẹ owó rẹ̀ padà lọ́dọ̀ mi* – Ele pediu devolução do dinheiro para mim. *V. ibi, lọ́dọ̀.*

ODỌỌDÚN, *adj.* ou *adv.* Anual, anualmente.

ÒDỌFÓRÓ, *s.* Pulmão.

ÒDÒGỌ, *s.* Pessoa estúpida, idiota. *Ó yọ̀dọ̀gọ* – Ele é idiota. < *yà + ọ̀dọ̀gọ.*

ÒDÒKI, ÈDÒKÌ, *s.* Fígado. = *èdò.*

ÒDÓKỌ, *s.* Mulher exageradamente sexual, ninfomaníaca.

ÒDÒ-RÚGBÌN, *s.* Plúmula, broto de semente.

ODÚN, *s.* Ano, estação, período próximo das festividades anuais. *Báwo ni èsin òrìṣà ṣe rí ní 50 ọdún séhìn?* – Como era a religião de orixá há 50 anos?; *Ó di ọdún tó mbọ̀* – Até o próximo ano.

ÒDÙN, *s.* Tecido para roupas feito de fibras vegetais.

ÒÓDÚN, ÒÓDÚNRÚN, *num.* Trezentos.

ÒDUNDÚN, *s.* Planta cujas folhas têm caráter medicinal, também conhecida como saião. *Kalanchoe (Crassulaceae).*

ÒDÙNKÚN, *s.* **1.** Batata-doce. **2.** Um tipo de rato.

ODÚNMỌ́DÚN, *s.* Há muitos anos. *Ó di ọdúnmọ́dún tí a rí ara wa* – Há muitos anos que nós nos vemos.

ODÚN TÓ MBỌ̀, *s.* Ano que vem. *Ó di ọdún tó mbọ̀ bí Ọlọ́run bá fẹ́* – Até o próximo ano, se Deus quiser.

OFÀ, *s.* Flecha, seta. *Ó tafà = Ó ta ọfà* – Ele atirou uma flecha. > *ọlọ́fà* – arqueiro.

ọFÀ, s. Penhor, fiança, garantia. *Mo fi oko mi sí ọfà* – Eu penhorei minha fazenda (*lit.* eu usei minha fazenda para o penhor).

ọ̀FÀ, s. Uma cidade próxima de Ìlọrin cujo soberano é Ọlófà.

ọ̀FÀFÀ, ọ̀WÀWÁ, s. Um animal carnívoro parecido com um pequeno urso e que escala árvores.

ọFẸ, s. Uma forma de magia que torna a pessoa leve a ponto de flutuar ao vento ou poder saltar muito alto.

ọ̀FẸ́, s. Grátis, livre. *Ó fún mi sọ̀kòtò ni ọ̀fẹ́* – Ele me deu uma calça de graça; *Oobi mi fún wa ní ẹ̀kọ́ ọ̀fẹ́* – Minha família nos dá uma educação livre.

ọ̀FẸ́, s. Um conquistador, um dom juan.

ọ̀FÌN, s. **1.** Fosso ou trincheira feito para agir como armadilha para animais. **2.** nome de um rio próximo a Ìkìrun.

ọ́FÍÌSÌ, s. Cargo, função (do inglês *office*).

ọ̀FỌ̀, s. Luto, morte. *Ẹ kú ọ̀fọ̀* – Condolências pelo seu luto.

ọFỌ̀, s. Feitiço, encantamento feito para dar alívio à dor. *Ó pofọ̀ sínú rírun mi* – Ele fez um encantamento para curar meu estômago. < *pè* + *ọfọ̀*.

ọ̀FỌ, ọ̀HỌ, s. Descamação da pele. *Ejò yìí bọ́ ọ̀họ* – Esta cobra removeu a pele.

ọ̀FỌ́N, s. Um tipo de rato, camundongo.

ọ̀FỌ̀RÀN, s. Tipo de archote feito de tição.

ọ̀FUN, s. Garganta. *Ọ̀nà ọ̀fun ni atégùn ngbálọ sínú ẹ̀dọ̀-fóró* – É da garganta que o ar é levado para o pulmão. > *ọlófun* – bom de papo, bom de conversa, capacidade de persuasão.

ọ̀GÁ, s. Mestre, chefe, uma pessoa que se distingue numa sociedade. *Ó sẹ̀tẹ́ ọ̀gá rẹ̀* – Ele desrespeitou o superior dele; *Ọ̀gá sẹlù fún mi* – O ogã tocou o atabaque para mim.

ọ̀GÀ, s. Camaleão. = *agemọ*.

ọ̀GÁGUN, s. Comandante do exército. < *ọ̀gá* + *ogun*.

ọ̀GÁ ÀGBÀ, s. Mestre de ensino. *Ó jẹ ọ̀gá* – Ele se tornou um líder; *Ọ̀gá ilékọ́* – diretor de escola.

ọ̀GÁ ILÉ KÍKỌ́, s. Arquiteto.

ọ̀GÁKỌ̀, s. Capitão, mestre de um navio. < *ọ̀gá* + *ọkọ̀*.

ÒGALÁ, *s.* Um título.

ÒGÁLÙ, *s.* Chefe dos tocadores de atabaque. < *ògá* + *ìlù.*

OGÁN, *adv.* Já, imediatamente, instantaneamente. *Ó kú lógán* – Ele morreu imediatamente. *Obs.: lógán* = *ní ogán.*

ÒGÀN, *s.* A espora do galo.

ÒGÀN, *s.* Planta rasteira espinhosa.

OGÁN, *s.* Um tipo de formiga grande.

ÒGÀN, *s.* Espécie de javali selvagem com grandes presas e dentes pontiagudos.

ÒGANGAN, *s.* Ponto exato, na interseção de. *Ó dé ògangan ibi tí mo wà* – Ele chegou ao lugar exato onde eu estava.

ÒGÀNJÓ, **ÒRUGÀNJÓ**, *s.* Escuridão, meia-noite. *Ògànjó ni ó wá* – É na escuridão que ele vai.

ÒGÀNJÓ-MÉJE, *s.* Escuridão total, noite fechada.

ÒGANRAN, *adv.* Diretamente, em linha reta.

ÒGÁ ÒGO, *s.* O Senhor da Glória, Deus.

ÒGÈDÈ, *s.* Banana. *Ó hó ògèdè je* – Ela descascou a banana e comeu.

ÒGÈDÈ AGBAGBÀ, *s.* Um tipo de banana-da-terra. *Musa sapientum paradisiaca.*

ÒGÈDÈ WÉÉRÉ, *s.* Um tipo de banana. *Musa sapientun.*

ÒGENETÈ, **ÒGEYÌ**, *s.* Frio, umidade, tempo feio.

ÒGÉRÉ, *s.* Um termo complementar para a palavra terra. *Ilè ògéré* – Mãe Terra.

OGÈRÒ, *adj.* Fácil, macio, suave.

ÒGÌNNÌTÌN, **ÒRINRIN**, *s.* Umidade. *N kò bá irú ògìnnìtìn béè pàdé rí* – Eu nunca encontrei um tipo de frio assim. *V. bápàdé.*

ÒGO, *s.* Pequeno bastão usado para defesa.

ÒGÒ, *s.* Um pacote de sal.

ÒGÒDÒ, *s.* Um buraco cheio de água, encharcado, lugar pantanoso.

OGÓFÀ, *num.* Cento e vinte.

OGÓÒJO, *num.* Cento e sessenta.

ÒGÓMÒ, *s.* Folha nova da palmeira *igi òpe. V. imò òpe.*

OGÓÒRIN, *num.* Oitenta.

ÒGÒRÒ, ÒGÙRÒ, *s.* Uma palmeira da qual se extrai um líquido para ser fermentado; um tipo de ráfia conhecida como palha da costa. *V. igi ògòrò.*

ÒGÒÒRÒ, *s.* Numeroso. *Ògòòrò ènìà ló lọ síbè* – Muitas pessoas vieram para cá.

ỌGÓÒRÒÓRÚN, *adv.* Cem vezes.

ỌGÓÒRÚN, ỌGÓÒRÙNÚN, *num.* Cem. *Ìbàdàn sí Èkó tó ọgóòrún máìlì* – De Ìbàdàn para Lagos tem cerca de 100 milhas (160,93 km).

ỌGÓÒRÚN-ỌDÚN, *s.* Século. = *ọ̀rún-dún.*

ỌGÓÒSÁN, *num.* Cento e oitenta.

ỌGÓÒTA, *num.* Sessenta.

ỌGBÁ, *s.* Tipo de serpente. *V. ejó.*

ỌGBA, *s.* Igualdade, equilíbrio.

ÒGBÀ, *s.* Um companheiro, contemporâneo.

ÒGBÀ-ÈWÒN, *s.* Prisão.

ỌGBÀ, IGBÒ, *s.* Jardim, uma área cercada. *Má jẹ́kí ẹranko rẹ wọgbà mi* – Não deixe o animal entrar no meu jardim; *Bàbá fẹ́ hú igi ọgbà* – Papai quer arrancar a árvore do jardim.

ỌGBÀ-ÀJÀRÀ, *s.* Pomar.

ÒGBAGADÈ, *adj.* Plano, aberto, claro.

ÒGBÁGÁRÁ, *s.* Barra de ferro aquecida usada para abrir buraco na madeira.

ÒGBÁGBÁ, *s.* Algo fixado no chão com um martelo.

ÒGBAANRAN, *adv.* Diretamente.

ỌGBÀ PANÁPANÁ, *s.* Posto de bombeiros.

ÒGBÀRÀ, *obs.: Àwọn ògbàrà èwòn àti omijẹ́ oko ẹrú* – Os grilhões e as lágrimas da escravidão.

ÒGBÁRÁ, ÀGBÁRÁ, *s.* Enchente causada pela chuva.

ỌGBẸ́, *s.* Ferida, corte. *Ó ṣe ara rè lógbẹ́* – Ele se feriu (*lit.* ele fez uma ferida no corpo dele).

ÒGBẸ, ÒGBẸLÈ, *s.* Seca, estação seca. = *èèrùn.*

ỌGBÉDAN, *s.* Pessoa que faz imagens na sociedade *Ògbóni. V. Ẹdan.*

ÒGBÉGẸ́, *s.* O frescor de uma planta.

ÒGBẸ́GI, *s.* Carpinteiro.

ỌGBẸ́-INÚ, ỌGBẸ́NÚ, *s.* Disenteria.

ÒGBẸ́KÒ, *s.* Construtor de navios.

ÒGBẸLẸ̀, *s.* Seca.

ÒGBÉNI, *s.* Senhor. Uma forma de tratamento respeitoso. *Ògbèni Àjàyí* – Senhor Àjàyí. A citação do título que uma pessoa possui não deve ser omitida, até mesmo em correspondências. V. *oyè*.

ÒGBẸ̀RÌ, ẸGBẸ̀RÌ, *s.* Uma pessoa ignorante, não iniciada nos mistérios da religião.

ÒGBÌN, *s.* Planta, plantador. V. *àgbè*.

ỌGBÓ, *s.* Um tipo de vegetação rasteira cuja fibra é usada para amarrar objetos, e as folhas, para tratar queimaduras. *Periploca (Asclepiadaceae)*.

ÒGBÒ, *s.* Linho. *Ó nlo aṣọ ògbò* – Ela está usando uma roupa de linho.

ÒGBÓỌGBA, *adv.* Igualmente.

ÒGBỌGBÒ, *s.* Adolescente, pessoa jovem. *Ògbògbò'kùnrin* – rapaz.

ỌGBỌỌGBỌ̀N, *adv.* Trinta vezes.

ỌGBỌỌGBỌ́N, *adv.* Habilmente, fazer o melhor usando a própria inteligência.

ÒGBỌ̀LỌ̀, *s.* Tipo de planta usada medicinalmente por ocasião do nascimento de uma criança.

ỌGBỌ́N, *s.* Sabedoria, senso, arte. *Ọgbọ́n kì íṣe ti ẹni kan ṣoṣo* – A sabedoria não pertence a uma pessoa somente; *Ó kàwé ni, sùgbọ́n o ọgbọ́n kọ́*. – Você é educado, mas não é instruído.

ỌGBỌ̀N, *num.* Trinta. *Ó fi oro pa áyán ọgbọ̀n* – Ela usou veneno e matou 30 baratas.

ỌGBỌ́N-ÀRÉKEREKÉ, *s.* Habilidade, astúcia, esperteza.

ỌGBỌ́NKỌ́GBỌ́N, *s.* Dissimulação, não importa o tipo de inteligência.

ÒGBỌNRAN, *s.* Reto. *Ògbọnran ọ̀nà* – um caminho reto.

ỌGBÒNWÓ, *adj.* Trinta búzios.

ÒGBÚN, *s.* 1. Fosso, rego, vala. 2. Oval. *Ó pa ògbún* – Ele tem o formato oval.

ÒHÀHÀ, *s.* Sede excessiva, excesso de ansiedade. *Ó ké òngbẹ ọ̀hàhà fún mi* – Ele está com sede de conhecimento; *Ó wà òngbẹ ọ̀hàhà* – Ele está com sede excessiva.

ÒHALẸ̀, *s.* Pessoa convencida.

ỌHẸN, ỌHIN, s. Consentimento, aprovação. *Mo jẹ́ ẹ lọ́hin* = *Mo jọ́hinfún mi* – Eu dei a ele meu consentimento. = *én*.

ỌHỌ, ỌFỌ, s. Descamação da pele. *Ejò yìí bọ́ ọ̀họ* – Esta cobra removeu a pele.

ỌHUN, s. Castigo, penalidade. *Ọ̀hun hun mí* – Eu sofri uma penalidade.

ỌHÚN, adv. Ali, lá, acolá, além. *Ó dé ọ̀hún* – Ele chegou lá; *Ó wà lọ́hún* – Ele está lá. = *níbẹ̀*.

ỌÌLÌ, s. Óleo (do inglês *oil*). *Yẹ ọ̀ìlì ẹnjìnù rẹ̀ wò* – É conveniente verificar o óleo do motor. V. *yẹ̀wò*.

ỌJÀ, s. Mercado, feira, negócio. *Àiyé lọ́jà ọ̀run nílé* – A terra é uma feira, o céu é o lar (provérbio); *Àwa máa ra ejá lọ́jà* – Nós costumamos comprar peixe no mercado.

ỌJÀ ÀTOWÓ, s. Mercado financeiro. < *ojá*+ *àti*+ *owó*.

ỌJÁ, ÌGBÀJÀ, s. Tecido para diversos fins, faixa, tira.

ỌJÁ-ÀGBÁ, s. Aro férreo.

ỌJÁ-GÁÀRÌ, s. Cinturão.

ỌJÁ-ÌKÓKÒ, s. Espécie de abacaxi usada para curar feridas.

ỌJÁKÓKÒ, s. Tipo de planta que produz uma fibra usada para pescar ou fazer rede.

ỌJÀN, s. Espécie de peixe.

ỌJẸ, ỌJẸUN, s. Glutão, guloso.

ỌJẸ̀, s. Sacerdote do culto *Egúngún*.

ỌJẸ̀, s. Proteína.

ỌJẸ̀ ÀGBÀ, s. Sacerdote mais velho do culto de *Egúngún*.

ỌJẸ̀LẸ̀, s. Uma planta ou folha nova e tenra. Também usado para definir um bebê pequenino.

ỌJỌ, s. Domicílio, localidade natural. *Ó fi mí sojọ̀ ní ogbà* – Ele me manteve no jardim. V. *sojọ̀*.

ỌJỌ́, IJỌ́, s. Dia. *Ọjọ́ tí mo mọ̀ ọ́* – o dia em que eu a conheci; *Ọjọ́ méje ni tí ó wà nínú ọ̀sẹ̀ kan* – São sete dias que existem numa semana. V. *ọ̀sẹ̀*. A divisão do dia para saudações é feita em 4 partes, com as horas contadas de 1 a 12, especificando o momento do dia: *ẹ káàárọ̀* – bom-dia, entre 5h e 11h59; *ẹ káàsán* – boa-tarde, entre 12h e 15h59; *ẹ kúùrọ́lẹ́* – boa-noite, entre 16h e

18h59; ẹ káalẹ́ – boa-noite, entre 19h e 23h59; òru – madrugada, de 0h às 5h horas. A região yorubá está situada entre o 3º. e o 6º. graus de latitude ao norte do equador, o que promove mudanças bruscas na divisão das horas.

ÒJÒGBÒ, s. Um estado de ser elástico ou flexível.

ÒJÒGBÓN, s. Professor, uma pessoa sensata.

OJÓ ÌBÍ, s. Dia do aniversário, dia do nascimento. Mo ṣe ojó ìbí níjẹta – Eu aniversariei anteontem; Òjó nṣe ojó ìbí rẹ̀ lóní – Ojô está fazendo aniversário hoje. V. àyajó.

OJÓ-IWÁJÚ, s. Futuro. Mo nwo ojó-iwájú pẹ̀lú ìrètí – Eu vejo o futuro com esperança.

ÒJÒJÒ, ÒÒJÒ, s. Tipo de bolo como àkàrà, feito de inhame macio, denominado ewùrà.

OJÓJOJO, s. Um longo período de tempo.

OJOOJÓ, adv. Diariamente, todos os dias. Ojoojó ojà ni ó nlọ – Diariamente ela vai ao mercado.

OJOOJÓ MÉJÌLÁ, adv. Todos os doze dias.

OJÓ KAN NÁÀ, adv. O mesmo dia. V. ọ̀kannáà.

OJÓKANRÍ, s. Meio-dia.

OJÓ KÉJÌ, s. Segundo dia, o dia seguinte. Ní ojó kéjì gbogbo wọn lọ jáde – No dia seguinte, todos eles foram embora.

OJÓKÓJO, s. Qualquer dia.

ÒJÒKÚTỌTỌ, s. Estado de velhice, decrépito.

OJÓ-ÒLA, s. O dia de amanhã, o futuro. Ìrètí fún ojó-òla – Esperança para o futuro; Ojó-òla rẹ kíló lè jẹ́? – O seu futuro, como poderá ser?

OJÓRÒ, s. Fim da tarde, quase noite. V. ojó, na divisão do dia.

ỌKÁ, s. Espécie de jiboia.

ỌKÀ, s. Milho, comida feita com farinha de inhame ou de mandioca, misturada em água fervente, uma espécie de àmàlà. Ó rọkà – Ela preparou a comida feita com inhame. Obs.: rokà = rò + ọkà.

ÒKÀ, s. Doença na cabeça das crianças.

ỌKÀA BÀBÀ, *s.* Milho-da-guiné, um tipo de milho miúdo. *Obs.*: No caso de dois substantivos formarem uma palavra, a vogal final do primeiro é alongada quando o segundo iniciar com consoante.

ỌKÀ-IKÚ, *s.* Agonia de morte, entre a vida e a morte. *Ó npọ̀kà ikú* – Ele está em agonia de morte.

ỌKÁN, *s.* Uma planta rasteira. *Combretum micranthum.*

ỌKAN, *s.* Um menino nascido depois de uma série de nascimentos de meninas.

ỌKAN, *num.* Um, uma. *Ó fún mi ní ọ̀kan* – Ele me deu um. Quando o assunto é especificado, a frase fica assim: *Ó fún mi ní aṣọ kan* – Ele me deu uma roupa. *V. kan.*

ỌKÀN, *s.* Coração, espírito, consciência. É também usado para indicar senti-mento. *Ó dùn mi nínú lójàn* – Sinto muito (*lit.* me dói dentro do coração); *Ó ní ọkán dáadáa* – Ele tem um bom coração; *ọkàn lílù* – palpitação do coração.

ỌKÁN, *s.* Um tipo de planta cujos talos, quando novos, são flexíveis e usados para amarrar lenha. *Combretum nicranthum.*

ỌKÀN-ÌFÀ, *s.* Afeição, desejo.

ỌKÀNBÍ, *s.* Nome de um filho de *Odùduwà.*

ỌKÁNJÚÀ, *s.* Avareza, ambição, inveja. *Ó ṣe ọ̀kánjúà* – Ele parece ambicioso.

ỌKÁNKAN, *prep.* Contra, em oposição, em frente a.

ỌKÁNKÁN, Ọ́Ọ́KÁN, *adv.* Diretamente. *Ó mbọ̀ lókankán ọ̀dọ̀ mi* – Ela está vindo diretamente para junto de mim.

ỌKANKÒJỌ̀KAN, *s.* Variedade. *Ọ̀kankòjọ̀kan aṣọ* – uma variedade de roupas.

ỌKÀNLÁ, *num.* Onze. < *ọkàn + lé + ẹwá.*

ỌKANLÀWỌN, *s.* Nome dado a um menino nascido depois de uma série de irmãs.

ỌKÀNLÉLÓGÚN, *num.* Vinte e um.

ỌKANLÉNÍGBA, *num.* Duzentos e um.

ỌKANNÁÀ, *pron.* e *adj.* O mesmo, tal qual, a mesma coisa. *Kò sí òmíràn bíkòṣe ọkan náà* – Não há outro, exceto o mesmo; *Ọ̀kọn náà ni gbogbo wọn fún mi* – Todos eles são os mesmos para mim. *V. kannáà, ikannáà.* < *ọkan + náà.*

ỌKÀNRÀN, *s.* Um dos odus principais de Ifá.

ỌKAN ṢOṢO, *num.* e *adv.* Um somente, separadamente. Ọ̀kan ṣoṣo ti mo ní – É somente um que eu tenho; Ó mú ọ̀kan ṣoṣo – Ele pegou somente um. V. kan.

ỌKÀN-TÚTÙ, *s.* Mansidão.

ỌKÀWÉ, AKÀWÉ, *s.* Leitor, declamador.

ỌKẸ̀, *s.* Bolsa grande contendo 20 mil búzios; usado nos mitos de Ifá como medida padrão de oferenda.

ỌKẸ́MÍTÀ, *s.* Quilômetro. Ó rin ọ̀kẹ́mítà méjì – Ele caminhou dois quilômetros.

ỌKẸRẸ, *s.* Título do soberano de *Sàki*.

ỌKẸ́RẸ́, *s.* Esquilo.

ỌKÍN, *s.* Pássaro marítimo cujas penas brancas são muito valiosas.

ỌKINKÍN, *s.* Um tipo de corneta. = *fèrè*.

ỌKINRIN, *s.* Pássaro que se alimenta de grilos.

ỌKỌ, *s.* Marido. Ọkọ mi kòì dé láti ìlú – Meu marido ainda não chegou da cidade.

ỌKÒ̀, *s.* Veículo, carro. Ọkò òfuurufú – avião; ọkò ojú omi – navio; ọkò abẹ̀ ilẹ̀ – metrô; ọkò ojú irin – trem.

ỌKỌ́, *s.* Enxada, estribo. Ó fẹ́ fi ọkọ́ kọ́ ebè – Ele quer juntar um monte de terra com a enxada.

ỌKỌ̀, *s.* Qualquer tipo de lança, arpão, dardo de arremesso; um tipo de peixe.

ỌKỌ ÀFÉSỌNÀ, *s.* Noivo.

ỌKÒ-ÀSỌDÀ, *s.* Barcaça para travessia, *ferryboat*.

ỌKỌ̀ AYỌKẸ́LẸ́, *s.* Motor de automóvel.

ỌKỌ̀ ÈRÒ, *s.* Veículo para transporte de passageiros, navio, trem etc.

ỌKỌ̀ ẸLẸ́Ẹ́FÍN, *s.* Navio a vapor.

ỌKỌ̀ ẸRÙ, *s.* Transporte de carga, caminhão, trem etc.

ỌKỌ̀-ILẸ̀, *s.* Estrada de ferro.

ỌKỌ̀-ÌTÚLẸ̀, *s.* Arado.

ỌKỌ-ÌYÀWÓ, *s.* Recém-casado.

ỌKỌ̀ỌKAN, *adj.* Um de cada vez, um por um. Ó mú wọn ní ọ̀kọ̀ọ̀kan – Ele os pegou um por um.

ỌKỌ̀ KÉJÌ, *s.* Um bairro, uma vizinhança. = *àdúgbò*.

ỌKỌLÁYÀ, *s.* Casal, marido e esposa.

ỌKÓLÉ, s. Construtor de casas.

ỌKÒSẸ́, s. Pessoa que recusa incumbências ou se recusa a trabalhar. *Ọ̀kọ̀sẹ́ náà kò láti lọ́ sí ọjà* – Aquela pessoa se recusou a ir ao mercado.

ỌKỌ̀TỌ̀, s. Sabão de má qualidade que não faz espuma.

ỌỌ KÚ, OO KÚ, ẸẸ KÚ, *exp.* Dita por uma pessoa mais velha para uma pessoa mais jovem que está se ajoelhando e tocando o chão em sinal de respeito a um superior. *V. ẹ kú.*

Ọ̀Ọ̀KÙN, Ọ̀KÙNRÙN, s. Centopeia que se supõe ser cega.

ỌKÙNRIN, s. Homem. É também usado como qualificativo para indicar o sexo masculino. *Ọkùnrin tó pè mí ègbọ́n mi* – O homem que me chamou é meu irmão; *Ègbọ́n mi ọkùnrin ó dé* – Meu irmão mais velho chegou; *Ègbọ́n òrìsà mi ọkùnrin* – Meu irmão de santo mais velho. < *ọkọ + ìnrin.*

ỌKÙNRIN AṢEBÍABO, s. Homem gay, homossexual (*lit.* homem que se parece com mulher).

ỌKÚTỌỌ!, OKÚTỌỌ!, *interj.* Bravo! Muito bem!

ỌLÁ, s. Honra, dignidade, respeito, autoridade. *Ó dá mi lọ́la* – Ele me mostrou respeito. *Obs.: ní + ọlá = lọ́lá.*

ỌLÀ, s. Fortuna, riqueza. *Ọlà ọkùnrin náà pọ̀* – A riqueza daquele homem é muita. É muito usado na composição de nomes próprios: *Ọmọsọlà* – A criança faz a prosperidade. = *ọrọ̀, ajé.*

ÒLA, s. Amanhã. *Ẹ jẹkí a fí ìpàdé sí òla tàbí òtúnla* – Vamos transferir a reunião para amanhã ou depois de amanhã; *Ọjọ́ òla wa kíni o lè jé?* – O dia de amanhã o que poderá ser?

ỌLÀJÀ, ÒLÀJÀ, s. Conciliador, pacificador, mediador.

ỌLÀJÚ, s. Uma pessoa civilizada. > *ìlàjú* – civilização.

ỌLÁ NLÁ, s. Grande honra, majestade, dignidade.

ỌLÁNREWÁJÚ, s. Progresso, avanço.

ỌLẸ̀, s. Embrião, feto. *Ọlẹ̀ yìí sọ nínú rẹ̀* – Ela sentiu o movimento daquela criança no útero dela (*lit.* o feto falou dentro dela); *Ó gbọlẹ̀* – Ela está grávida (*lit.* ela recebeu um feto). < *gbá + ọlẹ̀.*

ỌLẸ̀, s. Malandragem, indolência, preguiça. *Ó yà òlẹ* – Ele é dado a preguiça; *Ọlẹ ni ọ́. Èmi?* – Você é preguiçoso. Eu?

Ọ̀Ọ̀LẸ̀, ỌLẸ̀LẸ̀, s. Tipo de bolo, pudim, canjiquinha e coco. = *mọ́ínmọ́ín.*

ÒLẸDÀRÙN, s. Pessoa preguiçosa.

OLIDÉ, OLUDÉ, s. Férias, feriado (do inglês *holiday*).

OLO, s. Mó, pedra para moer o milho, rebolo, pedra de afiar.

OLÓ, pref. Outra forma de *oní* quando seguido de uma palavra iniciada pela vogal o. Oní + ogbà = ológbà – jardineiro. V. exemplos a seguir.

OLÓBO, s. O dono de um macaco.

OLÓDÚN-MÉJÌ, adj. Que tem dois anos de idade.

OLÓDÚN-MĘTA, adj. Que tem três anos de idade.

OLÓFÀ, s. 1. Arqueiro. 2. Aquele que trata de penhor, caução, fiança.

OLÓFÒ, s. Pessoa de luto.

OLÓFUN, s. Pessoa eloquente, com poder de expressão, gabola.

OLÓGBÀ, s. Jardineiro, dono de um jardim. < *oní* + *ogbà*.

OLÓGBÓN, s. Um homem sensato, sabido. *Túndé jé ológbón* – Tunde é um homem prudente.

OLÓGBÓN-ÀIYÉ, s. Pessoa mundana e sabida.

OLÓJÀ, s. Negociante, comerciante, supervisor de negócios. < *oní* + *ojà*.

OLÓJÒJÒ, s. Vendedor de um tipo de bolo. V. *òjòjò*.

OLÓJÓ ÒNÍ, s. Senhor do Dia de Hoje e de Todos os Dias, um dos títulos de Deus. < *oní* + *ojó* + *òní*.

OLÓKÀN, s. Pessoa valente e corajosa.

OLÓKÀN-LÍLE, s. Pessoa de coração duro, insensível.

OLÓKÀN-TÚTÙ, s. Uma pessoa submissa, humilde.

OLÓKÀN-WÍWO, s. Uma pessoa perversa.

OLÓKO, s. Dona do marido.

OLÓKO, s. Pessoa que chama um parente falecido para se manifestar no culto Egúngún.

OLÓKÒ, s. Arpoador, lanceiro. < *oní* + *òkò*.

OLÓKÒ, s. Barqueiro. < *oní* + *okò*.

OLÓKÓ NLÁ, s. Pessoa que tem muitos serviços.

OLÓLÁ, s. Pessoa com autoridade, de grande dignidade. *Ó nrin ololá* – Ele está caminhando como um nobre. < *oní* + *olá*.

OLÓMO, s. Tutor, protetor de uma criança. < *oní* + *omo*.

OLÓMO, ÒMOLÉ, AMOLÉ, s. Construtor. < *oní* + *mo*. V. *kó*.

OLÓNÀ, s. Artista, artesão, designer, artífice. < oní + ọnà.

OLÓNÀ, s. Listrado, colorido.

OLÓNÚ, s. Baço, rim.

OLÓPÁ, s. Policial, oficial. Ọlọ́pá kì olè náà – O policial prendeu o ladrão. < oní + ọ̀pá.

OLÓPÁGUN, s. Portador de estandarte.

OLÓPẸ̀, s. Aquele que possui palmeiras, palmeiral.

OLÓPẸ́, s. Ação de graças.

OLÓRÁ, adj. Gorduroso, fértil.

OLÓRẸ, s. Doador. < oní + ọrẹ.

OLÓRÒ, s. Um homem rico, influente, um homem saudável.

OLÓRUN, s. Deus, o Ser Supremo. Ọlọ́run wà pẹ̀lú ẹ – Deus esteja com você; Ọlọ́run kò sí pure o! – Expressão dita quando uma pessoa morre e tem o seu nome citado; Ṣé Ìyá Ọlọ́run ni Maria? – Maria é a mãe de Deus?; O lè gbẹ́kẹ̀lé Ọlọ́run – Você pode acreditar em Deus. < oní + ọ̀run.

OLÓRÙNLÍLE, s. Pessoa com torcicolo. < oní + ọrùn + líle.

OLÓSÀ, s. Divindade das lagoas. < oní + òsà.

OLÓSÁNYÌN, s. Colhetor de ervas, seguidor do culto a Òsányìn.

OLÓṢÀ, s. Ladrão, assaltante, um palhaço do rei que imita os ladrões.

OLÓṢẸ, s. Pessoa que faz ou vende sabão.

OLÓTẸ̀, s. Pessoa rebelde, revolucionária.

OLÓTÍ, s. Pessoa que faz ou vende bebidas, bêbado, alcoólatra.

OLÓTÒ, s. Diferente. < oní + ọ̀tọ̀.

OLÒTỌ̀, s. Pessoa de prestígio, respeitável.

OLÓWÀ, ỌWÀ, s. Tripulação de um barco ou navio.

OLÓWỌ̀, s. Pessoa que impõe respeito. < oní + ọ̀wọ̀.

OLÓWỌ́, s. Companhia. Ọlọ́wọ́ rẹ lèmi – Estou em sua companhia.

OLÓWỌ́-ÒSÌ, AṢÓSÌ, ALÒSÌ, s. Uma pessoa canhota. < oní + ọwọ́.

OLOYA, s. Devotos ou seguidores do culto ao Òrìṣà Oya. = Yánsàn.

OLÓYÀYÀ, s. Pessoa alegre.

OLÓYẸ́, adj. Cinzento.

OLÓYUNBẸ̀RẸ, s. Um lagarto.

ỌMÀLÈ, ỌMỌ ÀLÈ – ỌMỌ ẸSIN

ỌMÀLÈ, ỌMỌ ÀLÈ, s. Bastardo.
ỌMÌ, s. Equação.
ỌMISIN-MÌSÌN, MÌSÌN-MÌSÌN, s. Uma planta cujas folhas são adocicadas e usadas medicinalmente.
ỌMỌ, s. Filho, criança, descendência. Ọmọ mi náà – Meu filho é aquele; Àwọn ọmọ kò gbọ́dọ̀ kú ṣáájú àwọn òbí wọn – Os filhos não deviam morrer antes dos pais deles. É usado na composição de palavras.
ỌMỌ̀, s. Uma árvore cuja madeira é utilizada para fazer o tambor bẹmbẹ́. Cordia millenii (Boraginaceae).
ỌMỌ ADÌẸ, s. Pintinho.
ỌMỌ ÀGÁDÁGODO, s. Chave de cadeado.
ỌMỌ ÀGÙTÀN, s. Cordeiro.
ỌMỌ ÀGBÀBỌ́, s. Filho adotivo.
ỌMỌ ÀGBO, ỌMỌ ỌWỌ́, ỌMỌ ỌMÚ, s. Bebê, criança.
ỌMỌ ÀGBỌ̀NRÌN, s. Corça jovem.
ỌMỌ AJÁ, s. Filhote de cachorro.
ỌMỌ ALÁDÉ, s. Príncipe, princesa.
ỌMỌ ALÁÌLOOBI, s. Órfão.
ỌMỌ ÀLÈ, s. Bastardo, o filho da outra.
ỌMỌBÍBÍ, s. Nascimento de uma criança.
ỌMỌBÌNRIN, s. Menina, filha. Ọmọkùnrin – menino, filho.
ỌMỌDAN, s. Donzela.
ỌMỌDÉ, s. Criança. Ọmọdé fẹ́ràn láti ṣiré – A criança gosta de brincar.
ỌMỌDÌNRIN, s. Dedo mínimo ou dedo do pé.
ỌMỌ̀DỌ̀, s. Criada, serviçal. < ọmọ + òdọ̀.
OMỌDÓMỌ, s. De criança em criança, de tempos em tempos.
ỌMỌ ÈNÌÀ, s. Ser humano, cavalheiro.
ỌMỌ EWÚRẸ́, s. Cabrito jovem.
ỌMỌ ẸHÌN, s. Discípulo, seguidor, aprendiz.
ỌMỌ ẸIYẸ, s. Ninhada de passarinhos.
ỌMỌ ẸRANKO, s. Filhote de animal.
ỌMỌ ẸSIN, s. Potro.

ỌMỌGE, s. Mulher jovem, criada. *Ó gba ìbálé ọmọge náà* – Ele deflorou aquela jovem. < *ọmọ* + *oge*.

ỌMỌ ÌBÍLẸ̀, s. Nativo da terra. = *ọmọ ìlú*.

ỌMỌ ÌDIN, s. Larva de inseto.

ỌMỌ ILÉWÉ, s. Aluno, estudante. = *akẹ́kọ́*.

ỌMỌ ÌLÚ, s. Nativo da mesma cidade, da mesma região.

ỌMỌ JẸ́JẸ́, s. Criança fina, gentil.

ỌMỌKASẸ̀, s. Dedos do pé. < *ọmọ* + *ika* + *ẹsẹ̀*.

ỌMỌKỌ́MỌ, s. Qualquer criança, uma criança má. *Ọmọkọ́mọ jẹ́ dáradára fún gbogbo wá* – Qualquer criança é algo bom para todos nós.

ỌMỌ LÀLÀ, s. O primeiro neto.

ỌMỌLÁNGI, ỌMỌLÁNGIDI, s. Boneca de madeira.

ỌMỌLÉ, s. Grupo familiar. < *ọmọ* + *ilé*. = *ìdílé*.

ỌMỌ́LÉ, s. Lagarto doméstico. < *ọ* + *mọ́* + *ilé*.

Ọ̀MỌ́LÉ, AMỌLÉ, s. Construtor, pedreiro. < *mọ* + *ilé*.

ỌMỌLẸ́HÌN, s. Seguidor.

ỌMỌLÓJÚ, s. Neto, menina dos olhos.

ỌMỌLÚWÀBÍ, s. Pessoa de caráter, cavalheiro e educado.

ỌMỌ-MÀLÚÙ, s. Bezerro.

ỌMỌ-NLÉ, s. Lagartixa.

ỌMỌNÌKÉJÌ, s. Companheiro, vizinho.

ỌMỌ ODÙ, s. Os 240 signos menores de Ifá quando os sinais da coluna da direita são diferenciados dos sinais da esquerda. = *àmúlù*. V. *odù*.

ỌMỌ ÒKÚ, s. Órfão.

ỌMỌ OLÓGBÒ, s. Filhote de gato.

ỌMỌ ỌBA, s. Filho do rei, príncipe, princesa.

ỌMỌ ỌDÚN, s. Ano. *Ọmọ ọdún mélò ni ìwọ ní?* = *Ọmọ ọdún mélò nìwọ?* – Quantos anos você tem?; *Ọdún mẹ́wá ni* – Dez anos.

ỌMỌ ỌMỌ, s. Neto.

ỌMỌ-ỌMÚ, s. Criança em fase de amamentação.

ỌMỌPẹ́, s. Denominação de uma criança que passa dos 9 meses de gestação.

ỌMỌ PẸ́PẸ́IYẸ, s. Patinho.

ỌMỌRÍ, ÌDÉRÍ, s. Tampa. *Ó fi ọmọrí dé e* – Ele colocou uma tampa e cobriu-a. < *ọmọ + orí*.

ỌMỌRÍKA, s. Ponta do dedo.

ỌMỌ-SÙKÚRÙ, s. Estudante. = *akẹ́kọ́*.

ÒSỌ̀ỌSẸ̀, s. Semanalmente. *Ó máa lọ lúwẹ̀ lọ́sọ̀ọ̀sẹ̀* – Ele costuma nadar todas as semanas.

ỌMỌRÍ-ODÓ, s. Bastão para amassar o alimento no pilão, o braço do pilão. = *ọmọ odó*.

ỌMỌRÍ-ỌLỌ, s. A pedra do moinho.

ỌMỌṢẸ́, s. Aprendiz de trabalho. < *ọmọ + iṣẹ́*.

ỌMỌṢÍKÀ, s. Chave da porta. = *kọ́kọ́rọ́*.

ỌMỌ TUNTUN, s. Recém-nascido, bebê.

ỌMỌ WÁHÀRÍ, s. Filho de uma escrava tomada como esposa.

ỌMỌ̀WÉ, s. Pessoa educada, sábia. < *ọmọ + ìwé*.

ỌMỌWẸ̀, s. Nadador.

ỌMỌ́WÚ, ỌMỌ-ÓWÚ, s. O martelo de ferreiro.

ỌMÚ, s. 1. Seio, mama, teta. 2. Instrumento usado em tecelagem para dividir a trama do tecido.

ỌMU, ỌMÙTÍ, s. Aquele que bebe, bêbado, alcoólatra.

ỌNÀ, s. 1. Arte, obra de arte. *Ó ṣe ọnà* – Ela fez uma escultura. 2. Nome de um rio.

ÒNÀ, s. Rua, caminho, estrada, acesso, indicação. *Ìwọ wà láàrin ònà* – Você está no meio do caminho; *Jésù ṣí ònà sílẹ̀ gbogbo wa* – Jesus abre, mostra os caminhos para todos nós; *ojú ònà* – um caminho principal. = *ìta, títì*. Também usado para indicar maneira, método ou forma de se fazer algo. *Kíni ònà yíyẹ láti jọ́sìn Ọlọ́run?* – Qual a maneira conveniente de cultuar Deus?

ÒNÀ ÀBUJÀ, s. Atalho.

ÒNÀ ÀTỌ̀, s. Canal de ejaculação.

ÒNÀ ẸLẸ́SẸ̀, s. Calçada da rua.

ÒNÀFUN, ÒNÀ ỌFUN, s. Garganta. *Ònà òfun ni onjẹ àti omi ngbálọ sí ìsàlẹ̀* – É pela garganta que a comida e a água são conduzidas para baixo; *ònà òfun dídun* – garganta dolorida.

ÒNÀILÉMỌLẸ̀, s. Chefe político do culto a Ifá.

ỌNÀ ÌRÒNÚ, s. Conceito, diferentes pensamentos. *Ó níláti mọ̀ àwọn ọnà ìrònú yàtọ̀* – Ele precisa conhecer conceitos diferentes.

ỌNÀ-ÌTỌ̀, s. Uretra.

ỌNA-ÌWẸ̀FÀ, s. O chefe dos eunucos.

ỌNÀKÓNÀ, s. Qualquer caminho, não importa qual o caminho, qualquer método.

ỌNÀ ỌPÓPÓ, s. Autoestrada.

ỌNÀ RE O!, *exp.* Um bom caminho! Dita num momento de despedida.

ỌNÌ, s. Crocodilo, jacaré.

ỌÒNI, s. Título do soberano da cidade de Ifẹ̀. = *ọni*.

ỌPA, s. Um tipo de *egúngún* cultuado na cidade de Ìjẹ̀bu. V. *aboọa*.

ỌPA, s. Poste, estaca de bambu.

ỌPA!, *interj.* Uma forma de juramento, de afirmação.

ỌPÁ, s. Cajado, poste, vareta com que se tocam os atabaques *dùndún* e *bẹ̀mbẹ́*. *Ó fi ọ̀pá pa ejò náà* – Ele pegou um pau e matou aquela cobra. Usado na composição de palavras.

ỌPÁ, s. Nome de um rio próximo a cidade de Ifẹ̀.

ỌPÁ ÀBÀTÀ, s. Um cajado de cor branca usado nas festas de *Adímú-Ọ̀rìṣà*.

ỌPÁ ALÁDÉ, s. Cetro.

ỌPÁ ÀSIÁ, s. Haste.

ỌPÁ AṢỌ, s. Medida em jardas equivalente a três pés. *Ó tó ọ̀pá aṣọ mẹ́ta* – Ele tem três pés de comprimento.

ỌPÁ FÌTÍLÀ, s. Toco de vela.

ỌPAGA, s. Um símbolo de ferro usado por uma autoridade.

ỌPÁGUN, s. Estandarte, insígnia.

ỌPÁ ÌDÁBU, s. Viga.

ỌPÁ ÌLẸ̀KẸ̀, s. Cetro feito de contas usado pelo *aláààfin* e outros soberanos.

ỌPÁ ÌPAKÀ, s. Mangual, um instrumento de malhar cereais.

ỌPÁ ITILẸ̀, s. Bengala. *Níbo ni ọ̀pá itilẹ̀ mi wà?* – Onde está a minha bengala?

ỌPÁLÁBÁ, s. Uma garrafa achatada, quadrada.

ỌPÁ ÒṢÙNWỌ̀N, s. Vara que serve para medir.

ÒPÁ ÒRÈRÈ – ÒRÁ

ÒPÁ ÒRÈRÈ, s. Bastão dos *bàbáláwo*. V. *òsùn*.
OPARUN, APARUN, s. Bambu. *Oxytenanthera abyssinica*.
OPARUN, adj. Esbelta, forte, graciosa. *Oparun ènìà* – uma pessoa graciosa.
ÒPÁ ṢÓRÓ, s. Cajado utilizado pela divindade Òṣàlá.
OPẸ́, s. Gratidão. *Ó fi opẹ́ fún mi* – Ele me agradeceu (lit. ele usou de gratidão comigo); *Ọlọ́run mo dúpẹ́* – Eu agradeço a Deus. Obs.: *dà* + *opẹ́* = *dúpẹ́*.
ÒPẸ, ÒPẸ̀, s. Óleo de palma, óleo do dendezeiro. *Elaeis guineensis*.
OPẸ́ ALÁIYÉ, s. Disputa, controvérsia, bate-boca.
ÒPẸ ARUFỌ, s. Um tipo de óleo espumoso usado na cozinha.
ÒPẸ̀ IFÁ, s. A palmeira da qual se extrai o coquinho – *ikin* – para a prática do jogo de Ifá. V. *ikin*.
ÒPÈLÈ, s. Corrente intercalada com oito sementes côncavas para a prática de consulta divinatória de *Ifá*.
ÒPÉLÉ̩NGÉ̩, s. Pessoa alta e magra.
ÒPẸ ÒYÌNBÓ, s. Abacaxi.
OPẸẸRẸ-ÌLẸ̀KÙN, s. Trinco, ferrolho de fechadura.
ÒPẸ̀ RÈKẸTẸ̀, s. Uma palmeira pequena.
ÒPỌ̀, s. Plenitude, grande quantidade, multidão. *Òpọ̀ ènìà nfẹ́ àfiyèsí* – A maioria das pessoas deseja atenção.
ÒPÒKÚYỌKÚ, adj. Abundante, extraordinariamente barato.
OPỌLỌ, s. Cérebro.
ÒPỌLỌ́, KÒNKÒ, s. Sapo. *Òpòlópó òpòló ni ejọ nje* – Muitos sapos são comidos pelas cobras.
ÒPÒLÓPÒ, adj. Numeroso, abundante. *Mo nbèèrè òpòlópò nkan tí kò mò* – Eu pergunto muitas coisas que eu não sei; *Òpòlópò ènìà lọ jáde* – Numerosas pessoas foram embora.
OPỌ́N, s. Tigela, gamela. *Opọ́n àkàrà* – vasilha de amassar os alimentos.
OPỌ́N IFÁ, s. Bandeja na qual são riscados os traços dos *odù*.
OPỌ́N ÌGẸ̀DẸ̀, ỌPỌ̀N IDẸ, s. Tigela de latão.
ÒPỌTỌ́, s. Um tipo de figueira. *Ficus capensis* (Moraceae).
ÒRÁ, s. Gordura da pessoa ou animal, sebo. *Ẹran yìí lórá sìnkìn* – Esta carne é rica em gordura. *Ọlọ́rá* – gorduroso; *ilẹ̀ ọlọ́rá* – um solo fértil.

ÒRA INÚ EEGUN, s. Medula.

ÒRAN, s. Fibra, filamento.

ÒRÀN, s. Aborrecimento, problema. *Ó bí mí léèrè òràn náà* – Ele me perguntou acerca daquele problema.

ÒRÀN, s. Assunto, caso, circunstância. *Òràn mi di mímọ̀ fún wọn* – Meu assunto tornou-se conhecido por eles; *Gbàgbé òràn náà* – Esqueça aquele assunto.

ÒRÀNDÙN, s. Causa de ressentimento.

ÒRÀNFẸ̀, s. Divindade dos raios e trovões na cidade de *Ifẹ̀* equivalente a *Ṣàngó*.

ÒRÀNGUN, s. Título do soberano de *Ìlá*.

ÒRÀN-IYÀN, s. Assunto controvertido, disputa.

ÒRÁNMÍYÀN, s. Nome do fundador e primeiro *aláààfin* de *Ọ̀yọ́*, considerado o pai de *Ṣàngó*.

ÒRÀNYÀN, adj. Compulsório, que obriga a. *Ó jẹ́ òrànyàn láti ṣe é* – Ele é obrigado a fazer isto; *Òrànyàn ni kálọ* – Você deve ir. V. *gbọ́dọ̀*.

ÒRÁ WÀRA, s. Nata do leite.

ỌRẸ, s. Nome de um *òrìṣà* cultuado em *Ifẹ̀*, além de ser a denominação de um dos reis dessa cidade e um tipo de *Egúngún*.

ỌRẸ, s. Dádiva, presente, favor. *Ó ta mí lọ́rẹ owó* – Ele me deu presente em dinheiro. V. *talọ́rẹ*.

ỌRẸ́, s. Amigo. *Wọ́n jẹ́ òrẹ́ wa* – Eles são nossos amigos; *Àwọn ọmọ wa lọ́rẹ́ ní àdúgbò púpọ̀* – Meus filhos têm muitos amigos no bairro; *Lâisí owó òrẹ́ kò sí* – Sem dinheiro não há amigo.

ỌRẸ́, PÀṢÁN, s. Chicote.

ỌRẸ ÀÁNÚ, s. Esmola, caridade.

ỌRẸ ÀTINÚWÁ, s. Oferta gratuita.

ỌRẸDAN, s. Árvore cuja casca moída é lavada e usada como fermento.

ỌRẸ́ NÍNÍKÙNRIN, s. Namorado, um amigo íntimo.

ÒRẸ́ ÌYÓRẸ́, s. Um amigo familiar.

ÒRÈRÈ, s. Indisposição, sonolência.

ÒRẸ́ TÒÓTỌ́, s. Amigo de verdade.

ỌRÌN – ÒRÒYÓRÒ

ỌRÌN, s. Disenteria. *Eṣinṣin máà nfa ìgbẹ́ ọrìn* – As moscas costumam causar a disenteria; *Ìgbẹ́ ọ̀rìn nṣe mí* – Estou com disenteria.

ỌRÌN, OGỌ́ỌRIN, num. Oitenta.

ỌRÌNDÍLẸ́GBẸ̀TA, num. Quinhentos e vinte.

ỌRÌNDÍNÍRÍNWÓ, num. Trezentos e vinte.

ỌRÌNLÚGBA, ỌRÌNLÉLÚGBA, num. Duzentos e oitenta.

ỌRINRIN, ỌGÌNNÌTÌN, s. Umidade.

ORÓ, s. Um tipo de árvore. *Cistanthera papavira*.

ORÒ, s. Riqueza, saúde, opulência. *Ó ní ọrò* – Ele tem riqueza; *Ara líle lóògùn ọrò* – Um corpo forte e saudável é um remédio para a riqueza.

ỌRỌ̀, s. Palavras, texto, assunto, expressão. *Pari ọ̀rọ̀ rẹ!* – Fale de uma vez!; *Ìtúmọ̀ ọ̀rọ̀ rẹ ó túbọ̀ yé mi* – Ele tentou me explicar o significado de sua palavra; *Ọ̀rọ̀ méjì ni tí n kì í jíròrò ìsìn àti ìṣèlú* – São dois assuntos que eu não discuto: religião e política; *Ọ̀rọ̀ rẹ yìí bí mi nínú* – Este seu assunto me deixou zangado. > *sọ̀rọ̀* – conversar.

ỌRỌ̀, s. Tipo de espírito e fadas que vivem em certas árvores. = *iwin*.

ỌRỌ́, s. Nome genérico para diversos tipos de cactos: *ọrọ́ adétẹ̀, ọrọ́ agogo, ọrọ́ sápó, ọrọ́ weere, ọrọ́ eléwé*.

ỌRỌ̀ ASÁN, s. Palavras inúteis. *Ó sọ̀rọ̀ asán* – Ele falou palavras vãs.

ỌRỌ̀ ÀṢÍRÍ, s. Assunto secreto.

ỌRỌ̀ ÌJINLẸ̀, s. Frase, assunto de significado profundo. < *ìjìn + ilẹ̀*.

ỌRỌ̀ IRỌ́, s. Ficção, um assunto fora da realidade.

ỌRỌ̀ JẸ́ẸJẸ́, ỌRỌ̀ KẸ́LẸKẸ́LẸ, s. Sussurro, murmúrio, cochicho.

ỌRỌKÓRỌ, s. Qualquer conversa, conversa despretensiosa, jogar conversa fora.

ORÓ ỌPẸ̀, s. Planta parecida com a samambaia.

ỌRỌ̀ỌRÙN, adv. Centesimalmente, às centenas. *Wọ́n yọ ọ̀rọ̀ọ̀rùn* – Eles surgiram às centenas.

ỌRỌ̀SÍSỌ, ÌSỌ̀RỌ̀, s. Conversação, palestra.

ỌRỌ̀ TITUN, s. Palavras novas. *Olùkọ́ nsọ ọ̀rọ̀ titun* – O professor está dizendo palavras novas.

ÒRÒYÓRÒ, s. Palavra atual.

ORUN, s. Arco para atirar flechas.

ỌRÙN, s. Pescoço. *Ó ge ọrùn adìẹ* – Ele cortou o pescoço da galinha; *Wọ́n dímọ̀ mi lọ́rùn* – Eles me forçaram a fazer (*lit.* eles me agarraram pelo pescoço).

ỌRÚN, s. Um período de 5 dias. *Ó dá ọrún* – Ele designou um período de 5 dias; *orooórún* – todos os 5 dias.

ÒRUN, s. Céu, firmamento. = *sánmọ̀*. Plano divino onde estão as diferentes formas de espíritos e divindades, dividido em setores assim relacionados: *òrun àpáàdì* – onde os erros das pessoas são impossíveis de reparar, similar ao inferno; *òrun aféẹ́fẹ́* – local de correção dos espíritos desencarnados; *òrun isálú* – espaço para julgamentos dos espíritos; *òrun rere* – lugar daqueles que foram bons em vida; *òrun burúkú* – local de permanência dos maus espíritos; *òrun àlàáfíà* – o local de paz e tranquilidade. *Ònà ìlú náà jìn bí òrun* – O caminho desta cidade é tão longe como o céu (*fig. ling.*).

ÒRÚN, s. Cem, cento, centena. *Ogọ́òrún* – 100; *ogọ́òròrún* = *òròrún* – em grupo de cem.

ÒRÚN-DÚN, s. Século. = *ogọ́òrùn-ọdún*.

ỌRÙN ẸSẸ̀, s. Tornozelo.

ỌRUN ÌGBỌ̀NWÚ, s. Arco para cardar algodão.

ỌRÚNLÁ, s. Quiabo seco.

ỌRÚNMÌLÀ, s. Divindade cujo culto está ligado às diferentes formas de consulta divinatória. É também conhecida por Ifá, que, na realidade, é a denominação do sistema de consulta. Representa os princípios do conhecimento e da sabedoria, por conhecer o segredo do destino das pessoas e assim poder orientá-las. Sua saudação: *Ọ̀rúnmìlà Bàbá Ifá* – Orunmilá é o senhor de Ifá.

ỌRÙN ỌWỌ́, s. Punho.

ỌSA, s. Espaço de tempo, estação, intervalo.

ỌSÁ, s. Um dos odus de Ifá.

ỌSÀ, s. Lagoa.

ỌSÀN, s. 1. Laranja. *Tí kò bá sí ọsàn a ó jẹ ọ̀gẹ̀dẹ̀* – Se não encontrar laranja nós comeremos banana; *Ọsàn yìí ti bàjẹ́* – Esta laranja estragou; *Ọsàn yìí kò pọ̀n* – Esta laranja não está madura; *Ó mu ọsàn* – Ela chupou uma laranja. 2. Um tipo de peixe.

ÒSÁN – ỌṢẸ ẸTÙ

ÒSÁN, s. Tarde. *Njẹ́ o ti jẹun òsán?* – Você já almoçou?; *Ẹ káàsán* – Boa-tarde.

ỌSÀN ÀGBÁLÙMỌ̀, s. Uma fruta.

ỌSÀN-WẸ́WẸ́, s. Limão, lima.

ÒSÁNYÌN, s. Divindade das folhas litúrgicas e medicinais.

ỌSẸ̀, s. Semana. *Ó dé lọ́sẹ̀ ti ó kojá* – Ela chegou na semana passada. Os dias da semana, de segunda-feira a domingo, são assim definidos pela forma tradicional: *ojọ́ ajé* – dia do sucesso financeiro; *ojọ́ ìṣẹ́gun* – dia da vitória; *ojọ́ rírú* – dia da confusão; *ojọ́bọ̀* – dia das novas realizações; *ojọ́ ẹtì* – dia dos problemas; *ojọ́ àbámẹ́ta* – dias das três resoluções; *ojọ́ ìsinmi* – dia do descanso.

ỌSẸ́, s. Tufo de cabelos na cabeça de homem considerado como um sinal de astúcia.

ỌSẸ́TÚRÁ, s. Denominação do *odù-ifá* de número 248. < *ọsẹ́* + *òtúrá*.

ÒSÌN, s. Um pássaro que se alimenta de peixes.

ÒSÌN, s. Doméstico. *Ewúrẹ́ ni ẹran òsìn* – A cabra é um animal doméstico.

ÒSỌ, s. Pessoa que fala bem, um bom orador.

ÒSỌLẸ́, s. Ladrão, assaltante.

ÒSỌNÚ, s. Homem liberal, pessoa generosa.

ÒSỌ̀Ọ̀SẸ̀, s. Semanalmente. *Ó máa lo lúwẹ̀ lọ́sọ̀ọ̀sẹ̀* – Ele costuma nadar todas as semanas.

ÒSÙN, s. Uma erva comestível.

ÒṢÀ, s. Roubo, assalto.

ỌṢA, s. Um tipo de cobra venenosa.

ÒṢÁKÁ, s. Certeza.

ÒṢÁKÁ-NṢOKO, exp. Nem aqui nem ali, nem isto nem aquilo. *Òṣáká-nṣoko ni ó nṣe* – Ele está dissimulando.

ỌṢÁN, ỌṢÁN, adj. Corda feita de couro cru, correia.

ỌṢÁN, adj. Delgado, magro.

ỌṢẸ, s. Sabão. *Ọṣẹ yìí dára jù yẹn lọ* – Este sabão é melhor do que aquele; *A pó ìdájì mọ́ ọṣẹ* – Nós misturamos a metade com sabão.

ỌṢẸ́, s. Injúria, ofensa, afronta. *Ó ṣe mí lọ́ṣẹ́* – Ele me fez uma afronta.

ỌṢẸ́, s. Um pássaro.

ỌṢẸ̀ ẸTÙ, s. Sabão em pó.

ỌSẸ ÌFÁRÙGBỌN, *s.* Sabão para fazer a barba.

ỌSẸ ÌWE, *s.* Sabonete.

ÒSÌNGÍN, *adj.* Fresco, novo.

ỌSÌNMALẸ̀, *s.* Chefe das divindades, um título de Ògún. < *ọsìn* – chefe.

ÒSINSIN, *s.* Um tipo de sopa sem vegetais.

ÒSÓ, ẸSÓ, *s.* Enfeite, adorno, decoração, joia. *Ìwà rere ni èsó ènìà, ehín funfun ni èsó èrin* – Um bom caráter adorna uma pessoa, da mesma forma que os dentes brancos adornam o riso.

ÒSỌ, *s.* Planta espinhosa usada como armadilha para animais grandes.

ÒSÒÒRÒ, *s.* Cascata, cachoeira, goteiras que caem do telhado, cano colocado no canto do telhado para colher a água da chuva.

ÒSỌỌRỌ, *s.* Adolescente. *Òsọọrọ ọkùnrin* – um rapaz jovem; *òsọọrọ obìnrin* – uma mocinha; *òsọọrọ adìẹ* – frangote.

ỌSÒRUN, BASÒRUN, *s.* Um título oficial.

ÒSÓÒSÌ, *s.* Divindade dos caçadores.

ỌSÙN, *s.* Divindade das águas dos rios que fertilizam o solo e que dá nome a um dos rios que corre na região de Ìbàdàn, na Nigéria.

ỌSÚNSÚN, *s.* **1.** Ratoeira. **2.** Madeira dura usada como cajado.

ỌTA, *s.* Bala, projétil. *Ọta bà mí* – Uma bala me atingiu.

ÒTA, *s.* **1.** Vitória no jogo de *ayò*. **2.** Atirador.

ÒTÁ, *s.* Inimigo, adversário. *Ó bá mi sòtá* – Ele se tornou meu inimigo.

ÒTÁ-ARA, ÒTÁWUURU, *s.* Antígeno.

ỌTADÍDÁN, *s.* Pedra mármore.

ÒTÀDÍLẸ́GBẸ̀RIN, *num.* Setecentos e quarenta.

ÒTÀDÍNÍRÍNWÓ, *num.* Trezentos e quarenta.

ỌTA ÌBỌN, *s.* Projétil, bala de revólver.

ÒTÀLÚGBA, *num.* Duzentos e sessenta.

ỌTARIN, *s.* Aço.

ỌTAROOGÚN, OWÚ, *s.* Bigorna.

ỌTẸ̀, *s.* Tempo, período, intervalo. *Ní ọtẹ̀ yìí* – nesta ocasião.

ÒTẸ̀, *s.* Conspiração, revolta, rebelião. *Wọ́n sẹ òtẹ̀ sí i* – Eles fizeram uma revolta contra ele; *Ó gbòtẹ̀ mọ́ mi* – Ele fez um enredo contra mim. *Obs.*: gbà + òtẹ̀ = gbòtẹ̀.

ÒTẸLẸ̀MÚYẸ̀ – ỌWÁRÀNGÚN

ÒTẸLẸ̀MÚYẸ̀, s. Espião.
ÒTẸ́TẸ́, s. Nome de um pássaro.
ỌTÍ, s. Bebida. Ó mu ọtí níwọ̀n – Ele bebeu moderadamente; ọtí funfun – vinho branco; ọtí bíà – cerveja; ọtí òjò – bebida não fermentada; ọtí pupa – vinho tinto.
ỌTÍ ÀGBÀDO, s. Bebida fermentada de milho.
ỌTÍ KÍKAN, s. Vinagre.
ỌTÍ LÍLE, s. Bebida forte.
OTÍ ÒJÒ, ỌTÍ TUNTUN, s. Bebida que não está bem-fermentada.
ỌTÍ ỌDÁ, s. Vinho velho fermentado.
ỌTÍ ỌKÀ, s. Vinho feito de milho-da-guiné.
ỌTÍ ṢẸ̀KẸ̀TẸ̀, ỌTÍ YANGAN, s. Bebida fermentada de milho.
ÒTÌN, s. Nome de um rio que corre nas cidades de Ìlọrin e Ìbàdàn.
ÒTÒ, s. Diferença, que é separado. Ilé òtò – uma casa diferente; ìwà òtò – um caráter peculiar; Òtòòtò níṣẹ́ yìí – Este trabalho é muito diferente; Ó pín wọn sí òtòòtò – Ele os dividiu em partes diferentes. V. ọlọ́tọ̀.
ÒTỌ́KÚ ÌLÚ, s. Homens mais velhos, nobres e sábios de uma cidade.
ÒTÒTÒ, s. Totalidade, muitos. Òtòtò ènìà – Muitas pessoas na totalidade.
ÒTÒTÒ, ODIDI, s. Intacto, que não foi usado. Òtòtò obì – Uma noz-de-cola que não foi usada.
ÒTUN, s. Novo, novidade, fresco, recente. Mo ṣe é lọ́tun – Eu o fiz de novo, eu renovei isto; òtun ìwé – um novo livro. V. tun, titun.
ÒTÙN, s. Quartinha, pote de barro usado para apanhar água de um recipiente sagrado.
ÒTÚN, s. e adj. Direita. Ó ní òrùka ọwọ́ òtún – Ela tem um anel na mão direita; Ọwọ́ mi òtún ndùn mi – Minha mão direita está doendo. É usado como prefixo para indicar uma segunda pessoa na hierarquia, sentando-se à direita do verdadeiro governante.
ÒTÚN AWO, s. Um título na hierarquia de Ifá.
ÒTÚNLA, adv. Depois de amanhã. > òtun + òla.
ỌWÀ, s. Pessoa que lavra a terra, remador.
ỌWÀÀRÀ, s. Chuvarada, qualquer coisa lançada e espalhada.
ỌWÁRÀNGÚN, s. Um título na hierarquia de Ifá.

ÒWÀWÁ, ÒFÀFÀ, *s.* Um animal carnívoro parecido com um pequeno urso e que escala árvores.

ÒWÈ, *s.* Trabalho comunitário, dar ajuda, mutirão. *Ó fi ilé kíkó bèwè* – Ele chamou para ajudar na casa dele; *Mo bè won ní òwè* – Eu pedi a eles uma ajuda.

ÒWÈNGA, *s.* Nome aplicado aos imigrantes de Serra Leoa.

ÒWÈRÈ, *s.* Um tipo de peixe.

ÒWÉRÉ, *s.* Parte do intestino de um animal sacrificado.

OWÓ, *s.* Mãos. Costuma ser usado por analogia para indicar segurança ou parte de algo principal. *Ó ràn mí lówó* – Ele me ajudou; *Àwa gbà yin towótesè* – Nós os receberemos de braços abertos; *Èyí ni ìwé láti owó Òjó* – Este é um livro escrito pelas mãos de Ojô; *Ìyá mi bùkún lówó re* – Minha mãe, sua bênção (*lit.* que as bênçãos venham de suas mãos); *Owó rè dára* – A mão dele é boa.

OWÒ, *s.* Vassoura, espanador. *Ó nfi owò gbá ilè* – Ela está usando a vassoura para varrer.

ÒWÒ, *s.* Respeito, honra. *Nwón à se é pèlú òwò* – Eles o farão com respeito; *Ó ní òwò fún mi* – Ela tem respeito por mim; *Fi òwò bà àwon elòmìrán lò* – Use de respeito com os outros.

ÒWÓ, *s.* Grupo de pessoas, bando de passarinhos, manada, caravana, horda. *Òwó re ni mo jé* – Eu estou em sua companhia; *Wón tó òwó* – Eles se dirigiram em grupo; *òwó eran* – rebanho de gado.

OWÓ AGOGO, *s.* Ponteiro de relógio.

OWÓDÓWÓ, *s.* De mão em mão. *Towó-tesè* – de braços abertos.

ÒWÓ-ERAN, *s.* Rebanho de gado.

OWÓ-ÌJÀ, *s.* Tromba. *Owó-ìjà erin* – tromba de elefante.

OWÓ-INÁ, *s.* Chama, brasa.

OWÓLÈ, *s.* Terra próxima ao mar, a uma lagoa ou a um riacho.

OWÓLÈ, *s.* Oportunidade. *Ó fún mi ní owólè láti sisé* – Ele me deu a oportunidade para trabalhar.

ÒWÓN, *s.* Escassez, raridade, algo de grande valor. Pode ser usado como forma de enaltecer uma pessoa. *Bàbá mi òwón* – meu estimado pai.

ÒWÒN, *s.* Pilar, coluna.

ÒWÒN-AWOSÁNMÀ, *s.* Um pilar muito alto.

ÒWÓNLÓWÓN, *adv.* Carinhosamente, afetuosamente.

ỌWỌ́N ÒGIRI – ỌYÚN

ỌWỌ́N ÒGIRI, s. Pilar, coluna de um muro.
ỌWỌ́ ÒSÌ, s. Mão esquerda.
ÒWÓ ỌKỌ̀, s. Grupo de navios, esquadra.
ỌWỌ́ ỌTÚN, s. Mão direita.
ÒWỌ̀ỌWỌ́, s. Grupo, arranjo.
ỌWỌ́ RÍRỌ, s. Mão seca.
ỌWỌ̀WỌ̀, s. Comida feita de milho seco fervido e macio.
ỌWLUN, s. 1. Vingança, retaliação, praga, recompensa. 2. Tecelão. 3. Um tipo de cobra que cospe o seu veneno.
ỌYA, s. Divindade dos ventos e raios; outra denominação do rio Níger. = *Yánsàn*.
ỌYÀ, s. 1. Salário, soldo, pagamento por um trabalho feito. 2. Animal roedor também chamado *ewújù*.
ỌYÁ, s. Cordão ou corda feita de fibra vegetal.
ÒYÁJÚ, s. Pessoa impertinente, atrevida, convencida.
ÒYÀLÀ, s. Tipo de vestido longo. V. *agbádá*.
ỌYÀN, s. Seio de mulher. = *ọmú*.
ÒYÀYÀ, s. Boas maneiras, delicadeza, vivacidade. *Máa ṣe òyàyà sí i* – Tenha boas maneiras com ela.
ÒYẸ̀, s. Crepúsculo.
ỌYẸ́, s. Vento muito quente da Costa da Guiné, harmatam. *Otútù nmú ní àríwá púpọ̀ nígbà ọyẹ̀* – O frio é muito forte no norte durante o harmatã.
Ó YẸ KÍ, v. aux. Indica desejo, é posicionado antes do pronome pessoal. *Ó yẹ kí èmi lọ* – Eu deveria ir; *Ó yẹ kí a ti rà á* – Nós deveríamos ter comprado isso; *Kò yẹ kí èmi lọ* – Ele não deseja que eu vá.
ỌYẸ̀KÚ, s. O segundo *odú* do sistema de Ifá. = *òyẹ̀yẹ̀*.
ỌYÌNYÌN, ỌRÌNDÌN, s. Uma pessoa estragada, mimada.
Ọ̀YỌ́, s. Duas cidades *yorubás*, uma antiga e outra mais nova cujo soberano é denominado de *aláààfin*.
Ọ̀Ọ́YỌ́, Ẹ̀ẸYỌ́, s. Vegetal usado para fazer sopa. *Corchorus olitorius* (*Tiliaceae*). = *ewébẹ̀*.
Ọ̀YỌ́MÌSÌ, s. Título de respeito conferido aos próceres anciãos da cidade de Òyó.
ỌYÚN, s. Matéria que sai de um ferimento, pus, secreção.

P

PA, *v.* **1.** Matar, liquidar, assassinar. *Ó pa ènìà* – Ele matou uma pessoa; *Ó pa á bọ̀ òrìṣà* – Ele matou o animal e ofereceu à divindade. **2.** Afligir, incomodar. *Òjò npa mí* – A chuva está me incomodando, estou todo molhado; *Oorun npa mí* – Estou morrendo de sono (*lit.* o sono está me afligindo).

PA, *v.* Usado na composição de palavras, com ideias diversas. **1.** Extinguir, liquidar, dar fim. *Ó pa iná* – Ele apagou o fogo; *Oògùn yìí npa làpá-làpá* – Este remédio curou a doença; *Pa ìlẹ̀kùn* – Feche a porta; *Ó pa ẹnu* – Ele calou a boca. **2.** Fazer sentir, fazer sofrer. *Ó pa mí nígbè* – Ele me bateu. **3.** Esfregar, massagear, friccionar. *Mo fi epo pa ọwọ́* – Eu esfreguei óleo nas mãos; *Ó fi òróró pa ẹsẹ̀* – Ele massageou as pernas. **4.** Amalgamar, juntar, misturar. *Wọ́n pa agbo* – Eles formaram um círculo; *Mo pa wọ́n pọ̀* – Ela os misturou. **5.** Relatar, contar, expressar. *Ó pa ìtàn fún mi* – Ele relatou uma história para mim. **6.** Ser habilidoso, ser jeitoso. *Ó pa ìdán* – Ele fez um truque; *Ó pa àgọ́* – Ele armou uma barraca. **7.** Chocar ovos. *Adìẹ yìí pamọ* – Esta galinha chocou um ovo. **8.** Cortar, tirar a casca de uma árvore. *Ó pa ọparun* – Ele cortou o bambu. **9.** Cortar inhame, cabaça ou noz-de-cola ao meio, separar. *Ó pa obì* – Ele dividiu a noz-de-cola. **10.** Vencer um jogo. *Èmi ni mo pa* – Eu sou o vencedor do jogo. **11.** Trair.

PÁ, *v.* **1.** Evitar uma disputa, ter medo, intimidar, estar apavorado. *Ó pá láàyà* – Ele me amedronta; *Ọlá pá olè lẹ́sẹ̀* – Ele seguiu o ladrão com medo.

PÁ – PÁÀDÌ

> *ìpáiyà* – pânico, pavor. **2.** Ser calvo. *Orí rè pá* – Ele é calvo; *Orí igún pá* – A cabeça do urubu é calva. > *ìpárí* – careca. **3.** Contrair, encolher, causar, reduzir. *Ó pá inú mi* – Ele contraiu o estômago.

PAA, PÁ, *adv.* De uma vez, em um instante, exatamente. *Efúùfù ta eiye náá nídí paa* – A ventania arrastou aquele pássaro de uma vez.

PADÀ, *v.* Alterar, trocar, mudar, converter. Usado como verbo transitivo tem seus elementos separados para inserir o objeto entre eles. *Ó pa mí lára dà* – Ele me converteu; *Ó pàwòdà = Ó pa àwò dà* – Ele trocou as cores. V. outros exemplos mais adiante.

PADÀ, *v.* Voltar, retornar. *Mo tún npadà bò* – Eu voltarei logo; *Ó padà síhín* – Ele voltou para aqui; *Ó mú ìwé mi padà* – Ele devolveu o meu livro. < *pa + dà*. É usado como 1º. ou 2º. componente de uma composição verbal. V. exemplos a seguir.

PADÀBÒ, PADÀWÁ, *v.* Retornar. *Ó padà wá ilé* – Ele voltou de casa; *Ó padà bò* – Ela retornou; *Ó padà tò mí wá* – Ela retornou para mim.

PADÀDÉ, *v.* Retornar. *Ó padà dé ilé wa* – Ele retornou e chegou em casa.

PÀDÁNÙ, *v.* Perder, sofrer uma perda. *O há ti pàdánù eni kan tí o féràn nínú inú bí?* – Você já perdeu um ente querido?; *Mo pàdánù owó mi* – Eu perdi o meu dinheiro.

PADÀNÙ, *obs.*: *Wón pá a dànù* – Eles o mataram sem motivo.

PADÀLO, *v.* Voltar lá. *Ó padà lo síbè* – Ele voltou para lá.

PÀDÉ, *v.* Encontrar, reunir. *Àwa pàdé ara wa lórun* – Nós nos encontraremos no céu.

PADÉ, *v.* Fechar. Usado para porta ou caixa que tenha uma parte fixa ou que tenha fecho. *Mo pa ìlèkùn dé* – Eu fechei a porta; *Ìlèkùn yìí padé* – Esta porta está fechada. = *tì*.

PADÈ, *v.* Prender as mãos, algemar. < *pa + ide*.

PADÈMÓLÓWÓ, *v.* Amarrar as mãos de uma pessoa, fraudar, enganar.

PÀDÍ, *v.* Estar rachado no fundo. *Ìkòkò yìí pàdí* – Este pote está rachado no fundo.

PÀDÍ, *v.* Ser a causa de. *Kíló pàdí òrò yìí?* – Qual é a causa disto? < *pa + ìdí*.

PÁÀDÌ, *s.* Padre (do inglês *priest*). = *àwòrò*.

PÁDI ÒGÈDÈ, *s.* Um punhado de bananas.

PA ẸNU, *v.* Calar a boca. *Má sòrò! Pa ẹnu* – Não conversem! Calem a boca.

PAAFÀ, PÀRAFÀ, *s.* Prancha, mesa longa usada em tinturaria.

PÁFE, PÁTÁPÁTÁ, *adv.* Absolutamente, inteiramente.

PÁFIN, *v.* Ter cuidado para não infringir a lei.

PÀFÒ, *v.* Espojar-se na lama. *Ẹlédè npàfò, ó ní òun nṣe oge* – O porco se suja na lama, ele diz que está sendo elegante (*fig. ling.*).

PÁGÀ!, *interj.* Puxa!

PAGI, *v.* Cortar a madeira, os galhos da árvore. < *pa + igi.*

PAGIDARÌ!, *interj.* Exclamação de surpresa. *Pagidarì! Òun dé!* – Ele chegou!

PAGÌRÍ, *v.* Provocar alguém repentinamente, exibir coragem. *Ajá náà pagìrí mọ́ mi* – Aquele cachorro avançou contra mim.

PAGÌRÌ, *v.* Tremer, estremecer. *V. Tagìrì.*

PÀGÓ, *v.* Fazer ou armar uma barraca.

PÁGUNPÀGUN, PÁLAPÀLA, *adj.* Grosseiro, irregular, áspero. *Ònà yìí ṣe págunpàgun* – Esta estrada é irregular.

PÀGBẸ, ṢÁNGBẸ, *v.* Limpar a terra para plantação de inhame, milho etc.

PAGBO, *v.* Fazer um anel ou formar um círculo.

PAHÍN, *v.* Arrancar os dois dentes centrais superiores a fim de seguir a moda. < *pa + ehín.*

PAHÍNKẸ́KẸ́, *v.* Ranger os dentes.

PAHÙNDÀ, *v.* Alterar a voz. *Ó pahùndà = Ó pa ohùn dà* – Ele alterou o tom de voz.

PAHÙNPÒ, *v.* Fazer um acordo verbal.

PÁIPÀI, *adv.* ou *adj.* Irregular, irregularmente.

PAJÁPAJÁ, *s.* Câimbra. *Pajápajá mú mi* – Estou com câimbra.

PAJẸ, *v.* Matar e comer. *Ẹkún pa ewúrẹ́ jẹ ẹ́* – O leopardo matou a cabra e a comeu. < *pa + jẹ.*

PAJẸ, *v.* Omitir, preterir, excluir. *Ó pa ojọ́ jẹ* – Ela não entrou em certos dias; *Ó pa oṣù jẹ* – Ela não menstruou (*lit.* ela desprezou o mês).

PAKÀ, *v.* Debulhar o milho. *Ó pakà* – Ele debulhou o milho.

PAKÁ, *obs.*: *Ẹ pa òbìrìkìtì ká mi* – Você formou um círculo à minha volta.

PAKÁJÀ, *v.* Mudar a forma de vestir uma roupa.

PÁKANLÉKÉ, *s.* Preocupação, compulsão, força.

PAKÀNNÀKÁNNÁ, *v.* Ofuscar a vista com o vento, a luz etc.

PAKÀPAKÀ, *s.* Debulhador de milho.

PÀKÀPÀKÀ, *adv.* Vorazmente. *Ó njẹun pàkàpàkà* – Ele está comendo vorazmente.

PAKASỌ, *adj.* Sem limite.

PÀKÁTÀ, *s.* Uma cabaça aberta e rasa.

PAKANLÉKÉ, *s.* Preocupação, ansiedade. *Ìgbéyàwó lè jẹ́ orísun ayọ̀ tàbí pakanléké* – O casamento pode ser uma fonte de felicidade ou preocupação.

PAKẸ̀Ẹ̀KẸ̀Ẹ̀, *v.* Estar atarefado, apressado.

PAKẸ́RẸ̀, *s.* Um tipo de corda.

PÁKÍ, **GBÁGÙDA**, *s.* Mandioca. = *ẹ̀gẹ́*.

PÀKÌTÍ, *s.* Um tapete grosso.

PÀKÒ, *adv.* Repetidamente. *Ó ṣéjú pàkò* – Ele piscou várias vezes.

PÁKÓ, *s.* Prancha, placa.

PÀKO, *s.* Bambu.

PÁKÒ, *s.* Talo de planta usado para mastigar.

PAKO, **ṢÁKO**, *v.* Limpar uma área para cultivo. < *pa + oko*.

PAKỌ, *v.* Dominar, superar. *Èmi yíò pakọ àyànmọ́ mi* – Eu superei o meu destino.

PÁKỌ̀KỌ̀, **PÁKỌ̀RỌ̀**, *v.* Esquivar-se, andar pelos cantos.

PÁKỌ̀KỌ̀, *s.* Um tipo de espírito que surge em ocasiões festivas.

PAKỌ́LỌ́, **PAKỌ́LỌ́KỌ́LỌ́**, *v.* Andar furtivamente. *Ó npa kọ́lọ́kọ́lọ́* – Ele está andando furtivamente.

PAKÚ, *v.* Sofrer, bater até morrer, extinguir. *Ó pa wọ́n kú* – Ele os matou.

PAKÚN, *v.* Exacerbar, agravar.

PAKÙNRÉTÉ, **ÒRÓFÓ**, *s.* Um tipo de pombo.

PÀKURỌ́, *v.* Quebrar ou rachar a amêndoa da palmeira.

PAKUURU, **PAKUURUMỌ́**, *v.* Correr furiosamente, raivosamente. *Ó pakuuru mọ́ mi* – Ele se precipitou contra mim.

PÀKÚTA, *s.* Arenoso, cheio de pedras ou cascalho. *Ìrẹ́sì yìí pàkúta* – Este arroz está cheio de pedras.

PÁKÚTÁ, *s.* Pequena panela.

PAKUTÉ, *s.* Armadilha para ratos.

PÀLÀ, *adv.* Vagarosamente, com muito esforço. *Ó rá pàlà* – Ele rastejou vagarosamente.

PÀÀLÀ, *v.* Marcar a fronteira de um território, demarcar. = *takuté.*

PALABA, *adj.* Plano.

PALABA-ETÍ, *s.* Separação entre a orelha da pessoa e a têmpora.

PÀLÀBÀ-PALABA, *adj.* Plano, baixo, largo, extenso.

PALÁBÁTÀ, **PALÁGBǪN**, *v.* Bater com um bastão usado no festival de *Adímú Òrìṣà.*

PALÁDANÚ, *v.* Fazer perder.

PÀLÀKÀ, *s.* A divisão dos dedos ou das virilhas; local onde os galhos estão ligados às árvores.

PALÁLÁ, *v.* Não ser perto (somente usado na forma negativa). *Kòì tí ì palálá ìlú náà* – Ele ainda não está próximo da cidade; *Kò palálá èrò mi* – Não está perto do que eu pensei.

PALÁMǪLÙ, *v.* Bater os pés ao pular um contra o outro.

PÁLAPÀLA, *s.* Disparate, dizer coisas absurdas, sem sentido.

PÀLÀPÁLÁ, *s.* Fenda, rachadura no solo. *Ọ̀nà yìí pàlàpálá* – Esta estrada é desnivelada.

PALÁPATÁN, *v.* Matar completamente.

PÀLÀpolo, *s.* Interstício. *Pàlàpolo ẹsẹ̀ mi* – A área entre minhas pernas.

PALÁRA, *v.* Ferir, contundir.

PALÁRADÀ, *v.* Transformar, trocar por uma outra forma.

PALÁRÓ, *s.* Tingir. *Ó pa aṣọ náà láró* – Ele tingiu aquela roupa. V. *aró.*

PALÁ ̣Ẹ, *v.* Encomendar, autorizar.

PÁLÁYÀ, *v.* Amedrontar, intimidar, aterrorizar. *Ó pá mi láyà* – Ele me amedrontou.

PALÉ, PALẸ̀, *v.* Esfregar o chão e as paredes de uma casa com estrume, folhas verdes etc. com o objetivo de endurecê-los e impermeabilizá-los. V. *ewé ìpalé.*

PALẸ́KÚN, *v.* Chorar, debulhar-se em pranto. *Ó pa mí lẹ́kún* – Ele me fez chorar. = *panígbe.*

PALÈLÉ, *v.* Identificar uma marca em alguma coisa como aviso de que só o dono pode tocar.

PALÈMÓ, *v.* Juntar as coisas, arrumar para viajar, pôr em ordem, fazer um preparativo. *Nwón palè ilé mó* – Elas arrumaram a casa; *A palè òkú mó* – Nós arrumamos o corpo para o enterro; *Mo palèmó láti lo* – Eu preparei tudo para viajar.

PALÉRIN, *v.* Fazer rir.

PAALI, *adv.* Fortemente. *Ó gan paali* – Ele é fortemente duro.

PAALI, **PÈÈLI**, *adj.* Magro, esbelto, delgado. *Ó rí paali* – Ele é magro.

PÁÁLÍ, *s.* Cartão.

PÁLÓRÍ, *v.* Ser calvo, careca. *Ó pálórí = Ó pá ní orí* – Ele é calvo.

PÀLÓ, *v.* Contar enigmas. < *pa + àló*.

PALÓLÓ, *v.* Ficar quieto, estar temeroso. *Ó palóló* – Ele permaneceu em silêncio. = *paróró*.

PALÓTÍ, *v.* Estar bêbado, inflar-se com orgulho.

PALÙ, *v.* Ranger, moer. *Ó pa èèké lù* – Ele rangeu os dentes.

PALÙ, *v.* Massacrar, bater. *Ó pa wón lù* – Ele bateu neles.

PÁMI, *v.* Ser desanimado, sem coragem. *Okàn mi pámi* – Eu me sinto embaraçado (*lit.* meu coração está sem coragem).

PAMO, *v.* Chocar. *Adìe yìi pamo* – Esta galinha chocou um ovo. < *pa + omo*.

PAMÓ, *v.* Proteger, economizar, conservar, guardar, preservar. *Ó pa mí mó lówó ewu* – Ele me preservou do perigo; *Ó lówó ni pamó* – Ele tem dinheiro guardado; *Ó pamó aso mi nínú àpótí* – Ela guardou minha roupa dentro do armário. > *sápamó* – esconder-se, proteger-se.

PAMÓKÙN, *v.* Guardar na própria mente. *Ó pa àsírí yìi mókùn* – Ele guardou este segredo com ele mesmo. < *pamó + ikùn*.

PAMÓLÈ, *v.* Esconder, ocultar.

PÀÀMÓLÈ, **PÀRÀMÓLÈ**, *s.* Um tipo de cobra, víbora.

PAMÓNÚ, *v.* Guardar, ocultar. *Ó pa àsírí yìi mónú* – Ele guardou este segredo; *Ó pa ebi mónú* – Ele suportou a fome. < *pamó + inú*.

PAMÓRA, *v.* Suportar com paciência, resistir. *Ó pa ìjìyà náà móra* – Ela suportou a dor com paciência; *N kò lè pa omijé mi móra* – Eu não pude conter as lágrimas. *V. pamó, ìpamóra*.

PANÀ, v. Terminar o castigo, a punição. < pa + inà.

PANÁ, v. Apagar o fogo. Ó ti paná – Ela já apagou o fogo. < pa + iná.

PANÁPANÁ, s. Bombeiro.

PANDA ÈNÌÀ, s. Uma pessoa desajeitada.

PANDAN, adj. Estranho, pitoresco, desajeitado.

PANDÉRÒ, **PANTÉRÒ**, s. Tamborim.

PÁNDỌ̀RỌ̀, s. Nome de uma árvore. *Kigelia africana* (Bignoniaceae).

PANGÍLA, **ABỌ́**, **PÀLÀ-PÀLÀ**, s. Bacalhau seco.

PÁN-HUN, **PÁN-UN**, adv. De uma vez.

PANI, **PÀNÌÀ**, s. Matar uma pessoa. < pa + ẹni; < pa + ènìà.

PANÍAYÒ, v. Ganhar no jogo de ayò.

PANÍGBE, v. Causar choro. Ó pa mí nígbe – Ele me fez chorar. = palẹ́kún.

PANÍGBÈ, v. Bater com severidade. Ó pa wọn nígbè – Ele bateu neles; Ó pa ọ̀tá mi nígbè fún mi – Ele bateu no meu adversário por mim.

PANÍLẸ́RÌN, adj. Excitante, ridículo, engraçado. Ó jé panílẹ́rìn tán – Ele é extremamente engraçado.

PANIPANI, s. Assassino.

PANÍRUN, v. Destruir.

PÁNÍYÈ, **RANÍYÈ**, v. Confundir.

PANÍYÈDÀ, **PALÈRÒDÀ**, v. Persuadir, mudar de ideia. Ó pa mí níyẹdà – Ele me fez mudar de ideia.

PÁNKAN, adv. Rapidamente, ligeiramente, depressa. Ó hán pákan – Ele arrebatou depressa.

PÁNKẸ́RẸ́, s. Um tronco fino que cresce nas grandes florestas.

PÁNLÁ-ỌBẸ̀, s. Uma pequena quantidade de sopa. Ẹjaa pánlá – pequena quantidade de peixe. *Obs.*: com dois substantivos juntos, a vogal do primeiro é repetida se o segundo substantivo começar com consoante.

PÀNPÁ, s. Barganha, acordo entre comerciantes. Wọ́n dìpànpà – Eles entraram num acordo. V. ìpànpà.

PANPẸ̀, **PAWỌ́PẸ̀**, s. Algemas. = pakuté.

PÁNRÓBÀ, **PÁÙNRÓBÀ**, s. Seringueira.

PÁNSÁ, s. Cabaça colocada ao lado do fogo para mantê-la seca.

PANṢÁGÀ, **PAÚNṢÁGÀ**, s. Adultério. Ó nṣe panṣágà – Ela cometeu um adultério.

PÀNṢÁRÁ, s. Cesto grande ou cabaça usada para expor artigos.

PANṢÙKÚ, s. Cesto grande ou cabaça com tampa usada para carregar ou transportar comidas.

PÀNTÈTÉ, s. Equilibrar uma carga na cabeça. Lébírà yíí pàntèté – Este carregador está equilibrando a carga na cabeça.

PÀNTÍ, **PÀNTÍRÍ**, s. Lixo.

PANU, adj. Refrescante, repousante. A fi onjẹ panu – Nós usamos uma comida refrescante.

PÁNÚ, v. Contrair o estômago. < pá + inú.

PÁÀNÙ, s. Panela, caçarola, prato esmaltado (do inglês pan).

PANUMỌ́, v. Calar a boca, ficar em silêncio. Ó panu mọ́ – Ele não falou mais. < pa + ẹnu + mọ́. V. dákẹ́.

PÁPÁ, s. Campo aberto, plano.

PÁPÁ, pron. reflex. V. pàápàá.

PÁPÀ, s. Ansiedade, preocupação, problema.

PÀPÀ, adv. Violentamente. Iná ta pàpà – O fogo se alastrou violentamente.

PÁAPÁA, adv. Através de. Omi là páapáa sí mi lára – A água escorreu pelo meu corpo.

PÀÁPÀÁ, **PÁPÁ**, pron. reflex. Mesmo. Òun ni pápá – É ele mesmo; Àwọn pàápàá ra aṣọ titun – Eles mesmos compraram roupa nova.

PÀÁPÀÁ, **PÁPÀÁ**, adv. Especialmente, particularmente, também. Ó kọrin àti pàápàá ó jó – Ela canta e especialmente ela dança; Wọ́n sọkun àti pápàá nígbà tí mo lọ jáde – Elas choraram e especialmente quando eu fui embora.

PAPAGIDI, adv. Da mesma forma.

PAPAGORI, s. Pequeno pássaro que é motivo de superstição para os devotos de Ṣàngó, por pretenderem entender seu canto.

PÁPÁSAN, s. Uma erva usada na cura de abcesso e unheiro.

PÀPÈJỌ, v. Marcar um encontro ou uma assembleia. < pè + àpèjọ.

PAPẸ́-PAPẸ́, s. Tipo de inhame.

PÀPÍN, s. Um pequeno gorro. = filà.

PAPÓ, *v.* Contrair, ficar mais curto, desmoronar. *Aṣọ yìí ó papó* – Esta roupa ficou mais curta.

PAPÒDÀ, *v.* Mudar de lugar, morrer. *Ó papòdà* – Ele trocou de lugar. < *pa + ipò + dà.*

PAPORO, *v.* Enrugar, fazer um sulco.

PAPÒ, *v.* Combinar, unir, misturar, juntar. *Wọ́n papò wá* – Eles vieram juntos; *Wọ́n papò* – Eles se juntaram; *Ohun wa papò* – Nossas opiniões coincidem. = *pawópò.*

PÀPỌ̀JÙ, *v.* Ser abundante, ser numeroso.

PARA, *v.* Esfregar óleo na pele. *Ó fi òróró para* – Ele esfregou óleo no corpo. < *pa + ara.* > *ìpara* – unguento, pomada.

PÁRÁ, *s.* Superfície interna de sapê de um telhado, também um lugar para guardar utensílios.

PÁRÁ, *adv.* Inesperadamente, de repente, de uma vez. *Párá ni ó dé* – Foi de repente que ele apareceu.

PÀÀRÀ, *v.* Frequentar, visitar um lugar. *Mo npàà rà ìhín yìí* – Eu frequento este lugar.

PARADÀ, *v.* Disfarçar, alterar a aparência, camuflar. *Ó paradà di òrò* – Ela se disfarçou em uma fada; *Ó pa mí láradà* – Ele me disfarçou. < *pa + ara + dà.*

PÀRAFÀ, *s.* Sofá feito de bambu; prancha de madeira usada por tintureiro.

PÀÀRÀKÁ, *s.* Nome de um tipo de *egúngún.*

PÀRÀKÒYÍ, *s.* Um comitê judicial de mercadores na cidade de *Abéòkúta*; um título na cidade de *Òyó.*

PARALÁRA, *v.* Ferir, contundir, danificar. *Ó pa mí lára* – Ele me fez um dano físico.

PARAMỌ́, *v.* Tomar cuidado. *Ó paramọ́ dáadáa* – Ele deu uma boa atenção; *Ó pa òfin mọ́* – Ele obedeceu a lei.

PÀRÁNDÙN, *v.* Relatar histórias exageradas.

PÀRÀPARÀ, *s.* Esteira feita da matéria flexível do bambu.

PÀRÀPÀRÀ, **PÈ̩RÈ̩PÈ̩RÈ̩**, *adv.* Severamente, rigorosamente, rispidamente. *Ó ná mí pàràpàrà* – Ele me bateu severamente.

PARAPÒ, *v.* Unir, juntar. *V. papò.*

PARAÚNRAÚN – PASẸ̀DÀ

PARAÚNRAÚN, *v.* Andar sem rumo. *Wọ́n paraúnraùn* – Eles vagaram sem rumo.

PARẸ́, *v.* Desaparecer, eliminar, destruir. *Ó pa á rẹ́* – Ele a destruiu; *Ó fi ojú pa mí rẹ́* – Ele me ignorou (*lit.* ele fez um jeito de desprezo com o rosto).

PARẸ́LÚÚLÚ, *v.* Apagar completamente. *Ó parẹ́ lúúlú* – Ele apagou completamente.

PARÍ, *v.* Terminar, chegar a um fim. *Òun parí wé èkọ* – Ele terminou de enrolar o *acasá*; *Ó parí isẹ́ rẹ̀* – Ele terminou o trabalho dele. Pode ser usado para expressar um superlativo. *Ó burú parí* – Ele é o pior. *V. tán*.

PÁRÍ, *adj.* Calvo, a cabeça totalmente ou parcialmente raspada.

PARÍDÀ, *v.* Voltar em outra direção. *Ó parídà* – Ele retornou em outra direção. < *pa + orí + dà*.

PARÌ ẸRẸ̀KẸ́, *s.* Mandíbula, osso da mandíbula.

PARIWO, *v.* Fazer barulho. *Sọ fún wọn pé kí wọn má ṣe pariwo* – Diga para eles que não façam barulho; *Ẹnikẹ́ni kò gbọ́dọ̀ pariwo* – Ninguém deve fazer barulho.

PÀRÓ, *s.* Colar de couro nativo.

PÀROKÒ, *v.* Enviar um presente para alguém.

PÁROPÁRO, *adv.* Totalmente, inteiramente. *Ó dá páropáro* – Ele é totalmente abandonado.

PARỌ́, PURỌ́, *v.* Mentir. *Ó parọ́ fún mi, ó sì tàn mì jẹ* – Ele mentiu para mim e, além disso, me enganou.

PÀÀRÒ, *v.* Trocar, permutar. *Pààrò aṣọ rẹ̀* – Troque a roupa dela. *V. ṣẹ́, yí, sún*.

PARỌ́RỌ́, *v.* Ficar muito calmo, em silêncio. = *palọ́lọ́*.

PARỌ́WÀ, *v.* Consolar, confortar. *Ó parọ́wà fún mi* – Ela me consolou.

PARÚBỌ, *v.* Matar para sacrifício, sacrificar. *Ó pa àkùkọ rúbọ òrìṣà rẹ̀* – Ele matou um galo e ofereceu ao orixá dela.

PARUN, *v.* Destruir, eliminar, extinguir. *Ó pa wọ́n run* – Ele os destruiu; *Owó ẹrú ti parun pátápátá* – O comércio de escravos já se extinguiu completamente.

PASÁRA, *v.* Paralisar.

PASẸ̀, *v.* Embalar uma criança nas costas. < *pa + esẹ̀*.

PASẸ̀DÀ, *v.* Mudar a posição dos pés, trocar de posição. *Pa esẹ̀ dà kuró níbí* – Mude seus pés para lá. < *pa + esẹ̀ + dà*.

PÀṢÁ, s. Qualquer espaço aberto.

PÀṢÁN, **PATIYẸ**, s. Chicote, vara, açoite.

PÀṢÀPÀṢÀ, s. Ansiosamente. *Ó jẹ pàṣàpàṣà* – Ele comeu ansiosamente.

PÀṢẸ, v. Dar uma ordem, ordenar. *Ó pàṣẹ láti lépa wọn* – Ele deu uma ordem para procurá-los; *Ó pàṣẹ kí n kò lọ síbẹ̀* – Ele ordenou que eu não fosse para lá.

PÁÀṢÌ, v. Passar (do inglês *pass*). *Ó páàṣì nínú ìdánwò rẹ̀* – Ele passou no exame.

PÀṢIPÀÀRÒ, s. Troca, permuta.

PAṢU, v. Cortar inhame para plantar.

PÁÀṢÙ, v. Apaziguar, impedir uma luta.

PATA, v. Devorar. *Kìnnìun fi wọ́n pata* – O leão os devorou; *Mo fi ẹran náà pata* – Eu devorei aquela comida.

PÁTÁ, s. Cueca.

PATÀ, v. Matar para vender. *A pa màlúù tà* – Nós matamos o boi para vender.

PÀTÀKÌ, adj. Importante. *Ìròhìn pàtàkì ni* – São notícias importantes. É usado como verbo no sentido de considerar-se importante. *Ó pàtàkì ara rẹ̀* – Ele se considera importante; *Ìsìn yìí ṣe pàtàkì fún mi* – Esta religião é importante para mim.

PÁTÁKÓ, s. Placa, prancha. *Pátákó ìkọ̀wé* – quadro-negro.

PÁTÁKÒ, s. Casco, pata do gado.

PÀTÀKÒRÍ, s. Pessoa importante.

PATAKÚ, s. Espeto de carne. = *sèré*.

PATÁN, v. Matar completamente. *Ó pa wọ́n lápatán* – Ele os matou completamente.

PATANMỌ́, v. Fechar, cobrir as coxas. < *pamọ́ + itan*.

PATANMỌ́, s. Nome da planta sensitiva. É usada em infusão contra a tosse. *Mimosa pudica*.

PÁTÁPÁTÁ, adv. Completamente, inteiramente. *Ó ti fọ́ pátápátá* – Ele está completamente quebrado.

PÁTAPÀTA, adj. Manchado, marcado. *Ó rí pátapàta* – Ela tem uma aparência manchada.

PÁTÁPIRÁ, s. Máximo, limite, clímax.

PÀTẸ, v. Expor, espalhar mercadorias para venda.

PATẸ́WỌ́, v. Aplaudir, bater palmas. Ó patẹ́wọ́ popo – Ele aplaudiu ruidosamente; Patẹ́wọ́ fúnrarẹ – Bata palmas para você mesmo. < pa + atẹ́ + ọwọ́. V. pawọ́.

PÀTÌ, v. Apropriar-se indevidamente. Ó já a mọ́ mi lọ́wọ́ pàtì – Ele arrancou isto da minha mão indevidamente.

PATÌ, v. Deixar de lado, ignorar, arquivar. Ìwọ patì rẹ̀ – Você a deixou de lado. > àpatì – pessoa que põe outra de lado, que a ignora.

PÁTÌ, s. Tendão de aquiles, tendão.

PÁTÌPÀTÌ, adj. Esfarrapado, maltrapilho.

PÀTÌ, PÀTÌPÀTÌ, adv. Forçosamente, violentamente. Ó nṣe pàtìpàtì – Ele está fazendo esforço em vão. = pàtìpìtì.

PATIYẸ, s. Açoite, vara, chicote.

PÀTÓ, adv. Exatamente, definitivamente, essencialmente. Ní àkókò pàtó fún ounjẹ – Ter hora certa para a refeição.

PÀTÓ, adj. Correto, exato, pontual. Wọ́n njẹ ní àkókò pàtó fún onjẹ – Eles estão comendo no horário exato para as refeições; adv. Exatamente. Sọ pàtó ọ̀rọ̀ yìí fún mi – Fale exatamente isto para mim.

PÀTÓ, PÀTÓTÓ, v. Fazer barulho.

PÀTÙPÀ, v. Extinguir. Ó pa iná àtùpà – Ele apagou a luz do lampião. V. paná.

PÀÙNKẸ́RẸ́, s. Um tipo de cana flexível usado para fazer cestas. Oncocalamus wrightiana (Palmae).

PÁWÀ, s. Uma comida feita de ọkà.

PÀWÀDÀ, PÌWÀDÀ, s. Mudar de personalidade. Ó pàwàdà – Seu caráter foi alterado. < pa + ìwà + dà.

PAWỌ́, v. Bater palmas. = patẹ́wọ́.

PAWỌ́DÀ, v. Mudar de posição, mudar de método, mudar de lado. Ó fi iṣẹ́ yìí pawọ́dà – Ele substituiu este trabalho por outro. < pa + ọwọ́ + dà.

PÀWỌ̀DÀ, s. Trocar de cor. < pa + àwọ̀ + dà.

PAWỌ́PẸ́, s. Algemas, armadilha.

PAWỌ́PỌ̀, v. Unir, combinar. A pawọ́pọ̀ lé iṣẹ́ yìí lórí – Nós nos unimos para fazer este trabalho. = papọ̀.

PAYÁ, adv. Realmente, francamente, totalmente, verdadeiramente. Ó śílèkun payá – Ele abriu a porta toda; Ó ṣínú fún mi – Ela se abriu para mim; Ó ṣí ìrònú mi payá – Ele expôs para mim, francamente, o seu pensamento íntimo.

PÀYÁN, s. Espanhol.

PAYÈDÀ, PIYÈDÀ, v. Mudar, mudar de ideia. Ó pa mí níyè dà – Ele mudou minha ideia. < pa + iyè + dà. V. pèròdà.

PAYẸ́, PIYẸ́, v. Pilhar, saquear, espoliar. Àwọn ọmọ ogún payẹ́ nílú – Os soldados saquearam a cidade. < pa + iyẹ́.

PÀYẸ́DÀ, PÌYẸ́DÀ, v. Mudar, perder as penas. Ẹiyẹ yìí pàyẹ́dà – Este pássaro perdeu as penas. < pa + ìyẹ́ + dà.

PÉ, adj. Completo, perfeito, exato. Ó ṣe iṣẹ́ rẹ̀ pé – Ele fez um trabalho completo; Njẹ́ ìdáhùn yìí pé? – Esta resposta é exata?

PÉ, conj. Que, para que, a fim de que. Usado depois de verbos que informam, que fazem uma declaração indireta (rò – pensar; wí – dizer; mọ̀ – saber; sọ – falar; gbọ́ – ouvir). Ó sọ pé òjò rọ̀ – Ele falou que vai chover; Wọ́n bẹ̀ mí pé kí n gbọ́ àdúra – Eles me pediram que eu ouvisse a oração; Èmi rò pé yìí kò dára – Ela pensa que isto não é bom; Ó dáhùn pé òun ó lọ – Ele respondeu que irá. V. kí, tí, pékí.

PÉ, v. 1. Encontrar, reunir, juntar. Wọ́n pé sí abẹ́ igi – Eles se reuniram embaixo da árvore. > ìpéjọpọ̀ – convocação, assembleia. 2. Dizer que, opinar, expressar uma opinião. Ó pè mí pé kí nlọ – Ele me disse que está indo embora. 3. Precisar, ser exato. Owó yìí èmi kò pé mọ́ – Deste dinheiro eu não preciso mais. 4. Ser, estar completo. Ọjọ́ yìí pé – Este dia está completo. 5. Ser recompensado, ser lucrativo. Ọjà yìí pé mi – Este negócio me dá lucro; Èrú kò pé – Fraude não traz recompensa.

PÈ, v. 1. Chamar, convidar. Òun pè mí gbá oyè – Ele me chamou para receber um título; Mo pè gbogbo yín – Eu convidei todos vocês. > ìpè – convite, chamado. 2. Pronunciar. Tún ọ̀rọ̀ yìí pè – Repita estas palavras. > ìpè – convite, chamado.

PÉÉ, adv. Fixamente. Ó wò mí péé – Ele me olhou fixamente, ele me encarou.

PE ÀPÈJỌ, PÀPÈJỌ, v. Chamar, convidar para uma grande reunião. Ó pe àpèjọ = Ó pe ìpàdé – Ele convocou uma reunião.

PE ÀṢEPADÀ, v. Cancelar, revogar uma ordem.

PÉBE, adv. Completamente.

PÈÈFỌ̀, v. Descascar, mudar de pele. *Ejò náà pèèfọ̀* – A cobra trocou de pele.

PEGEDÉ, v. Realizar, tornar completo, não ter nada contra. *Mo pegedé* – Eu não tenho nada contra.

PÈGÈDÈ, PÒGÈDÈ, v. Enfeitiçar, fazer encantamento. *Ó pègèdè sí mi* – Ela pôs um feitiço em mim. = *fògèdè*.

PEHÀN, v. Trocar, mudar as penas.

PÈÈHỌ, v. Descascar. *Ara mi pèèhò* – A pele do meu corpo descamou.

PÈJẸ, v. Convidar para comer. *Ó pè mí wá jẹun* – Ela me convidou para vir comer.

PÈJÍ, obs.: *Ó pèjí* – Ele tem uma abertura entre os dois dentes incisivos. < *pa* + *èjì*.

PÉJỌ, PÉJỌPỌ̀, v. Encontrar-se, reunir em assembleia. *Wọ́n péjọ pọ̀* – Eles estão completamente reunidos.

PÈJỌ, v. Estar juntos. *Ó pè wọ́n jọ* – Ele os juntou.

PÉJÚ, v. Ser exato.

PÉKÍ, conj. Que. < *pé* + *kí*. São usadas as duas formas quando uma pessoa diz para a outra fazer algo ou quando é usada a forma negativa *má*. *Wọ́n bè mí pé kí n má binú* – Eles me pediram que eu não ficasse zangado; *Òjó wí pé kí Olú jókó* – Ojô disse que Olú sentasse.

PELE, v. Crescer em quantidade, aumentar. *Ó pele* – Ele tem aumentado.

PÉLÉ, s. Tipo de marca tribal na face.

PÈLÉ, v. Colocar uma segunda roupa sobre a primeira da forma como é feita pelas mulheres.

PELEKE, v. Aumentar.

PELEMỌ, adv. Maciçamente. *Ó pé pelemọ* – Ele juntou maciçamente.

PELEMỌ, v. Aumentar, acumular. *Ó ga pelemọ* – Ele foi empilhado para cima.

PÈLẸ́JÓ, v. Processar num tribunal, mover uma ação contra, acusar. *Ó pè mí léjọ́* – Ele moveu uma ação contra mim, ele me acusou.

PELÓJÚ, v. Chamar para junto de. *Mo pè é kò mí lójú* – Eu o chamei a minha presença.

PÈLÓRÚKỌ, *v.* Chamar alguém pelo nome. *Ó pè ọmọ rẹ̀ lórúkọ* – Ela chamou o filho dela pelo nome.

PÈLÓRÚKỌKÓRÚKỌ, *v.* Xingar, abusar.

PÈLỌ, *v.* Chamar para ir a outro lugar. *Ó pè mí lọ* – Ele me chamou lá fora.

PÈMỌ́RA, *v.* Chamar para perto. *Ó pè wọ́n mọ́ra* – Ele os chamou até ele.

PÈNÍJÀ, *v.* Desafiar. *Ó pè mí níjà* – Ele me desafiou.

PÉNPÉ, *adj.* Pequeno em tamanho, curto. *Aṣọ yìí rí pénpé* – Esta roupa parece pequena.

PÉPÀ, *s.* Papel (do inglês *paper*).

PÈPADÀ, *v.* Chamar de volta. *Ó pè mí padà* – Ela me chamou de volta.

PÉPÀ ÌNUDÍ, *s.* Papel higiênico.

PÉPÀ ÌNUWỌ́, *s.* Guardanapo. *Ó fi pépà ìnuwọ́* – Ela usou o guardanapo.

PÈPÉLE, **ÒGURÓPÒ**, **ORÚPÒ**, *s.* Banco de terra feito para dormir.

PÉPÈPÉ, *adv.* Aos poucos, pedaço por pedaço.

PÉRÉ, *adv.* Somente, justamente. Ocorre com substantivo que indica número ou qualquer quantidade. *Bàtà kan péré ni ó fún mi* – Foi somente um sapato que ele me deu; *Mẹ́ta péré ni mo mú* – Foram somente três que nós pegamos. *V. ṣoṣo, wóró, kàn.*

PÉRÉ, *obs.*: *Mo gbọ́ péré* – Eu ouvi o som da forja.

PEREGEDE, *adv.* Claramente, inteiramente.

PÈRÈGUN, **PÒRÒGUN**, *s.* Planta usada, frequentemente, com finalidades religiosas. *Dracaena fragrans.*

PÉRÉPÉRÉ, *adv.* Perfeitamente, equilibradamente. *Ó pé pérépéré* – Ele está perfeitamente completo.

PERÍ, *v.* Fazer referência a alguém, prometer, dedicar. *Ó fi ìwé yìí perí bàbá rẹ̀* – Ele prometeu dedicar este livro ao pai dele; *Ó perí mi ní rere* – Ele falou bem de mim; *Ó fi ẹran náà perí rẹ̀* – Ela reservou aquela carne para mim. < *pè + orí.*

PÉRÒ, *s.* Luta, competição entre duas ou mais pessoas. *Wọ́n pérò* – Eles discutiram numa conferência.

PÈRÒ, *v.* Considerar, refletir, planejar. *Wọ́n npèrò* – Eles estão planejando juntos; *Ó pèrò búburú sí mi* – Ele tramou uma maldade contra mim. < *pa + èrò.*

PÈRÒDÀ – PẸ́

PÈRÒDÀ, *v.* Mudar de ideia. *Mo pèròdà* – Eu mudei de ideia; *Ó pa mí lérò dà* – Ele me fez mudar de ideia. < *pa + èrò + dà*.

PÈSÈ, *v.* Providenciar, abastecer, fazer provisões. *Pèsè fún mi* – Providencie para mim.

PÈSẸ̀, *v.* Reunir, vir junto, estar presente.

PÉSÍ, *v.* Conferir. *A pè sọ̀rọ̀ náà* – Nós juntamos para conferir. > *àpésí* – conferência.

PÈSÍ, *v.* Chamar, convidar para. *Mo pè é sí onje* – Eu o convidei para uma refeição; *Ó pè wá síbi àsè* – Ela nos convidou para uma festa. *Obs.: síbi = sí + ibi*.

PÈSÓKÈ, *v.* Pronunciar claramente, chamar em voz alta. *Ó pè mí sókè* – Ele me chamou em voz alta.

PÈÈṢẸ́, *v.* Juntar os restos depois de uma colheita.

PEṢÌ, *v.* Ocorrer por acidente, por engano. *Ó ṣèṣì bọ́ sílẹ̀* – Ele caiu por acidente. < *sì + èṣì*.

PÉTÁN, *v.* Ser perfeito, ser correto, estar terminado.

PÈTE, *v.* Ter a intenção de planejar. *Mo npète lọ lúwẹ̀* – Eu tenho a intenção de ir nadar.

PÈTEPÈRO, *v.* Deliberar.

PÈTẸ́LẸ̀, *v.* Chamar com antecedência.

PÈÈTÙ, *v.* Ter solução, resolver. *Mo pèètù sí ìjọ̀ngbọ̀n yìí* – Eu tenho a solução para este problema.

PÈWÁ, *v.* Chamar para vir. *Ó pe àwọn méjì wá* – Ele chamou ambos para vir.

PÈWÉ, *v.* Enrolar a roupa na cintura e deixar a parte de cima do corpo nua.

PÉYE, **PÍYE**, *adj.* Saudável, correto, forte.

PẸ́, *adv.* Tarde, atrasar, demorar. *Mo máa npẹ́ láti sùn* – Eu costumo demorar para dormir; *Mo ti dúró dè é pẹ́* – Eu esperei por ela por longo tempo; *Kò lè pẹ́* – Ela não pode demorar; *Ó dé pẹ́* – Ela chegou tarde.

PẸ́, *v.* 1. Ser longo, demorar, tomar muito tempo. *Ó jẹ́ olóyè pẹ́* – Ele foi nosso chefe por longo tempo; *Ó jẹ ìgbádùn pẹ́* – Ela ganhou um longo tempo de prazer. 2. Atrasar-se, tardar. *Ọkọ̀ wa pẹ́ lóní* – Nosso transporte está atrasado; *Mo máa pẹ́ láti sùn* – Eu costumo demorar a dormir; *Ó pẹ́* – Ela se atrasou. 3. Ser grato, agradecer. *Mo dúpẹ́* – Eu agradeço. > *opẹ́* – gratidão. 4. Evitar, esquivar-se. *Ó pẹ́ iṣẹ́ sílẹ̀* – Ele evitou o trabalho. 5. Ser recente.

PẸẸ, *adv*. Ligeiramente, levemente. Ó gbé pẹẹ – Ele aumentou ligeiramente.

PẸ́Ẹ́, *adv*. Realmente. Ṣé bẹ̀ẹ̀ ni pẹ́ẹ́? – É assim realmente?

PẸ̀Ẹ̀, *adv*. Desconjuntadamente. Ó fọ́ pẹ̀ẹ̀ – Ele esmagou, quebrou desconjuntadamente.

PẸ̀GÀN, *v*. Desprezar. Ó pẹ̀gàn mi – Ela me desprezou.

PẸ̀GBẸ́DÀ, *s*. Uma cerimônia de aniversário pós-morte, quando os parentes visitam o cemitério levando flores e frutas. < pa + ẹ̀gbẹ́ + dà.

PẸ̀HÌNDÀ, *v*. Dar as costas, voltar atrás. Ó pẹ̀hìndà fún mi – Ele deu as costas para mim. < pa + ẹ̀hìn + dà.

PẸIYẸ, *v*. Matar um pássaro.

PẸIYẸPẸIYẸ, *s*. Caçador.

PẸJA, *v*. Pescar.

PẸJAPẸJA, *s*. Pescador. = apejá.

PẸJỌ̀, *v*. Emitir uma convocação contra.

PẸ̀KA, *v*. Cortar os galhos de uma árvore. Igi yìí pẹ̀ka – Desta árvore quebrou um galho. < pa + ẹ̀ka.

PẸ̀KAN, *v*. Ser ácido, ser azedo.

PẸ́KẸ́, *obs.*: Pẹ́kẹ́ kò gbin – O silêncio prevaleceu.

PẸ́KẸ́LẸ́KẸ́!, *interj*. Expressa surpresa ou pesar.

PẸKẸPẸKẸ, *adv*. Sonoramente, com zumbidos.

PẸ̀KÍ, *adv*. Coincidentemente, face a face. Ó kò pẹ̀kí – Ele encontrou coincidentemente; Ó pàdé mi pẹ̀kí – Ele me encontrou cara a cara.

PẸ̀KÍ, PẸ̀KÍPẸ̀KÍ, *adv*. Frente a frente, em combate, próximo. Wọ́n fi pẹ̀kí ko pẹ̀kí – Eles usaram de hostilidade um contra o outro.

PẸ́Ẹ́KÍ, *adj*. Raso, rente. Fìlà yìí rí pẹ́ẹ́kí – Este chapéu parece ser raso.

PẸ́KÒRỌ̀, PÁKÒRỌ̀, *v*. Andar pelos cantos.

PẸ̀KUN, *v*. Chegar a um fim. Ó pẹ̀kun iṣẹ́ rẹ̀ – Ele chegou ao fim do trabalho dele.

PẸ̀LÀ, *v*. Comer inhame fresco da primeira colheita do ano.

PẸ̀LẸ́, PẸ̀LẸ́ PẸ̀LẸ́, *adv*. Gentilmente, suavemente, cuidadosamente, calmamente. Ó nrìn pẹ̀lẹ́ – Eu estou passeando cuidadosamente.

PẸẸLẸ, *adv*. Aflitamente, tristemente.

PÈLÉ O!, *interj*. Uma forma de iniciar uma saudação. *Pèlé o!* – Aceite minha simpatia, cuidadosamente. Resposta: *Òo; Pèlé o! Ṣé dáda ni? Dáda ni a dúpẹ́* – Tudo bem? Tudo bem, obrigado.

PẸLẸBẸ, *adj*. Liso e fino. *Ó rí pẹlẹbẹ* – Ele é liso e fino.

PÈLÈGÌ, *adj*. Farto, rígido, denso. *Irun rẹ̀ rí pèlègì* – O cabelo dela aparenta ser cheio.

PÉLÉHÌN, *v*. Estar atrasado, ultrapassado.

PÉLÉNGÉ, *adj*. Delgado, magro, esbelto.

PẸLẸPẸ̀, *s*. Lobo ou hiena.

PÈLÉ PÙTÚ, *adv*. Assiduamente. *Ó nṣiṣẹ́ pèlé pùtú* – Ele está trabalhando assiduamente.

PÈLÉ̀TÙ, *adv*. Amigavelmente.

PẸẸLI, *adj*. Enrugado, seco, delgado. *Ó rí pẹẹli* – Ele é pequeno e magro.

PÈLÚ, *adv*. Também. *Ṣé o fẹ́ lọ pèlú?* – Você quer ir também? *V. náà*.

PÈLÚ, *prep*. Com, junto com. *Pèlú gbogbo ìdùn mi* – com todo o meu prazer; *Tani yíò lọ pèlú wọn* – Quem é que irá com elas?; *Nwọ́n á ṣe é pèlú ọ̀wọ̀* – Eles o farão com respeito. *V. fi, bá*.

PÈLÚ, *v*. Estar em companhia de, acompanhar. *Ènìà tí ó pèlú mi* – a pessoa que está em minha companhia.

PÈLÚ, *conj*. E. Liga substantivos, mas não liga verbos. *Ìwà pèlú ẹwà dára púpọ̀* – Caráter e beleza são boas qualidades. *V. àti*.

PÈLÚPÈLÚ, *adv*. Além disso, além de.

PÈMỌ́, *v*. Juntar-se a um superior para ser bem-sucedido, aderir, grudar. *Mo pèmọ́ mọ́* – Eu me juntei a ele.

PÉẸ̀NÌ, *s*. Caneta (do inglês *pen*). *Ó lo péẹ̀nì láti kọ́wé* – Ele usou uma caneta para escrever.

PẸNPẸ, *adj*. Pequeno em tamanho. *Ó rí pẹnpẹ bí àṣá* – Ele é pequeno como um falcão.

PẸNPẸN, *adv*. Rapidamente, apertadamente.

PÉNSÙLÙ, *s*. Lápis (do inglês *pencil*).

PẸPẸ, *s*. Prateleira, estante, altar.

PÈPÉ, *s*. Concha.

PÉPÉ, *adv*. Gentilmente, suavemente. *Ó jí mi pẹ́pẹ́* – Ela me despertou gentilmente.

PẸ́PẸ́FÚÚRÚ, s. Atenção ao vestuário, esmero, vaidade. *Ó ṇse pẹ́pẹ́fúúrú* – Ele é meticuloso com sua aparência.

PẸPẸLÉ, s. Altar, prateleira. *Igbá náà wà lórí pẹpẹlé* – A cabaça está em cima da prateleira. *< pẹpẹ + ilé.*

PẸ́PẸ́IYẸ, s. Pato. *Pẹ́pẹ́iyẹ nlá* – ganso.

PÈPẸ́KUN, s. Concha do mar.

PẸ́PẸ̀PẸ́, *adj.* Pequeno, insignificante.

PẸPUSÍ, s. Pepsi (refrigerante).

PẸRAN, *v.* Matar animais. *Wọ́n pẹran fún àjọ̀dún* – Eles mataram os animais para a festa anual. *< pa + ẹran.*

PÈRẸ́, *adv.* Feito para abrir totalmente ou uma parte.

PẸ́RẸ́, s. Receptáculo para óleo.

PẸ́RẸ́, *obs.: Ewé bọ́ pẹ́rẹ́* – As folhas flutuaram abaixo.

PÈRÈ, *obs.: Ó jókó pèrè* – Ele descansou firmemente em sua base.

PẸRẸKI, *adj.* Baixo.

PẸ́REPÈRẸ, *adv.* Em pedaços. É usado para qualificar o verbo *yà* – rasgar, separar. *Wọ́n yà pẹ́repèrẹ* – Eles rasgaram em pedaços.

PÈRẸ̀PÈRÈ, *adv.* Copiosamente. *Òjò nfọ́n pèrèpèrè* – A chuva se espalhou copiosamente.

PẸRẸSẸ, *adj.* Plano. *Àwo pẹrẹsẹ* – um prato raso.

PÈRÒ, s. Fábula.

PÈSÈ, **PÈSẸPÈSẸ**, *adv.* Gentilmente, calmamente, convenientemente.

PÈSẸ́, **PÈSẸ̀PÈSẸ̀**, s. Momento, tempo oportuno. *Pèsẹ́ ni àwa ó ríra* – No momento oportuno nos veremos. *Obs.: ríra = rí + ara.*

PẸTA, *v.* Brotar, germinar. *Igi yìí pẹta* – Esta árvore germinou.

PẸ́TA, *adv.* Vigorosamente. *Ó bá wa fìjà pẹ́ta* – Ele nos atacou vigorosamente. *< pè + ẹ́ta.*

PẸ́TẸ́, **PẸ̀TẸ́**, **PẸ́TÉKÍ**, *adj.* Plano, raso. *Ilẹ̀ yìí rí pẹ̀tẹ́* – Este chão é plano.

PẸ́TẸ́LẸ̀, s. Um piso nivelado. *V. pẹ́tẹ́.*

PẸ́TẸ́LẸ́, s. Inchaço na virilha, íngua.

PẸ́TẸPẸ̀TẸ, *adj.* Lamacento, barrento. *Ilẹ̀ yìí rí pẹ́tẹpẹ̀tẹ* – Esta terra é lamacenta.

PÈTÈ-PETÈ, **PÒTÒ-POTÒ** – **PÍNNÍNÚ**

PÈTÈ-PETÈ, **PÒTÒ-POTÒ**, s. Barro, lama, lodo.
PÉTÉRÉ, s. Um piso nivelado. *Ilè yìí té pétéré* – Este piso é nivelado. = *pétélè*.
PETERÍ, adj. Notável, extraordinário. *Ó se isé peterí* – Ele fez um trabalho notável.
PÈTÉSÌ, s. Primeiro andar de uma casa. *Ilé pètésì ni mo háyà fún un* – Foi uma casa de altos e baixos que eu aluguei para ele.
PETIRÓLÙ, s. Petróleo (do inglês *petroleum*).
PÈTÙSÌ, v. Pacificar, acalmar.
PEYE, v. Matar um pássaro. < *pa* + *eiye*.
PII, adv. De uma vez, imediatamente.
PIDÁN, v. Fazer mágica, ter habilidade manual. *Ó pidán* – Ele fez um ato de mágica.
PÌJE, v. Cortar grama para alimentar o cavalo.
PILÈ, **PILÈSÈ**, v. Começar, originar. *Àwa la pilè ilé yìí* – Nós somos os primeiros a viver nesta casa; *Pilèsè rè!* – Comece! < *pa* + *ilè*. V. *bèrè*.
PÌMÒ, v. Aconselhar-se, discutir algo junto, tomar medidas. *Wón pìmò* – Eles tomaram uma deliberação. < *pa* + *ìmò*.
PÍN, v. 1. Dividir, compartilhar, repartir. *Ó pín osàn sí méjì* – Ela dividiu a laranja em dois. > *ìpín* – divisão. 2. Dar, distribuir. *Wón pín mi nínú owó náà* – Eles me deram o dinheiro.
PIN, v. 1. Terminar, finalizar. *Ilè yìí pin sin* – Esta área termina aqui. > *òpin* – fim. 2. Prescrever. *Wón pin ín ní ààwè méta* – Ele prescreveu três jejuns. 3. Parar. *Ìbèpe náà ti ga pin* – O mamão deixou de crescer.
PÍNFÚNNÍ, v. Administrar, preparar, distribuir.
PÍNHÙN, v. Fazer um acordo entre as pessoas. < *pín* + *ohùn*.
PÌNÌN, adj. Lustroso, polido.
PÍNKIRI, v. Distribuir, pôr em circulação. *Mo pín onje kiri fún won* – Eu distribuí a comida para eles.
PÍNLÈ, v. Demarcar o espaço. *A pínlè* – Nós demarcamos a fronteira.
PÍNNÍMÉJÌ, **PÍNSÍMÉJÌ**, v. Dividir em dois.
PÍNNÍNÚ, v. Participar de, tomar parte em.

PÍNNÍYÀ, v. Separar, dividir. Ó pín ní ìyà sí ara rè – Ele separou seus componentes. = pínyà.

PINNU, v. Decidir, resolver. Mo pinnu láti kó yorùbá fún osù méta – Eu decidi estudar yorubá nos próximos três meses.

PINPI, adj. Perplexo, indeciso. Ó rí pinpi – Ele parece perplexo.

PINPIN, adv. Rapidamente, apertadamente. Ó dì í pinpin – Ele amarrou isto bem apertado; Ìkòkò yìí dé pinpin – Este pote está firmemente tapado.

PINPIN, s. Detalhes de um assunto.

PÍNPÍN, s. Divisão, separação.

PÌNSÌN, adv. Perturbadoramente. Ó sín pìnsìn – Ele espirrou perturbadoramente. Ele esmagou perturbadoramente.

PÍNYÀ, v. Colocar à parte, dividir, separar. Wón pínyà – Eles se separaram.

PÍPA, s. Ato de matar, matança.

PÍPADÀ, adj. Alternado, mutável.

PÍPAMÓ, adj. Secreto, fechado, dormente.

PÍPANI, adj. Morto, ferido. < pipa + eni.

PÍPANILÉRIN, adj. Risada excitante.

PÍPAPÒDÀ, s. Mudança de lugar.

PÍPARÍ, s. Aquilo que está para ser concluído.

PÍPÁRÍ, s. Calvície.

PÍPARUN, s. Que deve ser destruído.

PÍPASÈ, s. Ato de embalar uma criança para fazê-la dormir.

PÍPASÈ, s. Comando.

PÍPÉ, adj. Perfeito, completo. Ìlera pípé fún gbogbo ènìà – Saúde perfeita para todas as pessoas.

PÍPÈ, s. Pronúncia, chamado, convite.

PÍPÉRÉPÉRÉ, **PÉRÉPÉRÉ**, adv. Perfeitamente, equilibradamente. Ó pé pérépéré – Ele está perfeitamente equilibrado.

PÍPÉ, adj. Longo, durável. Lojó pípé – um longo dia.

PÍPÈTÍTÍ, s. Longa duração. A lè gbádùn ìbárè pípé títí – Nós podemos ter uma amizade duradoura.

PÍPIN, s. Divisão, ato de compartilhar.

PÍPINNU, s. Resolução, determinação, deliberação.

PÍPỌ̀, PÚPỌ̀, adj. Muito, muitos. Ó jẹun púpọ̀ – Ele comeu muito; O gùn púpọ̀ jù mí lọ – Você é muito mais alta do que eu. V. púpọ̀.

PÍPỌ̀, PÍPỌ̀JÁDE, s. Vômito.

PÍPỌ́N, s. Madureza, maturidade.

PÍPỌNIOJÚ, s. Aflição, tormento.

PIPỌ́NNU, s. Lisonja, adulação.

PÍPỌ̀PÍPỌ̀, PÚPỌ̀PÚPỌ̀, adv. Abundantemente, em grande número.

PÍRÁMIDÌ, s. Pirâmide (do inglês pyramid).

PIRÁPIRÁ, adv. Inteiramente, completamente.

PÌRÍ, PÌRÍPÌRÍ, adv. De uma vez, inesperadamente. Usado com o verbo ṣí – abrir. Ó ṣí pìrí – Ela abriu inesperadamente.

PÍRIPÍRI, adv. Em saltos curtos, aos pulinhos.

PIRỌRỌ, v. Simular, fingir adormecer. Ó pirọrọ – Ela fingiu adormecer.

PÌTÀN, v. Contar história. Ó pìtàn fún mi – Eles contaram uma história para mim. < pa + ìtàn.

PITIMỌ, adv. Abundantemente, copiosamente.

PÍTIPÌTI, adv. Inumerável, incontável. Wọ́n pọ̀ pítipìti – Eles são inumeráveis.

PÍTÍPÍTÍ, adj. Abarrotado, apinhado, repleto. Ó kún pítípítí – Ele está abarrotado, está cheio demais.

PÌTÌPÌTÌ, adv. Vigorosamente, tenazmente. Usado com o verbo já – lutar. Ó njà pìtìpìtì – Ele lutou persistentemente.

PITÚ, v. Fazer uma proeza, fazer uma performance.

PÌWÀDÀ, PÀWÀDÀ, v. Mudar de conduta, de comportamento. Ó ronú pìwàdà – Ele pensou em mudar de conduta, ele se arrependeu. < pa + ìwà + dà.

PÍYE, adj. Saudável, são, normal.

PIYÈDÀ, PAYÈDÀ, v. Mudar de ideia. Mo payèdà – Eu mudei de ideia; Ó pa mí níyè dà – Ele mudou minha ideia. < pa + iyè + dà. V. pèròdà.

PIYẸ́, PAYẸ́, v. Pilhar, saquear, espoliar. Àwọn ọmọ ogún piyẹ́ nílú – Os soldados saquearam a cidade. < pa + iyẹ́.

PÌYẸ́DÀ, PÀYẸ́DÀ, *v.* Mudar, perder as penas. *Ẹiyẹ yíí pìyẹ́dà* – Este pássaro perdeu as penas. < *pa + ìyẹ́ + dà*.

PO, *adj.* Curto, insuficiente, inadequado.

PO, *adv.* Completamente, inteiramente. *Nwọ́n pó ojú wò sẹ̀hìn* – Eles olharam totalmente para trás.

PÒ, *v.* 1. Amassar, misturar. *Mo pò wọ̀n pọ̀* – Eu amassei e misturei tudo junto; *Rántí pó sùgá mọ́ ọn* – Lembre-se de misturar açúcar com isto. > *pòpọ̀, pòlù* – misturar. 2. Curtir, bronzear o couro.

PÓ, *v.* Bater, dar um tapa, esbofetear. *Ó gbá mi létí pó* – Ele deu um tapa na minha orelha.

PÒBÌRÌKÒTÒ, *v.* Organizar um conclave. *Wọ́n pòbìrìkótò* – Eles se encontraram para discutir os planos.

PÒFINMỌ́, *v.* Obedecer à lei. *Ó pòfinmọ́* – Ele obedeceu à lei. < *pa + òfin + mọ́*.

PÒFINRÉ, *v.* Rescindir, terminar com uma lei.

PÒFO, *v.* Fracassar numa tentativa. *Ó pòfo* – Ele faliu.

POHÙNRÉRÉ, *v.* Chorar alto, lamentar, lastimar.

POJÓBÓ, *v.* Fazer um nó ou laço que se desfaça. *Ó pojóbó okùn* – Ele deu um laço na corda.

POJÚDÀ, *v.* Voltar-se. *Ó pojúdà, ó nlọ jáde* – Ele se virou e está indo embora; *Ó pojúdà* – Ele virou o rosto, ele amarrou a cara. < *pa + ojú + dà*.

PÒKÌKÍ, KÓKÍKÍ, *v.* Exaltar a fama de alguém, publicar elogios. *Wọ́n pòkìkí rẹ̀* – Ele exaltou a fama dele.

PÒKUDÚ, *adj.* Nublado, carregado.

PÒLÀ, *s.* Detonação de uma arma de fogo.

PÒLÁPÒLÁ, *adj.* Enervado. *Ó njẹun pòlápòlá* – Ele está comendo de forma nervosa (fazendo barulho ao mastigar).

POOLO, *s.* Lugar onde se realiza um sacrifício.

POLONGO, *v.* Proclamar, difamar uma pessoa. *Ó polongo mi* – Ele me difamou. > *apolongo* – pessoa fofoqueira.

PÓLÓTAN, *s.* Parte da coxa de um animal sacrificado.

POLÓWÓ, POLÓWÓ-ỌJÀ, v. Apregoar, divulgar, fazer propaganda. Ó polówó àríyá – Ele divulgou a festa. < pè + lówó.
PÒLÙ, PÒPỌ̀, v. Misturar. Mo pò wọ́n lù – Ele os misturou.
PÓMÚLÁ, adj. Desigual.
PÒNGBẸ̀, PÒÙNGBẸ̀, v. Matar a sede. < pa + òngbẹ.
PÓNPÓ, s. Bastão, cassetete.
PÓNPÓLA, s. Nome de uma árvore. Bombax buonopozense (Malvaceae).
PÒNṢẸ́, PÒNṢẸ́RẸ́, s. Nome de uma árvore cujos frutos são cheios de sementes e usados como chocalho para bebês. Em outros casos, a casca do fruto é utilizada para fazer caixas de rapé. Oncoba spinosa (Flacourtica).
PONÚ, v. Ser tolo, ser idiota. Ó ponú – Ele é um idiota.
POPO, adv. Demasiadamente. Ó pò popo – Ele é demasiadamente numeroso.
POPO, s. Pele dos músculos.
PÒPÒ, v. Ser muito comprometido.
PÓPÓ, ÒPÓPÓ, s. Uma região, via pública. Ó wà ní òpópó òde – Ele está na rua.
POPO-APÁ, s. Bíceps.
POPO-ẸSẸ̀, s. Barriga da perna. = poposè.
POÒPOÒ, s. Varas de bambu.
PÒPÒKÚ, s. Um tecido grosso, manta.
PÓPÓLA, s. Nome de uma árvore que possui flores vermelhas e fruto comestível.
PÒPÒNDÓ, s. Um tipo de feijão.
PÒPÒNDÓ-EWÉ, s. Ervilha.
PÓPÒPÓ, adv. Tediosamente, detalhadamente, extremamente maçante.
PÒPÓRÒ, s. Talo de milho.
POPODẸ̀, s. Barriga da perna. V. popo.
PÒORÁ, v. Desaparecer, sumir. Owó mi pòorá – Meu dinheiro desapareceu.
PORÓGAN, adv. Desesperadamente. Wọ́n di porógan – Eles brigaram desesperadamente.
POROGODO, adv. Na sua totalidade, até o fim, completamente. Ó ṣe é tán porogodo – Ele o fez na sua totalidade.
POROPORO, adv. Com muita conversa, loquaz.

PÒROPÓRO, s. Talo seco do milho.

PÒROPÒRO, PÈREPÈRE, adv. Fartamente, profusamente, copiosamente.

PÒRÚRÙÙ, v. Estar confuso. *Ó pòrúrùù* – Ele está confuso.

PÓSÍ, s. Caixão.

PÒṢÉ, v. Impaciência de expressar, insatisfação.

POṢÙJẸ, v. Saltar um mês, estar no modo familiar. *Ó poṣùjẹ* – Ela não menstruou, ela deve estar grávida. < pa + oṣù + jẹ.

PÒṢÙṢÙ, v. Formar em um grupo. *Wọ́n pòṣùṣù lé mi* – Eles se agruparam ao redor de mim.

PÒTÉTÒ, s. Batata (do inglês *potato*).

PÒTÒGI, s. Português.

PÓTOPÒTO, adv. Abundantemente, com excesso.

POTÚTÙ, v. Estar doente. *Ó kú nítorí pé ó ti potútù* – Ele morreu porque já estava doente.

PÒÙNGBẸ, PÒNGBẸ, v. Aliviar a sede de uma pessoa. *Ó pòngbẹ* – Ele matou a sua sede.

PÒÙNṢẸRẸ́, s. Um tipo de planta, cujo fruto é cheio de sementes e usado como chocalho para criança. *Oncoba spinosa* (Flacourticaceae).

PÒWE, v. Falar sobre provérbios e parábolas. < pa + òwe.

PÒÒYÌ, v. Girar, rodopiar.

PỌ̀, adj. Cheio, farto, barato, comum, grande. V. *púpọ̀*.

PỌ̀, adv. Economicamente, sem gastar muito dinheiro.

PỌ̀, v. 1. Ser abundante, ser numeroso, ser muito. *Ìfẹ́ mi pọ̀ fún ọ* – Meu amor é muito por você; *Ìwọ̀nyẹn tí a pè pọ̀* – Aqueles que nós convidamos são numerosos. 2. Vomitar. *Ajá wo ló pọ̀ síbí?* – Qual cachorro vomitou aqui?

PỌ̀, s. Som da pele ou do couro quando tocados, um barulho estranho.

PỌ́, v. 1. Evacuar. *Wọ́n npọ́ ìfun* – Eles evacuaram os intestinos. 2. Inchar, inflar. *A féẹ́ pọ́ bọ́ọ̀lù* – Nós queremos inflar a bola. 3. Torcer. *A pọ́ apá rẹ̀* – Nós torcemos o braço dele. V. *lọ́*.

PỌ̀DÀ, v. Ter memória ou mente fraca. *Orí rẹ̀ pọ̀dà* – A cabeça dele é fraca.

PỌFỌ̀, v. Pronunciar palavras mágicas ou encantadas. < pè + ofọ̀.

PỌ̀GẸ̀GẸ́, TỌ̀GẸ̀GẸ́, v. Caminhar como uma pessoa fraca.

PÒGBÚN, *v.* Tornar-se oval, desmoronar. *Ó pògbún* – Ele tem a forma ovalada.

PÒJÁDE, *v.* Vomitar.

POJÓJẸ, *v.* Pular dias, omitir-se. *Ó pọjọ́ jẹ* – Ele não entrou em certos dias. < *pa + ojọ́ + jẹ*.

PÓJÓPÓJÓ, *adv.* Horrivelmente. *Ó ro pójópójó* – Ela murchou de forma alarmante.

PÒJÙ, *v.* Ser muito mais que, ser muito abundante. *Wọ́n pòjù* – Eles são numerosos; *Ọ̀rá rẹ̀ pòjù tó bẹ́ẹ̀ tí kò lè rìn* – A gordura dele é tanta que ele assim não pode caminhar. > *àpòjù* – excessivo.

PÒJÙLỌ, *adj.* Mais que todos.

PỌ̀KÀ, **PỌ̀KÀKÀ**, *v.* Estar prestes a morrer.

PỌ̀KỌ́, *s.* Cabaça pequena usada como concha.

PỌỌKU, *adj.* Pequeno cálculo.

PỌN, *v.* 1. Tirar água do poço, puxar água. *Ó pọn omi orísun* – Ele puxou a água do poço. 2. Fermentar uma bebida. *Ó pọn ọtí* – Ele fermentou a bebida. *A lè fi àgbàdo pọn ọtí* – Nós podemos fermentar vinho de milho.

PỌ́N, *v.* 1. Amolar uma faca, afiar. *Ó pọ́n ọ̀bẹ náà* – Ele amolou a faca. 2. Elogiar, lisonjear, dar importância. *Ó pọ́n mi* – Ele me lisonjeou. 3. Envolver, embrulhar. *Ó pọ́n èkọ sínú ewé* – Ela envolveu o bolo dentro da folha; *Kíni o pọ́n léwé?* – O que você embrulhou nas folhas? *V. àkàsá.* 4. Ser vermelho, ter um tom avermelhado, ruivo. *Ojú mi pọ́n wẹ̀* – Meus olhos estão vermelhos, inflamados. 5. Estar sujo, obsceno, indecente. *Aṣọ yìí pọ́n* – A roupa está suja. 6. Subir, trepar. *Ó pọ́n igi* – Ele trepou na árvore. 7. Amadurecer, estar maduro. *Oòrùn mú èso yìí pọ́n* – O sol amadureceu a fruta.

PÒN, *v.* Carregar nas costas. *Ó pọn ọmọ rẹ̀* – Ela carregou nas costas a criança dela; *Àgbàdo yìí pọnmọ* – Este milho produziu espigas de milho (*lit.* ter espigas no corpo do milho); *Ìyá gbé ọmọ pòn* – Mamãe carregou o bebê nas costas.

PỌNDAN, *adj.* Solitário, sozinho, desirmanado.

PỌ́NDÉNÚ, *v.* Estar totalmente maduro. *Ó pọ́ndénú* – Ela está madura por dentro e por fora. *V. pọ́nlójú.*

PÓNDÚN, adj. Maduro como o milho. Ó pọ́ndún – Ele está amadurecido. < pọ́n + ọdún.

PỌNGÀ, adv. Inteiramente.

PỌNGBẸ, v. Tira água do poço até secar.

PỌ́N JÙ, v. Amadurecer demais, ser muito maduro. Èso náà pọ́n jù – A fruta amadureceu demais. V. pọ́nrẹ̀rẹ́.

PỌ́NJÚ, v. Estar preocupado, inquieto, aflito. Ó npọ́n ara rẹ̀ ní ojú – Ele está inquieto; Ọmọ mi npọ́n mi ní ojú – Meu filho está me dando problema; Ojú ọmọ npọ́n mi – Estou ansiosa em ter uma criança. < pọ́n + ojú.

PỌNKÚN, v. Tirar água e encher. Ó pọn omi kún ìkòkò – Ele tirou a água do poço e encheu a panela.

PỌNLÁ, obs.: Ajá yìí pọn ẹran lá – Este cachorro comeu a carne do osso.

PỌ́NLÓJÚ, v. Afligir, atormentar, perturbar. Ó pọ́n mi lójú – Ele me faz sentir deprimido.

PỌ́NLÓJÚ, v. Amadurecer. Ó pọ́n lójú – Ela amadureceu por fora.

PỌNMI, v. Tirar água.

PỌNMỌ, v. Colocar uma criança nas costas. Ó pọn ọmọ rẹ̀ – Ela carregou nas costas a criança dela.

PÒNMỌ́, **PÒNMỌ́PÒNMỌ́**, adv. Vigorosamente, severamente. Mo nṣiṣẹ́ pònmọ́pònmọ̀ – Ele está trabalhando energicamente.

PỌ́NMU, v. Amolar.

PỌ́NNÚN, adv. Inesperadamente. Ó dá pọ́nún – Ele quebrou de repente; Ó ká pọ́nún – Ele arrancou rapidamente.

PỌNPỌDỌ́, s. Anágua curta, uma roupa curta de baixo.

PÒNPỌ̀DỌ, s. Alumínio, zinco.

PỌ́NRÒRÒ, adj. Amarelo-ouro. Ó pọ́n ròrò – Ele é um tom amarelo-ouro.

PỌ́NSÍLẸ̀, obs.: Ó npọ́n ẹnu rẹ̀ sílẹ̀ láti gàn mí – Ela afiou a boca para me escarnecer.

PỌ́NRÀKỌRÀKỌ, adj. Marrom-escuro.

PỌ́NRẸ̀RẸ̀, v. Ser muito maduro.

PỌ́NRÚSURÚSU, **PỌ́NRÓKIRÓKI**, adj. Marrom.

PỌ́NṢỌ, v. Amadurecer como o milho.

PỌNTÍ, v. Fazer cerveja de milho-da-guiné.

PỌ́NÚ-PỌ́NÚ – PÚTÚ, PÚTÚPÚTÚ

PỌ́NÚ-PỌ́NÚ, *adv.* Velozmente. *Ó ti nlọ pọ́nú-pọ́nú* – Ele estava indo velozmente.

PỌ́NYANYAN, *adj.* Um marrom completamente sujo.

PỌ́Ọ́KÚ, *s.* Barato, de baixa qualidade.

PỌPÚPỌ̀, *adv.* Demasiadamente, em demasia.

PỌ̀RẸ̀RẸ̀, *v.* Favorecer, idolatrar. *Ó pọ̀rẹ̀rẹ̀ yí Bísí ká* – Ele idolatra Bísí a ponto de estar sempre em volta dela.

PỌ́RỌ́-PỌ̀RỌ̀, **PỌ̀RỌ́**, *adv.* Suavemente, docemente, delicadamente. *Ó bọ́ pọ́rọ́-pọ̀rọ̀* – Ele caiu suavemente; *Ó yọ̀ pọ̀rọ́* – Ela se alegrou delicadamente.

PỌ̀SÍ, *v.* Aumentar, progredir. *Ó pọ̀sí lówó* – Ele aumentou em riqueza.

PỌ̀SÍLE-PỌ̀SÓDE, **BỌ́SÍLE-BỌ́SÓDE**, *v.* Criar caso, exagerar.

PỌ̀TỌ̀PỌTỌ̀, *s.* Lama, barro.

PÚKẸ́PÚKẸ́, *adv.* Ternamente.

PÚLẸ̀, *adv.* Facilmente.

PUPA, *s.* Vermelhidão.

PUPA, *v.* Ser vermelho, ter um tom avermelhado. *Iyẹ yìí pupa* – Esta pena é vermelha; *pupa ẹyin* – gema do ovo, a parte amarela do ovo.

PÚPỌ̀, *adj.* Muito. *Ó nira púpọ̀ fún mi* – É muito difícil para mim; *Mo ti sìsẹ́ púpọ̀* – Eu tenho trabalhado muito. *V. pọ́* – ser muito.

PÚPỌ̀-PÚPỌ̀, *adv.* Abundantemente.

PURE, *v.* V. *Ọlọ́run*. < *pa + ire*.

PURỌ́, **PARỌ́**, *v.* Contar mentira, mentir. *Ó purọ́ fún mi* – Ele mentiu para mim. < *pa + irọ́*.

PÚRÚ, *adv.* De repente, subitamente. *Ó bú púrú* – Ele estourou repentinamente.

PÙRÙ, *v.* Fugir. *Ewúrẹ́ tú pùrù* – A cabra se soltou e fugiu; *Ooju yìí tú pùrù* – Esta úlcera rompeu; *Ó tú pùrù sí ẹkún* – Ele rompeu em lágrimas.

PÚTẸ́, **PÚTẸ́PÚTẸ́**, *adv.* Facilmente. Usado com o verbo *já* – cortar. *Ó já igi pútẹ́pútẹ́* – Ele partiu a madeira facilmente.

PÚTÚ, **PÚTÚPÚTÚ**, *adv.* Bem. Usado com o verbo *hó* – ensaboar. *Ọsẹ yìí hó pútúpútú* – Este sabão faz uma boa espuma.

RA, v. 1. Perecer, estragar, terminar, acabar. *Ojú mi ra* – Minha vista tem falhado. 2. Enrolar. *Mo ra okun ká a* – Eu enrolei a corda em volta dela. 3. Raspar, lixar, esfregar, massagear. *Ó ra ọwọ́* – Ele esfregou as mãos; *Ó fi òróró ra ẹsẹ̀* – Ele esfregou óleo nas pernas.

RÁ, v. 1. Rastejar, arrastar-se. *Ọmọdé yìí nrá* – O bebê começou a engatinhar. 2. Desaparecer, sumir. *Owó mi rá* – Meu dinheiro sumiu; *Ìwé ìròhìn ti rá* – O jornal desapareceu.

RÀ, v. 1. Comprar, resgatar. *Kíni o fi ọwọ́ rẹ rà?* – O que você comprou com seu dinheiro? 2. Apodrecer, deteriorar. *Ẹran yìí rà* – Esta carne apodreceu; *Ẹyín rẹ ti rà* – Seus dentes estão podres. > *irà* – lama, pântano. 3. Guarnecer com sarrafos. *Ó ra ọgbà* – Ele fez uma cerca.

RÀBÀDÀ, v. Tremular ou pairar em cima de. *Àṣá yìí nrà bàbà* – O falcão está pairando no ar.

RÁBÀBÀ, v. Rastejar-se em súplicas. *Ó rá bàbà níwájú mi* – Ele se abaixou em súplicas diante de mim.

RÀBÀTÀ, RABATA, adj. Enorme, imenso. *Mo lówó ràbàtà* – Eu tenho enorme soma de dinheiro.

RABIDUN, adv. Dolorosamente, magoadamente. *Ó jàn rabidun* – Ele fracassou dolorosamente.

RÀDÀNÙ, v. Deteriorar, estragar.

RÁDA-RÀDA, **RÁDI-RÀDI**, s. Disparate, tolice, bobagens. V. *mọ́nramọ̀nra*.

RÀDÍ, v. Substituir, recuperar.

RÀDỌ̀BỌ̀, v. Proteger, defender. *Mo ràdọ̀ bọ̀ ó ọ̀tá rẹ̀* – Eu o defendi do inimigo dele.

RÁGÉJÁ, adv. Agradavelmente. *Ó yùn ẹka igi rágéjá* – Ele cortou o galho da árvore para ver bem.

RAGBÀ, v. Cercar. *Ó ragbà* – Ele fez uma cerca. < *rà* + *ogbà*. V. *sogbà*.

RÁHÙN, v. Murmurar, resmungar. *Ó ráhùn sí mi* – Ela murmurou para mim.

RAJÀ, v. Comprar mercadoria para revenda.

RÀJÒ, v. Viajar, ausentar-se. *Ó ràjò Ìbàdàn* – Ele viajou para Ìbàdàn. *Obs.*: Não usa a preposição *sí* – para. < *rè* + *àjò*.

RAKAN, v. Comprar algo. < *rà* + *ọkan*.

RÁKARÀKA, adv. Amplamente, extensivamente.

RÁKÒ, **RÁKÒRÒ**, v. Rastejar-se, arrastar-se. *Ọmọ yìí nrá kòrò* – Esta criança está engatinhando.

RÁKORÁKO, **RẸ́KORẸ́KO**, s. Uma doença no pênis.

RÀKỌ̀RÀKỌ̀, adv. e adj. Sanguinolento, avermelhado, mosqueado, furta-cor, desbotado. *Ó pọ́n ràkọ̀ràkọ̀* – Ele é de um vermelho furta-cor; *Ojú mi pọ́n ràkọ̀ràkọ̀* – Meus olhos estão avermelhados, inflamados.

RÀKUNMÍ, **ÌBAKASÍẸ**, s. Camelo.

RÀLÙ, v. Comprar várias coisas ao mesmo tempo. *Ó rà wọn lù* – Ele os comprou simultaneamente.

RAMỌ́RÍ, v. Ajeitar, acomodar. *Mo ra filà mi mọ́ọ̀rí* – Eu usei meu boné amoldado na minha cabeça.

RAMÚ-RAMÙ, adv. Ruidosamente. *Ó bú ramúramù* – Ele berrou ruidosamente; *Kìnnìnún ramúramù* – O leão rugiu ruidosamente.

RÀMÙ-RAMU, adj. Robusto, sólido. *Ó rí ràmù-ramu* – Ele é robusto.

RAN, v. Fiar, tecer, enroscar uma corda etc. *Ó ran ewú* – Ele enroscou os cabelos; *Ó ran ẹ̀wù* – Ele teceu uma camisa; *Obìnrin mi lè ran òwú* – Minha mulher pode tecer algodão. > *ìránṣọ* – costura.

RÁN, *v.* 1. Enviar, mandar, despachar. *Wọ́n rán mi síbẹ̀* – Eles me mandaram para lá; *Ó rán ìwé sí mi* – Ela mandou uma carta para mim. > *ìránṣẹ́* – mensageiro. 2. Incumbir, designar. *Olùkọ rán mi níṣẹ́* – O professor me incumbiu de um trabalho. 3. Reaparecer, ocorrer de novo. *Ẹ̀fọ́rí mi èṣín rán* – Minha dor de cabeça do ano passado reapareceu. 3. Costurar uma roupa. *Ó a máa rán aṣọ* – Ela costuma costurar roupas. 4. Ser débil, ser fraco. *Ọmọ yìí rán* – Esta criança é fraca.

RÀN, *v.* 1. Ser contagioso como uma doença. *Ó kó àrùn náá ràn mí* – Ele contraiu a doença e me infectou; *Ikọ a máa ràn* – A tosse costuma ser contagiosa. 2. Alastrar como o fogo, estender. *Oòrùn nràn* – O sol está queimando; *Igi yẹn ràn* – Aquela madeira pegou fogo. 3. Inchar, dilatar. *Ó ran ojú* – Ela dilatou os olhos. 4. Ajudar. *Ó ràn mí lọ́wọ́* – Ele me ajudou; *Kí Ọlọ́run ràn wa lọ́wọ́* – Que Deus nos ajude.

RANÁ, *v.* Esquentar, aquecer. *Mo fi raná* – Eu esquentei isto no fogo; *Wá raná* – Venha e se aqueça junto ao fogo. < *ra + iná.*

RÀNDÁNRÀNDAN, *adj.* Indisposto, pálido, doente. *Ó rí mi ràndánràndan* – Ela me encontrou indisposta.

RÁNDANRÀNDAN, *adv.* Negligentemente, descuidadamente, confusamente.

RÀNGÀNDÀN, *adj.* Brilhante, inchado, esbugalhado como os olhos. *Ó ṣojú ràngàndàn* – Ele tem os olhos esbugalhados. = *rogbodo, rubutu.*

RANÍNRANÍN, *adv.* Graciosamente. *Ó jó ranínranín* – Ela dançou graciosamente.

RÁNÍYÈ, *v.* Ser esquecido, transtornar-se, tornar-se um estúpido, apaixonar-se por uma pessoa. *Ìfẹ́ rẹ̀ ra mí níyè* – O amor dela me apaixonou.

RÁNJÁDE, *v.* Enviar, encomendar.

RANJÚ, *v.* Arregalar os olhos. *Nígbàtí ó rí mi, ó ranjú* – Quando ela me viu, arregalou os olhos.

RANJÚMỌ́, *v.* Olhar para alguém fixamente. *Ó ranjú mọ́ mi* – Ela olhou fixamente para mim.

RÁNLÉTÍ, *v.* Lembrar, ter em mente. *Ó rán wa létí* – Ela nos lembrou. *V. rántí.*

RÁNLẸ̀RÙ, *v.* Ajudar a carregar. *Ó ràn mí lẹ́rù* – Ele me ajudou com a carga.

RÁNLỌ – RARA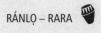

RÁNLỌ, v. Despachar, remeter. *Mo rán lọ sọ́jà* – Eu despachei para o mercado.

RÀNLỌ́WỌ́, v. Ajudar, socorrer. *Ó ràn mí lọ́wọ́ láti gbàgbé láti sọkun* – Ela me ajudou a esquecer as dificuldades.

RÁNMỌ́, v. Pegar com firmeza, aderir, grudar.

RÁN NÍṢẸ́, v. Enviar mensagem. *Ó rán mi níṣẹ́* – Ele me enviou com uma mensagem. V. *ránṣẹ́*.

RÁNPỌ̀, v. Falar ironicamente, com ironia. *Ó rán ọ̀rọ̀ rẹ̀ pọ̀* – Ele falou de um modo irônico.

RÁNPỌ̀, v. Costurar junto. *Ó rán wọn pọ̀* – Ela os costurou juntos.

RÁNṢẸ́, v. Enviar mensagem. *Mo fi ìwé mi ránṣẹ́ sí ẹ̀hìn odi* – Eu mandei meu livro para o estrangeiro; *Ó ránṣẹ́ kíákíá* – Ele enviou uma mensagem rapidamente. < *rán + iṣẹ́*.

RÁNṢỌ, v. Costurar um tecido. *Ó lè ránṣọ yìí* – Ela pode costurar esta roupa.

RÁNTÍ, v. Lembrar. *Mo rántí rẹ̀* – Eu me lembro dela. Quando o verbo tiver dois objetos, *ní* é usado antes do segundo objeto que deverá ser um substantivo. *Ó rán mi létí àwọn ẹ̀bùn tí mo gbà* – Eu me lembrei dos presentes que ganhei. Obs.: *rán ní etí = rán létí*.

RÁNUN-RÀNUN, s. Disparate, tolice, absurdo. = *mọ́ra-mọ̀ra, kála-kàla, sába-sàba, réde-rède*.

RÀNUN-RÀNUN, adv. Errantemente.

RÁNWAYÀ, v. Enviar um telegrama. *Wọ́n rán mi mayà* – Eles me enviaram um telegrama.

RÁNWỌ, v. Costurar couro. < *rán + awọ*.

RÀNWỌ́, v. Ajudar, auxiliar. *Ó rán mi lọ́wọ́ láti gbàgbé láti sọkún* – Ela me ajudou a esquecer os aborrecimentos; *Wọ́n rán mi lẹ́rù* – Eles me ajudaram com a carga. < *rán + ọwọ́*.

RÀNWÚ, v. Girar no sentido de enroscar, torcer um fio. < *ran + òwú*.

RÀNWÚRÀNWÚ, s. Tecelão.

RÁPÀLÀ, v. Rastejar-se com dificuldade, ziguezaguear junto.

RARA, adv. Ruidosamente.

RARA, s. Esfregar o corpo. *Ó fi òróró rara* – Ela esfregou óleo no corpo. < *ra + ara*.

RÁRÀ, s. Canção, elegia, poesia. *Mo sun rara fún un* – Eu entoei um elogio sobre ele

RÀRÁ, ARÀRÁ, s. Anão, pigmeu.

RÁRÁ, adv. Não, nunca, absolutamente. *Owó kò sí lọwọ́ mi rárá* – Eu não tenho dinheiro comigo, nunca; *Rárá o, kì ìṣe àbúrò mi* – Não, ele não é meu irmão mais novo. É somente usado em frases negativas.

RÁRE, v. Sentir-se um miserável, sem cuidados e atenção, lutar entre a vida e a morte. *Ìsin ó nráre kiri* – A religião está sem rumo; *Mo ráre kiri* – Ele se sente miserável. < *rí* + *are*.

RÁRÍ, FÁRÍ, v. Raspar a cabeça.

RAṢỌ, v. Comprar roupa. *Èmi raṣọ àríya fún ọ* – Eu comprei um traje a rigor para você. < *rà* + *aṣọ*.

RÁÚRÁÚ, adv. Irreparavelmente, inteiramente, totalmente. Usado com verbos que denotam perdas. *Ó jí ráúráú* – Ele roubou irreparavelmente; *Ó kú ráúráú* – Ele morreu irreversivelmente; *Ó fọ́ igbá yìí ráúráú* – Ele quebrou totalmente a cabaça.

RAWỌ́, v. Esfregar as mãos.

RÁYÈ, v. Ter chance, ter oportunidade. *Mi ò ráyè* – Eu não tive oportunidade. *V. rójú.* < *rí* + *àyè*.

RE, v. 1. Trocar ou perder as penas, folhas ou cabelos. *Igi yìí re ewé* – Esta árvore perdeu as folhas. 2. Ser bom, ser gentil. *Ọkọ re = ọkọ rere* – um bom marido. > *oore* – bondade.

RÉ, v. 1. Saltar, pular. *Ó ré mọ́ igi kéjì* – Ele saltou para uma segunda árvore. 2. Mudar de pele, descascar, aparar. *Mo ré èékán mi* – Eu aparei minhas unhas. 3. É usado para expressar "conte comigo". *Èmi ré!* – Aqui estou eu! 4. Derrubar. *Ológbò ré àwo* – O gato derrubou o prato. 5. Tirar, pegar. *Ó ré aṣọ rè láti ráàkì* – Ele pegou a roupa dele no cabide. 6. Xingar, ofender. *Ó gbé mi ré* – Ele me xingou.

RÈ, v. 1. Ir embora para. *Bísí re ọjà* – Bísí foi para o mercado. *Obs.: rè e bò* – retornar – não usam a preposição *sí* – para. *Ó rèhìn mi* – Ele foi atrás de mim. *Obs.: rèhìn = rè èhìn*. 2. Alimentar. *Ó fi ọmú màlúù re ọmọ yìí dàgbà* – Ele alimentou a criança até crescer. *V. bọ́*.

RE ÀJÒ, RÀJÒ, v. Viajar, ausentar-se. *Ó ràjò* – Ela viajou.

REBETE, *adv.* Completamente, totalmente. *Ó gún rebete* – Ele é completamente reto.

REBI, *v.* Viajar, ausentar-se. < *rè* + *ebi*.

RÉBỌ́, *v.* Cair de uma altura. *Ó rébó igi náà* – Ele caiu do alto daquela árvore.

RÉDERÈDE, *s.* Tolice, bobagem, besteira. *Ó nsọ̀rọ̀ réderède* – Ele está falando tolices.

RÈDÍ, *v.* Balançar o traseiro, a cauda etc. *Oníjó náà nrèdí* – Aquele dançarino está sacudindo o traseiro.

RÉDÍÒ, *s.* Rádio (do inglês *radio*).

RÉGÉ, *v.* Exceder. *Wọ́n fi ènìà mẹ́ta rege wa* – Eles nos excederam com três pessoas.

RÉGÉRÉGÉ, *adv.* Exatamente. *Ó rẹ́ régérégé* – Ele cortou exatamente, com exatidão.

RÉKENDE, *exp.* É dita por uma criança brincando. *Mo ré kende* – Eu sou o vencedor.

RÉKÉTÉ, *adv.* Agradavelmente. *Ó gbẹ́ rékété* – Ele esculpiu agradavelmente (com estilo); *Ó gè rékété* – Ele se barbeou agradavelmente.

RÉKÓ-RÉKÓ, *s.* Sífilis. < *ré* + *okó*.

RÉKỌ́Ọ̀DÙ, *s.* Disco (do inglês *record*).

RÉKỌJÁ, *v.* Exceder, ultrapassar. *Àyè yìí rékọjá dandan sùgbọ́n ọ̀rọ̀ Olọ́run kì ó rékọjá* – Esta vida é passageira, mas a palavra de Deus não passará.

RÉKỌJÁLÀ, *adv.* Excessivamente, além dos limites.

RELẸ̀, *v.* Diminuir, baixar. *Afẹ́ẹ́fẹ́ relẹ̀* – O vento diminuiu.

RÉLỌ, *v.* Atrair, seduzir.

RÉMỌ́, *v.* Ser atraído para, puxar para sí. *Ó rémọ́ igi kéjì* – Ele saltou de uma árvore para outra (*lit.* ele foi atraído para uma segunda árvore).

REPO, *v.* Carregar óleo. < *rù* + *epo*.

RERA, *v.* Ser fastidioso, ser melindroso. *Ó rera* – Ele está enjoado. < *re* + *ara*.

RERE, *adj.* Bem, bom. *Tábà kò rere sí ìlera* – O cigarro não é bom para a saúde; *Orúkọ rere dára jù wúrà lọ* – Um bom nome é melhor do que o ouro; *Ó sọ̀rọ̀ mi ní rere* – Ele falou bem de mim; *ìhìn rere* – boas-novas. = *dára.* V. *ire.*

RERE, s. Sorte, bênção, algo de bom. Ó fẹ́ rere sí mi – Ele desejou sorte para mim; Kí ọ̀nà rẹ là sí rere – Que seus caminhos se abram para a sorte. = ire.

RÈRÉ, adj. Vítreos, sonolentos. Ó nṣojú rèré – Ele tem os olhos sonolentos.

RÉRÉ, s. Um pequeno arbusto. Cassia occidentalis (Leguminosae).

RÉRÉ, adv. Distante, a uma grande distância. Ìlú náà wà lọ́nà jínjìn réré – Aquela cidade está num caminho bem distante; Ó jìnnà réré – Ele está muito longe.

RERÍ, v. Raspar ou perder os cabelos da cabeça, perder folhas. Igi yìí re ewé – Aquela árvore perdeu as folhas. < re + orí.

RÉRÍ, v. Parar de produzir, aparar, cortar. Igi yìí rérí – Esta árvore perdeu as folhas, deixou de produzir. < ré + orí.

RETA, v. Colher pimenta da planta com as mãos.

RÈTÉ-RÈTÉ, adj. Calvo, careca, liso.

RETÍ, v. Esperar por. Mo nretí rẹ̀ – Estou esperando ele. < re + etí. > ìrètí – esperança.

RÉÚ-RÉÚ, adj. Raquítico, franzino. Ó rí réú-réú – Ele parece raquítico.

REWÁJÙ, v. Progredir, ir para a frente. Mo nrewájù – Eu estou fazendo progresso; Iṣẹ́ mi nrewájù – Meu trabalho está progredindo.

REWÉ, v. Perder, cair as folhas. Igi yìí rewe – Esta árvore está desfolhada. < re + ewé.

RÈYẸ́, v. Mudar, perder as penas. Ẹiyẹ́ yìí rèyẹ́ – As penas deste pássaro caíram. < re + ìyẹ́.

RẸ, Ẹ, pron. poss. Seu, sua, de você. É posicionado depois de substantivo. Ajá rẹ = ajá ẹ – o seu cachorro. Também é usado para substituir o pronome objeto da 2ª pessoa, ọ ou ẹ – você –, quando o verbo tiver mais de uma sílaba. Mo rántí rẹ – Eu me lembrei de você.

RẸ, v. 1. Tingir. Ìyá mi nrẹ aṣọ aró – Minha mãe está tingindo a roupa de azul. 2. Molhar na água, encharcar, estar ensopado. Òjò rẹ mí – A chuva me encharcou; Aṣọ mi rẹ nínú òjò – Minha roupa ficou encharcada da chuva.

RẸ́, v. 1. Ser cordial, amigável, simpático. Ó rẹ́ pẹ̀lú mi – Ela é cordial comigo; Ológbò àti eku kò rẹ́ – Gatos e ratos não são cordiais. 2. Cortar. Ó rẹ́ okùn – Ele cortou a corda; Ó rẹ́ igi náà lórí – Ele podou a árvore; Ó rẹ́run mi –

RÉ – REKE

Ela cortou o meu cabelo. **3.** Nivelar, cobrir com argamassa, rebocar. *Wón ré ẹ mólè* – Eles o nivelaram. **4.** Beliscar.

RÈ, È, *pron. poss.* Dele, dela. É posicionado depois de substantivo. *Ilé è ga* – A casa dela é alta; *Ara rè ti yá* – Ele está bem. Também é usado para substituir o pronome objeto da 3ª pessoa, que seria representado pela repetição da vogal final do verbo de uma sílaba. Verbo com mais de uma sílaba utiliza o pronome *rè*. *Mo tèlé rè léhìn* – Eu a segui atrás.

RÈ, *v.* **1.** Estar cansado. *Ó rè dẹdẹ* – Estou exaustivamente cansado; *Iṣé yìí rè mí* – Este trabalho me cansou. **2.** Aumentar. *Wón nrè iṣé* – Eles aumentaram o serviço. **3.** Atirar, cair frutas ou folhas. *Ewé igi yìí rè* – As folhas desta árvore caíram. **4.** Derramar.

RÈBÈTÈ, *adv.* Intensamente. *Ó pón rèbètè* – Ele é intensamente vermelho.

RÈDÀNÙ, *v.* Atirar, cair frutas ou folhas. *Ewé yìí rèdànù* – As folhas desta árvore caíram. *V. rè.*

RÉDẸ-RÈDẸ, *obs.:* *Òun rédẹ-rèdẹ ló jé fún wa láti rí* – É terrível para nós ver tal coisa.

REGẸ, REKẸ, *v.* Ficar alerta, estar atento. *Ó rekẹ sílè dè mí* – Ele ficou atento, esperando eu chegar.

REGÉ, *v.* Armar uma cilada.

REGẸDẸ, *adv.* Profundamente, totalmente. *Ó rẹ regẹdẹ* – Ele está encharcado totalmente; *Ó bù regẹdẹ* – Ele cortou profundamente.

RÉGÍ, RÉGÍRÉGÍ, *adv.* Intimamente, adequadamente, convenientemente. *Ó jọ régí* – Ele se assemelhou intimamente; *Ìmòràn yìí bámu régírégí* – Esta opinião é muito conveniente.

RÈHÌN, *v.* Ir para trás, ficar para trás, decrescer. *Iṣé mi rèhìn* – Meu trabalho deteriorou; *Ó rèhìn* – Ele ficou para trás. *V. rewájù.*

RÉHÌN, *obs.:* *Àwa kò réhìn àiyé* – Nós não podemos prever o futuro do mundo.

REJA, *v.* Comprar peixe. *Ó reja tí kò nípé* – Ele comprou peixe sem escamas. *< rà + eja.*

RÉJẸ, *v.* Enganar, trapacear, fraudar. *Ó ré mi jẹ* – Ele me trapaceou.

REJÚ, *v.* Tirar um cochilo, descansar. *Ó nrejú* – Ela está descansando.

REKẸ, *v.* Esperar impacientemente, ficar alerta.

RẹKẹTẹ, *adv.* Preguiçosamente, relaxadamente. *Ó jóko rẹkẹtẹ* – Ele se sentou relaxadamente. = *tẹrẹ-tẹrẹ, gẹlẹtẹ.*

RẹKORẹKO, *s.* Uma doença do pênis, sífilis. < *rẹ + okó.*

RẹKọọDÙ, *s.* Disco (do inglês *record*).

RẹLÁ, *s.* Cortar quiabo.

RẹLÁRO, *v.* Tingir. *Ó rẹ aṣọ láró* – Ele tingiu a roupa.

RẹLÉ, *v.* Fazer o reboco de uma casa. *Ó fi ẹfun rẹlé* = *Ó rẹlé* – Ele caiou a casa. < *rẹ + ilé.*

RẹLẹ̀, *v.* Abaixar-se, humilhar, baixar. *Àga yìí rẹlẹ̀* – Esta cadeira é baixa; *Afẹ́ẹ́fẹ́ rẹlẹ̀* – O ventou baixou; *Ọkùnrin yìí rẹlẹ̀* – Este homem se humilhou, se comportou humildemente. < *rẹ̀ + ilẹ̀.*

RẹLẹKÚN, *v.* Confortar, consolar. *Ó rẹ̀ mí lẹkún* – Ele me consolou.

RẹLÓRÍ, *v.* Aparar uma árvore, cortar os galhos, podar. *Ó rẹ igi lórí* – Ele podou aquela árvore.

RẹLULẹ̀, **KÉLULẹ̀**, *v.* Derrubar. *Ó rẹ igi náà lulẹ̀* – Ele cortou e derrubou aquela árvore.

RẹMÚRẹMÚ, **RẹMÚ**, *adv.* Exatamente. *Wọ́n ṣe bẹ́ẹ̀ rẹmúrẹmú* – Eles fizeram exatamente assim.

RẹPẹ̀Tẹ̀, *adj.* Abundante, excessiva, copiosa. *Onjẹ rẹpẹ̀tẹ̀* – uma comida excessiva; *Yẹra fún gbèsè rẹpẹ̀tẹ̀* – Evite dívidas demais.

RẹPọ̀, **RẹPọ̀Mọ́**, *v.* Combinar com, unir, fundir. *Wọ́n rẹpọ̀* – As substâncias se fundiram; *Ó rẹ wọn pọ̀* – Ele juntou os materiais. < *rírẹpọ̀* – fusão.

RẹRẹ, *adv.* Extensivamente. *Ó tẹ́ rẹrẹ* – Ele se deitou extensivamente; *Òkun yìí téjú rẹrẹ* – Este oceano é extenso e ilimitado.

RẹRẹ́, *adv.* De perto, rigorosamente, tenazmente. Usado com verbos que indicam direção. *Ó tẹ̀lé mi rẹrẹ́* – Ele me seguiu de perto.

RẹRẹ̀, *adv.* Extremamente, muito. *Ó pọ́n rẹrẹ̀* – Ela está muito madura.

RẹRẹ̀ OSÙN, *s.* Tintura vermelha.

RẹRÌN, *v.* Rir. *Wọ́n fi ọ̀rọ̀ náà rẹrín* – Ele riu da minha matéria; *Ó rẹrín mi* – Ele riu de mim.

RẹRÍN AKỌ, *v.* Rir vulgarmente, grosseiramente.

RẹRỌ, *v.* Comprar moinho de milho. < *rà + ẹrọ.*

RẸRÙ, v. Carregar uma carga, ser responsável por. Ó nrẹrù – Ele está carregando uma carga.

RẸRUN, GÉRUN, v. Cortar o cabelo. Ó rẹ́run rẹ̀ – Ele cortou o cabelo dela.

RẸ̀SÍLẸ̀, v. Rebaixar, cair para um nível mais baixo, degradar. Ewé igi yìi rẹ̀sílẹ̀ – Esta árvore caiu.

RẸSỌ, v. Encharcar, ensopar uma roupa. Ó rẹsọ láró – Ele tingiu a roupa.

RẸTẸ́, v. Embalar uma criança para dormir.

RẸ́Ú-RẸ́Ú, adv. Completamente, inteiramente. Ó rẹ́ rẹ́ú-rẹ́ú – Ele cortou completamente.

RẸ̀WẸ̀SÌ, v. Estar deprimido, magoado. Ọkàn mi rẹ̀wẹ̀sì – Meu coração está deprimido.

RÈWÙ, v. Tingir, encharcar. Ó rèwú náà – Ele tingiu a roupa. < rẹ + èwù.

RẸ́YIN, v. Retirar mel da colmeia. Ó rẹ́yin – Ele extraiu mel da colmeia. < rẹ́ + oyin.

RÍ, v. 1. Ver. Mo rí bàbá nígbàtí ó dé – Eu vi papai quando ele chegou. > èrí – evidência, testemunha. 2. Encontrar, descobrir, perceber. Èmi kò rí àyé nínúu oṣù tó kojá – Eu não encontrei tempo no mês passado; Èmi kò rí owó – Eu não encontrei o dinheiro. 3. Tornar-se, obter, conseguir, adquirir. Ó rí èrè lórí rẹ̀ – Ela tirou proveito dele; Ó rí ejá pa – Ela pegou o peixe. 4. Ser, parecer, quando usado no sentido de revelar aparência ou aspecto e, na maioria das vezes, usado com advérbio. Ó rí tẹ́ẹ́rẹ́ – Ele é esbelto; Kò rí bẹ́ẹ̀ – Ela não é assim; Ó rí sí mi bí ẹni pé ó dára – Ele parece ser para mim uma boa pessoa. < ìrísi = ìrí – aparência, aspecto. V. ṣe, yà.

RÍ, adv. Nunca, anteriormente, em qualquer época atrás, antes de. É usado no fim de uma frase, indicando negativa total do fato. Kò wá síbí rí – Ele não veio aqui anteriormente; Èmi kò mú ẹmu rí – Eu nunca bebi vinho de palma.

RÍ, part. Usada no fim de uma frase para dar ênfase. Báwo ni ó titóbi rí o? – Como é que ele é grande?; Ìwọ lè kú rí? – Você pode morrer?

RÌ, v. 1. Afundar, submergir, encobrir. Ọkọ̀ wọn rì – O barco deles afundou. 2. Esconder, ocultar, escavar dentro. Ó rì í mọ́ ilẹ̀ – Ele enterrou isto no chão; Mo rì í wọlẹ̀ – Eu empurrei isto para dentro; Ó fojú tè mí rì – Ele me menosprezou; Ó ri ilẹ̀ – Ele escavou dentro da terra. > tèrì – esconder, dissimular.

RÌBÁ, s. Suborno. *Ó gba rìbá* – Ele aceitou um suborno.
RÍBAKANNÁÀ, v. Ser semelhante, ser similar.
RÍBÍKÍBÍ, adj. Importante, de muita consequência.
RÍBÍ-RÍBÍ, adj. Importante. É usado depois de substantivos com sentido plural. *Ọ̀rọ̀ ríbí-ríbí* – tarefas importantes. V. *pàtàkì*.
RÌBÌTÌ, RÚBÚTÚ, adj. Redondo, circular. *Ó rí rìbìtì* – Ele é redondo. V. *kìrìbìtì, kurubutu, bìrìkìtì, rúgúdú*.
RÍBORÌBO, adv. De lá para cá. *Ó dà mí ríborìbo* – Ele me conduziu em uma busca inútil.
RÍDÁJÚ, v. Ter a certeza de, estar certo de.
RÍDI, v. Ver a razão de alguma coisa, descobrir o segredo de.
RÍFIN, v. Ter desprezo por. *Ìwọ rí mi fín* – Você me desconsiderou.
RÌGÌDÌ, adj. Grande, imenso. *Òkèlè rìgìdì* – comida em grandes porções.
RÍGBÀ, v. Receber, obter. *Kò rí owó osù rè gbà láná* – Ele não recebeu o salário dele ontem; *Mo rí lẹ́tà kan gbà* – Eu recebi uma carta.
RÍHE, v. Encontrar o que estava perdido. *Ó rí i he* – Ele o encontrou.
RÍJẸ, adj. Bem-afortunado, próspero, rico. *Ó ríjẹ* – Ele ganhou a vida dele.
RÌKÍṢÍ, s. Intriga, conspiração. *Ó di rìkíṣí mọ́ mi* – Ele tornou a fazer intriga contra mim.
RILẸ̀, v. V. *fowọ́rilẹ̀*.
RÌMỌ́LẸ̀, v. Esconder, ocultar, escavar dentro. *Ó rì í mọ́lẹ̀* – Ele enterrou isto no chão.
RIN, v. 1. Estar encharcado, úmido, molhado. *Òjò rin ilẹ̀* – A chuva umedeceu o solo; *Ó bomi rin oko rè* – Eu apanhei água e irriguei a fazenda dela. 2. Ralar mandioca, espremer. *Ó rin ẹ̀gẹ́láti ṣe ẹ̀bà* – Ela ralou a mandioca para fazer pirão.
RÍN, v. Rir. *Ó rín sèsè* – Ela riu alegremente; *Gbogbo wọ́n nrín* – Todos eles estão rindo.
RÌN, v. 1. Fazer cócegas. *Ó rìn mí ní ìgàkè* – Ele fez cócegas no meu sovaco. 2. Pressionar para baixo. *Ó rìn mí ní ẹ̀dò* – Ele me fez sentir náuseas (lit. ele pressionou meu estômago). 3. Andar, caminhar. Para descrever o tipo de caminhada é usado um advérbio correspondente. Ver exemplos mais adiante.

RÌN – RÍRAN

Ó rìn dùgbẹ̀ – Ele andou vagarosamente; Ó bá mi rìn – Ele caminhou comigo. > ìrìn – passeio. **4.** Viajar. Ẹ kúùrìn o – desejos de uma boa viagem; Ó rin ìrìn àjò – Ele foi viajar.

RÌNBÀLÙ-BÀLÙ, *v.* Andar desajeitadamente, com as calças se arrastando.

RÌNFÀÀ, *v.* Andar despreocupadamente. Ó rìn sísẹ́ fàà – Ele caminhou para o trabalho despreocupadamente.

RÌNGÁNKÚGÁNKÚ, *v.* Andar com ar de superioridade.

RÌNGBẸ̀RẸ̀, *v.* Andar vagarosamente. Ó rìn gbẹ̀rẹ̀ – Ele andou lentamente.

RINGBINDIN, *v.* Encharcar, saturar. Ó rin gbindin = Ó rin ṣìnkìn – Ele está muito úmido.

RÌNHẸ̀BẸ̀HẸ̀BẸ̀, *v.* Andar como um pato, bamboleando. Ó nrìn hẹ́bẹhẹ̀bẹ – Ela está andando reboladamente.

RÌNKÁ, **RÌNKÁKIRI**, *v.* Andar vagando, sem destino.

RÌNKÈRINDÒ, *v.* Caminhar para cima e para baixo.

RÌNKẸ́LẸ́KẸ́LẸ́, *v.* Andar furtivamente. Ó nrìn kẹ́lẹ́kẹ́lẹ́ – Ele está andando estranhamente.

RÌNKẸMÓKẸMÓ, *v.* Andar rapidamente. Ó nrìn kẹmọ́kẹmọ́ – Ela está andando rapidamente.

RÌNKIRI, *v.* Caminhar, vagar, andar por andar. Ó nrìnkiri – Ele está dando uma caminhada.

RINLẸ̀, *v.* Umedecer o solo. Òjò rìnlẹ̀ – A chuva encharcou o chão.

RÌNLẸ́DỌ̀, *v.* Nausear, ter náuseas.

RÌNLỌ́, **RÌNWO**, **RÌNYÍKÁ**, *v.* Ir até os limites de.

RÍNILÁRA, *v.* Ser aversivo a algo, ter aversão.

RÌNMỌ́LẸ̀, *v.* Pressionar para baixo. Ó rìn mọ́lẹ̀ – Ele pressionou para baixo.

RÍN-RÍN, *s.* Um vegetal utilizado para evitar convulsão em crianças.

RINRIN, *adv.* Muito. Usado para qualificar wúwo – pesado. Ó wúwo rinrin – Ele é muito poderoso; Òkúta náà wúwo rinrin – A pedra é muito pesada.

RÍRA, *v.* Ver um ao outro. < rí + ara.

RÍRÀ, *v.* Que é encontrado para ser comprado.

RÍRA, *adj.* Podre, deteriorado.

RÍRAN, *s.* Ato de girar, de fiar, de tecer.

RÍRÁN, s. Ato de costurar.

RÍRÁN, v. Ter o poder de prever o futuro, memorizar.

RÍRÀN, adj. Infeccioso.

RÍRÀN, v. Ter uma visão, ver. < rí + ìrán.

RÍRANÍYÈ, s. Admiração.

RÍRÀNLÓWÓ, s. Ajuda, assistência, ato de ajudar. Kókóró kan tí ó ríràn ènìà lówó láti yan èsin òrìsà ni láti tètè bèrè – Um fator que ajuda a pessoa a escolher a religião de orixá é começar cedo.

RÍRÁNTÍ, s. Lembrança, memória.

RÍRÉPÒ, **ÌRÉPÒ**, s. Amizade, fusão, mistura. V. répò.

RÍRÉRÍN, s. Risada.

RÍRÉSÍLÈ, s. Humilhação.

RÍRÌ, s. Valor, importância. Ó mo rírì mi – Eu conheço o meu valor, a minha importância; Ó mo rírì bí agbára mi ti tò – Ele conhece o meu valor tanto quanto a minha força.

RÍRÍ, s. Vista, visão, ato de olhar. Rírí tó rí mi nse ló sá jáde – A meu ver ele saiu correndo; Rírí ni gbígbàgbó – É vendo que se acredita; Njé o ti rí yìnyín rí? – Você já viu neve?

RÍRÍ, adj. Sujo. Omi yìì rírí – Esta água é suja. < èérí. = òbùn.

RÌRÌ, adj. Medo, nervoso. Ó gbòn rìrì – Ele tremeu com medo; Ó wáhùn rìrì – Ele falou com uma voz nervosa, comovida; Má se wá rìrì – Não entre em pânico.

RÍRÍDÍ, s. Descoberta, solução. < ìrídí – entender a causa de alguma coisa.

RÍRÌN, s. A forma de andar, caminhar.

RÍRÌNKIRI, s. Vagando, ato de perambular.

RÍRÌNSÍWÁJÚ, s. Progresso, expansão, caminhar para frente.

RÍRÓ, s. Ato de ficar de pé.

RÍRO, s. Ato de cavar. Ilè yìì yá ní ríro – Esta terra é fácil de cavar, de cultivar.

RÍRÒ, v. Raciocinar, refletir, pensar. Èmi kò ní ìsòro nípa rírònú ni – Eu não tenho dificuldade em raciocinar. < rírò + inú.

RÍRÒ, s. Proposta, esboço. Rírò ni ti ènìà, síse ni ti Olórun – O homem propõe, Deus dispõe.

RÍROJÚ, s. Tristeza, melancolia.

RÍRO̩, s. Distensão, torcedura, deslocamento.

RÍRO̩, s. Ato de verter, de jorrar; *adj*. murcho, seco.

RÍRO̩, s. Ato de apoiar, suportar, consolar.

RÍRO̩, **ÌRO̩**, s. Ato de fabricar, de manufaturar.

RÍRO̩, *adj*. Maciez.

RÍRO̩PÒ, s. Sucessão, ato de ocupar o lugar de outra pessoa.

RÍRU, *adj*. Lamacento como um rio.

RÍRÙ, *adj*. Portátil.

RÍRÙ, s. Magreza, palidez, especialmente depois de uma doença.

RÍRU, *v*. Esquentar, ato de entrar em ebulição.

RÍRÙ, *v*. Ato de levar, de carregar.

RÍRÚ, s. Confusão, trapalhada, bagunça. *O̩jó̩ rírú* – quarta-feira (*lit*. dia da confusão.

RÍRÚBO̩, s. Imolação.

RÍRÚJÙ, s. Confusão em excesso, perplexidade.

RÍRÚMI, **ÌRÚMI**, s. Ondas como as do mar, tempestuoso, agitado.

RÍRUMÚ, s. Inalação de um odor. < *rùn + imú*.

RÍRUN, s. Destruição, extirpação.

RÍRÙN, *adj*. Fedorento. *Kíni o lè s̩e nípa e̩nu rírùn* – O que você pode falar sobre o mau hálito?

RÍRÚN, *adj*. Esmagado, amassado, quebrado, mastigado.

RÍSÍ, *v*. Aparentar, parecer. *Ó rísí mi bí e̩ní pé ó dára* – Ela parece para mim uma boa pessoa.

RÌSÍ, *v*. Enterrar, escavar. *Ó rì í sí abé̩ òkúta* – Ele enterrou isto debaixo de uma pedra.

RÌSÍLÈ̩, **RÌTE̩LÈ̩**, *v*. Prever.

RÍS̩E, *v*. Encontrar algo para fazer. *Ó rís̩e* – Ele encontrou o que fazer.

RÍWÍSÍ, *v*. Censurar. *Ó ríwísí* – Ele é censurado.

RÌWO̩LÈ̩, *v*. Enterrar dentro, embutir. *Mo rì í wo̩lè̩* – Eu empurrei isto para dentro.

RÍYÀN, *v*. Escolher. *Ó rí mi yàn* – Ele me escolheu.

RO, *v*. 1. Pingar, vazar. *Omi yìí ro sílè̩* – Esta água pingou no chão. V. *ro̩*. 2. Cavar, cultivar. *Ó nro ilè̩* – Ele cavou o chão. 3. Ser elástico. *Awo̩ ojú ìlù ro* *tótó* – O couro do tambor é elástico. **4.** Doer. *Ọwọ́ nro mí* – Minha mão está doendo. *V. dùn.* > *ìrora* – dor.

RÓ, *v.* **1.** Produzir som, dar um som de atabaque. *Agogo náà ró gbaun-gbaun* – O relógio ressoou. > *ìró* – ruído da colisão de dois corpos. **2.** Drapejar, vestir (para mulher). *Ìyàwó ró aṣọ* – A esposa drapejou o vestido. **3.** Estar de pé. *Ó ró gangan* – Ele está de pé. = *dúró.* **4.** Cobrir com telhas. *Ó nró ilé* – Ele está telhando a casa. **5.** Enrolar o pano no corpo sem dar nó, pôr uma roupa (mulher). *Ó ró aṣọ funfun* – Ela pôs uma roupa branca. > *ìró* – saia.

RÒ, *v.* **1.** Pensar, imaginar, conceber, meditar. *Mo rò bẹ̀ẹ̀* – Eu penso assim; *Ó tún rò* – Ele reconsiderou (*lit.* ele pensou de novo). > *ìrò* – pensamento; *arò* – lamentação. **2.** Relatar, contar, reclamar, queixar-se. *Ó rò pé o sòrò sí mi búburú lẹ́hìn mi* – Eu contei que você falou mal de mim pelas costas; *Wọ́n rojọ́ rẹ̀ fún mi* – Eles reclamaram dela para mim. **3.** Preparar, mexer. *Ó ro àmàlà fún òrìṣà* – Ela preparou a oferenda para a divindade; *Ro èròjà yẹn pò* – Mexa esses ingredientes. **4.** Vagar no sentido de arejar a cabeça. *Ó rò kiri* – Ele foi dar uma volta fazendo lamúrias.

RÒBẸRẸ, *v.* Dilatar, expandir.

RÓBÓTÓ, **ROBOTO**, *v.* Girar, circular. *Róbótó lòsùpá bí oòrùn* – A lua gira como o sol.

RÓDÈ, *v.* Esperar. *Ó ró dè mi* – Ela esperou por mim.

RÒDÒ-RÒDÒ, *adv.* Usado para intensificar *pọ́n* – ser vermelho. *Ó pọ́n ròdò-ròdò* – Ele é um vermelho escarlate.

RÓDÓ-RÓDÓ, **RODO-RODO**, *adv.* Suavemente. *Ó ra rodo-ródó* – Ele esfregou suavemente; *adj.* Redondo, esférico. *Ó rí rodo-ródó* – Ele é redondo.

RÓGÓDÓ, *adj.* Largo, redondo, circular.

RÓGOORO, **RÓWOORO**, *v.* Emitir um som agudo, latejar. *Agogo náà ró gooro* – O relógio tilintou, o relógio bateu as horas.

ROGÚN, *v.* Drenar, escoar em uma lagoa ou um buraco. *Omí rogún síhín* – A água escoou para aqui.

RÒGBÒDÌYÀN, *s.* Crise. *Rògbòdìyàn ti àrùn Aids jẹ́ àpẹẹrẹ* – A crise da doença da Aids é um exemplo.

ROGBODO, *adj.* Brilhante, inchado, esbugalhado como os olhos. *Ó ṣe ojú rogbodo* – Ela tem os olhos esbugalhados. = *ràngàndàn.*

RÒGBÒ-RÒGBÒ, *adv.* Revoltamente. *Ó nyí ròbgò-ròbgò* – Ele está virando revoltamente.

RÒHÌN, *v.* Contar novidades, relatar as notícias. *Ó ròhìn náà fún mi* – Ele relatou as novidades para mim.

ROJỌ́, *v.* Reclamar, resmungar. *Ó bá mi rojọ́* – Ela fez uma reclamação comigo; *Ó rojọ́ mọ́ mi* – Ela reclamou de mim. < *rò* + *ẹjọ́*.

RÓJÚ, *adj.* Chance, oportunidade. *Ó rójú láti ṣe orò* – Ele tinha a chance de fazer a obrigação. < *rí* + *ojú*. *V. ráyè*.

ROJÚ, *v.* Parecer triste ou descontente, estar mal-humorado. *Ó rojú* – Ele fez uma cara feia. *V. rújú*.

ROKÀ, *v.* Mexer farinha de inhame em água fervente.

RÒKÁAKIRI, **RÒKIRI**, *v.* Espalhar notícias sobre uma pessoa. *Ó rò kiri* – Ele espalhou as queixas sobre ela.

RÒKÍRÒKÍ, *adv.* Profundamente, intensamente, fortemente. *Aṣọ náà pọ́n ròkíròkí* – A roupa é fortemente amarela.

ROKO, *v.* Lavrar o solo, cultivar.

RÓLÉ, *v.* Telhar uma casa. *Ó rólé náà* – Ele telhou aquela casa. < *ró* + *ilé*.

RÓLÉ, *v.* Substituir o chefe da casa. *Ó rólé mi* – Ele me sucedeu como chefe da casa. > *àrólé* – sucessor.

ROLẸ̀, *v.* Cavar o solo, cultivar a fazenda. *Ó nrolẹ̀* – Ele está cultivando a fazenda. < *ro* + *ilẹ̀*.

RÒLÙ, *v.* Juntar. *Ó rò wọ́n lù* – Ele os juntou um com o outro.

ROMI, *v.* Carregar água. *Ó romi* – Ela carregou a água na cabeça. < *rù* + *omi*.

RÒMỌ́, *v.* Acrescentar a uma quantidade existente. *Ó rò ó mọ́ wọn* – Ele acrescentou isto neles.

RÓNÀ, *v.* Fechar o caminho para. *Ó rónà sílẹ̀ dè mí* – Ele conspirou contra mim.

RONDO, *adj.* Indica algo grande, exagerado. *Ó ṣekùn rondo* – Ele é barrigudo. < *ṣe* + *ikùn*.

RONÚ, *v.* Pensar, meditar. *Mo ronú ìnawó náà* – Eu pensei naquela despesa; *Ronú lọ́nà tí o gbésẹ̀* — Pense de uma forma que você se erga; *Ó nroní náà* – Ele está pensando naquilo. *V. ròwò*.

RONÚPÌWÀDÀ, v. Arrepender-se, ter remorso. Ó ronú pìwàdà – Ele se arrependeu.

RÒPIN, v. Ter opinião, conceito. Ó rò mí pin – Ele tem uma opinião pobre de mim.

RORẸ́, IRORẸ́, s. Acne, espinha. Irorẹ́ sú bò mí lójú – Meu rosto está coberto de espinhas.

RORÍ, v. Refletir, cogitar. < rò + orí. V. ròwò.

RORÒ, adj. Feroz, austero, violento. Ajá tí ó nrorò – um cachorro que é feroz.

RORÒ, s. Nome de uma árvore. *Tephrosia bracteolata (Papilonaceae)*.

RÒRÒ, adv. Usado para intensificar verbos como pọn (ser vermelho), dán (brilhar), pupa (ter um tom vermelho, ruivo) e lé (inchar). Ó pọn ròrò – Ele é amarelo-ouro; Ó dán ròrò – Ele está bem-polido; Ó pupa ròrò – Ele está avermelhado; Egbò yìí lé ròrò – Esta ferida aumentou.

ROSẸ̀, v. Esperar, aguardar. Ó rosẹ̀ fún mi – Ela esperou por mim por algum tempo.

RÒTẸ́LẸ̀, v. Pensar com antecedência. Ó rò ó tẹ́lẹ̀ – Ele pensou nisto antes.

ROWÓ, v. Carregar dinheiro. Ó nrowó púpọ̀ – Ele está carregando muito dinheiro. < rù + owó.

RÒWÒ, v. Pensar, meditar. Mo ro ìnáwó náà wò – Eu pensei naquela despesa. V. ronú.

RÓWÓṢE, v. Ganhar dinheiro, ter lucro. Ó rówó ṣe – Ele está ganhando dinheiro. < rí + owó.

RỌ, v. **1.** Murchar, secar. Òdòdó yìí rọ – Esta flor está seca; Ọ̀dá òjò mú kí ewéko rọ – A seca murchou as plantas. > arọ – aleijado. **2.** Forjar, fazer instrumentos de ferro. Ó rọ ọkọ́ – Ele forjou uma enxada. **3.** Jorrar, despejar, brotar, colocar líquido em. Ó rọ omi sínú ìgò – Ele despejou água na garrafa. > ìrọ = àrọ – funil. **4.** Armar uma armadilha.

RỌ́, v. **1.** Fazer um barulho, um estrondo. Ó rọ́ àgbá – Ele disparou um canhão; Àga tó jókó nrọ́ – A cadeira em que ele sentou está rangendo. **2.** Narrar, relatar. Ó rọ́ àlá náà fún mi – Ela relatou o sonho para mim. **3.** Agrupar, congregar. Ẹ rọ́ dúkìá yín pọ̀ – Agrupe junto seus recursos. **4.** Deslocar, ser elástico. Báwo ni ẹsẹ̀ rẹ ṣe rọ́ – Como foi o deslocamento da perna?; Ó fọwọ́ rọ́ mi tòì ṣéhìn – Ela nem me deu importância (*lit.* ela me empurrou de lado).

RỌ̀, *v.* 1. Urgir. *Ọjọ́ rọ̀* – O dia urge. 2. Facilitar, forçar, ser fácil. *Ó rọ́ mí* – Ela me facilitou. 3. Cair como a chuva, chover. *Òjò nrọ̀* – Está chovendo. 4. Acalmar, pacificar. *Ilé yìí rọ̀* – Esta casa é tranquila; *Oòrùn nrọ* – O sol está se pondo. < *ìrọra* – paz, sossego. 5. Ser cuidadoso. *Ẹ rọra* – Tenha cuidado. 6. Ser macio, tenro. *Ó rọ̀ inú* – Ele tem o coração mole (*lit.* ele é mole por dentro); *Èso yìí ti rọ̀ jù* – Essas frutas são muito macias. < *ẹ̀rọ̀* – maciez, calma. 7. Persuadir. *A rọ̀ ọ́ kí ó má kọ ọkọ* – Nós não a persuadimos a divorciar-se, a separar-se do marido. 8. Suportar, sustentar. *Ó fi igi rọ ilé* – Ele escorou a casa com estaca; *Ó rọrí* – Ele apoiou a cabeça (no travesseiro). > *ìrọrí* – apoio para a cabeça, travesseiro. 9. Pendurar. *Àdán náà rọ̀ sórí igi* – O morcego está pendurado em cima da árvore; *Ó fi fìlá rẹ̀ rọ̀* – Ele pendurou o chapéu dele. < *ìfìrọ̀* – suspensão.

RỌ́BÀ, *s.* Borracha (do inglês *rubber*).

RỌBẸ̀, *v.* Preparar, fazer uma sopa. *Ó rọbẹ̀ fún wa* – Ela preparou uma sopa para nós.

RỌBÍ, *v.* Estar nas dores do parto.

RÒBỌ̀TỌ̀, *adj.* Gordo.

RÒBU, *v.* Colocar em fogo brando, estragar um plano.

RỌ̀DẸ̀DẸ̀, *v.* Pendurar em cima de. *Ó nrọ̀ dẹ̀dẹ̀ lórí igi* – Ele pendurou em cima da árvore.

RỌ̀ DÒ-DÒ-DÒ, *v.* Estar pendurado e balançando.

RỌFỌ́, *v.* Preparar vegetais verdes. < *rò + ẹ̀fọ́*.

RỌGUN, *v.* Preparar pessoas para atacar alguém, ficar alerta.

RÒGÚN, *v.* Apoiar-se em. *Ó ròg ún lórí rẹ̀* – Ele se apoiou sobre ela.

RÒGBÀ, *v.* V. *ròg bàká*.

RÒGBÀKÁ, RÒGBÀYÍKÁ, *v.* Circundar, cercar. *A ròg bà yìí ìlú náà ká* – Nós circundamos aquela cidade.

RÒGBỌ̀DỌ̀, *v.* Ser fino e roliço. *Ó rí ròg bọ̀dò kalẹ̀* – Ele é fino e roliço.

RÒGBỌ̀KÚ, *v.* Recostar-se numa cadeira ou sofá, espreguiçar-se. *Ó nròg bọ̀kú* – Ele se recostou.

RỌ̀JÒ, *v.* Chover. *Òjò bẹ̀rẹ̀ sí rọ̀* – A chuva começou a cair. < *rọ̀ + òjò*.

RỌJÚ, *v.* Ser macio, suave, moderado. *Ó rọjú lóní* – Ele está com temperamento suave hoje; *Ọjà rọjú* – O mercado está moderado. < *rọ̀ + ojú*.

RÓJÚ, *v.* Estar apto para suportar a dor, persistir, tolerar, perseverar. *Bàbá rójú gìdìgìdì* – Papai suportou a dor tenazmente. < *ró + ojú*.

RÓ KẸKẸ, *v.* Ranger como uma porta. *Àga yìí nrọ́ kẹkẹ* – A cadeira está rangendo.

RÓ KẸ̀KẸ̀, *v.* Fazer alvoroço, balbúrdia. *Wọ́n nrọ́ kẹ̀kẹ̀* – Eles estão fazendo alvoroço.

RÓKIN, *s.* Maldição, praga. *Ó fi mí rókin* – Ele me rogou uma maldição. = *èpè*.

RÓKÚRÒ, *v.* Afastar, remover. *Ó rọ́ pàntí kúrò lọ́nà* – Ele removeu o lixo da estrada.

RỌ̀LẸ̀, *s.* V. *ìrọ̀lẹ́*.

RỌLẸ̀, *v.* Acalmar-se, diminuir. *Afẹ́ẹ́fẹ́ rọlẹ̀* – A ventania acalmou; *Inú rírun mí rọlẹ̀* – A dor do meu estômago diminuiu.

RỌ̀LÓJÚ, *v.* Ser fácil, ser dócil. *Ó rọ̀ lójú* – Ele parece ser fácil.

RỌ̀LÓWÓ, *v.* Trocar, mudar. *Rọ̀ mí lówó yìí* – Troque este dinheiro.

RỌ̀LÓYÈ, *v.* Destituir de um cargo, depor. *Ó rọ ẹnìà yìí lóyè* – Ele demitiu esta pessoa do cargo.

RỌ̀LỌ́RÙN, *v.* Ser fácil. *Ó rọ̀ mí lọ́rùn* – Ele é fácil para mim. = *rọrùn*.

RÓLÙ, *v.* Apressar-se contra, lançar-se contra.

RÒMỌ́, *v.* Agarrar, abraçar, unir-se. *Ó ròmọ́ mi* – Ela me abraçou.

RỌ́NÚ, *v.* Suportar a fome. *Ó rọ́nú* – Ele pode ficar sem comer.

RỌNÚ, *adj.* Ter um bom coração. *Ó rọnú* – Ele é bondoso.

RÓPÁ, *v.* Não ter sucesso, desmoronar, fracassar.

RÓPÒ, *v.* Tomar o lugar de outro, substituir. *Ó rópò mi* – Ele me sucedeu no meu posto. = *dípò*.

RỌRA, *v.* Ser cuidadoso, ter cuidado. < *rọ̀ + ara*. É usado como advérbio pré-verbal. *Jọ̀wọ́, rọra sọ̀rọ̀* – Por favor, fale devagar; *Mo rọra jóko* – Eu sentei com cuidado; *Òun rọra wọsọ* – Ela vestiu a roupa com cuidado; *Ẹ rọra!* – Tenha cuidado!

RỌRÍ, *v.* Apoiar a cabeça. *Ó rọrí* – Ele apoiou a cabeça no travesseiro. > *ìròrí* – travesseiro.

RỌ́RÍ, v. Ter poder de resistir. > ìrọ́rí – resistência.

RÒRÒ, s. Juba, crina, lã, pelo.

RÒRÒ, adv. Perfeitamente. Ó tọ́ ròrò – Ele é perfeitamente direto.

RỌ́RỌ́, adv. Silenciosamente, calmamente. Odò náà dákẹ́ rọ́rọ́ – O rio está silenciosamente calmo.

RÒRÒWỌ́, s. Nome de uma árvore. Senecio biafrae (Compositae).

RỌRÙN, v. Ser fácil, conveniente, confortável. Ó rọrùn jù kí mo ti rò – É mais fácil do que eu imaginava; Ra ọkọ̀ tí ó rọrùn láti túnṣe – Compre um carro que seja de fácil conserto. < rò + ọrùn.

RỌ́TÀN, v. Contar, relatar. Ó rọ́tàn fún mi – Ela contou uma história para mim. < rọ́ + ìtàn.

RỌ́TÌ, v. Colocar de lado. Ó rọ́ ọ tì – Ele a descartou.

RỌWỌ́, v. Apoiar com a mão. < rò + ọwọ́.

RỌWỌ́RỌṢẸ̀, v. Fazer algo sem dificuldade. Ó rọwọ́rọṣẹ̀ ṣe é – Ele não teve dificuldade de fazer isto.

RỌWỌ́TÓ, v. Ficar próximo de. Ó wà rọwọ́tó mi – Ele está ao alcance de minhas mãos. V. àrọwọ́tó.

RỌYÈ, v. Ser designado, ser apontado para ocupar um posto oficial. Ó rọyè Ìyá Ẹgbẹ́ – Ela foi escolhida para o cargo de Mãe da Sociedade.

RÒYÌN, v. Ser fértil. > ìròyìn – fertilização.

RỌYÓ, v. Encher algo com líquido.

RU, v. 1. Aumentar, inchar, ferver. Ìbínú rẹ̀ ru sóké – Ele ferveu de raiva; Omi yìí nru – A água está fervendo. 2. Ser movido pela raiva ou aflição. Ìbínú rẹ̀ ru sókè – A raiva dele aumentou.

RÚ, v. 1. Excitar, incitar, causar confusão. Ó rú ìlú – Ele causou revolta na cidade; Òkun rú lóní – O mar está agitado hoje. 2. Arrastar ou embaralhar. Rú káàdì yẹn pọ̀ – Embaralhe aqueles cartões; Ó rú mi lójú – Estou confuso (lit. você confundiu a minha cabeça). 3. Colocar um cabo num objeto cortante. Ó rú ọkọ́ – Ele colocou um cabo na enxada. 4. Germinar, brotar. Igi yìí rú ewé – A árvore brotou folhas. 5. Atirar. 6. Levantar (fumaça). Ó rú èéfín tùù – Ele soprou fora a fumaça. 7. Pular para cima. Ó rúfin – Ele transgrediu a lei.

RÙ, *v.* 1. Carregar (na cabeça). *Ó ru ìkòkò omi* – Ele carregou um pote de água; *Ó nrù erù orò òrìṣà* – Ela está carregando a obrigação da divindade. < *erù* – carga, bagagem. 2. Estar magro. *Ó rù kan èègun* – Ele está pele e osso.

RÚBỌ, *v.* Oferecer uma oferenda. < *rú + ẹbọ.* > *ìrúbọ* – sacrifício.

RÙBỌ, *v.* Carregar junto. *Ó rù ú ti ibẹ̀ bọ* – Ele está levando isto junto. > *rírù* – ato de carregar.

RÚBÚTÚ, RÚDÚRÚDÚ, *adj.* Esférico, arredondado, inchado, esbugalhado como os olhos. *V. rogbodo.*

RÙDÉ, *v.* Interferir, intrometer-se. *Ó ru imú rẹ̀ dé* – Ele meteu o nariz dele nos assuntos dos outros.

RUDI, *v.* Florescer. *Igi yìí rudi* – Esta árvore floresceu.

RÚDURÙDU, *s.* Confusão, caos.

RÚFIN, *v.* Transgredir, violar, infringir a lei.

RUGI, *v.* Carregar madeira. < *rù + igi.*

RÚGÚDÙ, *s.* Confusão, bagunça, trapalhada. *Mo dá rúgúdù sílẹ̀* – Eu causei confusão.

RÙGÙDÚ, *s.* Frito, torrado, um tipo de *àkàrà.*

RÚGÚDÚ, RUGUDU, *adj.* Pequeno e redondo. *Ó rí rúgúdú* – Ele é pequeno e redondo.

RÚJÁDE, *v.* Emergir, aparecer.

RÚJÚ, *v.* Estar confuso. *Mo rújú* – Eu me sinto confuso.

RÚKÈRÚDÒ, *s.* Tumulto, confusão. *Rúkèrúdò ènìà* – uma pessoa turbulenta. < *rú + òkè + rú + odò.*

RÙKAN, *v.* Estar magro. *Ó rùkan eegun* – Ele está nada mais que pele e osso.

RÚLÓJÚ, *v.* Confundir, embaraçar, atrapalhar. *Ó rú mi lójú* – Ela me confundiu.

RÙLỌ, *v.* Carregar e levar. *Ó rù ú lọ síbẹ̀* – Ele levou isto para lá.

RÚLÚ, *v.* Causar confusão. *Ó rúlú* – Ele incitou revolta na cidade. < *rú + ìlú.*

RÚLÚRÚLÚ, *s.* Agitador, revolucionário.

RÚNMỌ́, *v.* Esfarelar, triturar e juntar. *Ó rún oògùn yìí mọ́ oògùn náà* – Ele misturou este medicamento com aquele remédio.

RUN, *adj.* Reto, direto, nivelado.

RUN, *v.* 1. Destruir, aniquilar, exterminar. *Ó run ìlú* – Ele destruiu a cidade; *Inú nrun mí* – Eu tenho dor de estômago (*lit.* meu interior está me aniquilando). 2. Estar extinto, extirpar, consumir. *Alángbá dánásò ti run* – O dinossauro já está extinto.

RÚN, *v.* 1. Mastigar, mascar, esfarelar, curtir (couro). *Inú nrún mi* – Tenho dores no corpo (*lit.* meu corpo está se mastigando); *Èyin rún aṣo rè* – Vocês amassaram a roupa dela; *Ó nrún obì* – Ela está mastigando noz-de-cola. < *èrún* – pedaços, migalhas. 2. Subir.

RÙN, *v.* 1. Feder, emitir um odor. *Ó run àyán* – Ele emitiu um mau cheiro; *Abíyá rẹ nrùn* – Suas axilas estão cheirando mal. V. *òórùn, rírùn*. 2. Pôr um bocado. *Mo fi òkèlè run ọbè* – Eu coloquei um pouco de ingrediente na sopa.

RÚNLẸ̀, *v.* Invadir uma casa, cometer roubo, saquear. *Ó rúnlẹ̀* – Ele cometeu um roubo.

RÚNMỌRA, *v.* Suportar, ser paciente. V. *pamọra*.

RÚNPÒ, *v.* Misturar. *Ó rún wọn pò* – Ele misturou tudo junto.

RÚNRA, *v.* Torcer o corpo, tremer, balançar. *Ó rúnra* – Ela virou o corpo. < *rún + ara*.

RUNRÍN, *v.* Limpar a boca mastigando palito ou escovando os dentes. *Nígbàtí o jí runrín* – Quando você acordar limpe a boca.

RUNÚ, *v.* Ficar indignado, ficar chateado. *Ó runú* – Ele se chateou. < *ru + inú*.

RÚN-WÓNWÓN, RÚN-WÓMÚWÓMÚ, RÚN-WÚRUWÚRU, *v.* Quebrar em pedaços, pulverizar. *Ó rún wúruwúru* – Ele o estilhaçou.

RÚNWỌ, *v.* Preparar o couro para uso. *Ó rúnwọ* – Ele curou o couro. < *rún + awọ*.

RUSÍLẸ̀, *v.* Ferver. *Omi yìí nru sílẹ̀* – Esta água está fervendo.

RUSÓKÈ, *v.* Ferver e borbulhar. *Omi yìí ru sókè* – A água ferveu e borbulhou.

RÙTI, *v.* V. *rùbọ*.

RÚURUU, *adv.* e *adj.* Desordenada, confusa. *Rúuruu lọrọ yìí* – Esta questão está confusa.

RÚSURÚSU, *adv.* Usado para dar ênfase a *pón* e *pupa* – ser vermelho. *Ó pón rúsurúsu* – Ele tem um tom escarlate.

RÚWÉ, *v.* Brotar folhas, estar em flor. *Igi yìí rúwé* – A árvore brotou folhas. < *rú* + *ewé*.

RÚYỌ, *v.* Despertar, provocar. *Ó rú ẹran yọ* – Ele despertou um animal selvagem de sua toca.

SÁ, *v.* 1. Arejar, secar ao sol. *Ó sá èwù* – Ela arejou a roupa; *Lọ sá aṣọ rẹ* – Vá e seque a roupa. 2. Correr, fugir de. Somente usado com verbos compostos. *Ó sá aré* – Ele correu; *Ó sá lọ* – Ele fugiu; *Ó sá nkúrò lọ ọwọ́ mi* – Ele escapou de mim. > *ìsánsá* – fugitivo, desertor.

SÁ, *adv.* Justamente, simplesmente.

SÀ, *s.* Senhor (do inglês *sir*). *Ẹ jọ̀ọ́ sà* – Por favor, senhor.

SÀ, *v.* 1. Apontar, direcionar. *Ó sajú fún mi* – Ele me deu atenção (*lit*. ele direcionou os olhos para mim). 2. Dar remédio de acordo com instruções médicas. *Ó saàgùn sí mi* – Ele me deu um remédio. 3. Escolher. *A ti sà gbogbo aṣọ* – Nós escolhemos toda a roupa. *V. sà.* 4. Elogiar. *A kì í sa ọ̀lẹ* – Nós não costumamos elogiar preguiçosos. 5. Fazer algo para suportar, para resistir. *Ó sa gbogbo agbára rẹ̀* – Ele aplicou toda a força dele.

SÁÁ, *adv.* Continuadamente. *Ó wọ sáá* – Está chovendo bastante.

SÁÁ, *adv. pré-v.* Por um instante, apenas, certamente. Precede a forma imperativa. *Sáa gbọ́ mi!* – Apenas, ouça-me!; *O kò sáà lè ṣe yìí* – Você, certamente, não pode fazer isto; *Ó sáà sọ̀rọ̀ pẹ̀lú mi* – Ele, por um instante, falou comigo.

SÁÀ, *s.* Tempo, período, intervalo. *Oní Sáà* – O Senhor do Tempo de Existência (Deus).

SÀBA, *v.* Chocar ovos, incubar. *Adìẹ nsàba* – A galinha está chocando.

SÁBÀ, SÁÀBÀ, *adv. pré-v.* Normalmente, usualmente. *Mo sábà rìn* – Eu tenho o costume de caminhar; *Àwọn ènìà sábà máa ngbìyànjù láti bọ́ ìdílé wọn* – As pessoas normalmente se dedicam a alimentar suas famílias; *Àwa kò sábà jáde lálẹ́* – Nós, usualmente, não saímos à noite. = *máa*.

SÁBÁ, *v.* Refugiar-se, abrigar-se. *Ó sábá mi* – Ele me abrigou. < *àsábá* – colocar alguém sob proteção.

SÁBẸ́, *s.* Nome de uma cidade cujo soberano tem o título de *Àkárìgbò*.

SÁBẸ́, *prep.* Para debaixo de. *Ajá sáré sábẹ́ igi* – O cachorro correu para debaixo da árvore. < *sí + abẹ́*.

SÁBỌ̀, *v.* Correr junto, em companhia de.

SÁDI, *v.* Pedir proteção, pedir abrigo a alguém. *Ó sádi mi* – Ele me deu abrigo.

SÁDO, *v.* Competir numa corrida.

SÁFÁ, *v.* Espalhar algo sobre alguma coisa, como a nata sobre o leite.

SÁFÉÈTÌ, *adj.* Listrado, com listras. *Ó wọ ẹ̀wù sáféètì lọ* – Ele vestiu uma camisa listrada e saiu por aí.

SÁÀFÚLÀ, *s.* Assombro, uma exclamação.

SÁFÚN, SÁRAFÚN, *v.* Evitar, fugir de. *Ó sáfún mi* – Ele me evitou.

SÀGATÌ, *v.* Sitiar, acampar.

SÁGUN, *v.* Correr, afastar-se de uma luta. *Ó ságun* – Ele correu do inimigo.

SAÀGÙN, *v.* Fazer uso de remédios ou magia, usar o charme. *Ó saàgùn sí mi* – Ela fez um encanto para mim. < *sà + oògùn*.

SAGBÀRA, SAGBÀRAKÁ, *v.* Cercar com madeira, circundar.

SAGBÁRA, *v.* Fazer um esforço. *Ó ti sagbára rẹ̀ tán, ṣùgbọ́n kò lè ṣe é* – Ele se esforçou completamente, mas não pôde fazê-lo.

SÁGBẸ, *v.* Secar pela exposição do sol. V. *gbẹ*.

SÁJÍ, TAJÍ, *v.* Acordar repentinamente.

SÁJÒ, *v.* Viajar. *Ó lọ sájò* – Ele foi viajar. < *sá + àjò*.

SAJÚ, *v.* Apontar, direcionar. *Ó sajú fún mi* – Ele me deu atenção, mostrou deferência para mim (*lit.* ele direcionou os olhos para mim). < *sà + ojú*.

SÁKÁ, *adv.* Completamente.

SÁKÁRÀ, *s.* Tipo de atabaque em que o couro é esticado por cima de um vaso; um tipo de dança. *Ó jó ijó sákárà* – Ela dançou a dança do *sákárà*.

SÀKÁNÍ, *s.* Vizinhança, proximidade.

SAKASAKA, *s.* Feno, forragem, folhas de nozes secas.

SÁÀKÍSÁÀ, *adv.* Em qualquer tempo, em qualquer época.

SÀKÍYÈSÍ, *v.* Notar, observar. *Wọ́n sàkíyèsí pé ebi npa mí* – Eles notaram que eu estou com fome.

SÁKÓKÒ, *v.* Ser oportuno. *Onjẹ yìí bọ́ sákókò lára mi* – Esta comida foi oportuna para mim. < *sá + àkókò*.

SAKUN, *v.* Fazer um esforço. *Mo sakun láti ṣe é* – Eu me esforcei para fazer isto. < *sà + okun*.

SAKUSA, *s.* Nome de um pássaro de cauda longa e preta.

SÁLÀ, *v.* Escapar, fugir por uma questão de segurança. *Ó sálà fún ẹmí rẹ* – Ele fugiu para preservar a vida dele.

SÀLÀKỌ́, *s.* Nome dado a um menino que nasce empelicado.

SÀLÁMÌ, *v.* Fazer uma marca ou um sinal. *Mo sà á lámì* – Eu fiz uma marca nele; *Ó sà mí lámì* – Ele fez um sinal em mim, ele me batizou. *V. àmì* – marca, sinal; *sàmì*.

SALÁMỌ́, *s.* Tipo de uma pequena formiga. = *èèrà*.

SÁLÉ, *v.* Correr atrás de alguém. *Ó sálé mi* – Ele me procurou.

SÀLÉJÒ, *v.* Despedir, afastar. *Mo sàléjò náà lọ* – Eu despedi aquele convidado. < *sìn + àléjò*.

SÁLỌ, *v.* Fugir, escapar. *Eku asín nsálọ sínú ihò* – O rato está fugindo para dentro do buraco.

SÁLÙ, *v.* Ir a uma outra pessoa, intervir no interesse de alguém. *Ó sálù mi* – Ele interviu no meu interesse. = *sábà*.

SÁLÚBÀTÀ, *s.* Chinelo, sandália.

SÁLÙBÁ RÍKÀ, *s.* Obrigado! *V. àlùbáríkà*.

SÁMÍ, *s.* Um tipo de atabaque.

SÀMÌ, *v.* Marcar, batizar, fazer uma marca. *Òkúta yìí sàmì sí ibojì* – Esta pedra marca a posição da sepultura; *Mo sàmì* – Eu fui batizado; *bàbá ìsàmì* – padrinho. < *sà + àmì*.

SÀMÌSÍ, *v.* Marcar para fazer uma identificação.

SÁÀMÙ, *s.* Salmo (do inglês *psalm*).

SAN, *v.* **1.** Pagar, recompensar, premiar. *Mo sanwó* – Eu paguei em dinheiro; *Èló ni o nsan ní owó-orí?* – Quanto você paga de imposto? **2.** Reparar, reembolsar. *Ó sanwó náà padà* – Ele reembolsou em dinheiro.

SÁN, v. 1. Cingir, apertar, circundar. *Ó fi ìgbànú sán ṣòkótó* – Ele colocou um cinto na calça. 2. Enrolar, amarrar, atar sem dar nó. *Ó sán aṣọ* – Ele enrolou o tecido na cintura. 3. Ornar, cobrir. *Wọ́n sán màrìwò* – Eles ornamentaram com folhas desfiadas de palmeira. 4. Fender, quebrar, cortar em pedaços. *Sán ife yìí* – Este copo está rachado; *Orí nsán mi* – Estou com dor de cabeça (*lit*. minha cabeça rachou). V. *fọ́*. 5. Trovejar. *Ṣàngó sán àrá* – A divindade dos raios trovejou.

SÀN, v. 1. Curar. *Wọ́n ti wo wèrè rẹ̀ sàn* – Eles curaram a loucura dela. 2. Ser melhor. *Ó sàn jù mí lọ* – Ele está melhor do que eu.

SAAN, adv. Em alto grau, altamente, vivamente.

SÁNÁ, s. Tapete feito de grama macia.

SANÀSANLÉ, v. Pagar a mais.

SÁNBẸ, **SÁNDÀ**, v. Ser armado com pequenas espadas.

SANDÁ, v. Caminhar com uma bengala, com um bastão de apoio.

SAN ẸSÀN, v. Fazer uma recíproca da mesma forma como foi tratado.

SANGBÈSÈ, v. Pagar uma dívida, descarregar uma obrigação.

SANKÙ, v. Pagar por partes. *Ó san án kù* – Ele pagou isto em partes.

SÁNKÚ, v. Morrer. *Ó sánkú* – Ele morreu jovem.

SÀNJÙ, **SÀNDÍẸ**, adj. Melhor, ser melhor. *Ṣé ẹran funfun gbígbà sànjù ẹran pupa?* – A carne branca é melhor que a carne vermelha?

SÀNJÙLỌ, v. Ser melhor do que. *Ó sàn jù èmi lọ* – Ela é melhor do que eu.

SÁNLÁLÚ, adv. Extensamente.

SÁNLÓKÙN, v. Amarrar, prender. *Ó sán mi lókùn* – Ele me amarrou com a corda. < *okùn* – corda.

SÀNLỌ, v. Melhorar gradualmente, aos poucos. *Ó nsànlọ* – Ele está se recuperando. V. *tapò*.

SÁNLỌ, v. Rachar, partir, estilhaçar.

SÁNLỌ, v. Perambular, vagar a esmo. *Ó nsánlọ* – Ele está andando a esmo.

SÁNMỌ̀, s. Céu, firmamento. *Mo rí ìràwọ̀ lójúu sánmọ̀* – Eu vi uma estrela no céu.

SÀNMỌ́NÌ, s. Era, período (do árabe *zàmanì*).

SÀN-NDÁ, s. Um bastão, porrete.

SANPADÀ, s. Reparar, reembolsar.

SANRA, adj. Gordo, rechonchudo. *Òun sanra tàbí tínínrín?* – Ele é gordo ou magro?

SÁN-SÁN, adv. Diretamente, claramente. *Ó nsọ̀rọ̀ sán-sán* – Ele está falando claramente.

SÁN-SÁN, adv. Fragrantemente, perfumadamente.

SÀNṢẸ́, v. Ser melhor que. *Ó sànṣẹ́ ìwé yìí* – Ele é melhor que este livro.

SÁNṢỌ, v. Colocar uma roupa, pôr um tecido em volta de. *Ó sánṣọ* – Ele colocou uma roupa no corpo.

SÀNÚ, s. Uma pessoa hauçá.

SANWÓ, v. Pagar em dinheiro. *Mo fẹ́ sanwó nísisìyí* – Eu quero pagar à vista; *O lè sanwó lẹ́ẹ̀mẹ́ta* – Você pode pagar em três vezes. < *san + owó*.

SÁNYÁN, s. Seda crua, seda tecida grossa.

SAPÁ, v. Investir um esforço em algo.

SÁPADÀ, v. Correr atrás de. *Ó sá padà lọ́nà* – Ele correu atrás na estrada.

SÁPÁKAN, adv. Separadamente, à parte. *Ó gbétì sápákan* – Ele colocou de lado separadamente.

SÁPAMỌ́, v. Esconder, fugir e se esconder, proteger-se.

SÁPẸ́, v. Prostituir-se. *Ó sápẹ́ títí tí kò fi rí ọmọ bí* – Ela se prostituiu até que se tornou estéril (não conseguiu ter filhos).

SÀRÀ, obs.: *Èjè tọ sókè sàrà* – O sangue jorrou para fora.

SÁRA, prep. Em cima de, sobre. *Ó há sára igi* – Ele ficou emaranhado em cima da árvore; *Ó gbẹ́ ihò sára igi* – Ele buscou um espaço em cima da árvore; *Kọ ọ̀rọ̀ yìí sáraa pátákó dúdú* – Escreva esta palavra no quadro-negro.

SÁRA, SÁRAFÚN, v. Evitar, deixar para trás. *Ó sára fún mi* – Ela me evitou.

SÀRÁÀ, s. Esmola, doação, caridade. *Mo ṣe sàráà fálágbe náà* – Eu fiz uma caridade para aquele mendigo; *Ó fi Àdùkẹ́ ṣe sàráà fún mi* – Ele me deu Aduké como noiva sem nenhum preço a ser pago por mim.

SÁÁRA, obs.: *Ó kan sáára sí mi* – Ele movimentou o punho para mim em sinal de aprovação (do hauçá *sárà*).

SÀRÀKÍ, SÀRÀKÍSÀRÀKÍ, s. Membros importantes de uma sociedade ou de uma cidade, pessoas notáveis na comunidade. *Sàràkí ni nwọ́n nlọ kí i* – São vários oficiais que estão indo cumprimentá-lo.

SARÈ, *s.* Ação, processo (do hauçá *záúre*).

SÁRÉ, **SÚRÉ**, *v.* Correr. *Ó sáré kiri jùbà-jùbà* – Ele corre para todos os lados como um louco; *Ó sáré tèlé mi* – Ele correu depois de mim. < *sá* + *iré*.

SARÈ, *s.* Praça ou espaço cercado por prédios.

SÀRÉÈ, *s.* Sepultura, túmulo. = *ibojì*.

SÁRÉ LỌ, *v.* Correr para algum lugar.

SÁRÉMỌ́, *v.* Correr contra. *Ó sáré mọ́ mi* – Ela correu ao meu encontro.

SÁRÉPẸGBẸ́, *s.* Mensageiro, secretário. < *sáré* + *pè* + *ẹgbé*.

SÁRÉTẸ̀LÉ, *v.* Correr na frente. *Ó nsáré tẹ̀lé mi* – Ele está correndo depois de mim.

SARÍ, *v.* Esfregar, passar um remédio na cabeça. *Ó bu oògùn sarí* – Ele esfregou o remédio na cabeça.

SÀÀRÌ, *s.* A primeira refeição dos maometanos antes de jejuar no Ramadã.

SÁÀRIN, *obs.*: *Ó bọ́ sáàrin wa* – Ele agiu como mediador entre nós; *Ìjá dé sáàrin wa* = *Ìjá dé láàrin wa* – Uma discussão surgiu entre nós. > *ibọ́ sáàrin ènìà* – mediação, arbitragem.

SÀSÁNYÌN, *s.* Ritual que se utiliza de folhas litúrgicas. < *asà* + *Ọ̀sányàn*.

SÀSÈ, *s.* Fazer um banquete, preparar bastante comida para as pessoas.

SÁSÍBẸ̀, *v.* Correr para lá. *Olé náà sá síbẹ̀* – O ladrão correu para lá.

SASỌ̀, *v.* Discutir sobre alguma coisa.

SÀSỌDÙN, *v.* Exagerar.

SÀSỌYÉ, *v.* Explicar claramente.

SÀTÁN, *v.* V. *sagbára*.

SÁTÁNÌ, *s.* Diabo (do inglês *Satan*).

SÁTÍDÉ, *s.* Sábado (do inglês *Saturday*). = *ọjọ́ àbámẹ́ta*.

SAWÀ, *v.* Exibir. *Ó sawà síbẹ̀* – Ele deu uma exibição lá.

SÁÀWÒÓ!, *interj.* Veja, contemple!

SÁWÚ, *v.* Secar, arejar uma roupa.

SÁYẸ̀NSÌ, *s.* Ciência (do inglês *science*).

SÉ, *v.* 1. Represar, bloquear. *Ó sé odò* – Ele represou o rio; *Ó sé mi mọ́ ilé* – Ele me prendeu em casa. 2. Fechar, trancar. *Ó sé ọ̀nà* = *Ó sọ́nà* – Ele fechou o caminho; *Ó sé mi mọ́ ilé* – Ela me prendeu em casa. 3. Errar o alvo, errar o caminho. *Ó sé ọ̀nà sílé* – Ele errou o caminho de casa; *Ìbọn sé ẹiyẹ* – A arma não acertou o pássaro.

SÈ, *v.* Cozinhar. *Ó bó iṣu sè* – Ele descascou inhame e cozinhou.

SÈBÉ, *s.* Um tipo de cobra.

SEBẸ̀, *v.* Fazer uma sopa. *Ó nsẹ̀ ọbẹ̀ fún wa* – Ela está cozinhando uma sopa para nós. < *sè* + *ọbẹ̀*.

SÉBỌ́, *v.* Coagular, ser caloso, ficar robusto. *Èjẹ̀ yìí sébọ́* – Este sangue coagulou; *Ọkàn rẹ̀ sébọ́* – Ele é insensível (*lit.* o coração endureceu).

SÉBÚ, *v.* Tropeçar. *Ó sébú òkúta* – Ele tropeçou na pedra. *V. ṣubú*.

SÈDÀNÙ, *v.* Cozinhar sem medidas. *Ó sè onjẹ yìí dànù* – Ela cozinhou esta comida com desperdício.

SÉDÒ, *v.* Bloquear, represar um rio.

SEGEDE, *s.* Caxumba. *Segede mu mí* – Eu estou com caxumba.

SÉGEDEHÙN, *v.* Usar de uma boa pronúncia.

SÉGESÈGE, *adv.* Desordenadamente, desajeitadamente, em zigue-zague.

SÉGE-SEGÉ, *adj.* Indigno de confiança, incerto. *Ó ní ìwà sége-segé* – Ele tem um caráter indigno.

SÉHÒ, *v.* Bloquear, tapar um buraco. *Ó séhò* – Ele tapou o buraco. < *sé* + *ihò*.

SÉHÙN, *v.* Quebrar uma promessa, não manter um compromisso. *Ó séhùn mi* – Ele não levou a sério minhas ordens. < *sé* + *ohùn*.

SÈJẸ̀, *v.* Cozinhar e comer. *Ó sè é jẹ* – Ela cozinhou isto e comeu.

SEJÚ, *v.* Olhar significativamente, olhar para. *Ó sejú sí mi* = *Ó ṣejú sí mi* – Ele me comeu com os olhos. < *ṣe* + *ojú*.

SÈJÙ, *v.* Cozinhar demais. *Ó se onjẹ jù* – Ela cozinhou comida demais.

SÉKÉSÉKÉ, *adv.* Agradavelmente. *Ó hù sékéséké* – Ele germinou agradavelmente.

SÈKI, *v.* Cozinhar algo de forma substancial. *Ó se ọbẹ̀ ki* – Ele preparou uma sopa grossa.

SÈLÉ, *v.* Refinar óleo de palmeira com várias fervuras.

SÉLE, *v.* Endurecer o coração, não dar ouvidos a, tornar-se insensível.

SÈLÉSÈ, *v.* Tingir tecidos etc.

SÉLẸ̀, *v.* Falhar, fracassar. *Ète yìí sélẹ̀* – Este plano falhou. < *sé* + *ilẹ̀*.

SÉLỌ́WỌ́ – SÈTÀ

SÉLỌ́WỌ́, v. Cometer um erro, um deslize. *Mo sé lọ́wọ́* – Eu cometi um erro.

SÈLÙ, v. Fazer um tambor. < *ṣe + ìlù*.

SÉMỌ́, v. Fechar, incluir ou prender. *Ó sé ilẹ̀kùn mọ́ mi* – Ele fechou a porta na minha cara.

SÉMỌ́DÉ, v. Fechar, trancar a porta.

SÉMỌ́LÉ, v. Confinar, prender. *Ó sé mi mọ́lé* – Ele me prendeu em casa; *A sé àwọn ẹlẹ́wọ̀n mọlé yìí* – Nós prendemos os prisioneiros nesta prisão.

SÉMỌ́LẸ̀, v. Impedir o movimento, a liberdade. *Mo sé e mọ́lẹ̀* – Eu restringi a liberdade dele.

SÉMÚ, v. Apertar o nariz. < *sé + imú*.

SÉMÚ, v. Surpreender, flagrar, não conseguir pegar algo.

SÈMU, v. Ferver erva ou vegetal para beber como remédio ou comida. *Mo se koríko mu* – Eu bebi uma infusão de ervas.

SÉNÀ, v. Fechar, bloquear uma estrada. *Ó sénà* – Ele errou o caminho. < *sé + ọ̀nà*.

SÉPA, v. Fechar rapidamente bem-apertado. *Ó sé e pa* – Ele a fechou bem-apertado.

SÈPA, v. Curar. *Ó se àrùn yìí lásèpa* – Ele curou esta doença completamente, com um remédio final.

SEPO, v. Preparar óleo de palmeira por meio de fervuras.

SÉPỌ́N, v. Ser árido ou infrutífero.

SÉRARÓ, v. Manter-se firme, ficar sem movimento, estar grávida.

SÈRÉ, SÌRÉ, s. Espeto de carne.

SÈRÍYÀ, obs.: *Ó dá sèríyà fún mi* – Ele me tratou como mereci.

SÈSÉ, s. Um tipo de relva usada para fazer esteira ou capacho. V. *koríko*.

SÈSÉ, s. Um tubérculo como a batata-doce ou feijão-de-inhame.

SÉSẸ̀, v. Parar de ir ou vir a algum lugar. *Ó sésẹ̀ níbí* – Ele parou de vir aqui. < *sé + ẹsẹ̀*.

SÈSÍLẸ̀, v. *Ó sè é sílẹ̀* – Ela cozinhou isto e levou para o fogo V. *sílẹ̀*.

SÈSO, v. Ter frutos. *Igi yìí sèso* – Esta árvore deu frutos.

SÉTA, v. Perder a pontaria, errar o alvo. *Mo séta* – Eu atirei, mas errei a pontaria.

SÈTÀ, v. Cozinhar algo para vender. *Ó sè é tà* – Ela cozinhou e vendeu isto.

SETÍ, *v.* Estar atento a algum barulho.

SÈTÓ, *v.* Cozinhar bem, bastante. *Mo ti sè é tó* – Eu tenho cozinhado isto bastante.

SẸ́, *adv.* Enfatiza uma expressão como certamente, realmente, sem dúvida. *Mo ní sẹ́ òun yíò wá* – Eu disse que, sem dúvida, ele virá; *Njẹ́ òun ṣe orò rẹ sẹ́?* – Ela fez a sua obrigação realmente?

SẸ́, *v.* 1. Negar. *Àwọn ẹlẹ́rìí ti sẹ́* – A testemunha negou; *Ó sẹ́ kanlẹ̀-kanlẹ̀* – Ele fez uma negação categórica; *Ó sẹ́ pé òun sọ bẹ́ẹ̀* – Ele negou que ele falou assim. 2. Verter, derramar. *Epo sẹ́ sí aṣọ Òṣàlá* – Ele derramou óleo na roupa de Oxalá; *Bá mi sẹ́ omi síbí* – Ajude-me a verter água aqui. 3. Tremer, estremecer. *Ara mi sẹ́ gírí* – Meu corpo tremeu de repente. 4. Filtrar, coar. *Ó ̄sẹ́ ògì* – Ele peneirou o amido de milho.

SẸ̀, *v.* 1. Bater, tambor, ressoar, vibrar. *Ó sẹ̀ ìlù fún mi* – O atabaque me saudou; *Ó sẹgún fún mi* – Ele bateu o ferro para me saudar. 2. Cair em gotas como o leite do seio, cair como o orvalho, pingar, gotejar. *Ẹ̀jẹ̀ mi sẹ̀ sílẹ̀* – Meu sangue gotejou no chão. 3. Desafiar alguém.

SẸ̀DÀNÙ, *v.* Gotejar. *Omi yìí sẹ̀dànù* – Esta água gotejou fora.

SẸ́Ẹ̀LÌ, *s.* Célula (do inglês *cell*).

SẸ̀GẸ̀DẸ̀, *v.* Formar sedimentos. *Omi yìí sẹ̀gẹ̀dẹ̀* – Esta água formou sedimentos.

SẸ̀GẸSẸ̀GẸ, *adj.* Respeitável, honrado.

SẸ́GÌ, *v.* Peneirar o amido de milho. *asẹ́* – peneira.

SẸ̀GI, *s.* Conta tubular azul.

SẸ́Ẹ̀GÌ, *s.* Som da voz do *egúngún*.

SẸ́GÌRÌ, *v.* Tremer em virtude de uma sensação de susto.

SẸ̀GÚN, *v.* Bater dois instrumentos de ferro juntos. *Ó sẹ̀gún fún mi* – Ele tocou os metais me saudando.

SẸ̀GBẸ, *v.* Cozinhar uma comida para não estragar. < *sè* + *ègbẹ*.

SẸ́GBẸ́, *adv.* Em direção a, para o lado. *Wọ́n lọ sẹ́gbẹ́ ọ̀hún* – Eles foram naquela direção. < *sí* + *ègbẹ́*.

SẸ́HÌN, **SẸ́YÌN**, *adv.* Para trás de. *Ó kú ní ọdún mẹ́ta sẹ́hìn* – Ele morreu há três anos. < *sí* + *èhìn*.

SẸ̀JẸ̀, *v.* Sangrar, gotejar. *Ọgbẹ́ mi sẹ̀jẹ̀* – Minha ferida sangrou. < *sẹ̀* + *ẹ̀jẹ̀*.

SÈLÙ – SÍ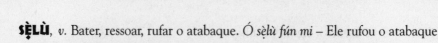

SÈLÙ, v. Bater, ressoar, rufar o atabaque. *Ó sèlù fún mi* – Ele rufou o atabaque me saudando. < *sè* + *ìlù*.

SÈMÓ, v. Bater contra algo de propósito ou acidentalmente. *Ó sẹ orí mọ́ ògiri* – Ele bateu a cabeça contra a parede.

SẸ́MU, v. Bebericar. *Ṣẹ́ omi mu* – Tome um gole de água.

SẸNÀ, v. Falar em código. *Ó sẹnà sí mi* – Ele falou em código comigo.

SẸ́NU, v. Resumir, simplificar. *Ó lọ sẹ́nu iṣẹ́ rẹ̀* – Ele simplificou o trabalho dele. < *sí* + *ẹnu*.

SẸNSẸN, adv. Levemente, suavemente. *Èso yìí dùn sẹnsẹn* – Esta fruta é levemente doce.

SẸ́RA, v. Negar, ter abnegação. *Ó sẹ́ra rẹ̀* – Ele exerceu a abnegação.

SÈRÀNWỌ́, v. Ajudar. *Àwọn òrìṣà wọ́n lè sèrànwọ́* – As divindades podem ajudá-lo.

SÈRÌ, v. Cair o orvalho. *Ó sẹ̀rì = Ìrì sẹ̀* – O orvalho caiu.

SẸRÍ, v. Bater com a cabeça. V. *sẹ̀mọ́*.

SÈSÈ, adv. Alegremente, festivamente. *Ó rín sèsè* – Ele riu alegremente.

SẸ́SÈSẸ́, adj. Pequeno. *Ó fún mi láṣọ sẹ́sèsẹ́* – Ela me deu uma peça de roupa pequena.

SÈSÍLÈ, v. Gotejar, pingar no chão. *Ẹ̀jẹ̀ mi sẹ̀ sílẹ̀* – Meu sangue pingou no chão. V. *sèjè*.

SÉSỌ̀, obs.: *Onjẹ yìí bọ́ sẹ́sọ̀ lára mi* – Esta comida caiu bem para mim.

SẸ́YÌN, SẸ́HÌN, adv. Para trás de. *Báwo ni ẹ̀sìn òrìṣà ṣe rí ní 50 ọdún sẹ́yìn?* – Como se encontrava a religião 50 anos atrás?

SÍ, adv. Exatamente, indica uma situação exata e pontual. *Ìsìn òrìṣà bẹ̀rẹ̀ aago mọkànlá alẹ́ sí* – A cerimônia começou às 11h em ponto; *Níbo lo lọ́ sí?* – Aonde você foi exatamente? Em outros casos enfatiza uma situação. *Ó mú ọ̀bẹ sí owó ọ̀tún* – Ele pegou a faca com a mão direita; *Mo gbàgbé fìlà mi sílé* – Eu esqueci o chapéu em casa.

SÍ, adv. Usado no fim de uma frase afirmativa a fim de indicar adição um pouco mais da conta. *Mo fẹ́ jẹun sí* – Eu quero comer mais; *Owó mi pọ̀ sí* – Meu dinheiro aumentou mais. V. *mọ́* – mais, usado em frases negativas.

sí, *part.* Usada entre duas palavras repetidas para dar o sentido de lá e cá. Ìlúsílú – de cidade em cidade; ilésílé – de casa em casa; ojúsójú – frente a frente. V. dé.

sí, *prep.* Para, em direção a. a) Sempre usada com verbo que indica movimento direcional. Ó lọ sílé – Ela foi para casa; Ó fi ojú sí ìwé – Ele prestou atenção aos estudos. b) Exceções: rè – ir embora para –, bọ̀ – retornar. Ó bọ oko – Ele retornou da fazenda. c) É sempre usada depois dos verbos lọ́ e wá, exceto no tempo de comando. Wá níbí – Venha cá. d) Quando for posicionada antes de um verbo, a vogal final é estendida com tom alto. A bẹ̀rẹ̀ síí kàwé = A bẹ̀rẹ̀ sí íkàwé – Nós começamos a ler.

sí, *v.* Forma negativa do verbo wà – existir, haver, estar. É precedido por kò. Ìyá mi kò sí nílé – Minha mãe não está em casa; Kò sí ewu – Não há perigo. Obs.: há casos em que palavras se posicionam entre kò si. Bí kò ti sí owó – Asseguro que não há dinheiro.

sì, *conj. pré-v.* E, além disso, também. Liga sentenças, porém, não liga substantivos; nesse caso, usar àti. Má ṣe kàwé, má sì ṣe kọ̀wé – Não leia e não escreva; Òjó jẹun, ó sì sùn – Ojô comeu alguma coisa e dormiu; Ó parọ́ fún mi, ó sì tàn mí jẹ – Ele mentiu para mim, além disso, ele me enganou; Túnjí ni ẹ̀gbọ́n, Kúnlé sì ni àbúrò – Túnjí é o mais velho, e Kúnlé é o mais novo. É usada na forma negativa do tempo imperativo ou de comando quando duas ordens vêm juntas. Má ṣe kàwé, mà sì ṣe kọ̀wé – Não leia e não escreva.

sì, *v.* 1. Descolorir, desbotar. Àwọ̀ rẹ̀ ti sì – A cor dele desbotou. 2. Verbo com o sentido de descer, descambar, e usado em certas composições. Ara rẹ̀ silẹ̀ – O corpo dele esfriou (depois da febre); Ó sì í délẹ̀ – Ele destruiu isto.

sì, **ṣì**, *adv. pré-v.* Ainda, além disso. Nwọ́n ó sì tún tẹ̀ ẹ́ – Eles ainda o seguirão de novo; Má ṣìlọ – Não vá ainda. = dè.

sìì, *adv.* Por algum tempo.

síí, *adv.* Mais do que, aumentar. Usado como complemento de verbo. Owó mi wú síí – Meu dinheiro aumentou mais do que antes. V. sí.

sìì, *adv.* Vagarosamente, forçadamente. Ó nrìn sìì – Ele correu vagarosamente. = tìì.

SIÀN, SUNWỌN, *adj.* Bom, justo, agradável.

SÌBÁTA – SÍJÀ

SÌBÁTA, v. Amassar, destruir, subjugar.

SÍBẸ̀, adv. Para lá. A lọ síbẹ̀ – Nós fomos lá. V. níbẹ̀. < sí + ibẹ̀.

SÍBẸ̀SÍBẸ̀, SÍBẸ̀, adv. Ainda assim, todavia, contudo. Mo jẹun púpọ̀ síbẹ̀síbẹ̀ mi ò yó – Eu comi muito, ainda assim, eu não fiquei satisfeito; Ng kò gbà á gbọ́ síbẹ̀síbẹ̀ – Eu ainda não creio nele; Bótilẹ̀jẹ́pé òjò nrọ̀ síbẹ̀síbẹ̀ èmi yíò lọ kí i – Embora esteja chovendo, eu irei cumprimentá-lo; Síbẹ̀ ìwà àìlábòsí ṣe pàtàkì – Todavia, a honestidade é importante.

SÍBI, adv. Para um lugar. Ó pè é síbi àsè – Ele me convidou para um lugar no banquete. V. níbi – no lugar. < sí + ibi.

SÍBÍ, adv. Para aqui. Ó wá síbí – Ela veio para cá. V. níbí. < sí + ibí.

SÍBÌKAN, adv. Para algum lugar. Ó lọ síbì kan – Ela foi para algum lugar. Obs.: ibì + kan = ibìkan. V. níbìkan.

SÍBÒMÍRÀN, adv. Para outro lugar. Ó lọ síbòmíràn – Ele foi para outra parte, outro lugar. V. níbòmíràn.

SÍBO NI, adv. Para onde? Síbo ni o nlọ = Síbo lo nlọ – Para onde você está indo?

SÍDÍ, adv. Para a base de. Ó lọ sídí ọkọ̀ – Ele foi para a popa do barco. < sí + ìdí.

SÌGÁ, s. Cigarro (do inglês cigarette). Sìgá ti ṣe kúpa àràádọ́ta ọ̀kẹ́ ènìà – O cigarro já matou milhares de pessoas; Mo mú sìgá kúrò pátápátá – Eu peguei o cigarro e o afastei completamente. V. tábà.

SÌGÀSÌGÀ, adv. Tremulamente.

SÌGỌ̀-SÌGỌ̀, SÙWỌ̀-SÙWỌ̀, adj. Desalinhado, desmazelado, relaxado. Ènìà sìgò-sìgò – uma pessoa relaxada.

SIGBẸ̀, v. Guardar para uso futuro.

SÍGBỌ̀NLẸ̀, adj. Alto e forte. Ó sígbọ̀nlẹ̀ jù èmí lọ – Ele é alto e mais forte do que eu.

SÍHÀ, prep. Em direção a, para o lado de. < sí + ìhà.

SÍHÍN, adv. Aqui, para aqui. Wá síhìn – Venha cá; Ó wà níhín – Ele está aqui. V. níhín. < sí + ìhín.

SÍHÍNSỌ́HÚN, adv. Para lá e para cá, aqui e ali. Nwọ́n fẹ́ràn láti máa sáré síhin, sáré sọ́hún – Eles gostam de correr para lá e para cá; Ó lọ síhínsọ́hún – Ele foi para lá e para cá.

SÍJÀ, s. Conflito, luta.

SÍKÉ̩È̩TÌ, *s.* Saia (do inglês *skirt*).

SÍKÍ, *s.* Tipo de atabaque.

SÍKÍNÍBI, SÍNKÍNÍBI, *s.* Gíria para definir "fêmea".

SÍLÁRA, *v.* Tremer o corpo. *Ò̩pò̩ló̩ sé̩ gìrì sí mi lára* – A rã tremeu e teve uma convulsão.

SILÉ, *v.* Diminuir a temperatura do corpo. *Ara rè̩ silé* – A febre dele diminuiu, a temperatura do corpo dele diminuiu.

SÍLÈ̩, *v.* Estabelecer-se, fixar-se. < *sí + ilè̩.*

SÍLÈ̩, *adv.* Da altura do chão para baixo. Usado como segundo componente na composição de verbos para ter os seguintes sentidos: *Ó bé̩ sílè̩* – Ele saltou para baixo; *Ó s̩ubú sílè̩* – Ele deslizou e caiu; *Ó sè é sílè̩* – Ela cozinhou isto e levou para o fogo; *Wó̩n fis̩é̩ sílé̩ láìse* – Eles deixaram o trabalho inacabado, sem fazer; *O̩mo̩ mi kò lè fi té̩té̩ títa sílè̩* – Meu filho não conseguiu parar de jogar (*lit.* não conseguiu pôr o jogo para baixo). *V. kalè̩.*

SÍLÍKÀ, *s.* Silicone (do inglês *silicon*).

SÍLÍKÌ, *s.* Tecido de seda (do inglês *silk*).

SIMÈ̩DO̩, *v.* Manter a calma, controlar-se.

SÍMÉ̩NTÌ, *s.* Cimento (do inglês *cement*).

SIMI, SINMI, *v.* Descansar, fazer uma pausa, ficar quieto. *Ó nsinmi* – Ela está descansando.

SIN, *adv.* Anteriormente, primeiramente, antes de. *Ó s̩e is̩é̩ sin ó̩* – Ele fez o trabalho na frente de você; *Ó dáyé sin mí* – Ele é mais velho do que eu (*lit.* ele vive no mundo antes de mim).

SIN, *v.* 1. Enterrar, esconder. *Wó̩n sin owó* – Eles enterraram o dinheiro. 2. Amadurecer uma fruta à força. *Ó sin ò̩gè̩dè* – Ele amadureceu a banana.

SÍN, *v.* 1. Enfiar algo, contas ou búzios. *Ó sín sègi sí òwú* – Ele enfiou as contas no cordão; *Ó sín èwú* – Ela pôs a blusa de forma generosa. 2. Espirrar. *Má sín sí mi lára* – Não espirre em cima de mim. 3. Lancetar, cortar. *Ó sín mi ni gbé̩ré̩* = *Ó sín gbé̩ré̩ fún mi* – Ele me lancetou. 4. Quebrar (um verbo raramente usado). *Ó sín èkùró̩* – Ele quebrou a semente.

SÌN, *v.* 1. Acompanhar, conduzir, escoltar. *Ó sìn mí lo̩* – Ele me acompanhou; *Ó ojú sìn mí* – Ele me acompanha em espírito (*lit.* ele me acompanhou pelos

SÌN – SÍNWÍN

olhos). **2.** Cobrar, reclamar, reivindicar. *Ó sin owó rẹ* – Ela reclamou o dinheiro dela. **3.** Dominar, servir um superior. *Ó sìn mí* – Ele me serviu; *Ó sin Ọlọ́run* – Ele serve a Deus; *Ó mú mi sìn* – Ele me pegou à força, me dominou. **4.** Cultuar, cuidar, devotar, adorar. *Òrìṣà ni a nsìn* – Nós cultuamos os orixás. *ìsìn = ẹ̀sìn* – culto, religião.

SINDÈ, *v.* Brincar de um jogo no qual algo é escondido em montões de terra ou areia, para uma pessoa descobrir.

SINGBÀ, *v.* Trabalhar ou prestar serviço por um tempo, para pagar dívidas. *Ó singbà lọ́dún kan* – Ele trabalhou como um escravo por um ano. < *sìn + ìgbà*.

SÍNGBẸ́RẸ, *v.* Fazer uma incisão com uma lanceta.

SÌNÌKA, *s.* Um metal branco.

SINIMA, **SÌNÌMỌ**, *s.* Cinema (do inglês *cinema*). *Ṣé o ti lọ sí sinima?* – Você tem ido ao cinema?

SIN-IN, *adv.* Clamorosamente, de modo barulhento.

SÍNJẸ, *v.* Imitar, fazer mímica. *Ó nsín mi jẹ* – Ele está me imitando.

SÌNKÌN, *adj.* e *s.* Gorduroso, gordura. *Ẹran yìí lọ́rá sínkìn* – Esta carne é rica em gordura.

SÌNKÌN-SÌNKÌN, *adv.* Deliciosamente, alegremente. *Ó nyọ̀ sìnkìn-sìnkìn* – Ela é deliciosamente feliz.

SÌNKÚ, *v.* Enterrar um defunto. *Ó sìnkú ẹ̀gbọ́n rẹ* – Ele enterrou a sua irmã.

SÍNKÙRỌ́, *v.* Quebrar a noz da palmeira.

SINLÓWÓ, *v.* Exigir pagamento para uma dívida.

SÍNLỌPA, *v.* Perfurar, amarrar em varas.

SINMI, **SIMI**, *v.* Descansar. *Ó sinmi fún wákàtí kan* – Ele descansou por uma hora.

SINRA, *v.* Entesourar, guardar.

SÌNRÚ, *v.* Trabalhar, trabalhar como um escravo. *Ó sìnrú lọ́dọ̀ mi* – Ele é meu servo. < *sìn + ìrú*.

SÌN-SÌN, **SÍN-SÍN**, *adv.* Muito. *Ó dùn sìn-sìn* – Ele é extremamente doce.

SÍNÚ, *adv.* Para dentro de. *Ẹ̀rù nbà mí láti lọ sínú ilé Èṣù* – Eu tenho medo de entrar na casa de Èṣù. V. *nínú*. < *sí + inú*.

SÍNWÍN, *v.* Estar insano, desequilibrado, louco.

SINWÓ, v. Cobrar, reivindicar uma dívida. *Ó sinwó rẹ̀* – Ele cobrou o dinheiro dele. < *sìn* + *owó*.

SÍỌ̀!, *interj*. Por desgosto.

SÍPA, *prep*. Em direção a.

SÌRÉ, SÈRÉ, s. Espeto de carne.

SIRẸ̀, v. Preparar-se.

SÍSÁ, s. Ato de correr. *A sá àsálà nípa sísálọ* – Nós escapamos correndo.

SÍSAN, *adj*. Pagável.

SÍSÁN, *adj*. Dividido, separado, fendido.

SÍSÁN-ÀRÁ, s. Barulho do trovão.

SÍSANRA, s. Corpulência.

SÍSÁRA, s. Evasão, fuga.

SÍSÁRÉ, s. Corrida. *Nípaa sísáré gbá ló sálọ* – Correndo rapidamente ele escapou.

SÍSÀSÈ, s. Festa, festejo.

SÍSÈ, *adj*. Cozido. *Mo fẹ́ jẹ ẹran sísè* – Eu quero comer carne cozida; *Ẹran sísè ni o fẹ́ ẹ tàbí sísun?* – Você quer carne cozida ou assada (*lit.* é carne cozida que você quer ou assada)?

SÍSẸ̀, s. Pingos, gotejamento.

SÍSẸ́, s. Drenagem, peneiramento, infiltração.

SÍSÍN, s. Ato de espirrar, um espirro. *Mo gbọ́ sísín* – Eu ouvi um espirro.

SÍSÌN, s. Adoração, reverência.

SÍSIN, s. Enterro.

SÍSO, s. Um amarrado.

SÌSORỌ̀, s. Suspensão, elevação. < *so* + *ìsorò*.

SÍSỌ, s. Fala, pronunciamento. *Yorubá sísọ kò nira* – A fala yorubá não é difícil.

SÍSỌDI, s. Conversão, transformação. *Sísọ òkúta di erùpẹ̀* – A conversão de pedra em húmus.

SÍSỌJÍ, s. Revivificação, despertar.

SÍSỌJỌ̀, SÍSỌLỌ́JỌ̀, s. Reunião em algum lugar, um ajuntamento.

SÍSỌ̀SỌKÚSỌ, s. Falatório, murmúrio, disparates.

SÍSÚ, s. Enjoo, náusea.

SÍSUN, s. Ato de assar. *A fẹ́ràn jẹran sísun* – Nós gostamos de comer carne-assada.

SÍSUN, s. Ato de fluir, escoar. *Àkókò ẹkún ni ọkún yẹni sísun* – Há um tempo e um lugar adequado para tudo fluir.

SÍSÙN, s. Sono, ato de dormir. *Mo wà sísùn* – Ele está com sono. V. *sùnjù.*

SÍSÚRÉ, v. Corrida.

SÍSÚRE, s. Ato de abençoar.

SÍTÉRÍÒ, s. Estéreo (do inglês *stereo*).

SÌTÚN, adv. Além do mais, além disso. *Eléyìí sìtún jẹ́ nkan pàtàkì* – Esta é, além disso, uma questão importante.

SÍWÁJÚ, adv. Para frente, à frente. *Ẹni dà omi síwájú yíò tẹ̀ ilẹ̀ tútù* – A pessoa que derramar água na frente andará em cima da terra úmida (provérbio); *Má ṣe náwó rẹ síwájú kí o tó dé ọwọ́ rẹ* – Não gaste o seu dinheiro antes de tê-lo em suas mãos. > *níwájú* – em frente.

SO, v. 1. Amarrar, juntar, atar. *Ó so ọwọ́ mi* – Ele amarrou minhas mãos; *So okùn náà dáadáa* – Amarre bem a corda. > *ìso* – amarração. 2. Ter frutos, frutificar, produzir. *Igi yìí so* – Esta árvore deu frutos. > *èso* – fruta. 3. Pendurar, enforcar. *Ọba kò so* – O rei não se enforcou; *Mo so ó rọ̀ mọ́ àjà* – Eu suspendi isto no telhado.

SÓ, v. Produzir ou emitir ar do estômago, arrotar, peidar. *Ó só fúú* – O ar passou ruidosamente; *A kì í só ní ṣọ́ọ̀ṣì* – Nós não peidamos na igreja.

SÒ, v. Estar solto. *Ìbọ̀sẹ̀ Olú sò púpọ̀* – As meias de Olú estão soltas.

SÒBÌYÀ, s. Lombriga, larva.

SÓDÀ, s. Sódio (do inglês *sodium*).

SÓDE, adj. Exterior, fora. *Ó bọ́ sóde* – Ele retornou do exterior.

SÒDẸ̀, s. Uma mulher linda.

SÒFIN, v. Proibir, fazer cumprir a lei.

SOGUNRÓ, v. Reunir um exército.

SÓKÈ, adv. Para cima, para o alto. *Ó so ó sókè* – Ele o pendurou para o alto. < *sí* + *òkè.*

SÓKÈSÓKÈ, adv. Muito alto.

SÓKÓTÓ, s. Nome de uma cidade.

SÓKÓTÓ, adv. Pequeno. *Ìlú yìí rí sókótó* – Esta cidade parece ser pequena.

SÒKÒTÒ, ṢÒKÒTÒ, *s.* Calça. *Ó wọ sòkòtò funfun* – Ele vestiu uma calça branca.

SOKÓ, *v.* Pendurar, enganchar, enfiar-se em. *Ó sokó sórí igi* – Ele se pendurou no alto da árvore.

SOKÚ, *v.* Enforcar-se.

SOLÙ, SOPỌ, *v.* Amarrar junto.

SOMỌ́, *v.* Amarrar junto, ajuntar, agarrar, aderir. *Mo somọ́* – Eu amarrei junto; *Ó so ó mọ́ ara* – Ele o amarrou junto ao corpo.

SOMỌ́LẸ̀, *v.* Amarrar, prender. *Mo so ewúrẹ́ mọ́lẹ̀* – Eu amarrei a cabra.

SOMỌ́RA, *v.* Aderir, estar apegado. *Ó so mọ́ra* – Ele está apegado ao seu corpo.

SOMỌ́RÙN, *v.* Amarrar o pescoço. *Ó kọ́lù mọ́rùn* – Ele amarrou uma corda no pescoço.

SÓMÚ-SÓMÚ, *adj.* Estreito, afilado. *Ọ̀bẹ yìí rí sómú-sómú* – Esta faca ficou estreita num ponto.

SÒNÀDÉ, *v.* Manter afastado. *Ó sònà dè mí* – Ele me manteve à distância.

SÓNÚ, *v.* Estar mal-humorado, emburrado. *Ó sónú* – Ele está emburrado.

SOPA, *v.* Suicidar-se. *Ó so lọ́rùn pa* – Ele se matou pendurando-se pelo pescoço.

SÒPÁ, *v.* Ter hidrocele. < *so* + *ìpá*.

SÒPÀNPÁ, *v.* Conspirar, fazer intriga. *Wọ́n sòpànpá lé e lórí* – Eles fizeram intriga contra ela.

SOPỌ̀, SOPỌ̀ṢỌKAN, *v.* Unir duas coisas formando uma só. *Ó so wọ́n pọ̀* – Ele os amarrou juntos.

SÓRÍ, *prep.* e *adv.* Para cima de. *Ọ̀bọ nlọ sórí igi* – O macaco está indo para cima da árvore. *V. lórí.* < *sí* + *orí.*

SORÍKODÒ, *v.* Estar abatido, desesperado.

SÒÓTỌ́, *v.* Falar a verdade. < *sọ* + *òótọ́.*

SOPỌ̀, *v.* Amarrar junto.

SÓRÍ, *prep.* Para cima de. *Fi omi dúdú sórí iná* – Ponha o café no fogo; *Ó fi aṣọ sórí èjìká rẹ̀* – Ele colocou o tecido em cima do ombro. < *sí* + *orí.*

SORÍKODÒ, *v.* Estar abatido, desanimado.

SORÍKỌ, *v.* Baixar a cabeça, estar desanimado, deprimido.

SORÓ, *s.* Tristeza, depressão.

SORÒ, *v.* Suspender, pendurar. *Ó so ó rò mọ́ àjà* – Eu suspendi isto do telhado.

SÒSÉ, *adv.* Diretamente, imediatamente. *Lọ sílé sòsé* – Vá diretamente para casa.

SOWỌ́LÙ, **SOWỌ́PỌ̀**, *v.* Unir as mãos, combinar. *A sowọ́pọ̀* – Nós nos unimos, cooperamos um com o outro.

SOYÌGÌ, *v.* Casar de acordo com o rito muçulmano. *Mo so yìgì fún Bísí* – Eu noivei com Bisí.

SỌ, *v.* **1.** Falar, conversar. *Ó sọ bẹ̀ẹ̀ fún mi* – Ele falou assim para mim; *Kíni wọ́n sọ?* – O que eles disseram?; *Ó sọ sọ sọ sọ* – Ele falou por muito tempo. *V. sòrò.* **2.** Desabrochar, brotar, converter, transformar. *Igi yìǐ sọ jáde* – A árvore desabrochou as folhas; *Ọtí sọ mi* – A bebida me reviveu. *V. sọjí.* **3.** Bicar, furar. *Ẹiyẹ nsọ igi* – O pássaro está bicando a madeira. **4.** Arremessar, atirar, lançar, jogar. *Ó sọ òkúta sí mi* – Ele atirou uma pedra em mim. **5.** Oferecer algo. *Orógbó ni wọ́n sọ sí Sàngó* – Foi noz-de-cola que eles ofereceram para Sàngó (para outras divindades usar *dà*). **6.** Cavar, encravar. *Ó sọ apo nílé* – Ele encravou um poste na terra. **7.** Arruinar, estragar. *V. sọdi.*

SỌ́, *v.* Empurrar, fazer entrar. *Ó sọ́ okó sínú òbò* – Ele empurrou o pênis para dentro da vagina; *Ó sọ́ mi sí jáde* – Ele me empurrou para fora.

SỌ̀, *adv.* Desamparadamente. *Ọmọdé náà kò lè dá sọ̀* – A criança não pode ser criada desamparadamente.

SỌ̀, *v.* **1.** Discutir, reclamar, resmungar. *Ó bá mi sọ̀* – Ele resmungou comigo. > *asọ̀* – discussão, disputa. **2.** Colocar no chão como uma carga, descarregar. *Ó sogbá rè kalẹ̀* – Ele descarregou uma cabaça contendo artigos. **3.** Descer de um lugar alto. *Ó sọ̀ kalẹ̀* – Ele desceu a escada; *Ó sọ̀ nínú ọkọ̀* – Ele desceu do veículo.

SỌ̀Ọ̀, *adv.* Facilmente. *Ó wọlé sọ̀ọ̀* – Ele entrou em casa facilmente.

SỌ-ÀSỌDÙN, *v.* Exagerar (falar com exagero).

SỌ-ÀSỌYÉ, *v.* Definir, explicar, falar com clareza.

SỌBÓTIBÒTI, *v.* Murmurar, balbuciar.

SỌBÓTÓ, *v.* Ser eloquente, bem-falante. *Ó nsòrò sọbótó* – Ele está falando com eloquência.

SỌ̀Ọ́BÙ, *s.* Depósito, armazém.

SỌDÁ, *v.* Cruzar, atravessar. Ó sọ ọnà dá – Ele cruzou o caminho.

SỌDÀ, *v.* Transformar. *V. sọdi*.

SỌDÀBÍ, *v.* Fazer parecer como, assemelhar.

SỌDI, SỌDÀ, *v.* Transformar, converter. Ó sọ ẹsin burúkú di rere – Ele transformou um cavalo ruim num bom; Ó sọ mí di ọmọ rẹ̀ – Ela me adotou como filho dela. < sọ + di.

SỌDÍ, *v.* Encher um lugar escavado, encher um lugar vazio. < sọ + dí.

SÒDÍ, *v.* Explicar, comprovar. Ó sòdí ọ̀rọ̀ yìí – Ela explicou esta matéria. < sọ + ìdí.

SỌDI-AHORO, SỌDAHORO, *v.* Devastar.

SỌDI-ÀÌMỌ́, *v.* Poluir, sujar.

SỌDI-ARA, *v.* Encarnar, converter em carne, incorporar.

SỌDI-ÈÉRÍ, SỌDÈÉRÍ, *v.* Tornar sujo, desonrar.

SỌDÌBÀJẸ́, SỌDÌBÚBURÚ, *v.* Corromper, poluir.

SỌDI-MÍMỌ́, *v.* Purificar, santificar, converter numa limpeza. Ọlọ́run sọ ọ́ di mímọ̀ – Deus o santificou.

SỌDI-MÍMỌ̀, *v.* Tornar-se conhecido, ficar em evidência. Ó sọ ara rẹ̀ di mímọ̀ fún mi – Ele se tornou conhecido por mim.

SỌDI-NLÁ, *v.* Alargar, engrandecer. Ó sọ ọ́ dilẹ́kọ́ nlá – Ele a transformou em uma grande escola.

SỌDI-ÒFO, SỌDÒFO, *v.* Tornar vazio, esvaziar.

SỌDI-OLÓKÙNRÙN, *v.* Tornar-se doente, ficar inválido.

SỌDI-ÒMÌNIRA, *v.* Tornar-se livre.

SỌDI-ÒMÙGỌ̀, SỌ̀DÒGỌ̀, *v.* Tornar estúpido, idolatrar.

SỌDI-ÒRÌṢÀ, SỌDÒRÌṢÀ, *v.* Transformar-se num ídolo, divinizar, deificar. Ó sọ mí di òrìṣà – Ele me idolatrou.

SỌDI-ỌMỌ, SỌDỌMỌ, *v.* Adotar uma pessoa como seu filho. Ó sọ mí dọmọ rẹ̀ – Ela me adotou como filho dela; Mo sọmọ rẹ dọmọ – Eu adotei seu filho.

SỌDI-Ọ̀TUN, SÒDỌ̀TUN, *v.* Renovar, tornar novo, restaurar. Mo sọ ọ́ dòtun – Eu o rejuvenesci, eu fiz isso de novo.

SỌDI-RERE – SỒKALỀ

SỌDI-RERE, v. Transformar numa coisa boa. Ó sọ ènìà burúkú di rere – Ele transformou uma pessoa má numa boa pessoa.

SỌDÒFO, v. Cancelar, tornar nulo. Ó sọ òfin yìí dòfo – Ele revogou essa lei, < sọ + di + òfo.

SỐDÒ, prep. Para perto de, na presença de, em direção a. É usada depois de um verbo de ação e somente para pessoas. Ó wá sọ́dò mi – Ele veio em minha direção; Mo nlọ sọ́dò dọ́kítà – Eu estou indo para o médico. < sí + òdò.

SỌDÒKAN, v. Unir, aproximar. Ó sọ wá dòkan – Ela nos uniu.

SỒFÍYÒ, s. Agrimensor.

SỐGỐ, v. Empurrar. Ó sọ́gọ́ mi – Ele me empurrou.

SÒGÓ, s. Um estilo de penteado feminino que trança os cabelos.

SỌGBÀ, v. Fazer uma cerca de madeira ao redor de uma casa. < sọ + ọgbà.

SỌGBÁ, v. Consertar uma cabaça quebrada, costurando as partes com vime. < sọ + igbá.

SỌGBÁKALỀ, v. V. sòkalè kalè.

SỌGBÈ, v. Ficar ao lado de, ser próximo a. Ilé rè sọgbè tèmi – A casa dele fica ao lado da minha.

SỐHÚN, adv. Lá, para lá. Ó lọ sọ́hún – Ele foi para lá. V. lọ́hún. < sí + òhún.

SỌ ÌTÀNKÁ, v. Emitir radiação.

SỌJẸ, v. Bicar. Ẹiyẹ yìí sọ mí jẹ – Esse pássaro me bicou.

SỌJÍ, v. Despertar, converter. Ìwàásù rè sọ wá jí – O sermão dele me regenerou.

SỌJÁDE, v. Gritar, falar. Ó sọ jáde – Ele falou alto; Igi yẹn sọjáde – Aquela árvore deu brotos.

SỌJẸ, v. Cortar com o bico como uma galinha etc. Ẹiyẹ yìí sọ mí jẹ – Este pássaro me picou.

SỌJÍ, v. Recuperar-se de um desmaio, despertar. Ó sọ mó jí – Ele me despertou.

SỐJỌ, v. Juntar, reunir, coletar.

SỌJÒ, v. Ser restrito a uma área. Ó fi kèké mi sọjò fún mi – Ele colocou minha bicicleta num canto para mim; Ó fi mí sọjò ní ọgbà – Ele me manteve seguro no jardim. V. fisọjò.

SÒKALỀ, v. Colocar no chão, descer, desmontar. Ó sọ igbá kalè – Ele colocou as cabaças no chão. V. sọgbákalè.

SÒKÈSÒKÈ, s. Intimidade. *Sòkèsòkè wọn pọ̀* – A intimidade deles é muito grande.

SÓKÌ, v. Encolher, reduzir. *Aṣọ rẹ̀ sọ́kì* – A roupa dela encolheu.

SỌKIRI, v. Publicar, proclamar, divulgar.

SÒKO, v. Jogar pedra, atirar um objeto. *Ó sọ́ko sí mi* – Ele atirou um objeto em mim.

SỌKÚN, v. Chorar, lamentar. *Wọ́n sọkún pèrèpèrè* – Eles choraram amargamente. < *sọ* + *ẹkún*.

SỌLẸ́, v. Saquear uma casa, pilhar. *Ó sọlẹ́ sílé mi* – Ele entrou em minha casa.

SỌLẸ̀, v. Cavar, embutir. *Ó sọlẹ̀* – Ele cavou o chão; *Ó fi ọbẹ sọlẹ̀* – Ele embutiu uma faca no chão; *Ó fi ìpilẹ̀ ilé èkọ́ náà sọlẹ̀* – Ele fez a fundação para a construção da escola.

SỌLẸ́NU, v. Culpar. *Ó sọ mí lẹ́nu* – Ele achou culpa em mim.

SỌLÓFIN, v. Comandar, proibir, executar uma lei.

SỌLÓÒGÙN, v. Envenenar. *Ó sọ mí lóògùn* – Ele tentou me envenenar.

SỌLỌ́KÚTA, v. Apedrejar. *Ó sọ mí lókúta* – Ele jogou uma pedra em mim.

SỌLÓRÚKỌ, v. Nomear, dar nome a, difamar. *Ó sọ mí lórúkọ* – Ele me difamou.

SỌLÙ, v. Atacar, assaltar, atirar algo em.

SỌLÙRA, v. Colidir, confrontar numa batalha. *Wọ́n sọlura fún ìjà* – Eles entraram em confronto.

SỌMÉJÌ, v. Equivocar, falar demais, ser linguarudo. *Ó sọ méjì* – Ele é enganador, ele tem duas palavras.

SỌMÍDỌLỌ́TỌ̀, OLÓYO, s. Tipo de macaco com pelo amarelado.

SOMỌ́, v. Encaixar, entrelaçar. *Wọ́n sọmọ́ arawọn* – Eles estão entrelaçados.

SÓMỌ́RA, v. Colocar uma coisa perto da outra.

SỌNDÈ, v. V. sandá.

SÓNGO, s. Acampamento de caravanas (do hauçá *zángò*).

SỌNÍGBÒ, v. Arremeter-se um contra o outro. *Ó sọ mí nígbò* – Ele se jogou contra mim; *Ọmọdé wọ̀n yìí nṣe arawọn nígbò* – Estas crianças estão jogando o corpo um contra o outro no jogo.

SỌNÍKO, v. Bater de leve na cabeça ou numa criança como punição. *Ó sọ ọmọ mi síkó* – Ele bateu na cabeça do meu filho.

SỌNÍPA, v. Falar sobre algo, acerca de. *Ó sọ nípa mi dáadáa* – Ele falou bem de mim.

SỌNU, *v.* Comer à noite, quebrando o jejum dos maometanos.

SỌNÙ, *v.* Perder, sumir. *Owó mi sọnù* – Meu dinheiro desapareceu; *Ọmọ mi sọnù* – Meu filho se perdeu; *Mo sọ owó mi nù* – Eu perdi meu dinheiro; *Ó sọ léẹ̀dì náà nù* – Ela perdeu a caneta.

SỌPỌ̀, *v.* Consertar, reparar. *Ó sọ ó pọ̀* – Ele consertou isso.

SỌ́RAKÌ, **SÚNKÌ**, *v.* Contrair, encolher.

SỌRANÙ, *v.* Ser descuidado consigo mesmo. *Ó ti sọra nù* – Ele está nas últimas.

SỌRÍ, *v.* Designar uma parte, dividir. *Ó sọrí mi* – Ele deu para mim a minha parte.

SÒRỌ̀, *v.* Conversar, falar. *Sòrọ̀ sókè fún gbogbo wa* – Fale alto para todos nós; *Ó sòrọ̀ sí mi búburú lẹ́hìn mi* – Ela falou mal de mim pelas costas; *isọ* – conversa; *ìsòrò* – conversação; *isọkúsọ̀* – conversa inútil; *àsọyé* – explanação. *Obs.: sọ + ọ̀rọ̀ = sòrọ̀.*

SÒRỌ̀LÙ, **SÒRỌ̀PỌ̀**, *v.* Falar simultaneamente, falar em coro. *Wọ́n nsòrọ̀lù* – Eles estão falando todos juntos.

SÒRỌ̀LẸ́HÌN, *v.* Caluniar, falar pelas costas. *Ó sòrọ̀ lẹ́hìn mi* – Ela falou de mim pelas costas. *< sọ + ọ̀rọ̀ + lẹ́hìn.*

SỌSÓKÈ, *v.* Atirar, lançar para o alto. *Ó sọ okùn sókè* – Ele atirou a corda para o alto. *V. sókè.*

SÒSỌKÚSỌ, *v.* Falar bobagens.

SỌ̀TÀN, *v.* Contar uma história, narrar. *Bàbáláwo sọtàn Ifá* – O babalaô contou uma história de Ifá. *< sọ + ìtàn.*

SỌTÁN, *v.* Falar tudo o que deseja. *Ó sọ àsọtán* – Ele disse tudo o que tinha que dizer, ele falou até o fim. *< sọ + ìtàn.*

SỌTẸ́LẸ̀, *v.* Contar coisas antecipadamente, profetizar. *Ó sọ tẹ́lẹ̀ fún mi* – Ele fez uma previsão para mim.

SỌTÌ, *v.* Fazer uma declaração incompleta. *Ó sọ ó tì* – Ele falou pouco sobre isso.

SỌTINÚẸNI, *v.* Falar o que está na mente da pessoa.

SỌ́TỌ̀, *adv.* Separadamente, à parte. *Ó yà wọ́n sọ́tọ̀* – Ele os dividiu um do outro, separadamente. *V. yàtọ̀.*

SỌWÒ, v. Testar o peso de alguma coisa equilibrando na palma da mão.

SỌWÒ, v. Atacar de novo como uma doença. *Wọ́n sọ wá wò* – Eles nos atacaram de surpresa.

SÒYÀ, v. Bater no peito. *Ó sòyà* – Ele bateu no peito. < *sọ* + *àìyà*.

SỌYÉ, v. Explicar. *Ó sọ ọ́ àsọyé* – Ele explicou isto.

SU, v. Esvaziar o intestino. *Tani ó féẹ́ su?* – Quem gostaria de defecar, de usar o banheiro?

SÚ, v. 1. Semear. *Mo féẹ́ sú wóró ata* – Eu quero semear pimenta. 2. Vender a varejo, vender em pequenas quantidades (óleo, licor etc.) 3. Cansar, incomodar. *Mo sú láti ṣe yìí* – Estou cansado de fazer isto; *Ó sú mi* – Estou cansado. 4. Assobiar. *Ó súfé fún mi* – Ele assobiou para mim. > *asúfé* – assobio. V. *súfé*. 5. Trocar. *Ó fi èyí sú fún mi* – Ele deu isso em troca para mim. 6. Detestar, enjoar, constranger, repugnar. *Iṣẹ́ yìí sú mi* – Esse trabalho me encheu. 7. Comprar uma quantidade por medida. *Ó sú epo* – Ele comprou óleo por medida. 8. Mancar. 9. Abrir, cavar. 10. Brotar, aparecer em grande quantidade na superfície.

SÙ, v. 1. Amontoar, coagular como o óleo. *Amòkòkò su amọ̀* – O oleiro amontoou o barro.

SÚÚ, adv. Deliberadamente, extensivamente, inumeráveis. *Wọ́n pọ̀ súú* – Eles são inumeráveis.

SÙÙ, adv. Profundamente. *Ó gún sùù* – Ele apunhalou profundamente.

SÚÀ, **SÚWÀ**, adv. Extensivamente.

SÚBÒ, v. Estar coberto de mazelas, catapora, sarampo etc. *Irorẹ́ súbò mí lójú* – Meu rosto está coberto de acne.

SÙBỌ̀, v. Ter bastante, poupar.

SÚẸ́-SÚẸ́, **SÚWẸ́-SÚWẸ́**, adv. Indolentemente, preguiçosamente, vagarosamente. *Iṣẹ́ súwẹ́-súwẹ́ ló nṣe* – É um trabalho vagaroso que ele está fazendo; *Súẹ́-súẹ́ ni ó nṣiṣẹ́* – É preguiçosamente que ele está trabalhando.

SÚFÉ, v. Assobiar. *Ó súfé fún mi* – Ele assobiou para mim. < *sú* + *ifé*.

SÙGỌ̀, adv. Estupidamente.

SÙGỌSÙGỌ, s. Estupidez, tolice, embaraço.

SUKÉ, v. Ser corcunda. *Ó suké* – Ele é um corcunda. *asuké* = *abuké* – corcunda.

SÚKESÚKE, s. Soluço.

SÙKÚÙ, **SÙKÚRÙ**, s. Escola (do inglês *school*). Ṣé ọmọ sùkúrù ni ọ́? – Você é estudante? = *ilé ẹ̀kọ́*.

SÚKU-SÙKU, *adj.* Bronco.

SÚLÍYÀ, s. Tipo de vestido branco ou toga que vai até o joelho e é aberta dos lados.

SÚLÓJÚ, *v.* Espantar-se, surpreender, ficar pasmo. Ó sú mi lójú – Ele me surpreendeu.

SUN, *v.* **1.** Assar, grelhar, queimar. Ó sun pápá – Ele queimou a grama; A sun ìwé náà nínú iná – Ele queimou o papel no fogo. **2.** Fluir como água, escoar. Omi sun jáde – A água fluiu para fora.

SÚN, *v.* **1.** Mover, empurrar, arrastar. Ó sún mi já – Ele me instigou a lutar; Ó sún mi sínú rẹ̀ – Ele me empurrou para junto dela. **2.** Picar, furar. Ẹ̀gun sún mi lọ́wọ́ – O espinho furou a minha mão. **3.** Trocar. Adé kọ̀ láti sún – Adê recusou trocar.

SÙN, *v.* **1.** Dormir. Mo sùn sórí ibùsùn mi – Eu dormi na minha cama; Mo sùn fọ́nfọ́n – Eu dormi profundamente. **2.** Acusar, processar. Ó fi mí sùn – Ele me acusou. > *asunni* – acusador. **3.** Apontar uma arma, mirar. Mo fibọn sùn fún un – Eu apontei a arma para ele.

SÙN-ÙN, *adv.* Cansativamente, de forma esgotada.

SUUN, *adv.* Estranhamente, significativamente.

SÚNÀ, *adj.* Título, lei entre os muçulmanos.

SÚNNÁ, *v.* Instigar uma disputa, alimentar uma briga. Ó súnná sí ọ̀rọ̀ náà – Ele botou fogo naquela discussão.

SÙNBỌ̀, *v.* Ser suficiente. Ó sùn mí bọ̀ – É mais que suficiente para mim.

SUNDÉRÚ, *v.* Queimar até virar cinzas. < *sun + di + érú*.

SÙNFẸ̀ẸRẸ̀, **SÙNYẸ́**, *v.* Tirar uma soneca.

SÙNFỌ́NFỌ́N, *v.* Dormir profundamente. Ó nsùn fọ́nfọ́n – Ela está dormindo profundamente.

SÚNJÀ, *v.* Instigar, açodar, estimular para uma luta. Ó sún mi jà – Ele me incitou a lutar.

SUNJẸ, *v.* Vitimar. Ó sun mí jẹ – Ela me vitimou.

SUNJÁDE, *v.* Pular adiante, escoar para fora. *Omi sun jáde* – A água fluiu para fora.

SÙNJÙ, *v.* Dormir demais. *Ó súnjù* – Ela dormiu demais.

SÚNKÌ, **SỌ́KÌ**, *v.* Encolher, contrair. *Ẹ̀wù yìí súnki* – Esta blusa encolheu.

SÙNKÚN, *v.* Chorar, prantear. *Ó nsunkún fún mi* – Ele está chorando por mim. < *sun* + *ẹkún*.

SÚNKUNSÍ, *v.* Fungar, aspirar rapé etc. < *sún* + *ikun* + *sí*.

SÙNLÉ, *v.* Desmamar uma criança do peito.

SÚNMỌ́, **SÚNMỌ́DỌ̀**, *v.* Aproximar, chegar perto de. *Ó súnmọ́ ọ̀dọ̀ mi* – Ele se aproximou de mim.

SÚNMỌ́LÉ, *v.* Estar à mão, perto. *Àyájọ́ mi súnmọ́lé* – Meu aniversário está perto; *Òpin ti súnmọ́lé* – O fim está próximo.

SÙNMỌ̀MÍ, *s.* Assalto, pilhagem. *A gbé sùnmọ̀mí lọ sílú náà* – Nós invadimos aquela cidade.

SÚNMỌ́TÒSÍ, **SÚNMỌ́LÉ**, *v.* Estar próximo, estar na vizinhança. *Ilé rẹ̀ súnmọ́ tòsí ilé mi* – A casa dela é próxima da minha.

SÚNNÁ, *v.* Economizar. *Ó nsúnná owó* – Ele está economizando dinheiro. < *sún* + *ná*.

SÚNNÁ, *v.* Agravar, exacerbar. *Ó súnná sí ọ̀rọ̀ náà* – Ele exacerbou aquela disputa, ele botou fogo na discussão. < *sún* + *iná*.

SÚNRAKÌ, *v.* Contrair, ser cauteloso. *Mo súnrakì* – Eu era cauteloso; *Irin yìí máa nsúnrakì* – Este metal contraiu. > *ìsúrankì* – contração, precaução, encolhimento.

SÚNRAMÚ, *v.* Ser cuidadoso. *Súnramú kí òjò máa ba pa ọ́ lọ́nà* – Tome cuidado que a chuva pode lhe molhar no caminho. < *sún* + *ara* + *mú*.

SUNRUNSUNRUN, *s.* Sonolência, doença do sono. = *ọ̀rẹ̀rẹ̀*.

SÚNSẸ̀, *v.* Mancar. *Ó súnsẹ̀* – Ele está mancando. < *sún* + *ẹsẹ̀*.

SÚNSÍWÁJÚ, *v.* Empurrar para frente, adiar, promover alguma coisa. *Mo sún kẹ́rẹ́ síwájú sí i* – Eu dei um pequeno empurrão nele.

SÙNTẸ̀LÉ, *v.* Dormir ao lado. *Ó sùn tẹ̀lé mi* – Ele dormiu ao meu lado.

SUNWỌ̀N, *v. e adj.* Bom, agradável. *Ó sunwọ̀n jù èyí lọ* – Ela é melhor que está.

SÙỌ̀-SÙỌ̀, *adj.* V. *sùwọ̀-sùwọ̀*.

SÚPESÚPE, *adv.* Convulsivamente. *Ó mí súpesúpe* – Ele respirou convulsivamente.

SÚRÀ, *s.* Tipo, variedade. *Irúu súrà wo ni?* – Qual é o tipo, a variedade?

SÚRÉ, SÁRÉ, *v.* Correr, apressar-se. *A sáré sílé* – Nós corremos para casa.

SÚRE, SÚREFÚN, *v.* Abençoar, semear bondade. *Ọlọrun súre fún ọ* – Deus o abençoe (*lit.* Deus dê bênçãos para você). < *sú* + *ire.* = *bùkún.*

SÚRÉMBÁJÀ, *v.* Debater-se desesperadamente. < *súré* + *m* + *bájà.*

SÚRÉṢÁÁJÚ, *v.* Correr antes de outro.

SÙÚRÙ, *s.* Paciência. *Ó mú sùúrù fún mi* – Ela tem paciência comigo; *Sùúrù mi tán* – Minha paciência terminou; *Ó ṣe ènìà sùúrù* – Ele é uma pessoa paciente.

susu, *adv.* Totalmente. *Ó run susu* – Ele está totalmente extinto.

sùsù, *adv.* Comportadamente. *Ó sọ sùsù* – Ele se regenerou comportadamente.

sùsù, suu-suu, *adv.* Inexpressivamente. *Ó wò sùsù* – Ele olhou inexpressivamente.

SÚSÙSÚ, *adv.* Furtivamente, às escondidas. *Ó pa súsùsú* – Ele entrou, olhou ao redor e saiu.

SÚTÀ, *v.* Vender produtos em pequenas quantidades, vender a varejo. *Ó nsú ọtí tà* – Ele vendeu aguardente.

SÚTÀ, *exp.* Usada pelos muçulmanos. *Ó ta sútà fún mi* – Ele fez um truque sujo para mim.

SÙTI, ṢÙTI, *s.* Assobio, silvo, sibilo.

SÚWÀ, SÚÀ, *adv.* Extensivamente.

SÚWẸ́-SÚWẸ́, SÚẸ́-SÚẸ́, *adv.* Vagarosamente, lentamente. *Iṣẹ́ súwẹ́-súwẹ́ ló nṣe* – Ele está trabalhando vagarosamente (*lit.* é um trabalho muito vagaroso que ele está fazendo).

SÚWẸ̀TÀ, *s.* Suéter (do inglês *sweater*).

SÚWỌ́-SÚWỌ́, SÚỌ́, *obs.*: *Ó bẹ súọ́* – Ele aconteceu nas condições previstas.

SÙWỌ̀-SÙWỌ̀, SÌGỌ̀-SÌGỌ̀, *adj.* Desalinhado, desmazelado, relaxado. *Ènìà sìgò-sìgò* – uma pessoa relaxada.

SÚYỌ, *v.* Deixar de lado. *Ìwà èdá tí a yípadà súyọ* – Um comportamento que nós mudamos e deixamos de lado.

ṢÁ, *v.* **1.** Cortar, ferir com objeto cortante. *Ó fi àdá ṣá mi* – Ele me feriu com um alfanje; *Ṣá ẹran yẹn sí méjì* – Corte a carne em dois. **2.** Ser desbotado, murcho, velho, deteriorado. *Òdòdo yìí ṣá* – Estas flores estão murchas; *Ọnjẹ yìí ṣá lẹ́nu* – Esta comida está insípida, sem gosto.

ṢÁ, *adv.* Meramente, somente, simplesmente. *Mo fèsì kan ṣá* – Eu fiz apenas uma réplica; *Mo kéré bẹ́ẹ̀ ṣá* – Eu sou assim, meramente pequeno.

ṢÀ, *v.* **1.** Catar, pegar um por um. *Ó sà wọ́n nílẹ̀* – Ele os pegou no chão. **2.** Escolher, selecionar. *Ó ṣa erèé ní àwo* – Ele catou feijão no prato. V. *sà.* > *àsàyàn* – escolha, eleição.

ṢÀBA, *v.* **1.** Incubar, chocar. *Adìẹ yìí nṣàba* – A galinha está chocando os ovos dela. **2.** Sitiar, cercar. *Wọ́n sàba ti ìlú náà* – Eles cercaram aquela cidade. < *ṣe + àba*.

ṢÁBÁ, *s.* Pulseira em forma de corrente, bracelete.

ṢÁBAṢÀBA, *adv.* Desajeitadamente, grosseiramente. *Ó wọṣọ ṣábaṣàba* – Ela vestiu a roupa desajeitadamente.

ṢÁBOLẸ̀, *v.* Cair ao chão ferido.

ṢÀBÙKÙ, *v.* Ser infame, desonroso. *Ó sàbùkù ara rẹ̀* – Ele se desgraçou.

ṢÀBÙKÙSÍ, *v.* Menosprezar, desonrar, desacreditar.

ṢÀBÙLÀ, **ṢÀDÀLÙ**, *v.* Adulterar. *Ó sàbùlà wọn* – Ele os misturou, adulterou.

ṢADÁHUNṢE, *v.* Praticar charlatanismo em medicina.

ṢÀDÉHÙN – ṢÀGBÀKÓ

ṢÀDÉHÙN, v. Fazer um acordo, barganhar. Ó ṣàdéhùn pẹ̀lú mi – Ela fez um acordo comigo. = finúṣọ̀kan.

ṢÀFARAWÉ, v. Imitar. Ó ṣèfarawé mi – Ele me imitou.

ṢÁFẸ̀, v. Desidratar.

ṢÀFẸ́, v. Desejar ver, investigar. Ó sàfẹ́ rí mi – Ela deseja me ver. < ṣe + àfẹ́ + rí.

ṢAFẸ́, v. Ser vaidoso, ser elegante. Ó ṣafẹ́ – Ele é elegante. = gbáfẹ́.

ṢÀFẸNUSÍ, v. Ter voz num assunto, votar para.

ṢÀFẸ́RÍ, v. Desejar ver, investigar. Ó sàfẹ́ rí mi – Ele desejou me ver. < ṣe + àfẹ́ + rí.

ṢÀFIYÈSÍ, **ṢÀKÍYÈSÍ**, v. Observar, notar, perceber.

ṢÀFOJÚDI, **ṢÀFOJÚDISÍ**, v. Ser insolente, ser descarado. Ó ṣàfojúdi sí mi – Ela foi insolente comigo.

ṢÀFOWỌ́FÀ, v. Trazer dificuldades para si mesmo.

ṢÀFOWỌ́RÁ, v. Roubar, surrupiar. Ó ṣàfowọ́rá owó mi – Ele surrupiou meu dinheiro.

ṢÀGÀBÀGEBÈ, v. Ser hipócrita. Ó ṣàgàbàgebè – Ele é hipócrita.

ṢÀGÁLÁMÀṢÀ, v. Jogar jogos com astúcia, usando artifícios.

ṢÀGÁMÙ, s. Título do soberano da cidade de Àkárìgbò.

ṢAGÍDÍ, v. Ser obstinado, ter força de vontade. Ó ṣagídí – Ele é muito obstinado.

ṢÁGO, v. Garrafão.

ṢÀGUNLÁ, v. Ser indiferente, não dar atenção. Ó ṣàgunlá fún mi – Ela não tem interesse por mim.

ṢÀGBÀ, v. Fazer o papel de uma pessoa mais velha em qualquer coisa. Ó nṣàgbà – Ele está se comportando como uma pessoa madura. < ṣe + àgbà

ṢÀGBÀBỌ́, v. V. àgbàbọ́.

ṢÀGBÀFỌ̀, v. Enviar roupas para uma lavanderia.

ṢÀGBÀGÚN, v. Bater e amassar grãos ou legumes como forma de trabalho. Ó ngba iṣu gún – Ela está amassando os inhames.

ṢÀGBAKÀ, v. Contar búzios como forma de trabalho.

ṢÀGBÁKÒ, v. Encontrar por acaso numa situação inoportuna. Ó ṣàgbákò ibi – Ele está azarado.

ṢÀGBÀKÓ, v. Preparar o solo de outra pessoa por contrato.

ṢÀGBÀLÒ, *v.* Moer milho para pagamento. Ó *ṣàgbàlò* – Ela moeu o milho para um pagamento.

ṢÀGBÀLÙ, *v.* Bater um tecido para amaciá-lo.

ṢÀGBÀMỌ, *v.* Fazer um contrato para construir uma casa.

ṢÀGBÀRO, *v.* Fazer um contrato para cultivar uma fazenda.

ṢÀGBÀSỌ, *v.* Interpretar, falar em favor de alguém, advogar. < *gbàsọ* – Ó *gba ọ̀rọ̀ náà sọ fún mi* – Ele falou em meu nome, ele defendeu minha causa.

ṢÀGBÀṢE, *v.* Trabalhar como um operário. Ó *nṣàgbàṣe* – Ele está trabalhando como um operário.

ṢÀGBÀṢÓ, *v.* Agir como um assistente, um observador.

ṢÀGBÀTÀ, *v.* Vender produtos a varejo.

ṢÀGBÀTẸRÙN, *v.* Começar um empreendimento. Ó *ṣàgbàterùn iṣẹ yìí* – Ele empreendeu este trabalho. < *gbà + tẹ + ọrùn*.

ṢÀGBÀTÓ, *v.* Atuar como uma enfermeira, uma atendente. Ó *ṣàgbàtọ́ mi* – Ela cuida de mim.

ṢÀGBÀWÍ, *v.* Advogar, interceder. V. *ṣàgbàsọ*.

ṢÀGBÀWÒ, *v.* Colocar uma pessoa sob cuidados médicos. Ó *ṣàgbàwò mi* – Ele me colocou sob cuidados médicos.

ṢÀGBÁWO, *v.* Ser um administrador, gerenciador.

ṢÀGBÀWỌ̀, *v.* Alugar, hospedar-se, não ter um domicílio próprio. < *gbàwọ̀* – Ó *gba èwù rẹ̀ wọ̀* – Ele emprestou a camisa dele.

ṢAGBE, *v.* Pedir esmolas de dinheiro, de comida. Ó *ṣagbe* – Ela foi pedir esmola.

ṢÀGBÉRÉ, *v.* Falar demais, exceder-se, insultar. Ó *ṣàgbéré sí mi* – Ele me insultou.

ṢÀGBÈRÈ, *v.* Cometer adultério, prostituir-se. Ó *ṣàgbèrè* – Ela está com o moral baixo.

ṢAHUN, LÁHUN, *v.* Ser avarento, mesquinho. Ó *ṣahun* – Ele é miserável.

ṢÁÍ!, *interj.* Expressão que indica desafio. Ó *ké: Ṣáí!* – Ele gritou: Pare então!

ṢÀÌ, *adv.* Muito, demasiadamente. Ó *ta sàì* – Ele é friorento demais.

ṢÀÌ, *pref.* Um prefixo negativo: *mọ̀* – saber, *sàìmọ̀* – ignorante; *fẹ́* – amar, *sàìfẹ́* – detestar. Combinado com as formas negativas verbais *má* e *kò*, expressa uma forte afirmação. *Kò lè sàì dára* – Ele não pode deixar de ser bom; *Ìwọ kò gbọ́dọ̀* *ṣàì jẹun* – Você não deve deixar de comer; *Kò níí ṣàìpadà* – Ele não deixará de retornar. Ver outros exemplos a seguir. *V. àì, láì. < ṣe + àì.*

ṢÀÌBỌLÁFÚN, ṢÀÌBỌWỌFÚN, *v.* Desrespeitar, desonrar.

ṢÀÌDÁNILÓJÚ, *adj.* Duvidoso, impreciso.

ṢÀÌDỌGBA, *adj.* Desigual. < *dógba* – ser igual; *dógba-dógba* – igualmente.

ṢÀÌFÀ, *v.* Não puxar, não tirar, não rasgar.

ṢÀÌGBÀGBỌ, *v.* Desacreditar, ser incrédulo.

ṢÀÌGBẸKẸLÉ, *v.* Desconfiar.

ṢÀÌGBEFÚN, *v.* Ser desfavorável.

ṢÀÌGBỌRÀN, *v.* Ser desobediente. Ó *ṣàìgbóràn sí mi* – Ele me desobedeceu.

ṢÀÌJẸWỌ, *v.* Recusar-se a confessar.

ṢÀÌKÀKÚN, *v.* Fazer pouco caso, excluir. Ó *ṣàìkà mí kún* – Ele fez pouco caso de mim.

ṢÀÌKIYÈSÍ, *v.* Não observar, não prestar atenção. Ó *ṣàìkiyèsí* – Ele é desatento.

ṢÀÌKÚNNA, *adj.* Rude, grosseiro.

ṢÀÌLERA, *adj.* Doente, fraco (*lit.* sem saúde).

ṢÀÌLÉSO, ṢÀÌSESO, *adj.* Estéril, que não produz frutos.

ṢÀÌLẸGBẸ, *adj.* Do seu próprio tipo, um aspecto singular.

ṢÀÌLẸWÀ, *adj.* Sem beleza, feio.

ṢÀÌLỌLÁ, *adj.* Sem honra, sem dignidade.

ṢÀÌLỌRA, *adj.* Rápido, inteligente.

ṢÀÌMỌ, *adj.* Sujo.

ṢÀÌMÚ, *v.* Não pegar.

ṢÁÍNÀ, *s.* China (do inglês *China*).

ṢÀÌNÍ, *v.* Não ter, ser destituído de.

ṢÀÌPẸ, *adj.* Rápido, pontual.

ṢÀÌPÒ, *adj.* Que não é misturado.

ṢÀÌPỌ, *adj.* Pouco.

ṢÀÌRÀNLỌWỌ, *v.* Deixar de ajudar. *Má ṣàìràn mí lọwọ* – Não deixe de me ajudar.

ṢÀÌRẸ, *adj.* Incansável.

ṢÀÌRẸ, *v.* Ser estúpido com outra pessoa.

ŞÀÌSÀN, *v.* Estar doente. *Ọmọdé tì bàbá rẹ̀ kú láná nṣàìsàn* – A criança cujo pai morreu ontem está doente. < *ṣe + àì + sàn.*

ŞÀÌSÙN, *v.* Ficar acordado.

ŞÀÌSEDÉDÉ, *adj.* Desigual.

ŞÀÌSÒÓTỌ́, *v. e adj.* Ser injusto, não verdadeiro.

ŞÀÌTÀ, *adj.* Não vendido.

ŞÀÌTASÉ, *v.* Não perder a marca.

ŞÀÌTẸ̀RÙN, *adj.* Insatisfatório.

ŞÀÌTÓ, *adj.* Insuficiente, não o bastante.

ŞÀÌTỌ́, *v.* Não ser reto; dobrado, curvo.

ŞÀÌWÁ, **ŞÀÌSÍ**, *adj.* Estar ausente. *Àwa kò lè ṣàìwá* – Nós não podemos deixar de ir; *Ó lè ṣàìwá lóní, ṣùgbọ́n òun ó wá lọ́la* – Ela não deve vir hoje, mas virá amanhã.

ŞÀÌWẸ̀, *adj.* Sujo, que não toma banho.

ŞÀÌWÍ, *v.* Não falar, não dizer.

ŞÀÌWÒ, *v.* Não ver.

ŞÀÌWỌ̀, *adj.* Desagradável.

ŞÀÌWỌ̀, *v.* Não entrar.

ŞÀÌYÉ, *v.* Administrar os negócios de uma cidade.

ŞÀÌYẸ, *adj.* Incapaz, incompetente.

ŞÀJÀPÁ, *v.* Vender produtos a varejo como um camelô ou mascate.

ŞÀJÈJÌ, *adj.* Estranho, novo, incomum. *Òrò yìí ṣàjèjì sí mi* – Esta tarefa parece estranha para mim.

ŞÁJẸ, *v.* Cortar em pedaços para comer. *Ó ṣá ẹran ẹran jẹ* – Ele cortou a carne em pedaços e comeu.

ŞÁJẸ, *v.* Dar um aperto de mão amável. *Ó ṣá mi lọ́wọ́ jẹ* – Ele apertou minha mão. *V. gbọwọ́.*

ŞÀJẸ́, *v.* Praticar feitiços, magia.

ŞÀJẸ, *v. V. fọwọ́sà.*

ŞAAJÒ, *v.* Cuidar, tomar conta de.

ŞÀJỌ, *v.* Reunir, convocar. *Ó ṣà wọ́n jọ* – Ele os reuniu, colocou-os juntos. = *ṣàlù.*

SÀJỌMỌ̀, v. Ter um entendimento conjunto, corcordar.

ṢÁÁJÚ, v. Preceder. *Ó ṣáájú mi* – Ele me precedeu; *prep.* Antes, na frente de. *Ó roko ṣáájú mi* – Ele cultivou com antecedência para mim; *Ó ṣáájú mi débẹ̀* – Ele chegou lá antes de mim; *Ṣáájú àkókò yìí n kò lọ si Èkó* – Antes disso, eu não tinha ido a Lagos; *Mo fi diẹ̀ ṣáájú rẹ̀ délé Òjó* – Eu cheguei na casa de Ojô um pouco antes dele. V. *ṣíwájú*.

ṢÁKÁ, adv. Francamente, claramente. *Ó nsọ̀rọ̀ ṣáká* – Ele está falando claramente. = *ṣáká-ṣáká*.

ṢÀKÀJÚWÉ, v. Descrever.

ṢÁKÁLÁ, adj. Lugar comum, uma condição simples, ordinária. *Àwọn ènìà ṣákálá* – público em geral.

ṢÁKÁLÁ, adv. Inutilmente, em vão. *Ikú wọ inú ahoro ṣákalá* – Não se perde tempo com coisas inúteis (*lit.* a morte entra nas ruínas inutilmente) (*fig. ling.*).

ṢÁKÁṢÁKÁ, adv. Simplesmente, claramente. *Ọmọ náà gbọ́n ṣákáṣáká* – A criança é simplesmente inteligente; *Ó nsọ̀rọ̀ ṣákáṣáká* – Ela está falando claramente.

ṢÁKAṢÀKA, adv. Confusamente. *Oko yìí rí ṣákaṣàka* – Essa roça tem uma aparência desarrumada; *Igi yìí rí ṣákaṣàka* – Essa madeira parece áspera.

ṢAKAṢÌKI, s. Corrente de ferro.

ṢÀKÀWÉ, v. Comparar. *Ó fi mí ṣàkàwé Òjó* – Ele me comparou com Ojô.

ṢÀKÌ, s. Tripa, bucho.

ṢÁKÍ, ṢÀRÀKÍ, v. Falhar, decepcionar. *Ìbọn yìí ṣáki* – Essa arma falhou; *Ète yìí ṣáki* – Esse projeto falhou.

ṢÁKIṢÀKI, adv. Grosseiramente, asperamente. *Ara ajá yìí ṣe ṣákiṣàki* – Esse cachorro é muito peludo.

ṢÁKÍ-ṢÁKÍ, adv. Rapidamente, ligeiramente. *Ó nrìn ṣákí-ṣákí* – Ele está caminhando rapidamente.

ṢAKITI, s. Sedimento de algum líquido.

ṢÀKÍYÈSÍ, v. Notar, observar.

ṢÁKO, v. Cortar o mato. *Ó ṣáko* – Ele limpou o mato. < *ṣá + oko*.

ṢÀKÓKÒ, v. Ser oportuno. *Ó ṣàkókò ohun tó yí* – Foi oportuno o que ele resolveu fazer.

ṢAKOLỌ, v. Vaguear. *Ó ṣako lọ* – Ele foi longe ao léu.

ṢÀKÓSO, v. Governar, reger, controlar. *Tani nṣàkóso àiyé?* – Quem está governando o mundo?

ṢÀLÁBÁPÀDÉ, v. Encontrar por acaso. *Mo ṣàlábápàdé ohun tó wù mí* – Eu encontrei algo por acaso que me agradou.

ṢALÁDÁSÍ, v. Ser intrometido, meter-se com, participar. V. *dásí.*

ṢALÁDÚGBÒ, v. Ser vizinho.

ṢALÁGBÀFỌ́, v. Atuar como uma lavadeira.

ṢÀLÁGBÀLÙ, v. V. *ṣàgbàlù.*

ṢALÁGBÀSỌ, v. Ser um advogado, um defensor.

ṢALÁÌ, pref. Prefixo negativo. < *ṣe + alâì.*

ṢALÁÌMỌ́, adj. Sujo, não ser limpo, não ser claro. *Ó ṣalâìmọ́* – Ele não é claro. < *ṣe + alâì + mọ́.*

ṢALÁÌMỌ̀, adj. Ignorante, incapaz.

ṢALÁÌLÁGBÁRA, adj. Fraco, anêmico.

ṢALÁÌLERA, adj. Fraco, doente, sem saúde. < *ṣe + alâì + ìlera.*

ṢALÁÌLÓWÓ, adj. Pobre.

ṢALÁÌLỌ́KÀN, adj. Tímido, acanhado, covarde.

ṢALÁÌLỌ́MỌ, adj. Sem filhos.

ṢALÁÌYÍHÙN, v. Ser positivo, ser insistente.

ṢALÁÌYÌN, v. Não louvar.

ṢALANGA, s. Vaso sanitário, latrina (do hauçá *sálgá*). V. *ìgbẹ́.*

ṢALÁPORẸ̀, s. Um tipo de peixe.

ṢÀLÀYÉ, v. Explicar.

ṢÁLÓGBẸ̀, v. Ferir-se, cortar-se. *Ó ṣá ara rẹ̀ lógbẹ́* – Ele feriu o próprio corpo.

ṢÀLÙ, v. Reunir, convocar, juntar. *Ó ṣà wọ́n lù* – Ele os convocou. = *ṣàjo.*

ṢÀLÚGÀ, s. Divindade da riqueza representada por uma concha marinha em formato cônico. = *ajé.*

ṢÀMÌ, v. Ser batizado. *Mo ṣàmì* – Eu fui batizado. = *sàmì.*

ṢAMÍ, v. Espionar, ser um espião. *Ó nṣamí wa* – Ele está nos espionando.

ṢAMỌ̀NÀ, v. Conduzir, guiar.

ṢÁN, v. **1.** Comer qualquer alimento sem condimentos. *Ó ṣán èkọ* – Ele comeu pasta de milho-branco; *Ó ṣán ọ̀gẹ̀dẹ̀* – Ela comeu banana crua. **2.** Caiar, rebocar, engessar. *Ó ṣán ilé* – Ele rebocou a casa. **3.** Cortar um matagal ou floresta rasteiramente. *Wọ́n ṣán igbó* – Eles cortaram o matagal. **4.** Cortar em pedaços. *Ó ṣán adìẹ sísun* – Ele cortou a galinha assada em pedaços. **5.** Rachar. *Ògiri ti ṣán* – A parede rachou. **6.** Picar, morder. *Ejò ṣán mi* – A cobra me mordeu. **6.** Arremessar, atirar de novo. *Ó gbé e ṣán òkúta* – Ele atirou uma pedra nele; *Ó ṣán omi èérí sí mi* – Ele deu um golpe baixo em mim (lit. ele atirou água suja em mim). **7.** Balançar as mãos. *Ó ṣán ọwọ́* – Ele balançou as mãos de lá para cá; *Ọwọ́ doro-doro ló ṣán lọ* – Ele partiu com as mãos abanando, com as mãos vazias.

ṢÀN, v. **1.** Fluir como um rio. *Odò yìí nṣàn téré-téré* – Este rio está fluindo lentamente, em pequena quantidade. **2.** Ser aguado como sopa. *Ọbẹ̀ yìí ti ṣàn jù* – Esta sopa está aguada demais. **3.** Enxaguar roupas com sabão, lavar parte do corpo com sabão, limpar. *Ó ṣan ẹ̀wù mọ́* – Ela enxaguou a roupa e a limpou bem; *Owó rè nṣàn* – Ele é muito rico (lit. o dinheiro dele é como água). = **ṣìn**.

ṢÀNA, v. Ter respeito, deveres a qualquer membro da família de uma esposa. *Ó ṣàna* – Ele executou os deveres habituais.

ṢÁNÁ, v. Acender o fogo. *Ó ṣáná* – Ela acendeu um fósforo; *Mo ṣáná sí ìkókóo tábà mi* – Eu acendi o meu cachimbo com o fósforo. < *ṣá* + *iná*.

ṢÀNBỌ̀, v. Alagar, inundar, transbordar. *Odò ṣàn bo ilé mi* – O rio inundou minha casa.

ṢANBỌNNÀ, adv. Diretamente, em linha reta, na vertical.

ṢÀNFÀNÍ, adj. Vantajoso, útil, lucrativo.

ṢÀNGÓ, s. Divindade dos raios e trovões. *Ṣàngó jẹ́ òrìṣà ẹdún àrá* – Ṣàngó é a divindade dos raios. Politicamente, é visto como o 3º. ou 4º. soberano da cidade de Oyó.

ṢÁNGUN, v. Ser robusto, forte. *Ó ṣángun* – Ele é vigoroso.

ṢÀNGBÁ, s. Façanha, feito. *Ó ṣe sàngbá* – Ele realizou uma façanha.

ṢÁNGBẸ̀, **ṢÁNGBÓ**, v. Cortar, aparar o mato.

ṢANGBỌNDAN, *obs.*: Ó dúró ṣangbọndan – Ele ficou de pé de forma rígida.

ṢÀNÍÀNÍ, *v.* Duvidar, objetar.

ṢÀNÍYÀN, *v.* Ser solícito, preocupado. *Mo ṣàníyàn láti gba owó náà* – Eu fiz todo o esforço para adquirir aquele dinheiro; *Ó ṣàníyàn fún wa* – Ele fez o máximo por nós.

ṢÁNJÀ, *v.* Fazer um teto de barro. *Ó ṣánjà* – Ele fez um teto de barro. < *ṣán* + *àjà*.

ṢÁNKO, *v.* Cortar o mato para cultivo na fazenda. < *ṣán* + *oko*.

ṢÁNKÚ, *v.* Morrer prematuramente. *Ó ṣánkú* – Ele morreu jovem. = *ṣékú*.

ṢÁNKÚTA, FIṢÀNKÚTA, *v.* Atirar uma pedra contra. < *sán* + *òkúta*.

ṢÁNLÉ, RẸ́LÉ, *v.* Rebocar uma casa. < *ṣán* + *ilé*.

ṢÁNLẸ̀, *v.* Cortar o matagal, limpar uma área para cultivo.

ṢÁNMI, *v.* Jogar água. *Ó ṣánmi èérí sí mi* – Ele jogou água suja em mim.

ṢÁNPA, *v.* Fazer um reboco.

ṢÁNPÁ, ṢÁNWỌ́, *v.* Estar com as mãos vazias, balançar as mãos. *Ó ṣánpá* – Ele balançou os braços para lá e para cá. < *ṣán* + *apá*.

ṢANSẸ̀, *v.* Lavar os pés. < *ṣàn* + *esẹ̀*.

ṢANṢAN, *adv.* Diretamente.

ṢANṢAN, ṢINṢIN, *adv.* Rigidamente. *Ó dúró ṣanṣan* – Ele ficou de pé rigidamente.

ṢÀÁNÚ, *v.* Ser misericordioso, ter piedade por. *Ó ṣàánú mi* = *Ó ṣàánú fún mi* – Ele teve pena de mim.

ṢANÚRÒ, *v.* Pensar, refletir, meditar. *Ó nṣanúrò* – Ele está meditando.

ṢANWỌ́, *v.* Enxaguar as mãos. < *ṣàn* + *owọ́*.

ṢÁNWỌ́, ṢÁNPÁ, *v.* Estar com as mãos vazias, balançar as mãos. *Ó ṣánwọ́* – Ele balançou os braços para lá e para cá. < *ṣán* + *owọ́*.

ṢÁNYÁN, *v.* Comer sem o uso de tempero. *Ó ṣányán* – Ele comeu inhame pilado.

ṢÀNYÍKÁ, *v.* Circular, fluir ao redor.

ṢÁNYỌRÌN, *s.* Tipo de peixe.

ṢÁPA, *v.* Impedir uma morte. *Mo ṣá a pa* – Eu o impedi de se matar.

ṢAPALA, *s.* Um bolo feito de milho, cebola e pimenta.

ṢAPÁKAN – ṢÀṢÀRÀ-ỌWỌ̀

ṢAPÁKAN, *v.* Fazer uma porção de coisas.

ṢÁPAṢÀPA, *adv.* Asperamente, grosseiramente.

ṢÁPẸ́, SÁTẸ́, *v.* Bater as mãos, aplaudir. *Wọ́n ṣápẹ́ fún mi* – Eles me aplaudiram. < *ṣá + apẹ́*.

ṢÀPẸẸRẸ, *v.* Ilustrar, significar.

ṢÀPÈJÚWE, *v.* Descrever, explicar, delinear. *Ó ṣàpèjúwe ohun tó ti rí* – Ele descreveu algo que ele tinha visto.

ṢÁPÓ, *s.* Nome de uma árvore.

ṢÁPỌN, *v.* Ser cuidadoso, ser zeloso. *Ó ṣápọn* – Ele é cuidadoso.

ṢÀRÀ, *v.* Ser estranho, singular.

ṢARÁN, *v.* Ser incoerente, caducar, delirar. *Ó nṣarán* – Ele está caducando.

ṢÀRÉKEREKÈ, *v.* Ser traiçoeiro, desleal, falso.

ṢÀÁRẸ̀, *v.* Estar cansado, deprimido.

ṢÀRÒ, *v.* Pensar sobre, meditar. *Ó ṣà ọ̀ràn náá rò* – Ele refletiu sobre aquele problema.

ṢÀRÒSỌ, *v.* Formular hipótese.

ṢÀRÒYÉ, *v.* Ser falante, debater um assunto. *Ó ṣàròyé nípa rẹ̀* – Ele falou, queixou-se acerca dela.

ṢASỌ̀, *v.* Ter uma disputa ou discussão. *A ṣasọ̀* – Nós tivemos uma discussão. < *ṣe + asọ̀*.

ṢÀSỌDÙN, *v.* Exagerar, falar demais. *Ó nṣàsọdùn* – Ele está falando demais.

ṢÀSỌYÉ, *v.* Explanar, explicar. *Ó ṣàsọyé dáadáa* – Ele fez uma ótima explanação.

ṢÀSÀ, *s.* Marcas de catapora. *Ṣàsà ṣá mi lójú* – A catapora marcou meu rosto. V. *ṣànpọ̀nná*.

ṢÁṢÁ, *adv.* Claramente, completamente. *Ó nsọ̀rọ̀ ṣáṣá* – Ele está falando claramente.

ṢÀṢÀ, *adj.* Poucos, raros. *Ṣàsà irú wọn ló wà* – Os tipos deles são poucos, eles são inigualáveis.

ṢÀṢÀRÀ, *s.* Símbolo religioso do culto de *Ọmọlu*, feito de nervuras unidas da folha da palmeira, usado para varrer as epidemias. *Ṣàṣàrà gbá ilé fún wa o* – O *ṣàṣàrá* guarda a casa para nós.

ṢÀṢÀRÀ-ỌWỌ̀, *s.* Cabo de uma vassoura.

ṢÀṢÀRÒ, *v.* Meditar, pensar em. *Ó ṣàṣàrò ọ̀rọ̀ yìí* – Ele pensou neste assunto.

ṢÀṢÀṢÁ, *adv.* Aqui é lá, em vários pontos.

ṢÀṢÀYÀN, *v.* Escolher, fazer uma escolha entre.

ṢÀṢEGBÀ, *v.* Fazer em turnos, fazer de forma alternada.

ṢÀṢEJÙ, **ṢÀṢEṢÁ**, *v.* Exagerar, ultrapassar, exceder-se. *Ó ṣàṣejù* – Ele se excedeu na autoridade dele. *V. ṣejù.* < *ṣe* + *àṣejù*.

ṢÀṢELÉKÈ, **ṢÀṢERÉGÉ**, *v.* Ir ao extremo em qualquer situação.

ṢÀṢEṢÁ, *v.* Exceder.

ṢÁÁTÁ, *v.* Caluniar, difamar. *Ó ṣáátá mi* – Ele me caluniou.

ṢÀTÁN, *v.* Pegar inteiramente.

ṢÁTÌ, *v.* Rejeitar, pôr de lado. *Ó ṣá mi tì* – Ele me colocou de lado, me ignorou; *Mo ṣá igi náà tì* – Eu cortei aquela madeira ao meio.

ṢÀTIPÓ, *v.* Ficar temporariamente num lugar.

ṢÀTÚNṢE, *v.* Mediar uma disputa entre duas pessoas. *Ó ṣàtúnṣe fún wa* – Ele fez a mediação entre nós. < *ṣe* + *àtúnṣe*.

ṢÀÙNFÀNÍ, *v.* Ser útil. *Ó ṣàùnfàní fún wa* – Ela é útil para nós.

ṢÁWÁ, *s.* Um tipo de peixe pequeno.

ṢÀWÀDÀ, *v.* Gracejar, brincar, pregar uma peça, zombar. *Ó bá mi ṣàwàdà* – Ele brincou comigo.

ṢÀWÁRÍ, *v.* Procurar, descobrir, achar. *Mo ṣàwá rí i rẹ̀* – Eu consegui achar isso dele.

ṢÀWÁWÍ, *v.* Dar desculpas. *Ó ṣàwá wí* – Ele deu desculpas.

ṢAWO, *v.* Ser iniciado em algum mistério. *Ó ṣawo òrìṣà* – Ele se iniciou nos mistérios do culto aos orixás. < *ṣe* + *awo*.

ṢAWORO, *s.* **1.** Círculo de conchas pequenas que se coloca em volta do tambor. **2.** Pulseira com guizos que se coloca no tornozelo das crianças *àbíkú* e em pessoas iniciadas. **3.** Nome de uma árvore cuja casca da madeira produz um látex de cor avermelhada. *Cardiospermum (Moraceae)*.

ṢÀWÒTÁN, *v.* Curar completamente.

ṢAWUN, **ṢAHUN**, *adj.* Mesquinho, parcimonioso, miserável.

ṢÁYAN, *v.* Ser perseverante, ser assíduo, esforçado. *Ó ṣáyan láti ṣe é* – Ele é esforçado para fazer isso.

ṢÀYAN, v. Selecionar, escolher.

ṢAYÉ, v. Viver bem, ter uma boa vida. *Ó nṣayé* – Ele está desfrutando a vida. = *jayé.*

ṢÀYÍKÀ, v. Circundar, cercar. *Ó ṣàyíkà wa* – Ele nos cercou.

ṢAYÒ, s. Nome de uma árvore cujas sementes são usadas no jogo do *ayò*. *Heloptelea grandis* (*Ulmaceae*).

ṢE, adv. pré-v. Definitivamente, certamente. *Ṣe ni mo lọ* – Certamente que eu fui; *Òun ní wípé ṣe a ó lọ* – Ela disse que, certamente, nós iremos.

ṢE, part. v. Compõe a forma negativa do verbo *jẹ́* – ser. *Ìwọ kì í ṣe ọ̀rẹ́ mi* – Você não é meu amigo. *Obs.: jẹ́* – ser; *kì í ṣe* – não ser.

ṢE, pref. Usado com certas palavras para dar ênfase. *Má ìyọnu = Má ṣe ìyọnu* – Não se aflija. *V. ṣàì.*

ṢE, v. 1. Fazer, agir, causar, desempenhar. *Ó ti ṣe orò rè* – Ele já fez a obrigação dele; *Mo ṣe ìbèèrè fún ẹ* – Eu fiz uma pergunta para ela. **2.** Ser. Usado ao lado de advérbio para exibir certa aparência incomum. *Ara ajá yìí ṣe ṣáki-ṣáki* – Este cachorro é muito peludo; *Imú rẹ̀ ṣe gọn-gọn* – O nariz dele é pontudo. = *rí.* **3.** Substitui o verbo principal da frase, caso ele seja um verbo de ação. *Mo ti iṣẹ́ tán* – Eu já terminei o trabalho; *Ṣé o ti ṣe tán?* – Você já terminou?

ṢE, v. interrog. Expressa uma forma de questão equivalente a "por quê?". *Ó ṣe jẹ́ pé o lọ síbè?* – Por que é que você foi lá?

ṢE, v. Usado da seguinte forma: *Ẹ ṣe é o = O ṣe é o* – Obrigado; *O mà ṣe é o!* – Que pena!; *Ẹ ṣe é púpọ̀ = Ẹ ṣeun púpọ̀* – Muito obrigado. *V. ṣeun.*

ṢÉ, part. interrog. Inicia uma frase interrogativa que determina uma reposta, sim ou não. *Ṣé òun fẹ́ jẹun?* – Ele quer comer?; *Rárá o, o ti jẹun* – Não, ele já comeu; *Ṣé o mọ̀ ọ̀nà?* Você conhece o caminho?; *Bẹ́ẹ̀ni, èmi mọ̀ ọ̀nà* – Sim, eu conheço o caminho. Essa partícula não tem tradução e não é regida pelo verbo *ni* – ser. *V. njẹ́, bí.*

ṢEBỌ, v. Ser gordo, desajeitado. *Obìnrin yìí ṣebọ* – Essa mulher é muito gorda para carregar uma criança.

ṢEBÍ, v. Pensar algo sem muita certeza, supor, ter a impressão de. *Ṣebí mo ti rí ọ* – Tenho a impressão de que eu já vi você; *Mo ṣebí o wá* – Eu acredito que ela venha. *V. méfò.*

ṢÈDÁJỌ́, v. Julgar, fazer uma sentença, decidir um caso. Ó ṣèdájọ́ fún mi – Ele julgou meu caso, ele julgou o caso para mim.

ṢÈDÁNWÒ, v. Fazer um exame.

ṢÀDÁRAYÁ, v. Fazer exercício físico, fazer uma recreação.

ṢÈDÀRÚDÀPỌ̀, v. Misturar, confundir. Ó ṣèdàrú dàpọ̀ láàrin wọn – Ele confundiu no meio deles.

ṢEDÉDÉ, v. Prosperar, ser exato um com o outro. Ó mú wọn ṣedédé – Ele os assimilou um ao outro. Ọ̀rọ̀ wa ṣedédé – Nossa opinião combina.

ṢEFÁÀRÍ, v. Blefar, bravatear, ostentar. Wọ́n nfi aṣọ dúdú ṣefáàrí – Eles estão usando roupa preta para se exibir.

ṢEGAARA, v. Ser claro, ser transparente.

ṢEGEDE, s. Cachumba. Mo ní ṣegede ní oṣù tó kọjá – Eu tive cachumba no mês passado.

ṢÉGE-ṢÈGE, obs.: Ènìà ṣége-ṣège – pessoa de acordo difícil; ọ̀nà ṣége-ṣège – estrada difícil de trafegar em.

ṢEGỆ, v. Ser exato, ser igual, adaptar, combinar.

ṢÉGÉDÉHÙN, v. Falar de uma forma afetada.

ṢE GÍRÍ, v. Fazer rápido, apressar-se.

ṢÈGÚN, v. Perecer, acabar, expirar.

ṢÈGBÉ, v. Desintegrar, deteriorar, perecer. Ó ṣègbé – Ele deteriorou.

ṢÈGBÈ, v. Favorecer. Ó ṣègbè mi – Ele me favoreceu; Ó ṣègbè fún Òjó – Ele mostrou favoritismo por Ojô.

ṢÈGBÉRAGA, **ṢÈGBÉRAGASÍ**, v. Estar orgulhoso, entusiasmado, arrogante.

ṢÉGBỌ́RÀN, **ṢÈGBỌ́NRÀNSÍ**, v. Ser obediente a.

ṢÈGBỌ̀WỌ́FÚN, **ṢONÍGBỌ̀WỌ́FÚN**, v. Ser segurança para, ser patrocinador para.

ṢEHỌ̀, v. Tratar com desprezo, com repulsa.

ṢEJÚ, v. Cobiçar, desejar. Ó ṣejú sí mi – Ela me cobiçou, ela me comeu com os olhos. < ṣe + ojú.

ṢEJÙ, v. Fazer em excesso. Ó ṣiṣẹ́ jù = Ó ṣe iṣẹ́ jù – Você trabalhou demais.

ṢÈKANNÚ, v. Estar aborrecido, ser severo.

ṢÈKÉ, *v.* Contar uma mentira. *Ó ṣèké* – Ele disse uma mentira. > *aṣèké* – mentiroso.

ṢÈKÉJÌ, *v.* Acompanhar. *Ṣèkéjì mi sílé* – Acompanhe-me até em casa.

ṢÈKẸ́, ṢÌKẸ́, *v.* Acariciar. *Ó ṣèkẹ́ mi* – Ela me acariciou.

ṢÈKÓRÈ, *v.* Fazer a colheita.

ṢEKÙ, *v.* Fazer uma ação incompleta. *Ó ṣe é kù* – Ele só terminou parte disso.

ṢEKUN, *obs.*: *Ó ṣekun nímú* – Ele tem um nariz ranhoso. > *otútù oníkun* – catarro.

ṢEKÙN, *v.* V. *rondo*.

ṢEKÚPA, *s.* Desgraça, infortúnio, desdita. *Sìgá ti ṣekúpa àádọ́ta-òkẹ́ ènìà* – O cigarro já desgraçou milhões de pessoas.

ṢÈLÀJÀ, *v.* Fazer a mediação entre dois contendores. *Ó ṣèlàjà wa* – Ele atuou como nosso mediador.

ṢELÁKALÁKA, *v.* Saltar, pular numa perna só.

ṢELÁLÁ, *v.* Trabalhar intensamente, trabalhar duro, labutar.

ṢELÁLÉJÒ, *v.* Entreter, ser hospitaleiro. *Ó ṣe mí ní àléjò* – Ele me entreteve.

ṢÈLÀNÀ, *v.* Ordenar, dar direção. *Ó ṣe ilànà ìgbàgbọ́* – Ele deu regras à crença.

ṢÈLARA, *v.* Ter inveja, ter ciúmes. *Ó ṣèlara mi* – Ela tem ciúmes de mim. < *ṣe* + *ìlara*.

ṢÈLÉRÍ, *v.* Prometer, dar sua palavra. *Mo ṣèlérí láti ṣe é* – Eu prometi fazê-lo.

ṢẸ́LẸ̀RÚ, *s.* Fonte de água. < *ṣẹ́* + *nílẹ̀* + *rú*.

ṢELÉ ṢE, *v.* Doer, prejudicar.

ṢELẸ́WÀ, *v.* Adornar, embelezar, decorar.

ṢELÓGE, *v.* Ostentar, ser elegante, atrair a atenção. *Ó ṣe mí lóge* – Ela me vestiu de forma a chamar a atenção.

ṢELÓGO, *v.* Tornar-se ilustre, famoso. *Ó ṣe mí lógo* – Ele me fez famoso.

ṢELÓORE, *v.* Ser bondoso, ser amável. *Ẹ ṣe mí lóore* – Você é amável para mim.

ṢELÓ ṢẸ́, *v.* Prejudicar, afrontar. *Ó ṣe mí lọ́ṣẹ́* – Ele me prejudicou; *Ó ṣe èbà náà lọ́ṣẹ́* – Ele devorou a comida.

ṢELÓ ṢỌ́, *v.* Adornar, mobiliar. *Wọ́n nṣe ilé rẹ̀ lọ́ṣọ́* – Eles estão enfeitando a casa dela.

ṢELÓTUN, *v.* Renovar, reparar. *Mo ṣe é lótun* – Ele o renovou.

ṢÈMÉLÉ, *v.* Ser indolente, preguiçoso. Ó ṣèmẹ́lẹ́ – Ele está ocioso.

ṢÈMÒRÀN, *v.* Sugerir, aconselhar. Ó ṣèmọ̀ràn pé ó yẹ kó bẹ̀ mí wò – Ele sugeriu que é conveniente ele me visitar. < ṣe + ìmọ̀ + ọ̀ràn.

ṢENÍ, *exp.* Kò ṣení, kò ṣèjì, ó ri mi – Não foi uma nem duas vezes que ele me viu.

ṢÈNÌ, *v.* Fazer uma cortesia, dar um brinde. Ó ṣènì sú fún mi – Ele fez uma cortesia para mim.

ṢÈNÌÀ, *v.* Ser gentil, ser amável. Ó ṣènìà – Ele é uma pessoa de boa índole.

ṢE NKAN-OṢÙ, *v.* Menstruar.

ṢENÚDÍDÙNSÍ, *v.* Estar satisfeito com, estar disposto a uma relação amável. Mo ṣenúdídùn sí i – Eu o aprovei.

ṢENÚNIBÍNI, **ṢENÚNIBÍNISÍ**, *v.* Perseguir, importunar. Ó ṣenú nibíni – Ele me perseguiu.

ṢE PÀTÀKÌ, *v.* Ser importante, ser criterioso.

ṢÈPÍNHÙN, *v.* Fazer um contrato ou um acordo. Àwa ṣèpínhùn – Nós fizemos um acordo.

ṢÈPẸ̀, *v.* Implorar, interceder por, consolar. Ó ṣèpẹ̀ fún mi – Ela me consolou. = ṣìpẹ̀.

ṢÉPÍNLẸ̀, *v.* Fixar fronteira, limitar. A ṣépínlẹ̀ – Nós delimitamos a fronteira.

ṢÈPINNU, *v.* Determinar, resolver. Ó ṣèpinnu – Ele tomou uma decisão. > ìpinu – decisão.

ṢÈRÁNṢẸ́, **ṢÈRÁNṢẸ́FÚN**, *v.* Servir alguém, ser mensageiro de alguém. Ó nṣèrán ṣẹ fún mi – Ele está me servindo.

ṢÈRÁNTÍ, *v.* Relembrar, comemorar. Ó ṣèrántí mi – Ela se lembrou de mim. < ṣe + ìrán + etí.

ṢÈRANWÒ, *adj.* Admirável, maravilhoso.

ṢÈRÀNWỌ́, *v.* Ajudar. Ó ràn mí lọ́wọ́ láti gbàgbé láti ṣokún – Ele me ajudou a esquecer de minhas dificuldades.

ṢERE, *v.* Fazer uma boa ação. Ó ṣere – Ela fez uma boa ação. < ṣe + ire.

ṢERÉ, **ṢIRÉ**, *v.* Brincar. Àwọn ọmọdé nṣiré – As crianças estão brincando. < ṣe + ire.

ṢÉRÉṢÉRÉ, *adv.* Intermitentemente, irregularmente. Ó ntọ̀ ṣéréṣéré – Ele está urinando em intervalos irregulares.

ṢETÁN – ṢÉ **724**

ṢETÁN, v. Terminar de fazer, finalizar. *Mo ti ṣe tán* – Eu já terminei; *Mo ṣèṣè ṣe é tán* – Eu acabei de terminar isso; *Mo ṣe tán láti fifún ọ* – Eu terminei de dar para você. *V. pai.*

ṢÈRÈTÍ, v. Esperar. *Mo ṣèrètí láti lọ pèlú ẹ* – Eu esperei para ir com você.

ṢÈRÉJẸ, v. Fraudar, enganar.

ṢÈRỌRA, v. Desfrutar de calma e conforto.

ṢÈSE, v. Ser prejudicado, ser injuriado, ferir-se. *Mo ṣèse* – Eu tive um infortúnio; *Ó ṣe mí lese* – Ele me prejudicou. < *ṣe + èse.*

ṢESÉGESÈGE, adj. Irregular, desigual, imprevisível.

ṢÉṢÉ, adv. Bastante, muito.

ṢEÉṢE, v. Ser possível, ser provável. *Èyí ha ṣeéṣe ni tòótọ́ bí?* – Isso é realmente possível?

ṢEṢÉ, v. Trabalhar, fazer uma tarefa. < *ṣe + iṣé.*

ṢÈṢÌ, v. Errar, acidentar. *Ó ṣèṣì* – Ele cometeu um erro; *Ó ṣèṣì bó sílè* – Ele caiu por acidente.

ṢEṢÚNNASÍ, v. Incitar, instigar, agravar o problema.

ṢETÀNMỌ́, v. Desconfiar, presumir, pensar.

ṢETÌ, v. Não poder fazer algo. *N ṣe é tì* – Eu não posso fazer isto.

ṢÈTÓJÚ, v. Tomar conta de, cuidar.

ṢÈTỌSẸ, v. Examinar, seguir uma pista.

ṢEUN, v. Ser gentil, fazer algo. É usado para agradecer. *O mà ṣeun o = O mà ṣe o* – Muito obrigado, você é muito gentil.

ṢÈWÁRA, v. Ser precipitado, ser apressado.

ṢÈWÁSÙ, **ṢÈWÁSÍ**, v. Pregar. *Ó ṣèwásù* – Ele pregou um sermão.

ṢÈWÉ, v. Entrar num acordo por escrito. *A ṣèwé sọ́rọ̀ yìí* – Nós assinamos um acordo sobre isso; *Ó ṣèwé* – Ele publicou um livro. < *ṣe + ìwé.*

ṢEWÈRÈ, v. Ser insano.

ṢÈWỌRA, v. Ser voraz, guloso. *Ó ṣèwọra* – Ele agiu vorazmente.

ṢẸ, v. **1.** Preencher, completar, tornar-se realidade. *Ohun ti mo wí yíò ṣe láìpé* – O que eu disse se tornará realidade logo. **2.** Acontecer, ocorrer. *Kíl'o ṣelè?* – O que aconteceu?

ṢÉ, v. **1.** Quebrar, dobrar, separar. *Ó ṣẹ mi ní ẹṣẹ̀ kan* – Ele quebrou uma de suas pernas; *Ó ṣé ẹwù po* – Ele dobrou a roupa completamente; *Iná ṣé láti ibi míràn*

– O fogo se estendeu para outro lugar. > ìsépo – dobra. **2.** Trocar moedas ou notas por outras de valor menor, mas representando a mesma quantia. A sẹ owó – Nós trocamos o dinheiro. **3.** Conquistar. Wọ́n ségun rẹ̀ – Eles fizeram a conquista dele. > aségun, aṣẹ́ẹ̀tẹ̀ – vencedor, conquistador. **4.** Cobrir com sapê. Mo sẹ́ ilé mi – Eu cobri a minha casa com sapê.

ṢẸ̀, *v.* **1.** Pecar, ofender. Ó ṣẹ̀ mí – Ele me ofendeu. < àìṣẹ̀ – inocência. **2.** Ter origem. Àwa ṣẹ̀ láti òdò wọn – Nós somos descendentes dessas pessoas.

ṢẸ̀, ṢẸ̀ṢẸ̀, *adv.* Justamente agora. Wọ́n ṣẹ̀ ndínkùn – Eles começaram a diminuir. V. ṣẹ̀ṣẹ̀.

ṢEBỌ, *v.* Sacrificar, fazer uma oferenda. Ó ṣebọ – Ela fez uma oferenda à divindade. = rúbọ.

ṢÉDÀ, *s.* Linha de seda, um tecido feito com essa linha.

ṢÈFẸ̀, *v.* Gracejar, brincar. Ó bá mi ṣèfẹ̀ – Ela brincou comigo.

ṢÈGÀN, *v.* Desprezar, desapreciar. Ó ṣègàn mi – Ele me menosprezou.

ṢEGẸ, *s.* Grama alta e espinhosa.

ṢÉGI, *v.* Quebrar a madeira. Ó ṣégi – Ele partiu a madeira.

ṢÉGUN, *v.* Conquistar. Mo ṣégun òtá – Eu venci o inimigo. < sẹ́ + ogun.

ṢẸJÁDE, *v.* Sair, deslizar para fora. Èkúté ṣẹjáde níhò rẹ̀ – O rato saiu para fora de sua toca.

ṢẸJẸ̀, *v.* Sangrar.

ṢẸJÚ, *v.* Piscar, fazer um sinal com os olhos. Ó ṣẹjú pàkò – Ele piscou repetidamente.

ṢÉKÈKÉ, ṢẸ́GÈGÉ, *v.* Lançar a sorte.

ṢÈKÈRẸ̀, *s.* Instrumento musical. V. ṣẹ̀rẹ̀.

ṢẸ́KẸ́-ṢẸKẸ̀, *s.* Algemas. Mo kẹ́ ṣẹ́kẹ́-ṣẹkẹ̀ mọ́ lọ́wọ́ rẹ̀ – Eu coloquei algemas nas mãos dele.

ṢẸKẸ́ṢẸKẸ́, *s.* Nome da árvore *flamboyant. Poinciania regia.*

ṢÈKẸ̀TẸ́, *s.* Cerveja feita do milho.

ṢẸ́KI, *adj.* e *adv.* Curto, rápido.

ṢẸ́KÒ, *v.* Dobrar, inclinar. Ó ṣẹ́ ọwọ́ rẹ̀ kò – Ele dobrou o braço dela.

ṢẸ́KOBÒNÀ, *s.* Grama alta e espinhosa. = sege.

ṢẸ́KÚ, *v.* Morrer prematuramente. Ó ṣẹ́kú – Ele morreu jovem.

ṢÉKÙ, v. Ser deixado de lado. Ó ṣẹ́kù ẹ̀run – Ela deixou de lado as migalhas. = ṣíkù.

ṢELÈ̀, v. Acontecer. Kíl'o ṣelẹ̀? – O que aconteceu?

ṢÉLÈ̀RÚ, v. Fonte de água.

ṢÉLẸ́TÍ, v. Abainhar. = ṣẹ́tí.

ṢẸLÉYÀ, v. Escarnecer, zombar, desprezar. Ó nṣẹléyà – Ele está se expondo ao ridículo.

ṢẸ́NJÌ, s. Trocar dinheiro (do inglês change).

ṢẸ́PO, v. Dobrar. Ó ṣẹ́ ẹ̀wù po – Ele dobrou a roupa. V. ṣẹ́tí.

ṢÈRÈ̀, **ṢÈKÈ̀RÈ̀**, s. Cabaça de pescoço longo usada como instrumento musical ao ser agitada nos cultos a Ṣàngó.

ṢẸṢAN, s. Semente de castanha usada no jogo do ìbò.

ṢÈ̀SÈ̀, adv. pré-v. Justamente agora, acabar de, recentemente. Mo ṣẹ̀sẹ̀ rí i – Eu acabei de vê-lo; Àwa ṣẹ̀sẹ̀ dé – Nós chegamos justamente agora; Nwọ́n ṣẹ̀sẹ̀ tún un kùn – Eles acabaram de pintá-la novamente; Ó ṣẹ̀sẹ̀ lọ náni – Ele foi há pouco. Em alguns casos é usado em forma reduzida. Wọ́n ṣẹ̀ ndínkùn – Eles começaram a diminuir.

ṢÉṢẸ́, adv. Com passadas curtas, incessantemente. Ó nrìn ṣẹ́ṣẹ́ – Ele está caminhando com passadas curtas.

ṢÉṢÈṢẸ́, adv. Pouco a pouco, em pequenas quantidades.

ṢÉ̀ṢÓ, v. Iniciar-se em fetiçaria. Ó ṣẹ́ṣó – Ele foi iniciado em feitiçaria. < ṣẹ́ + oṣó.

ṢÈTẸ́, v. Desrespeitar, desobedecer. Ó ṣètẹ́ ògá rẹ̀ – Ele desconsiderou o superior dele. V. ètẹ́ – desrespeito.

ṢẸ́TÍ, v. Fazer uma bainha, preguear. Ó ṣẹ́tí aṣọ yìí – Ela abainhou este pano.

ṢÉ̀ẸTÍ, **ṢÓ̀Ọ̀TÌ**, s. Blusa, camisa (do inglês shirt). = ẹ̀wù.

ṢẸTILU, s. Personagem mítico ligado ao culto de Ifá.

ṢÉ́WỌ́, v. Quebrar, deslocar a mão. Ó ṣẹ́wọ́ – Ele deslocou a mão.

ṢÉ́YÚN, v. Abortar. Ó ṣẹ́yún – Ela fez um aborto. < ṣẹ́ + yún.

ṢÍ, v. 1. Abrir, descobrir, destampar. Ó ṣí ìlẹ̀kùn = Ó ṣìlèkùn – Ela abriu a porta; Ìlèkùn yìí ṣí fún mi – A porta está aberta para mim; Ó ṣí mi létí – Ele me deu uma sugestão, uma dica (lit. ele abriu meus ouvidos); Ó ṣí ẹyìn – Ele abriu a noz da palmeira. **2.** Movimentar. *Ó sí iwé* – Ele movimentou os papéis. **3.** Calcular. *Bá mi sí owó yìí* – Ajude-me a calcular esse dinheiro. > *ìsírò* – conta, cálculo.

ṣì, *adv. pré-v.* Ainda, até o presente, durante algum tempo. *Má sì lọ* – Não vá ainda; *Má sì sùn* – Não durma agora; *Kò sí ẹni tó sì sòrò* – Não há pessoa que até o momento ainda não falou; *Kò sì lọ* – Ele ainda não foi. *V. sì.*

ṣì, *v.* **1.** Perder, errar. *Akẹ́kọ́ sí ìbèèrè mẹ́ta* – O estudante errou três questões; *A sì ejọ́ dá* – Nós cometemos um erro de julgamento; *Ẹnikẹ́ni lè sìnà* – Qualquer um pode errar. > *èsì* – erro; *òsì* – miséria, pobreza. **2.** Ser pálido, descorado.

ṢII, *adv.* Durante algum tempo. *Ó dúró sii* – Ele ficou de pé por algum tempo.

ṢÌBÁṢÌBO, **ṢÌBÁLÁṢÌBOLO**, *adv.* Em cima e embaixo, dentro e fora.

ṢÍBÍ, *s.* Colher de metal. *Síbí igi* – colher de pau; *síbí gígùn* – concha.

ṢÌDÁ, *v.* Errar, enganar. *Ó sì ejọ́ dá* – Ele cometeu um erro de julgamento.

ṢÍDÉ, *obs.*: *Ó sí odó dé* – Ela virou a boca do morteiro para baixo.

ṢÍDÈ, *v.* Fazer um jogo que consiste em descobrir o que uma pessoa tem na mão. *Wọ́n nsídè* – Eles estão adivinhando. < *sí + ìdè.*

ṢÌFISÍ, *v.* Colocar uma coisa no lugar de outra.

ṢÌGÌDÌ, *s.* Pequena imagem de barro feita no formato de uma pessoa como forma de proteção ou vingança, fazendo em cima dela encantamentos e ofe-rendas.

ṢÍGÙ, **ÌBẸ́PẸ**, *s.* Mamão.

ṢÍGUN, *v.* Começar uma batalha. *Ó sígun* – Ele começou uma guerra. < *sí + ogun.*

ṢÌGBÉ, *v.* Cometer um erro de julgamento, de opinião. *Ó sì ẹsẹ̀ kan gbé* – Ele cometeu um erro de opinião.

ṢÌGBỌ́, *v.* Ouvir mal, confundir-se.

ṢÌHÙN, *v.* Cometer um erro ao falar.

ṢÍJIBÒ, *v.* Escurecer, fazer sombra, proteger. *Igi yìí síji bò mí* – Essa árvore fez sombra em cima de mim; *Òkùnkùn síjibò wá* – A escuridão nos envolveu. < *sí + ìji + bò.*

ṢÍJÚ, *v.* Abrir os olhos. < *sí + ojú.*

ṢÍJÚWÒ, v. Ver, observar.

ṢÌKÀ, v. Fazer algo ruim, agir perversamente. *Ó ṣìkà mí* – Ela fez uma crueldade comigo. < *ṣe* + *ìkà*. Ele agiu de certo modo que deteriorou os prospectos dele.

ṢÍKÁ, **ṢÍKIRI**, v. Ser inconstante, inquieto, não ter moradia fixa. *Ó nṣíká* – Ele é inquieto. > *àṣíká* – andarilho.

ṢÌKẸ́, v. Acariciar, acalentar, cuidar com atenção.

ṢÍKọ́, v. Ter um apetite insaciável. *Ẹnu rẹ̀ ṣíkọ́* – O apetite dele voltou.

ṢÍKọ̀, v. Deixar um ancoradouro ou uma garagem. *Ó ṣíkọ̀* – Ele desatracou o barco e partiu, ele arrancou com o carro. < *ṣí* + *ọkọ̀*.

ṢÌKọ, v. Cometer um erro ao escrever. *Ó ṣì ìwé náà kọ* – Ele cometeu um erro no texto escrito.

ṢÍKÙ, v. Ser demais, ser deixado de lado. *Mẹ́ta ṣíkù* – Três é demais; *Owó tún ṣíkù sí mi lọ́wọ́* – Eu tenho um pouco de dinheiro guardado. = *ṣékù*.

ṢÍKÙN, v. Negligenciar, desviar o pensamento.

ṢÍKÚRÒ, v. Remover, mudar de lugar. *Ó ṣí mi kúrò* – Ele me mudou de lugar.

ṢÍLÁÌYÀ, v. Alienar, desencorajar.

ṢÍLÈ, s. Xelim (moeda inglesa; do inglês *Shilling*).

ṢÍLÉ, v. Mudar a casa.

ṢÍLÉTÍ, v. Advertir, exortar, prevenir.

ṢÍLẸ̀KÙN, v. Abrir a porta. *Kò ṣílẹ̀kùn fún mi* – Ela não abriu a porta para mim.

ṢÍLẸ́ṢẸ̀, v. Forçar a pessoa a ir embora, forçar a se mudar.

ṢÌLO, v. Abusar, maltratar.

ṢÍLÓRÍ, v. Encorajar, inspirar com entusiasmo. *Ó ṣí mi lórí láti ṣe é* – Ele me encorajou a fazer isto.

ṢÍLọ́, v. Transplantar, enxertar. *Ó ṣí ẹ̀gẹ̀ lọ́* – Ela fez um enxerto de mandioca.

ṢÍLọ, v. Migrar, partir, apressar. *Ó ṣílọ láti ìlú míràn* – Ela partiu para outra cidade.

ṢÍLọ́NÀ, v. Desencaminhar, induzir a erro, enganar. *Ó ṣì mí lọ́nà* – Ele me desencaminhou.

ṢÍLọ́Wọ́, v. Fazer alguém parar de trabalhar. *V. ṣíwọ́.*

ṢÍLULẸ̀, v. Descer. *Ó ṣí sókè, ó ṣí lulẹ̀* – Ele subiu e desceu para cima e para baixo.

ṢÌMẸ́LẸ́, ṢÈMẸ́LẸ́, *v.* Ser indolente, preguiçoso, apático.

ṢÌMỌ̀, *v.* Falhar, enganar-se. Ó ṣì mí mọ̀ – Ele não me reconheceu (*lit.* ele falhou em me reconhecer).

ṢÍMỌ́, *v.* Ficar presa, grudar. Ẹ̀wù mi ṣímọ́ òkúta – Parte de minha roupa ficou presa na pedra.

ṢÌMỌ̀RÀM, *v.* Aconselhar-se, considerar, discutir um assunto.

ṢÌNÀ, *v.* Errar o caminho. Ó ṣìnà – Ele se equivocou. < ṣì + ọ̀nà.

ṢÍNÍDÍ, *v.* Desalojar, destituir. Ó ṣí i nídí – Ele o destituiu; Wọ́n ṣí mi nídí – Eles me transferiram.

ṢÌN, *adv.* Profundamente. Ó wọlẹ̀ ṣìn – Ele penetrou o solo profundamente.

ṢÌN, *v.* Lavar, limpar com água, enxaguar. Ó ṣìn èwù yìí mọ́ – Ela lavou a roupa. = ṣàn.

ṢÌNÍPA, ṢÌPA, *v.* Cometer uma morte acidental. Mo ṣì í pa – Eu o matei acidentalmente.

ṢÍNÍYÈ, *v.* Inspirar, imbuir, iluminar. Ó ṣí mi níyè – Ela me inspirou.

ṢÌNKÌN, *adv.* Em quantidade, profundamente. Ẹran yìí lọ́ra ṣìnkìn – Essa carne é rica em gordura; Ó ṣọ̀rá ṣìnkìn – Ele é corpulento.

ṢÍNKÚN, *adv.* Firmemente. Ó tu ọkọ̀ ṣínkún – Ele conduziu o barco firmemente.

ṢÍNKÙRỌ́, *v.* Quebrar a noz da palmeira.

ṢÌNMỌ́, *v.* Limpar, lavar, purificar. Ó sin èwù mọ́ – Ela lavou a roupa até ficar limpa

ṢÌNṢIN, *s.* Canário-da-terra.

ṢÍNṢIN, *adj.* Longo e magro.

ṢÌNṢIN, SANSAN, *adv.* Fortemente, firmemente. Ó dúró ṣinṣin – Ele permaneceu de pé firmemente, com uma postura rígida; Ó mú mi ṣinṣin – Ele me pegou firmemente.

ṢÍNU, *v.* Quebrar o jejum entre os muçulmanos.

ṢÌNÚPAYÁFÚN, *v.* Ser franco, alertar alguém. Ó ṣìnú payá fún mi – Ele foi franco comigo.

ṢÍỌ̀!, *interj.* Uma forma de indicar desprezo. Ora essa! Droga!

ṢÌPA, *v.* Matar por acidente. Mo ṣì í pa – Eu o matei acidentalmente. *V.* ṣápa.

ṢÍPADÀ, ṢÍPÒPADÀ, *v.* Mover, mudar de lugar, remover. Ẹ ṣí nípò padà – Troque de lugar. < ṣí + ipò + padà.

ṢÍPARẸ̀, *v.* Esfregar para fora por engano.

ṢÍPAYÁ, *v.* Revelar, expor, mostrar, abrir. *Ṣí ọkàn rẹ payá sí irú àwọn iṣẹ́ titun míràn* – Abra seu coração para outros novos tipos de trabalho.

ṢÌPÈ, *v.* Chamar por engano.

ṢÌPẸ́, *v.* Pedir, interceder por, consolar. *Ó sìpẹ́ fún mi* – Ela me consolou. = *sèpè*.

ṢÍRA, **YÁRA**, *v.* Fazer rápido uma ação. *Síra lọ síbẹ̀* – Apresse-se e vá para lá.

ṢÍRA, *v.* Lavar o corpo com uma infusão após uma doença.

ṢÍRÀ, *v.* Errar numa compra, comprar errado.

ṢIRÉ, **ṢERÉ**, *v.* Brincar. *Ó fẹ́ ṣiré ìfẹ́ pèlú mi* – Ele quer brincar de amor comigo. < *se* + *ire*.

ṢÌRÈGÚN, *obs.*: *Ó ṣìrègún fún mi* – Ele tocou para mim por uma questão de dever.

ṢIRÌ, *s.* Estoque, depósito de milho.

ṢÍRÒ, *v.* Calcular, contar, avaliar. > *ìṣírò* – matemática. *Tani ó olùkọ́ yín ní ìṣírò?* – Quem é o seu professor de matemática?

ṢÌRÒ, *v.* Julgar mal, fazer mau juízo de. *Ó ṣìrò* – Ele teve uma má ideia. < *ṣì* + *ìrò*.

ṢÍRỌ́, *s.* Tordo, gênero de pássaro equivalente ao sabiá ou um tipo de peixe.

ṢÌRỌ, *v.* Comer excessivamente.

ṢÍSẸ̀, *v.* Partir, mudar, ir embora. *Ó ṣísẹ̀* – Ele partiu. < *ṣí* + *ẹsẹ̀*.

ṢÍSÍLẸ̀, *adj.* Aberto, manifesto. *Ó ṣí i sílẹ̀* – Ele o deixou aberto. V. *ṣíṣí*.

ṢÍSÓKÈ, *v.* Descer. V. *ṣílulẹ̀*.

ṢÌSỌ, *v.* Falar errado, equivocar-se. *Ó nṣìsọ* – Ele está falando errado.

ṢÍṢÀBA, *s.* Incubação de ovos pela galinha.

ṢÍṢÁFẸ̀, *s.* Desidratação.

ṢÍṢÀÌKÚNNA, *adj.* Grosseiro, rude.

ṢÍṢÁÁJÚ, *s.* Antecedente.

ṢÍṢÀKÀWÉ, *s.* Alegoria, exemplo ilustrativo.

ṢÍṢÀMÚLÒ, *exp.* Utilização.

ṢÍṢÀN, *adj.* Corrente, aguado, que corre. *Odò ṣíṣàn* – Rio de água corrente. = *ìṣàn*. > *ìṣàn èjè* – veia, artéria.

ṢÍṢÁ, *v.* Desbotar, desvanecer, murchar.

ṢÍṢÀBA, *s.* Incubação de ovos por uma ave.

ṢÍṢÀÁNÚFÚN, *adj.* Lastimável.

ṢÍṢARÁN, *s.* Caduquice, senilidade, velhice.

ṢÍṢÁRÒYÉ, *s.* Tagarelice, aquele que fala demais.

ṢÍṢÁYAN, *s.* Assiduidade.

ṢÌṢE, *v.* Cometer um erro. *Ó ṣìṣe láti ṣọ fún bẹ́ẹ̀* – Ele errou por falar assim; *Ó sì mí ṣe* – Ele cometeu uma injustiça contra mim.

ṢÍṢE, *adj.* Possível de ser feito. *Iṣẹ́ yìí ṣíṣe* – Este trabalho é possível de fazer; *ṣíṣe ránwọ́ fún àwọn ènìà láti kàwé* – uma possível ajuda para as pessoas aprenderem a ler.

ṢÍṢẸRÉ, *s.* Ato de jogar, de brincar. > *ibi ìṣeré* – local de recreação, *playground*.

ṢIṢẸ́, *v.* Trabalhar, labutar. *Ó ṣiṣẹ́ kára* – Ele trabalhou duro, com dedicação. < *ṣe + iṣẹ́*.

ṢÍṢẸ́, *v.* Preocupar-se, afligir-se.

ṢÍṢẸ́, *adj.* Rompimento de algo para fora. *Eegun ṣíṣẹ́* – um osso fraturado; *ọfà ṣíṣẹ́* – uma seta quebrada.

ṢÍṢÍ, *adj.* Aberto. *Ìlẹ̀kùn wà ṣíṣì gbogbo yín* – A porta está aberta para todos vocês.

ṢÌṢÌ, *adv.* Febrilmente. *Ó gbọ̀n ṣìṣì* – Ele tremeu febrilmente.

ṢÍṢÌ, *adj.* Perdido, ausente.

ṢÍṢÍRÒ, *adj.* Calculado, contado.

ṢÍṢÌRO, *adj.* Calculado mal, contado errado.

ṢÍṢÍ ỌPẸ̀LẸ̀ JÁ, *s.* Cerimônia final para um iniciado fazer uso do *ọ̀pẹ̀lẹ̀ ifá*.

ṢÍṢÓ, *s.* Irritação, rabugice. *V. inúṣíṣó*.

ṢÍṢÒRO, *adj.* Difícil, duro.

ṢÍṢỌ, *adj.* Olhador, vigilante.

ṢÍṢỌKAN, *s.* Unidade.

ṢÍṢỌRA, *s.* Vigilância.

ṢÍṢÙ, *adj.* Esférico, redondo, circular.

ṢÍṢÚ, *adj.* Escuro, preto.

ṢÍṢUNÚ, *s.* Diarreia.

ṢÌTA, *obs.*: *Ó sì mí ta fún ẹran* – Ele atirou em mim confundindo-me com um animal.

ṢÍTÌ – ṢOÒGÙN

ṢÍTÌ, *v.* Deixar aberto um lado da porta.
ṢÌWÀHÙ, *obs.*: *Ẹnití a fẹ́ kì í sìwàhù* – A pessoa que estimamos não pode errar.
ṢÍWÁJÚ, *v.* Preceder, anteceder, ir ou vir antes de outro. *Ó ṣíwájú mi* – Ele me antecedeu. V. *ṣáájú*. < *ṣí + iwájú*.
ṢIWÈRÈ, *v.* Ser louco, ser tolo ou estúpido.
ṢÌWÍ, *v.* Cometer um erro ao falar. *Ó ṣìwí* – Ele errou ao falar.
ṢÍWÓ, **YÁWÓ**, *v.* Pedir dinheiro emprestado.
ṢÍWỌ́, *v.* Parar de fazer alguma coisa, deixar de fazer algo. *Ó ṣíwọ́ iṣẹ́* – Ele parou de trabalhar; *Ó ṣí mi lọ́wọ́ láti ṣiṣẹ́* – Ele interrompeu meu trabalho.
ṢÍYAN, *v.* Livrar-se de um cheiro ruim ou nocivo.
ṢÌYÀN, *v.* Escolher errado. *Ó ṣìyàn* – Ele fez uma escolha errada. < *ṣì + iyàn*.
ṢÍYÈ MÉJÌ, *v.* Duvidar, vacilar.
ṢÒ, *v.* Ser frouxo, estar com folga, dilatar. *Ẹ̀wù mi ṣò mí* – Minha roupa se ajustou com folga, minha roupa está larga.
ṢÓ, *v.* Ser teimoso, intratável, rude. *Wọ́n yaṣó* – Eles são malcriados.
ṢOBÌNRIN, *v.* Ser uma mulher comum, nem pior nem melhor.
ṢODI, *v.* Proteger. *Ó ṣodi fún ìlú rẹ̀* – Ele fez a proteção daquela cidade. < *ṣe + odi*.
ṢÒDÌ, **ṢÒDÌSÍ**, *v.* Opor, fazer oposição, ser contra. *Ó ṣòdì sí mi* – Ela foi contra mim. < *ṣe + òdì*.
ṢÒDODO, *v.* Ser verdadeiro. *Ó ṣòdodo* – Ele é uma pessoa justa. < *ṣe + òdodo*.
ṢÓFO, *v.* Estar vazio. *Ó ṣófo* – Ele está vazio. < *ṣí + òfo*.
ṢÒFÒ, *v.* Perder, sofrer uma perda, desperdiçar. *Ó ṣòfò èmí rẹ̀* – Ele perdeu a vida dele; *Owó mi ṣòfò* – Meu dinheiro foi desperdiçado; *Má ṣe fi omi ṣòfò* – Não faça desperdício de água.
ṢÒFÓFÓ, *v.* Contar mentiras, trair. *Ó ṣòfófó mi fún ọ̀gá mi* – Ela contou mentiras contra mim para o meu chefe.
ṢOGE, *v.* Ser vaidoso, ostentar.
ṢÒGO, *v.* Glorificar, vangloriar, orgulhar-se. *Ó ṣògo iṣẹ́ tí ó ti nṣe* – Ele se gabou do trabalho que estava fazendo.
ṢOÒGÙN, *v.* Preparar um remédio. *Ó ṣoògùn fún wa* – Ela preparou um remédio para nós. < *ṣe + oògùn*.

ṢÒJÓRÓ, *v.* Enganar, tapear, iludir.

ṢOJÚ, *v.* Representar, fazer uma expressão visual. *Ó ṣojú dèré* – Ele assumiu uma expressão idiota; *Ó nṣojú rèré* – Ele está com uma expressão sonolenta; *Ó ṣojú sí mi* – Ele olhou ternamente para mim; *Ó ṣojú rogbodo* – Ela tem os olhos esbugalhados; *Ó ṣojú bí ẹní pé ó nṣàìsàn* – Ele fingiu estar doente (lit. ele usou uma expressão de pessoa doente). < ṣe + ojú.

ṢOJÚFIRIN, *v.* Piscar os olhos.

ṢOJÚJÀ, *v.* Parecer intransigente, rigoroso, desconfiado.

ṢOJÚKÒKÒRÒ, *v.* Desejar, ambicionar, cobiçar.

ṢOJÚṢÁJÚ, *v.* Ser parcial, prejudicar em favor de.

ṢOJÚSÙÙ, *v.* Aparentar embaraço, estar desnorteado.

ṢÓKÍ, *adj.* Pouco, em resumo, em poucas palavras. *Ní ṣókí mo wípé féràn rẹ* – Em resumo, eu digo que gosto de você.

ṢÓKÍṢÓKÍ, *adj.* Muito pouco.

ṢÒKÒTÒ, *s.* Calça comprida. *Ó wọ ṣòkòtò funfun* – Ele vestiu uma calça branca.

ṢÓKÓTÓ, SÓKÓTÓ, *adj.* Pequeno. *Ìlú yìí rí ṣókótó* – Esta é uma cidade pequena.

ṢÒKÚ, *v.* Fazer, cuidar de um funeral. *Ó ṣòkú bàbá rè* – Ele cuidou do enterro do pai dela.

ṢOKUN, *v.* Fazer um esforço. *Mo ṣokun láti ṣe é* – Eu me esforcei para fazer isso. < ṣe + okun.

ṢÒKÙNKÙN, *v.* Estar escuro, obscuro. *Ó ṣòkùnkùn* – Ficou escuro; *Òrò yìí ṣòkùnkùn* – Este assunto ficou obscuro.

ṢOKÙNRIN, *v.* Ser másculo, viril.

ṢOLÓRÍ, *v.* Reger, presidir, dirigir.

ṢOMILÓJÚ, *obs.*: *Ó rẹ́rín àrín ṣomilójú* – Ele riu a ponto de se dividir ao meio.

ṢONÍKÚPANI, *v.* Ser um traidor.

ṢÒNRORÓ, *v.* Ser cruel, oprimir.

ṢÓNṢÓ, *s.* Um ponto alto, pináculo. *Ṣónṣó orí* – o ponto alto da cabeça; *Imú rẹ ṣe ṣónṣó* – O nariz dele é pontudo.

ṢÓNṢÓ-ILẸ̀, *s.* Cabo, promontório, ponta de terra.

ṢÒPE, YÒPE, *adj.* Ignorante.

ŞOORE – ŞODĘ 734

ŞOORE, *v.* Ser amável, ser bondoso. < *şe* + *oore*.

ŞORO, *v.* Ser feroz, ser cruel. Ó *şoro lóní* – Ele está com um temperamento ruim hoje. < *şe* + *oro*.

ŞORÒ, *v.* Observar o festival de Orò.

ŞORÒ, *v.* Fazer um ritual. Ó *şorò òrìşà láîfárí* – Ela fez a obrigação sem raspar a cabeça. < *şe* + *orò*.

ŞÒRO, *v.* Ser difícil, ser duro. Ó *şòro fún mi latí şe é* – É duro para mim fazer isso; Ó *sişé alâìşòro* – Ele fez o serviço sem dificuldade. = *nira*.

ŞÓRÓ, *obs.*: Èjè *ta şóró* – O sangue gotejou para fora.

ŞOORO, *s.* V. *ìgbé şooro*.

ŞÒSÌ, *v.* Ser infeliz, ser miserável.

ŞOŞO, *adv.* Somente. Usado depois dos numerais òkan, ìkan e kan. Ó *mú òkan şoşo* – Eu peguei somente um; *Mo ra ẹní kan şoşo* – Eu comprei somente uma esteira.

ŞÓŞÒŞÓ, *adj.* Espalhado, esporádico.

ŞOŞORO, *adv.* Simplesmente, absolutamente, claramente. Ó *gbón şoşoro* – Ele é absolutamente engenhoso.

ŞÒTÍTÓ, **ŞÒÓTÓ**, *v.* Ser verdadeiro, ser honesto. Ó *mú mi şòtító* – Ele me motivou a falar a verdade; Ó *nşòtító* – Ele está dizendo a verdade.

ŞÒWÒ, *v.* Comerciar, fazer negócio. Ó *bá mi şòwò* – Ele fez um negócio comigo.

ŞOWÓ, *v.* Cunhar dinheiro, fazer moedas.

ŞÓ, *v.* 1. Vigiar, ficar de olho, proteger. Ó *şó dè mi* – Ele me vigiou; *Olùwa yíí şó ẹ* – Deus lhe protegerá; *Ológun méjì lo nşó wa* – São dois soldados que estão nos vigiando. > *èşó* – guarda; *ìşónà* – vigilância. 2. Adornar, ornamentar. *èşó* = *òşó* – adorno, ornamento.

ŞÓBALÓJÚ, *s.* Um título.

ŞÒBÒLÓ, *adv.* Distintamente, diferenciado. Ó *şe imú şòbòló* – Ele tem um nariz aquilino, diferenciado dos demais.

ŞÓBÙ, *v.* Loja (do inglês *shop*).

ŞÒDALÈ, *v.* Ser traiçoeiro, ser traidor.

ŞÓDÈ, *v.* Vigiar. Ó *şó ọ dè mí* – Ele vigiou isso para mim.

ŞODĘ, *v.* Caçar, perseguir. < *şe* + *ọdę*.

ṢODÚN, *v.* Festejar, celebrar. Ó ṣọdún – Ele celebrou uma festa. < ṣe + ọdún.

ṢÒFÒ, *v.* Prantear alguém, usar o luto. *Mo nṣòfò rè* – Eu estou lamentando ele. < ṣe + òfò.

ṢÒFÚN, *v.* Vangloriar-se, orgulhar-se.

ṢÓGBÀ, *v.* Tomar conta de um jardim. < ṣó + ogbà.

ṢÓGBÓÓGBA, *adj.* Igual, exato, coordenado.

ṢÒKAN, *v.* Ser unido. *Àwọn àwòrò tòótọ́ ṣòkan* – Os verdadeiros sacerdotes são unidos; *Ó mú wa ṣòkan* – Ele nos uniu. < ṣe + òkan.

ṢÒKÀNKAN, *v.* Fazer com decisão. *A ṣọkàn kan a sì ṣe é* – Nós fizemos isso sem vacilar. > àìṣọkànkan – indecisão. < ṣe + ọkàn.

ṢÒKANṢOṢO, *v.* Ser unido, ser unânime.

ṢOKO YÒKÒTÒ, *s.* Nome de uma árvore. *Celosia argentea* (Amaranthaceae).

ṢOLÁ, *v.* Agir em virtude de sua posição.

ṢÓLÉ, *v.* Vigiar uma casa. < ṣó + ilé.

ṢÓLÉ-ṢÓLÉ, *s.* Guarda, porteiro.

ṢÒLẸ, *v.* Ser preguiçoso, indolente. < ṣe + òlẹ.

ṢÓLÓJÒ, *v.* Cuidar, vigiar, confinar. *Ṣó ọ lójò* – Cuide disto; *Ṣọ kẹ̀kẹ́ mi lójò fún mi = Fi kẹ̀kẹ́ mi sọjò fún mi* – Cuide da minha bicicleta para mim.

ṢÓLÓJÒJÒ, **ṢÓLÓÓJÒ**, *v.* Cuidar, tratar de. *Ó nṣólójòjò ọmọ mi* – Ela está cuidando do meu filho. < ṣó + ọlójòjò.

ṢÓLÚ, *v.* Vigiar uma cidade.

ṢOMO, *v.* Tirar vantagens de uma tradição familiar. *Ó ṣọmọ* – Ele se comportou conforme a tradição da família dele.

ṢOMODÉ, *adj.* Jovem.

ṢOMODÒ, *v.* Ser um criado, ser um servidor.

ṢOMOTÁ, *v.* Ser rude, ser grosseiro.

ṢÓNÀ, *v.* Observar, assistir. *Mo ti nṣọnà de bàbá mi* – Eu estava assistindo à chegada do meu pai. < ṣó + ònà.

ṢONÀ, *v.* Bordar, fazer uma obra de arte. < ṣe + ọnà.

ṢÒNÍNÚ, *v.* Irritar, fazer alguém ficar nervoso.

SÒNPÒNNÁ – SỌWỌ́, SỌWÓSÍ

SÒNPÒNNÁ, s. V. Sọ̀pọ̀ná.

SỌPẸ́, v. Ser agradecido. Ó sọpẹ́ fún mi – Ela me agradeceu. < ṣe + ọpẹ́.

SỌ̀PỌ̀, v. Ser barato, ser comum, ser vulgar.

SỌ̀PỌ̀NÁ, s. Divindade das doenças que marcam o corpo, como a varíola e outras similares. = Ọmọlu. V. sàsà.

SỌ́RA, v. Precaver-se, acautelar-se, cuidar-se. Sọ́ra fún àwin – Cuide-se nas compras a crédito.

SỌ̀RẸ́, v. Ser amigos, companheiros. Wọ́n sọ̀rẹ́ – Eles são amigos. > ìsọ̀rẹ́ – amizade.

SỌỌRỌ, adj. Amplo, grande. Ó lẹ́nu sọọrọ – Ela tem uma boca grande.

SỌ̀ỌRỌ̀, **SỌ̀RỌ̀RỌ̀**, adv. Copiosamente, excessivamente. Ẹ̀jẹ̀ ta sọ̀ọ̀rọ̀ – O sangue jorrou copiosamente.

SỌSỌ̀NÚ, adj. Bondoso.

SỌ́ỌSÌ, s. Igreja (do inglês church). Òun máa lo sí sọ́ọ̀sì lọ́jọ́ ìsinmi – Ela costuma ir à igreja aos domingos.

SỌ́SỌ́, adv. Quietamente, tranquilamente.

SỌ̀SỌ́, v. Adornar-se com joias. Ó sọ̀sọ́ – Ela se enfeitou.

SỌ̀TÁ, v. Ser inimigo, ser hostil à alguém. Ó bá mi sọ̀tá – Ele se tornou meu inimigo (lit. ele ficou hostil comigo).

SỌ̀TẸ̀, v. Rebelar-se, revoltar-se. Wọ́n sọ̀tẹ̀ sí mi – Eles se revoltaram contra mim. V. ọ̀tẹ̀ – trama, conspiração.

SỌ́ỌTÌ, **SẸ́ẸTÍ**, s. Blusa, camisa (do inglês shirt). = ẹ̀wù.

SỌ̀TÚN, v. Ser novo, estar novo. < ṣe + ọ̀tún.

SỌ̀TÚNSỌSÍ, v. Ser de duas caras. Quando usado negativamente, adquire a condição de imparcialidade. Kò sọ̀tún, kò sọ̀sì – Ele é imparcial.

SỌ́WỌ́, v. Quebrar o braço. Ó ṣubú lulẹ̀ ó sọ́wọ́ – Ele caiu no chão e quebrou o braço. < ṣe + ọwọ́.

SỌWỌ́, v. Dar direção. Atẹ́gún sọwọ́ òdì sí ọkọ̀ mi – A brisa soprou meu barco na direção errada.

SỌ́WÒ, v. Espirar, espionar.

SỌWỌ́, **SỌWÓSÍ**, v. Enviar ou passar adiante para.

ṢỌWỌ́N, *v.* Ser raro, ser escasso. *Sùúrù èése tí ó fi sòwọ́n tó bẹ́ẹ̀?* – A paciência por que é tão rara assim?

ṢỌYÚN, *v.* Supurar, eliminar pus.

ṢU, *v.* Defecar. *Ó lọ ṣu* – Ele foi defecar; *Ó ṣu sí òrò náà* – Ele fez um comentário irrelevante (*lit.* ele esmerdalhou as palavras). *Mo ṣu inú* – Eu estou com diarreia. > *ìṣunú* – diarreia.

ṢÚ, *v.* Estar escuro ou nublado. *Ilẹ̀ ti ṣú* – Anoiteceu (*lit.* a terra escureceu); *Ilẹ̀ ìbáà ṣu, a á lọ silé* – Ainda que esteja escuro, nós iremos para casa; *Ojú òrun ṣú gùdè* – O céu está nublado, está fechado.

ṢÙ, *v.* 1. Ser redondo, ser circular. *Òṣùpá ṣù* – A lua é redonda; *Wọ́n ṣù mọ́ mi* – Eles se aglomeraram à minha volta; *àwọn oyin ṣù* – enxame de abelhas. > *ìṣù oògùn* – remédio em forma de pílulas, comprimido. 2. Transformar. *Ó ṣù ú pò* – Ele a comprimiu para formar uma bola.

ṢÙBẸ, *v.* Ser avançado, ser intrometido.

ṢÚBÒ, *v.* Escurecer, ficar carregado de nuvens.

ṢÙBO, *v.* Reunir em círculo para atacar.

ṢUBÚ, *v.* Cair (gente). *Ó dédé ṣubú lulẹ̀* – Ele caiu inesperadamente no chão; *Ó tì mí, mo ṣubú* – Ele me empurrou, eu caí.

ṢÚDẸ̀DẸ̀, *v.* Estar nublado, fechado, escuro. *Ọjọ́ sú dẹdẹ̀* – O dia está fechado.

ṢÙ DÙDÙ, *v.* Rodear, circular. *Àwọn kòkòrò nṣù dùdù* – Os insetos estão rodeando em grande número.

ṢÚGÀ, *s.* Açúcar (do inglês *sugar*). *Ṣé o féràn ṣúgà díẹ̀ tàbí púpọ̀?* – Você gosta de pouco ou muito açúcar?. = *iyọ̀ òyìnbó.*

ṢÙGBỌ́N, ÀMỌ́, *prep.* Mas, porém. *Olú ti gbéìyáwó ṣùgbọ́n kòì tí ìbí ọmọ* – Olú se casou, mas não teve filhos; *Mo nbèèrè ṣùgbọ́n kò sí ìdáhùn* – Eu pergunto, mas não há resposta; *Mo féé raṣọ tuntun, ṣùgbọ́n kò sí owó* – Eu quero comprar roupa nova, mas não tenho dinheiro.

ṢÚJÁ, *v.* Cuidar, interessar-se por alguma coisa. Somente usado negativamente. *Kò ṣújá mi* – Ela não cuidou de mim.

ṢÙJỌ, *v.* Aglomerar, circundar, agrupar. *Wọ́n ṣùjọ yí mi ká* – Eles se aglomeraram ao redor de mim. = *ṣùmọ́.*

ṢÚJÚ, *v.* Ser ou estar confuso, sombrio. *Òrò yìí ṣújú* – Este assunto é confuso.

ṢÙKÁ, *v.* V. *ṣùjú*.

ṢÚKẸ̀-ṢÙKẸ̀, *adv.* Limitadamente, determinadamente. *Ó rìn ṣúkẹ̀-ṣùkẹ̀* – Ele deu um passeio curto, ele foi dar uma volta.

ṢÙKÙ, *s.* Cesta de mão, cortiça.

ṢÙKÚÙ, *s.* Escola (do inglês *school*). = *ilé ẹ̀kọ́*.

ṢÙKÙ EHÍN, *s.* Polpa do dente.

ṢÙKÚRÙ, ṢÙKÚÙ, *s.* Escola (do inglês *school*). = *ilé ẹ̀kọ́*.

ṢÚKUṢÙKU, *adv.* Desordenadamente. *Ó rí ṣúkuṣùku* – Ele parece que está desordenadamente.

ṢUKUTA, *s.* Almofada. *Ibi ṣukuta ọwọ́ mi* – o lugar da almofada da minha mão.

ṢÚLẸ̀, *adv.* De manhã à noite, até a noite. *Oòrùn ràn ṣúlẹ̀ ojọ́ náà* – O sol brilhou até a noite naquele dia, o calor se alastrou até o anoitecer.

ṢULÓHÙN, *v.* Responder. *Ó ṣulóhùn* – Ele respondeu o insulto.

ṢULÓJÚ, *v.* Confundir. *Ọ̀rọ̀ yìí ṣú mi lójú* – Este assunto me confundiu (*lit.* estas palavras escureceram minha mente).

ṢÙMỌ́, *v.* Ficar em volta de. *Wọ́n ṣùmọ́ mi* – Eles ficaram em volta de mim. = *ṣùjọ*.

ṢÙN, *adv.* Objetivamente, firmemente, fixamente.

ṢÚNLÒ, *v.* Usar com moderação.

ṢÚNNÁ, *v.* Ser econômico ao gastar.

ṢÚNNASÍ, *v.* Exagerar, insinuar, fomentar.

ṢUNÚ, *v.* Ter diarreia, problema intestinal. < *ṣu* + *inú*.

ṢÚPÓ, *v.* Observar o costume de o familiar do morto herdar e casar-se com a viúva. *Ó ṣúpó* – Aquele parente herdou e se casou com a viúva; *Ó fẹ́ẹ̀ ṣú Àbíkẹ́ lópó* – Ele quer se casar com a Abiké; *Wọ́n ṣú u lópó fún mi* – Eles deram a viúva para eu herdar e ser minha esposa. *V. opó.* < *ṣú* + *opó*.

ṢÚRA, *v.* Guardar um tesouro. *Ó fowó yìí ṣúra* – Ele guardou o dinheiro (*lit.* ele pegou este dinheiro e o entesourou).

ṢÚRU-ṢÙRU, *adv. e adj.* Em grupos, amassado, achatado. *Aṣọ yìí rí ṣúru-ṣùru* – Esta roupa parece amassada; *Mo rí igi ṣúru-ṣùru* – Eu vi um grupo de árvores.

ṢÙÙRÙ, *adv.* Fartamente. *Ilé mi njò ṣùùrù* – Minha casa está escoando fartamente, minha casa tem um vazamento sério.

ṢÚÚRÚ, s. Vegetação rasteira. *Ó ní èfọ́ ṣúúrú* – Ele tem alguns vegetais; *igbó ṣúúrú* – uma vegetação rasteira.

ṢÚSÍ, v. Observar, interferir, intrometer-se. *Ó ṣúsí ọ̀rọ̀ náà* – Ele fez um comentário irrelevante.

ṢÙṢÙ, adv. Intensamente, violentamente. *Iná ṣùṣù* – um fogo ardente.

ṢÙTI, s. Um tipo de *Egúngún*.

ṢÙTÌ, v. Desprezar, desdenhar, franzir, enrugar. *Ó yọ ṣùtì ètè sí mi* – Ele fez pouco caso de mim (*lit*. ele enrugou os lábios em desprezo a mim). V. *yọṣùtìsí*. *Ó nṣojú rèré* – Ele tem os olhos sonolentos.

ṢÚWÁJÚ, ṢÍWÁJÚ, v. Preceder, anteceder. *Ó ṣúwájú mi* – Ele me antecedeu. V. *ṣáájú*. < *ṣí* + *iwájú*.

şùRù, s. Vegetação rasteira. O ní ẹjọ ṣurùrù. – Ele tem alguns vegetais; ẹpọ ṣulùrù – uma vegetação rasteira.

şùṣí, v. Observar, interessar, intrometer-se. O ṣiṣìrò ọ̀ràn – Ele fez um comentário irrelevante.

şúṣú, adv. Intensamente, violentamente. Inú ṣuṣú – um fogo ardente.

şùTI, s. Um tipo de Egúngún.

şùTì, v. Desprezar, desdenhar, franzir, enrugar. O yọ ṣùtì àtẹ́ sí mi – Ele fez pouco caso de mim (lit. ele enrugou os lábios em desprezo a mim). V. voṣutisí. O ṣuṣutì rárá – Ele tem os olhos sonolentos.

şùWÀJÚ, şíWÀJÚ, v. Preceder, anteceder. O ṣiwájú mi – Ele me antecedeu.

V ṣajú. < ṣí + iwájú.

TA, *v.* **1.** Chutar, dar um coice como um cavalo. *Eṣin yìí ta mí* – Este cavalo me escoiceou. **2.** Atirar, arremessar, dar um tiro. *Ó ta ọfà bà mí* – Ele atirou uma flecha e me atingiu. **3.** Esparramar, entornar, pingar, borrifar. *Epo ta sí mi lára* – O óleo derramou em mim; *Èjẹ̀ ta sòòrò* – O sangue respingou copiosamente. **4.** Dar um laço, dar um nó. *Ó ta okùn yìí ní kókó* – Ele deu um nó na corda. **5.** Iluminar, derramar luz. **6.** Abrir um abcesso, sair. *Gbòngbò yìí ta jáde* – A raiz saiu; *Iṣu náà ta sí ìta* – O inhame brotou do solo. **6.** Picar, perfurar com bico, furar. *Ó ta mí lẹ́nu* – Ele desrespeitou minha ordem (*lit.* ele perfurou minha boca); *Agbọ́n ta á lẹ́ẹ̀kẹ́* – A vespa picou minha bochecha; *Ta àlápà fún mi* – Prepare um picadinho de carne para mim. **7.** Jogar o jogo do *ayò*, jogar na loto, jogar cartas. *Wọ́n nta ayò* – Ele está jogando ayò. **8.** Executar, agir. *Ó ta òkìtì* – Ele deu uma cambalhota. **9.** Ressoar, vibrar, mover-se. *Ó nta jìtà rè* – Ele está tocando guitarra. **10.** Esticar, dilatar. *Ó ta okùn* – Ele esticou a corda; *Bàtà nta mí lẹ́sẹ̀* – Meus sapatos estão apertados (*lit.* os sapatos aumentaram meus pés). **11.** Ser frio, ser friorento. *Ata yìí ta púpọ̀* – Esta pimenta é muito fria. **12.** Cair, esparramar-se. **13.** Queimar. > *ata* – pimenta. **14.** Dar, oferecer. > *talóre* – presentear. **15.** Ser persistente. *Ọ̀rọ̀ yìí ta mí létí* – Essa palavra persistiu em meus ouvidos; *Ó ta kánkán* – Ele é ativo, eficaz.

TA – TÀGÉTÀGÉ

TA, *pron. interrog.* Quem. É seguido de *ni* – ser. *Tani ó wà níbẹ̀?* – Quem está lá? V. *tani*.

TÁ, *v.* 1. Procurar às cegas por. *Mo fọwọ́ ta inú àpò mi* – Eu procurei dentro da minha bolsa. 2. Faltar. *Owó ta wọ́n lọ́wọ́* – Faltou o dinheiro deles.

TÀ, *v.* Vender, expor à venda. *Ó raṣo tà* – Ele comprou a roupa para vender.

TA ÀTAPÒ, **TA ÀTARÉ**, *v.* Prosseguir, atravessar, continuar sem parar. *Àtapò ìlú ni mo lọ* – Eu atravessei a cidade e continuei sem parar. = *tàtapò*.

TÁBÀ, *s.* Cigarro. *Ìwọ ní tábà bí?* – Você tem um cigarro?; *Rara o, oró ni* – Não, é veneno. > *tábà líle* – maconha.

TÁÁBÀ, *v.* Lavar as partes íntimas da pessoa com água após urinar ou evacuar.

TÀBÍ, *conj.* Ou. *Ọkùnrin ni tàbí obìnrin ni?* – É homem ou é mulher?; *Ó tán tàbí ó kù?* – Ele terminou ou ainda permanece?. *Obs.*: Não usa nenhuma partícula interrogativa para iniciar a frase. = *àbí*.

TÀBÍ!, *interj.* Que mais?!, Isso ainda?!

TÀBÍTÀBÍ, *s.* Dúvida, incerteza, hesitação. *Tàbítàbí kò sí* – Não há dúvida.

TÁBÌLÌ, **TÉBÙRÙ**, *s.* Mesa (do inglês *table*). *Gbé ìkòkò náà lórí tábìlì* – Ponha o pote em cima da mesa. = *ìtàfò* – uma palavra que não é mais usada, obsoleta.

TÀBÚ, *s.* Espirro, esguicho.

TÀBÙKÙ, *v.* Desonrar, envergonhar. *Ó tàbùkú fúnrarẹ̀* – Ele mesmo se desgraçou.

TÀDÁWÀ, **TÀDÁÀ**, *s.* Tinta.

TADÍ, *v.* Ser irreconciliável. *Ó tadí gbogbo ohun tí mo sọ* – Ela recusou todas as tentativas que eu fiz para reconciliar. < *ta + dí*.

TÀDÍ, *v.* Permanecer, persistir. *Ó tàdí mẹ́hìn* – Ela permaneceu indiferente.

TÀDÍSẸ́HÌN, *v.* Tomar de volta.

TAFÀ, *v.* Atirar uma flecha. *Ó tafà sí mi* – Ele atirou a flecha em mim.

TAFÀLÀ, *adj.* Desperdiçada, dissipada. *Ó fi ayé rẹ̀ tafàlà* – Ela usou a vida dela de forma desperdiçada.

TAFÀTAFÀ, *s.* Arqueiro.

TAFÍRÍ, **JÁFÍRÍ**, *adj.* Aromático, que tem cheiro adocicado.

TAFỌ̀N, *v.* Furar. *Mo tafọ̀n* – Eu furei a espinha.

TÀGÉTÀGÉ, *adv.* Debilmente, cambaleantemente. *Ó nrìn tàgétàgé* – Ele está andando debilmente.

TAGÌRÍ, *v.* Mover-se com coragem. *Ó ta gìrí gbà mí là* – Ele se moveu com coragem e me livrou do perigo, me salvou.

TAGÌRÌ, *v.* Assustar-se, ser surpreendido. *Ó ta gìrì* – Ela se assustou.

TÀGÎÌRÌ, *s.* Um tipo de planta trepadeira. *Adenopus brevifloris.*

TAAGUN, *v.* Ser forte, vigoroso, saudável. *< ta + eegun.*

TAGBÁRA-TAGBÁRA, *adv.* Poderosamente, severamente, violentamente. *< ti + agbára.*

TÀGBÁTÈWE, *adj.* Composto tanto de velhos como de novos.

TÀGBÒKUN, *v.* Estender ou fazer a vela de um barco. *Ó tàgbòkun* – Ele desfraldou as velas do barco. *< ta + gbà + òkun.*

TAGBÒNGBÓN, *v.* Cambalear. *Ó ntagbòngbón* – Ele está cambaleando.

TAHÍN, **TAYÍN**, *v.* Palitar os dentes. *Ó tahín* – Ele palitou os dentes. *< ta + ehín.*

TAHÙN, *v.* Mostrar-se aborrecido. *Ó tahùn pé o kò san owó náà padà* – Ele ficou aborrecido por você não reembolsar o dinheiro dele.

TÀÌ, *adv.* Assim como, assim quando. Observe a composição da palavra: *ti + àì. Ó lọ tàìlọ ni mo dé* – Ele partiu assim que eu cheguei; *A dé tàìdé ni wọ́n bẹ̀rẹ̀ ọ̀rọ̀ náà* – Nós chegamos assim que eles começaram a falar isto; *Ilẹ̀ mọ́ tàìmọ́ ni mo máa ndìde* – Eu levantei da cama assim que amanheceu (*lit.* foi assim que amanheceu que eu me levantei).

TÁÍ, *adv.* Despreocupadamente, indiferentemente. *Ó wò mí táí* – Ela me olhou de forma indiferente.

TÁÌ, *v.* Engravatar, pôr uma gravata. *Ó di tâi mọ́ ọrùn* – Ele envolveu o pescoço com uma gravata, ele pôs uma gravata; *Tani ó hùmọ̀ tâi ọrùn?* – Quem inventou a gravata?

TÁÌ ỌRÙN, *s.* Gravata.

TÀÌTÀÌ, *adv.* De forma dormente, de maneira inerte. *Ó rìn tàìtàì* – Ele caminhou de forma inerte.

TÁÍWÒ, *s.* Nome dado ao primeiro dos gêmeos nascido (*lit.* aquele que veio provar o mundo). É visto como o *Èṣù* dos gêmeos por chegar primeiro. *< tọ́ + àiyé + wò.*

TAJÀ, *v.* Vender mercadorias. *Ìwọ tajà láwìn tàbí tajà ni dálé?* – Você vende esta mercadoria a prazo ou à vista?

TAJÁ-TẸRAN – TAKÙN

TAJÁ-TẸRAN, *pron.* Todo mundo.

TÀJẸ̀, **TÀJẸ̀SÍLẸ̀**, *v.* Derramar sangue. *Ó tàjèsílè* – Ele fez uma matança, ele sacrificou o animal.

TAJÍ, *v.* Acordar repentinamente. *Mo tají* – Eu acordei de repente.

TAJÚKÁN, *v.* Olhar para cima de surpresa. *Ó tajúkán* – Ele olhou para o alto de repente. < *ta* + *ojú* + *kán*.

TÀKA, *v.* Estalar os dedos. *Mo tàka síi* – Eu estalei os dedos para mostrar minha discordância. < *ta* + *ìka*.

TÁKÀDÁ, *s.* Papel, papel escrito (do hauçá *tákàrdá*).

TAKÁNKÁN, *v.* Ser ativo, ser esperto.

TAKÁNTAKÁN, *adj.* Grande, importante, enorme.

TAKÉTAKÉ, *adv.* Imediatamente, instantaneamente, já.

TAKÉTÉ, *v.* Manter-se afastado de, evitar. *Ó ta kété sí mi* – Ela me evitou.

TAKÈÈKÈÈ, *v.* Ser ativo, ser vivo.

TAKÉRÉ, *v.* Arremessar, atirar. *Ó ta kéré* – Ele arremessou adiante em movimento rápido.

TAKÌJÍ, *v.* Parar de repente, bruscamente. *Ó takìjí ṣe iṣẹ́ rẹ̀* – Ele parou de repente de fazer o serviço dele.

TÁKÍTÁKÍ, *adv.* Completamente, muito. *Onjẹ yìí bu tákítákí* – Esta comida está completamente mofada.

TÀKÌTÌ, *v.* Dar uma cambalhota, cair de cabeça.

TAKO, *v.* Resistir, contradizer. *Ọlọ́run kò dá èdá burúkú kan láti tako òun fúnrarẹ* – Deus não criou uma criatura maligna para se opor a Ele próprio.

TAKÓKÓ, *v.* Dar um laço, amarrar com nó. *Ó ta okùn yìí mí kókó* – Ele deu um laço nesta corda.

TAKÒÒ-KÒÒ, *v.* Movimentar-se pelos arredores. *Ó nta kòò-kòò* – Ele está se movimentando pelos arredores.

TAKỌTABO, *s.* Macho e fêmea. *Ìbálòpọ̀ takọtabo* – relação sexual entre um homem e uma mulher.

TAKÚ, *v.* Ser teimoso, ser birrento, não ceder. *Ó takú gba owó* – Ele se recusou a receber o dinheiro. V. *tadí*.

TAKÙN, *v.* Medir com uma fita métrica, esticar um cordão de um ponto a outro.

TÀKÚTÉ, s. Armadilha de metal para pegar roedores.

TÁLÀ, s. Morim branqueado, musselina branca.

TÀLÀBÍ, s. Denominação de uma menina que nasce empelicada. V. *Sàlàkọ́* – menino.

TALÁYÀ, **TALÁIYÀ**, v. Bater no peito de alguém para provocar uma briga, empurrar, confundir. *Ó ta mi láyà* – Ele bateu no meu peito. *Obs.: ní + àyà = láyà.*

TÁLÁKÀ, s. Pessoa pobre, pessoa comum. *Ìjọba ni yìí tó gbé tálákà wa* – Este é um governo que apoia nossos pobres.

TALÁMỌ, **SALÁMỌ**, s. Formiga miúda vermelha.

TALÁRA, v. Preocupar-se, afligir. *Ọ̀rọ̀ tí o sọ ọ́ ta mí lára* – As palavras que você disse a ele me preocuparam.

TALÁRA, v. Borrifar, esparramar. *Ó ta omi sí mi lára* – Ele espirrou em mim com água; *Epo ta sí mi lára* – O óleo derramou sobre mim. *< ta + ní + ara.*

TALÉ, v. Estar infectado. *Ìsaká talé mi* – A coceira me infectou.

TALÉTÍ, v. Soar repetidamente, incomodar os ouvidos pelo barulho.

TALẸ̀, v. Chegar, vir atrasado. *Ó talẹ̀* – Ele veio atrasado.

TÀLÓ, v. Espirrar, esborrifar, como quando algo cai numa poça-d'água. *Ó ró tàló sínú omi* – Ele lançou respingos de dentro da água.

TALÓRẸ, v. Presentear, premiar. *Ìyá ta mí lọ́rẹ* – Minha mãe me presenteou. *< ta + ní + ọrẹ.*

TÀLỌTÀBỌ, **TÀYÚNTÀBỌ**, adv. Que vai e vem.

TALÙ, v. Cair em cima, atacar, tropeçar. *Ó talù mi* – Ele caiu em cima de mim, ele me atacou; *Ọmọ náà talù kẹ̀kẹ́* – A criança caiu da bicicleta.

TAMISÍLẸ̀, v. Derramar um pouco de água no chão. *< ta + omi + sí + ilẹ̀.*

TAMỌ́, v. Esticar, estender. *Ó ta aṣọ funfun mọ́ igi* – Ela amarrou um pano branco em volta da árvore.

TÀMÙ-TÀMÙ, obs.: *Ọlọ́rọ̀ tàmù-tàmù* – uma pessoa extremamente rica.

TAN, v. Relacionar, ser relacionado. *Ó bá mi tan* – Ela se relacionou comigo.

TÁN, adv. Expressa o mais alto grau, completamente. *Ó burú tán* – Isto é péssimo.

TÁN, v. Terminar, chegar ao fim. *Onjẹ ti ṣe tán* – A comida está pronta; *Iṣẹ́ mi tán* – O meu trabalho terminou; *Mo ti ṣe tán* – Eu já terminei. *= parí.*

TÀN, *v.* 1. Acender uma lâmpada ou algo semelhante. *Tàn àtùpá yìí* – Acenda este lampião. 2. Tentar, seduzir, atrair. > *ètàn* – decepção, truque. 3. Enganar. *Àwọn ọmọ máa àwọn oobi wọn* – Os filhos costumam enganar os familiares deles; *Ó tàn mí* – Ela me enganou. > *ìtanjẹ* – engano. 3. Espalhar, semear, propagar-se. *Ìròhìn yìí tàn kálẹ̀* – Esta notícia se espalhou. 4. Brilhar. *Iná àtùpá yìí ntàn* – O lampião está em chamas. 5. Encalhar um navio ou canoa. *Ọkọ̀ yẹn tàn* – Aquela canoa encalhou. 6. Examinar, investigar. *Ó bá mi tàn* – Ele examinou comigo.

TANÁTANÁ, *s.* Vagalume, pirilampo.

TÀNDÍ, *v.* Investigar. *Mo tàn wò = Mo tàndí rẹ̀ wò* – Ele o investigou.

TÁNGÁLÁ, *s.* Nome de um pássaro.

TÁNGANRAN, *s.* Zinco, ferro galvanizado, lata. *Àwo tánganran* – um prato de ferro.

TANI, *pron. interrog.* Quem. É usado para pessoas e coisas vivas. *Ṣé ìwọ mọ̀ tani nsọ̀rọ̀* – Você sabe com quem está falando?; *Tani o féé rí?* – Quem é que você quer ver?

TANÍPA, *v.* Dar pontapés.

TANIPẸ́PẸ́, *s.* Um tipo de formiga-preta que vive nas palmeiras.

TANIṢÁNKỌ, *s.* Centopeia.

TAN ÌTÀNKÁ, *v.* Emitir radiação.

TANITANI, *s.* Inseto que pica, centopeia.

TAN ÌTÀNKÁ, *v.* Emitir irradiação.

TANIYÁ, *s.* Um tipo de planta que se queima para iluminar.

TÀNJÀRÍN, *s.* Tangerina. *Àwa kò lè jẹ tànjàrìn* – Nós não podemos comer tangerina.

TÀNJẸ, *v.* Enganar, fraudar, iludir. *Ó tàn gbogbo wa jẹ* – Ele enganou a todos nós.

TANJÚ, RANJÚ, *v.* Fitar, encarar, olhar fixamente para. *Ó tanjú mọ́ mi* – Ela olhou fixamente para mim.

TÀNKÁ, *v.* Radiar.

TÀNKÁLẸ̀, *v.* Propagar-se, espalhar-se. *Àrún tànkálẹ̀* – A doença se propagou; *Ìròhìn yìí tànkálẹ̀* – Essa notícia se espalhou; *Èpò yìí ntànkálẹ̀* – Esta erva daninha está se espalhando.

TÁNMỌ́GÀYÌ, s. Sabre.

TÀNMỌ́, v. V. tanjú.

TÀNMỌ́, v. Pensar, imaginar, supor (do hauçá tàmmanì). Mo tànmọ́ pé ó ti wá nílé – Eu pensei que ela estava em casa.

TÀNMỌ́LẸ̀, v. Emitir luz. Oòrùn tànmọ́lẹ̀ – O sol está brilhando.

TANMỌNA, s. Tipo de dermatose que dá na cabeça.

TANNÁ, v. Florescer. Òdòdó yìí tanná – Esta flor floresceu.

TANNÁ, v. Acender uma lâmpada, acender o fogo para iluminar. Ó tanná sílé – Ele acendeu a luz. < tàn + iná.

TÁNNÁ ẸRAN, s. Pedaço magro de carne.

TANNÁTANNÁ, s. Vagalume, pirilampo, pequena centopeia.

TA-NPẸ́PẸ́, s. Um tipo de formiga.

TÀNṢAN, v. Emitir uma luz forte, iluminar brilhantemente.

TANTAN, adv. Ruidosamente, de forma audível. Ó nké tantan – Ela está chorando amargamente.

TÀNTÀN, v. Plenamente, totalmente. Ó nà tàntàn – Ele se espreguiçou totalmente. É usado com o verbo nà – espalhar, expandir.

TANTASÍ, s. Inhame deixado no chão para brotar.

TANU, v. Caçoar, desrespeitar. Ó tanu mí – Ela desrespeitou minhas ordens. < ta + ẹnu.

TANÙ, v. Evitar, abandonar, expulsar. Ó ta mí nù – Ela me evitou.

TÀÁNÚ-TÀÁNÚ, adv. Piedosamente, compadecidamente. Ó wò mi tàánú-tàánú – Ela me olhou com pena. < ti + àánú.

TÀNWÒ, v. Investigar. Mo tàn wò = Mo tàndí rẹ̀ wò – Ele o investigou.

TANWÍJI, s. Larva de mosquito, girino.

TAPA, v. Chutar até matar. Ó ta iṣẹ́ yìí pa – Você jogou a chance fora (lit. você chutou esse trabalho).

TAPA, v. Atirar para matar. Mo ta ẹranko pa – Ele atirou e matou o animal.

TAPA, v. Picar, perfurar para matar. Oyin ta ìyá mi – A abelha picou minha mãe para matar.

TAPÁ, v. Arrancar à força, arrastar. Ẹfúùfù ta eiyẹ náà nídí pá – O vento empurrou aquele pássaro; Mo ti ta ọ̀rọ̀ ọ̀rẹ́ mi pá – Eu usei minha influência em benefício de meu amigo (lit. eu arranquei uma palavra para o meu amigo).

TAPÁ, v. Esticar o braço. Ó tapá gangan – Ele está com ar de superioridade (lit. ele esticou os braços juntos). < ta + apá.

TÀPÁ, v. Dar pontapés, rebelar-se. Ó tàpá sí òrò yìí – Ela se rebelou contra essa matéria. < ta + ìpá.

TÁPÀ, s. Disenteria. = ìgbẹ́ òrìn.

TÁPÀ, s. Uma região africana, também conhecida como Nupe, cujo rei é denominado de Elénpe.

TÀPÁSÍ, v. Repelir, resistir.

TÀPẸ́, v. Germinar, brotar da terra.

TÀPÍTÀ, s. Intérprete. = ògbifọ̀.

TAPO, v. Pingar óleo, derramar óleo. Ó tapo aṣọ mi – Ela pingou óleo na minha roupa. < ta + epo.

TAPO, v. Vender óleo. Ó tapo fún gbogbo wa – Ele vendeu óleo para todos nós. < tà + epo.

TAPÒ, v. V. tàtapò.

TÀPÒ-TÀPÒ, obs.: Ó sọ ọ́ sínú omi tàpò-tàpò – Ele arremessou ambos para dentro da água.

TARA, v. Ter ciúmes, ter inveja. Ó ntara mi – Ela tem ciúmes de mim.

TARA, v. Ser atento, ser zeloso. Ó ntara mi – Ele está profundamente interessado em mim. > tìtara – zelosamente.

TÁRÀÁ, **TÀÀRÁ**, s. Pedregulho.

TÀÀRA, adv. Diretamente, francamente. Ọ̀nà yìí ṣe tààra – Esta é uma estrada direta; Tààra lọ síbẹ̀ – Vá diretamente para lá; Ó nrìn sílẹ̀ tààrà – Ele está indo diretamente para casa.

TARAPARA, v. Estar ansioso. Ó Tarapara pé kò ṣe bẹ́ẹ̀ – Ele estava tão agitado que ele fez assim.

TARAṢÀṢÀ, v. Estar agitado, trêmulo. Mo tara ṣàṣà – Eu estou trêmulo.

TAARÍ, v. Empurrar violentamente ou apressadamente. Ó taarí mi – Ela me empurrou violentamente.

TÀRÒ, v. Levar em consideração, respeitar. Mo ntàrò òrò yìí – Eu estou levando em consideração esse assunto.

TARÙ, v. Carregar um fardo na cabeça. Mo tarù – Eu levei uma carga na cabeça.

TÁSÀ, s. Panela, pratos etc.

TASÁÍ, v. Ter um gosto forte. *Ó ta mí lẹ́nu sáí-sáí* – Ela deixou um gosto bom em minha boca.

TÀSÉ, v. Falhar, errar, não atingir o objetivo. *Ọfà mi tàsé ẹiyẹ náà* – Minha flecha não acertou aquele pássaro, falhou.

TÀSÉHÙN, v. Contradizer-se. *Ó tàséhùn* – Ele se contradisse, ele quebrou a promessa.

TÀSÉRÌN, v. Andar cambaleando.

TASẸ̀, v. Dar um pontapé, chutar. V. *ìpá*. < *ta* + *ẹsẹ̀*.

TASÍ, v. Atirar, jogar fora, derramar em.

TASÍLÁRA, s. Lambuzar alguém com lama ou algo parecido.

TASÍLẸ̀, v. Derramar no chão, entornar. *Òun pa ẹranko ta èjẹ̀ sílẹ̀* – Ele matou o animal e pingou o sangue no chão.

TASÍWÁJÚ, v. Lançar adiante, atirar-se à frente. *Ó tasíwájú* – Ele avançou e seguiu em frente.

TA SÚTÀ, exp. Uma expressão usada pelos muçulmanos. *Ó ta sútà fún mi* – Ele fez um jogo sujo comigo.

TÀSẸ̀, v. Desejar, fazer mal a alguém, rogar praga. *Ó tàsẹ lé mi* – Ele pôs uma praga em cima de mim.

TAṢẸ́, v. Jogar o jogo do *iṣẹ́*.

TAṢỌ, v. Inserir um fio num tear.

TAṢÙṢÙ, v. Cambalear. *Ó ta sùsù* – Ele cambaleou.

TATA, s. Gafanhoto.

TÀTAPÒ, v. Atravessar, prosseguir. *Ó tàtapò* – Ele viajou de um lugar a outro. < *ta* + *àtapò*.

TÀÙNṢÁNKỌ̀, s. Centopeia. = *ọ̀ọ̀kùn*.

TÀTÀMBÚLÙ, v. Turco.

TÀTẸ̀HÌN, obs.: *Èyí sàn fún mi ju tàtẹ̀hìn lọ* – Isso é melhor para mim do que antes. V. *àtẹ̀hìn wá*.

TATẸ́TẸ́, v. Jogar, apostar.

TAUNWÍJÍ, s. Larva de mosquito.

TÁÚTÁÚ, *adv.* Habilmente, sutilmente. *Ó gbá ilẹ̀ náà mọ́ táútáú* – Ela limpou o assoalho com habilidade.

TÁWẸ̀ẸLÌ, *s.* Toalha (do inglês *towel*). = *aṣọ inùra*.

TÁWỌ́, *v.* Procurar às cegas. *Ó táwọ́ láti mú* – Ele procurou no escuro para pegar. < *ta + ọwọ́*.

TAYÍN, TAHÍN, *v.* Palitar os dentes. *Ó tayín* – Ele palitou os dentes.

TAYÒ, *v.* Jogar o jogo do *ayò*.

TAYỌ, *v.* Ir além de, ultrapassar, superar, projetar, exceder. *Ó tayọ mi* – Ele me ultrapassou.

TAYỌ̀TAYỌ̀, *adv.* Alegremente, felizmente. *Nwọ́n gba wá tayọ̀tayọ̀* – Eles nos receberam alegremente.

TÀYÚNTÀBỌ, *adv.* Indo e vindo, daqui e dali.

TE, *v.* Juntar. *A te owó jọ kọ́lé* – Nós juntamos dinheiro para construir a casa.

TÉ, *v.* Acima (usado com verbos que significam pôr, colocar, deixar). *Ẹiyẹ́ yìí bà ni èka igi té* – O pássaro pousou em cima do galho da árvore.

TÈ, *v.* Venerar, adorar, propiciar, respeita. É usado somente em alguns provérbios.

TÉBÙLÙ, *s.* Mesa. = *tábìlì*.

TÉÉDÉ, *s.* Espécie de papagaio que destrói as plantações de milho.

TÈFÈTÈFÈ, *adv.* Totalmente, inteiramente, conjuntamente. *Tèfètèfè ni ó gbé e lọ* – Ele o pegou inteiramente e se foi.

TEGBÒGI, *adj.* Medicinal.

TEGBÒ-TEGBÒ, *obs.:* *Ó wú tegbò-tegbò* – Ele arrancou os galhos e a raiz.

TÉJÚ, TỌ́JÚ, *adj.* Plano, no mesmo nível. *Ilẹ̀ yìí tejú* – Essa terra é plana.

TÉKÉ-TÉKÉ, *adv.* Escrupulosamente, perfeitamente. *Ó mọ́ téké-téké* – Ele está perfeitamente limpo.

TELE, *v.* Reunir em pedaços ou pequenas partes. *Mo ntele owó láti rà á* – Eu juntei um pouco de dinheiro para comprá-la.

TÉLỌ̀, *s.* Alfaiate (do inglês *tailor*).

TÈMI, *pron. poss.* Meu, minha. *Ilé tèmi ni yìí* – Esta é a minha casa. V. *mi*. < *ti + èmi*.

TÈMI TÌRẸ, *exp.* Ambos, eu e você. *Tèmi tìrẹ wà níbẹ̀* – Eu e você estávamos lá.

TÈNÌÀ, *adj.* Humano.

TÉNÍTÉNÍ, *adv.* Completamente, totalmente, inteiramente. *Ó lá ténítêní* – Ela lambeu totalmente.

TENTE, *obs.*: *Ó lé tente bí òṣùmàrè* – Ela é adorável como o arco-íris (*lit.* ela surgiu como o arco-íris).

TÉNTÉ, *s.* Topo, cume. *Téntế ilé yìí* – o topo dessa casa.

TÈÉPÁ, *v.* Descascar, tirar a pele, enrugar. *Ó ntèépá* – Ele está descascando a ferida. < *tì* + *èépá*.

TÉRÉ, TÉRÉTÉRÉ, *adv.* Lentamente, vagarosamente, em pequenas quantidades. *Odò yìí nsun térétéré* – Este rio está fluindo lentamente.

TÉÉRÉ, *adj.* Magro. *Ótééré púpò* – Ele é muito magro.

TÈÉRÍTÈÉRÍ, *adv.* Indecentemente, de modo obceno. V. *èérí*.

TÈRÒTÈRÒ, *adv.* Pensativamente, imaginariamente. V. *èrò*.

TÉRÚ, *s.* Um tipo de roupa.

TETE, *adv.* Depressa, rapidamente. É aplicado a uma criança. *Ọmọ nrìn tete* – A criança está andando depressa; *Ó tete nlọ* – Ela está indo depressa.

TÉTÉ, *adv.* Minuciosamente, metodicamente. *Ó sa èso tété* – Ela escolheu a fruta minuciosamente.

TÈTÈ, *adv.* *pré-v.* Cedo, logo, rapidamente. *Mo tètè lọ* – Eu fui sem demora; *Ó máa tètè lọ sùn* – Ele costuma ir dormir cedo; *Mo tètè dé láti ṣorò òrìṣà* – Eu cheguei cedo para fazer a obrigação; *Nwọn ti tètè jáde* – Eles têm que sair rapidamente.

TÈTÈ KAJỌ, *v.* Pré-datar, preceder. *Ó tètè kajọ ìwé owó náà* – Ele pré-datou aquele cheque.

TÈTÈKỌ́, *adv.* Previamente, em primeiro lugar.

TÉ-TÉ-TÉ, *adv.* Cuidadosamente.

TÈTETỌ́, *v.* Provocar.

TÈTETỌ́WÒ, *v.* Provar antecipadamente.

TÈWE, *adj.* Pertinente ao período da juventude.

TÈWETÀGBÀ, *adj.* Jovem e velho.

TEWÉTEWÉ, *adv.* Completamente. *Ó jẹ ẹ́ tewétewé* – Ele o comeu com folhas e tudo.

TÉ, v. 1. Cair em desgraça, ser chato, sem graça, ser aborrecido. *Ó té mi* – Ele me aborreceu; *Ó té lọ́wọ́ mi* – Ele perdeu minha estima. > *ètẹ́* – desgraça, vergonha. 2. Ser sem gosto, insípido. *Onjẹ yìí tẹ́ lẹ́nu* – Esta comida está sem gosto. 3. Colocar, estender esteira, toalha etc. *Ó té ẹní* – Ela estendeu a esteira; *Bá mi tẹ́ ìbùsùn* – Ajude-me a arrumar a cama; *Ó té ọmọ rẹ̀ sílẹ̀* – Ela colocou o filho na cama.

TẸ̀, v. 1. Seguir. *Nwọ́n ó sì tùn tẹ̀ ẹ́* – Eles ainda o seguirão de novo; *Ó tèlé mi* – Ele me acompanhou. 2. Apertar, espremer, pressionar. *Dá owọ́ tẹ ìbàdì* – Pressione as mãos nos quadris; *Ó sòro tẹ̀* – Ele é difícil de persuadir (lit. difícil de ser apertado); *Ó tèwé yìí* – Nós imprimimos este livro. 3. Curvar, abaixar, inclinar-se. *Ó tẹ̀ síwájú* – Ele se curvou para a frente. > *ìtẹnú* – humildade. 4. Pisar com os pés, calcar, andar. *ìtẹmọ́lẹ̀* – pisada. 5. Abraçar, dobrar. *Ó tẹ aṣọ yẹn* – Ela dobrou aquela roupa.

TẸ̀, adj. Tarado, pervertido.

TẸBA, v. Sujeitar-se a, inclinar-se. *Ó tẹ orí ba ìyá rẹ̀* – Ele abaixou a cabeça para a mãe dela; *Ó tẹ̀ wọ́n lórí ba* – Ele os subjugou; *Onídìrun te orí mi ba* – O cabeleireiro abaixou minha cabeça para cortar o cabelo. V. *teríba*.

TẸBÀ, v. Preparar a comida *èbà*.

TÈBALẸ̀, v. Curvar-se para baixo. *Ó tèbalẹ̀* – Ele se inclinou.

TÉ BẸ̀RẸ̀, v. Inclinar-se, abaixar. *Ó té bẹ̀rẹ̀* – Ele se inclinou.

TÉBẸẸRẸ, v. Fazer nivelado, rebaixado. *Ilẹ̀ yìí tébẹẹrẹ* – Esta terra é extensa.

TẸ̀BỌ̀, v. Mergulhar, pôr algo dentro. *Ó tẹ kálámù bọ̀ tàdá* – Ele colocou a caneta no tinteiro; *Ọdẹ tẹ ọfà rẹ̀ bọ inú àpò* – O caçador colocou a flecha dentro da sacola; *Ó fojú tẹ̀ mí bọ̀* – Ele me menosprezou (lit. ele escondeu o rosto de mim).

TẸ̀BỌMI, v. Imergir, embeber em água. < *tẹ̀* + *bọ̀* + *omi*.

TẸ̀BỌ́TẸ̀BỌ́, adj. Doentio, anormal. *Ó rí ènìà tẹ̀bọ́tẹ̀bọ́* – Ela viu uma pessoa anormal, ele parece uma pessoa doente.

TẸDÓ, v. Formar, fundar um estabelecimento, uma cidade etc. *Ó tẹ̀ ìlú náà dó* – Ele fundou aquela cidade.

TẸDÚ, v. Ser fundador de alguma coisa.

TẸ̀DÙNTẸ̀DÙN, adv. Simpaticamente, sentimentalmente.

TẸFÁ, v. Iniciar-se no culto a Ifá. *Wọ́n tẹ̀ mí nífá* – Eles foram iniciados no culto a Ifá. < *tẹ̀* + *Ifá*.

TÉFÁDÀ, v. Dar uma festa, fazer uma reunião social.

TẸFỌ́, v. Vender legumes. *Ó ntẹ̀fọ́* – Ela está vendendo legumes. < *tà* + *ẹfọ́*.

TẸFỌ́, v. Pisotear. *Mo tẹ̀ ẹ́ fọ́* – Eu pisei em cima disto.

TẸGÀNTẸGÀN, adv. Desdenhosamente.

TẸGUN, v. Fixar uma ordem de batalha.

TÉGBÀ, v. Estender, esticar. *Mo tẹ́ ọwọ́ gbá owó* – Eu estiquei a mão para receber o dinheiro; *A tẹ́ tábìlì gbá fún àwọn àléjò* – Nós formamos uma linha de mesas para os convidados.

TẸGBINTẸGBIN, adv. Ofensivamente, desdenhosamente, desprezivelmente.

TẸGBỌ́N TÀBÚRÒ, adv. Ambos, o mais velho e o mais novo. *Tẹgbọ́n tàbúrò ni ó dé* – Ambos, o mais velho e o mais novo, chegaram.

TẸHÌN, adj. O último. *Ó tẹ̀ mí lẹ́hìn* – Ele me seguiu depois. Obs.: *lẹ́hìn* = *ní ẹ̀hìn*.

TẸHÌNBỌRÙN, s. Nome de uma árvore.

TẸIN, **TẸYIN**, **TIYÍN**, pron. poss. Seus, suas, de vocês.

TÉJÚ, adj. Plano aberto, extenso.

TẸJÚMỌ́, v. Contemplar, prestar atenção, olhar fixamente. *Ó tejú mọ́ mi* – Ele me encarou. = *tejúmọ́wò*.

TẸKÀN, v. Brotar (planta). < *ta* + *ẹkàn*.

TẸKẸ́TILẸ̀, adv. Integralmente, totalmente, completamente.

TẸKÚNTẸKÚN, adv. Chorosamente, em prantos.

TÉLÁRÀ, v. Exceder, ganhar, ultrapassar, ter sucesso. *Onje tó fún wa tẹ́ wa lára* – A comida que ele nos deu superou as expectativas.

TÈLÉ, v. Seguir, acompanhar. *Tèlé mi* – Siga-me; *Ó tèlé mi lẹ́hìn* – Ele me seguiu atrás; *Ẹ máa wí tèlé mi* – Diga, repita depois de mim.

TẸLÉTÈLÉ, adv. Repetidamente.

TẸLẸ̀, v. Pisar sobre o chão, caminhar furtivamente. *Ó ntẹlẹ̀ jẹ́jẹ́* – Ele está caminhando às escondidas.

TÉLẸ̀, adv. Antes, antecipadamente, prioritariamente. *Tẹ́lẹ̀ ló máa nlọ* – É antecipadamente que ele está indo. Obs.: *ni ó* = *ló*.

TÈLẸ́SẸ̀, v. Seguir os passos de alguém. *Ó tẹ mí lésẹ̀* – Ela seguiu meus passos.

TÉLÈTÉLÈ, *adv.* Antes de todas as coisas, antes disso.

TẸLÍFÍSÒN, *s.* Televisão (do inglês *television*). *Tẹlífísòn ngbìyànjú láti darí àwọn ọmọ wa mu tábà* – A televisão está se dedicando a persuadir nossas crianças a fumar cigarro.

TẸLIFÓÒNÙ, *s.* Telefone (do inglês *telephone*). *Mo lè lò tẹlifóònù bí?* – Posso usar o telefone?. = *fóònù*.

TÈLỌ́DÁ, *v.* Castrar (animais). *Ó tèlọ́dá* – Ele castrou o animal.

TÉLÓGO, *v.* Humilhar, desgraçar, rebaixar. *Ó tẹ́ mi lógo* – Ela me humilhou.

TÈLÓRÍBA, *v.* Subjugar, conquistar.

TẸ́LỌ́RÙN, *v.* Satisfazer. *Iṣẹ́ rè tẹ́ mi lọ́run* – O trabalho dela me satisfez.

TÉLỌ́WỌ́, *v.* Cair no conceito de. *Ó tẹ́ lọ́wọ́ mi* – Ele caiu no meu conceito. < *tẹ́* + *lọ́wọ́*.

TÈLỌ́WỌ́, *v.* Colocar nas mãos de alguém, ser aceito. *Èmi kò bìkítà ohunkóhun bí owó bá sá ti lè tè mí lọ́wọ́* – Eu não me incomodo com qualquer coisa, desde que eu tenha dinheiro. < *tè* + *lọ́wọ́*.

TÈMBẸLẸKÚN, *s.* Conspiração, rebelião, intriga.

TẸMBẸLÚ, *v.* Depreciar, desprezar.

TẸMẸ, *adv.* Desdenhosamente, desconsideradamente.

TÉMI, *v.* Não conseguir o que se deseja com urgência.

TÈMÍ, *adj.* Espiritual. V. *èmí*.

TÈMỌ́, *v.* Pressionar sobre, persistir, imprimir. *Tẹ ipá mọ́ iṣẹ́ rẹ* – Ele persistiu em seu trabalho; *Ó tẹ ojú mọ́ mi* – Ele me encarou; *Mo tẹ ọwọ́ mọ́* = *Mo tẹwọ́ mọ́* – Ela pressionou minha mão sobre isso; *Ó tẹwọ́ mọ́ iṣẹ́* – Ele perseverou no trabalho.

TÈMỌ́, TÈNUMỌ́, *v.* Afirmar, assegurar, insistir. *Ó tẹnu mọ́ pé kí n wá* – Ele insistiu que eu vá.

TÈMỌ́LÈ, *v.* Calcar com o pé. *Ó tè mí mọ́lè* – Ele me calcou com os pés.

TÈMÓRA, *v.* Aturar, suportar com paciência.

TẸNBẸLÚ, *v.* Menosprezar.

TẸNÍ, *v.* Estender a esteira. *Ó tẹní dùbúlè* – Ela estendeu a esteira e deitou.

TẸNILÓRÍBÀ, *v.* Amedrontar, intimidar. = *dẹ́rùbà*.

TẸNI-TẸNI, ATÉNI, *s.* Pessoa que humilha, que prejudica outra pessoa.

TÈNÍBÀÀFIN, *v.* Castrar um homem, dominar. *Ó tè mi ní bààfin* – Ele me castrou para serviço no palácio. *V. bààfin.*

TÉNÍNÚ, *v.* Pacificar. *Ó té mi nínú* – Ele me acalmou.

TENTERE, *s.* Uma ave de rapina.

TÉNÚ, *v.* Ter bom temperamento, calmo. *Ó ténú* – Ele é uma pessoa moderada. *V. títé.*

TENUBÒ, *v.* Interferir. *Ó tenubò ó* – Ele interferiu nisso. *V. tìbò.*

TENUMÓ, *v.* Afirmar, insistir, assegurar. *Mo tenu mó lílo re* – Eu insisti na sua ida; *Ó tenu mó pé kí n wá* – Ele insistiu que eu venha.

TENU-TENU, *adv.* Completamente. *Ó gò tenu-tenu* – Ele é um tolo completo.

TÈPA, *v.* Pisotear. *Mo tè é pa* – Eu o pisoteei até a morte.

TÈPÁ, *v.* Andar com apoio. *Ó tèpá* – Ele caminhou com a ajuda de uma bengala. *< tè + òpá.*

TEPÁMÓ, *v.* Trabalhar com energia. *Tepá mó isé re!* – Persista em seu trabalho!. *< tè + ipá + mó.*

TÈRAMÓ, *v.* Perseverar, insistir, persistir. *O tera mó* – Você perseverou nisto; *A tera mó ìrìn* – Nós avançamos em nossa caminhada.

TÈRÉ, *adv.* Bruscamente, claramente. *Ó yò tèré* – Ele deslizou bruscamente.

TÈRÉ, *v.* Pisotear, calcar. *Ó te esè mi ré* – Ele me pisoteou (*lit.* ele calcou o pé em mim).

TÉÉRÉ, TÓÓRÓ, *adj.* Esbelto, magro. *Ó rí tééré* – Ele tem aparência esbelta.

TÈRÈ-TÈRÈ, *adv.* Descontraidamente, preguiçosamente. *Ó jókó tèrè-tèrè* – Ele se sentou descontraidamente.

TÈRÌ, *v.* Suprimir, esconder, dissimular.

TERÍ, *v.* V. *terísí.*

TERÍBA, *v.* Humilhar-se, inclinar-se, submeter-se. *Ó teríba fún mi* – Ele abaixou a cabeça para mim. *V. teba. < tè + orí + ba.*

TERÍGBÀ, *v.* Abaixar-se para receber bênção, um fardo etc. *Ó terígbà ìbùkún* – Ela se inclinou para receber bênção.

TÈRÍN-TÈRÍN, *adv.* Alegremente. *Mo pàdé won tèrín-tèrín* – Eu os reuni com satisfação. *V. èrín.*

TERÍSÍ, *v.* Voltar-se para. *Ó terísí mi* – Ela se voltou para mim. *< tè + orí + sí.*

TẸ̀RÙ-TẸ̀RÙ, *adv.* Terrivelmente, horrivelmente.

TẸ́RÙN, TẸ́RÙNTẸ́RÙN, *adv.* Satisfatoriamente. *V. télọ́rùn*.

TẸSẸ̀BỌ̀!, *v.* Intervir, enfiar o pé, envolver-se. *Ó tẹsẹ̀bọ̀ pẹ̀lú obìnrin míràn* – Ele envolveu-se com outra mulher. < *tì* + *ẹsẹ̀* + *bọ̀*.

TẸSẸ̀DÚRÓ!, *exp.* Pare!

TẸ̀SÍ, *v.* Discutir. *A tẹ̀sí ọ̀rọ̀ náà* – Ela discutiu aquela matéria; *Tẹ̀sí ọ̀rọ̀ mi* – Preste atenção nas minhas palavras.

TẸ́ẸSÌ, *v.* Testar (do inglês *test*). *Mo tẹ́ẹsì rẹ̀* – Eu o testei.

TẸSÍLẸ̀, *v.* Curvar-se para baixo. *Òdòdó yìí tẹsílẹ̀* – Esta flor está se inclinando, está abatida.

TẸSÍLẸ̀, *v.* Espalhar, estender no chão. *Ó tẹ́ ẹ sílẹ̀* – Ele espalhou isso no chão.

TẸSÍWÁJÚ, *v.* Curvar-se para a frente, progredir. *Ó gbọ́dọ̀ kọ́ láti lè tẹsíwájú* – Ele deve estudar para poder progredir.

TẸ́ẸSỌ́, *s.* Um tipo de droga que impede o homem adúltero de manter seu pênis ereto no momento do ato sexual.

TẸ́SỌN, *s.* Estação, emissora (do inglês *station*).

TẸ́ẸSỌ́RÀ, *s.* Tesouro (do inglês *treasurer*). = *ajé, ọlà*.

TẸ̀SÙBÁ, *s.* Cordão de contas usado para rezar, rosário muçulmano.

TẸ́TẸ́, *adv.* Frescamente, secamente. *Ó yan aṣọ tẹ́tẹ́* – Ela secou a roupa no fresco.

TẸ́TẸ́, *s.* Jogo de azar, loteria. *Tẹ́tẹ́ títa bárakú ní àwọn ọdún 1990* – Jogo de azar, o vício dos anos 1990; *Tẹ́tẹ́ tita máa nfa ìmọ̀lára ti ó lágbára* – O jogo de azar costuma provocar emoções fortes. = *tẹ́tẹ́ títa*.

TẸ̀TẸ̀, *s.* Tipo de erva usado como espinafre. *Amaranthus caudatus*.

TẸ̀ẸTẸ̀, *obs.*: *Ó fa ọmọ náà ní tẹ̀ẹtẹ̀* – Ele trouxe aquela criança para junto de si.

TẸ̀TẸ̀-Ẹ̀GÚN, TẸ̀TẸ̀RẸ̀GÚN, *s.* Uma erva daninha ou um tipo de cana usada como remédio contra tosse. *Amaranthus spinosus*.

TẸTẸRẸ, *adv.* Relaxadamente, indolentemente.

TẸ́TÍSÍLẸ̀, *v.* Inclinar a orelha para ouvir. < *tẹ̀* + *etí* + *sílẹ̀*.

TẸ̀TÙ, *s.* Executor, uma espécie de xerife do *Aláàfin* de *Ọ̀yọ́*.

TẸ̀WÉ, *v.* Imprimir. *Ó tẹ̀wé yìí* – Ela imprimiu este livro. < *tẹ̀* + *ìwé*.

TẸ̀WÉ-TẸ̀WÉ, *s.* Impressora.

TẸ́WỌ́, v. Estender a mão, apertar a mão. < tẹ́ + ọwọ́

TẸ́WỌ́GBÀ, v. Aceitar, aprovar, receber, pegar na mão. Mo tẹ́ ọwọ́ gbá owó – Eu estiquei a mão para receber o dinheiro.

TẸWỌ́MỌ́, v. Perseverar. Ó tẹwọ́ mọ́ iṣẹ́ – Ele perseverou no trabalho.

TÈWÒN, v. Ser pesado, ser medido, ser equilibrado, ser imparcial. Ó tèwòn – Ele é pesado. < tẹ́ + ìwòn.

TẸWURẸ, adv. Facilmente. Ewé bó tẹwurẹ – As folhas caíram facilmente.

TÈYẸTÈYẸ, adv. Decentemente, conceituadamente. < èyẹ – honra, respeito, = ọlá.

TÈYIN, TÈIN, TIYÍN, pron. poss. Seus, suas, de vocês. = yín.

TI, v. 1. Ter (verbo aux.). Owó ti bọ́ – O dinheiro tem pingado. Mo ti sùn díẹ̀ – Tenho dormido pouco. 2. Arranhar. Má ṣe ti egbò yìí mọ́ – Não arranhe essa ferida (unhar). 3. Pular. Ọ̀bọ nti orí igi, dé orí igi – O macaco está pulando de uma árvore para outra.

TI, TI•••, TI, adj. Ambos... e. Ti èmi ti ìyàwó mi – ambos, eu e minha esposa. V. conj. ti.

TI, v. interrog. Como. Ó ti jẹ́? – Como ele está?; A ti lè ṣe? – Como nós podemos fazê-lo?

TI, prep. De (indicando posse). Quando usado entre dois substantivos, usualmente é omitido. Ilé ti bàbá mi = Ilé bàbá mi – A casa do meu pai; Ti òsán ti òru – De tarde e de noite. Obs.: Quando implica procedência, é substituído por láti. Ó dé láti ilé bàbá mi – Ele chegou da casa do meu pai.

TI, adv. pré-v. Já. Indica uma ação realizada. Ìwọ ti ṣiṣẹ́ tán – Você já acabou de fazer o trabalho; A ti ṣe orò ọdún méje – Nós fizemos a obrigação de sete anos. A forma negativa é kò tí ì – ainda não. Ìwọ kò tí ì ṣiṣẹ́ tán – Você ainda não acabou de fazer o trabalho.

TI, conj. E. Forma abreviada de àti. Ti ó bá lọ ti ò bọ̀, sọrọ̀ fún mi – Se ele for e não voltar, fale comigo. Em alguns casos é usada da seguinte forma: Nwọ́n jẹ́ tọkọ taya – Eles são marido e mulher. V. tibínú tibínú, tàánú tàánú. < ti + ọkọ + ti + aya.

TI, part. pré-v. 1. Usada para indicar o tempo passado dos verbos. Èmi ti máa rìn lálé – Eu costumava caminhar à noite; Mo ti njẹun nígbàti ó dé – Eu estava comendo quando ela chegou. **2.** É usada com *báwo ni* – como – quando se deseja expressar sentimento e posicionada antes do verbo principal. *Báwo ni àwọn ti rí?* – Como eles estão?; *Báwo ni o ti gbádùn ìrìn àjò?* – Como você desfrutou da viagem?

TÍ, *conj.* **1.** Se. *Tí o bá lọ a bá rí wọn* – Se você tivesse ido, nós o teríamos visto; *Tí mo bá lè, èmi yíò lọ* – Se eu puder, eu irei. *V. bí.* **2.** Enquanto, ao mesmo tempo que. *Ó rí mi tí mo wọsọ* – Ele me viu enquanto eu vestia a roupa.

TÍ, *prep.* Desde que. *Ọjọ́ méjì kọjá tí ó wá sí òdò mi* – Dois dias se passaram desde que ele voltou para junto de mim.

TÍ, *pron. rel.* Que, o qual, do qual, cujo. *Iṣẹ́ tí mo ṣe dára púpọ̀* – O trabalho que eu fiz foi muito bom; *Èyí ni aṣọ tí ó rà* – Essa é a roupa que ela comprou; *Ọmọdé tí bàbá rẹ̀ kú láná nṣàìsàn* – O garoto cujo pai morreu ontem está doente. *V. tó. Obs.:* a) *Tí* não é usado depois de verbo; é posicionado depois de substantivo. b) *Tí* é usado quando a tradução puder ser modificada para o qual, do qual e cujo. Caso contrário é usada a conjunção *kí* – que. *Ó gba kí o lọ* – Ele precisa que você vá.

TÍ, *v.* **1.** Bater com a mão ou com algo na mão, acertar o alvo. *Ó tí mi nígi* – Ele me acertou com um pau; *Ó tí mi lágbàra* – Ele me deu um tapa. **2.** Enfraquecer, desbotar, murchar, desvanecer. *Àwọ̀ yìí tí* – Esta cor desbotou; *Ọ̀rọ̀ yìí tí* – Este assunto é cansativo; *Irun mi ti tí* – Meus cabelos enfraqueceram.

TÍ, *adv.* Onde, quando. *Ilé tí ìyá mi nṣiṣẹ́* – A casa onde minha mãe está trabalhando.

TÌ, *prep.* Contra, para, com, em, junto de. *Ó kúnlè tì ojúbọ* – Ela se ajoelhou junto ao santuário; *Ó dòtè tì mí* – Ele conspirou contra mim; *Ó fẹhìntì mí* – Ela se encostou em mim; *Ó bèwè tì mi* – Ele pediu ajuda ao grupo contra mim. *Obs.: tì* como segundo componente verbal, frequentemente significa "contra". *V. gbóguntì, òtè.*

TÌ, *v.* **1.** Fechar, trancar. *Wọ́n tìlẹkùn mọ́ ojú mi* – Eles fecharam a porta na minha cara. **2.** Empurrar. *Ó tì mí sẹ́hìn* – Ele me empurrou para trás; *Ó tì mí lilẹ̀* – Ela me empurrou e eu caí. **3.** Apoiar, firmar. *Ó bá tì mí* – Ele encontrou apoio em mim. **4.** Ser adjacente, ser próximo. *Ìyá mi sùn tì í* – Minha mãe dormiu perto dele; *Ó kúnlẹ̀ ti ajá* – Ele se ajoelhou próximo do cachorro; *Àwa ntì ìlú* – Nós estamos próximos da cidade.

TÌ, *adv.* **1.** Não, não assim. *Ó tì, kò sí owó* – Não, de forma alguma, ele não tem dinheiro. **2.** Pesadamente, com muita força.

TÌ, *aux. v.* É usado como segundo componente de um verbo, com sentido de ser incapaz, de não poder. *Ó lọ tì* – Ele não pôde ir; *Mo sìsẹ́ tì* – Ele não conseguiu fazer o trabalho; *Mo ṣe é tì* – Eu fui incapaz de fazê-lo.

TÌÌ, *adv.* Vagarosamente, forçadamente. *Ó nrìn tìì* – Ele está andando vagarosamente.

TÎÌ, *s.* Chá (do inglês *tea*). *Tû yìí lè jù* – Este chá está forte demais; *Mo mú tû gòìgòì* – Eu tomei o chá lentamente.

TÍ Ì, *adv. pré-v.* Ainda. *Ó tí ì wà nílé* – Ele ainda está em casa; *Kò tí ì lọ jáde* – Ela ainda não foi embora; *Kò tí ì pẹ́ jù* – Não é muito tarde ainda; *A kì bá má tí ì mọ̀* – Nós não teríamos sabido ainda; *Ó ní ìgbàgbọ́ tí èmi kò ti ì rí* – Ela tem uma fé que eu ainda não vi.

TÌANTIAN, *adj.* Passado longo.

TÌÀN-TIAN, *adv.* Abundantemente, profundamente. *Owó tìàn-tian kan* – Uma grande soma de dinheiro.

TÍAN-TÍAN, *adv.* Lá longe, muito alto. *Ẹiyẹ náà fò tían-tían* – O pássaro está voando muito alto. Geralmente usado para indicar altura e distância de algo que não tenha contato com o solo. *V. fiofío.*

TI-BÀBÁ, *adj.* Paternal.

TIBẸ̀, *adv.* De lá. *Ó ní láti tibẹ̀ wá* – Ele tem que vir de lá. < *ti* + *ibẹ̀*.

TÌBÍNÚ-TÌBÍNÚ, *adv.* Furiosamente. < *ti* + *ìbí* + *inú*.

TIBI TIRE, *adv.* Bem ou mal, certo ou errado. *Tibi tire nrìn papọ̀* – Bem ou mal estamos caminhando juntos.

TIBỌ̀, *obs.:* *Ó rù igi ti ibẹ̀ bọ̀* – Ele carregou e trouxe a madeira de lá.

TÌBỌ̀, *v.* Empurrar para dentro, introduzir. *Ó ti ọ̀bẹ bọ itan mi lọ sìn* – Ele me apunhalou profundamente na coxa; *Ó torí bọ̀ ọ́* – Ele interferiu nisso. < *tì* + *orí* + *bọ̀*.

TÌDÍ, *v.* Relutar. *Ó tìdí* – Ela está relutante.

TIE-TIE, adv. V. tiye-tiye.

TÍẸ, adv. pré-v. Ainda, mesmo. Ó tíẹ ndá Ifá – Ele ainda está consultando Ifá; Ọmọ yẹn tíẹ sí wà lóde – Aquela criança ainda está lá fora. V. sì.

TIẸ, pron. poss. Dele, dela. Forma reduzida de tirẹ.

TÌẸ, pron. poss. Seu, sua, de você. Forma reduzida de tirẹ.

TÌFẸ́-TÌFẸ́, adv. Afetuosamente.

TÌGBÉRAGA-TIGBÉRAGA, adv. Vaidosamente, orgulhosamente.

TÌJÁDE, v. Empurrar para fora, expulsar. Ó tì mí jáde – Ele empurrou-me para fora.

TÌJAIYÀ-TÌJAIYÀ, adv. Timidamente, medrosamente. Ó jóko tìjaiyà-tìjaiyà – Ele sentou-se relutantemente.

TÌJÀTÌJÀ, adv. Irritadamente, de forma hostil.

TIJÓTIJÓ, adv. Com gingado e balanço.

TIJOLÒ, s. Tijolo.

TIJÚ, v. Envergonhar-se, corar. Má tilú – Não se envergonhe; Ojú tì mí fún ọ – Estou envergonhado pelo que você fez (lit. meu rosto se fechou para você).

TÌKÁLÁRAÀMI, pron. reflex. Eu mesmo. Èmi tìkáláraàmi lọ síbẹ̀ – Eu mesmo fui lá. = arami. V. pápá.

TÌKÁLÁRAÀRẸ, pron. reflex. Você mesmo.

TÌKÁLÁRAÀRẸ̀, pron. reflex. Ele mesmo.

TÌKÁLÁRAÀWA, pron. reflex. Nós mesmos.

TÌKÁLÁRAÀWỌN, pron. reflex. Eles mesmos. Àwọn tìkáláraàwọn ti nsọ̀rọ̀ – Eles mesmos estavam falando. = arawọn.

TÌKÁLÁRAÀYÍN, pron. reflex. Vocês mesmos.

TÌKANRATÌKANRA, adv. Irritadamente, rabugentamente.

TÌKÀTẸ̀GBIN, adv. Desdenhosamente, depreciadamente.

TÌKÁTÌKÁ, adv. Cruelmente, tiranicamente.

TÍKẸ́ẸTÌ, s. Etiqueta, passagem (do inglês ticket).

TÍKẸ́TÍKẸ́, adv. Elasticamente. Ó yi tíkẹ́tíkẹ́ – Ele é resistente elasticamente.

TÌKỌ̀, TÌKỌ̀TÌKỌ̀, adv. Relutantemente, de má vontade. Ó wá tìkọ̀tìkọ̀ – Ela veio de má vontade; Ó nṣe tìkọ̀ nínú iṣẹ́ – Ele está revelando má vontade no trabalho.

TÌKÚRÒ, v. Repelir, afastar. *Mo tìkúrò* – Eu o afastei para longe.

TÌLÁTÌLÁ, adv. Laboriosamente.

TILÁWỌ, v. Esfolar, arranhar. *Ó ti mí láwọ* – O espinho esfolou a minha pele.

TILÉ, v. Apoiar, escorar. *Ó fi igi tilé* – Ele usou a madeira para escorar a casa. < *tì* + *ilé*.

TILÉTILÉ, adv. Familiarmente, com todos juntos.

TILẸ̀, conj. pré-v. De fato, entretanto, embora, até mesmo. *Bàbá tilẹ̀ tí wa* – De fato, papai nos viu; *Ọ̀rẹ́ mi tilẹ̀ kò ṣorò òrìṣà* – Minha amiga, de fato, não fez a obrigação de orixá; *Mo lọ kí i bótilẹ̀ jẹ́ pé òtá mi ní* – Eu fui cumprimentá-lo embora fosse meu inimigo. Obs.: *bótilẹ̀sẹpé* = *bótilẹ̀jẹ́pé*.

TILẸ̀, v. Atacar. *Ó já mi tilẹ̀* – Ele me atacou e me atirou no chão. < *tì* + *ilẹ̀*.

TÌLẸ́HÌN, v. Socorrer, suportar, defender. *Ó ti mí lẹ́hìn* – Ele me socorreu, ele me apoiou.

TÌLẸ̀KÙN, s. Fechar a porta. *Ó tìlẹ̀kùn jáde lọ* – Ela fechou a porta e foi embora.

TÌLÓJÚ, v. Fechar os olhos. *Ó tì mí lójú* – Eu fechei os olhos de vergonha.

TÌLỌ, v. Empurrar. *Ó tì mí lọ* – Ele me empurrou junto.

TÌLÚ, adj. Público, pertencente a uma cidade, povo, nação. *Àṣa tìlú míràn tí wón múwá* – Um costume pertencente a outro país que é incorporado por outra nação.

TÌLÙTÌFỌN, adv. Com pompa, com música e tambores.

TÍMỌ́, **TÍMỌ́TÍMỌ́**, adv. Coladamente, intimamente. *Ó kín tímọ́tímọ́* – Ele está próximo intimamente.

TÌMÙ-TÌMÙ, s. Travesseiro. = *irorí inura*.

TIMÚWÁ, v. Pegar e trazer. *Oko ni ó ti mú wá* – Foi da fazenda que ele trouxe isso.

TÍN, v. Estar magro. *Ọmọ náà tín lẹ́sẹ̀* – A criança está magra nas pernas.

TÍN, **TÍNRÍN**, adj. Fino, delgado, estreito. *Màrìwò ni ó yà tínrín* – Ele abriu as franjas da folha da palmeira bem fininhas.

TINÁBỌ, **TINÁRÀN**, v. Acender, colocar no fogo, queimar. *Ó tináran igi náà* – Ele colocou fogo naquela madeira.

TÍNÍNRÍN, adj. Magro.

TINRIN, *v.* Desprezar. *Ó fojú tinrin mi* – Ela me desprezou.

TÌNTÌN, *s.* Almofada, travesseiro. = *ìrọrí ìnura*.

TÍN-TÍN, *s.* Um tipo de pássaro.

TINÚ, *prep.* Entre (ter dentro). < *ti + inú*.

TINÚTINÚ, *adv.* Voluntariamente, espontaneamente, deliberadamente.

TINÚTÒDE, *adv.* Dentro e fora, com e sem. < *ti + inú + ti + òde*.

TINYÍN, *pron. pess.* De vocês, do senhor, da senhora. *Wọ́n ra ilé tinyín* – Eles compraram a casa de vocês.

TÍO-TÍO, *s.* Um pássaro de cor marrom.

TÍOTÍO, *adj.* Magro, esbelto. *Ènìà tíotío* – uma pessoa esbelta.

TÍOTÓ, *s.* Nome de um pássaro.

TÌPA, **TÌPADÀNÌ**, *adv.* Extenuadamente, com esforço.

TIPÁTIPÁ, *adv.* Vigorosamente, forçadamente, violentamente. V. *ipá*.

TÌPẸ̀TIẸLẸ, *adv.* Com grande dificuldade. *Mo nkọ̀wé tìpẹ̀tiẹlẹ* – Eu escrevi o livro com grande dificuldade.

TÌPẸ̀TÌPẸ̀, **TÌPẸ̀**, *adv.* Firmemente, fortemente. *Ó dì mọ́ mi tìpẹ̀tìpẹ̀* – Ele amarrou-me firmemente.

TIPẸ́TIPẸ́, **TIPẸ́**, *adv.* Tempos atrás. *Ó ti lọ tipẹ́tipẹ́* – Ele já foi muito tempo atrás.

TÌPỌ̀N, *adv.* Cansativamente. *Ó nà tìpọ̀n* – Ele se estirou cansativamente.

TÍRÀ, *s.* Amuleto muçulmano.

TIRAKA, *v.* Esforçar-se, insistir. *Ó ntiraka kó lè wá* – Ele está se esforçando para vir.

TÌRÀNMỌ́, *v.* Colocar a culpa de alguém em outra pessoa. *Ó tìrànmọ́ náà mọ́ mi* – Ele me acusou falsamente daquilo.

TÌRÁNMỌ́LẸ̀, *v.* Ficar firmemente. V. *ìrán*.

TÌRẸ, *pron. poss.* Seu, sua, de você. *Tèmi ni yìí tàbí tìrẹ ni?* – Essa é a minha ou é a sua?. = *tìẹ*.

TIRẸ̀, *pron. poss.* Dele, dela. = *tiẹ̀*.

TÌRẸ̀LẸ̀TÌRẸ̀LẸ̀, *adv.* Humildemente.

TIIRI, *v.* Estar em dificuldade, estar inseguro.

TIRÌNMỌ́LẸ̀, *v.* Estar enraizado firmemente.

TIRO, *v.* Ficar ou andar na ponta dos pés. *Ó ntiro* – Ela está andando na ponta dos pés.

TÌRÓÒ, *s.* Um tipo de mineral em pó, de cor preta e que brilha, aplicado nos cílios das mulheres. *Ó lé tìróò tíntín sójú* – Ela aplicou uma linha negra nos olhos, ela delineou os olhos. O feijão-fradinho tem este nome em *yorubá* por causa da marca escura que possui. *V. erèé tìróò.*

TÌRÒTÌRÒ, *adv.* Pensativamente, refletidamente. = *tìrònú-tìrònú.*

TÌSÍ, *v.* Empurrar para dentro.

TÌSÍWÁJÚ, *v.* Colocar à frente, pôr adiante.

TÌSÓRÀ, *s.* Tesoura (do inglês *scissor*). = *àlùmọgàjí.*

TÍSÀ, *s.* Professor (do inglês *teacher*). *Tíṣà nkọ́ àwọn ọmọdé láti wẹ̀* – O professor está ensinando as crianças a nadar. *V. olúkọ.*

TIṢÁÁJÚ, *adj.* Anterior.

TÌṢÀNTÍṢÀN, *adj.* Duro, que não se quebra facilmente.

TIṢẸ́TIṢẸ́, *adv.* Laboriosamente.

TÌṢÓRA-TÌṢÓRA, *adv.* Cuidadosamente. *Ó rìn tìṣọ́ra-tìṣọ́ra kí ó má bá kọsẹ̀* – Ele andou cuidadosamente a fim de não tropeçar.

TÌṢUBÚ, *v.* Jogar abaixo, causar a queda.

TÍTA, *adj.* Picado por inseto, queimado, atirado.

TÍTA, *v.* Ato de inserir o fio no tear.

TÍTA, *v.* Evitar, permanecer indiferente. *Ó tita kété fún mi* – Ela me evitou.

TÍTÀ, *adj.* Vendável, um artigo para venda.

TÍTÀN, *adj.* Brilhante, cintilante.

TÍTÀN, *adj.* Espalhado, disseminado.

TÍTANI, *adj.* Queimado, picado com ferrão.

TITANI, *pron. interrog.* De quem é. *Titani aṣọ yìí?* – De quem é essa roupa?

TÍTÀNJẸ, **ÌTÀNJẸ**, **ẸTAN**, *s.* Fraude, desonestidade.

TÍTÀNKÁ, **ÌTÀNKÁ**, *s.* Expansão, difusão.

TITÀNṢÀN, **ÌTÀNṢÀN**, *s.* Brilho, raios solares. *Ìtànṣàn oòrùn* – os raios solares.

TÌTARA, **TÌTARATÌTARA**, *adv.* Zelosamente, seriamente. *Tìtara ló fi nṣe é* – É de forma zelosa que ele está fazendo a tarefa.

TÍTÀRO, *prep.* Por causa de.

TÍTAYỌ, *adj.* Excelente, elevado.

TÍTÈ, *adj.* Que pode ser propiciado ou adorado.

TÍTẸ̀, *adj.* Que é calcado e prensado.

TÍTẸ́, *v.* Ficar com vergonha. *Títẹ́ ni ó tẹ́* – Ele ficou envergonhado.

TÍTẸ̀, **TẸ́NÚ**, *v.* Ter bom temperamento, ser calmo. *Ó tẹ́nú = Inú títẹ̀* – Ele é uma pessoa moderada.

TÍTẸ́, *adj.* Espalhado, difundido.

TÍTÈBA, *adj.* Inclinado, dobrado. *V. tèba.*

TÍTẸ̀LÉ, *s.* Seguinte.

TÍTẸNUMỌ́, *s.* Ato de enfatizar, acentuar.

TÍTẸ̀ OBÍ, *s.* Dores do parto.

TÍTẸ́WÓGBÀ, *adj.* Aceitável. *V. tẹ́wógbà.*

TÌTI, *adv.* Tremendamente, violentamente.

TÍTÍ, *adv.* Continuadamente, constantemente. *Ó fà mí títí, n kò súnmọ́* – Ele me seduziu muito, mas eu não me aproximei, mantive distância. *A kò nfi títí ṣe nkan* – Nós não deveríamos fazer as coisas apressadamente; *Òjò nrọ̀ títí* – Está chovendo sem parar. *Obs.: Ó sá pẹ́ ti-tí-tí* – Ele correu por um longo tempo.

TÍTÍ, *prep.* Até. *Mo lọ títí ọ* – Eu fui até você; *Mo kàwé títí tó fi pè mi* – Eu leio até que ele me chame; *títí o fi dé òpòpó* – até você chegar da rua.

TÌTÌ, *adv.* Tremulamente, balançadamente. *Gbogbo igi bẹ̀rẹ̀ sí mì tìtì* – Todas as árvores começaram a balançar tremulamente.

TÍTÌ, *adj.* Trancado, que deve ser empurrado, fechado. *Ìlẹ̀kùn títì* – A porta está trancada.

TÍTÌ, *s.* Via pública, rua, passagem (do inglês *street*). *= ọ̀nà.*

TI••• TI, *adj.* Ambos... e. *Ti èmi ti ìyàwó mi* – ambos, eu e minha esposa; *Ti àwọn ti onírúurú nkan títà* – Eles e os vários artigos colocados à venda. *V. conj. ti.*

TÍTI-ÀIYÉ, *adv.* Eternamente.

TÍTÍ DÉ, *prep.* Até. (referindo-se a um local ou espaço). *Mo rìn títí dé ilé mì* – Eu caminhei até a minha casa; *Mo kàwé títí dé ogun ojú iwé* – Eu li o livro até a página vinte. *V. láti dé.*

TÍTÍ DI, *prep.* Até. (referindo-se a período de tempo). *Àkókò òtútù ilú òyìnbó bẹ̀rẹ̀ ní oṣù kéjìlá ọdún títí di oṣù kéta ọdún* – A estação de inverno na terra de branco começa em dezembro e vai até março; *Ó kàwé títí di òsán* – Ele leu até tarde.

TÍTÍ LÁÉ, **TÍTÍ LÁÍ**, *adv.* Perpetuamente, para sempre, definitivamente, velhos tempos. = *títí láyé*.

TÍTILỌ, *adv.* Continuadamente, assim por diante.

TÍTO, *s.* Suficiência.

TÍTÒ, *s.* Formação em fila.

TI... TÓ, *exp.* O quanto. *Ó rí bí ìbèrù ti mú mi tó* – Ela viu quanto medo eu tinha superado; *Wò ó bó ti tó!* – Olhe o quanto ele é grande!; *Bó ti gùn tó bẹ́ẹ̀ ló gọ̀ tó* – Ele é o mais alto e o mais estúpido.

TÍTÓBI, *adj.* Grandeza. *Jésù, ọkùnrin títóbi lọ́lá jùlọ tó tũ gbé àiyé rí* – Jesus, o homem de maior grandeza que viveu e o mundo viu. V. *tóbi*.

TÍTÒÒGBÉ, *s.* Cochilo, sesta.

TÌTORÍ, *conj.* Por causa de. *Mo lọ tìtorí rẹ* – Eu fui por causa de você.

TÍTÒRÒ, *s.* Sedimentação.

TÍTỌ, *adj.* Direto, reto, correto.

TÍTỌ̀, *adv.* Na frente, a seguir. *Ó nrìn ní títọ̀* – Ele está caminhando na frente.

TÍTỌ̀, *s.* Ato de urinar.

TÍTỌ́JÚ, *s.* Ato de cuidar, vigilância. V. *tójú*.

TÍTỌLÉ, *s.* Ato de urinar durante o sono.

TÍTỌSÍLÉ, *s.* Enurese, incontinência da urina durante o sono.

TÍTỌ́WÒ, *s.* Testar, provar.

TÍTÙ, *adj.* Navegável.

TÍTÙ, *adj.* Domável, domesticável.

TÍTU, *adj.* Solto, mole (como o inhame cozido).

TÍTÚJÚKÁ, *s.* Alegria, bom humor.

TÍTÚKÁ, *s.* Dispersão.

TÍTUKỌ̀, *s.* Ato de impulsionar uma canoa com paus, varas, regata etc.

TÍTULẸ̀, *s.* Ato de lavrar a terra.

TITUN, **TUNTUN**, *adj.* Novo, fresco, recente. *Nínú àiyé titun ti Ọlọ́run, gbogbo ẹ̀dá ènìà yíò gbádùn ìlera pípé* – No novo mundo de Deus, todas as

TITUN, TUNTUN – TÓ

criaturas terão saúde perfeita e longa; *Òun ni ẹgbẹ́ titun* – Ela é minha nova colega; *Ó rasọ titun kan pẹ̀lú* – Ela comprou uma roupa nova também.

TÍTÚNṢE, *adj.* Reparável, remendável, que se pode reparar.

TÍTÙTÙ, **TÚTÙ**, *adj.* Frio.

TIWA, *pron. poss.* Nosso, nossa. = *wa*.

TIWÁ, *comp. v.* Usualmente *ti* forma o primeiro componente de uma composição verbal. *Ibẹ̀ ni ó ti wá* – Ele veio de lá; *Ènìà méló ni ó ti ibẹ̀ wá?* – Quantas pessoas vieram de lá? Nesses casos, a partícula *ti*, indicativa do tempo passado, não é usada.

TIWÁJÚ, *adj.* Prioritário.

TÌWÀTÌWÀ, *adv.* Com dignidade, com qualidade.

TÌWOYETÌWOYE, *adv.* Consideravelmente.

TIWỌN, *pron. pess.* Deles, delas. *Oko tiwọn kò tóbi tó tiwa* – A fazenda deles não é grande como a nossa.

TIWỌNTIWỌN, *s.* Verruga.

TÌWỌRATÌWỌRA, *adv.* Com avareza e cobiça.

TÌYÁ, *adj.* Maternal.

TIYA-TIYA, *adv.* Indolentemente, preguiçosamente. *Ó nṣiṣẹ́ tiya-tiya* – Ele está trabalhando preguiçosamente.

TÌYANTIYAN, *adj.* Abundante, repleto.

TÌYANUTÌYANU, *adv.* Maravilhosamente.

TÌYÁRATÌYÁRA, *adv.* Velozmente, apressadamente.

TÌYÈ, *adj.* Vivo, vivente.

TIYÉ, *adj.* Mental, pertencente à memória.

TIYE-TIYE, *adv.* Indolentemente. *Ó nrìn tiye-tiye* – Ela está indolente. = *tiya-tiya*.

TÍYẸN, *adv.* Distante, muito longe.

TIYÍN, *pron. pess.* De vocês.

TÓ, *v.* 1. Bastar, ser o bastante, ser o suficiente. *Owó kò tó* – O dinheiro não é o bastante; *Otí yìí tó mu* – Esta bebida é suficiente para beber. 2. Ser igual a, equivaler. *Ó tó bí èmi* = *Ó ga tó mi* – Ele é alto como eu; *Mo ná tó R$ 10,00*

– Ele gastou cerca de R$10,00; *Èmi kò lóye tó ọ* – Eu não sou tão sensato quanto você; *Ó tó ènià méjì* – Ele equivale a duas pessoas.

TÓ, *adj.* Suficiente, bastante. *Omi dúdú gbóná tó* – O café está quente o suficiente; *Mo ti rí tó* – Eu já vi o bastante; *Kò ní sùúrù tó* – Ele não tem paciência suficiente; *Iṣu yìí tó fún iyán* – Esses inhames são suficientes para fazer *iyán*.

TÓ, *pron. rel.* Contração de *tí ó*. A partícula *ó* é sempre usada se *tí* for seguida por um verbo. Antes de pronome e substantivo, ela não é usada. *Ọkùnrin tó pè mí ẹ̀gbọ́n mi* – O homem que me chamou é meu irmão; *Ng kò ṣiṣẹ́ nkankan lọ́sẹ̀ tó kojá* – Eu não trabalhei nada na semana passada; *Èyí ni aṣọ tí mo rà* – Esta é a roupa que eu comprei.

TÓ, **TÓÓ**, *adv. pré-v.* Antes de. É antecedido por *kí*. *Kí òun tó lọ, ó sọ̀rọ̀ pẹ̀lú mi* – Antes de ele ir, eu conversei com ele; *Mo jẹun kí Íyá mi tó dé* – Eu comi alguma coisa antes de minha mãe chegar. *V. kí tó.*

TÒ, *v.* Alinhar, ficar na fila, colocar em ordem, arrumar. *Ó tò fún mi* – Ele organizou para mim; *Tò wọ́n kìrìbìtì síwájú rè* – Disponha em círculo na frente dele. *ìtò = ètò* – ordem. *V. létò-létò.*

TÒÒ, *adv.* Sonoramente, ruidosamente. *Ó kígbe tòò* – Ele gritou do alto de sua voz.

TÓBE, *exp.* Tanto assim. *Inúbí i tóbẹ̀ẹ̀ tó jáde lọ* – Ele estava zangado, tanto assim que ele foi embora.

TÓBI, *adj. e v.* Grande, ser grande. *Ẹsẹ̀ rẹ tóbi bí tirẹ̀* – Seu pé é grande como o dele; *Ó tóbi* – Ele é grande. > *títóbi* – grandeza.

TÒBÍ, *s.* Avental usado pelas mulheres (do hauçá *thaub*). *V. bàntẹ́.*

TÒBÓ, *s.* Caroço, gordura. *Ó yọ tòbó abíya* – Brotou um caroço nas axilas.

TÒDE, *adj.* Externo, aberto, público.

TÓGÒ, *s.* Um tipo de roupa.

TÒGOTÒGÒ, *adv.* Gloriosamente.

TÓÒGÙN, *s.* Um nome próprio masculino. < *tó + oògùn.*

TÒÒGBÉ, *v.* Cochilar, dormitar. *Àwọn kan yíò ti tòògbé lọ* – Alguns cochilaram preguiçosamente.

TÒGBÉRA, *v.* Colocar lado a lado. *Ó tògbéra wọn* – Ele os colocou de lado.

TOHÙN TẸNU, *adv.* Imediatamente, com o sentido de perceber algo pelo som da voz de uma pessoa. *Tohùn tẹnu ló sálọ* – Ele fugiu imediatamente; *Tohùn tẹnu rẹ̀ ni mo rí* – Foi pela voz dele que eu o reconheci imediatamente.

TOJOTOJO, *adv.* Timidamente, de um modo covarde.

TÒJÒTÒJÒ, *adv.* Durante as chuvas. *Tòjòtòjò ni ó wolé* – Foi durante uma enxurrada que ele chegou em casa.

TÒJÒ TẸẸRÙN, *adv.* Em todo tempo, em todas as ocasiões.

TOJÓ, **ROJÓ**, *v.* Lamentar-se. *Ó bá mi rojó* – Ela se lamentou comigo. < *rò* + *ejó*.

TÒJỌ, *v.* Reunir, arrumar junto. *A tò wón jo* – Nós os organizamos juntos.

TOJÚ, *obs.*: Na presença de, de olho em. *Ó wà tojú mi* – Ele está de olho em mim. < *ti* + *ojú*.

TOJÚ, *obs. Ó tojú sú mi* = *Ó sú mi lóju* – Ele me surpreendeu. < *tì* + *ojú*.

TOJÚBÒ, *v.* Interferir num assunto, meter-se com. *Tojú bò ó* – Observe esse assunto; *O tojú bò onje tí mo nje* – Você está ansioso em ver a comida que eu estou comendo.

TÒKÈ, *adj.* Relativo às coisas acima, elevado. V. *òkè*.

TÓKÍ, *adv.* Em pequenas quantidades. *Ó ro ó sí áwo tókí fún mi* – Ele verteu uma gota disso num prato para mim.

TÒKÚRỌSỌ, *v.* Dedicar-se a falar mal dos outros.

TÓLẸ, *v.* Tocar o chão. *Owó mi kò tólẹ* – Minha mão não alcança o chão; *Ó fi ìka tílẹ* – Ela tocou o chão com o dedo.

TÒLẸSẸ, **TÒLẸSẸSẸ**, *v.* Colocar em ordem, arrumar.

TÒLÓTÒLÓ, *s.* Peru.

TÓLÓWÓ, *v.* Estar ao alcance de. *Ó tó mi lówó* – Ela está dentro de meu alcance.

TÒLÙ, **TÒPÒ**, *v.* Organizar junto, empacotar junto. *Ó tò wón lù* – Ele os organizou a esmo; *Ó tò wón pò* – Ele os organizou em filas.

TÒMÁTÒ, **TÒMÁTÌ**, *s.* Tomate (do inglês *tomato*).

TÓMỌ, *v.* Tornar-se suficiente. *Ọmọge yìí dàgbà tó mọ ọkùnrin* – Essa menina cresceu e alcançou a puberdade (*lit.* essa menina cresceu e é suficiente para conhecer um homem).

TÓNITÓNI, *s.* Limpeza, asseio.

TÒNITÓNI, *s.* Partes de um animal abatido que são divididas para certo número de pessoas.

769

TÓNÍTÓNÍ – TÒTÒ

TÓNÍTÓNÍ, *adv.* Asseadamente, completamente. *Ó mọ́ tónítóní* – Ela limpou asseadamente, ele está completamente limpo.

TÒPỌ̀, *v.* Organizar junto, empacotar junto. V. *tòlù.*

TÓRI, *v.* Cair nas graças de alguém.

TORÍ, *conj.* Por causa de. *Nwọ́n njà torí ẹran diẹ̀* – Eles estão brigando por causa de um pouco de carne; *Torí ọmọ ni a ṣe nṣiṣẹ́* – É por causa das crianças que nós trabalhamos; *Èmi kò lọ torí kòsí owó* – Eu não fui porque não tinha dinheiro. V. *nítorí* – por quê?

TÒRÍ, *adv.* Ferozmente, terrivelmente.

TORÍ, **TÌBỌ̀**, *v.* Empurrar para dentro, introduzir. V. *tìbọ̀.*

TORÍBỌ̀, *v.* Interferir, meter-se em. *Ó toríbọ̀ níṣẹ́ mi* – Ele interferiu no meu serviço.

TORÓ, *v.* Fazer efeito. *Òògùn yìí toró sí mi lára* – Este medicamento fez efeito em mim. V. *tọró.* < *ta* + *oró.*

TÒRO, *s.* Uma espécie de rato, um tipo de agasalho.

TÒRÓ, *adv.* Facilmente. *Ó bó ògẹ̀dẹ̀ tòró* – Ela descascou a banana facilmente.

TÒRÒ, *v.* Sedimentar, dar solução pela base, assentar. *Omi yìí tòrò* – Os sedimentos dessa água revolveram; *Ilé yìí tòrò* – Essa casa se aquietou.

TÓÓRÓ, *adj.* Pequeno, estreito. *Ọ̀nà yìí ṣe tóóró* – Esse caminho é estreito.

TÒRÓRÓSÍ, *v.* Untar com óleo. *Ó tòróró sí mi* – Ele me untou de óleo. < *ta* + *òróró.*

TÒSÍ, *prep.* Ante, diante de. *Ó dé tosí ilé mi* – Ele chegou diante de minha casa; *Ó wà nítòsí tàbìlì* – Ele está perto da mesa.

TÒSÍLẸ̀, *v.* Organizar, arrumar no chão. *A tò ewé sílẹ̀* – Nós arrumamos as folhas no chão.

TÒṢÌ, *adj.* Desgraçado, miserável, pobre. *Mo tòṣì* – Estou aflito com a pobreza. < *ta* + *òṣì.*

TOTO, *adv.* Muito. Usado com verbo *fẹ̀* – expandir, alargar. *Ó fẹ̀ ojú toto* – Ele fitou com os olhos bem abertos.

TÓTÓ, *adv.* Fortemente. *Ó ro tótó* – Ele é fortemente elástico.

TÒTÒ, *s.* A água que goteja das árvores como o orvalho.

TÓTO, TÓTOFUN, TÓTOHUN, *exp.* Demonstração de respeito e perdão diante de alguma divindade. = *tó tò tó*.

TÒÓTỌ́, *adv.* Verdadeiramente, em verdade. *Ọ̀rẹ́ tòótọ́ kò ṣe é díyelé* – Um amigo leal não tem preço; *Tani nṣàkóso àiyé níti tòótọ́?* – Quem realmente está governando o mundo?

TÓ TÒ TÓ, *s.* Uma forma de saudação respeitosa.

TÓ-TÒ-TÓ, *adv.* Usado para enfatizar *kán* – pingar. *Omi nkán tó-tò-tó* – A água está pingando. = *pá-pà-pá*.

TOWÓ, *adj.* Monetário, pecuniário.

TÒWÒ, *adj.* Mercantil.

TOWÓTOWÓ, *adv.* Por dinheiro.

TÓYÈ, *v.* Ser meritório, ter mérito.

TÒYE-TÒYE, *adv.* Inteligentemente, com compreensão.

TỌ, *v.* Saltar, pular. *Ọ̀pọ̀lọ́ yìí tọ jáde* – A rã pulou para fora; *Olè náà tọ sí igbó* – O ladrão saltou no arbusto.

TỌ́, *v.* **1.** Educar, cuidar, dirigir, endireitar, guiar. *Tọ́ mi látìhín lọ* – Guie-me daqui para frente; *Ó tọ́ mi* – Ele me educou. > *ìtọ́* – educação. **2.** Provocar, importunar, aborrecer, implicar. *Ó tọ́ mi* – Ele me provocou. **3.** Ser durável. *Bàtà yìí máa tọ́* – Estes sapatos costumam ser duráveis. **4.** Ser reta, ser lisa. *Ọ̀nà yìí tọ́* – Esta estrada é reta; *Ìlà yìí tọ́* – Esta é uma linha reta. **5.** Ser correto, ser direito, digno, justo, apto. *Ó tọ́ kí ìyá tójú ọmọ rẹ̀* – É correto que a mãe tome conta da criança dela; *Ọ̀rọ̀ ti o sọ ó tọ́* – O que você falou é correto. **6.** Treinar, orientar. *Ó tọ́ mi* – Ele me treinou; *Ó tọ́ mi dàgbá* – Ele me orientou a crescer. **7.** Provar. *Mo tọ́ ṣúgà wò* – Ele provou o açúcar; *Ó fún mi tọ́wò* – Ele me deu para provar. **8.** Escolher. *Ó tọ́ èfọ́ sínú igbá* – Ela selecionou os vegetais para a panela. **9.** Tocar uma pessoa de forma hesitante. *Ó fọwọ́ tọ́ mi* – Ele me tocou hesitantemente. **10.** Ser especializado, ser formado. **11.** Aborrecer, atrapalhar.

TỌ̀, *v.* **1.** Urinar. *Ó títọlé* – Ele urinou durante o sono. > *ìtọ̀* – urina. **2.** Seguir depois, ir até. *Ó tọ ọ̀nà náà* – Ele seguiu pela estrada; *Ó tọ̀ mí lẹ́hìn lọ sínú ogbà* – Ele me seguiu pela floresta. **3.** Recorrer a.

TỌ́BẸ̀, *v.* Provar, tirar um pouco de sopa.

TÓDÀGBÀ, *v*. Criar, educar, treinar. *Ó tó mi dàgbà* – Ele me criou.

TÒFÉTÒFÉ, *adv*. Gratuitamente, livremente, grátis. *Kò sí bàbálóṛìṣà tí ó ṣiṣé tòfétòfé* – Não há sacerdote que trabalhe de graça.

TÒGÈGÉ, *v*. Cambalear, vacilar. *Ó tò gègé* – Ele cambaleou.

TÒHÚN, *adj*. Aquele ali. *Ilé Òrìṣà mi tòhún ni* – Minha Casa de Santo é aquela ali. > *onítòhún* – aquela pessoa.

TÒJÁ, *v*. Traçar, esboçar.

TÒJÁ, *v*. Ser curioso. *Ó fé tòjá òrò náà* – Ele está curioso acerca daquele assunto.

TÒJÀ, *adj*. Relativo a mercado.

TÓJÚ, *v*. Cuidar, tomar conta, procurar. *Òrìṣà ni ó bà tójú ara mi* – É a divindade que cuida de mim; *A ó tètè lo tójú onjẹ fún wọn* – Nós iremos logo cedo cuidar da comida para eles; *Mò ntójú iṣé yìi* – Eu sou o responsável por esse serviço. *V. júwe.* < *tó* + *ojú*.

TÒKÀNTÒKÀN, *adv*. Cordialmente, de coração para coração. *Ó nṣiṣé tọkàntọkàn* – Ele está trabalhando com todo o fervor; *Tọkàntọkàn, mo fé ọ* – De coração para coração, eu amo você.

TÒKÉTÒKÉ, *obs.:* *Ó lọ tòkétòké* – Ele partiu com armas e bagagens. < *òké* – uma grande bolsa.

TÓKÒ, *v*. Guiar um navio ou uma canoa. < *tó* + *ọkò*.

TỌKÒNRIN, *adj*. Relativo ao homem, masculino.

TỌKỌ TAYA, *s*. Esposo e esposa. *Nwọ́n jé tọkọ taya* – Eles são marido e mulher.

TÓLÁ, *adj*. Relativo à honra, à dignidade, honorável.

TÓLÁ, *v*. Provar, lamber. *Ó tó epo lá* – Ele lambeu o óleo.

TÓLÁTÓLÁ, *adv*. Honoravelmente, com honra.

TỌỌLÉ, *v*. Umedecer pela urina. *Ó máa ntọọlé* – Ele costuma molhar a cama durante o sono por meio da urina.

TỌỌLÉ-TỌỌLÉ, *s*. Um inseto usado medicinalmente; pessoa que urina durante o sono.

TÒLÉHÌN, *v*. Seguir depois. *Ó tò mí léhìn lọ sínú ọgbà* – Ele me seguiu para dentro do mato. < *tò* + *lèhìn*.

TÒLỌ, *v*. Recorrer a, ir até. *Tò ó lọ!* – Vá até ela!

TỌMỌDÉ – TÓSÍ

772

TỌMỌDÉ, *adj*. Relativo ao jovem. *Tọmọdé tàgbà* – ambos, o jovem e o velho.

TỌMỌ-TỌMỌ, *adj*. Ambas as crianças. *Ó féràn rẹ̀ tọmọ-tọmọ* – Ela ama ambas as crianças. *V. tìẹti.*

TÒNÀ, *v*. Seguir um caminho, ir até um lugar. *Mo mò pé ohun tí a nṣe kò tònà ní ìbámu* – Eu sabia que algo que nós estávamos fazendo não seguia um rumo adequado.

TÓNÀ, *v*. Tomar a frente, guiar.

TÓÒNÙ, *s*. Tonelada (do inglês *ton*).

TỌPA, TỌPAṢẸ̀, *v*. Persistir, seguir um caminho. *Ó tọpaṣẹ̀ rẹ̀* – Ele persistiu no caminho dele.

TÓPẸ́, *s*. Um nome. *Ọya-tópẹ́* – um título dos seguidores de Ọya. = *Yánsàn.* < *tó* + *opẹ́*.

TỌPẸ́TỌPẸ́, *adv*. Reconhecidamente, com gratidão.

TỌPINPIN, *v*. Ir ao fundo das coisas, entrar em detalhes, pesquisar.

TÓPO, *v*. Lubrificar com óleo. *Ó tópo sí i* – Ele lubrificou isso com óleo. < *tó* + *epo*.

TỌRẸ, FITỌRẸ, *v*. Dar ou fazer um presente de. *Ó fi owó tọrẹ mi fún mi* – Ele me deu dinheiro de presente.

TỌRÓ, *v*. Fazer efeito. *Òògùn yìí tọró sí mi lára* – Esse medicamento fez efeito em mim. *V. toró.* < *tò* + *oró*.

TỌRỌ, *v*. Requisitar, perguntar, pedir. *Ó tọrọ owó* – Ele requisitou dinheiro; *Ó tọrọ àyè* – Ela pediu uma oportunidade; *Mo tọrọ gáfárà lọ́wọ́ rẹ* – Eu pedi desculpas a você. *V. dárìjì.*

TỌ́RỌ́, *s*. Três moedinhas de pouco valor. *Ó fún mi ni tọ́rọ́* – Ela me deu três moedas.

TỌ́Ọ́RỌ́, TẸ́Ẹ́RẸ́, *adj*. Esbelto, magro. *Ó rí tọọ́rọ́* – Ele tem aparência esbelta.

TÒRUN, *adj*. Celestial.

TÒSÁN TÒRU, *adj*. Ambos, de dia e de noite. *A ṣiṣẹ́ tòsán tòru* – Nós trabalhamos a noite toda. *V. ti... ti.*

TỌṢẸ̀, *v*. Seguir, investigar. *Ó tọṣẹ̀ ẹ̀jẹ̀ náà* – Ele investigou o rastro do sangue.

TÓSÍ, *v*. Ser devedor de alguém pelo direito. *Ó tọ́ sí mi* – Ele é meu devedor pelo direito.

TÓSÓNÀ, *v.* Pôr em ordem. *Mo tó o sónà* – Eu pus isso direito.

TÒSITÒSI, *adj.* Pálido.

TOTO, *exp.* *Òjòkú toto* – uma pessoa decrépita.

TÒTÒ, *adj.* Completo, total. *Eran ni mo je* – Eu comi a carne toda.

TÒTÚNTÒSÌ, *adj.* Ambos os lados, direito e esquerdo. *V. ti... ti.* < *ti òtún* + *ti òsì*.

TÒWÁ, *v.* Seguir. *Ó tò mí wá* – Ele veio a mim. *V. tòléhìn.*

TÓWÒ, *v.* Provar, experimentar. *Ó fún mi tówó* – Ele me deu para provar; *Ó tó oyn wò* – Ela provou o mel.

TÓWÓ, *v.* Ir em bandos, ir em grupo ou tropa. *Wón tówó* – Eles se moveram em grupos.

TOWÓBÒ, *v.* Introduzir a mão em. *Mo tówò bo inú àpò* – Eu coloquei a mão dentro da bolsa; *Ó towó bo òrò yìí* – Ele participou desse assunto.

TOWÓ TESÈ, *adv.* Com as mãos e com os pés, bondosamente. *Ó gbà mí towó tesè* – Ele me recebeu de braços abertos (*lit.* ele me recebeu de corpo inteiro); *A dè é towó tesè* – Nós amarramos as mãos e os pés dele.

TÒWÒTÒWÒ, *adv.* Respeitosamente, reverentemente, polidamente.

TU, *v.* 1. Expectorar, expelir, cuspir. *Ó tu itó mi* – Ela cuspiu em mim. > *itutó* – cusparada. 2. Mover, expulsar, deslocar. *Ó tu mí níbè* – Ele me deslocou para lá. 3. Assobiar, silvar. *Ejò tu sí ajá* – A cobra silvou para o cachorro. 4. Arrancar pela raiz. *Ó ntu koríko* – Ele está arrancando ervas daninhas. 5. Tirar as penas. *Ó ntu iye adìe* – Ele está tirando as penas da galinha. 6. Fugir. *Olé tu mó olópá lówó* – O ladrão fugiu da polícia. 7. Falhar, reprovar, fracassar.

TÚ, *v.* 1. Soltar, desamarrar, desatar, romper, afrouxar. *Ó tú okùn eranko* – Ele desamarrou o animal; *Ó tú okùn bàtà* – Ele desamarrou o sapato. *V. túnu.* 2. Desenterrar, cavar. *Ó ntú ilè* – Ele cavou a terra. 3. Trair, delatar. *Ó túlé wa* – Ele nos traiu; *Ó tú àsírí* – Ela revelou o meu segredo; *Ó ntúlú* – Ele é um agitador. 4. Despejar, derramar. *Ó tu omi kún ìkòkó* – Ele despejou a água e encheu o pote. > *ìkún* – inchação, aumento. 5. Irromper. *Egbò yìí tú oyún* – Esta úlcera produziu pus. > *ìrú* – erupção da pele, broto da flor.

TÙ, *v.* 1. Conduzir um barco, remar. *Ó tu okò* – Ele conduziu o barco. 2. Acalmar, tranquilizar, aliviar uma dor, acariciar. *Ó tù mi nínú* – Ele me confortou; *Omi tù mi lára* – A água me refrescou. 3. Ajudar, favorecer.

TÚ ÀṢÍRÍ – TUKỌ̀

TÚ ÀṢÍRÍ, v. Revelar um segredo. *Má tú àṣírí wa lé ọwọ́ ọ̀tá wa* – Não revele o nosso segredo para o inimigo.

TÚÚBÁ, TÚNBÁ, v. Reverenciar, curvar-se, render-se a. *Mo túnbá* – Eu o reverencio humildemente.

TÚBỌ̀, TÚNBỌ̀, v. Tentar de novo, esforçar-se em fazer algo. *Ó túbọ̀ ṣíṣé* – Ele tentou fazer o serviço de novo; *Ìtúmọ̀ ọ̀rọ̀ re túbọ̀ yé mi* – A tradução desta palavra me explique de novo, não ficou clara.

TÚBỌMU, s. Bigode.

TÚBÚ, s. Prisão, jaula, custódia. *Ilée túbú* – casa de custódia, prisão.

TÚDÀNÙ, v. Despejar, derramar, jogar fora, esvaziar. < *tú + dànù*.

TUDÀNÙ, v. Expelir, cuspir, mover, expulsar. *Ó tu kẹ̀lẹ̀bẹ̀ dànù* – Ele expeliu o muco da garganta. < *tu + dànù*.

TÚDÍ, v. Descobrir, investigar. *Ó túdí ọ̀ràn náà* – Ele investigou aquele assunto.

TÚFỌ̀, v. Anunciar, lamentar uma morte. *Mo túfọ̀ rẹ̀* – Ele anunciou a morte dela. < *tú + ọ̀fọ́*.

TÚGBÍN, v. Transplantar. *Ó tú ẹ̀gé gbìn* – Ele transplantou a mandioca. = *túlọ́*.

TUIYẸ, v. Tirar, arrancar as penas. *Óun ntu iyẹ ara adiẹ* – Ele está tirando as penas da galinha.

TÚJÁDE, v. Brotar, derramar, jorrar. *Ọyún tújáde* – O pus jorrou para fora.

TÚJẸ̀, v. Sangrar. *Ọgbẹ́ yìí ntújẹ̀* – Essa ferida está sangrando. < *tú + ẹ̀jẹ̀*.

TUJÚ, adj. Moderado, domesticado.

TÚJÚKÁ, v. Ser carinhoso, ser alegre. *Ó tújúká* – Ela se sentiu consolada.

TÚKÁ, v. Espalhar, dispersar. *Ó tú ẹ̀wù rẹ̀ ká* – Ela separou a roupa dele; *Wọ́n tú àwọn ènìà ká* – Eles dispersaram as pessoas.

TÚKÁAKIRI, v. Espalhar em diferentes direções. *Ó tú ìhìn yìí káakiri* – Ele espalhou esta notícia.

TÚKANLẸ̀, v. Examinar. *Ó tú àpótí náà kanlẹ̀* – Ele examinou o fundo daquela caixa.

TUKO, v. Capinar, limpar a roça. *Ó tuko* – Ele arrancou as ervas daninhas. < *tu + oko*.

TUKỌ̀, v. Conduzir, guiar veículos. *Ó tukọ̀* – Ele conduziu o veículo, o barco. < *tù + ọkọ̀*.

TÚÙKÚ, **TÚRÙKÚ**, *s.* Porco selvagem, javali.

TÙLÁRA, *v.* Refrescar, avivar. *Omi tù mí lára* – A água me refrescou.

TÚLÁÀSÌ, *s.* Dificuldade, incômodo, infortúnio. *Ó ṣe é pèlú túláàsì* – Ele o fez com dificuldade.

TÚLÉ, *v.* Procurar a casa para alguma coisa. *Ó ntúlé láti rí owó rè* – Ele está procurando a casa para encontrar o dinheiro dele.

TÚLÉ, *v.* Trair. *Ó túlé wa* – Ele traiu nossa família. < *tú + ilé.*

TÚLÉ-TÚLÉ, *s.* Traidor, judas.

TULÈ, *v.* Propiciar uma oferenda à terra, oferecer um sacrifício aos ancestrais, verter libações ao solo. *Ó tulè* – Ele fez uma oferenda. < *tù + ilè.*

TÚLÈ, *v.* Arar, revolver a terra.

TÚLÈ, *s.* Estudante (do inglês *student*). = *akékó.*

TÙLÓJÚ, *v.* Amansar, acarinhar. *Ó tù mí lójú* – Ele me tranquilizou.

TÚLÓ, *v.* Transplantar. *Ó tú ègé ló* – Ele fez o transplante de mandioca. = *túgbìn.*

TÚLÚ, *v.* Destruir uma cidade, irromper uma revolução. *Ó ntúlú* – Ele está fazendo uma destruição. > *atúlú* – agitador.

TÚÚLU, *s.* Dor, nevralgia. *Túúlu mú mi* – Eu estou com dor de cabeça.

TÙÙLÙ, *adj.* Inchado. *Èèké tùùlù* – Bochechas inchadas.

TÙMÁTÌ, *s.* Tomate (do inglês *tomato*).

TÚMBÁ, **TÚNBÁ**, *v.* Saudar. V. *túúbá.*

TÙMÓ, *v.* Traduzir, explicar. *Olùkó túmò òrò yìí* – O professor traduziu esse texto.

TÚ MÚYÈ-MÚYÈ, *v.* Amaciar, afrouxar, soltar. *Ewùrà yìí tú múyé-múyé* – Esse inhame foi amassado facilmente.

TÚN, *adv. pré-v.* Novamente, mais uma vez, também. É usado antes de um verbo. *Olú tún padà dé* – Olú voltou de novo; *Wón tún jó lálé* – Eles dançaram a noite toda; *Mo jẹ búrédi, mo sì tún jẹ ẹyin* – Eu comi pão, também comi ovo.

TÙN, *v.* Derreter, dissolver.

TÚN, *v.* Repetir de novo, outra vez. *Tún òrò yìí* – Repita estas palavras; *Ó tún korin fún wa* – Ele cantou de novo para nós. > *titun, tuntun* – novo.

TÚNBÒ, **TÚBÒ**, *v.* Tentar de novo, esforçar-se em fazer algo, além, mais longe. Usado como primeiro componente de uma composição verbal. *Ó túbò* sísẹ́ – Ele tentou fazer o trabalho de novo; Ìtúmọ̀ ọ̀rọ̀ rẹ túnbọ̀ yé – A explicação que você deu tornou-se mais clara para mim; Ó túbọ̀ nfa èwù náá mọ́ ara rẹ̀ – Ele tentou puxar a roupa do corpo dela; Ó túnbọ̀ dàgbà síi – Ele cresceu mais ainda; Kí ojú mi túnbọ̀ là – Eu espero ser mais bem-informado (lit. que os meus olhos se abram e vão mais além).

TÚNDÁ, *v.* Recriar.

TÚNDÉ, *v.* Chegar, voltar de novo, reencarnar. Ó túndé – Ele retornou.

TÚNFỌ̀, *v.* Lavar de novo. Ó túnfọ̀ aṣọ rẹ̀ – Ela lavou a roupa dela de novo.

TÚNGBÀ, *v.* Recuperar. Mo tún gbà – Eu consegui recuperar.

TÚNGBÉ, *v.* Erguer novamente. Ó tún gbé àpò lórí – Ele carregou de novo a sacola na cabeça.

TÙNNÍNÚ, *v.* Confortar, consolar. Ó tù mí nínú – Ele me confortou.

TÚNKÀ, *v.* Contar de novo, recitar. Akin kò fẹ́ tún ìtàn Ifá kà – Akin não quer recitar de novo o poema de Ifá.

TÚNKÁ, *v.* Dobrar, enrolar novamente. Ó túnká ẹní – Ela enrolou a esteira de novo.

TUNLÀ, *v.* Viver muito tempo; uma forma de expressar agradecimento com desejo de vida longa.

TÚNMÚ, *v.* Pegar, segurar de novo. Ó túnmú ọtùn – Ela pegou a quartinha de novo.

TÚNMÚRA, *v.* Reconhecer os esforços de alguém, aceitar de novo.

TÚN PADÀ, *v.* Recuar. Orí mi ni ìjọ̀gbọ̀n yìí tún padàsí – Eu estava com essa dificuldade que recuou.

TÚNPÈ, *v.* Recordar, relembrar, chamar de novo.

TÚNRẸ̀, *v.* Recortar.

TÚNRÍ, *v.* Ver de novo, rever. Mo tún rí i – Eu a vi de novo.

TÚNRÒ, *v.* Reconsiderar, pensar de novo.

TÚNSÈ, *v.* Cozinhar novamente, requentar. Ó tún onjẹ sè – Ela requentou a comida.

TÚNSỌ, *v.* Repetir, falar de novo. Ó túnsọ yìí láná – Ela falou isso de novo ontem.

TÚNṢE, *v.* Fazer de novo, reparar, corrigir, retificar. *Ó túnṣe orò rè* – Ele fez a obrigação dela de novo; *Olùkọ́ tún ṣe èkọ́* – O professor repetiu a lição; *Ó tún iṣẹ́ rẹ̀ ṣe = Ó tún ṣiṣẹ́ rẹ̀* – Ele repetiu o trabalho dele.

TÚNTẸ̀, *v.* Reapertar.

TÚNU, *v.* Romper, afrouxar, desatar. *Tú ẹnu àpò sílẹ̀* – Desamarre a trança da bolsa; *Ó túnu ààwẹ̀* – Ele quebrou o jejum alimentar. < *tú + ẹnu*.

TUNÙ, *v.* Expelir, cuspir. *Ó tu eegun náà nù* – Ele expeliu o osso.

TÙNÚ, *v.* Confortar, acalmar, apaziguar. *Ó tù mí nínú* – Ela confortou-me. < *tù + nínú*.

TUNÚ, **TẸ́NÚ**, *v.* Ser tranquilo, ser dócil. *Ó tunú* – Ela é uma pessoa suave. < *tù + inú*.

TÚNÚKÁ, *v.* Ser agradado, ser acarinhado. *Ó túnúká* – Ela se sentiu agradada. = *túraká*.

TÚNWÁ, *v.* Procurar novamente. *Ó túnwá owó wa* – Ela procurou de novo o nosso dinheiro.

TÚNWE, *v.* Macerar o vinho.

TÚNWÍ, *v.* Dizer outra vez. *Ó tún wí pé kì ó lọ mọ́* – Ele disse de novo que não irá mais.

TÚNWÒ, *v.* Rever, olhar de novo.

TÚNYÈ, *v.* Estar vivo de novo.

TÚNYẸ̀WÒ, *v.* Rever, olhar de novo. *Ó túnyẹ̀ wò ọ̀rọ̀ náà* – Ele reexaminou aquele texto.

TÚNYÍ, *v.* Virar-se de novo, voltar-se novamente.

TÚNYỌ, *v.* Surgir de novo, reaparecer.

TÚPÙRÙ, *v.* Fugir em pânico. *Ewúrẹ́ tú pùrù* – A cabra se soltou e fugiu. < *tú + pùrù*.

TÚPÙPÙ, *v.* Borbulhar. *Ọyún ntú pùpù* – O pus da ferida borbulhou.

TURA, *v.* Repousar, relaxar, descansar. *Mo tura* – Estou tendo um repouso, estou livre de ansiedade. < *tù + ara*.

TÚRAKÁ, *v.* Tornar alguém livre e tranquilo, ser carinhoso. *Ó túraká* – Ela se tornou tranquila. < *túnúká*.

TÙRÀRÍ, *s.* Incenso, qualquer aroma agradável.

TÚRÍ – TUYỌ

TÚRÍ, v. Desatar, desamarrar. Ó túrí rẹ̀ – Ela desatou, desenrolou os cabelos. < tú + orí.

TÚRÙKÚ, TÚÙKÚ, s. Um animal idêntico ao porco, que vive nos rios.

TÚSÍHOHO, v. Despir alguém.

TÚSÍLẸ̀, v. Desamarrar, desatar, deixar solto. Tú ẹnu àpò sílẹ̀ – Desamarre a abertura da bolsa.

TÚSÓDE, v. Despejar, jogar para fora.

TÚṢỌ, v. Despir. Ó túṣọ lára mi – Ela tirou a minha roupa. V. bọ́.

TUTÀ, v. Vender saldos, retalhos, coisas consertadas. Ó tu mọ́tò náà tà – Ele restaurou o carro para vender.

TUTỌ́, v. Cuspir, expelir saliva. Ó tutọ́ sílẹ̀ – Ele cuspiu no chão; Ó tutọ́ ẹ̀jẹ̀ – Ela cuspiu sangue.

TUTU, adj. ou adv. Fraco, escuro, tristeza, mal-humorado. Ó wú tutu – Ele parece mal-humorado.

TÚTÙ, TÍTÚTÙ, adj. Frio, verde, cru, úmido, calmo, quieto. Aṣọ tútù nmú àìsàn wá, kò dára rárá – A roupa úmida está produzindo doenças, ela não é boa, ela não faz bem.

TÚÚTÚ, adv. Completamente, inteiramente. Ó gbó ènìà tútútú – Ele é uma pessoa completamente velha.

TUTUN, adj. Novo, fresco.

TÚ-TÙ-TÚ, prep. Sem valor. Ìmọ̀ràn tútùtú – um conselho inútil.

TÚWẸ́-TÚWẸ́, obs.: Ẹ̀mí rẹ kó gùn túwẹ́-túwẹ́ – Vida longa para você.

TÚWÓ, s. Um tipo de comida servida com manteiga e sopa.

TÚWỌ́KÁ, adj. Livre, liberal, franco.

TÚYÀGBÀ, adj. Repleto, folgado, abundante. Aplicado para roupas. Aṣọ rẹ̀ tú yàgbà – O vestido dela está solto e balançando; Ṣòkòtò rẹ̀ tú yàgbà – A calça dele está folgada.

TÚYẸ́-TÚYẸ́, adj. Emplumado. Ògòngò ní iyẹ́ túyẹ́-túyẹ́ – O avestruz tem as penas fofas e emplumadas.

TUYỌ, v. Expelir, expulsar.

U, **UN**, *pron.* da 3ª pessoa do singular representado pela repetição da vogal final do verbo. Os demais pronomes possuem formas definidas. Esse procedimento é conhecido como o caso objetivo da 3ª pessoa. *Ó tu ú* – Ele a arrancou; *Ó rù ú* – Ele a carregou; *Mo fifún u* = *Mo fifún un* – Eu dei a ela. Quando a vogal final for antecedida por *m* ou *n*, a vogal repetida pode ou não ser acrescida do símbolo nasal *n*. *Ó mú u* = *Ó mú un* – Ele a pegou; *Ó nà á* = *Mó nà án* – Ele bateu nela.

ÙGÀ, *s.* Palácio.

UN, *pron. dem.* Aquele, aquela. *Ní ojọ́ un* – naquele dia. Forma plural: *wọnun, iwọ̀nun* – aqueles, aquelas.

UN, *pron. pess.* Eu. É pouco usado. Utilizado somente no tempo futuro dos verbos. *Un ó lọ* – Eu não irei.

UN, *s.* Forma reduzida de *ohun* – coisa, algo. Em algumas composições de palavras, *un* é ainda reduzido para *n*. Obs.: *ohun + jẹ = onjẹ* – comida; *ohun + dè = ondè* – enfeite.

ÚN, *adv.* Sim. Outra forma de *ẹ́n*.

ÚN-HÙÙN, *adv.* Não, não assim.

ÙN-HUUN, *adv.* Sim, é assim.

UPÁ!, *interj.* Exclamação de surpresa.

WA, *pron. oblíquo.* Nos, conosco. Possui função reflexiva e é posicionado depois de verbo ou preposição. *Ó fi wa ṣèpè* – Ela nos rogou uma praga, nos ofendeu; *Ó bọ̀ wa lóhùn* – Ele nos cumprimentou, ele apertou nossa mão; *Wọn lọ pẹ̀lú wa* – Eles foram conosco; *Ọmọdé bá wa sùn* – A criança dormiu conosco.

WA, *pron. pess.* Outra forma de *àwa*, quando usado depois de preposição ou adjetivo. *Ó fi owó fún wa* – Ele deu o dinheiro para nós; *Gbogbo wa jẹ́ ọmọ Ọlọ́run* – Todos nós somos filhos de Deus.

WA, *pron. poss.* Nosso, nossa. *Ilé wa ni yìí* – Nossa casa é esta; *Bàbá wa rí wa lọ́ná* – Nosso pai nos viu ontem. É posicionado depois de substantivo.

WÁ, *v.* **1.** Procurar por, buscar, vasculhar. *Ó wá àwo* – Ela procurou o prato; *Mo ti nwá ọ* – Eu tenho procurado você; *Àwa wá aṣọ náà kò rí i* – Nós procuramos e não encontramos. > *ìwádí* – investigação, exame. **2.** Vir. É usado em todos os tempos dos verbos, com exceção do tempo presente. *Lánà ni mo wá* – Foi ontem que ele veio; *Ṣé ẹ máa wá* – Você virá? V. *bọ̀*. **3.** Tremer de nervoso. *Ara rẹ̀ nwá* – Ele está com uma sensação nervosa; *Ó wáhùn rìrì* – Ele falou com uma voz tremida. > *ìwárìrì* – tremor. **4.** Preparar. *Ó wá onjẹ* – Ela preparou a comida. **5.** Dividir, partir em pequenos pedaços.

WÀ, *pron. pess.* Você. É usado antes da partícula *á* que faz o tempo futuro dos verbos. Nesse caso, os demais pronomes pessoais sofrem modificações. *Wà á lọ* – Você irá. V. *á*.

WÀ – WÁGAWÀGA

WÀ, v. Estar, ser, existir, haver. Implica a existência ou a presença de algo. *Láàrin wa wà ìyá mi* – Entre nós está minha mãe; *Ìwọ wà nínú ewu* – Você está em perigo. *Obs.*: a) Quando indicar lugar, *ní* é sempre usado antes do substantivo que segue o verbo. *Bàbá mi wà nílé* – Papai está em casa; *Ìdí òrìṣà wà lórí pẹpẹlé* – Os símbolos da divindade estão em cima da prateleira. b) Quando o verbo for usado numa pergunta sobre lugar, sobre alguém ou alguma coisa, ele é posicionado no fim da frase. *Ṣé àlàáfíà ni gbogbo yín wà?* – Como todos vocês estão?; *Níbo ni ilé èkọ́ yorubá wà?* – Onde fica o curso de língua yorubá?. c) A forma negativa é *kò sí*. *Kò sí sìgá tí kò ní oró* – Não existe cigarro que não tenha veneno. d) Quando for usado para agradecer, significa falar da existência de uma boa situação. *Bàbá nkọ́? Wọ́n wà* – E o seu pai? Ele está bem. > *ìwà* – caráter. e) Este verbo não é usado no gerúndio.

WÀ, v. 1. Cavar. *Má ṣe wa ihò síbí* – Não cave buraco aqui. 2. Remar, dirigir. *Ó mọ ọkọ̀ wà* – Ele sabe dirigir um carro. 3. Abraçar, prender, apertar. *Ó wà mọ́* – Ele me apertou firmemente. 4. Monopolizar. *Ó wa òwò ẹrú* – Ele monopolizou o comércio de escravos.

WÁ BÀRÀ-BÀRÀ, v. Procurar superficialmente, rapidamente.

WÀBÌ, s. Uma pele ornamentada que o *Baṣọ̀run* usa para se sentar.

WÁBÍ!, exp. Venha cá! Forma abreviada de *wá níbí = wá síbí*.

WÁBI-WỌ́SÍ, adv. Continuamente. *Ó nà wábi-wọ́sí* – Ele bateu interminavelmente em mim; *Òjò pa wábi-wọ́sí lára mi* – A chuva continuou a me molhar.

WÀDÀNÙ, v. Desperdiçar. *Ó wà á dànù* – Ele desperdiçou isso.

WÁDÉ, v. Procurar. *Ó wá mi dé ilé* – Ele me procurou dentro de casa.

WÁDÍ, v. Investigar, examinar com cuidado. *Mò nwádí ọ̀rọ̀ yìí* – Estou pesquisando esse assunto; *Ọlọ́pa wá àyè mi dí* – A polícia investigou minha vida.

WÀDÙ-WÀDÙ, **WỌ̀DÙ-WỌ̀DÙ**, adv. Apressadamente, impacientemente. *Àwa kò nfi wàdù-wàdù ṣe nkan* – Nós não deveríamos fazer as coisas apressadamente.

WÀGÀNÙN-GÀNÙN, v. Parecer selvagem.

WÁGAWÀGA, adj. Rude, desajeitado, em desordem. *Aṣọ wọn yìí rí wágawàga nílẹ̀* – As roupas deles estão em desordem no chão.

WÁGI, *v.* Procurar lenha. Ó *wági* – Ele veio procurar lenha. < *wá + igi*.

WÀGÌ, *v.* Tirar o milho da água para moer.

WÀGÚNLẸ̀, *v.* Puxar a canoa para a margem, desembarcar os passageiros. Ó *wa okọ̀ gúnlẹ̀* – Ele dirigiu a canoa para a margem.

WÀGÚNLẸ̀, *v.* Chegar a uma conclusão. Ó *wà á gúnlẹ̀* – Ele conduziu o assunto a uma conclusão.

WÀHÁLÀ, *v.* e *s.* Aborrecer, preocupar-se, atribulação, problema. Ó *wàhálà rẹ̀* – Ele se preocupou; *Mo bá wàhálà* – Eu encontrei um problema; Ó *yé wàhálà mi* – Você parou de me dar problema.

WÁHÀRÌ, *s.* Escrava que é tomada como esposa, uma concubina.

WAHÒ, *v.* Cavar um buraco, escavar.

WÁHÙN, *v.* Trinar a voz, gorjear. Ó *wáhùn rìrì* – Ele falou com uma voz tremida, nervosa, comovida.

WÁÍ, *adv.* Imediatamente. Pessoa inquieta, pessoa irrequieta.

WÀÌ-WÀÌ, *adj.* Inquieto, irrequieto. *Ènìà wàì-wàì* – pessoa cuja mente nunca relaxa.

WÀJÀ, *v.* Morrer. Ó *wàjà* = Ó *wọ àjà* – Ele morreu (*lit.* o rei entrou no teto). É usado como eufemismo para a morte de um rei ou de um grande chefe, por ser tabu dizer "o rei morreu". < *wọ̀ + àjà*.

WÁJÌ, *s.* Pó azul, anil. Extraído da planta *èlú*, depois de ser devidamente preparada para produzir o tom índigo.

WÁKÀTÍ, *s.* Hora, tempo (do hauçá *wókàci* ou do árabe *waqti*). Usado no cálculo das horas. *Mo simi ni wákàtí kan* – Eu descansei por uma hora; *Ọwọ́ kékeré nka wákàtí* – O ponteiro pequeno lê as horas. V. *agogo*.

WÀKÌ, *v.* Reduzir, encolher.

WÁKÓ, *v.* Procurar um empréstimo, emprestar. Ó *wá owó kó* – Ele tentou pedir dinheiro emprestado.

WAKỌ̀, *v.* Dirigir um veículo. Ó *nwakọ̀* – Ele está conduzindo um barco. < *wà + ọkọ̀*.

WAKỌ̀-WAKỌ̀, *s.* Remador, condutor.

WÁKIRI, *v.* Procurar, solicitar. Ó *wá a kiri* – Ela foi procurá-lo em volta.

WÀLÁÀ, *s.* Tábua usada para a escrita pelos muçulmanos (do árabe *al-lauhu*).

WÀLÁÌNÍ – WÁRÍ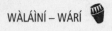

WÀLÁÌNÍ, *v.* Estar em necessidade, sofrer de desejo de alguma coisa.
WÀLÁÌNÍÀBÁ, WÀLÁÌNNÍRÉTÍ, *v.* Estar em desespero.
WÁLÁÌPÈ, *v.* Vir sem convite, comparecer sem ser convidado.
WÀLÁÌRÍṢE, *v.* Estar sem o que fazer, estar desempregado, ocioso.
WÀLÁYÈ, *v.* Estar vivo, existir. Àwa kò wàláyè kìkì nítorí onję nìkan – Nós não vivemos somente por meio da comida.
WALȨ̀, *v.* Cavar o chão. Ó walȩ̀ – Ele desenterrou um pouco de terra. > walȩ̀-walȩ̀ – escavador.
WÁLȨ̀, *v.* Tornar-se sóbrio. Ojú rȩ̀ wálȩ̀ – Ele recuperou a consciência.
WÁLỌ, *v.* Ir procurar. Ó wá wọn lọ – Ele foi procurá-los.
WÀMÁYÀ, *v.* Abraçar, puxar para junto de si, prender. Ó wà mi máyà – Ela me puxou para junto dela, ela me abraçou. < wà + mọ́ + àyà.
WÀMỌ́, *v.* Abraçar. Ó wà mọ́ mi – Ele me abraçou firmemente.
WÀMÚ, *v.* Apertar, agarrar. Ó wà mí mú – Ele me apertou.
WANÁ, *v.* Cutucar o fogo. < wà + iná.
WÁ NÍBI, *v.* Venha cá. = wà síbí, wá síhín.
WÁNRANWÀNRAN, *adv.* Desassossegadamente, irrequietamente.
WAPA, *v.* Impelir uma canoa. Wọ́n wapa – Eles impeliram a canoa com uma vara de bambu. < wà + ọpa.
WÁPA, *v.* Resolver, esclarecer. A wá ọ̀ràn yìí pa – Nós resolvemos esta questão.
WÀRÀ, *v.* Estar com pressa, ser precipitado.
WÀRÀ, *s.* Leite. Fi wàrà sí orí iná – Ponha o leite no fogo; Èmi kò fi wàrà sí kọfí – Eu não coloquei leite no café.
WÀRÀKÀṢÌ, *s.* Coalhada, queijo.
WÁRÁPÁ, WÁÁPÁ, *s.* Epilepsia. Wárápá gbé e – A epilepsia o pegou.
WÁRÁ ỌMÚ, *s.* Leite materno.
WÀRÀ-WÀRÀ, *adv.* Torrencialmente, rapidamente, imediatamente. Òjò nrọ̀ wàrà-wàrà – A chuva está caindo sem parar.
WÀRÀWÈRÉ, *adv.* Rapidamente. Wàràwèré tó dé ni mo rí i – Tão logo ele chegou, eu o vi.
WÁRÍ, *v.* Tentar encontrar. Ó wá owó rí – Ela tentou encontrar algum dinheiro.

WÁRÍ, WÁRÍFÚN, v. Fazer uma homenagem a um rei ou a um superior. Ó wárí fún mi – Ele prestou homenagem a mim. < wá + orí.

WARÍKÒ, v. Estar se consultando junto com alguém. Wón waríkò – Eles estão se consultando juntos.

WÁRÌRÌ, v. Tremer de nervoso. Má se wárìrì – Não entre em pânico. V. wáhùn.

WARÌWARÙN, s. Um título de Sànpònnan.

WARÙNKÌ, v. Ser obstinado, teimoso. Ó warùnkì sí òrò yìí – Ele é obstinado para este assunto. < wà + orùn + kì.

WÁÀSÍ, v. Pregar um sermão. Ó wáásí – Ele pregou um sermão. V. wásù.

WASÒ-WASÒ, s. Um tipo de pássaro.

WÁSÙ, v. Pregar um sermão. Ó wásù dùn láti wa – Ele pregou um sermão agradável para nós.

WÁSE, v. Procurar o que fazer. Mo wá isé kán se – Eu procurei algum trabalho para fazer. < wá + se.

WÁSÉ, v. Procurar um trabalho. E ba mi wásé – Ajude-me a procurar um trabalho. < wá + isé.

WASU, v. Cavar, desenterrar. Ó wasu – Ele desenterrou alguns inhames.

WATÓ, v. Babar. Omodé yìí nwató – A criança está babando. > itó – saliva.

WÁWÁ, adv. Verticalmente, eretamente. Ó ró wáwá – Ele se levantou eretamente.

WÁWÁ, v. Visitar. Ó wá mi wá – Ele me visitou (lit. ele me procurou e veio). V. bèwò.

WÀWÒFÍN, v. Fazer um escrutínio, um exame cuidadoso, olhar de cima a baixo.

WAWÓ, v. Cessar, parar. < wà + owó.

WÁYÀ, s. Arame, fio. Wáyà kópà – fio de cobre.

WÀYÌÍ, adv. Claramente, distintamente. Mo rí wàyìí pé òun jáde lo – Eu vi claramente que ele foi embora; Mo rí i gbangba-gbangba wàyìí – Eu o vi distintamente. = wàyí.

WÉ, v. 1. Enrolar, ondular, enfaixar. Wé aso funfun mó igi – Enrole o tecido branco em volta da árvore. 2. Embrulhar. Ó wé èso – Ela embrulhou a fruta. 3. Parecer, imitar. Ó fara wé mi – Ele me imitou. 4. Colocar turbante, colocar um pano na cabeça (mulher). *Ó wé gèlè sí orí rè* – Ela colocou o tecido em volta da cabeça. *V. dé.* **5.** Pensar, planejar. **6.** Conquistar a simpatia de uma criança.

WÉLÁṢỌ, *v.* Envolver com panos.

WÉLÉWÉLÉ, *adv.* Rapidamente, vivamente. *Ewé njó wéléwélé* – As folhas estão balançando agitadamente (*lit.* as folhas das árvores estão dançando agitadamente).

WÉPÒ, *v.* Torcer, enrolar. *Ó fiwé wé rúlà pò* – Eu usei um papel de embrulho.

WÈRÈ, *adj.* Tolo, vazio, estúpido. *Wèré ọkùnrin* – um homem fútil.

WÉRÉ, **WÉRÉWÉRÉ**, *adv.* Rapidamente, com rapidez. *Ó dé wéréwéré* – Ele chegou depressa.

WÈRÈPÈ, **WÈÈPÈ**, *s.* Urtiga. *Mucuna pruriens (Papilonaceae).* = *yèrèpè.*

WÉREWÈRE, *s.* Tolice, bobagem. *V. wèrè.*

WÉTÈ, **ỌKỌ̀-WÉTÈ**, *s.* Canoa de grande porte, barco.

WÉWÉ, *v.* Planejar, idealizar. *Ó wéwé* – Ele criou um plano, ele planejou.

WEWU, *v.* Expor ao perigo, arriscar. *Mo fi ẹmí mi wewu* – Eu coloquei a minha vida em risco. *V. wuléwu.* < *wu + ewu.*

WẸ́, *adj.* Bom, satisfatório.

WẸ́, *v.* **1.** Espremer pimenta, esmagar. *Bá mi wẹ́ ẹwà náà* – Ajude a amassar o feijão. **2.** Ser minúsculo. *Iṣu náà wẹ́* – Os inhames são minúsculos. > *awé* – gomo de uma fruta; *awé obì* – gomo de noz-de-cola. **3.** Acariciar, mimar. **4.** Ser esbelto.

WẸ̀, *v.* Lavar, limpar, tomar banho (para pessoas). *Ó nira púpọ̀ wẹ̀ lódò* – É muito difícil nadar no rio. > *ìwẹ̀* – banho, lavagem.

WẸ̀ ÀGBO, *v.* Tomar banho de infusão de ervas.

WẸ̀HÌN, *v.* Refletir, espreitar. *Ó wẹ̀hìn ọ̀rọ̀ náà* – Ele refletiu sobre aquele assunto (*lit.* ele olhou para trás). < *wò + ẹhìn.*

WẸJÁ, *v.* Nadar. *Ó wẹ odò já* – Ele atravessou o rio a nado. < *wẹ̀* – banhar-se, tomar banho. *V. lúwẹ̀.*

WẸKẸ, *v.* Entrar em luta. *A wẹkẹ mọ́ ọ̀tá* – Nós entramos em luta contra o inimigo. < *wò + ẹkẹ.*

WẸ́KÚ, *adv.* Exatamente, fielmente.

WẸ̀KUN, v. Nadar no mar. Ó wẹ̀kun, ó wẹ̀sà – Ele correu o mundo (lit. ela nadou mares e lagoas).

WẸ́LẸ́WẸ́LẸ́, adv. Onduladamente, relativo ao movimento das águas. Ó jò wẹ́lẹ́wẹ́lẹ́ – Ela dança onduladamente como as ondas do mar.

WẸ́LẸ́-WẸ́LẸ́, adv. Em pequenas partes. Ó gé e wẹ́lẹ́-wẹ́lẹ́ – Ela cortou isso em pequenos pedaços. V. wẹ́wẹ́.

WẸ̀MỌ́, v. Limpar, purificar. Ó wẹ̀ mí mọ́ – Ela me lavou e limpou.

WẸ̀MỌ́, v. Justificar. Ó wẹ ararẹ̀ mọ́ nínú ọ̀rọ̀ yìí – Ele mesmo se justificou desta acusação.

WẸ́MỌ́LẸ̀, v. Espremer, esmagar. Ó wẹ́ mi mọ́nlẹ̀ – Ela me frustrou.

WẸNU, v. Lavar a boca. < wẹ̀ + ẹnu.

WẸ̀NÙ, **WẸ̀NÙMỌ́**, v. Lavar e limpar. Ọlọ́run wẹ ẹ̀sẹ̀ mi nùmọ́ – Deus me purificou dos pecados. < wẹ̀ + nù.

WẸ̀RẸ̀, adv. Usado para dar ênfase ao verbo. Iná yìí mbù wẹ̀rẹ̀ – Esse fogo está faiscando.

WẸ́RẸ́, **WẸ́RẸ́-WẸ́RẸ́**, adv. Facilmente, calmamente, inesperadamente, furtivamente, fracamente. Ó he wẹ́rẹ́ – Ele colheu facilmente; Ó yo wẹ́rẹ́ – Ela surgiu inesperadamente; Ọkùnrin náà wọlé wẹ́rẹ́ – O homem entrou calmamente; Ó gbọ́ wẹ́rẹ́ – Ele ouviu fracamente.

WẸẸRẸ, s. V. ọ̀gẹ̀dẹ̀.

WẸẸRẸ, **WẸẸRẸWẸ**, **WẸ́WẸ́**, adj. Pequeno, diminuto, anão. Ọmọ wẹẹrẹ ni wọn – Elas são crianças diminutas.

WẸ́RẸ́WẸ́RẸ́, adv. Quietamente. Ó dẹ wẹ́rẹ́wẹ́rẹ́ – Ele caçou silenciosamente.

WẸ̀SÀ, v. V. wẹ̀kun.

WẸSẸ̀, v. Lavar os pés. < wẹ̀ + ẹsẹ̀.

WẸ́WẸ́, **WẸ́Ẹ́-WẸ̀Ẹ̀**, adj. Pequenos pedaços. Ó ké e sí wẹ́wẹ́ – Ela o cortou em pequenos pedaços. V. wẹẹrẹ.

WẸWỌ́, **WIYỌ́**, v. Lavar as mãos. Kí jẹun tó ó máa wẹwọ́ – Antes de comer algo, ele costuma lavar as mãos. V. kí... tó.

WÍ, v. 1. Dizer, relatar. Ó wí kẹ́lẹ́kẹ́lẹ́ – Ele disse sussurradamente; Kíló wí? – O que você disse?; Ó wí pé kí nlọ jáde – Ele disse que está indo embora. 2. Engolir.

WÌ, v. Queimar, chamuscar os cabelos, pelos etc. Ọdẹ nwi ejò – O caçador queimou a cobra.

WÍÀWÍGBÀ, v. Passar de boca em boca, falar em coro.

WÍFÚN, v. Dizer para. Ó wí fún mi jókó – Ela disse para eu sentar.

WÍJỌ́, v. Reclamar, acusar. Ó bá mi wíjọ́ – Ele me acusou, ele trouxe uma acusação contra mim.

WÍKIRI, v. Tornar algo público, dizer para todo mundo. Ó wí ìròhìn yìí kiri – Ela espalhou essas notícias.

WÍLẸ́JỌ́, v. Dizer algo em um processo. Ó wílẹ́jọ́ pé o bú u – Ela disse no processo que você a ofendeu.

WÍLÌKÍ, adj. Peludo, robusto. Ajá wílìkí – um cachorro peludo.

WÍN, v. Emprestar, conceder, oferecer. Ó wín owó fún mi – Ela emprestou dinheiro para mim.

WÌN, v. Saturar. Onjẹ ti wìn sí – A comida saturou.

WÍNNÍWÍNNÍ, adv. Corridamente, apressadamente, sumariamente. Òjò wínníwínní – uma queda de chuva com curta duração, chuvisco.

WÍNRÌN, v. Estar perto, a uma pequena distância. Somente usado negativamente. Wọn kò wínrìn – Eles não estão perto.

WÍNWÍN, **WÍWÍN**, adj. Emprestado. < wín – emprestar. Ó wín owó fún mi – Ele emprestou dinheiro para mim.

WÍNWỌ́N, **WÍWỌN**, s. Carência, carestia, procura.

WÍPÉ, v. Dizer que. Ó wípé kí nlọ – Ela disse que está indo.

WÍRÀN-NRÁN, v. Delirar, falar durante o sono. Ó nwíràn-nrán – Ela está falando durante o sono.

WÍREGBÈ, v. Falar incessantemente.

WÌRÌ, adj. Violento, furioso. Ó nwò wìrì – Ele tem um olhar selvagem.

WÌRÌ, **WÌRÌWÌRÌ**, adv. Ansiosamente, inesperadamente. Ó fín wírìwírì – Ele bufou ansiosamente; Ó dìde wìrì – Ele se levantou inesperadamente.

WÍRÍWÍRÍ, adv. Corridamente, sumariamente. V. wínníwínní.

WÍTẸ́LẸ̀, v. Predizer, dizer antecipadamente. Ó wí i tẹ́lẹ̀ – Ele predisse isso.

WÌTÌ-WÌTÌ, adv. Apressadamente, impacientemente, corridamente. A dù ú wìtì-wìtì – Nós o agarramos apressadamente.

WÍWÁ, s. Ato de vir, de chegar.
WÍWÀ, s. Estado de ser, de existir. *Wíwà láyé rè* – A existência de vida dela.
WÍWÁDÍ, s. Escrutínio, exame.
WÍWÀRÀ, s. Precipitação, correria, urgência.
WÍWẸ̀, s. Banho.
WÍWÍ, s. Fala, alocução, preleção.
WÍWÍN, WÍNWÍN, adj. Emprestado.
WÍWÒ, s. Vista, visão, olhadela. *Wíwò àwọn ènìà* – observação das pessoas; *wíwo omi* – adivinhação feita com a água.
WÍWO-ÒKÈÈRE, s. Visão distante, uma perspectiva.
WÍWÒYE, s. Observação, vigilância.
WÍWỌ́, adj. Torto, torcido. *Òun ní ẹsè wíwọ́* – Ele tem um pé torcido.
WÍWỌ́, adj. Esticado, puxado.
WÍWỌ̀N, s. Sufixo usado para indicar medidas: *ìgbóná wíwọ̀n* – termômetro.
WÍWỌ́N, WÍNWỌN, s. Carência, carestia, procura.
WÍWỌ́RA, adj. Preparado para ser friccionado, pressionado numa superfície.
WÍWÚ, s. Inchação, fermentação. *Ara mi wú* – Meu corpo está inchado; *Orí mi wíwú* – Lembrei-me de um acontecimento horrível (*lit.* minha cabeça inchou).
WÍWÙ, ẸWÙ, s. Prazer, agradabilidade.
WÍWÙLÓRÍ, adj. Emocionante, comovente, patético.
WÍWUN, HÍHUN, s. O modo de tecer.
WÍWÙNÍLÓRÍ, s. Paixão, emoção profunda.
WÍWUSÓKÈ, s. Afrouxamento, distensão; adj. Largo, frouxo.
WÍYÉ, v. Expor, interpretar. > *àwíyé* – interpretação, explanação. *Àwíyé ló wí i* – Foi de forma inteligente que ele disse isso.
WIYỌ́, WẸWỌ́, v. Lavar as mãos.
WO, adj. *interrog.* Qual, que. É regido pelo verbo *ni* e posicionado depois de substantivo que indica tipo ou qualidade. *Irú ejá wo ni o fẹ́?* – Qual tipo de peixe você deseja?; *Irú onjẹ wo ni yìí?* – Qual o tipo desta comida?. V. *èwo* e a forma afirmativa *èyítí* – qual.

WO, *v.* Ser duro. *Otútù mú o̩wó̩ mi wo* – O frio tornou minhas mãos enrijecidas.

WÓ, *v.* **1.** Cair, tombar, desmoronar, derrubar. *Afará ye̩n kò lè wó* – Aquela ponte pode cair; *Wó igi* – Derrube a árvore. **2.** Entortar. *Ó wó mi lára* – Ele me debilitou (*lit.* ele me entortou, derrubou).

WÒ, *v.* **1.** Olhar para, assistir, observar. *Ó wo ojúu bàbá* – Ele olhou o rosto do papai; *A wo ìlú náà lo̩* – Nós vimos aquela cidade em detalhes. > *ìwojú* – óculos. *V. bè̩wò* – visitar. **2.** Pagar uma visita. *Ó bè̩ mí wò* – Ela me visitou. **3.** Ter cuidado. *Mo nwosún ò̩rò̩ yìí* – Ele examinou essa matéria com cuidado. **4.** Tratar de um doente. *Ó wò mí sàn* – Ela tratou de mim.

WOO!, *interj.* Ei! Olhe! Uma forma de chamar a atenção.

WÓBÁLÈ̩, **WÓLÙLÈ̩**, **WÓPALÈ̩**, *v.* Quebrar ou jogar no chão.

WÒDÚ, *adj.* Escurecido. *O̩gbé̩ yìí jiná, ó wòdú* – A ferida desapareceu e o local ficou escurecido.

WÒFÍN, *v.* Olhar cuidadosamente. *Mo wò ó fín* – Eu examinei isso.

WÒFIRÍ, *v.* Olhar por alto, dar uma olhadela.

WÒGÀNÙN-GÀNÙN, *v.* Olhar agressivamente. *Ó nwò gànùn-gànùn* – Ele está olhando de modo agressivo.

WÒ GÀÀRÀ, *v.* Olhar rapidamente, dar uma olhadela. *Mo wò gààrà yíká* – Eu olhei rapidamente em volta.

WÒHÍN-WÒ̩HÚN, *v.* Olhar para os dois lados. *Ó nwòhín wò̩hún* – Ele está olhando para cá e para lá.

WÒJINÁ, *v.* Curar uma ferida. *Ó wo egbò mi jiná* – Ela cuidou de minha ferida; *Olúwa yíò wò ó jiná* – Sua úlcera irá curar logo.

WÒJÌNÀ, *v.* Olhar ao longe. *Ó wò jíná* – Ele olhou ao longe.

WÒ KÁN-KÀN-KÁN, *v.* Olhar para todos os lados. *Mo kán-kàn-kán* – Eu olhei de lado a lado.

WÒKÁAKIRI, *v.* Olhar ao redor. *V. wòyíká.*

WÒKÈ, *v.* Olhar, contemplar, observar.

WOOKO, *s. V. palaba.*

WÒKO̩, *v.* Copiar. *Ó wò ó ko̩* – Ele fez uma cópia disso (*lit.* ele olhou e escreveu).

WOKȌRȌ, *v.* Olhar sombriamente, com ciúmes. *Ó wò mí kò̩rò̩* – Ele olhou ciosamente para mim.

WÓLÁRA, *v.* Estar exausto, debilitado. *Ó wó mi lára* – Ela me debilitou. < *wó* + *lára*.

WÓLÉ, *v.* Demolir, derrubar uma casa. *Ó wólé lulẹ̀* – Ele demoliu a casa. < *wó* + *ilé*. = *dàlulẹ̀*.

WOLÉ-WOLÉ, *s.* Inspetor de saúde.

WOLẸ̀, *v.* Ser cuidadoso (*lit.* olhar o chão). *Wón wolẹ̀* – Eles são cuidadosos. < *wò* + *ilẹ̀*.

WÓLẸ̀, *v.* Render homenagem, prostar-se com o rosto no chão. *Ó wólẹ̀ lésẹ̀ mi* – Ele caiu a meus pés em súplica; *Ó wólẹ̀ lórí ékún rẹ̀* – Ele rendeu homenagem caindo de joelhos. É também usado no sentido de dizer "bem-vindo!" – *Ẹ wólẹ̀ o!*

WÒLI, *s.* Profeta.

WÒLÍMÀ, *s.* Banquete de matrimônio segundo costume muçulmano.

WÓLO-WÒLO, **WÓMỌ-WÒMỌ**, *adv.* Em pedaços. *Ó wó o wómọ-wòmọ* – Ele triturou isso em pedaços.

WÒLỌ, *v.* Olhar. *Mo wò wọ́n lọ tían-tían* – Eu os vi indo juntos lá longe. *A wo ìlú náà lọ* – Nós vimos aquela cidade em detalhes.

WÒ LỌ́WỌ́, *v.* Testar. *Ẹni tá a nwò lọ́wọ́* – A pessoa procurou e nós estamos testando.

WÓLÙ, **WÓLULẸ̀**, *v.* Cair algo pesado. *Igi wólu ilé mi* – A árvore caiu em minha casa; *Ilé yìi wólulẹ̀* – Essa casa desmoronou.

WÓMỌ-WÒMỌ, *adv.* Em pedaços. *Ó wó o wómọ-wòmọ* – Ele triturou isso em pedaços.

WÒ MỌ̀ÌN-MỌ̀ÌN, *v.* Olhar apreensivamente.

WÒ MỌ́LẸ̀, *v.* Olhar de cima a baixo. *Ó wò mí mọ́lẹ̀* – Ele me olhou de cima a baixo, desdenhosamente.

WÒMỌ̀NÀ, *v.* Olhar com indiferença. *Ó wò mí mọ̀nà* – Ela olhou para mim com indiferença.

WÓMÚWÓMÚ, **WÓMWÓM**, *adv.* Em pedaços. *Ẹjá náà rún wómúwómú* – O peixe foi triturado em pequenos pedaços; *Ó rún wómwóm* – Ele misturou os pedaços. = *wúrú-wúrú*.

WÒNDÓ, *s.* Um tipo de roupa antiquada.

WONKOKO, *v.* Ser inoportuno. *Ó wonkoko mọ́ mi* – Ele foi inoportuno comigo.

WÒNPÁRÌ – WÒTÁÍ

WÒNPÁRÌ, s. Uma pessoa rude e selvagem.

WÓNṢẸ́, s. Ninharia, algo sem valor. *Wónṣẹ́ ló fifún mi* – Foi uma ninharia o que ele deu para mim.

WO OWÓ ẸYỌ, v. Olhar os búzios, ato de consultá-los.

WO ỌWỌ́, v. Observar com atenção. *Mo nwo ọwọ́ rẹ̀* – Eu estou olhando para ver o que ele fará (*lit.* eu estou olhando as mãos dele).

WÒPA, v. Olhar fatalmente, tratamento médico que resulta em morte. *Ó wò ó pa* – Ele o tratou sem habilidade, causando a morte.

WÓPALẸ̀, v. Demolir, destruir completamente. *Ó wó ilé palẹ̀* – Ele demoliu a casa.

WÒPỌ̀, v. Olhar ao mesmo tempo. *Mo wò wọ́n pọ̀* – Eu olhei para eles simultaneamente.

WORA, v. Curar alguém de algum mal. *Ó wora rẹ̀* – Ele se curou (*lit.* ele curou o corpo dele). < wò + ara.

WÒRAN, v. Ter visão geral, avistar. < wò + iran.

WÓÓRÍ!, interj. Uma saudação real que é feita ao Ọ̀ọ̀ni Ifẹ̀.

WÓRÓ, adv. Somente. É usado antes de numeral. *Mo ní wóró ilé méjì* – Eu tenho somente duas casas. V. ṣoṣo.

WÓRO, EHÓRO, HÓRO, s. Espiga ou semente.

WOORO, WOORO-WOORO, adv. O tilintar de sinos.

WÓRÓPỌ̀N, s. Testículo.

WÒRÚKÚ TINDÍ TINDÍ, adv. Palavras usadas como preâmbulo para a formação de enigmas.

WÒSÀN, v. Curar, tratar, cicatrizar. *Ó wò ó sàn* – Ela o curou. = wòyè.

WÓSÍWÓSÍ, s. Pequenas mercadorias, bugigangas.

WÒSÙN, v. Olhar estranhamente. *Ó wò mí sùn* – Ele me encarou.

WOSÚN, v. *Mo nwosún ọ̀rọ̀ yìí* – Ele está examinando essa matéria com cuidado.

WÒSÙU, WÒ SÙSÙ, v. Olhar confusamente. *Ó wò sùsù* – Ele olhou confusamente, sem expressão.

WÒTÁÍ, v. Olhar com indiferença. *Ó wò mí táí* – Ela olhou para mim com indiferença. = wòmọ̀nà.

WÒTÁN, *v.* Curar completamente. *Ó wò mí tán* – Ele me curou completamente.

WÒ WÌRÌ, *v.* Olhar de forma violenta, selvagem, insensata. *Ó nwò wìrì* – Ele está olhando de forma furiosa, ele tem um olhar furioso.

WÒWÒ, *v.* Examinar, investigar. *Ó wò ó wò* – Ele o examinou.

WÒYE, *v.* Observar, ficar alerta. *Ó wòye* – Ele está alerta; *Ó wò mí yè* – Ele, o doutor, tratou de mim. < *wò + òye.*

WÒYÈ, *v.* Curar, tratar, cicatrizar. *Ó wò ó yè* – Ela tratou da minha doença. = *wòsàn.*

WÒYÍKÁ, *v.* Olhar em volta. *Ó wòyíká* = *Ó wò ká* – Ela olhou em volta.

WỌ, *v.* Chuviscar, chover. *Òjò nwọ ní ìta* – A chuva está caindo, está chuviscando lá fora.

WỌ́, *v.* **1.** Esfregar alguma substância no corpo. **2.** Arrastar, puxar ao longo, rastejar. *Ó wọ́ mi* – Ele me puxou; *Ìyáwó nwọ́ aṣọ rẹ̀* – A noiva está arrastando o vestido dela. **3.** Ser torto, torcido. *Ẹsẹ̀ mi wọ́* – Minha perna é torta; *Igi yìí wọ́ sí ẹ̀gbẹ́ kan* – Essa árvore encurvou para o lado.

WỌ̀, *v.* **1.** Ser aceitável. *Ìmọ̀ràn wọ́n kò wọ̀* – O conselho deles é inadequado; *Ó tútù wọ̀ lóní* – O frio está aceitável hoje. **2.** Entrar em casa, entrar num carro. *A wọ ilé* – Nós entramos em casa; *Jé kí nwọ ilé* – Deixe-me entrar em casa; *Mo wọ mọ́tò lọ sílé* – Eu entrei no carro e fui para casa. **3.** Vestir, pôr em cima. *Ó wọsọ funfun* – Ela vestiu uma roupa branca; *Ó jáde láìwọ ẹwù* – Ele saiu sem vestir uma camisa. **4.** Cair por terra, desabar, quedar, cair neve. *Ó wọlé lùlẹ̀* – Ele demoliu a casa; *Èso igi yẹn wọ̀ sílẹ̀* – A fruta daquela árvore caiu. **5.** Colher. *Mo wọ ìbẹ́pẹ* – Ele colheu mamão. **6.** Nascer do sol.

WỌ̀BÌA, *s.* Voracidade, avidez, cobiça, avarento.

WỌ́BỌ-WỌ̀BỌ, *adj.* Encaroçado. *Ẹ̀kọ yìí ṣe wọ́bọ-wọ̀bọ* – Esse mingau está encaroçado.

WỌ̀DÙ-WỌ̀DÙ, WÀDÙ-WÀDÙ, *adv.* Apressadamente, impacientemente. *Àwa kò nfi wọ̀dù-wọ̀dù ṣe nkan* – Nós não deveríamos fazer as coisas apressadamente.

WỌ́GỌ-WỌ̀GỌ, *adj.* Amassado. *Agolo yìí wọ́gọ-wọ̀gọ* – Essa pequena lata está amassada.

WỌGBẸ – WỌLÓJÚ

WỌGBẸ, adj. Furioso, tolo, brabo. = wèrè.

WỌHÚN, v. V. wòhín.

WỌJÀ, KÒJÀ, v. Estar numa briga, numa disputa. Wọ́n wòjà – Eles estão numa briga.

WỌJÌ, v. Desbotar, perder a cor. Aṣọ yìí wọjì – Essa roupa desbotou.

WỌ́JỌ, WỌ́JỌPỌ̀, v. Reunir pessoas. Wọ́n wọ́jọ sílé mi – Eles convocaram uma reunião na minha casa.

WỌ́JÙNÙ, v. Atirar longe, arremessar. Ó wọ́ ẹyìn jùnù – Ele colheu o coquinho e atirou longe.

WỌ́KÁAKIRI, v. Arrastar ao redor de.

WỌKỌ̀, v. Entrar num barco, embarcar. Ó wọkọ̀ lọ – Ele entrou no barco. > ìwọkọ̀ – embarcação. < wọ̀ + ọkọ̀.

WỌ́KỌ, v. Procurar marido. Wọ́n nwọ́kọ rẹ̀ – Eles estão procurando o marido dela. < wá + ọkọ.

WỌ́KỌWỌ̀KỌ, WỌ́KUWỌ̀KU, adj. e adv. Zigue-zague. Ó nrìn wọ́kọwọ̀kọ – Ele está andando em zigue-zague.

WÒỌ̀KÙN, v. Nascer da lua. Òṣùpa wòọ̀kùn – A lua surgiu no céu.

WỌLÁRA, v. Afetar, atingir. Ìròìn yìí wọ̀ mí lára – Esta notícia me afetou profundamente.

WỌLÁṢỌ, v. Vestir uma roupa, cobrir-se com uma roupa. Mo wọ ọmọ náà láṣọ = Mo wọ aṣọ fún ọmọ náà – Eu vesti aquela criança.

WỌLÉ, v. Entrar em casa. Ó wọlé, èmi sì jáde – Ele entrou e eu saí; Ẹ jọ̀wọ́, ẹ wọlé – Por favor, entre. < wọ̀ + ilé.

WỌLÉTÍ, v. Entender, prestar atenção. Ọ̀rọ̀ mi wọ̀ ọ́ létí – Minhas palavras foram entendidas por ele (lit. minhas palavras entraram no ouvido dele). > wọ̀ + l + etí.

WỌLẸ̀, v. Perfurar o chão (como uma estaca). Ó wọlẹ̀ ṣìn – Ela penetrou o solo profundamente. < wọ̀ + ilẹ̀.

WỌLÉWỌ̀DE, v. Entrar e sair, ajudar na casa.

WỌ́LẸ̀, v. Arrastar no chão. Ṣòkòtò mi wọ́lẹ̀ – Minhas calças compridas estão arrastando no chão. < wọ́ + ilẹ̀.

WỌLÓJÚ, v. Seduzir, atrair. Ète yìí wọ̀ mí lójú – Esse projeto me atrai.

WỌ̀LÓJÚ, *v.* Desobedecer. *Èmi kò fẹ́ wọ̀ yín lójú* – Eu não desejo desobedecer vocês. V. *gbọ́ràn*.

WỌLỌ, *v.* Entrar e seguir. *Ó wọ ọkọ̀ lọ jáde* – Ele entrou no carro e foi embora.

WỌ́LỌ, *v.* Arrastar. *Gìrì-gìrì ni esẹ̀ wọ́lọ sílé rẹ̀* – Foi rispidamente que ele me arrastou para a casa dele.

WỌ̀LỌ́RÙN, *v.* Empurrar para baixo, como um fardo pesado. *Erù yìí wọ̀ mí lọ́rùn* – Esse fardo está me pesando.

WỌ́LULẸ̀, *v.* Puxar, arrastar. *Ó wọ́ mi lulẹ̀* – Ele me arrastou.

WỌMI, *v.* Entrar na água. *Ó wọmi* – Ela entrou na água; *Ògo rẹ̀ wọmi* – O prestígio dele entrou em queda (*lit.* no prestígio dele entrou água).

WỌMIWỌMI, *s.* Mergulhador.

WỌN, *pron. oblíquo.* A eles, a elas. Possui função reflexiva e é posicionado numa frase depois de verbo ou preposição. *Mo fún wọn ní ẹ̀bùn* – Eu dei a eles um presente; *Mo rí wọn láná* – Eu os vi ontem; *Èmi kò mọ̀ wọ́n* – Eu não os conheço.

WỌN, *pron. poss.* Deles, delas. É posicionado depois de substantivo. *Èyí ni ilé wọn* – Essa é a casa deles. *Obs.*: a vogal final do substantivo que antecede o pronome possessivo tem um som alongado na fala.

WỌ́N, ÀWỌN, *pron. pess.* Eles, elas. É posicionado antes do verbo. *Wọ́n ya owó fún mi* – Eles emprestaram dinheiro para mim; *Mo rò pé wọ́n tóbi* – Eu penso que eles são grandes. = *àwọn, nwọ́n*.

WỌ́N, *v.* **1.** Ser procurado, raro, escasso. *Ọ̀rọ̀ yìí wọ́n* – Essa palavra é rara; *Epo ọkọ̀ wọ́n* – O petróleo está ficando escasso. **2.** Ser caro. *Aṣọ yìí wọ́n* – Essa roupa é cara; *Ẹran yìí wọ́n jù* – Essa carne é cara demais. **3.** Romper, separar, estourar. *Wọ́n àpò tí yìí* – Rompi essa bolsa ao abrir. > *èwọ̀n* – separação. **4.** Desmontar. *Ó wọ́n kẹ̀kẹ́* – Ele desmontou a bicicleta. **5.** Ser expansivo. *Ó wọ́n gógó* – Ele é muito expansivo. **6.** Agarrar alguma coisa jogada. *Ó wọ́n bọ́ọ̀lù* – Ele agarrou a bola. **7.** Desmamar uma criança. *Ọmọ yìí wọ́n* – Essa criança desmamou. **8.** Borrifar. *Èmi fi omi wọ́n ilẹ̀* – Eu borrifei água na terra. **9.** Apagar, friccionar. *Àwọ̀ yìí wọ́n* – Essa cor foi apagada. **10.** Tirar. *Mo wọ́n aṣọ kúrò lára mi* – Eu tirei a roupa do meu corpo.

WỌ̀N, *v.* **1.** Medir, pesar. *Ó wọ̀n ilẹ̀* – Ele mediu o terreno; *Ẹ bá mi wọn táyà yìí* – Ajude-me a medir esses pneus. > *ìwọ̀n* – medida, escala. **2.** Cortar, arrancar, podar. **3.** Pretender, almejar.

WỌ́NKÚRÒ, v. Tirar. Mo wọ́n aṣọ kúrò lára mi – Eu tirei a roupa do meu corpo.

WÒNLÓGBỌ́ỌGBA, v. Medir igualmente, equilibrar uma coisa com outra. < dógba – ser igual. Ó mú wọn dógba – Ele os igualou.

WỌ̀NNÌ, IWỌNYÍ, pron. dem. Aqueles, aquelas. Forma plural de nì. Àwọn ènìà wọ̀nnì – aquelas pessoas; Àwọn wọnnì jẹ́ èso didùn – Aquelas são frutas doces. V. nì.

WỌ́NRAN, adj. Inquieto, irrequieto. Ó nṣe wọ́nran – Ele está parecendo inquieto.

WỌ́NSÌN, v. Criar animais para engorda. Ó wọ́n ewúrẹ́ mi sìn – Ele aceitou minha cabra para criar (sendo que as crias pertencerão ao proprietário).

WỌ̀NTÌ, WỌ̀NTÌTÌ, WỌ̀NTÌ-WỌ̀NTÌ, adv. Plenamente, abundantemente. Ó fún mi lówó wọ̀ntì – Ele me deu bastante dinheiro.

WỌ̀NTÌ-WỌNTI, adj. Irregular, desigual.

WỌNÚ, v. Entrar. Ó kó wọnú igbó – Ele se apressou a entrar no mato. < wọ̀ + inú.

WỌNUN, ÀWỌNUN, pron. dem. Aqueles, aquelas. V. un.

WỌ̀NWÒ, v. Testar, averiguar por meio de uma medida. Ó wọ̀n ọ́n wò – Ele mediu isso para testar.

WỌN-WỌN, s. Tipo de pássaro.

WỌ́NWỌ́N, s. Verruga. Wọnwọn nlá mú mi lọ́wọ́ – Eu tenho uma grande verruga na minha mão (lit. uma grande verruga capturou minha mão).

WỌ̀NYÌÍ, WÒNYÌÍ, pron. dem. Estes, estas, esses, essas. Mo ra ìwé wọ̀nyí – Eu comprei estes livros; Tani wọ̀nyí? – Quem são esses?

WỌ̀NYẸN, pron. dem. Aqueles, aquelas. Ẹ jọ̀wọ́, fọ àwo wọ̀nyẹn – Por favor, lave aqueles pratos.

WỌ́PỌ̀, adj. Comum, que existe em larga escala.

WỌRA, v. Tornar-se habitual, ser inveterado. Olèe jíjà wọra fún wọn – O roubo se tornou um hábito para eles.

WỌ́RA, v. Esfregar o corpo. Ó fi osùn wọ́ra – Ele passou um pó vermelho no corpo.

WÓRÀN, *v.* Procurar assuntos, dificuldades. Ó *nwóràn* – Ela está procurando problemas. < *wá + òràn.*

WÒRÒ, *obs.*: *Wón parí wòrò rè* – Eles acabaram de tramar a queda dele.

WÓÓRÓ, WÓÓRÓWÓ, *adv.* Brandamente, quietamente, silenciosamente, levemente. *Omi yìí ló wóórówó* – Essa água está morna brandamente.

WÒRÒKÒ, WÓRÓKÓ, *adj.* Inclinado, torto. *Igi wòròkò* – uma vara torta.

WÓÓRÙN, *v.* Trabalhar, esforçar-se sob o calor do sol. > *wó + oòrùn.*

WÓSÈNLÈ, *v.* Arrastar os pés, mancar. Ó *nwósè nlè* – Ele está mancando.

WÒSÍ, *v.* Instalar-se, hospedar-se. Ó *wòsí ilé mi* – Ele se alojou em minha casa.

WÓSÍ, *v.* Mover-se, arrastar-se, afastar-se. Ó *wósí igbó* – Ele se arrastou pelos arbustos.

WOSO, *v.* Vestir roupa. *Òun rora woso* – Ela vestiu a roupa com cuidado. Este verbo é o mais indicado para o ato de vestir. *V. fi, lò* – usar. < *wò + aso.*

WOSOWOSO, *s.* Nome de um pássaro.

WÓTÌ, *v.* Puxar para junto de.

WÒTÌ, *v.* Hospedar-se, morar junto com alguém. Ó *wòtì mi* – Ele se hospedou na minha casa. = *wòsí.*

WOTÓ, *v.* Urinar. *Omodé yìí nwotó* – Ela está urinando.

WÓTÓ, *v.* Dizer bobagem, tolices.

WÓTÒ, *v.* Arrastar-se. Ó *wótò mi* – Ele se arrastou até mim.

WÓWÉ, *v.* Cair as folhas, estação do outono.

WÒWÒ, *adj.* Copioso, abundante. *V. wòntì.*

WU, *v.* Arriscar-se. *Ìréde-òru fi ewu wu ú* – A farra da madrugada arriscou a vida dele.

WÚ, *v.* **1.** Aumentar, inchar, exagerar. *Owó mi wú* – Meu dinheiro aumentou; *Ìyèfun ti wú* – A farinha inchou. **2.** Desenterrar, escavar, arrancar pela raiz. Ó *wú isu* – Ele arrancou alguns inhames; Ó *wú ilè* – Ele escavou o solo. **3.** Olhar tristemente. Ó *wú tutu* – Ele parece triste, mal-humorado. **4.** Relembrar ressentimentos, estar mal-humorado. *Orí mi wú* – Estou apreensivo.

WÙ, *v.* Agradar, atrair, admirar, gostar com ardor, dar prazer a uma pessoa. Ó *wù mí rè púpò* – Eu me agrado muito dela; *Ojú re wù mí* – Eu admiro você; Ó *wù mí púpò* – Você me atrai muito. > *ewù* – amabilidade.

WÚGBỌ, *v.* Ser tristonho, amargurado. *Ó wúgbọ* – Ele me olhou triste.

WÚJÁDE, *v.* Arrancar, tirar para fora. *Ó wú u jáde* – Ele tirou isso para fora.

WÚKỌ́, *v.* Tossir. *Ó wúkọ́ lálẹ́* – Ela tossiu muito à noite. < *wú + ikọ́*.

WÚLÉ, *v.* Inchar, estar mal-humorado.

WULÉWU, *v.* Arriscar, expor a vida a perigo. *Mo wu ẹ̀mí mi léwu* – Eu coloquei a minha vida em perigo. = *wewu*.

WULẸ̀, *adv. pré-v.* Somente, em vão, sem qualquer razão, por acaso, de propósito. *Lákọ̀ọ́kọ́, ó wulẹ̀ di ọwọ́ mi mú* – No começo ficou somente segurando minha mão; *Ó wulẹ̀ nà mí ni* – Ele me bateu sem razão; *A wulẹ̀ rí wọ́n ní ọjà* – Nós o encontramos no mercado por acaso.

WÚLẸ̀, *v.* Cavar a terra. *Ó wúlẹ̀ láti gbin iṣu* – Ele escavou a terra para plantar inhame.

WÚLÒ, *v.* Ser útil. *Ó wúlò fún ènìà* – Ele é util para a pessoa.

WÚLÓRÍ, *v.* Ser orgulhoso, encorajador. *Ó ṣe é láti fi wú mi lórí* – Ele fez isso para eu me sentir orgulhoso dele.

WUN, *v.* Tecer. *Ó wunṣo* – Ele teceu um tecido. = *hun*.

WÙN, *v.* Ser agradável.

WÚNDÍÁ, *s.* Virgem, donzela. *Màríà Wúndíá* – A Virgem Maria; *Ó bà wúndíá náà jẹ́* – Ele deflorou a donzela. *V. bàjẹ́*.

WUNI, *v.* Agradar. *Mo wuni láti lọ sílé rẹ* – Eu me agradaria de ir à sua casa. < *wù + ẹni*.

WUNJỌ, *v.* Ter rugas.

WÚNRẸ̀N, *s.* Item, assunto.

WÚRÀ, *s.* Ouro. *Ó ní owóo wúrà* – Ele tem uma moeda de ouro.

WÚRE, *v.* Desejar as bênçãos das divindades. *Ó wúre mi* – Ele me abençoou. > *àwúre* – bênção, boa sorte. *V. súre*.

WÚRẸ́, *adv.* Repentinamente, inadvertidamente. *Wúrẹ́ ni ó lọ* – Ele foi embora de repente. = *gbúrẹ́*.

WURUKU, *adj.* Pervertido.

WÚRÚ-WÚRÚ, *adv.* Em pedaços, pulverizado. *Ó rún wúrú-wúrú* – Ele esfarelou em migalhas. = *wómúwómú*.

WÙRÚWÙRÚ, *adv.* Grosseiramente, rudemente, algo confuso. *Ó wẹ́ wùrú-wùrú* – Ele espremeu grosseiramente.

WÚRUWÙRU, **WÚU-WUU**, *adj.* e *adv.* Enxovalhado, descuidadamente, relaxadamente, algo confuso. *Mo gbọ́ wúruwùru* – Eu ouvi um som confuso.

WÙSÌ, *v.* Aumentar, acrescentar. *Ó ti dolówó, ó bú ó wùsì* – Ele se tornou rico. V. *bùsí, níní*.

WÚSÌN, *adj.* Serviçal.

WÚṢU, *v.* Cavar para tirar inhame da terra.

WÚTA-WÙTA, **BÚTA-BÙTA**, *adv.* Empoeirado. *Ara wọ́n rí wúta-wùta* – O corpo deles está coberto de poeira.

WÚ TEGBÒ-TEGBÒ, *v.* Arrancar completamente. *Ó wú tegbò-tegbò* – Ele arrancou os galhos e a raiz.

WÚWO, *v.* Ser pesado, consistente. *Ó wúwo bí òjé* – Ele é pesado como o chumbo.

WÚYÈ, *v.* Cumprir as cerimônias iniciais para assumir um título. *Ó wúyè* – Ele realizou a festa do título. < *wú + oyè*.

WÚYẸ́WÚYẸ́, *adv.* Lentamente, sussurradamente. *Ó sọ fún mi wúyẹ́wúyẹ́* – Ela falou sussurradamente para mim.

WÚYỌ, *v.* Cavar e fazer surgir.

YA, *v.* **1.** Rasgar, lacerar, fender. *Má ya mí ní ẹ̀wù* – Não rasgue a roupa. > *àyakù* – retalhos. **2.** Transbordar, entornar. *Owó ya lù mí* – Eu obtive uma larga soma em dinheiro (*lit.* o dinheiro transbordou em mim).

YÁ, *adj.* Não distante, curto.

YÁ, *v.* **1.** Estar bem. *Ara mi yá* – Eu estou bem; *Ara mi kò yá* – Eu não estou bem. **2.** Tomar dinheiro emprestado, emprestar. *Ó yá ìwé mẹ́ta* – Ele pediu três livros emprestados; *Ó yá mi owó* – Ele me emprestou dinheiro; *Mo yá a ní bátá* – Eu emprestei o sapato. **3.** Ser rápido, imediato. *Ó yá ọ* – Você é rápida. **4.** Estar exposto ao calor. *Ó yá oòrùn* – Ele está exposto ao calor do sol. **5.** Ser fácil. *Èyí ni ó yá jù* – Isso é fácil demais. **6.** Estar pronto. *Onjẹ rẹ yá* – Sua comida está pronta. **7.** Vir cedo. *Ó yá mi* – Eu vim cedo.

YÀ, *v.* **1.** Separar. *Ọ̀nà yìí yà sí méjì* – A estrada bifurcou em duas; *Ó yà á sí apá kan* – Ele separou isso do resto. > *ẹ̀yà* – categoria, subdivisão. **2.** Pentear. *Ó ya irun rẹ̀* – Ela penteou os cabelos. > *òòyà* – pente. **3.** Divergir, virar. *Títì yẹn yà sí ọ̀tún* – A rua desvia para a direita; *Má yà sí ọ̀tún* – Não vire para a direita. **4.** Tornar-se, voltar-se. *O ya ọmọ rere* – Você se tornou um bom menino. **5.** Encaminhar. *Àgò yà* – Licença para vir. **6.** Desenhar, esboçar. *Ó ya àwòran* – Ele desenhou um quadro. **7.** Ser ou estar, quando precedido por um substantivo que denota uma pessoa distinguida por qualidade física ou mental ou a existência de um estado incomum. *Òun ya òmùgọ̀ púpọ̀* –

YÀ – YÀKÀTÀ, DÁKÀTÀ

Ele é muito estúpido; Ó ya òbọ – Ele está fazendo macaquices; Nwọ́n ya òlẹ – Eles estão com preguiça. 8. Puxar.

YÁA, adv. V. yára.

YÀÀ, adv. Livremente, viciosamente. Ò da omi yàà – Ele derramou água livremente; Ó jo omi yàà – Ela escoou água continuadamente; Ó ná owó yàà – Ela gastou o dinheiro generosamente.

YABÀTÀ-ẸSẸ̀, v. Partir o casco.

YÁBỌ, v. Rasgar. Èwù rẹ nyábọ̀ – Suas roupas estão rasgadas.

YADI, v. Ser ou estar calado, ser estúpido. Ó yadi – Ele está calado. = yodi.

YÁDÍ, v. Ser exageradamente sensual. Ó yádí púpọ̀ – Ela é muito sexy.

YÁÀDÍ, v. Ser licencioso, libertino, sensual. Ó yáàdí púpọ̀ – Ela é muito sensual. V. yándí.

YÁ ÈRE, v. Fazer uma imagem, esculpir. Ó yá èrè náà – Ele esculpiu aquela imagem.

YA ẸHÀNNÀ, v. Tornar-se selvagem, furioso. Ó ya ẹhànnà – Ele tem um caráter incontrolável.

YA FỌ́TÒ, v. Tirar uma foto. Ó ya fọ́tò mi – Ele tirou o meu retrato.

YÀGÀN, adj. Estéril, árido. Ó yàgàn – Ela é estéril, não pode ter filhos.

YÀGÒ, v. Evitar, afastar. Ó yàgò fún mi – Ela me evitou. < yà + àgò.

YÀGÒ, v. Dar caminho. Ó yàgò fún mi – Ele me deu caminho, me encaminhou. < yà + àgò.

YAGỌ̀, v. Ser tolo, estúpido. Ó yagọ̀ – Ele é tolo.

YÀGBÀ, adv. Balançadamente, agitadamente. Aṣọ rẹ̀ tú yàgbà – O vestido dela está solto e balançando; Ṣòkòtò rẹ̀ tú yàgbá – As calças compridas dele estão soltas e agitando.

YÀGBÀDO, v. Arrancar, descascar a espiga de milho.

YÀGBẸ́, v. Evacuar, defecar. Ó lọ́ yàgbẹ́ – Ele foi se aliviar. < yà + ìgbẹ́.

YÁJÚ, v. Ser impertinente, inoportuno. Ó yájú sí mi – Ele é impertinente comigo.

YÁJÙ, adj. Ser rápido, precipitado. Èyí ló yájù – Isso é rápido demais.

YÀKÀTÀ, DÁKÀTÀ, v. Montar, escarranchar, abrir muito as pernas como quem monta. Ó yà kàtá – Ela se sentou separando as pernas; Wọ́n fẹ́ràn láti yàkàtà ẹṣin – Eles gostam de montar a cavalo.

YAKÓLÒLÒ, v. Gaguejar. *Ó yakólòlò* – Ele gagueja.

YAKỌ, v. Ser homem, ser estranho, diferente, rude.

YÀKÚRÒ, v. Separar, apartar. *Èmi yà ọ́ kúrò nínú wọn* – Eu separei você deles.

YÀLÀ, adv. Luxuriosamente.

YÁLÀ... TÀBÍ, YÁLÀ... ÀBÍ, conj. Ou... ou, seja... seja. *Wá yálà lóní tàbí lọ́la* – Venha, ou hoje, ou amanhã; *Yálà ẹ lówó tàbí ẹ ò lówó, ẹ gbọ́dọ̀ lọ* – Tenha você ou não dinheiro, você deve ir. Pode ser opcional na formação de frase. V. *gbọ́dọ̀*.

YÁLAYÀLA, adv. Despedaçadamente, fragmentadamente. *Ó ya aṣọ náá yálayàla* – Ele rasgou o tecido retalhadamente.

YÁLAYÀLA, adv. Abundantemente. *Ó lówó yálayàla* – Ele tem dinheiro abundantemente.

YALÉKÁNNÁ, HALÉKÁNNÁ, v. Arranhar, puxar com as unhas ou garras.

YÀLẸ́NU, v. Surpreender, admirar-se (lit. abrir a boca). *Ó yà mí lẹ́nú* – Ela me surpreendeu.

YÁLÓWÓ, v. Emprestar dinheiro. *Ó yà mi lówó* – Ele me emprestou dinheiro.

YÁLỌFÀ, v. Tomar como garantia. *Mo yá ọ lófà* – Eu tomei isso como garantia.

YÀLỌ́TỌ̀, YÀSỌ́TỌ̀, v. Colocar à parte, colocar de lado, fazer a diferença entre um e outro. *Ó yà wọ́n lọ́tọ̀* – Ela os separou um do outro.

YALÙ, v. Transbordar, ter algo em grande quantidade. *Owó yalù mi* – Eu obtive uma larga soma em dinheiro (lit. o dinheiro transbordou em mim).

YÁMÀ, s. Oeste, ocidental.

YAMỌ, v. Retornar, renascer como criança. *Òkú á yamo* – A pessoa morta renascerá em você como uma criança. Diz-se a uma pessoa despojada. < *yà* + *ọmọ*.

YÀMÙ, adv. Ruidosamente, tumultuadamente. *Ó hó yàmù* – Ele gritou ruidosamente.

YÁMÚTÙ, v. Morrer. *Ó ti yámútù* – Ele morreu.

YÀN, v. 1. Escolher, selecionar, eleger, optar. *Ó yàn mí* – Ela me escolheu; *Ó yán onjẹ rẹ* – Ela escolheu a sua comida; *Ìwọ ni àyàn* – Você é o escolhido. > *ìyàn* – argumento, debate; *ìyànfẹ́* – eleição, escolha; *àyànfẹ́* – pessoa amada; *àyànmọ́* – destino. **2.** Comprar. *Olú yan àkàrà* – Olú comprou bolo de feijão-fradinho.

YÁN, *v.* **1.** Marcar. *Lọ yán gbogbo ọ̀rọ̀ rẹ* – Vá e marque todas as suas palavras. **2.** Bocejar, relinchar, rinchar. *Ẹṣin náà yán* – O cavalo relinchou. **3.** Sacudir, abanar. *Ajá mi yán ìrù* – Meu cachorro sacudiu o rabo. **4.** Ser sensual. *Ó yándí púpọ̀* – Ela é altamente sensual.

YAN, *v.* **1.** Marchar, andar com ar de superioridade. *Àwọn ológun nyan* – Os soldados estão marchando. **2.** Miar. *Ológbò nyan jù* – O gato está miando demais. **3.** Assar. *Ó yan ẹran* – Ele assou a carne. > *àyangbẹ* – tostado. **4.** Secar. *Mo fẹ́ yan ejá* – Eu quero secar o peixe.

YAAN, *adv.* Brilhantemente.

YÀNÀ, *v.* Retirar, desviar, abandonar. *Ó yànà fún mi* – Ele me abandonou.

YÀNBỌ, *v.* Escolher, selecionar.

YANBỌ, *adj.* Melindroso, duro de agradar.

YÁNDÍ, *v.* Ser sensual. *V. yáàdí.*

YANDÌ, *v.* Maliciar, maldar.

YÀNGA, *v.* Ostentar, exibir-se. *Ó nṣe yànga* – Ele está se exibindo.

YÀNGÀN, *v.* Vangloriar-se, gabar-se, ostentar. *Ó yàngàn sí mi* – Ele está se gabando para mim.

YANGAN, *s.* Milho, canjica. = *àgbàdo.*

YANGARA, *adj.* Fino, magro.

YÁNGÉDÉ, *s.* Tipo de tambor.

YANGÍ, *s.* Pequenas pedras marrons, pedras férreas.

YÁNGIYÀNGI, *adj.* Áspero, desigual.

YÁN HÀN-HÀN, *v.* Bocejar, relinchar. *Ó yán hàn-hàn* – Ele relinchou (ou bocejou) ruidosamente.

YÁN HÀN-HÀN, *v.* Estar intranquilo, ser luxurioso, ter desejos carnais.

YANJA, *v.* Secar o peixe sob o fogo. < *yan + ejá.*

YANJAYANJA, *s.* Pássaro que se alimenta de peixes, cegonha.

YÀNJẸ, *v.* Desonestidade, tirar vantagem de alguém. *Ó yàn mí jẹ* – Ele me enganou.

YANJÚ, *v.* Resolver, analisar, ser seguro (como no caso de uma disputa). *Ọ̀rọ̀ yǐi yanjú* – Esse assunto está resolvido.

YANKAN, *adj.* Vermelho-sangue.

YÁNKANYÀNKAN, *adv.* Confusamente.

YÁNKÒ, *s.* Óleo obtido do caroço do fruto da palmeira. = *àdín.*

YÀNLÁYỌ̀, *v.* Escolher como favorito, suportar alguma coisa.

YÀNLÉ, *v.* Seguir. *Ó yàn wọ́n lé mi* – Ele mandou que me seguissem.

YÁNLÓJÚ, *v.* Atrair, ser atraente.

YÀNLỌ́RẸ̀, *v.* Escolher como amigo. *Ó yàn mí lọ́rẹ̀* – Ele me escolheu como amante. < *yàn + ni + ọ̀rẹ́.*

YÁNLỌ́RẸ́, *v.* Açoitar, sacudir o açoite. *Má yán mi lọ́rẹ́* – Não me açoite. < *yán + ni + ọrẹ́.*

YÀNMỌKÀN, *adj.* Extenso. *Egbò yǐi tóbi yànmọkàn* – Essa ferida é grande e extensa.

YÀNMỌ̀TÍ, *s.* Erva de cuja semente se extrai um óleo. *Sesamum indicum* (Pedaliaceae).

YÀNMÙ-YANMU, *s.* **1.** Mosquito. *Yànmù-yanmu pọ̀ lásìkò yǐi* – Os mosquitos são muitos neste tempo. **2.** Marionete, títere. = *èfọn.*

YÀNMÙ-YÀNMÙ, *adv.* Ruidosamente. *Ẹnu rẹ̀ dún yànmù-yànmù* – Ele mastigou ruidosamente (*lit.* a boca dele rangeu ruidosamente).

YÁNNÍBO, *s.* A fábula da mulher-tartaruga.

YÀNNÍPỌ̀SÍ, *v.* Desprezar, desvalorizar.

YÁNNU, *v.* Sentir fome com frequência. *Ajá yǐi yánnu* – Esse cachorro tremeu o focinho (de fome).

YÀNPỌNLÁ, *s.* Compulsão.

YANPỌNTAN, *adv.* Amplamente. *Ó fẹ̀ yanpọntan* – Ele expandiu amplamente.

YÁNRÀN, *v.* Fazer mais do que uma bobagem.

YÀNRÀN, *s.* Feridas que surgem no canto da boca.

YÀNRÁN-YÀNRÁN, *adv.* Deslumbrantemente, brilhantemente. *Àtùpà yǐi yànrá-yànrán* – O lampião está ardendo brilhantemente.

YÁNRIBO, *s.* Espécie de besouro.

YÁNRIN, *s.* Um tipo de erva cujas raízes são usadas medicinalmente. *Lactuca taraxicofolia.*

YANRÌN, *s.* Areia.

YANRÌN, *s.* Doença que dá no bico das aves.

YANRÌNDÍDẸ̀, **YANRÌNYÍYANRIN**, *s.* Areia movediça.

YÁNRÙ, *v.* Sacudir a cauda. *Ajá mi nyánrù* – Meu cachorro está abanando o rabo.

YANTURU-YANTURU, *adv.* Extensamente, profusamente. *Ilẹ̀ yìí lọ yanturu-yanturu* – Essa terra é muito extensa.

YANU, *v.* Abrir a boca. *Ó yanu* – Ele abriu a boca (*lit.* ele separou os lábios). Também usado para indicar surpresa pelo ato de abrir a boca. *Ẹnu yà mí* – Estou surpreso. *V. yàlẹ́nu.*

YÁNU, *v.* Falar rápido, falar muito prematuramente. *Ó máa nyánu* – Ele costuma revelar coisas. *< yá + ẹnu.*

YANYAN, *s.* Confusão, dificuldade.

YÁNYAN, *s.* Disparate, absurdo, besteira. *Ó bá mi sọ̀rọ̀ yányan* – Ele falou besteira para mim.

YÁN-YÁN, *adv.* Está quebrado e inútil. *Ó fọ́ yán-yán* – Ele está quebrado e inútil.

YÁN-YÁN, *adv.* Claramente, inteiramente, totalmente. *Àtùpà yìí ndán yán-yán* – O lampião está ardendo claramente; *Ó pa wọ́n yán-yán* – Ele os aniquilou completamente.

YÁN-YÀN-YÁN, *adv.* Seguidamente. *Ó wò mí yán-yàn-yán* – Ela me seguiu com os olhos.

YAPA, *v.* Evitar. *Ó yapa fún mi* – Ela me evitou.

YAPA, *adj.* Perverso.

YÀPÀ, *adj.* Gastador, perdulário. *Ó yàpà* – Ele é um esbanjador.

YAPÁRÍ, *v.* Ser calvo. *Ó yapárí* – Ele é careca.

YÁRA, *v.* Ser rápido, ser ativo. *Ó yára* – Ele é ativo. *< yá + ara.*

YÁRA, **YÁA**, *adj.* ou *adv.* pré-v. Rápido, ligeiro. *Ẹ jọ̀wọ́, má ṣe yára sọ̀rọ̀* – Por favor, não fale rapidamente; *Yára lọ síbẹ̀* – Vá rápido para lá; *Mo yára nlọ rà á* – Estou indo comprá-la rapidamente.

YÀRÀ, *s.* Entrincheirar-se atrás de uma fortificação.

YÀRÁ, ÌYÀRÁ, *s.* Sala, quarto. Ó wọ yàrá òrìṣà – Ela entrou no quarto da divindade; Ounjẹ rẹ wà ní yàrá – Sua comida está no quarto.

YÁRE, *v.* Esculpir, entalhar. Ó yáre – Ele esculpiu uma imagem. < yá + ère.

YARÍ, *v.* Pentear o cabelo.

YARÓ, *v.* Retaliar, vingar. Ó fi oró ya oró – Ele reparou o mal com outro mal.

YARỌ, *adj.* Aleijado, defeituoso, coxo. < yà + arọ.

YARUN, *v.* Pentear os cabelos. Ó yarun rẹ̀ – Ele penteou os cabelos dela. < yà + irun. > òòyà – pente.

YÀSÁPÁKAN, *v.* Mudar de lado, desviar.

YÁSẸ̀, *v.* Ser ligeiro, ser rápido, ser ágil. Ó nyásẹ̀ – Ela está andando rápido. < yá + ẹsẹ̀.

YÀSÍLẸ̀, *v.* Afastar, levar para longe, ultrapassar, deixar para trás. Ó yá mí sílẹ̀ – Ele me alcançou, me ultrapassou.

YÀSÍMÍMỌ́, *v.* Santificar, consagrar. A yà á sí mímọ́ – Nós o consagramos.

YÀSỌ́TỌ̀, *v.* Separar, colocar à parte, ser consagrado. Ó yà wọ́n sọ́tọ̀ – Ele os separou um do outro.

YÀSÙN, *v.* Chamar para um lugar a fim de passar a noite. Ó yàsùn lọ́dọ̀ mi – Ela passou a noite comigo.

YAṢÓ, *v.* Ser rude, ser insociável. Ó yaṣó – Ele é malcriado.

YÀTỌ̀, *v.* Ser diferente, ser desigual. Èdèe yorubá yàtọ̀ sí èdèe pòtògi – A língua yorubá é diferente do português; Ìronú rẹ yàtọ̀ tèmi – Seu pensamento é diferente do meu; Ma ṣe ọdún titun yàtọ̀ – Faça um ano-novo diferente.

YÁWÓ, *v.* Emprestar dinheiro. Ó yá mi ní owó = Ó yá mi lówó – Ele me emprestou dinheiro. Quando o verbo tiver dois objetos, o segundo é precedido pela partícula ní, que pode se transformar em l se a palavra em seguida começar com uma vogal diferente de i.

YÁWÒRÁN, *v.* Fazer uma pintura, fotografar.

YÁWỌ́, *v.* Ser hábil, ligeiro, ser esperto.

YAWỌ́, *v.* Ser generoso. Ó nyawọ́ – Ele é generoso (lit. ele abriu as mãos, ele é um mão-aberta). < yà + ọwọ́.

YÀYÁ, *s.* Contas de colar.

YÁYÀ, *s.* Desenho.

YAYA, *adv.* Veementemente, plenamente.

YÀ-YÀ-YÀ, *adv.* Enfatiza o ato de ouvir um ruído. *Odò yìí hó yà-yà-yà* – O rio está ruidoso.

YÁYÌ, *v.* Ser adorável, maravilhoso, ser respeitável. *Ó yáyì* – Ela é adorável; *Ó yáyì mi* – Ele me tem respeito. < *yá + iyì*.

YAYÒ, *v.* Regozijar-se. *Ó yayò fún mi* – Ele se regozijou comigo.

YÉ, *s.* Forma reduzida de *yèyé* – mamãe. *Yétúndé* – A mãe retornou (nome próprio *yorubá*; indica o renascimento de um ancestral feminino numa criança recém-nascida).

YÉ, *v.* **1.** Botar ovo. *Adìe mi yé eyin méfà* – A minha galinha botou seis ovos. **2.** Cessar, parar, terminar. *Ó yé sòrò* – Ele terminou de falar; *Ó yé wàhálà mi* – Você parou de dar problema. **3.** Entender, explicar, estar claro, compreender. Verbo impessoal, geralmente antecedido pelo pronome pessoal da 3ª pessoa do singular. *Sé ó yé o* – Você entendeu?; *Ó yé mi* – Eu entendi; *Òrò yìí yé mi* – Eu entendi essas palavras. > *àyétán* – entendimento perfeito. **4.** Por favor. *Yé fún mi lówó* – Por favor, dê-me algum dinheiro. = *jòwó*.

YÈ, *v.* **1.** Estar vivo, sobreviver. *Bàbá mi kò yè* – Meu pai não teve vida longa; *Ó ye ewu náà* – Ele escapou do perigo; *Igi yìí kò lè yè* – Essa árvore não pode sobreviver. > *àyè* – vida. **2.** Ser incólume, ser sadio, sobreviver. *Mo jékí ó lo láàyè* – Eu o deixei ir vivo; *Oògùn yìí mú mi yè* – Esse remédio me reviveu.

YÉÈ!, *interj.* Ui! Ai!

YÈBÓ, *v.* Escapar de um perigo. *Ó yèbó* – Ele escapou são e salvo.

YEGE, **YEJE**, *v.* Ser bem-sucedido, ter êxito, resistir a alguma prova, passar num teste. *Mo yege nínú ìdánwò mi* – Eu passei em meu exame. V. *mókè*.

YÉHÀN, *v.* Ofuscar o brilho, macular, deixar de aparecer. *Orúko re kò yéhàn* – Seu nome é imaculado, ele não ficou sujo.

YEJE, *v.* V. *yege*.

YÈKAN, *s.* Uma relação, um parente.

YÉKÉ-YÉKÉ, *adv.* Claramente, brilhantemente. *Òun so yéké-yéké* – Ela falou nitidamente; *Òrò náà yé mi yéké-yéké* – A matéria não foi explicada claramente.

YÉLÁYÉTÁN, *v.* Compreender perfeitamente.

YEMỌJÁ, s. Divindade das águas do mar. < yèyé + ọmọ + ejá.

YEMÒÓ, YEMÒWO, s. Nome de uma divindade vista como esposa de Òṣàlá.

YÉPÀ!, YEÈYEÈPA!, interj. Por medo ou surpresa.

YÈRÈPÈ, YÈÈPÈ, s. Urtiga. Mucuna pruriens (Papilonaceae). = wèrèpè.

YEYE, YOYO, obs.: Irin yǐi gbóná – Esse ferro está incandescente.

YÈYÉ, s. Mãe, mãezinha, uma forma carinhosa de definir as mães. = ìyá.

YÉ-YÉ-YÉ, adv. Enfatiza o ato de ouvir um ruído. Odò yǐi hó yé-yé-yé – O rio está ruidoso pelo correr das águas.

YÉYIN, v. Botar ovos. Adìẹ mi yéyin méfa – Minha galinha botou seis ovos. < yé + ẹyin.

YẸ, adj. Insignificantemente, em pequeno grau.

YẸ́, v. 1. Respeitar, agradar, elogiar, honrar, fazer todas as vontades. Ó yé mi sí – Ele me respeita. > àyési – respeito. 2. Absorver. Alángbá nyẹ́ oòrùn – O lagarto absorveu o calor. V. yá.

YẸ, v. 1. Trocar, perder, botar fora, adiar. Ẹiyẹ yẹ iyẹ – O pássaro perdeu as penas. 2. Deslocar, remover, tirar do lugar, esquivar-se. Ó yẹ ní orúnkún – Ele deslocou o joelho; Ó yè mí nínú ewu rè – Nós escapamos daquele perigo.

YẸ, v. Ser conveniente, apropriado, adequado, ser correto. Ó yẹ kí o lọ – É necessário que você vá. > ẹyẹ – capacidade, mérito, valor.

YẸBA, s. Dama, mulher bem-educada.

YẸBÙ-YẸBÚ, s. Marionete.

YẸGẸ̀, v. Tratar com desdém, com desprezo. Ó yègè sí mi – Ela me tratou com desprezo. = ṣùtì.

YẸGIMỌLẸ́SẸ̀, v. Enforcar uma pessoa, pendurar.

YẸJÚ, v. Retirar, evitar o olhar da pessoa.

YẸKẸ́TẸ́, adj. Obeso, gordo. Ó rí yẹkẹ́tẹ́ – Ele está obeso.

YẸKÚRÒ, v. Evitar, remover, declinar. Ó yẹ iṣu kúrò – Ela removeu os inhames.

YẸLẸNKÚ, adv. Balançadamente. Ó nrín yẹlẹnkú – Ele está caminhando oscilando de lado a lado.

YẸ́LÒ, s. Amarelo (do inglês yellow).

YẸMẸTU, s. Nome de um distrito em Ìbàdàn.

YẸ́MU, v. Ficar intoxicado com o vinho de palma.

YẸN, *pron. dem.* Aquele, aquela, aquilo. Forma reduzida de *ìyẹn*. *Ilé yẹn ga* – Aquela casa é alta.

YẸ́NKÚ YẸ́NKÚ, *adv.* Identifica uma forma de andar. *Ó nrìn yẹ́nkú yẹ́nkú* – Ele está mancando.

YẸ̀NÀ, *v.* Limpar a estrada, abrir caminho. *Ó yẹ̀nà* – Ele removeu os obstáculos do caminho. < *yẹ̀* + *ọ̀nà*.

YẸNÁPA, *v.* Extinguir o fogo tirando as brasas. V. *yẹpa*. < *yẹ̀* + *iná* + *pa*.

YẸNI, *adj.* Adequado, digno, exemplar. *Iṣẹ́ yìí yẹni fún mi* – Esse trabalho é adequado para mim.

YẸ̀PA, *v.* Extinguir o fogo. *Ó yẹ iná pa* – Ele extinguiu o fogo; *Ó yẹ ọ̀ràn náà pa* – Ele extinguiu a possibilidade de um fracasso.

YẸ̀Ẹ̀PẸ̀, *s.* Poeira, barro, terra. = *etúbú*.

YẸPẸRẸ, *adj.* Insignificante, comum, vulgar. *Ó ṣe mí yẹpẹrẹ* – Ele me tratou de forma insignificante (*lit.* ele me fez vulgar).

YẸRA, *v.* Afastar, levar para longe, evitar. *Yẹra fún gbèsè rẹ̀pẹ̀tẹ̀* – Evite dívidas demais; *Ó yẹra níbẹ̀* – Ele se afastou de lá. < *yẹ̀* + *ara*.

YẸRAN, *v.* Ser um palhaço. V. *yà* 7.

YẸRÍ, *s.* Brinco (do inglês *earring*). = *òrùka*.

YẸRÍ, *v.* Recusar, evitar responsabilidades. *Ó yẹrí láti jẹ àmàlà* – Ela recusou comer o amalá.

YẸ̀RÌ, **ÌYẸ̀RÌ**, *s.* **1.** Anágua, um tipo de saia feminina. = *tòbí*. **2.** Um tipo de toga usada no ritual de *Ṣàngó*.

YẸ̀RÌ, **YẸ̀RÌ-YẸ̀RÌ**, *adv.* Agitadamente. *Ẹ̀wù náà gbá yẹ̀rì* – Essas roupas tremularam ao vento.

YẸ̀RIYẸ̀RI, *adv.* Cintilantemente, brilhantemente.

YẸ́RIYẸ́RI, *adj.* Acinzentado.

YẸRUN, *v.* Cortar o cabelo, remover, tirar. *Ó yẹrun rẹ̀* – Ela fez um corte no cabelo dele.

YẸ́RUN, *adv.* Com segurança, a salvo, sem perigo. *Àyún bọ̀ lọ́wọ́ yẹ́run* – Que vocês vão e retornem em segurança.

YẸSẸ̀, *v.* Mover-se, deslocar-se a uma pequena distância. < *yẹ̀* + *ẹsẹ̀*.

YẸ̀SẸ́HÌN, *v.* Colocar atrás, retardar. *Mo yẹ lílọ mi séhìn* – Eu adiei minha partida.

YẸSÍ, *v.* Honrar, respeitar. *Ó yẹ́ mi sí* – Ele me respeitou.

YẸ̀SÍLẸ̀, *v.* Evitar, afastar, desapontar, manter distante. *Ó yẹ̀ ẹ́ sílẹ̀* – Ela o evitou. = *yẹ̀kúrò*.

YẸ́SỌ, *v.* Ser próprio, adequado, conveniente.

YẸ̀SỌ, *v.* Evitar falar, esquivar-se. *Ó yẹ ọ̀rọ̀ yìí sọ* – Ele evitou discutir esse assunto.

YẸTÚN, *v.* Remover galhos e troncos. < *yẹ̀* + *ẹtún*.

YẸTÚN, *v.* Surgir ramos e galhos. *Igi yìí yẹtún* – Essa árvore produziu ramos e galhos. < *yọ* + *ẹtún*.

YẸ̀WÒ, *v.* Olhar dentro, examinar, revistar. *Yẹ ọ̀ilù ẹ́njìnì rẹ̀ wò* – Verifique o óleo do motor dele; *Olùkọ mi máa nyẹ àtúnṣe mi wò* – Meu instrutor costuma dar uma olhadela nos meus erros; *àtúnyẹ̀wò* – um novo exame.

YẸ̀WÙ, *s.* Parte escura ou íntima de uma casa.

YẸ̀YẸ́, *s.* Leviandade, gozação. *Ó fi mí ṣe yẹ̀yẹ́* – Ela me ridicularizou.

YI, *adj.* Persistente, perseverante, tenaz.

YI, *v.* 1. Ser elástico. *Àga rẹ̀ kò yi rárá* – A cadeira dele não é nada elástica. 2. Ser duro, resistente, difícil. *Ẹran yi tìsàntìsàn* – Essa carne está muito dura.

YÍ, *v.* 1. Virar, rodar, rolar. *Ó yí bírí* – Ele virou repentinamente; *Àga nyí* – A cadeira está girando. 2. Mudar, trocar. *Lọ yí àga yẹn sí tábìlì* – Troque aquela cadeira pela mesa. 3. Resolver.

YÍ, **YÌÍ**, *pron. dem.* Este, esse, esta, essa, isto, isso. Forma reduzida de *èyí*. Quando o nome é seguido de um adjetivo, o pronome é colocado por último. *Aṣọ titun yìí* – Essa roupa nova; *Ẹyin yìí jiná jù* – Esse ovo está cozido demais; *Má wọ bàtà nílé yìí* – Não entre de sapatos nessa casa.

YÍ BÍRÍ, *v.* Virar de repente. *Ó yí bírí* – Ele deu meia-volta repentinamente.

YÍDÀ, *v.* Virar para baixo. *Yí igbá yìí dà* – Vire essa cabaça de cabeça para baixo, emborque essa cabaça.

YÍDÀNÙ, *v.* Entornar. *Ó yí omi dànù* – Ele jogou a água fora.

YÍDÉ, *v.* Recorrer, voltar novamente. *Ó yídé* – Ela foi e voltou.

YÍDE, *v.* Desfilar nas ruas como uma companhia de dançarinos, correr casas para fazer visitas. *Wọ́n yíde* – Eles dançaram em volta das casas. < *yí* + *òde*.

YÍDÍ, *v.* Emigrar, mudar, transferir-se. *Ó yídí kúrò níhín* – Ele se transferiu daqui.

YÍ ETÍ, *v.* Fazer-se de surdo, não ouvir. *Ó yí etí dídi sí mi* – Ele não deu ouvidos para mim.

YÌGÌ, *s.* Noivado (do hauçá *ígíyàr áwré*). *Mo so yìgì fún Bísí* – Eu noivei com Bísí.

YÌGBÌ, *v.* Tornar-se duro de coração, ser indiferente.

YÍ GBÌRÌ, *v.* Virar, rolar coisa pesada. *Ó yí gbìrì lọ* – Ele rolou livremente.

YÍJÚ, *v.* Virar o rosto. *Ó yíjú sí mi* – Ele virou o rosto para mim. < *yí* + *ojú*.

YÍHÙNPADÀ, *v.* Não cumprir a palavra, voltar atrás. *Ó yíhùn rẹ̀ padà* – Ele revogou o que ele tinha dito. V. *yípadà*. < *yí* + *ohùn* + *padà*.

YÍKÁ, **YÍNKÁ**, *v.* Virar, girar em volta de. Também define a forma de saudar uma divindade feminina, estendendo-se ao longo do chão e girando o corpo de um lado a outro: *yíká ọ̀tún*, *yíká òsì* – girar de um lado a outro. V. *dojúbalẹ̀*.

YÍKÁ, **YÍKÁYÍKÁ**, *adv.* Pelos arredores, por toda a volta. *Ó yí adágún káakiri* – Ele foi pelos arredores do lago.

YÍKÁ, **YÍKÁAKIRI**, *v.* Circundar, rodear. *Wọ́n jóko yí mi ká* – Eles se sentaram ao meu redor. *Ó sà yíká wa* – Ele nos cercou. V. *ìyíká*.

YÍKÚRÒ, *v.* Desviar, virar para o lado.

YÍLỌ́KÀNPADÀ, *v.* Persuadir, convencer, fazer a cabeça. *Ó yí mi lọ́kàn padà* – Ele me persuadiu, ele me fez mudar de pensamento; *Ó yí mi lọ́kàn padà pé kí èmi ṣe orò òrìṣà mi* – Ela me persuadiu para que eu fizesse minha iniciação. V. *yípadà*.

YÍLỌ́RÙN, *v.* Estrangular, torcer o pescoço. *Ó yí wọn lọ́rùn* – Ele torceu o pescoço deles.

YÍLÙ, *v.* Rolar sobre. *Ìyá ọmọ yìí yílù ú* – A mãe desse bebê rolou sobre ele (durante o sono dela).

YIMIYIMI, *s.* Um tipo de besouro que remove o esterco rolando-se pela terra.

YIN, *v.* 1. Indagar. *A yin ín lórí ọ̀rọ̀ náà* – Nós o indagamos sobre o assunto.
2. Fazer um corte, uma incisão. *Ó fi ọbẹ yin tábìlí* – Ele fez um corte na mesa.

YÍN, *pron. oblíquo.* Vocês. Possui função reflexiva e é posicionado depois de verbo ou preposição. *Ó raṣọ fún yín* – Ele comprou roupa para vocês. Também é usado como tratamento formal para se dirigir a uma pessoa mais velha. *Mo mọ̀ yín* – Eu conheço o senhor.

YÍN, *pron. poss.* Seus, suas, de vocês. Posicionado depois de substantivo. *Mo rí bàbá yín* – Eu vi o seu pai. Também é usado para se dirigir a uma pessoa mais velha em sinal de respeito. *Ìyá yín npè ọ́* – Sua mãe está lhe chamando. Em *yorubá* não são usadas as formas vosso e vossa.

YÍN, *v.* 1. Debulhar, tirar a pele, separar. *Ó nyín àgbàdo* – Ela debulhou o milho. 2. Botar ovos.

YÌN, *v.* 1. Louvar, elogiar, estimar, aclamar. *A yìn Ọlọ́run* – Nós louvamos a Deus. 2. Disparar uma arma. *Ọdẹ yìn ìbọn* – O caçador atirou com a arma.

YÌNBỌN, *v.* Disparar uma arma. *Ó yìnbọn lù mí* – Ele atirou e me atingiu.

YÌNBỌNJẸ, *v.* Cometer suicídio com uma arma de fogo. *Ó yìnbọn jẹ* – Ele cometeu suicídio dando um tiro na boca.

YÍNÍLẸ̀, *v.* Rolar no chão. *Ó nyí ìrá nílẹ̀* – Ele se contorceu de dor no chão.

YÍNJẸ, *v.* Comer aos poucos, beliscar a comida. *Ó mú yínjẹ onjẹ yìí* – Ele pegou a comida aos poucos.

YÌNKÌN, *adj.* Triste, abatido, melancólico.

YINKÍNÍ, *s.* Ninharia, insignificância, quantidade pequena.

YÌNLÓGO, *v.* Louvar, glorificar. *Ó yìn mí lógo* – Ela me elogia.

YÍNMÚ, **YÍNMÚSÍ**, *v.* Fazer uma expressão com o rosto, fazer uma careta para alguém. *Ó yímú sí mi* – Ele torceu o nariz e os lábios, desfazendo-se de minha declaração.

YÌNNÍBỌN, *v.* Atirar com uma arma de fogo.

YINNI-YINNI, *s.* Generosidade, favor, gratidão. *Yinni-yinni kí ẹni ṣe mí* – a gratidão que uma pessoa fez para mim.

YINRIN, *adv.* Brilhantemente. *Ó ntàn yinrin* – Ela está iluminando brilhantemente.

YÌNRÌN, *v.* Ser corroído. *Ilẹ̀ yìí yìnrìn* – Essa terra está corroída.

YÌNYÍN, *s.* Neve, granizo. *Ó nwọ̀ yìnyín* – Está caindo granizo; *Njẹ́ o ti rí yìnyín ri?* – Você já viu neve?; *ókìtì yìnyín* – iceberg.

YÍNYÌN, **ÌYÌN**, *s.* Louvor, apreço. *Ó fi ìyìn fún mi* – Ele fez um louvor para mim.

YÍÒ, **YÓÒ**, *part. pré-v.* É uma das alternativas para formar o tempo futuro dos verbos. *Àwa yíò ra ilé yẹn* – Nós compraremos aquela casa; *Òdòdó yóò kú láìsí omi* – As flores morrerão sem água. Para outras formas, ver *ó*, *á máa*.

YÍ ÒBÌRÌPÉ, *v.* Dar uma cambalhota, virar o corpo. *Ó yí òbìrìpé* – Ele fez um exercício físico.

YÍPADÀ, **YÍPÒPADÀ**, *v.* Virar para o outro lado no sentido de mudar, ser convertido. *Àwọn ènìà lè yípadà* – As pessoas podem mudar; *Ó yí ojú padà* – Ela virou o rosto; *Ọjọ́ tí ó yí ìgbésí-àyè rè padà* – O dia em que ele mudou o seu estilo de vida; *Ojú-ìwòye mi nípa iṣẹ́ rè ti yípadà* – Minha opinião sobre o trabalho dele mudou.

YÍPO, *v.* Virar de cabeça para baixo, perverter. *Yí ìkòkò yìí po* – Vire essa panela de cabeça para baixo. = *yídà*.

YÍPÒ, *v.* Rodear, cercar. V. *yípadà*.

YÍRÀ, *v.* Espojar-se. *Ẹlẹ́dẹ̀ yìí nyírà* – Esse porco está rolando na lama.

YÍRA, *v.* Esfregar a pele com algum pó. *Ó fi osùn yíra* – Ele passou um pó vermelho no corpo. < *yí* + *ara*.

YÍRÍ, *v.* Virar a cabeça.

YÍRÙN-YÍRÙN, *s.* Torcicolo. = *ọrùn wíwọ́*.

YÍ ṢUBÚ, *v.* Rolar para fora, cair e rolar.

YÍWọ́, *v.* Virar as mãos. < *yí* + *ọwọ́*.

YÍYÀ, *adj.* Separado.

YÍYÁ, *adj.* Exposto ao calor.

YÍYÀ, *adj.* Rasgado, separado com força.

YÍYÁ, *adj.* Rápido.

YÍYÀ, *s.* Desenho, esboço.

YIYÀ, *adj.* Ato de pentear os cabelos.

YÍYÀ, *adj.* Caracterizado por.

YÍYÀLọ́Tọ̀, **YÍYÀSọ́Tọ̀**, *s.* Segregação, diferenciação, separação, colocar de lado alguma coisa.

YÍYAN, *adj.* Empoleirado.

YÍYÁN, *s.* Rincho, relincho.

YÍYÀN, *s.* Escolha, seleção.

YÍYÀNGÀN, s. Gabolice, fanfarronice. > yàngàn. Ó yàngàn sí mi – Ele gabou-se para mim.

YÍYÁRA, ÌYÁRA, s. Rapidez. Ó fi yíyára lò ó – Ele fez rapidamente uso disso.

YÍYÀSỌ́TỌ̀, YÍYÀLỌ́TỌ̀, s. Segregação, diferenciação, separação, colocar de lado alguma coisa.

YÍYÀYỌ̀, s. Diferença, distinção.

YÍYÈ, adj. Vivo, são, ter vida, corpo e mente são, imperturbado, moralmente forte, firme, leal. Ọlọ́run mú wa di yíyè – Deus nos tem preservado vivos.

YÍYEGE, YÍYEJE, s. Ato de ser virtuoso, de ser bem-sucedido.

YÍYẸ, adj. Próprio, conveniente, adequado. Aṣọ funfun ni ẹ̀wù yíyẹ fún ìsìn òrìṣà – A roupa branca é um ornamento apropriado para o culto aos orixás; nígbà yíyẹ – um tempo apropriado.

YÍYẸ̀, YÍYẸ̀GẸ̀, s. Fracasso, falha, negligência, carência, deficiência, errar e não vencer na vida.

YÍYẸ̀SÍLẸ̀, s. Vacância, cancelamento.

YÍYI, s. Dureza, tenacidade. Yíyi ojú-ìwòye rẹ padà – Mude seu ponto de vista (lit. mude a rigidez do seu pensamento).

YÍYÍ, s. Volta, curva.

YÍYÍKÁ, adj. Cercado.

YÍYÌN, adj. Honrado, digno de elogio.

YÍYÌN, v. Fuzilaria, tiro. Yínyìn ìbọn jẹ́ láti pa kìnnìun – O tiro do revólver foi para matar o leão.

YÍYỌ, v. Aparecer, surgir.

YÍYỌ́, adj. Dissolvido, escorregadio.

YÍYỌ̀, s. Felicidade.

YÍYỌ́SÓMI, s. Hidratação.

YÍYỌṢÙTÌSÍ, s. Carranca, escárnio. V. yọṣùtìsí.

YÓ, v. Estar cheio, estar satisfeito de alimentos ou riquezas. Frequentemente usado com os verbos mu – beber – e jẹ – comer. Onjẹ yìí yó mi – Essa comida me satisfez; Mo yó púpọ̀ – Estou muito satisfeito.

YÒÒ, *adv.* Extremamente, fortemente. *Ó pọ́n yòò* – Ele é extremamente vermelho.

YOBÁ, *s.* Prevaricação, falsidade.

YODI, *v.* Ser calado, ser bobo, estúpido. *Ó yodi* – Ele é estúpido. = *yadi*.

YÒÓKÙ, *v.* Sobreviver, permanecer.

YÒPE, *adj.* Ignorante.

YÒRÒ, *v.* Dissipar, derreter, fundir, reduzir a espessura. *Irin yìí ó yòrò* – Esse ferro derreteu. *V. yọ́*.

YORÙBÁ, *s.* Denominação generalizada de um povo que habita a atual região africana da Nigéria. Era denominação reservada aos povos de *Ọ̀yọ́* e que, gradualmente, estendeu-se até cobrir todos os povos do mesmo tronco, que são agora conhecidos como o povo de fala *yorubá*. A língua escrita foi desenvolvida tendo como base o falar de *Ọ̀yọ́*. No antigo Daomé francês, eram chamados de *Nàgó*.

YÒÓTỌ́, *adv.* Verdadeiramente. *Ó yàtọ̀ yòótọ́* – Ela é verdadeiramente diferente.

YỌ, *v.* 1. Livrar-se do perigo, safar-se, fugir, mover-se furtivamente, estar livre. *Ó yọ ìrìn* – Ele caminhou furtivamente; *Ó yọ kúrò lọ́wọ́ ewu* – Ele escapou das mãos do perigo. 2. Brotar, germinar, fazer aparecer. *Iṣu yìí yọ* – O inhame brotou; *Igi yìí yọ ẹtún* – Essa árvore está fazendo aparecer galhos e folhas. 3. Extrair, arrancar. *Ó yọ ehín* – Ela extraiu o dente. 4. Surgir como o sol e a lua no horizonte. *Ọ̀ṣùpá yọ* – A lua surgiu, a lua se moveu; *Olùkọ́ wa máa yọ láìpẹ́* – O professor surgirá logo; *Ọmọ náà yọ, ọgo fún Ọlọ́run* – A criança apareceu, graças a Deus. 5. Deduzir, tirar, subtrair, deixar de lado, excluir. *Yọ èjì kúrò nínú èje* – Subtraia sete de dois; *Yọ aago ọwọ́* – Tire o relógio do pulso.

YỌ́, *v.* 1. Dissolver, derreter, fundir, misturar, dissipar. *Ó yọ́ irin* – Ele derreteu o ferro; *Epo ti yọ́* – O óleo derreteu; *Òrí náà nínú oòrùn* – A manteiga vegetal derreteu sob o sol. 2. Rastejar furtivamente. *Ó yọ́ mu eiye* – Ele rastejou para pegar o pássaro.

YỌ̀, *v.* 1. Ser feliz, estar contente, regozijar-se. *Ó bá mi yọ̀* – Ele se congratulou comigo; *Ẹ wá bá wa yọ̀* – Venha e se regojize conosco. > *ayọ̀* – alegria, prazer. 2. Zombar. *Ọ̀rẹ́ kì í yọ ara wọn* – Amigos não zombam um do outro. 3. Deslizar, estar escorregadio, estar gorduroso. *Ó yọ̀ ṣubú* – Ele escorregou

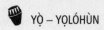 YÒ – YOLÓHÙN

e caiu; *Ilẹ̀ yìí nyọ̀ tẹ̀rẹ́* – O chão está escorregadio. **4.** Estar conformado com alguma coisa. **5.** Fingir.

YÒBẸ, *v.* Desembainhar a faca, puxar, arrancar. *Ó yòbẹ* – Ele puxou a faca. < *yọ* + *ọ̀bẹ*.

YÒBỌ, *v.* Fazer macaquices. V. *yà* 7.

YÒBÙN, *v.* Ser habitualmente sujo, desarrumado. *Ó yòbùn* – Ele é uma pessoa suja.

YÒỌ̀DA, *v.* Permitir, concordar. *Ó yòọ̀da fún mi láti lọ* – Ele deu permissão para eu ir.

YỌDẸ, *v.* Ser coberto com verdete. *Irin yìí yọde* – Esse metal está coberto de verdete (acetato de cobre).

YÒDẸ̀, *v.* Ser estúpido, carente. *Ọmọ yìí* – Essa criança carece de auto-confiança. < *yà* + *ọ̀dẹ̀*.

YÒDÒGỌ, *v.* Ser um estúpido.

YỌFÓTÍ, YỌFÓKÍ, *v.* Abrir, escapar com facilidade, desarrolhar uma garrafa, pular para fora. *Ó yọ fókí* – Ela escapou com facilidade.

YÒFÚN, *v.* Felicitar.

YỌHÙN, *v.* Interromper com uma palavra. V. *yọlóhùn*.

YỌJÁDE, *v.* Retirar, sair. *Iṣu yìí nyọ jáde* – Este inhame está brotando.

YỌJÚ, *v.* Aparecer, fazer uma aparição. *Ó yọjú sí mi* – Ele se tornou visível para mim.

YÒLẸ, *v.* Tornar-se preguiçoso. *Ó yòlẹ* – Ele é dado a preguiça. < *yà* + *ọ̀lẹ*.

YỌLẸ́NU, *v.* Perturbar, atrapalhar. *Ìròhìn yìí yọ mí lẹ́nu* – Essa notícia me preocupou. < *yọ* + *ẹnu*.

YÒKÒTÒ, *adj.* Corpulento, forte. *Ó rí yòkòtò* – Ele parece corpulento.

YỌKÚRÒ, *v.* Tirar de, deduzir, aliviar. *Ó yọ kúrò lọ́wọ́ ewu* – Ele escapou do perigo.

YÒLẸ, *v.* Ser indolente, pouco ativo. *Ó yòlẹ* – Ele é preguiçoso. < *yà* + *ọ̀lẹ*.

YỌLẸ́NU, *v.* Molestar, atrapalhar, perturbar. *Ìròhìn yìí yọ mí lẹ́nu* – Essa notícia me perturbou.

YỌLÓHÙN, *v.* Provocar, tentar enganar numa conversa. *Ó yọ mí lóhùn* – Ele deu uma ordem para me provocar.

YỌLÓJÚ, v. Demonstrar algum aspecto físico. *Ebi fẹ́rẹ̀ yọ mí lójú* – Eu estou faminto.

YỌ́LỌ, v. Rastejar. *Ó yọ́ kẹ́lẹ́-kẹ́lẹ́ lọ* – Ele rastejou furtivamente.

YỌ́LỌ́WỌ́, v. Escorregar, deslizar. *Ó yọ́ lọ́wọ́ mi bọ́rọ́* – Ela escorregou de minhas mãos.

YỌ́MÌNÌ, v. Ser macio ao tato. *Sílíkì yìí yọ́ mìnì* – Esse tecido de seda é macio.

YÒNMỌTÍ, s. V. *yànmọtí*.

YỌNU, v. Dar problemas, tumultuar. *Kò sí yọnu* – Não há problemas.

YỌNU, v. Gargarejar, lavar a boca.

YỌ́NÚ, v. Ser equilibrado, ter temperamento regular. *Ó yọ́nú* – Ele é equilibrado. < *yọ́* + *inú*.

YÒỌDA, YÒNDA, v. Permitir, dar permissão (do hauçá *yàrda*). *Ó yòọdà fún mi láti lọ* – Ele me permitiu ir.

YỌRẸ́, YỌRÙKẸ̀RẸ̀, v. Tirar o cabelo da espiga de milho.

YỌRÍ, v. Ser completado, ser proeminente, ter êxito, elevar-se. *Ó yọrí iṣẹ́ náà* – Ele completou aquele trabalho.

YỌ́RI, YỌ́RIYỌ́RI, s. Um pássaro de plumagem azul-escura.

YỌ́RIN, v. Fundir o ferro. < *yọ́* + *irin*.

YỌ́RÌN, v. Caminhar furtivamente. *Ó yọ́rìn* – Ele caminhou pé ante pé.

YỌRÓ, YARÓ, v. Responder a uma injúria, a uma ofensa. *Ó yọró ẹ̀sẹ̀ yìí lára mi* – Ele me retaliou com ofensas.

YÒRỌ̀, v. Sacudir, arrastar. *Ó yòrọ̀ ìrẹ́sì* – Ela sacudiu o grão de arroz.

YÒRỌ, v. Zombar, tomar atitudes desregradas, arbitrárias. *Ó yòrọ̀* – Ele é insubordinado. < *yà* + *ọ̀rọ̀*.

YỌRỌ̀, ÌYỌRỌ̀, s. Tártaro nos dentes; parasita que dá no corpo das galinhas.

YỌ́Ọ́RỌ́, adj. Indisposto, incomodado. *Yọ́ọ́rọ́ mú mi* – Estou ligeiramente indisposto.

YÒỌ́RỌ, obs.: *Ọ̀lẹ́ wá iṣẹ́ yòọ́rọ̀ ṣe* – O preguiçoso procura o que fazer.

YỌ̀RÙKẸ̀RẸ̀, v. Surgir, brotar. *Àgbàdo yìí yọ̀rùkẹ̀rẹ̀* – Este milho produziu cabelos. < *yọ* + *ìrùkèrè*.

YỌRUN, AYỌRUN, s. Creme para o cabelo. < *yọ̀* + *irun*.

YỌRUN, v. Tirar os pelos.

YÒSÍ, v. Deslizar para. *Ẹnu rẹ̀ yò sí èdèe yorubá* – Ele fala yorubá fluentemente (lit. a boca dele é fácil para o idioma yorubá).

YÓSÍLẸ̀, v. Evitar, escapulir. *Ó yó iṣẹ́ sílẹ̀* – Ele evitou o trabalho.

YỌSÍLẸ̀, v. Brotar, germinar. *Iṣu yìí yọ sílẹ̀* – Esse inhame brotou da terra; *Ó yọ kòbì sílẹ̀* – Ele ampliou uma dependência da casa.

YÒ ṢUBÚ, v. Escorregar, deslizar e cair. *Ó yò ṣubú* – Ele escorregou e caiu.

YỌṢÙTÌSÍ, v. Escarnecer, zombar, fazer pouco caso. *Ó yọṣùtì ètè sí mi* – Ela enrugou os lábios em desprezo a mim. V. *yíyọṣùtìsí*.

YÓTÀ, v. Vender secretamente, furtivamente. *Ó yó o tà* – Ele vendeu isso secretamente.

YỌTÀ, v. Vender produtos aos poucos. *Ó yọ òbẹ mẹta tà* – Ele vendeu três facas a varejo.

YÓTẸ̀RẸ́, v. Escapar de modo repentino.

YÒTÒYÒTÒ, adj. Robusto, gordo. *Ó rí yòtòyòtò* – Ele aparenta ser robusto.

YỌWÉ, v. Brotar, fazer surgir folhas. *Igi yìí yọwé* – Essa árvore brotou muitas folhas.

YÓWÍ, v. Cochichar, sussurrar.

YỌWÓ, v. Diminuir o preço. *Ó yọwó ọjà náà* – Ele reduziu o preço de compra no mercado.

YỌWỌ́YỌSẸ̀, v. Não se envolver numa questão, ficar fora do assunto.

YÒWÚYÒWÚ, s. Nome de uma espécie de pássaro.

YỌYẸ́, adj. Extraordinário, incomum. *Tirẹ̀ ló yọyẹ́* – Seu comportamento é incomum.

YỌYỌ, s. Peixinho. = *iṣín*.

YỌYỌ, adv. Escassamente, insuficientemente.

YÒYÒ, adv. Plenamente, inteiramente. *Ó tútù yòyò lóní* – Hoje está muito frio.

YÓYÓ, s. Dificuldade. *Ó kó sí yóyó* – Ele entrou em dificuldade.

YỌYỌ, ẸYỌ, adv. Somente um. *Ẹyọ òbẹ kan* – uma faca somente; *Ó fún mi léyọ kan* – Ele me deu somente um; *Kà wọ́n léyọ-léyọ* – Conte-os um por um.

YÓYÒYÓ, adv. Abundantemente. *Ó ní ọmọ yóyòyó* – Ela tem muitos filhos.

YÚN, v. Ter desejo ardente. *Ààyún rẹ yún mi* – Eu tenho desejo por você.

YÚN, v. 1. Coçar, ter comichão. *Ara yún mi* – Meu corpo coçou. > *iyúnra* – coceira, comichão. = *hún*. 2. Escorregar. *Irun nyún un* – O cabelo está

YÚN – YÚNYUN, YÚNRÍYUN

escorregadio, oleoso. **3.** Ir para. *Ṣọ́ọ̀sì wo ni ẹ nyún?* – A qual igreja você está indo?; *A yún bọ̀* – Nós fomos e voltamos. **4.** Estar grávida. *Obìnrin yẹn yún* – Aquela mulher engravidou; *Ó ṣẹ́ oyún* – Ela sofreu um aborto espontâneo.

YÙN, *v.* Cortar, serrar. *Ó yun èka igi yẹn* – Ele serrou o galho daquela árvore. > *ayùn* – serrote.

YÚNBỌ, *v.* Ir e voltar. *Mo yúnbọ̀* – Eu fui e voltei.

YÙNGBÀ, *adv.* Docemente, delicadamente.

YUNIFÁSÍTÌ, *s.* Universidade (do inglês *university*).

YÙNJÁ, *v.* Cortar, serrar.

YÙN-ÙN, *adv.* Continuadamente. *Ó kùn yùn-ùn* – Ele murmurou continuadamente.

YÚNYUN, YÚNRÍYUN, *s.* Planta usada para lavar cavalos. O tipo macho dessa planta é usado como alimento para os porcos-da-guiné denominados *ẹmọ́-ilé.*